KODEX

DES ÖSTERREICHISCHEN RECHTS

Herausgeber: Univ-Prof. Dr. Werner Doralt

Redaktion: Dkfm. Dr. Anica Doralt

STUDIENAUSGABE

ARBEITSRECHT

bearbeitet von

Mag. Edda Stech und Mag. Gerda Ercher-Lederer

Bundesministerium für Arbeit, Familie und Jugend

Rubbeln Sie Ihren persönlichen Code frei und laden
Sie diesen Kodexband kostenlos in die Kodex App!

948748

HIER

RUBBELN!

Linde

Benützungsanleitung: Die Novellen sind nach dem Muster der Wiederverlautbarung in Kursivdruck jeweils am Ende eines Paragraphen, eines Absatzes oder einer Ziffer durch Angabe des Bundesgesetzblattes in Klammer ausgewiesen. Soweit nach Meinung des Bearbeiters ein Bedarf nach einem genauen Novellenausweis besteht, ist der geänderte Text zusätzlich durch Anführungszeichen hervorgehoben.

KODEX

DES ÖSTERREICHISCHEN RECHTS

VERFASSUNGSRECHT
EU-VERFASSUNGSRECHT
EINFÜHRUNGSGESETZE ABGB UND B-VG
BÜRGERLICHES RECHT
UNTERNEHMENSRECHT
ZIVILGERICHTLICHES VERFAHREN
STRAFRECHT
GERICHTSORGANISATION
ANWALTS- UND GERICHTSTARIFE
BERUFSRECHT FÜR RECHTSANWÄLTE UND NOTARE
WOHNUNGSGESETZE
GRUNDBUCHSRECHT
BANKEN- UND BÖRSERECHT BAND I: FINANZMARKTRECHT
BANKEN- UND BÖRSERECHT BAND II: EU-FINANZMARKTRECHT
VERSICHERUNGSRECHT
WIRTSCHAFTSGESETZE, TEIL I
WIRTSCHAFTSGESETZE, TEIL II
WIRTSCHAFTSGESETZE, TEIL III – UWG
WIRTSCHAFTSGESETZE, TEIL IV – TELEKOMMUNIKATION
WIRTSCHAFTSGESETZE, TEIL V – KARTELLRECHT
VERGABEGESETZE
ARBEITSRECHT
EU-ARBEITSRECHT
ARBEITNEHMERSCHUTZ
SOZIALVERSICHERUNG
SOZIALVERSICHERUNG DURCHFÜHRUNGSVORSCHRIFTEN
STEUERGESETZE
STEUER-ERLÄSSE
ESTG-RICHTLINIENKOMMENTAR
LST-RICHTLINIENKOMMENTAR
KSTG-RICHTLINIENKOMMENTAR
UMGRSTG-RICHTLINIENKOMMENTAR
USTG-RICHTLINIENKOMMENTAR
GEBG-RICHTLINIENKOMMENTAR
DOPPELBESTEUERUNGSABKOMMEN
ZOLLRECHT UND VERBRAUCHSTEUERN
RECHNUNGSLEGUNG UND PRÜFUNG
INTERNATIONALE RECHNUNGSLEGUNG
VERKEHRSRECHT
WEHRRECHT
ÄRZTERECHT
KRANKENANSTALTENGESETZE
VETERINÄRRECHT
UMWELTRECHT
EU-UMWELTRECHT
WASSERRECHT
ABFALLRECHT UND ÖKO-AUDIT
CHEMIKALIENRECHT
EU-CHEMIKALIENRECHT
SCHULGESETZE
UNIVERSITÄTSRECHT
BESONDERES VERWALTUNGSRECHT
VERWALTUNGSVERFAHRENSGESETZE
INNERE VERWALTUNG
LANDESRECHT TIROL
LANDESRECHT VORARLBERG
BAURECHT TIROL

ISBN: 978-3-7073-4173-7
LINDE VERLAG Ges. m. b. H., 1210 Wien, Scheydgasse 24
Telefon: 01/24 630 Serie, Telefax: 01/24 630-23 DW

Satz und Layout: psb, Rosenthaler Str. 9, 10119 Berlin

Druck und Bindung: Hans Jentzsch & Co GmbH

Vorwort

Sehr geehrte Frau Kollegin, sehr geehrter Herr Kollege,

mit der Studienausgabe „Arbeitsrecht" im Rahmen der KODEX-Reihe kommen wir dem Wunsch nach, Ihnen eine gekürzte und besonders preiswerte Ausgabe des KODEX „Arbeitsrecht" für das Studium an den Universitäten zu bieten.

Auch die Studienausgabe hat selbstverständlich die Qualität der seit vielen Jahren erfolgreichen KODEX-Reihe, von Experten ihres Faches bearbeitet, mit den entsprechenden Novellenausweisen und umfangreichen Stichwortverzeichnissen, wie es für Sie gerade im Studium und bei Prüfungen wichtig ist. Im Unterschied zu anderen Gesetzessammlungen verschafft Ihnen die für den KODEX markante Griffleiste einen raschen Überblick über den gesamten Inhalt des Bandes; zudem finden Sie mithilfe der Griffleiste tatsächlich jedes Gesetz auf einen Griff.

Auch die Studienausgabe enthält alle wichtigen arbeitsrechtlichen Gesetze; nicht aufgenommen sind nur besondere berufsspezifische und solche Gesetze, die für Sie im Studium keine oder nur geringe Bedeutung haben. Sollten Sie auch diese Gesetze benötigen, dann verwenden Sie bitte die Standard-Ausgabe des KODEX „Arbeitsrecht", die Sie mit Hörerschein ebenfalls vergünstigt beziehen können.

Auch für die Studienausgabe ist eine App-Version verfügbar. Jeder Kodex-Band hat einen Code, mit dem Sie den Inhalt in Ihre App laden können. Nützen Sie diesen Vorteil einer digitalen Bibliothek mit vollem Lesekomfort und in bewährter KODEX-Qualität.

Viel Freude bei Ihrer Arbeit mit dem KODEX, viel Freude bei Ihrem Studium.

em.o.Univ.-Prof. Dr. Werner Doralt
Herausgeber

INHALTSVERZEICHNIS

1. Allgemeines Bürgerliches Gesetzbuch (Auszug)

Allgemeines bürgerliches Gesetzbuch, JGS 1811/946 idF

1	RGBl 1916/69	2	BGBl 1993/502	3	BGBl I 1997/6
4	BGBl I 2000/44	5	BGBl I 2004/77	6	BGBl I 2009/75
7	BGBl I 2010/58	8	BGBl I 2013/145	9	BGBl I 2017/153
10	BGBl I 2018/100	11	BGBl I 2019/74		

GLIEDERUNG

STICHWORTVERZEICHNIS

Allgemeines bürgerliches Gesetzbuch für die gesammten deutschen Erbländer der Oesterreichischen Monarchie

Auslegung.

§ 6. Einem Gesetze darf in der Anwendung kein anderer Verstand beygelegt werden, als welcher aus der eigenthümlichen Bedeutung der Worte in ihrem Zusammenhange und aus der klaren Absicht des Gesetzgebers hervorleuchtet.

§ 7. Läßt sich ein Rechtsfall weder aus den Worten, noch aus dem natürlichen Sinne eines Gesetzes entscheiden, so muß auf ähnliche, in den Gesetzen bestimmt entschiedene Fälle, und auf die Gründe anderer damit verwandten Gesetze Rücksicht genommen werden. Bleibt der Rechtsfall noch zweifelhaft; so muß solcher mit Hinsicht auf die sorgfältig gesammelten und reiflich erwogenen Umstände nach den natürlichen Rechtsgrundsätzen entschieden werden.

§ 8. Nur dem Gesetzgeber steht die Macht zu, ein Gesetz auf eine allgemein verbindliche Art zu erklären. Eine solche Erklärung muß auf alle noch zu entscheidende Rechtsfälle angewendet werden, dafern der Gesetzgeber nicht hinzufügt, daß seine Erklärung bey Entscheidung solcher Rechtsfälle, welche die vor der Erklärung unternommenen Handlungen und angesprochenen Rechte zum Gegenstande haben, nicht bezogen werden solle.

I.
Aus dem Charakter der Persönlichkeit.

Angeborne Rechte.

§ 16. Jeder Mensch hat angeborne, schon durch die Vernunft einleuchtende Rechte, und ist daher als eine Person zu betrachten. Sclaverey oder Leibeigenschaft, und die Ausübung einer darauf sich beziehenden Macht, wird in diesen Ländern nicht gestattet.

§ 98. Wirkt ein Ehegatte im Erwerb des anderen mit, so hat er Anspruch auf angemessene Abgeltung seiner Mitwirkung. Die Höhe des Anspruchs richtet sich nach der Art und Dauer der Leistungen; die gesamten Lebensverhältnisse der Ehegatten, besonders auch die gewährten Unterhaltsleistungen, sind angemessen zu berücksichtigen.

§ 99. Ansprüche auf Abgeltung der Mitwirkung eines Ehegatten im Erwerb des anderen (§ 98) sind vererblich, unter Lebenden oder von Todes wegen übertragbar und verpfändbar, soweit sie durch Vertrag oder Vergleich anerkannt oder gerichtlich geltend gemacht worden sind.

§ 100. Der § 98 berührt nicht vertragliche Ansprüche eines Ehegatten an den anderen aus einem Mit- oder Zusammenwirken im Erwerb. Solche Ansprüche schließen einen Anspruch nach § 98 aus; bei einem Dienstverhältnis bleibt dem Ehegatten jedoch der Anspruch nach § 98 gewahrt, soweit er seine Ansprüche aus dem Dienstverhältnis übersteigt.

Handlungsfähigkeit des Kindes

§ 170. (1) Ein minderjähriges Kind kann ohne ausdrückliche oder stillschweigende Einwilligung seines gesetzlichen Vertreters rechtsgeschäftlich weder verfügen noch sich verpflichten.

(2) Nach erreichter Mündigkeit kann es jedoch über Sachen, die ihm zur freien Verfügung überlassen worden sind, und über sein Einkommen aus eigenem Erwerb so weit verfügen und sich verpflichten, als dadurch nicht die Befriedigung seiner Lebensbedürfnisse gefährdet wird.

(3) Schließt ein minderjähriges Kind ein Rechtsgeschäft, das von Minderjährigen seines Alters üblicherweise geschlossen wird und eine geringfügige Angelegenheit des täglichen Lebens betrifft, so wird dieses Rechtsgeschäft, auch wenn die Voraussetzungen des Abs. 2 nicht vorliegen, mit der Erfüllung der das Kind treffenden Pflichten rückwirkend rechtswirksam.

§ 171. Soweit nicht anderes bestimmt ist, kann sich ein mündiges minderjähriges Kind selbständig durch Vertrag zu Dienstleistungen verpflichten, ausgenommen zu Dienstleistungen auf Grund eines Lehr- oder sonstigen Ausbildungsvertrags. Der gesetzliche Vertreter des Kindes kann das durch den Vertrag begründete Rechtsverhältnis aus wichtigen Gründen vorzeitig lösen.

§ 172. Hat das entscheidungsfähige Kind seine Meinung über seine Ausbildung den Eltern erfolglos vorgetragen, so kann es das Gericht anrufen. Dieses hat nach sorgfältiger Abwägung der von den Eltern und dem Kind angeführten Gründe die zum Wohl des Kindes angemessenen Verfügungen zu treffen.

§ 173. (1) Einwilligungen in medizinische Behandlungen kann das entscheidungsfähige Kind nur selbst erteilen; im Zweifel wird das Vorliegen dieser Entscheidungsfähigkeit bei mündigen Minderjährigen vermutet. Mangelt es an der notwendigen Entscheidungsfähigkeit, so ist die Zustimmung der Person erforderlich, die mit der gesetzlichen Vertretung bei Pflege und Erziehung betraut ist.

(2) Willigt ein entscheidungsfähiges minderjähriges Kind in eine Behandlung ein, die gewöhnlich mit einer schweren oder nachhaltigen Beeinträchtigung der körperlichen Unversehrtheit oder der Persönlichkeit verbunden ist, so darf die Behandlung nur vorgenommen werden, wenn auch die Person zustimmt, die mit der gesetzlichen Vertretung bei Pflege und Erziehung betraut ist.

(3) Die Einwilligung des entscheidungsfähigen Kindes sowie die Zustimmung der Person, die mit Pflege und Erziehung betraut ist, sind nicht erforderlich, wenn die Behandlung so dringend notwendig ist, dass der mit der Einholung der Einwilligung oder der Zustimmung verbundene Aufschub das Leben des Kindes gefährden würde oder mit der Gefahr einer schweren Schädigung der Gesundheit verbunden wäre.

§ 174. Ein verheiratetes minderjähriges Kind steht hinsichtlich seiner persönlichen Verhältnisse einem Volljährigen gleich, solange die Ehe dauert.

Deliktsfähigkeit des Kindes

§ 175. Soweit einem minderjährigen Kind nicht bereits früher ein Verschulden zugerechnet werden kann (§ 1310), wird es mit der Erreichung der Mündigkeit nach den schadensersatzrechtlichen Bestimmungen deliktsfähig.

Abschließung des Vertrages.

§ 861. Wer sich erkläret, daß er jemanden sein Recht übertragen, das heißt, daß er ihm etwas gestatten, etwas geben, daß er für ihn etwas thun, oder seinetwegen etwas unterlassen wolle, macht ein Versprechen; nimmt aber der Andere das Versprechen gültig an, so kommt durch den übereinstimmenden Willen beyder Theile ein Vertrag zu Stande. So lange die Unterhandlungen dauern, und das Versprechen noch nicht gemacht, oder weder zum voraus, noch nachher angenommen ist, entsteht kein Vertrag.

§ 862. Das Versprechen (Antrag) muß innerhalb der vom Antragsteller bestimmten Frist angenommen werden. In Ermanglung einer solchen muß der einem Anwesenden oder mittels Fernsprechers von Person zu Person gemachte Antrag sogleich, der sonst einem Abwesenden gemachte Antrag längstens bis zu dem Zeitpunkte angenommen werden, in welchem der Antragsteller unter der Voraussetzung, daß sein Antrag rechtzeitig angekommen sei, bei rechtzeitiger und ordnungsmäßiger Absendung der Antwort deren Eintreffen erwarten darf; widrigenfalls ist der Antrag erloschen. Vor Ablauf der Annahmefrist kann der Antrag nicht zurückgenommen werden. Er erlischt auch nicht, wenn ein Teil während der Annahmefrist stirbt oder handlungsunfähig wird, sofern nicht ein anderer Wille des Antragstellers aus den Umständen hervorgeht.

§ 862a. Als rechtzeitig gilt die Annahme, wenn die Erklärung innerhalb der Annahmefrist dem Antragsteller zugekommen ist. Trotz ihrer Verspätung kommt jedoch der Vertrag zustande, wenn der Antragsteller erkennen mußte, daß die Annahmeerklärung rechtzeitig abgesendet wurde, und gleichwohl seinen Rücktritt dem andern nicht unverzüglich anzeigt.

§ 863. (1) Man kann seinen Willen nicht nur ausdrücklich durch Worte und allgemein angenommene Zeichen; sondern auch stillschweigend durch solche Handlungen erklären, welche mit Überlegung aller Umstände keinen vernünftigen Grund, daran zu zweifeln, übrig lassen.

(2) In bezug auf die Bedeutung und Wirkung von Handlungen und Unterlassungen ist auf die im redlichen Verkehr geltenden Gewohnheiten und Gebräuche Rücksicht zu nehmen.

§ 864. (1) Ist eine ausdrückliche Erklärung der Annahme nach der Natur des Geschäftes oder der Verkehrssitte nicht zu erwarten, so kommt der Vertrag zustande, wenn dem Antrag innerhalb der hierfür bestimmten oder den Umständen angemessenen Frist tatsächlich entsprochen worden ist.

(2) Das Behalten, Verwenden oder Verbrauchen einer Sache, die dem Empfänger ohne seine Veranlassung übersandt worden ist, gilt nicht als Annahme eines Antrags. Der Empfänger ist nicht verpflichtet, die Sache zu verwahren oder zurückzuleiten, er darf sich ihrer auch entledigen. Muß ihm jedoch nach den Umständen auffallen, daß die Sache irrtümlich an ihn gelangt ist, so hat er in angemessener Frist dies dem Absender mitzuteilen oder die Sache an den Absender zurückzuleiten.

§ 864a. Bestimmungen ungewöhnlichen Inhaltes in Allgemeinen Geschäftsbedingungen oder Vertragsformblättern, die ein Vertragsteil verwendet hat, werden nicht Vertragsbestandteil, wenn sie dem anderen Teil nachteilig sind und er mit ihnen auch nach den Umständen, vor allem nach dem äußeren Erscheinungsbild der Urkunde, nicht zu rechnen brauchte; es sei denn, der eine Vertragsteil hat den anderen besonders darauf hingewiesen.

Erfordernisse eines gültigen Vertrages:

1) Fähigkeiten der Personen.

§ 865. (1) Geschäftsfähigkeit ist die Fähigkeit einer Person, sich durch eigenes Handeln rechtsgeschäftlich zu berechtigen und zu verpflichten. Sie setzt voraus, dass die Person entscheidungsfähig ist und wird bei Volljährigen vermutet; bei Minderjährigen sind die §§ 170 und 171, bei Volljährigen ist der § 242 Abs. 2 zu beachten.

(2) Ein bloß zu ihrem Vorteil gemachtes Versprechen kann jede Person annehmen.

(3) Rechtsgeschäftliches Handeln von nicht geschäftsfähigen Volljährigen ist zur Gänze unwirksam, es sei denn, sie haben für das betreffende Rechtsgeschäft einen vertretungsbefugten Vorsorgebevollmächtigten oder Erwachsenenvertreter. In diesem Fall ist das rechtsgeschäftliche Handeln mit Genehmigung des Vertreters und gegebenenfalls auch des Gerichts wirksam. Abs. 2 und § 242 Abs. 3 bleiben unberührt.

(4) Rechtsgeschäftliches Handeln von Minderjährigen unter sieben Jahren ist zur Gänze unwirksam. Bei anderen Minderjährigen ist das rechtsgeschäftliche Handeln mit Genehmigung ihres Vertreters und gegebenenfalls auch des Gerichts wirksam. Abs. 2 sowie die §§ 170 und 171 bleiben unberührt.

(5) Bis die nach Abs. 3 und 4 erforderlichen Genehmigungen erteilt werden, ist der andere Teil an seine Vertragserklärung gebunden, er kann aber für die Erteilung der Genehmigung durch den Vertreter eine angemessene Frist setzen.

2) Wahre Einwilligung.

§ 869. Die Einwilligung in einen Vertrag muß frey, ernstlich, bestimmt und verständlich erkläret werden. Ist die Erklärung unverständlich; ganz unbestimmt; oder erfolgt die Annahme unter andern Bestimmungen, als unter welchen das Versprechen geschehen ist; so entsteht kein Vertrag. Wer sich, um einen Andern zu bevortheilen, undeutlicher Ausdrücke bedient, oder eine Scheinhandlung unternimmt, leistet Genugthuung.

§ 870. Wer von dem anderen Teile durch List oder durch ungerechte und gegründete Furcht (§ 55) zu einem Vertrage veranlaßt worden, ist ihn zu halten nicht verbunden.

§ 871. (1) War ein Teil über den Inhalt der von ihm abgegebenen oder dem anderen zugegangenen Erklärung in einem Irrtum befangen, der die Hauptsache oder eine wesentliche Beschaffenheit derselben betrifft, worauf die Absicht vorzüglich gerichtet und erklärt wurde, so entsteht für ihn keine Verbindlichkeit, falls der Irrtum durch den anderen veranlaßt war, oder diesem aus den Umständen offenbar auffallen mußte oder noch rechtzeitig aufgeklärt wurde.

(2) Ein Irrtum eines Teiles über einen Umstand, über den ihn der andere nach geltenden Rechtsvorschriften aufzuklären gehabt hätte, gilt immer als Irrtum über den Inhalt des Vertrages und nicht bloß als solcher über den Bewegungsgrund oder den Endzweck (§ 901).

§ 872. Betrifft aber der Irrthum weder die Hauptsache, noch eine wesentliche Beschaffenheit derselben, sondern einen Nebenumstand; so bleibt der Vertrag, in so fern beyde Theile in den Hauptgegenstand gewilliget, und den Nebenumstand nicht als vorzügliche Absicht erkläret haben, noch immer gültig: allein dem Irregeführten ist von dem Urheber des Irrthumes die angemessene Vergütung zu leisten.

§ 873. Eben diese Grundsätze sind auch auf den Irrthum in der Person desjenigen, welchem ein Versprechen gemacht worden ist, anzuwenden; in so fern ohne den Irrthum der Vertrag entweder gar nicht, oder doch nicht auf solche Art errichtet worden wäre. Als Irrtum in der Person gilt jedenfalls der Irrtum über das Vorhandensein einer erforderlichen verwaltungsrechtlichen Befugnis zur Erbringung der Leistung.

§ 874. In jedem Falle muß derjenige, welcher einen Vertrag durch List oder ungerechte Furcht bewirket hat, für die nachtheiligen Folgen Genugthuung leisten.

§ 875. Ist einer der Vertragschließenden von einem Dritten durch List oder durch ungerechte und gegründete Furcht zu einem Vertrage bewogen; oder zu einer irrtümlichen Erklärung veranlaßt worden, so ist der Vertrag gültig. Nur in dem Falle, daß der andere Teil an der Handlung des Dritten teilnahm oder von derselben offenbar wissen mußte, kommen die §§ 870 bis 874 zur Anwendung.

§ 876. Die vorstehenden Bestimmungen (§§ 869 bis 875) finden entsprechende Anwendung auf sonstige Willenserklärungen, welche einer anderen Person gegenüber abzugeben sind.

§ 877. Wer die Aufhebung eines Vertrages aus Mangel der Einwilligung verlangt, muß dagegen auch alles zurückstellen, was er aus einem solchen Vertrage zu seinem Vortheile erhalten hat.

3. Möglichkeit und Erlaubtheit

§ 878. Was geradezu unmöglich ist, kann nicht Gegenstand eines gültigen Vertrages werden. Ist Mögliches und Unmögliches zugleich bedungen, so bleibt der Vertrag in ersterem Teile gültig, wenn anders aus dem Vertrage nicht hervorgeht, daß kein Punkt von dem anderen abgesondert werden könne. Wer bei Abschließung des Vertrages die Unmöglichkeit kannte oder kennen mußte, hat dem anderen Teile, falls von diesem nicht dasselbe gilt, den Schaden zu ersetzen, den er durch das Vertrauen auf die Gültigkeit des Vertrages erlitten hat.

§ 879. (1) Ein Vertrag, der gegen ein gesetzliches Verbot oder gegen die guten Sitten verstößt, ist nichtig.

(2) Insbesondere sind folgende Verträge nichtig:

1. wenn etwas für die Unterhandlung eines Ehevertrages bedungen wird;

1a. wenn etwas für die Vermittlung einer medizinisch unterstützten Fortpflanzung bedungen wird;

2. wenn ein Rechtsfreund eine ihm anvertraute Streitsache ganz oder teilweise an sich löst oder sich einen bestimmten Teil des Betrages versprechen läßt, der der Partei zuerkannt wird;

3. wenn eine Erbschaft oder ein Vermächtnis, die man von einer dritten Person erhofft, noch bei Lebzeiten derselben veräußert wird;
4. wenn jemand den Leichtsinn, die Zwangslage, Verstandesschwäche, Unerfahrenheit oder Gemütsaufregung eines anderen dadurch ausbeutet, daß er sich oder einem Dritten für eine Leistung eine Gegenleistung versprechen oder gewähren läßt, deren Vermögenswert zu dem Werte der Leistung in auffallendem Mißverhältnisse steht.

(3) Eine in Allgemeinen Geschäftsbedingungen oder Vertragsformblättern enthaltene Vertragsbestimmung, die nicht eine der beiderseitigen Hauptleistungen festlegt, ist jedenfalls nichtig, wenn sie unter Berücksichtigung aller Umstände des Falles einen Teil gröblich benachteiligt.

Auslegungsregeln bey Verträgen.

§ 914. Bei Auslegung von Verträgen ist nicht an dem buchstäblichen Sinne des Ausdrucks zu haften, sondern die Absicht der Parteien zu erforschen und der Vertrag so zu verstehen, wie es der Übung des redlichen Verkehrs entspricht.

§ 915. Bey einseitig verbindlichen Verträgen wird im Zweifel angenommen, daß sich der Verpflichtete eher die geringere als die schwerere Last auflegen wollte; bey zweyseitig verbindlichen wird eine undeutliche Aeußerung zum Nachtheile desjenigen erkläret, der sich derselben bedienet hat (§. 869).

§ 916. (1) Eine Willenserklärung, die einem anderen gegenüber mit dessen Einverständnis zum Schein abgegeben wird, ist nichtig. Soll dadurch ein anderes Geschäft verborgen werden, so ist dieses nach seiner wahren Beschaffenheit zu beurteilen.

(2) Einem Dritten, der im Vertrauen auf die Erklärung Rechte erworben hat, kann die Einrede des Scheingeschäftes nicht entgegengesetzt werden.

Zweiundzwanzigstes Hauptstück.
Von der Bevollmächtigung und andern Arten der Geschäftsführung.

des Gewaltgebers;

§ 1014. Der Gewaltgeber ist verbunden, dem Gewalthaber allen zur Besorgung des Geschäftes notwendig oder nützlich gemachten Aufwand, selbst bei fehlgeschlagenem Erfolge, zu ersetzen, und ihm auf Verlangen zur Bestreitung der baren Auslagen auch einen angemessenen Vorschuß zu leisten; er muß ferner allen durch sein Verschulden entstandenen, oder mit der Erfüllung des Auftrages verbundenen Schaden vergüten.

Sechs u. zwanzigstes Hauptstück.
Von Verträgen über Dienstleistungen

Dienst- und Werkvertrag.

§ 1151. (1) Wenn jemand sich auf eine gewisse Zeit zur Dienstleistung für einen anderen verpflichtet, so entsteht ein Dienstvertrag; wenn jemand die Herstellung eines Werkes gegen Entgelt übernimmt, ein Werkvertrag.

(2) Insoweit damit eine Geschäftsbesorgung (§ 1002) verbunden ist, müssen auch die Vorschriften über den Bevollmächtigungsvertrag beobachtet werden.

§ 1152. Ist im Vertrag kein Entgelt bestimmt und auch nicht Unentgeltlichkeit vereinbart, so gilt ein angemessenes Entgelt als bedungen.

1. Dienstvertrag.

§ 1153. Wenn sich aus dem Dienstvertrage oder aus den Umständen nichts anderes ergibt, hat der Dienstnehmer die Dienste in eigener Person zu leisten und ist der Anspruch auf die Dienste nicht übertragbar. Soweit über Art und Umfang der Dienste nichts vereinbart ist, sind die den Umständen nach angemessenen Dienste zu leisten.

Anspruch auf Entgelt.

§ 1154. (1) Wenn nichts anderes vereinbart oder bei Diensten der betreffenden Art üblich ist, ist das Entgelt nach Leistung der Dienste zu entrichten.

(2) Ist das Entgelt nach Monaten oder kürzeren Zeiträumen bemessen, so ist es am Schlusse des einzelnen Zeitraumes; ist es nach längeren Zeiträumen bemessen, am Schlusse eines jeden Kalendermonats zu entrichten. Ein nach Stunden, nach Stück oder Einzelleistungen bemessenes Entgelt ist für die schon vollendeten Leistungen am Schlusse einer jeden Kalenderwoche, wenn es sich jedoch um Dienste höherer Art handelt, am Schlusse eines jeden Kalendermonats zu entrichten.

(3) In jedem Falle wird das bereits verdiente Entgelt mit der Beendigung des Dienstverhältnisses fällig.

§ 1154a. Der nach Stück oder Einzelleistungen entlohnte Dienstnehmer kann einen den geleisteten Diensten und seinen Auslagen entsprechenden Vorschuß vor Fälligkeit des Entgelts verlangen.

§ 1154b. (1) Der Dienstnehmer behält seinen Anspruch auf das Entgelt, wenn er nach Antritt des Dienstes durch Krankheit oder Unglücksfall an der Dienstleistung verhindert ist, ohne dies vorsätzlich oder durch grobe Fahrlässigkeit verschuldet zu haben, bis zur Dauer von sechs Wochen. Der Anspruch auf das Entgelt erhöht sich auf die Dauer von acht Wochen, wenn das Dienstverhältnis fünf Jahre, von zehn Wochen, wenn es 15 Jahre und von zwölf Wochen, wenn es 25 Jahre ununterbrochen gedauert hat. Durch jeweils weitere vier Wochen behält der Dienstnehmer den Anspruch auf das halbe Entgelt.

(2) Bei wiederholter Dienstverhinderung durch Krankheit (Unglücksfall) innerhalb eines Arbeitsjahres besteht ein Anspruch auf Fortzahlung des Entgelts nur insoweit, als die Dauer des Anspruchs gemäß Abs. 1 noch nicht erschöpft ist.

(3) Wird ein Dienstnehmer durch Arbeitsunfall oder Berufskrankheit im Sinne der Vorschriften über die gesetzliche Unfallversicherung an der

Leistung seiner Dienste verhindert, ohne dass er die Verhinderung vorsätzlich oder durch grobe Fahrlässigkeit herbeigeführt hat, so behält er seinen Anspruch auf das Entgelt ohne Rücksicht auf andere Zeiten einer Dienstverhinderung bis zur Dauer von acht Wochen. Der Anspruch auf das Entgelt erhöht sich auf die Dauer von zehn Wochen, wenn das Dienstverhältnis 15 Jahre ununterbrochen gedauert hat. Bei wiederholten Dienstverhinderungen, die im unmittelbaren ursächlichen Zusammenhang mit einem Arbeitsunfall oder einer Berufskrankheit stehen, besteht ein Anspruch auf Fortzahlung des Entgelts innerhalb eines Dienstjahres nur insoweit, als die Dauer des Anspruchs nach dem ersten oder zweiten Satz noch nicht erschöpft ist. Ist ein Dienstnehmer gleichzeitig bei mehreren Dienstgebern beschäftigt, so entsteht ein Anspruch nach diesem Absatz nur gegenüber jenem Dienstgeber, bei dem die Dienstverhinderung im Sinne dieses Absatzes eingetreten ist; gegenüber den anderen Dienstgebern entstehen Ansprüche nach Abs. 1.

(4) Kur- und Erholungsaufenthalte, Aufenthalte in Heil- und Pflegeanstalten, Rehabilitationszentren und Rekonvaleszentenheimen, die wegen eines Arbeitsunfalles oder einer Berufskrankheit von einem Träger der Sozialversicherung, dem Bundesministerium für soziale Sicherheit und Generationen gemäß § 12 Abs. 4 Opferfürsorgegesetz, einem Bundesamt für Soziales und Behindertenwesen oder einer Landesregierung auf Grund eines Behindertengesetzes auf deren Rechnung bewilligt oder angeordnet werden, sind einer Dienstverhinderung gemäß Abs. 3 gleichzuhalten.

(5) Der Dienstnehmer behält ferner den Anspruch auf das Entgelt, wenn er durch andere wichtige, seine Person betreffende Gründe ohne sein Verschulden während einer verhältnismäßig kurzen Zeit an der Dienstleistung verhindert wird.

„(6) Ist der Dienstnehmer nach Antritt des Dienstverhältnisses wegen eines Einsatzes als freiwilliges Mitglied einer Katastrophenhilfsorganisation, eines Rettungsdienstes oder einer freiwilligen Feuerwehr bei einem Großschadensereignis nach § 3 Z 2 lit. b des Katastrophenfondsgesetzes, BGBl. Nr. 201/1996 oder als Mitglied eines Bergrettungsdienstes an der Dienstleistung verhindert, so hat er unbeschadet seiner Ansprüche nach Abs. 5 einen Anspruch auf Fortzahlung des Entgelts, wenn das Ausmaß und die Lage der Dienstfreistellung mit dem Dienstgeber vereinbart wird."

(BGBl I 2013/145, BGBl I 2017/153, BGBl I 2019/74)

(BGBl I 2000/44)

§ 1155. (1) Auch für Dienstleistungen, die nicht zustande gekommen sind, gebührt dem Dienstnehmer das Entgelt, wenn er zur Leistung bereit war und durch Umstände, die auf der Seite des Dienstgebers liegen, daran verhindert worden ist; er muß sich jedoch anrechnen, was er infolge Unterbleibens der Dienstleistung erspart oder durch anderweitige Verwendung erworben oder zu erwerben absichtlich versäumt hat.

(2) Wurde er infolge solcher Umstände durch Zeitverlust bei der Dienstleistung verkürzt, so gebührt ihm angemessene Entschädigung.

Erlöschen der Ansprüche.

§ 1156. Die dem Dienstgeber nach § 1154b obliegenden Verpflichtungen erlöschen, wenn das Dienstverhältnis infolge Ablaufes der Zeit, für die es eingegangen wurde, oder infolge einer früheren Kündigung oder einer Entlassung endet, die nicht durch die Erkrankung oder sonstige die Person des Dienstnehmers betreffende wichtige Gründe im Sinne des § 1154b verursacht ist. Wird der Dienstnehmer wegen der Verhinderung entlassen oder wird ihm während der Verhinderung gekündigt, so bleibt die dadurch herbeigeführte Beendigung des Dienstverhältnisses in Ansehung der bezeichneten Ansprüche außer Betracht.

(BGBl I 2000/44)

Fürsorgepflicht des Dienstgebers.

§ 1157. (1) Der Dienstgeber hat die Dienstleistungen so zu regeln und bezüglich der von ihm beizustellenden oder beigestellten Räume und Gerätschaften auf seine Kosten dafür zu sorgen, daß Leben und Gesundheit des Dienstnehmers, soweit es nach der Natur der Dienstleistung möglich ist, geschützt werden.

(2) Ist der Dienstnehmer in die Hausgemeinschaft des Dienstgebers aufgenommen, so hat dieser in Ansehung des Wohn- und Schlafraumes, der Verpflegung sowie der Arbeits- und Erholungszeit die mit Rücksicht auf Gesundheit, Sittlichkeit und Religion des Dienstnehmers erforderlichen Anordnungen zu treffen.

Endigung des Dienstverhältnisses.

§ 1158. (1) Das Dienstverhältnis endet mit dem Ablaufe der Zeit, für die es eingegangen wurde.

(2) Ein auf Probe oder nur für die Zeit eines vorübergehenden Bedarfes vereinbartes Dienstverhältnis kann während des ersten Monates von beiden Teilen jederzeit gelöst werden.

(3) Ein für die Lebenszeit einer Person oder für länger als fünf Jahre vereinbartes Dienstverhältnis kann von dem Dienstnehmer nach Ablauf von fünf Jahren unter Einhaltung einer Kündigungsfrist von sechs Monaten gelöst werden.

(4)[a] Ist das Dienstverhältnis ohne Zeitbestimmung eingegangen oder fortgesetzt worden, so kann es durch Kündigung nach folgenden Bestimmungen gelöst werden.

(BGBl I 2017/153)

[a] Tritt mit Ablauf des 31. Dezember 2020 außer Kraft.

Kündigungsfristen

§ 1159. Die Kündigung ist zulässig: wenn bei einem Dienstverhältnisse, das keine Dienste höherer Art zum Gegenstande hat, das Entgelt nach Stunden oder Tagen, nach Stück oder Einzelleistungen bemessen ist, jederzeit für den folgenden Tag; wenn ein solches Dienstverhältnis die Erwerbstätigkeit des Dienstnehmers hauptsächlich in Anspruch nimmt und schon drei Monate gedauert hat oder wenn das Entgelt nach Wochen bemessen ist, spätestens am ersten Werktage für den Schluß der Kalenderwoche. Die Wirkung der Kündigung tritt im Falle der Entlohnung nach Stück oder Einzelleistungen keinesfalls vor Vollendung der zur Zeit der Kündigung in Ausführung begriffenen Leistungen ein.

Kündigung

§ 1159.[a] (1) Ist das Dienstverhältnis ohne Zeitbestimmung eingegangen oder fortgesetzt worden, so kann es durch Kündigung nach folgenden Bestimmungen gelöst werden.

(2) Mangels einer für den Dienstnehmer günstigeren Vereinbarung kann der Dienstgeber das Dienstverhältnis mit Ablauf eines jeden Kalendervierteljahres durch vorgängige Kündigung lösen. Die Kündigungsfrist beträgt sechs Wochen und erhöht sich nach dem vollendeten zweiten Dienstjahr auf zwei Monate, nach dem vollendeten fünften Dienstjahr auf drei, nach dem vollendeten fünfzehnten Dienstjahr auf vier und nach dem vollendeten fünfundzwanzigsten Dienstjahr auf fünf Monate. Durch Kollektivvertrag können für Branchen, in denen Saisonbetriebe im Sinne des § 53 Abs. 6 des Arbeitsverfassungsgesetzes, BGBl. Nr. 22/1974 überwiegen, abweichende Regelungen festgelegt werden.

(3) Die Kündigungsfrist kann durch Vereinbarung nicht unter die im Absatz 2 bestimmte Dauer herabgesetzt werden; jedoch kann vereinbart werden, dass die Kündigungsfrist am Fünfzehnten oder am Letzten des Kalendermonats endigt.

(4) Mangels einer für ihn günstigeren Vereinbarung kann der Dienstnehmer das Dienstverhältnis mit dem letzten Tage eines Kalendermonats unter Einhaltung einer einmonatigen Kündigungsfrist lösen. Diese Kündigungsfrist kann durch Vereinbarung bis zu einem halben Jahr ausgedehnt werden; doch darf die vom Dienstgeber einzuhaltende Frist nicht kürzer sein als die mit dem Dienstnehmer vereinbarte Kündigungsfrist. Durch Kollektivvertrag können für Branchen, in denen Saisonbetriebe im Sinne des § 53 Abs. 6 des Arbeitsverfassungsgesetzes, BGBl. Nr. 22/1974 überwiegen, abweichende Regelungen festgelegt werden.

(5) Ist das Dienstverhältnis nur für die Zeit eines vorübergehenden Bedarfes vereinbart, so kann es während des ersten Monats von beiden Teilen jederzeit unter Einhaltung einer einwöchigen Kündigungsfrist gelöst werden.

(BGBl I 2017/153)

---

[a] Tritt mit 1. Jänner 2021 in Kraft.

§ 1159a.[a] (1) Wenn ein Dienstverhältnis, das Dienste höherer Art zum Gegenstande hat, die Erwerbstätigkeit des Dienstnehmers hauptsächlich in Anspruch nimmt und schon drei Monate gedauert hat, so ist ohne Rücksicht auf die Art der Bemessung des Entgelts eine mindestens vierwöchentliche Kündigungsfrist einzuhalten.

(2) Dasselbe gilt überhaupt, wenn das Entgelt nach Jahren bemessen ist.

---

[a] Tritt mit Ablauf des 31. Dezember 2020 außer Kraft.

§ 1159b.[a] In allen anderen Fällen kann das Dienstverhältnis unter Einhaltung einer mindestens vierzehntägigen Kündigungsfrist gelöst werden.

---

[a] Tritt mit Ablauf des 31. Dezember 2020 außer Kraft.

§ 1159c.[a] Die Kündigungsfrist muß immer für beide Teile gleich sein. Wurden ungleiche Fristen vereinbart, so gilt für beide Teile die längere Frist.

---

[a] Tritt mit Ablauf des 31. Dezember 2020 außer Kraft.

Freizeit während der Kündigungsfrist

§ 1160. (1) Bei Kündigung durch den Dienstgeber ist dem Dienstnehmer während der Kündigungsfrist auf sein Verlangen wöchentlich mindestens ein Fünftel der regelmäßigen wöchentlichen Arbeitszeit ohne Schmälerung des Entgelts freizugeben.

(2) Ansprüche nach Abs. 1 bestehen nicht, wenn der Dienstnehmer einen Anspruch auf eine Pension aus der gesetzlichen Pensionsversicherung hat, sofern eine Bescheinigung über die vorläufige Krankenversicherung vom Pensionsversicherungsträger ausgestellt wurde.

(3) Durch Kollektivvertrag können abweichende Regelungen getroffen werden.

(BGBl I 2018/100)

(BGBl 1993/502, BGBl I 2000/44)

Insolvenzverfahren

§ 1161. Welche Wirkungen die Eröffnung des Insolvenzverfahrens über das Vermögen des Dienstgebers auf das Dienstverhältnis hat, bestimmt die Insolvenzordnung.

(BGBl I 2010/58)

Vorzeitige Auflösung.

§ 1162. Das Dienstverhältnis kann, wenn es für bestimmte Zeit eingegangen wurde, vor Ablauf dieser Zeit, sonst aber ohne Einhaltung einer Kündigungsfrist von jedem Teile aus wichtigen Gründen gelöst werden.

§ 1162a. Wenn der Dienstnehmer ohne wichtigen Grund vorzeitig austritt, kann der Dienstgeber entweder dessen Wiedereintritt zur Dienstleistung nebst Schadenersatz oder Schadenersatz wegen Nichterfüllung des Vertrages verlangen. Wird der Dienstnehmer wegen eines Verschuldens vorzeitig entlassen, so hat er Schadenersatz wegen Nichterfüllung des Vertrages zu leisten. Für die schon bewirkten Leistungen, deren Entgelt noch nicht fällig ist, steht dem Dienstnehmer ein Anspruch auf den entsprechenden Teil des Entgelts nur insoweit zu, als sie nicht durch die vorzeitige Auflösung des Dienstverhältnisses für den Dienstgeber ihren Wert ganz oder zum größten Teil eingebüßt haben.

§ 1162b. Wenn der Dienstgeber den Dienstnehmer ohne wichtigen Grund vorzeitig entläßt oder wenn ihn ein Verschulden an dem vorzeitigen Austritte des Dienstnehmers trifft, behält dieser, unbeschadet weitergehenden Schadenersatzes, seine vertragsgemäßen Ansprüche auf das Entgelt für den Zeitraum, der bis zur Beendigung des Dienstverhältnisses durch Ablauf der Vertragszeit oder durch ordnungsmäßige Kündigung hätte verstreichen müssen, unter Anrechnung dessen, was er infolge des Unterbleibens der Dienstleistung erspart oder durch anderweitige Verwendung erworben oder zu erwerben absichtlich versäumt hat. Soweit jedoch der oben genannte Zeitraum drei Monate nicht übersteigt, kann der Dienstnehmer das ganze für diese Zeit gebührende Entgelt ohne Abzug sofort fordern.

§ 1162c. Trifft beide Teile ein Verschulden an der vorzeitigen Lösung des Dienstverhältnisses, so hat der Richter nach freiem Ermessen zu entscheiden, ob und in welcher Höhe ein Ersatz gebührt.

§ 1162d. Ansprüche wegen vorzeitigen Austrittes oder vorzeitiger Entlassung im Sinne der §§ 1162a und 1162b müssen bei sonstigem Ausschlusse binnen sechs Monaten nach Ablauf des Tages, an dem sie erhoben werden konnten, gerichtlich geltend gemacht werden.

Zeugnis.

§ 1163. (1) Bei Beendigung des Dienstverhältnisses ist dem Dienstnehmer auf sein Verlangen ein schriftliches Zeugnis über die Dauer und Art der Dienstleistung auszustellen. Verlangt der Dienstnehmer während der Dauer des Dienstverhältnisses ein Zeugnis, so ist ihm ein solches auf seine Kosten auszustellen. Eintragungen und Anmerkungen im Zeugnisse, durch die dem Dienstnehmer die Erlangung einer neuen Stellung erschwert wird, sind unzulässig.

(2) Zeugnisse des Dienstnehmers, die sich in Verwahrung des Dienstgebers befinden, sind dem Dienstnehmer auf Verlangen jederzeit auszufolgen.

Zwingende Vorschriften

§ 1164. (1) Die Berechtigungen des Dienstnehmers, die sich aus den Bestimmungen der §§ 1154 Abs. 3, „1154b", 1156 bis 1159b, 1160 und 1162a bis 1163 ergeben, können durch den Dienstvertrag oder durch Normen der kollektiven Rechtsgestaltung nicht aufgehoben oder beschränkt werden.

(BGBl I 2017/153, BGBl I 2019/74)

(2) Die §§ 1154b, 1156 und 1164 in der Fassung des Bundesgesetzes BGBl. I Nr. 44/2000 sind auf Dienstverhinderungen anzuwenden, die in nach dem 31. Dezember 2000 begonnenen Arbeitsjahren eingetreten sind.

(3) Die verlängerte Anspruchsdauer nach § 1154b Abs. 1 in der Fassung des Bundesgesetzes BGBl. I Nr. 44/2000 bewirkt keine Verlängerung einer in Normen der kollektiven Rechtsgestaltung oder Dienstverträgen vorgesehenen längeren Anspruchsdauer. Sehen Normen der kollektiven Rechtsgestaltung oder Dienstverträge einen zusätzlichen Anspruch im Anschluss an den Anspruch nach § 1154b Abs. 1 vor, wird die Gesamtdauer der Ansprüche nicht verlängert.

(4) Im Zeitpunkt des Inkrafttretens des Bundesgesetzes BGBl. I Nr. 44/2000 für die Dienstnehmer günstigere Regelungen in Dienstverträgen oder in Normen der kollektiven Rechtsgestaltung werden durch die Neuregelung des Bundesgesetzes BGBl. I Nr. 44/2000 nicht berührt.

(BGBl I 2000/44)

Dienstzettel für das freie Dienstverhältnis

§ 1164a. (1) Liegt ein freies Dienstverhältnis (§ 4 Abs. 4 Allgemeines Sozialversicherungsgesetz, BGBl. Nr. 189/1955, in der jeweils geltenden Fassung) vor, so hat der Dienstgeber dem freien Dienstnehmer unverzüglich nach dessen Beginn eine schriftliche Aufzeichnung über die wesentlichen Rechte und Pflichten aus dem freien Dienstvertrag (Dienstzettel) auszuhändigen. Solche Aufzeichnungen sind von Stempel- und unmittelbaren Gebühren befreit. Der Dienstzettel hat folgende Angaben zu enthalten:

1. Name und Anschrift des Dienstgebers,
2. Name und Anschrift des freien Dienstnehmers,
3. Beginn des freien Dienstverhältnisses,
4. bei freien Dienstverhältnissen auf bestimmte Zeit das Ende des freien Dienstverhältnisses,
5. Dauer der Kündigungsfrist, Kündigungstermin,
6. vorgesehene Tätigkeit,
7. Entgelt, Fälligkeit des Entgelts.

(2) Hat der freie Dienstnehmer seine Tätigkeit länger als einen Monat im Ausland zu verrichten, so hat der vor der Aufnahme der Auslandstätigkeit auszuhändigende Dienstzettel oder schriftliche freie Dienstvertrag zusätzlich folgende Angaben zu enthalten:

1. voraussichtliche Dauer der Auslandstätigkeit,
2. Währung, in der das Entgelt auszuzahlen ist, sofern es nicht in Euro auszuzahlen ist,
3. allenfalls Bedingungen für die Rückführung nach Österreich und
4. allfällige zusätzliche Vergütung für die Auslandstätigkeit.

(3) Keine Verpflichtung zur Aushändigung eines Dienstzettels besteht, wenn

1. die Dauer des freien Dienstverhältnisses höchstens einen Monat beträgt oder
2. ein schriftlicher freier Dienstvertrag ausgehändigt wurde, der alle in Abs. 1 und 2 genannten Angaben enthält, oder
3. bei Auslandstätigkeit die in Abs. 2 genannten Angaben in anderen schriftlichen Unterlagen enthalten sind.

(4) Jede Änderung der Angaben gemäß Abs. 1 und 2 ist dem freien Dienstnehmer unverzüglich, spätestens jedoch einen Monat nach ihrer Wirk-

samkeit schriftlich mitzuteilen, es sei denn, die Änderung erfolgte durch Änderung von Gesetzen.

(5) Hat das freie Dienstverhältnis bereits am 1. Juli 2004 bestanden, so ist dem freien Dienstnehmer auf sein Verlangen binnen zwei Monaten ein Dienstzettel gemäß Abs. 1 auszuhändigen. Eine solche Verpflichtung des Dienstgebers besteht nicht, wenn ein früher ausgestellter Dienstzettel oder ein schriftlicher Vertrag über das freie Dienstverhältnis alle nach diesem Bundesgesetz erforderlichen Angaben enthält.

(6) Die Bestimmungen der Abs. 1 bis 5 können durch den freien Dienstvertrag weder aufgehoben noch beschränkt werden.

(BGBl I 2004/77)

Anmerkung:

Zu den In- und Außerkrafttretensbestimmungen zu BGBl I 2017/153 siehe § 1503 Abs. 10 ABGB.

Dreyßigstes Hauptstück. Von dem Rechte des Schadensersatzes und der Genugthuung.

Schade.

§ 1293. Schade heißt jeder Nachteil, welcher jemanden an Vermögen, Rechten oder seiner Person zugefügt worden ist. Davon unterscheidet sich der Entgang des Gewinnes, den jemand nach dem gewöhnlichen Laufe der Dinge zu erwarten hat.

Quellen der Beschädigung.

§ 1294. Der Schade entspringt entweder aus einer widerrechtlichen Handlung, oder Unterlassung eines anderen; oder aus einem Zufalle. Die widerrechtliche Beschädigung wird entweder willkürlich, oder unwillkürlich zugefügt. Die willkürliche Beschädigung aber gründet sich teils in einer bösen Absicht, wenn der Schade mit Wissen und Willen; teils in einem Versehen, wenn er aus schuldbarer Unwissenheit, oder aus Mangel der gehörigen Aufmerksamkeit, oder des gehörigen Fleißes verursacht worden ist. Beides wird ein Verschulden genannt.

Von der Verbindlichkeit zum Schadenersatze:

1) von dem Schaden aus Verschulden;

§ 1295. (1) Jedermann ist berechtigt, von dem Beschädiger den Ersatz des Schadens, welchen dieser ihm aus Verschulden zugefügt hat, zu fordern; der Schade mag durch Übertretung einer Vertragspflicht oder ohne Beziehung auf einen Vertrag verursacht worden sein.

(2) Auch wer in einer gegen die guten Sitten verstoßenden Weise absichtlich Schaden zufügt, ist dafür verantwortlich, jedoch falls dies in Ausübung eines Rechtes geschah, nur dann, wenn die Ausübung des Rechtes offenbar den Zweck hatte, den anderen zu schädigen.

§ 1296. Im Zweifel gilt die Vermutung, daß ein Schade ohne Verschulden eines andern entstanden sei.

§ 1297. Es wird aber auch vermutet, daß jeder, welcher den Verstandesgebrauch besitzt, eines solchen Grades des Fleißes und der Aufmerksamkeit fähig sei, welcher bei gewöhnlichen Fähigkeiten angewendet werden kann. Wer bei Handlungen, woraus eine Verkürzung der Rechte eines andern entsteht, diesen Grad des Fleißes oder der Aufmerksamkeit unterläßt, macht sich eines Versehens schuldig.

§ 1298. Wer vorgibt, daß er an der Erfüllung seiner vertragsmäßigen oder gesetzlichen Verbindlichkeit ohne sein Verschulden verhindert worden sei, dem liegt der Beweis ob. Soweit er auf Grund vertraglicher Vereinbarung nur für grobe Fahrlässigkeit haftet, muß er auch beweisen, daß es an dieser Voraussetzung fehlt.

insbesondere: a) der Sachverständigen;

§ 1299. Wer sich zu einem Amte, zu einer Kunst, zu einem Gewerbe oder Handwerke öffentlich bekennt; oder wer ohne Not freiwillig ein Geschäft übernimmt, dessen Ausführung eigene Kunstkenntnisse, oder einen nicht gewöhnlichen Fleiß erfordert, gibt dadurch zu erkennen, daß er sich den notwendigen Fleiß und die erforderlichen, nicht gewöhnlichen Kenntnisse zutraue; er muß daher den Mangel derselben vertreten. Hat aber derjenige, welcher ihm das Geschäft überließ, die Unerfahrenheit desselben gewußt; oder, bei gewöhnlicher Aufmerksamkeit wissen können; so fällt zugleich dem letzteren ein Versehen zur Last.

§ 1300. Ein Sachverständiger ist auch dann verantwortlich, wenn er gegen Belohnung in Angelegenheiten seiner Kunst oder Wissenschaft aus Versehen einen nachteiligen Rat erteilt. Außer diesem Falle haftet ein Ratgeber nur für den Schaden, welchen er wissentlich durch Erteilung des Rates dem andern verursacht hat.

oder b) mehrere Teilnehmer;

§ 1301. Für einen widerrechtlich zugefügten Schaden können mehrere Personen verantwortlich werden, indem sie gemeinschaftlich, unmittelbarer oder mittelbarer Weise, durch Verleiten, Drohen, Befehlen, Helfen, Verhehlen u. dgl.; oder, auch nur durch Unterlassen der besonderen Verbindlichkeit, das Übel zu verhindern, dazu beigetragen haben.

§ 1302. In einem solchen Falle verantwortet, wenn die Beschädigung in einem Versehen gegründet ist, und die Anteile sich bestimmen lassen, jeder nur den durch sein Versehen verursachten Schaden. Wenn aber der Schaden vorsätzlich zugefügt worden ist; oder, wenn die Anteile der einzelnen an der Beschädigung sich nicht bestimmen lassen; so haften alle für einen und einer für alle; doch bleibt demjenigen, welcher den Schaden ersetzt hat, der Rückersatz gegen die übrigen vorbehalten.

§ 1303. Inwieweit mehrere Mitschuldner bloß aus der unterlassenen Erfüllung ihrer Verbindlichkeit zu haften haben, ist aus der Beschaffenheit des Vertrages zu beurteilen.

§ 1304. Wenn bei einer Beschädigung zugleich ein Verschulden von Seite des Beschädigten eintritt; so trägt er mit dem Beschädiger den Schaden verhältnismäßig; und, wenn sich das Verhältnis nicht bestimmen läßt, zu gleichen Teilen.

2) aus dem Gebrauche des Rechtes;

§ 1305. Wer von seinem Rechte innerhalb der rechtlichen Schranken (§ 1295, Absatz 2) Gebrauch macht, hat den für einen anderen daraus entspringenden Nachteil nicht zu verantworten.

3. aus einer schuldlosen oder unwillkührlichen Handlung;

§ 1306. Den Schaden, welchen jemand ohne Verschulden oder durch eine unwillkührliche Handlung verursachet hat, ist er in der Regel zu ersetzen nicht schuldig.

§ 1306a. Wenn jemand im Notstand einen Schaden verursacht, um eine unmittelbar drohende Gefahr von sich oder anderen abzuwenden, hat der Richter unter Erwägung, ob der Beschädigte die Abwehr aus Rücksicht auf die dem anderen drohende Gefahr unterlassen hat, sowie des Verhältnisses der Größe der Beschädigung zu dieser Gefahr oder endlich des Vermögens des Beschädigers und des Beschädigten zu erkennen, ob und in welchem Umfange der Schaden zu ersetzen ist.

§ 1307. Wenn sich jemand aus eigenem Verschulden in einen Zustand der Sinnesverwirrung oder in einen Notstand versetzt hat, so ist auch der in demselben verursachte Schade seinem Verschulden zuzuschreiben. Eben dieses gilt auch von einem Dritten, der durch sein Verschulden diese Lage bei dem Beschädiger veranlaßt hat.

§ 1308. Wenn Personen, die den Gebrauch der Vernunft nicht haben, oder Unmündige jemanden beschädigen, der durch irgendein Verschulden hierzu selbst Veranlassung gegeben hat, so kann er keinen Ersatz ansprechen.

§ 1309. Außer diesem Falle gebührt ihm der Ersatz von denjenigen Personen, denen der Schade wegen Vernachlässigung der ihnen über solche Personen anvertrauten Obsorge beygemessen werden kann.

§ 1310. Kann der Beschädigte auf solche Art den Ersatz nicht erhalten, so soll der Richter mit Erwägung des Umstandes, ob dem Beschädiger, ungeachtet er gewöhnlich seines Verstandes nicht mächtig ist, in dem bestimmten Falle nicht dennoch ein Verschulden zur Last liege; oder, ob der Beschädigte aus Schonung des Beschädigers die Vertheidigung unterlassen habe; oder endlich, mit Rücksicht auf das Vermögen des Beschädigers und des Beschädigten, auf den ganzen Ersatz, oder doch einen billigen Theil desselben erkennen.

4. durch Zufall;

§ 1311. Der bloße Zufall trifft denjenigen, in dessen Vermögen oder Person er sich ereignet. Hat aber jemand den Zufall durch ein Verschulden veranlaßt; hat er ein Gesetz, das den zufälligen Beschädigungen vorzubeugen sucht, übertreten; oder sich ohne Noth in fremde Geschäfte gemengt, so haftet er für allen Nachtheil, welcher außer dem nicht erfolgt wäre.

§ 1312. Wer in einem Nothfalle jemanden einen Dienst geleistet hat, dem wird der Schade, welchen er nicht verhüthet hat, nicht zugerechnet; es wäre denn, daß er einen Anderen, der noch mehr geleistet haben würde, durch seine Schuld daran verhindert hätte. Aber auch in diesem Falle kann er den sicher verschafften Nutzen gegen den verursachten Schaden in Rechnung bringen.

5) durch fremde Handlungen;

§ 1313. Für fremde widerrechtliche Handlungen, woran jemand keinen Teil genommen hat, ist er in der Regel auch nicht verantwortlich. Selbst in den Fällen, wo die Gesetze das Gegenteil anordnen, bleibt ihm der Rückersatz gegen den Schuldtragenden vorbehalten.

§ 1313a. Wer einem anderen zu einer Leistung verpflichtet ist, haftet ihm für das Verschulden seines gesetzlichen Vertreters sowie der Personen, deren er sich zur Erfüllung bedient, wie für sein eigenes.

§ 1314. Wer eine Dienstperson ohne Zeugnis aufnimmt oder wissentlich eine durch ihre Leibes- oder Gemütsbeschaffenheit gefährliche Person im Dienste behält oder ihr Aufenthalt gibt, haftet dem Hausherrn und den Hausgenossen für den Ersatz des durch die gefährliche Beschaffenheit dieser Personen verursachten Schadens.

§ 1315. Überhaupt haftet derjenige, welcher sich einer untüchtigen oder wissentlich einer gefährlichen Person zur Besorgung seiner Angelegenheiten bedient, für den Schaden, den sie in dieser Eigenschaft einem Dritten zufügt.

§ 1316. Gastwirte, die Fremde beherbergen, sowie die anderen in § 970 bezeichneten Personen, ferner Fuhrleute haften für den Schaden, welchen ihre eigenen oder die von ihnen zugewiesenen Dienstpersonen an den eingebrachten oder übernommenen Sachen einem Gast oder Reisenden in ihrem Hause, ihrer Anstalt oder ihrem Fahrzeuge verursachen.

§ 1317. In wie fern bey öffentlichen Versendungsanstalten für den Schaden eine Haftung übernommen werde, bestimmen die besonderen Vorschriften.

§ 1318. Wird jemand durch das Herabfallen einer gefährlich aufgehängten oder gestellten Sache, oder durch Herauswerfen oder Herausgießen aus einer Wohnung beschädiget; so haftet derjenige, aus dessen Wohnung geworfen oder gegossen worden, oder die Sache herabgefallen ist, für den Schaden.

6. Durch ein Bauwerk

§ 1319. Wird durch Einsturz oder Ablösung von Teilen eines Gebäudes oder eines anderen auf einem Grundstück aufgeführten Werkes jemand verletzt oder sonst ein Schaden verursacht, so ist der Besitzer des Gebäudes oder Werkes zum Ersatze verpflichtet, wenn die Ereignung die Folge der mangelhaften Beschaffenheit des Werkes ist und er nicht beweist, daß er alle zur Abwendung der Gefahr erforderliche Sorgfalt angewendet habe.

6a. durch einen Weg;

§ 1319a. (1) Wird durch den mangelhaften Zustand eines Weges ein Mensch getötet, an seinem Körper oder an seiner Gesundheit verletzt oder eine Sache beschädigt, so haftet derjenige für den Ersatz des Schadens, der für den ordnungsgemäßen Zustand des Weges als Halter verantwortlich ist, sofern er oder einer seiner Leute den Mangel vorsätzlich oder grobfahrlässig verschuldet hat. Ist der Schaden bei einer unerlaubten, besonders auch widmungswidrigen, Benützung des Weges entstanden und ist die Unerlaubtheit dem Benützer entweder nach der Art des Weges oder durch entsprechende Verbotszeichen, eine Abschrankung oder eine sonstige Absperrung des Weges erkennbar gewesen, so kann sich der Geschädigte auf den mangelhaften Zustand des Weges nicht berufen.

(2) Ein Weg im Sinn des Abs. 1 ist eine Landfläche, die von jedermann unter den gleichen Bedingungen für den Verkehr jeder Art oder für bestimmte Arten des Verkehres benützt werden darf, auch wenn sie nur für einen eingeschränkten Benützerkreis bestimmt ist; zu einem Weg gehören auch die in seinem Zug befindlichen und dem Verkehr dienenden Anlagen, wie besonders Brücken, Stützmauern, Futtermauern, Durchlässe, Gräben und Pflanzungen. Ob der Zustand eines Weges mangelhaft ist, richtet sich danach, was nach der Art des Weges, besonders nach seiner Widmung, für seine Anlage und Betreuung angemessen und zumutbar ist.

(3) Ist der mangelhafte Zustand durch Leute des Haftpflichtigen verschuldet worden, so haften auch sie nur bei Vorsatz oder grober Fahrlässigkeit.

7. Durch ein Tier

§ 1320. Wird jemand durch ein Tier beschädigt, so ist derjenige dafür verantwortlich, der es dazu angetrieben, gereizt oder zu verwahren vernachlässigt hat. Derjenige, der das Tier hält, ist verantwortlich, wenn er nicht beweist, daß er für die erforderliche Verwahrung oder Beaufsichtigung gesorgt hatte.

§ 1321. Wer auf seinem Grund und Boden fremdes Vieh antrifft, ist deßwegen noch nicht berechtiget, es zu töten. Er kann es durch anpassende Gewalt verjagen, oder wenn er dadurch Schaden gelitten hat, das Recht der Privat-Pfändung über so viele Stücke Viehes ausüben, als zu seiner Entschädigung hinreichet. Doch muß er binnen acht Tagen sich mit dem Eigenthümer abfinden, oder seine Klage vor den Richter bringen; widrigen Falls aber das gepfändete Vieh zurückstellen.

§ 1322. Das gepfändete Vieh muß auch zurückgestellet werden, wenn der Eigenthümer eine andere angemessene Sicherheit leistet.

Arten des Schadenersatzes.

§ 1323. Um den Ersatz eines verursachten Schadens zu leisten, muß Alles in den vorigen Stand zurückversetzt, oder, wenn dieses nicht thunlich ist, der Schätzungswerth vergütet werden. Betrifft der Ersatz nur den erlittenen Schaden, so wird er eigentlich eine Schadloshaltung; wofern er sich aber auch auf den entgangenen Gewinn und die Tilgung der verursachten Beleidigung erstreckt, volle Genugthuung genannt.

§ 1324. In dem Falle eines aus böser Absicht oder aus einer auffallenden Sorglosigkeit verursachten Schadens ist der Beschädigte volle Genugthung *(Anm.: richtig: Genugthuung)*; in den übrigen Fällen aber nur die eigentliche Schadloshaltung zu fordern berechtiget. Hiernach ist in den Fällen, wo im Gesetze der allgemeine Ausdruck: Ersatz, vorkommt, zu beurtheilen, welche Art des Ersatzes zu leisten sey.

Insbesondere

1) bey Verletzungen an dem Körper;

§ 1325. Wer jemanden an seinem Körper verletzet, bestreitet die Heilungskosten des Verletzten; ersetzet ihm den entgangenen, oder wenn der Beschädigte zum Erwerb unfähig wird, auch den künftig entgehenden Verdienst und bezahlt ihm auf Verlangen überdieß ein den erhobenen Umständen angemessenes Schmerzengeld.

§ 1326. Ist die verletzte Person durch die Mißhandlung verunstaltet worden; so muß, zumahl wenn sie weiblichen Geschlechtes ist, in so fern auf diesen Umstand Rücksicht genommen werden, als ihr besseres Fortkommen dadurch verhindert werden kann.

§ 1327. Erfolgt aus einer körperlichen Verletzung der Tod, so müssen nicht nur alle Kosten, sondern auch den Hinterbliebenen, für deren Unterhalt der Getötete nach dem Gesetze zu sorgen hatte, das, was ihnen dadurch entgangen ist, ersetzt werden.

1a. an der geschlechtlichen Selbstbestimmung

§ 1328. Wer jemanden durch eine strafbare Handlung oder sonst durch Hinterlist, Drohung oder Ausnutzung eines Abhängigkeits- oder Autoritätsverhältnisses zur Beiwohnung oder sonst zu geschlechtlichen Handlungen mißbraucht, hat ihm den erlittenen Schaden und den entgangenen Gewinn zu ersetzen sowie eine angemessene Entschädigung für die erlittene Beeinträchtigung zu leisten.

1b. am Recht auf Wahrung der Privatsphäre

§ 1328a. (1) Wer rechtswidrig und schuldhaft in die Privatsphäre eines Menschen eingreift oder Umstände aus der Privatsphäre eines Menschen offenbart oder verwertet, hat ihm den dadurch entstandenen Schaden zu ersetzen. Bei erheblichen Verletzungen der Privatsphäre, etwa wenn Umstände daraus in einer Weise verwertet werden, die geeignet ist, den Menschen in der Öffentlichkeit bloßzustellen, umfasst der Ersatzanspruch auch eine Entschädigung für die erlittene persönliche Beeinträchtigung.

(2) Abs. 1 ist nicht anzuwenden, sofern eine Verletzung der Privatsphäre nach besonderen Bestimmungen zu beurteilen ist. Die Verantwortung für Verletzungen der Privatsphäre durch Medien richtet sich allein nach den Bestimmungen des Mediengesetzes, BGBl. Nr. 314/1981, in der jeweils geltenden Fassung.

2) an der persönlichen Freyheit;

§ 1329. Wer jemanden durch gewaltsame Entführung, durch Privatgefangennehmung oder vorsätzlich durch einen widerrechtlichen Arrest seiner Freiheit beraubt, ist verpflichtet, dem Verletzten die vorige Freiheit zu verschaffen und volle Genugtuung zu leisten. Kann er ihm die Freiheit nicht mehr verschaffen, so muß er den Hinterbliebenen, wie bei der Tötung, Ersatz leisten.

3) an der Ehre;

§ 1330. (1) Wenn jemandem durch Ehrenbeleidigung ein wirklicher Schade oder Entgang des Gewinnes verursacht worden ist, so ist er berechtigt, den Ersatz zu fordern.

(2) Dies gilt auch, wenn jemand Tatsachen verbreitet, die den Kredit, den Erwerb oder das Fortkommen eines anderen gefährden und deren Unwahrheit er kannte oder kennen mußte. In diesem Falle kann auch der Widerruf und die Veröffentlichung desselben verlangt werden. Für eine nicht öffentlich vorgebrachte Mitteilung, deren Unwahrheit der Mitteilende nicht kennt, haftet er nicht, wenn er oder der Empfänger der Mitteilung an ihr ein berechtigtes Interesse hatte.

4) an dem Vermögen.

§ 1331. Wird jemand an seinem Vermögen vorsätzlich oder durch auffallende Sorglosigkeit eines Anderen beschädiget; so ist er auch den entgangenen Gewinn, und, wen der Schade vermittelst einer durch ein Strafgesetz verbothenen Handlung oder aus Muthwillen und Schadenfreude verursachet worden ist, den Werth der besonderen Vorliebe zu fordern berechtiget.

§ 1332. Der Schade, welcher aus einem minderen Grade des Versehens oder der Nachlässigkeit verursachet worden ist, wird nach dem gemeinen Werthe, den die Sache zur Zeit der Beschädigung hatte, ersetzet.

§ 1332a. Wird ein Tier verletzt, so gebühren die tatsächlich aufgewendeten Kosten der Heilung oder der versuchten Heilung auch dann, wenn sie den Wert des Tieres übersteigen, soweit auch ein verständiger Tierhalter in der Lage des Geschädigten diese Kosten aufgewendet hätte.

Besonders durch die Verzögerung der Zahlung.

Gesetzliche Zinsen und weitere Schäden

§ 1333. (1) Der Schaden, den der Schuldner seinem Gläubiger durch die Verzögerung der Zahlung einer Geldforderung zugefügt hat, wird durch die gesetzlichen Zinsen (§ 1000 Abs. 1) vergütet.

(2) Der Gläubiger kann außer den gesetzlichen Zinsen auch den Ersatz anderer, vom Schuldner verschuldeter und ihm erwachsener Schäden geltend machen, insbesondere die notwendigen Kosten zweckentsprechender außergerichtlicher Betreibungs- oder Einbringungsmaßnahmen, soweit diese in einem angemessenen Verhältnis zur betriebenen Forderung stehen.

§ 1334. Eine Verzögerung fällt einem Schuldner zur Last, wenn er den durch Gesetz oder Vertrag bestimmten Zahlungstag nicht einhält. Sofern die Parteien nicht anderes vereinbart haben, hat der Schuldner seine Leistung bei vertragsgemäßer Erbringung der Gegenleistung ohne unnötigen Aufschub nach der Erfüllung durch den Gläubiger oder, wenn die Parteien ein solches Verfahren vereinbart haben, nach der Abnahme oder Überprüfung der Leistung des Gläubigers oder, wenn die Forderung der Höhe nach noch nicht feststeht, nach dem Eingang der Rechnung oder einer gleichwertigen Zahlungsaufforderung zu erbringen. Ist die Zahlungszeit sonst nicht bestimmt, so trägt der Schuldner die Folgen der Zahlungsverzögerung, wenn er sich nach dem Tag der gerichtlichen oder außergerichtlichen Einmahnung nicht mit dem Gläubiger abgefunden hat.

§ 1335. Hat der Gläubiger die Zinsen ohne gerichtliche Einmahnung bis auf den Betrag der Hauptschuld steigen lassen, so erlischt das Recht, vom Kapital weitere Zinsen zu fordern. Vom Tag der Streitanhängigkeit an können jedoch neuerdings Zinsen verlangt werden.

Bedingung des Vergütungsvertrages (Conventional-Strafe).

§ 1336. (1) Die vertragschließenden Teile können eine besondere Übereinkunft treffen, daß auf den Fall des entweder gar nicht oder nicht auf gehörige Art oder zu spät erfüllten Versprechens ein bestimmter Geld- oder anderer Betrag entrichtet werden solle (§ 912). Der Schuldner erlangt mangels besonderer Vereinbarung nicht das Recht, sich durch Bezahlung des Vergütungsbetrages von der Erfüllung zu befreien. Wurde die Konventionalstrafe für die Nichteinhaltung der Erfüllungszeit oder des Erfüllungsortes versprochen, so kann sie neben der Erfüllung gefordert werden.

(2) In allen Fällen ist der Vergütungsbetrag, wenn er vom Schuldner als übermäßig erwiesen wird, von dem Richter, allenfalls nach Einvernehmung von Sachverständigen, zu mäßigen.

(3) Der Gläubiger kann neben einer Konventionalstrafe den Ersatz eines diese übersteigenden Schadens geltend machen. Ist der Schuldner ein Verbraucher im Sinne des § 1 Abs 1 Z 2 und Abs. 3 KSchG, so muss dies im Einzelnen ausgehandelt werden.

Verbindlichkeit der Erben des Beschädigers.

§ 1337. Die Verbindlichkeit zum Ersatze des Schadens und des entgangenen Gewinnes, oder zur Entrichtung des bedungenen Vergütungsbetrages haftet auf dem Vermögen, und geht auf die Erben über.

Rechtsmittel der Entschädigung.

§ 1338. Das Recht zum Schadenersatze muß in der Regel, wie jedes andere Privat-Recht, bey dem ordentlichen Richter angebracht werden. Hat der Beschädiger zugleich ein Strafgesetz übertreten; so trifft ihn auch die verhängte Strafe. Die Verhandlung über den Schadensersatz aber gehöret auch in diesem Falle, in sofern sie nicht durch die Strafgesetze dem Strafgerichte oder der politischen Behörde aufgetragen ist, zu dem Civil-Gerichte.

§ 1340. Diese Behörden haben in dem Falle, daß sich die Entschädigung unmittelbar bestimmen läßt, sogleich darüber nach den in diesem Hauptstücke ertheilten Vorschriften zu erkennen. Wenn aber der Ersatz des Schadens nicht unmittelbar bestimmt werden kann, ist in dem Erkenntnisse überhaupt auszudrücken, daß dem Beschädigtem die Entschädigung im Wege Rechtens zu suchen vorbehalten bleibe. Dieser Weg ist auch in Criminal-Fällen dem Beschädigten, und in anderen Fällen beyden Theilen dann vorbehalten, wenn sie mit der von der Strafbehörde erfolgten Bestimmung des Ersatzes sich nicht befriedigen wollten.

§ 1341. Gegen das Verschulden eines Richters beschwert man sich bey der höheren Behörde. Diese untersuchet und beurtheilet die Beschwerde von Amts wegen.

Dritter Theil des bürgerlichen Gesetzbuches. Von den gemeinschaftlichen Bestimmungen der Personen- und Sachenrechte.

Erstes Hauptstück. Von Befestigung der Rechte und Verbindlichkeiten.

Gemeinschaftliche Bestimmungen der Rechte.

§ 1342. Sowohl Personenrechte als Sachenrechte, und daraus entspringende Verbindlichkeiten können gleichförmig befestiget, umgeändert und aufgehoben werden.

Arten der Befestigung eines Rechtes:

§ 1343. Die rechtlichen Arten der Sicherstellung einer Verbindlichkeit und der Befestigung eines Rechtes, durch welche dem Berechtigten ein neues Recht eingeräumt wird, sind: die Verpflichtung ein Drittes für den Schuldner, und die Verpfändung.

I) durch Verpflichtung eines Dritten.

§ 1344. Ein Dritter kann sich dem Gläubiger für den Schuldner auf dreyerley Art verpflichten: ein Mahl, wenn er mit Einwilligung des Gläubigers die Schuld als Alleinzahler übernimmt; dann, wenn er der Verbindlichkeit als Mitschuldner beytritt; endlich, wenn er sich für die Befriedigung des Gläubigers auf den Fall verbindet, daß der erste Schuldner die Verbindlichkeit nicht erfülle.

§ 1345. Wenn jemand mit Einwilligung des Gläubigers die ganze Schuld eines Andern übernimmt; so geschieht keine Befestigung, sondern eine Umänderung der Verbindlichkeit, wovon in dem folgenden Hauptstücke gehandelt wird.

a) Als Bürge;

§ 1346. (1) Wer sich zur Befriedigung des Gläubigers auf den Fall verpflichtet, daß der erste Schuldner die Verbindlichkeit nicht erfülle, wird ein Bürge, und das zwischen ihm und dem Gläubiger getroffene Uebereinkommen ein Bürgschaftsvertrag genannt. Hier bleibt der erste Schuldner noch immer der Hauptschuldner, und der Bürge kommt nur als Nachschuldner hinzu.

(2) Zur Gültigkeit des Bürgschaftsvertrages ist erforderlich, daß die Verpflichtungserklärung des Bürgen schriftlich abgegeben wird.

b) Als Mitschuldner;

§ 1347. Wenn jemand, ohne die den Bürgen zu Statten kommende Bedingung, einer Verbindlichkeit als Mitschuldner beytritt; so entsteht eine Gemeinschaft mehrerer Mitschuldner; deren rechtliche Folgen nach den in dem Hauptstücke von Verträgen überhaupt gegebenen Vorschriften zu beurtheilen sind (§§. 888 – 896).

Entschädigungsbürge.

§ 1348. Wer dem Bürgen auf den Fall, daß derselbe durch seine Bürgschaft zu Schaden kommen sollte, Entschädigung zusagt, heißt Entschädigungsbürge.

Wer sich verbürgen könne.

§ 1349. Fremde Verbindlichkeiten kann ohne Unterschied des Geschlechtes jedermann auf sich nehmen, dem die freye Verwaltung seines Vermögens zusteht.

Für welche Verbindlichkeiten.

§ 1350. Ein Bürgschaft kann nicht nur über Summen und Sachen, sondern auch über erlaubte Handlungen und Unterlassungen in Beziehung auf den Vortheil oder Nachtheil, welcher aus denselben für den Sichergestellten entstehen kann, geleistet werden.

§ 1351. Verbindlichkeiten, welche nie zu Recht bestanden haben, oder schon aufgehoben sind, können weder übernommen, noch bekräftiget werden.

§ 1352. Wer sich für eine Person verbürgt, die sich vermöge ihrer persönlichen Eigenschaft nicht verbinden kann, ist, obschon ihm diese Eigenschaft unbekannt war, gleich einem ungetheilten Mitschuldner verpflichtet (§. 896).

Umfang der Bürgschaft

§ 1353. Die Bürgschaft kann nicht weiter ausgedehnt werden, als sich der Bürge ausdrücklich erkläret hat. Wer sich für ein zinsbares Capital verbürget, haftet nur für jene rückständigen Zinsen, welche der Gläubiger noch nicht einzutreiben berechtiget war.

§ 1354. Von der Einwendung, wodurch ein Schuldner nach Vorschrift der Gesetze die Beybehaltung eines Theiles seines Vermögens zu seinem Unterhalte zu fordern berechtiget ist, kann der Bürge nicht Gebrauch machen.

Wirkung.

§ 1355. Der Bürge kann in der Regel erst dann belanget werden, wenn der Hauptschuldner auf des Gläubigers gerichtliche oder außergerichtliche Einmahnung seine Verbindlichkeit nicht erfüllet hat.

§ 1356. Der Bürge kann aber, selbst wenn er sich ausdrücklich nur für den Fall verbürget hat, daß der Hauptschuldner zu zahlen unvermögend sey, zuerst belanget werden, wenn über das Vermögen des Hauptschuldners das Insolvenzverfahren eröffnet wurde oder wenn der Hauptschuldner zu der Zeit, als die Zahlung geleistet werden sollte, unbekannten Aufenthaltes, und der Gläubiger keiner Nachlässigkeit zu beschuldigen ist.

§ 1357. Wer sich als Bürge und Zahler verpflichtet hat, haftet als ungetheilter Mitschuldner für die ganze Schuld; es hängt von der Willkühr des Gläubigers ab, ob er zuerst den Hauptschuldner, oder den Bürgen oder beyde zugleich belangen wolle (§. 891).

§ 1358. Wer eine fremde Schuld bezahlt, für die er persönlich oder mit bestimmten Vermögensstücken haftet, tritt in die Rechte des Gläubigers und ist befugt, von dem Schuldner den Ersatz der bezahlten Schuld zu fordern. Zu diesem Ende ist der befriedigte Gläubiger verbunden, dem Zahler alle vorhandenen Rechtsbehelfe und Sicherungsmittel auszuliefern.

§ 1359. Haben für den nähmlichen ganzen Betrag mehrere Personen Bürgschaft geleistet; so haftet jede für den ganzen Betrag. Hat aber Eine von ihnen die ganze Schuld abgetragen; so gebührt ihr gleich dem Mitschuldner (§. 896) das Recht des Rückersatzes gegen die übrigen.

§ 1360. Wenn dem Gläubiger vor, oder bey Leistung der Bürgschaft noch außer derselben von dem Hauptschuldner, oder einem Dritten ein Pfand gegeben wird; so steht ihm zwar noch immer frey, den Bürgen der Ordnung nach (§. 1355) zu belangen; aber er ist nicht befugt, zu dessen Nachtheil sich des Pfandes zu begeben.

§ 1361. Hat der Bürge oder Zahler den Gläubiger befriediget, ohne sich mit dem Hauptschuldner einzuverstehen; so kann dieser Alles gegen jene einwenden, was er gegen den Gläubiger hätte einwenden können.

§ 1362. Der Bürge kann von dem Entschädigungsbürgen nur dann Entschädigung verlangen, wenn er sich den Schaden nicht durch sein eigenes Verschulden zugezogen hat.

Arten der Erlöschung der Bürgschaft.

§ 1363. Die Verbindlichkeit des Bürgen hört verhältnißmäßig mit der Verbindlichkeit des Schuldners auf. Hat sich der Bürge nur auf eine gewisse Zeit verpflichtet; so haftet er nur für diesen Zeitraum. Die Entlassung eines Mitbürgen kommt diesem zwar gegen den Gläubiger; aber nicht gegen die übrigen Mitbürgen zu Statten (§. 896).

§ 1409. (1) Übernimmt jemand ein Vermögen oder ein Unternehmen, so ist er unbeschadet der fortdauernden Haftung des Veräußerers den Gläubigern aus den zum Vermögen oder Unternehmen gehörigen Schulden, die er bei der Übergabe kannte oder kennen mußte, unmittelbar verpflichtet. Er wird aber von der Haftung insoweit frei, als er an solchen Schulden schon so viel berichtigt hat, wie der Wert des übernommenen Vermögens oder Unternehmens beträgt.

(2) Ist jedoch ein naher Angehöriger des Veräußerers (§ 32 IO) der Übernehmer, so trifft ihn diese Verpflichtung, soweit er nicht beweist, daß ihm die Schulden bei der Übergabe weder bekannt waren noch bekannt sein mußten.

(3) Entgegenstehende Vereinbarungen zwischen Veräußerer und Übernehmer zum Nachteile der Gläubiger sind diesen gegenüber unwirksam.

Viertes Hauptstück.
Von der Verjährung und Ersitzung.

Besondere Verjährungszeit

§ 1486. In drei Jahren sind verjährt: die Forderungen

1. für Lieferung von Sachen oder Ausführung von Arbeiten oder sonstige Leistungen in einem gewerblichen, kaufmännischen oder sonstigen geschäftlichen Betriebe;
2. für Lieferung land- und forstwirtschaftlicher Erzeugnisse in einem Betriebe der Land- und Forstwirtschaft;
3. für die Übernahme zur Beköstigung, Pflege, Heilung, zur Erziehung oder zum Unterricht durch Personen, die sich damit befassen, oder in Anstalten, die diesem Zwecke dienen;
4. von Miet- und Pachtzinsen;
5. der Dienstnehmer wegen des Entgelts und des Auslagenersatzes aus den Dienstverträgen von Hilfsarbeitern, Taglöhnern, Dienstboten und allen Privatbediensteten, sowie der Dienstgeber wegen der auf solche Forderungen gewährten Vorschüsse;
6. der Ärzte, Tierärzte, Hebammen, der Privatlehrer, der Rechtsanwälte, Notare, Patentanwälte und aller anderen zur Besorgung gewisser Angelegenheiten öffentlich bestellten Personen wegen Entlohnung ihrer Leistungen und Ersatzes ihrer Auslagen, sowie der Parteien wegen der Vorschüsse an diese Personen.
7. von Ausstattungen.

(BGBl I 2009/75)

§ 1486a. Der Anspruch eines Ehegatten auf Abgeltung seiner Mitwirkung im Erwerb des anderen (§ 98) verjährt in sechs Jahren vom Ende des Monats, in dem die Leistung erbracht worden ist.

§ 1489. Jede Entschädigungsklage ist in drei Jahren von der Zeit an verjährt, zu welcher der

Schade und die Person des Beschädigers dem Beschädigten bekannt wurde, der Schade mag durch Übertretung einer Vertragspflicht oder ohne Beziehung auf einen Vertrag verursacht worden sein. Ist dem Beschädigten der Schade oder die Person des Beschädigers nicht bekannt geworden oder ist der Schade aus einer oder mehreren gerichtlich strafbaren Handlungen, die nur vorsätzlich begangen werden können und mit mehr als einjähriger Freiheitsstrafe bedroht sind, entstanden, so erlischt das Klagerecht nur nach dreißig Jahren.

Entsagung oder Verlängerung der Verjährung.

§ 1502. Der Verjährung kann weder im voraus entsagt, noch kann eine längere Verjährungsfrist, als durch die Gesetze bestimmt ist, bedungen werden.

Fünftes Hauptstück

Inkrafttreten und Übergangsbestimmungen ab 1. Februar 2013

§ 1503. (10) § 1164 Abs. 1 in der Fassung des Bundesgesetzes, BGBl. I Nr. 153/2017, tritt mit 1. Juli 2018 in Kraft. Mit Ablauf des 30. Juni 2018 tritt § 1154b Abs. 6 außer Kraft. § 1159 in der Fassung des Bundesgesetzes, BGBl. I Nr. 153/2017, tritt mit 1. Jänner 2021 in Kraft und ist auf Beendigungen anzuwenden, die nach dem 31. Dezember 2020 ausgesprochen werden. Mit diesem Zeitpunkt treten auch § 1158 Abs. 4 und § 1159a bis § 1159c dieses Bundesgesetzes sowie § 77 der Gewerbeordnung 1859, RGBl. Nr. 227/1859, außer Kraft. Sie sind jedoch weiterhin auf Beendigungen anzuwenden, die vor dem 1. Jänner 2021 ausgesprochen wurden.

2. Arbeitsmarktförderungsgesetz (Auszug)

Arbeitsmarktförderungsgesetz, BGBl 1969/31 idF

1	BGBl 1979/109	2	BGBl 1993/18	3	BGBl 1993/502
4	BGBl 1994/314	5	BGBl 1994/450	6	BGBl I 1999/179
7	BGBl I 2013/71				

Bundesgesetz vom 12. Dezember 1968 betreffend die Arbeitsmarktförderung (Arbeitsmarktförderungsgesetz – AMFG)

Mitwirkung der Dienstgeber

§ 45a. (1) Die Arbeitgeber haben die nach dem Standort des Betriebes zuständige regionale Geschäftsstelle des Arbeitsmarktservice durch schriftliche Anzeige zu verständigen, wenn sie beabsichtigen, Arbeitsverhältnisse

1. von mindestens fünf Arbeitnehmern in Betrieben mit in der Regel mehr als 20 und weniger als 100 Beschäftigten oder

   (BGBl 1993/18)

2. von mindestens fünf vH der Arbeitnehmer in Betrieben mit 100 bis 600 Beschäftigten oder

   (BGBl 1993/18)

3. von mindestens 30 Arbeitnehmern in Betrieben mit in der Regel mehr als 600 Beschäftigten oder

   (BGBl 1993/18)

4. von mindestens fünf Arbeitnehmern, die das 50. Lebensjahr vollendet haben,

   (BGBl 1993/502)

innerhalb eines Zeitraumes von 30 Tagen aufzulösen.

(BGBl 1993/18, BGBl 1994/314)

(2) Die Anzeige gemäß Abs. 1 ist mindestens 30 Tage vor der ersten Erklärung der Auflösung eines Arbeitsverhältnisses zu erstatten. Diese Frist kann durch Kollektivvertrag verlängert werden. Die Verpflichtung zur Anzeige gemäß Abs. 1 besteht auch bei Insolvenz und ist im Falle des Konkurses vom Masseverwalter zu erfüllen, wenn die Anzeige nicht bereits vor Konkurseröffnung erstattet wurde. Abs. 1 Z 4 ist nicht anzuwenden, wenn die Auflösung der Arbeitsverhältnisse ausschließlich auf die Beendigung der Saison bei Saisonbetrieben zurückzuführen ist.

(BGBl 1993/18, BGBl I 1999/179)

(3) Die Anzeige nach Abs. 1 hat Angaben über die Gründe für die beabsichtigte Auflösung der Arbeitsverhältnisse und den Zeitraum, in dem diese vorgenommen werden soll, die Zahl und die Verwendung der regelmäßig beschäftigten Arbeitnehmer, die Zahl und die Verwendung der von der beabsichtigten Auflösung der Arbeitsverhältnisse voraussichtlich betroffenen Arbeitnehmer, das Alter, das Geschlecht, die Qualifikationen und die Beschäftigungsdauer der voraussichtlich betroffenen Arbeitnehmer, weitere für die Auswahl der betroffenen Arbeitnehmer maßgebliche Kriterien sowie die flankierenden sozialen Maßnahmen zu enthalten. Gleichzeitig ist die Konsultation des Betriebsrates gemäß § 109 Abs. 1 Z 1a und Abs. 1a des Arbeitsverfassungsgesetzes, BGBl. Nr. 22/1974, in der jeweils geltenden Fassung, nachzuweisen.

(BGBl 1993/18)

(4) Eine Durchschrift der Anzeige ist vom Arbeitgeber gleichzeitig dem Betriebsrat zu übermitteln. Die Verpflichtungen des Arbeitgebers gemäß § 105 des Arbeitsverfassungsgesetzes und vergleichbaren anderen österreichischen Rechtsvorschriften bleiben unberührt. Besteht kein Betriebsrat, ist die Durchschrift der Anzeige gleichzeitig den voraussichtlich betroffenen Arbeitnehmern zu übermitteln.

(BGBl 1993/18)

(5) Kündigungen, die eine Auflösung von Arbeitsverhältnissen im Sinne des Abs. 1 bezwecken, sind rechtsunwirksam, wenn sie

1. vor Einlangen der im Abs. 1 genannten Anzeige bei der regionalen Geschäftsstelle des Arbeitsmarktservice oder
2. nach Einlangen der Anzeige bei der regionalen Geschäftsstelle des Arbeitsmarktservice innerhalb der gemäß Abs. 2 festgesetzten Frist ohne vorherige Zustimmung der Landesgeschäftsstelle gemäß Abs. 8

ausgesprochen werden.

(BGBl 1993/18, BGBl 1994/314, BGBl 1994/450)

(6) Das Arbeitsmarktservice hat innerhalb der Frist des Abs. 2 unverzüglich alle im Zusammenhang mit der beabsichtigten Auflösung von Arbeitsverhältnissen notwendigen Beratungen durchzuführen, denen insbesondere der Arbeitgeber, der Betriebsrat und die für den jeweiligen Wirtschaftszweig in Betracht kommenden gesetzlichen Interessenvertretungen und kollektivvertragsfähigen freiwilligen Berufsvereinigungen der Arbeitgeber und der Arbeitnehmer beizuziehen sind. Außerdem sind das Landesdirektorium und der Regionalbeirat von solchen Beratungen rechtzeitig zu verständigen. Das Arbeitsmarktservice hat überdies das zuständige Bundesamt für Soziales und Behindertenwesen von der Anzeige gemäß Abs. 1 in geeigneter Weise zu verständigen.

(BGBl 1993/18, BGBl 1994/314)

(7) Bei den Beratungen gemäß Abs. 6 ist vom Arbeitsmarktservice auf einen weitestmöglichen Einsatz aller in Betracht kommenden Förderungs-

maßnahmen nach diesem Bundesgesetz und nach dem Arbeitslosenversicherungsgesetz 1977, BGBl. Nr. 609, in der jeweils geltenden Fassung, besonders Bedacht zu nehmen. Die zuständige regionale Geschäftsstelle des Arbeitsmarktservice hat vor allem auch darauf hinzuwirken, daß eine Beschäftigung der betroffenen älteren Arbeitnehmer (Abs. 1 Z 4) im bisherigen oder in einem anderen Betrieb ermöglicht wird.

(BGBl 1993/18, BGBl 1993/502, BGBl 1994/314, BGBl 1994/450)

(8) Die Landesgeschäftsstelle des Arbeitsmarktservice kann nach Anhörung des Landesdirektoriums die Zustimmung zum Ausspruch der Kündigung vor Ablauf der Frist des Abs. 2 erteilen, wenn hiefür vom Arbeitgeber wichtige wirtschaftliche Gründe, wie zum Beispiel der Abschluß einer Betriebsvereinbarung im Sinne des § 97 Abs. 1 Z 4 in Verbindung mit § 109 Abs. 1 Z 1 des Arbeitsverfassungsgesetzes (Sozialplan), nachgewiesen werden. Dabei ist auch zu berücksichtigen, ob dem Arbeitgeber die fristgerechte Anzeige der beabsichtigten Kündigungen möglich oder zumutbar war. Die Landesgeschäftsstelle des Arbeitsmarktservice hat das Landesdirektorium unverzüglich zum ehesten Zeitpunkt einzuberufen. Den Beratungen können erforderlichenfalls Experten beigezogen werden. Von der Zustimmung der Landesgeschäftsstelle des Arbeitsmarktservice ist der Arbeitgeber zu verständigen. „Wird die Zustimmung nicht erteilt, so ist darüber ein Bescheid zu erlassen."

(BGBl 1993/18, BGBl 1994/314, BGBl I 2013/71)

(BGBl 1979/109)

3. Arbeitsmarktpolitik-Finanzierungsgesetz (Auszug)

Arbeitsmarktpolitik-Finanzierungsgesetz, BGBl 1994/315 idF

1 BGBl I 2012/35 2 BGBl I 2018/30

STICHWORTVERZEICHNIS

315. Bundesgesetz über die Finanzierung der Arbeitsmarktpolitik (Arbeitsmarktpolitik-Finanzierungsgesetz – AMPFG)

~~Auflösungsabgabe~~

~~**§ 2b.**~~*) ~~(1) Zum Ende jedes arbeitslosenversicherungspflichtigen Dienstverhältnisses oder arbeitslosenversicherungspflichtigen freien Dienstverhältnisses hat der Dienstgeber eine Abgabe in Höhe von 110 € zu entrichten. Der zu entrichtende Betrag ist jährlich, erstmals für das Jahr 2013, mit der Aufwertungszahl gemäß § 108 Abs. 2 ASVG zu vervielfachen und kaufmännisch auf einen Euro zu runden sowie vom Bundesminister für Arbeit, Soziales und Konsumentenschutz im Bundesgesetzblatt kundzumachen.~~

~~(2) Die Abgabe gemäß Abs. 1 ist nicht zu entrichten, wenn~~

~~1. das Dienstverhältnis oder freie Dienstverhältnis auf längstens sechs Monate befristet war oder~~
~~2. die Auflösung des Dienstverhältnisses während des Probemonats erfolgt oder~~
~~3. die Dienstnehmerin oder der Dienstnehmer~~
   ~~a) gekündigt hat oder~~
   ~~b) ohne wichtigen Grund vorzeitig ausgetreten ist oder~~
   ~~c) aus gesundheitlichen Gründen vorzeitig ausgetreten ist oder~~
   ~~d) im Zeitpunkt der Auflösung des Dienstverhältnisses einen Anspruch auf eine Invaliditäts- oder Berufsunfähigkeitspension hat oder~~
   ~~e) bei einvernehmlicher Auflösung des Dienstverhältnisses das Regelpensionsalter vollendet hat und die Anspruchsvoraussetzungen für eine Alterspension erfüllt oder~~
   ~~f) bei einvernehmlicher Auflösung des Dienstverhältnisses die Voraussetzungen für die Inanspruchnahme eines Sonderruhegeldes nach Art. X des Nachtschwerarbeitsgesetzes (NSchG), BGBl. Nr. 354/1981, erfüllt oder~~
   ~~g) gerechtfertigt entlassen wurde oder~~
~~4. die freie Dienstnehmerin oder der freie Dienstnehmer~~
   ~~a) gekündigt hat oder~~
   ~~b) das freie Dienstverhältnis ohne Vorliegen eines wichtigen Grundes vorzeitig aufgelöst hat oder~~
   ~~c) einen wichtigen Grund gesetzt hat, der den Dienstgeber veranlasst hat, das freie Dienstverhältnis vorzeitig aufzulösen, oder~~
   ~~d) im Zeitpunkt der Auflösung des freien Dienstverhältnisses einen Anspruch auf eine Invaliditäts- oder Berufsunfähigkeitspension hat oder~~
   ~~e) bei einvernehmlicher Auflösung des freien Dienstverhältnisses das Regelpensionsalter vollendet hat und die Anspruchsvoraussetzungen für eine Alterspension erfüllt oder~~
~~5. ein Lehrverhältnis aufgelöst wird oder~~
~~6. ein verpflichtendes Ferial- oder Berufspraktikum beendet wird oder~~
~~7. das Dienstverhältnis oder freie Dienstverhältnis nach § 25 der Insolvenzordnung, RGBl. Nr. 337/1914, gelöst wird oder~~
~~8. innerhalb eines Konzerns im unmittelbaren Anschluss an das beendete Dienstverhältnis ein neues Dienstverhältnis begründet wird oder~~
~~9. das Dienstverhältnis oder freie Dienstverhältnis durch den Tod der Dienstnehmerin oder freien Dienstnehmerin oder des Dienstnehmers oder freien Dienstnehmers endet.~~

~~(3) Die Abgabe gemäß Abs. 1 ist eine ausschließliche Bundesabgabe zugunsten der zweckgebundenen Gebarung Arbeitsmarktpolitik, die von den Krankenversicherungsträgern im übertragenen Wirkungsbereich einzuheben ist. Die Hälfte der Einnahmen aus der Abgabe gemäß Abs. 1 ist der Arbeitsmarktrücklage gemäß § 50 AMSG zuzuführen und für Beihilfen an Unternehmen zur Förderung der Beschäftigung älterer Personen zu verwenden.~~

~~(4) Die Einhebung der Abgabe gemäß Abs. 1 und die Prüfung der korrekten Einhaltung der Abgabepflicht obliegt dem zuständigen Krankenversicherungsträger nach dem für die Prüfung und die Abfuhr der Dienstgeberbeiträge zur Krankenversicherung geltenden Verfahren, wobei an die Stelle~~

der Beiträge die Abgabe und an die Stelle des Beitragsschuldners der Abgabepflichtige tritt. § 5 Abs. 3 bis 6 sind mit der Maßgabe anzuwenden, dass an die Stelle der Arbeitslosenversicherungsbeiträge die Abgabe gemäß Abs. 1 tritt.

(5) Die Abgabe gemäß Abs. 1 ist im Monat der Auflösung des Dienstverhältnisses oder freien Dienstverhältnisses gemeinsam mit den Sozialversicherungsbeiträgen fällig und vom Dienstgeber unaufgefordert zu entrichten. Im Falle der Einbringung einer Klage über die Rechtswirksamkeit der Beendigung des Dienstverhältnisses oder freien Dienstverhältnisses ist die Verjährung der Verpflichtung zur Leistung der Abgabe ab der Klagseinbringung bis zur Zustellung der Ausfertigung der rechtskräftigen Entscheidung des Gerichtes oder der Vergleichsausfertigung an den zuständigen Krankenversicherungsträger gehemmt.

(6) Die Auswirkungen der Auflösungsabgabe sind im Jahr 2014 zu evaluieren.

(BGBl I 2012/35, BGBl I 2018/30)

---

*) Tritt mit Ablauf des 31. Dezember 2019 außer Kraft.

4. Angestelltengesetz

Angestelltengesetz, BGBl 1921/292 idF

1	BGBl 1937/229	2	BGBl 1946/174	3	BGBl 1947/159
4	BGBl 1958/108	5	BGBl 1959/253	6	BGBl 1971/292
7	BGBl 1971/317	8	BGBl 1975/418	9	BGBl 1976/390
10	BGBl 1979/107	11	BGBl 1983/144	12	BGBl 1983/544
13	BGBl 1989/651	14	BGBl 1990/299	15	BGBl 1990/408
16	BGBl 1991/157	17	BGBl 1992/833	18	BGBl 1993/335
19	BGBl 1993/459	20	BGBl 1993/502	21	BGBl 1993/917
22	BGBl I 2000/44	23	BGBl I 2001/98	24	BGBl I 2002/100
25	BGBl I 2003/138	26	BGBl I 2004/64	27	BGBl I 2004/143
28	BGBl I 2006/35	29	BGBl I 2009/116	30	BGBl I 2010/58
31	BGBl I 2015/152	32	BGBl I 2017/153	33	BGBl I 2018/100
34	BGBl I 2019/74				

GLIEDERUNG

STICHWORTVERZEICHNIS

Bundesgesetz vom 11. 5. 1921, BGBl. 292, über den Dienstvertrag der Privatangestellten (Angestelltengesetz)

Der Nationalrat hat beschlossen:

Artikel I

An dem Tage, an dem dieses Gesetz in Wirksamkeit tritt, erlischt die Wirksamkeit des Gesetzes vom 16. Jänner 1910, RGBl. Nr. 20, über den Dienstvertrag der Handlungsgehilfen und anderer Dienstnehmer in ähnlicher Stellung (Handlungsgehilfengesetz) sowie die Wirksamkeit der Verordnung vom 22. März 1921, BGBl. Nr. 187, über die Beschränkung der Kündigung bestimmter Dienstverhältnisse. Gleichzeitig treten die §§ 201, 202, 203, 205 und 208 des allgemeinen Berggesetzes vom 23. Mai 1854, RGBl. Nr. 146, soweit sie sich auf Angestellte beziehen, außer Kraft.

Anwendungsgebiet des Gesetzes

§ 1. (1) Die Bestimmungen dieses Gesetzes gelten für das Dienstverhältnis von Personen, die im Geschäftsbetrieb eines Kaufmannes vorwiegend zur Leistung kaufmännischer (Handlungsgehilfen) oder höherer, nicht kaufmännischer Dienste oder zu Kanzleiarbeiten angestellt sind.

(BGBl 1975/418, BGBl 1992/833)

(2) Bei einem Kaufmann angestellte Personen, die nur ausnahmsweise zu kaufmännischen Diensten verwendet werden, sowie Personen, die vorwiegend untergeordnete Verrichtungen leisten, sind nicht als Handlungsgehilfen anzusehen.

(BGBl 1975/418)

§ 2. (1) Die Bestimmungen dieses Gesetzes finden ferner Anwendung auf das Dienstverhältnis von Personen, die vorwiegend zur Leistung kaufmännischer oder höherer, nicht kaufmännischer Dienste oder zu Kanzleiarbeiten im Geschäftsbetrieb von Unternehmungen, Anstalten oder sonstigen Dienstgebern der nachstehenden Art angestellt sind:

1. In Unternehmungen jeder Art, auf welche die Gewerbeordnung Anwendung findet, ferner in Vereinen und Stiftungen jeder Art;
2. in Kreditanstalten, Sparkassen, Vorschußkassen, Erwerbs- und Wirtschaftsgenossenschaften, Versatz-, Versorgungs- und Rentenan-

stalten, Krankenkassen, registrierten Hilfskassen, Versicherungsanstalten jeder Art, gleichviel, ob sie private Versicherungsgeschäfte betreiben oder den Zwecken der öffentlich-rechtlichen Versicherung dienen, sowie in Verbänden der genannten Anstalten;

3. in der Schriftleitung, Verwaltung oder dem Verschleiß einer periodischen Druckschrift;
4. in Kanzleien der Rechtsanwälte, Notare und Patentanwälte;
5. [bei Zivilingenieuren, nicht autorisierten Architekten und Zivilgeometern][a) ;

[a)] heute Ziviltechniker i.S. des § 1 ZiviltechnikerG BGBl 1957/146

6. in Tabaktrafiken und Lottokollekturen;
7. bei Handelsmaklern, Privatgeschäftsvermittlungen und Auskunftsbureaus;
8. bei Ärzten, Zahntechnikern[a)] , in Privatheil- und -pflegeanstalten und in privaten Unterrichtsanstalten;

[a)] nach DentistenG BGBl 1949/90, jetzt „Dentisten“

9. im Bergbau auf vorbehaltene Mineralien[a)] einschließlich der auf Grund der Bergwerksverleihung (§ 131 des allgemeinen Berggesetzes vom 23. Mai 1854, R.G.Bl. Nr. 146)[b)] errichteten Werksanlagen.

[a)] nach BergG BGBl 1975/259, jetzt „bergfreie mineralische Rohstoffe“

[b)] nach §§ 30 ff. BergG BGBl 1975/259, jetzt „Bergwerksberechtigung“

(BGBl 1975/418, BGBl 1992/833)

(2) Nach Anhörung der Körperschaften, denen die Vertretung der in Betracht kommenden Interessen obliegt, kann mit Genehmigung des Hauptausschusses durch Verordnung die Anwendung dieses Gesetzes auch auf Angestellte bei andern Dienstgebern ausgedehnt werden.

§ 3. Wird eine Unternehmung der in den §§ 1 oder 2 bezeichneten Art von einem öffentlichen Fonds, von einem Lande, von einem Bezirk oder von einer Gemeinde betrieben, so unterliegen die in diesen Unternehmungen vorwiegend zu kaufmännischen oder zu höheren, nicht kaufmännischen Diensten oder zu Kanzleiarbeiten verwendeten Personen den Bestimmungen dieses Gesetzes nur dann, wenn ihr Dienstverhältnis auf einem privatrechtlichen Vertrage beruht.

§ 4. Das Dienstverhältnis der als Beamte oder Bedienstete des Bundes, einer Bundesanstalt oder eines vom Bund verwalteten Fonds angestellten Personen wird durch die Bestimmungen dieses Gesetzes nicht berührt.

§ 5. Die Bestimmungen dieses Gesetzes finden keine Anwendung auf Lehrlinge im Sinne der Gewerbeordnung[a)] , ferner auf Angestellte der Seeschiffahrt sowie auf Angestellte in land- und forstwirtschaftlichen Betrieben, sofern letztere nicht Handlungsgehilfen sind.

[a)] jetzt Berufsausbildungsgesetz (vgl. § 33 Abs. 10 BGBl 1969/142)

(BGBl I 2003/138)

Inhalt des Dienstvertrages

§ 6. (1) Art und Umfang der Dienstleistungen sowie das dafür gebührende Entgelt (Geld- und Naturalbezüge) werden mangels Vereinbarung durch den für die betreffende Art der Unternehmung bestehenden Ortsgebrauch bestimmt. In Ermangelung eines solchen sind die den Umständen nach angemessenen Dienste und ein ebensolches Entgelt zu leisten.

(2) Die Überlassung von Wohnräumen, die Beistellung von Beheizung und Beleuchtung an Angestellte sowie deren Verköstigung auf Rechnung des Entgeltes kann von den beteiligten Bundesministerien nach Anhörung der Körperschaften, denen die Vertretung der in Betracht kommenden Interessen obliegt, durch Verordnung für Unternehmungen bestimmter Art oder für den Bereich bestimmter Orte verboten werden.

(3) Dem Angestellten ist bei Abschluß des Dienstvertrages vom Dienstgeber eine schriftliche Aufzeichnung über die wesentlichen Rechte und Pflichten aus dem Dienstvertrag auszuhändigen, auf die die Vorschriften des § 2 des Arbeitsvertragsrechts-Anpassungsgesetzes (AVRAG), BGBl. Nr. 459/1993, in der jeweils geltenden Fassung anzuwenden sind.

(BGBl 1993/459)

Konkurrenzverbot

§ 7. (1) Die im § 1 bezeichneten Angestellten dürfen ohne Bewilligung des Dienstgebers weder ein selbständiges kaufmännisches Unternehmen betreiben noch in dem Geschäftszweige des Dienstgebers für eigene oder fremde Rechnung Handelsgeschäfte machen.

(2) Übertritt der Angestellte diese Vorschrift, so kann der Dienstgeber Ersatz des verursachten Schadens fordern oder statt dessen verlangen; daß die für Rechnung des Angestellten gemachten Geschäfte als für seine Rechnung geschlossen angesehen werden. Bezüglich der für fremde Rechnung geschlossenen Geschäfte kann er die Herausgabe der hiefür bezogenen Vergütung oder Abtretung des Anspruches auf Vergütung begehren.

(3) Die Ansprüche des Dienstgebers erlöschen in drei Monaten von dem Zeitpunkt an, in dem er Kenntnis von dem Abschlusse des Geschäftes erlangt hat, jedenfalls aber in fünf Jahren von dem Abschlusse des Geschäftes an.

(4) Angestellten, die bei den im § 2, Z 5 bezeichneten Dienstgebern angestellt sind, ist untersagt, ohne Einwilligung des Dienstgebers Aufträge, die in das Gebiet der geschäftlichen Tätigkeit des Dienstgebers fallen, auf eigene oder fremde Rechnung zu übernehmen, sofern dadurch das geschäftliche Interesse des Dienstgebers beeinträch-

tigt wird; ferner ist ihnen untersagt, ohne Einwilligung des Dienstgebers gleichzeitig mit diesem an einem und demselben Wettbewerbe teilzunehmen. Übertritt der Angestellte diese Vorschrift, so kann der Dienstgeber Ersatz des verursachten Schadens fordern. Die Bestimmungen des vorhergehenden Absatzes sind sinngemäß anzuwenden.

Anspruch bei Dienstverhinderung

§ 8. (1)[a] Ist ein Angestellter nach Antritt des Dienstverhältnisses durch Krankheit oder Unglücksfall an der Leistung seiner Dienste verhindert, ohne dass er die Verhinderung vorsätzlich oder durch grobe Fahrlässigkeit herbeigeführt hat, so behält er seinen Anspruch auf das Entgelt bis zur Dauer von sechs Wochen. Der Anspruch auf das Entgelt beträgt, wenn das Dienstverhältnis ein Jahr gedauert hat, jedenfalls acht Wochen; es erhöht sich auf die Dauer von zehn Wochen, wenn es fünfzehn Jahre, und auf zwölf Wochen, wenn es fünfundzwanzig Jahre ununterbrochen gedauert hat. Durch je weitere vier Wochen behält der Angestellte den Anspruch auf das halbe Entgelt.

(BGBl I 2017/153)

[a] Tritt mit 1. Juli 2018 in Kraft; siehe Art X Abs. 2 Z 14 und 17.

(2)[a] Bei wiederholter Dienstverhinderung durch Krankheit (Unglücksfall) innerhalb eines Arbeitsjahres besteht ein Anspruch auf Fortzahlung des Entgelts nur insoweit, als die Dauer des Anspruches gemäß Abs. 1 noch nicht erschöpft ist.

(BGBl I 2017/153)

[a] Tritt mit 1. Juli 2018 in Kraft; siehe Art X Abs. 2 Z 14 und 18.

(2a)[a] Wird ein Angestellter durch Arbeitsunfall oder Berufskrankheit im Sinne der Vorschriften über die gesetzliche Unfallversicherung an der Leistung seiner Arbeit verhindert, ohne dass er die Verhinderung vorsätzlich oder durch grobe Fahrlässigkeit herbeigeführt hat, so behält er seinen Anspruch auf das Entgelt ohne Rücksicht auf andere Zeiten einer Dienstverhinderung bis zur Dauer von acht Wochen. Der Anspruch auf das Entgelt erhöht sich auf die Dauer von zehn Wochen, wenn das Dienstverhältnis 15 Jahre ununterbrochen gedauert hat. Bei wiederholten Dienstverhinderungen, die im unmittelbaren ursächlichen Zusammenhang mit einem Arbeitsunfall oder einer Berufskrankheit stehen, besteht ein Anspruch auf Fortzahlung des Entgelts innerhalb eines Arbeitsjahres nur insoweit, als die Dauer des Anspruches nach dem ersten oder zweiten Satz noch nicht erschöpft ist. Ist ein Angestellter gleichzeitig bei mehreren Dienstgebern beschäftigt, so entsteht ein Anspruch nach diesem Absatz nur gegenüber jenem Dienstgeber, bei dem die Dienstverhinderung im Sinne dieses Absatzes eingetreten ist; gegenüber den anderen Dienstgebern entstehen Ansprüche nach Abs. 1.

[a] Tritt mit 1. Juli 2018 in Kraft; siehe Art X Abs. 2 Z 14.

(BGBl I 2017/153)

(3) Der Angestellte behält ferner den Anspruch auf das Entgelt, wenn er durch andere wichtige, seine Person betreffende Gründe ohne sein Verschulden während einer verhältnismäßig kurzen Zeit an der Leistung seiner Dienste verhindert wird.

„(3a) Ist ein Angestellter nach Antritt des Dienstverhältnisses wegen eines Einsatzes als freiwilliges Mitglied einer Katastrophenhilfsorganisation, eines Rettungsdienstes oder einer freiwilligen Feuerwehr bei einem Großschadensereignis nach § 3 Z 2 lit. b des Katastrophenfondsgesetzes, BGBl. Nr. 201/1996 oder als Mitglied eines Bergrettungsdienstes an der Dienstleistung verhindert, so hat er unbeschadet seiner Ansprüche nach Abs. 3 einen Anspruch auf Fortzahlung des Entgelts, wenn das Ausmaß und die Lage der Dienstfreistellung mit dem Dienstgeber vereinbart wird.“

(BGBl I 2019/74)

(4) Weibliche Angestellte behalten den Anspruch auf das Entgelt während sechs Wochen nach ihrer Niederkunft. Erkranken sie, so gelten vom Zeitpunkt der Niederkunft die Bestimmungen des Abs. 1. Die Ansprüche nach dem ersten und zweiten Satz bestehen nicht für Zeiten, während derer ein Anspruch auf Wochengeld oder Krankengeld nach dem Allgemeinen Sozialversicherungsgesetz, BGBl. Nr. 189/1955 besteht. Ebenso bestehen diese Ansprüche nicht, wenn sich die Angestellte vor dem Beschäftigungsverbot nach § 3 Abs. 1 oder Abs. 3 des Mutterschutzgesetzes 1979 (MSchG), BGBl. Nr. 221/1979, in einer Karenz nach dem MSchG oder einer mit dem Dienstgeber zur Kinderbetreuung vereinbarten Karenz befindet. Ein Anspruch auf einen Zuschuss des Dienstgebers zum Krankengeld wird hierdurch nicht berührt.

(BGBl I 2015/152)

(5) Gegen Vorweisung eines ärztlichen Zeugnisses, daß ihre Niederkunft voraussichtlich innerhalb sechs Wochen stattfinden wird, können weibliche Angestellte die Arbeit einstellen. Erkrankt die Angestellte während dieser Frist, so gelten vom Tage der Erkrankung die Bestimmungen des Absatzes 1.

(6) Nach der Niederkunft haben sie, wenn sie ihre Kinder selbst stillen, während der Arbeitszeit Anspruch auf zwei halbstündige Stillpausen täglich.

(7) Beträge, die der Angestellte für die Zeit der Verhinderung auf Grund einer öffentlich-rechtlichen Versicherung bezieht, dürfen auf die Geldbezüge nicht angerechnet werden.

(8) Der Angestellte ist verpflichtet, ohne Verzug die Dienstverhinderung dem Dienstgeber anzuzeigen und auf Verlangen des Dienstgebers, das nach angemessener Zeit wiederholt werden kann, eine Bestätigung der zuständigen Krankenkasse oder eines Amts- oder Gemeindearztes über Ursache und Dauer der Arbeitsunfähigkeit vorzulegen. Kommt der Angestellte diesen Verpflichtungen

nicht nach, so verliert er für die Dauer der Säumnis den Anspruch auf das Entgelt.

(9)[a] Durch Kollektivvertrag oder durch Betriebsvereinbarung im Sinne des § 97 Abs. 1 Z 21 Arbeitsverfassungsgesetz (ArbVG) kann vereinbart werden, dass sich der Anspruch auf Entgeltfortzahlung nicht nach dem Arbeitsjahr, sondern nach dem Kalenderjahr richtet. Solche Vereinbarungen können vorsehen, dass

a) Dienstnehmer, die während des Kalenderjahres eintreten, Anspruch auf Entgeltfortzahlung nur bis zur Hälfte der in Abs. 1 und 2a genannten Dauer haben, sofern die Dauer des Arbeitsverhältnisses im Kalenderjahr des Eintritts weniger als sechs Monate beträgt;
b) der jeweils höhere Anspruch nach Abs. 1 zweiter Satz und Abs. 2a zweiter Satz erstmals in jenem Kalenderjahr gebührt, in das der überwiegende Teil des Arbeitsjahres fällt;
c) die Ansprüche der im Zeitpunkt der Umstellung im Betrieb beschäftigten Dienstnehmer für den Umstellungszeitraum (Beginn des Arbeitsjahres bis Ende des folgenden Kalenderjahres) gesondert berechnet werden. Jedenfalls muss für den Umstellungszeitraum dem Dienstnehmer ein voller Anspruch und ein zusätzlicher aliquoter Anspruch entsprechend der Dauer des Arbeitsjahres im Kalenderjahr vor der Umstellung abzüglich jener Zeiten, für die bereits Entgeltfortzahlung wegen Arbeitsverhinderung wegen Krankheit (Unglücksfall) gewährt wurde, zustehen.

(BGBl I 2017/153)

---

[a] Tritt mit 1. Juli 2018 in Kraft; siehe Art X Abs. 2 Z 14.

(BGBl 1975/418)

§ 9. (1) Wird der Angestellte während einer Dienstverhinderung gemäß § 8 Abs. 1 bis 2a gekündigt, ohne wichtigen Grund vorzeitig entlassen oder trifft den Dienstgeber ein Verschulden an dem vorzeitigen Austritt des Angestellten, so bleibt der Anspruch auf Fortzahlung des Entgelts für die nach diesem Bundesgesetz vorgesehene Dauer bestehen, wenngleich das Dienstverhältnis früher endet. Der Anspruch auf Entgeltfortzahlung bleibt auch bestehen, wenn das Dienstverhältnis während einer Dienstverhinderung gemäß § 8 Abs. 1 bis 2a oder im Hinblick auf eine Dienstverhinderung gemäß § 8 Abs. 1 bis 2a einvernehmlich beendet wird.

(BGBl 1975/418, BGBl I 2017/153)

(2) Weibliche Angestellte dürfen wegen der durch ihre Schwangerschaft (§ 8 Absatz 5) oder ihre Niederkunft verursachten Dienstverhinderung nicht entlassen werden. Wird das Dienstverhältnis vom Dienstgeber innerhalb sechs Wochen vor oder innerhalb sechs Wochen nach der Niederkunft gekündigt, so endigt es in keinem Falle vor Ablauf von acht Wochen nach der Niederkunft.

(3) Die Ansprüche des Angestellten auf Fortbezug des Entgeltes (§ 8) erlöschen mit der Beendigung des Dienstverhältnisses, wenn dieses infolge Ablaufes der Zeit, für die es eingegangen wurde, oder infolge einer früheren Kündigung aufgelöst wird. Das gleiche gilt, wenn der Angestellte aus einem anderen Grunde als wegen der durch Erkrankung oder Unglücksfall verursachten Dienstverhinderung entlassen wird.

Provision

§ 10. (1) Ist bedungen, daß der Angestellte für Geschäfte, die von ihm geschlossen oder vermittelt werden, Provision erhalten soll, so gebührt ihm mangels Vereinbarung die für den betreffenden Geschäftszweig am Orte der Niederlassung, für die er tätig ist, übliche Provision.

(2) Hat ein Angestellter, der nur mit der Vermittlung von Geschäften betraut ist, ein Geschäft im Namen des Dienstgebers mit dem Dritten abgeschlossen, so gilt es als vom Dienstgeber genehmigt, wenn dieser nicht ohne Verzug, nachdem er vom Abschluß des Geschäftes Kenntnis erhalten hat, dem Dritten erklärt, daß er das Geschäft ablehne.

(3) Bei Verkaufsgeschäften gilt mangels Vereinbarung der Anspruch des Angestellten auf Provision als erworben, wenn eine Zahlung eingeht, und zwar nur nach dem Verhältnis des eingegangenen Betrages, bei anderen Geschäften mit dem Abschlusse des Geschäftes.

(4) Die Abrechnung über die zu zahlenden Provisionen findet mangels Vereinbarung mit Ende jedes Kalendervierteljahres, wenn aber das Dienstverhältnis vor Ablauf eines Kalendervierteljahres gelöst wird, mit dem Dienstaustritte statt.

(5) Der Angestellte kann, unbeschadet des nach anderen gesetzlichen Vorschriften bestehenden Rechtes auf Vorlegung der Bücher, die Mitteilung eines Buchauszuges über die durch seine Tätigkeit zustande gekommenen Geschäfte verlangen.

§ 11. (1) Dem Angestellten gebührt im Zweifel die Provision auch für solche Geschäfte, die ohne seine unmittelbare Mitwirkung während der Dauer des Dienstverhältnisses zwischen der ihm zugewiesenen oder von ihm zugeführten Kundschaft und dem Dienstgeber zustande gekommen sind.

(2) Ist der Angestellte ausdrücklich für einen bestimmten Bezirk als alleiniger Vertreter des Dienstgebers bestellt, so gebührt ihm mangels Vereinbarung die Provision auch für solche Geschäfte, die ohne seine Mitwirkung während der Dauer des Dienstverhältnisses durch den Dienstgeber oder für diesen in dem Bezirke abgeschlossen worden sind.

(3) Ist die Ausführung eines vom Angestellten oder durch dessen Vermittlung abgeschlossenen Geschäftes oder die Gegenleistung des Dritten, mit dem das Geschäft abgeschlossen worden ist, infolge Verhaltens des Dienstgebers ganz oder teilweise unterblieben, ohne daß hiefür wichtige Gründe in der Person des Dritten vorlagen, so kann der Angestellte die volle Provision verlangen.

(4) Nachlässe, die der Dienstgeber dem Dritten gewährt hat, dürfen mangels Vereinbarung oder

mangels eines abweichenden für den betreffenden Geschäftszweig bestehenden Gebrauches bei Berechnung der Provision nur dann abgezogen werden, wenn sie bei Abschluß des Geschäftes vereinbart worden sind.

§ 12. Wenn der Angestellte vom Dienstgeber vertragswidrig verhindert wird, Provisionen oder Taggelder (Diäten) in dem vereinbarten oder in dem nach den getroffenen Vereinbarungen zu erwartenden Umfange zu verdienen, so gebührt ihm eine angemessene Entschädigung.

§ 13. (1) Ein mit dem Abschlusse oder der Vermittlung von Geschäften betrauter Angestellter darf vom Tage des Dienstantrittes ohne Einwilligung des Dienstgebers von dem Dritten, mit dem er für den Dienstgeber Geschäfte abschließt oder vermittelt, eine Provision oder eine sonstige Belohnung nicht annehmen.

(2) Der Dienstgeber kann, unbeschadet allfälliger weiterer Schadenersatzansprüche, vom Angestellten die Herausgabe der unrechtmäßig empfangenen Provision oder Belohnung verlangen.

(3) Dieser Anspruch des Dienstgebers erlischt innerhalb dreier Monate nach Kenntnis des pflichtwidrigen Verhaltens, jedenfalls aber in drei Jahren vom Entstehen des Anspruches an.

Gewinnbeteiligung

§ 14. (1) Ist bedungen, daß das Entgelt ganz oder zum Teil in einem Anteil an dem Gewinn aus allen oder aus bestimmten Geschäften besteht oder daß der Gewinn in anderer Art für die Höhe des Entgeltes maßgebend sein soll, so findet mangels Vereinbarung die Abrechnung für das abgelaufene Geschäftsjahr auf Grund der Bilanz statt.

(2) Der Angestellte kann die Einsicht der Bücher verlangen, soweit dies zur Prüfung der Richtigkeit der Abrechnung erforderlich ist.

Zahlungsfrist

§ 15. Die Zahlung des dem Angestellten zukommenden fortlaufenden Gehaltes hat spätestens am Fünfzehnten und am Letzten eines jeden Monats in zwei annähernd gleichen Beträgen zu erfolgen. Die Zahlung für den Schluß eines jeden Kalendermonats kann vereinbart werden.

Remuneration

§ 16. Falls der Angestellte Anspruch auf eine periodische Remuneration oder auf eine andere besondere Entlohnung hat, gebührt sie ihm, wenngleich das Dienstverhältnis vor Fälligkeit des Anspruches gelöst wird, in dem Betrage, der dem Verhältnisse zwischen der Dienstperiode, für die die Entlohnung gewährt wird, und der zurückgelegten Dienstzeit entspricht.

(BGBl 1993/335, BGBl I 2018/100)

Urlaub

§ 17. Dem Angestellten gebührt in jedem Dienstjahr ein ununterbrochener Urlaub, auf den die Vorschriften des Art. I Abschnitt 1 des Bundesgesetzes vom 7. Juli 1976 betreffend die Vereinheitlichung des Urlaubsrechtes und die Einführung einer Pflegefreistellung, BGBl. Nr. 390, anzuwenden sind.

(BGBl 1976/390)

Fürsorgepflicht

§ 18. (1) Der Dienstgeber ist verpflichtet, auf seine Kosten alle Einrichtungen bezüglich der Arbeitsräume und Gerätschaften herzustellen und zu erhalten, die mit Rücksicht auf die Beschaffenheit der Dienstleistung zum Schutze des Lebens und der Gesundheit der Angestellten erforderlich sind.

(2) Wenn dem Angestellten vom Dienstgeber Wohnräume überlassen werden, dürfen zu diesem Zwecke keine gesundheitsschädlichen Räumlichkeiten verwendet werden.

(3) Der Dienstgeber hat dafür zu sorgen, daß, soweit es die Art der Beschäftigung zuläßt, die Arbeitsräume während der Arbeitszeit licht, rein und staubfrei gehalten werden, daß sie im Winter geheizt und ausreichende Sitzplätze zur Benutzung für die Angestellten in den Arbeitspausen vorhanden sind.

(4) Der Dienstgeber hat jene Maßnahmen zur Wahrung der Sittlichkeit zu treffen, die durch das Alter und Geschlecht der Angestellten geboten sind.

Endigung des Dienstverhältnisses durch Ablauf der Zeit

§ 19. (1) Das Dienstverhältnis endet mit dem Ablaufe der Zeit, für die es eingegangen wurde.

(2) Ein Dienstverhältnis auf Probe kann nur für die Höchstdauer eines Monats vereinbart und während dieser Zeit von jedem Vertragsteil jederzeit gelöst werden.

Kündigung

§ 20. (1) Ist das Dienstverhältnis ohne Zeitbestimmung eingegangen oder fortgesetzt worden, so kann es durch Kündigung nach folgenden Bestimmungen gelöst werden.

(BGBl 1992/833, BGBl I 2017/153)

(2) Mangels einer für den Angestellten günstigeren Vereinbarung kann der Dienstgeber das Dienstverhältnis mit Ablauf eines jeden Kalendervierteljahres durch vorgängige Kündigung lösen. Die Kündigungsfrist beträgt sechs Wochen und erhöht sich nach dem vollendeten zweiten Dienstjahr auf zwei Monate, nach dem vollendeten fünften Dienstjahr auf drei, nach dem vollendeten fünfzehnten Dienstjahr auf vier und nach dem vollendeten fünfundzwanzigsten Dienstjahr auf fünf Monate.

(3) Die Kündigungsfrist kann durch Vereinbarung nicht unter die im Absatz 2 bestimmte Dauer herabgesetzt werden; jedoch kann vereinbart werden, daß die Kündigungsfrist am Fünfzehnten oder am Letzten eines Kalendermonats endigt.

(4) Mangels einer für ihn günstigeren Vereinbarung kann der Angestellte das Dienstverhältnis mit dem letzten Tage eines Kalendermonats unter Ein-

haltung einer einmonatigen Kündigungsfrist lösen. Diese Kündigungsfrist kann durch Vereinbarung bis zu einem halben Jahr ausgedehnt werden; doch darf die vom Dienstgeber einzuhaltende Frist nicht kürzer sein als die mit dem Angestellten vereinbarte Kündigungsfrist.

(5) Ist das Dienstverhältnis nur für die Zeit eines vorübergehenden Bedarfes vereinbart, so kann es während des ersten Monats von beiden Teilen jederzeit unter Einhaltung einer einwöchigen Kündigungsfrist gelöst werden.

§ 21. Ein für die Lebenszeit einer Person oder für länger als fünf Jahre vereinbartes Dienstverhältnis kann von dem Angestellten nach Ablauf von fünf Jahren unter Einhaltung einer Kündigungsfrist von sechs Monaten gekündigt werden.

Freizeit während der Kündigungsfrist

§ 22. (1) Bei Kündigung durch den Dienstgeber ist dem Angestellten während der Kündigungsfrist auf sein Verlangen wöchentlich mindestens ein Fünftel der regelmäßigen wöchentlichen Arbeitszeit ohne Schmälerung des Entgelts freizugeben.

(2) Ansprüche nach Abs. 1 bestehen nicht, wenn der Angestellte einen Anspruch auf eine Pension aus der gesetzlichen Pensionsversicherung hat, sofern eine Bescheinigung über die vorläufige Krankenversicherung vom Pensionsversicherungsträger ausgestellt wurde.

(3) Durch Kollektivvertrag können abweichende Regelungen getroffen werden.

(BGBl I 2018/100)

(BGBl 1971/317, BGBl 1993/502, BGBl I 2000/44)

Abfertigung

§ 23. (1) Hat das Dienstverhältnis ununterbrochen drei Jahre gedauert, so gebührt dem Angestellten bei Auflösung des Dienstverhältnisses eine Abfertigung. Diese beträgt das Zweifache des dem Angestellten für den letzten Monat des Dienstverhältnisses gebührenden Entgeltes und erhöht sich nach fünf Dienstjahren auf das Dreifache, nach zehn Dienstjahren auf das Vierfache, nach fünfzehn Dienstjahren auf das Sechsfache, nach zwanzig Dienstjahren auf das Neunfache und nach fünfundzwanzig Dienstjahren auf das Zwölffache des monatlichen Entgeltes. Alle Zeiten, die der Angestellte in unmittelbar vorausgegangenen Dienstverhältnissen als Arbeiter oder Lehrling zum selben Dienstgeber zurückgelegt hat, sind für die Abfertigung zu berücksichtigen; Zeiten eines Lehrverhältnisses jedoch nur dann, wenn das Dienstverhältnis einschließlich der Lehrzeit mindestens sieben Jahre ununterbrochen gedauert hat. Zeiten eines Lehrverhältnisses allein begründen keinen Abfertigungsanspruch.[a)]

(BGBl 1979/107)

[a)] siehe auch die Übergangsbestimmungen des ArbAbfG Art. III

(1a) Bei der Berechnung der Abfertigung ist eine geringfügige Beschäftigung nach § 7b Abs. 1 Väter-Karenzgesetz (VKG), BGBl. Nr. 651/1989, § 15e Abs. 1 Mutterschutzgesetz 1989, BGBl. Nr. 221 (MSchG), oder gleichartigen österreichischen Rechtsvorschriften nicht zu berücksichtigen.

(BGBl 1990/408, BGBl I 2004/64)

(2) Im Falle der Auflösung eines Unternehmens entfällt die Verpflichtung zur Gewährung einer Abfertigung ganz oder teilweise dann, wenn sich die persönliche Wirtschaftslage des Dienstgebers derart verschlechtert hat, daß ihm die Erfüllung dieser Verpflichtung zum Teil oder zur Gänze billigerweise nicht zugemutet werden kann.

(3) Wird ein Unternehmen an einen anderen übertragen, so besteht ein Anspruch auf Abfertigung nicht, wenn der Angestellte die Fortsetzung des Dienstverhältnisses ablehnt, obwohl ihm der Erwerber die Fortsetzung des Dienstverhältnisses unter den bisherigen Bedingungen angeboten und sich verpflichtet hat, die bei seinem Vorgänger geleistete Dienstzeit als bei ihm selbst verbracht zu betrachten.

(4) Die Abfertigung wird, soweit sie den Betrag des Dreifachen des Monatsentgeltes nicht übersteigt, mit der Auflösung des Dienstverhältnisses fällig; der Rest kann vom vierten Monat an in monatlichen im voraus zahlbaren Teilbeträgen abgestattet werden.

(5) Beträge, die der Dienstnehmer auf Grund einer öffentlich-rechtlichen Versicherung bezieht, dürfen in die Abfertigung nur insoweit eingerechnet werden, als sie die gesetzlichen Mindestleistungen übersteigen.

(6) Wird das Dienstverhältnis durch den Tod des Angestellten aufgelöst, so beträgt die Abfertigung nur die Hälfte des im Absatz 1 bezeichneten Betrages und gebührt nur den gesetzlichen Erben, zu deren Erhaltung der Erblasser gesetzlich verpflichtet war.

(7) Der Anspruch auf Abfertigung besteht, vorbehaltlich des § 23a, nicht, wenn der Angestellte kündigt, wenn er ohne wichtigen Grund vorzeitig austritt oder wenn ihn ein Verschulden an der vorzeitigen Entlassung trifft.

(BGBl 1971/292)

(8) Wird das Dienstverhältnis während einer Teilzeitbeschäftigung nach MSchG oder VKG infolge Kündigung durch den Arbeitgeber, unverschuldete Entlassung, begründeten Austritt oder einvernehmlich beendet, so ist bei Ermittlung des Entgelts (Abs. 1) die frühere Normalarbeitszeit des Angestellten zugrunde zu legen.

(BGBl 1990/408, BGBl I 2004/64)

§ 23a. (1) Der Anspruch auf Abfertigung besteht auch dann, wenn das Dienstverhältnis

1. mindestens zehn Jahre ununterbrochen gedauert hat und
   a) bei Männern nach Vollendung des 65. Lebensjahres, bei Frauen nach Vollendung des 60. Lebensjahres oder
   b) wegen Inanspruchnahme der vorzeitigen Alterspension bei langer Versiche-

rungsdauer aus einer gesetzlichen Pensionsversicherung oder

c) wegen Inanspruchnahme einer Alterspension aus der gesetzlichen Pensionsversicherung nach § 4 Abs. 2 Allgemeines Pensionsgesetz (APG), BGBl. I Nr. 143/2004, oder

d) wegen Inanspruchnahme einer Alterspension nach § 4 Abs. 3 APG oder

2. wegen Inanspruchnahme einer Pension aus einem Versicherungsfall der geminderten Arbeitsfähigkeit aus einer gesetzlichen Pensionsversicherung oder
3. wegen Feststellung einer voraussichtlich mindestens sechs Monate andauernden Berufsunfähigkeit oder Invalidität durch den Versicherungsträger gemäß § 367 Abs. 4 ASVG
4. im Fall der Arbeitsverhinderung gemäß § 8 Abs. 1, 2 und 2a oder § 2 EFZG nach Ende des Anspruchs auf Entgeltfortzahlung und nach Beendigung des Krankengeldanspruches gemäß § 138 ASVG während eines anhängigen Leistungsstreitverfahrens gemäß § 354 ASVG über Berufsunfähigkeit (§ 273 ASVG) oder Invalidität (§ 255 ASVG)

durch Kündigung seitens des Dienstnehmers endet.

(BGBl 1979/107, BGBl 1990/408, BGBl 1993/335, BGBl I 2004/143, BGBl I 2018/100)

(1a) (aufgehoben)

(BGBl 1993/335, BGBl I 2018/100)

(2) Eine nach Abs. 1 gebührende Abfertigung kann in gleichen monatlichen Teilbeträgen gezahlt werden. Die Zahlung beginnt mit dem auf das Ende des Dienstverhältnisses folgenden Monatsersten. Eine Rate darf die Hälfte des der Bemessung der Abfertigung zugrundeliegenden Monatsentgeltes nicht unterschreiten.

(BGBl 1971/292, BGBl 1993/335, BGBl I 2018/100)

(3) Weiblichen Angestellten gebührt – sofern das Dienstverhältnis ununterbrochen fünf Jahre gedauert hat – die Hälfte der nach § 23 Abs. 1 zustehenden Abfertigung, höchstens jedoch das Dreifache des monatlichen Entgelts, wenn sie

1. nach der Geburt eines lebenden Kindes innerhalb der Schutzfrist (§ 5 Abs. 1 des Mutterschutzgesetzes 1979, BGBl. Nr. 221) oder
2. nach der Annahme eines Kindes, welches das zweite Lebensjahr noch nicht vollendet hat, an Kindes Statt (§ 15c Abs. 1 Z 1 MSchG) oder nach Übernahme eines solchen Kindes in unentgeltliche Pflege (§ 15c Abs. 1 Z 2 MSchG) innerhalb von acht Wochen

ihren vorzeitigen Austritt aus dem Arbeitsverhältnis erklären. Bei Inanspruchnahme einer Karenz nach dem MSchG ist der Austritt spätestens drei Monate vor Ende der Karenz zu erklären; bei Inanspruchnahme einer Karenz von weniger als drei Monaten ist der Austritt spätestens zwei Monate vor Ende der Karenz zu erklären. Zeiten geringfügiger Beschäftigungen nach § 15e Abs. 1 MSchG bleiben für den Abfertigungsanspruch außer Betracht.

(BGBl 1990/299, BGBl 1990/408, BGBl 1991/157, BGBl I 2004/64, BGBl I 2009/116)

(4) Abs. 3 gilt auch für männliche Angestellte, sofern sie eine Karenz nach dem VKG oder gleichartigen österreichischen Rechtsvorschriften in Anspruch nehmen und ihren vorzeitigen Austritt aus dem Arbeitsverhältnis spätestens drei Monate vor Ende der Karenz erklären. Wird jedoch eine Karenz von weniger als drei Monaten in Anspruch genommen, ist der Austritt spätestens zwei Monate vor Ende der Karenz zu erklären.

(BGBl 1989/651, BGBl 1990/408, BGBl I 2004/64, BGBl I 2009/116)

(4a) Eine Abfertigung nach Abs. 3 und 4 gebührt auch dann, wenn das Dienstverhältnis während einer Teilzeitbeschäftigung gemäß MSchG oder VKG durch Kündigung seitens des Dienstnehmers endet. Bei Berechnung des für die Höhe der Abfertigung maßgeblichen Monatsentgeltes ist vom Durchschnitt der in den letzten fünf Jahren geleisteten Arbeitszeit unter Außerachtlassung der Zeiten einer Karenz gemäß VKG oder MSchG auszugehen.

(BGBl 1990/408, BGBl I 2004/64)

(5) Ein Abfertigungsanspruch gebührt nicht, wenn der männliche Arbeitnehmer seinen Austritt im Sinne des Abs. 4 erklärt, nachdem der gemeinsame Haushalt mit dem Kind aufgehoben oder die überwiegende Betreuung des Kindes beendet wurde.

(BGBl 1989/651)

(6) Im Sinne des § 23 zulässige Vereinbarungen, die eine Anrechnung der Versorgungsleistungen auf Abfertigungsansprüche oder bei Zahlung einer Versorgungsleistung den gänzlichen oder teilweisen Wegfall der Abfertigung vorsehen, gelten auch für Abfertigungsansprüche nach den Abs. 1, 3 und 4. Bei Anwendung des Abs. 2 ruhen jedoch solche Versorgungsleistungen nur für die Monate, für die die Abfertigung gebührt.

(BGBl 1989/651)

(7) Im übrigen gilt der § 23 sinngemäß.

(BGBl 1983/544, BGBl 1989/651)

Tod des Angestellten

§ 24. (1) Stirbt ein Angestellter, dem vom Dienstgeber auf Grund des Dienstvertrages Wohnräume überlassen werden, so ist die Wohnung, wenn der Angestellte einen eigenen Haushalt führte, binnen einem Monat, sonst binnen vierzehn Tagen nach dessen Tode zu räumen.

(2) Sind die Angehörigen des verstorbenen Angestellten, die mit ihm im gemeinsamen Haushalte gelebt haben, durch die Räumung binnen der Frist des Absatzes 1 der Gefahr der Obdachlosigkeit ausgesetzt, so kann das Bezirksgericht, in dessen Sprengel die Wohnung liegt, eine Verlängerung der Räumungsfrist um höchstens zwei Monate be-

willigen. Nur unter besonders berücksichtigungswerten Umständen darf eine weitere Verlängerung um höchstens einen Monat bewilligt werden.

(3) Der Dienstgeber kann jedoch die sofortige Räumung eines Teiles der Wohnung verlangen, soweit dies zur Unterbringung des Nachfolgers und seiner Einrichtung erforderlich ist.

Vorzeitige Auflösung

§ 25. Das Dienstverhältnis kann, wenn es für bestimmte Zeit eingegangen wurde, vor Ablauf dieser Zeit, sonst aber ohne Einhaltung einer Kündigungsfrist von jedem Teile aus wichtigen Gründen gelöst werden.

§ 26. Als ein wichtiger Grund, der den Angestellten zum vorzeitigen Austritte berechtigt, ist insbesondere anzusehen:

1. Wenn der Angestellte zur Fortsetzung seiner Dienstleistung unfähig wird oder diese ohne Schaden für seine Gesundheit oder Sittlichkeit nicht fortsetzen kann;
2. wenn der Dienstgeber das dem Angestellten zukommende Entgelt ungebührlich schmälert oder vorenthält, ihn bei Naturalbezügen durch Gewährung ungesunder oder unzureichender Kost oder ungesunder Wohnung benachteiligt oder andere wesentliche Vertragsbestimmungen verletzt;
3. wenn der Dienstgeber den ihm zum Schutze des Lebens, der Gesundheit oder der Sittlichkeit des Angestellten gesetzlich obliegenden Verpflichtungen nachzukommen verweigert;
4. wenn der Dienstgeber sich Tätlichkeiten, Verletzungen der Sittlichkeit oder erhebliche Ehrverletzungen gegen den Angestellten oder dessen Angehörige zuschulden kommen läßt oder es verweigert, den Angestellten gegen solche Handlungen eines Mitbediensteten oder eines Angehörigen des Dienstgebers zu schützen.

§ 27. Als ein wichtiger Grund, der den Dienstgeber zur vorzeitigen Entlassung berechtigt, ist insbesondere anzusehen:

1. Wenn der Angestellte im Dienste untreu ist, sich in seiner Tätigkeit ohne Wissen oder Willen des Dienstgebers von dritten Personen unberechtigte Vorteile zuwenden läßt, insbesondere entgegen der Bestimmung des § 13 eine Provision oder eine sonstige Belohnung annimmt, oder wenn er sich einer Handlung schuldig macht, die ihn des Vertrauens des Dienstgebers unwürdig erscheinen läßt;
2. wenn der Angestellte unfähig ist, die versprochenen oder die den Umständen nach angemessenen Dienste (§ 6) zu leisten;
3. wenn einer der im § 1 bezeichneten Angestellten ohne Einwilligung des Dienstgebers ein selbständiges kaufmännisches Unternehmen betreibt oder im Geschäftszweige des Dienstgebers für eigene oder fremde Rechnung Handelsgeschäfte macht oder wenn ein Angestellter den in § 7, Absatz 4, bezeichneten Verboten zuwiderhandelt;
4. wenn der Angestellte ohne einen rechtmäßigen Hinderungsgrund während einer den Umständen nach erheblichen Zeit die Dienstleistung unterläßt oder sich beharrlich weigert, seine Dienste zu leisten oder sich den durch den Gegenstand der Dienstleistung gerechtfertigten Anordnungen des Dienstgebers zu fügen, oder wenn er andere Bedienstete zum Ungehorsam gegen den Dienstgeber zu verleiten sucht;
5. wenn der Angestellte durch eine längere Freiheitsstrafe oder durch Abwesenheit während einer den Umständen nach erheblichen Zeit, ausgenommen wegen Krankheit oder Unglücksfalls, an der Verrichtung seiner Dienste gehindert ist;

   (BGBl 1975/418)
6. wenn der Angestellte sich Tätlichkeiten, Verletzungen der Sittlichkeit oder erhebliche Ehrverletzungen gegen den Dienstgeber, dessen Stellvertreter, deren Angehörige oder gegen Mitbedienstete zuschulden kommen läßt.

§ 28. (1) Wenn der Angestellte ohne wichtigen Grund vorzeitig austritt oder wenn ihn ein Verschulden an der vorzeitigen Entlassung trifft, steht dem Dienstgeber der Anspruch auf Ersatz des ihm verursachten Schadens zu.

(2) Für die schon bewirkten Leistungen, deren Entgelt noch nicht fällig ist, steht dem Angestellten ein Anspruch auf den entsprechenden Teil des Entgeltes nur insoweit zu, als sie nicht durch die vorzeitige Auflösung des Dienstverhältnisses für den Dienstgeber ihren Wert ganz oder zum größten Teil eingebüßt haben.

§ 29. (1) Wenn der Dienstgeber den Angestellten ohne wichtigen Grund vorzeitig entläßt oder wenn ihn ein Verschulden an dem vorzeitigen Austritte des Angestellten trifft, behält dieser, unbeschadet weitergehenden Schadenersatzes, seine vertragsmäßigen Ansprüche auf das Entgelt für den Zeitraum, der bis zur Beendigung des Dienstverhältnisses durch Ablauf der bestimmten Vertragszeit oder durch ordnungsmäßige Kündigung durch den Dienstgeber hätte verstreichen müssen, unter Einrechnung dessen, was er infolge des Unterbleibens der Dienstleistung erspart oder durch anderweitige Verwendung erworben oder zu erwerben absichtlich versäumt hat.

(2) Soweit der im Absatz 1 genannte Zeitraum drei Monate nicht übersteigt, kann der Angestellte das ganze für diese Zeit gebührende Entgelt ohne Abzug sofort, den Rest zur vereinbarten oder gesetzlichen (§ 15) Zeit fordern. Der Anspruch auf die dem Angestellten gebührende Abfertigung (§§ 23 und 23a) bleibt unberührt.

(BGBl 1971/292)

§ 30. (1) Ist der Angestellte unter der ausdrücklichen Bedingung aufgenommen, daß er den Dienst genau an einem festbestimmten Tage anzutreten hat, so kann der Dienstgeber vom Vertrage zurücktreten, wenn der Angestellte, aus welchem Grund immer, den Dienst an dem bestimmten Tage nicht antritt.

(2) Außer diesem Falle kann der Dienstgeber vor Antritt des Dienstes vom Vertrage zurücktreten, wenn der Angestellte, ohne durch ein unabwendbares Hindernis gehindert zu sein, den Dienst an dem vereinbarten Tage nicht antritt oder wenn sich infolge eines unabwendbaren Hindernisses der Dienstantritt um mehr als vierzehn Tage verzögert. Das gleiche gilt, wenn ein Grund vorliegt, der den Dienstgeber zur vorzeitigen Entlassung des Angestellten berechtigt.

(3) Der Angestellte kann vor Antritt des Dienstes vom Vertrage zurücktreten, wenn ein Grund vorliegt, der ihn zum vorzeitigen Austritt aus dem Dienstverhältnisse berechtigt. Das gleiche gilt, wenn sich der Dienstantritt infolge Verschuldens des Dienstgebers oder infolge eines diesen treffenden Zufalles um mehr als vierzehn Tage verzögert. Tritt der Angestellte im letzteren Fall ungeachtet der Verzögerung den Dienst an, so gebührt ihm das Entgelt von dem Tage, an dem der Dienst hätte angetreten werden sollen.

(4) Wird vor Antritt des Dienstes über das Vermögen des Dienstgebers das Insolvenzverfahren eröffnet, so kann sowohl der Masseverwalter, im Sanierungsverfahren mit Eigenverwaltung der Dienstgeber mit Zustimmung des Sanierungsverwalters, als auch der Angestellte vom Vertrag zurücktreten.

(BGBl I 2010/58)

§ 31. (1) Ist der Dienstgeber ohne wichtigen Grund vom Vertrage zurückgetreten oder hat er durch sein schuldbares Verhalten dem Angestellten zum Rücktritte begründeten Anlaß gegeben, so hat er dem Angestellten das Entgelt zu ersetzen, das diesem für den Zeitraum gebührt, der bei ordnungsmäßiger Kündigung durch den Dienstgeber vom Tage des Dienstantrittes bis zur Beendigung des Dienstverhältnisses hätte verstreichen müssen. Wenn das Dienstverhältnis auf bestimmte Zeit eingegangen wurde, hat der Dienstgeber dem Angestellten, falls die vereinbarte Dienstdauer drei Monate nicht übersteigt, das für die ganze Dauer entfallende Entgelt, falls die vereinbarte Dienstdauer dagegen drei Monate übersteigt, den für drei Monate entfallenden Teilbetrag des Entgeltes zu ersetzen. Allfällige weitere Schadenersatzansprüche werden durch die vorstehenden Bestimmungen nicht berührt.

(2) Die gleichen Ansprüche stehen dem Angestellten zu, wenn der Masseverwalter oder der Dienstgeber mit Zustimmung des Sanierungsverwalters vom Vertrag zurückgetreten ist.

(BGBl I 2010/58)

(3) Ist der Angestellte ohne wichtigen Grund vom Vertrage zurückgetreten oder hat er durch sein schuldbares Verhalten dem Dienstgeber zum Rücktritte begründeten Anlaß gegeben, so kann der Dienstgeber Schadenersatz verlangen.

§ 32. Trifft beide Teile ein Verschulden an dem Rücktritt oder der vorzeitigen Lösung des Dienstverhältnisses, so hat der Richter nach freiem Ermessen zu entscheiden, ob und in welcher Höhe ein Ersatz gebührt.

Rangordnung der Ansprüche im Konkurs

§ 33. (aufgehoben)

Frist zur Geltendmachung der Ansprüche

§ 34. (1) Ersatzansprüche wegen vorzeitigen Austrittes oder vorzeitiger Entlassung im Sinne der §§ 28 und 29, ferner Ersatzansprüche wegen Rücktrittes vom Vertrage im Sinne des § 31 müssen bei sonstigem Ausschlusse binnen sechs Monaten gerichtlich geltend gemacht werden.

(2) Die Frist beginnt bei Ansprüchen der erstgenannten Art mit dem Ablaufe des Tages, an dem der Austritt oder die Entlassung stattfand, bei Ansprüchen der letztgenannten Art mit dem Ablaufe des Tages, an dem der Dienstantritt hätte erfolgen sollen.

Kaution

§ 35. (aufgehoben - § 9 KautSchG)

Konkurrenzklausel

§ 36. (1) Eine Vereinbarung, durch die der Angestellte für die Zeit nach der Beendigung des Dienstverhältnisses in seiner Erwerbstätigkeit beschränkt wird (Konkurrenzklausel), ist nur insoweit wirksam, als:

1. der Angestellte im Zeitpunkt des Abschlusses der Vereinbarung nicht minderjährig ist;
2. sich die Beschränkung auf die Tätigkeit des Angestellten in dem Geschäftszweig des Dienstgebers bezieht und den Zeitraum eines Jahres nicht übersteigt; und
3. die Beschränkung nicht nach Gegenstand, Zeit oder Ort und im Verhältnis zu dem geschäftlichen Interesse, das der Dienstgeber an ihrer Einhaltung hat, eine unbillige Erschwerung des Fortkommens des Angestellten enthält.

(2) Eine Vereinbarung nach Abs. 1 ist unwirksam, wenn sie im Rahmen eines Dienstverhältnisses getroffen wird, bei dem das für den letzten Monat des Dienstverhältnisses gebührende Entgelt das Zwanzigfache der Höchstbeitragsgrundlage nach § 45 ASVG nicht übersteigt. Allfällige Sonderzahlungen sind bei der Ermittlung des Entgelts im Sinne des ersten Satzes außer Acht zu lassen.

(BGBl I 2015/152)

(BGBl I 2001/98, BGBl I 2006/35)

§ 37. (1) Hat der Dienstgeber durch schuldbares Verhalten dem Angestellten begründeten Anlaß zum vorzeitigen Austritt oder zur Kündigung des Dienstverhältnisses gegeben, so kann er die durch die Konkurrenzklausel begründeten Rechte gegen den Angestellten nicht geltend machen.

(2) Das gleiche gilt, wenn der Dienstgeber das Dienstverhältnis löst, es sei denn, daß der Ange-

stellte durch schuldbares Verhalten hiezu begründeten Anlaß gegeben oder daß der Dienstgeber bei der Auflösung des Dienstverhältnisses erklärt hat, während der Dauer der Beschränkung dem Angestellten das ihm zuletzt zukommende Entgelt zu leisten.

(3) Eine für den Fall des Zuwiderhandelns gegen die Konkurrenzklausel vereinbarte Konventionalstrafe ist nur insoweit wirksam, als diese das Sechsfache des für den letzten Monat des Dienstverhältnisses gebührenden Nettomonatsentgelts nicht übersteigt. Allfällige Sonderzahlungen sind bei der Berechnung des Nettoentgelts im Sinne des ersten Satzes außer Acht zu lassen. Hat der/die Angestellte für den Fall des Zuwiderhandelns gegen die Konkurrenzklausel eine Konventionalstrafe versprochen, so kann der/die Dienstgeber/in nur die verwirkte Konventionalstrafe verlangen. Der Anspruch auf Erfüllung oder auf Ersatz eines weiteren Schadens ist ausgeschlossen.

(BGBl I 2015/152)

Konventionalstrafen

§ 38. Konventionalstrafen unterliegen dem richterlichen Mäßigungsrechte.

Zeugnis

§ 39. (1) Der Dienstgeber ist verpflichtet, bei Beendigung des Dienstverhältnisses dem Angestellten auf Verlangen ein schriftliches Zeugnis über die Dauer und die Art der Dienstleistung auszustellen. Eintragungen und Anmerkungen im Zeugnisse, durch die dem Angestellten die Erlangung einer neuen Stelle erschwert wird, sind unzulässig.

(2) Verlangt der Angestellte während der Dauer des Dienstverhältnisses ein Zeugnis, so ist ihm ein solches auf seine Kosten auszustellen.

(3) Zeugnisse des Angestellten, die sich in der Verwahrung des Dienstgebers befinden, sind ihm auf Verlangen jederzeit auszufolgen.

§ 40. Die Rechte, die dem Angestellten auf Grund der Bestimmungen der §§ 6 Abs. 3, 8, 9, 10 letzter Absatz, 12, 14 Abs. 2, 15, 16, 17, 17a, 18, 19 Abs. 2, 20 Abs. 2 bis 5, 21 bis 24, 29, 30 Abs. 2 bis 4, 31 Abs. 1, 34, 35, 37 bis 39 zustehen, können durch den Dienstvertrag weder aufgehoben noch beschränkt werden.

(BGBl 1993/459)

§ 41. Für Streitigkeiten aus den in diesem Gesetze geregelten Dienstverhältnissen sind die Gewerbegerichte zuständig.[a)]

[a)] gem. § 2 ASGG: die ordentlichen Gerichte

§ 42. (1) Insoweit dieses Gesetz nichts anderes bestimmt, finden die Vorschriften des allgemeinen bürgerlichen Rechtes über den Dienstvertrag auf die in diesem Gesetze geregelten Dienstverhältnisse Anwendung.

(2) Desgleichen bleiben, insoweit dieses Gesetz nicht etwas anderes bestimmt, die Vorschriften der Gewerbeordnung, mit Ausnahme der §§ 72, 77 und 84, für die in diesem Gesetze geregelten Dienstverhältnisse, auf welche die Gewerbeordnung Anwendung findet, aufrecht.

(3) Die §§ 23 und 23a sind auf Dienstverhältnisse, deren vertraglich vereinbarter Beginn nach dem 31. Dezember 2002 liegt, nicht mehr anzuwenden, soweit nicht durch Verordnung gemäß § 46 Abs. 1 letzter Satz des Betrieblichen Mitarbeitervorsorgegesetzes (BMVG), BGBl. I Nr. 100/2002, etwas anderes angeordnet wird. Sie sind jedoch weiterhin auf Dienstverhältnisse anzuwenden, deren vertraglich vereinbarter Beginn vor dem 1. Jänner 2003 oder dem durch Verordnung festgelegten Zeitpunkt liegt. Soweit eine Vereinbarung gemäß § 47 Abs. 1 und 3 BMVG erfolgt, sind diese Bestimmungen bis zum In-Kraft-Treten dieser Vereinbarung anzuwenden.

(BGBl I 2002/100)

(4) § 5 in der Fassung des Bundesgesetzes BGBl. I Nr. 138/2003 tritt mit 1. Jänner 2004 in Kraft und gilt für Arbeitsverhältnisse, deren vertraglich vereinbarter Beginn nach dem 31. Dezember 2003 liegt.

(BGBl I 2003/138)

Artikel II

(1) Dieses Bundesgesetz findet auch auf das Dienstverhältnis von Personen Anwendung, die vorwiegend zur Leistung kaufmännischer oder höherer, nicht kaufmännischer Dienste oder zu Kanzleiarbeiten bei Wirtschaftstreuhändern angestellt sind. § 7 Abs. 4 mit Ausnahme der Bestimmungen über die Teilnahme an einem Wettbewerb ist auf diese Dienstverhältnisse sinngemäß anzuwenden.

(2) Dieses Bundesgesetz findet ferner auf die auf einem privatrechtlichen Vertrag beruhenden Dienstverhältnisse von Personen Anwendung, die zur Leistung kaufmännischer oder höherer, nicht kaufmännischer Dienste oder zu Kanzleiarbeiten bei einem durch Bundesgesetz errichteten Fonds mit Rechtspersönlichkeit angestellt sind. Ausgenommen sind Dienstverhältnisse, auf die das Vertragsbedienstetengesetz gemäß § 1 Abs. 2 VBG sinngemäß anzuwenden ist.

(BGBl 1992/833)

Artikel VII

Unberührt bleiben:

1. Die Bestimmungen des Journalistengesetzes vom 11. Februar 1920, StGBl. Nr. 88, sofern sie für die Redakteure (Schriftleiter) günstiger sind als die Bestimmungen dieses Gesetzes.
2. Die Bestimmungen des Gesetzes vom 30. Juli 1919, StGBl. Nr. 410[a)] betreffend die Schaffung einer Gehaltskasse zur Sicherung von Dienstaltersbezügen der in den öffentlichen und Anstaltsapotheken angestellten Pharmazeuten.

[a)] jetzt: GehaltskassenG 1959, BGBl 1959/254

Artikel X

(1) Dieses Gesetz tritt am 1. Juli 1921 in Wirksamkeit. Es findet auf die an diesem Tage bestehenden Dienstverhältnisse auch dann Anwendung, wenn die Kündigung nach Kundmachung des Gesetzes erfolgt ist.

(2)

1. § 1 Abs. 1, § 2 Abs. 1, § 20 Abs. 1 und Art. II dieses Bundesgesetzes in der Fassung des Bundesgesetzes BGBl. Nr. 833/1992 treten mit 1. Jänner 1993 in Kraft.

   (BGBl 1992/833)

2. § 16 und § 23a Abs. 1, 1a und 2 in der Fassung des Bundesgesetzes BGBl. Nr. 335/1993 treten mit 1. Juli 1993 in Kraft.

   (BGBl 1993/335)

3. § 6 Abs. 3 und § 40 dieses Bundesgesetzes in der Fassung des Bundesgesetzes BGBl. Nr. 459/1993 treten gleichzeitig mit dem Abkommen über den Europäischen Wirtschaftsraum*) in Kraft.

   (BGBl 1993/459)

*) Die Kundmachung des Abkommens und seines Inkrafttretens wird zu einem späteren Zeitpunkt erfolgen. [Das Abkommen über den Europäischen Wirtschaftsraum ist seit 1.1.1994 in Kraft, vgl. BGBl 1993/917]

4. § 22 dieses Bundesgesetzes in der Fassung des Bundesgesetzes BGBl. Nr. 502/1993 tritt mit 1. August 1993 in Kraft.

   (BGBl 1993/502)

5. § 22 in der Fassung des Bundesgesetzes BGBl. I Nr. 44/2000 tritt mit 1. Jänner 2001 in Kraft.

   (BGBl I 2000/44)

6. § 36 in der Fassung des Bundesgesetzes BGBl. I Nr. 98/2001 tritt mit 1. Jänner 2002 in Kraft.

   (BGBl I 2001/98)

7. § 42 Abs. 3 in der Fassung des Bundesgesetzes BGBl. I Nr. 100/2002 tritt mit 1. Juli 2002 in Kraft.

   (BGBl I 2002/100)

8. § 23 Abs. 1a und 8 und § 23a Abs. 3, 4 und 4a in der Fassung des Bundesgesetzes BGBl. I Nr. 64/2004 treten mit 1. Juli 2004 in Kraft.

   (BGBl I 2004/64)

9. § 23a Abs. 1 in der Fassung des Bundesgesetzes BGBl. I Nr. 143/2004 tritt mit 1. Jänner 2005 in Kraft.

   (BGBl I 2004/143)

10. § 36 samt Überschrift in der Fassung des Bundesgesetzes BGBl. I Nr. 35/2006 tritt mit dem der Kundmachung folgenden Tag in Kraft und gilt für nach dem In-Kraft-Treten dieses Bundesgesetzes neu abgeschlossene Vereinbarungen über eine Konkurrenzklausel.

    (BGBl I 2006/35)

11. Die §§ 30 Abs. 4 und 31 Abs. 2 in der Fassung des Bundesgesetzes BGBl. I Nr. 58/2010 treten mit 1. August 2010 in Kraft.

    (BGBl I 2010/58)

12. Die §§ 8 Abs. 4 und 23a Abs. 1 Z 3 und 4 in der Fassung des Bundesgesetzes BGBl. I Nr. 152/2015 treten mit 1. Jänner 2016 in Kraft.

    (BGBl I 2015/152)

13. Die §§ 36 Abs. 2 und 37 Abs. 3 der Fassung des Bundesgesetzes BGBl. I Nr. 152/2015 treten mit dem der Kundmachung dieses Bundesgesetzes folgenden Tag in Kraft und gelten für nach dem Inkrafttreten neu abgeschlossene Vereinbarungen über eine Konkurrenzklausel.

    (BGBl I 2015/152)

14. § 8 Abs. 1 bis 2a und 9 in der Fassung des Bundesgesetzes BGBl. I Nr. 153/2017, treten mit 1. Juli 2018 in Kraft und sind auf Dienstverhinderungen anzuwenden, die in nach dem 30. Juni 2018 begonnenen Arbeitsjahren eingetreten sind. Für zu diesem Zeitpunkt laufende Dienstverhinderungen gilt § 8 Abs. 1 bis 2a in der Fassung des Bundesgesetzes BGBl. I Nr. 153/2017 ab Beginn dieses Arbeitsjahres.

15. § 9 Abs. 1 in der Fassung des Bundesgesetzes, BGBl. I Nr. 153/2017, tritt mit 1. Juli 2018 in Kraft und ist auf einvernehmliche Beendigungen von Dienstverhältnissen während einer Dienstverhinderung gemäß § 8 Abs. 1 bis 2a oder im Hinblick auf eine Dienstverhinderung gemäß § 8 Abs. 1 bis 2a anzuwenden, die eine Auflösung des Dienstverhältnisses nach dem 30. Juni 2018 bewirken.

16. § 20 Abs. 1 in der Fassung des Bundesgesetzes, BGBl. I Nr. 153/2017, tritt mit 1. Jänner 2018 in Kraft und ist auf Beendigungen anzuwenden, die nach dem 31. Dezember 2017 ausgesprochen werden.

17. Normen der kollektiven Rechtsgestaltung, die für Dienstnehmer günstigere Regelungen auf Entgeltfortzahlung als nach § 8 Abs. 1 in der Fassung des Bundesgesetzes BGBl. I Nr. 153/2017 vorsehen, bleiben aufrecht.

18. Sehen Normen der kollektiven Rechtsgestaltung für Dienstnehmer günstigere Regelungen zur Entgeltfortzahlung als nach § 8 Abs. 2 in der Fassung vor den Änderungen durch das BGBl. I Nr. 153/2017 vor, gilt für die erfassten Dienstnehmer § 8 Abs. 2 bis zu einer Neuregelung weiterhin in der Fassung vor den Änderungen durch das BGBl. I Nr. 153/2017.

    (BGBl I 2017/153)

„19. § 8 Abs. 3a in der Fassung des Bundesgesetzes BGBl. I Nr. 74/2019 tritt mit 1. September 2019 in Kraft.“

(BGBl I 2019/74)

Artikel XI

Mit der Vollziehung dieses Bundesgesetzes ist der Bundesminister für Wirtschaft und Arbeit betraut.

(BGBl I 2000/44)

5. Antiterrorgesetz

Gesetz zum Schutz der Arbeits- und Versammlungsfreiheit – Antiterrorgesetz, BGBl 1930/113 idF

1 BGBl 1954/196 2 BGBl 1974/422

STICHWORTVERZEICHNIS

113. Bundesgesetz vom 5. April 1930 zum Schutz der Arbeits- und der Versammlungsfreiheit

Der Nationalrat hat beschlossen:

§ 1. (1) Bestimmungen in kollektiven Arbeitsverträgen und anderen Gesamtvereinbarungen zwischen Arbeitgebern und Arbeitnehmern sind nichtig, wenn sie unmittelbar oder mittelbar

a) bewirken sollen, daß in einem Betrieb nur Angehörige einer bestimmten Berufsvereinigung oder anderen freiwilligen Vereinigung beschäftigt werden;

b) verhindern sollen, daß in einem Betrieb Personen beschaftigt werden, die keiner Berufsvereinigung oder die einer bestimmten Berufsvereinigung oder anderen freiwilligen Vereinigung angehören.

(2) Die Bestimmung des Absatzes 1 findet auf Vereinbarungen, die sich auf land- und forstwirtschaftliche Arbeiter beziehen, nicht unmittelbar Anwendung, gilt aber als grundsätzliche Vorschrift, deren Ausführung der Landesgesetzgebung obliegt (Artikel 12, Absatz 1, Z 4, des Bundesverfassungsgesetzes in der Fassung von 1929)[a], auch für solche Vereinbarungen.

[a] Nunmehr: Art. 12 Abs. 1 Ziff. 6 B-VG

§ 2. (1) Dem Arbeitgeber ist es untersagt, Vereins- oder Parteibeiträge von dem dem Arbeitnehmer gebührenden Entgelt abzuziehen oder bei der Auszahlung des Entgeltes in Empfang zu nehmen. Diesem Verbot unterliegen nicht Beiträge für kollektivvertragsfähige Berufsvereinigungen, Beiträge und Spenden für Wohlfahrtseinrichtungen in einem Betrieb, die Zwecken der Versorgung, der Hilfeleistung in Notfällen und Notständen, der Beihilfe für Urlaub und der Entschädigung für den Verdienstentgang an arbeitsfreien Tagen gewidmet und ausschließlich für Personen, die dem Betrieb angehören oder angehört haben oder für deren Familienmitglieder bestimmt sind, sofern die Leistungen dieser Wohlfahrtseinrichtungen den angeführten Personen ohne Unterschied ihrer Zugehörigkeit zu einer bestimmten politischen Partei oder Berufsvereinigung nach gleichen Grundsätzen gewährt werden. Sofern es sich nicht um satzungsgemäß geregelte Wohlfahrtseinrichtungen oder um Beiträge an kollektivvertragsfähige Berufsvereinigungen handelt, hat jeder Betriebsangehörige das Recht, in die Verwaltung oder Verrechnung dieser Abzüge und Spenden Einsicht zu nehmen.

(BGBl 1954/196)

(2) Beiträge zu kollektivvertragsfähigen Berufsvereinigungen dürfen vom Arbeitgeber nur insoweit vom Entgelt des Arbeitnehmers abgezogen oder in Empfang genommen werden, als dies ausdrücklich zwischen dem Arbeitgeber und dem Arbeitnehmer vereinbart wird. Diese Vereinbarung kann vierteljährlich schriftlich gekündigt werden.

(3) Vereinbarungen, die den Bestimmungen der Abs. 1 oder 2 widersprechen oder eine über die in den Abs. 1 und 2 hinausgehende Mitwirkung des Arbeitgebers bei der Entrichtung der im ersten Satz des Abs. 1 dieses Paragraphen genannten Leistungen bezwecken, sind nichtig. Der Arbeitnehmer kann Beiträge, die entgegen den Bestimmungen der Abs. 1 und 2 abgezogen oder in Empfang genommen worden sind, vom Arbeitgeber binnen drei Jahren zurückfordern.

(4) Die in den Abs. 1 und 2 genannten, vom Arbeitgeber abgezogenen oder in Empfang genommenen Beiträge und Spenden stellen ein ihm anvertrautes Gut dar.

(5) Als Arbeitnehmer im Sinne des Abs. 1 sind auch die Angestellten des Bundes sowie die im § 2 lit. b des Lehrerdienstrechts-Kompetenzgesetzes, BGBl. Nr. 88/1948, genannten Lehrer anzusehen, selbst wenn sie mit behördlichen Aufgaben betraut sind.

(6) Gemäß Artikel 12 Absatz 1 Ziffer 4 und Artikel 12 Absatz 1 Ziffer 9 des Bundes-Verfassungs-

gesetzes in der Fassung von 1929[a)] gelten die Bestimmungen der Abs. 1, 2 und 3 als grundsätzliche Vorschriften, deren Ausführung der Landesgesetzgebung obliegt, für land- und forstwirtschaftliche Arbeiter und für Angestellte der Länder, die behördliche Aufgaben zu besorgen haben.

[a)] Nunmehr: Art. 12 Abs. 1 Ziff. 6 und Art. 21 B-VG

§ 4. (1) Wer in der Absicht, zu bewirken, daß in einem Betrieb nur Angehörige einer bestimmten Berufsvereinigung oder anderen freiwilligen Vereinigung oder nur Arbeitnehmer, die keiner Berufsvereinigung angehören, beschäftigt werden, oder in der Absicht zu verhindern, daß in einem Betrieb Personen beschäftigt werden, die keiner Berufsvereinigung oder die einer bestimmten Berufsvereinigung oder anderen freiwilligen Vereinigung angehören, Arbeitgeber oder Arbeitnehmer an der Ausführung ihres freien Entschlusses, Arbeit zu geben oder zu nehmen, durch Mittel der Einschüchterung oder Gewalt hindert, wird, sofern die Handlung nicht nach einer anderen Bestimmung strenger strafbar ist, wegen gerichtlich strafbarer Handlung mit Freiheitsstrafe bis zu sechs Monaten oder mit Geldstrafe bis zu 360 Tagessätzen bestraft.

(BGBl 1974/422)

(2) Ebenso wird bestraft, wer einen Arbeitnehmer durch Mittel der Einschüchterung oder Gewalt nötigt, einer Berufsvereinigung oder anderen freiwilligen Vereinigung beizutreten oder aus einer solchen auszutreten.

§ 7. (1) Die Bestimmungen des § 2, Absatz 1 und 2, treten, soweit sie unmittelbar anwendbar sind, am 1. August 1930, die übrigen unmittelbar anwendbaren Vorschriften dieses Gesetzes am achten der Kundmachung des Gesetzes folgenden Tage in Kraft.

(2) Die Frist für die Erlassung der Ausführungsgesetze der Länder zu § 1, Absatz 2, und § 2, Absatz 3 und 4, dieses Gesetzes wird mit sechs Monaten festgesetzt. Der Beginn der Wirksamkeit der Ausführungsgesetze ist in allen Bundesländern mit 1. Jänner 1931 festzusetzen.

(3) Die Bestimmungen des § 1 und des § 2, Absatz 2, sind auch auf Vereinbarungen anzuwenden, die vor Beginn der Wirksamkeit der angeführten Bestimmungen oder – soweit sie nur als grundsätzliche Vorschriften gelten – vor Beginn der Wirksamkeit der Ausführungsgesetze abgeschlossen worden sind.

(4) (überholt - betrifft StGB Nr. 16/1920)

§ 8. Mit der Vollziehung der unmittelbar anwendbaren Vorschriften dieses Bundesgesetzes und mit der Wahrnehmung der Rechte des Bundes (Artikel 15 Absatz 8 des Bundes-Verfassungsgesetzes in der Fassung von 1929) in den Angelegenheiten des § 1 Abs. 2 und des § 2 Abs. 6 dieses Bundesgesetzes ist die Bundesregierung betraut.

(BGBl 1954/196)

6. Ausbildungspflichtgesetz

Ausbildungspflichtgesetz, BGBl I 2016/62 idF

1 BGBl I 2016/120 2 BGBl I 2018/32 3 BGBl I 2018/100

GLIEDERUNG

STICHWORTVERZEICHNIS

Bundesgesetz, mit dem die Verpflichtung zu Bildung oder Ausbildung für Jugendliche geregelt wird (Ausbildungspflichtgesetz – APflG)

Der Nationalrat hat beschlossen:

Inhalt

§ 1. (1) Dieses Bundesgesetz regelt die Verpflichtung zu einer Bildung oder Ausbildung für Jugendliche, welche die allgemeine Schulpflicht erfüllt haben (Ausbildungspflicht).

(2) Schulen im Sinne dieses Bundesgesetzes sind Schulen im Sinne der Artikel 14 und 14a B-VG. Berufliche Ausbildungen im Sinne dieses Bundesgesetzes sind betriebliche und überbetriebliche Ausbildungen nach dem Berufsausbildungsgesetz (BAG), BGBl. Nr. 142/1969, nach dem Land- und forstwirtschaftlichen Berufsausbildungsgesetz (LFBAG), BGBl. Nr. 298/1990, oder Ausbildungen nach gesundheitsrechtlichen Vorschriften.

Zweck

§ 2. (1) Zweck dieses Bundesgesetzes ist, den Jugendlichen durch eine Bildung oder Ausbildung eine Qualifikation zu ermöglichen, welche die Chancen auf eine nachhaltige und umfassende Teilhabe am wirtschaftlichen und gesellschaftlichen Leben erhöht und den zunehmenden Qualifizierungsanforderungen der Wirtschaft entspricht. Dies soll durch verstärkte Präventionsmaßnahmen zur Verhinderung von Schul- und Ausbildungsabbruch in den Bereichen der Bildungspolitik, Wirtschaftspolitik, Arbeitsmarktpolitik, Jugendpolitik und durch den sukzessiven Aufbau eines lückenlosen Ausbildungsangebotes erreicht werden.

(2) Durch abgestimmte Maßnahmen in den in Abs. 1 angeführten Politikbereichen sind die Jugendlichen bestmöglich zu unterstützen.

Geltungsbereich

§ 3. Die Ausbildungspflicht betrifft Jugendliche bis zur Vollendung des 18. Lebensjahres, die die allgemeine Schulpflicht erfüllt haben und sich nicht nur vorübergehend in Österreich aufhalten.

Ausbildungspflicht

§ 4. (1) Die Erziehungsberechtigten sind verpflichtet, dafür zu sorgen, dass Jugendliche, die die allgemeine Schulpflicht erfüllt haben, bis zur Vollendung des 18. Lebensjahres einer Bildungs- oder Ausbildungsmaßnahme oder einer auf diese vorbereitenden Maßnahme nachgehen. Die Ausbildungspflicht endet vor Vollendung des 18. Lebensjahres, wenn nach Erfüllung der allgemeinen Schulpflicht eine mindestens zweijährige (berufsbildende) mittlere Schule, eine Lehrausbildung nach dem BAG oder nach dem LFBAG, eine gesundheitsberufliche Ausbildung von mindestens 2500 Stunden nach gesundheitsrechtlichen Vorschriften oder eine Teilqualifizierung gemäß § 8b Abs. 2 (auch in Verbindung mit § 8c) BAG oder gemäß § 11b LFBAG erfolgreich abgeschlossen wurde.

(2) Die Ausbildungspflicht kann insbesondere erfüllt werden durch

1. einen gültigen Lehr- oder Ausbildungsvertrag nach dem BAG oder nach dem LFBAG,
2. eine Ausbildung nach gesundheitsrechtlichen Vorschriften,
3. den Besuch weiterführender Schulen wie den Besuch einer allgemein bildenden höheren oder berufsbildenden mittleren oder höheren Schule,
4. den Besuch von auf schulische Externistenprüfungen oder auf einzelne Ausbildungen vorbereitenden Kursen, zB Lehrgänge zur Vorbereitung auf die Pflichtschulabschlussprüfung, oder Berufsausbildungsmaßnahmen,
5. die Teilnahme an arbeitsmarktpolitischen Maßnahmen,
6. die Teilnahme an einer Maßnahme für Jugendliche mit Assistenzbedarf (§ 10a Abs. 3 des Behinderteneinstellungsgesetzes – BEinstG, BGBl. Nr. 22/1970), die deren persönliche Leistungsfähigkeit erhöht und deren Integration in den Arbeitsmarkt erleichtert,
7. eine nach Abs. 3 zulässige Beschäftigung.

(3) Die Erfüllung der Ausbildungspflicht gemäß Abs. 2 Z 5 bis 7 setzt voraus, dass eine derartige Maßnahme oder Beschäftigung mit einem Perspektiven- oder Betreuungsplan, der gemäß § 14 Abs. 2 vom Arbeitsmarktservice (AMS) oder vom Sozialministeriumservice (SMS) oder in deren Auftrag erstellt wurde, vereinbar ist. Für die Erstellung von Perspektiven- und Betreuungsplänen sind Grundsätze festzulegen; vor deren Erlassung oder Änderung ist der Beirat (§ 10 Abs. 3) anzuhören.

(4) Ausbildungsfreie Zeiträume von bis zu vier Monaten innerhalb von zwölf Kalendermonaten stellen keine Verletzung der Ausbildungspflicht dar. Dasselbe gilt für Zeiträume (Wartezeiten), in denen trotz Bereitschaft der Jugendlichen oder Teilnahme am Verfahren gemäß § 14 keine Ausbildungsmaßnahmen bereitgestellt werden können.

Arbeitsverhältnisse

§ 5. (1) Außerhalb ausbildungsfreier Zeiträume nach § 4 Abs. 4 erfüllen Jugendliche, die keine Schule besuchen, die Ausbildungspflicht mit einem Arbeitsverhältnis nur dann, wenn die im Rahmen dieses Arbeitsverhältnisses ausgeübte Beschäftigung von einem aktuellen Perspektiven- oder Betreuungsplan umfasst ist.

(2) Für Jugendliche, die sich in einer Beschäftigung befinden, ist vom SMS zu prüfen, ob die Beschäftigung die Ausbildungspflicht verletzt. Diese Prüfung hat ausgehend von den Anmeldungen nach § 33 des Allgemeinen Sozialversicherungsgesetzes (ASVG), BGBl. Nr. 189/1955, anhand der vom „Dachverband der Sozialversicherungsträger (Dachverband)" elektronisch bereitgestellten Daten zu erfolgen. Jugendliche, deren Be-

schäftigung dieser Prüfung zufolge nicht von einem aktuellen Perspektiven- oder Betreuungsplan umfasst ist, sowie deren Eltern oder sonstige Erziehungsberechtigte sind zu einem Beratungsgespräch einzuladen, um einen aktuellen Perspektiven- oder Betreuungsplan zu erstellen. Leistet der oder die Jugendliche der Einladung keine Folge, hat die Einladung schriftlich mit dem Hinweis zu erfolgen, dass die Teilnahme am Beratungsgespräch verpflichtend ist und bei Unvereinbarkeit der Beschäftigung mit einem bestehenden Perspektiven- oder Betreuungsplan sowie bei Fehlen eines derartigen Betreuungsplans die Ausbildungspflicht verletzt wird. Die Einladung samt Hinweis ist auch dem Arbeitgeber oder der Arbeitgeberin des oder der Jugendlichen zur Information zu übermitteln.

(BGBl I 2018/100)

(3) Eine Verletzung der Ausbildungspflicht liegt vor, wenn

1. der oder die Jugendliche trotz wiederholter Einladung zu einem Beratungsgespräch zur Erstellung eines aktuellen Perspektiven- oder Betreuungsplans nicht erschienen ist oder
2. die Beschäftigung des oder der Jugendlichen im Rahmen des Arbeitsverhältnisses keine Beschäftigung darstellt, die mit dem für den Jugendlichen oder die Jugendliche erstellten aktuellen Perspektiven- oder Betreuungsplan vereinbar ist.

(4) Das SMS hat das Vorliegen der Voraussetzungen nach Abs. 3 Z 1 oder Z 2 dem oder der Jugendlichen, dessen oder deren Eltern oder sonstigen Erziehungsberechtigten sowie dessen oder deren Arbeitgeber oder Arbeitgeberin schriftlich mitzuteilen.

Auswirkungen der Verletzung der Ausbildungspflicht auf den Arbeitsvertrag

§ 6. Jugendliche, deren Beschäftigung gemäß § 5 Abs. 3 Z 2 die Ausbildungspflicht verletzt, haben das Recht, das Arbeitsverhältnis vorzeitig ohne Einhaltung gesetzlicher oder kollektivvertraglicher Kündigungsfristen und –termine zu beenden. Die übrigen Ansprüche aus dem Arbeitsvertrag bleiben unberührt.

Ruhen der Ausbildungspflicht

§ 7. Die Ausbildungspflicht ruht insbesondere für Zeiträume, in denen Jugendliche

1. Kinderbetreuungsgeld beziehen;
2. an einem Freiwilligen Sozialjahr, einem Freiwilligen Umweltjahr, einem Gedenk-, Friedens- und Sozialdienst im Ausland oder einem Freiwilligen Integrationsjahr nach den Abschnitten 2, 3, 4 und 4a des Freiwilligengesetzes, BGBl. I Nr. 17/2012, teilnehmen;
3. an einem Europäischen Freiwilligendienst nach der Verordnung (EU) Nr. 1288/2013 zur Einrichtung von „Erasmus+", ABl. Nr. L 347 vom 20.12.2013 S. 50, teilnehmen;
4. einen Präsenz-, Ausbildungs- oder Zivildienst leisten oder
5. aus berücksichtigungswürdigen Gründen keine dem § 4 entsprechende Ausbildung absolvieren können.

Zuständigkeit

§ 8. (1) Das SMS hat die erforderlichen institutionellen Maßnahmen zur Umsetzung der Ausbildungspflicht zu setzen sowie die Bürogeschäfte für die Steuerungsgruppe und den Beirat zu führen.

(2) Das SMS kann sich bei der (nicht hoheitlichen) Aufgabenerfüllung Dritter (Dienstleister) bedienen.

(3) Das SMS hat auf seiner Homepage im Internet eine Liste jener Bildungs- und Ausbildungsmaßnahmen gemäß § 11 Abs. 6 Z 2 kundzumachen, deren Absolvierung oder erfolgreicher Abschluss die bestehende Ausbildungspflicht erfüllen.

(4) Auf Antrag der Erziehungsberechtigten hat das SMS mit Bescheid festzustellen, ob eine Maßnahme oder eine Beschäftigung im Einzelfall die Ausbildungspflicht gemäß § 4 Abs. 2 erfüllt. Dabei ist insbesondere darauf Bedacht zu nehmen, ob die Maßnahme oder Beschäftigung die arbeitsmarktbezogenen Chancen der Jugendlichen verbessern kann.

(5) Das SMS hat Hinweisen auf Verletzungen der Ausbildungspflicht nachzugehen, eine eingehende Überprüfung zu veranlassen und wenn diese ergibt, dass eine den Erziehungsberechtigten vorwerfbare Verletzung der Ausbildungspflicht vorliegt, eine Anzeige an die zuständige Bezirksverwaltungsbehörde zu erstatten.

Koordinierungsstellen

§ 9. Das SMS kann für das Bundesgebiet und für jedes Bundesland jeweils eine Koordinierungsstelle einrichten und hat deren Bestehen, Aufgaben und Kontaktdaten den betroffenen Jugendlichen, Erziehungsberechtigten, Schulen, Erwachsenenbildungseinrichtungen, Lehrlingsstellen, Lehr- und Ausbildungsbetrieben und anderen relevanten Institutionen in geeigneter Weise zur Kenntnis zu bringen.

Steuerungsgruppe und Beirat

§ 10. (1) Zur Weiterentwicklung und Qualitätssicherung der Ausbildungspflicht werden eine Steuerungsgruppe und ein Beirat eingerichtet.

(2) Die Steuerungsgruppe beim Bundesministerium für Arbeit, Soziales und Konsumentenschutz besteht aus je einem Mitglied der folgenden Bundesministerien:

1. Bundesministerium für Arbeit, Soziales und Konsumentenschutz,
2. Bundesministerium für Wissenschaft, Forschung und Wirtschaft,
3. Bundesministerium für Bildung und Frauen,
4. Bundesministerium für Familien und Jugend,

5. Bundesministerium für Gesundheit,
6. Bundesministerium für Land- und Forstwirtschaft, Umwelt und Wasserwirtschaft.

(3) Der Beirat beim SMS besteht aus je einem Mitglied der folgenden Institutionen:

1. Sozialministeriumservice,
2. Bundesarbeitskammer,
3. Wirtschaftskammer Österreich,
4. Österreichischer Gewerkschaftsbund,
5. Landwirtschaftskammer Österreich,
6. Österreichischer Landarbeiterkammertag,
7. Vereinigung der österreichischen Industrie,
8. Verbindungsstelle der Bundesländer,
9. Städte- und Gemeindebund,
10. Arbeitsmarktservice,
11. Bundesjugendvertretung,
12. Österreichische Arbeitsgemeinschaft für Rehabilitation.

(4) Die in den Abs. 2 und 3 genannten Institutionen sind berechtigt, je ein Mitglied und für jedes Mitglied ein stellvertretendes Mitglied zu entsenden.

(5) Die Mitglieder und stellvertretenden Mitglieder der Steuerungsgruppe sowie des Beirates haben ihr Amt gewissenhaft und unparteiisch auszuüben. Die (stellvertretende) Mitgliedschaft begründet keine gesonderten Entgeltansprüche.

Organisation und Aufgaben von Steuerungsgruppe und Beirat

§ 11. (1) Den Vorsitz in der Steuerungsgruppe führt der Vertreter (die Vertreterin) des Bundesministeriums für Arbeit, Soziales und Konsumentenschutz.

(2) Die Funktionsdauer der Steuerungsgruppe beträgt jeweils vier Jahre. Nach Ablauf der Funktionsdauer hat die alte Steuerungsgruppe die Geschäfte so lange weiterzuführen, bis die neue Steuerungsgruppe zusammentritt. Die Zeit der Weiterführung der Geschäfte durch die alte Steuerungsgruppe wird auf die vierjährige Funktionsdauer der neuen Steuerungsgruppe angerechnet.

(3) Die Mitglieder und stellvertretenden Mitglieder der Steuerungsgruppe können ihren Verzicht auf die Mitgliedschaft in der Steuerungsgruppe erklären. Weiters kann der Bundesminister für Arbeit, Soziales und Konsumentenschutz auf Antrag der entsendenden Institution oder bei grober Pflichtverletzung ein Mitglied (stellvertretendes Mitglied) der Steuerungsgruppe vor Ablauf der Funktionsdauer abberufen. Bei Ausscheiden eines Mitglieds (stellvertretenden Mitglieds) haben die entsendenden Institutionen das Recht, für die verbleibende Zeit der vierjährigen Funktionsdauer ein anderes Mitglied (Ersatzmitglied) zu entsenden.

(4) Die Steuerungsgruppe ist bei Anwesenheit von mehr als der Hälfte der stimmberechtigten Mitglieder beschlussfähig. Beschlüsse der Steuerungsgruppe bedürfen der Einstimmigkeit. Die Geschäftsordnung wird von der Steuerungsgruppe beschlossen und bedarf der Genehmigung des Bundesministers für Arbeit, Soziales und Konsumentenschutz.

(5) Die Steuerungsgruppe kann zur Erfüllung ihrer Aufgaben fachlich geeignete Personen anhören oder beiziehen.

(6) Die Steuerungsgruppe hat folgende Aufgaben:

1. Erstellung und Beschluss einer Geschäftsordnung.
2. Vorschlag einer Liste von Bildungs- und Ausbildungsmaßnahmen (Arten von Ausbildungen), deren Absolvierung die Ausbildungspflicht erfüllt. Die Liste ist zumindest halbjährlich auf erforderliche Änderungen zu überprüfen und bei Änderungen dem Bundesminister für Arbeit, Soziales und Konsumentenschutz zur Genehmigung vorzulegen.
3. Berichterstattung an den Bundesminister für Arbeit, Soziales und Konsumentenschutz über die Umsetzung der Ausbildungspflicht, die Tätigkeit der Koordinierungsstellen, vorhandene Problemlagen und Folgewirkungen der Ausbildungspflicht. Der Bericht ist zumindest einmal jährlich vorzulegen.
4. Laufende Beobachtung der Umsetzung und Wirkung sowie darauf basierend Abstimmung und gegebenenfalls Entwicklung von Programmen, Projekten und Maßnahmen innerhalb der einzelnen Ressorts sowie ressortübergreifend im Sinne akkordierten Vorgehens zur Verfolgung der Zielsetzungen gemäß § 2.

(7) Das SMS hat der Steuerungsgruppe auf deren Verlangen vorhandene Informationen und Unterlagen, die zur Erfüllung ihrer Aufgaben erforderlich sind, zur Verfügung zu stellen.

(8) Der Beirat hat beratende Funktion. Er ist vor wesentlichen Entscheidungen (insbesondere gemäß Abs. 6 Z 2 und 3 sowie § 4 Abs. 3) anzuhören. Berichte (Evaluierungen, Controlling) über die Tätigkeit der Koordinierungsstellen sind dem Beirat zur Kenntnis zu bringen. Der Beirat kann auf Vorschlag des SMS eine Geschäftsordnung beschließen.

Aufgaben der Koordinierungsstellen

§ 12. (1) Aufgabe jeder Koordinierungsstelle ist insbesondere die Koordinierung der Unterstützung von Jugendlichen bei der Berufsfindung und bei der Aufnahme in Ausbildungsmaßnahmen, um längere ausbildungsfreie Zeiträume, insbesondere nach Ausbildungsabbrüchen, zu vermeiden.

(2) Die Koordinierungsstellen haben dafür zu sorgen, dass Jugendliche, die ihre Schulpflicht erfüllt haben und keine Schule oder berufliche Ausbildung besuchen, sowie deren Eltern oder sonstige Erziehungsberechtigte zielgerichtet beraten und betreut werden. Sie haben sich dabei vorhandener fachlich geeigneter Unterstützungsstrukturen von bestehenden Beratungs- und Betreuungseinrichtungen zu bedienen.

(3) Die Koordinierungsstellen haben insbesondere mit den Erziehungsberechtigten, Trägern der Kinder- und Jugendhilfe, Jugendeinrichtungen, Schulen, Erwachsenenbildungseinrichtungen, Lehrlingsstellen, Lehr- und Ausbildungsbetrieben und sonstigen Trägern von Ausbildungsmaßnahmen sowie dem AMS und dem SMS zusammenzuarbeiten.

Meldeverpflichtungen

§ 13. (1) Die Erziehungsberechtigten haben die Koordinierungsstelle zu verständigen, wenn Jugendliche (§ 3) nicht innerhalb von vier Monaten nach Beendigung oder vorzeitiger Beendigung eines Schulbesuches oder einer beruflichen Ausbildung eine Bildungs- oder Ausbildungsmaßnahme begonnen haben. Die Verständigung hat umgehend, spätestens binnen zwei Wochen nach Ablauf des Viermonatszeitraums, zu erfolgen.

(2) Um zu gewährleisten, dass Jugendliche, die eine schulische oder berufliche Ausbildung (vorzeitig) beendet haben oder aus der Betreuung des AMS oder des SMS ausgeschieden sind, erfasst werden können, haben Schulen, Lehrlingsstellen, AMS, „Dachverband“, SMS und die nicht vom AMS oder SMS beauftragten Träger von Ausbildungsmaßnahmen folgende Daten aller Zu- und Abgänge in und aus der Ausbildung oder Betreuung von nicht mehr schulpflichtigen Jugendlichen (ab oder nach Beendigung der Schulpflicht) an die Bundesanstalt Statistik Österreich zu übermitteln:

1. das Geburtsdatum,
2. das Geschlecht,
3. die Staatsangehörigkeit,
4. die Anschrift am Heimatort und, sofern zusätzlich vorhanden, des der Bildungseinrichtung nächst gelegenen Wohnsitzes sofern dieser in Österreich liegt (Zustelladresse) entsprechend den Angaben der Erziehungsberechtigten oder der Jugendlichen,
5. das Beginndatum der jeweiligen Ausbildung unter Angabe deren Bezeichnung sowie der Schulformenkennzahl und
6. das Beendigungsdatum und die Beendigungsform der jeweiligen Ausbildung unter Angabe der Bezeichnung der beendeten Ausbildung sowie der Schulformenkennzahl.

Die Schulen, die Lehrlingsstellen und die nicht vom AMS oder SMS beauftragten Träger von Ausbildungsmaßnahmen übermitteln die Daten unter Verwendung der Sozialversicherungsnummer. Die Bundesanstalt Statistik Österreich hat nach Eingang der Daten die Sozialversicherungsnummer durch das bereichspezifische Personenkennzeichen „Amtliche Statistik“ (bPK-AS) und das verschlüsselte bereichspezifische Personenkennzeichen „Zur Person“ (vbPK-ZP) zu ersetzen. Die Bundesanstalt Statistik Österreich hat zu diesem Zweck die Sozialversicherungsnummer an den „Dachverband“ zu übermitteln. Dieser hat zu den betreffenden Sozialversicherungsnummern die verschlüsselten bPK-AS (vbPK-AS) und vbPK-ZP innerhalb von zwei Wochen rückzuübermitteln. Die Bundesanstalt Statistik Österreich hat in der Folge die erhaltenen bPK mit den Daten der entsprechenden Personen zu verknüpfen und die Sozialversicherungsnummern unverzüglich zu löschen. Das AMS, der „Dachverband“ sowie das SMS übermitteln die Daten mit dem vbPK-AS sowie dem vbPK-ZP.

(BGBl I 2018/100)

(3) Die gemäß Abs. 2 verpflichteten Institutionen sind zur Verarbeitung der im Abs. 2 genannten personenbezogenen Daten sowie im Fall der zur Übermittlung verpflichteten Institutionen zur Verarbeitung des Namens der Jugendlichen und deren Erziehungsberechtigten im Sinne des Datenschutzgesetzes 2000, BGBl. I Nr. 165/1999, ermächtigt.

(4) Die Übermittlung der Daten gemäß Abs. 2 hat jeweils zu den Stichtagen Anfang Februar, April, Juni und Oktober jedes Kalenderjahres (längstens binnen sieben Werktagen) zu erfolgen. Die Übermittlung der Daten der Schulen gemäß Abs. 2 hat ausschließlich in einem von der Bundesanstalt Statistik Österreich vorgegebenen Datenformat mittels dem von der Bundesanstalt Statistik Österreich bereitgestellten Webservice oder der bereitgestellten Portalapplikation zu erfolgen. Jede Datenlieferung der Schulen hat unter Verwendung der Schulkennzahl alle für den jeweiligen Stichtag relevanten Zu- und Abgänge zu enthalten. Die zur Einhaltung der Meldepflicht durch die Schulen erforderlichen Vorkehrungen hat der jeweilige Schulerhalter zu treffen.

(5) Für jene indirekt personenbezogenen Daten, für die binnen vier Monaten nach einem Abgang weder ein Zugang in einer Schule, einer Lehrstelle oder einer Ausbildungsmaßnahme eines nicht vom AMS oder SMS beauftragten Trägers noch eine Betreuung des AMS oder des SMS gemeldet wurde, hat die Bundesanstalt Statistik Österreich das vbPK-ZP verknüpft mit den Daten gemäß Abs. 2 dem SMS zu übermitteln. Das SMS erhält über das vbPK-ZP aus dem Zentralen Melderegister innerhalb von zwei Wochen den Personenbezug und informiert die nach dem Wohnsitz zuständige Koordinierungsstelle zur weiteren Kontaktaufnahme.

(6) Das AMS und das SMS dürfen die gemäß Abs. 2 erfassten Daten unter Verwendung des Namens von Jugendlichen, die aus deren Betreuung ausscheiden, und deren Erziehungsberechtigten zusätzlich auch direkt einer Koordinierungsstelle übermitteln, damit rascher ein Verfahren nach § 14 eingeleitet werden kann.

(7) Die Bundesanstalt Statistik Österreich handelt in der Durchführung des § 13 als gesetzlicher Auftragsverarbeiter für das SMS. Sie darf dem SMS jedoch Daten ausschließlich unter den Voraussetzungen des Abs. 5 übermitteln. Die Bundesanstalt Statistik Österreich erbringt ihre Leistungen nach dieser Bestimmung gegen Kostenersatz gemäß § 32 Abs. 4 Z 2 des Bundesstatistikgesetzes 2000, BGBl I Nr. 163/1999.

(BGBl I 2018/32)

Verfahren bei Nichterfüllung der Ausbildungspflicht

§ 14. (1) Die Jugendlichen und die Erziehungsberechtigten sind über ihre Verantwortung zur Erfüllung der Ausbildungspflicht aufzuklären. Wird die Ausbildungspflicht ohne Vorliegen eines zulässigen Ausnahmegrundes nicht erfüllt, hat eine Koordinierungsstelle dafür zu sorgen, dass eine geeignete Einrichtung mit den Jugendlichen und deren Eltern oder sonstigen Erziehungsberechtigten Kontakt aufnimmt und die weitere Vorgangsweise abklärt.

(2) In den Fällen des § 4 Abs. 2 Z 5 bis 7 und ansonsten bei Bedarf ist zur Gewährleistung der bestmöglichen Ausbildung ein auf die Bedürfnisse der jeweiligen Jugendlichen abgestimmter Perspektiven- und Betreuungsplan zu erstellen. Diese Aufgabe obliegt abhängig von der Zielgruppe dem AMS oder dem SMS und kann von diesen an Beratungs- oder Betreuungseinrichtungen übertragen werden. Bei der Erstellung des Perspektiven- und Betreuungsplans ist zu erörtern, ob die Möglichkeit besteht, dass der Schulbesuch oder eine Lehre fortgesetzt oder neu aufgenommen werden kann, oder, wenn dies nicht möglich ist, in welcher Weise die Ausbildungspflicht erfüllt werden kann. Dies hat – soweit erforderlich oder zweckmäßig – in Zusammenarbeit mit in Betracht kommenden Schulen, Erwachsenenbildungseinrichtungen, Lehr- und Ausbildungsbetrieben, Lehrlingsstellen, Trägern der Kinder- und Jugendhilfe, Jugendeinrichtungen und sonstigen Beratungs- und Betreuungseinrichtungen zu erfolgen. Die Schulen haben im Rahmen der Erstellung des Perspektiven- und Betreuungsplanes ihre Unterstützung zu leisten und soweit dies zweckmäßig ist, die Wiederaufnahme oder Fortsetzung eines Schulbesuches zu ermöglichen. Die Lehrlingsstellen haben bei der Umsetzung des Perspektiven- und Betreuungsplanes ihre Unterstützung zu leisten und, soweit dies zweckmäßig ist, die Wiederaufnahme oder Fortsetzung einer Lehrausbildung zu ermöglichen.

Datenverarbeitungen

§ 15. (1) Das SMS und die Koordinierungsstellen sind zur Verarbeitung von personenbezogenen Daten im Sinne des Datenschutzgesetzes, BGBl. I Nr. 165/1999, insoweit ermächtigt, als diese zur Erfüllung der gesetzlichen Aufgaben eine wesentliche Voraussetzung sind. Eine gegenseitige Offenlegung der Daten ist zulässig. Die in Frage kommenden Datenarten sind:

1. Stammdaten der Jugendlichen:
   a) Namen (Vornamen, Familiennamen),
   (BGBl I 2016/120)
   b) Sozialversicherungsnummer und Geburtsdatum,
   c) Geschlecht,
   d) Staatsangehörigkeit und Aufenthaltsberechtigungen,
   e) Adresse des Wohnsitzes oder Aufenthaltsortes,
   f) Telefonnummer,
   g) E-Mail-Adresse,
   h) sonstige Kontaktmöglichkeiten,
2. Daten über Bildung, Ausbildung und Beruf der Jugendlichen:
   a) Schulbildung,
   b) außerschulische Bildung,
   c) berufliche Ausbildung,
   d) Ausbildungswünsche,
   e) Berufswünsche,
   f) berufliche Tätigkeiten,
   g) beruflich verwertbare Fähigkeiten und Fertigkeiten,
   h) sonstige persönliche Umstände, die die berufliche Verwendung berühren,
   i) Umstände des Nichtzustandekommens oder der vorzeitigen Beendigung von Ausbildungen oder des Ruhens der Ausbildungspflicht,
3. Daten über Betreuungsverläufe der Jugendlichen:
   a) Pläne und Ergebnisse der Betreuung,
   b) Hindernisse, welche die Betreuung erschweren oder verhindern,
4. Stammdaten der Eltern oder sonstigen Erziehungsberechtigten:
   a) Namen (Vornamen, Familiennamen),
   (BGBl I 2016/120)
   b) Sozialversicherungsnummer und Geburtsdatum,
   c) Geschlecht,
   d) Staatsangehörigkeit und Aufenthaltsberechtigungen,
   e) Adresse des Wohnsitzes oder Aufenthaltsortes,
   f) Telefonnummer,
   g) E-Mail-Adresse,
   h) sonstige Kontaktmöglichkeiten,
5. Daten betreffend die Wahrnehmung der Ausbildungspflicht durch die Eltern oder sonstigen Erziehungsberechtigten:
   a) Ergebnisse der Kontaktaufnahmen und Beratungen,
   b) Verfahren wegen Nichterfüllung der Ausbildungspflicht.

(BGBl I 2018/32)

(2) Die vom SMS oder von einer Koordinierungsstelle verarbeiteten Daten gemäß Abs. 1 dürfen Behörden, Gerichten, Trägern der Sozialversicherung, Trägern der Kinder- und Jugendhilfe, Jugendhilfeeinrichtungen, Schulen, Lehrlingsstellen, dem AMS und der Bundesanstalt Statistik Österreich im Wege der automationsunterstützten Datenverarbeitung offengelegt werden, soweit diese Daten im konkreten Einzelfall für die Vollziehung der jeweiligen Aufgaben eine wesentliche Voraussetzung bilden. Die Behörden, Gerichte, Träger

der Sozialversicherung, Träger der Kinder- und Jugendhilfe, Jugendhilfeeinrichtungen, Schulen, Lehrlingsstellen und das AMS dürfen von ihnen verarbeitete Daten gemäß Abs. 1 dem SMS oder einer Koordinierungsstelle im Wege der automationsunterstützten Datenverarbeitung offenlegen, soweit diese Daten im konkreten Einzelfall für die Vollziehung der diesen übertragenen Aufgaben eine wesentliche Voraussetzung bilden.

(BGBl I 2018/32)

(3) Die vom SMS oder von einer Koordinierungsstelle verarbeiteten Daten gemäß Abs. 1 dürfen Erwachsenenbildungseinrichtungen, Betrieben und Trägern von Ausbildungsmaßnahmen offengelegt werden, soweit die entsprechenden Daten im konkreten Einzelfall für die Erfüllung der jeweiligen Aufgaben erforderlich sind. Einem Betrieb dürfen nur Daten gemäß Abs. 1 Z 1 lit. a bis h, Z 2 lit. a bis h sowie Z 4 lit. a und lit. e bis h, jeweils ausschließlich im Zusammenhang mit Ausbildungen oder Beschäftigungen im betreffenden Betrieb, offengelegt werden.

(BGBl I 2018/32)

(4) Die Mitarbeiterinnen und Mitarbeiter des SMS und der Koordinierungsstellen sind unbeschadet anderer gesetzlicher Bestimmungen zur Verschwiegenheit über alle ihnen aus ihrer dienstlichen Tätigkeit bekannt gewordenen Tatsachen verpflichtet. Die Verpflichtung zur Verschwiegenheit bleibt auch nach Beendigung des Dienstverhältnisses aufrecht. Dies gilt gleichermaßen für Mitarbeiterinnen und Mitarbeiter jener Institutionen und Einrichtungen, denen im Rahmen der Beratung oder des Case Managements personenbezogene Daten bekannt werden.

(5) Das SMS und die Koordinierungsstellen dürfen die von ihnen verarbeiteten Daten gemäß Abs. 1 an einen beauftragten Rechtsträger im Wege der automationsunterstützten Datenverarbeitung überlassen, soweit die entsprechenden Daten eine unabdingbare Voraussetzung für die Erfüllung eines zur Beurteilung der Erfüllung der Aufgaben und der Wirksamkeit der Regelungen und Maßnahmen nach diesem Bundesgesetz erteilten Auftrages bilden.

(6) Sämtliche vom SMS und von den Koordinierungsstellen verarbeiteten personenbezogenen Daten sind, sobald sie nicht mehr benötigt werden, spätestens aber drei Jahre nach Beendigung der Beratungsleistung oder des Case Managements, zu löschen.

Statistische und wissenschaftliche Untersuchungen

§ 16. (1) Die Bundesanstalt Statistik Österreich erstellt die Statistiken nach den Bestimmungen des Bundesstatistikgesetzes 2000 und kann dafür – soweit erforderlich – die Daten gemäß § 13 Abs. 2 und § 15 Abs. 1 Z 2, 3 und 5 mit den statistischen Daten ihres Verfügungsbereichs unter Verwendung des bPK-AS anreichern und für die Erstellung weiterführender Statistiken verwenden.

(2) Andere Behörden dürfen die nach ihren gesetzlichen Vorschriften verarbeiteten Daten des eigenen staatlichen Tätigkeitsbereichs, verknüpft mit dem verschlüsselten bPK-AS, an die Bundesanstalt Statistik Österreich zum Zweck der Zusammenführung mit den Daten gemäß Abs. 1 und der nachfolgenden wissenschaftlichen oder statistischen Auswertung übermitteln. Eine Rückübermittlung zusammengeführter indirekt personenbezogener Daten oder die Rückführung auf einen direkten Personenbezug darf nicht erfolgen. Die Bundesanstalt Statistik Österreich erstellt die wissenschaftlichen oder statistischen Auswertungen nach Beauftragung durch den Bundesminister für Arbeit, Soziales und Konsumentenschutz.

(3) Die Bundesanstalt Statistik Österreich erbringt aufgrund einer vertraglichen Beauftragung ihre Leistungen nach Abs. 1 und 2 gegen Kostenersatz gemäß § 32 Abs. 4 Z 2 des Bundesstatistikgesetzes 2000.

Sprachliche Gleichbehandlung

§ 18. Soweit in diesem Bundesgesetz personenbezogene Bezeichnungen angeführt sind, beziehen sie sich auf Frauen und Männer in gleicher Weise.

Verweisungen

§ 19. Soweit in diesem Gesetz auf andere Bundesgesetze verwiesen wird, sind diese in ihrer jeweils geltenden Fassung anzuwenden.

Vollziehung

§ 20. (1) Mit der Vollziehung dieses Bundesgesetzes ist, soweit die Abs. 2 bis 4 nicht anderes bestimmen, der Bundesminister für Arbeit, Soziales und Konsumentenschutz betraut.

(2) Betreffend die Meldeverpflichtungen von Lehrlingsstellen und Trägern überbetrieblicher Berufsausbildung gemäß § 13 Abs. 2 ist der Bundesminister für Wissenschaft, Forschung und Wirtschaft mit der Vollziehung betraut.

(3) Betreffend die Meldeverpflichtungen von Schulen gemäß § 13 Abs. 2 ist, soweit es sich um Bundesschulen, ausgenommen land- und forstwirtschaftliche Bundesschulen, handelt, die Bundesministerin für Bildung und Frauen mit der Vollziehung betraut.

(4) Betreffend die Meldeverpflichtungen von Schulen gemäß § 13 Abs. 2 ist, soweit es sich um land- und forstwirtschaftliche Bundesschulen handelt, der Bundesminister für Land- und Forstwirtschaft, Umwelt und Wasserwirtschaft mit der Vollziehung betraut.

Inkrafttreten

§ 21. (1) Dieses Bundesgesetz tritt, mit Ausnahme der §§ 4, 13 und 17, mit 1. August 2016 in Kraft und gilt in Bezug auf Jugendliche, die frühestens mit Ende des Schuljahres 2016/2017 ihre allgemeine Schulpflicht erfüllt haben. Vorbereitungshandlungen zur Durchführung dieses Bundesgesetzes, einschließlich des Abschlusses entsprechender Vereinbarungen und Verträge, können bereits ab dem Tag nach der Kundmachung dieses Bundesgesetzes begonnen werden.

(2) § 4 tritt mit 1. Juli 2017 in Kraft.

(3) § 13 tritt mit 1. Juli 2017, hinsichtlich der Pflichtschulen mit 1. Juli 2018, in Kraft.

(4) § 17 tritt auf Grund der Tatsache, dass erst ab diesem Zeitpunkt ein ausreichendes Unterstützungsangebot für das Verfahren bei Nichterfüllung der Ausbildungspflicht (§ 14) bereit gestellt werden kann, mit 1. Juli 2018 in Kraft und gilt für Sachverhalte, die sich nach dem 30. Juni 2018 ereignet haben.

(5) § 13 Abs. 7 und § 15 Abs. 1 bis 3 in der Fassung des Materien-Datenschutz-Anpassungsgesetzes 2018, BGBl. I Nwr. 32/2018, treten mit 25. Mai 2018 in Kraft.

(BGBl I 2018/32)

„(6) § 5 Abs. 2 und § 13 Abs. 2 in der Fassung des Bundesgesetzes BGBl. I Nr. 100/2018 treten mit 1. Jänner 2020 in Kraft."

(BGBl I 2018/100)

7. Arbeitsplatz-Sicherungsgesetz

Arbeitsplatz-Sicherungsgesetz 1991, BGBl 1991/683 idF

1 BGBl 1993/163	2 BGBl I 1998/30	3 BGBl I 2003/137
4 BGBl I 2005/56	5 BGBl I 2013/71	6 BGBl I 2016/114
7 BGBl I 2017/126		

GLIEDERUNG

STICHWORTVERZEICHNIS

Bundesgesetz über die Sicherung des Arbeitsplatzes für zum Präsenz- oder Ausbildungsdienst einberufene oder zum Zivildienst zugewiesene Arbeitnehmer (Arbeitsplatz-Sicherungsgesetz 1991 – APSG)

Der Nationalrat hat beschlossen:

ABSCHNITT I
Geltungsbereich

§ 1. (1) Dieses Bundesgesetz gilt für

1. Arbeitnehmer, deren Arbeitsverhältnis auf einem privatrechtlichen Vertrag beruht,
2. Bedienstete, die in einem öffentlich-rechtlichen Dienstverhältnis zum Bund stehen,
3. Bedienstete, deren Dienstrecht gemäß Art. 14 Abs. 2 oder Art. 14a Abs. 3 lit. b B-VG vom Bund gesetzlich zu regeln ist, und
4. Heimarbeiter, auf die das Heimarbeitsgesetz 1960, BGBl. Nr. 105/1961, anzuwenden ist.

(2) Ausgenommen sind Arbeitnehmer, die in einem Arbeitsverhältnis zu einem Land, einem Gemeindeverband oder einer Gemeinde stehen.

(3) **(Verfassungsbestimmung)** Dieses Bundesgesetz gilt für Arbeiter einschließlich der Lehrlinge im Sinne des Landarbeitsgesetzes 1984, BGBl. Nr. 287.

Sonderbestimmungen

§ 2. Abschnitt II dieses Bundesgesetzes gilt

1. für Bedienstete, die in einem in § 19 genannten Dienstverhältnis stehen, sinngemäß mit den im Abschnitt III vorgesehenen Abweichungen,
2. für Arbeiter im Sinne des Landarbeitsgesetzes 1984 mit den im Abschnitt IV vorgesehenen Abweichungen.

Begriffsbestimmungen

§ 3. (1) Präsenzdienst im Sinne dieses Bundesgesetzes ist der Präsenzdienst gemäß § 19 des Wehrgesetzes 2001 (WG 2001), BGBl. I Nr. 146.

(BGBl I 2003/137)

(2) Ausbildungsdienst im Sinne dieses Bundesgesetzes ist der Ausbildungsdienst gemäß den §§ 37 bis 38b WG 2001.

(BGBl I 2003/137, BGBl I 2005/56)

(3) Zivildienst im Sinne dieses Bundesgesetzes ist der ordentliche und der außerordentliche Zivildienst von Zivildienstpflichtigen gemäß § 6a des Zivildienstgesetzes, BGBl. Nr. 679/1986.

(BGBl I 2005/56)

(BGBl I 1998/30)

ABSCHNITT II
Aufrechterhaltung bestehender Arbeitsverhältnisse

§ 4. Das Arbeitsverhältnis bleibt durch die Einberufung (Zuweisung) zum Präsenz- oder Ausbildungs- oder Zivildienst unberührt. Während der Zeit des Präsenz- oder Ausbildungs- oder Zivildienstes ruhen die Arbeitspflicht des Arbeitnehmers und die Entgeltzahlungspflicht des Arbeitgebers, soweit nicht anderes bestimmt ist.

(BGBl I 1998/30)

Mitteilungspflichten

§ 5. (1) Der Arbeitnehmer, der zum Präsenz- oder Ausbildungs- oder Zivildienst einberufen (zugewiesen) wird, hat dem Arbeitgeber hievon unverzüglich nach Erlassung des Einberufungsbefehles, nach der allgemeinen Bekanntmachung der Einberufung oder nach Zustellung des Zuweisungsbescheides Mitteilung zu machen. Der Arbeitnehmer hat dem Arbeitgeber jede Veränderung des bei Antritt des Präsenz- oder Ausbildungs- oder Zivildienstes bekannten Zeitausmaßes des Präsenz- oder Ausbildungs- oder Zivildienstes unverzüglich bekanntzugeben. Das gleiche gilt bei Entfall des Präsenz- oder Ausbildungs- oder Zivildienstes.

(BGBl I 1998/30, BGBl I 2003/137)

(2) Ist der Arbeitnehmer aus Gründen, die nicht von ihm zu vertreten sind, an der Mitteilung gehindert, so hat er sie nach Wegfall des Hinderungsgrundes unverzüglich nachzuholen.

Fristenhemmung

§ 6. (1) Durch die Leistung des Präsenz- oder Ausbildungs- oder Zivildienstes wird der Lauf folgender Fristen gehemmt:

1. Fristen für die Geltendmachung von Ansprüchen aus dem Arbeitsverhältnis, die auf Ge-

setz, Normen der kollektiven Rechtsgestaltung oder Einzelvertrag beruhen,

2. die Frist für die Weiterverwendung von ausgelernten Lehrlingen gemäß § 18 des Berufsausbildungsgesetzes, BGBl. Nr. 142/1969, gemäß § 63 Abs. 4 des Land- und Forstarbeiter-Dienstrechtsgesetzes, BGBl. Nr. 280/1980, oder eine durch Kollektivvertrag festgelegte längere Frist sowie
3. die Kündigungsfrist bei Kündigung durch den Arbeitgeber, die im Zeitpunkt der Erlassung des Einberufungsbefehles, der allgemeinen Bekanntmachung der Einberufung oder der Zustellung des Zuweisungsbescheides bereits läuft, wenn der Arbeitnehmer seiner Mitteilungspflicht gemäß § 5 Abs. 1 spätestens innerhalb von 14 Tagen oder unverzüglich nach Wegfall eines über diese Frist hinaus andauernden Hinderungsgrundes nachkommt.

(BGBl I 1998/30)

(BGBl I 1998/30, BGBl I 2003/137)

(2) Eine Hemmung der Kündigungsfrist gemäß Abs. 1 Z 3 tritt nicht ein, wenn das Gericht auf Grund einer Klage des Arbeitgebers das Vorliegen eines der in § 14 Abs. 1 Z 1 genannten Gründe feststellt.

(3) Die Hemmung beginnt mit dem Tag, für den der Arbeitnehmer zur Leistung des Präsenz- oder Ausbildungs- oder Zivildienstes einberufen (zugewiesen) ist und endet mit dem Tag der Entlassung aus dem Präsenz- oder Ausbildungs- oder Zivildienst, bei einem Präsenzdienst als Zeitsoldat gemäß § 23 WG 2001 mit dem Ende des Kündigungs- und Entlassungsschutzes gemäß § 13 Abs. 1.

(BGBl I 1998/30, BGBl I 2003/137)

Wiederantritt der Arbeit

§ 7. (1) Tritt der Arbeitnehmer aus seinem Verschulden die Arbeit nicht innerhalb von sechs Werktagen nach seiner Entlassung aus dem Präsenz- oder Ausbildungs- oder Zivildienst an, so stellt dies einen Entlassungsgrund im Sinne des § 15 Z 2 dar. Über Verlangen hat der Arbeitnehmer dem Arbeitgeber Einsicht in die Entlassungsbescheinigung zu geben.

(BGBl I 1998/30)

(2) Ist der Arbeitnehmer am rechtzeitigen Wiederantritt der Arbeit aus Gründen, die nicht von ihm zu vertreten sind, gehindert, so hat er dies dem Arbeitgeber unter Angabe des Grundes ab Kenntnis unverzüglich bekanntzugeben. Nach Wegfall des Hinderungsgrundes ist die Arbeit am nächstfolgenden Tag, an dem im Betrieb gearbeitet wird, anzutreten.

(3) Ansprüche auf Fortzahlung des Entgelts des Arbeitnehmers bei Unterbleiben der Arbeitsleistung stehen auch dann zu, wenn der Arbeitnehmer aus den Gründen des Abs. 2 nach Entlassung aus dem Präsenz- oder Ausbildungs- oder Zivildienst die Arbeit nicht antreten kann.

(BGBl I 1998/30)

Anrechnungsbestimmungen

§ 8. Soweit sich Ansprüche eines Arbeitnehmers nach der Dauer der Dienstzeit richten, sind Zeiten

1. des Präsenzdienstes gemäß § 19 Abs. 1 Z 1 bis 3 und 5 bis 7 WG 2001,

   (BGBl I 1998/30, BGBl I 2003/137, BGBl I 2016/114)

„2. des Wehrdienstes als Zeitsoldat gemäß § 19 Abs. 1 Z 4 WG 2001 bis zu zwölf Monaten,“

   (BGBl I 1998/30, BGBl I 2003/137, BGBl I 2017/126)

3. des Ausbildungsdienstes und

   (BGBl I 1998/30)

4. des Zivildienstes,

   (BGBl I 1998/30)

während derer das Arbeitsverhältnis bestanden hat, auf die Dauer der Dienstzeit anzurechnen.

Urlaub

§ 9. (1) Fallen in ein Urlaubsjahr Zeiten eines Präsenz- oder Ausbildungs- oder Zivildienstes, so gebührt der Urlaub – soweit Abs. 2 nicht anderes bestimmt – in dem Ausmaß, das dem um die Dauer des Präsenz(Zivil)dienstes verkürzten Urlaubsjahr entspricht. Ergeben sich bei der Berechnung des Urlaubsausmaßes Teile von Werktagen, so sind diese auf ganze Werktage aufzurunden.

(BGBl I 1998/30)

(2) Fällt in ein Urlaubsjahr eine kurzfristige Einberufung zum Präsenz- oder Ausbildungs- oder Zivildienst, so tritt eine Verkürzung des Urlaubsanspruches nur dann ein, wenn die Zeit dieser Einberufung im Urlaubsjahr 30 Tage übersteigt. Mehrere derartige Einberufungen innerhalb des Urlaubsjahres sind zusammenzurechnen. Abs. 1 zweiter Satz gilt sinngemäß.

(BGBl I 1998/30, BGBl I 2003/137)

(3) Erstreckt sich der Präsenz- oder Ausbildungs- oder Zivildienst eines Lehrers ganz oder zum Teil auf die Hauptferien, so hat er unmittelbar nach Beendigung des Präsenz- oder Ausbildungs- oder Zivildienstes Anspruch auf Erholungsurlaub bis zu dem Ausmaß, das einem vergleichbaren Arbeitnehmer gemäß Abs. 1 und 2 zusteht. Auf diesen Urlaubsanspruch sind jene Teile der Hauptferien, in denen kein Präsenz- oder Ausbildungs- oder Zivildienst geleistet wird, anzurechnen.

(BGBl I 1998/30)

Sonstige Bezüge

§ 10. Der Arbeitnehmer behält den Anspruch auf sonstige, insbesondere einmalige Bezüge im Sinne des § 67 Abs. 1 des Einkommensteuergesetzes 1988, BGBl. Nr. 400, in den Kalenderjahren, in denen er den Präsenz- oder Ausbildungs- oder Zivildienst antritt oder beendet, in dem Ausmaß, das dem um die Dauer des Präsenz- oder Ausbildungs- oder Zivildienstes verkürzten Kalenderjahr entspricht.

(BGBl I 1998/30)

Werks(Dienst)wohnung

§ 11. (1) Vereinbarungen über die Gewährung einer Werks(Dienst)wohnung, die vom Einberufenen (Zugewiesenen) oder seinen Familienangehörigen weiter benötigt wird, bleiben durch die Einberufung (Zuweisung) zum Präsenz- oder Ausbildungs- oder Zivildienst solange unberührt, als das Arbeitsverhältnis besteht, bei einem Präsenzdienst als Zeitsoldat gemäß § 23 WG 2001 bis zum Ende des Kündigungs- und Entlassungsschutzes gemäß § 13 Abs. 1.

(BGBl I 1998/30, BGBl I 2003/137)

(2) Eine abweichende Vereinbarung über die Werks(Dienst)wohnung während des aufrechten Arbeitsverhältnisses bedarf zu ihrer Gültigkeit der Schriftform. Dieser Vereinbarung muß überdies eine Bescheinigung des Gerichts (§ 92 des Arbeits- und Sozialgerichtsgesetzes [ASGG], BGBl. Nr. 104/1985) oder einer gesetzlichen Interessenvertretung der Arbeitnehmer beigeschlossen sein, aus der hervorgeht, daß der Arbeitnehmer über Abs. 1 belehrt worden ist.

Kündigungs- und Entlassungsschutz Grundsätze

§ 12. (1) Arbeitnehmer, die zum Präsenz- oder Ausbildungs- oder Zivildienst einberufen (zugewiesen) sind, dürfen vom Zeitpunkt der Mitteilung über die Erlassung des Einberufungsbefehles, der allgemeinen Bekanntmachung der Einberufung oder der Zustellung des Zuweisungsbescheides an bis zu dem in § 13 genannten Tag weder gekündigt noch entlassen werden, soweit nicht anderes bestimmt ist.

(BGBl I 1998/30, BGBl I 2003/137)

(2) Hat der Arbeitgeber in Unkenntnis über die bereits erfolgte Einberufung (Zuweisung) zum Präsenz- oder Ausbildungs- oder Zivildienst innerhalb einer Frist von 14 Tagen ab der Erlassung des Einberufungsbefehles oder der allgemeinen Bekanntmachung der Einberufung oder der Zustellung des Zuweisungsbescheides eine Kündigung oder Entlassung ausgesprochen, so ist diese rechtsunwirksam, wenn der Arbeitnehmer seiner Mitteilungspflicht (§ 5) binnen drei Arbeitstagen nach Zugang der Beendigungserklärung nachkommt. Ist der Arbeitnehmer durch einen Hinderungsgrund gemäß § 5 Abs. 2 über die Frist von 14 Tagen hinaus an der Mitteilung verhindert, so ist die Kündigung oder Entlassung rechtsunwirksam, wenn der Arbeitnehmer unverzüglich nach Wegfall dieses Hinderungsgrundes unter Vorlage des Einberufungsbefehles oder der Beurkundung eines mündlich erlassenen Einberufungsbefehles oder des Zuweisungsbescheides oder unter Hinweis auf die erfolgte allgemeine Bekanntmachung der Einberufung seiner Mitteilungspflicht nachkommt.

(BGBl I 1998/30, BGBl I 2003/137)

(3) Die Kündigung oder Entlassung ist rechtswirksam, wenn vor ihrem Ausspruch die Zustimmung des Gerichts eingeholt wurde. Die Zustimmung ist nicht erforderlich, wenn der Betrieb stillgelegt wurde und eine Weiterbeschäftigung des Arbeitnehmers in einem anderen Betrieb des Unternehmens nicht möglich ist.

(4) Der Arbeitgeber hat gleichzeitig mit der Einbringung der Klage den Betriebsrat zu verständigen.

(5) Eine entgegen den Bestimmungen der Abs. 1 bis 4 ausgesprochene Kündigung oder Entlassung ist rechtsunwirksam.

(6) Die Kündigung oder Entlassung ist nur zulässig, wenn sie unverzüglich nach der Entscheidung des Gerichts ausgesprochen wird.

(7) Für Arbeitnehmer, die unter den Kündigungs- und Entlassungsschutz nach diesem Bundesgesetz fallen, gelten die §§ 105 bis 107 des Arbeitsverfassungsgesetzes, BGBl. Nr. 22/1974, nicht. Für Arbeitnehmer, auf die die §§ 120 bis 122 des Arbeitsverfassungsgesetzes anzuwenden sind, gilt der Kündigungs- und Entlassungsschutz nach diesem Bundesgesetz nicht. Weiters gilt für Arbeitnehmer, auf die die §§ 10 und 12 des Mutterschutzgesetzes 1979, BGBl. Nr. 221, oder § 7 des Väter-Karenzgesetzes, BGBl. Nr. 651/1989, anzuwenden sind, der Kündigungs- und Entlassungsschutz nach diesem Bundesgesetz nicht.

(BGBl I 1998/30, BGBl I 2003/137)

Ende des Kündigungs- und Entlassungsschutzes

§ 13. (1) Der Kündigungs- und Entlassungsschutz endet:

1. bei einem Präsenz- oder Ausbildungs- oder Zivildienst, der kürzer als zwei Monate dauert, nach einem Zeitraum im Ausmaß der halben Dauer dieses Präsenz- oder Ausbildungs- oder Zivildienstes nach dessen Beendigung;
2. bei einem Präsenzdienst als Zeitsoldat gemäß § 23 WG 2001, der ununterbrochen länger als vier Jahre dauert, nach vier Jahren ab dessen Antritt;
3. bei einem Ausbildungsdienst, der erst nach vollständiger Leistung des Grundwehrdienstes angetreten wird, einen Monat nach Beendigung des Ausbildungsdienstes, spätestens jedoch einen Monat nach Ablauf des zwölften Monats des Ausbildungsdienstes;
4. in allen übrigen Fällen einen Monat nach Beendigung des Präsenz- oder Ausbildungs- oder Zivildienstes.

(BGBl I 1998/30)

(BGBl I 1998/30, BGBl I 2003/137, BGBl I 2005/56)

(2) Ergeben sich bei Berechnung der Frist gemäß Abs. 1 Z 1 Teile von Tagen, so sind diese auf ganze Tage aufzurunden.

Zustimmung zur Kündigung

§ 14. (1) Das Gericht darf die Zustimmung zur Kündigung nur erteilen, wenn

1. der Arbeitgeber den Arbeitnehmer
   a) wegen der bevorstehenden Stillegung des Betriebes oder
   b) wegen der bevorstehenden oder schon durchgeführten Einschränkung des Betriebes oder
   c) wegen der bevorstehenden oder schon durchgeführten Stillegung einer Betriebsabteilung

   trotz dessen Verlangen an einem anderen Arbeitsplatz im Betrieb oder in einem anderen Betrieb des Unternehmens nicht ohne erheblichen Schaden weiterbeschäftigen kann, oder
2. der Arbeitnehmer auf Grund einer Erkrankung oder eines Unglücksfalles unfähig wird, die vereinbarte Arbeit zu leisten, sofern eine Wiederherstellung seiner Arbeitsfähigkeit nicht zu erwarten ist und dem Arbeitgeber die Weiterbeschäftigung oder die Erbringung einer anderen Arbeitsleistung durch den Arbeitnehmer, zu deren Verrichtung sich dieser bereit erklärt hat, nicht zugemutet werden kann, oder
3. sich der Arbeitnehmer in der Tagsatzung zur mündlichen Streitverhandlung nach Rechtsbelehrung durch den Vorsitzenden über den Kündigungsschutz nach diesem Bundesgesetz mit der Kündigung einverstanden erklärt.

(2) Wurde ein Arbeitnehmer wegen eines in Abs. 1 Z 1 genannten Grundes gekündigt und entfällt dieser Grund während des Zeitraumes des Kündigungsschutzes, so ist diese Kündigung rechtsunwirksam, wenn der Arbeitnehmer innerhalb von 14 Tagen nach Verständigung durch den Arbeitgeber oder 14 Tagen nach Kenntnis über den Wegfall des Kündigungsgrundes dem Arbeitgeber mitteilt, daß er das frühere Arbeitsverhältnis fortsetzen will.

Zustimmung zur Entlassung

§ 15. Das Gericht darf die Zustimmung zur Entlassung nur erteilen, wenn der Arbeitnehmer

1. den Arbeitgeber absichtlich über Umstände, die für den Vertragsabschluß oder den Vollzug des in Aussicht genommenen Arbeitsverhältnisses wesentlich sind, in Irrtum versetzt hat,
2. die Arbeitspflicht schuldhaft gröblich verletzt, insbesondere wenn er ohne einen rechtmäßigen Hinderungsgrund während einer den Umständen nach erheblichen Zeit die Arbeitsleistung unterläßt,
3. im Dienst untreu ist oder sich in seiner Tätigkeit ohne Wissen des Arbeitgebers von dritten Personen unberechtigt Vorteile zuwenden läßt,
4. ein Geschäfts- oder Betriebsgeheimnis verrät oder ohne Einwilligung des Arbeitgebers ein der Verwendung im Betrieb abträgliches Nebengeschäft betreibt,
5. sich Tätlichkeiten oder erhebliche Ehrverletzungen gegen den Arbeitgeber, dessen im Betrieb tätige oder anwesende Familienangehörige oder Arbeitnehmer des Betriebes zuschulden kommen läßt,
6. sich einer gerichtlich strafbaren Handlung, die nur vorsätzlich begangen werden kann und mit einer mehr als einjährigen Freiheitsstrafe bedroht ist, oder mit Bereicherungsvorsatz einer anderen gerichtlich strafbaren Handlung schuldig macht.

Einvernehmliche Auflösung

§ 16. Eine einvernehmliche Auflösung des Arbeitsverhältnisses während der Dauer des Kündigungs- und Entlassungsschutzes bedarf zu ihrer Gültigkeit der Schriftform. Dieser Vereinbarung muß überdies eine Bescheinigung des Gerichts (§ 92 des Arbeits- und Sozialgerichtsgesetzes) oder einer gesetzlichen Interessenvertretung der Arbeitnehmer beigeschlossen sein, aus der hervorgeht, daß der Arbeitnehmer über den Kündigungs- und Entlassungsschutz nach diesem Bundesgesetz belehrt wurde.

Verfahren

§ 17. Im Verfahren vor Gericht ist der Arbeitnehmer Partei.

Heimarbeiter

§ 18. (1) Heimarbeiter dürfen von dem im § 12 Abs. 1 genannten Zeitpunkt bis zum Antritt des Präsenz- oder Ausbildungs- oder Zivildienstes und nach dessen Beendigung während der im § 13 angeführten Zeiträume bei der Ausgabe von Heimarbeit im Vergleich zu anderen Heimarbeitern desselben Auftraggebers nicht benachteiligt werden.

(BGBl I 1998/30)

(2) Heimarbeiter, die entgegen Abs. 1 bei der Ausgabe von Heimarbeit benachteiligt worden sind, haben Anspruch auf Leistung des dadurch entgangenen Entgelts. Der Berechnung der Höhe des Entgelts ist das Entgelt zugrunde zu legen, das der Heimarbeiter im Durchschnitt der letzten 13 Wochen vor dem im § 12 Abs. 1 genannten Zeitpunkt erzielt hat oder das ihm bei Bestehen eines Heimarbeitsvertrages oder eines Heimarbeitstarifes gebührt hätte.

(3) Wird ein Heimarbeiter zum Präsenz- oder Ausbildungs- oder Zivildienst einberufen (zugewiesen), so ist das ihm gebührende Entgelt vor Antritt des Präsenz- oder Ausbildungs- oder Zivildienstes abzurechnen und auszuzahlen.

(BGBl I 1998/30)

ABSCHNITT III
Sonderbestimmungen für Bedienstete des öffentlichen Dienstes

§ 19. Abschnitt II gilt sinngemäß mit den in den §§ 20 bis 23 enthaltenen Abweichungen für Bedienstete, die in

1. einem Dienstverhältnis zum Bund,
2. einem Dienstverhältnis gemäß Art. 14 Abs. 2 B-VG,
3. einem Dienstverhältnis gemäß Art. 14a Abs. 3 lit. b B-VG oder
4. einem Dienstverhältnis zu einer Stiftung, einer Anstalt oder einem Fonds gemäß § 1 Abs. 2 des Vertragsbedienstetengesetzes 1948

stehen.

Abweichende Regelungen

§ 20. (1) Auf Bedienstete, die nicht unter den II. Teil des Arbeitsverfassungsgesetzes fallen, sind die §§ 6 Abs. 2, 7 Abs. 2, 12 Abs. 3 bis 7 und die §§ 14 und 17 nicht anzuwenden.

(2) Tritt ein Bediensteter gemäß Abs. 1 aus seinem Verschulden den Dienst nicht innerhalb von sechs Werktagen nach seiner Entlassung aus dem Präsenz- oder Ausbildungs- oder Zivildienst an, so stellt dies einen Entlassungsgrund dar. Dies gilt nicht für Bedienstete, die einem Disziplinarrecht unterliegen.

(BGBl I 1998/30)

(3) Auf Bedienstete gemäß Abs. 1 ist § 11 Abs. 2 mit der Maßgabe anzuwenden, daß eine Belehrung auch von der Personalvertretung vorgenommen werden kann.

(4) § 16 ist auf öffentlich-rechtlich Bedienstete nicht anzuwenden. Eine einvernehmliche Auflösung des Dienstverhältnisses eines sonstigen Bediensteten während der Dauer des Kündigungsschutzes ist nur dann rechtswirksam, wenn sie schriftlich vereinbart wurde. Dieser Vereinbarung muß eine Bescheinigung eines Gerichtes (§ 92 ASGG), der Personalvertretung oder des Betriebsrates beigeschlossen sein, aus der hervorgeht, daß der Dienstnehmer über den Kündigungsschutz nach diesem Bundesgesetz belehrt wurde.

(5) Der Lauf einer Frist, innerhalb der eine Kündigung des Dienstverhältnisses ohne Angabe von Gründen möglich ist, wird während der Dauer des Kündigungs- und Entlassungsschutzes (§§ 12 und 13) gehemmt. Diese Hemmung tritt jedoch nicht ein, wenn zu Beginn des Kündigungs- und Entlassungsschutzes bereits zwei Drittel dieser Frist verstrichen sind.

(6) Die Ableistung des Präsenzdienstes als Zeitsoldat in einem vier Jahre übersteigenden Ausmaß stellt bei kündbaren Bediensteten einen Kündigungsgrund dar.

(7) Die Ableistung des Präsenzdienstes als Zeitsoldat berechtigt den Dienstgeber, abweichend von § 11, einem Bediensteten die ihm überlassene Dienstwohnung zu entziehen.

Definitivstellung

§ 21. (1) Während der Dauer des Kündigungs- und Entlassungsschutzes (§§ 12 und 13) bis zum Ablauf von vier Monaten nach dessen Ende kann ein Rechtsanspruch auf die Umwandlung eines kündbaren Dienstverhältnisses in ein unkündbares (definitives) Dienstverhältnis nicht erworben werden.

(2) Die Definitivstellung nach Ablauf der im Abs. 1 genannten Frist wirkt auf den Zeitpunkt zurück, in dem sie ohne die Aufschiebung nach Abs. 1 erfolgt wäre.

Urlaub für Lehrer

§ 22. (1) Für Lehrer gilt § 9 Abs. 3 mit der Maßgabe, daß Anspruch auf Erholungsurlaub bis zu dem Ausmaß gebührt, das einem vergleichbaren Beamten der allgemeinen Verwaltung unter Berücksichtigung des § 9 Abs. 1 und 2 zusteht.

(2) Bei der Anwendung des Abs. 1 ist für die Berechnung des Urlaubsausmaßes an Stelle des Kalenderjahres das Schuljahr heranzuziehen. Erhöht sich das gesetzlich festgelegte Urlaubsausmaß der Beamten der allgemeinen Verwaltung während des Schuljahres, so gilt diese Erhöhung auch für Lehrer.

Entlassung

§ 23. (1) § 15 ist nicht anzuwenden, wenn die Entlassung des Bediensteten durch das rechtskräftige Erkenntnis einer auf Grund gesetzlicher oder anderer dienstrechtlicher Vorschriften gebildeten Disziplinarkommission (Disziplinargericht) verfügt wird oder das Dienstverhältnis kraft Gesetzes erlischt.

(2) Unbeschadet der in § 15 angeführten Entlassungsgründe kann das Gericht die Zustimmung zur Entlassung erteilen, wenn sich nachträglich herausstellt, daß der Vertragsbedienstete die Aufnahme in das Dienstverhältnis durch unwahre Angaben, ungültige Urkunden oder durch Verschweigen von Umständen erschlichen hat, die seine Aufnahme nach den Bestimmungen des Vertragsbedienstetengesetzes 1948, BGBl. Nr. 86, ausgeschlossen hätte.

ABSCHNITT IV

Sonderbestimmungen für Arbeitnehmer im Sinne des Landarbeitsgesetzes 1984

§ 24. (1) Die §§ 6 Abs. 2, 11 Abs. 2, 12, 14, 15 und 16 gelten sinngemäß mit der Maßgabe, daß jeweils anstelle des Gerichts die gemäß § 226 des Landarbeitsgesetzes 1984 vorgesehenen Einigungskommissionen zuständig sind.

(2) In Verfahren nach den §§ 6 Abs. 2, 14 und 15 kommt dem Dienstnehmer Parteistellung zu.

(BGBl I 2013/71)

(3) § 12 Abs. 7 gilt mit der Maßgabe, dass anstelle des Zitates „§§ 105 bis 107 des Arbeitsverfassungsgesetzes, BGBl. Nr. 22/1974“, das Zitat „§§ 210 bis 212 des Landarbeitsgesetzes 1984“, anstelle des Zitates „§§ 120 bis 122 des Arbeits-

verfassungsgesetzes“ das Zitat „§§ 223 bis 225 des Landarbeitsgesetzes 1984“, anstelle des Zitates „§§ 10 und 12 des Mutterschutzgesetzes 1979, BGBl. Nr. 221“ das Zitat „§§ 102 und 103 des Landarbeitsgesetzes 1984“ und anstelle des Zitates „§ 7 des Väter-Karenzgesetzes, BGBl. Nr. 651/1989“ das Zitat „§ 26f des Landarbeitsgesetzes 1984“ treten.

(BGBl I 2003/137)

(4) § 6 Abs. 1 Z 2 gilt mit der Maßgabe, daß anstelle des Zitates „§ 18 des Berufsausbildungsgesetzes, BGBl. Nr. 142/1969“ „§ 125 Abs. 7 des Landarbeitsgesetzes 1984“ tritt.

ABSCHNITT V
Gemeinsame Vorschriften und Schlußbestimmungen

Unabdingbarkeit

§ 25. Die Rechte, die dem Arbeitnehmer auf Grund dieses Bundesgesetzes zustehen, können durch Arbeitsvertrag oder Normen der kollektiven Rechtsgestaltung weder aufgehoben noch beschränkt werden.

Weitergelten von Regelungen

§ 26. Im Zeitpunkt des Inkrafttretens dieses Bundesgesetzes bestehende, für den Arbeitnehmer günstigere Regelungen in Arbeitsverträgen oder Normen der kollektiven Rechtsgestaltung werden durch dieses Bundesgesetz nicht berührt.

Übergangsbestimmungen

§ 27. (1) Bis zum Zeitpunkt des Inkrafttretens dieses Bundesgesetzes bereits geleistete Zeiten gemäß § 27 Abs. 3 Z 3 und 7 des Wehrgesetzes 1990, während deren das Arbeitsverhältnis bestanden hat, sind für Ansprüche eines Arbeitnehmers, die sich nach der Dauer der Dienstzeit richten, anzurechnen.

(BGBl 1993/163)

(2) § 9 gilt erstmals für jenes Urlaubsjahr, das ab dem Inkrafttreten dieses Bundesgesetzes beginnt.

(3) Der Kündigungs- und Entlassungsschutz endet bei einem Präsenzdienst als Zeitsoldat gemäß § 32 des Wehrgesetzes 1990, der im Zeipunkt des Inkrafttretens dieses Bundesgesetzes bereits angetreten wurde, mit dem Ende des Verpflichtungszeitraumes, längstens jedoch nach vier Jahren nach Inkrafttreten dieses Bundesgesetzes.

Aufhebung von Rechtsvorschriften

§ 28. Mit Inkrafttreten dieses Bundesgesetzes treten für Arbeitnehmer, für die dieses Bundesgesetz zur Anwendung kommt, außer Kraft:

1. das Arbeitsplatz-Sicherungsgesetz, BGBl. Nr. 154/1956;
2. § 35 des Zivildienstgesetzes.

Verweisungen

§ 28a. Soweit in diesem Bundesgesetz auf andere Bundesgesetze verwiesen wird, sind diese in der jeweils geltenden Fassung anzuwenden.

(BGBl I 1998/30)

Personenbezogene Ausdrücke

§ 28b. Die in diesem Bundesgesetz verwendeten personenbezogenen Ausdrücke betreffen, soweit dies inhaltlich in Betracht kommt, Frauen und Männer gleichermaßen.

(BGBl I 1998/30)

Wirksamkeit und Vollziehung

§ 29. (1) Dieses Bundesgesetz tritt am 1. Jänner 1992 in Kraft.

(1a) Die Änderung des Titels, § 3, § 4, § 5 Abs. 1, § 6 Abs. 1 und 3, § 7 Abs. 1 und 3, § 8, § 9, § 10, § 11 Abs. 1, § 12 Abs. 1, 2 und 7, § 13 Abs. 1, § 18 Abs. 1 und 3, § 20 Abs. 2 sowie § 28a und § 28b, jeweils samt Überschrift, in der Fassung des Bundesgesetzes BGBl. I Nr. 30/1998 treten mit 1. Jänner 1998 in Kraft.

(BGBl I 1998/30)

(1b) Die §§ 3 Abs. 1 und 2, 5 Abs. 1, 6 Abs. 1 und 3, 8, 9 Abs. 2, 11 Abs. 1, 12 Abs. 1, 2 und 7, 13 Abs. 1 und 24 Abs. 3, jeweils in der Fassung des Bundesgesetzes BGBl. I Nr. 137/2003, treten mit 1. Jänner 2004 in Kraft.

(BGBl I 2003/137)

(1c) § 3 Abs. 2 und 3 sowie § 13 Abs. 1 in der Fassung des Bundesgesetzes BGBl. I Nr. 56/2005, treten mit 1. Juli 2005 in Kraft.

(BGBl I 2005/56)

(1d) § 24 Abs. 2 in der Fassung des Bundesgesetzes BGBl. I Nr. 71/2013 tritt mit 1. Jänner 2014 in Kraft.

(BGBl I 2013/71)

(2) Mit der Vollziehung dieses Bundesgesetzes sind – hinsichtlich des § 28 Z 2 im Einvernehmen mit dem Bundesminister für Inneres – betraut

1. für Dienstverhältnisse zum Bund der Bundeskanzler, in Angelegenheiten, die nur den Wirkungsbereich eines Bundesministers betreffen, dieser Bundesminister;
2. für Dienstverhältnisse der Lehrer gemäß Art. 14a Abs. 2 lit. a bis d B-VG der Bundesminister für Land- und Forstwirtschaft im Einvernehmen mit dem Bundeskanzler;
3. a) für Dienstverhältnisse der Lehrer für öffentliche Pflichtschulen (Art. 14 Abs. 2 B-VG),
   b) für Dienstverhältnisse der Lehrer für öffentliche land- und forstwirtschaftliche Berufs- und Fachschulen und Erzieher für öffentliche Schülerheime, die ausschließlich oder vorwiegend für Schüler der öffentlichen land- und forstwirtschaftlichen Berufs- und Fachschulen bestimmt sind (Art. 14a Abs. 3 lit. b B-VG),

c) für Arbeitsverhältnisse, die dem Landarbeitsgesetz 1984 unterliegen,

das Land;

~~d) im Übrigen der Bundesminister für Arbeit, Soziales und Konsumentenschutz.~~

(BGBl I 2016/114, BGBl I 2017/126)

„4. im Übrigen der Bundesminister für Arbeit, Soziales und Konsumentenschutz.“
(BGBl 1991/683, BGBl I 2017/126)

8. Arbeiter-Abfertigungsgesetz

Arbeiter-Abfertigungsgesetz, BGBl 1979/107 idF

1	BGBl 1987/618	2	BGBl 1992/833	3	BGBl 1993/335
4	BGBl I 2002/100	5	BGBl I 2013/139	6	BGBl I 2016/72
7	BGBl I 2018/100				

STICHWORTVERZEICHNIS

107. Bundesgesetz vom 23. Feber 1979, mit dem Abfertigungsansprüche für Arbeiter geschaffen sowie das Angestelltengesetz, das Gutsangestelltengesetz, das Vertragsbedienstetengesetz und das Insolvenz-Entgeltsicherungsgesetz geändert werden (Arbeiter-Abfertigungsgesetz)

Der Nationalrat hat beschlossen:

ARTIKEL I
Abfertigung für Arbeiter

Geltungsbereich

§ 1. (1) Dieses Bundesgesetz gilt für alle Arbeitsverhältnisse, die auf einem privatrechtlichen Vertrag beruhen.

(BGBl 1992/833)

(2) Ausgenommen sind Arbeitsverhältnisse

1. der land- und forstwirtschaftlichen Arbeiter, auf die das Landarbeitsgesetz, BGBl. Nr. 140/1948, anzuwenden ist;
2. zu einem Land, einem Gemeindeverband oder einer Gemeinde;
3. zum Bund

sowie Beschäftigungsverhältnisse, für die das Heimarbeitsgesetz 1960, BGBl. Nr. 105/1961, gilt.

(3) Ausgenommen sind ferner Arbeitsverhältnisse, auf die

1. das Angestelltengesetz BGBl. Nr. 292/1921,
2. das Gutsangestelltengesetz, BGBl. Nr. 538/1923,
3. das Journalistengesetz, BGBl. Nr. 88/1920,
4. das Hausgehilfen- und Hausangestelltengesetz, BGBl. Nr. 235/1962,
5. das Bauarbeiter-Urlaubs- und Abfertigungsgesetz (BUAG), BGBl. Nr. 414/1972, in der jeweils geltenden Fassung[a)]

(BGBl 1987/618)

[a)] Offensichtlicher legistischer Fehler.

in der jeweils geltenden Fassung anzuwenden ist.

(4) Im Regelungsbereich des Kollektivvertrages gemäß § 13 Abs. 6 des Bundesforstegesetzes, BGBl. Nr. 793/1996, sind die Bestimmungen dieses Bundesgesetzes nicht anzuwenden.

(BGBl I 2002/100)

Abfertigung

§ 2. (1) Dem Arbeitnehmer gebührt eine Abfertigung, wenn das Arbeitsverhältnis aufgelöst ~~oder unter Inanspruchnahme einer Gleitpension aus einer gesetzlichen Pensionsversicherung beim selben Arbeitgeber mit einem im § 253c Abs. 2 ASVG genannten verminderten Arbeitszeitausmaß fortgesetzt~~ wird. Auf diese Abfertigung sind die §§ 23 und 23a des Angestelltengesetzes,

BGBl. Nr. 292/1921, in der jeweils geltenden Fassung, anzuwenden.

(BGBl 1993/335, BGBl I 2018/100)

(2) Arbeitnehmern und Arbeitnehmerinnen von Eisenbahnen im Sinne des § 1 Z 1 und 2 des Eisenbahngesetzes 1957, BGBl. Nr. 60, die in der zusätzlichen Pensionsversicherung des Pensionsinstitutes für Verkehr und öffentliche Einrichtungen versichert sind, werden zusätzliche Pensionsleistungen, die über die aus der gesetzlichen Pensionsversicherung gebührenden Leistungen hinausgehen, in die Abfertigung eingerechnet. Davon abweichend werden Arbeitnehmern und Arbeitnehmerinnen von Eisenbahnen im Sinne des § 1 Z 1 und 2 des Eisenbahngesetzes 1957 zusätzliche Pensionsleistungen

1. ab 1. Jänner 2014 aus Anwartschaften gemäß § 481 ASVG,
2. ab 1. Jänner 2021 aus auf Beitragsleistungen der Arbeitgeber/innen beruhenden Anwartschaften gemäß § 481 ASVG,

die über die aus der gesetzlichen Pensionsversicherung gebührenden Leistungen hinausgehen, in die Abfertigung eingerechnet.

(BGBl I 2013/139)

(3) Arbeitnehmer in Arbeitskräfteüberlassungsbetrieben (§ 2 Abs. 2 lit. h BUAG) oder in Mischbetrieben (§ 3 BUAG), die während der Dauer des Arbeitsverhältnisses zu Beschäftigungen herangezogen werden, die für den Sachbereich der Abfertigungsregelungen abwechselnd dem Geltungsbereich dieses Bundesgesetzes und dem des BUAG unterliegen, haben unbeschadet der Häufigkeit des Wechsels und der Dauer der Beschäftigungen nach ununterbrochener dreijähriger Dauer des Arbeitsverhältnisses bei dessen Auflösung Anspruch auf Abfertigung nach Maßgabe der Bestimmungen dieses Bundesgesetzes. Dem Arbeitnehmer gebührt von der unter Berücksichtigung der Gesamtdauer des Arbeitsverhältnisses zustehenden Abfertigung der Anteil, der dem Verhältnis der im Geltungsbereich dieses Bundesgesetzes zurückgelegten Beschäftigungszeiten zur Gesamtdauer des Arbeitsverhältnisses entspricht. § 13a Abs. 1a und § 13c Abs. 5 letzter Satz BUAG sind sinngemäß anzuwenden.

(BGBl 1987/618, BGBl I 2016/72)

Unabdingbarkeit

§ 3. Die Rechte, die dem Arbeitnehmer auf Grund des § 2 zustehen, können durch Arbeitsvertrag oder Normen der kollektiven Rechtsgestaltung weder aufgehoben noch beschränkt werden.

Inkrafttreten

§ 4. § 1 Abs. 1 dieses Bundesgesetzes in der Fassung des Bundesgesetzes BGBl. Nr. 833/1992 tritt mit 1. Jänner 1993 in Kraft.

(BGBl 1992/833)

ARTIKEL VII
Schluß- und Übergangsbestimmungen

(1) Dieses Bundesgesetz tritt am 1. Juli 1979 in Kraft.

(2) Die nach Art. I § 2 gebührenden Abfertigungsansprüche treten in Etappen in Kraft und betragen:

10 % wenn das Arbeitsverhältnis spätestens mit 31. Dezember 1979,

20 % wenn das Arbeitsverhältnis innerhalb des Zeitraumes vom 1. Jänner 1980 bis 31. Dezember 1980,

40 % wenn das Arbeitsverhältnis innerhalb des Zeitraumes vom 1. Jänner 1981 bis 31. Dezember 1981,

60 % wenn das Arbeitsverhältnis innerhalb des Zeitraumes vom 1. Jänner 1982 bis 31. Dezember 1982,

80 % wenn das Arbeitsverhältnis innerhalb des Zeitraumes vom 1. Jänner 1983 bis 31. Dezember 1983 und

100 % wenn das Arbeitsverhältnis ab dem 1. Jänner 1984

endet.

(2a) § 2 Abs. 1 in der Fassung des Bundesgesetzes BGBl. Nr. 335/1993 tritt mit 1. Juli 1993 in Kraft. § 2 Abs. 1 ist auf Arbeitsverhältnisse, deren vertraglich vereinbarter Beginn nach dem 31. Dezember 2002 liegt, nicht mehr anzuwenden, soweit nicht durch Verordnung gemäß § 46 Abs. 1 letzter Satz des Betrieblichen Mitarbeitervorsorgegesetzes (BMVG), BGBl. I Nr. 100/2002, etwas anderes angeordnet wird. § 2 Abs. 1 ist jedoch weiterhin auf Arbeitsverhältnisse anzuwenden, deren vertraglich vereinbarter Beginn vor dem 1. Jänner 2003 oder dem durch Verordnung festgelegten Zeitpunkt liegt. Soweit eine Vereinbarung gemäß § 47 Abs. 1 und 3 BMVG erfolgt, sind diese Bestimmungen bis zum In-Kraft-Treten dieser Vereinbarung anzuwenden.

(BGBl 1993/335, BGBl I 2002/100)

(2b) § 1 Abs. 4 und Art. VII Abs. 2a in der Fassung des Bundesgesetzes BGBl. I Nr. 100/2002 treten mit 1. Juli 2002 in Kraft.

(BGBl I 2002/100)

(2c) § 2 Abs. 2 in der Fassung des Bundesgesetzes BGBl. I Nr. 139/2013 tritt mit 1. Jänner 2014 in Kraft.

(BGBl I 2013/139)

(2d) § 2 Abs. 3 in der Fassung des Bundesgesetzes BGBl. I Nr. 72/2016 tritt mit dem der Kundmachung folgenden Tag in Kraft.

(BGBl I 2016/72)

(3) Dienstzeiten im Sinne des § 23 Abs. 1 dritter Satz Angestelltengesetz und des § 22 Abs. 1 dritter Satz Gutsangestelltengesetz sind für die Abfertigung nicht zu berücksichtigen, wenn der Angestellte für diese Zeiten eine Abfertigung bereits erhalten hat.

(4) Endet ein dem Angestelltengesetz oder Gut-

sangestelltengesetz unterliegendes Dienstverhältnis zwischen dem 1. Juli 1979 und dem 31. Dezember 1983 und sind bei Berechnung der Abfertigung Dienstzeiten als Arbeiter (Lehrling) zu berücksichtigen (§ 23 Abs. 1 dritter Satz Angestelltengesetz bzw. § 22 Abs. 1 dritter Satz Gutsangestelltengesetz), so gebührt die auf Grund der Angestellten(Gutsangestellten)Dienstzeit zustehende Abfertigung in vollem Ausmaß, der durch die Berücksichtigung von Dienstzeiten im Sinne des § 23 Abs. 1 dritter Satz Angestelltengesetz (§ 22 Abs. 1 dritter Satz Gutsangestelltengesetz) sich ergebende Mehranspruch nach Maßgabe des Abs. 2.

(5) Kollektivverträge, Arbeits(Dienst)Ordnungen oder Arbeitsverträge, die den Anspruch auf Abfertigung für die Arbeitnehmer günstiger regeln, bleiben insoweit unberührt.

(6) Mit der Vollziehung dieses Bundesgesetzes sind betraut:

1. Hinsichtlich des Art. IV die Bundesregierung, in Angelegenheiten jedoch, die nur ein Bundesministerium betreffen, der zuständige Bundesminister.
2. Hinsichtlich der übrigen Bestimmungen der Bundesminister für soziale Verwaltung.

9. Arbeitsverfassungsgesetz (Auszug)

Arbeitsverfassungsgesetz, BGBl 1974/22 idF

1	BGBl 1975/360	2	BGBl 1976/387	3	BGBl 1979/47
4	BGBl 1981/354	5	BGBl 1982/48	6	BGBl 1985/55
7	BGBl 1986/394	8	BGBl 1986/563	9	BGBl 1987/321
10	BGBl 1988/196	11	BGBl 1990/282	12	BGBl 1990/408
13	BGBl 1990/411	14	BGBl 1992/473	15	BGBl 1992/833
16	BGBl 1993/460	17	BGBl 1993/502	18	BGBl 1994/450
19	BGBl 1994/624	20	BGBl 1996/417	21	BGBl 1996/601
22	BGBl 1996/754	23	BGBl I 1997/63	24	BGBl I 1998/30
25	BGBl I 1998/69	26	BGBl I 2000/14	27	BGBl I 2001/83
28	BGBl I 2001/98	29	BGBl I 2002/100	30	BGBl I 2003/71
31	BGBl I 2003/138	32	BGBl I 2004/82	33	BGBl I 2005/8
34	BGBl I 2006/4	35	BGBl I 2006/104	36	BGBl I 2006/147
37	BGBl I 2007/77	38	BGBl I 2009/74	39	BGBl I 2009/135
40	BGBl I 2010/58	41	BGBl I 2010/100	42	BGBl I 2010/101
43	BGBl I 2010/111	44	BGBl I 2012/98	45	BGBl I 2013/67
46	BGBl I 2013/71	47	BGBl I 2017/12	48	BGBl I 2017/37
49	BGBl I 2017/104				

GLIEDERUNG

STICHWORTVERZEICHNIS

Bundesgesetz vom 14. Dezember 1973 betreffend die Arbeitsverfassung (Arbeitsverfassungsgesetz – ArbVG)

Der Nationalrat hat beschlossen:

I. TEIL
Kollektive Rechtsgestaltung

Geltungsbereich

§ 1. (1) Die Bestimmungen des I. Teiles gelten – soweit im folgenden nicht anderes bestimmt ist – für Arbeitsverhältnisse aller Art, die auf einem privatrechtlichen Vertrag beruhen.

(2) Ausgenommen von den Bestimmungen des 1. bis 4. Hauptstückes sind

1. Arbeitsverhältnisse der land- und forstwirtschaftlichen Arbeiter, auf die Abschnitt 3 des Art. I des Landarbeitsgesetzes 1984, BGBl. Nr. 287, Anwendung findet;
   (BGBl 1975/360, BGBl 1996/601)
2. Arbeitsverhältnisse, die dem Heimarbeitsgesetz 1960, BGBl. Nr. 105/1961, unterliegen;
3. Arbeitsverhältnisse zum Bund, zu den Ländern, Gemeindeverbänden und Gemeinden sowie zu den von diesen Gebietskörperschaften verwalteten Betrieben, Unternehmungen, Anstalten, Stiftungen und Fonds, für die auf Grund eines Gesetzes Vorschriften Anwendung finden, die den wesentlichen Inhalt des Arbeitsvertrages zwingend festlegen.

(3) Die Bestimmungen des 5. Hauptstückes gelten nur für Betriebe, die den Bestimmungen des II. Teiles unterliegen.

1. HAUPTSTÜCK
Kollektivvertrag

Begriff und Inhalt

§ 2. (1) Kollektivverträge sind Vereinbarungen, die zwischen kollektivvertragsfähigen Körperschaften der Arbeitgeber einerseits und der Arbeitnehmer andererseits schriftlich abgeschlossen werden.

(2) Durch Kollektivverträge können geregelt werden:

1. Die Rechtsbeziehungen zwischen den Kollektivvertragsparteien;
2. die gegenseitigen aus dem Arbeitsverhältnis entspringenden Rechte und Pflichten der Arbeitgeber und der Arbeitnehmer;
3. die Änderung kollektivvertraglicher Rechtsansprüche gemäß Z 2 der aus dem Arbeitsverhältnis ausgeschiedenen Arbeitnehmer;
4. Maßnahmen im Sinne des § 97 Abs. 1 Z 4;

5. Art und Umfang der Mitwirkungsbefugnisse der Arbeitnehmerschaft bei Durchführung von Maßnahmen gemäß Z 4 und von Maßnahmen im Sinne des § 97 Abs. 1 Z 9;
6. gemeinsame Einrichtungen der Kollektivvertragsparteien;
7. sonstige Angelegenheiten, deren Regelung durch Gesetz dem Kollektivvertrag übertragen wird.

Verhältnis zu anderen Rechtsquellen

§ 3. (1) Die Bestimmungen in Kollektivverträgen können, soweit sie die Rechtsverhältnisse zwischen Arbeitgebern und Arbeitnehmern regeln, durch Betriebsvereinbarung oder Arbeitsvertrag weder aufgehoben noch beschränkt werden. Sondervereinbarungen sind, sofern sie der Kollektivvertrag nicht ausschließt, nur gültig, soweit sie für den Arbeitnehmer günstiger sind oder Angelegenheiten betreffen, die im Kollektivvertrag nicht geregelt sind.

(2) Bei der Prüfung, ob eine Sondervereinbarung im Sinne des Abs. 1 günstiger ist als der Kollektivvertrag, sind jene Bestimmungen zusammenzufassen und gegenüberzustellen, die in einem rechtlichen und sachlichen Zusammenhang stehen.

Kollektivvertragsfähigkeit

§ 4. (1) Kollektivvertragsfähig sind gesetzliche Interessenvertretungen der Arbeitgeber und der Arbeitnehmer, denen unmittelbar oder mittelbar die Aufgabe obliegt, auf die Regelung von Arbeitsbedingungen hinzuwirken und deren Willensbildung in der Vertretung der Arbeitgeber- oder der Arbeitnehmerinteressen gegenüber der anderen Seite unabhängig ist.

(2) Kollektivvertragsfähig sind die auf freiwilliger Mitgliedschaft beruhenden Berufsvereinigungen der Arbeitgeber und der Arbeitnehmer, welche
1. sich nach ihren Statuten zur Aufgabe stellen, die Arbeitsbedingungen innerhalb ihres Wirkungsbereiches zu regeln;
2. in ihrer auf Vertretung der Arbeitgeber- oder Arbeitnehmerinteressen gerichteten Zielsetzung in einem größeren fachlichen und räumlichen Wirkungsbereich tätig werden;
3. vermöge der Zahl der Mitglieder und des Umfanges der Tätigkeit eine maßgebende wirtschaftliche Bedeutung haben;
4. in der Vertretung der Arbeitgeber- oder der Arbeitnehmerinteressen gegenüber der anderen Seite unabhängig sind.

(3) Für Arbeitsverhältnisse zu Vereinen, die vermöge der Zahl ihrer Mitglieder, des Umfanges ihrer Tätigkeit und der Zahl ihrer Arbeitnehmer eine maßgebende Bedeutung haben, sind diese selbst kollektivvertragsfähig, soweit sie nicht für Arbeitsverhältnisse bestimmter Betriebs- oder Verwaltungsbereiche einer kollektivvertragsfähigen Körperschaft der Arbeitgeber angehören.

Zuerkennung und Aberkennung der Kollektivvertragsfähigkeit

§ 5. (1) Die Kollektivvertragsfähigkeit im Sinne des § 4 Abs. 2 und 3 ist auf Antrag nach Anhörung der zuständigen gesetzlichen Interessenvertretungen durch das Bundeseinigungsamt zuzuerkennen.

(2) Die Entscheidung über die Zuerkennung der Kollektivvertragsfähigkeit ist im „Amtsblatt zur Wiener Zeitung" kundzumachen und dem Bundesministerium für soziale Verwaltung sowie jedem für Arbeits- und Sozialrechtssachen zuständigen Gerichtshof zur Kenntnis zu bringen. Die Kosten der Kundmachung hat die freiwillige Berufsvereinigung (der Verein), der (dem) die Kollektivvertragsfähigkeit zuerkannt wurde, zu tragen.

(3) Die Kollektivvertragsfähigkeit ist durch das Bundeseinigungsamt von Amts wegen oder auf Antrag einer kollektivvertragsfähigen Berufsvereinigung oder einer gesetzlichen Interessenvertretung abzuerkennen, wenn die Voraussetzungen des § 4 Abs. 2 oder 3 nicht mehr gegeben sind; die Bestimmungen des Abs. 2 sind sinngemäß anzuwenden.

(BGBl 1986/563)

Vorrang der freiwilligen Berufsvereinigungen

§ 6. Wird einer freiwilligen Berufsvereinigung die Kollektivvertragsfähigkeit gemäß § 5 Abs. 1 zuerkannt und schließt diese einen Kollektivvertrag ab, so verliert die in Betracht kommende gesetzliche Interessenvertretung hinsichtlich der Mitglieder der Berufsvereinigung die Kollektivvertragsfähigkeit für die Dauer der Geltung und für den Geltungsbereich des von der Berufsvereinigung abgeschlossenen Kollektivvertrages.

Kollektivvertragsfähigkeit juristischer Personen öffentlichen Rechts

§ 7. Für Arbeitsverhältnisse zu juristischen Personen öffentlichen Rechts, die den Vorschriften dieses Hauptstückes unterliegen, sind diese selbst kollektivvertragsfähig, soweit sie nicht für Arbeitsverhältnisse bestimmter Betriebs- oder Verwaltungsbereiche einer anderen kollektivvertragsfähigen Körperschaft angehören.

Kollektivvertragsangehörigkeit

§ 8. Kollektivvertragsangehörige sind, sofern der Kollektivvertrag nicht anderes bestimmt, innerhalb seines räumlichen, fachlichen und persönlichen Geltungsbereiches
1. die Arbeitgeber und die Arbeitnehmer, die zur Zeit des Abschlusses des Kollektivvertrages Mitglieder der am Kollektivvertrag beteiligten Parteien waren oder später werden;
2. die Arbeitgeber, auf die der Betrieb oder ein Teil des Betriebes eines der in Z 1 bezeichneten Arbeitgeber übergeht;
3. die Arbeitgeber, die im Rahmen eines verbundenen Gewerbes fachübergreifende Leistungen erbringen, hinsichtlich der Kollektivverträge in den ausgeübten Wirtschafts-

bereichen, in denen keine Kollektivvertragsangehörigkeit nach Z 1 oder 2 besteht.

(BGBl I 1997/63)

(BGBl 1993/460)

Fachlicher Geltungsbereich

§ 9. (1) Verfügt ein mehrfach kollektivvertragsangehöriger Arbeitgeber über zwei oder mehrere Betriebe, so findet auf die Arbeitnehmer der jeweilige dem Betrieb in fachlicher und örtlicher Beziehung entsprechende Kollektivvertrag Anwendung.

(2) Die Regelung des Abs. 1 findet sinngemäß Anwendung, wenn es sich um Haupt- und Nebenbetriebe oder um organisatorisch und fachlich abgegrenzte Betriebsabteilungen handelt.

(3) Liegt eine organisatorische Trennung in Haupt- und Nebenbetriebe oder eine organisatorische Abgrenzung in Betriebsabteilungen nicht vor, so findet jener Kollektivvertrag Anwendung, welcher für den fachlichen Wirtschaftsbereich gilt, der für den Betrieb die maßgebliche wirtschaftliche Bedeutung hat; durch Betriebsvereinbarung kann festgestellt werden, welcher fachliche Wirtschaftsbereich für den Betrieb die maßgebliche wirtschaftliche Bedeutung hat.

(4) Liegt weder eine organisatorische Trennung, eine organisatorische Abgrenzung noch die maßgebliche wirtschaftliche Bedeutung eines fachlichen Wirtschaftsbereiches im Sinne des Abs. 3 vor, so findet der Kollektivvertrag jenes fachlichen Wirtschaftsbereiches Anwendung, dessen Geltungsbereich unbeschadet der Verhältnisse im Betrieb die größere Anzahl von Arbeitnehmern erfaßt.

Persönlicher Geltungsbereich

§ 10. (1) Wird ein Arbeitnehmer in zwei oder mehreren Betrieben eines Arbeitgebers oder in organisatorisch abgegrenzten Betriebsabteilungen beschäftigt, für die verschiedene Kollektivverträge gelten, so findet auf ihn jener Kollektivvertrag Anwendung, der seiner überwiegend ausgeübten Beschäftigung entspricht.

(2) Liegt eine überwiegende Beschäftigung im Sinne des Abs. 1 nicht vor, so findet jener Kollektivvertrag Anwendung, dessen Geltungsbereich unbeschadet der Verhältnisse im Betrieb die größere Zahl von Arbeitnehmern des fachlichen Wirtschaftsbereiches erfaßt.

Normwirkung

§ 11. (1) Die Bestimmungen des Kollektivvertrags sind, soweit sie nicht die Rechtsbeziehungen zwischen den Kollektivvertragsparteien regeln, innerhalb seines fachlichen, räumlichen und persönlichen Geltungsbereiches unmittelbar rechtsverbindlich.

(2) Enthält der Kollektivvertrag keine Vorschrift über seinen Wirksamkeitsbeginn, so beginnt seine Wirkung mit dem auf die Kundmachung im „Amtsblatt zur Wiener Zeitung“ folgenden Tag.

Außenseiterwirkung

§ 12. (1) Die Rechtswirkungen des Kollektivvertrages treten auch für Arbeitnehmer eines kollektivvertragsangehörigen Arbeitgebers ein, die nicht kollektivvertragsangehörig sind (Außenseiter).

(2) Die gemäß Abs. 1 eingetretenen Rechtswirkungen werden durch einen späteren Kollektivvertrag für dessen Geltungsbereich aufgehoben.

Nachwirkung

§ 13. Die Rechtswirkungen des Kollektivvertrages bleiben nach seinem Erlöschen für Arbeitsverhältnisse, die unmittelbar vor seinem Erlöschen durch ihn erfaßt waren, so lange aufrecht, als für diese Arbeitsverhältnisse nicht ein neuer Kollektivvertrag wirksam oder mit den betroffenen Arbeitnehmern nicht eine neue Einzelvereinbarung abgeschlossen wird.

Hinterlegung und Kundmachung des Kollektivvertrages

§ 14. (1) Jeder Kollektivvertrag ist nach seinem Abschluß unverzüglich von den daran beteiligten kollektivvertragsfähigen Körperschaften der Arbeitnehmer in zwei, bei Kollektivverträgen für Arbeitnehmer in der Land- und Forstwirtschaft, soweit auf sie dieses Bundesgesetz Anwendung findet, in drei gleichlautenden Ausfertigungen, die von den vertragschließenden Parteien ordnungsgemäß gezeichnet sein müssen, beim Bundesministerium für soziale Verwaltung mit gleichzeitiger Angabe der Anschriften der vertragschließenden Parteien zu hinterlegen.

(2) Auch die im § 4 bezeichneten kollektivvertragsfähigen Körperschaften der Arbeitgeber sowie die juristischen Personen öffentlichen Rechts (§ 7) sind berechtigt, die von ihnen abgeschlossenen Kollektivverträge beim Bundesministerium für soziale Verwaltung zu hinterlegen.

(3) Das Bundesministerium für soziale Verwaltung hat innerhalb einer Woche nach der Hinterlegung die Kundmachung des Abschlusses des Kollektivvertrages durch Einschaltung im „Amtsblatt zur Wiener Zeitung“ zu veranlassen. Die Kosten der Kundmachung sind von den vertragschließenden Parteien zu gleichen Teilen zu tragen.

(4) Nach erfolgter Kundmachung im „Amtsblatt zur Wiener Zeitung“ (Abs. 3) hat das Bundesministerium für soziale Verwaltung dem Hinterleger eine Ausfertigung des Kollektivvertrages mit der Bestätigung der durchgeführten Hinterlegung und Bekanntgabe der Zahl, unter der der Kollektivvertrag im Register für Kollektivverträge eingetragen und im Kataster eingereiht wurde sowie des Tages der Kundmachung im „Amtsblatt zur Wiener Zeitung“ zurückzustellen. Bei Kollektivverträgen für Arbeitnehmer in der Land- und Forstwirtschaft, auf die dieses Bundesgesetz Anwendung findet, ist eine Ausfertigung mit Bekanntgabe des Datums der Kundmachung im „Amtsblatt zur Wiener Zeitung“ dem Bundesministerium für Land- und Forstwirtschaft vorzulegen. Eine Ausfertigung ist

dem Kataster der Kollektivverträge einzuverleiben. Das Bundesministerium für soziale Verwaltung hat jedem für Arbeits- und Sozialrechtssachen zuständigen Gerichtshof eine Ausfertigung des Kollektivvertrages, mit Angabe des Datums seiner Kundmachung im „Amtsblatt zur Wiener Zeitung" und der Zahl, unter der der Kollektivvertrag im Register eingetragen und im Kataster des Bundesministeriums für soziale Verwaltung eingereiht wurde, unverzüglich zu übermitteln.

(5) Der Hinterleger eines Kollektivvertrages hat innerhalb von zwei Wochen nach Einlangen der Bestätigung des Bundesministeriums für soziale Verwaltung über die Hinterlegung des Kollektivvertrages je eine Ausfertigung desselben dem Österreichischen Statistischen Zentralamt in Wien, den nach dem Geltungsbereich des Kollektivvertrages in Betracht kommenden gesetzlichen Interessenvertretungen der Arbeitgeber und der Arbeitnehmer, sofern diese nicht selbst vertragschließende Parteien sind, zu übermitteln. Diese Ausfertigungen sind mit der Zahl, unter der der Kollektivvertrag vom Bundesministerium für soziale Verwaltung im Register für Kollektivverträge eingetragen und im Kataster eingereiht wurde und mit dem Datum der Kundmachung im „Amtsblatt zur Wiener Zeitung" zu versehen. Auf diesen Exemplaren kann die Zeichnung der vertragschließenden Parteien auf mechanischem Wege wiedergegeben werden.

(BGBl 1986/563)

Auflegung des Kollektivvertrages im Betrieb

§ 15. Jeder kollektivvertragsangehörige Arbeitgeber hat den Kollektivvertrag binnen drei Tagen nach dem Tage der Kundmachung (§ 14 Abs. 3) im Betrieb in einem für alle Arbeitnehmer zugänglichen Raume aufzulegen und darauf in einer Betriebskundmachung hinzuweisen.

(BGBl 1986/563)

Verlängerung und Abänderung von Kollektivverträgen

§ 16. Die Bestimmungen der §§ 14 und 15 sind auf die Verlängerung und Abänderung von Kollektivverträgen sinngemäß anzuwenden.

Geltungsdauer des Kollektivvertrages

§ 17. (1) Enthält der Kollektivvertrag keine Vorschrift über seine Geltungsdauer, so kann er nach Ablauf eines Jahres von jeder vertragschließenden Partei unter Einhaltung einer Frist von mindestens drei Monaten zum Letzten eines Kalendermonats gekündigt werden. Die Kündigung bedarf zu ihrer Rechtswirksamkeit der schriftlichen Form und hat durch eingeschriebenen Brief zu erfolgen.

(2) Eine Kündigung gemäß Abs. 1 ist von der Partei, die die Kündigung vorgenommen hat, dem Bundesministerium für soziale Verwaltung innerhalb von drei Tagen nach Ablauf der Kündigungsfrist anzuzeigen. Auch die andere Kollektivvertragspartei ist berechtigt, diese Anzeige zu erstatten. Führen andere nicht aus dem Text des Kollektivvertrages ersichtliche Gründe zu seinem Erlöschen, so sind der Zeitpunkt und der Grund des Erlöschens von den Kollektivvertragsparteien dem Bundesministerium für soziale Verwaltung unverzüglich anzuzeigen.

(3) Wird einer freiwilligen Berufsvereinigung gemäß § 5 Abs. 3 die Kollektivvertragsfähigkeit aberkannt, so erlöschen die von dieser Berufsvereinigung abgeschlossenen Kollektivverträge mit dem Tage, an dem die gemäß § 5 Abs. 3 ergangene Entscheidung des Bundeseinigungsamtes im „Amtsblatt zur Wiener Zeitung" kundgemacht wird. Im Falle des § 6 erlischt ein von der gesetzlichen Interessenvertretung abgeschlossener Kollektivvertrag für die Mitglieder der freiwilligen Berufsvereinigung mit dem Tage, an dem ein von dieser Berufsvereinigung abgeschlossener Kollektivvertrag in Wirksamkeit tritt. Dieser Umstand ist von der freiwilligen Berufsvereinigung dem Bundesministerium für soziale Verwaltung unverzüglich anzuzeigen.

(4) Das Bundesministerium für soziale Verwaltung hat innerhalb einer Woche nach dem Einlangen der Anzeige nach Abs. 2 eine Kundmachung darüber im „Amtsblatt zur Wiener Zeitung" zu veranlassen. Die Kosten der Kundmachung sind von den Kollektivvertragsparteien zu gleichen Teilen zu tragen. Im Falle des Abs. 3 erster Satz ist diese Kundmachung innerhalb einer Woche nach dem Erlöschen des Kollektivvertrages, im Falle des Abs. 3 zweiter Satz innerhalb einer Woche nach der Anzeige, vom Bundesministerium für soziale Verwaltung zu veranlassen.

(5) Das Bundesministerium für soziale Verwaltung hat auf der im Kataster hinterlegten Ausfertigung des Kollektivvertrages den Inhalt der Kundmachung nach Abs. 4 mit Angabe des Datums der Kundmachung im „Amtsblatt zur Wiener Zeitung" zu vermerken. Wurde dem Bundesministerium für Land- und Forstwirtschaft gemäß § 14 Abs. 4 eine Ausfertigung des Kollektivvertrages übermittelt, so ist diesem der Inhalt der Kundmachung nach Abs. 4 mit Angabe des Datums der Kundmachung im „Amtsblatt zur Wiener Zeitung" mitzuteilen. Die gleiche Mitteilung ist an jeden für Arbeits- und Sozialrechtssachen zuständigen Gerichtshof zu richten.

(6) In den in Abs. 2 angeführten Fällen hat der Hinterleger den Inhalt und das Datum der Kundmachung im „Amtsblatt zur Wiener Zeitung" den in § 14 Abs. 5 bezeichneten Stellen innerhalb von zwei Wochen nach der Kundmachung mitzuteilen; in den in Abs. 3 angeführten Fällen obliegt diese Mitteilung dem Bundesministerium für soziale Verwaltung.

(BGBl 1986/563)

2. HAUPTSTÜCK
Die Erklärung von Kollektivverträgen zur Satzung

Begriff und Voraussetzungen

§ 18. (1) Das Bundeseinigungsamt hat auf Antrag einer kollektivvertragsfähigen Körperschaft, die Partei eines Kollektivvertrages ist, bei Vorliegen der in Abs. 3 angeführten Voraussetzungen diesem Kollektivvertrag durch Erklärung zur Satzung auch außerhalb seines räumlichen, fachlichen und persönlichen Wirkungsbereiches rechtsverbindliche Wirkung zuzuerkennen. Die in der Erklärung als rechtsverbindlich bezeichneten Bestimmungen des Kollektivvertrages bilden die Satzung.

(BGBl 1986/563)

(2) Gegenstand des Antrages auf Erklärung eines Kollektivvertrages zur Satzung können alle oder auch einzelne Bestimmungen des Kollektivvertrages sein, die für die ihm unterliegenden Arbeitsverhältnisse rechtsverbindlich sind, doch dürfen einzelne Bestimmungen nicht aus einem unmittelbaren rechtlichen und sachlichen Zusammenhang gelöst werden.

(3) Ein Kollektivvertrag oder ein Teil eines solchen darf nur zur Satzung erklärt werden, wenn

1. der zu satzende Kollektivvertrag gehörig kundgemacht ist und in Geltung steht;
2. der zu satzende Kollektivvertrag oder der Teil eines solchen überwiegende Bedeutung erlangt hat;
3. die von der Satzung zu erfassenden Arbeitsverhältnisse im Verhältnis zu jenen, die dem Kollektivvertrag unterliegen, im wesentlichen gleichartig sind;
4. die von der Satzung zu erfassenden Arbeitsverhältnisse unbeschadet des Abs. 4 nicht schon durch einen Kollektivvertrag erfaßt sind.

(4) Kollektivverträge, die sich auf die Regelung einzelner Arbeitsbedingungen beschränken und deren Wirkungsbereich sich fachlich auf die überwiegende Anzahl der Wirtschaftszweige und räumlich auf das ganze Bundesgebiet erstreckt, stehen der Erklärung eines Kollektivvertrages zur Satzung nicht entgegen.

(5) Kollektivverträge im Sinne des Abs. 4 können auch dann zur Satzung erklärt werden, wenn die Voraussetzungen des Abs. 3 Z 3 nicht vorliegen.

(6) Kollektivverträge, die von einem kollektivvertragsfähigen Verein (§ 4 Abs. 3) abgeschlossen wurden, können nicht zur Satzung erklärt werden.

Rechtswirkungen

§ 19. (1) Die Bestimmungen der gehörig kundgemachten Satzung sind innerhalb ihres räumlichen, fachlichen und persönlichen Geltungsbereiches unmittelbar rechtsverbindlich. § 3 und § 11 Abs. 2 sind sinngemäß anzuwenden.

(2) Kollektivverträge setzen für ihren Geltungsbereich eine bestehende Satzung außer Kraft. Dies gilt nicht für Kollektivverträge im Sinne des § 18 Abs. 4.

Verfahren

§ 20. (1) Das Verfahren auf Erklärung eines Kollektivvertrages zur Satzung wird auf Antrag eines gemäß § 18 Abs. 1 Berechtigten eingeleitet. Der Antrag ist schriftlich unter Beischluß dieses Kollektivvertrages zu stellen.

(2) Vor Erklärung eines Kollektivvertrages zur Satzung ist allen von ihr betroffenen kollektivvertragsfähigen Körperschaften der Arbeitgeber und der Arbeitnehmer Gelegenheit zu schriftlicher Stellungnahme sowie zur Äußerung in einer mündlichen Verhandlung zu geben.

(3) Die Erklärung eines Kollektivvertrages zur Satzung hat ohne unnötigen Aufschub zu erfolgen. In der Erklärung zur Satzung sind der Inhalt, der Geltungsbereich, der Beginn der Wirksamkeit und die Geltungsdauer der Satzung festzusetzen.

(4) Die Vorschriften der Abs. 1 bis 3 sind auch auf das Verfahren wegen Änderung oder Aufhebung einer Satzung anzuwenden.

Kundmachung und Veröffentlichung der Satzung

§ 21. (1) Die Erklärung eines Kollektivvertrages zur Satzung ist im Bundesgesetzblatt II kundzumachen. Die Satzung ist einem Kataster einzuverleiben.

(BGBl 1986/563, BGBl 1994/624, BGBl 1996/601, BGBl I 2009/74)

(2) Das Bundeseinigungsamt hat dem Bundesministerium für Arbeit, Soziales und Konsumentenschutz und jedem für Arbeits- und Sozialrechtssachen zuständigen Gerichtshof eine Ausfertigung der Satzung (Satzungserklärung und Wortlaut der Satzung) mit Angabe der Nummer und des Datums der Kundmachung im Bundesgesetzblatt II und der Katasterzahl zu übermitteln sowie das Erlöschen einer Satzung bekannt zu geben.

(BGBl I 2010/101)

3. HAUPTSTÜCK
Der Mindestlohntarif

Begriff und Voraussetzungen

§ 22. (1) Das Bundeseinigungsamt hat auf Antrag einer kollektivvertragsfähigen Körperschaft der Arbeitnehmer bei Vorliegen der im Abs. 3 angeführten Voraussetzungen Mindestentgelte und Mindestbeträge für den Ersatz von Auslagen festzusetzen. Die in der Erklärung festgesetzten Mindestentgelte und Mindestbeträge für den Ersatz von Auslagen werden als Mindestlohntarif bezeichnet.

(BGBl 1986/563)

(2) (aufgehoben)

(BGBl I 2010/111)

(3) Ein Mindestlohntarif darf nur für Gruppen von Arbeitnehmern festgesetzt werden, für die ein Kollektivvertrag nicht abgeschlossen werden kann,

1. weil kollektivvertragsfähige Körperschaften auf Arbeitgeberseite nicht bestehen und
2. sofern eine Regelung von Mindestentgelten und Mindestbeträgen für den Ersatz von Aus-

lagen durch die Erklärung eines Kollektivvertrages zur Satzung nicht erfolgt ist.

Bemessung des Mindestentgeltes

§ 23. Bei Festsetzung von Mindestentgelten und Mindestbeträgen für den Ersatz von Auslagen ist insbesondere auf deren Angemessenheit und die Entgeltbemessung in verwandten Wirtschaftszweigen Bedacht zu nehmen. Liegen Mindestentgelte unter dem Mindestentgeltniveau in verwandten Wirtschaftszweigen, so ist bei der Neufestsetzung von Mindestentgelten überdies auf dieses Entgeltniveau Bedacht zu nehmen.

(BGBl 1992/833)

Rechtswirkungen

§ 24. (1) Die Bestimmungen des gehörig kundgemachten Mindestlohntarifes sind innerhalb seines räumlichen, fachlichen und persönlichen Geltungsbereiches unmittelbar rechtsverbindlich.

(2) Die Bestimmungen des Mindestlohntarifes können durch Betriebsvereinbarung oder Arbeitsvertrag weder aufgehoben noch beschränkt werden. Sondervereinbarungen sind nur gültig, soweit sie für den Arbeitnehmer günstiger sind oder Ansprüche betreffen, die im Mindestlohntarif nicht geregelt sind. § 3 Abs. 2 und § 11 Abs. 2 sind sinngemäß anzuwenden.

(3) Kollektivverträge und Satzungen setzen für ihren Geltungsbereich einen bestehenden Mindestlohntarif außer Kraft. Ausgenommen von dieser Rechtswirkung sind Kollektivverträge im Sinne des § 18 Abs. 4 und Satzungen auf Grund solcher Kollektivverträge.

(4) Die Rechtswirkungen des Mindestlohntarifes bleiben nach seinem Erlöschen für Arbeitsverhältnisse, die unmittelbar vor seinem Erlöschen durch ihn erfaßt waren, so lange aufrecht, als für diese Arbeitsverhältnisse nicht ein neuer Mindestlohntarif, ein Kollektivvertrag oder eine Satzung wirksam oder mit den betreffenden Arbeitnehmern eine neue Einzelvereinbarung abgeschlossen wird.

Verfahren

§ 25. (1) Das Bundeseinigungsamt darf einen Mindestlohntarif nur für den Bereich eines oder mehrerer Bundesländer oder für das gesamte Bundesgebiet festsetzen.

(BGBl 1986/563)

(2) Das Verfahren zur Festsetzung eines Mindestlohntarifes wird auf Antrag eines gemäß § 22 Abs. 1 Berechtigten eingeleitet. Der Antrag ist schriftlich zu stellen und hat die zur Beurteilung der Notwendigkeit der Festsetzung eines Mindestlohntarifes erforderlichen Angaben sowie einen Vorschlag über die Höhe der festzusetzenden Mindestentgelte und Mindestbeträge für den Ersatz von Auslagen zu enthalten.

(3) Das Bundeseinigungsamt hat vor der Festsetzung die nach dem räumlichen Geltungsbereich des beantragten Mindestlohntarifes örtlich zuständigen Landeshauptmänner zu hören.

(BGBl 1986/563)

(4) Die Festsetzung eines Mindestlohntarifes hat ohne unnötigen Aufschub zu erfolgen. Im Mindestlohntarif sind die Mindestentgelte und Mindestbeträge für den Ersatz von Auslagen, der Geltungsbereich und der Beginn der Wirksamkeit des Mindestlohntarifes festzusetzen.

(BGBl 1986/563)

(5) Die Vorschriften der Abs. 1 bis 4 sind auch auf das Verfahren wegen Abänderung oder Aufhebung eines Mindestlohntarifes anzuwenden.

(6) § 21 ist sinngemäß anzuwenden. Eine Abschrift des Mindestlohntarifes ist den örtlich zuständigen Landeshauptmännern (Abs. 3) zu übermitteln.

(BGBl 1986/563)

4. HAUPTSTÜCK
Festsetzung der Lehrlingsentschädigung

Begriff und Voraussetzungen

§ 26. (1) Das Bundeseinigungsamt hat auf Antrag einer kollektivvertragsfähigen Körperschaft die Lehrlingsentschädigung festzusetzen, wenn für den betreffenden Wirtschaftszweig kein Kollektivvertrag wirksam ist.

(BGBl 1986/563)

(2) Kollektivverträge im Sinne des § 18 Abs. 4 stehen der Festsetzung einer Lehrlingsentschädigung nicht entgegen.

(3) Bei Festsetzung der Höhe der Lehrlingsentschädigung ist auf die für gleiche, verwandte oder ähnliche Lehrberufe geltenden Regelungen, sofern solche nicht bestehen, auf den Ortsgebrauch Bedacht zu nehmen.

Verfahren

§ 27. (1) Das Verfahren zur Festsetzung einer Lehrlingsentschädigung wird auf Antrag eines gemäß § 26 Abs. 1 Berechtigten eingeleitet. Der Antrag ist schriftlich einzubringen und hat die zur Beurteilung der Notwendigkeit der Festsetzung erforderlichen Angaben sowie einen Vorschlag über die Höhe der festzusetzenden Lehrlingsentschädigung zu enthalten. § 25 Abs. 4 ist sinngemäß anzuwenden.

(BGBl 1986/563)

(2) Die Festsetzung der Lehrlingsentschädigung ist im Bundesgesetzblatt II kundzumachen. Die Festsetzung der Lehrlingsentschädigung ist einem Kataster einzuverleiben.

(BGBl I 2009/74)

(3) Abs. 1 und 2 sind auf das Verfahren wegen Abänderung oder Aufhebung der festgesetzten Lehrlingsentschädigung sinngemäß anzuwenden.

(4) § 21 Abs. 2 ist sinngemäß anzuwenden.

(BGBl 1986/563)

Rechtswirkungen

§ 28. (1) Die gehörig kundgemachte Lehrlingsentschädigung ist innerhalb ihres räumlichen, fachlichen und persönlichen Geltungsbereiches unmittelbar rechtsverbindlich.

(2) Die festgesetzte Lehrlingsentschädigung kann durch Betriebs- oder Einzelvereinbarung weder aufgehoben noch beschränkt werden. Sondervereinbarungen über die Lehrlingsentschädigung sind nur gültig, soweit sie für den Lehrling günstiger sind.

(3) Kollektivverträge setzen für ihren Geltungsbereich eine festgesetzte Lehrlingsentschädigung außer Kraft; Satzungen nur dann, wenn sie die Lehrlingsentschädigung regeln. Ausgenommen von dieser Rechtswirkung sind Kollektivverträge im Sinne des § 18 Abs. 4. § 24 Abs. 4 ist sinngemäß anzuwenden.

5. HAUPTSTÜCK
Die Betriebsvereinbarung

Begriff

§ 29. Betriebsvereinbarungen sind schriftliche Vereinbarungen, die vom Betriebsinhaber einerseits und dem Betriebsrat (Betriebsausschuß, Zentralbetriebsrat, Konzernvertretung) andererseits in Angelegenheiten abgeschlossen werden, deren Regelung durch Gesetz oder Kollektivvertrag der Betriebsvereinbarung vorbehalten ist.

(BGBl 1990/411, BGBl 1993/460)

Wirksamkeitsbeginn

§ 30. (1) Betriebsvereinbarungen sind vom Betriebsinhaber oder vom Betriebsrat im Betrieb aufzulegen oder an sichtbarer, für alle Arbeitnehmer zugänglicher Stelle anzuschlagen.

(2) Enthält die Betriebsvereinbarung keine Bestimmung über ihren Wirksamkeitsbeginn, so tritt ihre Wirkung mit dem auf den Tag der Unterzeichnung folgenden Tag ein.

(3) Nach Wirksamwerden der Betriebsvereinbarung ist vom Betriebsinhaber den für den Betrieb zuständigen gesetzlichen Interessenvertretungen der Arbeitgeber und der Arbeitnehmer je eine Ausfertigung der Betriebsvereinbarung zu übermitteln.

Rechtswirkungen

§ 31. (1) Die Bestimmungen der Betriebsvereinbarung sind, soweit sie nicht die Rechtsbeziehungen zwischen den Vertragsparteien regeln, innerhalb ihres Geltungsbereiches unmittelbar rechtsverbindlich.

(2) Betriebsvereinbarungen gelten für Heimarbeiter nur, wenn und insoweit diese ausdrücklich in den Geltungsbereich der Betriebsvereinbarung einbezogen sind.

(3) Die Bestimmungen in Betriebsvereinbarungen können durch Einzelvereinbarung weder aufgehoben noch beschränkt werden. Einzelvereinbarungen sind nur gültig, soweit sie für den Arbeitnehmer günstiger sind oder Angelegenheiten betreffen, die durch Betriebsvereinbarungen nicht geregelt sind. § 3 Abs. 2 ist sinngemäß anzuwenden.

(4) Die Geltung von Betriebsvereinbarungen wird durch den Übergang des Betriebes auf einen anderen Betriebsinhaber nicht berührt.

(5) Die Geltung von Betriebsvereinbarungen bleibt für Betriebsteile unberührt, die rechtlich verselbständigt werden.[a)]

(BGBl 1990/411, BGBl 1993/460)

[a)] Vgl. Art. XII, BGBl 1993/458

(6) Die Geltung von Betriebsvereinbarungen bleibt für Arbeitnehmer von Betrieben oder Betriebsteilen unberührt, die mit einem anderen Betrieb oder Betriebsteil so zusammengeschlossen werden, daß ein neuer Betrieb im Sinne des § 34 entsteht.

(BGBl 1993/460)

(7) Die Geltung von Betriebsvereinbarungen bleibt für Arbeitnehmer von Betrieben oder Betriebsteilen, die von einem anderen Betrieb aufgenommen werden, insoweit unberührt, als sie Angelegenheiten betreffen, die von den Betriebsvereinbarungen des aufnehmenden Betriebes nicht geregelt werden. Betriebsvereinbarungen im Sinne des § 97 Abs. 1 Z 18, Z 18a oder Z 18b können für die von einer solchen Maßnahme betroffenen Arbeitnehmer vom Betriebsinhaber des aufzunehmenden Betriebes oder Betriebsteiles unter Einhaltung einer einmonatigen Kündigungsfrist gekündigt werden.

(BGBl 1993/460, BGBl I 2005/8)

Geltungsdauer von Betriebsvereinbarungen

§ 32. (1) Betriebsvereinbarungen können, soweit sie keine Vorschriften über ihre Geltungsdauer enthalten und Abs. 2 nicht anderes bestimmt, von jedem der Vertragspartner unter Einhaltung einer Frist von drei Monaten zum Letzten eines Kalendermonats schriftlich gekündigt werden.

(2) In Angelegenheiten, in denen das Gesetz bei Nichtzustandekommen einer Einigung über den Abschluß, die Abänderung und Aufhebung einer Betriebsvereinbarung die Anrufung der Schlichtungsstelle zuläßt, können Betriebsvereinbarungen nicht gekündigt werden.

(3) Die Rechtswirkungen der Betriebsvereinbarung enden mit ihrem Erlöschen. Ist eine Betriebsvereinbarung durch Kündigung erloschen, so bleiben ihre Rechtswirkungen für Arbeitsverhältnisse, die unmittelbar vor ihrem Erlöschen durch sie erfaßt waren, so lange aufrecht, als für diese Arbeitsverhältnisse nicht eine neue Betriebsvereinbarung wirksam oder mit den betroffenen Arbeitnehmern nicht eine neue Einzelvereinbarung abgeschlossen wird. Eine solche Einzelvereinbarung kann zum Nachteil des Arbeitnehmers im Falle der Kündigung einer Betriebsvereinbarung nach dem Übergang, der rechtlichen Verselbständigung, dem Zusammenschluß oder der Aufnahme eines Betriebes oder Betriebsteiles (§ 31 Abs. 4 bis 7) nicht vor Ablauf eines Jahres nach dem Übergang, der Verselbständigung, dem Zusammenschluß oder der Aufnahme abgeschlossen werden.

(BGBl 1993/460)

(4) Die Beendigung der Betriebsvereinbarung ist entsprechend der Vorschrift des § 30 Abs. 1 im Betrieb kundzumachen. Der Betriebsinhaber hat

die im § 30 Abs. 3 genannten Stellen vom Erlöschen der Betriebsvereinbarung zu verständigen.

II. TEIL
Betriebsverfassung

1. HAUPTSTÜCK
Allgemeine Bestimmungen

Geltungsbereich

§ 33. (1) Die Bestimmungen des II. Teiles gelten für Betriebe aller Art.

(2) Unter die Bestimmungen des II. Teiles fallen nicht

1. die Betriebe der Land- und Forstwirtschaft, sofern sie nicht Betriebe des Bundes, der Länder, der Gemeindeverbände oder der Gemeinden sind;

   (BGBl 1975/360)
2. die Behörden, Ämter und sonstigen Verwaltungsstellen des Bundes, der Länder, Gemeindeverbände und Gemeinden;
3. (aufgehoben)

   (BGBl I 2003/138)
4. die öffentlichen Unterrichts- und Erziehungsanstalten, sofern für sie die Bestimmungen des Bundes-Personalvertretungsgesetzes, BGBl. Nr. 133/1967, gelten;
5. die privaten Haushalte.

Betriebsbegriff

§ 34. (1) Als Betrieb gilt jede Arbeitsstätte, die eine organisatorische Einheit bildet, innerhalb der eine physische oder juristische Person oder eine Personengemeinschaft mit technischen oder immateriellen Mitteln die Erzielung bestimmter Arbeitsergebnisse fortgesetzt verfolgt, ohne Rücksicht darauf, ob Erwerbsabsicht besteht oder nicht.

(2) Das Gericht hat auf Grund einer Klage festzustellen, ob ein Betrieb im Sinne des Abs. 1 vorliegt. Das Urteil des Gerichts hat so lange bindende Wirkung, als sich nicht die Voraussetzungen, die für das Urteil maßgebend waren, wesentlich geändert haben und dies in einem neuerlichen Verfahren festgestellt wird.

(BGBl 1986/563)

(3) Zur Klage im Sinne des Abs. 2 sind bei Vorliegen eines rechtlichen Interesses der Betriebsinhaber, der Betriebsrat, mindestens so viele wahlberechtigte Arbeitnehmer, als Betriebsratsmitglieder zu wählen wären, sowie die zuständige freiwillige Berufsvereinigung und die gesetzliche Interessenvertretung der Arbeitnehmer berechtigt. Jeder im Betrieb bestehende Wahlvorstand ist im Verfahren parteifähig.

(BGBl 1986/563)

Gleichstellung

§ 35. (1) Das Gericht hat auf Grund einer Klage eine Arbeitsstätte, in der dauernd mehr als 50 Arbeitnehmer beschäftigt sind und die nicht alle Merkmale eines Betriebes gemäß § 34 Abs. 1 aufweist, einem selbständigen Betrieb gleichzustellen, wenn sie räumlich vom Hauptbetrieb weit entfernt ist und hinsichtlich Aufgabenbereich und Organisation eine Eigenständigkeit besitzt, die der eines Betriebes nahekommt.

(2) Das Gericht hat die Gleichstellung auf Grund einer Klage für beendet zu erklären, wenn die Voraussetzungen des Abs. 1 nicht mehr gegeben sind.

(3) Zur Klage gemäß Abs. 1 und 2 sind der Betriebsrat, mindestens so viele Arbeitnehmer, als Betriebsratsmitglieder zu wählen wären, die zuständige freiwillige Berufsvereinigung und die gesetzliche Interessenvertretung der Arbeitnehmer berechtigt; zur Klage gemäß Abs. 2 ist auch der Betriebsinhaber berechtigt.

(BGBl 1986/563)

Arbeitnehmerbegriff

§ 36. (1) Arbeitnehmer im Sinne des II. Teiles sind alle im Rahmen eines Betriebes beschäftigten Personen einschließlich der Lehrlinge und der Heimarbeiter ohne Unterschied des Alters.

(2) Als Arbeitnehmer gelten nicht:

1. In Betrieben einer juristischen Person, die Mitglieder des Organs, das zur gesetzlichen Vertretung der juristischen Person berufen ist;
2. (aufgehoben durch BGBl 1979/47)
3. leitende Angestellte, denen maßgebender Einfluß auf die Führung des Betriebes zusteht;
4. Personen, die vorwiegend zu ihrer Erziehung, Behandlung, Heilung oder Wiedereingliederung beschäftigt werden, sofern sie nicht auf Grund eines Arbeitsvertrages beschäftigt sind;
5. Personen, die im Vollzug einer verwaltungsbehördlichen oder gerichtlichen Verwahrungshaft, Untersuchungshaft, Freiheitsstrafe oder freiheitsentziehenden vorbeugenden Maßnahme beschäftigt werden;
6. Personen, deren Beschäftigung vorwiegend durch religiöse, karitative oder soziale Motive bestimmt ist, sofern sie nicht auf Grund eines Arbeitsvertrages beschäftigt sind;
7. Personen, die zu Schulungs- und Ausbildungszwecken kurzfristig beschäftigt werden.

Rechte des einzelnen Arbeitnehmers

§ 37. (1) Die Arbeitnehmer dürfen in der Ausübung ihrer betriebsverfassungsrechtlichen Befugnisse nicht beschränkt und aus diesem Grunde nicht benachteiligt werden.

(2) Die Arbeitnehmer können Anfragen, Wünsche, Beschwerden, Anzeigen oder Anregungen beim Betriebsrat, bei jedem seiner Mitglieder und beim Betriebsinhaber vorbringen.

(3) Die sich aus dem Arbeitsverhältnis ergebenden Informations-, Interventions-, Überwa-

chungs-, Anhörungs- und Beratungsrechte des einzelnen Arbeitnehmers gegenüber dem Betriebsinhaber und die entsprechenden Pflichten des Betriebsinhabers werden durch den II. Teil dieses Bundesgesetzes nicht berührt.

Aufgaben

§ 38. Die Organe der Arbeitnehmerschaft des Betriebes haben die Aufgabe, die wirtschaftlichen, sozialen, gesundheitlichen und kulturellen Interessen der Arbeitnehmer im Betrieb wahrzunehmen und zu fördern.

Grundsätze der Interessenvertretung

§ 39. (1) Ziel der Bestimmungen über die Betriebsverfassung und deren Anwendung ist die Herbeiführung eines Interessenausgleichs zum Wohl der Arbeitnehmer und des Betriebes.

(2) Die Organe der Arbeitnehmerschaft des Betriebes sollen bei Verwirklichung ihrer Interessenvertretungsaufgabe im Einvernehmen mit den zuständigen kollektivvertragsfähigen Körperschaften der Arbeitnehmer vorgehen.

(3) Die Organe der Arbeitnehmerschaft haben ihre Tätigkeit tunlichst ohne Störung des Betriebes zu vollziehen. Sie sind nicht befugt, in die Führung und den Gang des Betriebes durch selbständige Anordnungen einzugreifen.

(4) Die Organe der Arbeitnehmerschaft können zu ihrer Beratung in allen Angelegenheiten die zuständige freiwillige Berufsvereinigung oder gesetzliche Interessenvertretung der Arbeitnehmer beiziehen. Den Vertretern der zuständigen freiwilligen Berufsvereinigung und der gesetzlichen Interessenvertretung der Arbeitnehmer ist in diesen Fällen oder soweit dies zur Ausübung der ihnen durch dieses Bundesgesetz eingeräumten Befugnisse sonst erforderlich ist, nach Unterrichtung des Betriebsinhabers oder seines Vertreters Zugang zum Betrieb zu gewähren. Abs. 3 und § 115 Abs. 4 sind sinngemäß anzuwenden.

(5) Die den zuständigen freiwilligen Berufsvereinigungen der Arbeitgeber und der Arbeitnehmer eingeräumten Befugnisse kommen nur jenen freiwilligen Berufsvereinigungen zu, denen gemäß § 5 Kollektivvertragsfähigkeit zuerkannt wurde.

2. HAUPTSTÜCK
Organisationsrecht

Organe der Arbeitnehmerschaft

§ 40. (1) In jedem Betrieb, in dem dauernd mindestens fünf stimmberechtigte (§ 49 Abs. 1) Arbeitnehmer beschäftigt werden, sind nach Maßgabe der folgenden Bestimmungen von der Arbeitnehmerschaft Organe zu bilden. Bei der Berechnung dieser Zahl haben Heimarbeiter und die gemäß § 53 Abs. 3 Z 1 vom passiven Wahlrecht zum Betriebsrat ausgeschlossenen Familienangehörigen des Betriebsinhabers außer Betracht zu bleiben.

(2) Erfüllt sowohl die Gruppe der Arbeiter als auch die Gruppe der Angestellten (§ 41 Abs. 3) die Voraussetzungen des Abs. 1, so sind folgende Organe zu bilden:

1. Die Betriebshauptversammlung;
2. die Gruppenversammlungen der Arbeiter und der Angestellten;
3. die Wahlvorstände für die Betriebsratswahl;
4. die Betriebsräte der Arbeiter und der Angestellten;
5. der Betriebsausschuß;
6. die Rechnungsprüfer.

(3) Erfüllt nur eine Gruppe die Voraussetzungen des Abs. 1, erfüllen sie beide Gruppen nur in ihrer Gesamtheit oder beschließen die Gruppenversammlungen in getrennten Abstimmungen die Bildung eines gemeinsamen Betriebsrates, so sind folgende Organe zu bilden:

1. Die Betriebsversammlung;
2. der Wahlvorstand für die Betriebsratswahl;
3. der Betriebsrat;
4. die Rechnungsprüfer.

(4) Wenn ein Unternehmen mehrere Betriebe umfaßt, die eine wirtschaftliche Einheit bilden und vom Unternehmen zentral verwaltet werden, so sind folgende Organe zu bilden:

1. Der Wahlvorstand für die Zentralbetriebsratswahl;
2. der Zentralbetriebsrat;
3. die Betriebsräteversammlung;
4. die Rechnungsprüfer.

(4a) In Konzernen im Sinne des § 15 des Aktiengesetzes 1965 oder des § 115 des Gesetzes über Gesellschaften mit beschränkter Haftung kann eine Konzernvertretung gebildet werden (§ 88a).

(BGBl 1990/411, BGBl 1993/460)

(4b) In Unternehmen bzw. Unternehmensgruppen im Sinne des V. Teiles ist nach Maßgabe des V. Teiles ein besonderes Verhandlungsgremium einzusetzen sowie ein Europäischer Betriebsrat zu errichten oder ein Verfahren zur Unterrichtung und Anhörung der Arbeitnehmer zu schaffen.

(BGBl 1996/601)

(4c) In den Unternehmen im Sinne des VI. Teiles ist nach Maßgabe des VI. Teiles ein besonderes Verhandlungsgremium einzusetzen sowie ein SE-Betriebsrat zu errichten oder ein anderes Verfahren zur Beteiligung der Arbeitnehmer zu schaffen.

(BGBl I 2004/82)

(4d) In den Unternehmen im Sinne des VII. Teiles ist nach Maßgabe des VII. Teiles ein besonderes Verhandlungsgremium einzusetzen sowie ein SCE-Betriebsrat zu errichten oder ein anderes Verfahren zur Beteiligung der Arbeitnehmer zu schaffen.

(BGBl I 2006/104)

(4e) In den Unternehmen im Sinne des VIII. Teiles ist nach Maßgabe des VIII. Teiles ein besonderes Verhandlungsgremium oder ein besonderes Entsendungsgremium einzusetzen.

(BGBl I 2007/77)

(5) Unbeschadet der Bestimmungen der Abs. 1 bis 4a sind in Betrieben, in denen dauernd mindestens fünf jugendliche Arbeitnehmer (§ 123 Abs. 3) beschäftigt sind, nach den Bestimmungen des fünften Hauptstückes Jugendvertretungen zu errichten.

(BGBl 1990/411)

Abschnitt 1
Die Betriebs(Gruppen-, Betriebshaupt)versammlung

Zusammensetzung und Gruppenzugehörigkeit

§ 41. (1) Die Betriebs(Betriebshaupt)versammlung besteht aus der Gesamtheit der Arbeitnehmer des Betriebes.

(2) Die Gruppenversammlung der Arbeiter besteht aus den Arbeitnehmern, die der Gruppe der Arbeiter, die Gruppenversammlung der Angestellten besteht aus den Arbeitnehmern, die der Gruppe der Angestellten angehören.

(3) Für die Gruppenzugehörigkeit ist die auf Gesetz beruhende arbeitsvertragliche Stellung der Arbeitnehmer maßgebend. Zur Gruppe der Angestellten gehören ferner Arbeitnehmer, die mit dem Arbeitgeber die Anwendung des Angestelltengesetzes sowie des Angestelltenkollektivvertrages, der auf den Betrieb Anwendung findet, zuzüglich einer Einstufung in die Gehaltsordnung dieses Kollektivvertrages unwiderruflich vereinbart haben. Lehrlinge, die zu Angestelltentätigkeiten ausgebildet werden, zählen zur Gruppe der Angestellten, die übrigen Lehrlinge zur Gruppe der Arbeiter.

(4) Betriebsratsmitglieder gelten als Angehörige jener Arbeitnehmergruppe, die sie gewählt hat.

Aufgaben der Betriebs(Gruppen-, Betriebshaupt)versammlung

§ 42. (1) Der Betriebs(Gruppen)versammlung obliegt:

1. Behandlung von Berichten des Betriebsrates und der Rechnungsprüfer;
2. Wahl des Wahlvorstandes für die Betriebsratswahl;
3. Beschlußfassung über die Einhebung und die Höhe einer Betriebsratsumlage sowie über die Art und Weise der Auflösung des Betriebsratsfonds;
4. Beschlußfassung über die Enthebung des Betriebsrates;
5. Beschlußfassung über die Enthebung des Wahlvorstandes für die Betriebsratswahl;
6. Wahl der Rechnungsprüfer;
7. Beschlußfassung über die Enthebung der Rechnungsprüfer;
8. Beschlußfassung über eine Fortsetzung der Funktion des Betriebsrates nach Wiederaufnahme des Betriebes.

(2) Der Gruppenversammlung obliegt überdies die Enthebung eines Betriebsratsmitgliedes gemäß § 64 Abs. 1 Z 4 sowie die Beschlußfassung über die Errichtung eines gemeinsamen Betriebsrates gemäß § 40 Abs. 3.

(3) Der Betriebshauptversammlung obliegt die Behandlung von Berichten des Betriebsausschusses.

Ordentliche und außerordentliche Versammlungen

§ 43. (1) Die Betriebs(Gruppen)versammlung hat mindestens einmal in jedem Kalenderhalbjahr, die Betriebshauptversammlung mindestens einmal in jedem Kalenderjahr stattzufinden.

(2) Eine Betriebs(Gruppen-, Betriebshaupt)versammlung hat außerdem binnen zwei Wochen stattzufinden, wenn mehr als ein Drittel der in der betreffenden Versammlung stimmberechtigten Arbeitnehmer oder ein Drittel der Betriebsratsmitglieder, im Falle der Betriebshauptversammlung auch dann, wenn einer der beiden Betriebsräte dies verlangt.

Teilversammlungen

§ 44. (1) Wenn nach Zahl der Arbeitnehmer, Arbeitsweise oder Art des Betriebes die Abhaltung von Betriebs(Gruppen-, Betriebshaupt)versammlungen oder die Teilnahme der Arbeitnehmer an diesen nicht oder nur schwer möglich ist, können Betriebs(Gruppen-, Betriebshaupt)versammlungen in Form von Teilversammlungen durchgeführt werden. Die Entscheidung über die Abhaltung von Teilversammlungen obliegt dem Betriebsrat (Betriebsausschuß).

(2) Für die Ermittlung von Abstimmungsergebnissen in den Angelegenheiten des § 42 ist die Gesamtheit der in den einzelnen Teilversammlungen abgegebenen Stimmen maßgebend.

Einberufung

§ 45. (1) Die Betriebs(Gruppen)versammlung ist vom Betriebsrat, die Betriebshauptversammlung vom Betriebsausschuß einzuberufen.

(2) Besteht kein Betriebsrat (Betriebsausschuß) oder ist er vorübergehend funktionsunfähig, so sind zur Einberufung berechtigt:

1. Der an Lebensjahren älteste Arbeitnehmer oder mindestens so viele Arbeitnehmer, als Betriebsratsmitglieder zu wählen sind;
2. in Betrieben, in denen dauernd mindestens 20 Arbeitnehmer beschäftigt sind, eine zuständige freiwillige Berufsvereinigung oder die gesetzliche Interessenvertretung der Arbeitnehmer, wenn die nach Z 1 zur Einberufung Berechtigten trotz Aufforderung die Einberufung innerhalb von zwei Wochen nicht vornehmen.

(3) Die Einberufung der Betriebs(Gruppen-, Betriebshaupt)versammlung hat unter gleichzeitiger Bekanntgabe der Tagesordnung zu erfolgen.

Vorsitz

§ 46. Die Vorsitzführung obliegt dem Vorsitzenden[a] des Betriebsrates (Betriebsausschusses), in den Fällen des § 45 Abs. 2 dem Einberufer; dieser kann die Vorsitzführung einem Stellvertreter aus dem Kreise der stimmberechtigten Arbeitnehmer übertragen.

[a] bzw. „(die) Vorsitzende" (Art. II BGBl 1986/394, siehe unten 4.2.)

Zeitpunkt und Ort der Versammlungen

§ 47. (1) Wenn es dem Betriebsinhaber unter Berücksichtigung der betrieblichen Verhältnisse zumutbar ist, können Betriebs(Gruppen-, Betriebshaupt)versammlungen während der Arbeitszeit abgehalten werden. Wird die Versammlung während der Arbeitszeit abgehalten, entsteht den Arbeitnehmern für den erforderlichen Zeitraum ein Anspruch auf Arbeitsfreistellung. Ansprüche der Arbeitnehmer auf Fortzahlung des Entgeltes für diesen Zeitraum können, soweit dies nicht im Kollektivvertrag geregelt ist, durch Betriebsvereinbarung geregelt werden. Dies gilt auch für die Vergütung von Fahrtkosten.

(2) Die Betriebs(Gruppen-, Betriebshaupt)versammlung kann im Betrieb oder außerhalb desselben stattfinden. Findet die Versammlung innerhalb des Betriebes statt, hat der Betriebsinhaber nach Tunlichkeit die erforderlichen Räumlichkeiten zur Verfügung zu stellen.

Teilnahme des Betriebsinhabers und der überbetrieblichen Interessenvertretungen

§ 48. Die Betriebs(Gruppen-, Betriebshaupt)-versammlungen sind nicht öffentlich. Jede zuständige freiwillige Berufsvereinigung und die zuständige gesetzliche Interessenvertretung der Arbeitnehmer sind berechtigt, zu allen Betriebsversammlungen Vertreter zu entsenden. Der Betriebsinhaber oder sein Vertreter im Betrieb kann auf Einladung der Einberufer an der Betriebsversammlung teilnehmen. Der Zeitpunkt und die Tagesordnung sind rechtzeitig schriftlich mitzuteilen.

Stimmberechtigung und Beschlußfassung

§ 49. (1) In der Betriebs(Gruppen-, Betriebshaupt)versammlung ist jeder betriebs(gruppen)zugehörige Arbeitnehmer ohne Unterschied der Staatsbürgerschaft stimmberechtigt, der das 18. Lebensjahr vollendet hat und am Tage der Betriebsversammlung im Betrieb beschäftigt ist.

(BGBl 1996/601, BGBl I 2010/101)

(2) Zur Beschlußfassung ist die Anwesenheit von mindestens der Hälfte der stimmberechtigten Arbeitnehmer erforderlich. Die Beschlüsse werden mit einfacher Mehrheit der abgegebenen Stimmen gefaßt. Beschlüsse über die Enthebung des Betriebsrates (§ 42 Abs. 1 Z 4) oder eines Betriebsratsmitgliedes (§ 42 Abs. 2) bedürfen der Mehrheit von zwei Drittel der abgegebenen Stimmen. Beschlüsse über die Bildung eines gemeinsamen Betriebsrates im Sinne des § 40 Abs. 3 bedürfen der Mehrheit von zwei Drittel der für die Wahl des jeweiligen Gruppenbetriebsrates aktiv Wahlberechtigten. Abstimmungen über die Bildung eines gemeinsamen Betriebsrates im Sinne des § 40 Abs. 3 und über Enthebungen haben geheim zu erfolgen.

(3) Ist bei Beginn der Betriebsversammlung weniger als die Hälfte der stimmberechtigten Arbeitnehmer anwesend, so ist eine halbe Stunde zuzuwarten; nach Ablauf dieser Zeit ist die Betriebsversammlung ohne Rücksicht auf die Zahl der anwesenden stimmberechtigten Arbeitnehmer beschlußfähig. Diese Bestimmung gilt nicht in den Fällen der §§ 40 Abs. 3 und 42 Abs. 1 Z 3, 4 und 8. Wurde eine Betriebsversammlung gemäß § 45 Abs. 2 Z 2 von einer freiwilligen Berufsvereinigung oder gesetzlichen Interessenvertretung der Arbeitnehmer einberufen, so kann die Wahl des Wahlvorstandes nur vorgenommen werden, wenn mindestens ein Drittel der stimmberechtigten Arbeitnehmer anwesend ist. Die Enthebung des Wahlvorstandes gemäß § 42 Abs. 1 Z 5 kann nur vorgenommen werden, wenn mindestens ein Drittel der stimmberechtigten Arbeitnehmer anwesend ist.

(BGBl 1990/411, BGBl I 2010/101)

ArbVG

Abschnitt 2
Betriebsrat

Zahl der Betriebsratsmitglieder

§ 50. (1) Der Betriebsrat besteht in Betrieben (Arbeitnehmergruppen) mit fünf bis neun Arbeitnehmern aus einer Person, mit zehn bis neunzehn Arbeitnehmern aus zwei Mitgliedern, mit zwanzig bis fünfzig Arbeitnehmern aus drei Mitgliedern, mit einundfünfzig bis hundert Arbeitnehmern aus vier Mitgliedern. In Betrieben (Arbeitnehmergruppen) mit mehr als hundert Arbeitnehmern erhöht sich für je weitere hundert Arbeitnehmer, in Betrieben mit mehr als tausend Arbeitnehmern für je weitere vierhundert Arbeitnehmer die Zahl der Mitglieder des Betriebsrates um ein Mitglied. Bruchteile von hundert bzw. vierhundert werden für voll gerechnet.

(2) Die Zahl der Mitglieder eines Betriebsrates bestimmt sich nach der Zahl der am Tage der Betriebsversammlung zur Wahl des Wahlvorstandes im Betrieb beschäftigten Arbeitnehmer. Eine spätere Änderung der Zahl der Arbeitnehmer ist auf die Zahl der Mitglieder des Betriebsrates ohne Einfluß.

(BGBl I 2010/101)

(3) Im Betriebsrat sollen Arbeitnehmerinnen und Arbeitnehmer entsprechend ihrem zahlenmäßigen Verhältnis vertreten sein.

(BGBl 1992/833)

Wahlgrundsätze

§ 51. (1) Die Mitglieder des Betriebsrates werden auf Grund des gleichen, unmittelbaren und geheimen Wahlrechtes gewählt. Die Wahl hat durch persönliche Stimmabgabe oder in den Fällen des

§ 56 Abs. 3 durch briefliche Stimmabgabe im Postwege zu erfolgen.

(2) Die Wahlen sind nach den Grundsätzen des Verhältniswahlrechtes durchzuführen. Die Berechnung der auf die zugelassenen Wahlvorschläge entfallenden Mitglieder des Betriebsrates hat nach dem System von d'Hondt zu erfolgen. Die Wahlzahl ist in Dezimalzahlen zu errechnen. Haben nach dieser Berechnung mehrere Wahlvorschläge den gleichen Anspruch auf eine Mitgliedsstelle, so entscheidet das Los.

(3) Wird nur ein Wahlvorschlag eingebracht, so sind die Betriebsratsmitglieder mit einfacher Mehrheit der abgegebenen Stimmen zu wählen.

Aktives Wahlrecht

§ 52. (1) Wahlberechtigt sind alle Arbeitnehmer ohne Unterschied der Staatsbürgerschaft, die am Tag der Betriebsversammlung zur Wahl des Wahlvorstandes das 18. Lebensjahr vollendet haben und an diesem Tag und am Tag der Wahl im Rahmen des Betriebes beschäftigt sind.

(BGBl 1993/460, BGBl I 2010/101)

(2) Werden getrennte Betriebsräte gewählt, ist für die Wahlberechtigung Gruppenzugehörigkeit (§ 41 Abs. 2 bis 4) erforderlich.

Passives Wahlrecht

§ 53. (1) Wählbar sind alle Arbeitnehmer, die

1. am Tag der Ausschreibung der Wahl das 18. Lebensjahr vollendet haben und
2. seit mindestens sechs Monaten im Rahmen des Betriebes oder des Unternehmens, dem der Betrieb angehört, beschäftigt sind.

(BGBl 1993/460, BGBl I 2006/4, BGBl I 2010/101)

(2) Bei getrennten Wahlen sind auch Angehörige der anderen Arbeitnehmergruppe wählbar.

(3) Nicht wählbar sind:

1. Der Ehegatte oder eingetragene Partner des Betriebsinhabers und Personen, die mit dem Betriebsinhaber bis zum zweiten Grad verwandt oder verschwägert sind oder zu ihm im Verhältnis von Wahl- oder Pflegekind, Wahl- oder Pflegeeltern sowie Mündel oder Vormund stehen;
   (BGBl 1979/47, BGBl I 2009/135)
2. in Betrieben einer juristischen Person die Ehegatten oder eingetragenen Partner von Mitgliedern des Organs, das zur gesetzlichen Vertretung der juristischen Person berufen ist, sowie Personen, die mit Mitgliedern eines solchen Vertretungsorgans im ersten Grad verwandt oder verschwägert sind;
   (BGBl 1979/47, BGBl I 2009/135)
3. Heimarbeiter.

(4) Sind mindestens vier Betriebsratsmitglieder zu wählen, sind auch Vorstandsmitglieder und Angestellte einer zuständigen freiwilligen Berufsvereinigung der Arbeitnehmer wählbar. Mindestens drei Viertel der Betriebsratsmitglieder müssen Arbeitnehmer des Betriebes sein. Ein Vorstandsmitglied oder Angestellter einer zuständigen freiwilligen Berufsvereinigung der Arbeitnehmer kann gleichzeitig nur einem Betriebsrat angehören.

(5) In neuerrichteten Betrieben und in Saisonbetrieben sind auch Arbeitnehmer wählbar, die noch nicht sechs Monate im Betrieb oder Unternehmen beschäftigt sind.

(6) Als Saisonbetriebe gelten Betriebe, die ihrer Art nach nur zu bestimmten Jahreszeiten arbeiten oder die regelmäßig zu gewissen Zeiten des Jahres erheblich verstärkt arbeiten.

Berufung des Wahlvorstandes

§ 54. (1) Zur Vorbereitung und Durchführung der Wahl des Betriebsrates hat die Betriebs(Gruppen)versammlung einen Wahlvorstand (Ersatzmitglieder) zu bestellen. In Betrieben, in denen ein Betriebsrat besteht, ist der Wahlvorstand so rechtzeitig zu bestellen, daß der neugewählte Betriebsrat bei Unterbleiben einer Wahlanfechtung spätestens unmittelbar nach Ablauf der Tätigkeitsdauer des abtretenden Betriebsrates seine Konstituierung vornehmen kann.

(2) Wird die Nichtigkeit einer Wahl festgestellt oder die Tätigkeitsdauer des Betriebsrates vorzeitig beendet, ist unverzüglich ein Wahlvorstand zu bestellen.

(3) Der Wahlvorstand besteht aus drei Mitgliedern. In den Wahlvorstand können als Mitglieder wahlberechtigte Arbeitnehmer, in Betrieben, in denen dauernd mindestens 20 Arbeitnehmer beschäftigt sind, auch Vorstandsmitglieder oder Angestellte einer zuständigen freiwilligen Berufsvereinigung oder gesetzlichen Interessenvertretung der Arbeitnehmer berufen werden. Mindestens zwei Mitglieder des Wahlvorstandes müssen Arbeitnehmer des Betriebes sein.

(4) Die Wahl des Wahlvorstandes erfolgt durch Handerheben der wahlberechtigten Arbeitnehmer in der Betriebs(Gruppen)versammlung. Die Betriebs(Gruppen)versammlung kann auch beschließen, die Wahl des Wahlvorstandes mittels Stimmzettels vorzunehmen. Als gewählt gelten die Kandidaten jenes Vorschlages, der die meisten Stimmen auf sich vereint. Bei Stimmengleichheit entscheidet das Los. Wird nur ein Vorschlag erstattet, so gelten ohne eine Abstimmung die Kandidaten dieses Vorschlages als gewählt.

(5) In neuerrichteten Betrieben hat zur Vorbereitung und Durchführung der erstmaligen Wahl eines Betriebsrates die Betriebs(Gruppen)versammlung die Bestellung des Wahlvorstandes binnen vier Wochen nach dem Tage der Aufnahme des Betriebes vorzunehmen.

Vorbereitung der Wahl

§ 55. (1) Der Wahlvorstand hat nach seiner Bestellung die Wahl unverzüglich vorzubereiten und innerhalb von vier Wochen durchzuführen. Für die Mitglieder des Wahlvorstandes gelten die §§ 115 und 116 sinngemäß.

(BGBl 1986/394)

(2) Der Wahlvorstand hat die Wählerliste zu verfassen und sie zur Einsicht der Wahlberechtigten im Betrieb aufzulegen. Er hat ferner die Wahl in Form einer Wahlkundmachung auszuschreiben, über die gegen die Wählerliste vorgebrachten Einwendungen und darüber zu entscheiden, welche Wahlberechtigten zur brieflichen Stimmabgabe berechtigt sind. Er hat die Wahlvorschläge entgegenzunehmen und über ihre Zulassung zu entscheiden.

(3) Der Betriebsinhaber hat dem Wahlvorstand die zur Durchführung der Wahl erforderlichen Verzeichnisse der Arbeitnehmer rechtzeitig zur Verfügung zu stellen.

(4) Die Wahlvorschläge sind schriftlich beim Wahlvorstand einzubringen. Sie sind in Betrieben (Arbeitnehmergruppen) mit weniger als 101 Arbeitnehmern nur dann gültig eingebracht, wenn sie von mindestens doppelt so vielen wahlberechtigten Arbeitnehmern durch Unterschrift unterstützt werden, wie Betriebsratsmitglieder zu wählen sind. In Betrieben (Arbeitnehmergruppen) ab 101 Arbeitnehmern ist für je weitere 100 Arbeitnehmer, in Betrieben (Arbeitnehmergruppen) ab 1001 Arbeitnehmern für je weitere 400 Arbeitnehmer je eine weitere Unterschrift erforderlich. Unterschriften von Wahlwerbern werden auf die erforderliche Zahl von Unterstützungsunterschriften nur bis zur Hälfte dieser Zahl angerechnet. Ist diese Hälftezahl keine ganze Zahl, so ist die nächstniedrigere ganze Zahl heranzuziehen. Unterschriften unter Wahlvorschlägen können nach Überreichung nicht mehr zurückgezogen werden. Der Wahlvorstand hat die zugelassenen Wahlvorschläge zur Einsicht im Betrieb aufzulegen.

(BGBl 1990/411)

(4a) Bei Erstellung der Wahlvorschläge soll auf eine angemessene Vertretung der Arbeitnehmerinnen und der Arbeitnehmer Bedacht genommen werden.

(BGBl 1992/833)

(5) Kommt der Wahlvorstand den im Abs. 1 genannten Verpflichtungen binnen acht Wochen nicht oder nur unzureichend nach, so ist er von der Betriebs(Gruppen)versammlung zu entheben. In diesem Fall kann jeder Arbeitnehmer des Betriebes, die zuständige freiwillige Berufsvereinigung oder gesetzliche Interessenvertretung der Arbeitnehmer die Betriebs(Gruppen)versammlung einberufen. Diese hat zugleich einen neuen Wahlvorstand zu bestellen.

(BGBl I 2010/101)

Durchführung der Wahl

§ 56. (1) Der Wahlvorstand hat die Wahlhandlung zu leiten und das Wahlergebnis festzustellen.

(2) Jeder Wahlberechtigte hat eine Stimme. Die Wahl hat mittels eines vom Wahlvorstand aufzulegenden einheitlichen Stimmzettels zu erfolgen. Wahlrecht ist unbeschadet der Bestimmungen des Abs. 3 persönlich auszuüben.

(BGBl 1990/411)

(3) Wahlberechtigte, die wegen Urlaubs, Karenzurlaubs, Leistung des Präsenz- oder Ausbildungs- oder Zivildienstes oder Krankheit am Wahltag an der Leistung der Dienste oder infolge Ausübung ihres Berufes oder aus anderen wichtigen, ihre Person betreffenden Gründen an der persönlichen Stimmabgabe verhindert sind, haben das Recht auf briefliche Stimmabgabe; diese hat im Postweg zu erfolgen.

(BGBl I 1998/30)

(4) In Betrieben (Arbeitnehmergruppen), in denen erstmals ein Betriebsrat gewählt werden soll oder in denen nicht mehr als 150 Arbeitnehmer wahlberechtigt sind, kann der Wahlvorstand beschließen, keinen einheitlichen Stimmzettel aufzulegen. Eine erstmalige Betriebsratswahl liegt dann vor, wenn im selben Betrieb für dieselbe Arbeitnehmergruppe im Zeitraum von sechs Monaten vor der Wahl des Wahlvorstandes kein funktionsfähiger Betriebsrat bestanden hat.

(BGBl 1990/411)

Mitteilung des Wahlergebnisses

§ 57. Das Ergebnis der Wahl ist im Betrieb kundzumachen und dem Betriebsinhaber, dem nach dem Standort des Betriebes zuständigen Arbeitsinspektorat, den zuständigen freiwilligen Berufsvereinigungen und der zuständigen gesetzlichen Interessenvertretung der Arbeitnehmer mitzuteilen.

(BGBl 1986/563)

Vereinfachtes Wahlverfahren

§ 58. Unbeschadet der Bestimmungen des § 51 Abs. 1 gilt in Betrieben (Arbeitnehmergruppen), in denen bis zu zwei Betriebsratsmitglieder zu wählen sind, folgendes:

1. Die Betriebsratsmitglieder und die Ersatzmitglieder werden mit Mehrheit der abgegebenen Stimmen gewählt;
2. der Wahlvorstand besteht aus einem wahlberechtigten Arbeitnehmer;
3. es bedarf keiner Einreihung von Wahlvorschlägen im Sinne des § 55 Abs. 4. Wurden solche Wahlvorschläge nicht eingebracht, so ist für jedes Betriebsratsmitglied und für jedes Ersatzmitglied ein gesonderter Wahlgang durchzuführen;
4. erreicht keiner der Wahlvorschläge (Wahlwerber) die Mehrheit, so ist ein zweiter Wahlgang durchzuführen. Im zweiten Wahlgang können gültige Stimmen nur für die beiden Wahlvorschläge (Wahlwerber) abgegeben werden, die im ersten Wahlgang die meisten Stimmen erhalten haben. Bei Stimmengleichheit entscheidet das Los.

Anfechtung

§ 59. (1) Die einzelnen Wahlberechtigten und jede wahlwerbende Gruppe sind berechtigt, binnen Monatsfrist vom Tage der Mitteilung des Wahlergebnisses an gerechnet, die Wahl beim Gericht anzufechten, wenn wesentliche Bestimmungen des

Wahlverfahrens oder leitende Grundsätze des Wahlrechtes verletzt wurden und hiedurch das Wahlergebnis beeinflußt werden konnte. Ein Anfechtungsgrund liegt auch dann vor, wenn einheitliche Stimmzettel nicht aufgelegt werden, obgleich der Wahlvorstand einen Beschluß im Sinne des § 56 Abs. 4 nicht gefaßt hat. Ein Anfechtungsgrund liegt jedoch nicht vor, wenn trotz eines aufgelegten einheitlichen Stimmzettels Wahlberechtigte mittels anderer Stimmzettel wählen.

(BGBl 1986/563, BGBl 1990/411)

(2) Die in Abs. 1 genannten Anfechtungsberechtigten sowie der Betriebsinhaber sind berechtigt, binnen Monatsfrist vom Tage der Mitteilung des Wahlergebnisses an gerechnet, die Wahl beim Gericht anzufechten, wenn die Wahl ihrer Art oder ihrem Umfang nach oder mangels Vorliegens eines Betriebes nicht durchzuführen gewesen wäre.

(BGBl 1986/563)

Nichtigkeit

§ 60. Die Nichtigkeit der Wahl kann bei Vorliegen eines rechtlichen Interesses jederzeit auch durch Klage auf Feststellung beim Gericht geltend gemacht werden. Das Urteil des Gerichts über die Nichtigkeit der Wahl hat bindende Wirkung.

(BGBl 1986/563)

Tätigkeitsdauer des Betriebsrates

§ 61. (1) Die Tätigkeitsdauer des Betriebsrates beträgt fünf Jahre. Sie beginnt mit dem Tage der Konstituierung oder mit Ablauf der Tätigkeitsdauer des früheren Betriebsrates, wenn die Konstituierung vor diesem Zeitpunkt erfolgte.

(BGBl 1986/394, BGBl I 2017/12)

(2) Erklärt das Gericht die Wahl eines Betriebsrates auf Grund einer Anfechtung nach § 59 Abs. 1 oder 2 für ungültig, so führt – vorbehaltlich des Abs. 2a – der frühere Betriebsrat die laufenden Geschäfte bis zur Konstituierung des neu gewählten Betriebsrates, höchstens jedoch bis zum Ablauf von drei Monaten ab dem Tag der Ungültigkeitserklärung gerechnet, weiter. Dies gilt nicht, wenn die Tätigkeitsdauer des früheren Betriebsrates gemäß § 62 vorzeitig geendet hat.

(BGBl 1986/563, BGBl 1994/624)

(2a) Erklärt ein erstes Urteil eines Gerichts erster Instanz die Wahl eines Betriebsrates auf Grund einer Anfechtung nach § 59 Abs. 1 für ungültig, so hat der Betriebsrat seine Tätigkeit bis zur rechtskräftigen Entscheidung über die Anfechtungsklage, längstens aber bis zum Ablauf der fünfjährigen Tätigkeitsdauer (Abs. 1) fortzusetzen, es sei denn, es wird ein neuer Betriebsrat gewählt. Für die Einberufung der Betriebs(Gruppen-, Betriebshaupt)versammlung zur Wahl des Wahlvorstandes gelten die Bestimmungen des § 45 Abs. 2. Wird ein neuer Betriebsrat gewählt, so endet die Fortsetzungsbefugnis des Betriebsrates, dessen Wahl angefochten worden ist, mit der Konstituierung des neu gewählten Betriebsrates.

(BGBl 1994/624, BGBl I 2017/12)

(3) Die nach Beginn der Tätigkeitsdauer (Abs. 1) gesetzten Rechtshandlungen eines Betriebsrates werden in ihrer Gültigkeit durch die zufolge einer Wahlanfechtung nachträglich erfolgte Aufhebung der Betriebsratswahl nicht berührt.

Vorzeitige Beendigung der Tätigkeitsdauer

§ 62. Vor Ablauf des im § 61 Abs. 1 bezeichneten Zeitraumes endet die Tätigkeitsdauer des Betriebsrates, wenn

1. der Betrieb dauernd eingestellt wird;
2. der Betriebsrat dauernd funktionsunfähig wird, insbesondere wenn die Zahl der Mitglieder unter die Hälfte der im § 50 Abs. 1 festgesetzten Mitgliederzahl sinkt;
3. die Betriebs(Gruppen)versammlung die Enthebung des Betriebsrates beschließt;
4. der Betriebsrat seinen Rücktritt beschließt;
5. das Gericht die Wahl für ungültig erklärt;
6. das Gericht die Gleichstellung der Arbeitsstätte gemäß § 35 Abs. 2 für beendet erklärt;
7. der Betriebsrat im Hinblick auf die durch ein erstes Urteil eines Gerichtes erster Instanz ausgesprochene Ungültigkeitserklärung der Wahl des zuvor gewählten Betriebsrates gewählt, die erhobene Anfechtungsklage schließlich aber rechtskräftig abgewiesen worden ist und die Tätigkeitsdauer des zuvor gewählten Betriebsrates noch nicht gemäß § 61 Abs. 1 beendet ist.

(BGBl 1986/563, BGBl 1990/408)

Verlängerung der Partei- und Prozeßfähigkeit

§ 62a. Endet die Tätigkeitsdauer des Betriebsrates nach den §§ 61 und 62 Z 1 und 2 während eines Verfahrens vor Gericht oder einer Verwaltungsbehörde, in dem der Betriebsrat Partei ist, so besteht seine Partei- und Prozeßfähigkeit in bezug auf dieses Verfahren bis zu dessen Abschluß, längstens jedoch bis zur Konstituierung eines neuen Betriebsrates, weiter. Dies gilt auch im Falle der Ergreifung eines außerordentlichen Rechtsmittels. Im Falle des § 62 Z 5 besteht die Partei- und Prozeßfähigkeit des Betriebsrates, dessen Wahl angefochten worden ist, in bezug auf dieses gerichtliche Verfahren bis zu dessen Abschluß weiter.

(BGBl 1986/394, BGBl 1990/408)

Beibehaltung des Zuständigkeitsbereiches

§ 62b. (1) Werden Betriebsteile rechtlich verselbständigt, so bleibt der Betriebsrat für diese verselbständigten Teile bis zur Neuwahl eines Betriebsrates in diesen Teilen, längstens aber bis zum Ablauf von vier Monaten nach der organisatorischen Verselbständigung zur Vertretung der Interessen der Arbeitnehmer im Sinne dieses Bundesgesetzes zuständig, sofern die Zuständigkeit nicht ohnehin wegen des Weiterbestehens einer organisatorischen Einheit (§ 34) im bisherigen Umfang fortdauert. Die vorübergehende Beibehaltung des Zuständigkeitsbereiches gilt nicht, wenn in einem verselbständigten Betriebsteil ein Betriebsrat nicht zu errichten ist.

(BGBl 1986/394, BGBl 1990/411, BGBl 1993/460)

(2) Der Beginn der Frist für die vorübergehende Beibehaltung des Zuständigkeitsbereiches kann durch Betriebsvereinbarung festgelegt werden. Die Frist für die vorübergehende Beibehaltung des Zuständigkeitsbereiches kann über die Dauer von vier Monaten hinaus durch Betriebsvereinbarung bis zum Ablauf der Tätigkeitsdauer des Betriebsrates (§ 61 Abs. 1) verlängert werden.

(3) Führt die rechtliche Verselbständigung von Betriebsteilen zur dauernden Einstellung des Betriebes oder zum Ausscheiden von Betriebsratsmitgliedern aus dem Betrieb, so treten für die Dauer der vorübergehenden Beibehaltung des Zuständigkeitsbereiches abweichend von § 62 Z 1 die Beendigung der Tätigkeitsdauer des Betriebsrates und abweichend von § 64 Abs. 1 Z 3 das Erlöschen der Mitgliedschaft zum Betriebsrat nicht ein.[a)]

(BGBl 1986/394, BGBl 1990/411)

---

a) Vgl. Art. XII, BGBl 1993/458

§ 62c. (1) Werden Betriebe oder Betriebsteile zu einem neuen Betrieb im Sinne des § 34 zusammengeschlossen, so bilden die Betriebsräte (Betriebsausschüsse) bis zur Neuwahl eines Betriebsrates, längstens aber bis zum Ablauf eines Jahres nach dem Zusammenschluß, ein Organ der Arbeitnehmerschaft (einheitlicher Betriebsrat). Der einheitliche Betriebsrat hat sich unter sinngemäßer Anwendung des § 66 unverzüglich zu konstituieren, wobei die Einberufung durch den Vorsitzenden eines der Betriebsräte (Betriebsausschüsse) zu erfolgen hat; im Falle mehrerer Einberufungen gilt die Einberufung des Vorsitzenden jenes Betriebsrates (Betriebsausschusses), der die größere Zahl von Arbeitnehmern vertritt. Für die Tätigkeitsdauer und die Geschäftsführung des einheitlichen Betriebsrates sowie für die Mitgliedschaft zum einheitlichen Betriebsrat und den Eintritt von Ersatzmitgliedern sind im übrigen die für den Betriebsrat geltenden Bestimmungen anzuwenden.

(BGBl 1996/601)

(2) § 62b Abs. 2 erster Satz und Abs. 3 gelten sinngemäß.

(BGBl 1993/460)

Fortsetzung der Tätigkeitsdauer

§ 63. Nach Wiederaufnahme eines eingeschränkten oder stillgelegten Betriebes kann die Betriebs(Gruppen)versammlung an Stelle von Neuwahlen die Fortsetzung der Tätigkeit des früheren Betriebsrates bis zur Beendigung seiner ursprünglichen Tätigkeitsdauer beschließen, sofern

1. die Zahl der im Betrieb verbliebenen und der wiedereingestellten ehemaligen Betriebsratmitglieder (Ersatzmitglieder) mindestens die Hälfte der Zahl der ursprünglichen Betriebsratsmandate erreicht und
2. am Tage der Beschlußfassung über die Fortsetzung der Tätigkeitsdauer des Betriebsrates mindestens halb so viele betriebs(gruppen)zugehörige Arbeitnehmer beschäftigt sind, als am Tage der Wahlausschreibung für die Wahl des Betriebsrates, dessen Tätigkeitsdauer verlängert werden soll, beschäftigt waren.

Beginn und Erlöschen der Mitgliedschaft

§ 64. (1) Die Mitgliedschaft zum Betriebsrat beginnt mit Annahme der Wahl und erlischt, wenn

1. die Tätigkeitsdauer des Betriebsrates endet;
2. das Mitglied zurücktritt;
3. das Mitglied aus dem Betrieb ausscheidet;
4. die Arbeitnehmergruppe, die das Mitglied in den Betriebsrat gewählt hat, dieses wegen Verlustes der Zugehörigkeit zu dieser Gruppe binnen vier Wochen enthebt.

(2) Die Mitgliedschaft zum Betriebsrat erlischt für Mitglieder, die gemäß § 53 Abs. 4 gewählt wurden, auch mit Beendigung einer Funktion oder Anstellung bei der zuständigen freiwilligen Berufsvereinigung der Arbeitnehmer.

(3) Die Mitgliedschaft aller Mitglieder des Betriebsrates erlischt, wenn die Konstituierung des Betriebsrates nicht innerhalb von sechs Wochen nach Ablauf der im § 66 Abs. 1 gesetzten Frist erfolgt.

(4) Die Mitgliedschaft zum Betriebsrat ist vom Gericht auf Grund einer Klage abzuerkennen, wenn das Mitglied die Wählbarkeit nicht oder nicht mehr besitzt. Zur Klage sind der Betriebsrat, jedes Betriebsratsmitglied und der Betriebsinhaber berechtigt.

(BGBl 1986/563)

Ersatzmitglieder

§ 65. (1) Im Falle des Erlöschens der Mitgliedschaft oder der Verhinderung eines Betriebsratsmitgliedes tritt ein Ersatzmitglied an dessen Stelle. Dies gilt nicht bei Erlöschen der Mitgliedschaft aller Betriebsratsmitglieder gemäß § 64 Abs. 3.

(2) Ersatzmitglieder sind die auf einem Wahlvorschlag den gewählten Mitgliedern des Betriebsrates folgenden Wahlwerber. Die Reihenfolge des Nachrückens der Ersatzmitglieder wird durch die Reihung auf dem Wahlvorschlag bestimmt. Verzichtet ein Ersatzmitglied auf das Nachrücken, so verbleibt es weiterhin als Ersatzmitglied auf dem Wahlvorschlag in der ursprünglichen Reihung.

(3) Wurde der Betriebsrat ohne Erstellung von Wahlvorschlägen mit einfacher Mehrheit der abgegebenen Stimmen gewählt (§ 58 Z 3), so tritt das Ersatzmitglied mit der höchsten Stimmenzahl an die Stelle des ausgeschiedenen oder verhinderten Mitgliedes. Bei gleicher Stimmenzahl entscheidet das Los.

Konstituierung des Betriebsrates

§ 66. (1) Das an Lebensjahren älteste Mitglied des Betriebsrates hat nach Durchführung der Betriebsratswahl die Einberufung der gewählten Mitglieder zur Wahl der Organe des Betriebsrates (konstituierende Sitzung) binnen zwei Wochen vorzunehmen. Die Einberufung hat die konstituierende Sitzung innerhalb von sechs Wochen nach Durchführung der Betriebsratswahl vorzusehen. Kommt das älteste Mitglied dieser Pflicht nicht nach, so kann jedes Mitglied des Betriebsrates, das an erster Stelle eines Wahlvorschlages zu diesem Betriebsrat gereiht war, die Einberufung vornehmen. Im Falle mehrerer Einberufungen gilt die Einberufung desjenigen Betriebsratsmitgliedes, das auf dem Wahlvorschlag mit der größeren Anzahl der gültigen Stimmen gewählt wurde.

(BGBl 1986/394)

(2) In der konstituierenden Sitzung hat der Einberufer bis zur erfolgten Wahl des Vorsitzenden[a] den Vorsitz zu führen.

[a] bzw. „(die) Vorsitzende" (Art. II BGBl 1986/394, siehe unten 4.2.)

(3) Die Betriebsratsmitglieder haben aus ihrer Mitte mit Mehrheit der abgegebenen Stimmen den Vorsitzenden[a] , einen oder mehrere Stellvertreter und, falls erforderlich, weitere Funktionäre zu wählen. Besteht ein Betriebsratsfonds, ist ein Kassaverwalter zu wählen. Die Wahl der Betriebsratsfunktionäre erfolgt für die Tätigkeitsdauer des Betriebsrates.

[a] bzw. „(die) Vorsitzende" (Art. II BGBl 1986/394, siehe unten 4.2.)

(4) Vor Ablauf der Tätigkeitsdauer des Betriebsrates ist eine Neuwahl eines Funktionärs vorzunehmen, wenn

1. die Mehrheit der Betriebsratsmitglieder die Enthebung eines Funktionärs beschließt;
2. ein Funktionär seine Funktion zurücklegt;
3. die Mitgliedschaft eines Funktionärs zum Betriebsrat erlischt.

(5) Besteht der Betriebsrat aus Vertretern beider Arbeitnehmergruppen, so dürfen der Vorsitzende[a] und sein Stellvertreter nicht der gleichen Gruppe angehören.

[a] bzw. „(die) Vorsitzende" (Art. II BGBl 1986/394, siehe unten 4.2.)

(6) Bei Stimmengleichheit gilt jenes für die Vorsitzendenstelle vorgeschlagene Betriebsratsmitglied als gewählt, das auf jenem Wahlvorschlag kandidiert hat, der bei der Betriebsratswahl die meisten Stimmen auf sich vereinigt hat. Liegt auch hier Stimmengleichheit vor, so entscheidet das Los. In diesem Fall ist der Vorsitzende[a] stellvertreter jener wahlwerbenden Gruppe zu entnehmen, die auf Grund des Losentscheides nicht den Vorsitzenden[a] stellt. Im Falle der Stimmengleichheit bei der Wahl der übrigen Funktionäre findet § 68 Abs. 2 sinngemäß Anwendung.

[a] bzw. „(die) Vorsitzende" (Art. II BGBl 1986/394, siehe unten 4.2.)

(7) Besteht ein Betriebsrat aus zwei Mitgliedern, so wird mangels Einigung dasjenige Vorsitzender[a], das bei der Wahl die meisten Stimmen auf sich vereinigt hat. Bei Stimmengleichheit entscheidet das Los. Wurden die Betriebsratsmitglieder auf einem Wahlvorschlag gewählt, so wird mangels Einigung das an erster Stelle gereihte Mitglied Vorsitzender[a] .

[a] bzw. „(die) Vorsitzende" (Art. II BGBl 1986/394, siehe unten 4.2.)

(8) Der Vorsitzende[a] hat unmittelbar nach Beendigung der konstituierenden Sitzung das Ergebnis der Wahl der Betriebsratsfunktionäre sowie die Reihenfolge der Ersatzmitglieder dem Betriebsinhaber, der zuständigen freiwilligen Berufsvereinigung und der zuständigen gesetzlichen Interessenvertretung der Arbeitnehmer sowie dem zuständigen Arbeitsinspektorat anzuzeigen und im Betrieb durch Anschlag kundzumachen.

(BGBl 1986/563)

[a] bzw. „(die) Vorsitzende" (Art. II BGBl 1986/394, siehe unten 4.2.)

Sitzungen des Betriebsrates

§ 67. (1) Die Sitzungen des Betriebsrates sind vom Vorsitzenden[a] , bei dessen Verhinderung vom Stellvertreter mindestens einmal im Monat einzuberufen und zu leiten. Die Mitglieder des Betriebsrates sind rechtzeitig unter Bekanntgabe der Tagesordnung zu laden. Besteht im Betrieb ein Jugendvertrauensrat oder ist eine Behindertenvertrauensperson gewählt, so sind diese gleichzeitig einzuladen.

(BGBl I 2010/101)

[a] bzw. „(die) Vorsitzende" (Art. II BGBl 1986/394, siehe unten 4.2.)

(2) Der Vorsitzende hat den Betriebsrat binnen zwei Wochen einzuberufen, wenn es ein Drittel der Betriebsratsmitglieder, mindestens jedoch zwei Mitglieder verlangen.

(3) Kommt der Vorsitzende[a] seinen Verpflichtungen gemäß Abs. 1 oder 2 nicht nach, so hat das Gericht auf Antrag der gemäß Abs. 2 Berechtigten die Sitzung anzuordnen. Hiebei ist § 92 Abs. 2 des Arbeits- und Sozialgerichtsgesetzes – ASGG, BGBl. Nr. 104/1985, sinngemäß anzuwenden. Gegen den Beschluß des Gerichts erster Instanz ist ein Rechtsmittel unzulässig.

(BGBl 1986/563)

[a] bzw. „(die) Vorsitzende" (Art. II BGBl 1986/394, siehe unten 4.2.)

(4) Die Sitzungen des Betriebsrates sind nicht öffentlich. Der Betriebsrat kann bei Erledigung bestimmter Aufgaben auch Personen, die nicht dem Betriebsrat angehören, beratend zuziehen.

Beschlußfassung

§ 68. (1) Der Betriebsrat ist beschlußfähig, wenn mindestens die Hälfte der Mitglieder anwesend ist.

(2) Die Beschlüsse werden, soweit in diesem Bundesgesetz oder in der Geschäftsordnung (§ 70) keine strengeren Erfordernisse festgesetzt sind, mit Mehrheit der abgegebenen Stimmen gefaßt. Bei Stimmengleichheit ist die Meinung angenommen, für die der Vorsitzende[a)] gestimmt hat. Beschlüsse über die Zustimmung des Betriebsrates zur Kündigung oder Entlassung eines Arbeitnehmers bedürfen der Mehrheit von zwei Drittel der abgegebenen Stimmen. Besteht ein Betriebsrat nur aus zwei Mitgliedern, kommt ein Beschluß nur bei Übereinstimmung beider Mitglieder zustande.

[a)] bzw. „(die) Vorsitzende" (Art. II BGBl 1986/394, siehe unten 4.2.)

(3) Der Beschluß über den Rücktritt des Betriebsrates bedarf der Mehrheit der Stimmen aller Betriebsratsmitglieder.

(4) Beschlüsse durch schriftliche Stimmabgabe sind nur zulässig, wenn kein Mitglied des Betriebsrates diesem Verfahren widerspricht. Dasselbe gilt für fernmündliche oder andere vergleichbare Formen der Beschlussfassung. Der Vorsitzende hat für die Dokumentierung der Beschlussfassung zu sorgen.

(BGBl I 2010/101)

Übertragung von Aufgaben

§ 69. (1) Der Betriebsrat kann im Einzelfalle die Durchführung einzelner seiner Befugnisse einem oder mehreren seiner Mitglieder übertragen.

(2) Der Betriebsrat kann im Einzelfalle die Vorbereitung und Durchführung seiner Beschlüsse einem Ausschuß übertragen. Einem Ausschuß sollen insbesondere die Vorbereitung und Durchführung von Beschlüssen in den Angelegenheiten der Gleichbehandlung, der Frauenförderung, der Wahrnehmung der Interessen von Arbeitnehmerinnen und Arbeitnehmern von Familienpflichten sowie der Maßnahmen gegen sexuelle Belästigung übertragen werden.

(BGBl 1992/833)

(3) Der Betriebsrat kann in der Geschäftsordnung einem Ausschuß in bestimmten Angelegenheiten die Vorbereitung und Durchführung seiner Beschlüsse übertragen. Im übrigen gilt Abs. 2 zweiter Satz.

(BGBl 1992/833)

(4) In Betrieben (Arbeitnehmergruppen) mit mehr als tausend Arbeitnehmern kann der Betriebsrat in der Geschäftsordnung geschäftsführende Ausschüsse zur selbständigen Beschlußfassung in bestimmten Angelegenheiten errichten. In solchen Ausschüssen muß jede wahlwerbende Gruppe, die ein Mitglied des Betriebsrates stellt, vertreten sein. Die Beschlüsse in diesen Ausschüssen haben einhellig zu erfolgen. Kommt ein Beschluß nicht zustande, entscheidet der Betriebsrat. Das Recht auf Abschluß von Betriebsvereinbarungen und die Wahrnehmung der wirtschaftlichen Mitwirkungsrechte gemäß §§ 108 bis 112 kann den geschäftsführenden Ausschüssen nicht übertragen werden.

(5) Für die Sitzungen der Ausschüsse gemäß Abs. 2 bis 4 ist § 67 Abs. 4 sinngemäß anzuwenden. Die Mitglieder des Betriebsrates haben das Recht, an allen Ausschußsitzungen als Beobachter teilzunehmen.

Autonome Geschäftsordnung

§ 70. Der Betriebsrat kann mit Mehrheit von zwei Drittel seiner Mitglieder eine Geschäftsordnung beschließen. Die Geschäftsordnung kann insbesondere regeln:

1. Die Errichtung, Zusammensetzung und Geschäftsführung von Ausschüssen im Sinne des § 69 Abs. 3 und 4;
2. die Bezeichnung der Angelegenheiten, in denen geschäftsführenden Ausschüssen das Recht auf selbständige Beschlußfassung zukommt;
3. die Festlegung von Art und Umfang der Vertretungsmacht der Vorsitzenden von geschäftsführenden Ausschüssen;
4. die Zahl der Stellvertreter des Betriebsratsvorsitzenden und die Reihenfolge der Stellvertretung.

(BGBl 1996/601)

Vertretung nach außen

§ 71. Vertreter des Betriebsrates gegenüber dem Betriebsinhaber und nach außen ist der Vorsitzende[a)], bei dessen Verhinderung der Stellvertreter. Der Betriebsrat kann in Einzelfällen auch andere seiner Mitglieder und in Angelegenheiten, zu deren Behandlung ein geschäftsführender Ausschuß (§ 69 Abs. 4) errichtet wurde, den Vorsitzenden[a)] dieses Ausschusses mit der Vertretung nach außen beauftragen. Die Reihenfolge der Stellvertretungen und eine besondere Regelung der Vertretungsbefugnisse sind dem Betriebsinhaber umgehend mitzuteilen und erlangen erst mit der Verständigung Rechtswirksamkeit.

[a)] bzw. „(die) Vorsitzende" (Art. II BGBl 1986/394, siehe unten 4.2.)

Beistellung von Sacherfordernissen

§ 72. Dem Betriebsrat und dem Wahlvorstand sind zur ordnungsgemäßen Erfüllung ihrer Aufgaben Räumlichkeiten, Kanzlei- und Geschäftserfordernisse sowie sonstige Sacherfordernisse in einem der Größe des Betriebes und den Bedürfnissen des Betriebsrates (Wahlvorstandes) angemessenen Ausmaß vom Betriebsinhaber unentgeltlich zur Verfügung zu stellen. Desgleichen hat der Betriebsinhaber unentgeltlich für die Instandhaltung der bereitgestellten Räume und Gegenstände zu sorgen.

Abschnitt 3
Betriebsratsfonds

Betriebsratsumlage

§ 73. (1) Zur Deckung der Kosten der Geschäftsführung des Betriebsrates und der Konzernvertretung sowie zur Errichtung und Erhaltung von Wohlfahrtseinrichtungen und zur Durchführung von Wohlfahrtsmaßnahmen zugunsten der Arbeitnehmerschaft und der ehemaligen Arbeitnehmer des Betriebes kann von den Arbeitnehmern eine Betriebsratsumlage eingehoben werden. Sie darf höchstens ein halbes Prozent des Bruttoarbeitsentgelts betragen.

(BGBl 1990/411, BGBl 1993/460)

(2) Die Einhebung und Höhe der Betriebsratsumlage beschließt auf Antrag des Betriebsrates die Betriebs(Gruppen)versammlung; zur Beschlußfassung ist die Anwesenheit von mindestens der Hälfte der stimmberechtigten Arbeitnehmer erforderlich.

(3) Die Umlagen sind vom Arbeitgeber vom Arbeitsentgelt einzubehalten und bei jeder Lohn-(Gehalts)auszahlung an den Betriebsratsfonds abzuführen.

Betriebsratsfonds

§ 74. (1) Die Eingänge aus der Betriebsratsumlage sowie sonstige für die im § 73 Abs. 1 bezeichneten Zwecke bestimmten Vermögenschaften bilden den mit Rechtspersönlichkeit ausgestatteten Betriebsratsfonds.

(2) Die Verwaltung des Betriebsratsfonds obliegt dem Betriebsrat. Vertreter des Betriebsratsfonds ist der Vorsitzende des Betriebsrates, bei seiner Verhinderung dessen Stellvertreter.

(3) Die Mittel des Betriebsratsfonds dürfen nur zu den in § 73 Abs. 1 bezeichneten Zwecken verwendet werden.

(4) Wird ein Betriebsratsfonds errichtet, hat die Betriebs(Gruppen)versammlung eine Regelung über die Verwaltung und Vertretung des Betriebsratsfonds bei zeitweiligem Fehlen eines ordentlichen Verwaltungs- und Vertretungsorgans zu beschließen. Ein solcher Beschluß hat die notwendige Verwaltungstätigkeit zu umschreiben, die Höchstdauer der vertretungsweisen Verwaltung und das vorgesehene Vertretungs- und Verwaltungsorgan zu bestimmen.

(5) Hat die Betriebsversammlung einen Beschluß im Sinne des Abs. 4 nicht gefaßt, so obliegt die interimistische Vertretung und Verwaltung des Betriebsratsfonds für die Dauer der Funktionsunfähigkeit des Betriebsrates dem ältesten Rechnungsprüfer, bei Fehlen funktionsfähiger Rechnungsprüfer der zuständigen gesetzlichen Interessensvertretung der Arbeitnehmer. Der älteste Rechnungsprüfer oder die zuständige gesetzliche Interessensvertretung können eine Betriebs(Gruppen)versammlung einberufen, die durch Beschluß eine andere Person (Personengruppe) mit der interimistischen Vertretung und Verwaltung beauftragen kann. Die interimistische Vertretung und Verwaltung hat sich auf die Besorgung laufender Angelegenheiten zu beschränken. Der Betriebsratsfonds ist von der zuständigen gesetzlichen Interessenvertretung der Arbeitnehmer aufzulösen, wenn sich nicht innerhalb eines Jahres ein funktionsfähiger Betriebsrat konstituiert.

(6) Die Revision der Rechtmäßigkeit der Gebarung und der Verwendung der Mittel des Betriebsratsfonds obliegt der zuständigen gesetzlichen Interessenvertretung der Arbeitnehmer.

(7) Der Betriebsratsfonds ist aufzulösen, wenn der Betrieb dauernd eingestellt wird. Die nähere Regelung ist durch Beschluß der Betriebs(Gruppen)versammlung bei Errichtung des Betriebsratsfonds zu treffen. Spätere Beschlüsse sind gültig, wenn sie mindestens ein Jahr vor der dauernden Betriebseinstellung gefaßt wurden oder in angemessener Weise bei der Verwendung des Fondsvermögens auch jene Arbeitnehmer berücksichtigen, die innerhalb eines Jahres vor der Betriebseinstellung ausgeschieden sind.

(8) Wird wegen Wegfalls der Voraussetzungen für das Bestehen getrennter Betriebsräte ein gemeinsamer Betriebsrat gewählt, so verschmelzen die bestehenden Betriebsratsfonds zu einem einheitlichen Fonds. Dies gilt sinngemäß auch für den Fall des Zusammenschlusses von Betrieben. Werden infolge Wegfalls der Voraussetzungen für das Bestehen eines gemeinsamen Betriebsrates getrennte Betriebsräte gewählt, so zerfällt der Betriebsratsfonds in getrennte Fonds für jede Arbeitnehmergruppe. Das Vermögen ist nach dem Verhältnis der Zahlen der gruppenangehörigen Arbeitnehmer auf die getrennten Betriebsratsfonds aufzuteilen.

(9) Wird auf Grund von Beschlüssen der Arbeitnehmergruppen ein gemeinsamer Betriebsrat (§ 40 Abs. 3) errichtet, ist die Verwendung der bestehenden Betriebsratsfonds durch Beschluß der jeweils zuständigen Betriebs(Gruppen)versammlung zu regeln.

(10) Durch übereinstimmende Beschlüsse der Gruppenversammlungen kann beschlossen werden, daß bei getrennten Betriebsräten der Arbeiter und Angestellten ein Betriebsratsfonds für beide Gruppen errichtet wird, der vom Betriebsausschuß zu verwalten ist. Die Beschlüsse können während der Tätigkeitsdauer nicht mehr rückgängig gemacht werden. Abs. 8 und 9 sind sinngemäß anzuwenden.

(11) Werden Betriebsteile rechtlich verselbständigt, so ist das Fondsvermögen auf die Fonds jener Betriebsräte, die nach Abschluß dieser Maßnahmen in den Teilen des früher zusammengehörigen Betriebes errichtet sind, verhältnismäßig aufzuteilen, wobei das Verhältnis der Beschäftigtenzahl vor der Verselbständigung zu den Beschäftigtenzahlen am Tag der handelsrechtlichen Wirksamkeit der Maßnahmen zu beachten ist. Erfolgt die Konstituierung eines Betriebsrates nicht spätestens sechs Monate nach Ablauf der Fristen gemäß § 62b, so erlischt der Anspruch der Belegschaft in diesem Betriebsteil auf einen Anteil der Mittel des

Betriebsratsfonds zugunsten der Belegschaften, die einen Betriebsrat errichtet haben.

(12) Die zuständige gesetzliche Interessenvertretung der Arbeitnehmer ist von Beschlüssen gemäß Abs. 7, 9 und 10 sowie Maßnahmen gemäß Abs. 8 und 11 zu verständigen. Sie hat die Durchführung der Auflösung, der Zusammenlegung und Trennung von Betriebsratsfonds, die interimistische Verwaltung (Abs. 5) – soweit sie nicht von der zuständigen gesetzlichen Interessenvertretung der Arbeitnehmer selbst durchgeführt wird – sowie die Vermögensteilung gemäß Abs. 11 zu überwachen.

(13) Die Durchführung der Auflösung und der Vermögensübertragung bei Zusammenlegung und Trennung obliegt der zuständigen gesetzlichen Interessenvertretung der Arbeitnehmer, wenn

1. ein Beschluß der zuständigen Betriebs-(Gruppen)versammlung fehlt;
2. der Beschluß nicht den im § 73 Abs. 1 geforderten Verwendungszweck vorsieht oder
3. der Beschluß undurchführbar geworden ist.

(14) Ein nach Durchführung der Auflösung verbleibender Vermögensüberschuß ist von der zuständigen gesetzlichen Interessenvertretung der Arbeitnehmer für Wohlfahrtsmaßnahmen oder Wohlfahrtseinrichtungen der Arbeitnehmer zu verwenden.

(BGBl 1993/460)

Rechnungsprüfer

§ 75. (1) Zur Überprüfung der Verwaltung und Gebarung des Betriebsratsfonds hat die Betriebs-(Gruppen)versammlung aus ihrer Mitte mit Mehrheit der abgegebenen Stimmen einen, in Betrieben (Arbeitnehmergruppen) mit mehr als 20 Arbeitnehmern zwei Rechnungsprüfer (Stellvertreter) zu wählen. Diese dürfen dem Betriebsrat nicht angehören. § 58 Z 4 ist sinngemäß anzuwenden. Die erstmalige Wahl der Rechnungsprüfer hat anläßlich der Beschlußfassung über die Einhebung einer Betriebsratsumlage zu erfolgen.

(2) Die Tätigkeit der Rechnungsprüfer (Stellvertreter) dauert fünf Jahre, es sei denn, die Wahl gemäß Abs. 3 und 4 findet vor ihrem Ablauf statt. Die Wiederwahl ist zulässig.

(BGBl 1986/394, BGBl I 2017/12)

(3) In Betrieben (Arbeitnehmergruppen), in denen mehr als zwei Betriebsratsmitglieder zu wählen sind, kann die Betriebs(Gruppen)versammlung anläßlich der Wahl des Wahlvorstandes (§ 54) beschließen, die Wahl der Rechnungsprüfer zugleich mit der Wahl des Betriebsrates durchzuführen.

(4) Liegt ein Beschluß im Sinne des Abs. 3 vor, so hat der Wahlvorstand auch die Wahl der Rechnungsprüfer vorzubereiten und durchzuführen. Die Wahlkundmachung (§ 55 Abs. 2) hat auch die Ausschreibung der Wahl der Rechnungsprüfer zu enthalten. Auf die Vorschläge für die Wahl der Rechnungsprüfer ist § 55 Abs. 4 sinngemäß anzuwenden. Die Wahl des Betriebsrates und der Rechnungsprüfer kann mittels gemeinsamen Stimmzettels erfolgen. § 58 Z 4 ist sinngemäß anzuwenden.

(BGBl 1975/360)

Abschnitt 4
Betriebsausschuß

Voraussetzung und Errichtung

§ 76. (1) In Betrieben, in denen getrennte Betriebsräte für die Gruppen der Arbeiter und der Angestellten bestehen, bildet die Gesamtheit der Mitglieder beider Betriebsräte zur Wahrnehmung gemeinsamer Angelegenheiten den Betriebsausschuß.

(2) Die Sitzung zur Wahl des Vorsitzenden[a)] des Betriebsausschusses und dessen Stellvertreters ist von den Vorsitzenden der Betriebsräte gemeinsam einzuberufen. Kommt es innerhalb von zwei Wochen zu keiner Einigung, kann ein Vorsitzender[a)] allein die Einberufung vornehmen. Für die Wahl ist die Anwesenheit von mindestens der Hälfte der Mitglieder jedes Betriebsrates erforderlich.

[a)] bzw. „(die) Vorsitzende“ (Art. II BGBl 1986/394, siehe unten 4.2.)

(3) Bis zur Wahl des Vorsitzenden[a)] des Betriebsausschusses führt jener Betriebsratsvorsitzende[a)] den Vorsitz, der die größere Arbeitnehmergruppe repräsentiert. Der Vorsitzende[a)]des Betriebsausschusses und dessen Stellvertreter werden aus der Mitte der Mitglieder beider Betriebsräte mit Mehrheit der abgegebenen Stimmen gewählt. Der Stellvertreter ist aus der Mitte der Mitglieder jenes Betriebsrates zu wählen, dem der Vorsitzende[a)] als Mitglied nicht angehört. § 58 Z 4 ist sinngemäß anzuwenden.

[a)] bzw. „(die) Vorsitzende“ (Art. II BGBl 1986/394, siehe unten 4.2.)

(4) In Betrieben, in denen für jede Gruppe nur je ein Betriebsratsmitglied zu wählen ist, gilt mangels Einigung jener als Vorsitzender[a)] des Betriebsausschusses, der die größere Arbeitnehmergruppe repräsentiert. Bei gleicher Gruppenstärke entscheidet das Los.

[a)] bzw. „(die) Vorsitzende“ (Art. II BGBl 1986/394, siehe unten 4.2.)

(5) Der Vorsitzende[a)] des Betriebsausschusses und dessen Stellvertreter sind neu zu wählen, sobald einer der beiden Betriebsräte sich nach Neuwahl konstituiert hat.

[a)] bzw. „(die) Vorsitzende“ (Art. II BGBl 1986/394, siehe unten 4.2.)

Geschäftsführung

§ 77. (1) Auf die Geschäftsführung des Betriebsausschusses sind, soweit im folgenden nichts anderes bestimmt wird, die §§ 67 Abs. 1, 3 und 4, 68, 69 Abs. 1, 2 und 3, 70 Z 1 und 4, 71 und 72 sinngemäß anzuwenden.

(2) Der Vorsitzende[a)] hat den Betriebsausschuß binnen zwei Wochen einzuberufen, wenn mehr als

ein Drittel der Betriebsratsmitglieder des Betriebes oder ein Betriebsrat dies verlangt.

[a] bzw. „(die) Vorsitzende" (Art. II BGBl 1986/394, siehe unten 4.2.)

(3) Werden bei einer Abstimmung sämtliche anwesenden Betriebsratsmitglieder einer Gruppe überstimmt, bedarf es in einer zweiten Abstimmung der Mehrheit von zwei Drittel der abgegebenen Stimmen. Ist für jede Gruppe nur ein Betriebsratsmitglied zu wählen, bedarf es für das Zustandekommen eines Beschlusses der Übereinstimmung beider Betriebsratsmitglieder.

Abschnitt 5
Betriebsräteversammlung

Zusammensetzung und Geschäftsführung

§ 78. (1) Die Gesamtheit der Mitglieder der im Unternehmen bestellten Betriebsräte bildet die Betriebsräteversammlung. Die Betriebsräteversammlung ist mindestens einmal in jedem Kalenderjahr vom Zentralbetriebsrat einzuberufen. Den Vorsitz führt der Vorsitzende[a] des Zentralbetriebsrates, bei dessen Verhinderung sein Stellvertreter.

[a] bzw. „(die) Vorsitzende" (Art. II BGBl 1986/394, siehe unten 4.2.)

(2) Zur Beschlußfassung über die Fortsetzung der Tätigkeitsdauer (§ 82 Abs. 4) und über die Enthebung des Zentralbetriebsrates (Abs. 4) kann die Betriebsräteversammlung von jedem Betriebsrat einberufen werden. In diesem Falle führt der Vorsitzende[a] des einberufenden Betriebsrates den Vorsitz.

[a] bzw. „(die) Vorsitzende" (Art. II BGBl 1986/394, siehe unten 4.2.)

(3) Zur Beschlußfassung ist die Anwesenheit von mindestens der Hälfte aller Betriebsratsmitglieder des Unternehmens erforderlich. Die Beschlüsse werden mit einfacher Mehrheit der abgegebenen Stimmen gefaßt.

(4) Für eine Beschlußfassung über die Enthebung des Zentralbetriebsrates ist die Anwesenheit von drei Viertel aller Betriebsratsmitglieder des Unternehmens und eine Mehrheit von zwei Drittel der abgegebenen Stimmen erforderlich. Jedem Betriebsratsmitglied kommen so viele Stimmen zu, als der Zahl der bei der letzten Betriebsratswahl wahlberechtigten Arbeitnehmer, geteilt durch die Anzahl der Gewählten, entspricht. Die Abstimmung über die Enthebung hat mittels Stimmzettels und geheim zu erfolgen.

(5) Sind bei Beginn der Betriebsräteversammlung weniger als die Hälfte der Betriebsratsmitglieder des Unternehmens anwesend, so ist eine halbe Stunde zuzuwarten; nach Ablauf dieser Zeit ist die Betriebsräteversammlung ohne Rücksicht auf die Zahl der anwesenden Betriebsratsmitglieder beschlußfähig. Diese Bestimmung gilt nicht im Falle der Enthebung des Zentralbetriebsrates. Im übrigen sind die Bestimmungen der §§ 47 Abs. 2 und 48 sinngemäß anzuwenden.

Aufgaben

§ 79. Der Betriebsräteversammlung obliegt:

1. Behandlung von Berichten des Zentralbetriebsrates und der Rechnungsprüfer für den Zentralbetriebsratsfonds;
2. Beschlußfassung über die Einhebung und Höhe der Zentralbetriebsratsumlage;
3. Wahl und Enthebung der Rechnungsprüfer für den Zentralbetriebsratsfonds;
4. Beschlußfassung über die Enthebung des Zentralbetriebsrates;
5. Beschlußfassung über die Fortsetzung der Tätigkeitsdauer des Zentralbetriebsrates (§ 82 Abs. 4).

Abschnitt 6
Zentralbetriebsrat

Zusammensetzung

§ 80. (1) Der Zentralbetriebsrat besteht in Unternehmen bis zu tausend Arbeitnehmern aus vier Mitgliedern. Die Zahl der Mitglieder erhöht sich für je weitere fünfhundert Arbeitnehmer, in Unternehmen mit mehr als fünftausend Arbeitnehmern für je weitere tausend Arbeitnehmer um jeweils ein Mitglied. Bruchteile von fünfhundert und tausend werden für voll gerechnet. § 50 Abs. 2 ist sinngemäß anzuwenden.

(BGBl 1992/833)

(2) Im Zentralbetriebsrat sollen Arbeitnehmerinnen und Arbeitnehmer entsprechend ihrem zahlenmäßigen Verhältnis vertreten sein.

(BGBl 1992/833)

Berufung

§ 81. (1) Die Mitglieder des Zentralbetriebsrates werden von der Gesamtheit der Mitglieder der im Unternehmen errichteten Betriebsräte aus ihrer Mitte nach den Grundsätzen des Verhältniswahlrechtes (§ 51 Abs. 2) geheim gewählt. Jedem wahlberechtigten Betriebsratsmitglied kommen so viele Stimmen zu, als der Zahl der bei der letzten Betriebsratswahl wahlberechtigten Arbeitnehmer, geteilt durch die Anzahl der Gewählten, entspricht.

(2) Die Wahl hat mittels Stimmzettels, und zwar durch persönliche Stimmabgabe oder durch briefliche Stimmabgabe im Postwege zu erfolgen.

(3) Bei Erstellung der Wahlvorschläge soll auf eine angemessene Vertretung der Arbeitnehmerinnen und Arbeitnehmer, der Gruppen der Arbeiter und Angestellten und der einzelnen Betriebe des Unternehmens im Zentralbetriebsrat Bedacht genommen werden.

(BGBl 1992/833)

(4) Der Wahlvorstand besteht aus mindestens drei Betriebsratsmitgliedern. Jeder im Unternehmen bestehende Betriebsrat hat eines seiner Mitglieder in den Wahlvorstand zu entsenden. Die Zahl der Mitglieder des Wahlvorstandes kann mit Zustimmung aller im Unternehmen bestellten Betriebsräte bis auf drei herabgesetzt werden. Beste-

hen in den Betrieben des Unternehmens nur zwei Betriebsräte, so sind zwei Mitglieder des Wahlvorstandes vom Betriebsrat des nach der Zahl der Arbeitnehmer größeren Betriebes zu entsenden. Der Wahlvorstand hat nach seiner Bestellung die Wahl unverzüglich vorzubereiten und innerhalb von vier Wochen durchzuführen.

(5) Auf die Berufung des Zentralbetriebsrates sind die Vorschriften der §§ 51 Abs. 3, 54 Abs. 2, 56 Abs. 1, 57, 59 und 60 sinngemäß anzuwenden.

Tätigkeitsdauer

§ 82. (1) Die Tätigkeitsdauer des Zentralbetriebsrates beträgt fünf Jahre. § 61 Abs. 1 zweiter Satz und Abs. 2 sind sinngemäß anzuwenden.

(BGBl 1986/394, BGBl I 2017/12)

(2) Vor Ablauf der im Abs. 1 bezeichneten Zeit endet die Tätigkeit des Zentralbetriebsrates, wenn

1. das Unternehmen aufgelöst wird;
2. dem Unternehmen nur mehr ein Betrieb angehört;
3. die Zahl der Mitglieder unter drei sinkt;
4. die Betriebsräteversammlung die Enthebung des Zentralbetriebsrates beschließt;
5. der Zentralbetriebsrat den Rücktritt beschließt;
6. das Gericht die Wahl für ungültig erklärt.

(BGBl 1986/563)

(3) Die Mitgliedschaft zum Zentralbetriebsrat erlischt, wenn

1. die Tätigkeitsdauer des Zentralbetriebsrates endet;
2. das Mitglied zurücktritt;
3. die Mitgliedschaft zum Betriebsrat erlischt.

(4) Hat in einem Unternehmen die Tätigkeit des Zentralbetriebsrates deshalb geendet, weil durch vorübergehende Stillegung von Betrieben dem Unternehmen nur mehr ein Betrieb angehört oder die Zahl der Mitglieder des Zentralbetriebsrates unter drei gesunken ist und wird in der Folge in wenigstens einem dieser stillgelegten Betriebe die Tätigkeit wiederaufgenommen, so können die Mitglieder der Betriebsräte des Unternehmens die Fortsetzung der Tätigkeit des Zentralbetriebsrates bis zur Beendigung seiner ursprünglichen Tätigkeitsdauer beschließen, wenn

1. in dem Betrieb, der seine Tätigkeit wiederaufgenommen hat, ein Beschluß zur Fortsetzung der Tätigkeitsdauer des Betriebsrates (§ 63) gefaßt wurde und
2. die Zahl der im Unternehmen verbliebenen und wiedereingestellten ehemaligen Mitglieder (Ersatzmitglieder) des Zentralbetriebsrates mindestens die Hälfte der Zahl der ursprünglichen Zentralbetriebsratsmandate erreicht.

(5) Für den Eintritt von Ersatzmitgliedern ist § 65 sinngemäß anzuwenden. Enthält der Wahlvorschlag, dem das ausgeschiedene oder verhinderte Mitglied angehört, kein für ein Nachrücken in Frage kommendes Ersatzmitglied, so entsendet die wahlwerbende Gruppe ein anderes Betriebsratsmitglied in den Zentralbetriebsrat.

(6) Die Bestimmungen über die Verlängerung der Partei- und Prozeßfähigkeit des Betriebsrates (§ 62a) und über die Beibehaltung des Zuständigkeitsbereiches (§§ 62b und 62c) sind sinngemäß anzuwenden.

(BGBl 1986/394, BGBl 1993/460)

Geschäftsführung

§ 83. Auf die Geschäftsführung des Zentralbetriebsrates sind die Vorschriften der §§ 66 Abs. 1 bis 4, 6 und 8, 67, 68, 69 Abs. 1 bis 3 und 5, 70 Z 1 und 4 und 71 sinngemäß anzuwenden. Die Errichtung geschäftsführender Ausschüsse durch Geschäftsordnung (§ 69 Abs. 4) ist nicht zulässig.

(BGBl 1975/360)

Aufwand

§ 84. (1) Räumlichkeiten, Kanzlei- und Geschäftserfordernisse sowie sonstige Sacherfordernisse für den Zentralbetriebsrat sind in sinngemäßer Anwendung des § 72 vom Betriebsinhaber zur Verfügung zu stellen.

(2) Die den einzelnen Mitgliedern des Zentralbetriebsrates in Ausübung ihrer Tätigkeit erwachsenen Barauslagen sind aus dem Zentralbetriebsratsfonds, ist ein solcher nicht errichtet, aus dem Betriebsratsfonds des Betriebes, der das Mitglied in den Zentralbetriebsrat entsendet hat, zu entrichten.

Zentralbetriebsratsumlage

§ 85. (1) Zur Deckung der Kosten der Geschäftsführung des Zentralbetriebsrates und der Konzernvertretung sowie zur Errichtung und Erhaltung von Wohlfahrtseinrichtungen zugunsten der Arbeitnehmerschaft und der ehemaligen Arbeitnehmer des Unternehmens kann eine Zentralbetriebsratsumlage eingehoben werden. Sie darf höchstens zehn Prozent der Betriebsratsumlage betragen.

(BGBl 1990/411, BGBl 1993/460)

(2) Einhebung und Höhe der Zentralbetriebsratsumlage beschließt auf Antrag des Zentralbetriebsrates oder eines Betriebsrates die Betriebsräteversammlung. Die Zentralbetriebsratsumlage ist aus den in den einzelnen Betrieben des Unternehmens eingehobenen Betriebsratsumlagen zu entrichten.

(3) Der Arbeitgeber hat die Zentralbetriebsratsumlage von der einbehaltenen Betriebsratsumlage in Abzug zu bringen und unmittelbar an den Zentralbetriebsratsfonds abzuführen.

Zentralbetriebsratsfonds

§ 86. Die Eingänge aus der Zentralbetriebsratsumlage sowie sonstige für die im § 85 Abs. 1 bezeichneten Zwecke bestimmte Vermögenschaften bilden den mit Rechtspersönlichkeit ausgestatteten Zentralbetriebsratsfonds, der vom Zentralbetriebsrat verwaltet wird. Die Mittel des Zentralbetriebsratsfonds dürfen nur zu den im § 85 Abs. 1 bezeichneten Zwecken verwendet werden.

Verwaltung und Auflösung des Zentralbetriebsratsfonds

§ 87. Der Zentralbetriebsratsfonds ist aufzulösen, wenn die Voraussetzungen für die Errichtung eines Zentralbetriebsrates dauernd weggefallen sind. In diesem Fall ist das Vermögen auf jene Betriebsratsfonds des Unternehmens, aus deren Betriebsratsumlage Beiträge zum Zentralbetriebsratsfonds geleistet wurden, aufzuteilen. Die Aufteilung erfolgt nach dem Verhältnis der Zahlen der zu den einzelnen Betriebsratsfonds beitragspflichtigen Arbeitnehmer. § 74 Abs. 2, 4 bis 6 und 12 sind sinngemäß anzuwenden.

Rechnungsprüfer für den Zentralbetriebsratsfonds

§ 88. (1) Zur Überprüfung der Verwaltung und Gebarung des Zentralbetriebsratsfonds hat die Betriebsräteversammlung aus ihrer Mitte mit Mehrheit der abgegebenen Stimmen zwei Rechnungsprüfer (Stellvertreter) zu wählen. Diese dürfen dem Zentralbetriebsrat nicht angehören. § 58 Z 4 ist sinngemäß anzuwenden. Die erstmalige Wahl der Rechnungsprüfer hat anläßlich der Beschlußfassung über die Einhebung einer Zentralbetriebsratsumlage zu erfolgen.

(BGBl 1975/360)

(2) Die Tätigkeit der Rechnungsprüfer (Stellvertreter) dauert fünf Jahre. Wiederwahl ist zulässig.

(BGBl 1986/394, BGBl I 2017/12)

Abschnitt 7
Konzernvertretung

Errichtung

§ 88a. (1) In einem Konzern im Sinne des § 15 des Aktiengesetzes 1965 oder des § 115 des Gesetzes über Gesellschaften mit beschränkter Haftung, in dem in mehr als einem Unternehmen Betriebsräte bestehen, kann eine Konzernvertretung zur Vertretung der gemeinsamen Interessen der in diesem Konzern beschäftigten Arbeitnehmer errichtet werden. Die Konzernvertretung wird mit Zustimmung von mindestens zwei Dritteln der Zentralbetriebsräte errichtet, die zusammen mehr als die Hälfte der im Konzern beschäftigten Arbeitnehmer repräsentieren. Bei der Ermittlung der Zahl der im Konzern beschäftigten Arbeitnehmer sind jeweils die Zahlen der bei den letzten Zentralbetriebsratswahlen im Unternehmen beschäftigten Arbeitnehmer (§ 80) zugrunde zu legen.

(2) Die Versammlung der Zentralbetriebsratsvorsitzenden im Konzern hat durch Beschluß festzustellen, daß die gemäß Abs. 1 erforderliche Zustimmung zur Errichtung der Konzernvertretung erteilt wurde.

(3) Die Versammlung der Zentralbetriebsratsvorsitzenden wird von einem Zentralbetriebsratsvorsitzenden einberufen. Diesem obliegt die Leitung der Versammlung.

(4) Sodann hat sie nach Maßgabe des Abs. 5 die Zahl der jeweiligen Delegierten und Ersatzdelegierten durch Beschluß festzustellen. Die Zentralbetriebsratsvorsitzenden haben bis zu einem vom Einberufer festgesetzten Termin die Delegierten (Ersatzdelegierten) bekanntzugeben.

(5) Die in Abs. 2 bis 4 vorgesehene Errichtung und Beschickung der Konzernvertretung kann auch in einem schriftlichen Verfahren durchgeführt werden.

(6) Die Konzernvertretung besteht aus je zwei Delegierten und der erforderlichen Zahl von Ersatzdelegierten jedes im Konzern errichteten Zentralbetriebsrates, sofern er nicht mehr als 500 Arbeitnehmer vertritt. Die Zahl der Delegierten erhöht sich für je weitere 500 von einem Zentralbetriebsrat vertretene Arbeitnehmer um jeweils einen Delegierten. Bruchteile von 500 werden für voll gerechnet. Für die Berechnung der Zahl der Arbeitnehmer ist Abs. 1 letzter Satz sinngemäß anzuwenden. Die Entsendungsberechtigung liegt innerhalb des Zentralbetriebsrates bei der jeweils nach dem d'Hondtschen System an die Reihe kommenden wahlwerbenden Gruppe. Auf eine angemessene Vertretung der Gruppen der Arbeiter und Angestellten, der einzelnen Betriebe sowie der Arbeitnehmerinnen und der Arbeitnehmer soll Bedacht genommen werden.

(7) Kommen während der Tätigkeitsdauer der Konzernvertretung neue Unternehmen in den Konzern, so sind die dort errichteten Zentralbetriebsräte berechtigt, die entsprechende Zahl von Delegierten in die Konzernvertretung zu entsenden. Scheiden während der Tätigkeitsdauer Unternehmen aus dem Konzern aus, so endet die Mitgliedschaft der aus diesen Unternehmen entsendeten Delegierten. Dies gilt auch, wenn sich nachträglich herausstellt, daß bei der Errichtung Unternehmen, die nicht zum Konzern gehören, berücksichtigt worden sind oder Unternehmen, die zum Konzern gehören, nicht berücksichtigt worden sind.

(8) Ist in einem Konzernunternehmen ein Zentralbetriebsrat nicht zu errichten, so nimmt der Betriebsausschuß oder dessen Vorsitzender die Aufgaben nach Abs. 1 bis 7 wahr; besteht kein Betriebsausschuß, so nimmt der Betriebsrat oder dessen Vorsitzender die Aufgaben nach Abs. 1 bis 7 wahr.

(9) Für die Auflösung der Konzernvertretung gelten die Abs. 1 bis 3 und 5 sinngemäß.

(10) Bestehen in einem Konzern im Sinne des § 15 des Aktiengesetzes 1965 oder des § 115 des Gesetzes über Gesellschaften mit beschränkter Haftung Teilkonzerne, so nehmen aus den Teilkonzernen die in diesen errichteten Konzernvertretungen an der Errichtung der Konzernvertretung unter sinngemäßer Anwendung der Abs. 1 bis 7 und 9 teil.

(BGBl 1990/411, BGBl 1992/833, BGBl 1993/460)

Konstituierung, Geschäftsführung, Tätigkeitsdauer

§ 88b. (1) Der Einberufer der Versammlung der Zentralbetriebsratsvorsitzenden hat die gemäß § 88a Abs. 4 bekanntgegebenen Delegierten zur konstituierenden Sitzung der Konzernvertretung einzuladen und diese bis zur Wahl des Vorsitzenden der Konzernvertretung zu leiten.

(2) Die Delegierten haben aus ihrer Mitte mit einfacher Mehrheit der abgegebenen Stimmen einen Vorsitzenden und einen oder mehrere Stellvertreter zu wählen. Die Wahl ist gültig, wenn zumindest die Hälfte der Delegierten (§ 88a Abs. 6) anwesend ist.

(3) Der Vorsitzende vertritt die Konzernvertretung nach außen. Er hat mindestens einmal im Jahr die Konzernvertretung zu einer Sitzung einzuberufen; darüber hinaus auch, wenn dies von mindestens einem Viertel der Delegierten verlangt wird.

(4) Die Konzernvertretung kann mit Mehrheit von zwei Dritteln ihrer Delegierten eine Geschäftsordnung beschließen. Die Geschäftsordnung kann insbesondere regeln:

1. die Errichtung, Zusammensetzung und Geschäftsführung eines Leitungsausschusses und allenfalls – bei entsprechender Größe der Konzernvertretung oder des Leitungsausschusses – eines Präsidiums;
2. die Bezeichnung der Angelegenheiten, in denen dem Präsidium oder dem Leitungsausschuß das Recht auf selbständige Beschlußfassung, allenfalls nach Rahmenvorgaben der Konzernvertretung, zukommt;
3. die Festlegung von Art und Umfang der Vertretungsmacht der Vorsitzenden (Stellvertreter) des Präsidiums oder Leitungsausschusses;
4. die Beiziehung anderer Betriebsratsmitglieder, die nicht Mitglieder der Konzernvertretung sind, mit beratender Stimme in Angelegenheiten, die die Arbeitnehmer des betreffenden Betriebes berühren.

(5) Die Tätigkeitsdauer der Konzernvertretung beträgt fünf Jahre. § 61 Abs. 1 zweiter Satz und Abs. 2 ist sinngemäß anzuwenden. Sie wird vorzeitig beendet

1. durch die Auflösung des Konzerns,
2. durch einen Auflösungsbeschluß im Sinne des § 88a Abs. 9,
3. durch die Funktionsunfähigkeit von so vielen Zentralbetriebsräten (Betriebsausschüssen, Betriebsräten), daß nicht mehr als die Hälfte der Arbeitnehmer im Konzern repräsentiert ist,
4. wenn dies die Konzernvertretung mit einer Mehrheit von zwei Dritteln ihrer Delegierten beschließt oder
5. wenn das Gericht die Errichtung oder den Beschluß gemäß § 88a Abs. 4 für ungültig erklärt; die Klage ist spätestens einen Monat nach Konstituierung der Konzernvertretung einzubringen.

(BGBl I 2017/12)

(6) Die Mitgliedschaft zur Konzernvertretung beginnt mit der Bekanntgabe des Delegiertenbeschlusses (Abs. 7 und § 88a Abs. 6); sie erlischt, wenn

1. die Tätigkeitsdauer der Konzernvertretung endet,
2. die Mitgliedschaft zum Zentralbetriebsrat (Betriebsrat) erlischt,
3. das Mitglied zurücktritt oder abberufen wird.

(7) Spätestens drei Monate vor Ablauf der Tätigkeitsdauer hat eine vom Vorsitzenden einzuberufende Versammlung der Zentralbetriebsratsvorsitzenden die Zahl der jeweiligen Delegierten und Ersatzdelegierten (§ 88a Abs. 6) für die nächste Tätigkeitsdauer mit Beschluß zu bestimmen. § 88a Abs. 5 gilt sinngemäß. Der Vorsitzende hat die binnen festzusetzender Frist bekanntgegebenen Delegierten zur konstituierenden Sitzung der Konzernvertretung einzuberufen und diese bis zur Neuwahl des Vorsitzenden zu leiten.

(8) Die Errichtung der Konzernvertretung, die Konstituierung, die Zusammensetzung und allfällige Änderungen der Zusammensetzung, die Geschäftsordnung sowie allfällige Änderungen der Tätigkeitsdauer sind jedem im Konzern bestehenden Unternehmen schriftlich zur Kenntnis zu bringen.

(9) Im übrigen gelten für die Konzernvertretung die §§ 62a, 65 Abs. 1, 68 und 72 sinngemäß.

(BGBl 1993/460)

3. HAUPTSTÜCK
Befugnisse der Arbeitnehmerschaft

Abschnitt 1
Allgemeine Befugnisse

Überwachung

§ 89. Der Betriebsrat hat das Recht, die Einhaltung der die Arbeitnehmer des Betriebes betreffenden Rechtsvorschriften zu überwachen. Insbesondere stehen ihm folgende Befugnisse zu:

1. Der Betriebsrat ist berechtigt, in die vom Betrieb geführten Aufzeichnungen über die Bezüge der Arbeitnehmer und die zur Berechnung dieser Bezüge erforderlichen Unterlagen Einsicht zu nehmen, sie zu überprüfen und die Auszahlung zu kontrollieren. Dies gilt auch für andere die Arbeitnehmer betreffenden Aufzeichnungen, deren Führung durch Rechtsvorschriften vorgesehen ist;
2. der Betriebsrat hat die Einhaltung der für den Betrieb geltenden Kollektivverträge, der Betriebsvereinbarungen und sonstiger arbeitsrechtlicher Vereinbarungen zu überwachen. Er hat darauf zu achten, daß die für den Betrieb geltenden Kollektivverträge im Betrieb aufgelegt (§ 15) und die Betriebsvereinbarungen angeschlagen oder aufgelegt (§ 30

Abs. 1) werden. Das gleiche gilt für Rechtsvorschriften, deren Auflage oder Aushang im Betrieb in anderen Gesetzen vorgeschrieben ist;

3. der Betriebsrat hat die Durchführung und Einhaltung der Vorschriften über den Arbeitnehmerschutz, über die Sozialversicherung, über eine allfällige betriebliche Altersversorgung einschließlich der Wertpapierdeckung für Pensionszusagen (§ 11 Betriebspensionsgesetz, BGBl. Nr. 282/1990, in der jeweils geltenden Fassung) sowie über die Berufsausbildung zu überwachen. Zu diesem Zweck kann der Betriebsrat die betrieblichen Räumlichkeiten, Anlagen und Arbeitsplätze besichtigen. Der Betriebsinhaber hat den Betriebsrat von jedem Arbeitsunfall unverzüglich in Kenntnis zu setzen. Betriebsbesichtigun gen im Zuge behördlicher Verfahren, durch die Interessen der Arbeitnehmerschaft (§ 38) des Betriebes (Unternehmens) berührt werden sowie Betriebsbesichtigungen, die von den zur Überwachung der Arbeitnehmerschutzvorschriften berufenen Organen oder die mit deren Beteiligung durchgeführt werden, ist der Betriebsrat beizuziehen. Der Betriebsinhaber hat den Betriebsrat von einer anberaumten Verhandlung sowie von der Ankunft eines behördlichen Organs in diesen Fällen unverzüglich zu verständigen;

   (BGBl 1986/394, BGBl 1990/282, BGBl 1996/754)

4. werden im Betrieb Personalakten geführt, so ist dem Betriebsrat bei Einverständnis des Arbeitnehmers Einsicht in dessen Personalakten zu gewähren.

   (BGBl 1986/394)

Intervention

§ 90. (1) Der Betriebsrat hat das Recht, in allen Angelegenheiten, die die Interessen der Arbeitnehmer berühren, beim Betriebsinhaber und erforderlichenfalls bei den zuständigen Stellen außerhalb des Betriebes entsprechende Maßnahmen zu beantragen und die Beseitigung von Mängeln zu verlangen. Insbesondere ist der Betriebsrat berechtigt

1. Maßnahmen zur Einhaltung und Durchführung der die Arbeitnehmer des Betriebes betreffenden Rechtsvorschriften (§ 89) zu beantragen;
2. Vorschläge zur Verbesserung der Arbeitsbedingungen, der betrieblichen Ausbildung, zur Verhütung von Unfällen und Berufskrankheiten sowie zur menschengerechten Arbeitsgestaltung zu erstatten;
3. sonstige Maßnahmen zugunsten der Arbeitnehmer des Betriebes zu beantragen.

(2) Der Betriebsinhaber ist verpflichtet, den Betriebsrat auf dessen Verlangen in allen Angelegenheiten, die die Interessen der Arbeitnehmer des Betriebes berühren, anzuhören.

Allgemeine Information

§ 91. (1) Der Betriebsinhaber ist verpflichtet, dem Betriebsrat über alle Angelegenheiten, welche die wirtschaftlichen, sozialen, gesundheitlichen oder kulturellen Interessen der Arbeitnehmer des Betriebes berühren, Auskunft zu erteilen.

(BGBl 1986/394)

(2) Der Betriebsinhaber hat dem Betriebsrat Mitteilung zu machen, welche Arten von personenbezogenen Arbeitnehmerdaten er automationsunterstützt aufzeichnet und welche Verarbeitungen und Übermittlungen er vorsieht. Dem Betriebsrat ist auf Verlangen die Überprüfung der Grundlagen für die Verarbeitung und Übermittlung zu ermöglichen. Sofern sich nicht aus § 89 oder anderen Rechtsvorschriften ein unbeschränktes Einsichtsrecht des Betriebsrates ergibt, ist zur Einsicht in die Daten einzelner Arbeitnehmer deren Zustimmung erforderlich.

(BGBl 1986/394)

(3) Wurde eine Betriebsvereinbarung gemäß § 97 Abs. 1 Z 18a abgeschlossen, so hat der Betriebsinhaber dem Betriebsrat den Prüfbericht oder dessen Kurzfassung (§ 21 Abs. 6 Pensionskassengesetz) und den Rechenschaftsbericht (§ 30 Abs. 5 Pensionskassengesetz) unverzüglich nach Einlangen von der Pensionskasse zu übermitteln.

(BGBl 1990/282)

Beratung

§ 92. (1) Der Betriebsinhaber ist verpflichtet, mit dem Betriebsrat mindestens vierteljährlich und auf Verlangen des Betriebsrates monatlich gemeinsame Beratungen über laufende Angelegenheiten, allgemeine Grundsätze der Betriebsführung in sozialer, personeller, wirtschaftlicher und technischer Hinsicht sowie über die Gestaltung der Arbeitsbeziehungen abzuhalten und ihn dabei über wichtige Angelegenheiten zu informieren. Dem Betriebsrat sind auf Verlangen die zur Beratung erforderlichen Unterlagen auszuhändigen.

(BGBl 1986/394)

(2) Betriebsrat und Betriebsinhaber sind berechtigt, an ihre zuständigen kollektivvertragsfähigen Körperschaften das Ersuchen zu richten, einen Vertreter zur Teilnahme an diesen Beratungen zu entsenden, sofern über Betriebsänderungen oder ähnlich wichtige Angelegenheiten, die erhebliche Auswirkung auf die Arbeitnehmer des Betriebes haben, beraten werden soll. Betriebsinhaber und Betriebsrat haben einander gegenseitig rechtzeitig Mitteilung zu machen, um dem anderen Teil die Beiziehung seiner Interessenvertretung zu ermöglichen.

Arbeitsschutz

§ 92a. (1) Der Betriebsinhaber hat den Betriebsrat in allen Angelegenheiten der Sicherheit und des Gesundheitsschutzes rechtzeitig anzuhören und mit ihm darüber zu beraten. Der Betriebsinhaber ist insbesondere verpflichtet,

1. den Betriebsrat bei der Planung und Einführung neuer Technologien zu den Auswirkungen zu hören, die die Auswahl der Arbeitsmittel oder Arbeitsstoffe, die Gestaltung der Arbeitsbedingungen und die Einwirkung der Umwelt auf den Arbeitsplatz für die Sicherheit und Gesundheit der Arbeitnehmer haben,
2. den Betriebsrat bei der Auswahl der persönlichen Schutzausrüstung zu beteiligen,
3. den Betriebsrat bei der Ermittlung und Beurteilung der Gefahren und der Festlegung der Maßnahmen sowie bei der Planung und Organisation der Unterweisung zu beteiligen.

(2) Der Betriebsinhaber ist verpflichtet,

1. dem Betriebsrat Zugang zu den Sicherheits- und Gesundheitsschutzdokumenten sowie zu den Aufzeichnungen und Berichten über Arbeitsunfälle zu gewähren,
2. dem Betriebsrat die Unterlagen betreffend die Erkenntnisse auf dem Gebiet der Arbeitsgestaltung zur Verfügung zu stellen,
3. dem Betriebsrat die Ergebnisse von Messungen und Untersuchungen betreffend gefährliche Arbeitsstoffe und Lärm sowie die Ergebnisse sonstiger Messungen und Untersuchungen, die mit dem Arbeitnehmerschutz in Zusammenhang stehen, zur Verfügung zu stellen,
4. dem Betriebsrat die Aufzeichnungen betreffend Arbeitsstoffe und Lärm zur Verfügung zu stellen,
5. den Betriebsrat über Grenzwertüberschreitungen sowie deren Ursachen und über die getroffenen Maßnahmen unverzüglich zu informieren,

   (BGBl I 2006/147)
6. den Betriebsrat über Auflagen, Vorschreibungen, Bewilligungen und behördliche Informationen auf dem Gebiet des Arbeitnehmerschutzes zu informieren und zu den Informationen, die sich aus den Schutzmaßnahmen und Maßnahmen zur Gefahrenverhütung ergeben, im Voraus anzuhören,

   (BGBl I 2006/147)
7. den Betriebsrat zu den Informationen über die Gefahren für Sicherheit und Gesundheit sowie über Schutzmaßnahmen und Maßnahmen zur Gefahrenverhütung im Allgemeinen und für die einzelnen Arten von Arbeitsplätzen bzw. Aufgabenbereichen im Voraus anzuhören,

   (BGBl I 2006/147)
8. den Betriebsrat zur Information der Arbeitgeber von betriebsfremden Arbeitnehmern über die in Z 7 genannten Punkte sowie über die für Erste Hilfe, Brandbekämpfung und Evakuierung gesetzten Maßnahmen, im Voraus anzuhören.

   (BGBl I 2006/147)

(3) Der Betriebsinhaber hat mit dem Betriebsrat über die beabsichtigte Bestellung oder Abberufung von Sicherheitsfachkräften, Arbeitsmedizinern sowie von Personen zu beraten, die für die Erste Hilfe, die Brandbekämpfung und Evakuierung zuständig sind, außer wenn die beabsichtigte Maßnahme im Arbeitsschutzausschuß behandelt wird. Der Betriebsrat hat das Recht, das Arbeitsinspektorat zu den Beratungen beizuziehen. Eine ohne Beratung mit dem Betriebsrat oder Behandlung im Arbeitsschutzausschuß vorgenommene Bestellung von Sicherheitsfachkräften und Arbeitsmedizinern ist rechtsunwirksam.

(4) Der Betriebsrat kann seine Befugnisse nach Abs. 1 Z 1 bis 3 an die im Betrieb bestellten Sicherheitsvertrauenspersonen delegieren. Für die Beschlußfassung gilt § 68. Der Beschluß ist den Sicherheitsvertrauenspersonen sowie dem Betriebsinhaber unverzüglich mitzuteilen und wird erst mit deren Verständigung rechtswirksam.

(5) Für die Beschlußfassung über die Entsendung von Arbeitnehmervertretern in den Arbeitsschutzausschuß und in den zentralen Arbeitsschutzausschuß gilt § 68.

(BGBl 1994/450)

Betriebliche Frauenförderung sowie Maßnahmen zur besseren Vereinbarkeit von Betreuungspflichten und Beruf

§ 92b. (1) Der Betriebsinhaber hat mit dem Betriebsrat im Rahmen der Beratung nach § 92 Maßnahmen der betrieblichen Frauenförderung bzw. der Vereinbarkeit von Betreuungspflichten und Beruf zu beraten. Solche Maßnahmen betreffen insbesondere die Einstellungspraxis, Maßnahmen der Aus- und Weiterbildung und den beruflichen Aufstieg, die auf den Abbau einer bestehenden Unterrepräsentation der Frauen an der Gesamtzahl der Beschäftigten bzw. an bestimmten Funktionen oder auf den Abbau einer sonst bestehenden Benachteiligung abzielen, sowie Maßnahmen, die auf eine bessere Vereinbarkeit der beruflichen Tätigkeit mit Familien- und sonstigen Betreuungspflichten der Arbeit-nehmerinnen und Arbeitnehmer abzielen.

(2) Der Betriebsrat hat das Recht, Vorschläge in diesen Angelegenheiten zu erstatten und Maßnahmen zu beantragen. Der Betriebsinhaber ist verpflichtet, mit dem Betriebsrat über dessen Vorschläge und Anträge zu beraten.

(3) Maßnahmen der betrieblichen Frauenförderung sowie Maßnahmen zur besseren Vereinbarkeit von Betreuungspflichten und Beruf können in einer Betriebsvereinbarung geregelt werden.

(BGBl I 1998/69)

Errichtung und Verwaltung von Wohlfahrtseinrichtungen der Arbeitnehmer

§ 93. Der Betriebsrat ist berechtigt, zugunsten der Arbeitnehmer und ihrer Familienangehörigen Unterstützungseinrichtungen sowie sonstige Wohlfahrtseinrichtungen zu errichten und ausschließlich zu verwalten.

Abschnitt 2
Mitwirkung in sozialen Angelegenheiten

Mitwirkung in Angelegenheiten der betrieblichen Berufsausbildung und Schulung

§ 94. (1) Der Betriebsinhaber hat den Betriebsrat über geplante Maßnahmen der betrieblichen Berufsausbildung sowie der betrieblichen Schulung und Umschulung zum ehestmöglichen Zeitpunkt in Kenntnis zu setzen.

(2) Der Betriebsrat hat das Recht, Vorschläge in Angelegenheiten der betrieblichen Berufsausbildung, Schulung und Umschulung zu erstatten und Maßnahmen zu beantragen. Der Betriebsinhaber ist verpflichtet, mit dem Betriebsrat über dessen Vorschläge und Anträge zu beraten.

(3) Der Betriebsrat hat das Recht, an der Planung und Durchführung der betrieblichen Berufsausbildung sowie betrieblicher Schulungs- und Umschulungsmaßnahmen mitzuwirken. Art und Umfang der Mitwirkung können durch Betriebsvereinbarung geregelt werden.

(4) Der Betriebsrat hat das Recht, an den Verhandlungen zwischen dem Betriebsinhaber und den Dienststellen der Arbeitsmarktverwaltung über Maßnahmen der betrieblichen Schulung, Umschulung uud Berufsausbildung teilzunehmen. Zeitpunkt und Gegenstand der Beratungen sind ihm rechtzeitig mitzuteilen. Gleiches gilt, wenn investive Förderungen nach dem Arbeitsmarktförderungsgesetz, BGBl. Nr. 31/1969, gewährt oder betriebliche Schulungsmaßnahmen in solche umgewandelt werden sollen.

(BGBl 1986/394)

(5) Der Betriebsrat ist berechtigt, sich an allen behördlichen Besichtigungen zu beteiligen, welche die Planung und Durchführung der betrieblichen Berufsausbildung berühren.

(6) Der Betriebsrat hat das Recht, an der Verwaltung von betriebs- und unternehmenseigenen Schulungs- und Bildungseinrichtungen teilzunehmen. Art und Umfang der Teilnahme sind durch Betriebsvereinbarung zu regeln. Kommt zwischen Betriebsinhaber und Betriebsrat über den Abschluß, die Abänderung oder Aufhebung einer solchen Betriebsvereinbarung eine Einigung nicht zustande, entscheidet auf Antrag eines der Streitteile die Schlichtungsstelle.

(7) Die Errichtung, Ausgestaltung und Auflösung von betriebs- und unternehmenseigenen Schulungs- und Bildungseinrichtungen können durch Betriebsvereinbarung geregelt werden.

(8) Der Betriebsrat kann die Auflösung einer betriebs- oder unternehmenseigenen Schulungs- oder Bildungseinrichtung binnen vier Wochen beim Gericht anfechten, wenn sie den in einer Betriebsvereinbarung vorgesehenen Auflösungsgründen widerspricht oder, wenn solche Regelungen nicht bestehen, unter Abwägung der Interessen der Arbeitnehmer und des Betriebes nicht gerechtfertigt ist.

(BGBl 1986/563)

Mitwirkung an betrieblichen Wohlfahrtseinrichtungen

§ 95. (1) Der Betriebsrat hat das Recht, an der Verwaltung von betriebs- und unternehmenseigenen Wohlfahrtseinrichtungen teilzunehmen. Art und Umfang der Teilnahme sind durch Betriebsvereinbarung zu regeln. Kommt zwischen Betriebsinhaber und Betriebsrat über den Abschluß, die Abänderung oder Aufhebung einer solchen Betriebsvereinbarung eine Einigung nicht zustande, entscheidet auf Antrag eines der Streitteile die Schlichtungsstelle.

(2) Die Errichtung, Ausgestaltung und Auflösung betriebs- und unternehmenseigener Wohlfahrtseinrichtungen können durch Betriebsvereinbarung geregelt werden.

(BGBl 1986/563)

(3) Der Betriebsrat kann die Auflösung einer betriebs- oder unternehmenseigenen Wohlfahrtseinrichtung binnen vier Wochen beim Gericht anfechten, wenn

1. die Auflösung der Wohlfahrtseinrichtung den in einer Betriebsvereinbarung vorgesehenen Auflösungsgründen widerspricht, oder
2. eine Betriebsvereinbarung über Gründe, die den Betriebsinhaber zur Auflösung einer Wohlfahrtseinrichtung berechtigen, nicht besteht, der Betriebsratsfonds (Zentralbetriebsratsfonds) oder die Arbeitnehmer zum Errichtungs- und Erhaltungsaufwand der Wohlfahrtseinrichtung erheblich beigetragen haben und die Auflösung unter Abwägung der Interessen der Arbeitnehmer und des Betriebes nicht gerechtfertigt ist.

Zustimmungspflichtige Maßnahmen

§ 96. (1) Folgende Maßnahmen des Betriebsinhabers bedürfen zu ihrer Rechtswirksamkeit der Zustimmung des Betriebsrates:

1. Die Einführung einer betrieblichen Disziplinarordnung;
2. die Einführung von Personalfragebögen, sofern in diesen nicht bloß die allgemeinen Angaben zur Person und Angaben über die fachlichen Voraussetzungen für die beabsichtigte Verwendung des Arbeitnehmers enthalten sind;
3. die Einführung von Kontrollmaßnahmen und technischen Systemen zur Kontrolle der Arbeitnehmer, sofern diese Maßnahmen (Systeme) die Menschenwürde berühren;
4. insoweit eine Regelung durch Kollektivvertrag oder Satzung nicht besteht, die Einführung und die Regelung von Akkord-, Stück- und Gedinglöhnen sowie akkordähnlichen Prämien und Entgelten – mit Ausnahme der Heimarbeitsentgelte –, die auf statistischen Verfahren, Datenerfassungsverfahren, Kleinstzeitverfahren oder ähnlichen Entgeltfindungsmethoden beruhen, sowie der maßgeblichen Grundsätze (Systeme und Metho-

den) für die Ermittlung und Berechnung dieser Löhne bzw. Entgelte.

(BGBl I 2010/101)

(2) Betriebsvereinbarungen in den Angelegenheiten des Abs. 1 können, soweit sie keine Vorschriften über ihre Geltungsdauer enthalten, von jedem der Vertragspartner jederzeit ohne Einhaltung einer Frist schriftlich gekündigt werden. § 32 Abs. 3 zweiter Satz ist nicht anzuwenden.

Ersetzbare Zustimmung

§ 96a. (1) Folgende Maßnahmen des Betriebsinhabers bedürfen zu ihrer Rechtswirksamkeit der Zustimmung des Betriebsrates:

1. Die Einführung von Systemen zur automationsunterstützten Ermittlung, Verarbeitung und Übermittlung von personenbezogenen Daten des Arbeitnehmers, die über die Ermittlung von allgemeinen Angaben zur Person und fachlichen Voraussetzungen hinausgehen. Eine Zustimmung ist nicht erforderlich, soweit die tatsächliche oder vorgesehene Verwendung dieser Daten über die Erfüllung von Verpflichtungen nicht hinausgeht, die sich aus Gesetz, Normen der kollektiven Rechtsgestaltung oder Arbeitsvertrag ergeben;
2. die Einführung von Systemen zur Beurteilung von Arbeitnehmern des Betriebes, sofern mit diesen Daten erhoben werden, die nicht durch die betriebliche Verwendung gerechtfertigt sind.

(2) Die Zustimmung des Betriebsrates gemäß Abs. 1 kann durch Entscheidung der Schlichtungsstelle ersetzt werden. Im übrigen gelten §§ 32 Abs. 2 und 97 Abs. 2 sinngemäß.

(3) Durch die Abs. 1 und 2 werden die sich aus § 96 ergebenden Zustimmungsrechte des Betriebsrates nicht berührt.

(BGBl 1986/394)

Betriebsvereinbarungen

§ 97. (1) Betriebsvereinbarungen im Sinne des § 29 können in folgenden Angelegenheiten abgeschlossen werden:

1. Allgemeine Ordnungsvorschriften, die das Verhalten der Arbeitnehmer im Betrieb regeln;

1a. Grundsätze der betrieblichen Beschäftigung von Arbeitnehmern, die im Rahmen einer Arbeitskräfteüberlassung tätig sind;

1b. Auswahl der Mitarbeitervorsorgekasse (MV-Kasse) nach dem Betrieblichen Mitarbeitervorsorgegesetz – BMVG , BGBl. I Nr. 100/2002;

(BGBl I 2002/100)

2. generelle Festsetzung des Beginns und Endes der täglichen Arbeitszeit, der Dauer und Lage der Arbeitspausen und der Verteilung der Arbeitszeit auf die einzelnen Wochentage;
3. Art und Weise der Abrechnung und insbesondere Zeit und Ort der Auszahlung der Bezüge;
4. Maßnahmen zur Verhinderung, Beseitigung oder Milderung der Folgen einer Betriebsänderung im Sinne des § 109 Abs. 1 Z 1 bis 6, sofern diese wesentliche Nachteile für alle oder erhebliche Teile der Arbeitnehmerschaft mit sich bringt;
5. Art und Umfang der Teilnahme des Betriebsrates an der Verwaltung von betriebs- und unternehmenseigenen Schulungs-, Bildungs- und Wohlfahrtseinrichtungen;
6. Maßnahmen zur zweckentsprechenden Benützung von Betriebseinrichtungen und Betriebsmitteln;

6a. Maßnahmen zur Verhinderung, Beseitigung, Milderung oder zum Ausgleich von Belastungen der Arbeitnehmer durch Arbeiten im Sinne des Art. VII des Nachtschwerarbeitsgesetzes (NSchG), BGBl. Nr. 354/1981, einschließlich der Verhütung von Unfällen und Berufskrankheiten;

7. Richtlinien für die Vergabe von Werkwohnungen;
8. Maßnahmen und Einrichtungen zur Verhütung von Unfällen und Berufskrankheiten sowie Maßnahmen zum Schutz der Gesundheit der Arbeitnehmer;
9. Maßnahmen zur menschengerechten Arbeitsgestaltung;
10. Grundsätze betreffend den Verbrauch des Erholungsurlaubes;
11. Entgeltfortzahlungsansprüche für den zur Teilnahme an Betriebs(Gruppen-, Betriebshaupt)versammlungen erforderlichen Zeitraum und damit im Zusammenhang stehende Fahrtkostenvergütungen;
12. Erstattung von Auslagen und Aufwendungen sowie Regelung von Aufwandsentschädigungen;
13. Anordnung der vorübergehenden Verkürzung oder Verlängerung der Arbeitszeit;
14. betriebliches Vorschlagswesen;
15. Gewährung von Zuwendungen aus besonderen betrieblichen Anlässen;
16. Systeme der Gewinnbeteiligung sowie die Einführung von leistungs- und erfolgsbezogenen Prämien und Entgelten nicht nur für einzelne Arbeitnehmer, soweit diese Prämien und Entgelte nicht unter § 96 Abs. 1 Z 4 fallen;

(BGBl I 2010/101)

17. Maßnahmen zur Sicherung der von den Arbeitnehmern eingebrachten Gegenstände;
18. betriebliche Pensions- und Ruhegeldleistungen, ausgenommen jene nach Z 18 a;

18a. Errichtung von und Beitritt zu Pensionskassen, Verpflichtungen des Arbeitgebers und Rechte der Anwartschafts- und Leistungsbe-

ArbVG

rechtigten, die sich daraus ergeben, Art und Weise der Zahlung und Grundsätze über die Höhe jener Beiträge, zu deren Entrichtung sich der Arbeitnehmer verpflichtet, Mitwirkung der Anwartschafts- und Leistungsberechtigten an der Verwaltung von Pensionskassen, Auflösung von und Austritt aus Pensionskassen und die sich daraus ergebenden Rechtsfolgen;

18b. Abschluss einer betrieblichen Kollektivversicherung, Verpflichtungen des Arbeitgebers und Rechte der Versicherten, die sich daraus ergeben, Art und Weise der Zahlung und Grundsätze über die Höhe jener Prämien, zu deren Entrichtung sich der Arbeitnehmer verpflichtet, Mitwirkung der Versicherten, Beendigung des Versicherungsvertrages und die sich daraus ergebenden Rechtsfolgen;

(BGBl I 2005/8)

19. Art und Umfang der Mitwirkung des Betriebsrates an der Planung und Durchführung von Maßnahmen der betrieblichen Berufsausbildung und betrieblicher Schulungs- und Bildungseinrichtungen sowie die Errichtung, Ausgestaltung und Auflösung von betriebs- und unternehmenseigenen Schulungs-, Bildungs- und Wohlfahrtseinrichtungen;

20. betriebliches Beschwerdewesen;

21. Rechtsstellung der Arbeitnehmer bei Krankheit und Unfall;

22. Kündigungsfristen und Gründe zur vorzeitigen Beendigung des Arbeitsverhältnisses;

23. Feststellung der maßgeblichen wirtschaftlichen Bedeutung eines fachlichen Wirtschaftsbereiches für den Betrieb im Sinne des § 9 Abs. 3;

23a. Festlegung des Beginns und Verlängerung der Frist für die vorübergehende Beibehaltung des Zuständigkeitsbereiches (§ 62b);

24. Maßnahmen im Sinne der §§ 96 Abs. 1 und 96a Abs. 1;

25. Maßnahmen der betrieblichen Frauenförderung (Frauenförderpläne) sowie Maßnahmen zur besseren Vereinbarkeit von Betreuungspflichten und Beruf;

(BGBl I 2002/100)

26. Festlegung von Rahmenbedingungen für die in § 47 Abs. 3 BMVG vorgesehene Übertrittsmöglichkeit in das Abfertigungsrecht nach dem BMVG.

(BGBl I 2002/100)

(BGBl 1981/354, BGBl 1986/394, BGBl 1988/196, BGBl 1990/282, BGBl 1990/411, BGBl 1992/473, BGBl 1992/833, BGBl I 1998/69)

(2) Kommt in den in Abs. 1 Z 1 bis 6 und 6a bezeichneten Angelegenheiten zwischen Betriebsinhaber und Betriebsrat über den Abschluß, die Abänderung oder Aufhebung einer solchen Betriebsvereinbarung eine Einigung nicht zustande, so entscheidet – insoweit eine Regelung durch Kollektivvertrag oder Satzung nicht vorliegt – auf Antrag eines der Streitteile die Schlichtungsstelle.

(3) In Betrieben, in denen dauernd nicht mehr als 50 Arbeitnehmer beschäftigt werden, ist die Bestimmung des Abs. 1 Z 7, in Betrieben, in denen dauernd weniger als 20 Arbeitnehmer beschäftigt werden, auch die Bestimmung des Abs. 1 Z 4 nicht anzuwenden.

(4) Die Kündigung von Betriebsvereinbarungen gemäß Abs. 1 Z 18a oder 18b ist nur hinsichtlich jener Arbeitsverhältnisse wirksam, die nach dem Kündigungstermin begründet werden.

(BGBl 1990/282, BGBl I 2005/8)

Abschnitt 3
Mitwirkung in personellen Angelegenheiten

Personelles Informationsrecht

§ 98. Der Betriebsinhaber hat den Betriebsrat über den künftigen Bedarf an Arbeitnehmern und die im Zusammenhang damit in Aussicht genommenen personellen Maßnahmen rechtzeitig zu unterrichten.

Mitwirkung bei der Einstellung von Arbeitnehmern

§ 99. (1) Der Betriebsrat kann dem Betriebsinhaber jederzeit die Ausschreibung eines zu besetzenden Arbeitsplatzes vorschlagen.

(2) Sobald dem Betriebsinhaber die Zahl der aufzunehmenden Arbeitnehmer, deren geplante Verwendung und die in Aussicht genommenen Arbeitsplätze bekannt sind, hat er den Betriebsrat jener Gruppe, welcher die Einzustellenden angehören würden, darüber zu informieren.

(3) Hat der Betriebsrat im Zusammenhang mit der Information nach Abs. 2 eine besondere Information (Beratung) über einzelne Einstellungen verlangt, hat der Betriebsinhaber eine besondere Information (Beratung) vor der Einstellung durchzuführen. Das gleiche gilt, wenn eine Information nach Abs. 2 nicht stattgefunden hat. Wenn bei Durchführung einer Beratung die Entscheidung über die Einstellung nicht rechtzeitig erfolgen könnte, ist die Beratung nach erfolgter Einstellung durchzuführen.

(4) Jede erfolgte Einstellung eines Arbeitnehmers ist dem Betriebsrat unverzüglich mitzuteilen. Diese Mitteilung hat Angaben über die vorgesehene Verwendung und Einstufung des Arbeitnehmers, den Lohn oder Gehalt sowie eine allfällige vereinbarte Probezeit oder Befristung des Arbeitsverhältnisses zu enthalten.

(BGBl 1986/394)

(5) Der Betriebsrat ist vor der beabsichtigten Aufnahme der Beschäftigung von überlassenen Arbeitskräften zu informieren; auf Verlangen ist eine Beratung durchzuführen. Von der Aufnahme einer solchen Beschäftigung ist der Betriebsrat unverzüglich in Kenntnis zu setzen. Auf Verlangen ist ihm mitzuteilen, welche Vereinbarungen hinsichtlich des zeitlichen Arbeitseinsatzes der überlassenen Arbeitskräfte und hinsichtlich der Vergü-

tung für die Überlassung mit dem Überlasser getroffen wurden. Die §§ 89 bis 92b sind sinngemäß anzuwenden.

(BGBl 1988/196, BGBl I 2012/98)

Mitwirkung bei der Festsetzung von Leistungsentgelten im Einzelfall

§ 100. Entgelte der in § 96 Abs. 1 Z 4 bezeichneten Art für einzelne Arbeitnehmer oder einzelne Arbeiten, die generell nicht vereinbart werden können, bedürfen, wenn zwischen Betriebsinhaber und Arbeitnehmer eine Einigung nicht zustande kommt, zu ihrer rechtswirksamen Festsetzung der Zustimmung des Betriebsrates.

Mitwirkung bei Versetzungen

§ 101. Die dauernde Einreihung eines Arbeitnehmers auf einen anderen Arbeitsplatz ist dem Betriebsrat unverzüglich mitzuteilen; auf Verlangen ist darüber zu beraten. Eine dauernde Einreihung liegt nicht vor, wenn sie für einen Zeitraum von voraussichtlich weniger als 13 Wochen erfolgt. Ist mit der Einreihung auf einen anderen Arbeitsplatz eine Verschlechterung der Entgelt- oder sonstigen Arbeitsbedingungen verbunden, so bedarf sie zu ihrer Rechtswirksamkeit der Zustimmung des Betriebsrates. Erteilt der Betriebsrat die Zustimmung nicht, so kann sie durch Urteil des Gerichts ersetzt werden. Das Gericht hat die Zustimmung zu erteilen, wenn die Versetzung sachlich gerechtfertigt ist.

(BGBl 1986/394)

Mitwirkung bei Verhängung von Disziplinarmaßnahmen

§ 102. Der Betriebsrat hat an der Aufrechterhaltung der Disziplin im Betrieb mitzuwirken. Die Verhängung von Disziplinarmaßnahmen im Einzelfall ist nur zulässig, wenn sie in einem Kollektivvertrag oder in einer Betriebsvereinbarung (§ 96 Abs. 1 Z 1) vorgesehen ist; sie bedarf, sofern darüber nicht eine mit Zustimmung des Betriebsrates eingerichtete Stelle entscheidet, der Zustimmung des Betriebsrates.

Mitwirkung bei der Vergabe von Werkwohnungen

§ 103. Der Betriebsinhaber hat die beabsichtigte Vergabe einer Werkwohnung an einen Arbeitnehmer dem Betriebsrat ehestmöglich mitzuteilen und über Verlangen des Betriebsrates mit diesem zu beraten.

Mitwirkung bei Beförderungen

§ 104. (1) Der Betriebsinhaber hat die beabsichtigte Beförderung eines Arbeitnehmers dem Betriebsrat ehestmöglich mitzuteilen und über Verlangen des Betriebsrates mit diesem zu beraten. Während dieser Beratungen ist eine ihrem Zweck angemessene Vertraulichkeit zu wahren.

(2) Unter Beförderung im Sinne des Abs. 1 ist jede Anhebung der Verwendung im Betrieb zu verstehen, die mit einer Höherreihung im Entlohnungsschema oder ansonsten mit einer Erhöhung des Entgeltes verbunden ist.

Mitwirkung bei einvernehmlichen Lösungen

§ 104a. (1) Verlangt der Arbeitnehmer vor der Vereinbarung einer einvernehmlichen Auflösung des Arbeitsverhältnisses gegenüber dem Betriebsinhaber nachweislich, sich mit dem Betriebsrat zu beraten, so kann innerhalb von zwei Arbeitstagen nach diesem Verlangen eine einvernehmliche Lösung rechtswirksam nicht vereinbart werden.

(2) Die Rechtsunwirksamkeit einer entgegen Abs. 1 getroffenen Vereinbarung ist innerhalb einer Woche nach Ablauf der Frist gemäß Abs. 1 schriftlich geltend zu machen. Eine gerichtliche Geltendmachung hat innerhalb von drei Monaten nach Ablauf der Frist gemäß Abs. 1 zu erfolgen.

(BGBl 1986/394)

Anfechtung von Kündigungen

§ 105. (1) Der Betriebsinhaber hat vor jeder Kündigung eines Arbeitnehmers den Betriebsrat zu verständigen, der innerhalb einer Woche hierzu Stellung nehmen kann.

(2) Der Betriebsinhaber hat auf Verlangen des Betriebsrates mit diesem innerhalb der Frist zur Stellungnahme über die Kündigung zu beraten. Eine vor Ablauf dieser Frist ausgesprochene Kündigung ist rechtsunwirksam, es sei denn, dass der Betriebsrat eine Stellungnahme bereits abgegeben hat.

(3) Die Kündigung kann beim Gericht angefochten werden, wenn

1. die Kündigung
   a) wegen des Beitrittes oder der Mitgliedschaft des Arbeitnehmers zu Gewerkschaften;
   b) wegen seiner Tätigkeit in Gewerkschaften;
   c) wegen Einberufung der Betriebsversammlung durch den Arbeitnehmer;
   d) wegen seiner Tätigkeit als Mitglied des Wahlvorstandes, einer Wahlkommission oder als Wahlzeuge;
   e) wegen seiner Bewerbung um eine Mitgliedschaft zum Betriebsrat oder wegen einer früheren Tätigkeit im Betriebsrat;
   f) wegen seiner Tätigkeit als Mitglied der Schlichtungsstelle;
   g) wegen seiner Tätigkeit als Sicherheitsvertrauensperson, Sicherheitsfachkraft oder Arbeitsmediziner oder als Fach- oder Hilfspersonal von Sicherheitsfachkräften oder Arbeitsmedizinern;
   h) wegen der bevorstehenden Einberufung des Arbeitnehmers zum Präsenz- oder Ausbildungsdienst oder Zuweisung zum Zivildienst (§ 12 Arbeitsplatzsicherungsgesetz 1991, BGBl. Nr. 683);
   i) wegen der offenbar nicht unberechtigten Geltendmachung vom Arbeitgeber

in Frage gestellter Ansprüche aus dem Arbeitsverhältnis durch den Arbeitnehmer;
j) wegen seiner Tätigkeit als Sprecher gemäß § 177 Abs. 1

erfolgt ist oder

2. die Kündigung sozial ungerechtfertigt und der gekündigte Arbeitnehmer bereits sechs Monate im Betrieb oder Unternehmen, dem der Betrieb angehört, beschäftigt ist. Sozial ungerechtfertigt ist eine Kündigung, die wesentliche Interessen des Arbeitnehmers beeinträchtigt, es sei denn, der Betriebsinhaber erbringt den Nachweis, dass die Kündigung
a) durch Umstände, die in der Person des Arbeitnehmers gelegen sind und die betrieblichen Interessen nachteilig berühren oder
b) durch betriebliche Erfordernisse, die einer Weiterbeschäftigung des Arbeitnehmers entgegenstehen,

begründet ist.

(3a) Umstände gemäß Abs. 3 Z 2 lit. a, die ihre Ursache in einer langjährigen Beschäftigung als Nachtschwerarbeiter (Art. VII NSchG) haben, dürfen zur Rechtfertigung der Kündigung nicht herangezogen werden, wenn der Arbeitnehmer ohne erheblichen Schaden für den Betrieb weiter beschäftigt werden kann.

(3b) Umstände gemäß Abs. 3 Z 2 lit. a, die ihre Ursache in einem höheren Lebensalter eines Arbeitnehmers haben, der im Betrieb oder Unternehmen, dem der Betrieb angehört, langjährig beschäftigt ist, dürfen zur Rechtfertigung der Kündigung des älteren Arbeitnehmers nur dann herangezogen werden, wenn durch die Weiterbeschäftigung betriebliche Interessen erheblich nachteilig berührt werden. Bei älteren Arbeitnehmern sind sowohl bei der Prüfung, ob eine Kündigung sozial ungerechtfertigt ist, als auch beim Vergleich sozialer Gesichtspunkte der Umstand einer vieljährigen ununterbrochenen Beschäftigungszeit im Betrieb oder Unternehmen, dem der Betrieb angehört, sowie die wegen des höheren Lebensalters zu erwartenden Schwierigkeiten bei der Wiedereingliederung in den Arbeitsprozess besonders zu berücksichtigen. „Dies gilt nicht für Arbeitnehmer, die zum Zeitpunkt ihrer Einstellung das 50. Lebensjahr vollendet haben.“

(BGBl I 2017/37)

(3c) Hat der Betriebsrat gegen eine Kündigung gemäß Abs. 3 Z 2 lit. b ausdrücklich Widerspruch erhoben, so ist die Kündigung des Arbeitnehmers sozial ungerechtfertigt, wenn ein Vergleich sozialer Gesichtspunkte für den Gekündigten eine größere soziale Härte als für andere Arbeitnehmer des gleichen Betriebes und derselben Tätigkeitssparte, deren Arbeit der Gekündigte zu leisten fähig und willens ist, ergibt.

(4) Der Betriebsinhaber hat den Betriebsrat vom Ausspruch der Kündigung zu verständigen. Der Betriebsrat kann auf Verlangen des gekündigten Arbeitnehmers binnen einer Woche nach Verständigung vom Ausspruch der Kündigung diese beim Gericht anfechten, wenn er der Kündigungsabsicht ausdrücklich widersprochen hat. Kommt der Betriebsrat dem Verlangen des Arbeitnehmers nicht nach, so kann dieser innerhalb von zwei Wochen nach Ablauf der für den Betriebsrat geltenden Frist die Kündigung selbst beim Gericht anfechten. Hat der Betriebsrat innerhalb der Frist des Abs. 1 keine Stellungnahme abgegeben, so kann der Arbeitnehmer innerhalb von zwei Wochen nach Zugang der Kündigung diese beim Gericht selbst anfechten; in diesem Fall ist ein Vergleich sozialer Gesichtspunkte im Sinne des Abs. 3c nicht vorzunehmen. Nimmt der Betriebsrat die Anfechtungsklage ohne Zustimmung des gekündigten Arbeitnehmers zurück, so tritt die Wirkung der Klagsrücknahme erst ein, wenn der vom Gericht hiervon verständigte Arbeitnehmer nicht innerhalb von 14 Tagen ab Verständigung in den Rechtsstreit eintritt. Hat der Betriebsrat der beabsichtigten Kündigung innerhalb der in Abs. 1 genannten Frist ausdrücklich zugestimmt, so kann der Arbeitnehmer innerhalb von zwei Wochen nach Zugang der Kündigung diese beim Gericht anfechten, soweit Abs. 6 nicht anderes bestimmt.

(4a) Bringt der Arbeitnehmer die Anfechtungsklage innerhalb offener Frist bei einem örtlich unzuständigen Gericht ein, so gilt die Klage damit als rechtzeitig eingebracht.

(5) Insoweit sich der Kläger im Zuge des Verfahrens auf einen Anfechtungsgrund im Sinne des Abs. 3 Z 1 beruft, hat er diesen glaubhaft zu machen. Die Anfechtungsklage ist abzuweisen, wenn bei Abwägung aller Umstände eine höhere Wahrscheinlichkeit dafür spricht, dass ein anderes vom Arbeitgeber glaubhaft gemachtes Motiv für die Kündigung ausschlaggebend war.

(6) Hat der Betriebsrat der beabsichtigten Kündigung innerhalb der in Abs. 1 genannten Frist ausdrücklich zugestimmt, so kann die Kündigung gemäß Abs. 3 Z 2 nicht angefochten werden.

(7) Gibt das Gericht der Anfechtungsklage statt, so ist die Kündigung rechtsunwirksam.

(BGBl I 2010/101)

Anfechtung von Entlassungen

§ 106. (1) Der Betriebsinhaber hat den Betriebsrat von jeder Entlassung eines Arbeitnehmers unverzüglich zu verständigen und innerhalb von drei Arbeitstagen nach erfolgter Verständigung auf Verlangen des Betriebsrates mit diesem die Entlassung zu beraten.

(2) Die Entlassung kann beim Gericht angefochten werden, wenn ein Anfechtungsgrund im Sinne des § 105 Abs. 3 vorliegt und der betreffende Arbeitnehmer keinen Entlassungsgrund gesetzt hat. Die Entlassung kann nicht angefochten werden, wenn ein Anfechtungsgrund im Sinne des § 105 Abs. 3 Z 2 vorliegt und der Betriebsrat der Entlassung innerhalb der in Abs. 1 genannten Frist

ausdrücklich zugestimmt hat. § 105 Abs. 4 bis 7 ist sinngemäß anzuwenden.

(BGBl 1990/411)

Anfechtung durch den Arbeitnehmer

§ 107. In Betrieben, in denen Betriebsräte zu errichten sind, solche aber nicht bestehen, kann der betroffene Arbeitnehmer binnen zwei Wochen nach Zugang der Kündigung oder der Entlassung diese beim Gericht anfechten. § 105 Abs. 4a ist anzuwenden.

(BGBl I 2010/101)

Abschnitt 4
Mitwirkung in wirtschaftlichen Angelegenheiten

Wirtschaftliche Informations-, Interventions- und Beratungsrechte

§ 108. (1) Der Betriebsinhaber hat den Betriebsrat über die wirtschaftliche Lage einschließlich der finanziellen Lage des Betriebes sowie über deren voraussichtliche Entwicklung, über die Art und den Umfang der Erzeugung, den Auftragsstand, den mengen- und wertmäßigen Absatz, die Investitionsvorhaben sowie über sonstige geplante Maßnahmen zur Hebung der Wirtschaftlichkeit des Betriebes zu informieren; auf Verlangen des Betriebsrates ist mit ihm über diese Information zu beraten. Der Betriebsrat ist berufen, insbesondere im Zusammenhang mit der Erstellung von Wirtschaftsplänen (Erzeugungs-, Investitions-, Absatz-, Personal- und anderen Plänen) dem Betriebsinhaber Anregungen und Vorschläge zu erstatten, mit dem Ziele, zum allgemeinen wirtschaftlichen Nutzen und im Interesse des Betriebes und der Arbeitnehmer die Wirtschaftlichkeit und Leistungsfähigkeit des Betriebes zu fördern. Dem Betriebsrat sind auf Verlangen die erforderlichen Unterlagen zur Verfügung zu stellen. Der Betriebsinhaber hat den Betriebsrat von der schriftlichen Anzeige gemäß § 45a Arbeitsmarktförderungsgesetz, BGBl. Nr. 31/1969, in der jeweils geltenden Fassung, an das zuständige Arbeitsamt unverzüglich in Kenntnis zu setzen.

(BGBl 1993/460)

(2) In Konzernen im Sinne des § 15 des Aktiengesetzes 1965 bzw. des § 115 des Gesetzes über Gesellschaften mit beschränkter Haftung hat der Betriebsinhaber dem Betriebsrat auch über alle geplanten und in Durchführung begriffenen Maßnahmen seitens des herrschenden Unternehmens bzw. gegenüber den abhängigen Unternehmen, sofern es sich um Betriebsänderungen oder ähnlich wichtige Angelegenheiten, die erhebliche Auswirkungen auf die Arbeitnehmer des Betriebes haben, handelt, auf Verlangen des Betriebsrates Aufschluß zu geben und mit ihm darüber zu beraten.

(2a) Die Informations- und Beratungspflicht des Betriebsinhabers gemäß Abs. 1 und 2 gilt insbesondere auch für die Fälle des Überganges, der rechtlichen Verselbständigung, des Zusammenschlusses oder der Aufnahme von Betrieben oder Betriebsteilen. Die Information hat zu einem Zeitpunkt, in einer Weise und in einer inhaltlichen Ausgestaltung zu erfolgen, die dem Zweck angemessen sind und es dem Betriebsrat ermöglichen, die möglichen Auswirkungen der geplanten Maßnahme eingehend zu bewerten und eine Stellungnahme zu der geplanten Maßnahme abzugeben; auf Verlangen des Betriebsrates hat der Betriebsinhaber mit ihm eine Beratung über die geplante Maßnahme durchzuführen. Insbesondere hat die Information

1. den Grund für diese Maßnahme;
2. die sich daraus ergebenden rechtlichen, wirtschaftlichen und sozialen Folgen für die Arbeitnehmer;
3. die hinsichtlich der Arbeitnehmer in Aussicht genommenen Maßnahmen

zu umfassen.

(BGBl 1993/460, BGBl I 2010/101)

(3) In Handelsbetrieben, Banken und Versicherungsunternehmen, in denen dauernd mindestens 30 Arbeitnehmer beschäftigt sind, in sonstigen Betrieben, in denen dauernd mindestens 70 Arbeitnehmer beschäftigt sind, sowie in Industrie- und Bergbaubetrieben hat der Betriebsinhaber dem Betriebsrat jährlich, spätestens einen Monat nach der Erstellung eine Abschrift des Jahresabschlusses und des Anhangs mit Ausnahme der Angaben des § 239 Abs. 1 Z 2 bis 4 Unternehmensgesetzbuch (UGB) für das vergangene Geschäftsjahr zu übermitteln. Geschieht dies nicht innerhalb von sechs Monaten nach dem Ende des Geschäftsjahres, so ist dem Betriebsrat durch Vorlage eines Zwischenabschlusses oder anderer geeigneter Unterlagen vorläufig Aufschluß über die wirtschaftliche und finanzielle Lage des Betriebes zu geben. Dem Betriebsrat sind die erforderlichen Erläuterungen und Aufklärungen zu geben.

(BGBl 1990/408, BGBl I 2006/104)

(4) Ist im Konzern nach den §§ 244 ff. UGB, ein Konzernabschluß zu erstellen, so ist der Konzernabschluß samt Konzernanhang einschließlich der erforderlichen Erläuterungen und Aufklärungen spätestens einen Monat nach der Erstellung dem Betriebsrat zu übermitteln.

(BGBl 1993/460, BGBl I 2006/104)

Mitwirkung bei Betriebsänderungen

§ 109. (1) Der Betriebsinhaber ist verpflichtet, den Betriebsrat von geplanten Betriebsänderungen zu einem Zeitpunkt, in einer Weise und in einer inhaltlichen Ausgestaltung zu informieren, die es dem Betriebsrat ermöglichen, die möglichen Auswirkungen der geplanten Maßnahme eingehend zu bewerten und eine Stellungnahme zu der geplanten Maßnahme abzugeben; auf Verlangen des Betriebsrates hat der Betriebsinhaber mit ihm eine Beratung über deren Gestaltung durchzuführen. Als Betriebsänderungen gelten insbesondere

1. die Einschränkung oder Stillegung des ganzen Betriebes oder von Betriebsteilen;

1a. die Auflösung von Arbeitsverhältnissen, die eine Meldepflicht nach § 45a Abs. 1 Z 1 bis 3

Arbeitsmarktförderungsgesetz, BGBl. Nr. 31/1969, in der jeweils geltenden Fassung, auslöst;

(BGBl 1993/460)

2. die Verlegung des ganzen Betriebes oder von Betriebsteilen;
3. der Zusammenschluß mit anderen Betrieben;
4. Änderungen des Betriebszwecks, der Betriebsanlagen, der Arbeits- und Betriebsorganisation sowie der Filialorganisation;
5. die Einführung neuer Arbeitsmethoden;
6. die Einführung von Rationalisierungs- und Automatisierungsmaßnahmen von erheblicher Bedeutung;
7. Änderungen der Rechtsform oder der Eigentumsverhältnisse an dem Betrieb.

(BGBl 1986/394)

(BGBl 1986/394, BGBl I 2010/101)

(1a) Im Falle einer geplanten Betriebsänderung nach Abs. 1 Z 1a hat die Information nach Abs. 1 erster Satz jedenfalls zu umfassen

1. die Gründe für die Maßnahme,
2. die Zahl und die Verwendung der voraussichtlich betroffenen Arbeitnehmer, deren Qualifikation und Beschäftigungsdauer sowie die Kriterien für die Auswahl dieser Arbeitnehmer,
3. die Zahl und die Verwendung der regelmäßig beschäftigten Arbeitnehmer,
4. den Zeitraum, in dem die geplante Maßnahme verwirklicht werden soll,
5. allfällige zur Vermeidung nachteiliger Folgen für die betroffenen Arbeitnehmer geplante Begleitmaßnahmen.

Die Information nach Z 1 bis 4 hat schriftlich zu erfolgen. Die Informations- und Beratungspflicht trifft den Betriebsinhaber auch dann, wenn die geplante Maßnahme von einem herrschenden Unternehmen veranlaßt wird. Unbeschadet des § 92 Abs. 2 kann der Betriebsrat der Beratung Sachverständige beiziehen.

(BGBl 1993/460)

(2) Der Betriebsrat kann Vorschläge zur Verhinderung, Beseitigung oder Milderung von für die Arbeitnehmer nachteiligen Folgen von Maßnahmen gemäß Abs. 1 erstatten; hiebei hat der Betriebsrat auch auf die wirtschaftlichen Notwendigkeiten des Betriebes Bedacht zu nehmen.

(3) Bringt eine Betriebsänderung im Sinne des Abs. 1 Z 1 bis 6 wesentliche Nachteile für alle oder erhebliche Teile der Arbeitnehmerschaft mit sich, so können in Betrieben, in denen dauernd mindestens 20 Arbeitnehmer beschäftigt sind, Maßnahmen zur Verhinderung, Beseitigung oder Milderung dieser Folgen durch Betriebsvereinbarung geregelt werden. Sind mit einer solchen Betriebsänderung Kündigungen von Arbeitnehmern verbunden, so soll die Betriebsvereinbarung auf die Interessen von älteren Arbeitnehmern besonders Bedacht nehmen. Kommt zwischen Betriebsinhaber und Betriebsrat über den Abschluß, die Abänderung oder Aufhebung einer solchen Betriebsvereinbarung eine Einigung nicht zustande, so entscheidet – insoweit eine Regelung durch Kollektivvertrag oder Satzung nicht vorliegt – auf Antrag eines der Streitteile die Schlichtungsstelle. Bei der Entscheidung der Schlichtungsstelle ist eine allfällige verspätete oder mangelhafte Information des Betriebsrates (Abs. 1) bei der Festsetzung der Maßnahmen zugunsten der Arbeitnehmer in der Weise zu berücksichtigen, daß Nachteile, die die Arbeitnehmer durch die verspätete oder mangelhafte Information erleiden, zusätzlich abzugelten sind.

(BGBl 1993/460, BGBl 1993/502)

Mitwirkung im Aufsichtsrat

„**§ 110.** (1) In Unternehmen, die in der Rechtsform einer Aktiengesellschaft geführt werden, entsendet der Zentralbetriebsrat oder, sofern nur ein Betrieb besteht, der Betriebsrat aus dem Kreise der Betriebsratsmitglieder, denen das aktive Wahlrecht zum Betriebsrat zusteht, für je zwei nach dem Aktiengesetz 1965, BGBl. Nr. 98/1965, oder der Satzung zu bestellende Aufsichtsratsmitglieder einen Arbeitnehmervertreter in den Aufsichtsrat. Ist die Zahl der nach dem Aktiengesetz 1965 oder der Satzung zu bestellenden Aufsichtsratsmitglieder eine ungerade, ist ein weiterer Arbeitnehmervertreter zu entsenden.[a] “

(BGBl I 2017/104)

[a] Siehe § 264 Abs. 32.

(2) Die Mitglieder des Zentralbetriebsrates (Betriebsrates), die auf dem Vorschlag einer wahlwerbenden Gruppe gewählt wurden, haben das Recht, durch Mehrheitsbeschluß Arbeitnehmervertreter für die Entsendung in den Aufsichtsrat zu nominieren, sowie ihre Abberufung zu verlangen. Dieses Recht steht für so viele Arbeitnehmervertreter zu, wie es dem Verhältnis der Zahl der vorschlagsberechtigten Personen zur Gesamtzahl der Mitglieder des Zentralbetriebsrates (Betriebsrates) entspricht. Listenkoppelung ist zulässig. Bei Erstellung der Nominierungsvorschläge soll auf eine angemessene Vertretung der Gruppe der Arbeiter und Angestellten und der einzelnen Betriebe des Unternehmens Bedacht genommen werden. Der Zentralbetriebsrat (Betriebsrat) ist bei Entsendung und Abberufung der Arbeitnehmervertreter an die Vorschläge der zur Nominierung berechtigten Mitglieder gebunden. Soweit vom Vorschlagsrecht nicht innerhalb von drei Monaten Gebrauch gemacht wird, entsendet der Zentralbetriebsrat (Betriebsrat) die restlichen Arbeitnehmervertreter durch Mehrheitsbeschluß in den Aufsichtsrat.

„(2a)[a] In börsenotierten Unternehmen sowie in Unternehmen, in denen dauernd mehr als 1 000 Arbeitnehmer beschäftigt sind, gilt Abs. 1 mit der Maßgabe, dass unter den in den Aufsichtsrat entsandten Arbeitnehmervertretern jedes der beiden Geschlechter im Ausmaß von mindestens 30 Prozent vertreten sein muss, sofern mindestens drei Arbeitnehmervertreter in den Aufsichtsrat zu entsenden sind und die Belegschaft zu mindestens 20 Prozent aus Arbeitnehmerinnen bzw. Arbeitnehmern besteht.

(2b)[a)] In Unternehmen gemäß Abs. 2a ist das Nominierungsrecht gemäß Abs. 2 in der Weise auszuüben, dass dadurch die Entsendung beider Geschlechter im Ausmaß von jeweils mindestens 30 Prozent gewährleistet ist. Wenn die wahlwerbenden Gruppen von ihrem Vorschlagsrecht nicht in dieser Weise Gebrauch machen, bleiben jene Sitze, die zunächst zu besetzen sind und aus denen die Nichterreichung des Mindestanteils von 30 Prozent Arbeitnehmerinnen bzw. Arbeitnehmern im Aufsichtsrat folgt, bis zur Erstattung eines gesetzmäßigen Vorschlages unbesetzt; es sei denn, der Mindestanteil ist gemäß § 86 Abs. 9 AktG erfüllt (Gesamtbetrachtung). Eine Nachnominierung auf die frei bleibenden Sitze zur Erfüllung des Mindestanteils ist jederzeit möglich.

(2c)[a)] Bei der Berechnung des Mindestanteilsgebots ist auf volle Personenzahlen zu runden; aufzurunden ist, wenn der errechnete Mindestanteil eine Dezimalstelle von zumindest fünf aufweist.

(2d)[a)] In Unternehmen gemäß Abs. 2a kann die Nominierung von Arbeitnehmervertretern für die Entsendung in den Aufsichtsrat abweichend von dem Verfahren gemäß Abs. 2 erfolgen, sofern der Zentralbetriebsrat (Betriebsrat) einen entsprechenden einvernehmlichen Beschluss fasst und dabei der Mindestanteil der zu entsendenden Arbeitnehmerinnen bzw. Arbeitnehmer gemäß Abs. 2a gewahrt bleibt."

[a)] Siehe § 264 Abs. 32.

(BGBl I 2017/104)

(3) Die Arbeitnehmervertreter im Aufsichtsrat üben ihre Funktion ehrenamtlich aus; sie haben Anspruch auf Ersatz der angemessenen Barauslagen. Auf sie finden die Bestimmungen der §§ 86 Abs. 1, 87, 90 Abs. 1 zweiter Satz und Abs. 2 und 98 des Aktiengesetzes 1965, BGBl. Nr. 98/1965, keine Anwendung. § 95 Abs. 2 erster Satz Aktiengesetz 1965 findet mit der Maßgabe Anwendung, daß auch zwei Arbeitnehmervertreter im Aufsichtsrat jederzeit vom Vorstand einen Bericht über die Angelegenheiten der Gesellschaft einschließlich ihrer Beziehungen zu Konzernunternehmen verlangen können. Ein Beschluß des Aufsichtsrates über die Bestellung und Abberufung von Mitgliedern des Vorstandes bedarf, abgesehen von den allgemeinen Beschlußerfordernissen des Aktiengesetzes, zu seiner Wirksamkeit der Zustimmung der Mehrheit der nach dem Aktiengesetz 1965 oder der Satzung bestellten Mitglieder. Das gleiche gilt für die Wahl des Aufsichtsratsvorsitzenden und seines ersten Stellvertreters. Im übrigen haben die Arbeitnehmervertreter im Aufsichtsrat gleiche Rechte und Pflichten wie nach dem Aktiengesetz 1965 oder der Satzung bestellte Aufsichtsratsmitglieder. Ihre Mitgliedschaft endet mit der Mitgliedschaft zum Betriebsrat oder mit der Abberufung durch die entsendende Stelle. Die Arbeitnehmervertreter im Aufsichtsrat sind vom Zentralbetriebsrat abzuberufen und neu zu entsenden, wenn sich die Zahl der von der Hauptversammlung gewählten Aufsichtsratsmitglieder ändert.

(4) Die Arbeitnehmervertreter im Aufsichtsrat haben das Recht, für Ausschüsse des Aufsichtsrates Mitglieder mit Sitz und Stimme nach dem in Abs. 1 festgelegten Verhältnis namhaft zu machen. Dies gilt nicht für Ausschüsse, die die Beziehungen zwischen der Gesellschaft und Mitgliedern des Vorstandes behandeln.

(BGBl 1986/394)

(5) Die Abs. 1 bis 4 über die Vertretung der Arbeitnehmer im Aufsichtsrat von Aktiengesellschaften sind sinngemäß anzuwenden auf:

1. Gesellschaften mit beschränkter Haftung,
2. Versicherungsvereine auf Gegenseitigkeit,
3. die Österreichische Postsparkasse,
4. Genossenschaften, die dauernd mindestens 10 Arbeitnehmer beschäftigen, sowie
5. Sparkassen im Sinne des Sparkassengesetzes, BGBl. Nr. 64/1979, in der jeweils geltenden Fassung.

(BGBl 1990/411)

(6) An der Entsendung von Arbeitnehmervertretern in den Aufsichtsrat einer Aktiengesellschaft (Gesellschaft mit beschränkter Haftung, Genossenschaft), die

1. Aktiengesellschaften,
2. aufsichtsratspflichtige Gesellschaften mit beschränkter Haftung,
3. Gesellschaften mit beschränkter Haftung im Sinne des § 29 Abs. 2 Z 1 GmbHG,
4. aufsichtsratspflichtige Genossenschaften,
5. Europäische Gesellschaften,
6. Europäische Genossenschaften

einheitlich leitet (§ 15 Abs. 1 Aktiengesetz 1965) oder auf Grund einer unmittelbaren Beteiligung von mehr als 50 Prozent beherrscht, nehmen der Zentralbetriebsrat (Betriebsrat) des herrschenden Unternehmens und die Gesamtheit der Mitglieder aller in den beherrschten Unternehmen (Z 1 bis 4) bestellten Betriebsräte teil, sofern das herrschende Unternehmen höchstens halb so viele Arbeitnehmer beschäftigt als alle beherrschten Unternehmen zusammen. „Der Zentralbetriebsrat (Betriebsrat) des herrschenden Unternehmens entsendet unter sinngemäßer Anwendung der Abs. 2a bis 2d so viele Arbeitnehmervertreter, als dem Verhältnis der Zahl der im herrschenden Unternehmen beschäftigten Arbeitnehmer zur Zahl der in den beherrschten Unternehmen beschäftigten Arbeitnehmer entspricht, mindestens jedoch einen Arbeitnehmervertreter."[a)] Dieses Recht des Zentralbetriebsrates (Betriebsrates) des herrschenden Unternehmens, unabhängig vom Verhältnis der Zahl der im herrschenden Unternehmen beschäftigten Arbeitnehmer zur Zahl der in den beherrschten Unternehmen beschäftigten Arbeitnehmer einen Arbeitnehmervertreter zu entsenden, entfällt,

ArbVG

wenn sich die Tätigkeit des herrschenden Unternehmens auf die Verwaltung von Unternehmensanteilen der beherrschten Unternehmen beschränkt. Die übrigen Arbeitnehmervertreter im Aufsichtsrat sind von der Gesamtheit der in den beherrschten Unternehmen (Z 1 bis 4) bestellten Betriebsräte aus dem Kreis der Betriebsratsmitglieder, denen das aktive Wahlrecht zum Betriebsrat zusteht, nach den Grundsätzen des Verhältniswahlrechtes geheim zu wählen; auf diese Wahl sind die Bestimmungen der §§ 51 Abs. 3, 54 Abs. 2, 56 Abs. 1, 57, 59, 60, 62 Z 2 bis 5, 64 Abs. 1 Z 1 bis 3 und Abs. 4, 65 Abs. 1 erster Satz und Abs. 2, 78 Abs. 4, 81 Abs. 1 zweiter Satz, Abs. 2 und Abs. 4 sowie 82 Abs. 1 erster Satz sinngemäß anzuwenden. Dieser Absatz gilt nicht für Banken (§ 1 Bankwesengesetz, BGBl. Nr. 532/1993) und Versicherungsunternehmungen.

[a] Siehe § 264 Abs. 32.

(BGBl 1986/394, BGBl 1990/411, BGBl 1993/460, BGBl I 2004/82, BGBl I 2006/104, BGBl I 2017/104)

(6a) Abs. 6 gilt auch für herrschende Unternehmen, in denen kein Betriebsrat zu errichten ist, wenn deren Tätigkeit sich nicht nur auf die Verwaltung von Unternehmensanteilen der beherrschten Unternehmen beschränkt. Die Arbeitnehmervertreter im Aufsichtsrat sind von der Gesamtheit der in den beherrschten Unternehmen bestellten Betriebsräte nach Maßgabe der Bestimmungen des Abs. 6 vorletzter Satz zu wählen.

(BGBl 1993/460)

(6b) Ist in einem Konzern im Sinne der Abs. 6 und 6a eine Konzernvertretung (§ 88a) errichtet, so hat diese die Arbeitnehmervertreter in den Aufsichtsrat des herrschenden Unternehmens zu entsenden. Die aus dem Zentralbetriebsrat (Betriebsrat) des herrschenden Unternehmens stammenden Konzernvertretungsmitglieder haben das Recht, so viele Arbeitnehmervertreter vorzuschlagen, wie dem Verhältnis der Zahl der im herrschenden Unternehmen beschäftigten Arbeitnehmer zur Zahl der in den beherrschten Unternehmen beschäftigten Arbeitnehmer entspricht, mindestens jedoch einen Arbeitnehmervertreter. Abs. 6 dritter Satz ist sinngemäß anzuwenden. Die übrigen Arbeitnehmervertreter werden von den aus den Zentralbetriebsräten (Betriebsräten) der beherrschten Unternehmen stammenden Konzernvertretungsmitgliedern vorgeschlagen. „Für die Ausübung des Vorschlagsrechts innerhalb der jeweiligen Gruppe der Konzernvertretungsmitglieder gilt Abs. 2 bis 2d sinngemäß.[a] “

(BGBl 1993/460, BGBl 1996/601, BGBl I 2017/104)

[a] Siehe § 264 Abs. 32.

(7) Ist in einer Gesellschaft mit beschränkter Haftung, die persönlich haftender Gesellschafter in einer Kommanditgesellschaft ist, nach Gesetz oder Gesellschaftsvertrag ein Aufsichtsrat zu bestellen, so sind die Arbeitnehmervertreter im Aufsichtsrat der Gesellschaft mit beschränkter Haftung von der Gesamtheit der Mitglieder aller in den Unternehmen der Gesellschaft mit beschränkter Haftung und der Kommanditgesellschaft errichteten Betriebsräte aus dem Kreise der Betriebsratsmitglieder, denen das aktive Wahlrecht zum Betriebsrat zusteht, nach den Grundsätzen des Verhältniswahlrechtes geheim zu wählen. Die Bestimmungen der §§ 51 Abs. 3, 54 Abs. 2, 56 Abs. 1, 57, 59, 60, 62 Z 2 bis 5, 64 Abs. 1, Z 1 bis 3 und Abs. 4, 65 Abs. 1 erster Satz und Abs. 2, 78 Abs. 4, 81 Abs. 1 zweiter Satz, Abs. 2 und Abs. 4 sowie 82 Abs. 1 erster Satz sind sinngemäß anzuwenden.

(BGBl 1986/394)

(8) Die Mitwirkung von Arbeitnehmern im Stiftungsrat des Österreichischen Rundfunks richtet sich nach den Bestimmungen des ORF-Gesetzes.

(BGBl 1986/394, BGBl I 2001/83)

(9) (aufgehoben)

(BGBl 1987/321)

Einspruch gegen die Wirtschaftsführung

§ 111. (1) In Betrieben, in denen dauernd mehr als 200 Arbeitnehmer beschäftigt sind, kann der Betriebsrat

1. gegen Betriebsänderungen (§ 109 Abs. 1) oder
2. gegen andere wirtschaftliche Maßnahmen, sofern sie wesentliche Nachteile für die Arbeitnehmer mit sich bringen,

binnen drei Tagen ab Kenntnisnahme beim Betriebsinhaber Einspruch erheben. Diese Bestimmung gilt sinngemäß für Unternehmen der in § 40 Abs. 4 bezeichneten Art, wenn die Zahl der im Unternehmen beschäftigten Arbeitnehmer dauernd mehr als 400 beträgt, und von der wirtschaftlichen Maßnahme mehr als 200 Arbeitnehmer betroffen sind.

(2) Richtet sich der Einspruch des Betriebsrates gegen eine geplante Betriebsstilllegung, so hat er für einen Zeitraum von längstens vier Wochen, vom Tage der Mitteilung des Betriebsinhabers an den Betriebsrat gerechnet, aufschiebende Wirkung.

(3) Kommt zwischen Betriebsinhaber und Betriebsrat binnen einer Woche ab Erhebung des Einspruches eine Einigung nicht zustande, so kann über einen binnen weiterer drei Tage von einem der Streitteile zu stellenden Antrag eine von den zuständigen kollektivvertragsfähigen Körperschaften der Arbeitgeber und Arbeitnehmer paritätisch besetzte Schlichtungskommission Schlichtungsverhandlungen einleiten.

(4) Die Schlichtungskommission hat zwischen den Streitteilen zu vermitteln und auf eine Vereinbarung der Streitteile zwecks Beilegung der Streitigkeit hinzuwirken. Die Schlichtungskommission kann zur Beilegung der Streitigkeit einen Schiedsspruch nur fällen, wenn die beiden Streitteile vorher die schriftliche Erklärung abgeben, daß sie sich dem Schiedsspruch unterwerfen.

(5) Schiedssprüche sowie vor der Schlichtungskommission abgeschlossene schriftliche Vereinbarungen gelten als Betriebsvereinbarungen im Sinne des § 29.

Staatliche Wirtschaftskommission

§ 112. (1) In Betrieben, in denen dauernd mehr als 400 Arbeitnehmer beschäftigt sind, kann der Betriebsrat gegen Maßnahmen im Sinne des § 111 Abs. 1

1. binnen einer weiteren Woche einen Einspruch bei der Staatlichen Wirtschaftskommission erheben, wenn innerhalb von zwei Wochen ab Antragstellung bei der Schlichtungskommission eine Einigung oder ein Schiedsspruch nicht zustande kommt, oder
2. wenn eine Schlichtungskommission im Sinne des § 111 Abs. 3 nicht errichtet ist und zwischen Betriebsrat und Betriebsinhaber binnen einer Woche ab Erhebung des Einspruches gemäß § 111 Abs. 1 eine Einigung nicht zustande kommt, binnen einer weiteren Woche über den Österreichischen Gewerkschaftsbund einen Einspruch bei der Staatlichen Wirtschaftskommission erheben, wenn es sich um eine Angelegenheit von gesamtwirtschaftlicher Bedeutung handelt. Diese Bestimmungen gelten sinngemäß für Unternehmen der in § 40 Abs. 4 bezeichneten Art, wenn die Zahl der im Unternehmen beschäftigten Arbeitnehmer dauernd mehr als 400 beträgt und von der wirtschaftlichen Maßnahme mehr als 200 Arbeitnehmer betroffen sind.

(2) Die Staatliche Wirtschaftskommission hat zwischen Betriebsrat und Betriebsinhaber zu vermitteln und zum Zwecke des Interessenausgleichs Vorschläge zur Beilegung der Streitfragen zu erstatten.

(3) Kommt eine Einigung nicht zustande, hat der Betriebsinhaber der Staatlichen Wirtschaftskommission alle zur Behandlung des Einspruchs notwendigen und die ihm bezeichneten Unterlagen zu übermitteln. Die Staatliche Wirtschaftskommission hat in Form eines Gutachtens festzustellen, ob der Einspruch berechtigt ist.

(4) Für die in der Anlage zu § 2 des Bundesministeriengesetzes 1973, BGBl. Nr. 389, Teil 2 A Z 11[a)] genannten Betriebe und Unternehmungen ist beim Bundeskanzleramt unter dem Vorsitz des Bundeskanzlers oder eines von ihm bestellten Vertreters, für die nach der Anlage zu § 2 des Bundesministeriengesetzes 1973, Teil 2 M in die Kompetenz des Bundesministeriums für Verkehr fallenden Betriebe und Unternehmungen ist beim Bundesministerium für Verkehr, für die übrigen Betriebe und Unternehmungen ist beim Bundesministerium für Handel, Gewerbe und Industrie unter dem Vorsitz des zuständigen Bundesministers oder eines von ihm bestellten Vertreters eine Staatliche Wirtschaftskommission zu errichten. Die übrigen Mitglieder der beim Bundeskanzleramt, beim Bundesministerium für Verkehr und beim Bundesministerium für Handel, Gewerbe und Industrie errichteten Wirtschaftskommissionen werden in gleicher Anzahl von der Wirtschaftskammer Österreich und von der Bundeskammer für Arbeiter und Angestellte entsendet.

(BGBl 1996/601)

[a)] Die in Teil 2 A Ziff. 11 und Teil 2 M der Anlage zu § 2 des Bundesministeriengesetzes 1973, BGBl Nr. 389, genannten Betriebe und Unternehmungen ressortieren gem. dem BG BGBl 1987/78 nunmehr mit Ausnahme der Angelegenheiten des Eisenbahnmuseums sowie des Post- und Telegraphenmuseums beim Bundesministerium für Öffentliche Wirtschaft und Verkehr (Teil 2 L der Anlage zu § 2 des Bundesministeriengesetzes 1986, BGBl 1986/76 idgF).

Abschnitt 5
Organzuständigkeit

Kompetenzabgrenzung

§ 113. (1) Die der Arbeitnehmerschaft zustehenden Befugnisse werden, soweit nicht anderes bestimmt ist, durch Betriebsräte ausgeübt.

(2) In Betrieben, in denen ein Betriebsausschuß errichtet ist, werden vom Betriebsausschuß folgende Befugnisse ausgeübt:

1. Beratungsrecht (§ 92);
2. wirtschaftliche Informations- und Interventionsrechte (§ 108);
3. Mitwirkung in wirtschaftlichen Angelegenheiten gemäß §§ 109 bis 112;
4. Abschluß, Änderung und Aufhebung von Betriebsvereinbarungen, deren Geltungsbereich alle im Betriebsausschuß vertretenen Arbeitnehmergruppen erfaßt;
5. soweit die Interessen aller im Betriebsausschuß vertretenen Arbeitnehmergruppen betroffen sind
   a) Überwachung der Einhaltung der die Arbeitnehmer betreffenden Vorschriften (§ 89);
   b) Recht auf Intervention (§ 90);
   c) allgemeines Informationsrecht (§ 91);
   d) Mitwirkung in Arbeitsschutzangelegenheiten (§ 92a);
   e) Mitwirkung an betriebs- und unternehmenseigenen Schulungs-, Bildungs- und Wohlfahrtseinrichtungen (§§ 94 und 95);
6. Entsendung von Arbeitnehmervertretern in das besondere Verhandlungsgremium (§§ 179, 180) und in den Europäischen Betriebsrat (§ 193);
   (BGBl 1996/601)
7. Mitwirkung an den Unterrichtungs- und Anhörungsverfahren gemäß den nach den §§ 189, 190 oder 206 abgeschlossenen Vereinbarungen;
   (BGBl 1996/601, BGBl I 2004/82)
8. Entsendung von Arbeitnehmervertretern in das besondere Verhandlungsgremium

(§§ 217, 218), in den SE-Betriebsrat (§ 234) und in den Aufsichts- oder Verwaltungsrat der Europäischen Gesellschaft (§ 247);

(BGBl I 2004/82)

9. Mitwirkung an den Unterrichtungs- und Anhörungsverfahren gemäß den nach den §§ 230 oder 231 abgeschlossenen Vereinbarungen;

(BGBl I 2004/82, BGBl I 2006/104)

10. Entsendung von Arbeitnehmervertretern in das besondere Verhandlungsgremium (§ 257 iVm §§ 217, 218), in den SCE-Betriebsrat (§ 257 iVm § 234) und in den Aufsichts- oder Verwaltungsrat der Europäischen Genossenschaft (§ 257 iVm § 247);

(BGBl I 2006/104)

11. Mitwirkung an den Unterrichtungs- und Anhörungsverfahren gemäß den nach § 257 iVm den §§ 230 oder 231 abgeschlossenen Vereinbarungen;

(BGBl I 2006/104, BGBl I 2007/77)

12. Entsendung von Arbeitnehmervertretern in das besondere Verhandlungsgremium (§ 260 iVm §§ 217, 218) oder in das besondere Entsendungsgremium (§ 261 iVm §§ 217, 218) und in den Aufsichts- oder Verwaltungsrat der aus der grenzüberschreitenden Verschmelzung hervorgegangenen Gesellschaft (§ 260 bzw. § 261 iVm § 247).

(BGBl I 2007/77)

Befugnisse in Angelegenheiten, die ausschließlich die Interessen einer im Betriebsausschuß nicht vertretenen Arbeitnehmergruppe betreffen, können vom Betriebsausschuß nicht ausgeübt werden.

(BGBl 1975/360, BGBl 1981/354, BGBl 1994/450)

(3) In Betrieben, in denen ein gemeinsamer Betriebsrat (§ 40 Abs. 3) errichtet ist, werden von diesem sowohl die Befugnisse gemäß Abs. 1 als auch jene gemäß Abs. 2 ausgeübt.

(4) In Unternehmen, in denen ein Zentralbetriebsrat zu errichten ist, werden folgende Befugnisse von diesem ausgeübt:

1. Mitwirkung in wirtschaftlichen Angelegenheiten gemäß §§ 110 bis 112;
2. soweit sie nicht nur die Interessen der Arbeitnehmerschaft eines Betriebes berühren
   a) Recht auf Intervention (§ 90);
   b) allgemeines Informationsrecht (§ 91);
   c) Beratungsrecht (§ 92);
   d) Mitwirkung in Arbeitsschutzangelegenheiten (§ 92a);

   (BGBl 1994/450)

   e) Mitwirkung an betriebs- und unternehmenseigenen Schulungs-, Bildungs- und Wohlfahrtseinrichtungen (§§ 94 und 95);

   (BGBl 1994/450)

   f) wirtschaftliche Informations- und Interventionsrechte (§ 108);

   (BGBl 1975/360, BGBl 1994/450)

   g) Mitwirkung bei Betriebsänderungen gemäß § 109.

   (BGBl 1994/450)

3. Wahrnehmung der Rechte gemäß § 89 Z 3 hinsichtlich geplanter und in Bau befindlicher Betriebsstätten des Unternehmens, für die noch kein Betriebsrat zuständig ist;

(BGBl 1986/394)

4. Entsendung von Arbeitnehmervertretern in das besondere Verhandlungsgremium (§§ 179, 180) und in den Europäischen Betriebsrat (§ 193);

(BGBl 1996/601)

5. Mitwirkung an den Unterrichtungs- und Anhörungsverfahren gemäß den nach den §§ 189, 190 oder 206 abgeschlossenen Vereinbarungen;

(BGBl 1996/601, BGBl I 2002/100)

6. Abschluss von Betriebsvereinbarungen nach § 97 Abs. 1 Z 1b;

(BGBl I 2002/100, BGBl I 2004/82)

7. Entsendung von Arbeitnehmervertretern in das besondere Verhandlungsgremium (§§ 217, 218), in den SE-Betriebsrat (§ 234) und in den Aufsichts- oder Verwaltungsrat der Europäischen Gesellschaft (§ 247);

(BGBl I 2004/82)

8. Mitwirkung an den Unterrichtungs- und Anhörungsverfahren gemäß den nach den §§ 230 oder 231 abgeschlossenen Vereinbarungen.

(BGBl I 2004/82, BGBl I 2006/104)

9. Entsendung von Arbeitnehmervertretern in das besondere Verhandlungsgremium (§ 257 iVm §§ 217, 218), in den SCE-Betriebsrat (§ 257 iVm § 234) und in den Aufsichts- oder Verwaltungsrat der Europäischen Genossenschaft (§ 257 iVm § 247);

(BGBl I 2006/104)

10. Mitwirkung an den Unterrichtungs- und Anhörungsverfahren gemäß den nach § 257 iVm den §§ 230 oder 231 abgeschlossenen Vereinbarungen;

(BGBl I 2006/104, BGBl I 2007/77)

11. Entsendung von Arbeitnehmervertretern in das besondere Verhandlungsgremium (§ 260 iVm §§ 217, 218) oder in das besondere Entsendungsgremium (§ 261 iVm §§ 217, 218) und in den Aufsichts- oder Verwaltungsrat der aus der grenzüberschreitenden Verschmelzung hervorgegangenen Gesellschaft (§ 260 bzw. § 261 iVm § 247).

(BGBl I 2007/77)

(5) In Konzernen, in denen eine Konzernvertretung errichtet ist, werden folgende Befugnisse von dieser ausgeübt:

1. Entsendung von Arbeitnehmervertretern in den Aufsichtsrat gemäß § 110 Abs. 6b;
2. soweit die Interessen der Arbeitnehmerschaft von mehr als einem Unternehmen im Konzern betroffen sind:
   a) Recht auf Intervention (§ 90);
   b) allgemeines Informationsrecht (§ 91);
   c) Beratungsrecht (§ 92);
   d) Mitwirkung an konzerneigenen Maßnahmen im Zusammenhang mit Schulungs-, Bildungs- und Wohlfahrtseinrichtungen (§§ 94 und 95);
3. soweit die Interessen der Arbeitnehmer mehr als eines Unternehmens im Konzern betroffen sind und eine einheitliche Vorgangsweise, insbesondere durch Konzernrichtlinien, erfolgt:
   a) wirtschaftliche Informations- und Interventionsrechte (§ 108);
   b) Mitwirkung an Betriebsänderungen gemäß § 109, mit der Maßgabe, daß § 109 Abs. 3 nur bei Betriebsänderungen im Sinne des § 109 Abs. 1 Z 1 bis 4 anzuwenden ist;
4. Wahrnehmungen der Rechte gemäß § 89 Z 3 hinsichtlich geplanter und im Bau befindlicher Betriebsstätten eines Unternehmens im Konzern, für das noch kein anderes Organ der Arbeitnehmerschaft zuständig ist;
5. Entsendung von Arbeitnehmervertretern in das besondere Verhandlungsgremium (§§ 179, 180) und in den Europäischen Betriebsrat (§ 193);

   (BGBl 1996/601)
6. Mitwirkung an den Unterrichtungs- und Anhörungsverfahren gemäß den nach den §§ 189, 190 oder 206 abgeschlossenen Vereinbarungen;

   (BGBl 1996/601, BGBl I 2004/82)
7. Entsendung von Arbeitnehmervertretern in das besondere Verhandlungsgremium (§§ 217, 218), in den SE-Betriebsrat (§ 234) und in den Aufsichts- oder Verwaltungsrat der Europäischen Gesellschaft (§ 247);

   (BGBl I 2004/82)
8. Mitwirkung an den Unterrichtungs- und Anhörungsverfahren gemäß den nach den §§ 230 oder 231 abgeschlossenen Vereinbarungen.

   (BGBl I 2004/82, BGBl I 2006/104)
9. Entsendung von Arbeitnehmervertretern in das besondere Verhandlungsgremium (§ 257 iVm §§ 217, 218), in den SCE-Betriebsrat (§ 257 iVm § 234) und in den Aufsichts- oder Verwaltungsrat der Europäischen Genossenschaft (§ 257 iVm § 247);

   (BGBl I 2006/104)
10. Mitwirkung an den Unterrichtungs- und Anhörungsverfahren gemäß den nach § 257 iVm den §§ 230 oder 231 abgeschlossenen Vereinbarungen;

    (BGBl I 2006/104, BGBl I 2007/77)
11. Entsendung von Arbeitnehmervertretern in das besondere Verhandlungsgremium (§ 260 iVm §§ 217, 218) oder in das besondere Entsendungsgremium (§ 261 iVm §§ 217, 218) und in den Aufsichts- oder Verwaltungsrat der aus der grenzüberschreitenden Verschmelzung hervorgegangenen Gesellschaft (§ 260 bzw. § 261 iVm § 247).

    (BGBl I 2007/77)

Beratungs- und Informationsrechte der Konzernvertretung richten sich an die Konzernleitung bzw. an die Unternehmensleitung des in Österreich herrschenden Unternehmens. Von der Konzernvertretung abgeschlossene Betriebsvereinbarungen sind für jene Unternehmen verbindlich, deren Leitungen der Vereinbarung beigetreten sind.

(BGBl 1986/394, BGBl 1993/460)

Kompetenzübertragung

§ 114. (1) Der Betriebsrat und der Betriebsausschuß können dem Zentralbetriebsrat mit dessen Zustimmung die Ausübung ihrer Befugnisse für einzelne Fälle oder für bestimmte Angelegenheiten übertragen. Die Übertragung kann jederzeit, hinsichtlich in Behandlung stehender Angelegenheiten jedoch nur aus wichtigem Grund, widerrufen werden.

(BGBl I 2013/67)

(2) In Angelegenheiten nach §§ 96, 96a und 97, die die Interessen der Arbeitnehmer mehr als eines Unternehmens betreffen und in denen eine einheitliche Vorgangsweise des Konzerns, insbesondere durch Konzernrichtlinien, erfolgt, kann der Zentralbetriebsrat der Konzernvertretung mit deren Zustimmung die Ausübung seiner eigenen und ihm übertragender Befugnisse übertragen, soweit derartige Angelegenheiten nicht ohnedies gemäß § 113 Abs. 5 in der Zuständigkeit der Konzernvertretung fallen. Besteht kein Zentralbetriebsrat, so kann der Betriebsrat (Betriebsausschuß) eine derartige Kompetenzübertragung vornehmen. Die Übertragung kann gemäß Abs. 1 widerrufen werden.

(BGBl 1993/460, BGBl I 2013/67)

(3) Die Konzernvertretung kann übertragene Befugnisse nur ausüben, wenn eine Kompetenzübertragung durch zumindest zwei Zentralbetriebsräte (Betriebsausschüsse, Betriebsräte) erfolgt ist.

(BGBl 1993/460)

(4) Beschlüsse im Sinne der Abs. 1 und 2 sind dem Betriebsinhaber umgehend mitzuteilen und erlangen erst mit der Verständigung Rechtswirksamkeit.

(BGBl 1990/282)

4. HAUPTSTÜCK
Rechtsstellung der Mitglieder des Betriebsrates

Grundsätze der Mandatsausübung, Verschwiegenheitspflicht

§ 115. (1) Das Mandat des Betriebsratsmitgliedes ist ein Ehrenamt, das, soweit im folgenden nicht anderes bestimmt wird, neben den Berufspflichten auszuüben ist. Für erwachsene Barauslagen gebührt den Mitgliedern des Betriebsrates Ersatz aus dem Betriebsratsfonds.

(2) Die Mitglieder des Betriebsrates sind bei Ausübung ihrer Tätigkeit an keinerlei Weisungen gebunden. Sie sind nur der Betriebs(Gruppen)versammlung verantwortlich.

(3) Die Mitglieder des Betriebsrates dürfen in der Ausübung ihrer Tätigkeit nicht beschränkt und wegen dieser, insbesondere hinsichtlich des Entgelts, der Aufstiegsmöglichkeiten und betrieblicher Schulungs- und Umschulungsmaßnahmen, nicht benachteiligt werden. Das Beschränkungs- und Benachteiligungsverbot gilt auch hinsichtlich der Versetzung eines Betriebsratsmitgliedes.

(BGBl 1986/394, BGBl I 2010/101)

(4) Die Mitglieder und Ersatzmitglieder des Betriebsrates sind verpflichtet, über alle in Ausübung ihres Amtes bekanntgewordenen Geschäfts- und Betriebsgeheimnisse, insbesondere über die ihnen als geheim bezeichneten technischen Einrichtungen, Verfahren und Eigentümlichkeiten des Betriebes Verschwiegenheit zu bewahren. Werden im Zuge der Mitwirkung in personellen Angelegenheiten Mitgliedern des Betriebsrates persönliche Verhältnisse oder Angelegenheiten der Arbeitnehmer bekannt, die ihrer Bedeutung oder ihrem Inhalt nach einer vertraulichen Behandlung bedürfen, so haben sie hierüber Verschwiegenheit zu bewahren.

Freizeitgewährung

§ 116. Den Mitgliedern des Betriebsrates ist, unbeschadet einer Bildungsfreistellung nach § 118, die zur Erfüllung ihrer Obliegenheiten erforderliche Freizeit unter Fortzahlung des Entgeltes zu gewähren.

Freistellung

§ 117. (1) Auf Antrag des Betriebsrates sind in Betrieben mit mehr als 150 Arbeitnehmern ein, in Betrieben mit mehr als 700 Arbeitnehmern zwei und in Betrieben mit mehr als 3000 Arbeitnehmern drei Mitglieder des Betriebsrates und für je weitere dreitausend Arbeitnehmer ein weiteres Mitglied des Betriebsrates von der Arbeitsleistung unter Fortzahlung des Entgeltes freizustellen.

(2) In Betrieben, in denen getrennte Betriebsräte der Arbeiter und der Angestellten zu wählen sind, gelten die in Abs. 1 angeführten Zahlen für die betreffenden Arbeitnehmergruppen.

(3) Sind in Betrieben eines Unternehmens, in denen eine Freistellung von Betriebsratsmitgliedern gemäß Abs. 1 und 2 nicht möglich ist, mehr als 400 Arbeitnehmer beschäftigt, so ist auf Antrag des Zentralbetriebsrates ein Mitglied desselben unter Fortzahlung des Entgeltes von der Arbeitsleistung freizustellen.

(4) (aufgehoben)

(BGBl I 2010/101)

(5) Sind in einem Konzern im Sinne des § 15 des Aktiengesetzes 1965 oder des § 115 des Gesetzes über Gesellschaften mit beschränkter Haftung, in dem eine Freistellung von Betriebsratsmitgliedern gemäß Abs. 1 bis 3 nicht möglich ist, mehr als 400 Arbeitnehmer beschäftigt, und ist eine Konzernvertretung gemäß § 88a errichtet, so kann die Konzernvertretung beschließen, daß ein in der Konzernvertretung vertretener Betriebsrat (Zentralbetriebsrat) für eines seiner Mitglieder die Freistellung von der Arbeitsleistung unter Fortzahlung des Entgelts in Anspruch nehmen kann. Der Beschluß der Konzernvertretung und der Freistellungsantrag des Betriebsrates (Zentralbetriebsrates) sind der Konzernleitung und dem Betriebsinhaber des Betriebes, in dem das freizustellende Betriebsratsmitglied beschäftigt ist, zu übermitteln.

(BGBl 1990/411, BGBl 1993/460)

(6) Sinkt im Zuge einer rechtlichen Verselbständigung (§ 62b) die Anzahl der Arbeitnehmer unter die für den Freistellungsanspruch gemäß Abs. 1 bis 3 erforderliche Anzahl, so bleibt die Freistellung bis zum Ablauf der Tätigkeitsdauer des Betriebsrates, dem der Freigestellte angehört, aufrecht. Die Freistellung endet jedoch, wenn ein Betriebsratsmitglied gemäß Abs. 5 freigestellt wird.

(BGBl 1990/411)

Bildungsfreistellung

§ 118. (1) Jedes Mitglied des Betriebsrates hat Anspruch auf Freistellung von der Arbeitsleistung zur Teilnahme an Schulungs- und Bildungsveranstaltungen bis zum Höchstausmaß von drei Wochen und drei Arbeitstagen innerhalb einer Funktionsperiode unter Fortzahlung des Entgeltes; in Betrieben, in denen dauernd weniger als 20 Arbeitnehmer beschäftigt sind, hat jedes Mitglied des Betriebsrates Anspruch auf eine solche Freistellung gegen Entfall des Entgeltes.

(BGBl 1986/394, BGBl I 2017/12)

(2) Die Dauer der Freistellung kann in Ausnahmefällen bei Vorliegen eines Interesses an einer besonderen Ausbildung bis zu fünf Wochen ausgedehnt werden.

(BGBl 1986/394)

(3) Die Schulungs- und Bildungsveranstaltungen müssen von kollektivvertragsfähigen Körperschaften der Arbeitnehmer oder der Arbeitgeber veranstaltet sein oder von diesen übereinstimmend als geeignet anerkannt werden und vornehmlich die Vermittlung von Kenntnissen zum Gegenstand haben, die der Ausübung der Funktion als Mitglied des Betriebsrates dienen.

(4) Der Betriebsrat hat den Betriebsinhaber mindestens vier Wochen vor Beginn des Zeitraumes, für den die Freistellung beabsichtigt ist, in

Kenntnis zu setzen. Der Zeitpunkt der Freistellung ist im Einvernehmen zwischen Betriebsinhaber und Betriebsrat festzusetzen, wobei die Erfordernisse des Betriebes einerseits und die Interessen des Betriebsrates und des Betriebsratsmitgliedes andererseits zu berücksichtigen sind. Im Streitfall entscheidet das Gericht.

(BGBl 1986/563)

(5) Betriebsratsmitglieder, die in der laufenden Funktionsperiode bereits nach § 119 freigestellt worden sind, haben während dieser Funktionsperiode keinen Anspruch auf Freistellung gemäß Abs. 1 und 2.

(6) Rückt ein Ersatzmitglied des Betriebsrates in das Mandat eines Mitgliedes des Betriebsrates dauernd nach, so hat es nur insoweit einen Anspruch gemäß Abs. 1 und 2, als das ausgeschiedene Mitglied noch keine Bildungsfreistellung in Anspruch genommen hat. Im Falle des Ausscheidens eines Betriebsratsmitglieds im Zuge einer Betriebsänderung hat das nachrückende Ersatzmitglied einen Anspruch jedenfalls in dem Ausmaß, als es dem Verhältnis der noch offenen zur gesamten Tätigkeitsdauer des Betriebsrats entspricht, sofern sich nicht nach dem ersten Satz ein größerer Anspruch ergibt.

(BGBl 1993/460)

Erweiterte Bildungsfreistellung

§ 119. (1) In Betrieben mit mehr als zweihundert Arbeitnehmern ist neben der Bildungsfreistellung gemäß § 118 auf Antrag des Betriebsrates ein weiteres Betriebsratsmitglied für die Teilnahme an Schulungs- und Bildungsveranstaltungen bis zum Höchstausmaß eines Jahres gegen Entfall des Entgeltes von der Arbeitsleistung freizustellen. §§ 117 Abs. 2 und 4 sowie 118 Abs. 3 und 4 sind sinngemäß anzuwenden.

(2) In Dienstjahren, in die Zeiten einer Bildungsfreistellung gemäß Abs. 1 fallen, gebühren der Urlaub im vollen Ausmaß, das Urlaubsentgelt jedoch in dem Ausmaß, das dem um die Dauer einer Bildungsfreistellung verkürzten Dienstjahr entspricht.

(3) Der Arbeitnehmer behält in Kalenderjahren, in die Zeiten einer Bildungsfreistellung gemäß Abs. 1 fallen, den Anspruch auf sonstige, insbesondere einmalige Bezüge im Sinne des § 67 Abs. 1 des Einkommensteuergesetzes 1972, BGBl. Nr. 440/1972, in dem Ausmaß, das dem um die Dauer der Bildungsfreistellung verkürzten Kalenderjahr entspricht.

(4) Soweit sich Ansprüche eines Arbeitnehmers nach der Dauer der Dienstzeit richten, sind Zeiten einer Bildungsfreistellung gemäß Abs. 1, während der das Arbeitsverhältnis bestanden hat, auf die Dauer der Dienstzeit anzurechnen.

Kündigungs- und Entlassungsschutz

§ 120. (1) Ein Mitglied des Betriebsrates darf bei sonstiger Rechtsunwirksamkeit nur nach vorheriger Zustimmung des Gerichts gekündigt oder entlassen werden. Das Gericht hat bei seiner Entscheidung den sich aus § 115 Abs. 3 ergebenden Schutz der Betriebsratsmitglieder wahrzunehmen. In den Fällen der §§ 121 Z 3 und 122 Abs. 1 Z 3 erster Satzteil, Z 4 erster Satzteil und Z 5 hat das Gericht die Klage auf Zustimmung zur Kündigung oder Entlassung eines Betriebsratsmitgliedes abzuweisen, wenn sie sich auf ein Verhalten des Betriebsratsmitgliedes stützt, das von diesem in Ausübung des Mandates gesetzt wurde und unter Abwägung aller Umstände entschuldbar war.

(2) Im Verfahren nach Abs. 1 ist das Betriebsratsmitglied Partei.

(BGBl 1986/563)

(3) Der sich aus den §§ 120 bis 122 ergebende Schutz beginnt mit dem Zeitpunkt der Annahme der Wahl durch das Betriebsratsmitglied und endet drei Monate nach Erlöschen der Mitgliedschaft zum Betriebsrat, im Falle der dauernden Einstellung des Betriebes mit Ablauf der Tätigkeitsdauer des Betriebsrates.

(4) Die §§ 120 bis 122 gelten sinngemäß für

1. Ersatzmitglieder, die an der Mandatsausübung verhinderte Betriebsratsmitglieder durch mindestens zwei Wochen ununterbrochen vertreten haben, bis zum Ablauf von drei Monaten nach Beendigung dieser Tätigkeit, sofern der Betriebsinhaber vom Beginn und Ende der Vertretung ohne unnötigen Aufschub in Kenntnis gesetzt wurde;
2. Mitglieder von Wahlvorständen und Wahlwerber vom Zeitpunkt ihrer Bestellung bzw. Bewerbung bis zum Ablauf der Frist zur Anfechtung der Wahl. Der Schutz des Wahlwerbers beginnt mit dem Zeitpunkt, in dem nach der Bestellung des Wahlvorstandes seine Absicht, auf einem Wahlvorschlag zu kandidieren, offenkundig wird. Scheint der Wahlwerber auf keinem Wahlvorschlag auf, so endet sein Kündigungs- und Entlassungsschutz bereits mit Ende der Einreichungsfrist für Wahlvorschläge.
3. Mitglieder eines Betriebsrates, der nach Beendigung seiner Tätigkeitsdauer die Geschäfte weiterführt (§ 61 Abs. 2) bis zum Ablauf von drei Monaten nach Beendigung dieser Tätigkeit.

(BGBl 1986/394)

Kündigungsschutz

§ 121. Das Gericht darf einer Kündigung unter Bedachtnahme auf die Bestimmungen des § 120 nur zustimmen, wenn

1. der Betriebsinhaber im Falle einer dauernden Einstellung oder Einschränkung des Betriebes oder der Stillegung einzelner Betriebsabteilungen den Nachweis erbringt, daß er das betroffene Betriebsratsmitglied trotz dessen Verlangens an einem anderen Arbeitsplatz im Betrieb oder in einem anderen Betrieb des Unternehmens ohne erheblichen Schaden nicht weiterbeschäftigen kann;

2. das Betriebsratsmitglied unfähig wird, die im Arbeitsvertrag vereinbarte Arbeit zu leisten, sofern in absehbarer Zeit eine Wiederherstellung seiner Arbeitsfähigkeit nicht zu erwarten ist und dem Betriebsinhaber die Weiterbeschäftigung oder die Erbringung einer anderen Arbeitsleistung durch das Betriebsratsmitglied zu deren Verrichtung sich dieses bereit erklärt hat, nicht zugemutet werden kann;
3. das Betriebsratsmitglied die ihm auf Grund des Arbeitsverhältnisses obliegenden Pflichten beharrlich verletzt und dem Betriebsinhaber die Weiterbeschäftigung aus Gründen der Arbeitsdisziplin nicht zugemutet werden kann.

(BGBl 1986/563)

Entlassungsschutz

§ 122. (1) Das Gericht darf unter Bedachtnahme auf die Bestimmungen des § 120 einer Entlassung nur zustimmen, wenn das Betriebsratsmitglied

1. absichtlich den Betriebsinhaber über Umstände, die für den Vertragsabschluß oder den Vollzug des in Aussicht genommenen Arbeitsverhältnisses wesentlich sind, in Irrtum versetzt hat;
2. sich einer mit Vorsatz begangenen, mit mehr als einjähriger Freiheitsstrafe bedrohten oder einer mit Bereicherungsvorsatz begangenen gerichtlich strafbaren Handlung schuldig machte, sofern die Verfolgung von Amts wegen oder auf Antrag des Betriebsinhabers zu erfolgen hat;

   (BGBl 1975/360)
3. im Dienste untreu ist oder sich in seiner Tätigkeit ohne Wissen des Betriebsinhabers von dritten Personen unberechtigt Vorteile zuwenden läßt;
4. ein Geschäfts- oder Betriebsgeheimnis verrät oder ohne Einwilligung des Betriebsinhabers ein der Verwendung im Betrieb abträgliches Nebengeschäft betreibt;
5. sich Tätlichkeiten oder erhebliche Ehrverletzungen gegen den Betriebsinhaber, dessen im Betrieb tätige oder anwesende Familienangehörige oder Arbeitnehmer des Betriebes zuschulden kommen läßt, sofern durch dieses Verhalten eine sinnvolle Zusammenarbeit zwischen Betriebsratsmitglied und Betriebsinhaber nicht mehr zu erwarten ist.

(BGBl 1986/563)

(2) Das Gericht darf der Entlassung nicht zustimmen, wenn nach den besonderen Umständen des Falles dem Betriebsinhaber die Weiterbeschäftigung des Betriebsratsmitgliedes zumutbar ist.

(BGBl 1986/563)

(3) In den Fällen des Abs. 1 Z 2 und 5 kann die Entlassung des Betriebsratsmitgliedes gegen nachträgliche Einholung der Zustimmung des Gerichts ausgesprochen werden. Weist das Gericht die Klage auf Zustimmung zur Entlassung ab, so ist sie rechtsunwirksam.

(BGBl 1986/563)

5. Hauptstück
Jugendvertretung

Organe

§ 123. (1) In jedem Betrieb, in dem dauernd mindestens fünf jugendliche Arbeitnehmer beschäftigt werden, sind folgende Organe zu bilden:

1. Die Jugendversammlung;
2. der Wahlvorstand für die Wahl des Jugendvertrauensrates;
3. der Jugendvertrauensrat.

Bei der Berechnung dieser Zahl ist § 40 Abs. 1 zweiter Satz sinngemäß anzuwenden.

(2) Umfaßt ein Unternehmen mehrere Betriebe, die eine wirtschaftliche Einheit bilden und vom Unternehmen zentral verwaltet werden, so sind folgende Organe zu bilden:

1. Der Wahlvorstand für die Wahl des Zentraljugendvertrauensrates;
2. der Zentraljugendvertrauensrat;
3. die Jugendvertrauensräteversammlung.

(BGBl 1986/394)

(3) Jugendliche Arbeitnehmer im Sinne dieses Hauptstückes sind Arbeitnehmer einschließlich Heimarbeiter, die das 18. Lebensjahr noch nicht vollendet haben, sowie Lehrlinge, die das 21. Lebensjahr noch nicht vollendet haben.

(BGBl 1986/394, BGBl I 2010/101)

(4) In Konzernen im Sinne des § 15 des Aktiengesetzes 1965 oder des § 115 des Gesetzes über Gesellschaften mit beschränkter Haftung kann eine Konzernjugendvertretung gebildet werden (§ 131 f.).

(BGBl 1990/411, BGBl 1993/460)

Abschnitt 1
Jugendversammlung

§ 124. (1) Die Jugendversammlung besteht aus der Gesamtheit der jugendlichen Arbeitnehmer des Betriebes und der Mitglieder des Jugendvertrauensrates, die nicht jugendliche Arbeitnehmer sind.

(2) Der Jugendversammlung obliegt:

1. Behandlung von Berichten des Jugendvertrauensrates;
2. Wahl des Wahlvorstandes für die Wahl des Jugendvertrauensrates;
3. Beschlußfassung über die Enthebung des Jugendvertrauensrates.

(3) Die Jugendversammlung ist vom Jugendvertrauensrat mindestens einmal in jedem Kalenderhalbjahr einzuberufen.

(4) Besteht kein Jugendvertrauensrat oder ist er funktionsunfähig, so sind zur Einberufung berechtigt

1. der an Lebensjahren älteste stimmberechtigte jugendliche Arbeitnehmer;
2. sofern Betriebsräte errichtet sind, jeder Betriebsrat;
3. jede zuständige freiwillige Berufsvereinigung oder gesetzliche Interessenvertretung der Arbeitnehmer.

(5) Jeder im Betrieb bestehende Betriebsrat ist berechtigt, durch mindestens einen Vertreter mit beratender Stimme an der Jugendversammlung teilzunehmen.

(6) In der Jugendversammlung sind alle jugendlichen Arbeitnehmer (§ 123 Abs. 3), sowie die Mitglieder des Jugendvertrauensrates, die nicht jugendliche Arbeitnehmer sind, stimmberechtigt, sofern sie am Tag der Jugendversammlung im Betrieb beschäftigt sind.

(BGBl 1990/411, BGBl I 2010/101)

(7) Im übrigen sind auf die Einberufung und Durchführung der Jugendversammlung die Bestimmungen der §§ 43 Abs. 2, 45 Abs. 3, 46 bis 48 sowie 49 Abs. 2 erster und zweiter Satz, und Abs. 3 sinngemäß anzuwenden.

Abschnitt 2
Jugendvertrauensrat

Zahl der Jugendvertrauensratsmitglieder

§ 125. (1) Der Jugendvertrauensrat besteht, soweit Abs. 2 nicht anderes bestimmt, in Betrieben mit 5 bis 10 jugendlichen Arbeitnehmern aus einer Person (Jugendvertreter), in Betrieben mit 11 bis 30 jugendlichen Arbeitnehmern aus zwei Mitgliedern, in Betrieben mit 31 bis 50 jugendlichen Arbeitnehmern aus drei Mitgliedern, in Betrieben mit 51 bis 100 jugendlichen Arbeitnehmern aus vier Mitgliedern. In Betrieben mit mehr als 100 jugendlichen Arbeitnehmern erhöht sich für je weitere hundert jugendliche Arbeitnehmer die Zahl der Mitglieder um eines. In Betrieben mit mehr als 1000 jugendlichen Arbeitnehmern erhöht sich die Zahl der Mitglieder für je weitere 500 jugendliche Arbeitnehmer um eines. Bruchteile von hundert bzw. fünfhundert werden für voll gerechnet.

(2) In Betrieben, in denen sowohl der Gruppe der Arbeiter als auch der Gruppe der Angestellten dauernd mindestens fünf jugendliche Arbeitnehmer angehören, besteht der Jugendvertrauensrat aus von den jugendlichen Arbeitnehmern jeder Gruppe getrennt zu wählenden Mitgliedern. Die Zahl der zu wählenden Mitglieder ergibt sich aus der getrennten Anwendung der Zahlengrenzen des Abs. 1 auf die Zahl der jugendlichen Gruppenangehörigen (§ 41 Abs. 3).

(3) Die Zahl der zu wählenden Mitglieder des Jugendvertrauensrates richtet sich nach der Zahl der jugendlichen Arbeitnehmer am Tag der Wahlausschreibung. Eine spätere Änderung der Zahl der jugendlichen Arbeitnehmer ist auf die Anzahl der Mitglieder des Jugendvertrauensrates ohne Einfluß. § 65 ist sinngemäß anzuwenden.

(BGBl I 2010/101)

(4) Im Jugendvertrauensrat sollen jugendliche Arbeitnehmerinnen und Arbeitnehmer entsprechend ihrem zahlenmäßigen Verhältnis vertreten sein.

(BGBl 1992/833)

(BGBl 1986/394)

Vorbereitung und Durchführung der Wahl des Jugendvertrauensrates

§ 126. (1) Die Tätigkeitsdauer des Jugendvertrauensrates beträgt zwei Jahre. Sie beginnt mit dem Tage der Konstituierung oder mit Ablauf der Tätigkeitsdauer des früheren Jugendvertrauensrates, wenn die Konstituierung vor diesem Zeitpunkt erfolgte.

(2) Zur Durchführung der Wahl des Jugendvertrauensrates hat die Jugendversammlung einen Wahlvorstand zu bestellen.

(3) Der Wahlvorstand besteht aus zwei Arbeitnehmern, die wahlberechtigt (Abs. 4) oder wählbar (Abs. 5) sein müssen, und einem vom Betriebsrat – bei getrennten Betriebsräten vom Betriebsausschuß – entsandten Betriebsratsmitglied. Besteht im Betrieb kein Betriebsrat oder macht er von seinem Entsendungsrecht nicht oder nicht rechtzeitig Gebrauch, so besteht der Wahlvorstand aus drei wahlberechtigten oder wählbaren Arbeitnehmern; in diesem Falle können auch Vorstandsmitglieder oder Angestellte einer zuständigen freiwilligen Berufsvereinigung oder gesetzlichen Interessenvertretung der Arbeitnehmer in den Wahlvorstand berufen werden. Mindestens zwei Mitglieder des Wahlvorstandes müssen Arbeitnehmer des Betriebes sein. In Betrieben, in denen gemäß § 125 Abs. 2 getrennt zu wählen ist, haben dem Wahlvorstand je ein wahlberechtigter oder wählbarer Arbeitnehmer aus der Gruppe der Arbeiter und aus der Gruppe der Angestellten anzugehören.

(4) Wahlberechtigt sind alle jugendlichen Arbeitnehmer des Betriebes, die am Tag der Wahlausschreibung sowie am Tag der Wahl im Betrieb beschäftigt sind.

(BGBl I 2010/101)

(5) Wählbar sind alle Arbeitnehmer, die
1. am Tag der Wahlausschreibung das 23. Lebensjahr noch nicht vollendet haben und
2. am Tag der Wahl seit mindestens sechs Monaten im Betrieb beschäftigt sind.

(BGBl 1993/460, BGBl I 2006/4, BGBl I 2010/101)

(6) Für die getrennte Wahl des Jugendvertrauensrates gemäß § 125 Abs. 2 sind nach der Gruppe der Arbeiter und der Gruppe der Angestellten getrennte Wahlvorschläge einzubringen. Die Wahl ist jedoch am selben Ort und zur gleichen Zeit durchzuführen.

(7) Auf die Durchführung und Anfechtung der Wahl des Jugendvertrauensrates sind die Bestimmungen der §§ 51, 53 Abs. 2, 3, 5 und 6, 54 Abs. 1, 2, 4 und 5, 55 bis 57, 59 und 60 sinngemäß

anzuwenden. Zur Anfechtung der Wahl ist auch jeder im Betrieb bestehende Betriebsrat berechtigt.

Beendigung der Tätigkeitsdauer

§ 127. (1) Die Tätigkeit des Jugendvertrauensrates endet mit Ablauf der Zeit, für die er gewählt wurde (§ 126 Abs. 1).

(2) Für die vorzeitige Beendigung der Tätigkeitsdauer sind die Vorschriften des § 62 sinngemäß anzuwenden.

(3) Die Mitgliedschaft zum Jugendvertrauensrat erlischt, wenn das Mitglied des Jugendvertrauensrates eine Wahl zum Mitglied des Betriebsrates annimmt. Im übrigen sind für das Erlöschen der Mitgliedschaft zum Jugendvertrauensrat die Bestimmungen des § 64 Abs. 1 und 3 sinngemäß anzuwenden.

(4) Die Mitgliedschaft zum Jugendvertrauensrat ist vom Gericht abzuerkennen, wenn das Mitglied des Jugendvertrauensrates, abgesehen von der Vollendung des 21. Lebensjahres, die Wählbarkeit nicht oder nicht mehr besitzt. Zur Klage sind der Betriebsrat, der Jugendvertrauensrat, jedes Mitglied des Jugendvertrauensrates und der Betriebsinhaber berechtigt.

(BGBl 1986/563)

Geschäftsführung des Jugendvertrauensrates

§ 128. (1) Auf die Geschäftsführung des Jugendvertrauensrates sind, sofern dieser aus mindestens drei Mitgliedern besteht, die Bestimmungen der §§ 66 Abs. 1, 2, 3 erster und dritter Satz, 4 bis 6 und 8, 67 Abs. 1, 2 und 4, 68 Abs. 1, 2 erster und zweiter Satz und Abs. 3, 70 erster Satz sowie 72 sinngemäß anzuwenden.

(2) Besteht der Jugendvertrauensrat aus zwei Mitgliedern, so haben sie, soweit sie nicht die Geschäfte untereinander aufteilen, ihre Aufgaben gemeinsam durchzuführen. §§ 66 Abs. 7 und 68 Abs. 2 vierter Satz sind sinngemäß anzuwenden.

(3) Vertreter des Jugendvertrauensrates gegenüber dem Betriebsinhaber und nach außen ist der Vorsitzende[a)], bei dessen Verhinderung der Stellvertreter, es sei denn, der Jugendvertrauensrat beschließt im Einzelfall etwas anderes.

[a)] bzw. „(die) Vorsitzende" (Art. II BGBl 1986/394, siehe unten 4.2.)

(4) Zu den Sitzungen des Jugendvertrauensrates ist jeder im Betrieb bestehende Betriebsrat einzuladen. Der Betriebsrat ist berechtigt, an den Sitzungen des Jugendvertrauensrates durch einen Vertreter mit beratender Stimme teilzunehmen. Zu den Sitzungen jedes im Betrieb bestehenden Betriebsrates und des Betriebsausschusses ist der Jugendvertrauensrat einzuladen. Der Jugendvertrauensrat ist berechtigt, an den Sitzungen des Betriebsrates und des Betriebsausschusses durch einen Vertreter mit beratender Stimme teilzunehmen.

(5) Die Beschlüsse des Jugendvertrauensrates sind jedem im Betrieb bestehenden Betriebsrat zur Kenntnis zu bringen. Der Betriebsrat hat über Beschlüsse des Jugendvertrauensrates und über Angelegenheiten der jugendlichen Arbeitnehmer in Anwesenheit des Jugendvertrauensrates oder von diesem entsendeter Mitglieder zu beraten.

(6) In Betrieben, in denen getrennte Betriebsräte bestehen, und die Mitglieder des Jugendvertrauensrates gemäß § 125 Abs. 2 getrennt gewählt wurden, ist bei der Entsendung von Mitgliedern zu den Beratungen eines Betriebsrates gemäß Abs. 4 oder 5 auf die Gruppenzugehörigkeit dieser Mitglieder Bedacht zu nehmen.

Aufgaben und Befugnisse des Jugendvertrauensrates

§ 129. (1) Der Jugendvertrauensrat ist berufen, die wirtschaftlichen, sozialen, gesundheitlichen und kulturellen Interessen der jugendlichen Arbeitnehmer des Betriebes wahrzunehmen. Besteht im Betrieb ein Betriebsrat, so hat der Jugendvertrauensrat, sofern Abs. 3 nicht anderes bestimmt, seine Aufgaben in Einvernehmen mit dem Betriebsrat wahrzunehmen. § 39 ist sinngemäß anzuwenden.

(2) In Erfüllung dieser Aufgabe hat der Jugendvertrauensrat den Betriebsrat zu beraten und zu unterstützen, der seinerseits verpflichtet ist, dem Jugendvertrauensrat bei der Wahrnehmung der besonderen Belange der jugendlichen Arbeitnehmer beizustehen.

(3) In Wahrnehmung der Interessen der jugendlichen Arbeitnehmer ist der Jugendvertrauensrat insbesondere berufen:

1. Bei allen Angelegenheiten, die die Interessen der jugendlichen Arbeitnehmer des Betriebes betreffen, beim Betriebsrat und, sofern ein solcher nicht besteht, beim Betriebsinhaber entsprechende Maßnahmen zu beantragen und auf die Beseitigung von Mängeln hinzuwirken;
2. darüber zu wachen, daß die Vorschriften, die für das Arbeitsverhältnis jugendlicher Arbeitnehmer gelten, eingehalten werden, und über wahrgenommene Mängel dem Betriebsrat, dem Betriebsinhaber und erforderlichenfalls den zum Schutz jugendlicher Arbeitnehmer eingerichteten Stellen Mitteilung zu machen und auf Beseitigung dieser Mängel hinzuwirken;
3. an den Unterweisungen gemäß § 24 des Bundesgesetzes über die Beschäftigung von Kindern und Jugendlichen 1987, BGBl. Nr. 599, durch ein Mitglied teilzunehmen;

   (BGBl 1996/601)
4. Vorschläge in Fragen der Berufsausbildung und der beruflichen Weiterbildung jugendlicher Arbeitnehmer zu erstatten;
5. an den Beratungen zwischen Betriebsrat (Betriebsausschuß) und Betriebsinhaber (§§ 92, 94 Abs. 2 letzter Satz und Abs. 4, 109 Abs. 1) durch ein Mitglied teilzunehmen;

   (BGBl 1975/360)

6. an den Sitzungen des Betriebsrates (Betriebsausschusses) mit beratender Stimme teilzunehmen (§ 128 Abs. 4 und 5).

(4) Der Betriebsrat und der Betriebsinhaber sind verpflichtet, dem Jugendvertrauensrat die zur Erfüllung seiner Aufgaben erforderlichen Auskünfte zu erteilen.

Rechtsstellung der Mitglieder des Jugendvertrauensrates

§ 130. (1) Hinsichtlich der persönlichen Rechte und Pflichten der Mitglieder des Jugendvertrauensrates sind die Bestimmungen der §§ 115 Abs. 1 erster Satz, Abs. 2 bis 4, 116, 120 Abs. 1 bis 3, 121 und 122, hinsichtlich der Ersatzmitglieder, Mitglieder des Wahlvorstandes und Wahlwerber auf jene des § 120 Abs. 4 Z 1 und 2 sinngemäß anzuwenden. Das Gericht darf der Entlassung eines Mitgliedes oder Ersatzmitgliedes des Jugendvertrauensrates, eines Mitgliedes des Wahlvorstandes oder eines Wahlwerbers, sofern diese Personen Lehrlinge im Sinne des Berufsausbildungsgesetzes sind, auch aus den im § 15 Abs. 3 lit. c und f des Berufsausbildungsgesetzes, BGBl. Nr. 142/1969, genannten Gründen zustimmen.

(BGBl 1986/563)

(2) Der Ablauf der gesetzlichen oder einer kollektivvertraglichen Frist nach § 18 des Berufsausbildungsgesetzes, BGBl. Nr. 142/1969, wird durch die Bewerbung um die Bestellung zum Mitglied des Jugendvertrauensrates, durch die Bestellung zum Mitglied des Wahlvorstandes und durch die Wahl zum Mitglied des Jugendvertrauensrates gehemmt. Die Hemmung dauert für Mitglieder des Wahlvorstandes und für Wahlwerber vom Zeitpunkt ihrer Bestellung bzw. Bewerbung bis zum Ablauf der Frist zur Anfechtung der Wahl, für Mitglieder des Jugendvertrauensrates vom Zeitpunkt der Annahme der Wahl bis zum Ablauf der jeweiligen Tätigkeitsdauer. Auf Grund einer Klage des Betriebsinhabers kann das Gericht einer vorzeitigen Auflösung des Arbeitsverhältnisses auch zustimmen, wenn ein Tatbestand im Sinne des § 121 verwirklicht wurde.

(BGBl 1986/563)

(3) Für die Teilnahme an Schulungs- und Bildungsveranstaltungen im Sinne des § 118 Abs. 3 hat jedes Mitglied des Jugendvertrauensrates Anspruch auf Freistellung von der Arbeitsleistung unter Fortzahlung des Entgeltes bis zur Dauer von zwei Wochen innerhalb einer Funktionsperiode. § 118 Abs. 4 und 6 ist sinngemäß anzuwenden.

(4) Die Kündigung eines Arbeitnehmers kann gemäß § 105 auch mit der Begründung angefochten werden, daß der Grund zur Kündigung

1. in seiner früheren Tätigkeit als Mitglied des Jugendvertrauensrates,
2. in seiner Bewerbung um die Bestellung zum Mitglied des Jugendvertrauensrates oder
3. in seiner Tätigkeit als Mitglied des Wahlvorstandes gelegen ist.

Rechtsausübung durch Minderjährige

§ 131. Die Ausübung von Rechten und die Übernahme von Pflichten nach den Bestimmungen dieses Hauptstückes bedürfen zu ihrer Rechtsgültigkeit nicht der Einwilligung des gesetzlichen Vertreters.

Abschnitt 3
Jugendvertrauensräteversammlung

Zusammensetzung, Geschäftsführung und Aufgaben

§ 131a. (1) Die Gesamtheit der Mitglieder der im Unternehmen bestellten Jugendvertrauensräte bildet die Jugendvertrauensräteversammlung. Sie ist mindestens einmal in jedem Kalenderjahr vom Zentraljugendvertrauensrat einzuberufen. Den Vorsitz führt der Vorsitzende[a)] des Zentraljugendvertrauensrates, bei dessen Verhinderung sein Stellvertreter.

[a)] bzw „(die) Vorsitzende" (Art. II BGBl 1986/394, siehe unten 4.2.)

(2) Besteht kein Zentraljugendvertrauensrat oder ist er vorübergehend funktionsunfähig, so sind zur Einberufung berechtigt:

1. Das an Lebensjahren älteste Jugendvertrauensratsmitglied;
2. der Zentralbetriebsrat.

(3) Auf die Geschäftsführung ist § 78 Abs. 2 bis 5 sinngemäß anzuwenden. Jeder im Unternehmen bestehende Betriebsrat ist berechtigt, durch mindestens einen Vertreter mit beratender Stimme an der Jugendvertrauensräteversammlung teilzunehmen.

(4) Der Jugendvertrauensräteversammlung obliegt die Behandlung von Berichten des Zentraljugendvertrauensrates und die Beschlußfassung über seine Enthebung.

Abschnitt 4
Zentraljugendvertrauensrat

Zusammensetzung und Berufung

§ 131b. (1) Der Zentraljugendvertrauensrat besteht in Unternehmen bis zu 250 jugendlichen Arbeitnehmern aus vier Mitgliedern, in Unternehmen mit 251 bis 500 jugendlichen Arbeitnehmern aus fünf Mitgliedern und in Unternehmen mit mehr als 500 jugendlichen Arbeitnehmern aus sechs Mitgliedern.

(2) Die Mitglieder des Zentraljugendvertrauensrates werden von der Gesamtheit der Mitglieder der im Unternehmen errichteten Jugendvertrauensräte aus ihrer Mitte nach den Grundsätzen des Verhältniswahlrechtes (§ 51 Abs. 2) geheim gewählt. Im übrigen findet § 81 sinngemäß Anwendung mit der Maßgabe, daß der Wahlvorstand aus mindestens zwei Jugendvertrauensratsmitgliedern und einem Zentralbetriebsratsmitglied besteht.

(3) Übersteigt im Unternehmen die Zahl der Betriebe, in denen Jugendvertrauensräte errichtet sind, die Höchstzahl der Mitglieder im Zentraljugendvertrauensrat, so kann dieser für jeden nicht durch ein Mitglied im Zentraljugendvertrauensrat

vertretenen Betrieb die Berufung eines weiteren Mitgliedes beschließen. Die Zahl dieser weiteren Mitglieder darf vier nicht überschreiten; sie sind von den Jugendvertrauensräten dieser im Zentraljugendvertrauensrat nicht vertretenen Betriebe zu nominieren.

(4) Im Zentraljugendvertrauensrat sollen jugendliche Arbeitnehmerinnen und Arbeitnehmer entsprechend ihrem zahlenmäßigen Verhältnis vertreten sein.

(BGBl 1992/833)

Tätigkeitsdauer

§ 131c. Die Tätigkeitsdauer des Zentraljugendvertrauensrates beträgt zwei Jahre. Im übrigen findet § 82 sinngemäß Anwendung.

Aufgaben und Befugnisse

§ 131d. (1) Der Zentraljugendvertrauensrat ist berufen, die wirtschaftlichen, sozialen, gesundheitlichen und kulturellen Interessen der jugendlichen Arbeitnehmer wahrzunehmen. Besteht im Unternehmen ein Zentralbetriebsrat, so hat der Zentraljugendvertrauensrat, sofern nicht anders bestimmt, seine Aufgaben im Einvernehmen mit dem Zentralbetriebsrat wahrzunehmen. § 39 ist sinngemäß anzuwenden.

(2) In Erfüllung der Aufgaben nach Abs. 1 hat der Zentraljugendvertrauensrat den Zentralbetriebsrat zu beraten und zu unterstützen, der seinerseits verpflichtet ist, dem Zentraljugendvertrauensrat bei der Wahrnehmung der besonderen Belange der jugendlichen Arbeitnehmer beizustehen.

(3) In Wahrnehmung der Interessen der jugendlichen Arbeitnehmer ist der Zentraljugendvertrauensrat berufen,

1. bei allen Angelegenheiten, die die gemeinsamen Interessen der jugendlichen Arbeitnehmer des Unternehmens betreffen, beim Zentralbetriebsrat und, sofern ein solcher nicht besteht, bei der Unternehmensführung entsprechende Maßnahmen zu beantragen und auf die Beseitigung von Mängeln hinzuwirken;
2. Vorschläge in Fragen der Berufsausbildung und der beruflichen Weiterbildung jugendlicher Arbeitnehmer zu erstatten, soweit solche Maßnahmen mehr als einen Betrieb betreffen;
3. an den Sitzungen des Zentralbetriebsrates mit beratender Stimme teilzunehmen.

(4) Der Zentralbetriebsrat und die Unternehmensführung sind verpflichtet, dem Zentraljugendvertrauensrat die zur Erfüllung seiner Aufgaben erforderlichen Auskünfte zu erteilen.

Geschäftsführung

§ 131e. (1) Vertreter des Zentraljugendvertrauensrates gegenüber der Unternehmensführung und nach außen ist der Vorsitzende[a)] , bei dessen Verhinderung dessen Stellvertreter, es sei denn, der Zentraljugendvertrauensrat beschließt im Einzelfall etwas anderes.

[a)] bzw. „(die) Vorsitzende" (Art. II BGBl 1986/394, siehe unten 4.2.)

(2) Zu den Sitzungen des Zentraljugendvertrauensrates ist der Zentralbetriebsrat einzuladen. Der Zentralbetriebsrat ist berechtigt, an den Sitzungen des Zentraljugendvertrauensrates durch einen Vertreter mit beratender Stimme teilzunehmen. Zu den Sitzungen des Zentralbetriebsrates ist der Zentraljugendvertrauensrat einzuladen. Der Zentraljugendvertrauensrat ist berechtigt, an den Sitzungen des Zentralbetriebsrates durch einen Vertreter mit beratender Stimme teilzunehmen.

(3) Die Beschlüsse des Zentraljugendvertrauensrates sind dem Zentralbetriebsrat zur Kenntnis zu bringen. Der Zentralbetriebsrat hat über Beschlüsse des Zentraljugendvertrauensrates und über Angelegenheiten der jugendlichen Arbeitnehmer in Anwesenheit des Zentraljugendvertrauensrates oder von diesem entsendeter Mitglieder zu beraten.

(4) Im übrigen finden die §§ 83 und 84 sinngemäß Anwendung.

(BGBl 1986/394)

Konzernjugendvertretung

§ 131f. (1) Sind in einem Konzern im Sinne des § 15 des Aktiengesetzes 1965 oder des § 115 des Gesetzes über Gesellschaften mit beschränkter Haftung in mehr als einem Unternehmen Jugendvertrauensräte errichtet, so kann eine Konzernjugendvertretung zur Wahrnehmung der gemeinsamen wirtschaftlichen, sozialen, gesundheitlichen und kulturellen Interessen der in der Konzernjugendvertretung vertretenen jugendlichen Arbeitnehmer gebildet werden, für die §§ 88a und 88b sinngemäß gelten.

(2) Besteht im Konzern eine Konzernvertretung, so hat die Konzernjugendvertretung ihre Aufgaben im Einvernehmen mit dieser wahrzunehmen. § 131d Abs. 2, 3 und 4 gilt sinngemäß.

(BGBl 1990/411, BGBl 1993/460)

6. HAUPTSTÜCK
Vorschriften für einzelne Betriebsarten

Betriebe mit besonderer Zweckbestimmung und Verwaltungsstellen juristischer Personen des öffentlichen Rechts

§ 132. (1) Auf Unternehmen und Betriebe, die unmittelbar politischen, koalitionspolitischen, konfessionellen, wissenschaftlichen, erzieherischen oder karitativen Zwecken dienen, ferner auf Verwaltungsstellen von juristischen Personen öffentlichen Rechts und der Oesterreichischen Nationalbank sind die §§ 110 bis 112 nicht anzuwenden. §§ 108 und 109 Abs. 1 und 2 sind anzuwenden, soweit nicht die besondere Zweckbestimmung betroffen ist. § 109 ist jedenfalls anzuwenden, soweit es sich um Betriebsänderungen im Sinne des § 109 Abs. 1 Z 1a, 5 und 6 handelt.

(BGBl 1986/394, BGBl 1990/411, BGBl 1993/460)

(2) Auf Unternehmen und Betriebe, die unmittelbar Zwecken der Berichterstattung oder Meinungsäußerung dienen, sind die §§ 108 bis 112 insoweit nicht anzuwenden, als es sich um Angelegenheiten handelt, die die politische Richtung dieser Unternehmen und Betriebe beeinflussen. § 109 ist jedenfalls anzuwenden, soweit es sich um Betriebsänderungen im Sinne des § 109 Abs. 1 Z 1a, 5 und 6 handelt. § 99 Abs. 3 ist hinsichtlich der Einstellung von Journalisten im Sinne des Journalistengesetzes, StGBl. Nr. 88/1920, insoweit nicht anzuwenden, als diese Einstellung die politische Richtung dieses Unternehmens oder Betriebs beeinflußt.

(BGBl 1993/460)

(3) Auf den Österreichischen Rundfunk sind die §§ 111 und 112 nicht, § 110 nach Maßgabe des Rundfunkgesetzes anzuwenden.

(4) Auf Unternehmen und Betriebe, die konfessionellen Zwecken einer gesetzlich anerkannten Kirche oder Religionsgesellschaft dienen, sind die Bestimmungen des II. Teiles nicht anzuwenden, soweit die Eigenart des Unternehmens oder des Betriebes dem entgegensteht. Jedenfalls sind die Bestimmungen über Betriebsvereinbarungen in den Angelegenheiten des § 96 Abs. 1 Z 1, 2 und 4 sowie die §§ 108 bis 112 nicht anzuwenden auf Betriebe und Verwaltungsstellen, die der Ordnung der inneren Angelegenheiten der gesetzlich anerkannten Kirchen und Religionsgesellschaften dienen, ausgenommen jedoch § 109, soweit es sich um Betriebsänderungen im Sinne des § 109 Abs. 1 Z 1a, 5 und 6 handelt.

(BGBl 1993/460)

Theaterunternehmen

§ 133. (1) Auf Theaterunternehmen im Sinne des § 1 Abs. 2 des Theaterarbeitsgesetzes (TAG), BGBl. I Nr. 100/2010, sind die Bestimmungen des II. Teiles anzuwenden, soweit sich im folgenden nicht anderes ergibt.

(BGBl I 2010/100)

(2) Beschäftigt ein Theaterunternehmen mehr als 50 dem TAG unterliegende Arbeitnehmer, so sind für diese Personen getrennte Betriebsräte des darstellenden und des nichtdarstellenden Personals zu wählen, wenn jede dieser Gruppen mindestens 20 Arbeitnehmer umfaßt. Innerhalb dieser Gruppen sind die Bestimmungen über getrennte Betriebsräte der Arbeiter und Angestellten nicht anzuwenden. In Betrieben, in denen getrennte Betriebsräte des darstellenden und des nichtdarstellenden Personals bestehen, bilden diese mit den sonst im Betrieb bestehenden Betriebsräten den Betriebsausschuß; die §§ 76 und 77 sind sinngemäß anzuwenden.

(BGBl I 2010/100)

(3) In Betrieben, in denen berufsübliche Arbeitsverhältnisse mit künstlerischem Personal jeweils nur auf bestimmte Dauer abgeschlossen werden, endet das Arbeitsverhältnis eines Betriebsratsmitgliedes, wenn es dem künstlerischen Personal angehört, ohne seine Zustimmung nicht vor Ablauf der Spielzeit, innerhalb der die Tätigkeitsdauer des Betriebsrates endet. Die Bestimmungen der §§ 62, 64 sowie 120 bis 122 bleiben unberührt.

(4) Werden Bühnenarbeitsverträge im Sinne des § 27 TAG nicht verlängert, so ist der Betriebsrat hiervon bis spätestens eine Woche vor Absendung der Benachrichtigung von der Nichtverlängerung zu verständigen. Der/Die Theaterunternehmer/in hat auf Verlangen des Betriebsrates mit diesem innerhalb der Frist zur Stellungnahme über die Nichtverlängerung des Bühnenarbeitsvertrages zu beraten. Eine vor Ablauf dieser Frist ausgesprochene Nichtverlängerung ist rechtsunwirksam, es sei denn, dass der Betriebsrat eine Stellungnahme bereits abgegeben hat.

(BGBl I 2010/100)

(5) § 99 Abs. 2 und 3 sind auf die Einstellung von am Theater solistisch tätigen Mitgliedern sowie auf die Einstellung von Arbeitnehmern, die vorübergehend zu dem Zweck eingestellt werden, um den Ausfall einer Vorstellung zu verhindern, bezüglich der vorherigen Information und Beratung nicht anzuwenden.

(6) Im übrigen sind in Theaterunternehmen die Bestimmungen der §§ 40 Abs. 4, 78 bis 88 und 110 bis 112 nicht anzuwenden. § 109 Abs. 3 zweiter Satz ist nur insoweit anzuwenden, als es sich um Betriebsänderungen im Sinne des § 109 Abs. 1 Z 5 und 6 handelt und hiedurch künstlerische Belange nicht betroffen werden.

(BGBl 1986/394)

Betriebe des Österreichischen Rundfunks

§ 133a. In Betrieben des Österreichischen Rundfunks, in denen Arbeitsverhältnisse mit journalistischen und programmgestaltenden Mitarbeitern gemäß § 32 Abs. 5 des ORF-Gesetzes jeweils nur auf bestimmte Dauer abgeschlossen werden, endet ein solches Arbeitsverhältnis eines Betriebsratsmitgliedes, das diesem Personenkreis angehört, ohne seine Zustimmung nicht vor Ablauf der Tätigkeitsdauer des Betriebsrates. Die Bestimmungen der §§ 62, 64 sowie 120 bis 122 bleiben unberührt.

(BGBl 1982/48, BGBl I 2001/83)

Unternehmen und Betriebe des öffentlichen Personen-, Güter- und Nachrichtenverkehrs

§ 134. (1) Arbeitsstätten von

1. Straßenbahn- und Obusunternehmungen im Sinne des § 5 Eisenbahngesetz 1957, BGBl. Nr. 60, mit Ausnahme jener in Städten mit mehr als 500.000 Einwohnern,

2. Seilbahnunternehmen im Sinne des § 2 Seilbahngesetz 2003, BGBl. I Nr. 103,
(BGBl I 2006/104)
3. Kraftfahrlinienunternehmen im Sinne des § 1 Abs. 1 Kraftfahrliniengesetz (KfLG), BGBl. I Nr. 203/1999,
(BGBl I 2006/104, BGBl I 2007/77)

(2) Arbeitsstätten von Schifffahrtsunternehmen im Sinne des Schifffahrtsgesetzes, BGBl. I Nr. 62/1997 sowie im Sinne der §§ 3 und 7 ff. des Seeschifffahrtsgesetzes, BGBl. Nr. 174/1981 (Schiffe, die die österreichische Flagge führen) gelten in ihrer Gesamtheit als ein Betrieb im Sinne des § 34 Abs. 1. § 35 ist auf diese Arbeitsstätten nicht anzuwenden.

(BGBl I 2006/104)

(3) Arbeitsstätten von Luftverkehrsunternehmen im Sinne der §§ 101 ff. des Luftfahrtgesetzes, BGBl. Nr. 253/1957, gelten in ihrer Gesamtheit als ein Betrieb im Sinne des § 34 Abs. 1. § 35 ist auf diese Arbeitsstätten nicht anzuwenden.

(BGBl I 2006/104)

(4) Senderanlagen von Unternehmen des Rundfunk- und Fernsehrundfunkverkehrs gelten nicht als Betriebe im Sinne des § 34 Abs. 1. § 35 ist auf sie nicht anzuwenden.

(5) Beschäftigt ein Schiffahrts- oder Flugunternehmen dauernd mindestens fünf Arbeitnehmer ganz oder überwiegend im Schiffs- oder Flugdienst, so kann für diese Arbeitnehmergruppe ein eigener Betriebsrat gewählt werden. In diesem Falle sind innerhalb dieser Gruppe die Bestimmungen über getrennte Betriebsräte der Arbeiter und der Angestellten nicht anzuwenden. In Betrieben, in denen ein Betriebsrat für die im Schiffs- oder Flugdienst beschäftigten Arbeitnehmer besteht, bildet er mit den sonst im Betrieb bestehenden Betriebsräten den Betriebsausschuß; die §§ 76 und 77 sind sinngemäß anzuwenden.

Land- und forstwirtschaftliche Betriebe des Bundes, der Länder, der Gemeindeverbände und der Gemeinden

§ 134a. (1) Auf land- und forstwirtschaftliche Betriebe des Bundes, der Länder, der Gemeindeverbände und der Gemeinden sind die Bestimmungen des II. Teiles dieses Bundesgesetzes anzuwenden, soweit im folgenden nicht anderes bestimmt wird.

(2) § 35 Abs. 1 findet mit der Maßgabe Anwendung, daß Arbeitsstätten, in denen dauernd mehr als 10 Arbeitnehmer beschäftigt sind, einem selbständigen Betrieb gleichgestellt werden können.

(3) § 85 Abs. 1 findet mit der Maßgabe Anwendung, daß die Zentralbetriebsratsumlage höchstens 30 Prozent der Betriebsratsumlage betragen darf.

(4) § 97 Abs. 3 findet mit der Maßgabe Anwendung, daß die Bestimmung des § 97 Abs. 1 Z 7 in Betrieben, in denen dauernd nicht mehr als 35 Arbeitnehmer beschäftigt werden, nicht anzuwenden ist.

(5) Sind die Betriebe eines land- und forstwirtschaftlichen Unternehmens des Bundes auf mehrere Bundesländer verteilt, so findet § 117 Abs. 3 mit der Maßgabe Anwendung, daß für jedes Bundesland, in dem die Zahl der in den Betrieben dieses Unternehmens beschäftigten Arbeitnehmer 400 übersteigt, auf Antrag des Zentralbetriebsrates ein Mitglied desselben oder ein Betriebsratsmitglied aus einem dieser Betriebe unter Fortzahlung des Entgelts von der Arbeitsleistung freizustellen ist.

(BGBl 1975/360)

Gemeinsam verwaltete Häuser

§ 134b. (1) Werden Häuser eines Hauseigentümers gemeinsam verwaltet, so bilden diese Häuser einen Betrieb im Sinne des § 34 Abs. 1. Die vom Hauseigentümer in diesen Häusern beschäftigten Hausbesorger sowie die für diese Häuser beschäftigten Hausbetreuer sind im Sinne des § 36 Arbeitnehmer dieses Betriebes. Werden in diesem Betrieb dauernd mindestens 20 Hausbesorger und Hausbetreuer beschäftigt, so ist von diesen ein eigener Betriebsrat zu errichten. Hinsichtlich der Hausbetreuer bleibt § 40 unberührt.

(2) Die sich aus der Bestellung eines Betriebsrates ergebenden Kosten treffen alle Häuser im Sinne des Abs. 1 zu gleichen Teilen. Diese Kosten gelten als Beitrag für die Hausbesorgerarbeiten gemäß § 23 des Mietrechtsgesetzes, BGBl. Nr. 520/1981.

(BGBl 1985/55)

§§ 135. bis 140. (aufgehoben)

(BGBl 1986/563)

III. TEIL
Behörden und Verfahren

1. HAUPTSTÜCK
Bundeseinigungsamt und Schlichtungsstellen

Abschnitt 1
Bundeseinigungsamt

Errichtung und Zusammensetzung

§ 141. (1) Beim Bundesministerium für soziale Verwaltung ist ein Bundeseinigungsamt zu errichten. Sein Wirkungsbereich erstreckt sich auf das ganze Bundesgebiet. Das Bundeseinigungsamt besteht aus einem Vorsitzenden und nach Bedarf aus einem oder mehreren Stellvertretern sowie aus der erforderlichen Zahl von Mitgliedern, die aus den Gruppen der Arbeitgeber und der Arbeitnehmer bestellt werden.

(2) Der Vorsitzende und seine Stellvertreter werden vom Bundesminister für soziale Verwaltung nach Anhörung der Wirtschaftskammer Österreich und der Bundeskammer für Arbeiter und Angestellte für unbestimmte Zeit und auf Widerruf ernannt. Sie haben, wenn sie nicht schon als öffentlich Bedienstete zur unparteiischen und gewissenhaften Ausübung der Amtspflichten ver-

pflichtet wurden, dieses Gelöbnis vor dem Bundesminister für soziale Verwaltung zu leisten.

(BGBl 1996/601)

(3) Die Mitglieder werden vom Bundesminister für soziale Verwaltung auf Grund von Vorschlägen bestellt, die von der Wirtschaftskammer Österreich für die Mitglieder aus dem Kreise der Arbeitgeber und von der Bundeskammer für Arbeiter und Angestellte für die Mitglieder aus dem Kreise der Arbeitnehmer erstattet werden; soweit es sich um Personengruppen handelt, die nicht diesen gesetzlichen Interessenvertretungen angehören, obliegt die Erstattung der Vorschläge den zuständigen Kammern oder, wenn solche nicht bestehen, den sonstigen Interessenvertretungen der Arbeitgeber einerseits und der Arbeitnehmer andererseits. Wird das Vorschlagsrecht nicht binnen zwei Monaten nach Aufforderung ausgeübt, so ist der Bundesminister für soziale Verwaltung bei der Bestellung an Vorschläge nicht gebunden.

(BGBl 1996/601)

(4) Hinsichtlich der Erfordernisse der Bestellung der Mitglieder ist § 24 ASGG sinngemäß anzuwenden.

(5) Die Mitglieder werden für eine Amtsdauer von fünf Jahren bestellt. Sie haben vor Antritt ihres Amtes dem Vorsitzenden durch Handschlag gewissenhafte und unparteiische Ausübung des Amtes zu geloben. Das Amt von Mitgliedern, die innerhalb der allgemeinen fünfjährigen Amtsdauer bestellt wurden, endet mit deren Ablauf. Die infolge des Ablaufs der Amtsdauer ausscheidenden Mitglieder haben ihr Amt bis zur Wiederbesetzung auszuüben. Wiederbestellung ist zulässig.

(6) Der Bundesminister für soziale Verwaltung hat ein Mitglied seines Amtes zu entheben, wenn ein gesetzliches Hindernis (Abs. 4) bekannt wird oder wenn es ohne genügende Entschuldigung die Pflichten seines Amtes wiederholt vernachlässigt. Ein Mitglied ist auch dann zu entheben, wenn in seiner Berufstätigkeit eine solche Änderung eintritt, daß es nicht mehr geeignet erscheint, die Interessen der Berufsgruppe wahrzunehmen, zu deren Vertretung es bestellt wurde oder wenn es selbst um seine Amtsenthebung ersucht.

(BGBl 1986/563)

Verhandlung und Beschlußfassung

§ 142. (1) Das Bundeseinigungsamt verhandelt und entscheidet in Senaten, die vom Vorsitzenden tunlichst unter Bedachtnahme auf den Verhandlungsgegenstand und erforderlichenfalls auf regionale Gesichtspunkte gebildet werden.

(2) Ein Senat des Bundeseinigungsamtes ist verhandlungs- und beschlußfähig, wenn außer dem Vorsitzenden oder dessen Stellvertreter je zwei Mitglieder aus der Gruppe der Arbeitgeber und der Arbeitnehmer anwesend sind.

(3) Sind die Mitglieder einer Gruppe in der Überzahl, so haben in dieser Gruppe die dem Alter nach jüngsten Mitglieder, soweit sie überzählig sind, kein Stimmrecht. Die Beschlüsse werden mit einfacher Mehrheit der Stimmberechtigten gefaßt; der Vorsitzende gibt seine Stimme als letzter ab. Der Vorsitzende darf sich der Stimme nicht enthalten.

(4) Das Bundeseinigungsamt kann zu den Verhandlungen Sachverständige und Auskunftspersonen beiziehen.

(BGBl 1986/563)

§ 143. (aufgehoben)
(BGBl 1986/563)

Abschnitt 2
Schlichtungsstelle

Errichtung und Zusammensetzung

§ 144. (1) Zur Entscheidung von Streitigkeiten über den Abschluß, die Änderung oder die Aufhebung von Betriebsvereinbarungen in Angelegenheiten, in welchen das Gesetz die Entscheidung durch Schlichtungsstellen vorsieht, ist auf Antrag eines der Streitteile eine Schlichtungsstelle zu errichten. Die Schlichtungsstelle ist am Sitz des mit Arbeits- und Sozialrechtssachen in erster Instanz befaßten Gerichtshofes, in dessen Sprengel der Betrieb liegt, zu errichten. Bei Streitigkeiten über den Abschluß, die Änderung oder Aufhebung von Betriebsvereinbarungen, deren Geltungsbereich Betriebe umfaßt, die in zwei oder mehreren Sprengeln liegen, ist der Sitz des Unternehmens, dem die Betriebe angehören, maßgebend. Durch Vereinbarung der Streitteile kann die Schlichtungsstelle am Sitz eines anderen mit Arbeits- und Sozialrechtssachen in erster Instanz befaßten Gerichtshofs errichtet werden. Ein Antrag auf Entscheidung einer Streitigkeit durch die Schlichtungsstelle ist an den Präsidenten des in Betracht kommenden Gerichtshofes zu richten.

(2) Die Schlichtungsstelle besteht aus einem Vorsitzenden und vier Beisitzern. Der Vorsitzende ist vom Präsidenten des Gerichtshofes auf einvernehmlichen Antrag der Streitteile zu bestellen. Kommt eine Einigung der Streitteile auf die Person des Vorsitzenden innerhalb von zwei Wochen ab Antragstellung (Abs. 1) nicht zustande, so ist er auf Antrag eines der Streitteile vom Präsidenten des Gerichtshofes zu bestellen. Die Bestellung hat aus dem Kreise der Berufsrichter zu erfolgen, die bei dem Gerichtshof mit Arbeits- und Sozialrechtssachen befaßt sind. Sie bedarf der Zustimmung des zu Bestellenden.

(2a) Der Vorsitzende und die Beisitzer der Schlichtungsstelle sind weisungsfrei. Der Bundesminister für Arbeit, Soziales und Konsumentenschutz kann die Mitglieder der Schlichtungsstelle jederzeit aus wichtigem Grund abberufen. Der Bundesminister für Arbeit, Soziales und Konsumentenschutz ist berechtigt, sich über alle Gegenstände der Geschäftsführung der Schlichtungsstelle zu unterrichten.

(BGBl I 2010/101, BGBl I 2013/71)

(3) Jeder der Streitteile hat zwei Beisitzer namhaft zu machen, davon einen aus einer Beisitzerliste; der zweite Beisitzer soll aus dem Kreise der im

Betrieb Beschäftigten namhaft gemacht werden. Hat einer der Streitteile binnen zwei Wochen ab Antragstellung (Abs. 1) die Nominierung der Beisitzer nicht vorgenommen, so hat der Präsident des in Betracht kommenden Gerichtshofes sie aus der Liste der Beisitzer jener Gruppe (Arbeitgeber oder Arbeitnehmer), welcher der Säumige angehört, zu bestellen.

(4) Die Streitteile haben die Einigung auf die Person des Vorsitzenden und die Nominierung der Beisitzer dem Präsidenten des in Betracht kommenden Gerichtshofes mitzuteilen, der den Vorsitzenden der Schlichtungsstelle und die Beisitzer unverzüglich zu bestellen hat.

(BGBl 1986/563)

Beisitzerliste

§ 145. (1) Der Bundesminister für soziale Verwaltung hat auf Grund von Vorschlägen eine Liste der Beisitzer aus dem Kreise der Arbeitgeber und eine Liste der Beisitzer aus dem Kreise der Arbeitnehmer zu erstellen. Bei Erstattung der Vorschläge und Erstellung der Listen ist auf die fachliche Qualifikation der Beisitzer und auf regionale Gesichtspunkte entsprechend Bedacht zu nehmen.

(2) Die Vorschläge für die Liste der Beisitzer aus dem Kreise der Arbeitgeber sind von der Wirtschaftskammer Österreich, jene für die Liste der Beisitzer aus dem Kreise der Arbeitnehmer von der Bundeskammer für Arbeiter und Angestellte zu erstatten, wobei die Wirtschaftskammer Österreich auf Vorschläge der Landeskammern und die Bundeskammer für Arbeiter und Angestellte auf Vorschläge der Arbeiterkammern Bedacht zu nehmen haben.

(BGBl 1996/601)

(2a) Die Aufnahme von Personen in eine der im Abs. 1 genannten Listen erfolgt für eine Amtsdauer von fünf Jahren. Das Amt von Beisitzern, die innerhalb der allgemeinen fünfjährigen Amtsdauer in die Liste aufgenommen werden, endet mit deren Ablauf. Die infolge des Ablaufs der Amtsdauer ausscheidenden Beisitzer haben ihr Amt bis zur Nachbesetzung auszuüben. Eine neuerliche Aufnahme von ausgeschiedenen Beisitzern ist zulässig.

(BGBl 1990/411)

(3) Hinsichtlich der Erfordernisse zur Aufnahme von Personen in eine der in Abs. 1 genannten Listen ist § 24 ASGG sinngemäß anzuwenden. Der Bundesminister für soziale Verwaltung kann die Aufnahme einer vorgeschlagenen Person in eine Liste nur verweigern, wenn ein gesetzliches Hindernis vorliegt.

(BGBl 1986/563)

(4) Die Aufnahme von Personen in eine der im Abs. 1 genannten Listen, die Ablehnung der Aufnahme einer vorgeschlagenen Person sowie die Streichung einer Person aus einer Liste vor Ablauf der Amtsdauer hat mit Bescheid zu erfolgen. § 141 Abs. 6 ist sinngemäß anzuwenden.

(BGBl 1990/411)

(5) Ausfertigungen der Beisitzerlisten sind den mit Arbeits- und Sozialrechtssachen in erster Instanz befaßten Gerichtshöfen (§ 144 Abs. 1), der Wirtschaftskammer Österreich und der Bundeskammer für Arbeiter und Angestellte sowie binnen zwei Wochen ab Stellung eines Antrages auf Entscheidung der Schlichtungsstelle den Streitteilen zu übermitteln; dies gilt sinngemäß auch für Änderungen derselben.

(BGBl 1986/563, BGBl 1996/601)

(6) Die in Abs. 1 genannten Listen können bei den mit Arbeits- und Sozialrechtssachen in erster Instanz befaßten Gerichtshöfen (§ 144 Abs. 1) während der Amtsstunden von jedermann eingesehen werden.

(BGBl 1986/563)

Verhandlung und Beschlußfassung

§ 146. (1) Die Schlichtungsstelle ist – soweit im folgenden nichts anderes bestimmt wird – verhandlungs- und beschlußfähig, wenn sowohl der Vorsitzende als auch von jedem der Streitteile zwei Beisitzer anwesend sind. Wurde eine Verhandlung der Schlichtungsstelle bereits einmal vertagt, weil ein Beisitzer ohne rechtmäßigen Hinderungsgrund nicht erschienen ist, und ist in der fortgesetzten Verhandlung abermals derselbe oder ein anderer von der gleichen Partei namhaft gemachter Beisitzer unentschuldigt nicht erschienen, so wird die Verhandlung und Entscheidung nicht gehindert, sofern der Vorsitzende und mindestens ein Beisitzer anwesend sind. Bei der Beschlußfassung hat sich der Vorsitzende zunächst der Stimme zu enthalten; kommt eine Stimmenmehrheit nicht zustande, so nimmt der Vorsitzende nach weiterer Beratung an der erneuten Beschlußfassung teil. Er gibt seine Stimme als letzter ab. Stimmenthaltung ist unzulässig.

(2) Die Schlichtungsstelle hat die Entscheidung möglichst rasch innerhalb der durch die Anträge der Parteien bestimmten Grenzen und unter Abwägung der Interessen des Betriebes einerseits und der Belegschaft andererseits zu fällen. Sie ist dabei an das übereinstimmende Vorbringen und die übereinstimmenden Anträge der Streitteile gebunden. Die Entscheidung gilt als Betriebsvereinbarung. Gegen die Entscheidung der Schlichtungsstelle kann Beschwerde an das Bundesverwaltungsgericht erhoben werden.

(BGBl I 2013/71)

(2a) Über Angelegenheiten gemäß § 97 Abs. 1 Z 2 in Verbindung mit einer kollektivvertraglichen Ausdehnung des Durchrechnungszeitraumes gemäß § 4 Abs. 6 Arbeitszeitgesetz, BGBl. Nr. 461/1969, in der jeweils geltenden Fassung, hat die Schlichtungsstelle binnen vier Wochen zu entscheiden.

(BGBl 1996/417, BGBl I 2010/101)

(3) Auf das Verfahren vor der Schlichtungsstelle sind im übrigen die für das Verfahren vor dem Bundeseinigungsamt geltenden Vorschriften anzuwenden. § 7 Abs. 1 AVG ist nur auf die aus einer Beisitzerliste namhaft gemachten Beisitzer anzu-

wenden. § 40 Abs. 1 AVG ist mit der Maßgabe anzuwenden, daß auf einvernehmlichen Antrag der Streitteile die Verhandlungen im Betrieb stattzufinden haben.

(BGBl 1986/563)

Abschnitt 3
Gemeinsame Bestimmungen

Geschäftsführung

§ 147. Die Leitung des Bundeseinigungsamtes obliegt, sofern nicht die Beschlußfassung Senaten vorbehalten ist, dem Vorsitzenden. Im Verhinderungsfall leitet der Stellvertreter des Vorsitzenden das Amt. Mit der Führung der laufenden Geschäfte und der Vorbereitung der Verhandlungen unter der Leitung des Vorsitzenden können Bedienstete des Bundesministeriums für soziale Verwaltung betraut werden. Die Kanzleigeschäfte des Bundeseinigungsamtes sind von Bediensteten aus dem Personalstand des Bundesministeriums für soziale Verwaltung, die der Schlichtungsstellen von Bediensteten aus dem Personalstand des jeweils zuständigen mit Arbeits- und Sozialrechtssachen in erster Instanz befaßten Gerichtshofes (§ 144 Abs. 1) zu besorgen.

(BGBl 1986/563)

Gebühren- und Aufwandsentschädigungen

§ 148. (1) Die Mitglieder des Bundeseinigungsamtes üben ihre Tätigkeit ehrenamtlich aus.

(2) Der Vorsitzende, dessen Stellvertreter sowie die Mitglieder des Bundeseinigungsamtes, ferner die Vorsitzenden und Beisitzer der Schlichtungsstellen, die im öffentlichen Dienst stehen, erhalten Reisegebühren nach den für sie geltenden Vorschriften; die übrigen Vorsitzenden (Stellvertreter), Mitglieder und Beisitzer haben Anspruch auf Ersatz der notwendigen Reise- und Aufenthaltskosten sowie auf die Entschädigung für Zeitversäumnis nach den Bestimmungen und Tarifen, die für Schöffen nach dem Gebührenanspruchsgesetz, BGBl. Nr. 136/1975, gelten.

(3) Der Vorsitzende des Bundeseinigungsamtes, dessen Stellvertreter sowie die Vorsitzenden und Beisitzer der Schlichtungsstellen erhalten eine Aufwandsentschädigung, deren Höhe vom Bundesminister für soziale Verwaltung festgesetzt wird. Die Vorsitzenden und Beisitzer der Schlichtungsstellen erhalten Aufwandsentschädigungen nur nach Maßgabe ihrer tatsächlichen Inanspruchnahme.

(4) Die mit der Geschäftsführung des Bundeseinigungsamtes betrauten Bediensteten sowie das Kanzlei- und Schreibpersonal des Bundeseinigungsamtes und der Schlichtungsstellen erhalten für die Ausübung ihrer Funktionen eine Aufwandsentschädigung, deren Höhe vom Bundesminister für soziale Verwaltung im Einvernehmen mit dem Bundesminister für Finanzen festgesetzt wird.

(5) Hinsichtlich der Geltendmachung, der Bestimmung und Zahlung der Gebühr nach dem Gebührenanspruchsgesetz finden die Bestimmungen des Gebührenanspruchsgesetzes sinngemäß mit der Maßgabe Anwendung, daß der Vorsitzende des Bundeseinigungsamtes, bezüglich der Schlichtungsstellen der Präsident des Gerichtshofes, einen geeigneten Bediensteten dieses Amtes mit der Bestimmung der Gebühr beauftragt und daß gegen die Bestimmung der Gebühr die Beschwerde an den Vorsitzenden des Bundeseinigungsamtes (Präsidenten des Gerichtshofes) zulässig ist. Handelt es sich um eine Beschwerde des Vorsitzenden des Bundeseinigungsamtes, so entscheidet hierüber der Stellvertreter des Vorsitzenden.

(BGBl 1986/563)

Einsichtnahme

§ 149. Die vom Bundeseinigungsamt beschlossenen Mindestlohntarife, Satzungen und Lehrlingsentschädigungen und die beim Bundesministerium für soziale Verwaltung hinterlegten Kollektivverträge können während der Amtsstunden von jedermann eingesehen werden.

(BGBl 1986/563)

Gebührenfreiheit

§ 150. (1) Die im Verfahren vor dem Bundeseinigungsamt und den Schlichtungsstellen erforderlichen Schriften und Amtshandlungen sind von den Stempelgebühren und den Bundesverwaltungsabgaben befreit.

(2) Barauslagen gemäß § 76 Abs. 1 AVG, die im Verfahren vor dem Bundeseinigungsamt und vor der Schlichtungsstelle erwachsen, sind von Amts wegen zu tragen.

(BGBl 1986/563)

§ 150a. (aufgehoben)

(BGBl 1986/563)

Amtshilfe

§ 151. Alle Behörden, die gesetzlichen Interessenvertretungen der Arbeitgeber und der Arbeitnehmer sowie die Träger der Sozialversicherung haben das Bundeseinigungsamt und die Schlichtungsstellen bei Erfüllung ihrer Aufgaben zu unterstützen.

(BGBl 1986/563)

2. HAUPTSTÜCK
Behördenzuständigkeit

§ 152. (aufgehoben)

(BGBl 1986/563)

Mitwirkung bei Verhandlungen über Kollektivverträge

§ 153. Das Bundeseinigungsamt ist berufen, bei den Verhandlungen über den Abschluß oder die Änderung von Kollektivverträgen mitzuwirken, wenn ein Antrag von einer der beteiligten Vertragsparteien gestellt wird.

(BGBl 1986/563)

Kollektivvertragsstreitigkeiten

§ 154. (1) Bei Streitigkeiten über den Abschluß oder die Änderung eines Kollektivvertrages hat das Bundeseinigungsamt über Antrag einer der am Streit beteiligten Parteien Einigungsverhandlungen einzuleiten.

(BGBl 1986/563)

(2) Das Bundeseinigungsamt hat zwischen den Streitteilen zu vermitteln und auf eine Vereinbarung der Streitteile zwecks Beilegung der Streitigkeit hinzuwirken.

(BGBl 1986/563)

(3) Schriftliche Vereinbarungen im Sinne des Abs. 2 gelten als Kollektivverträge.

Schiedssprüche

§ 155. Das Bundeseinigungsamt kann zur Beilegung von Streitigkeiten gemäß § 154 einen Schiedsspruch nur fällen, wenn die Streitteile vorher eine schriftliche Erklärung abgeben, daß sie sich dem Schiedsspruch unterwerfen. Schiedssprüche gelten als Kollektivverträge.

(BGBl 1986/563)

§ 156. und 157. (aufgehoben)

(BGBl 1986/563)

Sonstige Zuständigkeiten des Bundeseinigungsamtes

§ 158. (1) Das Bundeseinigungsamt ist weiters berufen

1. zur Entscheidung über die Zuerkennung und Aberkennung der Kollektivvertragsfähigkeit gemäß § 5;
2. auf Ersuchen eines Gerichts oder einer Verwaltungsbehörde ein Gutachten über die Auslegung eines Kollektivvertrages abzugeben;
3. nach Maßgabe der Bestimmungen des 2. und 3. Hauptstückes des I. Teiles dieses Bundesgesetzes Kollektivverträge zur Satzung zu erklären und Mindestlohntarife festzusetzen sowie dieselben abzuändern oder aufzuheben;
4. zur Festsetzung, Abänderung und Aufhebung von Lehrlingsentschädigungen nach Maßgabe der Bestimmungen des 4. Hauptstückes des I. Teiles dieses Bundesgesetzes;
5. einen Kataster der von ihm beschlossenen Satzungen, Mindestlohntarife und Lehrlingsentschädigungen zu führen.

(2) Gegen einen Bescheid des Bundeseinigungsamtes kann Beschwerde an das Bundesverwaltungsgericht erhoben werden.

(BGBl 1986/563, BGBl I 2013/71)

Zuständigkeit der Schlichtungsstelle

§ 159. In allen Angelegenheiten, in denen das Gesetz bei Nichtzustandekommen einer Einigung über den Abschluß, die Aufhebung oder die Abänderung einer Betriebsvereinbarung die Anrufung der Schlichtungsstelle zuläßt, hat diese zwischen den Streitteilen zu vermitteln, Vorschläge zur Beilegung der Streitfragen zu erstatten und auf eine Vereinbarung der Streitteile hinzuwirken; falls erforderlich, hat sie eine Entscheidung zu fällen.

IV. TEIL
Schluß- und Übergangsbestimmungen

Strafbestimmungen

§ 160. (1) Zuwiderhandlungen gegen die Bestimmungen der §§ 15, 55 Abs. 3, 89 Z 3, 99 Abs. 3, 4 und 5, 103, 104 Abs. 1, 108 Abs. 3, 109 Abs. 1 Z 1a und Abs. 1a, 115 Abs. 4 und 117 Abs. 1 bis 4 und der hiezu erlassenen Durchführungsbestimmungen sind, sofern die Tat nach anderen Gesetzen nicht einer strengeren Strafe unterliegt, von der Bezirksverwaltungsbehörde mit einer Geldstrafe bis zu 2 180 Euro zu ahnden.

(BGBl 1988/196, BGBl 1993/460, BGBl I 2001/98)

(2) Verwaltungsübertretungen nach Abs. 1 sind nur zu verfolgen und zu bestrafen, wenn im Falle

1. des § 55 Abs. 3 der Wahlvorstand,
2. der §§ 15, 89 Z 3, 99 Abs. 3, 4 und 5, 103, 104 Abs. 1 und 117 Abs. 1 bis 4 der Betriebsrat,
3. des § 108 Abs. 3 oder des § 109 Abs. 1 Z 1a und Abs. 1a das gemäß § 113 zuständige Organ der Arbeitnehmerschaft und,

   (BGBl 1993/460)
4. des § 115 Abs. 4 der Betriebsinhaber

binnen sechs Wochen ab Kenntnis von der Übertretung und der Person des Täters, bei der zuständigen Bezirksverwaltungsbehörde einen Strafantrag stellt (Privatankläger).

(BGBl 1988/196)

(3) Auf das Strafverfahren ist § 56 Abs. 2 bis 4 des Verwaltungsstrafgesetzes 1991, BGBl. Nr. 52, anzuwenden.

(BGBl 1986/394, BGBl 1996/601)

Vorbehalt weiterer Vorschriften

§ 161. (1) Der Bundesminister für soziale Verwaltung hat durch Verordnung insbesondere näher zu regeln:

1. Die Vorbereitung und Durchführung der Wahl zum Betriebsrat, Zentralbetriebsrat und Jugendvertrauensrat;
2. die Bestellung und Tätigkeit von Wahlkommissionen und Wahlzeugen;
3. die Geschäftsführung der Betriebs(Gruppen-, Betriebshaupt)versammlung, des Betriebsrates, des Betriebsausschusses, der Betriebsräteversammlung, des Zentralbetriebsrates, der Jugendversammlung und des Jugendvertrauensrates;
4. die Errichtung, Verschmelzung, Trennung, Auflösung und Verwaltung des Betriebsrats(Zentralbetriebsrats)fonds, die Revision seiner Gebarung sowie Rechte und Pflichten der Revisionsorgane;

5. die Wahl der Rechnungsprüfer und ihre Geschäftsführung;
6. die Geschäftsführung des Bundeseinigungsamtes;

   (BGBl 1986/563)
7. im Einvernehmen mit dem Bundesminister für Justiz die Errichtung und Geschäftsführung der Schlichtungsstellen.

   (BGBl 1986/563)

(2) Der Bundeskanzler hat im Einvernehmen mit dem Bundesminister für soziale Verwaltung die Berufung der Mitglieder, die Zusammensetzung und die Geschäftsführung der Staatlichen Wirtschaftskommission beim Bundeskanzleramt durch Verordnung näher zu regeln.

(3) Der Bundesminister für Verkehr hat im Einvernehmen mit dem Bundesminister für soziale Verwaltung die Berufung der Mitglieder, die Zusammensetzung und die Geschäftsführung der Staatlichen Wirtschaftskommission beim Bundesministerium für Verkehr durch Verordnung näher zu regeln.

(4) Der Bundesminister für Handel, Gewerbe und Industrie hat im Einvernehmen mit dem Bundesminister für soziale Verwaltung die Berufung der Mitglieder, die Zusammensetzung und die Geschäftsführung der Staatlichen Wirtschaftskommission beim Bundesministerium für Handel, Gewerbe und Industrie durch Verordnung näher zu regeln.

Außerkrafttreten von Vorschriften

§ 162. (1) Mit dem Inkrafttreten dieses Bundesgesetzes verlieren

1. § 200 Allgemeines Berggesetz, RGBl. Nr. 146/1854;
2. das Kollektivvertragsgesetz, BGBl. Nr. 76/1947;
3. das Betriebsrätegesetz, BGBl. Nr. 97/1947;
4. das Mindestlohntarifgesetz, BGBl. Nr. 156/1951;
5. § 17 Abs. 2 und 3 Berufsausbildungsgesetz, BGBl. Nr. 142/1969;
6. das Jugendvertrauenrätegesetz, BGBl. Nr. 287/1972;

in der bis zum Inkrafttreten dieses Bundesgesetzes geltenden Fassung ihre Wirksamkeit.

(2) Soweit in anderen Bundesgesetzen auf die durch dieses Bundesgesetz aufgehobenen Vorschriften verwiesen wird, treten an deren Stelle die entsprechenden Bestimmungen dieses Bundesgesetzes.

Weitergelten von Gesetzen

§ 163. (1) Für Dienststellen im Sinne des Bundes-Personalvertretungsgesetzes, BGBl. Nr. 133/1967, die bis zum Zeitpunkt des Inkrafttretens dieses Bundesgesetzes unter den Geltungsbereich des Artikels III des Kollektivvertragsgesetzes, BGBl. Nr. 76/1947, fallen, bleibt dieser weiter in Kraft.

(2) Für nicht land- und forstwirtschaftliche Betriebe, die von einer Gemeinde unmittelbar geführt werden (Regiebetriebe), bleibt das Betriebsrätegesetz, BGBl. Nr. 97/1947, bis zum 30. Juni 1976 in Kraft. Bis zu diesem Zeitpunkt sind die Bestimmungen des II. Teiles auf solche Betriebe nicht anzuwenden.

(BGBl 1975/360)

Weitergelten sonstiger Vorschriften

§ 164. (1) Der Bestand und die Wirksamkeit der im Zeitpunkt des Inkrafttretens dieses Bundesgesetzes geltenden Kollektivverträge, Satzungen, Mindestlohntarife und Lehrlingsentschädigungen werden durch das Inkrafttreten dieses Bundesgesetzes nicht berührt.

(2) Die innerhalb des Geltungsbereiches des II. Teiles dieses Bundesgesetzes im Zeitpunkt seines Inkrafttretens geltenden Arbeitsordnungen und Betriebsvereinbarungen bleiben in ihrem gesamten Regelungsumfang mit den bisherigen Rechtswirkungen so lange und insoweit aufrecht, als sie nicht durch Betriebsvereinbarungen im Sinne des 5. Hauptstückes des I. Teiles dieses Bundesgesetzes ersetzt oder aufgehoben werden. Dies gilt sinngemäß auch für Dienstordnungen nach § 200 Allgemeines Berggesetz, RGBl. Nr. 146/1854. Sofern zwischen Betriebsrat und Betriebsinhaber eine Einigung über die Aufhebung einer Arbeitsordnung (Dienstordnung) nicht zustande kommt, kann diese über Antrag des Betriebsinhabers oder des Betriebsrates von der Schlichtungsstelle aufgehoben werden. § 146 Abs. 2 ist sinngemäß anzuwenden.

(3) Die auf Grund des § 45 des Kollektivvertragsgesetzes in Geltung stehenden Tarifordnungen werden durch das Inkrafttreten dieses Bundesgesetzes in ihrer Rechtswirksamkeit nicht berührt.

Weiterbestehen der Kollektivvertragsfähigkeit

§ 165. Eine im Zeitpunkt des Inkrafttretens dieses Bundesgesetzes bereits zuerkannte Kollektivvertragsfähigkeit von auf freiwilliger Mitgliedschaft beruhenden Berufsvereinigungen der Arbeitgeber und der Arbeitnehmer bleibt so lange aufrecht, als nicht auf Grund der Bestimmungen des I. Teiles dieses Bundesgesetzes eine gegenteilige Entscheidung erfolgt.

Anhängige Verfahren

§ 166. (aufgehoben)

(BGBl 1996/601)

Weiterbestehen von Betriebsräten

§ 167. (aufgehoben)

(BGBl 1996/601)

Trennung gemeinsamer Betriebsratsfonds

§ 168. (aufgehoben)

(BGBl 1996/601)

Fristenberechnung

§ 169. Für die Berechnung und den Lauf der in diesem Bundesgesetz festgesetzten Fristen gelten die Bestimmungen der §§ 32 und 33 des Allgemeinen Verwaltungsverfahrensgesetzes 1991, BGBl. Nr. 51.

(BGBl 1996/601)

Übergangsbestimmung

§ 170. Arbeitsgemeinschaften im Sinne des § 88a des Arbeitsverfassungsgesetzes, BGBl. Nr. 22/1974, in der Fassung BGBl. Nr. 833/1992, die im Zeitpunkt des Inkrafttretens dieses Bundesgesetzes errichtet sind, können als Konzernvertretungen bis längstens 30. Juni 1995 bestehen bleiben.

(BGBl 1990/411, BGBl 1993/460)

Wirksamkeitsbeginn und Vollziehung

§ 264. (1) § 167 dieses Bundesgesetzes tritt mit Ablauf des Tages der Kundmachung, die übrigen Bestimmungen dieses Bundesgesetzes treten mit 1. Juli 1974 in Kraft. §§ 23, 50 Abs. 3, 55 Abs. 4a, 69 Abs. 2 und Abs. 3, 80 Abs. 2, 81 Abs. 3, 88a Abs. 2 letzter Satz, 97 Abs. 1 Z 25, 125 Abs. 4 und 131b Abs. 4 dieses Bundesgesetzes in der Fassung des Bundesgesetzes BGBl. Nr. 833/1992 treten mit 1. Jänner 1993 in Kraft.

(1a) Die §§ 97 Abs. 1 Z 6a und 105 Abs. 3 Z 2 in der Fassung des Bundesgesetzes BGBl. Nr. 473/1992 treten mit 1. Jänner 1993 in Kraft.

(BGBl 1992/473, BGBl 1992/833)

(1b) § 105 Abs. 3 Z 2 und § 109 Abs. 3 in der Fassung des Bundesgesetzes BGBl. Nr. 502/1993 treten mit 1. August 1993 in Kraft.

(BGBl 1993/502)

(2) Mit der Vollziehung dieses Bundesgesetzes sind hinsichtlich

1. § 162 Abs. 1 Z 1 und § 164 Abs. 2 zweiter Satz der Bundesminister für Handel, Gewerbe und Industrie,
2. § 136 Abs. 2 zweiter und dritter Satz der Bundesminister für Justiz,
3. § 112 Abs. 4 in Verbindung mit § 161 Abs. 2 der Bundeskanzler im Einvernehmen mit dem Bundesminister für soziale Verwaltung,
4. § 112 Abs. 4 in Verbindung mit § 161 Abs. 3 der Bundesminister für Verkehr im Einvernehmen mit dem Bundesminister für soziale Verwaltung,
5. § 112 Abs. 4 in Verbindung mit § 161 Abs. 4 der Bundesminister für Handel, Gewerbe und Industrie im Einvernehmen mit dem Bundesminister für soziale Verwaltung,
6. § 134b Abs. 2 erster Satz der Bundesminister für soziale Verwaltung im Einvernehmen mit dem Bundesminister für Justiz,
7. § 134b Abs. 2 zweiter Satz der Bundesminister für Justiz,

   (BGBl 1985/55)
8. § 136 Abs. 2 erster Satz der Bundesminister für Justiz im Einvernehmen mit dem Bundesminister für soziale Verwaltung,
9. § 148 Abs. 4 der Bundesminister für soziale Verwaltung im Einvernehmen mit dem Bundesminister für Finanzen,
10. § 144 Abs. 2, 3 und 4, § 145 Abs. 6, § 147 letzter Satz und § 148 Abs. 5 hinsichtlich der Aufgaben des Präsidenten des Gerichtshofes und der Kanzleibediensteten, der Bundesminister für Justiz,

    (BGBl 1986/563)
11. aller übrigen Bestimmungen der Bundesminister für soziale Verwaltung betraut.

    (BGBl 1986/563)

(3) Verordnungen auf Grund der Bestimmungen dieses Bundesgesetzes können bereits von dem seiner Kundmachung folgenden Tag an erlassen werden. Diese Verordnungen dürfen frühestens mit dem im Abs. 1 bezeichneten Zeitpunkt in Kraft gesetzt werden.

(4) § 8 Z 2, § 29, § 31 Abs. 5, 6 und 7, § 32 Abs. 3, § 40 Abs. 4a, § 52 Abs. 1 erster Satz, § 62b Abs. 1 letzter Satz, § 62c, § 73 Abs. 1, § 74, § 82 Abs. 6, § 85 Abs. 1, §§ 88a und 88b, § 108 Abs. 2a und 4, § 109 Abs. 3, § 110 Abs. 6, 6a und 6b, § 113 Abs. 5, § 114 Abs. 2 und 3, § 117 Abs. 5, § 118 Abs. 6, § 123 Abs. 4, § 131f sowie § 170 in der Fassung des Bundesgesetzes BGBl. Nr. 460/1993 treten mit 1. Juli 1993 in Kraft. § 53 Abs. 1, § 108 Abs. 1 letzter Satz, § 109 Abs. 1 Z 1a und Abs. 1a, § 126 Abs. 5, § 132 Abs. 1 letzter Satz, Abs. 2 zweiter Satz und Abs. 4 letzter Satz sowie § 160 Abs. 1 und Abs. 2 Z 3 treten gleichzeitig mit dem Abkommen über den Europäischen Wirtschaftsraum[a)] in Kraft.

(BGBl 1993/460)

[a)] Die Kundmachung des Abkommens und seines Inkrafttretens wird zu einem späteren Zeitpunkt erfolgen.

[Das Abkommen über den Europäischen Wirtschaftsraum ist seit 1.1.1994 in Kraft, vgl. BGBl 1993/917]

(5) §§ 92a, 105 Abs. 3 Z 1 lit. g, 113 Abs. 2 Z 5 und Abs. 4 Z 2 in der Fassung des Bundesgesetzes BGBl. Nr. 450/1994 treten mit 1. Jänner 1995 in Kraft. § 99a tritt mit Ablauf des 31. Dezember 1994 außer Kraft.

(BGBl 1994/450)

(6) § 146 Abs. 2a in der Fassung des Bundesgesetzes BGBl. Nr. 417/1996 tritt mit 1. August 1996 in Kraft und ist auf Verfahren vor der Schlichtungsstelle anzuwenden, deren Errichtung nach dem 31. Juli 1996 beantragt worden ist.

(BGBl 1996/417)

(7) § 1 Abs. 2 Z 1, § 21 Abs. 1 erster Satz, § 49 Abs. 1 erster Satz, § 62c Abs. 1, § 70 Z 4, § 105 Abs. 3 Z 1 lit. h, § 110 Abs. 6b, § 112 Abs. 4, § 129 Abs. 3 Z 3, § 141 Abs. 2 und 3, § 145 Abs. 2 und 5, § 160 Abs. 3 und § 169 in der Fassung des Bundesgesetzes BGBl. Nr. 601/1996 treten mit 1. Oktober 1996 in Kraft. Die §§ 166 bis 168 treten mit Ablauf des 30. September 1996 außer Kraft. § 40 Abs. 4b, § 105 Abs. 3 Z 1 lit. j, § 113 Abs. 2 Z 6 und 7, Abs. 4 Z 4 und 5, Abs. 5 Z 5 und 6 sowie die Bestimmungen des V. Teiles in der Fas-

sung des Bundesgesetzes BGBl. Nr. 601/1996 treten mit 22. September 1996 in Kraft.

(BGBl 1996/601)

(8) § 89 Z 3 erster Satz in der Fassung des Bundesgesetzes BGBl. Nr. 754/1996 tritt mit 1. Jänner 1997 in Kraft.

(BGBl 1996/754)

(9) Die §§ 56 Abs. 3 und 105 Abs. 3 Z 1 lit. h in der Fassung des Bundesgesetzes BGBl. I Nr. 30/1998 treten mit 1. Jänner 1998 in Kraft.

(BGBl I 1998/30)

(10) Die §§ 171 Abs. 2 und 206 Abs. 7 und 8 in der Fassung des Bundesgesetzes BGBl. I Nr. 14/2000 treten mit 15. Dezember 1999 in Kraft.

(BGBl I 2000/14)

(11) § 110 Abs. 8 und § 133a in der Fassung des Bundesgesetzes BGBl. I Nr. 83/2001 treten mit 1. Jänner 2002 in Kraft.

(BGBl I 2001/83, BGBl I 2002/100)

(12) § 160 Abs. 1 und § 207 Abs. 1 in der Fassung des Bundesgesetzes BGBl. I Nr. 98/2001 treten mit 1. Jänner 2002 in Kraft.

(BGBl I 2001/98, BGBl I 2002/100)

(13) § 97 Abs. 1 Z 1b und Z 26 sowie § 113 Abs. 4 Z 6 in der Fassung des Bundesgesetzes BGBl. I Nr. 100/2002 treten mit 1. Juli 2002 in Kraft.

(BGBl I 2002/100)

(14) § 105 Abs. 3 Z 2 in der Fassung des Bundesgesetzes BGBl. I Nr. 71/2003 tritt mit 1. Jänner 2004 in Kraft und gilt für Arbeitnehmer, die nach dem 31. Dezember 2003 eingestellt wurden.

(BGBl I 2003/71)

(15) § 33 in der Fassung des Bundesgesetzes BGBl. I Nr. 138/2003 tritt mit 1. Jänner 2004 in Kraft.

(BGBl I 2003/138)

(16) § 40 Abs. 4c, § 110 Abs. 6, § 113 Abs. 2 Z 8 und 9, Abs. 4 Z 7 und 8, Abs. 5 Z 7 und 8 sowie die Bestimmungen des VI. Teiles in der Fassung des Bundesgesetzes BGBl. I Nr. 82/2004 treten mit 8. Oktober 2004 in Kraft.

(BGBl I 2004/82)

(17) Die §§ 31 Abs. 7 und 97 Abs. 1 Z 18b und Abs. 4 in der Fassung des Bundesgesetzes BGBl. I Nr. 8/2005 treten mit 23. September 2005 in Kraft.

(BGBl I 2005/8)

(18) § 40 Abs. 4d, § 110 Abs. 6, § 113 Abs. 2 Z 10 und 11, Abs. 4 Z 9 und 10, Abs. 5 Z 9 und 10, § 134 Abs. 1 Z 2 und 4 und Abs. 2 und 3, § 248 Abs. 1 erster Satz, die Bestimmungen des VII. Teiles sowie § 258 in der Fassung des Bundesgesetzes BGBl. I Nr. 104/2006 treten mit 18. August 2006 in Kraft. § 134 Abs. 1 Z 3 tritt mit Ablauf des 17. August 2006 außer Kraft. § 108 Abs. 3 und 4 in der Fassung des Bundesgesetzes BGBl. I Nr. 104/2006 tritt mit 1. Jänner 2007 in Kraft.

(BGBl I 2006/104)

(19) § 40 Abs. 4e, § 113 Abs. 2 Z 12, Abs. 4 Z 11, Abs. 5 Z 11, § 134 Abs. 1 Z 3, § 230 Abs. 2 Z 2 sowie die Bestimmungen des VIII. Teiles in der Fassung des Bundesgesetzes BGBl. I Nr. 77/2007 treten mit 15. Dezember 2007 in Kraft.

(BGBl I 2007/77)

(20) §§ 21 Abs. 1 und 27 Abs. 2 in der Fassung des Bundesgesetzes BGBl. I Nr. 74/2009 treten mit 1. August 2009 in Kraft.

(BGBl I 2009/74)

(21) § 53 Abs. 3 in der Fassung des Bundesgesetzes BGBl. I Nr. 135/2009 tritt mit 1. Jänner 2010 in Kraft.

(BGBl I 2009/135)

(22) § 176 Abs. 7 in der Fassung des Bundesgesetzes BGBl. I Nr. 58/2010 tritt mit 1. August 2010 in Kraft.

(BGBl I 2010/58)

(23) §§ 21 Abs. 2, 49 Abs. 3, 50 Abs. 2 erster Satz, 53 Abs. 1, 55 Abs. 5, 67 Abs. 1, 68 Abs. 4, 96 Abs. 1 Z 4, 97 Abs. 1 Z 16, 105, 107, 108 Abs. 2a zweiter und dritter Satz, 109 Abs. 1 erster Satz, 115 Abs. 3 erster Satz, 123 Abs. 3, 125 Abs. 3 erster Satz, 126 Abs. 4 und 5, 144 Abs. 2a und 146 Abs. 2a in der Fassung des Bundesgesetzes BGBl. I Nr. 101/2010 treten mit 1. Jänner 2011 in Kraft. Die §§ 49 Abs. 1 letzter Satz, 52 Abs. 1 letzter Satz, 117 Abs. 4 und 124 Abs. 6 letzter Satz treten mit Ablauf des 31. Dezember 2010 außer Kraft. §§ 172, 173 Abs. 2 bis 5, 174, 176 Abs. 6, 178, 180 Abs. 3a, 181 Abs. 5, 182, 186 Abs. 2, 188 Abs. 2, 189 Z 2 und 3 sowie Z 5 bis 7, 192, 194 Abs. 3 Z 1 und Abs. 4 erster Satz, 195, 199 Abs. 2 und 3, 201 bis 203a, 204 Abs. 2, 205, 206 Abs. 9 und 207 Abs. 1 und 2 sowie die Überschrift des 4. Hauptstückes in der Fassung des Bundesgesetzes BGBl. I Nr. 101/2010 treten mit 6. Juni 2011 in Kraft. Die Überschrift des 4. Hauptstückes tritt mit Ablauf des 5. Juni 2011 außer Kraft.

(BGBl I 2010/101)

(24) Die Verlängerung der Frist für die Anfechtung von Kündigungen gemäß § 105 Abs. 4 und § 107 in der Fassung des Bundesgesetzes BGBl. I Nr. 101/2010 gilt für Kündigungen, die nach dem 31. Dezember 2010 zugehen.

(BGBl I 2010/101)

(25) § 133 Abs. 1, Abs. 2 und 4 in der Fassung des Bundesgesetzes BGBl. I Nr. 100/2010 treten mit 1. Jänner 2011 in Kraft.

(BGBl I 2010/100)

(26) § 22 Abs. 2 tritt mit 1. Juli 2011 außer Kraft.

(BGBl I 2010/111)

(27) § 99 Abs. 5 in der Fassung des Bundesgesetzes BGBl. I Nr. 98/2012 tritt mit 1. Jänner 2013 in Kraft.

(BGBl I 2012/98)

(28) § 114 Abs. 1 und 2 in der Fassung des Bundesgesetzes BGBl. I Nr. 67/2013 tritt mit 1. Juli 2013 in Kraft.

(BGBl I 2013/67)

(29) §§ 144 Abs. 2a, 146 Abs. 2 und 158 Abs. 2 in der Fassung des Bundesgesetzes BGBl. I Nr. 71/2013 treten mit 1. Jänner 2014 in Kraft.

(BGBl I 2013/71)

(30) Die §§ 61 Abs. 1 erster Satz und Abs. 2a, 75 Abs. 2, 82 Abs. 1 erster Satz, 88 Abs. 2, 88b Abs. 5 erster Satz, 118 Abs. 1, 196 Abs. 1 erster Satz, 201 Abs. 1, 237 Abs. 1 erster Satz und 243 Abs. 1 Z 1 in der Fassung des Bundesgesetzes BGBl. I Nr. 12/2017 treten mit 1. Jänner 2017 in Kraft und gelten für Organe der Arbeitnehmerschaft, deren Konstituierung nach dem 31. Dezember 2016 erfolgt.

(BGBl I 2017/12)

„(31) § 105 Abs. 3b letzter Satz in der Fassung des Bundesgesetzes BGBl. I Nr. 37/2017 gilt für Arbeitnehmer, die nach dem 30. Juni 2017 eingestellt werden. “

(BGBl I 2017/37)

„(32) §§ 110 Abs. 1, 2a bis 2d, 6 und 6b sowie § 247 Abs. 1a in der Fassung des Bundesgesetzes BGBl. I Nr. 104/2017 treten mit 1. Jänner 2018 in Kraft und gelten für die Entsendungen von Arbeitnehmervertretern durch Organe der Arbeitnehmerschaft, deren Wahl nach dem 31. Dezember 2017 erfolgt.“

(BGBl I 2017/104)

(BGBl 1996/601, BGBl I 2004/82, BGBl I 2006/104, BGBl I 2007/77)

10. Arbeitsruhegesetz

Arbeitsruhegesetz, BGBl 1983/144 idF

1	BGBl 1990/413	2	BGBl 1990/730	3	BGBl 1991/158
4	BGBl 1994/446	5	BGBl 1995/804	6	BGBl 1996/410
7	BGBl I 1997/5	8	BGBl I 1997/46	9	BGBl I 1999/88
10	BGBl I 1999/98	11	BGBl I 2001/98	12	BGBl I 2003/48
13	BGBl I 2004/30	14	BGBl I 2004/159	15	BGBl I 2004/175
16	BGBl I 2006/138	17	BGBl I 2007/61	18	BGBl I 2008/124
19	BGBl I 2009/149	20	BGBl I 2010/93	21	BGBl I 2010/100
22	BGBl I 2012/35	23	BGBl I 2013/71	24	BGBl I 2014/91
25	BGBl I 2015/152	26	BGBl I 2016/114	27	BGBl I 2017/40
28	BGBl I 2017/126	29	BGBl I 2017/127	30	BGBl I 2018/53
31	BGBl I 2019/22				

GLIEDERUNG

STICHWORTVERZEICHNIS

144. Bundesgesetz vom 3. Feber 1983 über die wöchentliche Ruhezeit und die Arbeitsruhe an Feiertagen (Arbeitsruhegesetz – ARG)

Der Nationalrat hat beschlossen:

1. ABSCHNITT
Geltungsbereich

§ 1. (1) Dieses Bundesgesetz gilt für Arbeitnehmer aller Art, soweit im folgenden nicht anderes bestimmt wird.

(2) Ausgenommen sind:

1. Arbeitnehmer, die in einem Arbeitsverhältnis zu einer Gebietskörperschaft oder zu einem Gemeindeverband stehen, soweit sie nicht
   a) in Betrieben eines Landes, einer Gemeinde oder eines Gemeindeverbandes beschäftigt sind,
   b) in Betrieben des Bundes beschäftigt sind;
2. Arbeitnehmer von Kraftfahrlinienunternehmungen im Sinne des Kraftfahrliniengesetzes (KfLG), BGBl. I Nr. 203/1999, soweit für diese Arbeitnehmer zwingende dienstrechtliche Vorschriften über die wöchentliche Ruhezeit gelten;
   (BGBl I 2001/98, BGBl I 2004/30)
3. nahe Angehörige der Arbeitgeberin bzw. des Arbeitgebers (Eltern, volljährige Kinder, im gemeinsamen Haushalt lebende Ehegattin oder Ehegatte, eingetragene Partnerin oder Partner, sowie Lebensgefährtin oder Lebensgefährte, wenn seit mindestens drei Jahren ein gemeinsamer Haushalt besteht), deren gesamte Arbeitszeit auf Grund der besonderen Merkmale der Tätigkeit
   a) nicht gemessen oder im Voraus festgelegt wird, oder
   b) von diesen Arbeitnehmerinnen bzw. Arbeitnehmern hinsichtlich Lage und Dauer selbst festgelegt werden kann;
   (BGBl I 2001/98, BGBl I 2004/30, BGBl I 2004/159, BGBl I 2018/53)
4. Lehr- und Erziehungskräfte an Unterrichts- und Erziehungsanstalten, soweit sie nicht bereits unter Z 1 fallen;
5. leitende Angestellte oder sonstige Arbeitnehmerinnen und Arbeitnehmer, denen maßgebliche selbständige Entscheidungsbefugnis übertragen ist und deren gesamte Arbeitszeit auf Grund der besonderen Merkmale der Tätigkeit
   a) nicht gemessen oder im Voraus festgelegt wird, oder
   b) von diesen Arbeitnehmerinnen bzw. Arbeitnehmern hinsichtlich Lage und Dauer selbst festgelegt werden kann;
   (BGBl I 2018/53)
6. Arbeitnehmer, für die folgende Vorschriften gelten:
   a) das Hausbesorgergesetz, BGBl. Nr. 16/1970;
   b) das Hausgehilfen- und Hausangestelltengesetz, BGBl. Nr. 235/1962;
   c) das Bundesgesetz über die Beschäftigung von Kindern und Jugendlichen 1987, BGBl. Nr. 599;
   (BGBl I 2001/98)
   d) das Landarbeitsgesetz 1984, BGBl. Nr. 287;
   (BGBl I 2001/98)
   e) das Seeschifffahrtsgesetz, BGBl. Nr. 174/1981, soweit für diese Arbeitnehmer kollektivvertragliche Regelungen entsprechend § 4 des Anhanges der Richtlinie 1999/63/EG gelten;
   (BGBl I 2004/30)
7. Arbeitnehmer, die dem Bäckereiarbeiter/innengesetz 1996, BGBl. Nr. 410/1996, unterliegen;
   (BGBl 1996/410)
8. Arbeitnehmer, die in Theaterunternehmen im Sinne des § 1 Abs. 2 des Theaterarbeitsgesetzes (TAG), BGBl. I Nr. 100/2010, beschäftigt sind;
   (BGBl I 2010/100)
9. Heimarbeiter, auf die das Heimarbeitsgesetz 1960, BGBl. Nr. 105/1961, anzuwenden ist.

(3) Auf Arbeitnehmer gesetzlich anerkannter Kirchen und Religionsgesellschaften, die nicht in Betrieben beschäftigt sind, findet dieses Gesetz Anwendung, wenn keine gleichwertige interne Regelung besteht.

2. ABSCHNITT
Wochenendruhe, Wochenruhe, Ersatzruhe und Feiertagsruhe

Begriff der Ruhezeit

§ 2. (1) Im Sinne dieses Bundesgesetzes ist

1. Wochenendruhe eine ununterbrochene Ruhezeit von 36 Stunden, in die der Sonntag fällt (§ 3);
2. Wochenruhe eine ununterbrochene Ruhezeit von 36 Stunden in der Kalenderwoche (§ 4);

3. wöchentliche Ruhezeit sowohl die Wochenendruhe als auch die Wochenruhe;
4. Ersatzruhe eine ununterbrochene Ruhezeit, die als Abgeltung für die während der wöchentlichen Ruhezeit geleistete Arbeit zusteht (§ 6);
5. Feiertagsruhe eine ununterbrochene Ruhezeit von 24 Stunden, die frühestens um 0 Uhr und spätestens um 6 Uhr des gesetzlichen Feiertages beginnt (§ 7).

(2) Während der Wochenend- und Feiertagsruhe darf im Rahmen der §§ 10 bis 18 nur die unumgänglich notwendige Anzahl von Arbeitnehmern beschäftigt werden.

(3) Soweit in diesem Bundesgesetz personenbezogene Bezeichnungen noch nicht geschlechtsneutral formuliert sind, gilt die gewählte Form für beide Geschlechter.

(BGBl I 2009/149)

Wochenendruhe

§ 3. (1) Der Arbeitnehmer hat in jeder Kalenderwoche Anspruch auf eine ununterbrochene Ruhezeit von 36 Stunden, in die der Sonntag zu fallen hat (Wochenendruhe). Während dieser Zeit darf der Arbeitnehmer nur beschäftigt werden, wenn dies auf Grund der §§ 2 Abs. 2, 10 bis 18 zulässig ist.

(2) Die Wochenendruhe hat für alle Arbeitnehmer spätestens Samstag um 13 Uhr, für Arbeitnehmer, die mit unbedingt notwendigen Abschluß-, Reinigungs-, Instandhaltungs- oder Instandsetzungsarbeiten beschäftigt sind, spätestens Samstag um 15 Uhr zu beginnen.

(2a) Bei nicht durchlaufender mehrschichtiger Arbeitsweise hat die Wochenendruhe spätestens Samstag um 24 Uhr zu beginnen.

(BGBl I 2007/61)

(3) In Betrieben mit einer werktags durchlaufenden mehrschichtigen Arbeitsweise hat die Wochenendruhe spätestens mit Ende der Nachtschicht zum Sonntag zu beginnen und darf frühestens mit Beginn der Nachtschicht zum Montag enden.

(4) Wird in Verbindung mit Feiertagen eingearbeitet und die ausfallende Arbeitszeit auf die Werktage der die Ausfallstage einschließenden Wochen verteilt (§ 4 Abs. 2 und 3 des Arbeitszeitgesetzes, BGBl. Nr. 461/1969), so kann der Beginn der Wochenendruhe im Einarbeitungszeitraum bis spätestens Samstag 18 Uhr aufgeschoben werden.

(BGBl I 1997/46)

Wochenruhe

§ 4. Der Arbeitnehmer, der nach der für ihn geltenden Arbeitszeiteinteilung während der Zeit der Wochenendruhe beschäftigt wird, hat in jeder Kalenderwoche an Stelle der Wochenendruhe Anspruch auf eine ununterbrochene Ruhezeit von 36 Stunden (Wochenruhe). Die Wochenruhe hat einen ganzen Wochentag einzuschließen.

Abweichende Regelung der wöchentlichen Ruhezeit

§ 5. (1) Zur Ermöglichung der Schichtarbeit kann im Schichtplan die wöchentliche Ruhezeit abweichend von den §§ 3 und 4 geregelt werden.

(2) Das Ausmaß der wöchentlichen Ruhezeit kann in den Fällen des Abs. 1 bis auf 24 Stunden gekürzt werden. In einem Durchrechnungszeitraum von vier Wochen muß dem Arbeitnehmer jedoch eine durchschnittliche wöchentliche Ruhezeit von 36 Stunden gesichert sein. Zur Berechnung dürfen nur mindestens 24stündige Ruhezeiten herangezogen werden.

(3) „Der/die Bundesminister/in für Arbeit, Soziales, Gesundheit und Konsumentenschutz“ kann auf Antrag des Arbeitgebers nach Anhörung der gesetzlichen Interessenvertretungen der Arbeitgeber und Arbeitnehmer abweichend von Abs. 2 Schichtpläne zulassen. Sie können die wöchentliche Ruhezeit von mindestens 24 Stunden unterschreiten oder den vierwöchigen Durchrechnungszeitraum überschreiten, wenn dies aus wichtigen Gründen erforderlich und mit den Interessen der Arbeitnehmer vereinbar ist. Solche Schichtpläne können befristet werden.

(BGBl I 1997/46, BGBl I 2001/98, BGBl I 2009/149, BGBl I 2019/22)

(4) „Der/die Bundesminister/in für Arbeit, Soziales, Gesundheit und Konsumentenschutz“ hat Ausnahmen gemäß Abs. 3 von Amts wegen oder auf Antrag einer der gesetzlichen Interessenvertretungen der Arbeitgeber oder Arbeitnehmer, des Arbeitgebers oder von Organen der Arbeitnehmerschaft des Betriebes abzuändern oder zu widerrufen, wenn die Voraussetzungen des Abs. 3 nicht mehr vorliegen.

(BGBl I 1997/46, BGBl I 2001/98, BGBl I 2009/149, BGBl I 2019/22)

(5) Für Arbeitnehmer, die auf im öffentlichen Interesse betriebenen Großbaustellen oder auf Baustellen der Wildbach- und Lawinenverbauung in Gebirgsregionen beschäftigt sind, kann durch Kollektivvertrag die wöchentliche Ruhezeit abweichend von den §§ 3 und 4 geregelt werden. Die wöchentliche Ruhezeit kann für einzelne Wochen gekürzt werden oder zur Gänze entfallen, wenn in einem vierwöchigen Durchrechnungszeitraum eine durchschnittliche wöchentliche Ruhezeit von 36 Stunden gesichert ist. Abs. 2 dritter Satz gilt sinngemäß.

(6) Für Arbeitnehmer, die bei der Herstellung oder beim Vertrieb von Tageszeitungen und Montagfrühblättern beschäftigt sind, kann durch Kollektivvertrag die wöchentliche Ruhezeit abweichend von den §§ 3 und 4 geregelt werden. Die wöchentliche Ruhezeit kann bis auf 24 Stunden gekürzt werden, wenn in einem vierwöchigen Durchrechnungszeitraum eine durchschnittliche wöchentliche Ruhezeit von 36 Stunden gesichert ist. Abs. 2 dritter Satz gilt sinngemäß.

Ersatzruhe

§ 6. (1) Der Arbeitnehmer, der während seiner wöchentlichen Ruhezeit (§ 2 Abs. 1 Z 3) beschäftigt wird, hat in der folgenden Arbeitswoche Anspruch auf Ersatzruhe, die auf seine Wochenarbeitszeit anzurechnen ist. Die Ersatzruhe ist im Ausmaß der während der wöchentlichen Ruhezeit geleisteten Arbeit zu gewähren, die innerhalb von 36 Stunden vor dem Arbeitsbeginn in der nächsten Arbeitswoche erbracht wurde.

(2) Während der Ersatzruhe nach Abs. 1 dürfen Arbeitnehmer nur im Rahmen der §§ 11 oder 14 beschäftigt werden.

(3) Wird ein Arbeitnehmer während der Ersatzruhe gemäß Abs. 1 beschäftigt, so ist diese Ersatzruhe im entsprechenden Ausmaß zu einer anderen, einvernehmlich festgesetzten Zeit nachzuholen.

(4) Während der Ersatzruhe nach Abs. 3 dürfen Arbeitnehmer nur zur Abwendung einer unmittelbaren Gefahr für die Sicherheit des Lebens oder für die Gesundheit von Menschen oder bei Notstand beschäftigt werden. Hiefür gebührt keine weitere Ersatzruhe.

(5) Die Ersatzruhe hat unmittelbar vor dem Beginn der folgenden wöchentlichen Ruhezeit zu liegen, soweit vor Antritt der Arbeit, für die Ersatzruhe gebührt, nicht anderes vereinbart wurde.

Rufbereitschaft

§ 6a. Rufbereitschaft außerhalb der Arbeitszeit darf nur während zwei wöchentlichen Ruhezeiten pro Monat vereinbart werden.

(BGBl I 1997/46)

Feiertagsruhe

§ 7. (1) Der Arbeitnehmer hat an Feiertagen Anspruch auf eine ununterbrochene Ruhezeit von mindestens 24 Stunden, die frühestens um 0 Uhr und spätestens um 6 Uhr des Feiertages beginnen muß.

(2) Feiertage im Sinne dieses Bundesgesetzes sind: 1. Jänner (Neujahr), 6. Jänner (Heilige Drei Könige), Ostermontag, 1. Mai (Staatsfeiertag), Christi Himmelfahrt, Pfingstmontag, Fronleichnam, 15. August (Mariä Himmelfahrt), 26. Oktober (Nationalfeiertag), 1. November (Allerheiligen), 8. Dezember (Mariä Empfängnis), 25. Dezember (Weihnachten), 26. Dezember (Stephanstag).

~~(3) Für Angehörige der evangelischen Kirchen AB und HB, der Altkatholischen Kirche und der Evangelisch-methodistischen Kirche ist auch der Karfreitag ein Feiertag.~~

(BGBl I 2004/159, BGBl I 2019/22)

(4) Feiertage dürfen auf die wöchentliche Ruhezeit nur angerechnet werden, soweit sie in die Zeit der wöchentlichen Ruhezeit fallen.

(5) In Betrieben mit einer werktags durchlaufenden mehrschichtigen Arbeitsweise hat die Feiertagsruhe spätestens mit Ende der Nachtschicht zum Feiertag zu beginnen und darf frühestens mit Beginn der Nachtschicht zum nächsten Werktag enden.

(BGBl 1990/413)

(6) Ist für die Normalarbeitszeit (§ 3 Arbeitszeitgesetz) an Feiertagen Zeitausgleich vereinbart, so muß dieser mindestens einen Kalendertag oder 36 Stunden umfassen.

(7) Fällt ein Feiertag auf einen Sonntag, so sind die §§ 3 bis 5 anzuwenden.

„Einseitiger Urlaubsantritt („persönlicher Feiertag“)

§ 7a. (1) Der Arbeitnehmer kann den Zeitpunkt des Antritts eines Tages des ihm zustehenden Urlaubs einmal pro Urlaubsjahr einseitig bestimmen. Der Arbeitnehmer hat den Zeitpunkt spätestens drei Monate im Vorhinein schriftlich bekannt zu geben.

(2) Es steht dem Arbeitnehmer frei, auf Ersuchen des Arbeitgebers den bekannt gegebenen Urlaubstag nicht anzutreten. In diesem Fall hat der Arbeitnehmer weiterhin Anspruch auf diesen Urlaubstag. Weiters hat er für den bekannt gegebenen Tag außer dem Urlaubsentgelt Anspruch auf das für die geleistete Arbeit gebührende Entgelt, insgesamt daher das doppelte Entgelt, womit das Recht gemäß Abs. 1 erster Satz konsumiert ist.

(3) Abweichend von § 1 Abs. 2 Z 2 bis 9 gilt diese Bestimmung auch für diese Personen.“

(BGBl I 2019/22)

Freizeit zur Erfüllung der religiösen Pflichten

§ 8. (1) Der Arbeitnehmer, der während der Wochenend- oder Feiertagsruhe beschäftigt wird, hat auf Verlangen Anspruch auf die zur Erfüllung seiner religiösen Pflichten notwendige Freizeit, wenn diese Pflichten nicht außerhalb der Arbeitszeit erfüllt werden können und die Freistellung von der Arbeit mit den Erfordernissen des Betriebes vereinbar ist.

(2) Der Arbeitnehmer hat diesen Anspruch bei Vereinbarung der Wochenend- oder Feiertagsarbeit, spätestens jedoch zwei Tage vorher, bei späterer Vereinbarung sofort, dem Arbeitgeber gegenüber geltend zu machen.

Entgelt für Feiertage und Ersatzruhe

§ 9. (1) Der Arbeitnehmer behält für die infolge eines Feiertages oder der Ersatzruhe (§ 6) ausgefallene Arbeit seinen Anspruch auf Entgelt.

(2) Dem Arbeitnehmer gebührt jenes Entgelt, das er erhalten hätte, wenn die Arbeit nicht aus den im Abs. 1 genannten Gründen ausgefallen wäre.

(3) Bei Akkord-, Stück- oder Gedinglöhnen, akkordähnlichen oder sonstigen leistungsbezogenen Prämien oder Entgelten ist das fortzuzahlende Entgelt nach dem Durchschnitt der letzten 13 voll gearbeiteten Wochen unter Ausscheidung nur ausnahmsweise geleisteter Arbeiten zu berechnen. Hat der Arbeitnehmer nach Antritt des Arbeitsverhältnisses noch keine 13 Wochen voll gearbeitet, so ist das Entgelt nach dem Durchschnitt der seit

Antritt des Arbeitsverhältnisses voll gearbeiteten Zeiten zu berechnen.

(4) Durch Kollektivvertrag im Sinne des § 18 Abs. 4 Arbeitsverfassungsgesetz, BGBl. Nr. 22/1974, kann geregelt werden, welche Leistungen des Arbeitgebers als Entgelt anzusehen sind. Die Berechnungsart für die Ermittlung der Höhe des Entgelts kann durch Kollektivvertrag abweichend von Abs. 2 und 3 geregelt werden.

(5) Der Arbeitnehmer, der während der Feiertagsruhe beschäftigt wird, hat außer dem Entgelt nach Abs. 1 Anspruch auf das für die geleistete Arbeit gebührende Entgelt, es sei denn, es wird Zeitausgleich im Sinne des § 7 Abs. 6 vereinbart.

3. ABSCHNITT
Ausnahmen von der Wochenend- und Feiertagsruhe

Ausnahme für bestimmte Tätigkeiten

§ 10. Während der Wochenend- und Feiertagsruhe dürfen Arbeitnehmer nur beschäftigt werden mit:

(BGBl I 2017/126)

1. der Reinigung, Instandhaltung oder Instandsetzung, soweit sich solche Arbeiten während des regelmäßigen Arbeitsablaufes nicht ohne Unterbrechung oder erhebliche Störung ausführen lassen und infolge ihres Umfanges nicht bis spätestens Samstag 15 Uhr abgeschlossen werden können;
2. der Bewachung oder Wartung von Betriebsanlagen einschließlich Bergbauanlagen oder Wartung von Tieren;
3. Arbeiten, die dem Brandschutz dienen;
4. der gesundheitlichen Betreuung oder Versorgung mit Speisen und Getränken derjenigen Arbeitnehmer, die auf Grund der Ausnahmebestimmungen dieses Bundesgesetzes während der Wochenend- oder Feiertagsruhe beschäftigt werden dürfen;
5. der Beförderung der während der Wochenend- oder Feiertagsruhe beschäftigten Arbeitnehmer zu und von der Arbeitsstelle;
6. der Be- und Entlüftung, Beheizung oder Kühlung der Arbeitsräume;
7. Umbauarbeiten an Betriebsanlagen einschließlich Bergbauanlagen, wenn diese aus technischen Gründen nur während des Betriebsstillstandes durchgeführt werden können und ein Betriebsstillstand außerhalb der Ruhezeiten mit einem erheblichen Schaden verbunden wäre;
8. der Betreuung, Beaufsichtigung und Versorgung mit Speisen und Getränken in Internaten und Heimen, wenn diese Internate und Heime auch während der Wochenend- oder Feiertagsruhe betrieben werden.

(2) (aufgehoben)

(BGBl I 2017/126)

Reisezeit

§ 10a. Verläßt der Arbeitnehmer über Auftrag des Arbeitgebers vorübergehend seinen Dienstort (Arbeitsstätte), um an anderen Orten seine Arbeitsleistung zu erbringen, ist eine Reisebewegung während der Wochenend- und Feiertagsruhe zulässig, wenn dies zur Erreichung des Reiseziels notwendig oder im Interesse des Arbeitnehmers gelegen ist.

(BGBl I 1997/46)

Ausnahmen in außergewöhnlichen Fällen

§ 11. (1) Während der Wochenend- und Feiertagsruhe dürfen Arbeitnehmer in außergewöhnlichen Fällen mit vorübergehenden und unaufschiebbaren Arbeiten beschäftigt werden, soweit diese

1. zur Abwendung einer unmittelbaren Gefahr für die Sicherheit des Lebens oder die Gesundheit von Menschen oder bei Notstand sofort vorzunehmen sind oder
2. zur Behebung einer Betriebsstörung oder zur Verhütung des Verderbens von Gütern oder eines sonstigen unverhältnismäßigen wirtschaftlichen Schadens erforderlich sind, wenn unvorhergesehene und nicht zu verhindernde Gründe vorliegen und andere zumutbare Maßnahmen zu diesem Zweck nicht möglich sind.

(2) Der Arbeitgeber hat die in Abs. 1 angeführten Arbeiten dem Arbeitsinspektorat binnen zehn Tagen nach Beginn der Arbeiten schriftlich anzuzeigen. Die Anzeige hat die Gründe für die Arbeiten sowie die Anzahl der zur Arbeitsleistung benötigten Arbeitnehmer zu enthalten.

(BGBl I 2017/126)

(3) Zur Sicherstellung der nach Abs. 1 notwendigen Arbeiten können Bereitschaftsdienste oder Rufbereitschaften eingerichtet werden.

(4) Der Arbeitgeber hat die Einrichtung von Bereitschaftsdiensten im Sinne des Abs. 3 unter Angabe von Gründen und der erforderlichen Anzahl der Arbeitnehmer dem Arbeitsinspektorat vorher schriftlich anzuzeigen. Entfallen die Gründe, die für die Einrichtung maßgebend waren, so hat er dies binnen zehn Tagen dem Arbeitsinspektorat schriftlich anzuzeigen.

(BGBl I 2017/126)

Ausnahmen durch Verordnung für bestimmte Tätigkeiten

§ 12. (1) Durch Verordnung sind für Arbeitnehmer in bestimmten Betrieben Ausnahmen von der Wochenend- und Feiertagsruhe für Arbeiten zuzulassen, wenn diese

1. zur Befriedigung dringender Lebensbedürfnisse notwendig sind;
2. im Hinblick auf während der Wochenend- oder Feiertagsruhe hervortretende Freizeit- und Erholungsbedürfnisse und Erfordernisse des Fremdenverkehrs notwendig sind;

3. zur Bewältigung des Verkehrs notwendig sind;
4. aus technologischen Gründen einen ununterbrochenen Fortgang erfordern;
5. im Bergbau aus technologischen oder naturbedingten Gründen oder aus Gründen der Sicherheit einen ununterbrochenen Fortgang erfordern;
6. wegen der Gefahr des Mißlingens von Arbeitserzeugnissen nicht aufgeschoben werden können, soweit diese Gefahr nicht durch andere Maßnahmen abgewendet werden kann oder
7. wegen der Gefahr des raschen Verderbens von Rohstoffen nicht aufgeschoben werden können und nach der Art des Betriebes auf einen bestimmten Zeitraum beschränkt sind.

(2) Soweit dies nach der Art der Tätigkeit zweckmäßig ist, hat die Verordnung die nach Abs. 1 zulässigen Arbeiten einzeln anzuführen und das für die Durchführung notwendige Zeitausmaß festzulegen. Arbeiten, die im unmittelbaren Zusammenhang mit den nach Abs. 1 zulässigen Arbeiten stehen oder ohne die diese nicht durchführbar wären, sind zuzulassen, soweit sie nicht vor oder nach der Wochenend- oder Feiertagsruhe vorgenommen werden können.

(3) (aufgehoben)

(BGBl I 2017/126)

Ausnahmen durch Kollektivvertrag

§ 12a. (1) Der Kollektivvertrag kann weitere Ausnahmen von der Wochenend- und Feiertagsruhe zulassen, wenn dies zur Verhinderung eines wirtschaftlichen Nachteils sowie zur Sicherung der Beschäftigung erforderlich ist.

(2) Soweit dies nach der Art der Tätigkeit zweckmäßig ist, hat der Kollektivvertrag die nach Abs. 1 zulässigen Arbeiten einzeln anzuführen und das für die Durchführung notwendige Zeitausmaß festzulegen.

(BGBl I 1997/46)

Vorübergehend auftretender besonderer Arbeitsbedarf

§ 12b. (1) Bei vorübergehend auftretendem besonderem Arbeitsbedarf können durch Betriebsvereinbarung Ausnahmen von der Wochenend- und Feiertagsruhe an vier Wochenenden oder Feiertagen pro Arbeitnehmerin bzw. Arbeitnehmer und Jahr zugelassen werden. Eine Ausnahme von der Wochenendruhe kann nicht an vier auf einander folgenden Wochenenden erfolgen.

(2) Für Verkaufstätigkeiten nach dem Öffnungszeitengesetz gilt Abs. 1 nicht.

(3) In Betrieben ohne Betriebsrat kann Wochenend- und Feiertagsarbeit nach Abs. 1 und 2 schriftlich mit den einzelnen Arbeitnehmerinnen und Arbeitnehmern vereinbart werden. In diesem Fall steht es den Arbeitnehmerinnen und Arbeitnehmern frei, solche Wochenend- und Feiertagsarbeit ohne Angabe von Gründen abzulehnen. Sie dürfen deswegen nicht benachteiligt werden, insbesondere hinsichtlich des Entgelts, der Aufstiegsmöglichkeiten und der Versetzung. Werden Arbeitnehmerinnen und Arbeitnehmer deswegen gekündigt, können sie die Kündigung innerhalb einer Frist von zwei Wochen bei Gericht anfechten. § 105 Abs. 5 des Arbeitsverfassungsgesetzes (ArbVG), BGBl. Nr. 22/1974 gilt sinngemäß.

(4) Die Betriebsvereinbarung bzw. die schriftliche Einzelvereinbarung muss, sofern sie für wiederkehrende Ereignisse abgeschlossen wird, den Anlass umschreiben.

(BGBl I 2018/53)

Ausnahmen durch Verordnung des Landeshauptmannes

§ 13. (1) Der Landeshauptmann kann neben den gemäß § 12 Abs. 1 und 2 zulässigen Ausnahmen nach Anhörung der zuständigen gesetzlichen Interessenvertretungen der Arbeitgeber und Arbeitnehmer durch Verordnung weitere Ausnahmen zulassen, wenn

1. nicht bereits eine Ausnahme im Sinne dieses Bundesgesetzes, insbesondere durch den Ausnahmekatalog gemäß § 12 Abs. 1, für den zu regelnden Bereich besteht und
2. ein außergewöhnlicher regionaler Bedarf für Versorgungsleistungen gegeben ist.

(2) Verordnungen im Sinne des Abs. 1 haben den örtlichen Geltungsbereich, die Tätigkeiten, die Zeiträume und das maximale Zeitausmaß, während dem die Beschäftigung von Arbeitnehmern zulässig ist, genau zu bezeichnen. Arbeiten, die im unmittelbaren Zusammenhang mit den nach Abs. 1 zulässigen Arbeiten stehen oder ohne die diese nicht durchführbar wären, sind zuzulassen, soweit sie nicht vor oder nach der Wochenend- oder Feiertagsruhe vorgenommen werden können.

(3) Verordnungen gemäß Abs. 1 sind „dem Bundesminister/in für Arbeit, Soziales, Gesundheit und Konsumentenschutz“ jeweils zur Kenntnis zu bringen.

(BGBl I 1997/46, BGBl I 2009/149, BGBl I 2019/22)

(4) Abs. 1 bis 3 gelten nicht für Verkaufstätigkeiten nach dem Öffnungszeitengesetz 2003, BGBl. I Nr. 48/2003.

(BGBl I 2003/48)

Sonderregelung für den 8. Dezember

§ 13a. Die Beschäftigung von Arbeitnehmern am 8. Dezember in Verkaufsstellen gemäß § 1 Abs. 1 und 3 des Öffnungszeitengesetzes 2003, ist zulässig, wenn der 8. Dezember auf einen Werktag fällt. Der Arbeitnehmer hat das Recht, die Beschäftigung am 8. Dezember auch ohne Angabe von Gründen abzulehnen. Kein Arbeitnehmer darf wegen der Weigerung, am 8. Dezember der Beschäftigung nachzugehen, benachteiligt werden.

(BGBl 1995/804, BGBl I 2003/48)

Ausnahmen durch Verordnung im öffentlichen Interesse

§ 14. Durch Verordnung sind Ausnahmen von der Wochenend- oder Feiertagsruhe für die Arbeitnehmer bestimmter Betriebe zuzulassen, wenn es das öffentliche Interesse infolge besonders schwerwiegender Umstände erfordert.

Ausnahmen in Einzelfällen

§ 15. (1) „Der/die Bundesminister/in für Arbeit, Soziales, Gesundheit und Konsumentenschutz" hat auf Antrag des Arbeitgebers nach Anhörung der gesetzlichen Interessenvertretungen der Arbeitgeber und Arbeitnehmer für bestimmte Arbeitnehmer eines Betriebes eine Ausnahme von der Wochenend- und Feiertagsruhe zuzulassen, wenn dies im Einzelfall infolge der Neuerrichtung oder Änderung einer Betriebsanlage oder der Einführung eines neuen Verfahrens aus den im § 12 Abs. 1 Z 4, 6 und 7 genannten Gründen erforderlich ist.

(BGBl I 1997/46, BGBl I 2009/149, BGBl I 2019/22)

(2) „Der/die Bundesminister/in für Arbeit, Soziales, Gesundheit und Konsumentenschutz" hat auf Antrag des Arbeitgebers nach Anhörung der gesetzlichen Interessenvertretungen der Arbeitgeber und Arbeitnehmer für bestimmte Arbeitnehmer eines Bergbaubetriebes eine Ausnahme von den Bestimmungen der Wochenend- und Feiertagsruhe zuzulassen, wenn dies

(BGBl I 2019/22)

1. infolge der Neuerrichtung oder Änderung einer Bergbauanlage oder der Einführung eines neuen Verfahrens aus technologischen Gründen,
2. infolge von Betriebsunterbrechungen durch außergewöhnliche Ereignisse,
3. durch besondere Witterungseinflüsse bis zum Ausgleich entstandener Folgen,
4. zur Überbrückung von Versorgungsengpässen oder
5. unverzüglich zur Sicherstellung der Versorgung mit mineralischen Rohstoffen

erforderlich ist.

(BGBl I 1997/46, BGBl I 2009/149)

4. ABSCHNITT
Sonderbestimmungen für Märkte und Messen

Märkte und marktähnliche Veranstaltungen

§ 16. Finden Märkte oder marktähnliche Veranstaltungen [§§ 286 bis 294 der Gewerbeordnung 1994 (GewO 1994), BGBl. Nr. 194] auf Grund gewerberechtlicher Bewilligung während der Wochenend- oder Feiertagsruhe statt, so ist die Beschäftigung von Arbeitnehmern nur im örtlich und zeitlich bewilligten Rahmen dieser Veranstaltung und im unbedingt notwendigen Ausmaß zulässig.

(BGBl I 2001/98)

Messen und messeähnliche Veranstaltungen

§ 17. (1) Werden Messen oder messeähnliche Veranstaltungen durchgeführt, dürfen Arbeitnehmer auch während der Wochenend- und Feiertagsruhe mit Arbeiten beschäftigt werden, die

1. innerhalb der letzten zwei Wochen vor Beginn zur Vorbereitung der Veranstaltung, wie zum Aufbau der Ausstellungseinrichtung und zur Anlieferung des Messegutes,
2. zur Durchführung der Veranstaltung,
3. zur Betreuung und Beratung der Besucher,
4. zur Erfüllung der Aufgaben als Beauftragter der beruflich berührten Besucherkreise oder
5. für den Abbau und Abtransport des Messegutes, der Ausstellungseinrichtungen und sonstigen Abschlußarbeiten

notwendig sind. In den Fällen der Z 1, 4 und 5 ist die Beschäftigung von Arbeitnehmern während der Wochenend- und Feiertagsruhe jedoch nur dann zulässig, wenn diese Arbeiten nicht durch zumutbare organisatorische Maßnahmen außerhalb der Ruhezeiten möglich sind. In den Fällen der Z 2 und 3 ist die Beschäftigung von Arbeitnehmern während der Wochenend- und Feiertagsruhe – unbeschadet der notwendigen Vor- und Abschlußarbeiten – nur in der Zeit zwischen 9 Uhr und 18 Uhr, während der Sommerzeit gemäß dem Zeitzählungsgesetz, BGBl. Nr. 78/1976, wahlweise auch in der Zeit zwischen 10 Uhr und 19 Uhr zulässig.

(BGBl 1991/158)

(2) Werbe- und Verkaufsveranstaltungen gelten als Messen oder messeähnliche Veranstaltungen, wenn sie die Voraussetzungen der Abs. 3 bis 6 erfüllen.

(3) Als Messe im Sinne des Abs. 1 ist eine zeitlich begrenzte, im allgemeinen regelmäßig wiederkehrende Veranstaltung zu verstehen, in deren Rahmen eine Vielzahl von Ausstellern ein umfassendes Angebot eines oder mehrerer Wirtschaftszweige ausstellt und überwiegend nach Muster vor allem an gewerbliche Wiederverkäufer, gewerbliche Verbraucher oder Großabnehmer vertreibt (Fachmesse).

(4) Als Messe im Sinne des Abs. 1 ist auch eine im allgemeinen regelmäßig wiederkehrende, jedoch höchstens zweimal im Jahr stattfindende Veranstaltung in der Dauer von mindestens drei und höchstens zehn aufeinanderfolgenden Tagen anzusehen, in deren Rahmen eine Vielzahl von Ausstellern ein umfassendes Angebot eines oder mehrerer Wirtschaftszweige ausstellt und sowohl an gewerbliche Wiederverkäufer, gewerbliche Verbraucher oder Großabnehmer als auch an Letztverbraucher vertreibt (Publikumsmesse).

(5) Als messeähnliche Veranstaltungen im Sinne des Abs. 1 gelten auch Veranstaltungen, die nur einmal oder jedenfalls ohne Regelmäßigkeit durchgeführt werden oder die die wirtschaftliche Leistungsfähigkeit von bestimmten Gewerbezweigen oder Regionen darstellen sollen (Handwerksausstellungen, Leistungsschauen und dergleichen),

bei welchen der Informationszweck gegenüber der Absicht des Warenvertriebes überwiegt.

(6) Als Messen oder messeähnliche Veranstaltungen gelten Veranstaltungen jedoch nur dann, wenn infolge der großen Zahl der Aussteller und Besucher die Organisation der Durchführung von den Ausstellern nicht selbst bewältigt werden kann und die Veranstaltungen außerhalb jener Betriebsstätten durchgeführt werden, in denen der normale Geschäftsbetrieb der Aussteller stattfindet.

(7) (aufgehoben)

(BGBl 1990/413, BGBl I 2017/126)

Verkaufsstellen in Bahnhöfen und Autobusbahnhöfen, auf Flughäfen und Schiffslandeplätzen, Zollfreiläden

§ 18. (1) Für den Verkauf von Lebensmitteln, Reiseandenken und notwendigem Reisebedarf (Reiselektüre, Schreibmaterialien, Blumen, Reise-Toiletteartikel, Filme und dergleichen) und Artikeln des Trafiksortiments dürfen Arbeitnehmer auch während der Wochenend- und Feiertagsruhe in Verkaufsstellen in Bahnhöfen und Autobusbahnhöfen, auf Flughäfen und an Schiffslandeplätzen beschäftigt werden. Die dem Verkauf dieser Waren gewidmete Fläche darf pro Verkaufsstelle 80 Quadratmeter nicht übersteigen, soweit nicht auf Grund einer Verordnung gemäß § 7 Z 1 des Öffnungszeitengesetzes 2003 oder auf Grund des § 12 Abs. 3 letzter Satz des Öffnungszeitengesetzes 2003 ein größeres Ausmaß zulässig ist. Als Verkaufsstelle im Sinne dieser Bestimmung ist eine Verkaufsstelle nur dann anzusehen, wenn sie ausschließlich durch die betreffende Verkehrseinrichtung zugänglich ist.

(BGBl I 2003/48)

(2) Für den Verkauf des Sortiments von Zollfreiläden auf Flughäfen dürfen Arbeitnehmer auch während der Wochenend- und Feiertagsruhe beschäftigt werden.

(BGBl I 2006/138)

5. ABSCHNITT
Sonderbestimmungen

Sonderbestimmungen für Arbeitnehmer in Verkehrsbetrieben

§ 19. (1) Für Arbeitnehmer

1. in Verkehrsbetrieben im Sinne des
   a) Kraftfahrliniengesetzes (KfLG),
   b) Gelegenheitsverkehrsgesetzes 1996, BGBl. Nr. 112,
   c) Eisenbahngesetzes 1957, BGBl. Nr. 60,
   d) Seilbahngesetzes 2003, BGBl. I Nr. 103,
   e) Schifffahrtsgesetzes, BGBl. I Nr. 62/1997,
   f) Seeschifffahrtsgesetzes,
2. in Schlaf-, Liege- und Speisewagenunternehmungen im Rahmen des fahrenden Betriebes der Eisenbahnen,
3. die in Unternehmen nach dem Luftfahrtgesetz, BGBl. Nr. 253/1957, oder dem Flughafen-Bodenabfertigungsgesetz, BGBl. I Nr. 97/1998, als Flughafenpersonal oder als Flugsicherungspersonal beschäftigt sind,

kann durch Kollektivvertrag die wöchentliche Ruhezeit und die Ruhezeit an Feiertagen abweichend von den §§ 3, 4 und 7 geregelt werden, soweit diese Arbeitnehmer nicht gemäß § 1 Abs. 2 Z 2 vom Geltungsbereich ausgenommen sind.

(BGBl I 2001/98, BGBl I 2003/48, BGBl I 2004/30)

(2) 1. Die wöchentliche Ruhezeit darf in einzelnen Wochen 36 Stunden unterschreiten oder ganz unterbleiben, wenn in einem kollektivvertraglich festgelegten Zeitraum eine durchschnittliche Ruhezeit von 36 Stunden erreicht wird. Zur Berechnung dürfen nur mindestens 24stündige Ruhezeiten herangezogen werden.
2. Die Lage der Ersatzruhe kann abweichend von § 6 festgelegt werden.
3. In Fällen des besonderen Bedarfes kann zur Aufrechterhaltung des Verkehrs durch Betriebe im Sinne des Abs. 1 eine finanzielle Abgeltung der Ersatzruhe vorgesehen werden.

(3) In Betrieben von Gebietskörperschaften können dienstrechtliche Vorschriften, die den wesentlichen Inhalt des Arbeitsverhältnisses zwingend festlegen, Regelungen im Sinne der Abs. 1 und 2 treffen.

(3a) Soweit in diesem Bundesgesetz

1. auf den EU-Teilabschnitt FTL verwiesen wird, ist dies ein Verweis auf den Teilabschnitt FTL im Anhang III der Verordnung (EU) Nr. 965/2012, zur Festlegung technischer Vorschriften und von Verwaltungsverfahren in Bezug auf den Flugbetrieb gemäß der Verordnung (EG) Nr. 216/2008 des Europäischen Parlaments und des Rates, ABl. Nr. L 296 vom 25.10.2012, S. 1, in der jeweils geltenden Fassung;
2. auf den EU-Teilabschnitt Q verwiesen wird, ist dies ein Verweis auf den Teilabschnitt Q im Anhang III der Verordnung (EG) Nr. 3922/91 des Rates vom 16. Dezember 1991 zur Harmonisierung der technischen Vorschriften und der Verwaltungsverfahren in der Zivilluftfahrt, ABl. Nr. L 373 vom 31.12.1991, S. 4, in der jeweils geltenden Fassung.

(BGBl I 2008/124, BGBl I 2015/152)

(4) Dem fliegenden Personal von Luftfahrtunternehmen sind zu gewähren:

1. bei Flügen gemäß Art. 8 Z 1 der Verordnung (EU) Nr. 965/2012 mindestens wöchentliche Ruhezeiten im Sinne der Bestimmungen des EU-Teilabschnittes FTL einschließlich österreichischer Durchführungsvorschriften,

2. bei Flügen gemäß Art. 8 Z 2 der Verordnung (EU) Nr. 965/2012 mindestens wöchentliche Ruhezeiten im Sinne der Bestimmungen des EU-Teilabschnittes Q einschließlich österreichischer Durchführungsvorschriften,
3. bei allen Flügen jedenfalls in einem Durchrechnungszeitraum von einem Kalenderjahr pro Kalendermonat durchschnittlich mindestens acht, in jedem Kalendermonat jedoch mindestens sieben arbeitsfreie Kalendertage am Wohnsitzort. Arbeitsfreie Kalendertage sind den Arbeitnehmern und Arbeitnehmerinnen zehn Tage im Voraus bekannt zu geben. Fallen diese in eine wöchentliche Ruhezeit, sind sie anzurechnen.

(BGBl I 2004/159, BGBl I 2008/124, BGBl I 2015/152)

(5) Auf Arbeitnehmer gemäß Abs. 4, für die kollektivvertragliche Regelungen über die wöchentliche Ruhezeit gelten, sind die Abschnitte 2 bis 4 dieses Bundesgesetzes nicht anzuwenden.

(BGBl I 2004/159)

(6) Für Arbeitnehmerinnen und Arbeitnehmer im Schiffsdienst von Binnenschifffahrtsunternehmen darf der Kollektivvertrag bei einer Durchrechnung der wöchentlichen Ruhezeit gemäß Abs. 2 Z 1 einen Durchrechnungszeitraum von mehr als einem Monat nur zulassen, wenn er nicht mehr als 31 aufeinander folgende Arbeitstage zulässt und die Mindestanzahl von aufeinander folgenden Ruhetagen im unmittelbaren Anschluss an aufeinander folgende geleistete Arbeitstage wie folgt bestimmt:

1. vom 1. bis zum 10. aufeinander folgenden Arbeitstag: je 0,2 Ruhetage pro aufeinander folgendem Arbeitstag;
2. vom 11. bis zum 20. aufeinander folgenden Arbeitstag: je 0,3 Ruhetage pro aufeinander folgendem Arbeitstag;
3. vom 21. bis zum 31. aufeinander folgenden Arbeitstag: je 0,4 Ruhetage pro aufeinander folgendem Arbeitstag.

Anteilige Ruhetage werden in dieser Berechnung der Mindestanzahl von aufeinander folgenden Ruhetagen addiert und nur in ganzen Tagen abgegolten.

(BGBl I 2016/114)

Sonderbestimmungen für das grenzüberschreitend eingesetzte Zugpersonal

§ 19a. Für Arbeitnehmer gemäß § 18f Abs. 1 Z 3 AZG ist § 19 mit Ausnahme von Abs. 2 Z 2 und 3 nicht anzuwenden. Diese haben statt dessen Anspruch auf die Gewährung einer 36stündigen wöchentlichen Ruhezeit pro Kalenderwoche. Darüber hinaus haben sie Anspruch

1. auf die Verlängerung von zwölf wöchentlichen Ruhezeiten pro Jahr auf 60 Stunden, die den Samstag und den Sonntag umfassen müssen,
2. auf die Verlängerung von zwölf weiteren wöchentlichen Ruhezeiten pro Jahr auf 60 Stunden, die nicht den Samstag und den Sonntag umfassen müssen, sowie
3. auf 28 weitere 24stündige Ruhezeiten.

(BGBl I 2008/124)

Sonderbestimmungen für Arbeitnehmer in Heil- und Pflegeanstalten (Krankenanstalten) und Kuranstalten

§ 20. (aufgehoben)

(BGBl I 2010/93)

§ 21. (1) Für angestellte Apothekenleiterinnen bzw. Apothekenleiter und andere allgemein berufsberechtigte Apothekerinnen und Apotheker in öffentlichen Apotheken oder Anstaltsapotheken kann durch Kollektivvertrag die wöchentliche Ruhezeit und die Ruhezeit an Feiertagen abweichend von den §§ 3, 4 und 7 geregelt werden.

(BGBl I 1999/88, BGBl I 2017/127)

(2)

1. die wöchentliche Ruhezeit darf in einzelnen Wochen 36 Stunden unterschreiten oder ganz unterbleiben, wenn in einem kollektivvertraglich festgelegten Zeitraum eine durchschnittliche Ruhezeit von 36 Stunden erreicht wird. Zur Berechnung dürfen nur mindestens 24stündige Ruhezeiten herangezogen werden.
2. Die Lage der Ersatzruhe kann abweichend von § 6 festgelegt werden.
3. (aufgehoben)

(BGBl I 1999/88, BGBl I 2017/127)

(BGBl I 1999/88)

(3) Bei Arbeitsleistungen in Apotheken, die ununterbrochenen Bereitschaftsdienst in Rufererreichbarkeit gemäß § 8 Abs. 3 des Apothekengesetzes, RGBl. Nr. 5/1907 versehen, darf Ruferreichbakreit nur während zwei wöchentlichen Ruhezeiten pro Monat vereinbart werden. Der Kollektivvertrag kann zulassen, daß Ruferreichbarkeit innerhalb eines Zeitraumes von drei Monaten während sechs wöchentlichen Ruhezeiten vereinbart werden kann. Diese Bestimmung gilt nicht für Vertreter von alleinarbeitenden Apothekenleitern.

(BGBl I 1999/88)

(4) In Betrieben von Gebietskörperschaften können dienstrechtliche Vorschriften, die den wesentlichen Inhalt des Arbeitsverhältnisses zwingend regeln, Regelungen im Sinne der Abs. 1 bis 3 treffen.

(BGBl I 1999/88)

Sonderbestimmungen für Arbeitnehmer in Betrieben des Bewachungsgewerbes

§ 22. (1) Für Arbeitnehmer in Betrieben des Bewachungsgewerbes im Sinne des § 129 Abs. 4 GewO 1994 kann durch Kollektivvertrag die wöchentliche Ruhezeit und die Ruhezeit an Feiertagen abweichend von den §§ 3, 4 und 7 geregelt werden.

(BGBl I 2001/98, BGBl I 2003/48)

(2) 1. Die wöchentliche Ruhezeit darf in einzelnen Wochen 36 Stunden unterschreiten oder ganz unterbleiben, wenn in einem kollektivvertraglich festgelegten Zeitraum eine durchschnittliche Ruhezeit von 36 Stunden erreicht wird. Zur Berechnung dürfen nur mindestens 24stündige Ruhezeiten herangezogen werden.

2. Die Lage der Ersatzruhe kann abweichend von § 6 festgelegt werden.

3. Zur Aufrechterhaltung der ordnungsgemäßen Bewachung kann eine finanzielle Abgeltung der Ersatzruhe vorgesehen werden.

Abschnitt 5a

(BGBl 1994/446)

Lenker bestimmter Kraftfahrzeuge

§ 22a. (1) Auf die Beschäftigung von Lenkern von Kraftfahrzeugen, die unter die Verordnung (EG) Nr. 561/2006 über die Harmonisierung bestimmter Sozialvorschriften im Straßenverkehr, ABl. Nr. L 102 vom 11.04.2006 S. 1, fallen, sind die §§ 2 bis 5 und 19 nicht anzuwenden, soweit diese auf die Dauer der wöchentlichen Ruhezeit Bezug nehmen. Für diese Lenker gelten Vorschriften über die wöchentliche Ruhezeit nach Maßgabe dieser Verordnung auch auf Fahrtstrecken, die nicht unter Art. 2 Abs. 2 dieser Verordnung fallen.

(2) Für den Kraftfahrlinienverkehr mit einer Linienstrecke von nicht mehr als 50 km sind die §§ 2 bis 5 und 19, soweit sie auf die Dauer der wöchentlichen Ruhezeit Bezug nehmen, dann nicht anzuwenden, wenn durch Kollektivvertrag oder Betriebsvereinbarung

1. eine Verlängerung der täglichen Lenkzeit auf mehr als zweimal wöchentlich neun Stunden zugelassen wurde (§ 14a Abs. 1 AZG) oder
2. eine Verlängerung der wöchentlichen Lenkzeit zugelassen wurde (§ 14a Abs. 2 AZG).

In diesem Fall gelten stattdessen die §§ 22b und 22c.

(BGBl I 2006/138)

Wöchentliche Ruhezeit

§ 22b. (1) Der Lenker hat in jeder Woche Anspruch auf eine ununterbrochene wöchentliche Ruhezeit von mindestens 45 Stunden. Diese wöchentliche Ruhezeit kann auf 36 zusammenhängende Stunden verkürzt werden. Durch Kollektivvertrag kann zugelassen werden, daß die wöchentliche Ruhezeit außerhalb des Standortes des Fahrzeuges oder des Heimatortes des Lenkers auf 24 zusammenhängende Stunden verkürzt wird. Jede Verkürzung ist durch eine zusammenhängende Ruhezeit auszugleichen, die vor Ende der auf die betreffende Woche folgenden dritten Woche zu nehmen ist. Diese als Ausgleich zustehende Ruhezeit ist zusammen mit einer anderen mindestens achtstündigen Ruhezeit zu gewähren, und zwar über Verlangen des Lenkers am Aufenthaltsort des Fahrzeugs oder am Heimatort des Lenkers.

(2) Eine wöchentliche Ruhezeit, die in einer Woche beginnt und in die darauffolgende Woche reicht, kann auch der zweiten Woche zugerechnet werden.

(3) Zwischen zwei wöchentlichen Ruhezeiten dürfen höchstens sechs Tage liegen. Durch Kollektivvertrag kann zugelassen werden, daß im grenzüberschreitenden Personenverkehr mit Ausnahme des Linienverkehrs zwischen zwei wöchentlichen Ruhezeiten höchstens zwölf Tage liegen dürfen und die wöchentlichen Ruhezeiten in einem Durchrechnungszeitraum von zwei Wochen spätestens am Ende der zweiten Woche zusammen gewährt werden.

Abweichungen

§ 22c. Im Falle des § 22a Abs. 2 kann der Lenker, wenn es mit der Sicherheit im Straßenverkehr vereinbar ist, um einen geeigneten Halteplatz zu erreichen, von § 22b abweichen, soweit dies erforderlich ist, um die Sicherheit der Fahrgäste, des Fahrzeugs oder seiner Ladung zu gewährleisten. Art und Grund der Abweichung sind zu vermerken

1. auf dem Schaublatt, wenn das Fahrzeug mit einem analogen Fahrtenschreiber im Sinne von Art. 2 Abs. 2 lit. g der Verordnung (EU) Nr. 165/2014, über den Fahrtenschreiber im Straßenverkehr, ABl. Nr. L 60 vom 28.2.2014 S. 1, in der jeweils geltenden Fassung, ausgerüstet ist,

   (BGBl I 2014/91)
2. auf dem Ausdruck des Kontrollgeräts, wenn das Fahrzeug mit einem digitalen Fahrtenschreiber im Sinne von Art. 2 Abs. 2 lit. h der Verordnung (EU) Nr. 165/2014, ausgerüstet ist,

   (BGBl I 2014/91)
3. im Arbeitszeitplan in den Fällen des Art. 16 Abs. 1 der Verordnung (EG) Nr. 561/2006,
4. in den Arbeitszeitaufzeichnungen in den übrigen Fällen.

(BGBl I 2004/175, BGBl I 2006/138)

Informationspflichten

§ 22d. Der Dienstzettel gemäß § 2 Abs. 2 Arbeitsvertragsrechts-Anpassungsgesetz (AVRAG), BGBl. Nr. 459/1993, hat neben allen dort genannten Angaben auch einen Hinweis auf die für die Lenkerin/den Lenker geltenden Vorschriften zur wöchentlichen Ruhezeit und Feiertagsruhe sowie auf die Möglichkeiten zur Einsichtnahme zu enthalten.

(BGBl I 2006/138, BGBl I 2017/40)

Schadenersatz- und Regressansprüche

§ 22e. Bei Schadenersatz- und Regressansprüchen zwischen Arbeitgebern und Lenkern gelten als Grund für die Minderung oder den gänzlichen Ausschluss von Ersatz- oder Regressansprüchen im Sinne des § 2 Abs. 2 Z 4 und 5 des Dienstnehmerhaftpflichtgesetzes, BGBl. Nr. 80/1965,

1. ein Verstoß des Arbeitgebers gegen die Informationspflicht gemäß § 22d, oder
2. ein Verstoß gegen die Bestimmungen über die wöchentliche Ruhezeit,

es sei denn, dass diese Verstöße auf den Eintritt des Schadens oder die Schadenshöhe keinen Einfluss haben konnten.

(BGBl I 2006/138)

Abschnitt 5b

Sonderbestimmungen für Arbeitnehmer in Verkaufsstellen und bestimmten Dienstleistungsbetrieben

§ 22f. (1) Arbeitnehmer in Verkaufsstellen gemäß § 1 des Öffnungszeitengesetzes 2003 dürfen an Samstagen nach 13 Uhr beschäftigt werden, soweit die jeweils geltenden Öffnungszeitenvorschriften das Offenhalten dieser Verkaufsstellen zulassen. Mit Arbeiten gemäß § 3 Abs. 2 dürfen Arbeitnehmer höchstens eine weitere Stunde beschäftigt werden.

(2) Arbeitnehmer in Betriebseinrichtungen von Dienstleistungsbetrieben, die mit Betriebseinrichtungen gemäß § 1 Öffnungszeitengesetz 2003 vergleichbar sind, dürfen an Samstagen bis 18 Uhr, mit Arbeiten gemäß § 3 Abs. 2 bis 19 Uhr beschäftigt werden, soweit nicht durch Verordnung nach §§ 12 oder 13 oder Kollektivvertrag nach § 12a weiter gehende Ausnahmen zugelassen sind.

(3) Der Kollektivvertrag kann Sonderbestimmungen für die Beschäftigung von Arbeitnehmern nach Abs. 1 und 2 festsetzen.

(4) Abs. 1 und 3 gelten auch für Tätigkeiten gemäß § 9 des Öffnungszeitengesetzes 2003.

(BGBl I 2003/48, BGBl I 2006/138)

ABSCHNITT 6
Allgemeine Vorschriften

§ 23. (aufgehoben)

(BGBl I 2003/48, BGBl I 2017/40)

Aushang der Ruhezeitenregelung

§ 24. Der Arbeitgeber hat an einer für die Arbeitnehmer des Betriebes leicht zugänglichen Stelle einen Aushang über den Beginn und das Ende der wöchentlichen Ruhezeit gut sichtbar anzubringen oder den Arbeitnehmern mittels eines sonstigen Datenträgers samt Ablesevorrichtung, durch geeignete elektronische Datenverarbeitung oder durch geeignete Telekommunikationsmittel zugänglich zu machen.

(BGBl I 2003/48)

Aufzeichnungen und Auskunftspflicht

§ 25. (1) Der Arbeitgeber hat zur Überwachung der Einhaltung der Ruhezeiten Aufzeichnungen über Ort, Dauer und Art der Beschäftigung aller während der Wochenend-, Wochen-, Ersatz- oder Feiertagsruhe beschäftigten Arbeitnehmer sowie über die gemäß § 6 gewährte Ersatzruhe zu führen. Bei schriftlich festgehaltener fixer Arbeitszeiteinteilung ist § 26 Abs. 5a des Arbeitszeitgesetzes anzuwenden.

(BGBl I 2014/91, BGBl I 2017/126)

(2) Der Arbeitgeber hat der Arbeitsinspektion und ihren Organen die erforderlichen Auskünfte zu erteilen und auf Verlangen die gemäß Abs. 1 zu führenden Aufzeichnungen zur Einsicht vorzulegen.

Sonderbestimmungen für die Schifffahrt

§ 25a. (1) Dienstpläne und Arbeitszeitaufzeichnungen im Sinne der §§ 24 und 25 sind für die an Bord beschäftigten Arbeitnehmer an Bord der Schiffe im Sinne des Schifffahrtsgesetzes und des Seeschifffahrtsgesetzes anzubringen bzw. zu führen. Dies gilt jedoch nicht für Fahrzeuge, die nur dem Remork im Sinne des § 2 Z 30 Schifffahrtsgesetz in Häfen dienen.

(2) An Bord von Schiffen, die unter das Seeschifffahrtsgesetz fallen, sind die Unterlagen gemäß Abs. 1 überdies in den Arbeitssprachen und in Englisch anzubringen bzw. zu führen und haben den Standardmustern der Anhänge I und II der Richtlinie 1999/95/EG zu entsprechen. Eine schriftlich vom Arbeitgeber und vom Arbeitnehmer bestätigte Kopie der Arbeitszeitaufzeichnung ist dem Arbeitnehmer auszuhändigen.

(BGBl I 2004/30)

Behördenzuständigkeit und Verfahrensvorschriften

§ 26. (1) Die nach diesem Bundesgesetz den Arbeitsinspektoraten zustehenden Aufgaben und Befugnisse sind in den vom Wirkungsbereich der Arbeitsinspektion ausgenommenen Betrieben von den zur Wahrung des Arbeitnehmerschutzes sonst berufenen Behörden wahrzunehmen.

(2) Die den Arbeitsinspektoraten nach diesem Bundesgesetz zustehenden Aufgaben und Befugnisse, die sich über den Wirkungsbereich eines Arbeitsinspektorates hinaus erstrecken, sind „vom/von der Bundesminister/in für Arbeit, Soziales, Gesundheit und Konsumentenschutz“ wahrzunehmen.

(BGBl I 1997/46, BGBl I 2001/98, BGBl I 2009/149, BGBl I 2013/71, BGBl I 2019/22)

(3) Anzeigen gemäß § 11 Abs. 2 und 4 sind von Stempel- und Rechtsgebühren des Bundes befreit.

(BGBl I 2013/71, BGBl I 2017/126)

Strafbestimmungen

§ 27. (1) Arbeitgeber, die den §§ 3, 4, 5 Abs. 1 und 2, §§ 6, 6a, 7, 8 und 9 Abs. 1 bis 3 und 5 oder den §§ 10 bis 22b, 22c zweiter Satz, 22f sowie 24 bis 25a zuwiderhandeln, sind, sofern die Tat nicht nach anderen Vorschriften einer strengeren Strafe unterliegt, von der Bezirksverwaltungsbehörde mit einer Geldstrafe von 72 Euro bis 2 180 Euro, im Wiederholungsfall von 145 Euro bis 2 180 Euro zu bestrafen.

(BGBl I 2007/61)

(2) Ebenso sind Arbeitgeber zu bestrafen, die die wöchentliche Ruhezeit gemäß Art. 8 Abs. 6 bis 7 oder Art. 12 Satz 2 der Verordnung (EG) Nr. 561/2006 nicht gewähren.

(BGBl I 2007/61, BGBl I 2009/149)

(2a) Ebenso sind Arbeitgeberinnen und Arbeitgeber zu bestrafen, die in Bezug auf wöchentliche Ruhezeiten den Bestimmungen der EU-Teilabschnitte FTL oder Q einschließlich österreichischer Durchführungsvorschriften zuwiderhandeln.

(BGBl I 2008/124, BGBl I 2015/152)

(2b) Abweichend von Abs. 1 sind Arbeitgeber, sofern die Tat nicht nach anderen Vorschriften einer strengeren Strafe unterliegt, von der Bezirksverwaltungsbehörde im Wiederholungsfall mit einer Geldstrafe von 218 Euro bis 3 600 Euro zu bestrafen, wenn die wöchentliche Ruhezeit weniger als 24 Stunden betragen hat, soweit nicht eine kürzere Ruhezeit zulässig ist.

(BGBl I 2007/61, BGBl I 2008/124, BGBl I 2009/149)

(2c) Sind Übertretungen gemäß Abs. 2 nach Anhang III der Richtlinie 2006/22/EG als

1. leichte Übertretungen eingestuft oder in diesem Anhang nicht erwähnt, sind die Arbeitgeberinnen und Arbeitgeber mit einer Geldstrafe von 72 Euro bis 1 815 Euro, im Wiederholungsfall von 145 Euro bis 1 815 Euro;
2. schwerwiegende Übertretungen eingestuft, sind die Arbeitgeberinnen und Arbeitgeber mit einer Geldstrafe von 200 Euro bis 2 180 Euro, im Wiederholungsfall von 250 Euro bis 3 600 Euro;
3. sehr schwerwiegende Übertretungen eingestuft, sind die Arbeitgeberinnen und Arbeitgeber mit einer Geldstrafe von 300 Euro bis 2 180 Euro, im Wiederholungsfall von 350 Euro bis 3 600 Euro,

zu bestrafen.

(BGBl I 2009/149)

(3) Besteht bei einer Bezirksverwaltungsbehörde der Verdacht einer Zuwiderhandlung durch ein Organ einer Gebietskörperschaft, so hat die Behörde, wenn es sich um ein Organ des Bundes oder eines Landes handelt, eine Anzeige an das oberste Organ, welchem das der Zuwiderhandlung verdächtigte Organ untersteht, in allen anderen Fällen aber eine Anzeige an die Aufsichtsbehörde zu erstatten.

(4) Im Falle des § 22a Abs. 1 zweiter Satz genügt abweichend von § 44a Z 2 des Verwaltungsstrafgesetzes 1991 (VStG), BGBl. Nr. 52, als Angabe der verletzten Verwaltungsvorschrift die Angabe des entsprechenden Gebotes oder Verbotes der Verordnung (EG) Nr. 561/2006.

(5) Für Verstöße gegen die in Abs. 2 genannten Rechtsvorschriften im internationalen Straßenverkehr beträgt die Verjährungsfrist abweichend von § 31 Abs. 2 VStG ein Jahr.

(6) Wurden Verwaltungsübertretungen nach den Abs. 1 und 2 nicht im Inland begangen, gelten sie an jenem Ort begangen, an dem sie festgestellt wurden.

(BGBl 1994/446, BGBl I 1997/5, BGBl I 1997/46, BGBl I 1999/88, BGBl I 2001/98, BGBl I 2003/48, BGBl I 2004/30, BGBl I 2006/138)

Weitergelten von Regelungen

§ 28. (1) Bei Inkrafttreten dieses Bundesgesetzes bestehende für die Arbeitnehmer günstigere Regelungen in Kollektivverträgen, Arbeits-(Dienst-)Ordnungen, Betriebsvereinbarungen oder Arbeitsverträgen werden durch dieses Bundesgesetz nicht berührt.

(2) Bei Inkrafttreten dieses Bundesgesetzes bestehende Bestimmungen in Kollektivverträgen in Angelegenheiten, die durch Kollektivvertrag abweichend geregelt werden können, gelten als solche abweichende Regelungen. Bestehende kollektivvertragliche Ansprüche können auf Ansprüche gemäß § 19 Abs. 2 Z 3, § 20 Abs. 2 Z 3, § 21 Abs. 2 Z 3 und § 22 Abs. 2 Z 3 nur insoweit angerechnet werden, als dadurch die Belastung der Arbeit während der wöchentlichen Ruhezeit, nicht aber Mehrarbeit oder andere Arbeitserschwernisse abgegolten werden.

(3) Bestehende kollektivvertragliche Ansprüche können auf Ansprüche gemäß § 9 Abs. 5 nur insoweit angerechnet werden, als dadurch die Belastung der Feiertagsarbeit nicht aber Mehrarbeit oder andere Arbeitserschwernisse abgegolten werden.

7. ABSCHNITT
Übergangs- und Schlußbestimmungen

Außerkrafttreten von Ausnahmegenehmigungen

§ 29. Bescheide, mit Ausnahme der Strafbescheide, die auf Grund von Vorschriften erlassen worden sind, die durch dieses Bundesgesetz außer Kraft gesetzt werden, verlieren spätestens mit Ablauf von sechs Monaten nach Inkrafttreten dieses Bundesgesetzes ihre Wirksamkeit, wenn nicht innerhalb dieser Frist um eine Ausnahmegenehmigung nach diesem Bundesgesetz angesucht wird.

Anhängige Verfahren

§ 30. (1) Auf die im Zeitpunkt des Inkrafttretens dieses Bundesgesetzes anhängigen Verwaltungsverfahren ist an Stelle der aufgehobenen Vorschriften dieses Bundesgesetz anzuwenden.

(2) Die Bestimmungen dieses Bundesgesetzes sind auch auf strafbare Handlungen oder Unterlassungen anzuwenden, die vor seinem Inkrafttreten begangen worden sind, sofern diese dadurch nicht einer strengeren Strafe unterliegen als nach den bisher geltenden Vorschriften.

Aufhebung von Rechtsvorschriften

§ 31. (1) Mit Inkrafttreten dieses Bundesgesetzes treten außer Kraft:

1. Das Gesetz vom 28. Juli 1902, RGBl. Nr. 156, betreffend die Regelung des Arbeitsverhältnisses der bei Regiebauten von Eisenbahnen und in den Hilfsanstalten derselben verwendeten Arbeiter, in der Fassung des Gesetzes StGBl. Nr. 42/1919 und der Bundesgesetze BGBl. Nr. 191/1928, 50/1948 und 234/1972;
2. § 3 des Privat-Kraftwagenführergesetzes, BGBl. Nr. 359/1928, in der Fassung der Bundesgesetze BGBl. Nr. 174/1946, 50/1948, 313/1964, 317/1971 und 390/1976;
3. Artikel VI des Angestelltengesetzes, BGBl. Nr. 292/1921, in der Fassung der Bundesgesetze BGBl. Nr. 229/1937, 174/1946, 159/1947, 108/1958, 253/1959, 292/1971, 317/1971, 418/1975, 390/1976 und 107/1979;
4. die Verordnung des Justizministers im Einvernehmen mit dem Minister des Inneren und dem Leiter des Handelsministeriums vom 30. Juni 1911, RGBl. Nr. 129, über die Einhaltung der Sonn- und Feiertagsruhe in den Kanzleien der Rechtsanwälte und Notare, in der Fassung des Gesetzes StGBl. Nr. 95/1919 und der Vollzugsanweisung StGBl. Nr. 124/1920;
5. die Vollzugsanweisung des Staatsamtes für Handel und Gewerbe, Industrie und Bauten im Einvernehmen mit den beteiligten Staatsämtern vom 24. Juni 1919, StGBl. Nr. 326, über die Sonntagsruhe in den Kanzleien der Patentanwälte;
6. die Verordnung des Bundesministers für Handel und Verkehr vom 6. April 1933, BGBl. Nr. 166, betreffend die Bewilligung von Ausnahmen von der Feiertagsruhe für den Bergbau;
7. das Gesetz vom 16. Jänner 1895, RGBl. Nr. 21, betreffend die Regelung der Sonn- und Feiertagsruhe im Gewerbebetriebe, in der Fassung der Gesetze RGBl. Nr. 125/1905 und StGBl. Nr. 282/1919 sowie der Bundesgesetze BGBl. II Nr. 421/1934, BGBl. Nr. 548/1935, 194/1947 und 156/1958 hinsichtlich seiner arbeitsrechtlichen Bestimmungen;
8. das Gesetz vom 15. Mai 1919, StGBl. Nr. 282, über die Mindestruhezeit, den Ladenschluß und die Sonntagsruhe in Handelsgewerben und anderen Betrieben, in der Fassung des Bundesgesetzes BGBl. Nr. 50/1974;
9. § 2 Abs. 1 Z 2, 4, 6 und 7 und § 5 des Feiertagsruhegesetzes 1957, BGBl. Nr. 153, in der Fassung des Bundesgesetzes BGBl. Nr. 264/1967;
10. die §§ 9, 10 und 12 Abs. 1 des Bergarbeitergesetzes, StGBl. Nr. 406/1919, in der Fassung des Bundesgesetzes BGBl. Nr. 190/1928, der Verordnung BGBl. Nr. 209/1933 und des Bundesgesetzes BGBl. Nr. 50/1948;
11. die Verordnung des Bundesministers für soziale Verwaltung im Einvernehmen mit den Bundesministern für Handel und Verkehr und für Unterricht vom 26. Juni 1933, BGBl. Nr. 261, betreffend Ausnahmen von der Arbeitsruhe an Feiertagen (Ruhe- und Festtagen);
12. die Verordnung der Bundesregierung vom 28. Juni 1933, BGBl. Nr. 262, betreffend Ausnahmen von der Arbeitsruhe an Feiertagen (Ruhe- und Festtagen) in der Fassung des Bundesgesetzes BGBl. Nr. 455/1937;
13. die Verordnung des Handelsministers im Einvernehmen mit dem Minister des Inneren und dem Minister für Kultus und Unterricht vom 24. April 1895, RGBl. Nr. 58, womit in Durchführung des Gesetzes vom 16. Jänner 1895, RGBl. Nr. 21, betreffend die Regelung der Sonn- und Feiertagsruhe im Gewerbebetriebe, die gewerbliche Arbeit an Sonntagen bei einzelnen Kategorien von Gewerben gestattet wird, in der Fassung der Verordnungen RGBl. Nr. 125/1895, 97/1897, 76/1898, 35/1904, 99/1904, 97/1906, 186/1912, 208/1913, BGBl. Nr. 98/1924, 44/1926, 313/1927, 156/1929, 403/1935, 273/1959 und 369/1967;
14. die Verordnung des Handelsministeriums, des Ministeriums für Inneres, des Ministeriums für Kultus und Unterricht, des Finanzministeriums und des Ministeriums für Landesverteidigung im Einvernehmen mit den k. u. k. Reichskriegsministerium vom 18. Jänner 1897 betreffend die Einhaltung der Sonntagsruhe beim Pulververschleiße, RGBl. Nr. 26;
15. die Verordnungen der Landeshauptleute, die auf Grund des § 7 der Durchführungsverordnung zum Sonntagsruhegesetz, RGBl. Nr. 58/1895, erlassen wurden;
16. § 376 Z 47 Abs. 2 lit. b bis d der GewO 1973, BGBl. Nr. 50/1974;
17. Verordnung des Landeshauptmannes von Wien vom 18. Feber 1982, LGBl. Nr. 10, betreffend Ausnahmen von der Sonn- und Feiertagsruhe im Gewerbe der Blumenbinder in Verkaufsstellen auf Bahnhöfen.

(2) Mit Inkrafttreten dieses Bundesgesetzes treten für Arbeitnehmer, die unter den Geltungsbereich dieses Bundesgesetzes fallen, folgende Rechtsvorschriften außer Kraft:

1. das Feiertagsruhegesetz 1957, BGBl. Nr. 153, in der Fassung des Bundesgesetzes BGBl. Nr. 264/1967;
2. die Verordnung des Staatsamtes für soziale Verwaltung vom 29. Oktober 1945, StGBl. Nr. 212, über die Lohnzahlung an Feiertagen, in der Fassung des Bundesgesetzes BGBl. Nr. 105/1961;
3. § 12 Abs. 3 und 4 des Arbeitszeitgesetzes, BGBl. Nr. 461/1969, in der Fassung der Bundesgesetze BGBl. Nr. 238/1971, 2/1975 und 354/1981.

(3) Mit Inkrafttreten der Änderungen durch das Bundesgesetz BGBl I Nr. 5/1997 tritt Abschnitt XVII Z 1 der Arbeitsruhegesetz-Verordnung, BGBl. Nr. 149/1984, außer Kraft.

(BGBl I 1997/5)

Weitergelten von Rechtsvorschriften

§ 32. (1) Verordnungen, die der Landeshauptmann auf Grund des § 1 Artikel VII oder IX des Gesetzes vom 16. Jänner 1895, RGBl. Nr. 21, betreffend die Regelung der Sonn- und Feiertagsruhe im Gewerbebetriebe, in der Fassung der Gesetze RGBl. Nr. 125/1905, StGBl. Nr. 282/1919 und BGBl. II Nr. 421/1934, BGBl. Nr. 548/1935, 194/1947 und 156/1958 erlassen hat und welche die Beschäftigung von Arbeitnehmern während der Wochenend- und Feiertagsruhe zulassen, gelten nach Inkrafttreten dieses Bundesgesetzes als bundesgesetzliche Regelung. Sie treten mit Neuerlassung der Verordnung des Landeshauptmannes, spätestens jedoch 18 Monate nach Inkrafttreten dieses Bundesgesetzes außer Kraft.

(BGBl I 2003/48)

(2) Verordnungen, die der Landeshauptmann vor dem In-Kraft-Treten des Öffnungszeitengesetzes 2003 auf Grund des § 13 Abs. 1 erlassen hat und welche die Beschäftigung von Arbeitnehmern an Samstagen nach 18 Uhr, an Sonntagen und an Feiertagen in Verkaufsstellen gemäß § 1 Abs. 1 bis 3 des Öffnungszeitengesetzes 1991, BGBl. Nr. 50/1992, regeln, gelten nach dem In-Kraft-Treten des Öffnungszeitengesetzes 2003 als Verordnungen gemäß § 5 Abs. 2 bis 4 des Öffnungszeitengesetzes 2003.

(BGBl I 2003/48)

Verweisungen

§ 32a. Soweit in diesem Bundesgesetz auf andere Bundesgesetze verwiesen wird, sind diese in ihrer jeweils geltenden Fassung anzuwenden.

(BGBl 1994/446, BGBl I 1997/46)

Bezugnahme auf Richtlinien

§ 32b. Durch dieses Bundesgesetz werden folgende Richtlinien der Europäischen Union umgesetzt:

1. Richtlinie 2003/88/EG des Rates vom 4. November 2003 über bestimmte Aspekte der Arbeitszeitgestaltung (ABl. Nr. L 299 vom 18.11.2003 S. 9);

   (BGBl I 2006/138, BGBl I 2009/149)

2. Richtlinie 97/81/EG des Rates vom 15. Dezember 1997 zu der von UNICE, CEEP und EGB geschlossenen Rahmenvereinbarung über Teilzeitarbeit (ABl. Nr. L 14 vom 20.01.1998 S. 9),

3. Richtlinie 1999/63/EG des Rates vom 21. Juni 1999 zu der vom Verband der Reeder in der Europäischen Gemeinschaft (European Community Shipowners' Association ECSA) und dem Verband der Verkehrsgewerkschaften in der Europäischen Union (Federation of Transport Workers' Unions in the European Union FST) getroffenen Vereinbarung über die Regelung der Arbeitszeit von Seeleuten 2000 (ABl. Nr. L 167 vom 02.07.1999 S. 33);

4. Richtlinie 1999/95/EG des Europäischen Parlaments und des Rates zur Durchsetzung der Arbeitszeitregelung für Seeleute an Bord von Schiffen, die Gemeinschaftshäfen anlaufen, vom 13. Dezember 1999 (ABl. Nr. L 14 vom 20.01.2000 S. 29);

   (BGBl I 2004/159)

5. Richtlinie 2000/79/EG des Rates vom 27. November 2000 über die Durchführung der von der Vereinigung Europäischer Fluggesellschaften (AEA), der Europäischen Transportarbeiter-Föderation (ETF), der European Cockpit Association (ECA), der European Regions Airline Association (ERA) und der International Air Carrier Association (IACA) geschlossenen Europäischen Vereinbarung über die Arbeitszeitorganisation für das fliegende Personal der Zivilluftfahrt (ABl. Nr. L 302 vom 01.12.2000 S. 57);

   (BGBl I 2004/159, BGBl I 2006/138)

6. Richtlinie 2002/15/EG des Europäischen Parlaments und des Rates vom 11. März 2002 zur Regelung der Arbeitszeit von Personen, die Fahrtätigkeiten im Bereich des Straßentransportes ausüben (ABl. Nr. L 80 vom 23.03.2002 S. 35);

   (BGBl I 2006/138, BGBl I 2008/124)

7. Richtlinie 2005/47/EG des Europäischen Parlaments und des Rates vom 18. Juli 2005 betreffend die Vereinbarung zwischen der Gemeinschaft der Europäischen Bahnen (CER) und der Europäischen Transportarbeiter-Föderation (ETF) über bestimmte Aspekte der Einsatzbedingungen des fahrenden Personals im interoperablen grenzüberschreitenden Verkehr im Eisenbahnsektor (ABl. Nr. L 195 vom 27.07.2005, S. 15);

   (BGBl I 2008/124, BGBl I 2009/149)

8. Richtlinie 2006/22/EG des Europäischen Parlaments und des Rates vom 15. März 2006 über die Mindestbedingungen für die Durchführung der Verordnungen (EWG) Nr. 3820/85 und (EWG) Nr. 3821/85 des Rates über Sozialvorschriften für Tätigkeiten im Kraftverkehr sowie zur Aufhebung der Richtlinie 88/599/EWG des Rates, ABl. Nr. L 102 vom 11.4.2006 S. 35, zuletzt geändert durch die Verordnung (EU) 2016/403, ABl. Nr. L 74 vom 19.03.2016 S. 8;

   (BGBl I 2009/149)

9. Richtlinie 2014/112/EU zur Durchführung der von der Europäischen Binnenschifffahrts Union (EBU), der Europäischen Schifferorganisation (ESO) und der Europäischen Transportarbeiter-Föderation (ETF) geschlossenen Europäischen Vereinbarung über die Regelung bestimmter Aspekte der Ar-

beitszeitgestaltung in der Binnenschifffahrt, ABl. Nr. L 367 vom 23.12.2014 S. 86.

(BGBl I 2004/30)

Inkrafttreten

§ 33. (1) Dieses Bundesgesetz tritt mit 1. Juli 1984 in Kraft.

(2) Verordnungen auf Grund dieses Bundesgesetzes können bereits von dem seiner Kundmachung folgenden Tag an erlassen werden. Diese Verordnungen dürfen frühestens mit dem im Abs. 1 bezeichneten Tag in Kraft gesetzt werden.

(BGBl I 2018/53)

Inkrafttreten von Novellen

§ 33a. (1) § 17 Abs. 1 letzter Satz in der Fassung des Bundesgesetzes BGBl. Nr. 158/1991 tritt mit 31. März 1991 in Kraft.

(BGBl 1991/158)

(2) Abschnitt 5a (§§ 22a bis 22c) sowie die §§ 27 Abs. 1, 1a, 3 und 4 und 32a, in der Fassung des Bundesgesetzes, BGBl. Nr. 446/1994, treten mit 1. Juli 1994 in Kraft.

(BGBl 1994/446)

(3) § 13a in der Fassung des Bundesgesetzes BGBl. Nr. 804/1995 tritt mit 1. Dezember 1995 in Kraft. Mit diesem Tag tritt auch § 7a außer Kraft.

(BGBl 1995/804, BGBl 1996/410, BGBl I 1997/46)

(4) § 1 Abs. 2 Z 7 in der Fassung des Bundesgesetzes BGBl. Nr. 410/1996 tritt mit 1. Juli 1996 in Kraft.

(BGBl I 1997/46)

(5) § 3 Abs. 4, § 6a, § 10a, § 12a, § 22a Abs. 1a, § 27 Abs. 1 und § 32a in der Fassung des Bundesgesetzes, BGBl. I Nr. 46/1997, treten mit 1. Mai 1997 in Kraft.

(BGBl I 1997/46)

(6) § 21 Abs. 1, 3 und 4 und § 27 Abs. 1 in der Fassung des Bundesgesetzes BGBl. I Nr. 88/1999 treten mit 1. Jänner 2000 in Kraft.

(BGBl I 1999/88)

(7) § 27 Abs. 1 in der Fassung des Bundesgesetzes BGBl. I Nr. 98/2001 tritt mit 1. Jänner 2002 in Kraft.

(BGBl I 2001/98)

(8) Die §§ 13, 13a, 18 Abs. 1, 19 Abs. 1 lit. f, 22 Abs. 1, 22d, 23, 24, 27 Abs. 1 und 32 in der Fassung des Bundesgesetzes BGBl. I Nr. 48/2003 treten gleichzeitig mit dem Öffnungszeitengesetz 2003 in Kraft.

(BGBl I 2003/48)

(9) § 1 Abs. 2 Z 2, 3 und 6 lit. e, § 19 Abs. 1, § 25a sowie § 32b in der Fassung des Bundesgesetzes BGBl. I Nr. 30/2004 treten mit 1. Mai 2004 in Kraft.

(BGBl I 2004/30)

(10) Die §§ 7 Abs. 3, 19 Abs. 4 und 5 sowie 32b Z 5 in der Fassung des Bundesgesetzes BGBl. I Nr. 159/2004 treten mit 1. Jänner 2005 in Kraft. Gleichzeitig tritt § 1 Abs. 2 Z 3 außer Kraft.

(BGBl I 2004/159)

(11) § 22c in der Fassung des Bundesgesetzes BGBl. I Nr. 175/2004 tritt mit 5. Mai 2005 in Kraft.

(BGBl I 2004/175)

(12) Die §§ 22a, 22c bis 22f, 27, 32b Z 1 und 6 sowie 34 Abs. 2 in der Fassung des Bundesgesetzes BGBl. I Nr. 138/2006 treten mit 11. April 2007 in Kraft.

(BGBl I 2006/138)

(13) § 3 Abs. 2a und § 27 Abs. 1, 2 und 2a in der Fassung des Bundesgesetzes BGBl. I Nr. 61/2007 treten mit 1. Jänner 2008 in Kraft.

(BGBl I 2007/61)

(14) § 19 Abs. 3a und 4, § 19a sowie § 32b in der Fassung des Bundesgesetzes BGBl. I Nr. 124/2008 treten am 16. Juli 2008 in Kraft. § 27 Abs. 2a und 2b tritt mit dem der Kundmachung folgenden Tag in Kraft.

(BGBl I 2008/124)

(15) § 2 Abs. 3, § 27 Abs. 2, 2b und 2c sowie § 32b Z 7 und 8, in der Fassung des Bundesgesetzes BGBl. I Nr. 149/2009, treten mit 1. Jänner 2010 in Kraft.

(BGBl I 2009/149)

(16) Der Entfall des § 20 samt Überschrift durch das Bundesgesetz BGBl. I Nr. 93/2010 tritt mit 1. November 2010 in Kraft.

(BGBl I 2010/93)

(17) § 1 Abs. 2 Z 8 in der Fassung des Bundesgesetzes BGBl. I Nr. 100/2010 tritt mit 1. Jänner 2011 in Kraft.

(BGBl I 2010/100)

(18) § 34 Abs. 1 Z 2 in der Fassung vor dem 2. Stabilitätsgesetz 2012, BGBl. I Nr. 35/2012, tritt mit Ablauf des 30. Juni 2012 außer Kraft.

(BGBl I 2012/35)

(19) § 26 und § 34 in der Fassung des Bundesgesetzes BGBl. I Nr. 71/2013 treten mit 1. Jänner 2014 in Kraft.

(BGBl I 2013/71)

(20) § 25 Abs. 1 in der Fassung des Bundesgesetzes BGBl. I Nr. 91/2014 tritt mit 1. Jänner 2015 in Kraft.

(BGBl I 2014/91)

(21) § 22c Z 1 und 2 und § 34 Abs. 2 in der Fassung des Bundesgesetzes BGBl. I Nr. 91/2014 treten am Tag des Inkrafttretens der Durchführungsrechtsakte der Kommission der Europäischen Union gemäß Art. 4 Abs. 8, 6 Abs. 5, 11 Abs. 1, 12 Abs. 7, 14, 21 Abs. 3, 22 Abs. 5, 31 Abs. 5 sowie 39 Abs. 3 der Verordnung (EU) Nr. 165/2014 in Kraft, frühestens jedoch mit 2. März 2016. „Der/die Bundesminister/in für Arbeit, Soziales, Gesundheit und Konsumentenschutz" hat den Zeitpunkt des Inkrafttretens der genannten Durchfüh-

rungsrechtsakte im Bundesgesetzblatt I kundzumachen.

(BGBl I 2014/91, BGBl I 2019/22)

(22) § 19 Abs. 3a und 4 sowie § 27 Abs. 2a in der Fassung BGBl. I Nr. 152/2015 treten mit 18. Februar 2016 in Kraft.

(BGBl I 2015/152)

(23) § 19 Abs. 6 und § 32b Z 8 und 9 in der Fassung des Bundesgesetzes BGBl. I Nr. 114/2016 treten mit 1. Jänner 2017 in Kraft.

(BGBl I 2016/114)

(24)§ 22d in der Fassung des Deregulierungsgesetzes 2017, BGBl. I Nr. 40/2017, tritt mit 1. Juli 2017 in Kraft. § 23 samt Überschrift tritt mit Ablauf des 30. Juni 2017 außer Kraft.

(BGBl I 2017/40)

(25) § 10, § 11 Abs. 2 und 4, § 25 Abs. 1 sowie § 26 Abs. 3 in der Fassung des Bundesgesetzes BGBl. I Nr. 126/2017 treten mit 1. August 2017 in Kraft. Mit diesem Zeitpunkt treten § 12 Abs. 3 und § 17 Abs. 7 außer Kraft.

(BGBl I 2017/126)

(26) § 21 Abs. 1 in der Fassung des Bundesgesetzes BGBl. I Nr. 127/2017 tritt mit 1. Jänner 2018 in Kraft; gleichzeitig tritt § 21 Abs. 2 Z 3 außer Kraft.

(BGBl I 2017/127)

(27) § 1 Abs. 2 Z 3 und 5 sowie § 12b in der Fassung des Bundesgesetzes BGBl. I Nr. 53/2018 treten mit 1. September 2018 in Kraft.

(BGBl I 2018/53)

„(28) Bestimmungen in Normen der kollektiven Rechtsgestaltung, die nur für Arbeitnehmer, die den evangelischen Kirchen AB und HB, der Altkatholischen Kirche oder der Evangelisch-methodistischen Kirche angehören, Sonderregelungen für den Karfreitag vorsehen, sind unwirksam und künftig unzulässig. Dies gilt auch für Arbeitnehmer gemäß § 1 Abs. 2.

(BGBl I 2019/22)

(29) Binnen drei Monaten nach Inkrafttreten dieses Bundesgesetzes kann der Arbeitnehmer einen Zeitpunkt für den Urlaubsantritt wählen, ohne die Frist gemäß § 7a einzuhalten. In diesem Fall hat der Arbeitnehmer den Zeitpunkt des Urlaubsantrittes frühestmöglich, spätestens aber zwei Wochen vor diesem Zeitpunkt dem Arbeitgeber bekannt zu geben."

(BGBl I 2019/22)

(BGBl I 2018/53)

Vollziehung

§ 34. (1) Mit der Vollziehung dieses Bundesgesetzes sind betraut:

1. der Bundeskanzler im Einvernehmen mit „dem/der Bundesminister/in für Arbeit, Soziales, Gesundheit und Konsumentenschutz" hinsichtlich der Arbeitnehmer in Betrieben des Bundes; soweit finanzielle Angelegenheiten berührt sind, auch im Einvernehmen mit dem Bundesminister für Finanzen;

   (BGBl I 2019/22)

2. der Bundesminister für Finanzen hinsichtlich des § 26 Abs. 3;
3. im Übrigen „der/die Bundesminister/in für Arbeit, Soziales, Gesundheit und Konsumentenschutz" im Einvernehmen mit dem Bundeskanzler hinsichtlich der Arbeitnehmer in Betrieben der Länder, Gemeinden und Gemeindeverbände, soweit finanzielle Angelegenheiten berührt sind auch im Einvernehmen mit dem Bundesminister für Finanzen;

   (BGBl I 2019/22)

4. „der/die Bundesminister/in für Arbeit, Soziales, Gesundheit und Konsumentenschutz" hinsichtlich aller anderen Arbeitnehmer.

   (BGBl I 2019/22)

(2) Die in Abs. 1 Z 1 und 4 genannten Bundesminister sind auch mit der Vollziehung der Verordnung (EG) Nr. 561/2006 und der Verordnung (EWG) Nr. 165/2014 betraut.

(BGBl I 2014/91)

(BGBl 1994/446, BGBl I 1997/46, BGBl I 2001/98, BGBl I 2006/138, BGBl I 2009/149, BGBl I 2012/35, BGBl I 2013/71)

ARG

11. Arbeits- und Sozialgerichtsgesetz (Auszug)

Arbeits- und Sozialgerichtsgesetz, BGBl 1985/104 idF

1	BGBl 1986/612	2	BGBl 1987/617	3	BGBl 1989/343
4	BGBl 1990/408	5	BGBl 1991/210	6	BGBl 1993/28
7	BGBl 1993/91	8	BGBl 1993/110	9	BGBl 1994/314
10	BGBl 1994/624	11	BGBl 1995/133	12	BGBl 1996/201
13	BGBl 1996/411	14	BGBl 1996/601	15	BGBl I 1997/47
16	BGBl I 1997/70	17	BGBl I 1997/140	18	BGBl I 1998/79
19	BGBl I 1999/120	20	BGBl I 2001/88	21	BGBl I 2001/98
22	BGBl I 2001/103	23	BGBl I 2002/76	24	BGBl I 2002/100
25	BGBl I 2002/118	26	BGBl I 2004/82	27	BGBl I 2005/45
28	BGBl I 2006/7	29	BGBl I 2006/104	30	BGBl I 2007/77
31	BGBl I 2007/102	32	BGBl I 2008/82	33	BGBl I 2009/30
34	BGBl I 2009/97	35	BGBl I 2009/116	36	BGBl I 2010/58
37	BGBl I 2010/111	38	BGBl I 2011/135	39	BGBl I 2012/35
40	BGBl I 2013/50	41	BGBl I 2013/86	42	BGBl I 2016/44
43	BGBl I 2018/100				

GLIEDERUNG

STICHWORTVERZEICHNIS

104. Bundesgesetz vom 7. März 1985 über die Arbeits- und Sozialgerichtsbarkeit (Arbeits- und Sozialgerichtsgesetz – ASGG)

Der Nationalrat hat beschlossen:

ERSTES HAUPTSTÜCK
Einrichtung der Arbeits- und Sozialgerichtsbarkeit

§ 1. Dieses Bundesgesetz ist auf Arbeitsrechtssachen nach § 50 und Sozialrechtssachen nach § 65 anzuwenden, soweit nichts anderes angeordnet ist.

§ 2. (1) Zur Entscheidung über Arbeits- und Sozialrechtssachen sind die ordentlichen Gerichte berufen; soweit nichts anderes angeordnet ist, sind die für die Gerichtsbarkeit in bürgerlichen Rechtssachen geltenden Vorschriften anzuwenden.

(2) In Wien wird ein Gerichtshof erster Instanz errichtet, der die Bezeichnung „Arbeits- und Sozialgericht Wien“ führt.

(3) Der Sprengel des Arbeits- und Sozialgerichts Wien umfaßt das Gebiet des Sprengels des Landesgerichts für Zivilrechtssachen Wien.

(4) Soweit nichts anderes angeordnet ist, sind die Vorschriften für die Landesgerichte auch auf das Arbeits- und Sozialgericht Wien anzuwenden.

ZWEITES HAUPTSTÜCK

I. Abschnitt – Zuständigkeit

1. Sachliche Zuständigkeit

§ 3. In erster Instanz sind die Landesgerichte, für den Sprengel des Landesgerichts für Zivilrechtssachen Wien das Arbeits- und Sozialgericht Wien zur Entscheidung in Arbeits- und Sozialrechtssachen zuständig.

2. Örtliche Zuständigkeiten

1. Unterabschnitt – Arbeitsrechtssachen

§ 4. (1) Für die im § 50 Abs. 1 genannten Rechtsstreitigkeiten ist nach Wahl des Klägers örtlich zuständig

1. in den Fällen der Z 1 bis 3 auch das Gericht, in dessen Sprengel
   a) der Arbeitnehmer seinen Wohnsitz oder gewöhnlichen Aufenthalt während des Arbeitsverhältnisses hat oder wo er ihn im Zeitpunkt der Beendigung des Arbeitsverhältnisses hatte,
   b) das Unternehmen seinen Sitz hat,
   c) regelmäßig wenigstens ein Teil der Arbeit zu leisten ist oder, sofern das Arbeitsverhältnis beendet ist, zuletzt zu leisten war,
   d) das Entgelt zu zahlen ist oder, sofern das Arbeitsverhältnis beendet ist, zuletzt zu zahlen war oder

   (BGBl I 1999/120)

   e) bei grenzüberschreitender Entsendung oder Arbeitskräfteüberlassung aus EWR-Mitgliedstaaten die Arbeit zu leisten ist oder war hinsichtlich der sich aus dem Arbeitsverhältnis während der Dauer der Arbeitsleistung in Österreich ergebenden Ansprüche;

   (BGBl I 1999/120)

2. in den Fällen der Z 4 nur das Gericht, in dessen Sprengel
   a) die juristische Person ihren Sitz hat,
   b) die Ruhegenüsse oder sonstigen Leistungen auszuzahlen sind oder
   c) der Kläger seinen Wohnsitz oder gewöhnlichen Aufenthalt hat;
3. in den Fällen der Z 5 bis 7 nur das Gericht, in dessen Sprengel
   a) die Bauarbeiter-Urlaubs- und Abfertigungskasse, die Gehaltskasse, die Betriebliche Vorsorgekasse (BV-Kasse) oder der gleichartige Leistungsträger ihren Sitz oder
   b) Kläger seinen Wohnsitz oder gewöhnlichen Aufenthalt hat;

   (BGBl 1994/314, BGBl I 2005/45, BGBl I 2007/102)

4. in den Fällen der Z 8 nur das Gericht, in dessen Sprengel
   a) die „Österreichische Gesundheitskasse“ ihren Sitz oder

   (BGBl I 2018/100)

   b) der Arbeitnehmer seinen Wohnsitz oder gewöhnlichen Aufenthalt hat.

(BGBl I 2005/45)

(2) Das Wahlrecht des Klägers nach Abs. 1 besteht auch in den Fällen, in denen die Rechtsstreitigkeit von einer im § 52 genannten Person geführt wird.

§ 5. (1) Für die im § 50 Abs. 2 genannten Rechtsstreitigkeiten, die sich auf den Zentralbetriebsrat oder den Zentralbetriebsratsfonds beziehen, ist nur das Gericht örtlich zuständig, in dessen Sprengel das Unternehmen seinen Sitz hat.

(2) Sonst ist für die im § 50 Abs. 2 genannten Rechtsstreitigkeiten nur das Gericht örtlich zuständig, in dessen Sprengel sich der Betrieb befindet, auf den sich die Rechtsstreitigkeit bezieht.

§ 5a. Für Rechtsstreitigkeiten, die sich auf die Konzernvertretung (§§ 88a, 88b ArbVG) beziehen, sind nur die Gerichte örtlich zuständig, in deren Sprengel ein Unternehmen des Konzerns seinen Sitz hat.

(BGBl 1994/624)

§ 5b. (1) Für Rechtsstreitigkeiten, die sich auf das besondere Verhandlungsgremium (§§ 177 bis 188 ArbVG), auf den Europäischen Betriebsrat (§§ 189 und 191 bis 203 ArbVG), auf das Verfahren zur Unterrichtung und Anhörung der Arbeitnehmer (§ 190 ArbVG) oder auf Vereinbarungen gemäß § 206 ArbVG beziehen, sind nur die Gerichte örtlich zuständig, in deren Sprengel ein Unternehmen seinen Sitz hat. Hat kein Unternehmen seinen Sitz in Österreich, so sind nur die Gerichte örtlich zuständig, in deren Sprengel sich ein Betrieb befindet.

(2) Die inländische Gerichtsbarkeit für die im Abs. 1 genannten Rechtsstreitigkeiten ist nur dann gegeben, wenn

1. die zentrale Leitung (§ 171 Abs. 3 oder 4 ArbVG) im Inland liegt oder
2. es sich um Angelegenheiten nach § 172 ArbVG handelt.

(BGBl 1996/601)

§ 5c. (1) Für Rechtsstreitigkeiten, die sich auf das besondere Verhandlungsgremium (§§ 215 bis 229 ArbVG), auf den SE-Betriebsrat (§§ 230, 232 bis 243 und 249 ArbVG), auf das Verfahren zur Unterrichtung und Anhörung der Arbeitnehmer (§ 231 ArbVG) oder auf die Mitbestimmung gemäß den §§ 244 bis 248 ArbVG beziehen, ist nur das Gericht örtlich zuständig, in dessen Sprengel die Europäische Gesellschaft ihren Sitz hat oder haben soll. Für Rechtsstreitigkeiten, die sich auf § 209 ArbVG beziehen, ist nur das Gericht örtlich zuständig, in dessen Sprengel die beteiligte Gesellschaft ihren Sitz hat oder hatte.

(2) Die inländische Gerichtsbarkeit für die im Abs. 1 genannten Rechtsstreitigkeiten ist nur dann gegeben, wenn

1. die Europäische Gesellschaft ihren Sitz im Inland hat oder haben soll oder
2. es sich um Angelegenheiten nach § 209 ArbVG handelt.

(BGBl I 2004/82)

§ 5d. (1) Für Rechtsstreitigkeiten, die sich auf das besondere Verhandlungsgremium, auf den SCE-Betriebsrat, auf das Verfahren zur Unterrichtung und Anhörung der Arbeitnehmer sowie auf die Mitbestimmung gemäß den Bestimmungen des VII. Teiles des Arbeitsverfassungsgesetzes, BGBl. Nr. 22/1974, oder auf gleichartige österreichische Rechtsvorschriften beziehen, ist nur das Gericht örtlich zuständig, in dessen Sprengel die Europäische Genossenschaft ihren Sitz hat oder haben soll.

(2) Die inländische Gerichtsbarkeit für die im Abs. 1 genannten Rechtsstreitigkeiten ist nur dann gegeben, wenn

1. die Europäische Genossenschaft ihren Sitz im Inland hat oder haben soll oder
2. es sich um Angelegenheiten handelt, für die die Bestimmungen des VII. Teiles des ArbVG gemäß § 257 Abs. 1 in Verbindung mit § 209 ArbVG auch dann gelten, wenn der Sitz der Europäischen Gesellschaft nicht im Inland liegt oder liegen wird.

(BGBl I 2007/77)

(BGBl I 2006/104)

§ 5e. (1) Für Rechtsstreitigkeiten, die sich auf das besondere Verhandlungsgremium oder das besondere Entsendungsgremium sowie auf die Mitbestimmung gemäß den Bestimmungen des VIII. Teiles des ArbVG oder auf gleichartige österreichische Rechtsvorschriften beziehen, ist nur das Gericht örtlich zuständig, in dessen Sprengel die aus der grenzüberschreitenden Verschmelzung hervorgehende Gesellschaft ihren Sitz hat oder haben soll. Für Rechtsstreitigkeiten, die sich auf § 260 Abs. 1 in Verbindung mit § 209 ArbVG beziehen, ist nur das Gericht örtlich zuständig, in dessen Sprengel die beteiligte Gesellschaft ihren Sitz hat oder hatte.

(2) Die inländische Gerichtsbarkeit für die im Abs. 1 genannten Rechtsstreitigkeiten ist nur dann gegeben, wenn

1. die aus der grenzüberschreitenden Verschmelzung hervorgehende Gesellschaft ihren Sitz im Inland hat oder haben soll oder
2. es sich um Angelegenheiten handelt, für die die Bestimmungen des VIII. Teiles des ArbVG gemäß § 260 Abs. 1 in Verbindung mit § 209 ArbVG auch dann gelten, wenn der Sitz der aus der grenzüberschreitenden Verschmelzung hervorgehenden Gesellschaft nicht im Inland liegt oder liegen wird.

(BGBl I 2007/77)

§ 6. Ist im Inland keiner der in den §§ 4 und 5 genannten Gerichtsstände gegeben, so ist auch das Gericht örtlich zuständig, in dessen Sprengel sich eine Zweigniederlassung des Unternehmens befindet.

2. Unterabschnitt – Sozialrechtssachen

§ 7. (1) Für die im § 65 Abs. 1 Z 1, 2, 4 bis 6 und 8 genannten Rechtsstreitigkeiten ist nur das Gericht örtlich zuständig, in dessen Sprengel der Wohnsitz oder gewöhnliche Aufenthalt des Versicherten liegt.

(2) Hat der Versicherte keinen Wohnsitz oder gewöhnlichen Aufenthalt im Inland, so sind in nachstehender Reihenfolge nur folgende Gerichte örtlich zuständig:

Bei einem Wohnsitz oder gewöhnlichen Aufenthalt des Versicherten

1. in der Bundesrepublik Deutschland das Landesgericht Innsbruck sowie nach der Wahl des Versicherten auch die Landesgerichte Feldkirch, Linz und Salzburg,
2. in Liechtenstein oder der Schweiz das Landesgericht Feldkirch,
3. in Italien das Landesgericht Innsbruck sowie nach der Wahl des Versicherten auch das Landesgericht Klagenfurt,
4. in Bosnien-Herzegowina, der Ehemaligen jugoslawischen Republik Mazedonien, Kroatien oder Slowenien das Landesgericht für Zivilrechtssachen Graz oder
5. in einem anderen Land oder bei Fehlen eines Wohnsitzes oder gewöhnlichen Aufenthalts das Gericht, in dessen Sprengel der Sitz des Beklagten liegt.

(BGBl 1994/624)

(BGBl 1994/624)

(3) Verlegt der Versicherte während des Verfahrens, jedoch vor Schluß der mündlichen Streitverhandlung erster Instanz seinen Wohnsitz (gewöhnlichen Aufenthalt), so daß nach den Abs. 1 oder 2 ein anderes als das angerufene Gericht zuständig wäre, so geht, wenn der Versicherte dies geltend macht (§ 38 Abs. 3), die Zuständigkeit auf das Gericht des neuen Wohnsitzes (gewöhnlichen Aufenthalts) über.

(BGBl 1994/624)

(4) Für die im § 65 Abs. 1 Z 3 genannten Rechtsstreitigkeiten ist nur das Gericht örtlich zuständig, in dessen Sprengel der Sitz des Klägers liegt. Für die im § 65 Abs. 1 Z 7 genannten Rechtsstreitigkeiten ist nur das Gericht zuständig, in dessen Sprengel sich der Sitz des Gerichtes erster Instanz befindet, das über die Eröffnung des Insolvenzverfahrens oder in einer Angelegenheit nach dem § 1 Abs. 1 Z 1 bis 6 des Insolvenz-Entgeltsicherungsgesetzes (IESG), einen Beschluß gefaßt oder ein Urteil nach dem § 1a Abs. 1 IESG erlassen hat; hat ein ausländisches Gericht eine dieser Entscheidungen getroffen, die auf Grund von völkerrechtlichen Verträgen im Inland anerkannt wird, ist nur das Arbeits- und Sozialgericht Wien zuständig.

(BGBl 1995/133, BGBl I 2010/58)

3. Gerichtsstand des Zusammenhanges

§ 8. (1) Wenn bei einem nach den §§ 4 bis 6 zuständigen Gericht eine Arbeitsrechtssache anhängig ist oder gleichzeitig anhängig gemacht wird, so kann, wenn mindestens eine Person in beiden Rechtsstreitigkeiten Partei ist, bei demselben Gericht – ohne Rücksicht auf die §§ 4 bis 6 – ein damit im tatsächlichen oder rechtlichen Zusammenhang stehender Anspruch nach § 50 eingeklagt werden.

(2) Unter diesen Voraussetzungen kann bei dem im Abs. 1 bezeichneten Gericht auch ein anderer zivilrechtlicher Anspruch zwischen einem Arbeitgeber und einem Arbeitnehmer, zwischen einem Arbeitgeber und einem Dritten oder einem Arbeitnehmer und einem Dritten eingeklagt werden, sofern für die Geltendmachung dieses Anspruchs nicht eine ausschließliche Zuständigkeit eines anderen Gerichts gegeben ist, die auch durch eine Parteienvereinbarung nicht geändert werden könnte.

4. Zuständigkeits- und Schiedsgerichtsvereinbarungen

§ 9. (1) In Arbeits- und Sozialrechtssachen kann durch Parteienvereinbarung die sachliche Zuständigkeit nicht, die örtliche Zuständigkeit nur für einen bestimmten einzelnen Rechtsstreit der im § 50 Abs. 1 Z 1 bis 3 genannten Art sowie für besondere Feststellungsverfahren nach § 54 Abs. 1 geändert werden.

ASGG

(1a) Eine Parteienvereinbarung der inländischen Gerichtsbarkeit in Sozialrechtssachen ist unwirksam, in Arbeitsrechtssachen ist sie nur für bereits entstandene Streitigkeiten wirksam.

(BGBl I 1997/140)

(2) Eine Vereinbarung der Parteien, wonach ein Rechtsstreit durch einen oder mehrere Schiedsrichter entschieden werden soll, ist in Arbeitsrechtssachen nach § 50 Abs. 2 und in Sozialrechtssachen unwirksam; in Arbeitsrechtssachen nach § 50 Abs. 1 ist eine solche Vereinbarung außer für Geschäftsführer und Vorstandsmitglieder einer Kapitalgesellschaft nur für bereits entstandene Streitigkeiten wirksam.

(BGBl I 2002/76, BGBl I 2006/7)

(3) Die Abs. 1, 1a und 2 sind insoweit zur Gänze oder zum Teil nicht anzuwenden, als nach Völkerrecht oder besonderen gesetzlichen Anordnungen ausdrücklich anderes bestimmt ist.

(BGBl I 1997/140)

II. Abschnitt – Besondere Organisationsbestimmungen

Ausübung der Arbeits- und Sozialgerichtsbarkeit

§ 10. (1) Soweit nichts anderes angeordnet ist, wird die Arbeits- und Sozialgerichtsbarkeit in Senaten ausgeübt.

(2) Die Senate sind aus Richtern und fachkundigen Laienrichtern zusammenzusetzen; ein Richter hat den Vorsitz zu führen.

Zusammensetzung der Senate und die allgemeinen Aufgaben des Vorsitzenden

§ 11. (1) Die Senate der Landesgerichte haben sich aus einem Richter und zwei fachkundigen Laienrichtern, die Senate der Oberlandesgerichte und die einfachen Senate des Obersten Gerichtshofs (§ 6 des Bundesgesetzes über den Obersten Gerichtshof, BGBl. Nr. 328/1968) aus drei Richtern und zwei fachkundigen Laienrichtern zusammenzusetzen.

(2) Der Dreiersenat des Obersten Gerichtshofs hat sich ausschließlich aus drei Richtern, der verstärkte Senat aus sieben Richtern und vier fachkundigen Laienrichtern (§§ 7 und 8 des Bundesge-

setzes über den Obersten Gerichtshof) zusammenzusetzen.

(3) Der § 7a Abs. 1 und 2 JN, RGBl. Nr. 111/1895, ist nicht anzuwenden; die sonstigen Bestimmungen über die Aufgaben des Vorsitzenden bleiben unberührt.

(4) Über die Ablehnung eines Richters oder fachkundigen Laienrichters haben die Landesgerichte, die Oberlandesgerichte und der Oberste Gerichtshof durch Senate zu entscheiden, die sich aus drei Richtern zusammensetzen.

(BGBl 1990/408)

Gegenstand der Arbeitsrechtssachen

§ 50. (1) Arbeitsrechtssachen sind bürgerliche Rechtsstreitigkeiten

1. zwischen Arbeitgebern und Arbeitnehmern im Zusammenhang mit dem Arbeitsverhältnis oder mit dessen Anbahnung;
2. zwischen Arbeitgebern oder Arbeitnehmern und Mitgliedern der Organe der Arbeitnehmerschaft im Zusammenhang mit deren Organtätigkeit sowie zwischen Arbeitgebern oder Arbeitnehmern und dem Betriebsratsfonds, soweit es sich nicht um Rechtsstreitigkeiten nach Abs. 2 handelt;
3. zwischen Arbeitnehmern im Zusammenhang mit der gemeinsamen Arbeit;
4. zwischen juristischen Personen, die zur Gewährung von Ruhegenüssen, Versorgungsgenüssen oder ähnlichen einem früheren Arbeitsverhältnis entspringenden Leistungen errichtet und keine Sozialversicherungsträger sind, und Personen, die solche Leistungen beanspruchen;
5. über Ansprüche nach dem Bauarbeiter-Urlaubsgesetz 1972, BGBl. Nr. 414, zwischen der Urlaubskasse und Arbeitgebern oder Arbeitnehmern mit Ausnahme des im § 25 des Bauarbeiter-Urlaubsgesetzes 1972 geregelten Verfahrens;

5a. über Ansprüche nach dem Bauarbeiter-Schlechtwetterentschädigungsgesetz, BGBl. Nr. 129/1957, in der jeweils geltenden Fassung, zwischen der Urlaubs- und Abfertigungskasse und Arbeitgebern;

   (BGBl 1994/314)

6. über Ansprüche gegen die Gehaltskasse auf Zahlung der nach dem Gehaltskassengesetz 1959, BGBl. Nr. 254, gebührenden Bezüge;

   (BGBl I 2002/100)

7. zwischen Arbeitnehmern und der Mitarbeitervorsorgekasse (MV-Kasse) oder gleichartigen Leistungsträgern im Zusammenhang mit gesetzlichen Abfertigungsansprüchen;

   (BGBl I 2002/100, BGBl I 2005/45)

8. zwischen Arbeitnehmern und „der Österreichischen Gesundheitskasse“ über Entgeltansprüche aus der Einlösung von Dienstleistungsschecks nach dem Dienstleistungsscheckgesetz, BGBl. I Nr. 45/2005;

   (BGBl I 2005/45, BGBl I 2018/100)

9. zwischen Arbeitnehmern und Personen, die aufgrund der §§ 8 bis 10 des Lohn- und Sozialdumping-Bekämpfungsgesetzes, BGBl. I Nr. 44/2016, für Entgeltansprüche haften.

   (BGBl I 2016/44)

(2) Ferner sind Arbeitsrechtssachen Streitigkeiten über Rechte oder Rechtsverhältnisse, die sich aus dem II., V., VI., VII. oder VIII. Teil des ArbVG (betriebsverfassungsrechtliche Streitigkeiten), oder aus gleichartigen österreichischen Rechtsvorschriften ergeben.

(BGBl 1994/624, BGBl 1996/601, BGBl I 2004/82, BGBl I 2006/104, BGBl I 2007/77)

Besondere Feststellungsverfahren

§ 54. (1) In Arbeitsrechtssachen nach § 50 Abs. 1 können die parteifähigen Organe der Arbeitnehmerschaft im Rahmen ihres Wirkungsbereiches sowie der jeweilige Arbeitgeber auf Feststellung des Bestehens oder Nichtbestehens von Rechten oder Rechtsverhältnissen, die mindestens drei Arbeitnehmer ihres Betriebes oder Unternehmens betreffen, klagen oder geklagt werden. Es ist jedoch ohne Belang, wenn sich nach der Streitanhängigkeit die Zahl der betroffenen Arbeitnehmer des Betriebs oder Unternehmens auf einen Arbeitnehmer verringert oder die Strittigkeit des Rechts oder Rechtsverhältnisses zwar nicht mehr einen Arbeitnehmer des Betriebs oder Unternehmens, wohl aber zumindest noch einen zwischenweilig aus dem Betrieb oder Unternehmen ausgeschiedenen Arbeitnehmer betrifft.

(BGBl 1994/624)

(2) Kollektivvertragsfähige Körperschaften der Arbeitgeber und der Arbeitnehmer (§§ 4 bis 7 ArbVG) können im Rahmen ihres Wirkungsbereichs gegen eine kollektivvertragsfähige Körperschaft der Arbeitnehmer beziehungsweise der Arbeitgeber beim Obersten Gerichtshof einen Antrag auf Feststellung des Bestehens oder Nichtbestehens von Rechten oder Rechtsverhältnissen anbringen, die einen von namentlich bestimmten Personen unabhängigen Sachverhalt betreffen. Der Antrag muß eine Rechtsfrage des materiellen Rechts auf dem Gebiet der Arbeitsrechtssachen nach § 50 zum Gegenstand haben, die für mindestens drei Arbeitgeber oder Arbeitnehmer von Bedeutung ist.

(3) Der Antrag ist dem vom Antragsteller zu bezeichnenden Antragsgegner mit dem Auftrag zuzustellen, hiezu binnen vier Wochen Stellung zu nehmen. Innerhalb dieser Frist können auch andere kollektivvertragsfähige Körperschaften der Arbeitgeber oder der Arbeitnehmer im Rahmen ihres Wirkungsbereichs zu dem Antrag Stellung nehmen.

(4) Der Oberste Gerichtshof hat über den Feststellungsantrag auf der Grundlage des darin angegebenen Sachverhalts durch den einfachen Senat (§ 11 Abs. 1) zu entscheiden. Die Entscheidung ist

allen kollektivvertragsfähigen Körperschaften zuzustellen, die sich am Verfahren beteiligt haben.

(5) Feststellungsklagen nach Abs. 1 und Anträge nach Abs. 2 können auch dann erhoben werden, wenn der Berechtigte eine Leistungsklage erheben könnte. Für die Dauer des Verfahrens über eine solche Feststellungsklage oder einen solchen Antrag sind alle Fristen zur Geltendmachung des Anspruchs des Berechtigten gehemmt. Nach Beendigung des Verfahrens steht dem Berechtigten zur Erhebung der Leistungsklage zumindest noch eine Frist von drei Monaten offen; war die ursprüngliche Frist kürzer, so steht dem Berechtigten nur diese offen. Der Beendigung steht das Ruhen des Verfahrens gleich.

§ 61. (1) Die rechtzeitige Erhebung der Berufung gegen das erste Urteil des Gerichts erster Instanz hemmt nur den Eintritt der Rechtskraft, nicht jedoch den Eintritt der Verbindlichkeit der Feststellung, den der Rechtsgestaltungswirkung oder den der Vollstreckbarkeit in Rechtsstreitigkeiten

1. über den Fortbestand des Arbeitsverhältnisses und daraus abgeleitete Ansprüche auf das rückständige laufende Arbeitsentgelt;
2. über Ansprüche auf das bei Beendigung des Arbeitsverhältnisses rückständige laufende Arbeitsentgelt, soweit nicht nach Abs. 4 anderes angeordnet ist;
   (BGBl 1991/210, BGBl 1994/624)
3. über die Herausgabe der dem Arbeitnehmer bei Auflösung des Arbeitsverhältnisses auszufolgenden Arbeitspapiere und herauszugebenden Gegenstände;
4. über die Zurückstellung der dem Arbeitnehmer vom Arbeitgeber zur Ausübung der Arbeit zur Verfügung gestellten Gegenstände;
5. nach § 50 Abs. 2.
   (BGBl 1990/408)

(2) Das im Abs. 1 genannte Urteil wirkt, auch wenn es inzwischen aufgehoben oder durch ein anderes Urteil ersetzt worden ist, bis zur Beendigung des Verfahrens weiter, soweit die Parteien nichts anderes vereinbaren oder nicht nach Abs. 4 anderes angeordnet ist. Urteile nach Abs. 1 Z 1 oder 2 wirken unbeschadet eines allfälligen Rückzahlungsanspruchs.

(3) Die Abs. 1 und 2 gelten nicht in besonderen Feststellungsverfahren nach § 54 Abs. 1.

(4) In Rechtsstreitigkeiten nach Abs. 1 Z 2 ist die Hemmung der Vollstreckbarkeit zur Gänze oder teilweise zu verfügen, wenn

1. dies beantragt wird und es die soziale Lage des Arbeitnehmers zuläßt; hiebei ist insbesondere zu berücksichtigen, inwieweit sein laufendes Einkommen dem bisherigen laufenden Arbeitsentgelt im wesentlichen gleich ist und er zum Ausgleich für das fehlende rückständige Arbeitsentgelt Verpflichtungen eingehen mußte, die seine Lebensführung erheblich beeinträchtigen, oder
2. der Arbeitnehmer schriftlich oder zu Protokoll erklärt hat, auf diese Vollstreckbarkeit zu verzichten.

(BGBl 1994/624)

(5) Für die Entscheidung über einen Antrag nach Abs. 4 Z 1 genügt es, daß das Bestehen oder Nichtbestehen der erforderlichen Voraussetzungen glaubhaft gemacht wird; notwendig erscheinende ergänzende Bescheinigungsmittel hat das Gericht von Amts wegen aufzunehmen; dies erforderlichenfalls auch nach Schluß der Verhandlung, wobei sie in diesem Fall vom Vorsitzenden aufzunehmen sind; der § 183 Abs. 1 und 3 ZPO ist sinngemäß anzuwenden; die §§ 134 Z 3 und 183 Abs. 2 ZPO gelten nicht.

(BGBl 1994/624)

(6) Der Antrag nach Abs. 4 Z 1 ist vor Schluß der Verhandlung zu stellen; die Entscheidung über die Hemmung der Vollstreckbarkeit auf Grund eines solchen Antrags oder eines Verzichts des Arbeitnehmers nach Abs. 4 Z 2 ist in das Urteil aufzunehmen; wird es mündlich verkündet, so kann sie der Ausfertigung des Urteils vorbehalten werden; gegen die Entscheidung über die Hemmung der Vollstreckbarkeit ist kein Rechtsmittel zulässig.

(BGBl 1994/624)

(7) Die Abs. 1 bis 6 gelten auch für Rechtsverhältnisse, in denen auch nur eine Partei eine den Arbeitgebern oder Arbeitnehmern gleichgestellte Person (§ 51 Abs. 2 und 3) ist.

(BGBl 1994/624)

12. Allgemeines Sozialversicherungsgesetz (Auszug)

Allgemeines Sozialversicherungsgesetz, BGBl 1955/189 idF

1	BGBl 1989/642	2	BGBl 1993/110	3	BGBl 1993/335
4	BGBl 1994/314	5	BGBl 1996/201	6	BGBl 1996/411
7	BGBl 1996/600	8	BGBl 1996/764	9	BGBl I 1997/39 (VfGH)
10	BGBl I 1997/47	11	BGBl I 1997/139	12	BGBl I 1998/6
13	BGBl I 1998/138	14	BGBl I 1999/10	15	BGBl I 1999/173
16	BGBl I 2000/142	17	BGBl I 2001/5	18	BGBl I 2001/67
19	BGBl I 2001/99	20	BGBl I 2001/103	21	BGBl I 2002/31
22	BGBl I 2002/114 (DFB)	23	BGBl I 2002/140	24	BGBl I 2003/145
25	BGBl I 2004/142	26	BGBl I 2004/171	27	BGBl I 2004/179
28	BGBl I 2005/45	29	BGBl I 2005/71	30	BGBl I 2005/132
31	BGBl I 2005/155	32	BGBl I 2006/131	33	BGBl I 2007/76
34	BGBl I 2007/101	35	BGBl I 2008/120	36	BGBl I 2009/83
37	BGBl I 2009/84	38	BGBl I 2009/116	39	BGBl I 2010/61
40	BGBl I 2010/62	41	BGBl I 2010/102	42	BGBl I 2010/111
43	BGBl I 2012/17	44	BGBl I 2012/89	45	BGBl I 2012/107
46	BGBl I 2012/123	47	BGBl I 2013/3	48	BGBl I 2013/4
49	BGBl I 2013/86	50	BGBl I 2013/87	51	BGBl I 2013/137
52	BGBl I 2013/138	53	BGBl I 2013/139	54	BGBl I 2013/187
55	BGBl I 2015/2	56	BGBl I 2015/79	57	BGBl I 2015/144
58	BGBl I 2015/162	59	BGBl I 2016/18	60	BGBl I 2016/44
61	BGBl I 2016/53	62	BGBl I 2016/75	63	BGBl I 2017/30
64	BGBl I 2017/66	65	BGBl I 2017/125	66	BGBl I 2017/126
67	BGBl I 2018/54	68	BGBl I 2018/59	69	BGBl I 2018/100
70	BGBl I 2019/8	71	BGBl I 2019/20		

GLIEDERUNG

STICHWORTVERZEICHNIS

Bundesgesetz vom 9. September 1955 über die Allgemeine Sozialversicherung (Allgemeines Sozialversicherungsgesetz – ASVG)

Der Nationalrat hat beschlossen:

Abschnitt II
Umfang der Versicherung

1. Unterabschnitt
Pflichtversicherung

Vollversicherung

§ 4. (1) In der Kranken-, Unfall- und Pensionsversicherung sind auf Grund dieses Bundesgesetzes versichert (vollversichert), wenn die betreffende Beschäftigung weder gemäß den §§ 5 und 6 von der Vollversicherung ausgenommen ist, noch nach § 7 nur eine Teilversicherung begründet:

1. die bei einem oder mehreren Dienstgebern beschäftigten Dienstnehmer;
2. die in einem Lehrverhältnis stehenden Personen (Lehrlinge);
3. die im Betrieb der Eltern, Großeltern, Wahl- oder Stiefeltern ohne Entgelt regelmäßig beschäftigten Kinder, Enkel, Wahl- oder Stiefkinder, die das 17. Lebensjahr vollendet haben und keiner anderen Erwerbstätigkeit hauptberuflich nachgehen, alle diese, soweit es sich nicht um eine Beschäftigung in einem land- oder forstwirtschaftlichen oder gleichgestellten Betrieb (§ 27 Abs. 2) handelt;
4. die zum Zwecke der vorgeschriebenen Ausbildung für den künftigen, abgeschlossene Hochschulbildung erfordernden Beruf nach Abschluß dieser Hochschulbildung beschäftigten Personen, wenn die Ausbildung nicht im Rahmen eines Dienst- oder Lehrverhältnisses erfolgt, jedoch mit Ausnahme der Volontäre;
5. Schülerinnen/Schüler an Schulen für Gesundheits- und Krankenpflege und Auszubildende in Lehrgängen nach dem Gesundheits- und Krankenpflegegesetz (GuKG), BGBl. I Nr. 108/1997, Schülerinnen/Schüler und Auszubildende in Lehrgängen zu einem medizinischen Assistenzberuf nach dem Medizinische Assistenzberufe-Gesetz (MABG), BGBl. I Nr. 89/2012, sowie Studierende an einer medizinisch-technischen Akademie nach dem MTD-Gesetz, BGBl. Nr. 460/1992;

   (BGBl 1993/335, BGBl 1996/411, BGBl I 1998/138, BGBl I 2012/89, BGBl I 2016/75)
6. Vorstandsmitglieder (Geschäftsleiter) von Aktiengesellschaften, Sparkassen, Landeshypothekenbanken sowie Versicherungsvereinen auf Gegenseitigkeit und hauptberufliche Vorstandsmitglieder (Geschäftsleiter) von Kreditgenossenschaften, alle diese, soweit sie auf Grund ihrer Tätigkeit als Vorstandsmitglied (GeschäftsleiterIn) nicht schon nach Z 1 in Verbindung mit Abs. 2 pflichtversichert sind;

   (BGBl I 1997/139, BGBl I 1998/138, BGBl I 2009/83)
7. die Heimarbeiter und die diesen nach den jeweiligen gesetzlichen Vorschriften über die Heimarbeit arbeitsrechtlich gleichgestellten Personen;
8. Personen, denen im Rahmen beruflicher Maßnahmen der Rehabilitation nach den §§ 198 oder 303 berufliche Ausbildung gewährt wird, wenn die Ausbildung nicht auf Grund eines Dienst- oder Lehrverhältnisses erfolgt;
9. Fachkräfte der Entwicklungshilfe nach § 2 des Entwicklungshelfergesetzes, BGBl. Nr. 574/1983;

   (BGBl I 2013/187)
10. Personen, die an einer Eignungsausbildung im Sinne der §§ 2b bis 2d des Vertragsbedienstetengesetzes 1948, BGBl. Nr. 86, teilnehmen;
11. die Teilnehmer/innen des Freiwilligen Sozialjahres, des Freiwilligen Umweltschutzjahres, des Gedenkdienstes oder des Friedens- und Sozialdienstes im Ausland nach

dem Freiwilligengesetz, BGBl. I Nr. 17/2012;

(BGBl I 2005/132, BGBl I 2012/17)

12. Personen, die eine Geldleistung gemäß § 4 des Militärberufsförderungsgesetzes, BGBl. Nr. 524/1994, beziehen;
13. geistliche Amtsträger der Evangelischen Kirchen AB und HB hinsichtlich der Seelsorgertätigkeit und der sonstigen Tätigkeit, die sie in Erfüllung ihrer geistlichen Verpflichtung ausüben, zum Beispiel des Religionsunterrichtes, ferner Lehrvikare, Pfarramtskandidaten, Diakonissen und die Mitglieder der evangelischen Kirchenleitung, letztere soweit sie nicht ehrenamtlich tätig sind;

   (BGBl 1996/411)
14. die den Dienstnehmern im Sinne des Abs. 4 gleichgestellten Personen.

   (BGBl I 1997/139)

(2) Dienstnehmer im Sinne dieses Bundesgesetzes ist, wer in einem Verhältnis persönlicher und wirtschaftlicher Abhängigkeit gegen Entgelt beschäftigt wird; hiezu gehören auch Personen, bei deren Beschäftigung die Merkmale persönlicher und wirtschaftlicher Abhängigkeit gegenüber den Merkmalen selbständiger Ausübung der Erwerbstätigkeit überwiegen. Als Dienstnehmer gelten jedenfalls Personen, die mit Dienstleistungsscheck nach dem Dienstleistungsscheckgesetz (DLSG), BGBl. I Nr. 45/2005, entlohnt werden. Als Dienstnehmer gilt jedenfalls auch, wer nach § 47 Abs. 1 in Verbindung mit Abs. 2 EStG 1988 lohnsteuerpflichtig ist, es sei denn, es handelt sich um

1. Bezieher von Einkünften nach § 25 Abs. 1 Z 4 lit. a oder b EStG 1988 oder
2. Bezieher von Einkünften nach § 25 Abs. 1 Z 4 lit. c EStG 1988, die in einem öffentlich-rechtlichen Verhältnis zu einer Gebietskörperschaft stehen oder

   (BGBl I 2012/17)
3. Bezieher/innen von Geld- oder Sachleistungen nach dem Freiwilligengesetz.

   (BGBl I 2012/17)

(BGBl I 1997/139, BGBl I 1998/138, BGBl I 2000/142, BGBl I 2001/99, BGBl I 2005/45)

(3) (aufgehoben)

(BGBl I 1997/139, BGBl I 1998/138)

(4) Den Dienstnehmern stehen im Sinne dieses Bundesgesetzes Personen gleich, die sich auf Grund freier Dienstverträge auf bestimmte oder unbestimmte Zeit zur Erbringung von Dienstleistungen verpflichten, und zwar für

1. einen Dienstgeber im Rahmen seines Geschäftsbetriebes, seiner Gewerbeberechtigung, seiner berufsrechtlichen Befugnis (Unternehmen, Betrieb usw.) oder seines statutenmäßigen Wirkungsbereiches (Vereinsziel usw.), mit Ausnahme der bäuerlichen Nachbarschaftshilfe,
2. eine Gebietskörperschaft oder eine sonstige juristische Person des öffentlichen Rechts bzw. die von ihnen verwalteten Betriebe, Anstalten, Stiftungen oder Fonds (im Rahmen einer Teilrechtsfähigkeit),

wenn sie aus dieser Tätigkeit ein Entgelt beziehen, die Dienstleistungen im wesentlichen persönlich erbringen und über keine wesentlichen eigenen Betriebsmittel verfügen; es sei denn,

a) dass sie auf Grund dieser Tätigkeit bereits nach § 2 Abs. 1 Z 1 bis 3 GSVG oder § 2 Abs. 1 BSVG oder nach § 2 Abs. 1 und 2 FSVG versichert sind oder

   (BGBl I 2005/132, BGBl I 2010/62)

b) dass es sich bei dieser Tätigkeit um eine (Neben-)Tätigkeit nach § 19 Abs. 1 Z 1 lit. f B-KUVG handelt oder
c) dass eine selbständige Tätigkeit, die die Zugehörigkeit zu einer der Kammern der freien Berufe begründet, ausgeübt wird oder

   (BGBl I 2009/83)

d) dass es sich um eine Tätigkeit als Kunstschaffender, insbesondere als Künstler im Sinne des § 2 Abs. 1 des Künstler-Sozialversicherungsfondsgesetzes, handelt.

(BGBl 1996/201, BGBl 1996/411, BGBl I 1997/139, BGBl I 1998/138, BGBl I 2001/99)

(5) (aufgehoben)

(BGBl 1996/411, BGBl I 1997/39)

(6) Eine Pflichtversicherung gemäß Abs. 1 schließt für dieselbe Tätigkeit (Leistung) eine Pflichtversicherung gemäß Abs. 4 aus.

(BGBl 1996/411, BGBl I 1997/39)

(7) (aufgehoben)

(BGBl 1996/600, BGBl I 1997/39)

Ausnahmen von der Vollversicherung

§ 5. (1) Von der Vollversicherung nach § 4 sind – unbeschadet einer nach § 7 oder nach § 8 eintretenden Teilversicherung – ausgenommen:

1. Die Kinder, Enkel, Wahlkinder, Stiefkinder und Schwiegerkinder eines selbständigen Landwirtes im Sinne des § 2 Abs. 1 Z 1 des Bauern-Sozialversicherungsgesetzes, wenn sie hauptberuflich in dessen land(forst)wirtschaftlichem Betrieb beschäftigt sind;
2. Dienstnehmer und ihnen gemäß § 4 Abs. 4 gleichgestellte Personen, ferner Heimarbeiter und ihnen gleichgestellte Personen sowie die im § 4 Abs. 1 Z 6 genannten Personen, wenn das ihnen aus einem oder mehreren Beschäftigungsverhältnissen im Kalendermonat gebührende Entgelt den Betrag gemäß Abs. 2 nicht übersteigt (geringfügig beschäftigte Personen);

   (BGBl 1996/201, BGBl 1996/411, BGBl I 1997/139, BGBl I 2005/132)
3. a) Dienstnehmer hinsichtlich einer Beschäftigung in einem öffentlich-rechtlichen oder unkündbaren privatrechtli-

chen Dienstverhältnis zum Bund, zu einem Bundesland, einem Bezirk oder einer Gemeinde sowie zu von diesen Körperschaften verwalteten Betrieben, Anstalten, Stiftungen oder Fonds, ferner die dauernd angestellten Dienstnehmer der gesetzlich anerkannten Religionsgesellschaften und die dauernd angestellten Dienstnehmer und die Vorstandsmitglieder der Salzburger Sparkasse sowie deren Rechtsnachfolger, alle diese, wenn

aa) ihnen aus ihrem Dienstverhältnis die Anwartschaft auf Ruhe- und Versorgungsgenüsse, die den Leistungen der betreffenden Unfall- und Pensionsversicherung gleichwertig sind – im Falle des Vorbereitungsdienstes spätestens mit Ablauf dieses Dienstes – zusteht und

bb) sie im Erkrankungsfalle Anspruch auf Weiterzahlung ihrer Dienstbezüge durch mindestens sechs Monate haben;

(BGBl I 2016/18)

b) nicht schon unter lit. a fallende Dienstnehmer hinsichtlich einer Beschäftigung in einem Dienstverhältnis, das die Krankenversicherung nach den Vorschriften über die Krankenversicherung öffentlich Bediensteter bei der Versicherungsanstalt öffentlich Bediensteter, Eisenbahnen und Bergbau begründet, wenn ihnen aus ihrem Dienstverhältnis die Anwartschaft auf Ruhe- und Versorgungsgenüsse, die den Leistungen der betreffenden Unfall- und Pensionsversicherung gleichwertig sind – im Falle des Vorbereitungsdienstes spätestens mit Ablauf dieses Dienstes – zusteht;

(BGBl I 2003/145, BGBl I 2018/100)

c) nicht schon unter lit. a und b fallende Dienstnehmer hinsichtlich einer Beschäftigung in einem Dienstverhältnis (Beschäftigungsverhältnis), das die Krankenversicherung nach den Vorschriften über die Krankenversicherung öffentlich Bediensteter bei der Versicherungsanstalt öffentlich Bediensteter, Eisenbahnen und Bergbau begründet;

(BGBl I 2018/100)

3a. Bedienstete des Bundes,

a) deren Dienstverhältnis gemäß dem Vertragsbedienstetengesetz 1948 nach Ablauf des 31. Dezember 1998 begründet wird oder

b) auf deren öffentlich-rechtliches Dienstverhältnis gemäß § 136b Abs. 4 des Beamten-Dienstrechtsgesetzes 1979 die für Vertragsbedienstete des Bundes geltenden besoldungs- und sozialversicherungsrechtlichen Vorschriften anzuwenden sind;

(BGBl I 1999/10)

3b. Bedienstete der Länder, Gemeindeverbände und Gemeinden,

a) deren auf einer dem Vertragsbedienstetengesetz 1948 gleichartigen landesgesetzlichen Regelung beruhendes Dienstverhältnis nach Ablauf des 31. Dezember 2000 begründet wird oder

b) auf deren öffentlich-rechtliches Dienstverhältnis nach einer dem § 136b Abs. 4 BDG 1979 gleichartigen landesgesetzlichen Regelung die für Vertragsbedienstete geltenden besoldungs- und sozialversicherungsrechtlichen Vorschriften anzuwenden sind;

(BGBl I 2001/99)

3c. die zur Fremdsprachenassistenz nach § 3a des Lehrbeauftragtengesetzes, BGBl. Nr. 656/1987, bestellten Personen;

(BGBl I 2009/83)

4. Universitäts(Hochschul)assistenten, soweit sie nicht unter Z 3 fallen, und die Angestellten des Dorotheums, soweit sie im pragmatischen Dienstverhältnis stehen oder der vom Vorstand des Dorotheums erlassenen und vom Kuratorium genehmigten Dienstordnung unterliegen;

5. die ArbeitnehmerInnen der Universitäten nach dem Universitätsgesetz 2002, BGBl. I Nr. 120;

(BGBl I 1997/139, BGBl I 2002/140)

6. die ständigen Arbeiter des Hauptmünzamtes, die den Bestimmungen über die Ruhe- und Versorgungsgenüsse der Münzarbeiterschaft sowie deren Hinterbliebenen unterstellt sind;

7. Priester der Katholischen Kirche hinsichtlich der Seelsorgetätigkeit und der sonstigen Tätigkeit, die sie in Erfüllung ihrer geistlichen Verpflichtung ausüben, zum Beispiel des Religionsunterrichtes, ferner Angehörige der Orden und Kongregationen der Katholischen Kirche sowie der Anstalten der Evangelischen Diakonie, alle diese Personen, wenn sie nicht in einem Dienstverhältnis zu einer anderen Körperschaft (Person) als ihrer Kirche bzw. deren Einrichtungen (Orden, Kongregation, Anstalt der Evangelischen Diakonie) stehen;

(BGBl 1996/411)

8. Notariatskandidaten/Notariatskandidatinnen hinsichtlich einer Beschäftigung, welche die Einbeziehung in die Vorsorge nach dem Notarversorgungsgesetz begründet, sowie Rechtsanwaltsanwärter/innen;

(BGBl I 2018/100)

9. (freie) Dienstnehmer/innen und Lehrlinge, die einem Betrieb, für den zum 31. Dezember 2019 eine Betriebskrankenkasse errichtet

war, zugehörig sind, wenn und solange sie im Erkrankungsfall gegenüber einer auf Betriebsvereinbarung beruhenden betrieblichen Gesundheitseinrichtung nach den §§ 5a und 5b Anspruch auf Leistungen haben, die den Leistungen nach diesem Bundesgesetz gleichartig oder zumindest annähernd gleichwertig sind;

(BGBl I 2018/100)

10. den Heimarbeitern nach den jeweiligen gesetzlichen Vorschriften über die Heimarbeit gleichgestellte Zwischenmeister (Stückmeister), die als solche in der Gewerblichen Selbständigenkrankenversicherung versichert sind;
11. Präsenz- oder Ausbildungsdienst Leistende nach dem Wehrgesetz 2001, BGBl. I Nr. 146;

(BGBl 1996/411, BGBl I 2009/83, BGBl I 2010/111)

12. in einem befristeten öffentlich-rechtlichen Dienstverhältnis ohne Pensionsanwartschaft zu einem Land (zur Gemeinde Wien) stehende Mitglieder eines Landesverwaltungsgerichtes, wenn sie zum Zweck der Ausübung dieser Mitgliedschaft in einem pensionsversicherungsfreien Dienstverhältnis gegen Entfall der Bezüge beurlaubt sind (Karenzurlaub) und die Zeit dieses Karenzurlaubes für den Ruhegenuß wirksam ist;

(BGBl I 2013/87)

13. (aufgehoben)

(BGBl 1996/201, BGBl 1996/411, BGBl I 1997/139, BGBl I 2001/99, BGBl I 2009/83, BGBl I 2017/66)

14. Rechtsanwälte hinsichtlich einer Beschäftigung, die die Teilnahme an der Versorgungseinrichtung einer Rechtsanwaltskammer begründet;

(BGBl 1996/201, BGBl 1996/411, BGBl I 1997/139, BGBl I 2001/99)

15. die nach § 2 Abs. 1 Z 3 FSVG pflichtversicherten ZiviltechnikerInnen;

(BGBl 1996/201, BGBl 1996/411, BGBl I 1997/139, BGBl I 2001/99, BGBl I 2010/62, BGBl I 2013/4)

16. Personen in einem Ausbildungsverhältnis nach § 4 Abs. 1 Z 5, wenn
    a) sie nach § 8 Abs. 1 Z 2 lit. b in der Pensionsversicherung teilversichert sind,
    b) ihre Ausbildung im Rahmen eines der Vollversicherung unterliegenden Dienstverhältnisses nach § 25 MABG durchgeführt wird oder
    c) sie ihre Ausbildung zu einem Pflegeassistenzberuf (§ 82 GuKG) an einer Schule im Sinne des Schulorganisationsgesetzes, BGBl. Nr. 242/1962, oder an einer Privatschule im Sinne des Privatschulgesetzes, BGBl. Nr. 244/1962, absolvieren;

(BGBl I 2010/62, BGBl I 2016/44, BGBl I 2016/75)

17.[a] die nach § 2 Abs. 2a Z 3 FSVG pflichtversicherten Ärzte und Ärztinnen.

(BGBl I 2019/20)

[a] Z 17 wurde mit BGBl. I Nr. 20/2019 ein zweites Mal vergeben.

17.[a] die Zusteller/innen von Zeitungen und sonstigen Druckwerken.

(BGBl I 2019/8)

[a] Z 17 wurde mit BGBl. I Nr. 20/2019 ein zweites Mal vergeben.

(2) Ein Beschäftigungsverhältnis gilt als geringfügig, wenn daraus im Kalendermonat kein höheres Entgelt als 425,70 €[a] gebührt. An die Stelle dieses Betrages tritt ab Beginn jedes Beitragsjahres (§ 242 Abs. 10) der unter Bedachtnahme auf § 108 Abs. 6 mit der jeweiligen Aufwertungszahl (§ 108a Abs. 1) vervielfachte Betrag.

(BGBl 1993/335, BGBl 1996/600, BGBl I 1997/39, BGBl I 1997/47, BGBl I 1997/139, BGBl I 1998/138, BGBl I 2001/67, BGBl I 2004/142, BGBl I 2005/45, BGBl I 2012/123, BGBl I 2015/79, BGBl I 2017/125)

[a] Beträge siehe VO über veränderliche Werte. Gemäß BGBl II 2018/329 für das Jahr 2019: 446,81 €.

(3) Kein geringfügiges Beschäftigungsverhältnis liegt vor, wenn

1. das im Kalendermonat gebührende Entgelt den in Abs. 2 genannten Betrag nur deshalb nicht übersteigt, weil infolge Arbeitsmangels im Betrieb die sonst übliche Zahl von Arbeitsstunden nicht erreicht wird (Kurzarbeit) oder die für mindestens einen Monat oder auf unbestimmte Zeit vereinbarte Beschäftigung im Lauf des betreffenden Kalendermonates begonnen oder geendet hat oder unterbrochen wurde;
2. es sich um eine Beschäftigung als HausbesorgerIn nach dem Hausbesorgergesetz, BGBl. Nr. 16/1970, handelt, außer während der Zeit eines Beschäftigungsverbotes nach den §§ 3 und 5 des Mutterschutzgesetzes 1979 (MSchG), BGBl. Nr. 221/1979, oder einer Karenz nach dem MSchG oder dem Väter-Karenzgesetz (VKG), BGBl. Nr. 651/1989, oder bei Anspruch auf Wochengeld.

(BGBl I 2015/79)

Betriebsvereinbarung zur Errichtung einer betrieblichen Gesundheitseinrichtung

§ 5a. Eine Betriebsvereinbarung zur Errichtung einer von betrieblichen Gesundheitseinrichtungen anstelle von bestehenden Betriebskrankenkassen kann insbesondere Regelungen zum Kreis der Anspruchsberechtigten und zum Versicherungs-, Melde-, Beitrags- und Leistungsrecht enthalten. Anspruchsberechtigte können (freie) Dienstnehmer/innen, Lehrlinge, aus dem Dienstverhältnis ausgeschiedene (freie) Dienstnehmer/innen, Lehrlinge und deren Angehörige sein. Eine solche Betriebsvereinbarung kann auch eine Verpflichtung zur Beitragsleistung für Dienstgeber und die Personen nach dem zweiten Satz enthalten.

(BGBl I 1997/139, BGBl I 2018/100)

Errichtung und Feststellung der Gleichartigkeit einer betrieblichen Gesundheitseinrichtung

§ 5b. (1) Zur Errichtung, Ausgestaltung und Auflösung einer von betrieblichen Gesundheitseinrichtungen anstelle von bestehenden Betriebskrankenkassen ist mit dem Betriebsrat eine Betriebsvereinbarung im Sinne des § 5a abzuschließen. Die betriebliche Gesundheitseinrichtung ist mit eigener Rechtspersönlichkeit einzurichten. Die Betriebsvereinbarung hat grundsätzliche Regelungen zum Kreis der Anspruchsberechtigten (wie (ehemalige) Arbeitnehmer, Familienangehörige) sowie zum Leistungs- und Beitragsrecht vorzusehen. § 113 ArbVG ist sinngemäß anzuwenden.

(2) Der Antrag auf Ausnahme aus der Krankenversicherung ist durch den Betriebsunternehmer nach Abschluss einer Betriebsvereinbarung bis längstens 30. September 2019 zu stellen. Die Feststellung der Gleichartigkeit oder annähernden Gleichwertigkeit im Sinne des § 5 Abs. 1 Z 9 hat in Folge durch Verordnung der Bundesministerin für Arbeit, Soziales, Gesundheit und Konsumentenschutz zu erfolgen. Für die Beurteilung sind neben den leistungsrechtlichen auch die beitrags- und versicherungsrechtlichen Bestimmungen dieses Bundesgesetzes maßgeblich. Die Ausnahme ist durch Verordnung zu beenden, wenn wesentliche Änderungen der Sach- oder Rechtslage eingetreten sind, die die Gleichartigkeit oder annähernde Gleichwertigkeit nicht mehr gewährleisten. Die Gesundheitseinrichtung ist verpflichtet, dem Bundesministerium für Arbeit, Soziales, Gesundheit und Konsumentenschutz die für die Beurteilung der Ausnahme aus der Krankenversicherung relevanten Unterlagen vorzulegen.

(BGBl I 2018/100)

3. Unterabschnitt
Krankengeld

Anspruchsberechtigung

§ 138. (1) Pflichtversicherte, sowie aus der Pflichtversicherung ausgeschiedene nach § 122 Anspruchsberechtigte, diese jedoch nur bei Eintritt des Versicherungsfalles innerhalb der ersten drei Wochen dieser Anspruchsberechtigung, haben aus dem Versicherungsfall der Arbeitsunfähigkeit infolge Krankheit vom vierten Tag der Arbeitsunfähigkeit an Anspruch auf Krankengeld. § 122 Abs. 2 Z 2 letzter Satz ist nicht anzuwenden.

(BGBl I 2006/131, BGBl I 2010/61, BGBl I 2015/162)

(2) Vom Anspruch auf Krankengeld sind ausgeschlossen:

(BGBl I 2018/54)

a) Lehrlinge ohne Entgelt,
b) die gemäß § 4 Abs. 1 Z 3 pflichtversicherten, nicht als Dienstnehmer beschäftigten Personen sowie die gemäß § 4 Abs. 1 Z 4 und 5 und gemäß § 7 Z 1 lit. e pflichtversicherten, in Ausbildung stehenden Personen ohne Bezüge;
c) in der Krankenversicherung der Pensionisten Bezieher einer Pension aus der Pensionsversicherung gemäß § 8 Abs. 1 Z 1;
d) gemäß § 9 in die Krankenversicherung einbezogene Personen;
e) die nach § 4 Abs. 1 Z 11 und § 8 Abs. 1 Z 4a pflichtversicherten Personen;
   (BGBl I 1997/139, BGBl I 2012/17, BGBl I 2015/144)
f) die nach § 8 Abs. 1 Z 1 lit. d Teilversicherten;
   (BGBl 1996/201, BGBl 1996/201, BGBl 1996/411, BGBl I 1997/139, BGBl I 2001/103, BGBl I 2007/101, BGBl I 2013/3)
g) die nach § 8 Abs. 1 Z 1 lit. f Teilversicherten;
   (BGBl I 2001/103, BGBl I 2013/137)
h) die nach § 8 Abs. 1 Z 5 Teilversicherten;
   (BGBl I 2013/137)
i) die nach § 8 Abs. 1 Z 1 lit. g Teilversicherten.
   (BGBl I 2016/53, BGBl I 2018/54)
j) (aufgehoben)
   (BGBl I 2017/30, BGBl I 2018/54)

(3) Nach Abs. 1 Anspruchsberechtigte, die Pflichtmitglieder der Tierärztekammern und die der Österreichischen Zahnärztekammer angehörenden Dentisten/Dentistinnen haben den Beginn der Arbeitsunfähigkeit infolge Krankheit dem Versicherungsträger innerhalb einer Woche zu melden. Die Meldung der Arbeitsunfähigkeit durch den behandelnden Arzt oder durch eine Krankenanstalt ist der Meldung durch den Anspruchsberechtigten gleichzuhalten.

(BGBl I 2005/155)

Dauer des Krankengeldanspruches

§ 139. (1) Krankengeldanspruch besteht für ein und denselben Versicherungsfall bis zur Dauer von 26 Wochen, auch wenn während dieser Zeit zu der Krankheit, die die Arbeitsunfähigkeit zuerst verursachte, eine neue Krankheit hinzugetreten ist. Wenn der (die) Anspruchsberechtigte innerhalb der letzten zwölf Monate vor dem Eintritt des Versicherungsfalles mindestens sechs Monate in der Krankenversicherung versichert war, verlängert sich für diese Personen, ausgenommen für die nach § 122 Abs. 2 Z 2 und 3 Anspruchsberechtigten, die Dauer auf bis zu 52 Wochen.

(BGBl 1996/411, BGBl I 2012/123)

(2) Durch die Satzung kann die Höchstdauer des Krankengeldanspruches bis auf 78 Wochen erhöht werden.

(2a) Personen in einem aufrechten Dienstverhältnis, bei denen die Höchstdauer ihres Krankengeldanspruches abgelaufen ist, die einen ablehnenden Bescheid des Pensionsversicherungsträgers über eine beantragte Invaliditäts- oder Berufsunfähigkeitspension erhalten haben und keinen Anspruch auf Rehabilitationsgeld haben, ist Krankengeld in der zuletzt bezogenen Höhe ab dessen Antragstellung beim Krankenversicherungsträger und längstens bis zur rechtskräftigen Beendigung des Verfahrens vor den ordentlichen Gerichten zu gewähren, jedoch nur solange die Arbeitsunfähigkeit infolge Krankheit andauert. Wird die Pension rückwirkend zuerkannt, so ist dieses für denselben Zeitraum vom Krankenversicherungsträger geleistete Krankengeld von den Pensionsversicherungsträgern zu ersetzen.

(BGBl I 2015/162)

(2b) Durch die Satzung kann Personen, bei denen die Höchstdauer ihres Krankengeldanspruches abgelaufen und noch kein neuer Krankengeldanspruch entstanden ist, für die Dauer notwendiger, unaufschiebbarer stationärer Aufenthalte (Krankenhaus- sowie Rehabilitationsaufenthalte im Anschlussheilverfahren) ein Krankengeld in der zuletzt bezogenen Höhe gewährt werden.

(BGBl I 2015/162)

(3) Entsteht nach Wegfall des Krankengeldanspruches vor Ablauf der Höchstdauer neuerlich, und zwar innerhalb von 13 Wochen, infolge der Krankheit, für die der weggefallene Krankengeldanspruch bestanden hat, ein Anspruch auf Krankengeld, so werden die Anspruchszeiten für diese Krankheitsfälle zur Feststellung der Höchstdauer zusammengerechnet; die neuerliche mit Arbeitsunfähigkeit verbundene Erkrankung gilt als Fortsetzung der vorausgegangenen Erkrankung. Für Bezieher/innen einer Leistung nach dem AlVG, dem ÜHG und dem AMSG gebührt das Krankengeld auch diesfalls erst ab dem vierten Tag der Arbeitsunfähigkeit infolge Krankheit.

(BGBl I 2007/101)

(4) Ist mit dem Wegfall des Krankengeldanspruches die Höchstdauer abgelaufen, so kann ein neuer Anspruch auf Krankengeld infolge der Krankheit, für die der weggefallene Krankengeldanspruch bestanden hat, erst wieder entstehen, wenn der Erkrankte in der Zwischenzeit durch mindestens 13 Wochen in einer den Anspruch auf Krankengeld eröffnenden gesetzlichen Krankenversicherung oder durch mindestens 52 Wochen in einer sonstigen gesetzlichen Krankenversicherung versichert war. Liegen Zeiten einer den Anspruch auf Krankengeld eröffnenden gesetzlichen Krankenversicherung und einer sonstigen gesetzlichen Krankenversicherung vor, so entsteht ein neuer Anspruch, wenn die Zusammenrechnung dieser Zeiten 13 Wochen ergibt, wobei Zeiten einer sonstigen gesetzlichen Krankenversicherung mit einem Viertel der tatsächlich zurückgelegten Dauer zu berücksichtigen sind.

(5) Die Dauer des Anspruches auf Krankengeld gemäß Abs. 1 erster Satz wird durch das Entstehen eines Anspruches auf Pension aus dem Versicherungsfall des Alters oder aus einem Versicherungsfall der geminderten Arbeitsfähigkeit oder eine Versehrtenrente aus der Unfallversicherung nicht berührt.

(BGBl 1996/411)

(6) Der Krankenversicherungsträger ist verpflichtet, die versicherte Person sechs Wochen vor Ablauf der Höchstdauer des Krankengeldanspruches über den bevorstehenden Wegfall dieses Anspruches und die sozialversicherungsrechtlichen Möglichkeiten in der Folge zu informieren. Gleichzeitig hat er eine Abschrift dieser Information dem zuständigen Pensionsversicherungsträger zu übermitteln.

(BGBl I 2013/139)

Anrechnung von Zeiten auf die Höchstdauer des Krankengeldanspruches

§ 140. Zeiten, für die der Anspruch auf Krankengeld gemäß § 89 oder gemäß § 143 Abs. 1 Z 1, Z 3 zweiter Halbsatz und Z 4 sowie Abs. 6 ruht, sind auf die Höchstdauer gemäß § 139 anzurechnen.

(BGBl 1996/411)

Höhe des Krankengeldes

§ 141. (1) Als gesetzliche Mindestleistung wird das Krankengeld im Ausmaß von 50 vH der Bemessungsgrundlage für den Kalendertag gewährt.

(2) Ab dem 43. Tag einer mit Arbeitsunfähigkeit verbundenen Erkrankung erhöht sich das Krankengeld auf 60 vH der Bemessungsgrundlage für den Kalendertag.

(3) Als satzungsmäßige Mehrleistung kann das Krankengeld von einem durch die Satzung zu bestimmenden Zeitpunkt an erhöht werden, wenn der Versicherte Angehörige im Sinne des § 123 Abs. 2, 4, 7 oder 8 hat, die sich gewöhnlich im Inland aufhalten; eine Erhöhung gebührt nicht für einen Angehörigen, der aus selbständiger oder unselbständiger Erwerbstätigkeit, aus einem Lehr- oder Ausbildungsverhältnis oder auf Grund des Bezuges von Geldleistungen aus der Sozialversicherung, ausgenommen von Einkünften, die wegen des besonderen körperlichen Zustandes gewährt werden, ein Einkommen von mehr als 355,01 €[a)] monatlich bezieht. An die Stelle dieses Betrages tritt ab 1. Jänner eines jeden Jahres der unter Bedachtnahme auf § 108 Abs. 6 mit der jeweiligen Aufwertungszahl (§ 108a Abs. 1) vervielfachte Betrag.

(BGBl 1993/110, BGBl 1993/335, BGBl I 2001/67, BGBl I 2004/142)

[a)] Betrag siehe VO über veränderliche Werte.

(4) Das Gesamtausmaß des erhöhten Krankengeldes darf 75 vH der Bemessungsgrundlage nicht übersteigen.

(5) Abweichend von den Abs. 1 bis 4 gebührt das Krankengeld den gemäß § 19a Abs. 6 als Pflichtversicherte geltenden Selbstversicherten im Ausmaß von 106,39 €[a)] für den Kalendermonat. Für den Kalendertag gebührt der dreißigste Teil dieses Betrages. An die Stelle des Betrages von 106,39 € tritt ab 1. Jänner eines jeden Jahres der unter Bedachtnahme auf § 108 Abs. 6 mit der jeweiligen Aufwertungszahl (§ 108a Abs. 1) vervielfachte Betrag.

(BGBl I 1998/138, BGBl I 2001/67, BGBl I 2004/142)

---

a) Betrag siehe VO über veränderliche Werte.

Versagung des Krankengeldes

§ 142. (1) Das Krankengeld gebührt nicht für die Dauer der Arbeitsunfähigkeit infolge einer Krankheit,

1. die sich der (die) Versicherte durch schuldhafte Beteiligung an einem Raufhandel zugezogen hat, sofern er (sie) nach § 91 StGB rechtskräftig verurteilt wurde, oder
2. die sich als unmittelbare Folge von Trunkenheit oder Missbrauch von Suchtgiften erweist.

(BGBl I 2002/140)

(2) In den Fällen des Abs. 1 gebührt den im Inland wohnenden bedürftigen Angehörigen in der im § 123 aufgezählten Reihenfolge, wenn ihr Unterhalt mangels anderweitiger Versorgung vorwiegend vom Versicherten bestritten wurde und sie an der Ursache der Versagung nicht schuldhaft beteiligt waren, die Hälfte des Krankengeldes, das dem Versicherten gebührt hätte.

Ruhen des Krankengeldanspruches

§ 143. (1) Der Anspruch auf Krankengeld ruht:

1. solange die Arbeitsunfähigkeit dem Versicherungsträger nicht gemeldet ist;
2. (aufgehoben)
3. solange der Versicherte auf Grund gesetzlicher oder vertraglicher Bestimmungen Anspruch auf Weiterleistung von mehr als 50 vH der vollen Geld- und Sachbezüge (§ 49 Abs. 1) vor dem Eintritt der Arbeitsunfähigkeit hat; besteht ein Anspruch auf Weiterleistung von 50 vH dieser Bezüge, so ruht das Krankengeld zur Hälfte; Folgeprovisionen gelten nicht als weitergeleistete Bezüge;
   (BGBl 1993/335)
4. solange dem Versicherten ein Übergangsgeld (§§ 199 oder 306) gewährt wird;
5. solange der Versicherte Zivildienst im Sinne des Zivildienstgesetzes leistet;
   (BGBl 1996/411, BGBl I 2015/144)
6. solange der/die Versicherte Ausbildungsdienst nach dem Wehrgesetz 2001 leistet, ab dem 13. Monat des Ausbildungsdienstes;
   (BGBl 1996/411, BGBl I 2009/83, BGBl I 2010/111, BGBl I 2013/138)
7. solange dem/der Versicherten Pflegekarenzgeld nach § 21c des Bundespflegegeldgesetzes gewährt wird, in der Höhe des Pflegekarenzgeldes nach § 21c des Bundespflegegeldgesetzes;
   (BGBl I 2013/138, BGBl I 2018/54)
8. solange dem/der Versicherten ein Wiedereingliederungsgeld (§ 143d) gebührt.
   (BGBl I 2018/54)

(2) Das Ruhen nach Abs. 1 Z 1 tritt nicht ein, wenn die Arbeitsunfähigkeit innerhalb einer Woche nach Beginn gemeldet wird. In Fällen, in denen die persönlichen Verhältnisse des Anspruchsberechtigten oder das Vorliegen besonderer Gründe für die nicht rechtzeitige Meldung der Arbeitsunfähigkeit es gerechtfertigt erscheinen lassen, ist das Krankengeld auch für die zurückliegende Zeit zu gewähren.

ASVG

(3) (aufgehoben)

(4) Besteht ein mehrfacher Anspruch auf Krankengeld, so ist Abs. 1 Z 3 nur auf die Versicherung anzuwenden, die auf einem Beschäftigungsverhältnis beruht, aus dem der Versicherte Anspruch auf Fortbezug von mindestens 50 vH der vollen Geld- und Sachbezüge (§ 49 Abs. 1) hat.

(5) Das Ruhen nach Abs. 1 Z 3 tritt nicht ein

a) während des Bezuges des Teilentgeltes, das Lehrlingen vom Lehrherrn nach § 17a des Berufsausbildungsgesetzes, BGBl. Nr. 142/1969, in der Fassung des Art. IV Z 2 des Entgeltfortzahlungsgesetzes, BGBl. Nr. 399/1974, zu leisten ist,
b) während des Bezuges des bei Dienstverhinderung gebührenden Entgeltes aus dem Dienstverhältnis eines Hausbesorgers im Sinne des § 14 Abs. 3 des Hausbesorgergesetzes.

In den Fällen des Abs. 1 Z 3 hat eine Erhöhung der Geld- und Sachbezüge, die nach dem Beginn der Arbeitsunfähigkeit auf Grund gesetzlicher oder kollektivvertraglicher Regelungen eintritt, außer Betracht zu bleiben.

(6) Der Versicherungsträger kann verfügen, daß das Krankengeld auf Dauer oder für eine bestimmte Zeit zur Gänze oder teilweise ruht, wenn der Versicherte

1. einer Ladung zum Kontrollarzt ohne wichtigen Grund nicht Folge leistet oder
2. trotz Vorliegens der Voraussetzungen des § 144 Abs. 2 die Anstaltspflege ablehnt oder
3. wiederholt Bestimmungen der Krankenordnung oder Anordnungen des behandelnden Arztes verletzt hat,

in allen diesen Fällen, wenn der Versicherte vorher auf die Folgen seines Verhaltens schriftlich hingewiesen worden ist.

3a. Unterabschnitt

(BGBl I 2013/3)

Rehabilitationsgeld

§ 143a. (1) Personen, für die auf Antrag bescheidmäßig festgestellt wurde, dass die Anspruchsvoraussetzungen nach § 255b (§ 273b, § 280b) erfüllt sind, haben ab dem Stichtag (§ 223 Abs. 2) für die Dauer der vorübergehenden Invalidität (Berufsunfähigkeit) Anspruch auf Rehabilitationsgeld. Das weitere Vorliegen der vorübergehenden Invalidität (Berufsunfähigkeit) ist vom Krankenversicherungsträger jeweils bei Bedarf, jedenfalls aber nach Ablauf eines Jahres nach der Zuerkennung des Rehabilitationsgeldes oder der letzten Begutachtung, im Rahmen des Case Managements zu überprüfen, und zwar unter Inanspruchnahme des Kompetenzzentrums Begutachtung (§ 307g). Die Feststellung, ob Anspruch auf Rehabilitationsgeld besteht (§ 255b, § 273b, § 280b), sowie dessen Entziehung (§ 99) erfolgt durch Bescheid des Pensionsversicherungsträgers.

(BGBl I 2015/2, BGBl I 2018/59)

(2) Das Rehabilitationsgeld gebührt im Ausmaß des Krankengeldes nach § 141 Abs. 1 und ab dem 43. Tag im Ausmaß des erhöhten Krankengeldes nach § 141 Abs. 2, das aus der letzten eine Pflichtversicherung in der Krankenversicherung nach diesem Bundesgesetz oder nach dem B-KUVG begründende Erwerbstätigkeit gebührt hätte, wobei bei Vorliegen von unmittelbar vorangehenden Zeiten des Krankengeldanspruches die nach § 141 Abs. 2 ermittelten Tage anzurechnen sind. Zeiten des Bezuges von Wiedereingliederungsgeld sind bei der Berechnung nicht zu berücksichtigen. Jedenfalls gebührt es jedoch in der Höhe des Richtsatzes nach § 293 Abs. 1 lit. a sublit. bb. Die Erhöhung bis zu diesem Richtsatz ist nur zu gewähren, so lange die das Rehabilitationsgeld beziehende Person ihren rechtmäßigen, gewöhnlichen Aufenthalt im Inland hat.

(BGBl I 2015/2, BGBl I 2015/162, BGBl I 2017/30)

(3) Trifft der Anspruch auf Rehabilitationsgeld mit einem Anspruch auf Entgeltfortzahlung aus einer für die Bemessung des Rehabilitationsgeldes maßgeblichen Erwerbstätigkeit zusammen, so ist § 143 Abs. 1 Z 3 sinngemäß anzuwenden. Trifft der Anspruch auf Rehabilitationsgeld mit einem Anspruch auf Krankengeld aus einer für die Bemessung des Rehabilitationsgeldes maßgeblichen Erwerbstätigkeit zusammen, so ruht der Anspruch auf Krankengeld. Zeiten, für die der Anspruch auf Krankengeld auf Grund des Rehabilitationsgeldbezuges ruht, sind auf die Höchstdauer nach § 139 nicht anzurechnen.

(BGBl I 2015/2)

(4) Trifft der Anspruch auf Rehabilitationsgeld mit einem Anspruch auf Erwerbseinkommen, das den Betrag nach § 5 Abs. 2 übersteigt, zusammen, so gebührt ein Teilrehabilitationsgeld, dessen Höhe sinngemäß nach § 254 Abs. 7 zu bestimmen ist. Resultieren aus dieser Erwerbstätigkeit Ansprüche auf Entgeltfortzahlung oder Krankengeld, so sind Abs. 3 erster und zweiter Satz nicht anzuwenden.

(BGBl I 2015/2, BGBl I 2015/79)

(5) Vereitelt oder verzögert die zu rehabilitierende Person die im Rahmen des Case Managements vorgesehenen Abläufe oder Maßnahmen, indem sie ihren Mitwirkungsverpflichtungen wiederholt nicht nachkommt, so kann der Krankenversicherungsträger verfügen, dass das Rehabilitationsgeld auf Dauer oder für eine bestimmte Zeit zur Gänze oder teilweise ruht, wenn die versicherte Person vorher auf die Folgen ihres Verhaltens schriftlich hingewiesen worden ist.

(BGBl I 2015/2)

(BGBl I 2013/3)

Case Management

§ 143b. Die Krankenversicherungsträger haben die nach § 8 Abs. 1 Z 1 lit. d pflichtversicherten Personen umfassend zu unterstützen, um einen dem Stand der medizinischen Wissenschaft entsprechenden Behandlungsprozess für den Übergang zwischen einer Krankenbehandlung und der Rehabilitation zur Wiederherstellung der Arbeitsfähigkeit sicherzustellen und für einen optimalen Ablauf der notwendigen Versorgungsschritte zu sorgen. In diesem Rahmen ist die versicherte Person während der Krankenbehandlung sowie der medizinischen Rehabilitation zur Wiederherstellung der Arbeitsfähigkeit bei der Koordinierung der weiter zu setzenden Schritte zu unterstützen und dahingehend zu begleiten, dass nach einer entsprechenden Bedarfserhebung ein individueller Versorgungsplan erstellt und durch die einzelnen LeistungserbringerInnen umgesetzt wird. Im Rahmen des Case Managements ist darauf Bedacht zu nehmen, dass sich die Versicherten regelmäßigen Begutachtungen im Kompetenzzentrum nach § 307g unterziehen. Die Krankenversicherungsträger haben sich hiebei mit dem Arbeitsmarktservice und dem zuständigen Pensionsversicherungsträger rechtzeitig abzustimmen. Der Pensionsversicherungsträger kann eine Begutachtung im Kompetenzzentrum Begutachtung unter Einbindung des Case Managements verlangen.

(BGBl I 2013/3)

Kostenersatz

§ 143c. (1) Die Pensionsversicherungsträger haben für BezieherInnen von Rehabilitationsgeld (§ 143a und vergleichbare landesgesetzliche Regelungen) den Krankenversicherungsträgern und – soweit es sich um Vertragsbedienstete handelt – den Krankenfürsorgeeinrichtungen nach § 2 Abs. 1 Z 2 B-KUVG die ausgewiesenen tatsächlichen Kosten für das Rehabilitationsgeld sowie die anteiligen Verwaltungskosten zu ersetzen.

(2) Die für den Kostenersatz gegenüber den Trägern der Krankenversicherung erforderlichen Mittel sind von den Pensionsversicherungsträgern an den Dachverband zu überweisen. Der Dachverband[a)] hat den überwiesenen Betrag auf die Träger der Krankenversicherung im Verhältnis ihres Kostenaufwandes für diesen Personenkreis aufzuteilen. Zur Ermittlung des Kostenersatzes hat der Krankenversicherungsträger eine eigene Kostenstelle zu führen. Der Aufwandersatz hat quartals-

mäßig jeweils bis zum Ende des Folgemonats nach entsprechender Rechnungslegung zu erfolgen.

(BGBl I 2018/100)

(3) Der Kostenersatz gegenüber den Krankenfürsorgeeinrichtungen ist von den Pensionsversicherungsträgern nach entsprechender Rechnungslegung durch die Krankenfürsorgeeinrichtungen quartalsmäßig jeweils bis zum Ende des Folgemonats vorzunehmen.

(4) Die Pensionsversicherungsträger haben an die Krankenversicherungsträger und die Krankenfürsorgeeinrichtungen einen pauschalen Krankenversicherungsbeitrag in der Höhe von 7,65 % der Aufwendungen für das Rehabilitationsgeld zu entrichten.

(BGBl I 2013/3, BGBl I 2013/86)

3b. Unterabschnitt
Wiedereingliederungsgeld

Anspruchsberechtigung und Höhe

§ 143d. (1) Personen, die eine Wiedereingliederungsteilzeit nach § 13a AVRAG vereinbart haben, haben für deren Dauer, jedoch höchstens neun Monate, ab dem Tag des tatsächlichen Dienstantritts Anspruch auf Wiedereingliederungsgeld. Voraussetzung hiefür ist, dass dieses durch den chef- und kontrollärztlichen Dienst des zuständigen Krankenversicherungsträgers auf Basis eines im Rahmen der Vereinbarung einer Wiedereingliederungsteilzeit erstellten Wiedereingliederungsplanes für zunächst höchstens sechs Monate bewilligt wurde. Eine Verlängerung bedarf einer neuerlichen Bewilligung. Die ärztliche Bewilligung darf nur erteilt werden, wenn die Wiedereingliederungsteilzeit medizinisch zweckmäßig ist.

(2) Keinen Anspruch auf Wiedereingliederungsgeld haben Personen, die Rehabilitationsgeld oder eine Eigenpension aus der gesetzlichen Pensionsversicherung beziehen und zwar auch dann, wenn diese Leistung ruht.

(3) Das Wiedereingliederungsgeld errechnet sich aus dem erhöhten Krankengeld nach § 141 Abs. 2, wobei jene Bemessungsgrundlage heranzuziehen ist, die für die Wiedereingliederungsteilzeit ursächliche Arbeitsunfähigkeit heranzuziehen war oder heranzuziehen gewesen wäre. Bei einer Herabsetzung der wöchentlichen Normalarbeitszeit um die Hälfte gebührt das Wiedereingliederungsgeld in der Höhe von 50% des erhöhten Krankengeldes. Wird die wöchentliche Normalarbeitszeit um weniger als die Hälfte herabgesetzt, so ist das Wiedereingliederungsgeld im entsprechenden Ausmaß aliquot zu kürzen. Wird die Vereinbarung über die wöchentliche Normalarbeitszeit während der Wiedereingliederungsteilzeit abgeändert (§ 13a Abs. 4 AVRAG), so ist die Höhe des Wiedereingliederungsgeldes entsprechend anzupassen. Wird eine Vereinbarung im Sinne des § 13a Abs. 2 dritter Satz AVRAG getroffen, so ist das Wiedereingliederungsgeld gleichmäßig entsprechend dem, bezogen auf die Gesamtdauer der Wiedereingliederungsteilzeit, durchschnittlich vereinbarten Arbeitszeitausmaß zu leisten.

(BGBl I 2018/54)

(4) Tritt während der Wiedereingliederungsteilzeit ein Versicherungsfall der Arbeitsunfähigkeit infolge Krankheit, ein Arbeitsunfall oder eine Berufskrankheit ein, so gebührt das Wiedereingliederungsgeld in unveränderter Höhe weiter, solange Anspruch auf Weiterleistung von mehr als 50% der vollen Geld- und Sachbezüge besteht. Danach gebührt das Wiedereingliederungsgeld in Höhe des erhöhten Krankengeldes; dieser Anspruch ruht in Höhe der weitergeleisteten Geld- und Sachbezüge. Jene Zeiten, in denen die Hälfte oder weniger als die Hälfte der Geld- und Sachbezüge gebührt, sind auf die Höchstdauer des Krankengeldanspruches nach § 139 anzurechnen. § 142 ist sinngemäß anzuwenden.

(BGBl I 2018/54)

(5) Ein neuerlicher Anspruch auf Wiedereingliederungsgeld kann erst nach Ablauf von 18 Monaten ab dem Ende der Wiedereingliederungsteilzeit entstehen.

(6) Der Dienstgeber ist über den Umstand der Bewilligung oder Ablehnung nach Abs. 1 oder die Entziehung des Wiedereingliederungsgeldes nach § 99 unverzüglich zu informieren.

(7) Die Abs. 1 bis 6 gelten entsprechend für eine Wiedereingliederungsteilzeit, die nach landes- oder bundesgesetzlichen Regelungen vereinbart wurde. Dies gilt auch für die sonstigen Bestimmungen, in denen auf § 13a AVRAG verwiesen wird.

(BGBl I 2017/30)

(BGBl I 2017/30)

Wochengeld

§ 162. (1) Weiblichen Versicherten gebührt für die letzten acht Wochen vor der voraussichtlichen Entbindung, für den Tag der Entbindung und für die ersten acht Wochen nach der Entbindung ein tägliches Wochengeld. Weibliche Versicherte nach Frühgeburten, Mehrlingsgeburten oder Kaiserschnittentbindungen erhalten das Wochengeld nach der Entbindung durch zwölf Wochen. Über die vorstehenden Fristen vor und nach der Entbindung hinaus gebührt das Wochengeld ferner für jenen Zeitraum, während dessen Dienstnehmerinnen und Bezieherinnen einer Leistung nach dem AlVG oder KBGG im Einzelfall bei Dienstnehmerinnen nach § 4 Abs. 2 auf Grund eines fachärztlichen, arbeitsinspektionsärztlichen oder amtsärztlichen, bei Dienstnehmerinnen nach § 4 Abs. 4 auf Grund eines fachärztlichen oder amtsärztlichen Zeugnisses nachgewiesen wird, dass das Leben oder die Gesundheit von Mutter oder Kind bei Fortdauer der Beschäftigung oder Aufnahme einer Beschäftigung gefährdet wäre. Dienstnehmerinnen nach § 4 Abs. 2 und 4 haben weiters für den Zeitraum eines Beschäftigungsverbotes für werdende Mütter nach

ASVG

§ 13a Abs. 5 Tabakgesetz Anspruch auf Wochengeld.

(BGBl I 1998/138, BGBl I 2001/103, BGBl I 2007/101, BGBl I 2008/120, BGBl I 2010/61, BGBl I 2017/126)

(2) Die Achtwochenfrist vor der voraussichtlichen Entbindung gemäß Abs. 1 wird auf Grund eines ärztlichen Zeugnisses berechnet. Erfolgt die Entbindung zu einem anderen als dem vom Arzt angenommenen Zeitpunkt, so verkürzt oder verlängert sich die im Abs. 1 vorgesehene Frist vor der Entbindung entsprechend. Die Frist nach der Entbindung verlängert sich jedoch in jedem Fall bis zu dem Zeitpunkt, in dem das Beschäftigungsverbot nach den Vorschriften des Mutterschutzrechtes endet.

(3) Das Wochengeld gebührt in der Höhe des auf den Kalendertag entfallenden Teiles des durchschnittlichen in den letzten 13 Wochen (bei Versicherten, deren Arbeitsverdienst nach Kalendermonaten bemessen oder abgerechnet wird, in den letzten drei Kalendermonaten) vor dem Eintritt des Versicherungsfalles der Mutterschaft gebührenden Arbeitsverdienstes, vermindert um die gesetzlichen Abzüge; die auf diesen Zeitraum entfallenden Sonderzahlungen sind nach Maßgabe des Abs. 4 zu berücksichtigen. Für Dienstnehmerinnen nach § 4 Abs. 4 ist das tägliche Nettoeinkommen unter Zugrundelegung des im ersten Satz genannten Arbeitsverdienstes nach § 21 Abs. 3 zweiter Satz AlVG zu berechnen. Wurde von Versicherten, deren Arbeitsverdienst nach Kalendermonaten bemessen oder abgerechnet wird, lediglich im Kalendermonat des Eintrittes des Versicherungsfalles der Mutterschaft ein Arbeitsverdienst erzielt, so gilt dieser für die Ermittlung des durchschnittlichen in den letzten drei Kalendermonaten gebührenden Arbeitsverdienstes als im letzten vollen Kalendermonat vor dem Eintritt des Versicherungsfalles erzielt. Fallen in den für die Ermittlung des durchschnittlichen Arbeitsverdienstes maßgebenden Zeitraum auch Zeiten des Bezuges einer Leistung nach dem KBGG oder nach dem Arbeitslosenversicherungsgesetz 1977, so gilt für diese Zeiten als Arbeitsverdienst jenes Wochengeld, das auf Grund des Abs. 3a Z 2 in Verbindung mit Abs. 5 Z 3 oder auf Grund des Arbeitslosenversicherungsgesetzes 1977 beim Eintritt des Versicherungsfalles der Mutterschaft während des Leistungsbezuges gebührt hätte. Bei Versicherten, deren Lehrverhältnis während des genannten Zeitraumes geendet hat, ist, wenn es für die Versicherte günstiger ist, für die Ermittlung der Höhe des Wochengeldes der Arbeitsverdienst im letzten Beitragszeitraum, vermindert um die gesetzlichen Abzüge, heranzuziehen. Fallen in den für die Ermittlung des durchschnittlichen Arbeitsverdienstes maßgebenden Zeitraum

a) Zeiten der im § 11 Abs. 3 bezeichneten Art,

   (BGBl I 2003/145)

b) Zeiten, während derer die Versicherte infolge Krankheit, eines mutterschutzrechtlichen Beschäftigungsverbotes oder Kurzarbeit nicht das volle Entgelt bezogen hat,

   (BGBl I 1998/138, BGBl I 2003/145)

c) Zeiten, während deren die Versicherte nach den §§ 14a, 14b, 14c, oder 14d AVRAG oder einer gleichartigen Regelung zum Zwecke der Sterbebegleitung eines (einer) nahen Verwandten, der Begleitung eines schwersterkrankten Kindes oder der Pflege eines/einer nahen Angehörigen (Pflegekarenz) nicht das volle oder kein Arbeitsentgelt bezogen hat oder

   (BGBl I 2003/145, BGBl I 2013/138, BGBl I 2017/30)

d) Zeiten, in denen Wiedereingliederungsgeld bezogen wurde,

   (BGBl I 2017/30)

so bleiben diese Zeiten bei der Ermittlung des durchschnittlichen Arbeitsverdienstes außer Betracht. Liegen in dem maßgebenden Zeitraum nur Zeiten der in lit. a, b oder c bezeichneten Art vor, so verlängert sich der maßgebende Zeitraum um diese Zeiten; diese Zeiten bleiben bei der Berechnung des durchschnittlichen Arbeitsverdienstes außer Betracht. In den Fällen des § 122 Abs. 3 erster Satz sind, wenn dies für die Versicherte günstiger ist, für die Ermittlung der Höhe des Wochengeldes nicht die letzten 13 Wochen bzw. drei Kalendermonate vor dem Eintritt des Versicherungsfalles der Mutterschaft heranzuziehen, sondern die letzten 13 Wochen bzw. drei Kalendermonate vor dem Ende der Pflichtversicherung oder vor dem Ende des Dienstverhältnisses.

(BGBl I 1997/139, BGBl I 1998/6, BGBl I 2003/145, BGBl I 2005/71, BGBl I 2007/101, BGBl I 2010/61)

(3a) Abweichend von Abs. 3 gebührt das Wochengeld

1. den nach § 19a Abs. 6 als Pflichtversicherte geltenden Selbstversicherten in der Höhe von 6,83 €[a)] täglich;

   (BGBl I 2007/101)

2. den Bezieherinnen von Kinderbetreuungsgeld in der Höhe des gebührenden, täglichen Kinderbetreuungsgeldes; § 122 Abs. 3 ist nicht anzuwenden, soweit es sich um Geldleistungen (Wochengeld) handelt.

   (BGBl I 2007/76, BGBl I 2009/116, BGBl I 2016/53)

3. (aufgehoben)

   (BGBl I 2009/116, BGBl I 2016/53)

An die Stelle des in der Z 1 genannten Betrages tritt ab 1. Jänner eines jeden Jahres der unter Bedachtnahme auf § 108 Abs. 6 mit dem jeweiligen Anpassungsfaktor (§ 108f) vervielfachte Betrag[a)].

[a)] Betrag siehe VO über veränderliche Werte.

(BGBl I 1998/138, BGBl I 2001/103, BGBl I 2004/142)

(4) Die auf die letzten 13 Wochen bzw. auf die letzten drei Kalendermonate entfallenden Sonder-

zahlungen sind bei der Bemessung des Wochengeldes in der Weise zu berücksichtigen, daß der nach Abs. 3 ermittelte Netto-Arbeitsverdienst um einen durch die Satzung des Versicherungsträgers allgemein festzusetzenden Hundertsatz erhöht wird; der Hundertsatz kann einheitlich oder gesondert für bestimmte Gruppen von Versicherten unter Bedachtnahme auf den Durchschnittswert der Sonderzahlungen festgesetzt werden.

(BGBl I 2015/79)

(5) Vom Anspruch auf Wochengeld sind ausgeschlossen

1. Pflichtversicherte, die nach § 138 Abs. 2 lit. a bis e und h vom Anspruch auf Krankengeld ausgeschlossen sind,

   (BGBl I 1998/138, BGBl I 2012/17, BGBl I 2013/137)
2. Selbstversicherte (§ 16);

   (BGBl I 2001/103)
3. Teilversicherte nach § 8 Abs. 1 Z 1 lit. f außer jene, die aufgrund der dem Kinderbetreuungsgeld-Bezug zugrundeliegenden Entbindung Anspruch auf Wochengeld hatten oder deren Kinderbetreuungsgeld-Bezug eine Inpflegenahme oder Adoption zu Grunde liegt und denen Wochengeld gebührt hätte, wenn an Stelle der Inpflegenahme oder Adoption eine Entbindung stattgefunden hätte.

   (BGBl I 2001/103, BGBl I 2009/84)

(BGBl 1996/201)

Ruhen des Wochengeldes

§ 166. (1) Der Anspruch auf Wochengeld ruht,

1. (aufgehoben)
2. solange die Versicherte auf Grund gesetzlicher oder vertraglicher Bestimmungen Anspruch auf Fortbezug von mehr als 50 vH der vollen Geld- und Sachbezüge (§ 49 Abs. 1) hat; besteht ein Anspruch auf Weiterleistung von 50 vH dieser Bezüge, so ruht das Wochengeld zur Hälfte. Urlaubsentschädigungen, Urlaubsabfindungen und Kündigungsentschädigungen gemäß § 11 Abs. 2 gelten nicht als weitergeleistete Bezüge. § 143 Abs. 1 Z 3 letzter Satz und Abs. 5 gelten entsprechend;

   (BGBl 1993/335, BGBl I 1997/47)
3. solange die Versicherte während des Anspruches auf Wochengeld eine Erwerbstätigkeit ausübt, in der Höhe des aus dieser Erwerbstätigkeit erzielten Einkommens;

   (BGBl I 2013/138)
4. solange der Versicherten Pflegekarenzgeld nach § 21c des Bundespflegegeldgesetzes gewährt wird, in der Höhe des Pflegekarenzgeldes nach § 21c des Bundespflegegeldgesetzes.

   (BGBl I 2013/138)

(2) Zeiten, für die der Anspruch auf Wochengeld gemäß Abs. 1 Z 2 zur Gänze ruht, werden auf die Höchstdauer des Anspruches auf Wochengeld nicht angerechnet.

(3) (aufgehoben)

Arbeitsunfall

§ 175. (1) Arbeitsunfälle sind Unfälle, die sich im örtlichen, zeitlichen und ursächlichen Zusammenhang mit der die Versicherung begründenden Beschäftigung ereignen.

(2) Arbeitsunfälle sind auch Unfälle, die sich ereignen:

1. auf einem mit der Beschäftigung nach Abs. 1 zusammenhängenden Weg zur oder von der Arbeits- oder Ausbildungsstätte; hat der Versicherte wegen der Entfernung seines ständigen Aufenthaltsortes von der Arbeits(Ausbildungs)stätte auf dieser oder in ihrer Nähe eine Unterkunft, so wird die Versicherung des Weges von oder nach dem ständigen Aufenthaltsort nicht ausgeschlossen;
2. auf einem Weg von der Arbeits- oder Ausbildungsstätte oder der Wohnung zu einer Untersuchungs- oder Behandlungsstelle (wie freiberuflich tätiger Arzt, Ambulatorium, Krankenanstalt) zur Inanspruchnahme ärztlicher Hilfe (§ 135), Zahnbehandlung (§ 153) oder der Durchführung einer Vorsorge(Gesunden)untersuchung (§ 132b) und anschließend auf dem Weg zurück zur Arbeits(Ausbildungs)stätte oder zur Wohnung, sofern dem Dienstgeber oder einer sonst zur Entgegennahme von solchen Mitteilungen befugten Person der Arztbesuch vor Antritt des Weges bekanntgegeben wurde, ferner auf dem Weg von der Arbeits- oder Ausbildungsstätte oder von der Wohnung zu einer Untersuchungsstelle, wenn sich der Versicherte der Untersuchung auf Grund einer gesetzlichen Vorschrift oder einer Anordnung des Versicherungsträgers oder des Dienstgebers unterziehen muß und anschließend auf dem Weg zurück zur Arbeits(Ausbildungs)stätte oder zur Wohnung;

   (BGBl I 1999/173)
3. bei häuslichen oder anderen Tätigkeiten, zu denen der Versicherte durch den Dienstgeber oder dessen Beauftragten herangezogen wird;
4. bei häuslichen und anderen Tätigkeiten des Versicherten im Zusammenhang mit der Gewinnung und Verarbeitung von Produkten, die ihm vom Dienstgeber als Sachbezüge gewährt werden;
5. bei einer mit der Beschäftigung zusammenhängenden Verwahrung, Beförderung, Instandhaltung und Erneuerung des Arbeitsgerätes, auch wenn dieses vom Versicherten beigestellt wird;
6. bei einer mit der Beschäftigung zusammenhängenden Inanspruchnahme von gesetzlichen beruflichen Vertretungen oder Berufsvereinigungen;

ASVG

7. auf einem Weg von der Arbeits- oder Ausbildungsstätte, den der Versicherte zurücklegt, um während der Arbeitszeit, einschließlich der in der Arbeitszeit liegenden gesetzlichen sowie kollektivvertraglich oder betrieblich vereinbarten Arbeitspausen, in der Nähe der Arbeits- oder Ausbildungsstätte oder in seiner Wohnung lebenswichtige persönliche Bedürfnisse zu befriedigen, anschließend auf dem Weg zurück zur Arbeits- oder Ausbildungsstätte sowie bei dieser Befriedigung der lebensnotwendigen Bedürfnisse, sofern sie in der Nähe der Arbeits- oder Ausbildungsstätte, jedoch außerhalb der Wohnung des Versicherten erfolgt;
8. auf einem mit der unbaren Überweisung des Entgelts zusammenhängenden Weg von der Arbeits- oder Ausbildungsstätte oder der Wohnung zu einem Geldinstitut zum Zweck der Behebung des Entgelts und anschließend auf dem Weg zurück zur Arbeits- oder Ausbildungsstätte oder zur Wohnung;
9. auf einem Weg zur oder von der Arbeits- oder Ausbildungsstätte, der im Rahmen einer Fahrgemeinschaft von Betriebsangehörigen oder Versicherten zurückgelegt worden ist, die sich auf einem in der Z 1 genannten Weg befinden.
10. auf einem Weg eines (einer) Versicherten zur oder von der Arbeits- oder Ausbildungsstätte (Z 1) mit dem Zweck, ein Kind zu einer Kinderbetreuungseinrichtung, zur Tagesbetreuung, in fremde Obhut oder zu einer Schule zu bringen oder von dort abzuholen, sofern ihm/ihr für das Kind eine Aufsichtspflicht zukommt.

(BGBl I 2012/123)

(3) In einem land- oder forstwirtschaftlichen Betrieb gelten als Arbeitsunfälle auch Unfälle, die sich ereignen:

1. bei der Arbeit im Haushalt des Betriebsinhabers oder der Dienstnehmer, wenn der Haushalt dem Betrieb wesentlich dient;
2. bei der Arbeit in der Land- oder Forstwirtschaft und im Haushalt der ständig im Betrieb beschäftigten Dienstnehmer, die als Entgelt vom Betriebsinhaber Grundstücke oder sonstige Betriebsmittel zur eigenen land(forst)wirtschaftlichen Erzeugung erhalten und aus dieser Erzeugung einen wesentlichen Teil ihres Unterhaltes bestreiten;
3. (aufgehoben)
4. bei Arbeiten, die im Zusammenhang mit der Errichtung, dem Umbau und der Reparatur von Gebäuden, die dem land(forst)-wirtschaftlichen Betrieb dienen, verrichtet werden, sowie bei Arbeiten im Rahmen der Nachbarschaftshilfe für einen anderen land(forst)wirtschaftlichen Betrieb.

(4) In der Unfallversicherung nach § 8 Abs. 1 Z 3 lit. h, i und l sind Arbeitsunfälle Unfälle, die sich im örtlichen, zeitlichen und ursächlichen Zusammenhang mit der die Versicherung begründenden Schul(Universitäts)ausbildung oder dem die Versicherung begründenden Besuch einer institutionellen Kinderbetreuungseinrichtung ereignen. Abs. 2 Z 1, 2, 5, 6, 7 und 9 sowie Abs. 6 sind entsprechend anzuwenden.

(BGBl I 1998/138, BGBl I 2010/61)

(5) In der Unfallversicherung gemäß § 8 Abs. 1 Z 3 lit. h und i gelten als Arbeitsunfälle auch Unfälle, die sich ereignen:

1. bei der Teilnahme an Schulveranstaltungen, schulbezogenen Veranstaltungen sowie individuellen Berufs(bildungs)orientierungen nach den §§ 13, 13a und 13b des Schulunterrichtsgesetzes, BGBl. Nr. 472/1986;

   (BGBl I 2004/171)
2. bei der Ausübung einer im Rahmen des Lehrplanes bzw. der Studienordnung vorgeschriebenen oder üblichen praktischen Tätigkeit;

   (BGBl I 2005/71)
3. bei der Absolvierung einer individuellen Berufsorientierung ohne Eingliederung in den Arbeitsprozess im Ausmaß von höchstens 15 Tagen pro Betrieb und Kalenderjahr außerhalb der Unterrichtszeiten und der im § 13b SchUG geregelten Veranstaltungen, sofern es sich um Schüler/Schülerinnen im oder nach dem achten Schuljahr handelt und von der/dem Erziehungsberechtigten eine Zustimmung vorliegt.

   (BGBl I 2005/71, BGBl I 2005/132, BGBl I 2010/102)

(6) Verbotswidriges Handeln schließt die Annahme eines Arbeitsunfalles nicht aus.

Arbeitsunfällen gleichgestellte Unfälle

§ 176. (1) Den Arbeitsunfällen sind Unfälle gleichgestellt, die sich bei nachstehenden Tätigkeiten ereignen:

1. als Teilnehmer der Betriebs(Gruppen-, Betriebshaupt)versammlung sowie der Jugendversammlung oder als Mitglied des Betriebsrates (Jugendvertrauensrates) oder als Behindertenvertrauensperson sowie als Mitglied eines Wahlvorstandes im Sinne des Arbeitsverfassungsgesetzes, BGBl. Nr. 22/1974, oder des Landarbeitsgesetzes 1984, BGBl. Nr. 287, ferner als in demselben Betrieb Beschäftigter bei der Mitwirkung an der Besorgung von Aufgaben des Betriebsrates (Jugendvertrauensrates) im Auftrag oder über Ersuchen eines Mitgliedes des Betriebsrates (Jugendvertrauensrates) sowie als Teilnehmer an einer Schulungs- und Bildungsveranstaltung, wenn die Teilnahmeberechtigung auf dem Arbeitsverfassungsgesetz (Behinderteneinstellungsgesetz) beruht; das gleiche gilt sinngemäß bei gemäß § 1 Abs. 2 Z 3 des Arbeitsverfassungsgesetzes vom Geltungsbereich der Bestimmungen dieses Bundesge-

setzes ausgenommenen Arbeitsverhältnissen im Rahmen der auf sie anzuwendenden Vorschriften über die Personalvertretung;

(BGBl I 1999/173)

2. bei der Rettung eines Menschen aus tatsächlicher oder vermuteter Lebensgefahr oder dem Versuch einer solchen Rettung, bei Herbeiholung eines Arztes oder eines Sanitäters im Sinne des Sanitätergesetzes oder einer Hebamme zu einer dringenden Hilfeleistung, bei der Suche nach vermißten Personen, bei der Hilfeleistung in sonstigen Unglücksfällen oder allgemeiner Gefahr oder Not, bei der Herbeiholung eines Seelsorgers zu einem in Lebensgefahr befindlichen Erkrankten oder Verunglückten, bei der Blutspende oder der Organspende nach dem OTPG oder bei angemessener Unterstützung der Amtshandlung eines Sicherheitsorganes, in allen diesen Fällen jedoch nur, wenn der Unglücksfall nicht durch den Retter/die Retterin vorsätzlich herbeigeführt wurde und wenn nicht nach anderen unfallversicherungs- oder unfallfürsorgerechtlichen Bestimmungen ein Leistungsanspruch besteht;

(BGBl I 2002/31, BGBl I 2012/107, BGBl I 2012/123)

3. bei Tätigkeiten, die vorübergehend auf Grund gesetzlicher Verpflichtung oder im Auftrage oder mit ausdrücklicher Zustimmung der zuständigen Verwaltungsbehörde zur Sicherung, Überwachung, Förderung oder Erhaltung der land- oder forstwirtschaftlichen Erzeugung oder der Erzeugnisse, Baulichkeiten oder sonstiger Betriebseinrichtungen ausgeübt werden;

4. Hand- und Zugdienste (Robot) sowie sonstige Arbeitsleistungen, wenn sie auf Grund gesetzlicher oder statutarischer Verpflichtung oder auf Grund alten Herkommens erbracht werden;

5. beim Besuch beruflicher Schulungs(Fortbildungs)kurse, soweit dieser Besuch geeignet ist, das berufliche Fortkommen des Versicherten zu fördern, ferner bei der Teilnahme an Lehrabschlußprüfungen, an Ausbilderprüfungen gemäß § 29a des Berufsausbildungsgesetzes, BGBl. Nr. 142/1969, sowie Meisterprüfungen und sonstigen Befähigungs- und Konzessionsprüfungen, deren Ablegung eine Voraussetzung für die selbständige Erwerbstätigkeit ist, die die Mitgliedschaft nach § 1 Abs. 2 des Wirtschaftskammergesetzes 1998, BGBl. I Nr. 103, begründet oder bei der Teilnahme an Prüfungen im Bereich der Land- und Forstwirtschaft, die mit der Ausübung dieser Erwerbstätigkeit in Zusammenhang stehen, und an beruflichen Wettbewerbsveranstaltungen einer Interessenvertretung der Dienstnehmer oder Dienstgeber;

(BGBl I 2006/131)

6. bei einer betrieblichen Tätigkeit, wie sie sonst ein nach § 4 Versicherter ausübt, auch wenn dies nur vorübergehend geschieht;

(BGBl 1996/201, BGBl 1996/411)

7. a) in Ausübung der den Mitgliedern von freiwilligen Feuerwehren (Feuerwehrverbänden), freiwilligen Wasserwehren, des Österreichischen Roten Kreuzes, der freiwilligen Rettungsgesellschaften, der Rettungsflugwacht, des Österreichischen Bergrettungsdienstes, der Österreichischen Wasser-Rettung, der Lawinenwarnkommissionen, der Österreichischen Rettungshunde-Brigade und der Strahlenspür- und -meßtrupps im Rahmen der Ausbildung, der Übungen und des Einsatzfalles obliegenden Pflichten sowie bei Tätigkeiten von freiwilligen Helfern dieser Organisationen und der Pflichtfeuerwehren im Einsatzfall bzw. bei derartigen Tätigkeiten von bei diesen Organisationen ehrenamtlich tätigen Sanitätern im Sinne des § 14 Abs. 1 Z 1 des Sanitätergesetzes, BGBl. I Nr. 30/2002; des weiteren bei Tätigkeiten im Rahmen organisierter Rettungsdienste im Einsatzfall, sofern diese Organisationen nach ihrer Zweckbestimmung auf Einsätze zur Leistung erster ärztlicher Hilfe in Notfällen im Inland ausgerichtet sind und sie die Erzielung eines Gewinnes nicht bezwecken;

   (BGBl 1996/411, BGBl I 2002/31, BGBl I 2002/114)

   b) bei Tätigkeiten, die die Mitglieder der in lit. a genannten Organisationen darüber hinaus im Rahmen ihres gesetzlichen oder satzungsmäßigen Wirkungsbereiches ausüben, wenn sie für diese Tätigkeiten keine Bezüge erhalten, in die Zusatzversicherung in der Unfallversicherung einbezogen sind und einen Antrag gemäß § 22a Abs. 4 erster Satz stellen;

   (BGBl 1996/411, BGBl I 1998/138)

8. bei der Inanspruchnahme von Leistungen nach dem Arbeitslosenversicherungsgsetz 1977, BGBl. Nr. 609, dem Arbeitsmarktförderungsgesetz, BGBl. Nr. 31/1969, dem Kinderbetreuungsgeldgesetz, BGBl. I Nr. 103/2001, dem Familienzeitbonusgesetz, BGBl. I Nr. 53/2016, oder dem Arbeitsmarktservicegesetz, BGBl. Nr. 313/1994, sowie in den Fällen, in denen Personen auf Veranlassung des Arbeitsmarktservice eine Arbeits- oder Ausbildungsstelle aufsuchen oder sich einer Eignungsuntersuchung oder Eignungsprüfung unterziehen;

(BGBl 1994/314, BGBl I 1997/47, BGBl I 2001/103, BGBl I 2010/111, BGBl I 2016/53)

9. bei der Ausübung des Wahlrechtes zu einer gesetzlichen beruflichen Vertretung bzw. Betriebsvertretung;
10. in Ausübung der den mit der Sicherung des Schulweges betrauten Personen im Sinne des § 97a der Straßenverkehrsordnung 1960 obliegenden Pflichten;
11. bei Tätigkeiten im Rahmen der Schülermitverwaltung bzw. der Schulgemeinschaftsausschüsse im Sinne der §§ 58, 59, 64 und 65 des Schulunterrichtsgesetzes, BGBl. Nr. 472/1986 sowie im Rahmen der überschulischen Schülervertretung im Sinne des Schülervertretungengesetzes, BGBl. Nr. 284/1990;
(BGBl I 2006/131)
12. bei Tätigkeiten in den Organen der Österreichischen Hochschülerschaft im Sinne des Hochschülerschaftsgesetzes 1998, BGBl. I Nr. 22/1999;
(BGBl I 2006/131)
13. bei der Teilnahme an Lehrabschlußprüfungen, an Ausbilderprüfungen gemäß § 29a des Berufsausbildungsgesetzes, sowie Meisterprüfungen und sonstigen Befähigungs- und Konzessionsprüfungen, deren Ablegung eine Voraussetzung für die selbständige Erwerbstätigkeit ist, die die Mitgliedschaft nach § 1 Abs. 2 des Wirtschaftskammergesetzes 1998 begründet, oder bei der Teilnahme an Prüfungen im Bereich der Land- und Forstwirtschaft, die mit der Ausübung dieser Erwerbstätigkeit in Zusammenhang stehen, im Bereich der Land- und Forstwirtschaft, sofern die Teilnahme an diesen Prüfungen nicht in den Anwendungsbereich der Z 5 oder 8 fällt.
(BGBl I 2006/131)

(2) Wird durch eine im Abs. 1 angeführte Tätigkeit eine in der Anlage 1 zu diesem Bundesgesetz bezeichnete Krankheit verursacht, so ist sie unter den dort angeführten Voraussetzungen den Berufskrankheiten (§ 177) gleichzustellen.

(3) Den im Sinne des Abs. 1 Z 2, 3, 6 bis 8, 10 und 13 tätig werdenden Personen werden die Leistungen der Unfallversicherung aus einem bei dieser Tätigkeit eingetretenen Unfall auch gewährt, wenn sie nicht unfallversichert sind. Dies gilt auch bei Unfällen im Zusammenhang mit dem Besuch beruflicher Schulungs(Fortbildungs)kurse im Sinne des Abs. 1 Z 5 während einer Karenz nach dem MSchG oder nach dem Väter-Karenzgesetz, BGBl. Nr. 651/1989, soweit nicht Anspruch nach § 7 Abs. 3 B-KUVG besteht.

(BGBl I 2009/84)

(4) Ein Unfall, der sich bei der Rettung eines Menschen aus tatsächlicher oder vermuteter Lebensgefahr oder dem Versuch einer solchen Rettung ereignet hat, gilt auch dann als den Arbeitsunfällen gleichgestellt, wenn sich der Unfall im Gebiet eines Nachbarstaates der Republik Österreich ereignet hat und die tätig werdende Person österreichischer Staatsbürger ist, die ihren Wohnsitz im Inland hat.

(5) § 175 Abs. 2 Z 1 und Abs. 6 sind entsprechend anzuwenden.

Berufskrankheiten

§ 177. (1) Als Berufskrankheiten gelten die in der Anlage 1 zu diesem Bundesgesetz bezeichneten Krankheiten unter den dort angeführten Voraussetzungen, wenn sie durch Ausübung der die Versicherung begründenden Beschäftigung in einem in Spalte 3 der Anlage bezeichneten Unternehmen verursacht sind. Hautkrankheiten gelten nur dann als Berufskrankheiten, wenn und solange sie zur Aufgabe schädigender Tätigkeiten zwingen. Dies gilt nicht, wenn die Hautkrankheit eine Erscheinungsform einer Allgemeinerkrankung ist, die durch Aufnahme einer oder mehrerer der in der Anlage 1 angeführten schädigenden Stoffe in den Körper verursacht wurde.

(BGBl I 1998/138)

(2) Eine Krankheit, die ihrer Art nach nicht in Anlage 1 zu diesem Bundesgesetz enthalten ist, gilt im Einzelfall als Berufskrankheit, wenn der Träger der Unfallversicherung auf Grund gesicherter wissenschaftlicher Erkenntnisse feststellt, daß diese Krankheit ausschließlich oder überwiegend durch die Verwendung schädigender Stoffe oder Strahlen bei einer vom Versicherten ausgeübten Beschäftigung entstanden ist; diese Feststellung bedarf zu ihrer Wirksamkeit der Zustimmung des Bundesministers für soziale Verwaltung.

(3) In der Unfallversicherung der nach § 8 Abs. 1 Z 3 lit. h, i und l Teilversicherten stehen die Schul(Universitäts)ausbildung, der Besuch einer institutionellen Kinderbetreuungseinrichtung im letzten Jahr vor Schulpflicht (§ 175 Abs. 4) und die in § 175 Abs. 5 und § 176 Abs. 1 Z 11 und 12 angeführten Tätigkeiten einer Beschäftigung im Sinne der Abs. 1 und 2 gleich.

(BGBl I 2010/61)

Abschnitt IV
Schadenersatz und Haftung

Übergang von Schadenersatzansprüchen auf die Versicherungsträger

§ 332. (1) Können Personen, denen nach den Bestimmungen dieses Bundesgesetzes Leistungen zustehen oder für die als Angehörige gemäß § 123 Leistungen zu gewähren sind, den Ersatz des Schadens, der ihnen durch den Versicherungsfall erwachsen ist, auf Grund anderer gesetzlicher Vorschriften beanspruchen, geht der Anspruch auf den Versicherungsträger insoweit über, als dieser Leistungen zu erbringen hat. Der Anspruch umfaßt auch die Aufwendungen des Landesgesundheitsfonds, die nach § 148 Z 2 von der Krankenanstalt in Rechnung gestellt werden. Der Versicherungsträger hat dem Landesgesundheitsfonds jenen Teil der Regreßeinnahmen, der nicht durch Mittel der Sozialversicherung gemäß § 447f Abs. 1 gedeckt ist, abzüglich eines anteilsmäßigen Verwaltungskostenersatzes für die Geltendmachung, zu überweisen. Ansprüche auf Schmerzengeld gehen auf den Versicherungsträger nicht über.

(BGBl 1996/764, BGBl I 2001/5, BGBl I 2004/179, BGBl I 2007/101)

(1a) Bei Leistung von Rehabilitationsgeld gilt der für die leistungsbeziehende Person sachlich zuständige Träger der Pensionsversicherung als leistungserbringender Versicherungsträger.

(BGBl I 2015/2)

(2) Der Versicherungsträger kann Ersatzbeträge, die der Ersatzpflichtige dem Versicherten (Angehörigen) oder seinen Hinterbliebenen in Unkenntnis des Überganges des Anspruches gemäß Abs. 1 geleistet hat, auf die nach diesem Bundesgesetz zustehenden Leistungsansprüche ganz oder zum Teil anrechnen. Soweit hienach Ersatzbeträge angerechnet werden, erlischt der nach Abs. 1 auf den Versicherungsträger übergegangene Ersatzanspruch gegen den Ersatzpflichtigen.

(3) Ein Schadenersatzanspruch nach § 333 geht auf den Versicherungsträger nicht über.

(4) § 328 ist auf Ersatzansprüche für Krankenbehandlung (§§ 133 bis 137) oder für Unfallheilbehandlung (§§ 135 bis 137 in Verbindung mit § 189) entsprechend anzuwenden.

(5) Der Versicherungsträger kann einen im Sinne der Abs. 1 bis 4 auf ihn übergegangenen Schadenersatzanspruch gegen einen Dienstnehmer, der im Zeitpunkt des schädigenden Ereignisses in demselben Betrieb wie der Verletzte oder Getötete beschäftigt war, nur geltend machen, wenn

a) der Dienstnehmer den Versicherungsfall vorsätzlich oder grob fahrlässig verursacht hat oder

b) der Versicherungsfall durch ein Verkehrsmittel verursacht wurde, für dessen Betrieb auf Grund gesetzlicher Vorschrift eine erhöhte Haftpflicht besteht.

In den Fällen der lit. b kann der Versicherungsträger den Schadenersatzanspruch unbeschadet der Bestimmungen des § 336 über das Zusammentreffen von Schadenersatzansprüchen verschiedener Versicherungsträger und den Vorrang eines gerichtlich festgestellten Schmerzengeldanspruches nur bis zur Höhe der aus einer bestehenden Haftpflichtversicherung zur Verfügung stehenden Versicherungssumme geltend machen, es sei denn, daß der Versicherungsfall durch den Dienstnehmer vorsätzlich oder grob fahrlässig verursacht worden ist.

(6) Abs. 5 gilt entsprechend für Schadenersatzansprüche gegen einen Schüler im Sinne des § 8 Abs. 1 Z 3 lit. h, sofern dieser im Zeitpunkt des Eintrittes des schädigenden Ereignisses dieselbe Schule besucht hat wie der Verletzte oder Getötete.

Einschränkung der Schadenersatzpflicht des Dienstgebers gegenüber dem Dienstnehmer bei Arbeitsunfällen (Berufskrankheiten)

§ 333. (1) Der Dienstgeber ist dem Versicherten zum Ersatz des Schadens, der diesem durch eine Verletzung am Körper infolge eines Arbeitsunfalles oder durch eine Berufskrankheit entstanden ist, nur verpflichtet, wenn er den Arbeitsunfall (die Berufskrankheit) vorsätzlich verursacht hat. Diese Einschränkung gilt auch gegenüber den Hinterbliebenen des Versicherten, wenn dessen Tod auf die körperliche Verletzung infolge des Arbeitsunfalles oder auf die Berufskrankheit zurückzuführen ist.

(2) Hat der Dienstgeber den Arbeitsunfall (die Berufskrankheit) vorsätzlich verursacht, so vermindert sich der Schadenersatzanspruch des Versicherten oder seiner Hinterbliebenen um die Leistungen aus der gesetzlichen Unfallversicherung.

(3) Die Bestimmungen der Abs. 1 und 2 sind, unbeschadet der Bestimmungen des § 477, nicht anzuwenden, wenn der Arbeitsunfall durch ein Verkehrsmittel eingetreten ist, für dessen Betrieb auf Grund gesetzlicher Vorschrift eine erhöhte Haftpflicht besteht. Der Dienstgeber haftet nur bis zur Höhe der aus einer bestehenden Haftpflichtversicherung zur Verfügung stehenden Versicherungssumme, es sei denn, daß der Versicherungsfall durch den Dienstgeber vorsätzlich verursacht worden ist.

(4) Die Bestimmungen der Abs. 1 und 2 gelten auch für Ersatzansprüche Versicherter und ihrer Hinterbliebenen gegen gesetzliche oder bevollmächtigte Vertreter des Unternehmers und gegen Aufseher im Betrieb.

Haftung des Dienstgebers bei Arbeitsunfällen (Berufskrankheiten) gegenüber den Trägern der Sozialversicherung

§ 334. (1) Hat der Dienstgeber oder ein ihm gemäß § 333 Abs. 4 Gleichgestellter den Arbeitsunfall oder die Berufskrankheit vorsätzlich oder durch grobe Fahrlässigkeit verursacht, so hat er den Trägern der Sozialversicherung alle nach diesem Bundesgesetz zu gewährenden Leistungen zu ersetzen. Dies gilt nicht in den Fällen von Leistungen nach § 213a.

(2) § 328 ist auf Ersatzansprüche für Krankenbehandlung (§§ 133 bis 137) oder für Unfallheilbehandlung (§§ 135 bis 137 in Verbindung mit § 189) entsprechend anzuwenden.

(3) Durch ein Mitverschulden des Versicherten wird die Haftung gemäß Abs. 1 weder aufgehoben noch gemindert.

(4) Der Träger der Unfallversicherung kann als Ersatz für eine von ihm zu gewährende Rente deren Kapitalswert (§ 184) fordern.

(5) Hat der Dienstgeber oder ein ihm gemäß § 333 Abs. 4 Gleichgestellter den Arbeitsunfall nicht vorsätzlich herbeigeführt, so kann der Träger der Sozialversicherung auf den Ersatz ganz oder teilweise verzichten, wenn die wirtschaftlichen Verhältnisse des Verpflichteten dies begründen.

13. Arbeitskräfteüberlassungsgesetz

Arbeitskräfteüberlassungsgesetz, BGBl 1988/196 idF

1	BGBl 1993/460	2	BGBl 1994/314	3	BGBl I 1999/120
4	BGBl I 2000/44	5	BGBl I 2001/136	6	BGBl I 2002/68
7	BGBl I 2002/111	8	BGBl I 2005/104	9	BGBl I 2008/82
10	BGBl I 2009/70	11	BGBl I 2011/24	12	BGBl I 2012/35
13	BGBl I 2012/98	14	BGBl I 2014/94	15	BGBl I 2016/44
16	BGBl I 2016/120	17	BGBl I 2017/38	18	BGBl I 2018/100
19	BGBl I 2019/21	20	BGBl I 2019/104		

GLIEDERUNG

STICHWORTVERZEICHNIS

Bundesgesetz vom 23. März 1988, mit dem die Überlassung von Arbeitskräften geregelt wird (Arbeitskräfteüberlassungsgesetz – AÜG)

Der Nationalrat hat beschlossen:

Abschnitt I
Allgemeine Bestimmungen

Geltungsbereich

§ 1. (1) Dieses Bundesgesetz gilt für die Beschäftigung von Arbeitskräften, die zur Arbeitsleistung an Dritte überlassen werden.

(2) Ausgenommen vom Geltungsbereich der Abschnitte II bis V dieses Bundesgesetzes ist

1. die Überlassung von Arbeitskräften durch den Bund, ein Land, eine Gemeinde oder einen Gemeindeverband und
2. die Überlassung von Arbeitern, die dem Landarbeitsgesetz 1984, BGBl. Nr. 287, unterliegen.

(BGBl I 2012/98)

(2a) Auf die Überlassung von Angestellten, die dem Landarbeitsgesetz 1984 unterliegen, sind nicht anzuwenden:

1. § 6,
2. § 10 Abs. 3 hinsichtlich der Arbeitszeit.

(BGBl I 2012/98)

(3) Ausgenommen vom Geltungsbereich der §§ 10 bis 16a dieses Bundesgesetzes ist die Überlassung von Arbeitskräften zwischen inländischen Unternehmen, wenn eine der folgenden Voraussetzungen vorliegt:

1. die vorübergehende Überlassung von Arbeitskräften an Beschäftiger, welche die gleiche Erwerbstätigkeit wie der Überlasser ausüben, unter der Voraussetzung, dass der Charakter des Betriebes des Überlassers gewahrt bleibt, bis zur Höchstdauer von sechs Monaten im Kalenderjahr, wobei auch die Zeiten nacheinander folgender Überlassungen verschiedener Arbeitskräfte zusammenzuzählen sind (§ 135 Abs. 2 Z 1 der Gewerbeordnung 1994, BGBl. Nr. 194);
2. die Überlassung von Arbeitskräften durch Erzeuger, Verkäufer oder Vermieter von technischen Anlagen oder Maschinen, wenn
   a) zur Inbetriebnahme, Wartung oder Reparatur von technischen Anlagen oder Maschinen oder
   b) zur Einschulung von Arbeitnehmern des Beschäftigers

   die überlassenen Arbeitskräfte als Fachkräfte erforderlich sind und der Wert der Sachleistung überwiegt (§ 135 Abs. 2 Z 2 der Gewerbeordnung 1994);
3. die Überlassung von Arbeitskräften innerhalb einer Arbeitsgemeinschaft oder bei der betrieblichen Zusammenarbeit
   a) zur Erfüllung gemeinsam übernommener Aufträge oder
   b) zum Zwecke des Erfahrungsaustausches, der Forschung und Entwicklung, der Ausbildung, der Betriebsberatung oder der Überwachung oder
   c) in Form einer Kanzlei- oder Praxisgemeinschaft (§ 135 Abs. 2 Z 3 der Gewerbeordnung 1994);
4. die vorübergehende Überlassung von Arbeitskräften zwischen Konzernunternehmen innerhalb eines Konzerns im Sinne des § 15 des Aktiengesetzes 1965, BGBl. Nr. 98, und des § 115 des Gesetzes über Gesellschaften mit beschränkter Haftung, RGBl. Nr. 58/1906, sofern der Sitz und der Betriebsstandort beider Konzernunternehmen innerhalb des Bundesgebietes liegt und die Überlassung nicht zum Betriebszweck des überlassenden Unternehmens gehört.

(4) Ausgenommen vom Geltungsbereich der §§ 10 bis 16a dieses Bundesgesetzes ist weiters

1. die Überlassung von Arbeitskräften im Rahmen eines öffentlichen oder von öffentlichen Stellen geförderten spezifischen beruflichen Ausbildungs-, Eingliederungs- und Umschulungsprogramms und
2. die Überlassung von Arbeitskräften im Rahmen der Entwicklungshilfe nach dem Entwicklungshelfergesetz, BGBl. Nr. 574/1983.

(4a) Abschnitt V dieses Bundesgesetzes gilt nur für die Überlassung von Arbeitskräften im Sinne des § 94 Z 72 der Gewerbeordnung 1994 sowie entsprechende Überlassungen aus dem Ausland.

(BGBl I 2012/98)

(5) Dieses Bundesgesetz gilt unbeschadet des auf das Arbeitsverhältnis sonst anzuwendenden Rechts auch für aus der Europäischen Union (EU), dem Europäischen Wirtschaftsraum (EWR) oder aus Drittstaaten überlassene Arbeitskräfte. Die Überlassung von Arbeitskräften aus der Schweiz ist wie die Überlassung aus dem EWR zu behandeln.

(BGBl I 2012/98)

(BGBl 1993/460, BGBl 1994/314, BGBl I 1999/120, BGBl I 2002/111, BGBl I 2005/104, BGBl I 2011/24)

Zweck

§ 2. (1) Das Arbeitskräfteüberlassungsgesetz bezweckt

1. den Schutz der überlassenen Arbeitskräfte, insbesondere in arbeitsvertraglichen, arbeitnehmerschutz- und sozialversicherungsrechtlichen Angelegenheiten, und
2. die Regelung der Arbeitskräfteüberlassung zur Vermeidung arbeitsmarktpolitisch nachteiliger Entwicklungen.

(2) Für jede Überlassung von Arbeitskräften gilt, daß keine Arbeitskraft ohne ihre ausdrückliche Zustimmung überlassen werden darf.

(3) Durch den Einsatz überlassener Arbeitskräfte darf für die Arbeitnehmer im Beschäftigerbe-

trieb keine Beeinträchtigung der Lohn- und Arbeitsbedingungen und keine Gefährdung der Arbeitsplätze bewirkt werden.

Begriffsbestimmungen

§ 3. (1) Überlassung von Arbeitskräften ist die Zurverfügungstellung von Arbeitskräften zur Arbeitsleistung an Dritte.

(2) Überlasser ist, wer Arbeitskräfte zur Arbeitsleistung an Dritte vertraglich verpflichtet.

(3) Beschäftiger ist, wer Arbeitskräfte eines Überlassers zur Arbeitsleistung für betriebseigene Aufgaben einsetzt.

(4) Arbeitskräfte sind Arbeitnehmer und arbeitnehmerähnliche Personen. Arbeitnehmerähnlich sind Personen, die, ohne in einem Arbeitsverhältnis zu stehen, im Auftrag und für Rechnung bestimmter Personen Arbeit leisten und wirtschaftlich unselbständig sind.

Beurteilungsmaßstab

§ 4. (1) Für die Beurteilung, ob eine Überlassung von Arbeitskräften vorliegt, ist der wahre wirtschaftliche Gehalt und nicht die äußere Erscheinungsform des Sachverhaltes maßgebend.

(2) Arbeitskräfteüberlassung liegt insbesondere auch vor, wenn die Arbeitskräfte ihre Arbeitsleistung im Betrieb des Werkbestellers in Erfüllung von Werkverträgen erbringen, aber

1. kein von den Produkten, Dienstleistungen und Zwischenergebnissen des Werkbestellers abweichendes, unterscheidbares und dem Werkunternehmer zurechenbares Werk herstellen oder an dessen Herstellung mitwirken oder
2. die Arbeit nicht vorwiegend mit Material und Werkzeug des Werkunternehmers leisten oder
3. organisatorisch in den Betrieb des Werkbestellers eingegliedert sind und dessen Dienst- und Fachaufsicht unterstehen oder
4. der Werkunternehmer nicht für den Erfolg der Werkleistung haftet.

Abschnitt II
Allgemeine Grundsätze

Arbeitgeberpflichten

§ 5. (1) Die Pflichten des Arbeitgebers, insbesondere im Sinne der sozialversicherungsrechtlichen Vorschriften, werden durch die Überlassung nicht berührt. Der Beschäftiger hat den Überlasser über die Leistung von Nachtschwerarbeit im Sinne des Art. VII des Nachtschwerarbeitsgesetzes (NSchG), BGBl. Nr. 354/1981 und von Schwerarbeit im Sinne der §§ 1 bis 3 der Schwerarbeitsverordnung, BGBl. II Nr. 104/2006, zu informieren, damit dieser die Meldeverpflichtungen betreffend Nachtschwerarbeit gemäß Artikel VIII NSchG sowie von Schwerarbeitszeiten gemäß § 5 der Schwerarbeitsverordnung erfüllen kann. Der Überlasser hat die überlassene Arbeitskraft von erstatteten Meldungen schriftlich in Kenntnis zu setzen.

(BGBl I 2012/98)

(2) Als Beschäftigungsort (§ 30 des Allgemeinen Sozialversicherungsgesetzes, BGBl. Nr. 189/1955) gilt

1. bei einem inländischen Überlasser der Standort des Betriebes des Überlassers und
2. bei einem ausländischen Überlasser der Standort des Betriebes des Beschäftigers.

Arbeitnehmerschutz

§ 6. (1) Für die Dauer der Beschäftigung im Betrieb des Beschäftigers gilt der Beschäftiger als Arbeitgeber im Sinne der Arbeitnehmerschutzvorschriften.

AÜG

(2) Der Überlasser hat den Beschäftiger auf alle für die Einhaltung des persönlichen Arbeitsschutzes, insbesondere des Arbeitszeitschutzes und des besonderen Personenschutzes maßgeblichen Umstände hinzuweisen.

(BGBl I 2002/68)

(3) Für die Dauer der Beschäftigung im Betrieb des Beschäftigers obliegen die Fürsorgepflichten des Arbeitgebers auch dem Beschäftiger.

(4) Der Überlasser ist verpflichtet, die Überlassung unverzüglich zu beenden, sobald er weiß oder wissen muß, daß der Beschäftiger trotz Aufforderung die Arbeitnehmerschutz- oder die Fürsorgepflichten nicht einhält.

Gleichbehandlung und Diskriminierungsverbote

§ 6a. (1) Hinsichtlich der Beschäftigung im Betrieb des Beschäftigers gilt auch der Beschäftiger als Arbeitgeber der überlassenen Arbeitskräfte im Sinne der Gleichbehandlungsvorschriften und Diskriminierungsverbote, die für vergleichbare Arbeitnehmer des Beschäftigers gelten.

(2) Abs. 1 gilt insbesondere für die Auswahl der überlassenen Arbeitskräfte und die sonstigen Arbeitsbedingungen, zu denen auch die Beendigung einer Überlassung zählt.

(3) Der Überlasser ist verpflichtet, für angemessene Abhilfe zu sorgen, sobald er weiß oder wissen muss, dass der Beschäftiger während der Dauer der Beschäftigung die Gleichbehandlungsvorschriften oder Diskriminierungsverbote nicht einhält.

(4) Führt eine Diskriminierung zu einer Beendigung der Überlassung, so kann eine in diesem Zusammenhang erfolgte Beendigung oder Nichtverlängerung des Arbeitsverhältnisses im Sinne der §§ 12 Abs. 7 und 26 Abs. 7 des Gleichbehandlungsgesetzes (GlBG), BGBl. I Nr. 66/2004, und gleichartiger gesetzlicher Bestimmungen angefochten und Schadenersatz gefordert werden, als wäre die Beendigung oder Nichtverlängerung des Arbeitsverhältnisses auf Grund der Diskriminierung erfolgt.

(5) Der Überlasser hat gegen den Beschäftiger Anspruch auf Ersatz aller aus den Abs. 3 und 4 resultierenden Aufwendungen.

(BGBl I 2002/68)

Haftungsbeschränkung

§ 7. (1) Das Dienstnehmerhaftpflichtgesetz, BGBl. Nr. 80/1965, und das Organhaftpflichtgesetz, BGBl. Nr. 181/1967, gelten sowohl zwischen dem Überlasser und der überlassenen Arbeitskraft als auch zwischen dem Beschäftiger und der überlassenen Arbeitskraft.

(2) § 332 Abs. 5 und § 333 des Allgemeinen Sozialversicherungsgesetzes (ASVG) gelten auch für die überlassenen Arbeitskräfte.

(BGBl I 2012/98)

Vereinbarungen zum Nachteil der Arbeitskraft

§ 8. (1) Ansprüche, die der überlassenen Arbeitskraft nach dem Arbeitskräfteüberlassungsgesetz oder nach anderen zwingenden Rechtsvorschriften zustehen, können vertraglich nicht ausgeschlossen werden.

(2) Vereinbarungen zwischen dem Überlasser und dem Beschäftiger, die der Umgehung gesetzlicher Bestimmungen zum Schutz der Arbeitskraft dienen, sind verboten.

Streik und Aussperrung

§ 9. Die Überlassung von Arbeitskräften in Betriebe, die von Streik oder Aussperrung betroffen sind, ist verboten.

Abschnitt III
Besondere Bestimmungen

Ansprüche der Arbeitskraft

§ 10. (1) Die Arbeitskraft hat Anspruch auf ein angemessenes, ortsübliches Entgelt, das mindestens einmal monatlich auszuzahlen und schriftlich abzurechnen ist. Normen der kollektiven Rechtsgestaltung, denen der Überlasser unterworfen ist, bleiben unberührt. Bei der Beurteilung der Angemessenheit ist für die Dauer der Überlassung auf das im Beschäftigerbetrieb vergleichbaren Arbeitnehmern für vergleichbare Tätigkeiten zu zahlende kollektivvertragliche oder gesetzlich festgelegte Entgelt Bedacht zu nehmen. Darüber hinaus ist auf die im Beschäftigerbetrieb für vergleichbare Arbeitnehmer mit vergleichbaren Tätigkeiten geltenden sonstigen verbindlichen Bestimmungen allgemeiner Art Bedacht zu nehmen, es sei denn, es gelten ein Kollektivvertrag, dem der Überlasser unterworfen ist, sowie eine kollektivvertragliche, durch Verordnung festgelegte oder gesetzliche Regelung des Entgelts im Beschäftigerbetrieb.

(BGBl I 2005/104, BGBl I 2012/98)

(1a) Werden Arbeitnehmer für mehr als vier Jahre an einen Beschäftiger, der seinen Arbeitnehmern eine Leistungszusage im Sinne des § 2 Z 1 des Betriebspensionsgesetzes (BPG), BGBl. Nr. 282/1990, erteilt hat, überlassen, so gilt der Beschäftiger nach Ablauf des vierten Jahres ab diesem Zeitpunkt für die weitere Dauer der Überlassung als Arbeitgeber der überlassenen Arbeitnehmer im Sinne des BPG, sofern nicht eine gleichwertige Vereinbarung des Überlassers für die überlassenen Arbeitnehmer besteht. Der Beschäftiger hat jedenfalls nach Ablauf des vierten Jahres für die überlassenen Arbeitnehmer nach Maßgabe der für seine Arbeitnehmer geltenden Leistungszusage – ungeachtet einer allfällig vereinbarten Wartezeit – für die weitere Dauer der Überlassung Beiträge in eine Pensionskasse oder Prämien in eine betriebliche Kollektivversicherung zu leisten. Bei Beendigung der Überlassung kann der überlassene Arbeitnehmer über den zu diesem Zeitpunkt gebührenden fiktiven Unverfallbarkeitsbeitrag nach Maßgabe der §§ 5 oder 6c BPG verfügen, sofern ein hinsichtlich der Dauer der Beschäftigung vergleichbarer Arbeitnehmer des Beschäftigers nach Maßgabe der für ihn geltenden Leistungszusage zu diesem Zeitpunkt über einen Unverfallbarkeitsbetrag verfügen könnte. Der fiktive Unverfallbarkeitsbetrag berechnet sich nach denselben Rechenregeln, die der Berechnung des Unverfallbarkeitsbetrages nach den Vorschriften des BPG bei Beendigung des Arbeitsverhältnisses zu Grunde zu legen sind.

(BGBl I 2012/98)

(2) Ist die Arbeitskraft nachweislich zur Leistung bereit und kann sie nicht oder nur unter dem vereinbarten Ausmaß beschäftigt werden, gebührt das Entgelt auf Basis der vereinbarten Arbeitszeit. War das tatsächliche Beschäftigungsausmaß der Arbeitskraft während der letzten 13 Wochen überwiegend höher als die vereinbarte Arbeitszeit, so gebührt durch 14 Tage Entgelt nach dem Durchschnitt der letzten 13 Wochen. Dies gilt nicht, wenn für die Dauer eines von vornherein mit einem bestimmten Kalendertag befristeten Beschäftigungsverhältnisses mit dem Arbeitnehmer eine längere als die ursprünglich vorgesehene Arbeitszeit vereinbart wird.

(3) Während der Überlassung gelten für die überlassene Arbeitskraft die im Beschäftigerbetrieb für vergleichbare Arbeitnehmer gültigen gesetzlichen, kollektivvertraglichen sowie sonstigen im Beschäftigerbetrieb geltenden verbindlichen Bestimmungen allgemeiner Art, die sich auf Aspekte der Arbeitszeit und des Urlaubs beziehen.

(BGBl I 2005/104, BGBl I 2012/98)

(4) Die Vergleichbarkeit ist nach der Art der Tätigkeit und der Dauer der Beschäftigung im Betrieb des Beschäftigers sowie der Qualifikation der Arbeitskraft für diese Tätigkeit zu beurteilen.

(5) Bei Kündigung des Vertrages zwischen Arbeitskraft und Überlasser ist eine Kündigungsfrist von 14 Tagen einzuhalten, sofern nicht durch Gesetz, Normen der kollektiven Rechtsgestaltung oder Arbeitsvertrag eine längere Frist festgesetzt ist.

(6) Der Beschäftiger hat der überlassenen Arbeitskraft Zugang zu den Wohlfahrtseinrichtungen und -maßnahmen in seinem Betrieb unter den gleichen Bedingungen wie seinen eigenen Arbeits-

kräften zu gewähren, es sei denn, eine unterschiedliche Behandlung ist aus sachlichen Gründen gerechtfertigt. Zu den Wohlfahrtseinrichtungen und -maßnahmen zählen insbesondere Kinderbetreuungseinrichtungen, Gemeinschaftsverpflegung und Beförderungsmittel.

(BGBl I 2012/98)

§ 10a. (aufgehoben)

(BGBl I 2012/98, BGBl I 2016/44)

Vertragliche Vereinbarungen

§ 11. (1) Der Überlasser darf eine Arbeitskraft an einen Dritten nur nach Abschluss einer ausdrücklichen Vereinbarung überlassen, die unabhängig von der einzelnen Überlassung insbesondere folgende Bedingungen zwingend festzulegen hat:

1. Namen und Anschrift des Überlassers;
2. Namen und Anschrift der Arbeitskraft;
3. Beginn des Vertragsverhältnisses;
4. bei Vertragsverhältnissen auf bestimmte Zeit das Ende des Vertragsverhältnisses und die Gründe für die Befristung;
5. Dauer der Kündigungsfrist, Kündigungstermin;
6. Bundesländer oder Staaten, in denen die überlassene Arbeitskraft beschäftigt werden soll;
7. allfällige Einstufung in ein generelles Schema;
8. vorgesehene Verwendung, voraussichtliche Art der Arbeitsleistung;
9. Anfangsbezug (Grundgehalt oder -lohn, weitere Entgeltbestandteile wie zB Sonderzahlungen), Fälligkeit des Entgelts;
10. Ausmaß des jährlichen Erholungsurlaubes;
11. vereinbarte tägliche oder wöchentliche Normalarbeitszeit;
12. Bezeichnung der auf das Vertragsverhältnis allenfalls anzuwendenden Normen der kollektiven Rechtsgestaltung (Kollektivvertrag, Betriebsvereinbarung) und Hinweis auf den Raum im Betrieb, in dem diese zur Einsichtnahme aufliegen;
13. Namen und Anschrift der Betrieblichen Vorsorgekasse (BV-Kasse) des Arbeitnehmers oder für Arbeitnehmer, die dem BUAG unterliegen, Anschrift der Bauarbeiter-Urlaubs- und Abfertigungskasse.

(2) Verboten sind insbesondere Vereinbarungen und Bedingungen, welche

1. den Anspruch auf Entgelt auf die Dauer der Beschäftigung im Betrieb des Beschäftigers einschränken;
2. die Arbeitszeit wesentlich unter dem Durchschnitt des zu erwartenden Beschäftigungsausmaßes festsetzen oder ein geringeres Ausmaß der Arbeitszeit für überlassungsfreie Zeiten festlegen;
3. bei vereinbarter Teilzeitbeschäftigung dem Arbeitgeber das Recht zur Anordnung von regelmäßiger Mehrarbeit einräumen;
4. das Vertragsverhältnis ohne sachliche Rechtfertigung befristen;
5. die Verfalls- oder Verjährungsvorschriften verkürzen;
6. die überlassene Arbeitskraft für die Zeit nach dem Ende des Vertragsverhältnisses zum Überlasser, insbesondere durch Konventionalstrafen, Reugelder oder Einstellungsverbote, in ihrer Erwerbstätigkeit beschränken;
7. die überlassene Arbeitskraft zur Zahlung eines Entgelts im Gegenzug zur Überlassung oder in dem Fall, dass eine überlassene Arbeitskraft nach Beendigung der Überlassung mit dem ehemaligen Beschäftiger ein Arbeitsverhältnis eingeht, verpflichten;
8. entgegen § 10 Abs. 6 den Zugang der überlassenen Arbeitskraft zu den Wohlfahrtseinrichtungen oder -maßnahmen des Beschäftigerbetriebes beschränken.

(3) Vereinbarungen, die sonstige Konventionalstrafen oder Reugelder vorsehen, sind nur insoweit zulässig, als sie nicht nach Gegenstand, Zeit oder Ort und im Verhältnis zu dem geschäftlichen Interesse, das der Überlasser an der Einhaltung der jeweiligen vertraglichen Verpflichtungen hat, eine unbillige finanzielle Belastung der überlassenen Arbeitskraft bewirken.

(4) Über die Vereinbarung ist der Arbeitskraft unverzüglich nach Beginn des Vertragsverhältnisses ein Dienstzettel auszustellen, der die in Abs. 1 genannten Angaben enthalten muss.

(5) Verweigert der Überlasser die Ausstellung des Dienstzettels, ist die Arbeitskraft nicht verpflichtet, der Überlassung Folge zu leisten. Ein Dienstzettel ist dann nicht auszustellen, wenn eine schriftliche Vereinbarung ausgehändigt wurde, die alle genannten Angaben enthält. Jede Änderung der Angaben ist der Arbeitskraft unverzüglich, spätestens jedoch einen Monat nach ihrem Wirksamkeitsbeginn, schriftlich mitzuteilen, soweit nicht § 12 anzuwenden ist. Der Dienstzettel ist von Stempel- und Rechtsgebühren des Bundes befreit.

(6) Hat die Arbeitskraft die Tätigkeit im Ausland zu verrichten, so hat der vor der Aufnahme der Auslandstätigkeit auszuhändigende Dienstzettel oder die schriftliche Vereinbarung zusätzlich folgende Angaben zu enthalten:

1. den Ort und die voraussichtliche Dauer der Auslandstätigkeit,
2. die Währung, in der das Entgelt auszuzahlen ist, sofern es nicht in Euro auszuzahlen ist,
3. eine allfällige zusätzliche Vergütung für die Auslandstätigkeit,
4. allfällige Bedingungen für die Rückführung nach Österreich.

(BGBl I 2012/98)

Mitteilungspflichten

§ 12. (1) Der Überlasser ist verpflichtet, der Arbeitskraft vor jeder Beschäftigung in einem anderen Betrieb die für die Überlassung wesentlichen Umstände mitzuteilen und ehestmöglich schriftlich zu bestätigen, insbesondere

1. den Beschäftiger,
2. den für vergleichbare Arbeitnehmer für vergleichbare Tätigkeiten im Beschäftigerbetrieb anzuwendenden Kollektivvertrag und die Einstufung in denselben,
3. die Normalarbeitszeit und deren voraussichtliche Lage im Betrieb des Beschäftigers,
4. das für die Dauer der Überlassung gebührende Entgelt und Aufwandsentschädigungen, wobei Grundgehalt oder -lohn, Zulagen, Zuschläge und Sonderzahlungen jeweils getrennt auszuweisen sind,
5. die Art der zu verrichtenden Arbeit,
6. die voraussichtliche Dauer der Überlassung,
7. den genauen Zeitpunkt des Arbeitsantritts,
8. den genauen Ort der Arbeitsaufnahme,
9. gegebenenfalls die Tatsache, dass auch Arbeiten außerhalb der Betriebsstätte zu verrichten sind.

Für die Informationspflichten im Zusammenhang mit Sicherheit und Gesundheitsschutz bei der Arbeit gilt § 9 Abs. 4 des ArbeitnehmerInnenschutzgesetzes (ASchG), BGBl. Nr. 450/1994.

(2) Bei Endigung der Gewerbeberechtigung hat der Überlasser unverzüglich jede überlassene Arbeitskraft und jeden Beschäftiger nachweislich schriftlich zu informieren.

(3) Der Beschäftiger von grenzüberschreitend überlassenen Arbeitskräften ist verpflichtet, in Wahrnehmung der ihm obliegenden Fürsorgepflichten die überlassenen Arbeitskräfte jeweils über die maßgeblichen, insbesondere die im Abs. 1 Z 1 bis 9 angeführten, Umstände der Beschäftigung nachweislich zu informieren.

(4) Der Beschäftiger hat die überlassene Arbeitskraft über offene Stellen in seinem Betrieb, die besetzt werden sollen, zu informieren. Die Information hat durch allgemeine Bekanntgabe an geeigneter, der überlassenen Arbeitskraft zugänglicher, Stelle im Beschäftigerbetrieb zu erfolgen.

(5) Der Überlasser und der Beschäftiger sind verpflichtet, in geeigneter Weise den Zugang von überlassenen Arbeitskräften zu Aus- und Weiterbildungsmaßnahmen in ihren Betrieben zu fördern, um deren berufliche Entwicklung und Chancen auf dem Arbeitsmarkt zu unterstützen.

(6) Der Überlasser ist verpflichtet, der überlassenen Arbeitskraft das Ende der Überlassung an den Beschäftiger mindestens vierzehn Tage vor deren Ende mitzuteilen, wenn die Überlassung an den Beschäftiger zumindest drei Monate dauert und das Ende der Überlassung nicht auf objektiv unvorhersehbare Ereignisse zurückzuführen ist.

(BGBl I 2012/98)

Informationspflichten des Beschäftigers

§ 12a. Der Beschäftiger ist verpflichtet, den Überlasser über die für die Überlassung wesentlichen Umstände vor deren Beginn in Kenntnis zu setzen, insbesondere über die benötigte Qualifikation der überlassenen Arbeitskraft und die damit verbundene kollektivvertragliche Einstufung in den im Beschäftigerbetrieb für vergleichbare Arbeitnehmer für vergleichbare Tätigkeiten anzuwendenden Kollektivvertrag sowie über die im Beschäftigerbetrieb geltenden wesentlichen Arbeits- und Beschäftigungsbedingungen, welche in verbindlichen Bestimmungen allgemeiner Art festgelegt sind und sich auf Aspekte der Arbeitszeit und des Urlaubs beziehen. Gleiches gilt im Fall des § 10 Abs. 1 letzter Satz auch für verbindliche Bestimmungen allgemeiner Art das Entgelt betreffend.

(BGBl I 2012/98)

Aufzeichnungen

§ 13. (1) Der Überlasser hat ab Aufnahme der Überlassungstätigkeit laufend Aufzeichnungen über die Überlassung von Arbeitskräften zu führen.

(2) Die Aufzeichnungen haben zu enthalten:

1. Vor- und Familiennamen, Sozialversicherungsnummer, Geburtsdatum, Geschlecht und Staatsangehörigkeit sowie Art der Verwendung (Arbeiter oder Angestellte) der überlassenen Arbeitskräfte,

   (BGBl I 2016/120)
2. Namen und Anschrift der Beschäftiger sowie deren Umsatzsteueridentifikationsnummer und deren gesetzliche Interessenvertretung, bei Zugehörigkeit zu einer Wirtschaftskammer auch den zuständigen Fachverband der Wirtschaftskammer Österreich, mangels einer gesetzlichen Interessenvertretung jene freiwillige Berufsvereinigung, die den Kollektivvertrag abgeschlossen hat, der oder dessen Satzung für vergleichbare Arbeitnehmer des Beschäftigers wirksam ist (Berufsvereinigung),

   (BGBl I 2014/94)
3. Beginn und Ende der Überlassungen für jede überlassene Arbeitskraft.

(3) Der Überlasser hat die Aufzeichnungen gemäß Abs. 2 sowie die Ausfertigungen der Dienstzettel gemäß § 11 Abs. 4 und der Mitteilungen gemäß § 12 bis zum Ablauf von fünf Jahren nach der letzten Eintragung aufzubewahren.

(4) Der Überlasser hat dem vom Bundesminister für Arbeit, Soziales und Konsumentenschutz beauftragten Dienstleister auf elektronischem Weg in einem leicht verarbeitbaren Format jährlich mit Ende Juli für das jeweils vorangegangene Jahr folgende Daten zu übermitteln:

1. Vor- und Familiennamen, Geburtsdatum, Geschlecht, Staatsangehörigkeit und Arbeiter-

oder Angestelltenverhältnis der von ihm beschäftigten überlassenen Arbeitskräfte und

(BGBl I 2016/120)

2. je beschäftigter Arbeitskraft jeweils Beginn und Ende der einzelnen Überlassungen sowie
   a) Namen und Anschrift des Beschäftigers sowie dessen Umsatzsteueridentifikationsnummer und

      (BGBl I 2014/94)

   b) bei Zugehörigkeit des Beschäftigers zu einer Wirtschaftskammer den jeweiligen Fachverband oder

      (BGBl I 2014/94)

   c) bei Nichtzugehörigkeit des Beschäftigers zu einer Wirtschaftskammer die sonstige gesetzliche Interessenvertretung oder die Berufsvereinigung und deren allfällige fachliche Untergliederung, der der Beschäftiger angehört, und

      (BGBl I 2014/94)

3. das Bundesland (bei Überlassungen außerhalb Österreichs den Staat), in dem der Betrieb des Beschäftigers liegt.

(5) Werden die Daten gemäß Abs. 4 nicht innerhalb von zwei Monaten ab Fälligkeit vollständig übermittelt, gilt dies als Nichtmeldung im Sinne des § 22 Abs. 1 Z 3 lit. c.

(6) Der Bundesminister für Arbeit, Soziales und Konsumentenschutz kann geeignete Unternehmen und Einrichtungen mit der Durchführung, Überprüfung und Auswertung der Erhebung gemäß Abs. 4 beauftragen. Datenschutzrechtlicher Auftraggeber bei derartigen Aufträgen ist der Bundesminister für Arbeit, Soziales und Konsumentenschutz. Der direkte Personenbezug (Vor- und Familiennamen, Geburtsmonat und -tag) ist vom Bundesminister für Arbeit, Soziales und Konsumentenschutz oder vom beauftragten Dienstleister unmittelbar nach Erzeugung und Zuordnung des bereichsspezifischen Personenkennzeichens zu löschen.

(BGBl I 2016/120)

(7) Der Bundesminister für Arbeit, Soziales und Konsumentenschutz hat jährlich eine Statistik zur Arbeitskräfteüberlassung zu erstellen. Darüber hinaus dürfen Verlaufsstatistiken erstellt werden.

1. In der jährlichen Statistik zur Arbeitskräfteüberlassung sind folgende Daten zu veröffentlichen:
   a) Gesamtzahl der unselbständig Beschäftigten;
   b) Anzahl der Überlasser, geordnet nach Bundesländern (bei ausländischen Überlassern nach Staaten);
   c) Anzahl der Beschäftiger, geordnet nach Bundesländern (Staaten) und nach deren fachlicher Zugehörigkeit,
   d) Anzahl der im Inland und der aus dem Ausland überlassenen Arbeitskräfte, gegliedert nach Arbeitern, Angestellten, Geschlecht, Staatsangehörigkeit, dem Bundesland (Staat), in dem die überlassene Arbeitskraft beschäftigt wird, und der jeweiligen fachlichen Zugehörigkeit des Beschäftigers;
   e) Dauer der jeweiligen Überlassungen (bis zu einem Monat, ein bis drei Monate, drei bis sechs Monate, sechs bis zwölf Monate, zwölf bis 36 Monate und über 36 Monate) sowie
   f) Durchschnittliche Anzahl und Dauer der Dienstverhältnisse.
2. Für den Zweck der Erstellung von Verlaufsstatistiken überlassener Arbeitskräfte darf der Bundesminister für Arbeit, Soziales und Konsumentenschutz zusätzlich die selbst ermittelten Daten gemäß § 25 Abs. 1 des Arbeitsmarktservicegesetzes (AMSG), BGBl. Nr. 313/1994, ausgenommen Gesundheitsdaten gemäß § 25 Abs. 1 Z 4 AMSG, und die vom Dachverband der Sozialversicherungsträger (Dachverband) gemäß § 25 Abs. 2 AMSG übermittelten Daten indirekt personenbezogen (bPK) verwenden. Der indirekte Personenbezug ist zu beseitigen, sobald er für die statistische oder wissenschaftliche Arbeit nicht mehr benötigt wird. Soweit dies für mehrjährige Verlaufsstatistiken und -analysen erforderlich ist, darf der indirekte Personenbezug (bPK) verschlüsselt bis zu 30 Jahre aufbewahrt werden. Die Wiederherstellung eines direkten Personenbezuges ist in jedem Fall unzulässig.

   (BGBl I 2018/100)

(8) Der Beschäftiger von aus dem EWR überlassenen Arbeitskräften hat Aufzeichnungen gemäß Abs. 2 Z 1 und 3 sowie über die jeweiligen Überlasser (insbesondere Namen und Sitz) zu führen, diese Aufzeichnungen sowie Ausfertigungen der Mitteilungen gemäß § 12 Abs. 3 bis zum Ablauf von fünf Jahren nach der letzten Eintragung aufzubewahren und die Verpflichtungen gemäß Abs. 4 zu erfüllen, wobei an Stelle der fachlichen Zugehörigkeit des Beschäftigers und des Bundeslandes, in dem der Beschäftigerbetrieb liegt, der Staat, in dem der Überlasser seinen Sitz hat, anzugeben ist.

(9) Der Bundesminister für Arbeit, Soziales und Konsumentenschutz kann, wenn ein Bedarf nach zeitnäherer Ermittlung der Daten besteht, nach Anhörung der gesetzlichen Interessenvertretungen durch Verordnung eine häufigere Übermittlung der Daten gemäß Abs. 4 anordnen.

(BGBl I 2012/98)

Bürgschaft

§ 14. (1) Der Beschäftiger haftet für die gesamten der überlassenen Arbeitskraft für die Beschäftigung in seinem Betrieb zustehenden Entgeltansprüche und die entsprechenden Dienstgeber- und Dienstnehmerbeiträge zur Sozialversicherung sowie für die Lohnzuschläge nach dem BUAG als

Bürge (§ 1355 des ABGB). Die Haftung reduziert sich anteilig um Dienstgeber- und Dienstnehmerbeiträge zur Sozialversicherung, die der Beschäftiger bereits gemäß § 67a Abs. 3 Z 2 ASVG an das Dienstleistungszentrum überwiesen hat, insoweit der Beschäftiger die Tätigkeit der überlassenen Arbeitskraft im Rahmen des jeweiligen Auftrages sowie die Höhe der auf die überlassene Arbeitskraft während dieser Tätigkeit entfallenden Beitragsleistung nachweist.

(BGBl I 2009/70, BGBl I 2012/98)

(2) Hat der Beschäftiger seine Verpflichtungen aus der Überlassung bereits dem Überlasser nachweislich erfüllt, haftet er nur als Ausfallsbürge (§ 1356 des ABGB).

(3) Bei Insolvenz des Überlassers entfällt die Haftung des Beschäftigers als Bürge, wenn die überlassene Arbeitskraft Anspruch auf Insolvenz-Entgelt nach dem Insolvenz-Entgeltsicherungsgesetz, BGBl. Nr. 324/1977, hat, soweit dadurch die Befriedigung der in Abs. 1 erwähnten Ansprüche tatsächlich gewährleistet ist.

(BGBl I 2008/82)

Abschnitt IV
Gemeinsame Bestimmungen

Verordnungsermächtigung

§ 15. (1) Der Bundesminister für Arbeit, Soziales und Konsumentenschutz kann nach Anhörung der gesetzlichen Interessenvertretungen und der kollektivvertragsfähigen Berufsvereinigungen der Arbeitgeber und der Arbeitnehmer durch Verordnung festlegen, dass für den Bereich bestimmter gesetzlicher Interessenvertretungen oder Berufsvereinigungen oder deren Untergliederungen

1. die Beschäftigung von überlassenen Arbeitskräften im Betrieb eines Beschäftigers nur bis zu einem bestimmten Anteil
   a) der unselbständig Beschäftigten,
   b) der Arbeiter oder
   c) der Angestellten

   des Betriebes zulässig ist;
2. die zulässige Dauer der Beschäftigung von überlassenen Arbeitskräften im Betrieb eines Beschäftigers beschränkt wird;
3. die Überlassung von Arbeitskräften von Österreich in bestimmte Staaten zulässig ist.

(BGBl 1994/314, BGBl I 2002/68, BGBl I 2012/98)

(2) Voraussetzung für die Erlassung einer Verordnung gemäß Abs. 1 Z 1 und 2 ist, daß in dem von der Verordnung erfaßten Bereich der Anteil der überlassenen Arbeitskräfte mehr als ein Zehntel der Gesamtzahl der unselbständig Beschäftigten, der Arbeiter oder der Angestellten beträgt.

(3) Voraussetzung für die Erlassung einer Verordnung gemäß Abs. 1 Z 3 ist, daß der Schutz der Arbeitskräfte gewährleistet ist und arbeitsmarktliche, volkswirtschaftliche oder andere wichtige öffentliche Interessen dafür sprechen.

(4) Die gesetzlichen Interessenvertretungen und die kollektivvertragsfähigen Berufsvereinigungen der Arbeitgeber und der Arbeitnehmer sind berechtigt, die Erlassung einer Verordnung gemäß Abs. 1 anzuregen.

Grenzüberschreitende Überlassung

§ 16. (1) Die Überlassung von Arbeitskräften von Österreich in das Ausland ist nur zulässig, wenn eine Verordnung gemäß § 15 Abs. 1 Z 3 besteht oder ausnahmsweise eine Bewilligung gemäß Abs. 2 erteilt wurde.

(2) Die Bewilligung der Überlassung von Arbeitskräften von Österreich in das Ausland kann auf Antrag des Überlassers erteilt werden, wenn keine arbeitsmarktlichen oder volkswirtschaftlichen Gründe dagegen sprechen und der Schutz der Arbeitskräfte nicht gefährdet ist.

(3) Die Überlassung von Arbeitskräften vom Ausland nach Österreich ist nur zulässig, wenn ausnahmsweise eine Bewilligung gemäß Abs. 4 erteilt wurde.

(4) Die Bewilligung der Überlassung von Arbeitskräften vom Ausland nach Österreich kann auf Antrag des Beschäftigers erteilt werden, wenn

1. die Beschäftigung besonders qualifizierter Fachkräfte aus arbeitsmarktlichen und volkswirtschaftlichen Gründen unumgänglich notwendig ist,
2. diese Arbeitskräfte ausschließlich im Wege der Überlassung aus dem Ausland verfügbar sind und
3. deren Beschäftigung keine Gefährdung der Lohn- und Arbeitsbedingungen inländischer Arbeitnehmer bewirkt.

(5) Die Bewilligung nach Abs. 4 darf nicht erteilt werden, wenn der Beschäftiger

1. gegen die Vorschriften des Arbeitskräfteüberlassungsgesetzes verstoßen hat oder
2. unzulässige Arbeitsvermittlung betrieben hat oder
3. Verpflichtungen eines Arbeitgebers, die sich aus dem Arbeitsrecht einschließlich des Arbeitnehmerschutzes oder dem Sozialversicherungsrecht ergeben, erheblich verletzt hat.

(6) Die Bewilligung nach Abs. 4 ist jeweils nur für eine bestimmte Anzahl von Arbeitskräften und nur für einen bestimmten Zeitraum zu erteilen.

(7) Die Bewilligung nach Abs. 4 ist zu widerrufen, wenn die für die Erteilung wesentlichen Voraussetzungen nicht mehr vorliegen.

Grenzüberschreitende Überlassung im Europäischen Wirtschaftsraum

§ 16a. Auf Überlassungen innerhalb des Europäischen Wirtschaftsraumes (EWR) ist § 16 nicht anzuwenden.

(BGBl I 1999/120)

Anzeigepflicht

§ 17. (1) Der Überlasser, der gemäß § 135 Abs. 2 Z 1 der Gewerbeordnung 1994 (GewO) kein reglementiertes Gewerbe gemäß § 94 Z 72 GewO ausübt, hat die Überlassung von Arbeitskräften spätestens bis zum Ablauf des auf die erstmalige Überlassung folgenden Monates der zuständigen Gewerbebehörde zu melden.

(2)[a] Der Überlasser hat bei bewilligungsfreier Überlassung von Arbeitskräften vom Ausland nach Österreich die grenzüberschreitende Überlassung der Zentralen Koordinationsstelle für die Kontrolle der illegalen Beschäftigung (nach dem AuslBG und dem AVRAG) des Bundesministeriums für Finanzen zu melden. Die Meldung ist jeweils spätestens eine Woche vor der Arbeitsaufnahme in Österreich zu erstatten; in Katastrophenfällen, bei unaufschiebbaren Arbeiten und bei kurzfristig zu erledigenden Aufträgen genügt die Meldung unverzüglich vor Arbeitsaufnahme. Änderungen der gemeldeten Daten sind unverzüglich zu erstatten. Die Übermittlung der Meldungen hat ausschließlich automationsunterstützt über die elektronischen Formulare des Bundesministeriums für Finanzen zu erfolgen.

(BGBl I 2014/94, BGBl I 2016/44)

[a] Siehe § 23a Abs. 2.

(3)[a] Die Meldung gemäß Abs. 2 hat folgende Daten zu enthalten:

1. Namen und Anschrift des Überlassers,
2. Namen und Anschrift der zur Vertretung nach außen Berufenen des Überlassers,
3. Namen und Anschrift des Beschäftigers sowie dessen Umsatzsteueridentifikationsnummer und dessen Gewerbebefugnis oder Unternehmensgegenstand,
4. Namen, Anschriften, Geburtsdaten, Sozialversicherungsnummern und Sozialversicherungsträger sowie Staatsangehörigkeit der überlassenen Arbeitskräfte,
5. Beginn und voraussichtliche Dauer der Beschäftigung der einzelnen überlassenen Arbeitskräfte beim Beschäftiger,
6. Orte der Beschäftigung, jeweils unter genauer Angabe der Anschrift, in Österreich,
7. Höhe des jeder einzelnen Arbeitskraft nach den österreichischen Rechtsvorschriften gebührenden Entgelts,
8. Art der Tätigkeit und Verwendung der einzelnen Arbeitskräfte unter Berücksichtigung des maßgeblichen österreichischen Kollektivvertrages,
9. sofern für die Beschäftigung der überlassenen Arbeitskräfte im Sitzstaat des Überlassers eine behördliche Genehmigung erforderlich ist, jeweils die ausstellende Behörde sowie die Geschäftszahl, das Ausstellungsdatum und die Geltungsdauer oder eine Abschrift der Genehmigung,
10. sofern die überlassenen Arbeitskräfte im Sitzstaat des Überlassers eine Aufenthaltsgenehmigung benötigen, jeweils die ausstellende Behörde sowie die Geschäftszahl, das Ausstellungsdatum und die Geltungsdauer oder eine Abschrift der Genehmigung.[a]

[a] Siehe § 23a Abs. 2.

(BGBl I 2012/98, BGBl I 2014/94, BGBl I 2016/44)

(4)[a] Die Zentrale Koordinationsstelle für die Kontrolle der illegalen Beschäftigung hat die Meldungen gemäß Abs. 2 der zuständigen Gewerbebehörde zu übermitteln. Die Zentrale Koordinationsstelle hat die Meldungen an den zuständigen Krankenversicherungsträger (§§ 26 und 30 ASVG), an die Bauarbeiter-Urlaubs- und Abfertigungskasse (BUAK) und an den Bundesminister für Arbeit, Soziales und Konsumentenschutz zu übermitteln.

(BGBl I 2012/98, BGBl I 2014/94, BGBl I 2016/44)

[a] Siehe § 23a Abs. 2.

(5)[a] Die gemäß Abs. 1 zuständige Behörde hat, sofern es sich um Bautätigkeiten handelt, die Meldungen der Bauarbeiter- Urlaubs- und Abfertigungskasse zu übermitteln.

(BGBl I 2012/98, BGBl I 2016/44)

[a] Siehe § 23a Abs. 2.

(6)[a] Die zu übermittelnden Meldungen sind elektronisch zur Verfügung zu stellen.

(BGBl I 2014/94, BGBl I 2016/44)

[a] Siehe § 23a Abs. 2.

(7)[a] Der Beschäftiger hat für jede nicht in Österreich sozialversicherungspflichtige überlassene Arbeitskraft Unterlagen über die Anmeldung der Arbeitskraft zur Sozialversicherung (Sozialversicherungsdokument A 1 nach der Verordnung (EG) Nr. 883/04 zur Koordinierung der Systeme der sozialen Sicherheit, ABl. Nr. L 166 vom 30.04.2004 S. 1, zuletzt geändert durch die Verordnung (EU) Nr. 465/2012, ABl. Nr. L 149 vom 8.6.2012 S. 4) sowie die Meldung gemäß den Abs. 2 und 3 am Arbeits(Einsatz)Ort in geeigneter Form zur Überprüfung bereitzuhalten oder zugänglich zu machen.

(BGBl I 2012/98, BGBl I 2014/94, BGBl I 2016/44)

[a] Siehe § 23a Abs. 2.

(BGBl 1994/314, BGBl I 1999/120, BGBl I 2002/68, BGBl I 2002/111, BGBl I 2005/104, BGBl I 2011/24, BGBl I 2012/98)

Untersagung

§ 18. (1) Die Überlassung von Arbeitskräften durch Überlasser, die gemäß § 135 Abs. 2 GewO kein reglementiertes Gewerbe gemäß § 94 Z 72 GewO ausüben, ist zu untersagen, wenn der Überlasser die ihm auf Grund des Arbeitskräfteüberlassungsgesetzes obliegenden Verpflichtungen, insbesondere gegenüber einer Arbeitskraft, erheblich oder wiederholt verletzt hat und trotz schriftlicher Androhung der Untersagung neuerlich verletzt.

(BGBl 1994/314, BGBl I 2002/111)

(2) Die Verträge zwischen dem Überlasser und den überlassenen Arbeitskräften werden durch die Untersagung der Überlassung von Arbeitskräften nicht berührt. Die Untersagung bildet jedoch für die überlassenen Arbeitskräfte binnen drei Monaten ab Kenntnis einen wichtigen, vom Überlasser verschuldeten Grund zur vorzeitigen Vertragsauflösung.

(BGBl I 2012/98)

Zuständigkeit und Verfahren

§ 19. (1) Der Antrag auf Erteilung der Bewilligung der grenzüberschreitenden Überlassung von Arbeitskräften von Österreich in das Ausland gemäß § 16 Abs. 2 oder vom Ausland nach Österreich gemäß § 16 Abs. 4 ist bei der zuständigen Gewerbebehörde einzubringen.

(2) Über diese Anträge sowie über den Widerruf der Bewilligung und über die Untersagung der Überlassung von Arbeitskräften entscheidet die zuständige Gewerbebehörde nach Anhörung der gesetzlichen Interessenvertretungen und der kollektivvertragsfähigen Berufsvereinigungen der Arbeitgeber und der Arbeitnehmer sowie im Falle der Untersagung der Überlassung von Arbeitskräften überdies des zuständigen Arbeitsinspektorates oder der sonst zur Wahrnehmung des Arbeitnehmerschutzes zuständigen Behörde.

(BGBl 1994/314, BGBl I 2002/68)

Überwachung und Auskunftspflicht

§ 20. (1) Der Bundesminister für Arbeit, Soziales und Konsumentenschutz, die Zentrale Koordinationsstelle für die Kontrolle der illegalen Beschäftigung, die Abgabenbehörden und die Gewerbebehörden sowie hinsichtlich der dem Arbeitnehmerschutz dienenden Bestimmungen die Arbeitsinspektorate und die sonst zur Wahrnehmung des Arbeitnehmerschutzes berufenen Behörden und hinsichtlich der sozialversicherungsrechtlichen Bestimmungen die Träger der Sozialversicherung sind zuständig, die Einhaltung der Vorschriften dieses Bundesgesetzes zu überwachen.

(BGBl 1994/314, BGBl I 2002/68, BGBl I 2011/24, BGBl I 2012/98)

(1)[a] Der Bundesminister für Arbeit, Soziales und Konsumentenschutz, die Zentrale Koordinationsstelle für die Kontrolle der illegalen Beschäftigung, „das Amt für Betrugsbekämpfung“ und die Gewerbebehörden sowie hinsichtlich der dem Arbeitnehmerschutz dienenden Bestimmungen die Arbeitsinspektorate und die sonst zur Wahrnehmung des Arbeitnehmerschutzes berufenen Behörden und hinsichtlich der sozialversicherungsrechtlichen Bestimmungen die Träger der Sozialversicherung sind zuständig, die Einhaltung der Vorschriften dieses Bundesgesetzes zu überwachen.

(BGBl 1994/314, BGBl I 2002/68, BGBl I 2011/24, BGBl I 2012/98, BGBl I 2019/104)

[a] Tritt mit 1. Juli 2020 in Kraft.

(2) Die Überlasser und die Beschäftiger von Arbeitskräften haben den im Abs. 1 genannten zuständigen Behörden und Sozialversicherungsträgern auf deren Verlangen

1. alle für eine Überprüfung erforderlichen Auskünfte zu erteilen,
2. die hiefür benötigten Unterlagen zur Einsicht vorzulegen und
3. die Anfertigung vollständiger oder auszugsweiser Abschriften oder Ablichtungen der Unterlagen zu gestatten.

(3) Die Überlasser und die Beschäftiger haben den im Abs. 1 genannten zuständigen Behörden und Sozialversicherungsträgern Zutritt zum Betrieb und Einsicht in alle die Arbeitskräfteüberlassung betreffenden Unterlagen zu gewähren.

(3)[a] Die Überlasser und die Beschäftiger haben den „Organen der“ im Abs. 1 genannten zuständigen Behörden und Sozialversicherungsträgern Zutritt zum Betrieb und Einsicht in alle die Arbeitskräfteüberlassung betreffenden Unterlagen zu gewähren.

(BGBl I 2019/104)

[a] Tritt mit 1. Juli 2020 in Kraft.

(4) Die Verpflichtungen gemäß Abs. 2 und 3 bestehen auch gegenüber vom Bundesminister für Arbeit, Soziales und Konsumentenschutz gemäß § 13 Abs. 6 beauftragten Unternehmen und Einrichtungen.

(BGBl I 2002/68, BGBl I 2012/98)

Amtshilfe

§ 21. (1) Alle Behörden und alle öffentlichrechtlichen Körperschaften, insbesondere die gesetzlichen Interessenvertretungen der Arbeitgeber und der Arbeitnehmer und die Träger der Sozialversicherung, haben im Rahmen ihres Wirkungsbereiches den Bundesminister für Arbeit, Soziales und Konsumentenschutz, die Gewerbebehörden, die Arbeitsinspektorate und die sonst zur Wahrnehmung des Arbeitnehmerschutzes berufenen Behörden bei der Erfüllung ihrer Aufgaben nach dem Arbeitskräfteüberlassungsgesetz zu unterstützen.

(BGBl 1994/314, BGBl I 2002/68, BGBl I 2012/98)

(2) Diese Unterstützung besteht insbesondere auch darin, daß sie den in Abs. 1 genannten zuständigen Behörden

1. den Namen, die Geburtsdaten, die Anschrift, das Geschlecht, die Staatsbürgerschaft, den Beschäftigungsort, die Arbeits- und Vertragsbedingungen sowie die Pensions-, Unfall- und Krankenversicherungsdaten der überlassenen Arbeitskraft,

2. den Namen, die Geburtsdaten, die Anschrift, den Betriebsgegenstand und den Sitz des Betriebes des Überlassers und
3. den Namen, die Geburtsdaten, die Anschrift, die gesetzliche Interessenvertretung, den Fachverband oder die Berufsvereinigung sowie deren allfällige fachliche Untergliederungen und den Sitz des Betriebes des Beschäftigers

(BGBl I 2012/98)

übermitteln.

Strafbestimmungen

§ 22. (1) Sofern die Tat nicht den Tatbestand einer in die Zuständigkeit der Gerichte fallenden strafbaren Handlung bildet, begeht eine Verwaltungsübertretung und ist von der Bezirksverwaltungsbehörde zu bestrafen

1. mit Geldstrafe von 1 000 € bis zu 5 000 €, im Wiederholungsfall von 2 000 € bis zu 10 000 €, wer
   a) als Überlasser oder Beschäftiger gesetzwidrige Vereinbarungen trifft (§§ 8 und 11 Abs. 2) und deren Einhaltung verlangt,
   b) Arbeitskräfte in von Streik oder Aussperrung betroffene Betriebe überlässt (§ 9),
   c) als Überlasser oder Beschäftiger an einer unzulässigen grenzüberschreitenden Überlassung (§ 16) beteiligt ist,
   d) trotz Untersagung der Überlassungstätigkeit (§ 18) Arbeitskräfte überlässt;

2.[a)] mit Geldstrafe von 500 € bis zu 5 000 €, im Wiederholungsfall von 1 000 € bis zu 10 000 €, wer die Meldungen gemäß § 17 Abs. 2 nicht oder nicht rechtzeitig oder nicht vollständig oder wissentlich unrichtig erstattet oder die erforderlichen Unterlagen entgegen § 17 Abs. 7 nicht zur Überprüfung bereithält oder nicht zugänglich macht;

(BGBl I 2014/94, BGBl I 2016/44)

[a)]Siehe § 23a Abs. 2.

3. mit Geldstrafe bis zu 1 000 €, im Wiederholungsfall von 500 € bis zu 2 000 €, wer
   a) eine Arbeitskraft ohne Ausstellung eines Dienstzettels, der den Vorschriften des § 11 entspricht, überlässt,
   b) die Mitteilungspflichten (§ 12 Abs. 1 bis 5 und § 12a) nicht einhält, wenn dadurch die Gefahr eines Schadens für die Arbeitskraft besteht,
   c) die gemäß § 13 zu führenden Aufzeichnungen oder die zu übermittelnden statistischen Daten nicht oder mangelhaft vorlegt,
   d) die Erstattung der Meldung gemäß § 17 Abs. 1 unterlässt;

4. mit Geldstrafe bis zu 1 000 €, im Wiederholungsfall von 500 € bis zu 2 000 €, wer als Überlasser oder Beschäftiger den zur Überwachung berufenen Behörden und Trägern der Sozialversicherung auf deren Aufforderung
   a) die für die Überprüfung der Einhaltung der Bestimmungen des Arbeitskräfteüberlassungsgesetzes erforderlichen Auskünfte nicht erteilt (§ 20 Abs. 2 Z 1),
   b) die für diese Überprüfung benötigten Unterlagen nicht zur Einsicht vorlegt (§ 20 Abs. 2 Z 2),
   c) die Anfertigung von Abschriften, Auszügen oder Ablichtungen dieser Unterlagen verwehrt (§ 20 Abs. 2 Z 3),
   d) den Zutritt zum Betrieb oder die Einsicht in die die Arbeitskräfteüberlassung betreffenden Unterlagen verwehrt (§ 20 Abs. 3).

(BGBl I 2012/98)

(2) Bei der Bemessung der Höhe der Geldstrafe nach Abs. 1 ist insbesondere auf den durch die Überlassung erzielten Ertrag oder sonstigen wirtschaftlichen Vorteil Bedacht zu nehmen.

(3) Die Eingänge aus den gemäß Abs. 1 verhängten Geldstrafen fließen dem Arbeitsmarktservice zu.

(BGBl 1994/314)

(4) Bei grenzüberschreitender Arbeitskräfteüberlassung gilt die Verwaltungsübertretung als in jenem Sprengel der Bezirksverwaltungsbehörde begangen, in dem der Arbeits(Einsatz)ort der nach Österreich überlassenen Arbeitnehmer/innen liegt, bei wechselnden Arbeits(Einsatz)orten am Ort der Kontrolle.

(BGBl I 2012/98)

(5) Die Abgabenbehörden und deren Prüforgane (Finanzpolizei) haben Parteistellung in Verwaltungsstrafverfahren nach Abs. 1 und können gegen den Bescheid einer Verwaltungsbehörde Beschwerde beim Verwaltungsgericht und gegen das Erkenntnis oder den Beschluss eines Verwaltungsgerichts Revision beim Verwaltungsgerichtshof erheben.

(BGBl I 2014/94, BGBl I 2016/44)

(5)[a)] „Das Amt für Betrugsbekämpfung und dessen Organe" haben Parteistellung in Verwaltungsstrafverfahren nach Abs. 1 und können gegen den Bescheid einer Verwaltungsbehörde Beschwerde beim Verwaltungsgericht und gegen das Erkenntnis oder den Beschluss eines Verwaltungsgerichts Revision beim Verwaltungsgerichtshof erheben.

(BGBl I 2014/94, BGBl I 2016/44, BGBl I 2019/104)

[a)] Tritt mit 1. Juli 2020 in Kraft.

Abschnitt V
Sozial- und Weiterbildungsfonds

§ 22a. (1) Zum Zweck der Unterstützung überlassener Arbeitnehmer wird ein Sozial- und Wei-

AÜG

terbildungsfonds (Fonds) mit Rechtspersönlichkeit in Wien eingerichtet. Der Wirkungsbereich des Fonds erstreckt sich auf das gesamte Bundesgebiet. Dem Fonds fließen Beiträge gemäß § 22d zu.

(BGBl I 2014/94)

(2) Die Verwaltung des Fonds obliegt dessen Organen. Die Entsendung von fachlich geeigneten Mitgliedern in die Organe obliegt auf Seiten der Arbeitgeber dem Fachverband der gewerblichen Dienstleister und auf Seiten der Arbeitnehmer den Vertretern der die jeweiligen Kollektivverträge für die überlassenen Arbeiter und für die überlassenen Angestellten abschließenden Gewerkschaften.

(3) Die Aufsicht über den Fonds obliegt dem Bundesminister für Arbeit, Soziales und Konsumentenschutz.

(BGBl I 2012/98)

Organe

§ 22b. (1) Die Organe des Fonds sind der Vorstand und der Kontrollausschuss.

(2) Der Vorstand besteht aus sechs Mitgliedern, davon drei Vertreter der Arbeitgeber und drei Vertreter der Arbeitnehmer, von denen zwei von der den Kollektivvertrag für die überlassenen Arbeiter und einer von der den Kollektivvertrag für die überlassenen Angestellten abschließenden Gewerkschaft zu entsenden sind. Für jedes Mitglied ist ein Ersatzmitglied zu entsenden.

(3) Der Kontrollausschuss besteht aus vier Mitgliedern, davon je zwei Vertreter der Arbeitgeber und der Arbeitnehmer. Für jedes Mitglied ist ein Ersatzmitglied zu entsenden.

(4) Die nach Abs. 2 iVm § 22a Abs. 2 entsandten Mitglieder (Ersatzmitglieder) des Vorstandes und des Kontrollausschusses werden vom Bundesminister für Arbeit, Soziales und Konsumentenschutz für eine Funktionsperiode von jeweils vier Jahren bestellt. Scheidet ein Mitglied (Ersatzmitglied) vorzeitig aus, so ist für die restliche Funktionsperiode ein Mitglied (Ersatzmitglied) zu bestellen.

(5) Die Mitglieder des Vorstandes und des Kontrollausschusses wählen jeweils aus ihrer Mitte einen Vorsitzenden, einen Stellvertreter und einen Schriftführer. In der konstituierenden Sitzung führt das an Lebensjahren älteste Mitglied der Arbeitnehmerseite den Vorsitz. Die Mitgliedschaft im Vorstand ist unvereinbar mit einer Mitgliedschaft im Kontrollausschuss. Der Vorsitzende des Vorstandes ist der gesetzliche Vertreter des Fonds unter Beachtung der Beschlüsse des Vorstandes.

(6) Die Mitglieder des Vorstandes und die Mitglieder des Kontrollausschusses haben ihr Amt gewissenhaft und ehrenamtlich auszuüben. Sie unterliegen dabei der Amtsverschwiegenheit.

(7) Der Vorstand führt die Geschäfte. Er hat für jedes Kalenderjahr einen Jahresvoranschlag und den Rechnungsabschluss zu erstellen. Er hat die Leistungen des Fonds unter Bedachtnahme auf die zu erwartenden Einnahmen und Ausgaben festzulegen. Er hat mit Zustimmung des Kontrollausschusses eine Geschäftsordnung zu erlassen.

(8) Der Kontrollausschuss hat die Tätigkeit des Vorstandes laufend zu überwachen, insbesondere die Einhaltung der gesetzlichen und kollektivvertraglichen Regelungen und die zweckgemäße sparsame Verwendung der Mittel zu überprüfen. Wahrnehmungen und Missstände sind umgehend dem Vorstand zu berichten. Einmal jährlich ist ein Prüfbericht zu erstellen.

(9) Vorstand und Kontrollausschuss fassen ihre Beschlüsse mit einfacher Mehrheit der Stimmen. Bei Stimmengleichheit entscheidet der Vorsitzende. Für die Beschlussfassung der Geschäftsordnung ist eine Zweidrittel-Mehrheit erforderlich. In der Geschäftsordnung können weitere Angelegenheiten festgelegt werden, in denen eine Zweidrittel-Mehrheit erforderlich ist.

(BGBl I 2012/98)

Aufgaben

§ 22c. (1) Aufgabe des Fonds ist es, (ehemalige) Arbeitnehmer von Überlassungsbetrieben bei der Verstetigung ihrer Arbeitsverhältnisse, (Zusatz-)Qualifizierung und Verbesserung ihrer Chancen am Arbeitsmarkt sowie auch während Zeiten der Arbeitslosigkeit im Sinne des § 12 des Arbeitslosenversicherungsgesetzes 1977 (AlVG) zu unterstützen.

(BGBl I 2014/94)

(2) Zur Erfüllung dieser Aufgabe kann der Fonds folgende Leistungen erbringen:

1. Zuschüsse an (ehemalige) Arbeitnehmer,
2. Leistungen zur Finanzierung von Weiterbildungsmaßnahmen,
3. Leistungen an Überlasser zur Verlängerung der Beschäftigungsdauer beim Überlasser.

(3) Auf Leistungen des Fonds besteht kein Rechtsanspruch. Die Zuschüsse und sonstigen Leistungen sind kein Entgelt im Sinne des § 49 ASVG; für sie gilt weiters § 3 Abs. 1 Z 3 lit. a EStG 1988.

(4) Die näheren Bestimmungen über Art, Höhe, Dauer, Gewährung und Rückforderbarkeit der Leistungen hat der Vorstand mit Zustimmung des Kontrollausschusses schriftlich festzulegen. Die Leistungen des Fonds haben anhand von standardisierten und leicht administrierbaren Kriterien zu erfolgen.

(5) Der Fonds kann mit Beschluss des Vorstandes auch einen Dienstleister mit der Abwicklung seiner Leistungen betrauen. Soweit ein Dienstleister betraut wird, vertritt dieser den Fonds im Rahmen des übertragenen Tätigkeitsbereiches nach außen und ist dieser vor dem Beschluss über die Leistungen iSd Abs. 4 anzuhören. Wesentliche Änderungen hinsichtlich des Aufwandes der Abwicklung berechtigen den Dienstleister, den geschlossenen Vertrag vorzeitig zu beenden, sofern dieser nicht angepasst wird.

(6) Der Dachverband hat dem Fonds und einem von diesem beauftragten Dienstleister für die Ab-

wicklung der Leistungen folgende Daten auf elektronischem Weg zur Verfügung zu stellen:

1. Namen und Geburtsdatum jener arbeitslos vorgemerkten Personen, die vor ihrer Vormerkung bei einem Arbeitskräfteüberlasser im Sinne des § 94 Z 72 GewO beschäftigt waren;
2. Namen des Arbeitskräfteüberlassers, zu dem das Arbeitsverhältnis bestand;
3. Beendigungsdatum und Dauer dieses Arbeitsverhältnisses und in den letzten zwölf Monaten vorangegangener Arbeitsverhältnisse zu Arbeitskräfteüberlassern;
4. Dauer der Vormerkung als arbeitslos;
5. Höhe der von den jeweiligen Überlassern gemäß § 22d geleisteten Beiträge zum Fonds und allenfalls bestehende Beitragsrückstände.

(BGBl I 2014/94)

(BGBl I 2014/94, BGBl I 2018/100)

(7) Dem Dachverband sind die aus der Datenbereitstellung entstehenden Aufwendungen aus Mitteln des Fonds zu erstatten. Der Fonds oder ein von diesem beauftragter Dienstleister darf die vom Dachverband bereitgestellten Daten nur insoweit verwenden, als diese für die Prüfung, ob die Voraussetzungen für die Gewährung eines Zuschusses vorliegen, erforderlich sind.

(BGBl I 2018/100)

(8) Die Zentrale Koordinationsstelle für die Kontrolle der illegalen Beschäftigung nach dem Ausländerbeschäftigungsgesetz und dem Arbeitsvertragsrechts-Anpassungsgesetz des Bundesministeriums für Finanzen hat dem Fonds oder einem von diesem beauftragten Dienstleister für die Einhebung von Beiträgen nach § 22d Abs. 2 und 4 und für die Erbringung von Leistungen für vom Ausland überlassene Arbeitnehmer die Daten gemäß § 17 Abs. 3 zur Verfügung zu stellen.

(8)[a] Die Zentrale Koordinationsstelle für die Kontrolle der illegalen Beschäftigung nach dem Ausländerbeschäftigungsgesetz und dem „Lohn- und Sozialdumping-Bekämpfungsgesetz des Amtes für Betrugsbekämpfung (Zentrale Koordinationsstelle)" hat dem Fonds oder einem von diesem beauftragten Dienstleister für die Einhebung von Beiträgen nach § 22d Abs. 2 und 4 und für die Erbringung von Leistungen für vom Ausland überlassene Arbeitnehmer die Daten gemäß § 17 Abs. 3 zur Verfügung zu stellen.

(BGBl I 2019/104)

[a] Tritt mit 1. Juli 2020 in Kraft.

(BGBl I 2012/98)

Aufbringung der Mittel

§ 22d. (1) Die Überlasser haben für die von ihnen zum Zweck der Überlassung an Dritte beschäftigten Arbeitnehmer einen Beitrag an den Fonds zu entrichten. Der Beitragssatz beträgt im Jahr 2013 0,25 vH, im Jahr 2014 0,35 vH, im Jahr 2015 0,6 vH, im Jahr 2016 und im ersten Quartal 2017 0,8 vH, und ab dem zweiten Quartal 2017 0,35 vH der Beitragsgrundlage. Die Beitragsgrundlage ist die nach dem Allgemeinen Sozialversicherungsgesetz (ASVG), BGBl. Nr. 189/1955, geltende allgemeine Beitragsgrundlage bis zur Höhe der gemäß § 45 ASVG festgelegten Höchstbeitragsgrundlage. Von Sonderzahlungen (§ 49 Abs. 2 ASVG) sind Sonderbeiträge an den Fonds mit dem jeweils gleichen Hundertsatz zu entrichten.

(BGBl I 2017/38, BGBl I 2019/21)

(2) Die Beiträge gemäß Abs. 1 sind auch von Überlassern ohne Sitz in Österreich für nach Österreich überlassene Arbeitnehmer an den Fonds zu entrichten. Beitragsgrundlage ist das Entgelt des Arbeitnehmers (§ 17 Abs. 3 Z 5), jedoch höchstens bis zu einem Betrag, der der gemäß § 45 ASVG festgelegten Höchstbeitragsgrundlage entspricht.

AÜG

(3) Für die Einhebung der Beiträge und Sonderbeiträge gemäß Abs. 1 gelten die Vorschriften der gesetzlichen Krankenversicherung über den Abzug des Versicherungsbeitrages vom Entgelt. Die Beiträge sind zusammen mit den Beiträgen zur Sozialversicherung vom zuständigen Sozialversicherungsträger einzuheben und an den Fonds weiterzuleiten.

(4) Die Beiträge für vom Ausland überlassene Arbeitnehmer, die nicht der Sozialversicherungspflicht in Österreich unterliegen, sind vom Überlasser an den Fonds zu entrichten. Der Fonds kann mit der Beitragseinhebung einen Dienstleister beauftragen. Kommt der Überlasser der Verpflichtung zur Beitragsentrichtung nicht nach, hat der Fonds bzw. der Dienstleister die offenen Beiträge im Gerichtsweg einzuklagen. Zuständiges Gericht ist das Arbeits- und Sozialgericht Wien.

(BGBl I 2014/94)

(5) Die zuständigen Sozialversicherungsträger sind berechtigt, als Abgeltung für deren Aufwendungen eine Vergütung von den eingehobenen (überwiesenen) Beiträgen (Sonderbeiträgen) in Höhe von 0,5 vH einzubehalten.

(6) Die einem Dienstleister (§ 22c Abs. 5) aus der Einhebung der Beiträge nach Abs. 4 und aus der Abwicklung der übertragenen Tätigkeiten entstehenden Aufwendungen sind aus Mitteln des Fonds nach folgenden Grundsätzen zu erstatten: Aufwendungen für vom Dienstleister beauftragte Leistungen sind nach Anfall zu ersetzen. Für die Erbringung von Leistungen durch den Dienstleister gebührt diesem eine einmalige Vergütung für die Ersteinrichtung sowie eine jährliche Vergütung, die durch Verordnung des Bundesministers für Arbeit, Soziales und Konsumentenschutz nach Anhörung des Fonds und des Dienstleisters festzulegen sind. Diese Vergütungen unterliegen nicht der Umsatzsteuer.

(7) Vom Bund nach Maßgabe des § 6a des Arbeitsmarktpolitik-Finanzierungsgesetzes (AMPFG), BGBl. Nr. 315/1994, an den Fonds überwiesene Mittel sind für Zwecke der Weiterbil-

dung zu verwenden und können bis Ende 2016 auch für andere Aufgaben des Fonds verwendet werden.

(8) Der Fonds kann auch von Dritten Beiträge zur Erfüllung seiner Aufgaben einnehmen.

(9) Die Pflicht zur Entrichtung von Beiträgen nach Abs. 1 und 2 ruht, wenn und soweit gemäß § 10 Abs. 1 letzter Satz die im Beschäftigerbetrieb geltenden sonstigen verbindlichen Bestimmungen allgemeiner Art anzuwenden sind.

(BGBl I 2012/98)

Aufsicht

§ 22e (1) Die Aufsicht des Bundesministers für Arbeit, Soziales und Konsumentenschutz erstreckt sich auf die Einhaltung der Gesetze und Verordnungen sowie die Gebarung des Fonds unter Beachtung der Grundsätze der Sparsamkeit, Wirtschaftlichkeit und Zweckmäßigkeit.

(2) Der Vorstand ist verpflichtet dem Bundesminister für Arbeit, Soziales und Konsumentenschutz auf Verlangen alle für die Wahrnehmung der Aufsicht erforderlichen Auskünfte zu geben und die erforderlichen Unterlagen zur Verfügung zu stellen.

(3) Der Bundesminister für Arbeit, Soziales und Konsumentenschutz oder ein von ihm damit betrauter Vertreter ist berechtigt, an den Sitzungen der Organe des Fonds teilzunehmen.

(BGBl I 2012/98)

Auflösung des Fonds

§ 22f. (1) Der Bundesminister für Arbeit, Soziales und Konsumentenschutz hat den Fonds nach Anhörung der gesetzlichen Interessenvertretungen aufzulösen, wenn

1. kein Fondsvermögen mehr vorhanden ist,
2. das Fondsvermögen zur Erfüllung des Fondszweckes nicht hinreichend ist und eine Zuführung zusätzlicher Mittel nicht in Betracht kommt, oder
3. der Zweck des Fonds nicht erreicht wird.

(2) Das bei Auflösung noch vorhandene Fondsvermögen ist auf die den Beitrag gemäß § 22d zahlenden Überlasser anteilsmäßig aufzuteilen oder – sofern eine Aufteilung unwirtschaftlich wäre – der entsprechenden kollektivvertragsfähigen Körperschaft der Arbeitgeber zu übertragen.

(BGBl I 2012/98)

Strafbestimmung

§ 22g. (1) Sofern die Tat nicht den Tatbestand einer in die Zuständigkeit der Gerichte fallenden strafbaren Handlung bildet, begeht eine Verwaltungsübertretung und ist von der Bezirksverwaltungsbehörde mit Geldstrafe von 1 000 € bis zu 5 000 €, im Wiederholungsfall von 2 000 € bis zu 10 000 € zu bestrafen, wer als Überlasser die Beiträge an den Fonds nach § 22d Abs. 1 und Abs. 2 nicht entrichtet, es sei denn dass diese Verpflichtung gemäß § 22d Abs. 9 ruht.

(2) Bei grenzüberschreitender Überlassung gilt die Verwaltungsübertretung als in dem Sprengel der Bezirksverwaltungsbehörde begangen, in dem der Arbeits(Einsatz)ort der nach Österreich entsandten Arbeitnehmer liegt, bei wechselnden Arbeits(Einsatz)orten am Ort der Kontrolle.

(BGBl I 2012/98)

Abschnitt VI
Schlussbestimmungen

(BGBl I 2012/98)

In-Kraft-Treten

§ 23. (1) Dieses Bundesgesetz tritt mit 1. Juli 1988 in Kraft.

(2) § 1 Abs. 4 in der Fassung des Bundesgesetzes BGBl. Nr. 460/1993 tritt mit 1. Juli 1993 in Kraft.

(3) Die §§ 1 Abs. 3, 13 Abs. 4 und 5, 15, 17, 18 Abs. 1, 19 Abs. 1 bis 3, 20 Abs. 1, 21 Abs. 1 und 22 Abs. 3 in der Fassung des Bundesgesetzes BGBl. Nr. 314/1994 treten mit 1. Juli 1994 in Kraft. Bis zum In-Kraft-Treten des § 5 Z 1 lit. b des Bundessozialämtergesetzes (Art. 33 des Arbeitsmarktservice-Begleitgesetzes, BGBl. Nr. 314/1994) obliegen die Aufgaben und Befugnisse der Bundesämter für Soziales und Behindertenwesen den jeweiligen Landesgeschäftsstellen des Arbeitsmarktservice.

(4) Die §§ 1, 10a, 12a, 13, 16a und 17 in der Fassung des Bundesgesetzes BGBl. I Nr. 120/1999 treten mit 1. Oktober 1999 in Kraft und sind auf Sachverhalte anzuwenden, die sich nach dem 30. September 1999 ereignen.

(5) § 11 Abs. 4 in der Fassung des Bundesgesetzes BGBl. I Nr. 44/2000 tritt mit 1. Juli 2000 in Kraft.

(6) § 22 Abs. 1 in der Fassung des Bundesgesetzes BGBl. I Nr. 136/2001 tritt mit 1. Jänner 2002 in Kraft.

(7) Die §§ 6, 13, 15, 17, 19, 20 und 21 in der Fassung des Konjunkturbelebungsgesetzes 2002, BGBl. I Nr. 68, treten mit 1. Juli 2002 in Kraft.

(BGBl I 2002/68)

(8) Die §§ 1 Abs. 3, 13 Abs. 2 Z 2, 17 Abs. 1, 18 Abs. 1 sowie die §§ 24 bis 26 in der Fassung des Bundesgesetzes BGBl. I Nr. 111/2002, treten mit dem auf die Kundmachung dieses Bundesgesetzes folgenden Monatsersten in Kraft.

(BGBl I 2002/111)

(9) § 10 Abs. 1 und 3 in der Fassung des Bundesgesetzes BGBl. I Nr. 104/2005 treten mit 1. August 2005 in Kraft.

(BGBl I 2005/104)

(10) § 17 Abs. 3 in der Fassung des Bundesgesetzes BGBl. I Nr. 104/2005 tritt mit 1. September 2005 in Kraft.

(BGBl I 2005/104)

(11) § 14 Abs. 3 in der Fassung des Bundesgesetzes BGBl. I Nr. 82/2008 tritt mit 1. Juli 2008 in Kraft.

(BGBl I 2008/82)

(12) § 14 Abs. 1 in der Fassung des Bundesgesetzes BGBl. I Nr. 70/2009 tritt mit 1. August 2009 in Kraft.

(BGBl I 2009/70)

(13) § 1, § 17 und § 20 Abs. 1 in der Fassung des Bundesgesetzes BGBl. I Nr. 24/2011 treten mit 1. Mai 2011 in Kraft.

(BGBl I 2011/24)

(14) § 26 Z 3 in der Fassung des 2. Stabilitätsgesetzes 2012, BGBl. I Nr. 35/2012, tritt mit 1. Juli 2012 in Kraft; gleichzeitig tritt § 26 Z 2 außer Kraft.

(BGBl I 2012/35)

(15) § 1 Abs. 2, Abs. 2a, Abs. 4a und Abs. 5, § 5 Abs. 1, § 6a samt Überschrift, § 7 Abs. 2, § 10 Abs. 1, Abs. 3 und Abs. 6, § 10a samt Überschrift, § 11, § 12, § 12a, § 14 Abs. 1, § 15 Abs. 1, die Überschrift vor § 17, § 17 Abs. 3 bis Abs. 5 und Abs. 7, § 18, § 20 Abs. 1 und Abs. 4, § 21 Abs. 1 und Abs. 2 Z 3, § 26 sowie Abschnitt V und VI in der Fassung des Bundesgesetzes BGBl. I Nr. 98/2012 treten mit 1. Jänner 2013 in Kraft. Die Entsendung und Bestellung der Organmitglieder sowie die Konstituierung der Organe des Sozial- und Weiterbildungsfonds mit Wirkung zum 1. Jänner 2013 kann bereits ab dem auf die Kundmachung des Bundesgesetzes BGBl. I Nr. 98/2012 folgenden Tag erfolgen. Die Verpflichtung zur Beitragsleistung gemäß § 22d Abs. 1 und 2 tritt hinsichtlich überlassener Arbeiter mit 1. Jänner 2013 und hinsichtlich überlassener Angestellter mit 1. Jänner 2017 in Kraft.

(BGBl I 2012/98)

(16) § 22 in der Fassung des Bundesgesetzes BGBl. I Nr. 98/2012 tritt mit 1. Jänner 2013 in Kraft und ist auf Sachverhalte, die sich nach Ablauf des 31. Dezember 2012 ereignen, anzuwenden. Auf Sachverhalte, die sich vor Ablauf des 31. Dezember 2012 ereignet haben, ist § 22 weiterhin in der Fassung vor dem Inkrafttreten dieses Bundesgesetzes anzuwenden.

(BGBl I 2012/98)

(17) § 10 Abs. 1a und § 13 in der Fassung des Bundesgesetzes BGBl. I Nr. 98/2012 treten mit 1. Jänner 2014 in Kraft.

(BGBl I 2012/98)

(18) § 22a Abs. 1 und § 22c Abs. 1 in der Fassung des Bundesgesetzes BGBl. I Nr. 94/2014 treten rückwirkend mit 1. Jänner 2014 in Kraft.

(BGBl I 2014/94)

(19) § 13 Abs. 2 Z 2 und Abs. 4 Z 2, § 17 Abs. 2 bis 4, 6 und 7, § 22c Abs. 6 und § 22d Abs. 4 in der Fassung des Bundesgesetzes BGBl. I Nr. 94/2014 treten mit 1. Jänner 2015 in Kraft.

(BGBl I 2014/94)

(20) § 22 Abs. 1 Z 2 und Abs. 5 in der Fassung des Bundesgesetzes BGBl. I Nr. 94/2014 tritt mit 1. Jänner 2015 in Kraft und ist auf Sachverhalte, die sich nach Ablauf des 31. Dezember 2014 ereignen, anzuwenden.

(BGBl I 2014/94)

(21) § 22 Abs. 5 in der Fassung des Bundesgesetzes BGBl. I Nr. 44/2016 tritt mit 1. Jänner 2017 in Kraft.

(BGBl I 2016/44)

(22) § 22d Abs. 1 in der Fassung des Bundesgesetzes BGBl. I Nr. 38/2017 tritt mit 1. April 2017 in Kraft.

(BGBl I 2017/38)

(23) § 13 Abs. 7 Z 2 und § 22c Abs. 6 und Abs. 7 in der Fassung des Bundesgesetzes BGBl. I Nr. 100/2018 treten mit 1. Jänner 2020 in Kraft.

(BGBl I 2018/100)

(24) § 22d Abs. 1 in der Fassung des Bundesgesetzblattes BGBl. I Nr. 21/2019 tritt mit 1. April 2019 in Kraft.

(BGBl I 2019/21)

„(25) § 20 Abs. 1 und 3, § 22 Abs. 5 und § 22c Abs. 8, jeweils in der Fassung des Bundesgesetzes BGBl. I Nr. 104/2019, treten mit 1. Juli 2020 in Kraft.“

(BGBl I 2019/104)

(BGBl 1993/460, BGBl 1994/314, BGBl I 1999/120, BGBl I 2000/44, BGBl I 2001/136, BGBl I 2002/111)

Außerkrafttreten

§ 23a. (1) § 10a samt Überschrift in der in der Fassung vor dem Bundesgesetz BGBl. I Nr. 44/2016 tritt mit Ablauf des 31. Dezember 2016 außer Kraft.

(2) § 17 Abs. 2 bis 7 und § 22 Abs. 1 Z 2 in der Fassung vor dem Bundesgesetz BGBl. I Nr. 44/2016 treten mit Ablauf des 31. Dezember 2016 mit der Maßgabe außer Kraft, dass diese Bestimmungen auf Sachverhalte weiter Anwendung finden, die sich vor dem 1. Jänner 2017 ereignet haben.

(BGBl I 2016/44)

Sprachliche Gleichbehandlung

§ 24. Soweit in diesem Bundesgesetz personenbezogene Bezeichnungen nur in männlicher Form angeführt sind, beziehen sie sich auf Frauen und Männer in gleicher Weise.

(BGBl I 2002/111)

Verweisungen

§ 25. Soweit in diesem Bundesgesetz auf Bestimmungen anderer Bundesgesetze ohne Bezugnahme auf eine bestimmte Fassung verwiesen wird, sind diese in ihrer jeweils geltenden Fassung anzuwenden.

(BGBl I 2002/111)

Vollziehung

§ 26. Mit der Vollziehung dieses Bundesgesetzes sind betraut:

1. hinsichtlich des § 7 Abs. 1 in Bezug auf das Dienstnehmerhaftpflichtgesetz der Bundesminister für Justiz;
2. hinsichtlich der übrigen Bestimmungen der Bundesminister für Arbeit, Soziales und Konsumentenschutz.

   (BGBl I 2012/35, BGBl I 2012/98)

(BGBl I 2002/111)

14. Ausländerbeschäftigungsgesetz

Ausländerbeschäftigungsgesetz, BGBl 1975/218 idF

1	BGBl 1988/231	2	BGBl 1988/429	3	BGBl 1989/253
4	BGBl 1990/450	5	BGBl 1991/36	6	BGBl 1991/684
7	BGBl 1992/475	8	BGBl 1993/19	9	BGBl 1993/463
10	BGBl 1993/501	11	BGBl 1993/502	12	BGBl 1993/709
13	BGBl 1993/917	14	BGBl 1994/314	15	BGBl 1994/450
16	BGBl 1995/257	17	BGBl 1995/895	18	BGBl 1996/201
19	BGBl 1996/776	20	BGBl I 1997/78	21	BGBl I 1998/155
22	BGBl I 1998/171	23	BGBl I 1999/120	24	BGBl I 2001/115
25	BGBl I 2001/136	26	BGBl I 2002/68	27	BGBl I 2002/126
28	BGBl I 2002/160	29	BGBl I 2003/133	30	BGBl I 2004/28
31	BGBl I 2004/136	32	BGBl I 2005/101	33	BGBl I 2005/103
34	BGBl I 2005/104	35	BGBl I 2005/157	36	BGBl I 2006/85
37	BGBl I 2006/99	38	BGBl I 2007/78	39	BGBl I 2009/91
40	BGBl I 2009/120	41	BGBl I 2009/135	42	BGBl I 2011/25
43	BGBl I 2012/98	44	BGBl I 2013/72	45	BGBl I 2015/113
46	BGBl I 2017/66	47	BGBl I 2017/146 (VfGH)	48	BGBl I 2018/1 (VfGH)
49	BGBl I 2018/56	50	BGBl I 2018/94	51	BGBl I 2018/100
52	BGBl I 2019/25	53	BGBl I 2019/104		

GLIEDERUNG

STICHWORTVERZEICHNIS

Bundesgesetz vom 20. März 1975, mit dem die Beschäftigung von Ausländern geregelt wird (Ausländerbeschäftigungsgesetz – AuslBG)

Abschnitt I
Allgemeine Bestimmungen

Geltungsbereich

§ 1. (1) Dieses Bundesgesetz regelt die Beschäftigung von Ausländern (§ 2) im Bundesgebiet.

(2) Die Bestimmungen dieses Bundesgesetzes sind nicht anzuwenden auf

a) Ausländer, denen der Status eines Asylberechtigten (§ 3 des Asylgesetzes 2005 – AsylG 2005, BGBl. I Nr. 100/2005) oder der Status eines subsidiär Schutzberechtigten (§ 8 AsylG 2005) zuerkannt wurde;

(BGBl I 2002/126, BGBl I 2005/101, BGBl I 2007/78)

b) Ausländer hinsichtlich ihrer wissenschaftlichen, pädagogischen, kulturellen und sozialen Tätigkeiten an Unterrichtsanstalten oder an Instituten wissenschaftlichen, kulturellen oder sozialen Charakters, die auf Grund eines zwischenstaatlichen Kulturabkommens errichtet wurden;

c) Ausländer hinsichtlich ihrer Tätigkeiten in diplomatischen oder berufskonsularischen Vertretungen oder in mit diplomatischen Vorrechten ausgestatteten zwischenstaatlichen Organisationen oder in ständigen Vertretungen bei solchen Organisationen oder hinsichtlich ihrer Tätigkeiten als Bedienstete solcher Ausländer;

d) Ausländer hinsichtlich ihrer seelsorgerischen Tätigkeiten im Rahmen von gesetzlich anerkannten Kirchen und Religionsgesellschaften;

e) Ausländer hinsichtlich ihrer Tätigkeit als Besatzungsmitglieder (§ 4 der Schiffsbesatzungsverordnung, BGBl. II Nr. 518/2004) in der grenzüberschreitenden See- und Binnenschifffahrt;

(BGBl 1995/895, BGBl I 2007/78)

f) besondere Führungskräfte (§ 2 Abs. 5a), ihre Ehegatten und Kinder sowie ihre ausländischen Bediensteten, die seit mindestens einem Jahr in einem direkten und rechtmäßigen Arbeitsverhältnis zur besonderen Führungskraft stehen und deren Weiterbeschäftigung unter Einhaltung der geltenden Lohn- und Arbeitsbedingungen sowie der sozialversicherungsrechtlichen Vorschriften zur Unterstützung der Führungskraft erforderlich ist;

(BGBl 1995/895, BGBl I 2003/133, BGBl I 2007/78)

g) Ausländer hinsichtlich ihrer Tätigkeiten als Berichterstatter für ausländische Medien in Wort, Ton und Bild für die Dauer ihrer Akkreditierung als Auslandskorrespondenten beim Bundeskanzleramt sowie Ausländer hinsichtlich ihrer für die Erfüllung der Aufgaben dieser Berichterstatter unbedingt erforderlichen Tätigkeiten für die Dauer ihrer Notifikation beim Bundeskanzleramt;

(BGBl 1988/231)

h) Ausländer hinsichtlich ihrer Tätigkeit als Forscher gemäß § 2 Abs. 17 sowie deren Ehegatten und Kinder;

(BGBl 1990/450, BGBl I 1997/78, BGBl I 2018/56)

i) Ausländer in öffentlichen und privaten Einrichtungen und Unternehmen hinsichtlich ihrer wissenschaftlichen Tätigkeit in der Forschung und Lehre, in der Entwicklung und der Erschließung der Künste sowie in der Lehre der Kunst und deren Ehegatten und Kinder;

(BGBl 1990/450, BGBl I 2005/101, BGBl I 2007/78)

j) Ausländer hinsichtlich ihrer Tätigkeit im Rahmen von Aus- und Weiterbildungs- oder Forschungsprogrammen der Europäischen Union;

(BGBl 1990/450, BGBl I 1997/78)

k) (aufgehoben)

(BGBl 1990/450, BGBl 1993/501, BGBl I 1997/78)

l) Ausländer, die aufgrund eines Rechtsaktes der Europäischen Union Arbeitnehmerfreizügigkeit genießen;

(BGBl 1992/475, BGBl 1993/501, BGBl 1995/895, BGBl 1996/201, BGBl I 1997/78, BGBl I 2001/115, BGBl I 2002/126, BGBl I 2005/101, BGBl I 2011/25)

m) Ehegatten und minderjährige ledige Kinder (einschließlich Adoptiv- und Stiefkinder) österreichischer Staatsbürger, die zur Niederlassung nach dem Niederlassungs- und Aufenthaltsgesetz (NAG), BGBl. I Nr. 100/2005, berechtigt sind.

(BGBl 1993/501, BGBl I 1997/78, BGBl I 2002/126, BGBl I 2005/101, BGBl I 2011/25)

(3) Zwischenstaatliche Vereinbarungen über die Beschäftigung von Ausländern werden durch die Bestimmungen dieses Bundesgesetzes nicht berührt.

(4) Der Bundesminister für Arbeit, Gesundheit und Soziales kann nach Anhörung des Ausländerausschusses (§ 22) durch Verordnung weitere Ausnahmen vom Geltungsbereich dieses Bundesgesetzes festlegen, sofern es sich um Personengruppen handelt, deren Beschäftigung die allgemeine Lage und Entwicklung des Arbeitsmarktes unter besonderer Berücksichtigung der Schutzinteressen der betroffenen inländischen Arbeitnehmer zuläßt.

(BGBl I 1997/78)

(5) (aufgehoben)

(BGBl I 2002/126, BGBl I 2005/101, BGBl I 2005/157, BGBl I 2011/25)

Begriffsbestimmungen

§ 2. (1) Als Ausländer im Sinne dieses Bundesgesetzes gilt, wer nicht die österreichische Staatsbürgerschaft besitzt.

(2) Als Beschäftigung gilt die Verwendung

a) in einem Arbeitsverhältnis,

b) in einem arbeitnehmerähnlichen Verhältnis,

(BGBl I 2005/101)

c) in einem Ausbildungsverhältnis, einschließlich der Tätigkeiten nach § 3 Abs. 5,

(BGBl 1990/450, BGBl 1995/895, BGBl I 2017/66)

d) nach den Bestimmungen des § 18 oder

(BGBl 1990/450, BGBl I 2017/66)

e) überlassener Arbeitskräfte im Sinne des § 3 Abs. 1 und 4 des Arbeitskräfteüberlassungsgesetzes, BGBl. Nr. 196/1988, und des § 5a Abs. 1 des Landarbeitsgesetzes 1984, BGBl. Nr. 287.

(BGBl 1990/450, BGBl I 2012/98)

(3) Den Arbeitgebern gleichzuhalten sind

a) in den Fällen eines arbeitnehmerähnlichen Beschäftigungsverhältnisses (Abs. 2 lit. b) der Vertragspartner,

(BGBl 1990/450, BGBl I 2011/25)

b) in den Fällen des Abs. 2 lit. c und d der Inhaber des Betriebes, in dem der Ausländer beschäftigt wird, sofern nicht lit. d gilt, oder der Veranstalter,

(BGBl 1990/450, BGBl I 1997/78)

c) in den Fällen des Abs. 2 lit. e auch der Beschäftiger im Sinne des § 3 Abs. 3 des Arbeitskräfteüberlassungsgesetzes und des § 5a Abs. 3 des Landarbeitsgesetzes 1984,

(BGBl 1990/450, BGBl I 2012/98, BGBl I 2017/66)

d) der ausländische Dienstleistungserbringer, dem eine EU-Entsendebestätigung nach Maßgabe des § 18 Abs. 12 auszustellen ist und

(BGBl I 1997/78, BGBl I 2007/78, BGBl I 2017/66)

e) der Inhaber der Niederlassung, die einen unternehmensintern transferierten Arbeitnehmer (§ 2 Abs. 13) beschäftigt.

(BGBl I 2017/66)

(4) Für die Beurteilung, ob eine Beschäftigung im Sinne des Abs. 2 vorliegt, ist der wahre wirtschaftliche Gehalt und nicht die äußere Erscheinungsform des Sachverhaltes maßgebend. Eine Beschäftigung im Sinne des Abs. 2 liegt insbesondere auch dann vor, wenn

1. ein Gesellschafter einer Personengesellschaft zur Erreichung des gemeinsamen Gesellschaftszweckes oder

2. ein Gesellschafter einer Gesellschaft mit beschränkter Haftung mit einem Geschäftsanteil von weniger als 25 %

Arbeitsleistungen für die Gesellschaft erbringt, die typischerweise in einem Arbeitsverhältnis geleistet werden, es sei denn, die regionale Geschäftsstelle des Arbeitsmarktservice stellt auf Antrag binnen drei Monaten fest, daß ein wesentlicher Einfluß auf die Geschäftsführung der Gesellschaft durch den Gesellschafter tatsächlich persönlich ausgeübt wird. Den Nachweis hiefür hat der Antragsteller zu erbringen. Nach Ablauf dieser Frist darf die Tätigkeit auch ohne den erforderlichen Feststellungsbescheid aufgenommen werden. Wird der Antrag nach Ablauf der Frist abgewiesen, ist die bereits begonnene Tätigkeit umgehend, spätestens jedoch binnen einer Woche nach Zustellung des Bescheides, zu beenden.

(BGBl 1993/502, BGBl 1994/314, BGBl I 2005/101)

(5) (aufgehoben)

(BGBl I 2002/126, BGBl I 2011/25)

(5a) Als besondere Führungskräfte gelten Ausländer, die leitende Positionen auf der Vorstands- oder Geschäftsleitungsebene in international tätigen Konzernen oder Unternehmen innehaben oder international anerkannte Forscher sind und deren Beschäftigung der Erschließung oder dem Ausbau nachhaltiger Wirtschaftsbeziehungen oder der Schaffung oder Sicherung qualifizierter Arbeitsplätze im Bundesgebiet dient und die eine monatliche Bruttoentlohnung von durchwegs mindestens 120 vH der Höchstbeitragsgrundlage gemäß § 108 Abs. 3 des Allgemeinen Sozialversicherungsgesetzes (ASVG) zuzüglich Sonderzahlungen erhalten.

(BGBl I 2003/133)

(6) EWR-Bürger sind Ausländer, die Staatsangehörige einer Vertragspartei des Abkommens über den Europäischen Wirtschaftsraum (EWR-Abkommen) sind.

(BGBl I 2002/126)

(7) Grenzgänger sind Ausländer, die ihren Wohnsitz in einem Nachbarstaat haben, in den sie täglich zurückkehren, und die sich zur Ausübung einer Erwerbstätigkeit in einem unmittelbar an diesen Staat grenzenden politischen Bezirk in Österreich oder in den Freistädten Eisenstadt oder Rust aufhalten.

(BGBl I 2002/126)

(8) (aufgehoben)

(BGBl I 2002/126, BGBl I 2013/72)

(9) Drittstaaten sind Staaten, die nicht Vertragspartei des EWR-Abkommens sind. Drittstaatsangehörige sind Ausländer, die nicht EWR-Bürger sind.

(BGBl I 2002/126)

(10) (aufgehoben)

(BGBl I 2017/66)

(11) Für Kinder sind, soweit in diesem Bundesgesetz nicht anderes bestimmt ist, die jeweiligen Altersgrenzen gemäß § 2 Abs. 1 Z 9 und Abs. 4 NAG und § 52 Abs. 1 Z 2 NAG heranzuziehen.

(BGBl I 2007/78, BGBl I 2017/66)

(12) Die Bestimmungen dieses Bundesgesetzes, die sich auf Ehegatten beziehen, gelten für eingetragene Partner nach dem Eingetragene Partnerschaft-Gesetz – EPG, BGBl. I Nr. 135/2009, sinngemäß.

(BGBl I 2009/135)

(13) Als unternehmensintern transferierte Arbeitnehmer gelten Ausländer, die von ihrem ausländischen Arbeitgeber mit Sitz außerhalb der Europäischen Union während ihres Arbeitsverhältnisses

1. als Führungskraft, die die aufnehmende Niederlassung oder eine Abteilung oder Unterabteilung dieser Niederlassung leitet und hauptsächlich unter der allgemeinen Aufsicht des Leitungsorgans oder der Anteilseigner oder gleichwertiger Personen des transferierenden Unternehmens, der transferierenden Unternehmensgruppe oder der aufnehmenden Niederlassung steht oder von ihnen allgemeine Weisungen erhält, oder
2. als Spezialist, der über unerlässliche Spezialkenntnisse für die Tätigkeitsbereiche, die Verfahren oder die Verwaltung der aufnehmenden Niederlassung und über ein hohes Qualifikationsniveau für bestimmte Arbeiten oder Tätigkeiten mit spezifischen technischen Kenntnissen, einschließlich einer angemessenen Berufserfahrung, verfügt, oder
3. als Trainee mit einem Hochschulabschluss, der in seiner beruflichen Entwicklung gefördert wird oder sich branchenspezifisch, technisch oder methodisch fortbildet,

in eine oder mehrere Niederlassungen, die zum gleichen Unternehmen oder zur gleichen Unternehmensgruppe gehören und ihren Sitz im Bundesgebiet haben, vorübergehend abgestellt und dort entsprechend tätig werden. Ausländer, die von Arbeitsvermittlern, Arbeitskräfteüberlassern oder sonstigen Unternehmen, die Arbeitnehmer zur Arbeit unter der Aufsicht und Leitung eines anderen Unternehmens zur Verfügung stellen, abgestellt werden, gelten nicht als unternehmensintern transferierte Arbeitnehmer.

(BGBl I 2017/66)

(14) Als Volontäre gelten Ausländer, die ausschließlich zum Zwecke der Erweiterung und Anwendung von Kenntnissen zum Erwerb von Fertigkeiten für die Praxis ohne Arbeitspflicht und ohne Entgeltanspruch bis zu drei Monaten im Kalenderjahr beschäftigt werden und dabei keine Hilfsarbeiten, einfache angelernte Tätigkeiten oder Arbeiten auf Baustellen verrichten.

(BGBl I 2018/56)

(15) Als Ferial- oder Berufspraktikanten gelten Schüler, die eine im Rahmen eines geregelten Lehr- oder Studienganges an einer inländischen Bildungseinrichtung mit Öffentlichkeitsrecht vorgeschriebene Tätigkeit verrichten.

(BGBl I 2018/56)

(16) Als Praktikanten im Sinne der Richtlinie (EU) 2016/801 über die Bedingungen für die Einreise und den Aufenthalt von Drittstaatsangehörigen zu Forschungs- oder Studienzwecken, zur Absolvierung eines Praktikums, zur Teilnahme an einem Freiwilligendienst, Schüleraustauschprogrammen oder Bildungsvorhaben und zur Ausübung einer Au-pair-Tätigkeit (im Folgenden: Forscher- und Studenten- Richtlinie), ABl. Nr. L 132 vom 21.05.2016 S. 21 gelten Ausländer, die in einem Drittstaat ein Studium absolvieren, das zu einem Hochschulabschluss führt, oder vor nicht mehr als zwei Jahren einen Hochschulabschluss erlangt haben und im Rahmen einer Vereinbarung eines studienbezogenen Praktikums mit einer aufnehmenden Einrichtung auf entsprechendem Qualifikationsniveau für die Dauer von 91 bis 180 Tagen beschäftigt werden, um sich Wissen, praktische Kenntnisse und Erfahrungen in einem beruflichen Umfeld anzueignen.

(BGBl I 2018/56)

(17) Als Forscher im Sinne der Forscher- und Studenten-Richtlinie gelten Ausländer, die über einen Doktorgrad oder einen geeigneten Hochschulabschluss, der diesen den Zugang zu Doktoratsprogrammen ermöglicht, verfügen und im Rahmen einer Forschungseinrichtung eine wissenschaftliche Tätigkeit verrichten, für die normalerweise ein solcher Abschluss erforderlich ist.

(BGBl I 2018/56)

Voraussetzungen für die Beschäftigung von Ausländern

§ 3. (1) Ein Arbeitgeber darf, soweit in diesem Bundesgesetz nicht anderes bestimmt ist, einen Ausländer nur beschäftigen, wenn ihm für diesen eine Beschäftigungsbewilligung oder Entsendebewilligung erteilt oder eine Anzeigebestätigung ausgestellt wurde oder wenn der Ausländer eine für diese Beschäftigung gültige „Rot-Weiß-Rot – Karte“, „Blaue Karte EU, Aufenthaltsbewilligung als unternehmensintern transferierter Arbeitnehmer („*ICT*“), Aufenthaltsbewilligung als mobiler unternehmensintern transferierter Arbeitnehmer („*mobile ICT*“), Aufenthaltsbewilligung „Familiengemeinschaft“ mit Zugang zum Arbeitsmarkt (§ 20f Abs. 4) oder „Niederlassungsbewilligung – Künstler“ oder eine „Rot-Weiß-Rot – Karte plus“, eine „Aufenthaltsberechtigung plus“, einen Befreiungsschein (§ 4c) oder einen Aufenthaltstitel „Familienangehöriger“ oder „Daueraufenthalt – EU“ besitzt.

(BGBl 1990/450, BGBl 1995/895, BGBl I 1997/78, BGBl I 2002/126, BGBl I 2005/101, BGBl I 2011/25, BGBl I 2013/72, BGBl I 2017/66)

(2) Ein Ausländer darf, soweit in diesem Bundesgesetz nicht anderes bestimmt ist, eine Beschäftigung nur antreten und ausüben, wenn für ihn eine Beschäftigungsbewilligung oder Entsendebewilligung erteilt oder eine Anzeigebestätigung ausgestellt wurde oder wenn er eine für diese Beschäftigung gültige „Rot-Weiß-Rot – Karte“, „Blaue Karte EU, Aufenthaltsbewilligung als unternehmensintern transferierter Arbeitnehmer („*ICT*“), Aufenthaltsbewilligung als mobiler un-

ternehmensintern transferierter Arbeitnehmer („*mobile ICT*“), Aufenthaltsbewilligung „Familiengemeinschaft“ mit Zugang zum Arbeitsmarkt (§ 20f Abs. 4) oder „Niederlassungsbewilligung – Künstler“ oder eine Rot-Weiß-Rot – Karte plus“, eine „Aufenthaltsberechtigung plus“, einen Befreiungsschein (§ 4c) oder einen Aufenthaltstitel „Familienangehöriger“ oder „Daueraufenthalt – EU“ besitzt.

(BGBl 1990/450, BGBl 1995/895, BGBl I 1997/78, BGBl I 2002/126, BGBl I 2005/101, BGBl I 2011/25, BGBl I 2013/72, BGBl I 2017/66)

(3) Bei Eintritt eines anderen Arbeitgebers in das Rechtsverhältnis nach § 2 Abs. 2 durch Übergang des Betriebes oder Änderung der Rechtsform gilt bei sonst unverändertem Fortbestand der Voraussetzungen die Beschäftigungsbewilligung als dem neuen Arbeitgeber erteilt. Auch eine für die Beschäftigung gültige „Rot-Weiß-Rot – Karte“, „Blaue Karte EU, Aufenthaltsbewilligung als unternehmensintern transferierter Arbeitnehmer („*ICT*“), Aufenthaltsbewilligung als mobiler unternehmensintern transferierter Arbeitnehmer („*mobile ICT*“), Aufenthaltsbewilligung „Familiengemeinschaft“ mit Zugang zum Arbeitsmarkt (§ 20f Abs. 4) oder „Niederlassungsbewilligung – Künstler“ berechtigt bei sonst unverändertem Fortbestand der Voraussetzungen zu einer Beschäftigung beim neuen Arbeitgeber.

(BGBl 1994/314, BGBl I 1997/78, BGBl I 2013/72, BGBl I 2017/66)

(4) Ausländer, die Konzert- oder Bühnenkünstler oder Angehörige der Berufsgruppen Artisten, Film-, Rundfunk- und Fernsehschaffende oder Musiker sind, dürfen

a) einen Tag oder

b) vier Wochen im Rahmen einer künstlerischen Gesamtproduktion zur Sicherung eines Konzerts, einer Veranstaltung, einer Vorstellung, einer laufenden Filmproduktion, einer Rundfunk- oder Fernsehlivesendung.

(BGBl 1988/429, BGBl I 2002/126)

ohne Beschäftigungsbewilligung beschäftigt werden. Die Beschäftigung ist vom Veranstalter bzw. Produzenten am Tag der Arbeitsaufnahme der zuständigen regionalen Geschäftsstelle des Arbeitsmarktservice anzuzeigen.

(BGBl 1989/253, BGBl 1994/314)

(5) Ausländer, die als Volontäre (§ 2 Abs. 14), Ferial- oder Berufspraktikanten (§ 2 Abs. 15) oder Praktikanten (§ 2 Abs. 16) beschäftigt werden, bedürfen keiner Beschäftigungsbewilligung. Die Beschäftigung ist vom Inhaber des Betriebs, in dem der/die AusländerIn beschäftigt wird, spätestens drei Wochen vor Beginn der zuständigen regionalen Geschäftsstelle des Arbeitsmarktservice und der zuständigen Abgabenbehörde nach Maßgabe der Bestimmungen des Abgabenverwaltungsorganisationsgesetzes – AVOG, BGBl. Nr. 18/1975, anzuzeigen. Die zuständige regionale Geschäftsstelle des Arbeitsmarktservice hat binnen zweier Wochen eine Anzeigebestätigung auszustellen. Nach Ablauf dieser Frist darf die Beschäftigung aber auch vor Ausstellung der Anzeigebestätigung aufgenommen werden. Bei einer allfälligen Ablehnung der Anzeigebestätigung nach Ablauf dieser Frist ist die bereits begonnene Beschäftigung umgehend, spätestens jedoch binnen einer Woche nach Zustellung der Ablehnung, zu beenden. Die Anzeigebestätigung ist nur auszustellen, wenn die Gewähr gegeben ist, dass der wahre wirtschaftliche Gehalt der beabsichtigten Beschäftigung dem eines Volontariates (§ 2 Abs. 14) oder eines Praktikums (§ 2 Abs. 15 oder 16) entspricht.

(BGBl 1994/314, BGBl 1995/895, BGBl 1996/201, BGBl I 1997/78, BGBl I 2002/68, BGBl I 2006/99, BGBl I 2018/56)

(5)[a] Ausländer, die als Volontäre (§ 2 Abs. 14), Ferial- oder Berufspraktikanten (§ 2 Abs. 15) oder Praktikanten (§ 2 Abs. 16) beschäftigt werden, bedürfen keiner Beschäftigungsbewilligung. Die Beschäftigung ist vom Inhaber des Betriebs, in dem der/die AusländerIn beschäftigt wird, spätestens drei Wochen vor Beginn der zuständigen regionalen Geschäftsstelle des Arbeitsmarktservice und „der Zentralen Koordinationsstelle für die Kontrolle der illegalen Beschäftigung nach dem Ausländerbeschäftigungsgesetz und dem Lohn- und Sozialdumping-Bekämpfungsgesetz des Amtes für Betrugsbekämpfung“ anzuzeigen. Die zuständige regionale Geschäftsstelle des Arbeitsmarktservice hat binnen zweier Wochen eine Anzeigebestätigung auszustellen. Nach Ablauf dieser Frist darf die Beschäftigung aber auch vor Ausstellung der Anzeigebestätigung aufgenommen werden. Bei einer allfälligen Ablehnung der Anzeigebestätigung nach Ablauf dieser Frist ist die bereits begonnene Beschäftigung umgehend, spätestens jedoch binnen einer Woche nach Zustellung der Ablehnung, zu beenden. Die Anzeigebestätigung ist nur auszustellen, wenn die Gewähr gegeben ist, dass der wahre wirtschaftliche Gehalt der beabsichtigten Beschäftigung dem eines Volontariates (§ 2 Abs. 14) oder eines Praktikums (§ 2 Abs. 15 oder 16) entspricht.

(BGBl 1994/314, BGBl 1995/895, BGBl 1996/201, BGBl I 1997/78, BGBl I 2002/68, BGBl I 2006/99, BGBl I 2018/56, BGBl I 2019/104)

[a] Tritt mit 1. Juli 2020 in Kraft.

(6) Der Arbeitgeber hat die ihm nach diesem Bundesgesetz erteilten Bewilligungen oder Bestätigungen im Betrieb, der Ausländer die ihm nach diesem Bundesgesetz und nach dem NAG erteilten Bewilligungen oder Bestätigungen an seiner Arbeitsstelle zur Einsichtnahme bereitzuhalten.

(BGBl 1990/450, BGBl 1995/895, BGBl I 1997/78, BGBl I 2011/25)

(7) Ein Arbeitgeber darf einen Ausländer, auf den zum Zeitpunkt der Beschäftigungsaufnahme die Bestimmungen dieses Bundesgesetzes nicht anzuwenden waren, auch nach dem Wegfall der dafür maßgeblichen persönlichen Umstände des

Ausländers bis zum Ende des Beschäftigungsverhältnisses weiter beschäftigen.

(BGBl 1992/475)

(8) Die regionale Geschäftsstelle des Arbeitsmarktservice hat Ausländern, die gemäß § 1 Abs. 2 oder aufgrund einer Verordnung gemäß § 1 Abs. 4 vom Geltungsbereich dieses Bundesgesetzes ausgenommen sind, auf deren Antrag eine Bestätigung darüber auszustellen.

(BGBl 1995/895, BGBl I 2001/115, BGBl I 2002/126, BGBl I 2005/101, BGBl I 2011/25)

(9) Die Beschäftigung eines Volontärs gemäß Abs. 5 kann auf bis zu zwölf Monate verlängert werden, wenn

a) der Volontär über eine Ausbildung verfügt, die einer österreichischen Reifeprüfung entspricht, und
b) die Ausbildung in Österreich zu einer beruflichen Qualifikation führen soll, die diesem Niveau entspricht, und
c) die Beschäftigung durch ein international tätiges Unternehmen erfolgt und
d) die Beschäftigung zur Sicherung des österreichischen Betriebsstandortes im Hinblick auf die Erschließung neuer Absatzgebiete oder Wirtschaftsstandorte im Herkunftsstaat des Volontärs notwendig ist und
e) vor Aufnahme der Beschäftigung ein betriebliches Schulungsprogramm vorgelegt wird, welches die zur Erreichung der in lit. b genannten Ziele erforderlichen Maßnahmen, die Dauer und den konkreten Einsatzort der einzelnen Programmschritte anführt, und
f) ein Nachweis des ausbildungsadäquaten Einsatzes im Herkunftsstaat nach Abschluß des Schulungsprogrammes erbracht wird und
g) eine Gefährdung der Beschäftigung und der Lohn- und Arbeitsbedingungen der übrigen im Unternehmen Beschäftigten ausgeschlossen ist und
h) eine Erklärung über die Verständigung des Betriebsrates oder der Personalvertretung von der Beschäftigung des Volontärs vorliegt.

(10) Die Anzeigebestätigung gemäß Abs. 5 ist zu widerrufen, wenn der Antragsteller anläßlich der Anzeige des Volontariates oder des Ferial- oder Berufspraktikums über wesentliche Tatsachen wissentlich falsche Angaben gemacht oder solche Tatsachen verschwiegen hat oder wenn der Ausländer Tätigkeiten verrichtet, die nicht einem Volontariat gemäß Abs. 5 oder Abs. 9 oder dem von der Bildungseinrichtung vorgeschriebenen Ferial- oder Berufspraktikum entsprechen.

(BGBl I 1997/78)

Abschnitt II
Beschäftigungsbewilligung

Voraussetzungen

§ 4. (1) Einem Arbeitgeber ist auf Antrag eine Beschäftigungsbewilligung für den im Antrag angegebenen Ausländer zu erteilen, wenn die Lage und Entwicklung des Arbeitsmarktes die Beschäftigung zulässt (Arbeitsmarktprüfung), wichtige öffentliche und gesamtwirtschaftliche Interessen nicht entgegenstehen und

1. der Ausländer über ein Aufenthaltsrecht nach dem NAG oder dem Fremdenpolizeigesetz 2005 (FPG), BGBl. I Nr. 100, verfügt, das die Ausübung einer Beschäftigung nicht ausschließt, oder seit drei Monaten zum Asylverfahren zugelassen ist und über einen faktischen Abschiebeschutz oder ein Aufenthaltsrecht gemäß den §§ 12 oder 13 AsylG 2005 verfügt oder über ein Aufenthaltsrecht gemäß § 54 Abs. 1 Z 2 oder 3 AsylG 2005 verfügt oder gemäß § 46a FPG geduldet ist und zuletzt gemäß § 1 Abs. 2 lit. a vom Anwendungsbereich dieses Bundesgesetzes ausgenommen war,

   (BGBl I 2013/72)
2. die Gewähr gegeben erscheint, dass der Arbeitgeber die Lohn- und Arbeitsbedingungen einschließlich der sozialversicherungsrechtlichen Vorschriften einhält,
3. keine wichtigen Gründe in der Person des Ausländers vorliegen, wie wiederholte Verstöße infolge Ausübung einer Beschäftigung ohne Beschäftigungsbewilligung während der letzten zwölf Monate,
4. die Beschäftigung, soweit in diesem Bundesgesetz nicht anderes bestimmt ist, nicht bereits begonnen hat,
5. der Arbeitgeber während der letzten zwölf Monate vor der Antragseinbringung nicht wiederholt Ausländer entgegen den Bestimmungen dieses Bundesgesetzes beschäftigt hat,
6. die Vereinbarung über die beabsichtigte Beschäftigung (§ 2 Abs. 2) nicht aufgrund einer gemäß dem Arbeitsmarktförderungsgesetz, BGBl. Nr. 31/1969, unerlaubten Arbeitsvermittlung zustande gekommen ist und der Arbeitgeber dies wusste oder hätte wissen müssen,
7. der Arbeitgeber den Ausländer auf einem Arbeitsplatz seines Betriebes beschäftigen wird, wobei eine Zurverfügungstellung des Ausländers an Dritte unbeschadet des § 6 Abs. 2 nicht als Beschäftigung im eigenen Betrieb gilt,
8. die Erklärung über die Verständigung des Betriebsrates oder der Personalvertretung von der beabsichtigten Einstellung des Ausländers vorliegt,

   (BGBl I 2017/66)
9. der Arbeitgeber nicht hinsichtlich des antragsgegenständlichen oder eines vergleichbaren Arbeitsplatzes innerhalb von sechs Monaten vor oder im Zuge der Antragstellung

a) einen Arbeitnehmer, der das 50. Lebensjahr vollendet hat, gekündigt hat oder
b) die Einstellung eines für den konkreten Arbeitsplatz geeigneten Arbeitnehmers, der das 50. Lebensjahr vollendet hat, abgelehnt hat,

es sei denn, er macht glaubhaft, dass die Kündigung oder die Ablehnung der Einstellung nicht aufgrund des Alters des Arbeitnehmers erfolgt ist,

(BGBl I 2017/66)

10. der Arbeitgeber im Fall der Beschäftigung eines Ausländers gemäß § 5 während der letzten zwölf Monate vor der Antragseinbringung nicht wiederholt Ausländern eine nicht ortsübliche Unterkunft zur Verfügung gestellt hat und
11. der Arbeitgeber im Fall der Beschäftigung eines Ausländers gemäß § 5 bestätigt, dass dem Ausländer für die beabsichtigte Dauer der Beschäftigung eine ortsübliche Unterkunft zur Verfügung stehen wird und, sofern die Unterkunft vom oder über den Arbeitgeber zur Verfügung gestellt wird, die Miete nicht automatisch vom Lohn abgezogen wird.

(BGBl I 2017/66)

(2) Einem Arbeitgeber ist auf Antrag eine Beschäftigungsbewilligung für den im Antrag angegebenen ausländischen Lehrling zu erteilen, wenn die Lage auf dem Lehrstellenmarkt dies zulässt (Arbeitsmarktprüfung), keine wichtigen Gründe hinsichtlich der Lage und Entwicklung des übrigen Arbeitsmarktes entgegenstehen und die Voraussetzungen des Abs. 1 Z 1 bis 9 vorliegen.

(3) Die Beschäftigungsbewilligung darf dem Arbeitgeber bei Erfüllung der allgemeinen Voraussetzungen gemäß Abs. 1 und 2 nur erteilt werden, wenn

1. der Regionalbeirat die Erteilung einhellig befürwortet oder
2. (aufgehoben)

   (BGBl I 2013/72)
3. (aufgehoben)

   (BGBl I 2013/72)
4. (aufgehoben)

   (BGBl I 2013/72)
5. der Ausländer gemäß § 5 befristet beschäftigt werden soll oder
6. der Ausländer über eine Aufenthaltsbewilligung als Schüler (§ 63 NAG) oder Student (§ 64 Abs. 1 und 4 NAG) verfügt oder Inhaber eines gültigen Aufenthaltstitels „Student“ eines anderen Mitgliedstaates der Europäischen Union ist und im Rahmen eines Unions- oder multilateralen Programms mit Mobilitätsmaßnahmen oder einer Vereinbarung zwischen zwei oder mehreren Hochschuleinrichtungen einen Teil des Studiums in einer inländischen Hochschuleinrichtung absolviert oder

   (BGBl I 2017/66, BGBl I 2018/56)
7. der Ausländer Betriebsentsandter ist (§ 18) oder
8. (aufgehoben)

   (BGBl I 2017/66)
9. der Ausländer gemäß § 57 AsylG 2005 besonderen Schutz genießt oder

   (BGBl I 2013/72)
10. für den Ausländer eine Bewilligung zur grenzüberschreitenden Überlassung gemäß § 16 Abs. 4 AÜG bzw. § 40a Abs. 2 des Landarbeitsgesetzes 1984 vorliegt oder, sofern eine solche Bewilligung gemäß § 16a AÜG bzw. § 40a Abs. 6 des Landarbeitsgesetzes 1984 nicht erforderlich ist, die Voraussetzungen des § 16 Abs. 4 Z 1 bis 3 AÜG bzw. § 40a Abs. 2 Z 1 bis 3 des Landarbeitsgesetzes 1984 sinngemäß vorliegen oder

    (BGBl I 2012/98, BGBl I 2013/72)
11. der Ausländer auf Grund allgemein anerkannter Regeln des Völkerrechts oder zwischenstaatlicher Vereinbarungen zu einer Beschäftigung zuzulassen ist oder

    (BGBl I 2013/72)
12. der Ausländer Anspruch auf Leistungen nach dem Arbeitslosenversicherungsgesetz 1977 (AlVG), BGBl. Nr. 609, hat oder

    (BGBl I 2013/72)
13. der Ausländer nicht länger als sechs Monate als Künstler (§ 14) beschäftigt werden soll oder

    (BGBl I 2013/72)
14. der Ausländer einer Personengruppe gemäß einer Verordnung nach Abs. 4 angehört.

    (BGBl I 2013/72)

(4) Der Bundesminister für Arbeit, Soziales und Konsumentenschutz kann durch Verordnung festlegen, dass für weitere Personengruppen, an deren Beschäftigung öffentliche oder gesamtwirtschaftliche Interessen bestehen, Beschäftigungsbewilligungen erteilt werden dürfen. Die Verordnung kann eine bestimmte Geltungsdauer der Beschäftigungsbewilligungen, einen Höchstrahmen für einzelne Gruppen und – sofern es die Lage und Entwicklung des Arbeitsmarktes zulässt – den Entfall der Arbeitsmarktprüfung im Einzelfall vorsehen.

(BGBl I 2013/72)

(5) Bei Vorliegen einer Bewilligung zur grenzüberschreitenden Überlassung gemäß § 16 Abs. 4 des Arbeitskräfteüberlassungsgesetzes oder gemäß § 40a Abs. 2 des Landarbeitsgesetzes 1984 entfallen die Arbeitsmarktprüfung nach Abs. 1 und die Anhörung des Regionalbeirates.

(BGBl I 2012/98, BGBl I 2013/72)

(6) Bei der Beschäftigung eines Gesellschafters gemäß § 2 Abs. 4 gilt Abs. 1 Z 2 nur dann als erfüllt, wenn die Beschäftigung die Lohn- und Ar-

beitsbedingungen inländischer Arbeitnehmer nicht gefährdet. Eine Gefährdung ist anzunehmen, wenn die Einkünfte des Gesellschafters, beginnend mit der Aufnahme seiner Tätigkeit, unter dem ortsüblichen Entgelt inländischer Arbeitnehmer liegen, die eine vergleichbare Tätigkeit ausüben.

(7) Die Arbeitsmarktprüfung gemäß Abs. 1 und 2 entfällt bei

1. (aufgehoben)
   (BGBl I 2017/66)
2. Schülern und Studenten (Abs. 3 Z 6) für eine Beschäftigung, die 20 Wochenstunden nicht überschreitet,
   (BGBl I 2017/66, BGBl I 2018/56)
3. Studienabsolventen (§ 12b Z 2),
4. Fachkräften hinsichtlich einer Beschäftigung in einem in der Fachkräfteverordnung (§ 13) festgelegten Mangelberuf,
5. Ausländern, die besonderen Schutz genießen (Abs. 3 Z 9), und
6. registrierten befristet beschäftigten Ausländern (§ 5 Abs. 7).
   (BGBl I 2017/66)

(BGBl 1988/231, BGBl 1990/450, BGBl 1991/684, BGBl 1992/475, BGBl 1993/19, BGBl 1993/502, BGBl 1994/314, BGBl 1995/257, BGBl 1996/201, BGBl I 1997/78, BGBl I 2002/126, BGBl I 2003/133, BGBl I 2004/28, BGBl I 2005/101, BGBl I 2007/78, BGBl I 2009/120, BGBl I 2011/25)

§ 4a. (aufgehoben)

(BGBl 1989/253, BGBl I 2013/72)

Prüfung der Arbeitsmarktlage

§ 4b. (1) Die Lage und Entwicklung des Arbeitsmarktes (§ 4 Abs. 1) lässt die Erteilung einer Beschäftigungsbewilligung zu, wenn für die vom beantragten Ausländer zu besetzende offene Stelle weder ein Inländer noch ein am Arbeitsmarkt verfügbarer Ausländer zur Verfügung steht, der bereit und fähig ist, die beantragte Beschäftigung zu den gesetzlich zulässigen Bedingungen auszuüben. Unter den verfügbaren Ausländern sind jene mit Anspruch auf Leistungen aus der Arbeitslosenversicherung, EWR-Bürger, Schweizer, türkische Assoziationsarbeitnehmer (§ 4c) und Ausländer mit unbeschränktem Arbeitsmarktzugang (§ 17) zu bevorzugen. Der Prüfung ist das im Antrag auf Beschäftigungsbewilligung angegebene Anforderungsprofil, das in den betrieblichen Notwendigkeiten eine Deckung finden muss, zu Grunde zu legen. Den Nachweis über die zur Ausübung der Beschäftigung erforderliche Ausbildung oder sonstige besondere Qualifikationen hat der Arbeitgeber zu erbringen.

(BGBl I 2004/28, BGBl I 2011/25, BGBl I 2013/72)

(2) Die Prüfung gemäß Abs. 1 entfällt, wenn dem Arbeitgeber eine Sicherungsbescheinigung für den beantragten Ausländer ausgestellt wurde.

(3) Bei der Zulassung von Ehegatten und minderjährigen Kindern von Ausländern gemäß § 18a zu einer Beschäftigung ist die Prüfung gemäß Abs. 1 auf die Verfügbarkeit von Inländern und EWR-Bürgern zu beschränken.

(BGBl I 2017/66)

(BGBl 1990/450, BGBl 1992/475, BGBl 1994/314, BGBl 1996/201, BGBl I 1997/78, BGBl I 1999/120, BGBl I 2002/126)

Türkische Staatsangehörige

§ 4c. (1) Für türkische Staatsangehörige ist eine Beschäftigungsbewilligung von Amts wegen zu erteilen oder zu verlängern, wenn sie die Voraussetzungen nach Art. 6 Abs. 1 erster und zweiter Unterabsatz oder nach Art. 7 erster Unterabsatz oder nach Art. 7 letzter Satz oder nach Artikel 9 des Beschlusses des Assoziationsrates EWG-Türkei – ARB – Nr. 1/1980 erfüllen.

(2) Türkischen Staatsangehörigen ist von Amts wegen ein Befreiungsschein auszustellen oder zu verlängern, wenn sie die Voraussetzungen nach Art. 6 Abs. 1 dritter Unterabsatz oder nach Art. 7 zweiter Unterabsatz des ARB Nr. 1/1980 erfüllen. Der Befreiungsschein berechtigt zur Aufnahme einer Beschäftigung im gesamten Bundesgebiet und ist jeweils für fünf Jahre auszustellen. Der Befreiungsschein ist zu widerrufen, wenn der Ausländer im Antrag über wesentliche Tatsachen wissentlich falsche Angaben gemacht oder solche Tatsachen verschwiegen hat.

(BGBl I 2013/72)

(3) Die Rechte türkischer Staatsangehöriger auf Grund der sonstigen Bestimmungen dieses Bundesgesetzes bleiben unberührt. Für die Verfahrenszuständigkeit und die Durchführung der Verfahren gemäß Abs. 1 und 2 gelten, soweit dem nicht Bestimmungen des ARB Nr. 1/1980 entgegenstehen, die Bestimmungen dieses Bundesgesetzes.

(BGBl I 1997/78)

Saisonarbeitskräfte und ErntehelferInnen

§ 5. (1) Der Bundesminister für Arbeit, Soziales und Konsumentenschutz kann im Falle eines vorübergehenden zusätzlichen Arbeitskräftebedarfs, der weder aus dem im Inland verfügbaren Arbeitskräftepotenzial noch mit EWR-BürgerInnen, SchweizerInnen und gemäß Abs. 7 registrierten AusländerInnen abgedeckt werden kann, durch Verordnung zahlenmäßige Kontingente

1. für eine zeitlich befristete Zulassung ausländischer Saisonarbeitskräfte in einem bestimmten Wirtschaftszweig, in einer bestimmten Berufsgruppe oder Region oder
2. für die kurzfristige Zulassung ausländischer ErntehelferInnen

festlegen. Er hat dabei die allgemeine Lage und Entwicklung des Arbeitsmarktes, insbesondere im betreffenden Teilarbeitsmarkt, zu berücksichtigen und darf die gemäß § 13 Abs. 4 Z 1 NAG festgelegte Höchstzahl für befristet beschäftigte Fremde im Jahresdurchschnitt nicht überschreiten. Zeitlich begrenzte Überschreitungen sind zulässig.

(2) Die Länder und die Interessenvertretungen der ArbeitgeberInnen und der ArbeitnehmerInnen auf Landesebene sind vor der Festlegung von Kontingenten gemäß Abs. 1 anzuhören.

(3) Im Rahmen von Kontingenten gemäß Abs. 1 Z 1 werden Saisonarbeitskräfte mittels Beschäftigungsbewilligungen (§ 4) für eine befristete Saisonbeschäftigung zugelassen. Die zulässige Höchstdauer der Beschäftigungsbewilligungen wird in der jeweiligen Verordnung geregelt, darf jedoch die Dauer von sechs Monaten nicht überschreiten. Innerhalb eines Zeitraumes von 12 Monaten dürfen für ein und dieselbe Saisonarbeitskraft Beschäftigungsbewilligungen für eine Gesamtdauer von längstens neun Monaten erteilt oder verlängert werden.

(4) Abweichend von Abs. 3 dürfen für Saisonarbeitskräfte, die den Übergangsbestimmungen zur Arbeitnehmerfreizügigkeit unterliegen (§ 32a), Beschäftigungsbewilligungen für eine Gesamtdauer von zwölf Monaten innerhalb von 14 Monaten erteilt werden. Für Saisonarbeitskräfte, die bereits in den vergangenen drei Jahren im Rahmen von Kontingenten für den Wirtschaftszweig Land- und Forstwirtschaft beschäftigt waren, dürfen neuerliche Beschäftigungsbewilligungen in diesem Wirtschaftszweig für eine Gesamtdauer von bis zu neun Monaten erteilt oder verlängert werden.

(5) Im Rahmen von Kontingenten gemäß Abs. 1 Z 2 werden ErntehelferInnen mittels Beschäftigungsbewilligungen (§ 4) für eine kurzfristige, einen Zeitraum von sechs Wochen nicht überschreitende, Beschäftigung zugelassen.

(6) Im Rahmen von Kontingenten gemäß Abs. 3 bis 5 erteilte oder verlängerte Beschäftigungsbewilligungen binden für ihre jeweilige Geltungsdauer einen Kontingentplatz. Nach Ablauf der Geltungsdauer der Beschäftigungsbewilligung kann der Kontingentplatz mit einer neuen Beschäftigungsbewilligung belegt werden. Für Saisonarbeitskräfte, die bereits im Rahmen eines Kontingents bewilligt beschäftigt sind, dürfen weitere Beschäftigungsbewilligungen bis zur zulässigen Höchstdauer nach Maßgabe der Abs. 3 bis 5 ungeachtet eines freien Kontingentplatzes erteilt werden. Saisonarbeitskräfte, die bereits zum Aufenthalt im Bundesgebiet berechtigt sind oder mindestens einmal in den vorangegangenen fünf Jahren als Saisonarbeitskraft oder ErntehelferIn im Rahmen eines Kontingents gemäß Abs. 1 Z 1 oder 2 beschäftigt waren, sind bevorzugt zu bewilligen.

(7) Beschäftigungsbewilligungen für Saisonarbeitskräfte, die in den Kalenderjahren 2006 bis 2010 im selben Wirtschaftszweig jeweils mindestens vier Monate im Rahmen von Kontingenten gemäß § 5 Abs. 1 Z 1 in der Fassung des Bundesgesetzes BGBl. I Nr. 135/2009 befristet beschäftigt waren und sich bis 30. April 2012 bei den regionalen Geschäftsstellen des Arbeitsmarktservice für eine weitere Beschäftigung in diesem Wirtschaftszweig registrieren haben lassen, können außerhalb von Kontingenten gemäß Abs. 1 Z 1 nach Maßgabe des Abs. 3 erteilt werden und sind nicht auf Kontingente anzurechnen. Die Arbeitsmarktprüfung im Einzelfall entfällt (§ 4 Abs. 7 Z 6).

(8) Die Prüfung des Aufenthaltsrechts gemäß § 4 Abs. 1 Z 1 und das Verfahren gemäß § 11 entfallen, wenn die Beschäftigungsbewilligung im Rahmen von Kontingenten gemäß Abs. 1 Z 1 oder Z 2 beantragt wurde und die Saisonarbeitskraft oder der/die ErntehelferIn der Visumpflicht gemäß § 24 Abs. 1 Z 3 FPG unterliegt. Die Aufnahme der Beschäftigung ist jedoch erst nach Erteilung eines Visums nach Maßgabe des § 24 Abs. 1 Z 3 FPG erlaubt.

(9) Die zuständige regionale Geschäftsstelle des Arbeitsmarktservice hat Anträge auf Beschäftigungsbewilligungen für AusländerInnen, die über ein Visum C mit mehrjähriger Gültigkeitsdauer verfügen, der örtlich zuständigen Landespolizeidirektion vor der Entscheidung zur Kenntnis zu bringen (§ 24 Abs. 5 FPG).

(BGBl 1990/450, BGBl 1994/314, BGBl I 1997/78, BGBl I 2002/126, BGBl I 2004/28, BGBl I 2005/101, BGBl I 2005/157, BGBl I 2007/78, BGBl I 2011/25, BGBl I 2017/66)

AuslBG

Geltungsbereich

§ 6. (1) Die Beschäftigungsbewilligung ist für einen Arbeitsplatz zu erteilen und gilt für das gesamte Bundesgebiet. Der Arbeitsplatz ist durch die berufliche Tätigkeit und den in der Beschäftigungsbewilligung bezeichneten Arbeitgeber bestimmt.

(BGBl 1994/314, BGBl I 2013/72)

(2) Eine Änderung der Beschäftigungsbewilligung ist nicht erforderlich, wenn der Ausländer für eine verhältnismäßig kurze, eine Woche nicht übersteigende Zeit auf einem anderen Arbeitsplatz beschäftigt wird. Für einen längeren Zeitraum ist eine neue Beschäftigungsbewilligung erforderlich.

(3) (aufgehoben)

(BGBl 1994/314, BGBl I 2013/72)

Geltungsdauer

§ 7. (1) Die Beschäftigungsbewilligung ist zu befristen; sie darf jeweils längstens für die Dauer eines Jahres erteilt werden.

(2) Für eine Beschäftigung auf Arbeitsplätzen in Betrieben, die ihrer Art nach nur zu bestimmten Jahreszeiten arbeiten oder die regelmäßig zu gewissen Zeiten des Jahres erheblich verstärkt arbeiten (Saisonbetrieb), ist die Beschäftigungsbewilligung jeweils nur für die nach der Art der Beschäftigung erforderliche Dauer zu erteilen.

(3) Beschäftigungsbewilligungen, die im Rahmen von Kontingenten gemäß § 5 erteilt werden, dürfen die in der jeweiligen Verordnung festgelegte Geltungsdauer nicht überschreiten.

(BGBl 1988/231, BGBl I 2002/126)

(4) Lehrlingen ist die Beschäftigungsbewilligung für die Dauer der Lehrzeit und der gesetzlichen oder kollektivvertraglichen Verpflichtung zur Weiterverwendung zu erteilen.

(BGBl 1990/450, BGBl I 2013/72)

(5) § 11 des Mutterschutzgesetzes 1979, BGBl. Nr. 221, und § 7 Abs. 2 des Väter-Karenzgesetzes, BGBl. Nr. 651/1989 bleiben unberührt.

(BGBl 1990/450, BGBl I 2002/126)

(6) Die Beschäftigungsbewilligung erlischt

1. mit Beendigung der Beschäftigung des Ausländers;
2. wenn binnen sechs Wochen nach Laufzeitbeginn der Beschäftigungsbewilligung eine Beschäftigung nicht aufgenommen wird.

(BGBl 1991/684)

(7) Wird ein Antrag auf Verlängerung einer Beschäftigungsbewilligung oder auf Ausstellung eines Befreiungsscheines vor Ablauf der Beschäftigungsbewilligung eingebracht, so gilt diese bis zur rechtskräftigen Entscheidung über den Antrag als verlängert.

(BGBl 1990/450, BGBl I 2013/72)

(8) Liegen die Voraussetzungen für die Verlängerung einer Beschäftigungsbewilligung nicht vor, so treten die Wirkungen der Nichtverlängerung erst mit jenem Zeitpunkt ein, der sich aus den die Rechte des Ausländers sichernden gesetzlichen Bestimmungen und Normen der kollektiven Rechtsgestaltung ergibt.

(BGBl 1988/231)

Auflagen

§ 8. (1) Die Beschäftigungsbewilligung ist mit der Auflage zu verbinden, daß der Ausländer nicht zu schlechteren Lohn- und Arbeitsbedingungen beschäftigt wird, als sie für die Mehrzahl der bezüglich der Leistung und Qualifikation vergleichbaren inländischen Arbeitnehmer des Betriebes gelten.

(2) (aufgehoben)

(BGBl 1994/314, BGBl I 2005/101, BGBl I 2011/25)

(3) Die Beschäftigungsbewilligung kann, sofern es im Hinblick auf die Lage und Entwicklung des Arbeitsmarktes oder wichtige öffentliche oder gesamtwirtschaftliche Interessen zweckdienlich ist, mit weiteren Auflagen, insbesondere zur Durchführung und Unterstützung von Maßnahmen arbeitsmarktpolitischer oder berufsfördernder Art, verbunden werden.

Widerruf

§ 9. (1) Die Beschäftigungsbewilligung ist zu widerrufen, wenn der Antragsteller im Antrag auf Erteilung der Beschäftigungsbewilligung über wesentliche Tatsachen wissentlich falsche Angaben gemacht oder solche Tatsachen verschwiegen hat. Im Fall der Beschäftigung einer Saisonarbeitskraft oder eines Erntehelfers (§ 5) ist die Beschäftigungsbewilligung auch dann zu widerrufen, wenn die vom oder über den Arbeitgeber zur Verfügung gestellte Unterkunft entgegen § 4 Abs. 1 Z 11 nicht ortsüblich ist und der Arbeitgeber nicht binnen einer Frist von zwei Wochen eine ortsübliche Unterkunft zur Verfügung gestellt hat.

(BGBl 1990/450, BGBl I 2017/66)

(2) Die Beschäftigungsbewilligung kann widerrufen werden, wenn

a) sich die Voraussetzungen, unter denen sie erteilt wurde (§ 4 Abs. 1 bis 3), wesentlich geändert haben oder die im Sinne des § 4 Abs. 1 erklärten Umstände nicht mehr zutreffen,

   (BGBl 1990/450, BGBl I 2011/25)

b) sonstige wichtige Gründe in der Person des Ausländers vorliegen oder
c) die bei ihrer Erteilung festgesetzten Auflagen (§ 8) nicht erfüllt werden.

(3) (aufgehoben)

(BGBl I 2011/25)

(4) Bei Widerruf der Beschäftigungsbewilligung gilt § 7 Abs. 8 sinngemäß.

(BGBl 1988/231)

(5) Die Absätze 1 bis 4 gelten für den Widerruf der Entsendebewilligung (§ 18) sinngemäß.

(BGBl 1995/895)

Streik und Aussperrung

§ 10. Für die Beschäftigung auf Arbeitsplätzen in einem von Streik oder Aussperrung betroffenen Betrieb dürfen Beschäftigungsbewilligungen nicht erteilt werden.

Sicherungsbescheinigung

§ 11. (1) Beabsichtigt ein Arbeitgeber einen Ausländer zu beschäftigen, der über kein Aufenthaltsrecht gemäß § 4 Abs. 1 Z 1 verfügt, so ist ihm auf Antrag eine Sicherungsbescheinigung auszustellen, wenn alle sonstigen Voraussetzungen für die Erteilung einer Beschäftigungsbewilligung (§ 4) erfüllt sind und, sofern der Ausländer quotenpflichtig (§ 12 NAG) zugelassen werden soll, ein Quoten- bzw. Kontingentplatz vorhanden ist. Für die Zulassung von Schlüsselkräften und Fachkräften (§§ 12 bis 12c) und von länger als sechs Monate beschäftigten Künstlern (§ 14) gilt das Zulassungsverfahren gemäß § 20d.

(BGBl I 2002/126, BGBl I 2005/101, BGBl I 2011/25, BGBl I 2013/72, BGBl I 2017/66)

(2) Die Sicherungsbescheinigung dient zur Vorlage bei der Vertretungsbehörde im Ausland bzw. bei der nach dem NAG zuständigen Behörde und hat den Namen und die Anschrift des Arbeitgebers, den Namen, das Geburtsdatum, die Staatsangehörigkeit, die Wohnadresse und die vorgesehene berufliche Tätigkeit des Ausländers sowie die beabsichtigte Dauer der Beschäftigungsbewilligung zu enthalten. Die regionale Geschäftsstelle des Arbeitsmarktservice hat die zuständigen Vertretungsbehörden regelmäßig über die Ausstellung von Sicherungsbescheinigungen unter Angabe der genannten Daten in Kenntnis zu setzen.

(BGBl 1990/450, BGBl I 1999/120, BGBl I 2005/101, BGBl I 2011/25)

(3) Die Geltungsdauer der Sicherungsbescheinigung ist mit längstens 26 Wochen zu befristen. Dabei ist auf die voraussichtliche Dauer der Einreise und Aufenthaltsnahme des Ausländers Bedacht zu nehmen. Wurde die Sicherungsbescheinigung für eine kürzere Geltungsdauer ausgestellt, ist eine Verlängerung bis zur Gesamtdauer von 26 Wochen zulässig. In begründeten Fällen ist eine Verlängerung bis zu einer Gesamtdauer von 36 Wochen zulässig.

(BGBl I 1997/78)

(4) Wird dem Antrag nicht oder nicht zur Gänze stattgegeben, ist darüber mit Bescheid abzusprechen.

(5) Die Sicherungsbescheinigung kann widerrufen werden, wenn sich die Umstände, unter denen sie erteilt wurde, wesentlich geändert haben.

(BGBl 1990/450, BGBl I 2011/25)

(6) (aufgehoben)

(BGBl 1995/257, BGBl I 2002/126, BGBl I 2011/25, BGBl I 2013/72)

Abschnitt III
Zulassung von Schlüsselkräften, Künstlern und niedergelassenen Ausländern

(BGBl I 2011/25, BGBl I 2013/72)

Besonders Hochqualifizierte

§ 12. Besonders hochqualifizierte Ausländer, welche die erforderliche Mindestpunkteanzahl für die in **Anlage A** angeführten Kriterien erreichen, werden zu einer Beschäftigung als Schlüsselkraft zugelassen, wenn die beabsichtigte Beschäftigung ihrer Qualifikation und den sonstigen für die Erreichung der Mindestpunkteanzahl maßgeblichen Kriterien entspricht und sinngemäß die Voraussetzungen des § 4 Abs. 1 mit Ausnahme der Z 1 erfüllt sind. Die Arbeitsmarktprüfung im Einzelfall entfällt.

(BGBl I 2011/25, BGBl I 2013/72)

Fachkräfte in Mangelberufen

§ 12a. Ausländer werden in einem in der Fachkräfteverordnung (§ 13) festgelegten Mangelberuf zu einer Beschäftigung als Fachkraft zugelassen, wenn sie

1. eine einschlägige abgeschlossene Berufsausbildung nachweisen können,
2. die erforderliche Mindestpunkteanzahl für die in **Anlage B** angeführten Kriterien erreichen,
3. für die beabsichtigte Beschäftigung das ihnen nach Gesetz, Verordnung oder Kollektivvertrag zustehende Mindestentgelt zuzüglich einer betriebsüblichen Überzahlung erhalten und

sinngemäß die Voraussetzungen des § 4 Abs. 1 mit Ausnahme der Z 1 erfüllt sind. Die Arbeitsmarktprüfung im Einzelfall entfällt.

(BGBl I 2011/25, BGBl I 2017/146)

Sonstige Schlüsselkräfte und Studienabsolventen

§ 12b. Ausländer werden zu einer Beschäftigung als Schlüsselkraft zugelassen, wenn sie

1. die erforderliche Mindestpunkteanzahl für die in Anlage C angeführten Kriterien erreichen und für die beabsichtigte Beschäftigung ein monatliches Bruttoentgelt erhalten, das mindestens 50 vH oder, sofern sie das 30. Lebensjahr überschritten haben, mindestens 60 vH der monatlichen Höchstbeitragsgrundlage gemäß § 108 Abs. 3 des Allgemeinen Sozialversicherungsgesetzes (ASVG), BGBl. Nr. 189/1955, zuzüglich Sonderzahlungen beträgt, oder

   (BGBl I 2018/1, BGBl I 2018/94)
2. ein Diplomstudium zumindest ab dem zweiten Studienabschnitt bzw. ein Bachelorstudium, ein Masterstudium oder ein (PhD-)Doktoratsstudium an einer inländischen Universität, Fachhochschule oder akkreditierten Privatuniversität absolviert und erfolgreich abgeschlossen haben und für die beabsichtigte Beschäftigung, die ihrem Ausbildungsniveau zu entsprechen hat, ein monatliches Bruttoentgelt erhalten, das mindestens dem ortsüblichen Entgelt inländischer Studienabsolventen mit einer vergleichbaren Tätigkeit und Berufserfahrung entspricht, jedenfalls aber mindestens 45 vH der monatlichen Höchstbeitragsgrundlage gemäß § 108 Abs. 3 ASVG zuzüglich Sonderzahlungen beträgt,

   (BGBl I 2017/66)

und sinngemäß die Voraussetzungen des § 4 Abs. 1 mit Ausnahme der Z 1 erfüllt sind. Bei Studienabsolventen gemäß Z 2 entfällt die Arbeitsmarktprüfung im Einzelfall.

(BGBl I 2011/25)

Blaue Karte EU

§ 12c. Ausländer werden zu einer Beschäftigung als Schlüsselkraft zugelassen, wenn sie über einen Abschluss eines Studiums an einer tertiären Bildungseinrichtung mit dreijähriger Mindestdauer verfügen, für eine dieser Ausbildung entsprechende Beschäftigung ein Bruttojahresgehalt erhalten, das dem Eineinhalbfachen des von der Bundesanstalt „Statistik Österreich" zuletzt veröffentlichten durchschnittlichen österreichischen Bruttojahresgehalts von Vollzeitbeschäftigten entspricht, und sinngemäß die Voraussetzungen des § 4 Abs. 1 mit Ausnahme der Z 1 erfüllt sind.

(BGBl I 2011/25)

§ 12d. (aufgehoben)

(BGBl I 2011/25, BGBl I 2013/72)

Fachkräfteverordnung

§ 13. (1) Die Bundesministerin für Arbeit, Soziales, Gesundheit und Konsumentenschutz legt im Falle eines längerfristigen Arbeitskräftebedarfs, der aus dem im Inland verfügbaren Arbeitskräftepotenzial nicht abgedeckt werden kann, zur Sicherung des Wirtschafts- und Beschäftigungsstandortes im Einvernehmen mit der Bundesministerin für Digitalisierung und Wirtschaftsstandort durch Verordnung für das nächstfolgende Kalenderjahr Mangelberufe fest, in denen Ausländer als Fachkräfte gemäß § 12a für eine Beschäftigung im gesamten Bundesgebiet oder in bestimmten Bundesländern zugelassen werden können. Als Mangelberufe kommen Berufe in Betracht, für die bundesweit oder in bestimmten Bundesländern pro gemeldeter offener Stelle höchstens 1,5 Arbeitsuchende vorgemerkt (Stellenandrangsziffer) sind. Berufe mit einer Stellenandrangsziffer bis zu 1,8 können berücksichtigt werden, wenn weitere objektivierbare Mangelindikatoren, insbesondere eine erhöhte Ausbildungsaktivität der Betriebe festgestellt werden oder der betreffende Beschäftigungszweig eine überdurchschnittlich steigende Lohnentwicklung aufweist. Die von Arbeitskräfteüberlassern gemäß § 3 Abs. 2 AÜG gemeldeten offenen Stellen sind bei der Ermittlung der Stellenandrangsziffer gesondert auszuweisen.

(BGBl I 2018/94)

(2) Ein vom Verwaltungsrat des Arbeitsmarktservice Österreich gemäß den Bestimmungen des Arbeitsmarktservicegesetzes, BGBl. I Nr. 313/1994, einzurichtender Ausschuss kann nach Maßgabe des Abs. 1 einvernehmlich Vorschläge für die Festlegung von Mangelberufen erstatten. Wird kein Einvernehmen erzielt, können die Vertreter der Arbeitnehmer und der Arbeitgeber gesonderte Vorschläge erstatten.

(3) In der Verordnung gemäß Abs. 1 können unter Bedachtnahme auf die Lage und Entwicklung des Arbeitsmarktes Höchstzahlen festgelegt werden. Diese gelten für die Zulassung von Fachkräften in Mangelberufen, die ausschließlich für bestimmte Bundesländer festgelegt wurden.

(BGBl I 2018/94)

(4) Unbeschadet der Regelungen des § 12 kann die Bundesministerin für Arbeit, Soziales, Gesundheit und Konsumentenschutz im Einvernehmen mit der Bundesministerin für Digitalisierung und Wirtschaftsstandort darüber hinaus im Falle eines anhaltend dringenden Bedarfs an Arbeitskräften in besonders hochqualifizierten Beschäftigungsbereichen durch Verordnung für das nächstfolgende Kalenderjahr festlegen, dass Ausländer mit bestimmten tertiären Ausbildungen in diesen Beschäftigungsbereichen als besonders Hochqualifizierte nach Maßgabe des § 12 und der Anlage A zugelassen werden können, wobei die erforderliche Mindestpunkteanzahl um 5 Punkte herabgesetzt wird.

(BGBl I 2018/94)

(BGBl I 2011/25)

Ausländische Künstler

§ 14. (1) Ausländer, deren unselbständige Tätigkeit überwiegend durch Aufgaben der künstlerischen Gestaltung bestimmt ist, werden zu einer Beschäftigung als Künstler zugelassen, wenn die Voraussetzungen des § 4 Abs. 1 mit Ausnahme des Abs. 1 Z 1 vorliegen. Bei Fehlen einer dieser Voraussetzungen darf die Zulassung nur versagt werden, wenn die Beeinträchtigung der durch dieses Bundesgesetz geschützten öffentlichen Interessen unverhältnismäßig schwerer wiegt als die Beeinträchtigung der Freiheit der Kunst des Ausländers.

(2) Bei der Abwägung gemäß Abs. 1 ist insbesondere darauf Bedacht zu nehmen, dass durch die Versagung der Zulassung dem Ausländer eine zumutbare Ausübung der Kunst im Ergebnis nicht unmöglich gemacht wird. Dabei darf weder ein Urteil über den Wert der künstlerischen Tätigkeit noch über die künstlerische Qualität des Künstlers maßgebend sein.

(3) Bei begründeten Zweifeln hat der Ausländer oder sein Arbeitgeber die beabsichtigte Ausübung einer künstlerischen Tätigkeit glaubhaft zu machen.

(BGBl I 2013/72)

Niedergelassene Ausländer

§ 15. (1) Ausländern, die im Besitz einer „Niederlassungsbewilligung" oder einer „Niederlassungsbewilligung – Angehöriger" sind, wird im Rahmen eines Zweckänderungsverfahrens zur Erteilung einer „Rot-Weiß-Rot – Karte plus" unbeschränkter Arbeitsmarktzugang eingeräumt (§ 17), wenn sie

1. seit zwei Jahren rechtmäßig im Bundesgebiet niedergelassen und fortgeschritten integriert sind oder
2. im Besitz einer gültigen Arbeitserlaubnis oder eines gültigen Befreiungsscheines sind oder
3. Ehegatte, eingetragener Partner oder minderjähriges lediges Kind (einschließlich Stief- und Adoptivkind) eines Ausländers gemäß Z 1 oder 2 und bereits zwölf Monate rechtmäßig im Bundesgebiet niedergelassen sind.

(2) Als fortgeschritten integriert im Sinne des Abs. 1 Z 1 gelten Personen, die bereits erlaubt im Bundesgebiet beschäftigt waren oder deren Zulassung zu einer Beschäftigung im Hinblick auf ihre besondere soziale und familiäre Verankerung in Österreich geboten ist. Dazu gehören insbesondere nachgezogene Familienangehörige, die das Modul I der Integrationsvereinbarung erfüllt haben. Bei Opfern familiärer Gewalt kann vom Erfordernis einer zweijährigen rechtmäßigen Niederlassung abgesehen werden, wenn die Aufnahme einer Beschäftigung zur Sicherung einer selbständigen Lebensführung geboten ist.

(BGBl I 2013/72)

§ 16. (aufgehoben)

(BGBl 1988/231, BGBl 1990/450, BGBl 1992/475, BGBl 1994/314, BGBl I 2013/72)

Abschnitt IIIa
Unbeschränkter Zugang zum Arbeitsmarkt

§ 17. Ausländer, die über

1. eine „Rot-Weiß-Rot – Karte plus" (§ 41a NAG) oder
2. einen Aufenthaltstitel „Familienangehöriger" (§ 47 NAG) oder „Daueraufenthalt – EU" (§ 45 NAG) oder
3. eine „Aufenthaltsberechtigung – plus" (§ 54 Abs. 1 Z 1 AsylG 2005)

verfügen, sind zur Ausübung einer Beschäftigung im gesamten Bundesgebiet berechtigt.

(BGBl 1988/231, BGBl I 2002/126, BGBl I 2005/101, BGBl I 2011/25, BGBl I 2013/72)

Abschnitt IV

(BGBl I 2017/66)

Betriebsentsendung und grenzüberschreitende Arbeitskräfteüberlassung

(BGBl I 2017/66)

§ 18. (1) Ausländer, die von einem ausländischen Arbeitgeber ohne einen im Bundesgebiet vorhandenen Betriebssitz im Inland beschäftigt werden, bedürfen, soweit im folgenden nicht anderes bestimmt ist, einer Beschäftigungsbewilligung. Dauern diese Arbeiten nicht länger als sechs Monate, bedürfen Ausländer einer Entsendebewilligung, welche längstens für die Dauer von vier Monaten erteilt werden darf.

(BGBl 1995/895)

(2) Für Ausländer nach Abs. 1, die ausschließlich im Zusammenhang mit kurzfristigen Arbeitsleistungen, für die ihrer Art nach inländische Arbeitskräfte nicht herangezogen werden, wie geschäftliche Besprechungen, Besuche von Messeveranstaltungen und Kongressen und dergleichen, beschäftigt werden, ist eine Beschäftigungsbewilligung oder Entsendebewilligung nicht erforderlich.

(BGBl 1996/201)

(3) Für Ausländer, die

1. von ihrem ausländischen Arbeitgeber im Rahmen eines Joint Venture und auf der Grundlage eines betrieblichen Schulungsprogramms nicht länger als sechs Monate zur betrieblichen Einschulung in einen Betrieb mit Betriebssitz im Bundesgebiet oder
2. im Rahmen eines international tätigen Konzerns auf Basis eines qualifizierten konzerninternen Aus- und Weiterbildungsprogramms von einem ausländischen Konzernunternehmen nicht länger als 50 Wochen in das Headquarter im Bundesgebiet oder
3. von ihrem international tätigen Dienstgeber als der Unternehmensleitung zugeteilte qualifizierte Mitarbeiter, die zur innerbetrieblichen Aus- oder Weiterbildung (Führungskräftenachwuchs) und zu Rotationen im Hinblick auf den Dienstort verpflichtet sind, nicht länger als 24 Monate in eine zum gleichen Unternehmen oder zur gleichen Unternehmensgruppe gehörende Niederlassung im Bundesgebiet

entsandt werden, ist keine Entsendebewilligung oder Beschäftigungsbewilligung erforderlich. Die Schulungs- bzw. Aus- und Weiterbildungsmaßnahme ist spätestens zwei Wochen vor Beginn vom Inhaber des inländischen Schulungsbetriebes (Z 1), vom Headquarter (Z 2) bzw. von der inländischen Niederlassung (Z 3) der zuständigen regionalen Geschäftsstelle des Arbeitsmarktservice unter Nachweis des Joint Venture-Vertrages und des Schulungsprogramms bzw. des Aus- und Weiterbildungsprogramms, in dem Zielsetzungen, Maßnahmen und Dauer der Schulung bzw. Ausbildung angegeben sind, anzuzeigen. Die regionale Geschäftsstelle hat binnen zwei Wochen eine Anzeigebestätigung auszustellen. Die Einschulung bzw. Aus- und Weiterbildung darf erst nach Vorliegen der Anzeigebestätigung begonnen werden.

(BGBl 1994/314, BGBl 1995/895, BGBl I 1997/78, BGBl I 2002/126, BGBl I 2004/136, BGBl I 2017/66)

(3a) Für Ausländer, die als Vertreter repräsentativer ausländischer Interessenvertretungen im Rahmen ihres Arbeitsverhältnisses in das Bundesgebiet abgestellt werden und deren Arbeitsvertrag Rotationen im Hinblick auf den Dienstort vorsieht, gilt Abs. 3 mit der Maßgabe, dass die aufnehmende Niederlassung der zuständigen regionalen Geschäftsstelle des Arbeitsmarktservice die Beschäftigung unter Nachweis des Arbeitsvertrags und des Abordnungsschreibens anzuzeigen hat.

(BGBl I 2017/66)

(4) Dauert die im Abs. 1 genannte Beschäftigung länger als vier Monate, so ist eine Beschäftigungsbewilligung erforderlich. Der Antrag auf Erteilung der Beschäftigungsbewilligung ist jedenfalls noch vor Ablauf des vierten Monates nach Aufnahme der Arbeitsleistung vom Inhaber des Betriebes, in dem der Ausländer beschäftigt wird, bei der zuständigen regionalen Geschäftsstelle des Arbeitsmarktservice einzubringen. Im Falle der Ablehnung der Beschäftigungsbewilligung ist die Beschäftigung spätestens zwei Wochen nach Zustellung der Entscheidung zu beenden.

(BGBl 1994/314, BGBl 1995/895, BGBl I 1997/78)

(5) Für Ausländer nach Abs. 1, die im Rahmen zwischenstaatlicher Kulturabkommen beschäftigt werden, ist eine Entsendebewilligung nicht erforderlich. Die Beschäftigung ist von der Einrichtung, in der die Arbeitsleistungen erbracht werden, bzw. vom Veranstalter spätestens am Tage der Arbeitsaufnahme der zuständigen regionalen Geschäftsstelle des Arbeitsmarktservice anzuzeigen.

(BGBl 1994/314, BGBl 1995/895)

(6) Für Ausländer nach Abs. 1, die bei Ensemblegastspielen im Theater beschäftigt werden, ist eine Entsendebewilligung nicht erforderlich, wenn die Beschäftigung nicht länger als eine Woche dauert. Die Beschäftigung ist vom Veranstalter spätestens am Tage der Arbeitsaufnahme der zu-

ständigen regionalen Geschäftsstelle des Arbeitsmarktservice anzuzeigen.

(BGBl 1994/314, BGBl 1995/895)

(7) Dauert die Beschäftigung nach Abs. 6 länger als eine Woche, so ist der Antrag auf Erteilung der Entsendebewilligung ab Kenntnis dieses Umstandes, jedenfalls jedoch vor Ablauf einer Woche nach Aufnahme der Beschäftigung, vom Veranstalter bei der zuständigen regionalen Geschäftsstelle des Arbeitsmarktservice einzubringen.

(BGBl 1994/314, BGBl 1995/895)

(8) Bei Erteilung einer Entsendebewilligung oder einer Beschäftigungsbewilligung für einen betriebsentsandten Ausländer kann für den Fall, daß es sich um Arbeitsleistungen handelt, die von Inländern nicht erbracht werden können, von der Prüfung, ob die Lage und Entwicklung des Arbeitsmarktes die Beschäftigung zuläßt, abgesehen werden.

(BGBl 1995/895)

(9) Die Dauer der Arbeitsleistungen bzw. der Beschäftigung ist unabhängig von der Dauer des Einsatzes des einzelnen Ausländers bei diesen Arbeitsleistungen bzw. Beschäftigungen festzustellen.

(10) Die Lohn- und Arbeitsbedingungen gemäß § 4 Abs. 1 Z 2 und § 8 Abs. 1 sind als erfüllt anzusehen, wenn die Beschäftigung keine Gefährdung der Lohn- und Arbeitsbedingungen der inländischen Arbeitnehmer mit sich bringt.

(BGBl I 2013/72)

(11) Für Arbeiten, die im Bundesgebiet üblicherweise von Betrieben der Wirtschaftsklassen Hoch- und Tiefbau, Bauinstallation, sonstiges Baugewerbe und Vermietung von Baumaschinen und Baugeräten mit Bedienungspersonal gemäß der Systematik der ÖNACE erbracht werden, kann eine Entsendebewilligung nicht erteilt werden.

(BGBl 1996/201)

(12) Für Ausländer, die von einem Unternehmen mit Betriebssitz in einem anderen Mitgliedstaat des Europäischen Wirtschaftsraumes zur Erbringung einer vorübergehenden Arbeitsleistung nach Österreich entsandt oder überlassen werden, ist keine Beschäftigungsbewilligung oder Entsendebewilligung erforderlich, wenn

1. sie ordnungsgemäß zu einer Beschäftigung im Staat des Betriebssitzes über die Dauer der Entsendung oder Überlassung nach Österreich hinaus zugelassen und beim entsendenden Unternehmen rechtmäßig beschäftigt sind,
2. die österreichischen Lohn- und Arbeitsbedingungen gemäß § 3 Abs. 3 bis 6, § 4 Abs. 2 bis 5 und § 5 des Lohn- und Sozialdumping-Bekämpfungsgesetzes (LSD-BG), BGBl. Nr. 44/2016, im Fall der Überlassung gemäß § 10 AÜG, § 3 Abs. 4, § 4 Abs. 2 und 5 und § 6 LSD-BG sowie die sozialversicherungsrechtlichen Bestimmungen eingehalten werden und
3. im Fall der Überlassung kein Untersagungsgrund gemäß § 18 Abs. 1 AÜG vorliegt.

Die Zentrale Koordinationsstelle für die Kontrolle der illegalen Beschäftigung nach dem Ausländerbeschäftigungsgesetz und dem Lohn- und Sozialdumping-Bekämpfungsgesetz „des Bundesministeriums für Finanzen“[a)] (Zentrale Koordinationsstelle) hat die Meldung über die Beschäftigung betriebsentsandter oder überlassener Ausländer gemäß § 19 Abs. 2 bis 4 LSD-BG unverzüglich der zuständigen regionalen Geschäftsstelle des Arbeitsmarktservice zu übermitteln. Die regionale Geschäftsstelle des Arbeitsmarktservice hat binnen zwei Wochen ab Einlangen der Meldung dem Unternehmen und dem Auftraggeber oder Beschäftiger, der die Arbeitsleistungen in Anspruch nimmt, das Vorliegen der Voraussetzungen zu bestätigen (EU-Entsendebestätigung bzw. EU-Überlassungsbestätigung) oder bei Nichtvorliegen die Entsendung oder Überlassung zu untersagen. Unbeschadet der Meldepflicht gemäß § 19 Abs. 2 bis 4 LSD-BG sowie sonstiger Pflichten nach dem AÜG, darf die Beschäftigung bei Vorliegen der Voraussetzungen auch ohne EU-Entsendebestätigung bzw. EU-Überlassungsbestätigung begonnen werden.

(BGBl I 1997/78, BGBl I 2004/28, BGBl I 2005/101, BGBl I 2007/78, BGBl I 2017/66, BGBl I 2019/104)

[a)] Ab 1. Juli 2020: „des Amtes für Betrugsbekämpfung“.

(13) Abs. 12 gilt sinngemäß für unternehmensintern transferierte Ausländer (§ 2 Abs. 13), die bereits einen gültigen Aufenthaltstitel für unternehmensintern transferierte Arbeitnehmer mit dem Vermerk „ICT“ eines anderen Mitgliedstaates der Europäischen Union innehaben und bis zu 90 Tage innerhalb eines Zeitraums von 180 Tagen in eine oder mehrere Niederlassungen des gleichen Unternehmens oder der gleichen Unternehmensgruppe mit Sitz im Bundesgebiet vorübergehend abgestellt und dort entsprechend tätig werden. Bei Vorliegen der Voraussetzungen ist eine EU-Entsendebestätigung auszustellen. Bei Nichtvorliegen der Voraussetzungen ist die Entsendung zu untersagen und die zuständige Behörde des Mitgliedstaats, der einen Aufenthaltstitel für unternehmensintern transferierte Arbeitnehmer mit dem Vermerk „ICT“ ausgestellt hat, von der Untersagung zu verständigen.

(BGBl I 2017/66)

(BGBl 1995/895)

Unternehmensintern transferierte AusländerInnen

§ 18a. (1) AusländerInnen werden zu einer Beschäftigung als unternehmensintern transferierte ArbeitnehmerInnen (§ 2 Abs. 13) zugelassen, wenn

1. sie unmittelbar vor dem Zeitpunkt des Transfers

a) als Führungskraft oder SpezialistIn mindestens neun Monate ohne Unterbrechung oder
b) als Trainee mindestens sechs Monate ohne Unterbrechung

in dem gleichen Unternehmen oder der gleichen Unternehmensgruppe beschäftigt waren, im Bundesgebiet in dieser Eigenschaft beschäftigt werden und nachweislich über die erforderliche berufliche Qualifikation und Erfahrung bzw. als Trainee über einen Hochschulabschluss verfügen,

2. ein Arbeitsvertrag mit dem/der ausländischen ArbeitgeberIn und erforderlichenfalls ein Abordnungsschreiben samt dem Nachweis, dass der/die AusländerIn nach Beendigung seines/ihres unternehmensinternen Transfers in eine Niederlassung zurückkehren kann, die dem gleichen Unternehmen oder der gleichen Unternehmensgruppe angehört und in einem Drittstaat ansässig ist, vorliegt,
3. die österreichischen Lohn- und Arbeitsbedingungen gemäß § 3 Abs. 3 bis 6, § 4 Abs. 2 bis 5 und § 5 LSD-BG, sowie die sozialversicherungsrechtlichen Vorschriften eingehalten werden,
4. sie auf einem Arbeitsplatz in der Niederlassung, die nicht von Streik oder Aussperrung betroffen ist, beschäftigt werden, wobei eine Zurverfügungstellung des Ausländers/der Ausländerin an Dritte unbeschadet der Einsatzmöglichkeit bei KundInnen der aufnehmenden Niederlassung zwecks Durchführung von Werkverträgen nicht als Beschäftigung in der Niederlassung gilt,
5. im Fall der Ausübung eines reglementierten Berufs die dafür geltenden Voraussetzungen erfüllt sind,
6. das Unternehmen der aufnehmenden Niederlassung während der letzten zwölf Monate vor der Antragstellung nicht wiederholt AusländerInnen entgegen den Bestimmungen dieses Bundesgesetzes oder § 29 LSD-BG beschäftigt hat,
7. die aufnehmende Niederlassung nicht hauptsächlich zum Zwecke gegründet worden ist, die Einreise von unternehmensintern transferierten ArbeitnehmerInnen zu erleichtern und
8. das Unternehmen des Arbeitgebers/der Arbeitgeberin mit Betriebssitz im Ausland oder die aufnehmende Niederlassung eine echte Geschäftstätigkeit ausübt und sich der/die ArbeitgeberIn oder die aufnehmende Niederlassung nicht nach den für seinen bzw. ihren Betriebssitz geltenden Insolvenzgesetzen in Abwicklung befindet oder abgewickelt worden ist.

(2) Abs. 1 gilt mit Ausnahme der Z 1 auch für unternehmensintern transferierte AusländerInnen, die InhaberInnen eines gültigen Aufenthaltstitels für unternehmensintern transferierte ArbeitnehmerInnen („ICT“) eines anderen Mitgliedstaates der Europäischen Union sind und in eine Niederlassung des gleichen Unternehmens oder der gleichen Unternehmensgruppe mit Betriebssitz im Bundesgebiet vorübergehend abgestellt und dort entsprechend tätig werden.

(3) Der Bundesminister für Arbeit, Soziales und Konsumentenschutz kann durch Verordnung zahlenmäßige Kontingente für die Beschäftigung unternehmensintern transferierter ArbeitnehmerInnen festlegen. Er hat dabei auf die Aufnahmefähigkeit des inländischen Arbeitsmarktes und die Sicherung der Wettbewerbsfähigkeit inländischer Unternehmen Bedacht zu nehmen.

(BGBl I 2017/66)

Abschnitt V
Verfahren

Anträge nach Abschnitt II und IV

(BGBl I 2013/72)

§ 19. (1) Der Antrag auf Ausstellung einer Sicherungsbescheinigung oder Anzeigebestätigung bzw. Erteilung einer Beschäftigungsbewilligung oder Entsendebewilligung ist unbeschadet der Abs. 2 und 3 und des § 18 vom Arbeitgeber bei der regionalen Geschäftsstelle des Arbeitsmarktservice einzubringen, in deren Sprengel der in Aussicht genommene Beschäftigungsort liegt, bei wechselndem Beschäftigungsort bei der nach dem Sitz des Betriebes, im Falle der Entsendung bei der für den ersten Arbeitseinsatz örtlich oder fachlich zuständigen regionalen Geschäftsstelle des Arbeitsmarktservice.

(BGBl 1994/314, BGBl 1995/895, BGBl I 2013/72)

(2) Wird der Ausländer über den im § 6 Abs. 2 genannten Zeitraum hinaus im Betrieb eines anderen Arbeitgebers beschäftigt, ist die Beschäftigungsbewilligung oder Entsendebewilligung von diesem Arbeitgeber zu beantragen.

(BGBl 1995/895)

(3) Ist kein Arbeitgeber im Bundesgebiet vorhanden, ist der Antrag nach Abs. 1 für den Fall, daß eine Person im Sinne des § 2 Abs. 3 vorhanden ist, von dieser, in allen anderen Fällen vom Ausländer zu beantragen. Der Antrag ist bei der regionalen Geschäftsstelle des Arbeitsmarktservice einzubringen, in dessen Sprengel die Arbeitsleistungen bzw. Beschäftigungen erbracht werden.

(BGBl 1994/314)

(4) Der Antrag auf Ausstellung eines Befreiungsscheines ist vom Ausländer bei dem nach seinem Wohnsitz, in Ermangelung eines solchen bei der nach seinem gewöhnlichen Aufenthalt zuständigen regionalen Geschäftsstelle des Arbeitsmarktservice einzubringen.

(BGBl 1990/450, BGBl 1994/314, BGBl I 2013/72)

(5) Der Antrag auf Ausstellung einer Sicherungsbescheinigung ist vor der Einreise des Ausländers, der Antrag auf Erteilung einer Beschäftigungsbewilligung oder Entsendebewilligung vor

AuslBG

Aufnahme der Beschäftigung einzubringen. Der Antrag auf Verlängerung einer Beschäftigungsbewilligung oder eines Befreiungsscheines ist vor Ablauf der jeweiligen Geltungsdauer einzubringen.

(BGBl 1990/450, BGBl 1995/895, BGBl I 2013/72)

(6) Wurde eine Sicherungsbescheinigung ausgestellt, sind die für die Erteilung der Beschäftigungsbewilligung erforderlichen Voraussetzungen bereits vor Einbringung des Antrages auf Erteilung der Beschäftigungsbewilligung zu prüfen.

(7) Bei einer Vermittlung durch die regionale Geschäftsstelle des Arbeitsmarktservice ist bei Vorliegen der Voraussetzungen von Amts wegen die Beschäftigungsbewilligung auszustellen oder der Befreiungsschein auszustellen.

(BGBl 1990/450, BGBl 1994/314, BGBl I 2013/72)

(8) Bei Anträgen, die auf geringfügige Änderungen des Inhaltes oder die Verlängerung einer Sicherungsbescheinigung, einer Beschäftigungsbewilligung oder eines Befreiungsscheines gerichtet sind, kann sich die Prüfung der Voraussetzungen auf jene beschränken, die sich ändern.

(BGBl 1990/450, BGBl I 2013/72)

(9) Anträge gemäß Abs. 1, 2, 3, 4, 5 und 8 sind unter Verwendung der bei den Geschäftsstellen des Arbeitsmarktservice aufliegenden Antragsformulare schriftlich einzubringen.

(BGBl I 1997/78)

(10) Die fachliche Zuständigkeit der Geschäftsstellen des Arbeitsmarktservice richtet sich nach der Arbeitsmarktsprengelverordnung, BGBl. Nr. 928/1994, in der jeweils geltenden Fassung.

(BGBl I 2002/126)

Entscheidung

§ 20. (1) Über Anträge gemäß § 19, über den Widerruf einer Sicherungsbescheinigung, Beschäftigungsbewilligung oder Entsendebewilligung oder eines Befreiungsscheines und über die Untersagung der Beschäftigung gemäß § 18 Abs. 12 entscheidet die nach § 19 Abs. 1, 3 und 4 zuständige regionale Geschäftsstelle des Arbeitsmarktservice.

(2) Soweit in diesem Bundesgesetz nicht anderes bestimmt ist, ist vor Entscheidungen und vor der Ausstellung von Bestätigungen gemäß § 18 Abs. 12 und 13 der Regionalbeirat anzuhören. Eine allfällige Äußerung im Rahmen der Anhörung ist binnen einer Woche abzugeben. Der Regionalbeirat kann festlegen, dass die Ausstellung von Sicherungsbescheinigungen und von Bestätigungen gemäß § 18 Abs. 12 und 13 sowie die Erteilung von Beschäftigungsbewilligungen und Entsendebewilligungen insbesondere bei Vorliegen einer bestimmten Arbeitsmarktlage oder bestimmter persönlicher Umstände der Ausländer als befürwortet gelten. Eine derartige Festlegung ist nur zulässig, wenn sie von einem Mitglied des Regionalbeirates oder des Landesdirektoriums angeregt wird und arbeitsmarktpolitischen Interessen nicht entgegensteht.

(BGBl I 2017/66)

(3) Eine Bescheidausfertigung über die Beschäftigungsbewilligung bzw. über den Widerruf einer solchen ist auch dem Ausländer unabhängig von seiner Stellung im Verfahren (§ 21) zuzustellen. Gleiches gilt für die Anzeigebestätigung gemäß § 3 Abs. 5 und für die Entsendebewilligung nach § 18. Die Ausfertigung der Beschäftigungsbewilligung für den Ausländer hat Angaben über die in Aussicht gestellte Entlohnung zu enthalten.

(4) Die Ausfertigungen der nach diesem Bundesgesetz vorgesehenen Bescheide und Bescheinigungen, die im Wege elektronischer Datenverarbeitungsanlagen oder in einem ähnlichen Verfahren hergestellt werden, bedürfen weder einer Unterschrift noch einer Beglaubigung.

(BGBl 1990/450, BGBl 1991/684, BGBl 1994/314, BGBl 1995/895, BGBl 1996/201, BGBl I 1997/78, BGBl I 2011/25, BGBl I 2013/72)

Verfahrensdauer

§ 20a. Über Anträge auf Beschäftigungsbewilligungen und Sicherungsbescheinigungen ist von der regionalen Geschäftsstelle des Arbeitsmarktservice binnen sechs Wochen zu entscheiden.

(BGBl 1990/450, BGBl 1994/314, BGBl I 1997/78, BGBl I 2013/72)

Vorläufige Berechtigung zur Beschäftigungsaufnahme

§ 20b. (1) Wird dem Antragsteller die Entscheidung über den Antrag auf Beschäftigungsbewilligung nicht innerhalb der im § 20a genannten Frist zugestellt, kann der Arbeitgeber den Ausländer beschäftigen und hat Anspruch auf eine diesbezügliche Bescheinigung, es sei denn, daß diese Frist durch eine Mitteilung der regionalen Geschäftsstelle des Arbeitsmarktservice an den Arbeitgeber wegen einer durch diesen verursachten Verzögerung gehemmt wird. Diese Berechtigung zur Beschäftigungsaufnahme endet mit der Zustellung der Entscheidung, frühestens jedoch vier Wochen nach diesem Zeitpunkt.

(BGBl 1994/314, BGBl I 2013/72)

(2) Die zuständige regionale Geschäftsstelle des Arbeitsmarktservice hat dem Arbeitgeber zu bescheinigen, daß die Voraussetzungen für eine Arbeitsaufnahme nach Abs. 1 gegeben sind.

(BGBl 1994/314, BGBl I 2013/72)

(3) Der Ausländer, dessen Arbeitsverhältnis wegen Ablehnung des Antrages auf Beschäftigungsbewilligung endet, hat Anspruch auf Schadenersatz wie auf Grund eines berechtigten vorzeitigen Austritts, sofern die Ablehnung aus Gründen erfolgte, die auf einem Verschulden des Arbeitgebers beruhen.

(BGBl 1990/450)

(4) Die Berechtigung gemäß Abs. 1 entsteht nur, wenn der Ausländer rechtmäßig im Bundesgebiet niedergelassen ist.

(BGBl 1992/475, BGBl I 1997/78, BGBl I 2005/101, BGBl I 2017/66)

Aufenthaltsvisum zur Arbeitsuche für besonders Hochqualifizierte

§ 20c. (1) Die Landesgeschäftsstelle des Arbeitsmarktservice Wien (Zentrale Ansprechstelle) hat vor Erteilung eines Aufenthaltsvisums zur Arbeitsuche die gemäß § 24a FPG vorgelegten Dokumente zu prüfen und der Vertretungsbehörde mitzuteilen, ob der Antragsteller die Voraussetzungen des § 12 iVm **Anlage A** erfüllt.

(BGBl I 2013/72)

Zulassungsverfahren für besonders Hochqualifizierte, Fachkräfte, sonstige Schlüsselkräfte, Studienabsolventen und Künstler

§ 20d. (1) Besonders Hochqualifizierte, Fachkräfte sowie sonstige Schlüsselkräfte und Studienabsolventen haben den Antrag auf eine „Rot-Weiß-Rot – Karte", Schlüsselkräfte gemäß § 12c den Antrag auf eine „Blaue Karte EU" und ausländische Künstler den Antrag auf eine Niederlassungsbewilligung – Künstler gemeinsam mit einer schriftlichen Erklärung des Arbeitgebers, die im Antrag angegebenen Beschäftigungsbedingungen einzuhalten, bei der nach dem NAG zuständigen Behörde einzubringen. Der Antrag kann auch vom Arbeitgeber für den Ausländer im Inland eingebracht werden. Die nach dem NAG zuständige Behörde hat den Antrag, sofern er nicht gemäß § 41 Abs. 3 Z 1 oder 2 NAG zurück- oder abzuweisen ist, unverzüglich an die nach dem Betriebssitz des Arbeitgebers zuständige regionale Geschäftsstelle des Arbeitsmarktservice zur Prüfung der jeweiligen Zulassungsvoraussetzungen zu übermitteln. Die regionale Geschäftsstelle hat den Regionalbeirat anzuhören und binnen vier Wochen der nach dem NAG zuständigen Behörde – je nach Antrag – schriftlich zu bestätigen, dass die Voraussetzungen für die Zulassung

1. als besonders Hochqualifizierter gemäß § 12
2. als Fachkraft gemäß § 12a,
3. als Schlüsselkraft gemäß § 12b Z 1,
4. als Schlüsselkraft gemäß § 12b Z 2 (Studienabsolvent),
5. als Schlüsselkraft gemäß § 12c (Anwärter auf eine „Blaue Karte EU") oder
6. als Künstler gemäß § 14

erfüllt sind. Die nach dem NAG zuständige Behörde hat die regionale Geschäftsstelle über die Erteilung des jeweiligen Aufenthaltstitels unter Angabe der Geltungsdauer zu verständigen. Bei Nichtvorliegen der Voraussetzungen hat die regionale Geschäftsstelle die Zulassung zu versagen und den diesbezüglichen Bescheid unverzüglich der nach dem NAG zuständigen Behörde zur Zustellung an den Arbeitgeber und den Ausländer zu übermitteln.

(BGBl I 2017/66)

(2) Die Zulassung gemäß Abs. 1 gilt für die Beschäftigung bei dem im Antrag angegebenen Arbeitgeber im gesamten Bundesgebiet. Die regionale Geschäftsstelle des Arbeitsmarktservice hat unverzüglich nach Beginn der Beschäftigung die Anmeldung zur Sozialversicherung zu überprüfen. Entspricht diese nicht den für die Zulassung maßgeblichen Voraussetzungen, ist die nach dem NAG zuständige Behörde zu verständigen (§ 28 Abs. 6 NAG). Bei einem Arbeitgeberwechsel vor Erteilung einer „Rot-Weiß-Rot – Karte plus" (§ 41a NAG) ist Abs. 1 sinngemäß anzuwenden.

(3) Die Zulassung für eine Beschäftigung auf Arbeitsplätzen in einem von Streik oder Aussperrung betroffenen Betrieb ist zu versagen.

(4) Für die Zulassung von selbständigen Schlüsselkräften gilt § 24.

(5) Abweichend von Abs. 2 erster Satz ist die Beschäftigung von Fachkräften gemäß § 12a, die in einem Mangelberuf für bestimmte Bundesländer zugelassen werden, auf Betriebsstätten des Arbeitgebers in diesem Bundesland beschränkt. Die Erbringung von Arbeitsleistungen auf auswärtigen Arbeitsstellen iSd § 2 Abs. 3 des Arbeitsinspektionsgesetzes 1993 (ArbIG), BGBl. 27/1993 ist zulässig.

(BGBl I 2018/94)

(BGBl I 2013/72)

Rot-Weiß-Rot – Karte plus

§ 20e. (1) Vor Erteilung einer „Rot-Weiß-Rot – Karte plus" (§ 41a Abs. 1, 2 und 7, § 47 Abs. 4, § 56 Abs. 3 NAG) hat im Falle der Z 1 die nach dem Wohnsitz des Ausländers oder der Ausländerin, im Falle der Z 2 oder 3 die nach dem Betriebssitz des Arbeitgebers oder der Arbeitgeberin zuständige regionale Geschäftsstelle des Arbeitsmarktservice der nach dem NAG zuständigen Behörde zu bestätigen, dass der Ausländer oder die Ausländerin

1. die Voraussetzungen gemäß § 15 erfüllt oder
2. als InhaberIn einer „Rot-Weiß-Rot – Karte" innerhalb der letzten 24 Monate 21 Monate unter den für die Zulassung maßgeblichen Voraussetzungen beschäftigt war oder
3. als InhaberIn einer „Blauen Karte – EU" innerhalb der letzten 24 Monate 21 Monate unter den für die Zulassung maßgeblichen Voraussetzungen beschäftigt war.

Im Falle der Z 1 ist vor der Bestätigung der Regionalbeirat anzuhören.

(BGBl I 2017/66)

(2) Als Beschäftigung im Sinne des Abs. 1 Z 2 und 3 gelten auch Zeiten

1. eines Erholungsurlaubes,
2. des Wochengeldbezugs,
3. einer Karenz nach dem Mutterschutzgesetz 1979 – MSchG, BGBl. Nr. 221, dem Väter-

Karenzgesetz – VKG, BGBl. Nr. 651/1989, oder dem Landarbeitsgesetz 1984,

4. einer Bildungskarenz gemäß § 11 AVRAG,
5. eines sonstigen, für eine verhältnismäßig kurze Dauer vereinbarten Karenzurlaubes und
6. einer Krankheit, für deren Dauer das Entgeltfortzahlungsgesetz – EFZG, BGBl. Nr. 399/1974, das Angestelltengesetz, BGBl. Nr. 1921, oder § 1154b des Allgemeinen bürgerlichen Gesetzbuches (ABGB), JGS Nr. 946/1811, gilt.

(3) Die zuständige regionale Geschäftsstelle hat bei Nichtvorliegen der Voraussetzungen gemäß Abs. 1 Z 1, 2 oder 3 die Bestätigung mit Bescheid zu versagen und diesen unverzüglich der nach dem NAG zuständigen Behörde zur Zustellung an den Ausländer oder die Ausländerin zu übermitteln.

(BGBl I 2017/66)

(BGBl I 2013/72)

Zulassungsverfahren für unternehmensintern transferierte ArbeitnehmerInnen und deren Familienangehörige

§ 20f. (1) Unternehmensintern transferierte AusländerInnen haben den Antrag auf eine Aufenthaltsbewilligung als unternehmensintern transferierter Arbeitnehmer (ICT) gemeinsam mit einer schriftlichen Erklärung des Inhabers/der Inhaberin der aufnehmenden Niederlassung, die im Antrag angegebenen Beschäftigungsbedingungen einzuhalten, bei der nach dem NAG zuständigen Behörde einzubringen. Der Antrag kann auch vom Inhaber/von der Inhaberin der aufnehmenden Niederlassung für den/die AusländerIn im Inland eingebracht werden. Die nach dem NAG zuständige Behörde hat den Antrag, sofern er nicht gemäß § 58 Abs. 2 Z 1 oder 2 NAG zurück- oder abzuweisen ist, unverzüglich an die nach dem Betriebssitz der aufnehmenden Niederlassung zuständige regionale Geschäftsstelle des Arbeitsmarktservice zur Prüfung der Zulassungsvoraussetzungen zu übermitteln. Die regionale Geschäftsstelle hat binnen vier Wochen der nach dem NAG zuständigen Behörde schriftlich zu bestätigen, dass die Voraussetzungen für die Zulassung als unternehmensintern transferierte/r ArbeitnehmerIn gemäß § 18a Abs. 1 erfüllt sind. Die nach dem NAG zuständige Behörde hat die regionale Geschäftsstelle über die Erteilung des jeweiligen Aufenthaltstitels unter Angabe der Geltungsdauer zu verständigen. Bei Nichtvorliegen der Voraussetzungen hat die regionale Geschäftsstelle die Zulassung mit Bescheid zu versagen und diesen unverzüglich der nach dem NAG zuständigen Behörde zur Zustellung an die aufnehmende Niederlassung und den/die AusländerIn zu übermitteln.

(2) Das Verfahren gemäß Abs. 1 ist für unternehmensintern transferierte AusländerInnen, die bereits einen gültigen Aufenthaltstitel für unternehmensintern transferierte ArbeitnehmerInnen eines anderen Mitgliedstaates der Europäischen Union innehaben und länger als 90 Tage in das Bundesgebiet vorübergehend abgestellt werden und dort tätig zu werden beabsichtigen, mit der Maßgabe anzuwenden, dass der Antrag auf eine Aufenthaltsbewilligung als mobiler unternehmensintern transferierter Arbeitnehmer („mobile ICT“) samt den erforderlichen Unterlagen spätestens 20 Tage vor Beginn der beabsichtigten Beschäftigung im Bundesgebiet oder vor Ablauf der EU-Entsendebestätigung gemäß § 18 Abs. 13 bei der nach dem NAG zuständigen Behörde einzubringen ist. Bei verspäteter oder unvollständiger Antragstellung beginnt diese Frist ab dem Tag des Einlangens des Antrags samt den erforderlichen Unterlagen bei der nach dem NAG zuständigen Behörde zu laufen. Wird innerhalb dieser Frist trotz Vorliegens aller Unterlagen eine Entscheidung der regionalen Geschäftsstelle oder der nach dem NAG zuständigen Behörde nicht zugestellt, darf die Beschäftigung bei Vorliegen der Voraussetzungen gemäß § 18a Abs. 2 auch ohne Aufenthaltsbewilligung als mobiler unternehmensintern transferierter Arbeitnehmer („mobile ICT“) vorläufig begonnen werden.

(3) Die Zulassung gemäß Abs. 1 und 2 gilt für die jeweils genehmigte Beschäftigung als Führungskraft, SpezialistIn oder Trainee bei der oder den im Antrag angegebenen aufnehmenden Niederlassung oder Niederlassungen. Die Tätigkeit der Arbeitskraft an Standorten von KundInnen der inländischen Niederlassung im Rahmen von Werkverträgen und innerhalb des Bundesgebiets ist von der Zulassung umfasst. Die regionale Geschäftsstelle des Arbeitsmarktservice hat unverzüglich nach Beginn der Beschäftigung die Anmeldung zur Sozialversicherung zu überprüfen. Entspricht diese nicht den für die Zulassung maßgeblichen Voraussetzungen, ist die nach dem NAG zuständige Behörde zu verständigen (§ 28 Abs. 6 NAG).

(4) Für Anträge von Familienangehörigen eines/einer unternehmensintern transferierten Ausländers/Ausländerin (§ 18a Abs. 1 oder 2) auf Erteilung einer Aufenthaltsbewilligung „Familiengemeinschaft“ gemäß § 69 Abs. 3 NAG gilt das Verfahren nach § 20d sinngemäß, sofern dieser Aufenthaltstitel dem/der Familienangehörigen Zugang zum Arbeitsmarkt gewähren soll. Die in diesen Anträgen genannten Familienangehörigen erhalten mit dem Aufenthaltstitel Zugang zum Arbeitsmarkt, wenn sinngemäß die Voraussetzungen des § 4 Abs. 1 mit Ausnahme der Z 1 und 9 erfüllt sind. Für die Arbeitsmarktprüfung gilt § 4b Abs. 3. Die Anhörung des Regionalbeirats entfällt.

(BGBl I 2017/66)

Rechtsmittel

§ 20g. (1) Über Beschwerden gegen Bescheide der regionalen Geschäftsstellen des Arbeitsmarktservice entscheidet das Bundesverwaltungsgericht spätestens drei Monate nach deren Einlangen durch einen Senat, dem zwei fachkundige Laienrichter, je einer aus dem Kreis der Arbeitgeber und aus dem Kreis der Arbeitnehmer, angehören.

(2) Die fachkundigen Laienrichter und Ersatzrichter haben über besondere Kenntnisse des Arbeitsmarktes und des Ausländerbeschäftigungsrechts zu verfügen und sind von der Bundesarbeitskammer und der Wirtschaftskammer Österreich in erforderlicher Anzahl vorzuschlagen.

(3) Die zuständige regionale Geschäftsstelle kann den angefochtenen Bescheid binnen zehn Wochen nach Einlangen der Beschwerde aufheben, abändern oder die Beschwerde zurück- oder abweisen (Beschwerdevorentscheidung).

(4) Beschwerden gegen den Widerruf einer Sicherungsbescheinigung, einer Beschäftigungsbewilligung, einer Entsendebewilligung oder eines Befreiungsscheines haben keine aufschiebende Wirkung. Beschwerden gegen den Widerruf einer Beschäftigungsbewilligung kann aufschiebende Wirkung zuerkannt werden.

(5) Im Übrigen gelten die Bestimmungen des Verwaltungsgerichtsverfahrensgesetzes – VwGVG, BGBl. I Nr. 33/2013.

(6) Wird gegen ein Erkenntnis oder einen Beschluss des Bundesverwaltungsgerichtes Revision erhoben, hat die regionale Geschäftsstelle des Arbeitsmarktservice das Verfahren bis zur Entscheidung des Verwaltungsgerichtshofes auszusetzen.

(BGBl I 2017/66)

(BGBl I 2013/72)

Stellung des Ausländers im Verfahren

§ 21. Der Ausländer hat in allen Verfahren, in denen seine persönlichen Umstände maßgeblich für die Entscheidung sind, sowie in jenen Fällen, in denen keine Person im Sinne des § 2 Abs. 3 vorhanden ist, Parteistellung. In allen anderen Verfahren hat der Ausländer die Stellung eines Beteiligten.

(BGBl 1990/450)

Ausländerausschuß

§ 22. (1) Der Ausländerausschuss ist neben den in diesem Bundesgesetz vorgesehenen auch in allen sonstigen Angelegenheiten der Ausländerbeschäftigung von grundsätzlicher Bedeutung einschließlich der internationalen Angelegenheiten der Arbeitsmigration und des EU-Migrationsrechts anzuhören.

(BGBl 1994/314, BGBl I 2011/25)

(2) Der Ausländerausschuß ist ein Ausschuß des Verwaltungsrates des Arbeitsmarktservice, dem je zwei Vertreter der Bundeskammer für Arbeiter und Angestellte, des Österreichischen Gewerkschaftsbundes und der Bundeskammer der gewerblichen Wirtschaft sowie je ein Vertreter der Vereinigung Österreichischer Industrieller und der Präsidentenkonferenz der Landwirtschaftskammern Österreichs angehören.

(BGBl 1994/314)

Ausländerausschüsse der Landesdirektorien

§ 23. (1) Die Ausländerausschüsse der Landesdirektorien haben, abgesehen von den ihnen nach anderen gesetzlichen Vorschriften übertragenen Aufgaben, bei der Erfüllung der den Landesgeschäftsstellen des Arbeitsmarktservice obliegenden Aufgaben, soweit dies in diesem Bundesgesetz vorgesehen ist, mitzuwirken.

(BGBl 1988/231, BGBl 1994/314)

(2) Dem Ausländerausschuß des Landesdirektoriums des Arbeitsmarktservice müssen aus dem Stande der Arbeitgebervertreter zwei Mitglieder auf Grund eines Vorschlages der Kammer der gewerblichen Wirtschaft und aus dem Stande der Arbeitnehmervertreter zwei Mitglieder auf Grund eines Vorschlages der Kammer für Arbeiter und Angestellte angehören.

(BGBl 1994/314)

Abschnitt VI
Gemeinsame Bestimmungen

Gutachten für selbständige Schlüsselkräfte und Start-up-GründerInnen

§ 24. (1) AusländerInnen werden als selbständige Schlüsselkräfte zugelassen, wenn ihre beabsichtigte Erwerbstätigkeit insbesondere hinsichtlich des damit verbundenen Transfers von Investitionskapital in der Höhe von mindestens € 100.000 oder der Schaffung von neuen oder Sicherung von bestehenden Arbeitsplätzen von gesamtwirtschaftlichem Nutzen ist oder zumindest eine Bedeutung für eine Region hat.

(2) AusländerInnen werden als Start-up-GründerInnen zugelassen, wenn sie

1. die erforderliche Mindestpunkteanzahl für die in Anlage D angeführten Kriterien erreichen,
2. im Rahmen eines neu zu gründenden Unternehmens innovative Produkte, Dienstleistungen, Verfahren oder Technologien entwickeln und in den Markt einführen,
3. dazu einen schlüssigen Businessplan für die Gründung und den Betrieb des Unternehmens vorlegen,
4. wesentlichen Einfluss auf die Geschäftsführung des geplanten Unternehmens tatsächlich persönlich ausüben und
5. Kapital für das zu gründende Unternehmen in der Höhe von mindestens € 50.000, davon zumindest die Hälfte Eigenkapital, nachweisen.

(3) Für AusländerInnen nach Abs. 1 oder Abs. 2 hat die nach dem beabsichtigten Betriebssitz zuständige Landesgeschäftsstelle des Arbeitsmarktservice binnen drei Wochen das im aufenthaltsrechtlichen Zulassungsverfahren gemäß § 41 NAG erforderliche Gutachten über das Vorliegen der jeweiligen Voraussetzungen nach Abs. 1 oder Abs. 2 unter Anhörung des Landesdirektoriums zu erstellen.

(4) AusländerInnen nach Abs. 2 wird im Rahmen eines Zweckänderungsverfahrens zur Erteilung einer „Rot-Weiß-Rot – Karte plus" nach Maßgabe der §§ 41 Abs. 5 und 41a Abs. 7a NAG

ein unbeschränkter Arbeitsmarktzugang eingeräumt (§ 17), wenn sie im gegründeten Unternehmen

1. mindestens zwei Vollzeitarbeitskräfte beschäftigen,
2. wesentlichen Einfluss auf die Geschäftsführung des Unternehmens tatsächlich persönlich ausüben,
3. entweder einen Jahresumsatz von zumindest € 200.000 erreicht haben oder sich eine weitere Finanzierung von zumindest € 100.000 sichern konnten und
4. ein innovatives Produkt oder eine innovative Dienstleistung auch tatsächlich anbieten oder entwickeln

und die nach dem Betriebssitz des Ausländers oder der Ausländerin zuständige Landesgeschäftsstelle des Arbeitsmarktservice, nach Anhörung des Landesdirektoriums, der nach dem NAG zuständigen Behörde in Form eines schriftlichen Gutachtens bestätigt, dass der Ausländer oder die Ausländerin diese Voraussetzungen erfüllt.

(5) Liegen die Voraussetzungen gem. Abs. 4 nicht vor, teilt die zuständige Landesgeschäftsstelle des Arbeitsmarktservice, nach Anhörung des Landesdirektoriums, der nach dem NAG zuständigen Behörde in Form eines schriftlichen Gutachtens mit, dass der Ausländer oder die Ausländerin die Voraussetzungen gemäß Abs. 4 nicht erfüllt.

(BGBl I 2017/66)

Verhältnis zur Aufenthaltsberechtigung

§ 25. Die Sicherungsbescheinigung, die Beschäftigungsbewilligung oder Entsendebewilligung und eine nach diesem Bundesgesetz ausgestellte Anzeigebestätigung enthebt den Ausländer nicht der Verpflichtung, den jeweils geltenden Vorschriften über die Einreise und den Aufenthalt von Ausländern nachzukommen.

(BGBl 1990/450, BGBl 1995/895, BGBl I 2013/72)

Überwachung, Auskunfts- und Meldepflicht

§ 26. (1) Die Arbeitgeber sind verpflichtet, den Landesgeschäftsstellen des Arbeitsmarktservice und regionalen Geschäftsstellen des Arbeitsmarktservice sowie den Trägern der Krankenversicherung und „den Abgabenbehörden"[a] auf deren Verlangen Anzahl und Namen der im Betrieb beschäftigten Ausländer bekanntzugeben. Die Arbeitgeber und Ausländer sind verpflichtet, den vorerwähnten Behörden und Trägern der Krankenversicherung sowie dem Bundesverwaltungsgericht die zur Durchführung dieses Bundesgesetzes notwendigen Auskünfte zu erteilen und in die erforderlichen Unterlagen Einsicht zu gewähren. Die Arbeitgeber haben dafür zu sorgen, daß bei ihrer Abwesenheit von der Betriebsstätte oder Arbeitsstelle eine dort anwesende Person den genannten Behörden und Rechtsträgern die erforderlichen Auskünfte erteilt und Einsicht in die erforderlichen Unterlagen gewährt.

(BGBl 1994/314, BGBl I 1999/120, BGBl I 2002/68, BGBl I 2005/103, BGBl I 2013/72, BGBl I 2019/104)

[a] Ab 1. Juli 2020: „dem Amt für Betrugsbekämpfung".

(2) Die im Abs. 1 genannten Behörden und Organe der Abgabenbehörden sowie die Organe der Träger der Krankenversicherung sind zur Durchführung ihrer Aufgaben berechtigt, die Betriebsstätten, Betriebsräume und auswärtigen Arbeitsstätten sowie die Aufenthaltsräume der Arbeitnehmer zu betreten und Wege zu befahren, auch wenn dies sonst der Allgemeinheit untersagt ist.

(BGBl I 2002/68, BGBl I 2005/103)

(2)[a] „Die in Abs. 1 genannten Behörden und Organe des Amtes für Betrugsbekämpfung sowie die Organe der Träger der Krankenversicherung" sind zur Durchführung ihrer Aufgaben berechtigt, die Betriebsstätten, Betriebsräume und auswärtigen Arbeitsstätten sowie die Aufenthaltsräume der Arbeitnehmer zu betreten und Wege zu befahren, auch wenn dies sonst der Allgemeinheit untersagt ist.

(BGBl I 2002/68, BGBl I 2005/103, BGBl I 2019/104)

[a] Tritt mit 1. Juli 2020 in Kraft.

(3) Die im Abs. 1 genannten Behörden und Organe der Abgabenbehörden und die Träger der Krankenversicherung haben bei Betreten des Betriebes den Arbeitgeber, in jenen Fällen, in denen der Arbeitgeber Arbeitsleistungen bei einem Auftraggeber erbringen läßt, auch diesen, oder deren Bevollmächtigte und den Betriebsrat von ihrer Anwesenheit zu verständigen; hiedurch darf der Beginn der Betriebskontrolle nicht unnötig verzögert werden. Vor Beginn der Betriebskontrolle ist in Betrieben, die der Aufsicht der Bergbehörden unterliegen, jedenfalls der Bergbauberechtigte oder ein von ihm namhaft gemachter Vertreter zu verständigen. Auf Verlangen haben sich die einschreitenden Organe durch einen Dienstausweis auszuweisen. Dem Arbeitgeber, dessen Auftraggeber oder deren Bevollmächtigten sowie dem Betriebsrat steht es frei, die einschreitenden Organe bei der Amtshandlung im Betrieb zu begleiten; auf Verlangen der einschreitenden Organe sind der Arbeitgeber, dessen Auftraggeber oder deren Bevollmächtigte hiezu verpflichtet. Die Betriebskontrolle hat tunlichst ohne Störung des Betriebsablaufes zu erfolgen.

(BGBl I 2002/68, BGBl I 2005/103)

(3)[a] „Die Organe der in Abs. 1 genannten Behörden sowie der Träger der Krankenversicherung" haben bei Betreten des Betriebes den Arbeitgeber, in jenen Fällen, in denen der Arbeitgeber Arbeitsleistungen bei einem Auftraggeber erbringen läßt, auch diesen, oder deren Bevollmächtigte und den Betriebsrat von ihrer Anwesenheit zu verständigen; hiedurch darf der Beginn der Betriebskontrolle nicht unnötig verzögert werden. Vor Beginn der Betriebskontrolle ist in Betrieben, die der Aufsicht der Bergbehörden unterliegen, jedenfalls der Bergbauberechtigte oder ein von ihm namhaft gemachter Vertreter zu verständigen. Auf Verlangen haben sich die einschreitenden Organe durch einen Dienstausweis auszuweisen. Dem Arbeitgeber, dessen Auftraggeber oder deren Bevollmächtigten sowie dem Betriebsrat steht es frei, die einschreitenden Organe bei der Amtshandlung im Betrieb zu begleiten; auf Verlangen der einschreitenden Organe sind der Arbeitgeber, dessen Auftraggeber oder deren Bevollmächtigte hiezu verpflichtet. Die Betriebskontrolle hat tunlichst ohne Störung des Betriebsablaufes zu erfolgen.

(BGBl I 2002/68, BGBl I 2005/103, BGBl I 2019/104)

[a] Tritt mit 1. Juli 2020 in Kraft.

(4) Die Organe der Abgabenbehörden sind im Rahmen ihrer Kontrolltätigkeit nach diesem Bundesgesetz befugt, die Identität von Personen festzustellen sowie Fahrzeuge und sonstige Beförderungsmittel anzuhalten und zu überprüfen, wenn Grund zur Annahme besteht, dass es sich bei diesen Personen um ausländische Arbeitskräfte handelt, die beschäftigt werden oder zu Arbeitsleistungen herangezogen werden. Die Organe der Abgabenbehörden sind, wenn wegen Gefahr im Verzug das Einschreiten von Organen des öffentlichen Sicherheitsdienstes nicht abgewartet werden kann, auch ermächtigt, Ausländer für die Fremdenpolizeibehörde festzunehmen, wenn Grund zur Annahme besteht, dass diese Ausländer im Bundesgebiet eine Erwerbstätigkeit ausüben oder ausüben wollen, ohne dazu berechtigt zu sein, und sich nicht rechtmäßig im Bundesgebiet aufhalten. Den Organen der Abgabenbehörden kommen dabei die im § 35 VStG geregelten Befugnisse der Organe des öffentlichen Sicherheitsdienstes zu. Die Ausländer sind in geeigneter Weise über ihre Ansprüche gemäß § 29 und die Möglichkeiten der Geltendmachung zu informieren und unverzüglich der Fremdenpolizeibehörde oder der nächstgelegenen Sicherheitsdienststelle zu übergeben.

(BGBl I 1999/120, BGBl I 2002/68, BGBl I 2005/101, BGBl I 2005/103, BGBl I 2011/25)

(4)[a] „Die Organe des Amtes für Betrugsbekämpfung“ sind im Rahmen ihrer Kontrolltätigkeit nach diesem Bundesgesetz befugt, die Identität von Personen festzustellen sowie Fahrzeuge und sonstige Beförderungsmittel anzuhalten und zu überprüfen, wenn Grund zur Annahme besteht, dass es sich bei diesen Personen um ausländische Arbeitskräfte handelt, die beschäftigt werden oder zu Arbeitsleistungen herangezogen werden. „Die Organe des Amtes für Betrugsbekämpfung“ sind, wenn wegen Gefahr im Verzug das Einschreiten von Organen des öffentlichen Sicherheitsdienstes nicht abgewartet werden kann, auch ermächtigt, Ausländer für die Fremdenpolizeibehörde festzunehmen, wenn Grund zur Annahme besteht, dass diese Ausländer im Bundesgebiet eine Erwerbstätigkeit ausüben oder ausüben wollen, ohne dazu berechtigt zu sein, und sich nicht rechtmäßig im Bundesgebiet aufhalten. „Den Organen des Amtes für Betrugsbekämpfung“ kommen dabei die im § 35 VStG geregelten Befugnisse der Organe des öffentlichen Sicherheitsdienstes zu. Die Ausländer sind in geeigneter Weise über ihre Ansprüche gemäß § 29 und die Möglichkeiten der Geltendmachung zu informieren und unverzüglich der Fremdenpolizeibehörde oder der nächstgelegenen Sicherheitsdienststelle zu übergeben.

(BGBl I 1999/120, BGBl I 2002/68, BGBl I 2005/101, BGBl I 2005/103, BGBl I 2011/25, BGBl I 2019/104)

[a] Tritt mit 1. Juli 2020 in Kraft.

(4a) Die Feststellung der Identität ist das Erfassen der Namen, des Geburtsdatums und der Wohnanschrift eines Menschen in dessen Anwesenheit. Sie hat mit der vom Anlass gebotenen Verlässlichkeit zu erfolgen. Menschen, deren Identität festgestellt werden soll, sind hievon in Kenntnis zu setzen. Jeder Betroffene ist verpflichtet, an der Feststellung seiner Identität mitzuwirken und die unmittelbare Durchsetzung der Identitätsfeststellung zu dulden.

(BGBl I 2002/68)

(5) Der Arbeitgeber hat der zuständigen regionalen Geschäftsstelle des Arbeitsmarktservice innerhalb von drei Tagen Beginn und Ende der Beschäftigung von Ausländern, die diesem Bundesgesetz unterliegen und über keinen Aufenthaltstitel „Daueraufenthalt – EU“ verfügen, zu melden.

(BGBl 1991/684, BGBl 1993/19, BGBl 1994/314, BGBl I 2002/126, BGBl I 2007/78, BGBl I 2011/25, BGBl I 2013/72)

(6) Ein Unternehmen, welches die Erbringung einer Leistung an ein anderes Unternehmen ganz oder teilweise weitergibt, hat das beauftragte Unternehmen vor Beginn der Beschäftigung aufzufordern, binnen einer Woche die nach diesem Bundesgesetz erforderlichen Berechtigungen für die beschäftigten Ausländer nachzuweisen. Kommt das beauftragte Unternehmen dieser Aufforderung nicht fristgerecht nach, hat das Auftrag gebende Unternehmen umgehend die Zentrale Koordinationsstelle ~~für die illegale Beschäftigung des Bundesministeriums für Finanzen~~[a] zu verständigen.

(BGBl I 2011/25, BGBl I 2019/104)

[a] Tritt mit 1. Juli 2020 außer Kraft.

(BGBl 1990/450)

Rechtshilfe und Verständigungspflicht

§ 27. (1) Alle Behörden und Ämter, die Bauarbeiter-Urlaubs- und Abfertigungskasse, die Träger der Sozialversicherung und der Dachverband der Sozialversicherungsträger (Dachverband) haben im Rahmen ihres Wirkungsbereiches die Abgabenbehörden nach Maßgabe der Bestimmungen des AVOG, die Geschäftsstellen des Arbeitsmarktservice und das Bundesverwaltungsgericht bei der Erfüllung ihrer Aufgaben nach diesem Bundesgesetz zu unterstützen. Die Träger der So-

AuslBG

zialversicherung und der Dachverband sind verpflichtet, gespeicherte Daten über die Versicherungszeiten auf automationsunterstütztem Weg der zentralen Koordinationsstelle für die Kontrolle der illegalen Beschäftigung nach diesem Bundesgesetz und dem Arbeitsvertragsrechts-Anpassungsgesetz des Bundesministeriums für Finanzen den Geschäftsstellen des Arbeitsmarktservice und dem Bundesverwaltungsgericht zu übermitteln, die für diese Stellen eine wesentliche Voraussetzung zur Durchführung ihrer Aufgaben nach diesem Bundesgesetz bilden.

(BGBl 1988/231, BGBl 1990/450, BGBl 1994/314, BGBl I 2002/68, BGBl I 2006/99, BGBl I 2013/72, BGBl I 2018/100)

(1)[a)] Alle Behörden und Ämter, die Bauarbeiter-Urlaubs- und Abfertigungskasse, die Träger der Sozialversicherung und der Dachverband der Sozialversicherungsträger (Dachverband) haben im Rahmen ihres Wirkungsbereiches „das Amt für Betrugsbekämpfung", die Geschäftsstellen des Arbeitsmarktservice und das Bundesverwaltungsgericht bei der Erfüllung ihrer Aufgaben nach diesem Bundesgesetz zu unterstützen. Die Träger der Sozialversicherung und der Dachverband sind verpflichtet, gespeicherte Daten über die Versicherungszeiten auf automationsunterstütztem Weg der zentralen Koordinationsstelle den Geschäftsstellen des Arbeitsmarktservice und dem Bundesverwaltungsgericht zu übermitteln, die für diese Stellen eine wesentliche Voraussetzung zur Durchführung ihrer Aufgaben nach diesem Bundesgesetz bilden.

(BGBl 1988/231, BGBl 1990/450, BGBl 1994/314, BGBl I 2002/68, BGBl I 2006/99, BGBl I 2013/72, BGBl I 2018/100, BGBl I 2019/104)

a) Tritt mit 1. Juli 2020 in Kraft.

(2) Die Geschäftsstellen des Arbeitsmarktservice und „die Abgabenbehörden nach Maßgabe der Bestimmungen des AVOG"[a)] haben die zuständigen Behörden zu verständigen, wenn sie im Rahmen ihrer Tätigkeit zu dem begründeten Verdacht gelangen, dass eine Übertretung arbeitsrechtlicher, sozialversicherungsrechtlicher, gesundheits- und umweltschutzrechtlicher, abgabenrechtlicher oder gewerberechtlicher Vorschriften vorliegt.

(BGBl 1994/314, BGBl 1995/895, BGBl I 2002/68, BGBl I 2006/99, BGBl I 2019/104)

a) Ab 1. Juli 2020: „das Amt für Betrugsbekämpfung".

(3) Die Organe des öffentlichen Sicherheitsdienstes haben den nach diesem Bundesgesetz zuständigen Behörden und Organen über deren Ersuchen zur Sicherung der Ausübung der Überwachungsbefugnisse im Rahmen ihres gesetzmäßigen Wirkungsbereiches Hilfe zu leisten.

(BGBl 1990/450)

(4) Die Geschäftsstellen des Arbeitsmarktservice haben den für die Erfüllung der Aufgaben nach dem NAG und dem FPG zuständigen Behörden die Erteilung von Beschäftigungsbewilligungen und hinsichtlich der im Rahmen von Kontingenten gemäß § 5 beschäftigten Ausländer zusätzlich die vom Arbeitgeber gemeldete Beendigung der Beschäftigung (§ 26 Abs. 5) sowie den Landespolizeidirektionen den rechtskräftigen Widerruf einer Beschäftigungsbewilligung (§ 9 Abs. 1) mitzuteilen.

(BGBl 1992/475, BGBl 1993/463, BGBl 1994/314, BGBl I 1997/78, BGBl I 2002/68, BGBl I 2005/101, BGBl I 2007/78, BGBl I 2017/66)

(5) Gelangen Behörden, Träger der Sozialversicherung, der Dachverband oder Geschäftsstellen des Arbeitsmarktservice im Rahmen ihrer Tätigkeit zu dem begründeten Verdacht, daß eine Übertretung nach diesem Bundesgesetz vorliegt, so sind sie verpflichtet, die zuständigen Geschäftsstellen des Arbeitsmarktservice und „die zuständige Abgabenbehörde nach Maßgabe der Bestimmungen des AVOG"[a)] zu verständigen.

(BGBl 1995/895, BGBl 1996/201, BGBl I 2002/68, BGBl I 2006/99, BGBl I 2018/100, BGBl I 2019/104)

a) Ab 1. Juli 2020: „das Amt für Betrugsbekämpfung".

(6) Die regionalen Geschäftsstellen des Arbeitsmarktservice haben die Bauarbeiter- Urlaubs- und Abfertigungskasse über Beschäftigungsbewilligungen und EU-Entsendebestätigungen gemäß § 18, welche für die Beschäftigung von Ausländern im Bauwesen erteilt wurden, in Kenntnis zu setzen.

(BGBl I 2005/104)

(BGBl I 2002/68)

Datenübermittlung

§ 27a. (1) Die Geschäftsstellen des Arbeitsmarktservice sind verpflichtet, der zentralen Koordinationsstelle ~~für die Kontrolle der illegalen Beschäftigung nach diesem Bundesgesetz und dem Arbeitsvertragsrechts-Anpassungsgesetz des Bundesministeriums für Finanzen~~[a)] und dem Bundesverwaltungsgericht alle zur Wahrnehmung der in den §§ 26, 27 und 28a AuslBG übertragenen Aufgaben notwendigen persönlichen, auf das Arbeits- und Beschäftigungsverhältnis bezogenen Daten von ausländischen Arbeitnehmern und deren Arbeitgebern automationsunterstützt in einer für die zentrale Koordinationsstelle für die Kontrolle der illegalen Beschäftigung nach diesem Bundesgesetz und dem Arbeitsvertragsrechts-Anpassungsgesetz des Bundesministeriums für Finanzen und das Bundesverwaltungsgericht technisch geeigneten Form kostenlos zu übermitteln.

(BGBl I 2002/68, BGBl I 2013/72, BGBl I 2019/104)

a) Tritt mit 1. Juli 2020 außer Kraft.

(2) Die zentrale Koordinationsstelle ~~für die Kontrolle der illegalen Beschäftigung nach diesem Bundesgesetz und dem Arbeitsvertragsrechts-Anpassungsgesetz des Bundesministeriums für Finanzen~~[a)] ist verpflichtet, den Geschäftsstellen des Arbeitsmarktservice und dem Bundesverwaltungsgericht alle zur Wahrnehmung der nach diesem Bundesgesetz übertragenen Aufgaben notwendi-

gen Daten, die sie im Rahmen von Kontrollen oder bei der Führung der zentralen Verwaltungsstrafevidenz erhoben hat, in einer für das Arbeitsmarktservice und das Bundesverwaltungsgericht technisch geeigneten Form zur Verfügung zu stellen.

(BGBl I 1997/78, BGBl I 2002/68, BGBl I 2013/72, BGBl I 2019/104)

---

a) Tritt mit 1. Juli 2020 außer Kraft.

(3) Die nach dem NAG zuständige Behörde hat der Landesgeschäftsstelle des Arbeitsmarktservice zur Erfüllung der ihr gemäß § 30 Abs. 2 des Arbeitsmarktservicegesetzes – AMSG, BGBl. Nr. 313/1994, obliegenden Aufgaben jeweils bis zum 15. eines Monats folgende Daten automationsunterstützt in einer für das Arbeitsmarktservice technisch geeigneten Form kostenlos zu übermitteln:

1. Namen, Geburtsdatum, Geschlecht und Staatsangehörigkeit aller Ausländer, die im Vormonat eine „Rot-Weiß-Rot – Karte", eine „Blaue Karte EU", eine „Rot-Weiß-Rot – Karte plus" „Niederlassungsbewilligung – Künstler" gemäß § 43a NAG, einen Aufenthaltstitel „Familienangehöriger" oder „Daueraufenthalt – EU" oder eine Aufenthaltskarte oder Daueraufenthaltskarte für Angehörige eines EWR-Bürgers oder eine Aufenthaltsbewilligung als unternehmensintern transferierter Arbeitnehmer ("ICT„) oder eine Aufenthaltsbewilligung als mobiler unternehmensintern transferierter Arbeitnehmer ("mobile ICT„) oder eine Aufenthaltsbewilligung „Familiengemeinschaft" gemäß § 69 Abs. 3 NAG mit Zugang zum Arbeitsmarkt erhalten haben und

   (BGBl I 2017/66, BGBl I 2018/94)

2. die Geltungsdauer des Aufenthaltstitels.

(BGBl I 2002/126, BGBl I 2005/101, BGBl I 2011/25, BGBl I 2013/72)

(BGBl 1995/895)

Strafbestimmungen

§ 28. (1) Sofern die Tat nicht den Tatbestand einer in die Zuständigkeit der Gerichte fallenden strafbaren Handlung bildet (§ 28c), begeht eine Verwaltungsübertretung und ist von der Bezirksverwaltungsbehörde zu bestrafen,

1. wer
   a) entgegen § 3 einen Ausländer beschäftigt, für den weder eine Beschäftigungsbewilligung erteilt noch eine Anzeigebestätigung ausgestellt wurde oder der keine für diese Beschäftigung gültige „Rot-Weiß-Rot – Karte", „Blaue Karte EU, Aufenthaltsbewilligung als unternehmensintern transferierter Arbeitnehmer („*ICT*"), Aufenthaltsbewilligung als mobiler unternehmensintern transferierter Arbeitnehmer („*mobile ICT*"), Aufenthaltsbewilligung „Familiengemeinschaft" mit Zugang zum Arbeitsmarkt (§ 20f Abs. 4)" oder „Niederlassungsbewilligung – Künstler" oder keine „Rot-Weiß-Rot – Karte plus", keine „Aufenthaltsberechtigung plus", keinen Befreiungsschein (§ 4c) oder keinen Aufenthaltstitel „Familienangehöriger" oder „Daueraufenthalt – EU" besitzt, oder

      (BGBl I 2017/66)

   b) entgegen § 18 die Arbeitsleistungen eines Ausländers, der von einem ausländischen Arbeitgeber ohne einen im Bundesgebiet vorhandenen Betriebssitz im Inland beschäftigt wird, in Anspruch nimmt, ohne dass für den Ausländer eine Beschäftigungsbewilligung oder eine Entsendebewilligung erteilt oder eine Anzeigebestätigung ausgestellt wurde, oder
   c) entgegen der Untersagung gemäß § 32a Abs. 8 einen Ausländer beschäftigt, für den weder eine Beschäftigungsbewilligung erteilt noch eine Anzeigebestätigung oder eine Freizügigkeitsbestätigung ausgestellt wurde,

   bei unberechtigter Beschäftigung von höchstens drei Ausländern für jeden unberechtigt beschäftigten Ausländer mit Geldstrafe von 1 000 Euro bis 10 000 Euro, im Falle der erstmaligen und weiteren Wiederholung von 2 000 Euro bis 20 000 Euro, bei unberechtigter Beschäftigung von mehr als drei Ausländern für jeden unberechtigt beschäftigten Ausländer mit Geldstrafe von 2 000 Euro bis 20 000 Euro, im Falle der erstmaligen und weiteren Wiederholung von 4 000 Euro bis 50 000 Euro;

2. wer
   a) entgegen § 3 Abs. 4 einen Ausländer beschäftigt, ohne die Beschäftigung der zuständigen regionalen Geschäftsstelle des Arbeitsmarktservice anzuzeigen, oder
   b) entgegen § 18 Abs. 5 oder 6 die Arbeitsleistungen eines Ausländers in Anspruch nimmt, ohne die Beschäftigung der zuständigen regionalen Geschäftsstelle des Arbeitsmarktservice rechtzeitig anzuzeigen, oder
   c) seinen Verpflichtungen gemäß § 26 Abs. 1 nicht nachkommt oder
   d) entgegen § 26 Abs. 2 den im § 26 Abs. 1 genannten Behörden und Rechtsträgern den Zutritt zu den Betriebsstätten, Betriebsräumen, auswärtigen Arbeitsstellen und Aufenthaltsräumen der Arbeitnehmer oder das Befahren von Privatstraßen nicht gewährt, oder
   e) entgegen § 26 Abs. 3 die Durchführung der Amtshandlung beeinträchtigt oder

f) entgegen dem § 26 Abs. 4 oder 4a die Durchführung der Amtshandlungen beeinträchtigt,

mit Geldstrafe von 150 Euro bis 5 000 Euro, im Fall der lit. c bis f mit Geldstrafe von 2 500 Euro bis 8 000 Euro;

3. wer

a) entgegen § 3 Abs. 6 einen Ausländer beschäftigt, ohne die ihm nach diesem Bundesgesetz erteilten Bewilligungen oder Bestätigungen im Betrieb zur Einsichtnahme bereitzuhalten, oder

b) die im § 26 Abs. 5 vorgesehenen Meldungen nicht erstattet,

mit Geldstrafe bis 2 000 Euro;

4. wer

a) entgegen § 18 Abs. 12 oder 13 als Unternehmen mit Betriebssitz in einem anderen Mitgliedstaat des Europäischen Wirtschaftsraumes einen Ausländer im Inland beschäftigt oder

b) entgegen § 18 Abs. 12 oder 13 die Arbeitsleistungen eines Ausländers, der von einem Unternehmen mit Betriebssitz in einem anderen Mitgliedstaat des Europäischen Wirtschaftsraumes zur Arbeitsleistung nach Österreich entsandt, überlassen oder im Rahmen eines unternehmensinternen Transfers vorübergehend abgestellt wird, in Anspruch nimmt,

obwohl § 18 Abs. 12 Z 1 oder 2, im Fall der Überlassung zusätzlich Z 3, nicht erfüllt ist und – im Fall der lit. b – auch keine EU-Entsendebestätigung oder EU-Überlassungsbestätigung ausgestellt wurde, bei unberechtigter Beschäftigung von höchstens drei Ausländern für jeden unberechtigt beschäftigten Ausländer mit Geldstrafe von 1 000 Euro bis 10 000 Euro, im Falle der erstmaligen und weiteren Wiederholung von 2 000 Euro bis 20 000 Euro, bei unberechtigter Beschäftigung von mehr als drei Ausländern für jeden unberechtigt beschäftigten Ausländer mit Geldstrafe von 2 000 Euro bis 20 000 Euro, im Falle der erstmaligen und weiteren Wiederholung von 4 000 Euro bis 50 000 Euro;

(BGBl I 2017/66)

5. wer entgegen § 32a Abs. 4 einen Ausländer, der gemäß § 32a Abs. 2 oder 3 unbeschränkten Arbeitsmarktzugang hat, ohne Freizügigkeitsbestätigung beschäftigt, mit Geldstrafe bis 1 000 Euro.

(BGBl 1990/450, BGBl 1993/19, BGBl 1994/314, BGBl 1995/895, BGBl I 1997/78, BGBl I 1999/120, BGBl I 2001/136, BGBl I 2002/68, BGBl I 2002/126, BGBl I 2004/28, BGBl I 2005/101, BGBl I 2005/103, BGBl I 2007/78, BGBl I 2009/91, BGBl I 2011/25, BGBl I 2013/72)

(2) (aufgehoben)

(BGBl I 2015/113)

(3) Die Eingänge aus den gemäß Abs. 1 verhängten Geldstrafen fließen dem Arbeitsmarktservice zu.

(BGBl 1988/231, BGBl 1994/314)

(4) Abs. 1 ist nicht anzuwenden, wenn die Zuwiderhandlung vom Organ einer Gebietskörperschaft begangen worden ist. Besteht bei einer Bezirksverwaltungsbehörde der Verdacht einer Zuwiderhandlung durch ein solches Organ, so hat sie, wenn es sich um ein Organ des Bundes oder eines Landes handelt, eine Anzeige an das oberste Organ, dem das der Zuwiderhandlung verdächtige Organ untersteht (Art. 20 Abs. 1 erster Satz B-VG), zu erstatten, in allen anderen Fällen aber an die Aufsichtsbehörde.

(BGBl 1990/450)

(5) Die Bezirksverwaltungsbehörde hat bei Übertretungen nach Abs. 1 Z 1 die unberechtigte Beschäftigung eines Ausländers zu schlechteren Lohn- und Arbeitsbedingungen als sie die jeweils anzuwendenden Normen der kollektiven Rechtsgestaltung vorsehen, bei der Strafbemessung als besonders erschwerend zu berücksichtigen.

(BGBl 1995/895)

(6) Ein Unternehmen, welches die Erbringung einer Leistung an ein anderes Unternehmen ganz oder teilweise weitergibt, ist neben dem beauftragten Unternehmen gemäß Abs. 1 Z 1 zu bestrafen, wenn es

1. die Übertretung des von ihm unmittelbar beauftragten oder – im Fall der Auftragsweitergabe – jedes weiteren beauftragten Unternehmens bei der Auftragserfüllung wissentlich geduldet hat, oder
2. seiner Verpflichtung gemäß § 26 Abs. 6 nicht nachgekommen ist.

(BGBl 1995/895, BGBl I 1997/78, BGBl I 1998/171, BGBl I 2002/160, BGBl I 2011/25)

(7) Wird ein Ausländer in Betriebsräumen, an Arbeitsplätzen oder auf auswärtigen Arbeitsstellen eines Unternehmens angetroffen, die im allgemeinen Betriebsfremden nicht zugänglich sind, ist das Vorliegen einer nach diesem Bundesgesetz unberechtigten Beschäftigung von der Bezirksverwaltungsbehörde ohne weiteres anzunehmen, wenn der Beschäftiger nicht glaubhaft macht, daß eine unberechtigte Beschäftigung nicht vorliegt.

(BGBl 1995/895)

(8) In den Fällen der Betriebsentsendung, der grenzüberschreitenden Überlassung oder des unternehmensinternen Transfers gilt die Verwaltungsübertretung als in dem Sprengel der Bezirksverwaltungsbehörde begangen, in dem der Arbeits(Einsatz)ort der nach Österreich entsandten, überlassenen oder unternehmensintern transferierten Arbeitnehmer liegt, bei wechselnden Arbeits(Einsatz)orten am Ort der Kontrolle.

(BGBl I 2015/113, BGBl I 2017/66)

Beteiligung am Verwaltungsstrafverfahren und Bestellung von verantwortlichen Beauftragten

§ 28a. (1) Die Abgabenbehörde hat in Verwaltungsstrafverfahren nach § 28 Abs. 1 Z 1, 4 und 5, nach § 28 Abs. 1 Z 2 lit. c bis f dann, wenn die Übertretung die Überwachung der Einhaltung der Bestimmungen dieses Bundesgesetzes durch die Abgabenbehörde betrifft, Parteistellung und ist berechtigt, Beschwerden gegen Bescheide sowie Einspruch gegen Strafverfügungen zu erheben. Der Bundesminister für Arbeit, Soziales und Konsumentenschutz und der Bundesminister für Finanzen sind berechtigt, gegen Entscheidungen der Verwaltungsgerichte der Länder Revision an den Verwaltungsgerichtshof zu erheben. Die Verwaltungsgerichte der Länder haben Ausfertigungen solcher Entscheidungen unverzüglich dem Bundesministerium für Arbeit, Soziales und Konsumentenschutz zu übermitteln.

(BGBl 1996/201, BGBl I 2002/68, BGBl I 2006/99, BGBl I 2013/72)

(1)[a] „Das Amt für Betrugsbekämpfung" hat in Verwaltungsstrafverfahren nach § 28 Abs. 1 Z 1, 4 und 5, nach § 28 Abs. 1 Z 2 lit. c bis f dann, wenn die Übertretung die Überwachung der Einhaltung der Bestimmungen dieses Bundesgesetzes durch „das Amt für Betrugsbekämpfung" betrifft, Parteistellung und ist berechtigt, Beschwerden gegen Bescheide sowie Einspruch gegen Strafverfügungen zu erheben. Der Bundesminister für Arbeit, Soziales und Konsumentenschutz und der Bundesminister für Finanzen sind berechtigt, gegen Entscheidungen der Verwaltungsgerichte der Länder Revision an den Verwaltungsgerichtshof zu erheben. Die Verwaltungsgerichte der Länder haben Ausfertigungen solcher Entscheidungen unverzüglich dem Bundesministerium für Arbeit, Soziales und Konsumentenschutz zu übermitteln.

(BGBl 1996/201, BGBl I 2002/68, BGBl I 2006/99, BGBl I 2013/72, BGBl I 2019/104)

[a] Tritt mit 1. Juli 2020 in Kraft.

(2) Stellt die Abgabenbehörde eine Übertretung fest, die nach

1. § 28 Abs. 1 Z 1, 4 und 5,

   (BGBl I 2006/99, BGBl I 2013/72)

2. § 28 Abs. 1 Z 2 lit. c bis f

zu bestrafen ist, hat die Abgabenbehörde Strafanzeige an die zuständige Verwaltungsstrafbehörde zu erstatten, im Fall der Z 2 nur dann, wenn die Übertretung die Überwachung der Einhaltung der Bestimmungen dieses Bundesgesetzes durch die Abgabenbehörde betrifft. Mit der Anzeige ist ein bestimmtes Strafausmaß zu beantragen.

(BGBl I 2002/68)

(2)[a] Stellt „das Amt für Betrugsbekämpfung" eine Übertretung fest, die nach

1. § 28 Abs. 1 Z 1, 4 und 5,

   (BGBl I 2006/99, BGBl I 2013/72)

2. § 28 Abs. 1 Z 2 lit. c bis f

zu bestrafen ist, hat „das Amt für Betrugsbekämpfung" Strafanzeige an die zuständige Verwaltungsstrafbehörde zu erstatten, im Fall der Z 2 nur dann, wenn die Übertretung die Überwachung der Einhaltung der Bestimmungen dieses Bundesgesetzes durch „das Amt für Betrugsbekämpfung" betrifft. Mit der Anzeige ist ein bestimmtes Strafausmaß zu beantragen.

(BGBl I 2002/68, BGBl I 2019/104)

[a] Tritt mit 1. Juli 2020 in Kraft.

(3) Die Bestellung von verantwortlichen Beauftragten gemäß § 9 Abs. 2 und 3 des Verwaltungsstrafgesetzes 1991 – VStG, BGBl. Nr. 52, in der jeweils geltenden Fassung, für die Einhaltung dieses Bundesgesetzes wird erst rechtswirksam, nachdem „bei der zuständigen Abgabenbehörde"[a] eine schriftliche Mitteilung über die Bestellung samt einem Nachweis der Zustimmung des Bestellten eingelangt ist. Dies gilt nicht für die Bestellung von verantwortlichen Beauftragten auf Verlangen der Behörde gemäß § 9 Abs. 2 VStG.

(BGBl I 2002/68, BGBl I 2019/104)

[a] Ab 1. Juli 2020: „bei der Zentralen Koordinationsstelle".

(4) Der Arbeitgeber hat den Widerruf der Bestellung und das Ausscheiden von verantwortlichen Beauftragten nach Abs. 3 „der zuständigen Abgabenbehörde"[a] unverzüglich schriftlich mitzuteilen.

(BGBl I 2002/68, BGBl I 2019/104)

[a] Ab 1. Juli 2020: „dem Amt für Betrugsbekämpfung".

(BGBl 1990/450, BGBl 1994/314, BGBl 1995/895, BGBl I 2005/103)

Zentrale Verwaltungsstrafevidenz

§ 28b. (1) „Der Bundesminister für Finanzen"[a] hat öffentlichen Auftraggebern für die Zwecke der Auftragsvergabe auf Verlangen binnen zwei Wochen Auskunft darüber zu geben, ob dem im Auskunftsersuchen genannten Unternehmen (Bewerber, Bieter, Subunternehmer) eine rechtskräftige Bestrafung gemäß § 28 Abs. 1 Z 1 zuzurechnen ist. In dieser Auskunft ist entweder die Anzahl der nach Abs. 2 zu berücksichtigenden Bestrafungen einschließlich der maßgeblichen Daten der Strafbescheide (Strafbehörde, Aktenzahl, Entscheidungs- und Rechtskraftdatum, Name und Geburtsdatum des Bestraften, Tatzeit, Zahl der beschäftigten Ausländer, verhängte Geldstrafen) anzugeben oder festzustellen, daß keine zu berücksichtigende Bestrafung vorliegt.

(BGBl I 2002/68, BGBl I 2013/72, BGBl I 2019/104)

[a] Ab 1. Juli 2020: „Das Amt für Betrugsbekämpfung".

(2) Eine Bestrafung gemäß § 28 Abs. 1 Z 1 ist dem im Auskunftsersuchen genannten Unternehmen zuzurechnen, wenn diese Bestrafung entweder gegen den Bewerber, Bieter oder Subunternehmer selbst oder gegen ein verantwortliches Organ (§ 9 Abs. 1 VStG) oder einen verantwortlichen Beauftragten (§ 9 Abs. 2 oder 3 VStG) rechtskräftig verhängt wurde. Die erste registrierte rechts-

AuslBG

kräftige Bestrafung ist dabei nicht zu berücksichtigen. Die zweite Bestrafung ist nach Ablauf eines Jahres nach Eintritt der Rechtskraft, jede weitere jeweils nach Ablauf von zwei Jahren nach Eintritt der Rechtskraft nicht mehr zu berücksichtigen. Rechtskräftige Bestrafungen wegen unberechtigter Beschäftigung mehrerer Ausländer zählen als eine Bestrafung, wenn diese Ausländer gleichzeitig oder in zeitlichem Zusammenhang am selben Ort beschäftigt wurden.

(3) Für Zwecke der Erteilung von Auskünften nach Abs. 1 und § 30 Abs. 3 sowie für Zwecke der Beurteilung der Bewilligungsvoraussetzungen nach § 4 Abs. 1 Z 4 und 5 hat das „Bundesministerium für Finanzen“[a] eine zentrale Evidenz verwaltungsbehördlicher Strafverfahren gemäß § 28 Abs. 1 Z 1 zu führen. Diese kann automationsunterstützt geführt werden.

(BGBl I 2002/68, BGBl I 2011/25, BGBl I 2019/104)

[a] Ab 1. Juli 2020: „Amt für Betrugsbekämpfung“.

(4) Die Verwaltungsstrafbehörden und die Verwaltungsgerichte der Länder haben Ausfertigungen rechtskräftiger Entscheidungen, die sie in Strafverfahren gemäß § 28 Abs. 1 Z 1 erlassen haben, unverzüglich dem „Bundesministerium für Finanzen“[a] zu übermitteln. Desgleichen haben sie Ausfertigungen rechtskräftiger Entscheidungen, mit denen eine Strafe gemäß § 28 Abs. 1 Z 1 gegen verantwortliche Beauftragte im Sinne des § 9 Abs. 2 letzter Satz und 3 VStG verhängt wurde, jenem Unternehmen zuzustellen, dem diese Bestrafung gemäß Abs. 2 zuzurechnen ist. In die Entscheidung ist ein Hinweis darauf aufzunehmen, dass mit der rechtskräftigen Bestrafung die Eintragung des Beschuldigten und jenes Unternehmens, dem die Bestrafung zuzurechnen ist, in die Verwaltungsstrafevidenz verbunden ist.

(BGBl I 2002/68, BGBl I 2013/72, BGBl I 2019/104)

[a] Ab 1. Juli 2020: „Amt für Betrugsbekämpfung“.

(5) „Der Bundesminister für Finanzen“[a] hat Unternehmen, die sich um öffentliche Aufträge im Ausland bewerben, auf Antrag mitzuteilen, ob ihnen rechtskräftige Bestrafungen gemäß § 28 Abs. 1 Z 1 zuzurechnen sind. In der Auskunft gemäß § 30b Abs. 3 sind die Anzahl der rechtskräftigen Bestrafungen gemäß § 28 Abs. 1 Z 1 und der jeweils betroffenen Ausländer anzugeben. Gemäß § 55 Abs. 1 VStG getilgte Bestrafungen sind nicht mehr zu berücksichtigen.

(BGBl I 2011/25, BGBl I 2019/104)

[a] Ab 1. Juli 2020: „Das Amt für Betrugsbekämpfung“.

(6) Abs. 4 gilt sinngemäß auch für Bestrafungen gemäß § 28 Abs. 6.

(BGBl I 2011/25)

(BGBl 1993/463, BGBl 1995/895, BGBl 1996/776, BGBl I 1998/155, BGBl I 1999/120)

Gerichtlich strafbare Handlungen

§ 28c. (1) Wer entgegen § 3 Abs. 1 gleichzeitig eine größere Zahl von Ausländern ohne Aufenthaltsrecht im Bundesgebiet oder einen minderjährigen Ausländer ohne Aufenthaltsrecht im Bundesgebiet beschäftigt, ist vom Gericht mit Freiheitsstrafe bis zu sechs Monaten oder mit Geldstrafe bis zu 360 Tagessätzen zu bestrafen.

(2) Mit Freiheitsstrafe bis zu zwei Jahren ist zu bestrafen, wer entgegen § 3 Abs. 1

1. einen Ausländer ohne Aufenthaltsrecht im Bundesgebiet unter besonders ausbeuterischen Arbeitsbedingungen,
2. einen Ausländer ohne Aufenthaltsrecht im Bundesgebiet, von dem er weiß, dass er ein Opfer von Menschenhandel (§ 104a StGB) ist, unter Nutzung seiner unter Zwang erbrachten Arbeiten oder Leistungen oder
3. eine größere Zahl von Ausländern ohne Aufenthaltsrecht im Bundesgebiet länger als einen Monat

beschäftigt.

(3) Der unerlaubt beschäftigte Ausländer ist nicht als Beitragstäter (§ 12 dritter Fall des Strafgesetzbuches – StGB, BGBl. Nr. 60/1974) zu bestrafen.

(BGBl I 2013/72)

(4) Die Abs. 1 und 2 sind nicht anzuwenden, sofern die Tat nach anderen Bestimmungen mit gleicher oder strengerer Strafe bedroht ist.

(BGBl I 2013/72)

(BGBl I 2011/25)

Ansprüche des Ausländers

§ 29. (1) Ausländer, die entgegen den Vorschriften dieses Bundesgesetzes ohne Beschäftigungsbewilligung beschäftigt werden, haben gegenüber dem sie beschäftigenden Betriebsinhaber für die Dauer der Beschäftigung die gleichen Ansprüche wie auf Grund eines gültigen Arbeitsvertrages und Anspruch auf Ersatz der Kosten einer Auslandsüberweisung des Entgelts. Die unerlaubte Beschäftigung gilt als zumindest drei Monate ausgeübt, sofern der Arbeitgeber oder der Ausländer nicht anderes nachweisen.

(BGBl I 2011/25)

(2) Beruht das Fehlen der Beschäftigungsbewilligung jedoch auf einem Verschulden des Betriebsinhabers, dann ist der Ausländer auch bezüglich der Ansprüche aus der Beendigung des Beschäftigungsverhältnisses so zu stellen, als ob er auf Grund eines gültigen Arbeitsvertrages beschäftigt gewesen wäre. Auf die Bestimmungen des besonderen Kündigungs- und Entlassungsschutzes ist jedoch nicht Bedacht zu nehmen.

(3) Der Ausländer, dessen Arbeitsverhältnis wegen Wegfalls der Beschäftigungsbewilligung endet, hat Anspruch auf Schadenersatz wie auf Grund eines berechtigten vorzeitigen Austritts, wenn der Wegfall der Beschäftigungsbewilligung auf einem Verschulden des Arbeitgebers beruht.

Bei Bemessung des Schadenersatzanspruches ist auf die Bestimmungen des besonderen Kündigungs- und Entlassungsschutzes jedoch nicht Bedacht zu nehmen.

(BGBl 1988/231)

Haftung des Auftraggebers

§ 29a. Ein Unternehmen, welches die Erbringung einer Leistung an ein anderes Unternehmen ganz oder teilweise weitergibt und Übertretungen eines mit der Erbringung dieser Leistung beauftragten Unternehmens gemäß § 28 Abs. 1 Z 1 wissentlich duldet oder seiner Verpflichtung gemäß § 26 Abs. 6 nicht nachkommt, haftet gemäß § 1356 des Allgemeinen bürgerlichen Gesetzbuches (ABGB), JGS Nr. 946/1811, als Ausfallsbürge für Ansprüche auf das Entgelt der zur Erbringung der Leistung eingesetzten Ausländer, das diesen für ihre Tätigkeit im Rahmen der vereinbarten Leistung gebührt, und auf Ersatz der Kosten für eine Auslandsüberweisung des Entgelts.

(BGBl I 2011/25)

Untersagung der Beschäftigung

§ 30. (1) Die Bezirksverwaltungsbehörde kann dem Arbeitgeber auf Antrag der nach dem Betriebssitz zuständigen Landesgeschäftsstelle des Arbeitsmarktservice, der Abgabenbehörde oder der sonst zur Wahrnehmung des Arbeitnehmerschutzes berufenen Behörde die Beschäftigung von Ausländern für die Dauer von längstens einem Jahr untersagen, wenn der Arbeitgeber innerhalb der letzten zwei Jahre vom Zeitpunkt der Antragstellung zurückgerechnet mindestens dreimal gemäß § 28 Abs. 1 Z 1 rechtskräftig bestraft wurde. Vor der Untersagung sind die in Betracht kommenden gesetzlichen Interessenvertretungen der Arbeitgeber und der Arbeitnehmer anzuhören. Im Untersagungsverfahren hat die Abgabenbehörde Parteistellung und ist berechtigt, Beschwerden gegen Bescheide zu erheben. Der Bundesminister für Arbeit, Soziales und Konsumentenschutz ist berechtigt, gegen Entscheidungen der Verwaltungsgerichte der Länder Revision an den Verwaltungsgerichtshof zu erheben. Die zuständigen Behörden haben Ausfertigungen solcher Entscheidungen unverzüglich dem Bundesminister für Arbeit, Soziales und Konsumentenschutz zu übermitteln.

(BGBl 1988/231, BGBl 1990/450, BGBl 1993/709, BGBl 1994/314, BGBl I 2002/68, BGBl I 2013/72)

(1)[a] Die Bezirksverwaltungsbehörde kann dem Arbeitgeber auf Antrag der nach dem Betriebssitz zuständigen Landesgeschäftsstelle des Arbeitsmarktservice, „dem Amt für Betrugsbekämpfung" oder der sonst zur Wahrnehmung des Arbeitnehmerschutzes berufenen Behörde die Beschäftigung von Ausländern für die Dauer von längstens einem Jahr untersagen, wenn der Arbeitgeber innerhalb der letzten zwei Jahre vom Zeitpunkt der Antragstellung zurückgerechnet mindestens dreimal gemäß § 28 Abs. 1 Z 1 rechtskräftig bestraft wurde. Vor der Untersagung sind die in Betracht kommenden gesetzlichen Interessenvertretungen der Arbeitgeber und der Arbeitnehmer anzuhören. Im Untersagungsverfahren hat „das Amt für Betrugsbekämpfung" Parteistellung und ist berechtigt, Beschwerden gegen Bescheide zu erheben. Der Bundesminister für Arbeit, Soziales und Konsumentenschutz ist berechtigt, gegen Entscheidungen der Verwaltungsgerichte der Länder Revision an den Verwaltungsgerichtshof zu erheben. Die zuständigen Behörden haben Ausfertigungen solcher Entscheidungen unverzüglich dem Bundesminister für Arbeit, Soziales und Konsumentenschutz zu übermitteln.

(BGBl 1988/231, BGBl 1990/450, BGBl 1993/709, BGBl 1994/314, BGBl I 2002/68, BGBl I 2013/72, BGBl I 2019/104)

---

[a] Tritt mit 1. Juli 2020 in Kraft.

(2) Die zum Zeitpunkt der Untersagung nach diesem Bundesgesetz erlaubte laufende Beschäftigung von Ausländern sowie die Beschäftigungsaufnahme von Ausländern mit einem gültigen Befreiungsschein werden von einer Untersagung nicht berührt.

(BGBl 1988/231, BGBl 1990/450, BGBl 1993/709, BGBl 1994/314)

(3) Den Bezirksverwaltungsbehörden sind die über den Arbeitgeber in der zentralen Verwaltungsstrafevidenz (§ 28b) gespeicherten und für die Untersagung relevanten Daten über rechtskräftige Bestrafungen gemäß § 28 Abs. 1 Z 1 zur Verfügung zu stellen.

(BGBl 1988/231, BGBl 1990/450, BGBl 1993/709, BGBl 1994/314)

(BGBl I 2005/103)

Einleitung des Verfahrens zur Entziehung der Gewerbeberechtigung

§ 30a. „Die Abgabenbehörde"[a] kann die Entziehung der Gewerbeberechtigung wegen wiederholter unerlaubter Beschäftigung von Ausländern beantragen. „Die Abgabenbehörde"[a] hat im Verfahren Parteistellung und ist berechtigt, Beschwerden gegen Bescheide zu erheben. Der Bundesminister für Arbeit, Soziales und Konsumentenschutz ist berechtigt, gegen Entscheidungen der Verwaltungsgerichte der Länder Revision an den Verwaltungsgerichtshof zu erheben. Die zuständigen Behörden haben Ausfertigungen solcher Entscheidungen unverzüglich dem Bundesminister für Arbeit, Soziales und Konsumentenschutz zu übermitteln.

(BGBl 1990/450, BGBl 1994/314, BGBl 1995/895, BGBl I 2002/68, BGBl I 2005/103, BGBl I 2013/72, BGBl I 2019/104)

---

[a] Ab 1. Juli 2020: „Das Amt für Betrugsbekämpfung".

Ausschluss und Rückzahlung von öffentlichen Förderungen

§ 30b. (1) Ein Unternehmen kann bis zu einer Dauer von drei Jahren von Förderungen aus Mitteln des Bundes einschließlich der vom Bund verwalteten Mittel der Europäischen Union ausgeschlossen werden, wenn die Förderung jeweils einen Betrag von 5 000 Euro übersteigt und das Unternehmen zum Zeitpunkt der Antragstellung wiederholt wegen unerlaubter Beschäftigung von mehr als drei Ausländern rechtskräftig bestraft wurde. Zudem hat es derartige in den letzten sechs Monaten bezogene Förderungen ab Rechtskraft der wiederholten Bestrafung binnen drei Monaten jener Stelle zurückzuerstatten, welche die Förderung gewährt hat.

(2) Von einem Ausschluss und einer Rückzahlung gemäß Abs. 1 ist abzusehen, wenn das Unternehmen glaubhaft macht, dass es konkrete technische, organisatorische oder personelle Maßnahmen getroffen hat, die geeignet sind, das nochmalige Setzen einer solchen strafbaren Handlung zu verhindern. Als derartige Maßnahmen gelten insbesondere

1. die Einführung eines qualitativ hochwertigen Berichts- und Kontrollwesens,
2. die Einschaltung eines Organs der inneren Revision zur regelmäßigen Überprüfung der Einhaltung der maßgeblichen Vorschriften,
3. die Einführung von internen Haftungs- und Schadenersatzregelungen zur Einhaltung der maßgeblichen Vorschriften.

(3) Die Stelle, die über ein Förderansuchen gemäß Abs. 1 entscheidet, hat vor der Bewilligung des Ansuchens eine Auskunft aus der Zentralen Verwaltungsstrafevidenz (§ 28b Abs. 5) einzuholen.

(BGBl I 2011/25)

§ 31. (aufgehoben)

(BGBl 1988/231, BGBl I 2007/78, BGBl I 2013/72)

Abschnitt VIII
Übergangsbestimmungen

(BGBl 1990/450)

§ 32. (1) Die Nichtanrechnung von Beschäftigungszeiten gemäß dem zweiten Satz des § 14a Abs. 1 gilt nicht für Beschäftigungsverhältnisse, die vor dem 1. Juni 1996 aufgenommen wurden.

(BGBl I 1997/78)

(2) Die vom Arbeitsmarktservice in unmittelbarer Anwendung des ARB Nr. 1/1980 ausgestellten Feststellungsbescheide verlieren mit 1. Jänner 1999 ihre Gültigkeit. Sie sind bis zu diesem Zeitpunkt auf die Höchstzahlen nach diesem Bundesgesetz anzurechnen. Auf Grund eines Feststellungsbescheides vor dem 1. Jänner 1999 eingegangene Arbeitsverhältnisse bleiben unberührt.

(BGBl I 1997/78)

(3) Die Nichtanrechnung von Beschäftigungszeiten als Künstler gemäß § 14a Abs. 1 Z 5 gilt nicht für Beschäftigungsverhältnisse, die vor dem 1. Jänner 1998 eingegangen wurden.

(BGBl I 1997/78)

(4) Der Bundesminister für Wirtschaft und Arbeit hat dem Bundesminister für Finanzen die auf der Grundlage des § 28b in seinen vor dem In-Kraft-Treten des Bundesgesetzes BGBl. I Nr. 68/2002 geltenden Fassungen evident gehaltenen Daten, Bescheide und sonstige Erledigungen zum Zweck der Erteilung von Auskünften nach § 28b Abs. 1 und § 30 Abs. 3 sowie zum Zweck der Beurteilung der Bewilligungsvoraussetzungen nach § 4 Abs. 3 Z 11 und 12 spätestens mit In-Kraft-Treten dieses Bundesgesetzes in automationsunterstützter Form zur Verfügung zu stellen.

(BGBl I 2002/68)

(5) Zugleich mit der Übertragung der Aufgaben nach diesem Bundesgesetz an den Bundesminister für Finanzen gehen die für die Besorgung dieser Aufgaben vorgesehenen Planstellen aus dem Planstellenbereich des Bundesministeriums für Wirtschaft und Arbeit in den Planstellenbereich des Bundesministers für Finanzen über. Bedienstete, die ausschließlich oder überwiegend Aufgaben besorgen, die ab 1. Juli 2002 in den Wirkungsbereich des Bundesministeriums für Finanzen fallen, sind in den Planstellenbereich des Bundesministeriums für Finanzen zu übernehmen. Der Bundesminister für Wirtschaft und Arbeit hat nach Anhörung des zuständigen Zentralausschusses mit Bescheid festzustellen, welche Beamten des Bundesministeriums für Wirtschaft und Arbeit (Zentralleitung und Arbeitsinspektorate) ausschließlich oder überwiegend Aufgaben besorgen, die ab 1. Juli 2002 in den Wirkungsbereich des Bundesministeriums für Finanzen fallen. Für vertraglich Bedienstete tritt an die Stelle des Bescheides eine Dienstgebererklärung.

(BGBl I 2002/68)

(6) Befreiungsscheine, die vor dem 1. Jänner 2003 nach diesem Bundesgesetz ausgestellt wurden, bleiben bis zum Ablauf ihrer jeweiligen Geltungsdauer gültig.

(BGBl I 2002/126)

(7) Verordnungen, die vor dem 1. Jänner 2003 auf Grund des § 9 FrG erlassen wurden, gelten als Verordnungen gemäß § 5 weiter.

(BGBl I 2002/126)

(8) Beschäftigungsbewilligungen, die vor dem 1. Jänner 2003 gemäß § 9 FrG erteilt wurden, sind Beschäftigungsbewilligungen gemäß § 5 gleichzuhalten.

(BGBl I 2002/126)

(9) § 1 Abs. 2 lit. l und § 18 Abs. 12 bis 16 gelten ab dem 1. Juni 2004 sinngemäß auch für Staatsangehörige der Schweizerischen Eidgenossenschaft und für Arbeitgeber mit Betriebssitz in der Schweizerischen Eidgenossenschaft.

(BGBl I 2004/28)

(10) Verordnungen, die vor In-Kraft-Treten des Bundesgesetzes BGBl. I Nr. 25/2011 aufgrund des § 12a Abs. 2 erlassen wurden, gelten als Verordnungen gemäß § 14 Abs. 3 weiter.

(BGBl I 2011/25)

(11) Vor Inkrafttreten des Bundesgesetzes BGBl. I Nr. 72/2013 ausgestellte Arbeitserlaubnis-

se und Befreiungsscheine bleiben bis zum Ablauf ihrer jeweiligen Geltungsdauer gültig.

(BGBl I 2013/72)

(12) Verordnungen, die vor Inkrafttreten des Bundesgesetzes BGBl. I Nr. 72/2013 aufgrund des § 14 Abs. 3 erlassen wurden, gelten als Verordnungen gemäß § 4 Abs. 4 weiter.

(BGBl I 2013/72)

(BGBl 1990/450, BGBl 1993/19, BGBl 1993/501, BGBl 1996/201)

Übergangsbestimmungen zur EU-Erweiterung

§ 32a. (1) Staatsangehörige der Mitgliedstaaten der Europäischen Union, die am 1. Jänner 2007 aufgrund des Vertrages über den Beitritt der Republik Bulgarien und Rumäniens zur Europäischen Union (Beitrittsvertrag von Luxemburg), Amtsblatt der Europäischen Union Nr. L 157 vom 21. Juni 2005, Seite 11, der Europäischen Union beigetreten sind, genießen keine Arbeitnehmerfreizügigkeit im Sinne des § 1 Abs. 2 lit. l, es sei denn, sie sind Angehörige eines gemeinschaftsrechtlich aufenthaltsberechtigten Staatsangehörigen eines anderen EWR-Mitgliedstaates gemäß § 52 Abs. 1 Z 1 bis 3 NAG.

(2) EU-Bürger gemäß Abs. 1 haben unbeschränkten Zugang zum Arbeitsmarkt, wenn sie

1. am Tag des Beitritts oder nach dem Beitritt rechtmäßig im Bundesgebiet beschäftigt sind und ununterbrochen mindestens zwölf Monate zum Arbeitsmarkt zugelassen waren oder
2. die Voraussetzungen des § 15 sinngemäß erfüllen oder

   (BGBl I 2013/72)
3. seit fünf Jahren im Bundesgebiet dauernd niedergelassen sind und über ein regelmäßiges Einkommen aus erlaubter Erwerbstätigkeit verfügen.

(3) Ehegatten und eingetragene Partner von EU-Bürgern gemäß Abs. 2 und deren Verwandte in gerader absteigender Linie, die das 21. Lebensjahr noch nicht vollendet haben und darüber hinaus, sofern ihnen von diesen Unterhalt gewährt wird, haben unbeschränkten Zugang zum Arbeitsmarkt, wenn sie mit diesen einen gemeinsamen rechtmäßigen Wohnsitz im Bundesgebiet haben.

(4) Das Recht auf unbeschränkten Zugang zum Arbeitsmarkt gemäß Abs. 2 und 3 ist von der regionalen Geschäftsstelle des Arbeitsmarktservice zu bestätigen. Die Bestätigung ist vor Beginn der Beschäftigung einzuholen. Der Arbeitgeber hat eine Ausfertigung der Bestätigung im Betrieb zur Einsichtnahme bereitzuhalten. Die Bestätigung erlischt bei Ausreise aus dem Bundesgebiet aus einem nicht nur vorübergehenden Grunde.

(5) (aufgehoben)

(BGBl I 2013/72)

(6) Für die Beschäftigung von EU-Bürgern gemäß Abs. 1 oder Drittstaatsangehörigen, die von einem Arbeitgeber mit Betriebssitz in der Republik Bulgarien oder in Rumänien zur vorübergehenden Erbringung von Dienstleistungen in einem Dienstleistungssektor nach Österreich entsandt werden, für den nach Nr. 13 des Übergangsarrangements zum Kapitel Freizügigkeit im Beitrittsvertrag (Liste nach Art. 23 der Beitrittsakte in den Anhängen VI und VII) Einschränkungen der Dienstleistungsfreiheit gemäß Art. 49 EGV zulässig sind, ist § 18 Abs. 1 bis 11 anzuwenden. In einem Dienstleistungssektor, in dem Einschränkungen nicht zulässig sind, ist § 18 Abs. 12 anzuwenden.

(7) Für die Beschäftigung von EU-Bürgern gemäß Abs. 1, die von einem Arbeitgeber mit Betriebssitz in einem nicht in Abs. 6 genannten EWR-Mitgliedstaat zur vorübergehenden Erbringung von Dienstleistungen nach Österreich entsandt werden, ist § 18 Abs. 12 anzuwenden.

(8) Die gesetzliche Vermutung und die Verpflichtung zur Einholung eines Feststellungsbescheides gemäß § 2 Abs. 4 gelten nicht für Gesellschafter, die Staatsangehörige der in Abs. 1 genannten Mitgliedstaaten der Europäischen Union sind. Die Firmenbuchgerichte haben jedoch die Eintragung solcher Gesellschafter in das Firmenbuch der zuständigen regionalen Geschäftsstelle des Arbeitsmarktservice zu melden, sofern sie Grund zur Annahme haben, dass die Gesellschafter Arbeitsleistungen im Sinne des § 2 Abs. 4 für die Gesellschaft erbringen. Die regionale Geschäftsstelle hat die Tätigkeit des Gesellschafters nach ihrem wahren wirtschaftlichen Gehalt zu prüfen. Die Gesellschafter haben an der Ermittlung des Sachverhaltes mitzuwirken. Stellt die regionale Geschäftsstelle fest, dass die Tätigkeit der Bewilligungspflicht nach diesem Bundesgesetz unterliegt, oder wirkt der Gesellschafter trotz schriftlicher Aufforderung nicht binnen angemessener Frist an der Ermittlung des Sachverhaltes mit, hat sie – sofern keine entsprechende Bewilligung vorliegt – die Beschäftigung zu untersagen und „die zuständige Abgabenbehörde“[a] zu verständigen.

(BGBl I 2019/104)

[a] Ab 1. Juli 2020: „das Amt für Betrugsbekämpfung“.

(9) Arbeitgebern, die EU-Bürger gemäß Abs. 1 als Fach- oder Schlüsselkräfte oder als Künstler zu beschäftigen beabsichtigen, ist auf Antrag eine Beschäftigungsbewilligung zu erteilen, wenn die jeweiligen Zulassungskriterien gemäß Abschnitt III erfüllt sind. Ehegatten und minderjährige ledige Kinder von Fach- und Schlüsselkräften haben unbeschränkten Zugang zum Arbeitsmarkt, der von der regionalen Geschäftsstelle des Arbeitsmarktservice zu bestätigen ist.

(BGBl I 2013/72)

(10) Bürgern der Republik Estland, der Republik Lettland, der Republik Litauen, der Republik Polen, der Slowakischen Republik, der Republik Slowenien, der Tschechischen Republik und der Republik Ungarn nach diesem Bundesgesetz erteilte Berechtigungen und Bestätigungen zur Ar-

beitsaufnahme verlieren mit Ablauf des 30. April 2011 ihre Gültigkeit.

(11) Aufgrund des Vertrages über den Beitritt der Republik Kroatien zur Europäischen Union, ABL. Nr. L 112 vom 24.04.2012 S. 10, gelten die Abs. 1 bis 9 ab dem EU-Beitritt Kroatiens sinngemäß für Staatsangehörige der Republik Kroatien und für Arbeitgeber mit Betriebssitz in der Republik Kroatien. Kroatischen Staatsangehörigen, die bis zum Beitritt gemäß § 17 zur Ausübung einer Beschäftigung im gesamten Bundesgebiet berechtigt waren, ist ohne weitere Prüfung ein unbeschränkter Arbeitsmarktzugang zu bestätigen. Die Abs. 3 und 4 sind mit der Maßgabe anzuwenden, dass den dort genannten Familienangehörigen in den ersten zwei Jahren ab dem Beitritt unbeschränkter Arbeitsmarktzugang nur dann zu bestätigen ist, wenn sie mit dem kroatischen Staatsangehörigen, der bereits unbeschränkten Zugang zum Arbeitsmarkt hat, am Tag des Beitritts oder, sofern sie erst später nachziehen, mindestens achtzehn Monate einen gemeinsamen rechtmäßigen Wohnsitz im Bundesgebiet hatten. Diese Frist entfällt, wenn der kroatische Staatsangehörige bis zum Beitritt über eine „Rot-Weiß-Rot – Karte", eine „Rot-Weiß-Rot – Karte plus", eine „Blaue Karte EU" oder einen Aufenthaltstitel „Daueraufenthalt – EG" verfügt hat.

(BGBl I 2013/72)

(11a) Für Ausländer, die von einem Arbeitgeber mit Betriebssitz in der Republik Kroatien nach Österreich überlassen werden, ist ein Antrag auf Beschäftigungsbewilligung bei der zuständigen regionalen Geschäftsstelle des Arbeitsmarktservice einzubringen. Die Ausländer werden zur Beschäftigung zugelassen, wenn die Voraussetzungen des § 4 Abs. 1 und 3 Z 1 erfüllt sind.

(BGBl I 2017/66)

(12) Die Abs. 1 bis 9 sind auf Staatsangehörige der Republik Bulgarien und Rumäniens und auf Arbeitgeber mit Betriebssitz in diesen Mitgliedstaaten ab 1. Jänner 2014 nicht mehr anzuwenden. Ihnen nach diesem Bundesgesetz erteilte Berechtigungen oder Bestätigungen zur Arbeitsaufnahme verlieren mit Ablauf des 31. Dezember 2013 ihre Gültigkeit.

(BGBl I 2013/72)

(BGBl I 2004/28, BGBl I 2005/101, BGBl I 2006/85, BGBl I 2009/91, BGBl I 2011/25)

Übergangsbestimmung zum Austritt des Vereinigten Königreichs Großbritannien und Nordirland aus der Europäischen Union

§ 32b.[a] Staatsangehörige des Vereinigten Königreichs Großbritannien und Nordirland und deren Angehörige, die vor dem Austritt des Vereinigten Königreichs Großbritannien und Nordirland aus der Europäischen Union über ein unionsrechtliches Aufenthaltsrecht gemäß den §§ 51, 52, 53a, 54 oder 54a NAG verfügt haben und zum Zeitpunkt des Wirksamwerdens des Austritts des Vereinigten Königreichs Großbritannien und Nordirland aus der Europäischen Union rechtmäßig im Bundesgebiet beschäftigt waren, haben, sofern sie binnen sechs Monaten nach Wirksamwerden des Austritts einen Antrag auf einen Aufenthaltstitel gestellt haben, bis zur rechtskräftigen Entscheidung über diesen Antrag weiterhin einen unbeschränkten Zugang zum Arbeitsmarkt.

(BGBl I 2019/25)

[a] Tritt mit dem Zeitpunkt des Wirksamwerdens des Austritts des Vereinigten Königreichs Großbritannien und Nordirland aus der Europäischen Union unter der Bedingung in Kraft, dass der Austritt ohne Austrittsabkommen gemäß Art. 50 Abs. 2 EUV erfolgt. Da ein Austrittsabkommen abgeschlossen wurde, erlangt die Bestimmung keine Wirksamkeit.

Schlußbestimmungen

Aufhebung von Rechtsvorschriften

§ 33. Mit dem Inkrafttreten dieses Bundesgesetzes treten die Verordnung über ausländische Arbeitnehmer vom 23. Jänner 1933, deutsches RGBl. I S. 26, und die hiezu ergangenen Durchführungsvorschriften sowie die Bestimmung des § 258 des Gesetzes über Arbeitsvermittlung und Arbeitslosenversicherung vom 16. Juli 1927, deutsches RGBl. I S. 187, außer Kraft.

Verweisungen

§ 33a. Soweit in diesem Bundesgesetz auf Bestimmungen anderer Bundesgesetze verwiesen wird, sind diese in ihrer jeweils geltenden Fassung anzuwenden.

(BGBl I 1999/120)

Sprachliche Gleichbehandlung

§ 33b. Soweit in diesem Bundesgesetz auf natürliche Personen bezogene Bezeichnungen nur in männlicher Form angeführt sind, beziehen sie sich auf Frauen und Männer in gleicher Weise. Bei der Anwendung der Bezeichnung auf bestimmte natürliche Personen ist die jeweils geschlechtsspezifische Form zu verwenden.

(BGBl I 2002/126)

Wirksamkeitsbeginn

§ 34. (1) § 32 Abs. 1 tritt mit 1. August 1990, die übrigen Bestimmungen treten mit 1. Oktober 1990 in Kraft.

(BGBl 1990/450)

(2) Verordnungen und Bescheide auf Grund dieses Bundesgesetzes können bereits von dem seiner Kundmachung folgenden Tag an erlassen werden; sie dürfen jedoch erst mit dem im Abs. 1 bezeichneten Zeitpunkt in Kraft treten.

(BGBl 1990/450)

(3) § 27 Abs. 4 in der Fassung des Bundesgesetzes BGBl. Nr. 501/1993 tritt mit 1. Juli 1993 in Kraft.

(BGBl 1990/450, BGBl 1992/475, BGBl 1993/501)

(4) § 4 Abs. 3 Z 7, § 26 Abs. 5, § 28 Abs. 1 Z 4 lit. c treten mit Ablauf des 31. Dezember 1992 außer Kraft.

(BGBl 1991/684)

(5) § 1 Abs. 2 lit. l, § 3 Abs. 7, § 14a Abs. 1 und 3, § 15 Abs. 1, 3 und 4, § 15a Abs. 3 und § 16 Abs. 1 in der Fassung des Bundesgesetzes BGBl. Nr. 475/1992 treten gleichzeitig mit dem Abkommen über den Europäischen Wirtschaftsraum in Kraft.

(6) § 4 Abs. 3 Z 7, § 4b, § 20b Abs. 4, § 27 Abs. 4 und § 31a in der Fassung des Bundesgesetzes BGBl. Nr. 475/1992 treten mit 1. Juli 1993 in Kraft.

(BGBl 1992/475)

(7) § 4 Abs. 3 Z 15, § 14d Abs. 1, § 26 Abs. 5 und § 28 Abs. 1 Z 4 lit. c in der Fassung des Bundesgesetzes BGBl. Nr. 19/1993 treten mit 1. Jänner 1993 in Kraft.

(BGBl 1993/19)

(8) (aufgehoben)

(BGBl 1993/19, BGBl 1993/501, BGBl 1993/502)

(9) § 28b in der Fassung des Bundesgesetzes BGBl. Nr. 463/1993 tritt mit 1. Juli 1993 in Kraft.

(BGBl 1993/463)

(10) § 1 Abs. 2 lit. m in der Fassung des Bundesgesetzes BGBl. Nr. 501/1993 tritt gleichzeitig mit dem EWR-Abkommen in Kraft.*)

(BGBl 1993/501)

*) Die Kundmachung des Abkommens und seines Inkrafttretens wird zu einem späteren Zeitpunkt erfolgen.

[Das Abkommen über den Europäischen Wirtschaftsraum ist seit 1.1.1994 in Kraft, vgl. BGBl. 1993/917]

(11) § 2 Abs. 4 und § 4 Abs. 10 in der Fassung des Bundesgesetzes BGBl. Nr. 502/1993 treten mit 1. August 1993 in Kraft.

(BGBl 1993/502)

(12) § 4 Abs. 3 Z 16 in der Fassung des Bundesgesetzes BGBl. Nr. 502/1993 tritt mit 1. August 1993 in Kraft und ist auf Sachverhalte anzuwenden, die sich nach dem 1. August 1993 ereignen.

(BGBl 1993/502)

(13) Die §§ 2 Abs. 4, 3 Abs. 3, 4 und 5, 4 Abs. 6 Z 1 und Abs. 9, 4b Abs. 2 Z 2, 5 Abs. 3, 6 Abs. 1 und 3, 8 Abs. 2, 14 Abs. 2, 14d Abs. 1 und 2, 14f Abs. 3, 15 Abs. 4, 16 Abs. 3, 18 Abs. 3, 4, 5, 6 und 7, 19 Abs. 1, 3, 4 und 7, 20, 20a, 20b, 22, 23, 26 Abs. 1 und 5, 27, 28 Abs. 1 Z 2 und Abs. 3, 28a, 30 und 30a in der Fassung des Bundesgesetzes BGBl. Nr. 314/1994 treten mit 1. Juli 1994 in Kraft. Bis zum Inkrafttreten einer entsprechenden Verordnung des Bundesministers für Arbeit und Soziales gemäß § 74 Abs. 1 des Arbeitsmarktservicegesetzes, BGBl. Nr. 313/1994, obliegen die Aufgaben und Befugnisse der Arbeitsinspektorate und des Bundesministers für Arbeit und Soziales gemäß §§ 28a, 30 und 30a den jeweiligen Landesgeschäftsstellen des Arbeitsmarktservice und die Aufgaben und Befugnisse der Arbeitsinspektorate gemäß §§ 26, 27 und 28 den jeweiligen regionalen Geschäftsstellen des Arbeitsmarktservice.

(BGBl 1994/314)

(14) § 18 Abs. 14 in der Fassung des Bundesgesetzes BGBl. Nr. 450/1994 tritt mit 1. Juli 1994 in Kraft.

(BGBl 1994/450)

(15) § 1 Abs. 2 lit. e und l, § 14a Abs. 2 und 3, § 27 Abs. 2 und 5, § 27a, § 28 Abs. 1 Z 1 letzter Halbsatz, § 28 Abs. 1 Z 2 lit. d und f, § 28 Abs. 1 Z 2 letzter Halbsatz, § 28 Abs. 5 bis 7, § 28a und § 28b sowie § 30a in der Fassung des Bundesgesetzes BGBl. Nr. 895/1995 treten mit 1. Jänner 1996 in Kraft.

(BGBl 1995/895)

(16) § 1 Abs. 2 lit. f, § 2 Abs. 2 lit. c, § 3 Abs. 1, 2, 5, 6 und 8, § 9 Abs. 5, § 13b Abs. 2, § 18 Abs. 1 und Abs. 3 bis 8 sowie 11 bis 14, § 19 Abs. 1, 2 und 5, § 20 Abs. 1 und 6, § 25, § 28 Abs. 1 Z 1 lit. a und b sowie § 28 Abs. 1 Z 2 lit. a und b in der Fassung des Bundesgesetzes BGBl. Nr. 895/1995 treten mit 1. Juni 1996 in Kraft.

(BGBl 1995/895)

(17) § 1 Abs. 2 lit. 1, § 3 Abs. 5, § 4 Abs. 6 Z 4 und Abs. 11, § 4b Abs. 2, § 14a Abs. 1, § 18 Abs. 2 und 11, § 20 Abs. 5, § 27 Abs. 5, § 28a Abs. 1, § 31a und § 32 in der Fassung des Bundesgesetzes BGBl. Nr. 201/1996 treten mit 2. Juni 1996 in Kraft.

(BGBl 1996/201)

(18) § 28b in der Fassung des Bundesgesetzes BGBl. Nr. 776/1996 tritt mit 1. Jänner 1997 in Kraft.

(BGBl 1996/776)

(19) § 1 Abs. 2 und 4, § 2 Abs. 3 lit. b, c und d, § 3 Abs. 1, 2, 3, 5, 6, 9 und 10, § 4 Abs. 3, 4, 5, 6 und 11, § 4b Abs. 1, 3 und 4, § 4c, § 5, § 11 Abs. 3, § 12, § 12a Abs. 3, § 13b Abs. 1 und 2, § 14a Abs. 1 Z 3, 4 und 5, § 18 Abs. 3, 4 und 12 bis 16, § 19 Abs. 9, § 20 Abs. 2, § 20a, § 20b Abs. 4, § 24, § 27 Abs. 4, § 27a Abs. 2, § 28 Abs. 1 Z 1, 2, 4 und 5 sowie Abs. 6, § 32 und § 35 in der Fassung des Bundesgesetzes BGBl. I Nr. 78/1997 treten mit 1. Jänner 1998 in Kraft.

(BGBl I 1997/78)

(20) Die §§ 4b Abs. 1 Z 9, 11 Abs. 2, 18 Abs. 13 Z 2, 26 Abs. 1 und 4, 28 Abs. 1 Z 2 lit. c und f und 28b in der Fassung des Bundesgesetzes BGBl. I Nr. 120/1999 treten mit 1. Jänner 2000 in Kraft und sind auf Sachverhalte anzuwenden, die sich nach dem 31. Dezember 1999 ereignen.

(BGBl I 1999/120)

(21) § 28 Abs. 1 in der Fassung des Bundesgesetzes BGBl. I Nr. 136/2001 tritt mit 1. Jänner 2002 in Kraft.

(BGBl I 2001/136)

(22) Die §§ 3 Abs. 5, 14c, 26 Abs. 1 bis 4a, 27 Abs. 1, 2, 4 und 5 samt Überschrift, 27a, 28 Abs. 1, 28a Abs. 1 bis 4, 28b Abs. 1, 3 und 4, 30 Abs. 1, 30a, 32 Abs. 4 und 5 sowie § 35 in der Fas-

AuslBG

sung des Bundesgesetzes BGBl. I Nr. 68/2002 treten mit 1. Juli 2002 in Kraft.

(BGBl I 2002/68)

(23) Die §§ 1 Abs. 2 lit. a, l und m und Abs. 5, 2 Abs. 5 bis 9, 3 Abs. 1, 2, 4 und 8, 4 Abs. 3 und 5 bis 8, 4b, 5, 7 Abs. 3 und 5, 11 Abs. 1 und 6, 12, 12a Abs. 3, 13, 13a, 13b, 14, 14a Abs. 1 Z 3 und 4, 15, 15a, 17, 18, 19 Abs. 10, 24, 26 Abs. 5, 27a Abs. 3, 28 Abs. 1, 32 Abs. 6 bis 8, 33b, und 35 Z 5 sowie die Abschnittsbezeichnungen IIa, IIb, IIc und IIIa in der Fassung des Bundesgesetzes BGBl. I Nr. 126/2002 treten mit 1. Jänner 2003 in Kraft und sind auf Sachverhalte anzuwenden, die sich nach dem 31. Dezember 2002 ereignen.

(BGBl I 2002/126)

(24) Die §§ 1 Abs. 2 lit. f, 2 Abs. 5a und 4 Abs. 6 Z 4a in der Fassung des Bundesgesetzes BGBl. I Nr. 133/2003 treten mit 1. Jänner 2004 in Kraft und sind auf Sachverhalte anzuwenden, die sich nach dem 31. Dezember 2003 ereignen.

(BGBl I 2003/133)

(25) Die §§ 4 Abs. 3 Z 7, 4b, 5 Abs. 3, 18 Abs. 12, 28 Abs. 1 und 32a in der Fassung des Bundesgesetzes BGBl. I Nr. 28/2004 treten mit 1. Mai 2004 in Kraft und sind auf Sachverhalte anzuwenden, die sich nach dem 30. April 2004 ereignen.

(BGBl I 2004/28)

(26) § 32 Abs. 9 in der Fassung des Bundesgesetzes BGBl. I Nr. 28/2004 tritt mit 1. Juni 2004 in Kraft.

(BGBl I 2004/28)

(27) § 18 Abs. 3 in der Fassung des Bundesgesetzes BGBl. I Nr. 136/2004 tritt mit 1. Jänner 2005 in Kraft und ist auf Sachverhalte anzuwenden, die sich nach dem 31. Dezember 2004 ereignen.

(BGBl I 2004/136)

(28) Die §§ 1 Abs. 2 lit. a, i, l und m und Abs. 5, 2 Abs. 2 lit. b, 4 und 10, 3 Abs. 1, 2 und 8, 4 Abs. 3 Z 7, Abs. 6 Z 4a und Abs. 8, 5 Abs. 1, 1a und 5a, 8 Abs. 2, 11 Abs. 1 und 2, 12 Abs. 3, 4, 5, 6, 8, 9 und 10, 12a Abs. 3, 14a Abs. 1 und 1a, 14e Abs. 1 Z 2, 15 Abs. 1, 4 und 6, 15a, 17, 18 Abs. 12 bis 16, 20b Abs. 4, 24, 26 Abs. 4, 27 Abs. 4, 27a Abs. 3, 28 Abs. 1 Z 1 lit. a und Z 5 lit. a und b und 32a Abs. 1, 6 und 7 in der Fassung des Bundesgesetzes BGBl. I Nr. 101/2005 treten mit 1. Jänner 2006 in Kraft.

(BGBl I 2005/101)

(29) § 27 Abs. 6 in der Fassung des Bundesgesetzes BGBl. I Nr. 104/2005 tritt mit 1. September 2005 in Kraft.

(BGBl I 2005/104)

(30) § 26, § 28, § 28a, § 30, § 30a und § 35 in der Fassung des Bundesgesetzes BGBl. I Nr. 103/2005 treten mit 1. Jänner 2006 in Kraft.

(BGBl I 2005/103)

(31) § 1 Abs. 5 und § 5 Abs. 1, 1a und 5a in der Fassung des Bundesgesetzes BGBl. I Nr. 157/2005 treten mit 1. Jänner 2006 in Kraft.

(BGBl I 2005/157)

(32) § 28a Abs. 1 und Abs. 2 Z 1 in der Fassung des Bundesgesetzes BGBl. I Nr. 99/2006 tritt mit 1. Jänner 2007 in Kraft.

(BGBl I 2006/99)

(33) § 32a Abs. 10 in der Fassung des Bundesgesetzes BGBl. I Nr. 85/2006 tritt gleichzeitig mit dem Wirksamwerden des Beitritts der Republik Bulgarien bzw. des Beitritts Rumäniens zur Europäischen Union auf Grund des EU-Beitrittsvertrages vom 25. April 2005 (ABl. Nr. L 157 vom 21. Juni 2005) in Kraft.

(BGBl I 2006/85, BGBl I 2007/78)

(34) Die §§ 1 Abs. 2 lit. a, e, f und i, 2 Abs. 3 lit. d und Abs. 11, 4 Abs. 3 Z 7 und Abs. 8, 5 Abs. 3, 3a, 4 und 5, 13 Abs. 2, 15 Abs. 3, 18 Abs. 12, 26 Abs. 5, 27 Abs. 4, § 28 Abs. 1 Z 5 und § 31 in der Fassung des Bundesgesetzes BGBl. I Nr. 78/2007 treten mit 1. Jänner 2008 in Kraft und sind auf Sachverhalte anzuwenden, die sich nach dem 31. Dezember 2007 ereignen. Die §§ 4 Abs. 3 Z 15, 14d und 28 Abs. 1 Z 3 treten mit Ablauf des 31. Dezember 2007 außer Kraft.

(BGBl I 2007/78)

(35) Die §§ 28 Abs. 1 Z 1 lit. c und d, 32a Abs. 7a und 35 Z 5 und 6 in der Fassung des Bundesgesetzes BGBl. I Nr. 91/2009 treten mit 1. September 2009 in Kraft und sind auf Sachverhalte anzuwenden, die sich nach dem 31. August 2009 ereignen.

(BGBl I 2009/91)

(36) § 4 Abs. 3 Z 7 in der Fassung des Bundesgesetzes BGBl. I Nr. 120/2009 tritt mit 1. Jänner 2010 in Kraft.

(BGBl I 2009/120)

(37) § 2 Abs. 12 in der Fassung des Bundesgesetzes BGBl. I Nr. 135/2009 tritt mit 1. Jänner 2010 in Kraft.

(BGBl I 2009/135, BGBl I 2011/25)

(38) Die §§ 1 Abs. 2 lit. l und m, 2 Abs. 3 lit. a, 3 Abs. 1, 2, 6 und 8, 4, 4b Abs. 1, 9 Abs. 2 lit. a, 11 Abs. 1, 2, 5 und 6, 15 Abs. 6, 17, 20 Abs. 2, 22 Abs. 1, 26 Abs. 4 bis 6, 27a Abs. 3, 28 Abs. 1 Z 1 lit. a und d und Abs. 6, 28b Abs. 3, 5 und 6, 28c samt Überschrift, 29 Abs. 1, 29a samt Überschrift, 30b samt Überschrift und 35 sowie der Abschnitt IIa samt Überschrift und den Anlagen A, B und C in der Fassung des Bundesgesetzes BGBl. I Nr. 25/2011 treten mit 1. Juli 2011 in Kraft. Die §§ 5 samt Überschrift, 32 Abs. 10 und 32a sowie der Abschnitt IIb in der Fassung des Bundesgesetzes BGBl. I Nr. 25/2011 treten mit 1. Mai 2011 in Kraft. Die §§ 1 Abs. 5, 2 Abs. 5, 8 Abs. 2 und 9 Abs. 3 in der Fassung des Bundesgesetzes BGBl. I Nr. 135/2009 treten mit 30. Juni 2011 außer Kraft.

(BGBl I 2011/25)

(39) Verordnungen gemäß § 13 in der Fassung des Bundesgesetzes BGBl. I Nr. 25/2011 dürfen

nicht vor dem 1. Jänner 2012 erlassen werden und nicht vor dem 1. Mai 2012 in Kraft treten. Unbeschadet des § 13 Abs. 1 dürfen mit der erstmalig erlassenen Verordnung Mangelberufe auch für das Kalenderjahr 2012 festgelegt werden.

(BGBl I 2011/25)

(40) Die Registrierung von befristet beschäftigten Ausländern gemäß § 5 Abs. 1 in der Fassung des Bundesgesetzes BGBl. I Nr. 25/2011 ist bereits ab dem der Kundmachung dieses Bundesgesetzes folgenden Tag zulässig.

(BGBl I 2011/25)

(41) Die §§ 2 Abs. 2 lit. e und Abs. 3 lit. c und 4 Abs. 3 Z 10 und Abs. 5 in der Fassung des Bundesgesetzes BGBl. I Nr. 98/2012 treten mit 1. Jänner 2013 in Kraft.

(BGBl I 2012/98)

(42) Die §§ 3 Abs. 1 bis 3, 4 Abs. 1 Z 1, Abs. 3 Z 9 bis 14 und Abs. 4 und 5, 4b, 4c Abs. 2, 6 Abs. 1, 7 Abs. 4 und 7, 11 Abs. 1, 12, 14 samt Überschrift, 15 samt Überschrift, 17, 18 Abs. 10, 19 Abs. 1, 4, 5, 7 und 8 samt Überschrift, 20 samt Überschrift, 20a, 20b Abs. 1 und 2, 20c samt Überschrift, 20d samt Überschrift, 20e samt Überschrift, 20f samt Überschrift, 25, 26 Abs. 1 und 5, 27a Abs. 1 bis 3, 28 Abs. 1, 28a Abs. 1 und 2, 28b Abs. 1 und 4, 28c, 30 Abs. 1, 30a, 32 Abs. 11 und 12, 32a Abs. 2, 5 und 9 und 35 Z 1 und 2 sowie Abschnitt III samt Überschrift in der Fassung des Bundesgesetzes BGBl. I Nr. 72/2013 treten mit 1. Jänner 2014 in Kraft. Die §§ 2 Abs. 8, 4 Abs. 3 Z 2, 3 und 4, 4a samt Überschrift, 6 Abs. 3 und die Abschnitte IIb, IIc, III und VII samt Überschrift in der Fassung des Bundesgesetzes BGBl. I Nr. 98/2012 sowie § 12d samt Überschrift in der Fassung des Bundesgesetzes BGBl. I Nr. 72/2013 treten mit Ablauf des 31. Dezember 2013 außer Kraft.

(BGBl I 2013/72)

(43) Eine Verordnung gemäß § 4 Abs. 4 in der Fassung dieses Bundesgesetzes kann bereits ab dem der Kundmachung des Bundesgesetzes BGBl. I Nr. 72/2013 folgenden Tag erlassen werden; sie darf jedoch frühestens mit 1. Jänner 2014 in Kraft gesetzt werden.

(BGBl I 2013/72)

(44) § 2 Abs. 3, 11 und 13, § 3 Abs. 1, 2 und 3, § 4 Abs. 1, Abs. 3 Z 6 und Abs. 7 Z 2 und Z 6, § 4b Abs. 3, § 5 samt Überschrift, § 9 Abs. 1, § 11 Abs. 1, die Anlage B, § 12b Z 2, die Überschrift des § 18, § 18 Abs. 3, 3a, 12 und 13, § 18a samt Überschrift, § 20 Abs. 2, § 20b Abs. 4, § 20d Abs. 1, § 20e Abs. 1 und 3, § 20f samt Überschrift, § 20g, § 24 samt Überschrift sowie Anlage D, § 27 Abs. 4, § 27a Abs. 3 Z 1, § 28 Abs. 1 und 8, § 32a Abs. 11a und § 35 Z 1 in der Fassung des Bundesgesetzes BGBl. I Nr. 66/2017 treten mit 1. Oktober 2017 in Kraft und sind auf Sachverhalte anzuwenden, die sich nach dem 30. September 2017 ereignen. § 2 Abs. 10 und § 4 Abs. 3 Z 8, Abs. 7 Z 1 und die Überschrift des Abschnitts IV treten mit Ablauf des 30. September 2017 außer Kraft. Verordnungen gemäß § 5 Abs. 1 können bereits ab dem auf die Kundmachung dieses Bundesgesetzes folgenden Tag erlassen werden; sie dürfen jedoch frühestens mit 1. Oktober 2017 in Kraft gesetzt werden.

(BGBl I 2017/66)

(45) § 1 Abs. 2 lit. h, § 2 Abs. 14 bis 17, § 3 Abs. 5 sowie § 4 Abs. 3 Z 6 und Abs. 7 Z 2 in der Fassung des Bundesgesetzes BGBl. I Nr. 56/2018 treten mit 1. September 2018 in Kraft und sind auf Sachverhalte anzuwenden, die sich nach dem 31. August 2018 ereignen.

(BGBl I 2018/56)

(46) § 12b Z 1, § 13 Abs. 1,3 und 4, § 20d Abs. 5, § 27a Abs. 3 Z 1 und die Anlagen A, B, C und D in der Fassung des Bundesgesetzes BGBl. I Nr. 94/2018 treten mit 1. Jänner 2019 in Kraft und sind auf Sachverhalte anzuwenden, die sich nach dem 31. Dezember 2018 ereignen.

(BGBl I 2018/94)

(46) § 27 Abs. 1 und Abs. 5 in der Fassung des Bundesgesetzes BGBl. I Nr. 100/2018 tritt mit 1. Jänner 2020 in Kraft.

(BGBl I 2018/100)

(48) § 32b samt Überschrift in der Fassung des Brexit-Begleitgesetzes 2019, BGBl. I Nr. 25/2019, tritt mit dem Zeitpunkt des Wirksamwerdens des Austritts des Vereinigten Königreichs Großbritannien und Nordirland aus der Europäischen Union unter der Bedingung in Kraft, dass der Austritt ohne Austrittsabkommen gemäß Art. 50 Abs. 2 EUV erfolgt.

(BGBl I 2019/25)

„(49) § 3 Abs. 5, § 18 Abs. 12, § 26, § 27 Abs. 1 und 5, § 27a Abs. 1 und 2, § 28a, § 28b, § 30 Abs. 1, § 30a, § 32a Abs. 8 und § 35 Z 3, jeweils in der Fassung des Bundesgesetzes BGBl. I Nr. 104/2019, treten mit 1. Juli 2020 in Kraft.“

(BGBl I 2019/104)

Vollziehung

§ 35. Mit der Vollziehung dieses Bundesgesetzes sind betraut:

1. hinsichtlich des § 1 Abs. 2 lit. g und hinsichtlich des 20g, soweit das Bundesverwaltungsgericht betroffen ist, der Bundeskanzler;

   (BGBl I 2013/72, BGBl I 2017/66)

2. hinsichtlich der §§ 20d und 20e, soweit die NAG-Behörden betroffen sind, und hinsichtlich der §§ 27 Abs. 3 und 27a Abs. 3 der Bundesminister für Inneres;

   (BGBl I 2013/72)

3. hinsichtlich der §§ 3, 26, 27, 27a, 28a, 28b, 30, 30a und 30b, soweit die Abgabenbehörden oder deren Organe betroffen sind, der Bundesminister für Finanzen;

3.[a)] hinsichtlich der §§ 3, 26, 27, 27a, 28a, 28b, 30, 30a und 30b, „soweit der Bundesminister für Finanzen als Abgabenbehörde, das Amt für Betrugsbekämpfung“ oder deren Organe

AuslBG

betroffen sind, der Bundesminister für Finanzen;

(BGBl I 2019/104)

[a] Tritt mit 1. Juli 2020 in Kraft.

4. hinsichtlich der §§ 28c und 29a und hinsichtlich des § 32a Abs. 8, soweit die Firmenbuchgerichte betroffen sind, der Bundesminister für Justiz;
5. hinsichtlich aller übrigen Bestimmungen der Bundesminister für Arbeit, Soziales und Konsumentenschutz.

(BGBl I 2011/25)

Anlage A
Zulassungskriterien für besonders Hochqualifizierte gemäß § 12

Kriterien	Punkte
Besondere Qualifikationen bzw. Fähigkeiten	**maximal anrechenbare Punkte: 40**
Abschluss eines Studiums an einer tertiären Bildungseinrichtung mit vierjähriger Mindestdauer	20
– im Fachgebiet Mathematik, Informatik, Naturwissenschaften oder Technik (MINT-Fächer).	30
– mit Habilitation oder gleichwertiger Qualifikation (z.B. PhD)	40
Letztjähriges Bruttojahresgehalt in einer Führungsposition eines börsennotierten Unternehmens oder eines Unternehmens, für dessen Aktivitäten bzw. Geschäftsfeld eine positive Stellungnahme der zuständigen Außenhandelsstelle vorliegt: 50 000 bis 60 000 Euro 60 000 bis 70 000 Euro über 70 000 Euro	 20 25 30
Forschungs- oder Innovationstätigkeit (Patentanmeldungen, Publikationen)	20
Auszeichnungen (anerkannte Preisträgerschaft)	20
Berufserfahrung (ausbildungsadäquat oder in Führungsposition)	**maximal anrechenbare Punkte: 20**
Berufserfahrung (pro Jahr) sechsmonatige Berufserfahrung in Österreich	2 10
Sprachkenntnisse	**maximal anrechenbare Punkte: 10**
Deutsch- oder Englischkenntnisse zur elementaren Sprachverwendung auf einfachstem Niveau (A 1) oder zur vertieften elementaren Sprachverwendung (A 2)	5 10
Alter	**maximal anrechenbare Punkte: 20**
bis 35 Jahre bis 40 Jahre bis 45 Jahre	20 15 10
Studium in Österreich	**maximal anrechenbare Punkte: 10**
zweiter Studienabschnitt bzw. Hälfte der vorgeschriebenen ECTS-Anrechnungspunkte gesamtes Diplom- oder Bachelor- und Masterstudium	5 10
Summe der maximal anrechenbaren Punkte	**100**
erforderliche Mindestpunkteanzahl	**70**

(BGBl I 2011/25, BGBl I 2018/94)

Anlage B
Zulassungskriterien für Fachkräfte in Mangelberufen gemäß § 12a

Kriterien	**Punkte**
Qualifikation	maximal anrechenbare Punkte: 30
abgeschlossene Berufsausbildung im Mangelberuf	20
allgemeine Universitätsreife im Sinne des § 64 Abs. 1 des Universitätsgesetzes 2002, BGBl. I Nr. 120	25
Abschluss eines Studiums an einer tertiären Bildungseinrichtung mit dreijähriger Mindestdauer	30
ausbildungsadäquate Berufserfahrung	maximal anrechenbare Punkte: 20
Berufserfahrung (pro Jahr) Berufserfahrung in Österreich (pro Jahr)	2 4
Sprachkenntnisse Deutsch	maximal anrechenbare Punkte: 15
Deutschkenntnisse zur elementaren Sprachverwendung auf einfachstem Niveau (A 1) Deutschkenntnisse zur vertieften elementaren Sprachverwendung (A 2) Deutschkenntnisse zur selbständigen Sprachverwendung (B 1)	5 10 15
Sprachkenntnisse Englisch	maximal anrechenbare Punkte: 10
Englischkenntnisse zur vertieften elementaren Sprachverwendung (A 2) Englischkenntnisse zur selbständigen Sprachverwendung (B 1)	5 10
Alter	maximal anrechenbare Punkte: 15
bis 30 Jahre bis 40 Jahre	15 10
Summe der maximal anrechenbaren Punkte	90
erforderliche Mindestpunkteanzahl	55

(BGBl I 2011/25, BGBl I 2017/66, BGBl I 2017/146, BGBl I 2018/94)

Anlage C
Zulassungskriterien für sonstige Schlüsselkräfte gemäß § 12b Z 1

Kriterien	**Punkte**
Qualifikation	**maximal anrechenbare Punkte: 30**
abgeschlossene Berufsausbildung oder spezielle Kenntnisse oder Fertigkeiten in beabsichtigter Beschäftigung	20
allgemeine Universitätsreife im Sinne des § 64 Abs. 1 des Universitätsgesetzes 2002, BGBl. I Nr. 120	25
Abschluss eines Studiums an einer tertiären Bildungseinrichtung mit dreijähriger Mindestdauer	30
ausbildungsadäquate Berufserfahrung	**maximal anrechenbare Punkte: 20**
Berufserfahrung (pro Jahr) Berufserfahrung in Österreich (pro Jahr)	2 4
Sprachkenntnisse Deutsch	**maximal anrechenbare Punkte: 15**
Deutschkenntnisse zur elementaren Sprachverwendung auf einfachstem Niveau (A 1)	5

Kriterien	Punkte
Deutschkenntnisse zur vertieften elementaren Sprachverwendung (A 2)	10
Deutschkenntnisse zur selbständigen Sprachverwendung (B 1)	15
Sprachkenntnisse Englisch	**maximal anrechenbare Punkte: 10**
Englischkenntnisse zur vertieften elementaren Sprachverwendung (A 2)	5
Englischkenntnisse zur selbständigen Sprachverwendung (B 1)	10
Alter	**maximal anrechenbare Punkte: 15**
bis 30 Jahre	15
bis 40 Jahre	10
Summe der maximal anrechenbaren Punkte	**90**
Zusatzpunkte für Profisportler/innen und Profisporttrainer/innen	20
erforderliche Mindestpunkteanzahl	**55**

(BGBl I 2011/25, BGBl I 2018/1, BGBl I 2018/94)

Anlage D
Zulassungskriterien für Start-up-GründerInnen gemäß § 24 Abs. 2

Kriterien	Punkte
Qualifikation	maximal anrechenbare Punkte: 30
Abgeschlossene Berufsausbildung oder spezielle Kenntnisse oder Fertigkeiten in beabsichtigter Tätigkeit	20
Abschluss eines Studiums an einer tertiären Bildungseinrichtung mit zumindest dreijähriger Mindestdauer	20
Abschluss eines Diplom-, Bachelor-, Master- oder Doktoratsstudiums oder einer Berufsausbildung in Österreich	30
Berufserfahrung	maximal anrechenbare Punkte: 10
Berufserfahrung (pro Jahr)	2
Sprachkenntnisse	maximal anrechenbare Punkte: 15
Deutschkenntnisse zur vertieften elementaren Sprachverwendung (A 2)	5
Deutschkenntnisse zur selbständigen oder zur vertieften selbständigen Sprachverwendung (B 1 oder B 2)	10
Englischkenntnisse zur vertieften selbständigen Sprachverwendung (B 2)	10
Deutschkenntnisse zur kompetenten Sprachverwendung (C 1)	15
Zusatzpunkte	maximal anrechenbare Punkte: 30
Zusätzliches nachgewiesenes Kapital in der Höhe von mindestens € 50.000	10
Aufnahme in einem Gründerzentrum oder Förderung durch eine Start-up-Förderstelle in Österreich	10
Alter bis 35 Jahre	10
Summe der maximal anrechenbaren Punkte:	85
erforderliche Mindestpunkteanzahl:	50

(BGBl I 2017/66, BGBl I 2018/94)

15. Arbeitsvertragsrechts-Anpassungsgesetz

Arbeitsvertragsrechts-Anpassungsgesetz, BGBl 1993/459 idF

1	BGBl 1993/917	2	BGBl 1994/450	3	BGBl 1995/895
4	BGBl 1996/754	5	BGBl I 1997/9	6	BGBl I 1997/139
7	BGBl I 1999/120	8	BGBl I 1999/179	9	BGBl I 2000/44
10	BGBl I 2001/2	11	BGBl I 2001/98	12	BGBl I 2002/52
13	BGBl I 2002/68	14	BGBl I 2002/89	15	BGBl I 2002/100
16	BGBl I 2005/8	17	BGBl I 2005/103	18	BGBl I 2006/36
19	BGBl I 2007/78	20	BGBl I 2007/104	21	BGBl I 2009/90
22	BGBl I 2009/135	23	BGBl I 2009/150	24	BGBl I 2010/29
25	BGBl I 2011/24	26	BGBl I 2011/152	27	BGBl I 2012/98
28	BGBl I 2013/67	29	BGBl I 2013/71	30	BGBl I 2013/107
31	BGBl I 2013/138	32	BGBl I 2014/94	33	BGBl I 2015/113
34	BGBl I 2015/152	35	BGBl I 2016/44	36	BGBl I 2017/30
37	BGBl I 2018/9 (VfGH)	38	BGBl I 2018/54	39	BGBl I 2018/100
40	BGBl I 2019/93				

AVRAG

GLIEDERUNG

STICHWORTVERZEICHNIS

Bundesgesetz, mit dem arbeitsvertragsrechtliche Bestimmungen an das EG-Recht angepaßt (Arbeitsvertragsrechts-Anpassungsgesetz – AVRAG) und das Angestelltengesetz, das Gutsangestelltengesetz und das Haushilfen- und Hausangestelltengesetz geändert werden

Der Nationalrat hat beschlossen:

Artikel I
Arbeitsvertragsrechts-Anpassungsgesetz – AVRAG

Geltungsbereich

§ 1. (1) Dieses Bundesgesetz gilt für Arbeitsverhältnisse, die auf einem privatrechtlichen Vertrag beruhen.

(2) Ausgenommen sind Arbeitsverhältnisse

1. zu Ländern, Gemeindeverbänden und Gemeinden;
2. der land- und forstwirtschaftlichen Arbeiter im Sinne des Landarbeitsgesetzes 1984, BGBl. Nr. 287;
3. zum Bund, auf die dienstrechtliche Vorschriften anzuwenden sind, welche den Inhalt der Arbeitsverhältnisse zwingend regeln;
4. zu Stiftungen, Anstalten oder Fonds, auf die das Vertragsbedienstetengesetz 1948 (VBG), BGBl. Nr. 86, gemäß § 1 Abs. 2 VBG sinngemäß anzuwenden ist.

(3) Dieses Bundesgesetz gilt nicht für Beschäftigungsverhältnisse, auf die das Heimarbeitsgesetz 1960, BGBl. Nr. 105/1961, anzuwenden ist

(4) Auf Arbeitsverhältnisse, für die das Hausgehilfen- und Hausangestelltengesetz (HGHAG), BGBl. Nr. 235/1962, gilt, finden die §§ 2, 2c, 2d, 11 bis 14b, für Hausgehilfen und Hausangestellte

von physischen Personen finden auch die §§ 3 bis 6 keine Anwendung.

(BGBl I 1997/139, BGBl I 2006/36, BGBl I 2013/138)

Schriftliche Aufzeichnung des Inhalts des Arbeitsvertrages

§ 2. (1) Der Arbeitgeber hat dem Arbeitnehmer unverzüglich nach Beginn des Arbeitsverhältnisses eine schriftliche Aufzeichnung über die wesentlichen Rechte und Pflichten aus dem Arbeitsvertrag (Dienstzettel) auszuhändigen. Solche Aufzeichnungen sind von Stempel- und unmittelbaren Gebühren befreit.

(2) Der Dienstzettel hat folgende Angaben zu enthalten:

1. Name und Anschrift des Arbeitgebers,
2. Name und Anschrift des Arbeitnehmers,
3. Beginn des Arbeitsverhältnisses,
4. bei Arbeitsverhältnissen auf bestimmte Zeit das Ende des Arbeitsverhältnisses,
5. Dauer der Kündigungsfrist, Kündigungstermin,
6. gewöhnlicher Arbeits(Einsatz)ort, erforderlichenfalls Hinweis auf wechselnde Arbeits(Einsatz)orte,
7. allfällige Einstufung in ein generelles Schema,
8. vorgesehene Verwendung,
9. die betragsmäßige Höhe des Grundgehalts oder -lohns, weitere Entgeltbestandteile wie z. B. Sonderzahlungen, Fälligkeit des Entgelts,

   (BGBl I 2015/152)
10. Ausmaß des jährlichen Erholungsurlaubes,
11. vereinbarte tägliche oder wöchentliche Normalarbeitszeit des Arbeitnehmers, sofern es sich nicht um Arbeitsverhältnisse handelt, auf die das Hausbesorgergesetz, BGBl. Nr. 16/1970, anzuwenden ist, und
12. Bezeichnung der auf den Arbeitsvertrag allenfalls anzuwendenden Normen der kollektiven Rechtsgestaltung (Kollektivvertrag, Satzung, Mindestlohntarif, festgesetzte Lehrlingsentschädigung, Betriebsvereinbarung) und Hinweis auf den Raum im Betrieb, in dem diese zur Einsichtnahme aufliegen;

    (BGBl I 2002/100)
13. Name und Anschrift der Betrieblichen Vorsorgekasse (BV-Kasse) des Arbeitnehmers oder für Arbeitnehmer, die dem Bauarbeiter-Urlaubs- und Abfertigungsgesetz (BUAG), BGBl. Nr. 414/ 1972, unterliegen, Name und Anschrift der Bauarbeiter-Urlaubs- und Abfertigungskasse.

    (BGBl I 2002/100, BGBl I 2012/98)

(3) Hat der Arbeitnehmer seine Tätigkeit länger als einen Monat im Ausland zu verrichten, so hat der vor der Aufnahme der Auslandstätigkeit auszuhändigende Dienstzettel oder schriftliche Arbeitsvertrag zusätzlich folgende Angaben zu enthalten:

1. voraussichtliche Dauer der Auslandstätigkeit,
2. Währung, in der das Entgelt auszuzahlen ist, sofern es nicht in Euro auszuzahlen ist,

   (BGBl I 2002/52)
3. allenfalls Bedingungen für die Rückführung nach Österreich und
4. allfällige zusätzliche Vergütung für die Auslandstätigkeit.

(4) Keine Verpflichtung zur Aushändigung eines Dienstzettels besteht, wenn

1. die Dauer des Arbeitsverhältnisses höchstens einen Monat beträgt oder
2. ein schriftlicher Arbeitsvertrag ausgehändigt wurde, der alle in Abs. 2 und 3 genannten Angaben enthält, oder
3. bei Auslandstätigkeit die in Abs. 3 genannten Angaben in anderen schriftlichen Unterlagen enthalten sind.

(5) Die Angaben gemäß Abs. 2 Z 5, 6, 9 (ausgenommen die Angaben zum Grundgehalt oder -lohn), 10 und 11 und Abs. 3 Z 2 bis 4 können auch durch Verweisung auf die für das Arbeitsverhältnis geltenden Bestimmungen in Gesetzen oder in Normen der kollektiven Rechtsgestaltung oder in betriebsüblich angewendeten Reiserichtlinien erfolgen.

(BGBl I 2015/152)

(6) Jede Änderung der Angaben gemäß Abs. 2 und 3 ist dem Arbeitnehmer unverzüglich, spätestens jedoch einen Monat nach ihrer Wirksamkeit schriftlich mitzuteilen, es sei denn, die Änderung

1. erfolgte durch Änderung von Gesetzen oder Normen der kollektiven Rechtsgestaltung, auf die gemäß Abs. 5 verwiesen wurde oder die den Grundgehalt oder -lohn betreffen oder
2. ergibt sich unmittelbar aus der dienstzeitabhängigen Vorrückung in der selben Verwendungs- oder Berufsgruppe der anzuwendenden Norm der kollektiven Rechtsgestaltung.

(BGBl I 2015/152)

(7) Hat das Arbeitsverhältnis bereits bei Inkrafttreten dieses Bundesgesetzes bestanden, so ist dem Arbeitnehmer auf sein Verlangen binnen zwei Monaten ein Dienstzettel gemäß Abs. 1 bis 3 auszuhändigen. Eine solche Verpflichtung des Arbeitgebers besteht nicht, wenn ein früher ausgestellter Dienstzettel oder ein schriftlicher Arbeitsvertrag alle nach diesem Bundesgesetz erforderlichen Angaben enthält.

(8) § 2 gilt nicht für Arbeitsverhältnisse, auf die § 11 des Arbeitskräfteüberlassungsgesetzes (AÜG), BGBl. Nr. 196/1988, anzuwenden ist.

(BGBl I 2012/98)

§ 2a. Vorteile aus Beteiligungen am Unternehmen des Arbeitgebers oder mit diesem verbundenen Konzernunternehmen und Optionen auf den

Erwerb von Arbeitgeberaktien sind nicht in die Bemessungsgrundlagen für Entgeltfortzahlungsansprüche und Beendigungsansprüche einzubeziehen.

(BGBl I 2001/2)

§ 2b. (1) Arbeitnehmer mit einem auf bestimmte Zeit abgeschlossenen Arbeitsverhältnis dürfen gegenüber Arbeitnehmern mit einem auf unbestimmte Zeit abgeschlossenen Arbeitsverhältnis nicht benachteiligt werden, es sei denn, sachliche Gründe rechtfertigen eine unterschiedliche Behandlung.

(2) Der Arbeitgeber hat Arbeitnehmer mit einem auf bestimmte Zeit abgeschlossenen Arbeitsverhältnis über im Unternehmen oder Betrieb frei werdende Arbeitsverhältnisse auf unbestimmte Zeit zu informieren. Die Information kann durch allgemeine Bekanntgabe an einer geeigneten, für den Arbeitnehmer leicht zugänglichen Stelle im Unternehmen oder Betrieb erfolgen.

(BGBl I 2002/52)

Konkurrenzklausel

§ 2c. (1) Eine Vereinbarung, durch die der/die Arbeitnehmer/in, auf dessen/deren Arbeitsverhältnis das Angestelltengesetz (AngG), BGBl. Nr. 292/1921, nicht anzuwenden ist, für die Zeit nach der Beendigung des Arbeitsverhältnisses in der Erwerbstätigkeit beschränkt wird (Konkurrenzklausel), ist nur insoweit wirksam, als:

1. der/die Arbeitnehmer/in im Zeitpunkt des Abschlusses der Vereinbarung nicht minderjährig ist;
2. sich die Beschränkung auf die Tätigkeit des Arbeitnehmers oder der Arbeitnehmerin in dem Geschäftszweig des Arbeitgebers oder der Arbeitgeberin bezieht und den Zeitraum eines Jahres nicht übersteigt; und
3. die Beschränkung nicht nach Gegenstand, Zeit oder Ort und im Verhältnis zu dem geschäftlichen Interesse, das der/die Arbeitgeber/in an ihrer Einhaltung hat, eine unbillige Erschwerung des Fortkommens des Arbeitnehmers oder der Arbeitnehmerin enthält.

(2) Eine Vereinbarung nach Abs. 1 ist unwirksam, wenn sie im Rahmen eines Arbeitsverhältnisses getroffen wird, bei dem das für den letzten Monat des Arbeitsverhältnisses gebührende Entgelt das Zwanzigfache der Höchstbeitragsgrundlage nach § 45 des Allgemeinen Sozialversicherungsgesetzes (ASVG), BGBl. Nr. 189/1955, nicht übersteigt. Allfällige Sonderzahlungen sind bei der Ermittlung des Entgelts im Sinne des ersten Satzes außer Acht zu lassen.

(3) Hat der/die Arbeitgeber/in durch schuldbares Verhalten dem/der Arbeitnehmer/in begründeten Anlass zum vorzeitigen Austritt oder zur Kündigung des Arbeitsverhältnisses gegeben, so kann er/sie die durch die Konkurrenzklausel begründeten Rechte gegen den/die Arbeitnehmer/in nicht geltend machen.

(4) Das gleiche gilt, wenn der/die Arbeitgeber/in das Arbeitsverhältnis löst, es sei denn, dass der/die Arbeitnehmer/in durch schuldbares Verhalten hiezu begründeten Anlass gegeben oder dass der/die Arbeitgeber/in bei der Auflösung des Arbeitsverhältnisses erklärt hat, während der Dauer der Beschränkung dem/der Arbeitnehmer/in das ihm/ihr zuletzt zukommende Entgelt zu leisten.

(5) Eine für den Fall des Zuwiderhandelns gegen die Konkurrenzklausel vereinbarte Konventionalstrafe ist nur insoweit wirksam, als diese das Sechsfache des für den letzten Monat des Arbeitsverhältnisses gebührenden Nettomonatsentgelts nicht übersteigt. Allfällige Sonderzahlungen sind bei der Berechnung des Nettoentgelts im Sinne des ersten Satzes außer Acht zu lassen. Hat der/die Arbeitnehmer/in für den Fall des Zuwiderhandelns gegen die Konkurrenzklausel eine Konventionalstrafe versprochen, so kann der/die Arbeitgeber/in nur die verwirkte Konventionalstrafe verlangen. Der Anspruch auf Erfüllung oder auf Ersatz eines weiteren Schadens ist ausgeschlossen.

(BGBl I 2015/152)

Ausbildungskostenrückersatz

§ 2d. (1) Ausbildungskosten sind die vom Arbeitgeber tatsächlich aufgewendeten Kosten für jene erfolgreich absolvierte Ausbildung, die dem Arbeitnehmer Spezialkenntnisse theoretischer und praktischer Art vermittelt, die dieser auch bei anderen Arbeitgebern verwerten kann. Einschulungskosten sind keine Ausbildungskosten.

(2) Eine Rückerstattung ist nur hinsichtlich von Ausbildungskosten nach Abs. 1 in einer schriftlichen Vereinbarung zwischen Arbeitgeber und Arbeitnehmer zulässig. Die Vereinbarung der Rückforderung des während einer Ausbildung nach Abs. 1 fortgezahlten Entgelts ist hingegen zulässig, sofern der Arbeitnehmer für die Dauer der Ausbildung von der Dienstleistung freigestellt ist.

(3) Eine Verpflichtung zur Rückerstattung von Ausbildungskosten besteht insbesondere dann nicht, wenn:

1. der Arbeitnehmer im Zeitpunkt des Abschlusses der Vereinbarung minderjährig ist und nicht die Zustimmung des gesetzlichen Vertreters des Minderjährigen dazu vorliegt;
2. das Arbeitsverhältnis nach mehr als vier Jahren, in besonderen Fällen nach mehr als acht Jahren nach dem Ende der Ausbildung nach Abs. 1 oder vorher durch Fristablauf (Befristung) geendet hat, und
   (BGBl I 2015/152)
3. die Höhe der Rückerstattungsverpflichtung nicht aliquot, berechnet für jedes zurückgelegte Monat vom Zeitpunkt der Beendigung der Ausbildung bis zum Ende der zulässigen Bindungsdauer, vereinbart wird.
   (BGBl I 2015/152)

(4) Der Anspruch auf Ausbildungskostenrückersatz besteht dann nicht, wenn das Arbeitsverhältnis

AVRAG

1. während der Probezeit im Sinne des § 19 Abs. 2 AngG oder gleichlautender sonstiger gesetzlicher Regelungen,
2. durch unbegründete Entlassung,
3. durch begründeten vorzeitigen Austritt,
4. durch Entlassung wegen dauernder Arbeitsunfähigkeit nach § 27 Z 2 AngG oder § 82 lit. b. Gewerbeordnung 1859, RGBl. Nr. 227, oder
5. durch Kündigung durch den Arbeitgeber, es sei denn, der Arbeitnehmer hat durch schuldhaftes Verhalten dazu begründeten Anlass gegeben,

endet.

(BGBl I 2006/36)

Konventionalstrafen

§ 2e. Konventionalstrafen unterliegen dem richterlichen Mäßigungsrecht.

(BGBl I 2015/152)

Abrechnung der Bezüge

§ 2f. (1) Dem/Der Arbeitnehmer/in ist bei Fälligkeit des Entgelts eine schriftliche, übersichtliche, nachvollziehbare und vollständige Abrechnung von Entgelt und Aufwandsentschädigungen zu übermitteln. Die Abrechnung kann dem/der Arbeitnehmer/in auch auf elektronischem Weg zur Verfügung gestellt werden.

(2) Der/die Arbeitgeber/in hat dem/der Arbeitnehmer/in eine Kopie der Anmeldung zur Sozialversicherung gemäß § 33 ASVG unverzüglich auszuhändigen.

(BGBl I 2015/152)

Entgelt bei Pauschalentgeltvereinbarungen

§ 2g. Enthält der Arbeitsvertrag oder der Dienstzettel das Entgelt als Gesamtsumme, die Grundgehalt oder -lohn und andere Entgeltbestandteile einschließt, ohne den Grundgehalt oder -lohn im Sinne des § 2 Abs. 2 Z 9 betragsmäßig anzuführen, hat dieser/diese Arbeitnehmer/in zwingend Anspruch auf den Grundgehalt oder -lohn einschließlich der branchen- und ortsüblichen Überzahlungen, der am Arbeitsort vergleichbaren Arbeitnehmer/innen von vergleichbaren Arbeitgeber/innen gebührt (Ist-Grundgehalt, Ist-Grundlohn). Der Ist-Grundgehalt oder Ist-Grundlohn ist der Berechnung der abzugeltenden Entgeltbestandteile zugrunde zu legen, soweit der Kollektivvertrag in Bezug auf die Berechnung von Entgeltbestandteilen nicht Abweichendes vorsieht, das zwingenden gesetzlichen Bestimmungen nicht entgegenstehen darf.

(BGBl I 2015/152)

Übergang von Unternehmen, Betrieben oder Betriebsteilen auf einen anderen Inhaber

§ 3. (1) Geht ein Unternehmen, Betrieb oder Betriebsteil auf einen anderen Inhaber über (Betriebsübergang), so tritt dieser als Arbeitgeber mit allen Rechten und Pflichten in die im Zeitpunkt des Überganges bestehenden Arbeitsverhältnisse ein.

(2) Abs. 1 gilt nicht im Fall eines Sanierungsverfahrens ohne Eigenverwaltung oder eines Konkursverfahrens des Veräußerers.

(BGBl I 2010/29)

(3) Bei Betriebsübergang nach Abs. 1 bleiben die Arbeitsbedingungen aufrecht, es sei denn, aus den Bestimmungen über den Wechsel der Kollektivvertragsangehörigkeit (§ 4), die betrieblichen Pensionszusagen (§ 5) und die Weitergeltung von Betriebsvereinbarungen (§§ 31 und 32 des Arbeitsverfassungsgesetzes, BGBl. Nr. 22/1974) ergibt sich anderes. Der Erwerber hat dem Arbeitnehmer jede auf Grund des Betriebsüberganges erfolgte Änderung der Arbeitsbedingungen unverzüglich mitzuteilen.

(4) Der Arbeitnehmer kann dem Übergang seines Arbeitsverhältnisses widersprechen, wenn der Erwerber den kollektivvertraglichen Bestandschutz (§ 4) oder die betrieblichen Pensionszusagen (§ 5) nicht übernimmt. Der Widerspruch hat innerhalb eines Monats ab Ablehnung der Übernahme oder bei Nichtäußerung des Erwerbers zum Zeitpunkt des Betriebsüberganges innerhalb eines Monats nach Ablauf einer vom Arbeitnehmer gesetzten angemessenen Frist zur Äußerung zu erfolgen. Widerspricht der Arbeitnehmer, so bleibt sein Arbeitsverhältnis zum Veräußerer unverändert aufrecht.

(5) Werden durch den nach Betriebsübergang anzuwendenden Kollektivvertrag oder die nach Betriebsübergang anzuwendenden Betriebsvereinbarungen Arbeitsbedingungen wesentlich verschlechtert, so kann der Arbeitnehmer innerhalb eines Monats ab dem Zeitpunkt, ab dem er die Verschlechterung erkannte oder erkennen mußte, das Arbeitsverhältnis unter Einhaltung der gesetzlichen oder kollektivvertraglichen Kündigungsfristen und -termine lösen. Dem Arbeitnehmer stehen die zum Zeitpunkt einer solchen Beendigung des Arbeitsverhältnisses gebührenden Ansprüche wie bei einer Arbeitgeberkündigung zu.

(6) Der Arbeitnehmer kann innerhalb eines Monats ab Kenntnis der Änderungen seiner Arbeitsbedingungen im Sinne des Abs. 5 auf Feststellung der wesentlichen Verschlechterung der Arbeitsbedingungen klagen. Ebenso kann ein Feststellungsverfahren nach § 54 des Arbeits- und Sozialgerichtsgesetzes, BGBl. Nr. 104/1985, innerhalb eines Monats ab Kenntnis der Änderungen der Arbeitsbedingungen eingeleitet werden. Hat das Gericht eine wesentliche Verschlechterung der Arbeitsbedingungen festgestellt, kann der Arbeitnehmer innerhalb eines Monats ab Rechtskraft des Urteils das Arbeitsverhältnis nach Abs. 5 auflösen.

Informationspflicht

§ 3a. Besteht in einem Unternehmen oder Betrieb keine Arbeitnehmervertretung, so hat der Veräußerer oder der Erwerber die vom Betriebsübergang betroffenen Arbeitnehmer im Vorhinein über

1. den Zeitpunkt bzw. den geplanten Zeitpunkt des Übergangs,
2. den Grund des Übergangs,
3. die rechtlichen, wirtschaftlichen und sozialen Folgen des Übergangs für die Arbeitnehmer sowie
4. die hinsichtlich der Arbeitnehmer in Aussicht genommenen Maßnahmen

schriftlich zu informieren. Diese Information kann auch durch Aushang an einer geeigneten, für den Arbeitnehmer leicht zugänglichen Stelle im Unternehmen oder Betrieb erfolgen.

(BGBl I 2002/52)

Betriebsübergang und Kollektivvertragsangehörigkeit

§ 4. (1) Nach Betriebsübergang hat der Erwerber die in einem Kollektivvertrag vereinbarten Arbeitsbedingungen bis zur Kündigung oder zum Ablauf des Kollektivvertrages oder bis zum Inkrafttreten oder bis zur Anwendung eines anderen Kollektivvertrages in dem gleichen Maße aufrechtzuerhalten, wie sie in dem Kollektivvertrag für den Veräußerer vorgesehen waren. Die Arbeitsbedingungen dürfen zum Nachteil des Arbeitnehmers durch Einzelarbeitsvertrag innerhalb eines Jahres nach Betriebsübergang weder aufgehoben noch beschränkt werden.

(2) Durch den Wechsel der Kollektivvertragsangehörigkeit infolge des Betriebsüberganges darf das dem Arbeitnehmer vor Betriebsübergang für die regelmäßige Arbeitsleistung in der Normalarbeitszeit gebührende kollektivvertragliche Entgelt nicht geschmälert werden. Kollektivvertragliche Regelungen über den Bestandschutz des Arbeitsverhältnisses werden Inhalt des Arbeitsvertrages zwischen Arbeitnehmer und Erwerber, wenn das Unternehmen des Veräußerers im Zusammenhang mit dem Betriebsübergang nicht weiter besteht.

Betriebsübergang und betriebliche Pensionszusage

§ 5. (1) Eine auf Einzelvereinbarung beruhende betriebliche Pensionszusage wird Inhalt des Arbeitsvertrages zwischen Arbeitnehmer und Erwerber, wenn der Erwerber Gesamtrechtsnachfolger ist. Liegt keine Gesamtrechtsnachfolge vor, kann der Erwerber durch rechtzeitigen Vorbehalt die Übernahme einer solchen betrieblichen Pensionszusage ablehnen.

(2) Hat der Betriebsübergang den Wegfall der betrieblichen Pensionszusage zur Folge und hat der Arbeitnehmer dem Übergang seines Arbeitsverhältnisses im Falle des Abs. 1 Satz 2 nicht widersprochen, so endet mit dem Zeitpunkt des Betriebsüberganges der Erwerb neuer Pensionsanwartschaften. Der Arbeitnehmer hat gegen den Veräußerer Anspruch auf Abfindung der bisher erworbenen Anwartschaften als Unverfallbarkeitsbetrag im Sinne des Betriebspensionsgesetzes (BPG), Artikel I des Bundesgesetzes BGBl. Nr. 282/1990. Bei beitragsorientierten Zusagen errechnet sich dieser Betrag nach dem BPG, bei direkten Leistungszusagen, leistungsorientierten Pensionskassenzusagen oder leistungsorientierten Versicherungsverträgen (betriebliche Kollektivversicherung, Lebensversicherung) nach dem Teilwertverfahren und den bei der Bildung der Rückstellung anzuwendenden versicherungsmathematischen Grundsätzen. Für die Berechnung ist einerseits das Alter zum Zeitpunkt der Erteilung der Zusage, andererseits das Anfallsalter heranzuziehen. Der Rechnungszinssatz beträgt grundsätzlich 7%. Bei Pensionszusagen, die eine rechtsverbindliche Valorisierung vorsehen, ist jedoch der Barwert der künftigen Pensionsleistungen unter Zugrundelegung eines Rechnungszinssatzes von 3% zu berechnen. Im Fall einer leistungsorientierten Pensionskassenzusage oder eines leistungsorientierten Versicherungsvertrages wird von dem so errechneten Betrag der sich nach den Rechnungsvorschriften der Pensionskasse oder der Versicherungsunternehmung ergebende Unverfallbarkeitsbetrag nach dem BPG abgezogen.

(BGBl 1996/754, BGBl I 2005/8)

(3) Der Arbeitnehmer kann über den Betrag nach Abs. 2 im Sinne des BPG verfügen, wobei er die Auszahlung dieses Betrages unabhängig von dessen Höhe vom Veräußerer verlangen kann.

(4) Im übrigen gelten hinsichtlich der erworbenen Anwartschaften die Vorschriften des BPG mit der Maßgabe, daß an die Stelle der Beendigung des Arbeitsverhältnisses der Betriebsübergang tritt.

Haftung bei Betriebsübergang

§ 6. (1) Sofern andere gesetzliche Regelungen oder Gläubigerschutzbestimmungen für den Arbeitnehmer nicht günstigeres bestimmen, haften für Verpflichtungen aus einem Arbeitsverhältnis zum Veräußerer, die vor dem Zeitpunkt des Übergangs begründet wurden, der Veräußerer und der Erwerber zur ungeteilten Hand, wobei hinsichtlich der Haftung des Erwerbers § 1409 ABGB anzuwenden ist. Dies gilt insbesondere für Leistungen aus betrieblichen Pensionszusagen des Veräußerers, die im Zeitpunkt des Betriebsüberganges bereits erbracht werden.

(2) Für Abfertigungsansprüche, die nach dem Betriebsübergang entstehen, haftet der Veräußerer fünf Jahre nach dem Betriebsübergang und nur mit jenem Betrag, der dem fiktiven Abfertigungsanspruch im Zeitpunkt des Betriebsübergangs entspricht. Für Ansprüche auf eine Betriebspension aus einem Leistungsfall nach dem Betriebsübergang haftet der Veräußerer fünf Jahre nach dem Betriebsübergang und nur mit jenem Betrag, der den im Zeitpunkt des Betriebsübergangs bestehenden Pensionsanwartschaften entspricht. Sofern zum Zeitpunkt des Betriebsübergangs Rückstellungen gemäß § 211 Abs. 2 des Handelsgesetzbuches für Abfertigungs- oder Pensionsanwartschaften mit der dafür nach § 14 Abs. 5 EStG oder § 11 BPG im gesetzlichen Ausmaß zu bildenden Wert-

papierdeckung oder gleichwertige Sicherungsmittel auf den Erwerber übertragen werden, haftet der Veräußerer für die im ersten oder zweiten Satz genannten Beträge nur für eine allfällige Differenz zwischen dem Wert der übertragenen Sicherungsmittel und dem Wert der fiktiven Ansprüche jeweils zum Zeitpunkt des Betriebsübergangs; diese Haftung endet ein Jahr nach dem Betriebsübergang. Der Veräußerer hat die betroffenen Arbeitnehmer von der Übertragung der Sicherungsmittel zu informieren. Der Erwerber hat die vom Veräußerer übertragene Wertpapierdeckung oder die Sicherungsmittel zumindest in dem in den beiden ersten Sätzen genannten Zeitraum in seinem Vermögen zu halten. Die Wertpapierdeckung oder die Sicherungsmittel dürfen während dieses Zeitraums nur zur Befriedigung von Abfertigungs- oder Betriebspensionsansprüchen der Arbeitnehmer vermindert werden. Die übertragene Wertpapierdeckung darf während dieses Zeitraums auf die Verpflichtung des Erwerbers nach § 14 Abs. 5 oder 7 EStG nicht angerechnet werden.

(BGBl I 2002/52)

(3) Bei Spaltungen im Sinne des Spaltungsgesetzes, Art. XIII des EU-Gesellschaftsrechtsänderungsgesetzes, BGBl. Nr. 304/1996, gilt als Veräußerer jene Gesellschaft, der die Verbindlichkeiten nach dem Spaltungsplan zuzuordnen sind.

(BGBl I 2002/100)

Benachteiligungsverbot

§ 7. Arbeitnehmer, die von ihrem Recht auf Freizügigkeit im Sinne des Art. 45 des Vertrages über die Arbeitsweise der Europäischen Union (AEUV) und Art. 1 bis 10 der Verordnung (EU) Nr. 492/2011 Gebrauch machen, dürfen als Reaktion auf eine Beschwerde wegen einer Verletzung der durch die Freizügigkeit gemäß Art. 45 AEUV, Art. 1 bis 10 VO 492/2011 und Art. 1 RL 2014/54 gewährten Rechte oder wegen der Einleitung eines Verfahrens zur Durchsetzung dieser Rechte weder gekündigt, noch entlassen oder auf andere Weise benachteiligt werden.

(BGBl I 2016/44)

Ansprüche von Arbeitnehmern mit gewöhnlichem Arbeitsort in Österreich gegen ausländische Arbeitgeber ohne Sitz in Österreich

§ 7.[a)] Beschäftigt ein Arbeitgeber ohne Sitz in Österreich, der nicht Mitglied einer kollektivvertragsfähigen Körperschaft in Österreich ist, einen Arbeitnehmer mit gewöhnlichem Arbeitsort in Österreich, so hat dieser Arbeitnehmer zwingend Anspruch zumindest auf jenes gesetzliche, durch Verordnung festgelegte oder kollektivvertragliche Entgelt, das am Arbeitsort vergleichbaren Arbeitnehmern von vergleichbaren Arbeitgebern gebührt.

(BGBl 1995/895, BGBl I 1999/120)

[a)] Siehe § 19 Abs. 1 Z 38.

Ansprüche gegen ausländische Arbeitgeber/innen ohne Sitz in einem EU- oder EWR-Mitgliedstaat

§ 7a.[a)] (1) § 7 gilt (ausgenommen Beiträge nach § 6 des Betrieblichen Mitarbeiter- und Selbständigenvorsorgegesetzes – BMSVG, BGBl. I Nr. 100/2002 und Beiträge oder Prämien nach dem Betriebspensionsgesetz – BPG, BGBl. Nr. 282/1990), unbeschadet des auf das Arbeitsverhältnis anzuwendenden Rechts, zwingend auch für eine/n Arbeitnehmer/in, der/die von einem/einer Arbeitgeber/in ohne Sitz in einem Mitgliedstaat der Europäischen Union oder des Europäischen Wirtschaftsraumes zur Erbringung einer Arbeitsleistung nach Österreich entsandt wird. Ein/e Beschäftiger/in ohne Sitz in einem Mitgliedstaat der Europäischen Union oder des Europäischen Wirtschaftsraumes gilt hinsichtlich der an ihn/sie überlassenen Arbeitskräfte, die zu einer Arbeitsleistung nach Österreich entsandt werden, in Bezug auf die §§ 7d Abs. 1, 7f Abs. 1 Z 3 sowie 7i Abs. 1 und Abs. 4 Z 1 als Arbeitgeber/in. Sieht das nach § 7 anzuwendende Gesetz, der Kollektivvertrag oder die Verordnung Sonderzahlungen vor, hat der/die Arbeitgeber/in diese dem/der Arbeitnehmer/in aliquot für die jeweilige Lohnzahlungsperiode zusätzlich zum laufenden Entgelt (Fälligkeit) zu leisten.

(1a) Eine Entsendung liegt nicht vor, wenn der/die Arbeitnehmer/in eines/einer Arbeitgebers/Arbeitgeberin nach Abs. 1 ausschließlich im Zusammenhang mit folgenden kurzfristigen Arbeiten von geringem Umfang in Österreich beschäftigt wird:

1. geschäftliche Besprechungen ohne Erbringung von weiteren Dienstleistungen, oder
2. Teilnahme an Seminaren ohne Erbringung von weiteren Dienstleistungen, oder
3. Messen und messeähnliche Veranstaltungen im Sinne des § 17 Abs. 3 bis 6 des Arbeitsruhegesetzes (ARG), BGBl. Nr. 144/1983, mit der Maßgabe, dass die Untergrenze des § 17 Abs. 4 ARG nicht gilt, ausgenommen Vorbereitungs- und Abschlussarbeiten für die Veranstaltung (Auf- und Abbau der Ausstellungseinrichtungen und An- und Ablieferung des Messegutes), oder
4. Besuch von und Teilnahme an Kongressen, oder
5. kulturelle Veranstaltungen, die im Rahmen einer Tournee stattfinden, bei welcher der Veranstaltung (den Veranstaltungen) in Österreich lediglich eine untergeordnete Bedeutung zukommt (zukommen), soweit der/die Arbeitnehmer/in seine/ihre Arbeitsleistung zumindest für einen Großteil der Tournee zu erbringen hat, oder
6. Teilnahme und Abwicklung von internationalen Wettkampfveranstaltungen (Internationale Meisterschaften) im Sinne des § 3 Z 6 des Bundes-Sportförderungsgesetzes 2013 (BSFG 2013), BGBl. I Nr. 100/2013, ausge-

nommen Vorbereitungs- und Abschlussarbeiten für die Veranstaltung (Auf- und Abbau der im Zusammenhang mit der Veranstaltung stehenden Einrichtungen) sowie Verabreichung von Speisen und Ausschank von Getränken im Rahmen der Veranstaltung.

(2) Der/Die Arbeitgeber/in nach Abs. 1 und dessen/deren Auftraggeber/in als Unternehmer/in haften als Gesamtschuldner/in für die sich nach Abs. 1 ergebenden Entgeltansprüche des Arbeitnehmers oder der Arbeitnehmerin.

(3) Ein/e entsandte/r Arbeitnehmer/in eines/einer im Abs. 1 bezeichneten Arbeitgebers oder Arbeitgeberin hat unbeschadet des auf das Arbeitsverhältnis anzuwendenden Rechts für die Dauer der Entsendung zwingend Anspruch auf

1. bezahlten Urlaub nach § 2 des Urlaubsgesetzes, BGBl. Nr. 390/1976, sofern das Urlaubsausmaß nach den Rechtsvorschriften des Heimatstaates geringer ist; nach Beendigung der Entsendung behält diese/r Arbeitnehmer/in den der Dauer der Entsendung entsprechenden aliquoten Teil der Differenz zwischen dem nach österreichischem Recht höheren Urlaubsanspruch und dem Urlaubsanspruch, der ihm/ihr nach den Rechtsvorschriften des Heimatstaates zusteht; ausgenommen von dieser Urlaubsregelung sind Arbeitnehmer/innen, für die die Urlaubsregelung des Bauarbeiter-Urlaubs- und Abfertigungsgesetzes (BUAG), BGBl. Nr. 414/1972, gilt;
2. die Einhaltung der kollektivvertraglich festgelegten Arbeitszeitregelungen.

(4) Für einen/eine entsandte/n Arbeitnehmer/in, der im Zusammenhang mit der Lieferung von Anlagen an einen Betrieb mit Montagearbeiten, der Inbetriebnahme und damit verbundenen Schulungen oder mit Reparaturen dieser Anlagen, die von inländischen Arbeitnehmer/innen nicht erbracht werden können, beschäftigt wird, gilt

1. Abs. 1 nicht, wenn es sich um kollektivvertragliches Entgelt im Sinne des § 7 in Verbindung mit Abs. 1 handelt und diese Arbeiten in Österreich insgesamt nicht länger als drei Monate dauern;
2. Abs. 3 nicht, wenn diese Arbeiten in Österreich insgesamt nicht länger als acht Kalendertage dauern.

Für Arbeitnehmer/innen, die mit Bauarbeiten, die der Errichtung, der Instandsetzung, der Instandhaltung, dem Umbau oder dem Abriss von Bauwerken dienen, insbesondere mit Aushub, Erdarbeiten, Bauarbeiten im engeren Sinne, Errichtung und Abbau von Fertigbauelementen, Einrichtung oder Ausstattung, Umbau, Renovierung, Reparatur, Abbauarbeiten, Abbrucharbeiten, Wartung, Instandhaltung (Maler- und Reinigungsarbeiten) oder Sanierung sowie mit Reparaturen und Installationen an Anlagen in Kraftwerken beschäftigt sind, gelten die Abs. 1 und 3 jedenfalls ab dem ersten Tag der Beschäftigung in Österreich.

(BGBl 1995/895, BGBl I 1999/120, BGBl I 2011/24, BGBl I 2012/98, BGBl I 2014/94)

---

[a] Siehe § 19 Abs. 1 Z 38.

Ansprüche gegen ausländische Arbeitgeber/innen mit Sitz in einem EU- oder EWR-Mitgliedstaat

§ 7b.[a] (1) Ein/e Arbeitnehmer/in, der/die von einem/einer Arbeitgeber/in mit Sitz in einem anderen Mitgliedstaat der Europäischen Union oder des Europäischen Wirtschaftsraumes als Österreich zur Erbringung einer Arbeitsleistung nach Österreich entsandt wird, hat unbeschadet des auf das Arbeitsverhältnis anzuwendenden Rechts für die Dauer der Entsendung zwingend Anspruch auf

1. zumindest jenes gesetzliche, durch Verordnung festgelegte oder kollektivvertragliche Entgelt, das am Arbeitsort vergleichbaren Arbeitnehmern/Arbeitnehmerinnen von vergleichbaren Arbeitgebern/Arbeitgeberinnen gebührt (ausgenommen Beiträge nach § 6 BMSVG und Beiträge oder Prämien nach dem BPG);
2. bezahlten Urlaub nach § 2 Urlaubsgesetz, sofern das Urlaubsausmaß nach den Rechtsvorschriften des Heimatstaates geringer ist; nach Beendigung der Entsendung behält dieser/diese Arbeitnehmer/in den der Dauer der Entsendung entsprechenden aliquoten Teil der Differenz zwischen dem nach österreichischem Recht höheren Urlaubsanspruch und dem Urlaubsanspruch, der ihm/ihr nach den Rechtsvorschriften des Heimatstaates zusteht; ausgenommen von dieser Urlaubsregelung sind Arbeitnehmer/innen, für die die Urlaubsregelung des BUAG gilt;
3. die Einhaltung der kollektivvertraglich festgelegten Arbeitszeitregelungen;
4. die Bereithaltung der Aufzeichnung im Sinne der Richtlinie des Rates über die Pflicht des Arbeitgebers zur Unterrichtung des Arbeitnehmers über die für seinen Arbeitsvertrag oder sein Arbeitsverhältnis geltenden Bedingungen (91/533/EWG) in Österreich durch den Arbeitgeber oder den mit der Ausübung des Weisungsrechts des Arbeitgebers gegenüber den entsandten Arbeitnehmern Beauftragten.

Ein/e Beschäftiger/in mit Sitz in einem anderen Mitgliedstaat der Europäischen Union oder des Europäischen Wirtschaftsraumes als Österreich gilt hinsichtlich der an ihn/sie überlassenen Arbeitskräfte, die zu einer Arbeitsleistung nach Österreich entsandt werden, in Bezug auf die Abs. 3 bis 5 und 8, § 7d Abs. 1, § 7f Abs. 1 Z 3 sowie § 7i Abs. 1 und Abs. 4 Z 1 als Arbeitgeber/in. Sieht das nach Abs. 1 Z 1 anzuwendende Gesetz, der Kollektivvertrag oder die Verordnung Sonderzahlungen vor, hat der/die Arbeitgeber/in diese dem/der Arbeitnehmer/in aliquot für die jeweilige

Lohnzahlungsperiode zusätzlich zum laufenden Entgelt (Fälligkeit) zu leisten.

(1a) Eine Entsendung liegt nicht vor, wenn der/die Arbeitnehmer/in eines/einer Arbeitgebers/Arbeitgeberin nach Abs. 1 im Zusammenhang mit folgenden kurzfristigen Arbeiten von geringem Umfang in Österreich beschäftigt wird und kein Dienstleistungsvertrag mit einem/einer inländischen Dienstleistungsempfänger/in geschlossen wurde:

1. geschäftliche Besprechungen ohne Erbringung von weiteren Dienstleistungen, oder
2. Teilnahme an Seminaren ohne Erbringung von weiteren Dienstleistungen, oder
3. Messen und messeähnliche Veranstaltungen im Sinne des § 17 Abs. 3 bis 6 ARG, mit der Maßgabe, dass die Untergrenze des § 17 Abs. 4 ARG nicht gilt, ausgenommen Vorbereitungs- und Abschlussarbeiten für die Veranstaltung (Auf- und Abbau der Ausstellungeinrichtungen und An- und Ablieferung des Messegutes), oder
4. Besuch von und Teilnahme an Kongressen, oder
5. kulturelle Veranstaltungen, die im Rahmen einer Tournee stattfinden, bei welcher der Veranstaltung (den Veranstaltungen) in Österreich lediglich eine untergeordnete Bedeutung zukommt (zukommen), soweit der/die Arbeitnehmer/in seine/ihre Arbeitsleistung zumindest für einen Großteil der Tournee zu erbringen hat, oder
6. Teilnahme und Abwicklung von internationalen Wettkampfveranstaltungen (Internationale Meisterschaften) im Sinne des § 3 Z 6 BSFG 2013, ausgenommen Vorbereitungs- und Abschlussarbeiten für die Veranstaltung (Auf- und Abbau der im Zusammenhang mit der Veranstaltung stehenden Einrichtungen) sowie Verabreichung von Speisen und Ausschank von Getränken im Rahmen der Veranstaltung.

(1b) Wird der/die entsandte Arbeitnehmer/in mit Arbeiten im Sinne des Abs. 1a im Rahmen eines mit einem/einer inländischen Dienstleistungsempfänger/in geschlossenen Dienstleistungsvertrages in Österreich beschäftigt, gilt Abs. 1 Z 1 und Z 2 nicht.

(2) Für einen/eine entsandte/n Arbeitnehmer/in, der im Zusammenhang mit der Lieferung von Anlagen an einen Betrieb mit Montagearbeiten, der Inbetriebnahme und damit verbundenen Schulungen oder mit Reparaturen dieser Anlagen, die von inländischen Arbeitnehmer/innen nicht erbracht werden können, beschäftigt wird, gilt

1. Abs. 1 Z 1 nicht, wenn es sich um kollektivvertragliches Entgelt im Sinne des Abs. 1 Z 1 handelt und diese Arbeiten in Österreich insgesamt nicht länger als drei Monate dauern;
2. Abs. 1 Z 2 nicht, wenn diese Arbeiten in Österreich insgesamt nicht länger als acht Kalendertage dauern.

Für Arbeitnehmer/innen, die mit Bauarbeiten, die der Errichtung, der Instandsetzung, der Instandhaltung, dem Umbau oder dem Abriss von Bauwerken dienen, insbesondere mit Aushub, Erdarbeiten, Bauarbeiten im engeren Sinne, Errichtung und Abbau von Fertigbauelementen, Einrichtung oder Ausstattung, Umbau Renovierung, Reparatur, Abbauarbeiten, Abbrucharbeiten, Wartung, Instandhaltung (Maler- und Reinigungsarbeiten) oder Sanierung sowie mit Reparaturen und Installationen an Anlagen in Kraftwerken beschäftigt sind, gilt Abs. 1 jedenfalls ab dem ersten Tag der Beschäftigung in Österreich.

(3) Arbeitgeber/innen im Sinne des Abs. 1 haben die Beschäftigung von Arbeitnehmer/innen, die zur Erbringung einer Arbeitsleistung nach Österreich entsandt werden, spätestens eine Woche vor der jeweiligen Arbeitsaufnahme der Zentralen Koordinationsstelle für die Kontrolle der illegalen Beschäftigung nach dem Ausländerbeschäftigungsgesetz und dem Arbeitsvertragsrechts-Anpassungsgesetz des Bundesministeriums für Finanzen zu melden und dem/der im Abs. 1 Z 4 bezeichneten Beauftragten, sofern nur ein/e Arbeitnehmer/in entsandt wird, diesem/dieser, die Meldung in Abschrift auszuhändigen oder in elektronischer Form zur Verfügung zu stellen. Die Meldung hat ausschließlich automationsunterstützt über die elektronischen Formulare des Bundesministeriums für Finanzen zu erfolgen. In Katastrophenfällen, bei unaufschiebbaren Arbeiten und bei kurzfristig zu erledigenden Aufträgen ist die Meldung unverzüglich vor Arbeitsaufnahme zu erstatten. Die Zentrale Koordinationsstelle für die Kontrolle der illegalen Beschäftigung nach dem Ausländerbeschäftigungsgesetz und dem Arbeitsvertragsrechts-Anpassungsgesetz des Bundesministeriums für Finanzen hat die Meldung an den zuständigen Krankenversicherungsträger (§§ 26 und 30 ASVG), und sofern es sich um Bautätigkeiten handelt, der Bauarbeiter-Urlaubs- und Abfertigungskasse elektronisch zu übermitteln.

(3a) Das Bundesministerium für Arbeit, Soziales und Konsumentenschutz ist im Rahmen der Erfüllung der ihm übertragenen Aufgaben für Zwecke der Arbeitsmarktpolitik berechtigt, auf automationsunterstütztem Weg Einsicht in die von der Zentralen Koordinationsstelle für die Kontrolle der illegalen Beschäftigung nach dem Ausländerbeschäftigungsgesetz und dem Arbeitsvertragsrechts-Anpassungsgesetz des Bundesministeriums für Finanzen hinsichtlich der Meldungen nach Abs. 3 geführte Datenbank zu nehmen, wobei die Befugnis zur Einsichtnahme folgende Daten umfasst: Betriebsdaten (Firmenname und –adresse), Arbeitnehmer/innendaten der entsandten Person (Name, Geburtsdatum, Sozialversicherungsnummer, Sozialversicherungsträger, Wohnsitz, ausgeübte Tätigkeit, Entgelthöhe, Beschäftigungsdauer, Beschäftigungsort), Daten inländischer Auftraggeber/innen (Firmenname und Adresse des Beschäftiger/innenbetriebs oder des/der Generalunternehmers/in in Österreich) sowie genehmigungspflichtige Beschäftigung.

(4) Die Meldung nach Abs. 3 hat für jede Entsendung gesondert zu erfolgen und hat folgende Angaben zu enthalten; nachträgliche Änderungen bei den Angaben sind unverzüglich zu melden:

1. Name, Anschrift und Gewerbebefugnis oder Unternehmensgegenstand des/der Arbeitgebers/in im Sinne des Abs. 1, Umsatzsteueridentifikationsnummer,
2. Name und Anschrift der zur Vertretung nach außen Berufenen des/der Arbeitgebers/Arbeitgeberin,
3. Name und Anschrift des/der im Abs. 1 Z 4 bezeichneten Beauftragten,
4. Name und Anschrift des/der inländischen Auftraggebers/Auftraggeberin (Generalunternehmers/in),
5. die Namen, Anschriften, Geburtsdaten, Sozialversicherungsnummern und zuständige Sozialversicherungsträger sowie die Staatsangehörigkeit der nach Österreich entsandten Arbeitnehmer/innen,
6. Zeitraum der Entsendung insgesamt sowie Beginn und voraussichtliche Dauer der Beschäftigung der einzelnen Arbeitnehmer/innen in Österreich, Dauer und Lage der vereinbarten Normalarbeitszeit der einzelnen Arbeitnehmer/innen,
7. die Höhe des dem/der einzelnen Arbeitnehmer/in nach den österreichischen Rechtsvorschriften gebührenden Entgelts und Beginn des Arbeitsverhältnisses bei dem/der Arbeitgeber/in,
8. Ort (genaue Anschrift) der Beschäftigung in Österreich (auch andere Einsatzorte in Österreich),
9. die Art der Tätigkeit und Verwendung des/der Arbeitnehmers/Arbeitnehmerin unter Berücksichtigung des maßgeblichen österreichischen Kollektivvertrages,
10. sofern für die Beschäftigung der entsandten Arbeitnehmer/in im Sitzstaat des/der Arbeitgebers/Arbeitgeberin eine behördliche Genehmigung erforderlich ist, jeweils die ausstellende Behörde sowie die Geschäftszahl, das Ausstellungsdatum und die Geltungsdauer oder eine Abschrift der Genehmigung,
11. sofern die entsandten Arbeitnehmer/innen im Sitzstaat des/der Arbeitgebers/Arbeitgeberin eine Aufenthaltsgenehmigung benötigen, jeweils die ausstellende Behörde sowie die Geschäftszahl, das Ausstellungsdatum und die Geltungsdauer oder eine Abschrift der Genehmigung.

(5) Arbeitgeber/innen im Sinne des Abs. 1 haben, sofern für den/die entsandten Arbeitnehmer/innen in Österreich keine Sozialversicherungspflicht besteht, Unterlagen über die Anmeldung des Arbeitnehmers oder der Arbeitnehmerin zur Sozialversicherung (Sozialversicherungsdokument E 101 nach der Verordnung (EWG) Nr. 1408/71, Sozialversicherungsdokument A 1 nach der Verordnung (EG) Nr. 883/04) sowie eine Abschrift der Meldung gemäß den Abs. 3 und 4 am Arbeits(Einsatz)ort im Inland bereitzuhalten oder diese den Organen der Abgabebehörden oder der Bauarbeiter-Urlaubs- und Abfertigungskasse unmittelbar vor Ort in elektronischer Form zugänglich zu machen. Sofern für die Beschäftigung der entsandten Arbeitnehmer/innen im Sitzstaat des/der Arbeitgebers/Arbeitgeberin eine behördliche Genehmigung erforderlich ist, ist auch die Genehmigung bereitzuhalten. Bei innerhalb eines Arbeitstages wechselnden Arbeits(Einsatz)orten sind die erforderlichen Unterlagen am ersten Arbeits(Einsatz)ort bereitzuhalten oder in elektronischer Form zugänglich zu machen. Ist die Bereithaltung oder Zugänglichmachung der Unterlagen am Arbeits(Einsatz)ort nicht zumutbar, sind die Unterlagen jedenfalls im Inland bereitzuhalten und der Abgabenbehörde auf Verlangen nachweislich zu übermitteln, wobei die Unterlagen bis einschließlich des der Aufforderung zweitfolgenden Werktags abzusenden sind. Für die Übermittlung gebührt kein Ersatz der Aufwendungen.

AVRAG

(6) Die Behörden haben nach Maßgabe der datenschutzrechtlichen Vorschriften auch mit Behörden anderer Mitgliedstaaten des Europäischen Wirtschaftsraumes, die für die Kontrolle der Einhaltung arbeits- und sozialrechtlicher Vorschriften oder für die Bekämpfung illegaler Erwerbstätigkeit zuständig sind oder Auskünfte geben können, ob ein/e Arbeitgeber/in die Arbeitsbedingungen nach Abs. 1 einhält, zusammenzuarbeiten sowie Auskünfte bei begründeten Anfragen von Behörden anderer Mitgliedstaaten zu geben. Die Gewährung von Amtshilfe an diese Behörden ist von Stempel- und sonstigen Gebühren befreit.

(7) Die Kollektivvertragsparteien haben die von ihnen abgeschlossenen Kollektivverträge in geeigneter Form zugänglich zu machen. Sofern es sich um Bautätigkeiten handelt, wird die Informations- und Auskunftstätigkeit nach Maßgabe des BUAG von der Bauarbeiter-Urlaubs- und Abfertigungskasse wahrgenommen.

(8) Wer als Arbeitgeber/in im Sinne des Abs. 1

1. die Meldung oder die Meldung über nachträgliche Änderungen bei den Angaben (Änderungsmeldung) entgegen Abs. 3 nicht, nicht rechtzeitig oder nicht vollständig erstattet oder
2. in der Meldung oder Änderungsmeldung nach Abs. 3 wissentlich unrichtige Angaben erstattet oder
3. die erforderlichen Unterlagen entgegen Abs. 5 nicht bereithält oder den Organen der Abgabebehörden oder der Bauarbeiter-Urlaubs- und Abfertigungskasse vor Ort nicht unmittelbar zugänglich macht oder
4. die erforderlichen Unterlagen entgegen Abs. 5 oder § 7h Abs. 2 nicht übermittelt,

begeht eine Verwaltungsübertretung und ist von der Bezirksverwaltungsbehörde für jede/n Arbeitnehmer/in mit Geldstrafe von 500 Euro bis 5 000 Euro, im Wiederholungsfall von 1 000 Euro bis 10 000 Euro zu bestrafen. Bei grenzüberschreitender Entsendung gilt die Verwaltungsübertretung als in dem Sprengel der Bezirksverwaltungsbehörde begangen, in dem der Arbeits(Einsatz)ort der nach Österreich entsandten Arbeitnehmer/innen liegt, bei wechselnden Arbeits(Einsatzorten) am Ort der Kontrolle.

(9) Die Abs. 1 bis 8 gelten auch für Arbeitnehmer/innen, die von einem/einer Arbeitgeber/in mit Sitz in der Schweizerischen Eidgenossenschaft zur Erbringung einer Arbeitsleistung nach Österreich entsandt werden.

(BGBl I 1999/120, BGBl I 1999/179, BGBl I 2001/98, BGBl I 2002/68, BGBl I 2005/103, BGBl I 2007/78, BGBl I 2009/150, BGBl I 2011/24, BGBl I 2012/98, BGBl I 2014/94)

---
[a] Siehe § 19 Abs. 1 Z 38.

Haftung des Generalunternehmers

§ 7c.[a] (1) Generalunternehmer ist, wer im Rahmen seiner Unternehmertätigkeit die Erbringung zumindest eines Teiles einer auf Grund eines Auftrages geschuldeten Leistung an einen anderen Unternehmer (Subunternehmer), ausgenommen Arbeitgeber nach § 7a, weitergibt.

(2) Hat der Generalunternehmer einen Auftrag oder einen Teil eines Auftrages in einer nach den Bestimmungen des Bundesvergabegesetzes 1997, BGBl. I Nr. 56/1997, oder anderen gleichartigen Rechtsvorschriften unzulässigen Weise oder entgegen vertraglichen Vereinbarungen weitergegeben, so haftet er nach § 1355 ABGB als Bürge für Ansprüche auf das gesetzliche, durch Verordnung festgelegte oder kollektivvertragliche Entgelt der vom Subunternehmer zur Leistungserbringung eingesetzten Arbeitnehmer, das diesen während ihrer Tätigkeit im Rahmen der vereinbarten Leistungserbringung gebührt. Dasselbe gilt, wenn ein Subunternehmer einen Auftrag oder einen Teil eines Auftrages unzulässigerweise weitergibt.

(3) Der Generalunternehmer haftet nach § 1356 ABGB als Ausfallsbürge für Ansprüche auf das gesetzliche, durch Verordnung festgelegte oder kollektivvertragliche Entgelt der vom Subunternehmer zur Erbringung von Leistungen auf Baustellen im Sinne des § 2 Abs. 3 ASchG eingesetzten Arbeitnehmer, das diesen während ihrer Tätigkeit im Rahmen der vereinbarten Leistungserbringung gebührt. Hat der Arbeitnehmer Entgeltansprüche im Sinne des ersten Satzes gegenüber dem Arbeitgeber nicht innerhalb von sechs Monaten ab dem Ende der Leistungserbringung gerichtlich geltend gemacht, so kann der Generalunternehmer nicht mehr als Ausfallsbürge in Anspruch genommen werden.

(4) Abs. 3 gilt nicht, wenn der Generalunternehmer bereits nach Abs. 2 haftet.

(5) Bei Insolvenz des Subunternehmers entfällt die Haftung des Generalunternehmers gemäß Abs. 3.

(BGBl I 1999/120)

---
[a] Siehe § 19 Abs. 1 Z 38.

Verpflichtung zur Bereithaltung von Lohnunterlagen

§ 7d.[a] (1) Arbeitgeber/innen im Sinne der §§ 7, 7a Abs. 1 oder 7b Abs. 1 und 9 haben während des Zeitraums der Entsendung insgesamt (§ 7b Abs. 4 Z 6) den Arbeitsvertrag oder Dienstzettel (§ 7b Abs. 1 Z 4), Lohnzettel, Lohnzahlungsnachweise oder Banküberweisungsbelege, Lohnaufzeichnungen, Arbeitszeitaufzeichnungen und Unterlagen betreffend die Lohneinstufung zur Überprüfung des dem/der entsandten Arbeitnehmers/in für die Dauer der Beschäftigung nach den österreichischen Rechtsvorschriften gebührenden Entgelts in deutscher Sprache am Arbeits(Einsatz)ort bereitzuhalten, auch wenn die Beschäftigung des/der einzelnen Arbeitnehmers/in in Österreich früher geendet hat. Bei innerhalb eines Arbeitstages wechselnden Arbeits(Einsatz)orten sind die Lohnunterlagen am ersten Arbeits(Einsatz)ort bereitzuhalten. Ist die Bereithaltung der Unterlagen am Arbeits(Einsatz)ort nicht zumutbar, sind die Unterlagen jedenfalls im Inland bereitzuhalten und der Abgabenbehörde auf Aufforderung nachweislich zu übermitteln, wobei die Unterlagen bis zum Ablauf des der Aufforderung zweitfolgenden Werktags abzusenden sind. Für die Übermittlung gebührt kein Ersatz der Aufwendungen.

(2) Bei einer grenzüberschreitenden Arbeitskräfteüberlassung trifft die Verpflichtung zur Bereithaltung der Lohnunterlagen den/die inländische/n Beschäftiger/in. Der/Die Überlasser/in hat dem/der Beschäftiger/in die Unterlagen nachweislich bereitzustellen.

(BGBl I 2011/24, BGBl I 2014/94)

---
[a] Siehe § 19 Abs. 1 Z 38.

Kompetenzzentrum LSDB

§ 7e.[a] (1) Für die Kontrolle des dem/der nicht dem ASVG unterliegenden Arbeitnehmer/in nach Gesetz, Verordnung oder Kollektivvertrag in Österreich unter Beachtung der jeweiligen Einstufungskriterien zustehenden Entgelts im Sinne des § 7i Abs. 5 wird die Wiener Gebietskrankenkasse als Kompetenzzentrum Lohn- und Sozialdumping Bekämpfung (Kompetenzzentrum LSDB) eingerichtet.

(1a) Das Kompetenzzentrum LSDB hat im übertragenen Wirkungsbereich nach den Weisungen des Bundesministers/der Bundesministerin für Arbeit, Soziales und Konsumentenschutz die folgenden Aufgaben wahrzunehmen:

1. Entgegennahme der Erhebungsergebnisse der Organe der Abgabenbehörden,
2. Ersuchen an die Organe der Abgabenbehörden, konkret zu bezeichnende weitere Erhebungen zu übermittelten Erhebungsergeb-

nissen oder Erhebungen auf Grund von begründeten Mitteilungen durch Dritte durchzuführen,
3. Erstattung der Strafanzeige nach Abs. 3,
4. Führung der Verwaltungs(straf)evidenz und Auskunftserteilung nach § 7n,
5. Wahrnehmung der Parteistellung und der damit verbundenen Berechtigungen nach § 7i Abs. 8,
6. Information des/der Arbeitnehmers/in über eine sein/ihr Arbeitsverhältnis betreffende Anzeige nach Abs. 3 in Verfahren nach § 7i Abs. 5, soweit die Anschrift in der Meldung gemäß § 7b Abs. 4 oder § 17 Abs. 3 AÜG angeführt ist.

(BGBl I 2015/113)

(2) Die Aufwendungen des Kompetenzzentrums LSDB trägt der Bund. Der Bund hat dem Kompetenzzentrum LSDB hinsichtlich der im ersten Satz genannten Aufwendungen Zielvorgaben zu geben.

(3) Stellt das Kompetenzzentrum LSDB fest, dass der/die Arbeitgeber/in dem/der Arbeitnehmer/in im Sinne des Abs. 1 nicht zumindest das nach Abs. 1 zustehende Entgelt unter Beachtung der jeweiligen Einstufungskriterien leistet, hat es Anzeige an die zuständige Bezirksverwaltungsbehörde zu erstatten. Mit der Anzeige ist ein bestimmtes Strafausmaß zu beantragen. Die Anzeige ist der Abgabenbehörde zum Zwecke der Nachverrechnung von Abgaben elektronisch zur Kenntnis zu übermitteln. Auf Betriebsvereinbarung oder Arbeitsvertrag beruhende Überzahlungen bei den nach Gesetz, Verordnung oder Kollektivvertrag gebührenden Entgeltbestandteilen sind auf allfällige Unterentlohnungen im jeweiligen Lohnzahlungszeitraum anzurechnen.

(4) Das Kompetenzzentrum LSDB kann die Kollektivvertragspartner, die den für den/die Arbeitnehmer/in maßgeblichen Kollektivvertrag abgeschlossen haben, zur Ermittlung des dem/der Arbeitnehmer/in unter Beachtung der Einstufungskriterien nach Abs. 1 zustehenden Entgelts anhören. Erhebt ein/e Arbeitgeber/in begründete Einwendungen gegen die vom Kompetenzzentrum LSDB angenommene Einstufung, hat das Kompetenzzentrum LSDB die Kollektivvertragspartner anzuhören. Eine Stellungnahme der Kollektivvertragspartner hat eine gemeinsame zu sein. Aufwandersätze und Sachbezüge dürfen, soweit der Kollektivvertrag nicht anderes bestimmt, für die Zwecke der Bestimmung des kollektivvertraglichen Entgelts nicht angerechnet werden.

(5) Stellt das Kompetenzzentrum LSDB fest, dass
1. der/die Arbeitgeber/in dem/der Arbeitnehmer/in die Differenz zwischen dem tatsächlich geleisteten und dem dem/der Arbeitnehmer/in nach den österreichischen Rechtsvorschriften gebührenden Entgelt nach Mitteilung des Kompetenzzentrums LSDB binnen einer vom Kompetenzzentrum LSDB festzusetzenden Frist nachweislich leistet, und
2. die Unterschreitung des nach Abs. 1 maßgeblichen Entgelts unter Beachtung der jeweiligen Einstufungskriterien gering ist, oder
3. das Verschulden des/der Arbeitgebers/in oder des/der zur Vertretung nach außen Berufenen (§ 9 Abs. 1 VStG) oder des/der verantwortlichen Beauftragten (§ 9 Abs. 2 oder 3 VStG) leichte Fahrlässigkeit nicht übersteigt,

hat es von einer Anzeige an die zuständige Bezirksverwaltungsbehörde abzusehen. Ebenso ist von einer Anzeige abzusehen, wenn der/die Arbeitgeber/in das dem/der Arbeitnehmer/in nach den österreichischen Rechtsvorschriften gebührende Entgelt vor der Mitteilung durch das Kompetenzzentrum LSDB nachweislich leistet und die übrigen Voraussetzungen nach dem ersten Satz vorliegen. § 25 Abs. 3 des Verwaltungsstrafgesetzes 1991, BGBl. Nr. 52 (VStG), ist nicht anzuwenden.

(6) Das Kompetenzzentrum LSDB ist berechtigt, gegen Kostenersatz andere Gebietskrankenkassen mit der Vertretung im Namen des Kompetenzzentrums LSDB vor der Bezirksverwaltungsbehörde und dem Verwaltungsgericht zu beauftragen.

(BGBl I 2011/24, BGBl I 2013/71, BGBl I 2014/94)

---
[a] Siehe § 19 Abs. 1 Z 38.

Erhebungen der Abgabenbehörden

§ 7f.[a] (1) Die Organe der Abgabenbehörden sind berechtigt, das Bereithalten der Unterlagen nach §§ 7b Abs. 5 und 7d zu überwachen sowie die zur Kontrolle des dem/der nicht dem ASVG unterliegenden Arbeitnehmer/in unter Beachtung der jeweiligen Einstufungskriterien zustehenden Entgelts im Sinne des § 7i Abs. 5 erforderlichen Erhebungen durchzuführen und
1. die Betriebsstätten, Betriebsräume und auswärtigen Arbeitsstätten oder Arbeitsstellen sowie die Aufenthaltsräume der Arbeitnehmer/innen ungehindert zu betreten und Wege zu befahren, auch wenn dies sonst der Allgemeinheit untersagt ist,
2. von den dort angetroffenen Personen Auskünfte über alle für die Erhebung nach Abs. 1 maßgebenden Tatsachen zu verlangen, wenn Grund zur Annahme besteht, dass es sich bei diesen Personen um Arbeitgeber/innen oder um Arbeitnehmer/innen handelt, sowie
3. in die zur Erhebung erforderlichen Unterlagen (§§ 7b Abs. 5 und 7d) Einsicht zu nehmen, Abschriften dieser Unterlagen anzufertigen und die Übermittlung von Unterlagen zu fordern, wobei die Unterlagen bis zum Ablauf des der Aufforderung zweitfolgenden Werktags abzusenden sind. Erfolgt bei innerhalb eines Arbeitstages wechselnden Arbeits(Einsatz)orten die Kontrolle nicht am ersten Arbeits(Einsatz)ort, sind die Unterlagen

der Abgabenbehörde nachweislich zu übermitteln, wobei die Unterlagen bis zum Ablauf des der Aufforderung zweitfolgenden Werktags abzusenden sind. Für die Übermittlung gebührt kein Ersatz der Aufwendungen.

(2) Die Organe der Abgabenbehörden haben die Ergebnisse der Erhebungen nach Abs. 1 dem Kompetenzzentrum LSDB zu übermitteln und auf Ersuchen des Kompetenzzentrums LSDB konkret zu bezeichnende weitere Erhebungen zu übermittelten Erhebungsergebnissen oder Erhebungen auf Grund von begründeten Mitteilungen durch Dritte durchzuführen.

(BGBl I 2011/24, BGBl I 2014/94)

---

[a] Siehe § 19 Abs. 1 Z 38.

Feststellung von Übertretungen durch den Träger der Krankenversicherung

§ 7g.[a] (1) Stellt der zuständige Träger der Krankenversicherung im Rahmen seiner Tätigkeit fest, dass der/die Arbeitgeber/in

1. dem/der dem ASVG unterliegenden Arbeitnehmer/in oder
2. dem/der Arbeitnehmer/in, der/die seinen/ihren gewöhnlichen Arbeitsort in Österreich hat ohne dem ASVG zu unterliegen,

nicht zumindest das ihm/ihr nach Gesetz, Verordnung oder Kollektivvertrag in Österreich unter Beachtung der jeweiligen Einstufungskriterien zustehende Entgelt im Sinne des § 7i Abs. 5 leistet, gilt § 7e Abs. 3 bis 5 mit der Maßgabe, dass an die Stelle des Kompetenzzentrums LSDB der zuständige Träger der Krankenversicherung tritt.

(2) Der zuständige Träger der Krankenversicherung ist berechtigt, in die für die Tätigkeit nach Abs. 1 erforderlichen Unterlagen Einsicht zu nehmen und Abschriften dieser Unterlagen anzufertigen. Auf Verlangen haben Arbeitgeber/innen die erforderlichen Unterlagen oder Ablichtungen zu übermitteln, wobei die Unterlagen oder Ablichtungen bis zum Ablauf des der Aufforderung zweitfolgenden Werktags abzusenden sind. Für die Übermittlung gebührt kein Ersatz der Aufwendungen.

(3) Der zuständige Träger der Krankenversicherung hat den/die Arbeitnehmer/in über eine sein/ihr Arbeitsverhältnis betreffende Anzeige nach § 7e Abs. 3 in Verfahren nach § 7i Abs. 5 zu informieren.

(BGBl I 2015/113)

(BGBl I 2011/24, BGBl I 2014/94)

---

[a] Siehe § 19 Abs. 1 Z 38.

Feststellung von Übertretungen durch die Bauarbeiter-Urlaubs- und Abfertigungskasse

§ 7h.[a] (1) Stellt die Bauarbeiter-Urlaubs- und Abfertigungskasse im Rahmen ihrer Tätigkeit fest, dass der/die Arbeitgeber/in dem/der Arbeitnehmer/in im Sinne des Abschnitts I BUAG oder im Sinne des § 33d BUAG nicht zumindest das ihm/ihr nach Gesetz, Verordnung oder Kollektivvertrag gebührende Entgelt im Sinne des § 7i Abs. 5 unter Beachtung der jeweiligen Einstufungskriterien leistet, gilt § 7e Abs. 3, Abs. 4 letzter Satz und Abs. 5 mit der Maßgabe, dass an die Stelle des Kompetenzzentrums LSDB die Bauarbeiter-Urlaubs- und Abfertigungskasse tritt.

(2) Die Bauarbeiter-Urlaubs- und Abfertigungskasse ist im Rahmen ihrer Tätigkeit berechtigt, die Bereithaltung der Unterlagen nach den §§ 7b Abs. 5 und 7d zu überwachen, Einsicht zu nehmen und Abschriften dieser Unterlagen anzufertigen und deren Übermittlung zu fordern, wobei die Unterlagen bis zum Ablauf des der Aufforderung zweitfolgenden Werktags abzusenden sind. Erfolgt bei innerhalb eines Arbeitstages wechselnden Arbeits(Einsatz)orten die Kontrolle nicht am ersten Arbeits(Einsatz)ort, sind die Unterlagen der Bauarbeiter-Urlaubs- und Abfertigungskasse nachweislich zu übermitteln, wobei die Unterlagen bis zum Ablauf des der Aufforderung zweitfolgenden Werktags abzusenden sind. Für die Übermittlung gebührt kein Ersatz der Aufwendungen.

(BGBl I 2011/24, BGBl I 2014/94)

---

[a] Siehe § 19 Abs. 1 Z 38.

Strafbestimmungen

§ 7i.[a] (1) Wer die erforderlichen Unterlagen entgegen § 7d Abs. 1 oder § 7f Abs. 1 Z 3 nicht übermittelt, begeht eine Verwaltungsübertretung und ist von der Bezirksverwaltungsbehörde für jede/n Arbeitnehmer/in mit Geldstrafe von 500 Euro bis 5 000 Euro, im Wiederholungsfall von 1 000 Euro bis 10 000 Euro zu bestrafen. Ebenso ist zu bestrafen, wer entgegen § 7g Abs. 2 oder § 7h Abs. 2 die Unterlagen nicht übermittelt.

(2) Wer entgegen § 7f Abs. 1 den Zutritt zu den Betriebsstätten, Betriebsräumen und auswärtigen Arbeitsstätten oder Arbeitsstellen sowie den Aufenthaltsräumen der Arbeitnehmer/innen und das damit verbundene Befahren von Wegen oder die Erteilung von Auskünften verweigert oder die Kontrolle sonst erschwert oder behindert, begeht eine Verwaltungsübertretung und ist von der Bezirksverwaltungsbehörde mit einer Geldstrafe von 1 000 Euro bis 10 000 Euro, im Wiederholungsfall von 2 000 Euro bis 20 000 Euro zu bestrafen.

(2a) Wer die Einsichtnahme in die Unterlagen nach den §§ 7b Abs. 5 und 7d verweigert, begeht eine Verwaltungsübertretung und ist für jede/n Arbeitnehmer/in von der Bezirksverwaltungsbehörde mit einer Geldstrafe von 1 000 Euro bis 10 000 Euro, im Wiederholungsfall von 2 000 Euro bis 20 000 Euro zu bestrafen.

(3) Ebenso ist nach Abs. 2a zu bestrafen, wer als Arbeitgeber/in entgegen § 7g Abs. 2 die Einsichtnahme in die Unterlagen verweigert.

(4) Wer als

1. Arbeitgeber/in im Sinne der §§ 7, 7a Abs. 1 oder 7b Abs. 1 und 9 entgegen § 7d die Lohnunterlagen nicht bereithält, oder
2. Überlasser/in im Falle einer grenzüberschreitenden Arbeitskräfteüberlassung nach Öster-

reich entgegen § 7d Abs. 2 die Lohnunterlagen dem/der Beschäftiger/in nicht nachweislich bereitstellt, oder

3. Beschäftiger/in im Falle einer grenzüberschreitenden Arbeitskräfteüberlassung entgegen § 7d Abs. 2 die Lohnunterlagen nicht bereithält

begeht eine Verwaltungsübertretung und ist von der Bezirksverwaltungsbehörde für jede/n Arbeitnehmer/in mit einer Geldstrafe von 1 000 Euro bis 10 000 Euro, im Wiederholungsfall von 2 000 Euro bis 20 000 Euro, sind mehr als drei Arbeitnehmer/innen betroffen, für jede/n Arbeitnehmer/in von 2 000 Euro bis 20 000 Euro, im Wiederholungsfall von 4 000 Euro bis 50 000 Euro zu bestrafen.

(5) Wer als Arbeitgeber/in einen/e Arbeitnehmer/in beschäftigt oder beschäftigt hat, ohne ihm/ihr zumindest das nach Gesetz, Verordnung oder Kollektivvertrag zustehende Entgelt unter Beachtung der jeweiligen Einstufungskriterien, ausgenommen die in § 49 Abs. 3 ASVG angeführten Entgeltbestandteile, zu leisten, begeht eine Verwaltungsübertretung und ist von der Bezirksverwaltungsbehörde mit einer Geldstrafe zu bestrafen. Bei Unterentlohnungen, die durchgehend mehrere Lohnzahlungszeiträume umfassen, liegt eine einzige Verwaltungsübertretung vor. Auf Betriebsvereinbarung oder Arbeitsvertrag beruhende Überzahlungen bei den nach Gesetz, Verordnung oder Kollektivvertrag gebührenden Entgeltbestandteilen sind auf allfällige Unterentlohnungen im jeweiligen Lohnzahlungszeitraum anzurechnen. Hinsichtlich von Sonderzahlungen für die in § 7g Abs. 1 Z 1 und 2 genannten Arbeitnehmer/innen liegt eine Verwaltungsübertretung nach dem ersten Satz nur dann vor, wenn der/die Arbeitgeber/in die Sonderzahlungen nicht oder nicht vollständig bis spätestens 31. Dezember des jeweiligen Kalenderjahres leistet. Sind von der Unterentlohnung höchstens drei Arbeitnehmer/innen betroffen, beträgt die Geldstrafe für jede/n Arbeitnehmer/in 1 000 Euro bis 10 000 Euro, im Wiederholungsfall 2 000 Euro bis 20 000 Euro, sind mehr als drei Arbeitnehmer/innen betroffen, für jede/n Arbeitnehmer/in 2 000 Euro bis 20 000 Euro, im Wiederholungsfall 4 000 Euro bis 50 000 Euro.

(BGBl I 2015/113)

(5a) Die Strafbarkeit nach Abs. 5 ist nicht gegeben, wenn der/die Arbeitgeber/in vor einer Erhebung der zuständigen Einrichtung nach den §§ 7f bis 7h die Differenz zwischen dem tatsächlich geleisteten und dem/der Arbeitnehmer/in nach den österreichischen Rechtsvorschriften gebührenden Entgelt nachweislich leistet.

(6) Stellt die Bezirksverwaltungsbehörde fest, dass

1. der/die Arbeitgeber/in dem/der Arbeitnehmer/in die Differenz zwischen dem tatsächlich geleisteten und dem dem/der Arbeitnehmer/in nach den österreichischen Rechtsvorschriften gebührenden Entgelt binnen einer von der Behörde festzusetzenden Frist nachweislich leistet, und
2. die Unterschreitung des nach Abs. 5 Z 1 maßgeblichen Entgelts unter Beachtung der jeweiligen Einstufungskriterien gering ist oder
3. das Verschulden des/der Arbeitgebers/in oder des/der zur Vertretung nach außen Berufenen (§ 9 Abs. 1 VStG) oder des/der verantwortlichen Beauftragten (§ 9 Abs. 2 oder 3 VStG) leichte Fahrlässigkeit nicht übersteigt,

hat sie von der Verhängung einer Strafe abzusehen. Ebenso ist von der Verhängung einer Strafe abzusehen, wenn der/die Arbeitgeber/in dem/der Arbeitnehmer/in die Differenz zwischen dem tatsächlich geleisteten und dem dem/der Arbeitnehmer/in nach den österreichischen Rechtsvorschriften gebührende Entgelt vor der Aufforderung durch die Bezirksverwaltungsbehörde nachweislich leistet und die übrigen Voraussetzungen nach dem ersten Satz vorliegen. In Verwaltungsstrafverfahren nach Abs. 5 ist § 45 Abs. 1 Z 4 und letzter Satz VStG nicht anzuwenden. Weist der/die Arbeitgeber/in der Bezirksverwaltungsbehörde nach, dass er/sie die Differenz zwischen dem tatsächlich geleisteten und dem dem/der Arbeitnehmer/in nach den österreichischen Rechtsvorschriften gebührenden Entgelt geleistet hat, ist dies bei der Strafbemessung strafmildernd zu berücksichtigen.

(7) Die Frist für die Verfolgungsverjährung (§ 31 Abs. 1 VStG) beträgt drei Jahre ab der Fälligkeit des Entgelts. Bei Unterentlohnungen, die durchgehend mehrere Lohnzahlungszeiträume umfassen, beginnt die Frist für die Verfolgungsverjährung im Sinne des ersten Satzes ab der Fälligkeit des Entgelts für den letzten Lohnzahlungszeitraum der Unterentlohnung. Die Frist für die Strafbarkeitsverjährung (§ 31 Abs. 2 VStG) beträgt in diesen Fällen fünf Jahre. Hinsichtlich von Sonderzahlungen beginnen die Fristen nach den beiden ersten Sätzen ab dem Ende des jeweiligen Kalenderjahres (Abs. 5 dritter Satz) zu laufen.

(7a) Für den Fall, dass der/die Arbeitgeber/in das nach Gesetz, Verordnung oder Kollektivvertrag gebührende Entgelt für den betroffenen Zeitraum der Unterentlohnung nach Abs. 5 nachträglich leistet, beträgt die Dauer der Fristen nach § 31 Abs. 1 und 2 VStG ein Jahr (Verfolgungsverjährung) oder drei Jahre (Strafbarkeitsverjährung), soweit nicht aufgrund des Abs. 7 die Verjährung zu einem früheren Zeitpunkt eintritt; der Fristenlauf beginnt mit der Nachzahlung.

(8) Parteistellung in Verwaltungsstrafverfahren

1. nach Abs. 1 erster Satz, Abs. 2 und 4 und nach § 7b Abs. 8 hat die Abgabenbehörde, in den Fällen des Abs. 5 in Verbindung mit § 7c das Kompetenzzentrum LSDB,
2. nach Abs. 5 in Verbindung mit § 7g und in den Fällen des Abs. 1 zweiter Satz und Abs. 3 hat der zuständige Träger der Krankenversicherung,

AVRAG

3. nach Abs. 1, 2a, 4 und 5 und nach § 7b Abs. 8 in Verbindung mit § 7h hat die Bauarbeiter-Urlaubs- und Abfertigungskasse,

auch wenn die Anzeige nicht durch die in den Z 1 bis 3 genannten Einrichtungen erfolgt. Diese können gegen den Bescheid einer Verwaltungsbehörde Beschwerde beim Verwaltungsgericht und gegen das Erkenntnis oder den Beschluss eines Verwaltungsgerichts Revision beim Verwaltungsgerichtshof erheben.

(9) Bei grenzüberschreitender Entsendung oder Arbeitskräfteüberlassung gilt die Verwaltungsübertretung als in dem Sprengel der Bezirksverwaltungsbehörde begangen, in dem der Arbeits(Einsatz)ort der nach Österreich entsandten oder überlassenen Arbeitnehmer/innen liegt, bei wechselnden Arbeits(Einsatz)orten am Ort der Kontrolle.

(10) Für die Beurteilung, ob ein Arbeitsverhältnis im Sinne dieses Bundesgesetzes vorliegt, ist der wahre wirtschaftliche Gehalt und nicht die äußere Erscheinungsform des Sachverhalts maßgebend.

(BGBl I 2011/24, BGBl I 2013/71, BGBl I 2014/94)

[a] Siehe § 19 Abs. 1 Z 38.

Bestellung von verantwortlichen Beauftragten

§ 7j.[a] (1) Die Bestellung von verantwortlichen Beauftragten gemäß § 9 Abs. 2 und 3 VStG für die Einhaltung dieses Bundesgesetzes wird erst rechtswirksam, nachdem

1. bei der Zentralen Koordinationsstelle für die Kontrolle der illegalen Beschäftigung nach dem Ausländerbeschäftigungsgesetz und dem Arbeitsvertragsrechts-Anpassungsgesetz des Bundesministeriums für Finanzen durch Arbeitgeber/innen im Sinne der §§ 7, 7a oder 7b oder Überlasser/innen mit Sitz im Ausland, oder
2. beim zuständigen Träger der Krankenversicherung durch Arbeitgeber/innen oder Beschäftiger/innen mit Sitz im Inland

eine schriftliche Mitteilung über die Bestellung samt einem Nachweis der Zustimmung des/der Bestellten eingelangt ist. Dies gilt nicht für die Bestellung von verantwortlichen Beauftragten auf Verlangen der Behörde gemäß § 9 Abs. 2 VStG. Eingegangene Mitteilungen nach Z 1 sind an das Kompetenzzentrum LSDB, eingegangene Mitteilungen nach den Ziffern 1 und 2 für den Baubereich (Abschnitt I oder § 33d des BUAG) sind auch an die Bauarbeiter-Urlaubs- und Abfertigungskasse weiterzuleiten.

(2) Der/Die Arbeitgeber/in oder der/die Beschäftiger/in hat den Widerruf der Bestellung oder das Ausscheiden von verantwortlichen Beauftragten nach Abs. 1 unverzüglich schriftlich der Einrichtung mitzuteilen, bei welcher die Mitteilung der Bestellung nach Abs. 1 einzubringen war.

(3) Wer als Arbeitgeber/in oder als Beschäftiger/in den Widerruf der Bestellung oder das Ausscheiden von verantwortlichen Beauftragten entgegen Abs. 2 nicht meldet, begeht eine Verwaltungsübertretung und ist von der Bezirksverwaltungsbehörde mit Geldstrafe von 41 Euro bis 4.140 Euro, im Wiederholungsfall mit Geldstrafe von 83 Euro bis 4.140 Euro zu bestrafen.

(BGBl I 2011/24, BGBl I 2012/98, BGBl I 2014/94)

[a] Siehe § 19 Abs. 1 Z 38.

Untersagung der Dienstleistung

§ 7k.[a] (1) Die zuständige Bezirksverwaltungsbehörde hat dem/der Arbeitgeber/in im Sinne der §§ 7, 7a Abs. 1 oder 7b Abs. 1 und 9, bei einer grenzüberschreitenden Überlassung dem/der Überlasser/in die Ausübung der den Gegenstand der Dienstleistung bildenden Tätigkeit für die Dauer von mindestens einem Jahr und höchstens fünf Jahren zu untersagen, wenn der/die Arbeitgeber/in gemäß

1. § 7i Abs. 2 und 2a wiederholt oder
2. § 7i Abs. 4 oder Abs. 5 in Bezug auf mehr als drei Arbeitnehmer/inne/n oder wiederholt nach § 7i Abs. 4 oder Abs. 5

rechtskräftig bestraft wurde oder ihm/ihr eine solche Bestrafung zuzurechnen ist. Eine Bestrafung ist dem/der Arbeitgeber/in dann zuzurechnen, wenn diese Bestrafung gegen den/die Arbeitgeber/in selbst oder gegen den/die zur Vertretung nach außen Berufene/n (§ 9 Abs. 1 VStG) oder gegen den/die verantwortlich Beauftragte/n (§ 9 Abs. 2 oder 3 VStG) rechtskräftig verhängt wurde. § 19 VStG (ausgenommen § 19 Abs. 2 letzter Satz VStG) ist für die Bemessung des Zeitraums der Untersagung sinngemäß anzuwenden. Der Bescheid über die Untersagung der Dienstleistung ist dem Bundesministerium für Wissenschaft, Forschung und Wirtschaft im Hinblick auf die §§ 373a bis 373e der Gewerbeordnung 1994, BGBl. Nr. 194/1994, sowie der Zentralen Koordinationsstelle für die Kontrolle der illegalen Beschäftigung nach dem Ausländerbeschäftigungsgesetz und dem Arbeitsvertragsrechts-Anpassungsgesetz des Bundesministeriums für Finanzen elektronisch zu übermitteln.

(2) Von einer Untersagung nach Abs. 1 ist abzusehen, wenn der/die Arbeitgeber/in oder der/die Überlasser/in glaubhaft macht, dass er/sie konkrete technische, organisatorische oder personelle Maßnahmen getroffen hat, die geeignet sind, die nochmalige Begehung der Verwaltungsübertretung zu verhindern und die Einbringung der verhängten Geldstrafe erfolgt ist. Als derartige Maßnahmen gelten etwa

1. die Einführung eines qualitativ hochwertigen Berichts- und Kontrollwesens,
2. die Einschaltung eines Organs der inneren Revision zur regelmäßigen Überprüfung der Einhaltung der maßgeblichen Vorschriften,
3. die Einführung von internen Haftungs- und Schadenersatzregelungen zur Einhaltung der maßgeblichen Vorschriften.

(3) Die Bezirksverwaltungsbehörde hat bei der Beurteilung nach Abs. 2 das Vorbringen des/der Arbeitgeber/in oder des/der Überlasser/in zu prüfen und die von diesem/dieser gesetzten Maßnahmen in ein Verhältnis zur Anzahl und zur Schwere der begangenen Verwaltungsübertretungen zu setzen. Bei der Beurteilung der Schwere der Verwaltungsübertretungen ist insbesondere die Zahl der betroffenen Arbeitnehmer/innen und bei einer Verwaltungsübertretung nach § 7i Abs. Abs. 5 das Ausmaß der Unterentlohnung zu berücksichtigen.

(4) Wer trotz Untersagung nach Abs. 1 eine Tätigkeit erbringt, begeht eine Verwaltungsübertretung und ist von der Bezirksverwaltungsbehörde mit einer Geldstrafe von 2 000 Euro bis 20 000 Euro zu bestrafen. § 7i Abs. 9 findet sinngemäß Anwendung.

(BGBl I 2015/113)

(5) In Verwaltungs(straf)verfahren nach Abs. 1 und 4 haben das Kompetenzzentrum LSDB und die Bauarbeiter-Urlaubs- und Abfertigungskasse Parteistellung; diese können gegen den Bescheid einer Verwaltungsbehörde Beschwerde beim Verwaltungsgericht und gegen das Erkenntnis oder den Beschluss eines Verwaltungsgerichts Revision beim Verwaltungsgerichtshof erheben.

(BGBl I 2011/24, BGBl I 2013/71, BGBl I 2014/94)

---

[a] Siehe § 19 Abs. 1 Z 38.

Vorläufige Sicherheit

§ 7l.[a] Liegt der begründete Verdacht einer Verwaltungsübertretung nach den §§ 7b Abs. 8, 7i oder 7k Abs. 4 vor und ist auf Grund bestimmter Tatsachen anzunehmen, dass die Strafverfolgung oder der Strafvollzug aus Gründen, die in der Person des Arbeitgebers oder der Arbeitgeberin (Auftragnehmer/in) oder in der Person des Überlassers oder der Überlasserin liegen, unmöglich oder wesentlich erschwert sein wird, sind die Organe der Abgabenbehörden ermächtigt, eine vorläufige Sicherheit bis zum Höchstmaß der angedrohten Geldstrafe festzusetzen und einzuheben. Soweit der Tätigkeitsbereich der Bauarbeiter-Urlaubs- und Abfertigungskasse betroffen ist, ist diese über die Einhebung einer vorläufigen Sicherheit zu verständigen. Der/Die im § 7b Abs. 1 Z 4 genannte Beauftragte gilt als Vertreter/in des/der Arbeitgeber/in, falls dieser/diese oder ein von ihm/ihr bestellter Vertreter bei der Amtshandlung nicht anwesend ist. Auf nach dem ersten Satz eingehobene vorläufige Sicherheiten sind die §§ 37a Abs. 3 bis 5 und 50 Abs. 6 erster Satz und Abs. 8 VStG sinngemäß anzuwenden. Mit der Überweisung nach § 7m Abs. 3 oder der Erlegung einer Sicherheit nach § 7m Abs. 8 ist eine Beschlagnahme aufzuheben.

(BGBl I 2015/113)

(BGBl I 2011/24, BGBl I 2013/71, BGBl I 2014/94)

---

[a] Siehe § 19 Abs. 1 Z 38.

Sicherheitsleistung – Zahlungsstopp

§ 7m.[a] (1) Liegt der begründete Verdacht einer Verwaltungsübertretung nach den §§ 7b Abs. 8, 7i oder 7k Abs. 4 vor und ist auf Grund bestimmter Tatsachen anzunehmen, dass die Strafverfolgung oder der Strafvollzug aus Gründen, die in der Person des Arbeitgebers oder der Arbeitgeberin (Auftragnehmer/in) oder in der Person des Überlassers oder der Überlasserin liegen, unmöglich oder wesentlich erschwert sein wird, können die Organe der Abgabenbehörden in Verbindung mit den Erhebungen nach § 7f sowie die Bauarbeiter-Urlaubs- und Abfertigungskasse dem/der Auftraggeber/in, bei einer Überlassung dem/der Beschäftiger/in schriftlich auftragen, den noch zu leistenden Werklohn oder das noch zu leistende Überlassungsentgelt oder Teile davon nicht zu zahlen (Zahlungsstopp). § 50 Abs. 6 erster Satz VStG findet sinngemäß Anwendung. Der Zahlungsstopp ist in jenem Ausmaß nicht wirksam, in dem der von ihm genannte Betrag höher ist als der noch zu leistende Werklohn oder das noch zu leistende Überlassungsentgelt. Der Zahlungsstopp darf nicht höher sein als das Höchstmaß der angedrohten Geldstrafe. Leistet der/die Auftraggeber/in oder der/die Beschäftiger/in entgegen dem Zahlungsstopp den Werklohn oder das Überlassungsentgelt, gilt im Verfahren nach Abs. 3 der Werklohn oder das Überlassungsentgelt als nicht geleistet. Die Organe der Abgabenbehörden sowie die Bauarbeiter-Urlaubs- und Abfertigungskasse dürfen einen Zahlungsstopp nur dann auftragen, wenn eine vorläufige Sicherheit nach § 7l nicht festgesetzt oder nicht eingehoben werden konnte. Leistet der/die Auftragnehmer/in oder der/die Überlasser/in die vorläufige Sicherheit nachträglich oder eine Sicherheit, ohne dass eine solche festgesetzt wurde, aus eigenem, ist der Zahlungsstopp von der Bezirksverwaltungsbehörde durch Bescheid aufzuheben; ein allfälliges Verfahren nach Abs. 3 ist einzustellen.

(2) Die Abgabenbehörden und die Bauarbeiter-Urlaubs- und Abfertigungskasse haben nach Verhängung eines Zahlungsstopps nach Abs. 1 binnen drei Arbeitstagen bei der Bezirksverwaltungsbehörde die Erlegung einer Sicherheit nach Abs. 3 zu beantragen, widrigenfalls der Zahlungsstopp außer Kraft tritt. Die Bezirksverwaltungsbehörde hat darüber innerhalb von zehn Arbeitstagen ab Einlangen des Antrages zu entscheiden, widrigenfalls der Zahlungsstopp außer Kraft tritt. In diesen Verfahren haben die im ersten Satz genannten Einrichtungen Parteistellung, soweit diese den Antrag auf Erlegung einer Sicherheit gestellt haben. Diese können gegen den Bescheid einer Verwaltungsbehörde Beschwerde beim Verwaltungsgericht und gegen das Erkenntnis oder den Beschluss eines Verwaltungsgerichts Revision beim Verwaltungsgerichtshof erheben.

(BGBl I 2015/113)

(3) Liegt der begründete Verdacht einer Verwaltungsübertretung nach den §§ 7b Abs. 8, 7i oder 7k Abs. 4 vor und ist auf Grund bestimmter Tatsa-

AVRAG

chen anzunehmen, dass die Strafverfolgung oder der Strafvollzug aus Gründen, die in der Person des Arbeitgebers oder der Arbeitgeberin (Auftragnehmer/in) oder in der Person des Überlassers oder der Überlasserin liegen, unmöglich oder wesentlich erschwert sein werde, kann die Bezirksverwaltungsbehörde dem/der Auftraggeber/in, bei einer Überlassung dem/der Beschäftiger/in durch Bescheid auftragen, den noch zu leistenden Werklohn oder das noch zu leistende Überlassungsentgelt oder einen Teil davon als Sicherheit binnen einer angemessenen Frist zu erlegen. Die §§ 37 und 37a VStG sind in diesen Fällen, sofern in dieser Bestimmung nichts anderes vorgesehen ist, nicht anzuwenden. Mit Erlassung eines Bescheides fällt der Zahlungsstopp weg.

(4) Als Werklohn oder als Überlassungsentgelt gilt das gesamte für die Erfüllung des Auftrages oder der Überlassung zu leistende Entgelt.

(5) Die Überweisung nach Abs. 3 wirkt für den/die Auftraggeber/in oder den/die Beschäftiger/in gegenüber dem/der Auftragnehmer/in oder dem/der Überlasser/in im Ausmaß der Überweisung schuldbefreiend.

(6) Die Sicherheitsleistung darf nicht höher sein als das Höchstmaß der angedrohten Geldstrafe. Der/die Auftraggeber/in oder der/die Beschäftiger/in ist verpflichtet, auf Anfrage der Bezirksverwaltungsbehörde die Höhe und Fälligkeit des Werklohnes oder des Überlassungsentgeltes bekannt zu geben. Können aus dem noch zu leistenden Werklohn oder Überlassungsentgelt die Sicherheitsleistung sowie der sich aus § 67a ASVG und § 82a EStG ergebende Haftungsbetrag nicht bedeckt werden, kann der/die Auftraggeber/in oder der/die Beschäftiger/in von seinem Recht zur Leistung des Werklohns an das Dienstleistungszentrum (§ 67c ASVG) jedenfalls Gebrauch machen.

(7)[a] Beschwerden gegen Bescheide nach Abs. 3 haben keine aufschiebende Wirkung.

(BGBl I 2018/9)

[a] Mit Ausspruch des Verfassungsgerichtshofes und Kundmachung in BGBl I 2018/9 wurde festgestellt, dass § 7m Abs. 7 des Arbeitsvertragsrechts-Anpassungsgesetzes – AVRAG, BGBl. Nr. 459/1993, in der Fassung BGBl. I Nr. 94/2014, verfassungswidrig war.

(8) Die Bezirksverwaltungsbehörde hat die Sicherheit für frei zu erklären, wenn das Verfahren eingestellt wird oder die gegen den/die Auftragnehmer/in oder den/die Überlasser/in verhängte Strafe vollzogen ist, oder nicht binnen eines Jahres der Verfall ausgesprochen wurde. In Verfahren nach § 7i Abs. 5 findet der erste Satz Anwendung mit der Maßgabe, dass die Sicherheit für frei zu erklären ist, wenn nicht binnen zwei Jahren der Verfall ausgesprochen wurde. Die Sicherheit ist auch dann für frei zu erklären, wenn sie vom/von der Auftragnehmer/in oder dem/der Überlasser/in erlegt wird. Frei gewordene Sicherheiten sind an den/die Auftraggeber/in oder den/die Beschäftiger/in auszuzahlen.

(BGBl I 2015/113)

(9) Die Bezirksverwaltungsbehörde hat die Sicherheit für verfallen zu erklären, sobald sich die Strafverfolgung des Auftragnehmers oder der Auftragnehmerin oder des Überlassers oder der Überlasserin oder der Vollzug der Strafe als unmöglich erweist. § 17 VStG ist sinngemäß anzuwenden.

(10) Für die Verwertung verfallener Sicherheiten gilt § 37 Abs. 6 VStG sinngemäß, wobei ein allfälliger Restbetrag an den/die Auftraggeber/in oder den/die Beschäftiger/in auszuzahlen ist.

(BGBl I 2011/24, BGBl I 2014/94)

[a] Siehe § 19 Abs. 1 Z 38.

Evidenz über Verwaltungs(straf)verfahren nach den §§ 7b Abs. 8, 7i, 7k und 7m

§ 7n.[a] (1) Für Zwecke der Beantragung eines Strafausmaßes, der Strafbemessung, der Untersagung der Dienstleistung nach § 7k Abs. 1 und der Feststellung der Ausübung einer Dienstleistung trotz Untersagung sowie für die Zwecke der Evaluierung der Strafverfolgung oder des Strafvollzugs sowie für die Zwecke der Beauskunftung öffentlicher Auftraggeber/innen hat das Kompetenzzentrum LSDB eine Evidenz über rechtskräftige Bescheide und Erkenntnisse in Verwaltungs(straf)verfahren nach den §§ 7b Abs. 8, 7i, 7k und 7m zu führen. Diese kann automationsunterstützt geführt werden.

(2) Die Bezirksverwaltungsbehörden und die Verwaltungsgerichte der Länder haben Ausfertigungen rechtskräftiger Bescheide und Erkenntnisse, die sie oder der Verwaltungsgerichtshof in Strafverfahren oder Verfahren gemäß den §§ 7b Abs. 8, 7i, 7k und 7m erlassen haben, in automationsunterstützter Form unverzüglich dem Kompetenzzentrum LSDB zu übermitteln. Desgleichen haben sie Ausfertigungen rechtskräftiger Bescheide und Erkenntnisse, mit denen eine Strafe gemäß den §§ 7b Abs. 8 oder 7i gegen verantwortliche Beauftragte im Sinne von § 9 Abs. 2 letzter Satz und Abs. 3 VStG verhängt wurde, jenem Unternehmen zuzustellen, dem diese Bestrafung gemäß Abs. 4 zweiter Satz zuzurechnen ist. Im Bescheid oder im Erkenntnis ist ein Hinweis darauf aufzunehmen, dass mit der rechtskräftigen Bestrafung die Eintragung des/der Beschuldigten und jenes Unternehmens, dem die Bestrafung zuzurechnen ist, in die Evidenz verbunden ist.

(3) Das Kompetenzzentrum LSDB hat Daten eines Strafverfahrens fünf Jahre nach Eintritt der Rechtskraft des jeweiligen Bescheides oder Erkenntnisses zu löschen. Das Kompetenzzentrum hat Daten eines Verfahrens über die Untersagung einer Dienstleistung ein Jahr nach Ablauf des Zeitraums der Untersagung zu löschen.

(4) Das Kompetenzzentrum LSDB hat einer Bezirksverwaltungsbehörde, dem Verwaltungsgericht des Landes, dem Träger der Krankenversicherung, der Zentralen Koordinationsstelle für die Kontrolle der illegalen Beschäftigung nach dem Ausländerbeschäftigungsgesetz und dem Arbeitsvertragsrechts-Anpassungsgesetz des Bundesministeriums für Finanzen oder der Bauarbeiter-Ur-

laubs- und Abfertigungskasse auf Verlangen binnen zwei Wochen zur Beantragung des Strafausmaßes, der Strafbemessung, zur Untersagung der Dienstleistung oder zur Feststellung, dass trotz Untersagung eine Dienstleistung ausgeübt wird, Auskunft darüber zu geben, ob hinsichtlich des/der im Auskunftsersuchen genannten Arbeitgebers oder Arbeitgeberin eine rechtskräftige Bestrafung oder Entscheidung gemäß den §§ 7b Abs. 8, 7i oder 7k vorliegt oder ihm/ihr eine solche Bestrafung zuzurechnen ist. Zuzurechnen ist dem/der Arbeitgeber/in eine Bestrafung dann, wenn diese Bestrafung gegen den/die Arbeitgeber/in selbst oder gegen den/die zur Vertretung nach außen Berufene/n (§ 9 Abs. 1 VStG) oder gegen den/die verantwortliche/n Beauftragte/n (§ 9 Abs. 2 oder 3 VStG) eine Strafe rechtskräftig verhängt wurde. Weiters hat das Kompetenzzentrum LSDB dem/der öffentlichen Auftraggeber/in auf Verlangen binnen zwei Wochen Auskunft darüber zu geben, ob hinsichtlich des/der im Auskunftsersuchen genannten Arbeitgebers oder Arbeitgeberin eine rechtskräftige Bestrafung oder Entscheidung gemäß den §§ 7i Abs. 4 und 5 oder 7k Abs. 1 vorliegt oder ihm/ihr eine solche Bestrafung oder Entscheidung zuzurechnen ist. In der Auskunft sind die Anzahl der Bestrafungen und gegebenenfalls die maßgeblichen Daten der Strafbescheide und Straferkenntnisse, der Bescheide, mit denen eine Ermahnung erteilt wurde, sowie der Bescheide und Erkenntnisse in Verfahren nach § 7k Abs. 4 (Behörde, Aktenzahl, Bescheid-, Erkenntnis- und Rechtskraftdatum, Name und Geburtsdatum der Person, auf die sich der Bescheid oder das Erkenntnis bezieht und der es zuzurechnen ist, verhängte Geldstrafen, Dauer/Zeitraum der Untersagung der Dienstleistung) anzugeben oder festzustellen, dass keine Bestrafung, keine Untersagung der Dienstleistung oder Daten für eine Auskunft vorliegen. Fünf Jahre nach Eintritt der Rechtskraft des jeweiligen Strafbescheides oder Straferkenntnisses sowie ein Jahr nach Ablauf des Zeitraums der Untersagung der Dienstleistung darf in Bezug auf diesen Bescheid oder dieses Erkenntnis eine Auskunft über diese nach dem ersten Satz nicht mehr erteilt werden. Für Auskünfte an öffentliche Auftraggeber/innen nach dem dritten Satz gilt § 28b Abs. 2 zweiter und dritter Satz AuslBG mit der Maßgabe, dass an die Stelle des Begriffs „Bestrafung" der Begriff „Bestrafung oder Entscheidung" tritt. Rechtskräftige Bestrafungen oder Entscheidungen gemäß den §§ 7b Abs. 8, 7i oder 7k, deren Spruch sich auf mehrere Arbeitnehmer/innen bezieht oder verschiedene Verwaltungsübertretungen erfasst, zählen als eine Bestrafung oder Entscheidung.

(BGBl I 2015/113)

(5) Die Bezirksverwaltungsbehörden haben dem Kompetenzzentrum LSDB auf Jahresbasis über:

1. die Einbringung der in den Strafverfahren gemäß den §§ 7b Abs. 8, 7i und 7k Abs. 4 verhängten Geldstrafen und
2. die Einbringung der in Verfahren nach § 7m erlegten Sicherheiten

zu berichten.

(BGBl I 2014/94)

[a] Siehe § 19 Abs. 1 Z 38.

Zustellung

§ 7o.[a] (1) Für die Anwendung der §§ 7 bis 7m und 7o Abs. 2 gilt als Abgabestelle im Sinne des § 2 Z 4 des Zustellgesetzes (ZustG), BGBl. Nr. 200/1982, auch die im Inland gelegene Betriebsstätte, Betriebsräumlichkeit, auswärtige Arbeitsstelle oder Arbeitsstätte, an der der/die Arbeitnehmer/in tätig ist. Für eine Zustellung an dieser Abgabestelle kann sowohl die Partei des Verfahrens als auch der/die in § 7b Abs. 1 Z 4 bezeichnete Beauftragte als Empfänger/in im Sinne des § 2 Z 1 ZustG bezeichnet werden. Dem/der in § 7b Abs. 1 Z 4 bezeichnete/n Beauftragte/n darf auch dann zugestellt werden, wenn die Partei des Verfahrens als Empfänger/in im Sinne des § 2 Z 1 ZustG bezeichnet wurde oder die Partei des Verfahrens sich nicht regelmäßig an der Abgabestelle aufhält.

AVRAG

(2) Liegt der begründete Verdacht einer Verwaltungsübertretung nach den §§ 7b Abs. 8, 7i oder 7k Abs. 4 vor und ist auf Grund bestimmter Tatsachen anzunehmen, dass die Zustellung von Dokumenten aus Gründen, die in der Partei des Verfahrens oder in der Person des/der in § 7b Abs. 1 Z 4 bezeichneten Beauftragte/n liegen, unmöglich oder wesentlich erschwert sein wird, kann die Bezirksverwaltungsbehörde der Partei oder dem/der Beauftragten durch Bescheid auftragen, innerhalb einer Frist von mindestens zwei Wochen für das gegenständliche Verfahren eine/n Zustellungsbevollmächtigte/n namhaft zu machen. § 10 Abs. 1 zweiter bis vierter Satz und Abs. 2 ZustG ist sinngemäß anzuwenden; die Abgabestelle nach Abs. 1 gilt nicht als Abgabestelle nach § 10 Abs. 2 Z 2 ZustG.

(BGBl I 2014/94)

[a] Siehe § 19 Abs. 1 Z 38.

Verhalten bei Gefahr

§ 8. (1) Arbeitnehmer, die bei ernster und unmittelbarer Gefahr für Leben und Gesundheit den Gefahrenbereich verlassen, dürfen deswegen nicht benachteiligt werden, insbesondere hinsichtlich des Entgelts, der Aufstiegsmöglichkeiten und der Versetzung. Das gleiche gilt, wenn sie unter Berücksichtigung ihrer Kenntnisse und der zur Verfügung stehenden technischen Mittel selbst Maßnahmen zur Abwehr der Gefahr treffen, wenn sie die sonst zuständigen Personen nicht erreichen, es sei denn, ihre Handlungsweise war grob fahrlässig.

(2) Wird ein Arbeitnehmer wegen eines Verhaltens gemäß Abs. 1 gekündigt oder entlassen, kann er diese Kündigung oder Entlassung binnen einer Woche nach Zugang der Kündigung oder Entlassung bei Gericht anfechten. Der Kläger hat den Anfechtungsgrund glaubhaft zu machen. Die Klage ist abzuweisen, wenn bei Abwägung aller Um-

stände eine höhere Wahrscheinlichkeit dafür spricht, daß ein anderes vom Arbeitgeber glaubhaft gemachtes Motiv für die Kündigung ausschlaggebend war. Gibt das Gericht der Anfechtung statt, so ist die Kündigung oder Entlassung rechtsunwirksam.

Sicherheitsvertrauenspersonen, Sicherheitsfachkräfte, Arbeitsmediziner

§ 9. (1) Sicherheitsvertrauenspersonen und Arbeitnehmer, die als Sicherheitsfachkräfte, Arbeitsmediziner oder als deren Fach- oder Hilfspersonal beschäftigt sind, dürfen vom Arbeitgeber wegen der Ausübung dieser Tätigkeit, insbesondere hinsichtlich des Entgelts, der Aufstiegsmöglichkeiten und der Versetzung nicht benachteiligt werden.

(2) Wird ein in Abs. 1 genannter Arbeitnehmer, der nicht dem Kündigungsschutz nach § 105 Abs. 3 Z 1 lit. g ArbVG unterliegt, gekündigt oder entlassen, so kann er diese Kündigung oder Entlassung binnen einer Woche nach Zugang der Kündigung oder Entlassung anfechten, wenn sie wegen seiner Tätigkeit für die Sicherheit und den Gesundheitsschutz der Arbeitnehmer erfolgt ist. Der Kläger hat den Anfechtungsgrund glaubhaft zu machen. Die Klage ist abzuweisen, wenn bei Abwägung aller Umstände eine höhere Wahrscheinlichkeit dafür spricht, daß ein anderes vom Arbeitgeber glaubhaft gemachtes Motiv für die Kündigung ausschlaggebend war. Gibt das Gericht der Anfechtung statt, so ist die Kündigung oder Entlassung rechtsunwirksam.

(3) Der Arbeitgeber hat vor jeder Kündigung einer Sicherheitsvertrauensperson die zuständige gesetzliche Interessenvertretung der Arbeitnehmer nachweislich zu verständigen; bei einer Entlassung hat er diese Verständigung unverzüglich vorzunehmen. Ist keine rechtzeitige Verständigung der Interessenvertretung der Arbeitnehmer durch den Arbeitgeber erfolgt, so verlängert sich die Anfechtungsfrist nach Abs. 2 oder § 105 ArbVG für die Sicherheitsvertrauensperson um den Zeitraum der verspäteten Verständigung, längstens jedoch auf ein Monat ab Zugang der Kündigung oder Entlassung. Die Rechte des Betriebsrates nach § 105 ArbVG werden durch diese Verständigungspflicht des Arbeitgebers nicht berührt.

(BGBl I 1997/9)

Kontrollmaßnahmen

§ 10. (1) Die Einführung und Verwendung von Kontrollmaßnahmen und technischen Systemen, welche die Menschenwürde berühren, ist unzulässig, es sei denn, diese Maßnahmen werden durch eine Betriebsvereinbarung im Sinne des § 96 Abs. 1 Z 3 ArbVG geregelt oder erfolgen in Betrieben, in denen kein Betriebsrat eingerichtet ist, mit Zustimmung des Arbeitnehmers.

(2) Die Zustimmung des Arbeitnehmers kann, sofern keine schriftliche Vereinbarung mit dem Arbeitgeber über deren Dauer vorliegt, jederzeit und ohne Einhaltung einer Frist schriftlich gekündigt werden.

Bildungskarenz

§ 11. (1) Arbeitnehmer und Arbeitgeber können eine Bildungskarenz gegen Entfall des Arbeitsentgeltes für die Dauer von mindestens zwei Monaten bis zu einem Jahr vereinbaren, sofern das Arbeitsverhältnis ununterbrochen sechs Monate gedauert hat. Eine neuerliche Bildungskarenz kann frühestens nach dem Ablauf von vier Jahren ab dem Antritt der letzten Bildungskarenz (Rahmenfrist) vereinbart werden. Die Bildungskarenz kann auch in Teilen vereinbart werden, wobei die Dauer eines Teils mindestens zwei Monate zu betragen hat und die Gesamtdauer der einzelnen Teile innerhalb der Rahmenfrist, die mit Antritt des ersten Teils der Bildungskarenz zu laufen beginnt, ein Jahr nicht überschreiten darf. Bei der Vereinbarung über die Bildungskarenz ist auf die Interessen des Arbeitnehmers und auf die Erfordernisse des Betriebes Rücksicht zu nehmen. In Betrieben, in denen ein für den Arbeitnehmer zuständiger Betriebsrat errichtet ist, ist dieser auf Verlangen des Arbeitnehmers den Verhandlungen beizuziehen.

(BGBl I 1999/179, BGBl I 2007/104, BGBl I 2009/90)

(1a) Arbeitnehmer und Arbeitgeber können eine Bildungskarenz für die Dauer von mindestens zwei Monaten bis zu einem Jahr auch in einem befristeten Arbeitsverhältnis in einem Saisonbetrieb (§ 53 Abs. 6 ArbVG) vereinbaren, sofern das befristete Arbeitsverhältnis ununterbrochen drei Monate gedauert hat und jeweils vor dem Antritt einer Bildungskarenz oder einer neuerlichen Bildungskarenz eine Beschäftigung zum selben Arbeitgeber im Ausmaß von mindestens sechs Monaten vorliegt. Zeiten von befristeten Arbeitsverhältnissen zum selben Arbeitgeber, die innerhalb eines Zeitraumes von vier Jahren vor Antritt der jeweiligen Bildungskarenz und gegebenenfalls nach Rückkehr aus der mit diesem Arbeitgeber zuletzt vereinbarten Bildungskarenz liegen, sind hinsichtlich des Erfordernisses der Mindestbeschäftigungsdauer zusammenzurechnen. Abs. 1 vorletzter und letzter Satz sind anzuwenden.

(BGBl I 2007/104, BGBl I 2009/90)

(2) Für den Anspruch auf sonstige, insbesondere einmalige Bezüge (§ 67 Abs. 1 des Einkommensteuergesetzes – EStG 1988) und für Rechtsansprüche des Arbeitnehmers, die sich nach der Dauer der Dienstzeit richten, gilt § 15f Abs. 1 des Mutterschutzgesetzes (MSchG), BGBl. Nr. 221/1979, mit Ausnahme des letzten Satzes, für den Urlaubsanspruch gilt § 15f Abs. 2 MSchG mit der Maßgabe, daß anstelle des Begriffes „Karenz" der Begriff „Bildungskarenz" tritt.

(BGBl I 2002/89)

(3) Für die Dauer eines in eine Bildungskarenz fallenden Beschäftigungsverbotes nach den §§ 3 oder 5 MSchG, einer Karenz nach dem MSchG oder Väter-Karenzgesetz (VKG), BGBl. Nr. 651/1989, oder anderen gleichartigen österreichischen Rechtsvorschriften, eines Präsenzdienstes gemäß § 19 oder eines Ausbildungsdienstes gemäß §§ 37ff des Wehrgesetzes 2001, BGBl. I Nr. 146/

2001, oder eines Zivildienstes gemäß § 6a des Zivildienstgesetzes, BGBl. Nr. 679/1986, ist die Vereinbarung über die Bildungskarenz unwirksam.

(BGBl I 2002/89, BGBl I 2013/138)

(3a) Für die Dauer der Rahmenfrist nach Abs. 1 sind Vereinbarungen über eine Bildungsteilzeit nach § 11a und über eine Freistellung gegen Entfall des Arbeitsentgeltes nach § 12 unwirksam; davon abweichend ist ein einmaliger Wechsel von Bildungskarenz zu Bildungsteilzeit nach Maßgabe der folgenden Sätze zulässig. Wurde in der Vereinbarung die höchstzulässige Dauer der Bildungskarenz von einem Jahr nicht ausgeschöpft, kann an Stelle von Bildungskarenz für die weitere Dauer der Rahmenfrist Bildungsteilzeit höchstens im zweifachen Ausmaß des nichtausgeschöpften Teils vereinbart werden. Die Mindestdauer der Bildungsteilzeit muss vier Monate betragen.

(BGBl I 2013/67)

(4) Wird das Arbeitsverhältnis während einer Bildungskarenz beendet, ist bei der Berechnung einer Abfertigung nach dem Angestelltengesetz (AngG), BGBl. Nr. 292/1921, dem Arbeiter-Abfertigungsgesetz (ArbAbfG), BGBl. Nr. 107/1979, und dem Gutsangestelltengesetz (GAngG), BGBl. Nr. 538/1923, oder der Ersatzleistung gemäß § 10 des Urlaubsgesetzes (UrlG), BGBl. Nr. 390/1976, das für den letzten Monat vor Antritt der Bildungskarenz gebührende Entgelt zugrunde zu legen; bei der Berechnung einer Abfertigung nach dem Bauarbeiter-Urlaubs- und Abfertigungsgesetz (BUAG), BGBl. Nr. 414/1972, ist für die Berechnung der Monatsentgelte § 13d Abs. 2 BUAG mit der Maßgabe anzuwenden, daß das Arbeitsverhältnis mit dem Ablauf des letzten Monats vor Antritt der Bildungskarenz als beendet gilt.

(BGBl I 2000/44)

(BGBl I 1997/139)

Bildungsteilzeit

§ 11a. (1) Arbeitnehmer/innen und Arbeitgeber/innen können schriftlich eine Herabsetzung der wöchentlichen Normalarbeitszeit des Arbeitnehmers oder der Arbeitnehmerin um mindestens ein Viertel und höchstens die Hälfte (Bildungsteilzeit) für die Dauer von mindestens vier Monaten bis zu zwei Jahren vereinbaren, sofern das Arbeitsverhältnis ununterbrochen sechs Monate gedauert hat. Die in der Bildungsteilzeit vereinbarte wöchentliche Normalarbeitszeit darf zehn Stunden nicht unterschreiten. Eine neuerliche Bildungsteilzeit kann frühestens nach dem Ablauf von vier Jahren ab dem Antritt der letzten Bildungsteilzeit (Rahmenfrist) vereinbart werden. Die Bildungsteilzeit kann auch in Teilen vereinbart werden, wobei die Dauer eines Teils mindestens vier Monate zu betragen hat und die Gesamtdauer der einzelnen Teile innerhalb der Rahmenfrist, die mit Antritt des ersten Teils der Bildungsteilzeit zu laufen beginnt, zwei Jahre nicht überschreiten darf.

(2) Die Vereinbarung nach Abs. 1 hat Beginn, Dauer, Ausmaß und Lage der Teilzeitbeschäftigung zu enthalten, wobei die betrieblichen Interessen und die Interessen des Arbeitnehmers oder der Arbeitnehmerin zu berücksichtigen sind. In Betrieben, in denen ein für den/die Arbeitnehmer/in zuständiger Betriebsrat eingerichtet ist, ist dieser auf Verlangen des Arbeitnehmers oder der Arbeitnehmerin den Verhandlungen beizuziehen.

(3) Für die Dauer der Rahmenfrist nach Abs. 1 sind Vereinbarungen über eine Bildungskarenz nach § 11 und über eine Freistellung gegen Entfall des Arbeitsentgeltes nach § 12 unwirksam; davon abweichend ist ein einmaliger Wechsel von Bildungsteilzeit zu Bildungskarenz nach Maßgabe der folgenden Sätze zulässig. Wurde in der Vereinbarung die höchstzulässige Dauer der Bildungsteilzeit von zwei Jahren nicht ausgeschöpft, kann an Stelle von Bildungsteilzeit für die weitere Dauer der Rahmenfrist Bildungskarenz höchstens im halben Ausmaß des nichtausgeschöpften Teils vereinbart werden. Die Mindestdauer der Bildungskarenz muss zwei Monate betragen.

(4) Fallen in ein Kalenderjahr auch Zeiten einer Bildungsteilzeit, gebühren dem/der Arbeitnehmer/in sonstige, insbesondere einmalige Bezüge im Sinne des § 67 Abs. 1 EStG 1988 in dem der Vollzeit- und Teilzeitbeschäftigung entsprechenden Ausmaß im Kalenderjahr.

(5) Im Übrigen ist § 11 Abs. 1a, Abs. 3 und Abs. 4 sinngemäß anzuwenden.

(BGBl I 2013/67)

AVRAG

Freistellung gegen Entfall des Arbeitsentgeltes

§ 12. Eine Freistellung gegen Entfall des Arbeitsentgeltes für die Dauer von mindestens sechs Monaten bis zu einem Jahr, für die eine Förderung aus Mitteln der Arbeitslosenversicherung oder des Arbeitsmarktservice in Anspruch genommen wird, ist zwischen Arbeitgeber und Arbeitnehmer zu vereinbaren. Im übrigen gilt § 11 Abs. 2, 3 und 4.

(BGBl I 1997/139, BGBl I 2013/67)

Solidaritätsprämienmodell

§ 13. (1) Die Bedingungen für eine Herabsetzung der Normalarbeitszeit für Betriebe oder Betriebsteile unter gleichzeitiger Einstellung von Ersatzarbeitskräften durch den Arbeitgeber (Solidaritätsprämienmodell) können in einem Kollektivvertrag oder, falls ein Kollektivvertrag keine Regelung trifft oder nicht zur Anwendung kommt, in einer Betriebsvereinbarung festgelegt werden. Die Herabsetzung der Normalarbeitszeit kann nur auf Grund einer Vereinbarung zwischen dem Arbeitnehmer und dem Arbeitgeber innerhalb des vom Kollektivvertrag oder der Betriebsvereinbarung vorgegebenen Rahmens erfolgen.

(2) Hat die Herabsetzung der Normalarbeitszeit nach Abs. 1 zum Zeitpunkt der Beendigung des Arbeitsverhältnisses kürzer als zwei Jahre gedauert, so ist bei der Berechnung einer nach dem AngG, dem ArbAbfG oder dem GAngG zustehenden Abfertigung die frühere Arbeitszeit des Arbeitnehmers vor dem Wirksamwerden der Vereinbarung nach Abs. 1 zugrunde zu legen. Bei der Berechnung der Abfertigung nach dem BUAG ist bei

der Berechnung der Stundenzahl nach § 13d Abs. 3 BUAG vorzugehen. Hat die Herabsetzung der Normalarbeitszeit nach Abs. 1 zum Zeitpunkt der Beendigung des Arbeitsverhältnisses länger als zwei Jahre gedauert, kann der Kollektivvertrag oder die Betriebsvereinbarung eine andere Berechnung vorsehen.

(3) Im übrigen bleibt § 19d Arbeitszeitgesetz (AZG), BGBl. Nr. 461/1969, unberührt.

(BGBl I 1997/139)

Wiedereingliederungsteilzeit

§ 13a. (1) Ein Arbeitnehmer oder eine Arbeitnehmerin kann nach einer mindestens sechswöchigen ununterbrochenen Arbeitsunfähigkeit infolge Krankheit oder Unglücksfall (Anlassfall) mit dem Arbeitgeber oder der Arbeitgeberin schriftlich eine Herabsetzung der wöchentlichen Normalarbeitszeit um mindestens ein Viertel und höchstens die Hälfte (Wiedereingliederungsteilzeit) für die Dauer von mindestens einem Monat bis zu sechs Monaten vereinbaren, sofern das Arbeitsverhältnis ununterbrochen drei Monate gedauert hat. Die Wiedereingliederungsteilzeit muss spätestens einen Monat nach dem Ende der Arbeitsunfähigkeit im Sinne des ersten Satzes angetreten werden. Sofern weiterhin die arbeitsmedizinische Zweckmäßigkeit der Wiedereingliederungsteilzeit gegeben ist, kann einmalig eine Verlängerung der Wiedereingliederungsteilzeit für die Dauer von mindestens einem Monat bis zu drei Monaten schriftlich vereinbart werden. Während der Wiedereingliederungsteilzeit darf die vereinbarte wöchentliche Normalarbeitszeit zwölf Stunden nicht unterschreiten und das dem Arbeitnehmer oder der Arbeitnehmerin im Kalendermonat gebührende Entgelt muss über dem im § 5 Abs. 2 ASVG genannten Betrag liegen. Für den Abschluss einer Vereinbarung nach dem ersten Satz müssen folgende Voraussetzungen vorliegen:

1. eine Bestätigung über die Arbeitsfähigkeit des Arbeitnehmers oder der Arbeitnehmerin für die Zeit ab Beginn der Wiedereingliederungsteilzeit;
2. Beratung des Arbeitnehmers oder der Arbeitnehmerin und des Arbeitgebers oder der Arbeitgeberin über die Gestaltung der Wiedereingliederungsteilzeit im Rahmen des Case Managements nach dem Arbeit-und-Gesundheit-Gesetz (AGG), BGBl. I Nr. 111/2010; Die Beratung erstreckt sich auch auf den zwischen Arbeitnehmer oder Arbeitnehmerin und Arbeitgeber oder Arbeitgeberin zu vereinbarenden Wiedereingliederungsplan (§ 1 Abs. 2 AGG). Die Beratung kann entfallen, wenn Arbeitnehmer oder Arbeitnehmerin, Arbeitgeber oder Arbeitgeberin und der Arbeitsmediziner oder die Arbeitsmedizinerin oder das arbeitsmedizinische Zentrum nachweislich der Wiedereingliederungsvereinbarung und dem Wiedereingliederungsplan zustimmen.

Der Wiedereingliederungsplan muss bei der Gestaltung der Wiedereingliederungsteilzeit berücksichtigt werden. Der Erstellung des Wiedereingliederungsplans soll der oder die mit der arbeitsmedizinischen Betreuung nach § 79 Abs. 1 ArbeitnehmerInnenschutzgesetz, BGBl. Nr. 450/1994, betraute Arbeitsmediziner oder Arbeitsmedizinerin oder das arbeitsmedizinische Zentrum beigezogen werden. Die Wiedereingliederungsteilzeit wird frühestens mit dem auf die Zustellung der Mitteilung über die Bewilligung des Wiedereingliederungsgeldes nach § 143d ASVG folgenden Tag wirksam. Der Arbeitnehmer oder die Arbeitnehmerin kann eine vorzeitige Rückkehr zur ursprünglichen Normalarbeitszeit schriftlich verlangen, wenn die arbeitsmedizinische Zweckmäßigkeit der Wiedereingliederungsteilzeit nicht mehr gegeben ist. Die Rückkehr darf frühestens drei Wochen nach der schriftlichen Bekanntgabe des Beendigungswunsches der Wiedereingliederungsteilzeit an den Arbeitgeber oder die Arbeitgeberin erfolgen.

(BGBl I 2018/54)

(2) Die Vereinbarung nach Abs. 1 hat Beginn, Dauer, Ausmaß und Lage der Teilzeitbeschäftigung zu enthalten, wobei die betrieblichen Interessen und die Interessen des Arbeitnehmers oder der Arbeitnehmerin zu berücksichtigen sind. In Betrieben, in denen ein für den Arbeitnehmer oder die Arbeitnehmerin zuständiger Betriebsrat eingerichtet ist, ist dieser den Verhandlungen beizuziehen. In der Vereinbarung nach Abs. 1 kann die wöchentliche Normalarbeitszeit für bestimmte Monate auch abweichend von der im Abs. 1 geregelten Bandbreite der Arbeitszeitreduktion festgelegt werden. Bei der Festlegung dieser abweichenden Verteilung der Arbeitszeit darf das Stundenausmaß 30 vH der ursprünglichen wöchentlichen Normalarbeitszeit nicht unterschreiten. Eine ungleichmäßige Verteilung der vereinbarten Arbeitszeit innerhalb des Kalendermonats ist nur dann zulässig, wenn das vereinbarte Arbeitszeitausmaß im Durchschnitt eingehalten und das vereinbarte Arbeitszeitausmaß in den einzelnen Wochen jeweils nicht um mehr als zehn vH unter- oder überschritten wird. Die Vereinbarung der Wiedereingliederungsteilzeit darf – abgesehen von der befristeten Änderung der Arbeitszeit – keine Auswirkungen auf die seitens des Arbeitnehmers oder der Arbeitnehmerin im Rahmen des Arbeitsvertrags geschuldeten Leistungen haben.

(3) Während einer Wiedereingliederungsteilzeit darf der Arbeitgeber oder die Arbeitgeberin weder eine Arbeitsleistung über das vereinbarte Arbeitszeitausmaß (Mehrarbeit) noch eine Änderung der vereinbarten Lage der Arbeitszeit anordnen.

(4) Nach Antritt der Wiedereingliederungsteilzeit darf im Einvernehmen zwischen Arbeitnehmer oder Arbeitnehmerin und Arbeitgeber oder Arbeitgeberin höchstens zweimal eine Änderung der Teilzeitbeschäftigung (Verlängerung, Änderung des Stundenausmaßes) erfolgen.

(5) Entfällt der Anspruch auf Auszahlung des Wiedereingliederungsgeldes, endet die Wiedereingliederungsteilzeit mit dem der Entziehung des Wiedereingliederungsgeldes folgenden Tag.

(6) Während der Wiedereingliederungsteilzeit hat der Arbeitnehmer oder die Arbeitnehmerin gegenüber dem Arbeitgeber oder der Arbeitgeberin Anspruch auf das entsprechend der Arbeitszeitreduktion aliquot zustehende Entgelt. Die Höhe des aliquot zustehenden Entgelts ist nach § 3 des Entgeltfortzahlungsgesetzes 1974, BGBl. Nr. 399/1974, zu berechnen. Wird eine Vereinbarung im Sinne des Abs. 2 zweiter Satz getroffen, ist das Entgelt gleichmäßig entsprechend dem, bezogen auf die Gesamtdauer der Wiedereingliederungsteilzeit, durchschnittlich vereinbarten Arbeitszeitausmaß zu leisten. Eine Rückforderung dieses Entgelts aufgrund einer vorzeitigen Beendigung der Wiedereingliederungsteilzeit ist nicht zulässig.

(7) Wird das Arbeitsverhältnis während der Wiedereingliederungsteilzeit beendet, so ist bei der Berechnung des Ersatzanspruchs im Sinne des § 29 AngG, § 29 GAngG, § 33 Abs. 2 Theaterarbeitsgesetz (TAG), BGBl. I Nr. 100/2010, oder § 1162b ABGB das ungeschmälerte Entgelt zugrunde zu legen, das zum Beendigungszeitpunkt ohne eine Vereinbarung im Sinne des Abs. 1 zugestanden wäre.

(8) Die §§ 11 Abs. 3 und 4 sowie 14c Abs. 4 sind sinngemäß anzuwenden. Im Übrigen darf für die Dauer einer Altersteilzeit gemäß § 27 des Arbeitslosenversicherungsgesetzes (AlVG), BGBl. Nr. 609/1977, sowie für die Dauer einer Teilpension gemäß § 27a AlVG (erweiterte Altersteilzeit) eine Wiedereingliederungsteilzeit nach Abs. 1 nicht vereinbart werden.

(9) Die Regelungen über die Wiedereingliederungsteilzeit in Bundesgesetzen sind nach Ablauf von zwei Jahren nach Inkrafttreten dieses Bundesgesetzes zu evaluieren.

(BGBl I 2017/30)

Herabsetzung der Normalarbeitszeit

§ 14. (1) Zwischen dem Arbeitgeber und dem Arbeitnehmer,

1. der das 50. Lebensjahr vollendet hat, oder
2. mit nicht nur vorübergehenden Betreuungspflichten von nahen Angehörigen im Sinne des § 16 Abs. 1 letzter Satz UrlG, die sich aus der familiären Beistandspflicht ergeben, auch wenn kein gemeinsamer Haushalt gegeben ist,

kann die Herabsetzung der Normalarbeitszeit vereinbart werden. In Betrieben, in denen ein für den Arbeitnehmer zuständiger Betriebsrat errichtet ist, ist dieser auf Verlangen des Arbeitnehmers den Verhandlungen beizuziehen.

(BGBl I 2018/100)

(2) Frühestens zwei Monate, längstens jedoch vier Monate nach Wegfall einer Betreuungspflicht im Sinne des Abs. 2 Z 2 kann der Arbeitnehmer die Rückkehr zu seiner ursprünglichen Normalarbeitszeit verlangen.

(BGBl I 2018/100)

(3) Hat die Herabsetzung der Normalarbeitszeit nach Abs. 2 zum Zeitpunkt der Beendigung des Arbeitsverhältnisses kürzer als zwei Jahre gedauert, so ist bei der Berechnung einer nach dem AngG, dem ArbAbfG oder dem GAngG zustehenden Abfertigung die frühere Arbeitszeit des Arbeitnehmers vor dem Wirksamwerden der Vereinbarung nach Abs. 2 zugrunde zu legen. Hat die Herabsetzung der Normalarbeitszeit nach Abs. 2 zum Zeitpunkt der Beendigung des Arbeitsverhältnisses länger als zwei Jahre gedauert, so ist – sofern keine andere Vereinbarung abgeschlossen wird – bei der Berechnung einer nach dem AngG, dem ArbAbfG oder dem GAngG zustehenden Abfertigung für die Ermittlung des Monatsentgeltes vom Durchschnitt der während der für die Abfertigung maßgeblichen Dienstjahre geleisteten Arbeitszeit auszugehen. Bei der Berechnung der Abfertigung nach dem BUAG ist bei der Berechnung der Stundenzahl nach § 13d Abs. 3 BUAG vorzugehen.

(BGBl I 2018/100)

(BGBl I 1997/139)

Sterbebegleitung

§ 14a. (1) Der Arbeitnehmer kann schriftlich eine Herabsetzung, eine Änderung der Lage der Normalarbeitszeit oder eine Freistellung gegen Entfall des Arbeitsentgelts zum Zwecke der Sterbebegleitung eines nahen Angehörigen im Sinne des § 16 Abs. 1 letzter Satz UrlG für einen bestimmten, drei Monate nicht übersteigenden Zeitraum unter Bekanntgabe von Beginn und Dauer verlangen, auch wenn kein gemeinsamer Haushalt mit dem nahen Angehörigen gegeben ist. Eine solche Maßnahme kann auch für die Sterbebegleitung von Geschwistern, Schwiegereltern, Schwiegerkindern, Wahl- und Pflegeeltern und von leiblichen Kindern des anderen Ehegatten oder Lebensgefährten verlangt werden. Der Arbeitnehmer kann eine Verlängerung der Maßnahme schriftlich verlangen, wobei die Gesamtdauer der Maßnahme sechs Monate nicht überschreiten darf.

(BGBl I 2006/36)

(2) Der Arbeitnehmer hat den Grund für die Maßnahme und deren Verlängerung als auch das Verwandtschaftsverhältnis glaubhaft zu machen. Auf Verlangen des Arbeitgebers ist eine schriftliche Bescheinigung über das Verwandtschaftsverhältnis vorzulegen.

(3) Der Arbeitnehmer kann die von ihm nach Abs. 1 verlangte Maßnahme frühestens fünf Arbeitstage, die Verlängerung frühestens zehn Arbeitstage nach Zugang der schriftlichen Bekanntgabe vornehmen. Die Maßnahme wird wirksam, sofern nicht der Arbeitgeber binnen fünf Arbeitstagen – bei einer Verlängerung binnen zehn Arbeitstagen – ab Zugang der schriftlichen Bekanntgabe Klage gegen die Wirksamkeit der Maßnahme sowie deren Verlängerung beim zuständigen Ar-

beits- und Sozialgericht erhebt. Das Arbeits- und Sozialgericht hat unter Berücksichtigung der betrieblichen Erfordernisse und der Interessen des Arbeitnehmers zu entscheiden. In solchen Rechtsstreitigkeiten steht keiner Partei ein Kostenersatzanspruch an die andere zu, ist gegen ein Urteil des Gerichtes erster Instanz eine Berufung nicht zulässig und sind – unabhängig vom Wert des Streitgegenstandes – Beschlüsse des Gerichtes erster Instanz nur aus den Gründen des § 517 Abs. 1 Z 1, 4 und 6 der Zivilprozessordnung anfechtbar. Bis zur Entscheidung des Arbeits- und Sozialgerichts kann der Arbeitnehmer die von ihm verlangte Maßnahme sowie deren Verlängerung vornehmen, es sei denn, das Arbeits- und Sozialgericht untersagt auf Antrag des Arbeitgebers dem Arbeitnehmer mit einstweiliger Verfügung nach § 381 Z 2 Exekutionsordnung, RGBl. Nr. 79/1896, die Vornahme dieser Änderung. Im Übrigen sind die für einstweilige Verfügungen geltenden gesetzlichen Bestimmungen anzuwenden.

(4) Der Arbeitnehmer hat dem Arbeitgeber den Wegfall der Sterbebegleitung unverzüglich bekannt zu geben. Er kann die vorzeitige Rückkehr zu der ursprünglichen Normalarbeitszeit nach zwei Wochen nach Wegfall der Sterbebegleitung verlangen. Ebenso kann der Arbeitgeber bei Wegfall der Sterbebegleitung die vorzeitige Rückkehr des Arbeitnehmers verlangen, sofern nicht berechtigte Interessen des Arbeitnehmers dem entgegen stehen.

(5) Fallen in das jeweilige Arbeitsjahr Zeiten einer Freistellung gegen Entfall des Arbeitsentgelts, so gebührt ein Urlaub, soweit dieser noch nicht verbraucht worden ist, in dem Ausmaß, das dem um die Dauer der Freistellung von der Arbeitsleistung verkürzten Arbeitsjahr entspricht. Ergeben sich bei der Berechnung des Urlaubsausmaßes Teile von Werktagen, so sind diese auf ganze Werktage aufzurunden.

(6) Der Arbeitnehmer behält den Anspruch auf sonstige, insbesondere einmalige Bezüge im Sinne des § 67 Abs. 1 des Einkommensteuergesetzes 1988 in den Kalenderjahren, in die Zeiten einer Freistellung gegen Entfall des Arbeitsentgelts fallen, in dem Ausmaß, das dem Teil des Kalenderjahres entspricht, in den keine derartigen Zeiten fallen. Für den Arbeitnehmer günstigere Regelungen werden dadurch nicht berührt.

(7) Wird das Arbeitsverhältnis während der Inanspruchnahme der Maßnahme oder der Verlängerung beendet, ist bei der Berechnung einer gesetzlich zustehenden Abfertigung die frühere Arbeitszeit des Arbeitnehmers vor dem Wirksamwerden der Maßnahme zugrunde zu legen. Bei der Berechnung der Abfertigung nach dem BUAG ist bei der Berechnung der Stundenzahl nach § 13d Abs. 3 BUAG vorzugehen. Erfolgt die Beendigung des Arbeitsverhältnisses während einer Freistellung von der Arbeitsleistung, ist bei der Berechnung der Ersatzleistung gemäß § 10 UrlG das für den letzten Monat vor Antritt der Freistellung von der Arbeitsleistung gebührende Entgelt zugrunde zu legen.

(8) (aufgehoben)

(BGBl I 2009/135, BGBl I 2013/107)

Begleitung von schwersterkrankten Kindern

§ 14b. § 14a ist auch bei der Begleitung von im gemeinsamen Haushalt lebenden, schwersterkrankten Kindern (Wahl-, Pflegekindern oder leiblichen Kindern des anderen Ehegatten, des eingetragenen Partners oder Lebensgefährten) des Arbeitnehmers anzuwenden. Abweichend von § 14a Abs. 1 kann die Maßnahme zunächst für einen bestimmten, fünf Monate nicht übersteigenden Zeitraum verlangt werden; bei einer Verlängerung der Maßnahme darf die Gesamtdauer der Maßnahme neun Monate nicht überschreiten. Wurde die Maßnahme bereits voll ausgeschöpft, kann diese höchstens zweimal in der Dauer von jeweils höchstens neun Monaten verlangt werden, wenn die Maßnahme anlässlich einer weiteren medizinisch notwendigen Therapie für das schwersterkrankte Kind erfolgen soll.

(BGBl I 2002/89, BGBl I 2006/36, BGBl I 2009/135, BGBl I 2017/30)

Pflegekarenz

§ 14c. (1) Arbeitnehmer/innen und Arbeitgeber/innen können, sofern das Arbeitsverhältnis ununterbrochen drei Monate gedauert hat, schriftlich eine Pflegekarenz gegen Entfall des Arbeitsentgeltes zum Zwecke der Pflege oder Betreuung eines/einer nahen Angehörigen im Sinne des § 14a, dem/der zum Zeitpunkt des Antritts der Pflegekarenz Pflegegeld ab der Stufe 3 nach § 5 des Bundespflegegeldgesetzes (BPGG), BGBl. Nr. 110/1993, gebührt, für die Dauer von mindestens einem Monat bis zu drei Monaten vereinbaren. Eine solche Vereinbarung darf grundsätzlich nur einmal pro zu betreuendem/betreuender nahen Angehörigen geschlossen werden. Im Fall einer wesentlichen Erhöhung des Pflegebedarfs zumindest um eine Pflegegeldstufe (§ 9 Abs. 4 BPGG) ist jedoch einmalig eine neuerliche Vereinbarung der Pflegekarenz zulässig. Die Vereinbarung der Pflegekarenz ist auch für die Pflege und Betreuung von demenziell erkrankten oder minderjährigen nahen Angehörigen zulässig, sofern diesen zum Zeitpunkt des Antritts der Pflegekarenz Pflegegeld ab der Stufe 1 zusteht. Hat der/die Arbeitnehmer/in eine Pflegekarenz bereits angetreten, ist die Vereinbarung einer Pflegeteilzeit für dieselbe zu betreuende Person unzulässig.

(2) Die Vereinbarung nach Abs. 1 hat Beginn und Dauer der Pflegekarenz zu enthalten. Bei der Vereinbarung über die Pflegekarenz ist auf die Interessen des/der Arbeitnehmers/Arbeitnehmerin und auf die Erfordernisse des Betriebes Rücksicht zu nehmen. In Betrieben, in denen ein für den/die Arbeitnehmer/in zuständiger Betriebsrat errichtet ist, ist dieser auf Verlangen des/der Arbeitnehmers/Arbeitnehmerin den Verhandlungen beizuziehen.

(3) Der/die Arbeitnehmer/in darf die vorzeitige Rückkehr zu der ursprünglichen Normalarbeitszeit nach

1. der Aufnahme in stationäre Pflege oder Betreuung in Pflegeheimen und ähnlichen Einrichtungen,
2. der nicht nur vorübergehenden Übernahme der Pflege oder Betreuung durch eine andere Betreuungsperson sowie
3. dem Tod

des/der nahen Angehörigen verlangen. Die Rückkehr darf frühestens zwei Wochen nach der Meldung des Eintritts der im ersten Satz genannten Gründe erfolgen.

(4) Arbeitnehmer/innen und Arbeitgeber/innen können eine Pflegekarenz gemäß Abs. 1 für die Dauer von mindestens einem Monat bis zu drei Monaten auch in einem befristeten Arbeitsverhältnis in einem Saisonbetrieb (§ 53 Abs. 6 ArbVG) vereinbaren, sofern das befristete Arbeitsverhältnis ununterbrochen zwei Monate gedauert hat und jeweils vor dem Antritt einer Pflegekarenz eine Beschäftigung zum/zur selben Arbeitgeber/in im Ausmaß von mindestens drei Monaten vorliegt. Zeiten von befristeten Arbeitsverhältnissen zum/zur selben Arbeitgeber/in, die innerhalb eines Zeitraumes von vier Jahren vor Antritt der jeweiligen Pflegekarenz liegen, sind hinsichtlich des Erfordernisses der Mindestbeschäftigungsdauer zusammenzurechnen.

„(4a) Unbeschadet der Bestimmungen des Abs. 1 hat der/die Arbeitnehmer/in einen Anspruch auf Pflegekarenz von bis zu zwei Wochen, wenn er/sie zum Zeitpunkt des Antritts der Pflegekarenz in einem Betrieb (§ 34 Arbeitsverfassungsgesetz – ArbVG, BGBl. Nr. 22/1974) mit mehr als fünf Arbeitnehmer/innen beschäftigt ist. Für die Ermittlung der Arbeitnehmer/innenzahl ist § 15h Abs. 3 MSchG sinngemäß anzuwenden. Sobald dem/der Arbeitnehmer/in der Zeitpunkt des Beginns der beabsichtigten Pflegekarenz bekannt ist, hat er/sie dies dem/der Arbeitgeber/in mitzuteilen. Auf Verlangen sind dem/der Arbeitgeber/in binnen einer Woche die Pflegebedürftigkeit der zu pflegenden Person nach Abs. 1 zu bescheinigen und das Angehörigenverhältnis glaubhaft zu machen. Kommt während dieser Pflegekarenz keine Vereinbarung zwischen dem/der Arbeitnehmer/in und dem/der Arbeitgeber/in über eine Pflegekarenz nach Abs. 1 zustande, so hat der/die Arbeitnehmer/in Anspruch auf Pflegekarenz für bis zu weitere zwei Wochen. Die auf Grund des Rechtsanspruchs verbrachten Zeiten der Pflegekarenz sind auf die gesetzlich mögliche Dauer der vereinbarten Pflegekarenz anzurechnen. Im Übrigen sind die Bestimmungen der Abs. 1 bis 4 sinngemäß anzuwenden.“

(BGBl I 2019/93)

(5) Im Übrigen ist § 11 Abs. 2, 3 und 4 sinngemäß anzuwenden.

(BGBl I 2013/138)

Pflegeteilzeit

§ 14d. (1) Bei Vorliegen der Voraussetzungen nach § 14c Abs. 1 können Arbeitnehmer/innen und Arbeitgeber/innen, schriftlich eine Herabsetzung der wöchentlichen Normalarbeitszeit des/der Arbeitnehmers/Arbeitnehmerin für die Dauer von mindestens einem Monat bis zu drei Monaten vereinbaren. Die in der Pflegeteilzeit vereinbarte wöchentliche Normalarbeitszeit darf zehn Stunden nicht unterschreiten. Eine solche Vereinbarung darf grundsätzlich nur einmal pro zu betreuendem/betreuender nahen Angehörigen geschlossen werden. Im Fall einer wesentlichen Erhöhung des Pflegebedarfs zumindest um eine Pflegegeldstufe (§ 9 Abs. 4 BPGG) ist jedoch einmalig eine neuerliche Vereinbarung der Pflegeteilzeit zulässig. Hat der/die Arbeitnehmer/in eine Pflegeteilzeit bereits angetreten, ist die Vereinbarung einer Pflegekarenz für dieselbe zu betreuende Person unzulässig.

(2) Die Vereinbarung nach Abs. 1 hat Beginn, Dauer, Ausmaß und Lage der Teilzeitbeschäftigung zu enthalten, wobei die betrieblichen Interessen und die Interessen des/der Arbeitnehmers/Arbeitnehmerin zu berücksichtigen sind. In Betrieben, in denen ein für den/die Arbeitnehmer/in zuständiger Betriebsrat eingerichtet ist, ist dieser auf Verlangen des/der Arbeitnehmers/Arbeitnehmerin den Verhandlungen beizuziehen. Vereinbarungen, die Änderungen im Ausmaß der Teilzeitbeschäftigung vorsehen, sind unzulässig.

(3) Der/die Arbeitnehmer/in darf die vorzeitige Rückkehr zu der ursprünglichen Normalarbeitszeit nach

1. der Aufnahme in stationäre Pflege oder Betreuung in Pflegeheimen und ähnlichen Einrichtungen,
2. der nicht nur vorübergehenden Übernahme der Pflege oder Betreuung durch eine andere Betreuungsperson sowie
3. dem Tod

des/der nahen Angehörigen verlangen. Die Rückkehr darf frühestens zwei Wochen nach der Meldung des Eintritts der im ersten Satz genannten Gründe erfolgen.

(4) Fallen in ein Kalenderjahr auch Zeiten einer Pflegeteilzeit, gebühren dem/der Arbeitnehmer/in sonstige, insbesondere einmalige Bezüge im Sinne des § 67 Abs. 1 EStG 1988 in dem der Vollzeit- und Teilzeitbeschäftigung entsprechenden Ausmaß im Kalenderjahr.

„(4a) Unbeschadet der Bestimmungen des Abs. 1 hat der/die Arbeitnehmer/in einen Anspruch auf Pflegeteilzeit von bis zu zwei Wochen, wenn er/sie zum Zeitpunkt des Antritts der Pflegekarenz in einem Betrieb (§ 34 Arbeitsverfassungsgesetz – ArbVG, BGBl. Nr. 22/1974) mit mehr als fünf Arbeitnehmer/innen beschäftigt ist. Für die Ermittlung der Arbeitnehmer/innenzahl ist § 15h Abs. 3 MSchG sinngemäß anzuwenden. Sobald dem/der Arbeitnehmer/in der Zeitpunkt des Beginns der beabsichtigten Pflegeteilzeit bekannt ist, hat er/sie dies dem/der Arbeitgeber/in mitzuteilen.

Auf Verlangen sind dem/der Arbeitgeber/in binnen einer Woche die Pflegebedürftigkeit der zu pflegenden Person nach Abs. 1 zu bescheinigen und das Angehörigenverhältnis glaubhaft zu machen. Kommt während dieser Pflegeteilzeit keine Vereinbarung zwischen dem/der Arbeitnehmer/in und dem/der Arbeitgeber/in über eine Pflegeteilzeit nach Abs. 1 zustande, so hat der/die Arbeitnehmer/in Anspruch auf Pflegeteilzeit für bis zu weitere zwei Wochen. Die auf Grund des Rechtsanspruchs verbrachten Zeiten der Pflegeteilzeit sind auf die gesetzlich mögliche Dauer der vereinbarten Pflegeteilzeit anzurechnen. Im Übrigen sind die Bestimmungen der Abs. 1 bis 4 sinngemäß anzuwenden.“

(BGBl I 2019/93)

(5) Im Übrigen sind die §§ 11 Abs. 3 und Abs. 4 sowie 14c Abs. 4 sinngemäß anzuwenden.

(BGBl I 2013/138)

Kündigung

§ 15. (1) Eine Kündigung, die wegen der Ablehnung einer Vereinbarung nach § 13a oder wegen einer beabsichtigten oder tatsächlich in Anspruch genommenen Maßnahme nach den §§ 11 bis 14, 14c und 14d ausgesprochen wird, kann bei Gericht angefochten werden. § 105 Abs. 5 ArbVG gilt sinngemäß.

(BGBl I 2013/138, BGBl I 2017/30)

(2) Läßt der Arbeitnehmer eine entgegen Abs. 1 ausgesprochene Kündigung gegen sich gelten, hat er einen Ersatzanspruch im Sinne des § 29 AngG oder des § 1162b ABGB. Bei der Berechnung dieses Ersatzanspruches ist das ungeschmälerte Entgelt zugrunde zu legen, das zum Beendigungszeitpunkt ohne eine Vereinbarung im Sinne der §§ 11 bis 14, 14c und 14d zugestanden wäre.

(BGBl I 2013/138)

(3) Ein Arbeitnehmer in einem nicht betriebsratspflichtigen Betrieb, der als Arbeitnehmer den Jahrgängen 1935 bis 1942, als Arbeitnehmerin den Jahrgängen 1940 bis 1947 angehört, kann die Kündigung binnen einer Woche nach Zugang der Kündigung anfechten, wenn die Kündigung sozial ungerechtfertigt und der Arbeitnehmer bereits sechs Monate im Betrieb oder Unternehmen, dem der Betrieb angehört, beschäftigt ist. Sozial ungerechtfertigt ist eine Kündigung, die wesentliche Interessen des Arbeitnehmers beeinträchtigt, es sei denn, der Arbeitgeber erbringt den Nachweis, dass die Kündigung

1. durch Umstände, die in der Person des Arbeitnehmers gelegen sind und die betrieblichen Interessen nachteilig berühren, oder
2. durch betriebliche Erfordernisse, die einer Weiterbeschäftigung des Arbeitnehmers entgegenstehen,

begründet ist.

(BGBl I 2000/44)

(4) Bei der Prüfung, ob eine Kündigung sozial ungerechtfertigt ist, sind der Umstand einer vieljährigen ununterbrochenen Beschäftigungszeit im Betrieb oder Unternehmen, dem der Betrieb angehört, sowie die wegen des höheren Lebensalters zu erwartenden Schwierigkeiten bei der Wiedereingliederung in den Arbeitsprozess besonders zu berücksichtigen.

(BGBl I 2000/44)

(5) Gibt das Gericht der Anfechtungsklage statt, so ist die Kündigung rechtsunwirksam.

(6) In Rechtsstreitigkeiten nach Abs. 3 steht keiner Partei ein Kostenersatzanspruch an die andere Partei zu.

(BGBl I 2000/44, BGBl I 2002/52)

(BGBl I 1997/139)

Kündigungs- und Entlassungsschutz bei Sterbebegleitung und der Begleitung schwersterkrankter Kinder

§ 15a. Der Arbeitnehmer kann ab Bekanntgabe einer in § 14a Abs. 1 vorgesehenen Maßnahme und bis zum Ablauf von vier Wochen nach deren Ende rechtswirksam weder gekündigt noch entlassen werden. Abweichend vom ersten Satz kann eine Kündigung oder Entlassung rechtswirksam ausgesprochen werden, wenn vorher die Zustimmung des zuständigen Arbeits- und Sozialgerichts eingeholt wurde. Das Gericht hat über eine Kündigung unter Berücksichtigung der betrieblichen Erfordernisse und der Interessen des Arbeitnehmers zu entscheiden. Dasselbe gilt bei der Begleitung von schwersterkrankten Kindern.

(BGBl I 2002/89)

§ 15b. (1) Bei einer vom Versicherungsträger gemäß § 367 Abs. 4 ASVG festgestellten Invalidität eines Arbeitnehmers/einer Arbeitnehmerin ruhen für die Dauer des Bezuges von Rehabilitationsgeld nach § 143a ASVG oder Umschulungsgeld nach § 39b AlVG die wechselseitigen sich aus dem Arbeitsverhältnis ergebenden Hauptleistungspflichten des Arbeitnehmers/der Arbeitnehmerin und des Arbeitgebers/der Arbeitgeberin sowie die Verpflichtung des Arbeitgebers/der Arbeitgeberin zur Fortzahlung des Entgelts, es sei denn, der Arbeitnehmer/die Arbeitnehmerin wird im Sinne des § 4 Abs. 2 des Entgeltfortzahlungsgesetzes, BGBl. Nr. 399/1974, für arbeitsfähig erklärt.

(2) § 15f Abs. 1 mit Ausnahme des letzten Satzes und Abs. 2 MSchG gilt für die Dauer des Bezuges von Rehabilitationsgeld nach § 143a ASVG oder Umschulungsgeld nach § 39b AlVG sinngemäß, es sei denn, der Arbeitnehmer/die Arbeitnehmerin wird im Sinne des § 4 Abs. 2 EFZG für arbeitsfähig erklärt.

(BGBl I 2015/152)

Unabdingbarkeit

§ 16. Die Rechte, die dem Arbeitnehmer auf Grund der §§ 2 bis 15a zustehen, können durch Arbeitsvertrag oder Normen der kollektiven Rechtsgestaltung weder aufgehoben noch beschränkt werden.

(BGBl 1994/450, BGBl I 1997/139, BGBl I 1999/120, BGBl I 2002/89)

Günstigere Regelungen

§ 17. Unberührt bleiben:

1. Das Journalistengesetz, StGBl. Nr. 88/1920, sofern es für die Redakteure (Schriftleiter) günstiger ist als dieses Bundesgesetz.
2. Das Schauspielergesetz, BGBl. Nr. 441/1922, sofern es für Bühnenmitglieder günstiger ist als dieses Bundesgesetz.

(BGBl 1994/450, BGBl I 1997/139)

Verweisungen

§ 18. Soweit in diesem Bundesgesetz auf andere Bundesgesetze verwiesen wird, sind diese in der jeweils geltenden Fassung anzuwenden.

(BGBl 1994/450, BGBl I 1997/139, BGBl I 2002/68)

Sprachliche Gleichbehandlung

§ 18a. Soweit in diesem Bundesgesetz personenbezogene Bezeichnungen noch nicht geschlechtsneutral formuliert sind, gilt die gewählte Form für beide Geschlechter.

(BGBl I 2011/24)

Inkrafttreten und Vollziehung

§ 19. (1) Dieses Bundesgesetz tritt mit Ausnahme des § 2 mit 1. Juli 1993 in Kraft. § 2 tritt gleichzeitig mit dem Abkommen über den Europäischen Wirtschaftsraum in Kraft.

1. Die §§ 8 bis 10 dieses Bundesgesetzes in der Fassung des Bundesgesetzes BGBl. Nr. 450/1994 treten mit 1. Jänner 1995 in Kraft.

   (BGBl 1994/450)
2. § 7 Abs. 2, 4 und 5 und § 7a dieses Bundesgesetzes, in der Fassung des Bundesgesetzes BGBl. Nr. 895/1995, treten mit 1. Jänner 1996 in Kraft.

   (BGBl 1995/895)
3. § 5 Abs. 2 dieses Bundesgesetzes in der Fassung des Bundesgesetzes BGBl. Nr. 754/1996 tritt mit 1. Jänner 1997 in Kraft.

   (BGBl 1996/754)
4. § 9 Abs. 3 dieses Bundesgesetzes in der Fassung des Bundesgesetzes BGBl. I Nr. 9/1997 tritt mit 1. Jänner 1997 in Kraft.

   (BGBl I 1997/9)
5. § 1 Abs. 4 und die §§ 11 bis 15 in der Fassung des Bundesgesetzes BGBl. I Nr. 139/1997 treten mit 1. Jänner 1998 in Kraft.

   (BGBl I 1997/139)
6. Die §§ 7 bis 7c und 16 in der Fassung des Bundesgesetzes BGBl. I Nr. 120/1999 treten mit 1. Oktober 1999 in Kraft und sind auf Sachverhalte anzuwenden, die sich nach dem 30. September 1999 ereignen.

   (BGBl I 1999/120)
7. § 7b Abs. 9 in der Fassung des Bundesgesetzes BGBl. I Nr. 179/1999 tritt mit 1. Oktober 1999 in Kraft und ist auf Sachverhalte anzuwenden, die sich nach dem 30. September 1999 ereignen. § 11 Abs. 1 in der Fassung des Bundesgesetzes BGBl. I Nr. 179/1999 tritt mit 1. Jänner 2000 in Kraft.

   (BGBl I 1999/179)
8. § 11 Abs. 4 in der Fassung des Bundesgesetzes BGBl. I Nr. 44/2000 tritt mit 1. Jänner 2001 in Kraft.

   (BGBl I 2000/44)
9. § 15 Abs. 3 bis 6 in der Fassung des Bundesgesetzes BGBl. I Nr. 44/2000 tritt mit 1. Juli 2000 in Kraft und gilt für die Kündigung durch den Arbeitgeber, die nach dem 30. Juni 2000 ausgesprochen wird.

   (BGBl I 2000/44)
10. § 2a in der Fassung des Bundesgesetzes BGBl. I Nr. 2/2001 tritt mit 1. Jänner 2001 in Kraft.

    (BGBl I 2001/2)
11. § 7b Abs. 9 in der Fassung des Bundesgesetzes BGBl. I Nr. 98/2001 tritt mit 1. Jänner 2002 in Kraft und ist auf Sachverhalte anzuwenden, die sich nach dem 31. Dezember 2001 ereignen.

    (BGBl I 2001/98)
12. § 3a und § 6 Abs. 2 in der Fassung des Bundesgesetzes BGBl. I Nr. 52/2002 treten mit 1. Juli 2002 in Kraft und gelten für Betriebsübergänge, die sich nach dem 30. Juni 2002 ereignen. § 6 Abs. 2 erster und zweiter Satz in der Fassung des Bundesgesetzes BGBl. I Nr. 52/2002 gilt auch für Betriebsübergänge vor dem 1. Juli 2002 mit der Maßgabe, dass die Fünfjahresfrist mit 1. Juli 2002 zu laufen beginnt.

    (BGBl I 2002/52, BGBl I 2002/100)
13. § 7b Abs. 3 und 6, die Überschrift zu § 18 sowie § 19 Abs. 2 Z 1a in der Fassung des Bundesgesetzes BGBl. I Nr. 68/2002 tritt mit 1. Juli 2002 in Kraft.

    (BGBl I 2002/68, BGBl I 2002/100)
14. Die §§ 11 Abs. 2 und 3, 14a, 14b, 15a und 16 in der Fassung des Bundesgesetzes BGBl. I Nr. 89/2002 treten mit 1. Juli 2002 in Kraft.

    (BGBl I 2002/89)
15. § 2 Abs. 2 Z 12 und 13 in der Fassung des Bundesgesetzes BGBl. I Nr. 100/2002 tritt mit 1. Jänner 2003 in Kraft, soweit nicht durch Verordnung gemäß § 46 Abs. 1 letzter Satz des Betrieblichen Mitarbeitervorsorgegesetzes (BMVG), BGBl. I Nr. 100/2002, etwas anderes angeordnet wird.

    (BGBl I 2002/100)
16. § 5 Abs. 2 in der Fassung des Bundesgesetzes BGBl. I Nr. 8/2005 tritt mit 23. September 2005 in Kraft.

    (BGBl I 2005/8)

17. § 7b in der Fassung des Bundesgesetzes BGBl. I Nr. 103/2005 tritt mit 1. Jänner 2006 in Kraft.
(BGBl I 2005/103)
18. Die §§ 1 Abs. 4, 2c und 2d samt Überschriften in der Fassung des Bundesgesetzes BGBl. I Nr. 36/2006 treten mit dem der Kundmachung folgenden Tag in Kraft und gelten für nach dem In-Kraft-Treten dieses Bundesgesetzes neu abgeschlossene Vereinbarungen über eine Konkurrenzklausel oder den Ausbildungskostenrückersatz. Im Zeitpunkt des In-Kraft-Tretens bestehende Normen der kollektiven Rechtsgestaltung betreffend den Ausbildungskostenrückersatz werden durch die Regelungen dieses Bundesgesetzes nicht berührt.
(BGBl I 2006/36)
19. § 14a Abs. 1 und § 14b in der Fassung des Bundesgesetzes BGBl. I Nr. 36/2006 treten mit dem der Kundmachung folgenden Tag in Kraft. § 14b in der Fassung des Bundesgesetzes BGBl. I Nr. 36/2006 gilt für eine Begleitung von schwersterkrankten Kindern, die nach dem In-Kraft-Treten dieses Bundesgesetzes verlangt wird. Arbeitnehmer und Arbeitgeber können bei einer Begleitung von schwersterkrankten Kindern, die vor dem In-Kraft-Treten dieses Bundesgesetzes verlangt wurde, vereinbaren, dass die Maßnahme bei ihrem Ablauf von sechs Monaten auf insgesamt höchstens neun Monate verlängert wird.
(BGBl I 2006/36)
20. § 7b Abs. 4 Z 4, 9 und 10 und Abs. 5 und 9 in der Fassung des Bundesgesetzes BGBl. I Nr. 78/2007 tritt mit 1. Jänner 2008 in Kraft und ist auf Sachverhalte anzuwenden, die sich nach dem 31. Dezember 2007 ereignen.
(BGBl I 2007/78)
21. § 11 Abs. 1 und 1a in der Fassung des Bundesgesetzes BGBl. I Nr. 104/2007 tritt mit 1. Jänner 2008 in Kraft und gilt für nach dem 31. Dezember 2007 vereinbarte Bildungskarenzen. Arbeitnehmer und Arbeitgeber, die bereits vor dem Inkrafttreten dieses Bundesgesetzes eine Bildungskarenz vereinbart haben, können eine neuerliche Bildungskarenz frühestens drei Jahre nach der Rückkehr aus dieser Bildungskarenz vereinbaren.
(BGBl I 2007/104)
22. § 11 Abs. 1 erster und dritter Satz und Abs. 1a in der Fassung des Bundesgesetzes BGBl. I Nr. 90/2009 tritt mit 1. August 2009 in Kraft und gilt für nach dem 31. Juli 2009 vereinbarte Bildungskarenzen.
(BGBl I 2009/90, BGBl I 2011/152)
23. §§ 14a und 14b in der Fassung des Bundesgesetzes BGBl. I Nr. 135/2009 treten mit 1. Jänner 2010 in Kraft.
(BGBl I 2010/29)
24. § 7b Abs. 3 in der Fassung des Bundesgesetzes BGBl. I Nr. 150/2009 tritt mit 1. Jänner 2010 in Kraft.
(BGBl I 2010/29)
25. § 3 Abs. 2 in der Fassung des Bundesgesetzes BGBl. I Nr. 29/2010 tritt mit 1. Juli 2010 in Kraft und ist bei Sanierungs- und Konkursverfahren anzuwenden, die nach dem 30. Juni 2010 eröffnet oder wieder aufgenommen werden.
(BGBl I 2010/29)
26. § 7a Abs. 3, § 7b Abs. 3, Abs. 4 Z 8, Abs. 5, Abs. 9 und 10 sowie die §§ 7d bis 7m samt Überschriften und § 18a samt Überschrift in der Fassung des Bundesgesetzes BGBl. I Nr. 24/2011 treten mit 1. Mai 2011 in Kraft. Die §§ 7d bis 7m sind auf Sachverhalte anzuwenden, die sich nach dem 30. April 2011 ereignen.
(BGBl I 2011/24)
27. § 2 Abs. 2 Z 13 und Abs. 8, die Überschrift zu § 7a, § 7a Abs. 1, die Überschrift zu § 7b, § 7b Abs. 1 und Abs. 9, § 7j Abs. 1 und § 19 Abs. 2 in der Fassung des Bundesgesetzes BGBl. I Nr. 98/2012 treten mit 1. Jänner 2013 in Kraft.
(BGBl I 2012/98)
28. § 11 Abs. 3a, § 11a samt Überschrift und § 12 in der Fassung des Bundesgesetzes BGBl. I Nr. 67/2013 treten mit 1. Juli 2013 in Kraft.
(BGBl I 2013/67)
29. § 7e Abs. 6, § 7i Abs. 6 bis 8, § 7k Abs. 5, § 7l Abs. 1 erster Satz, § 7l Abs. 2 und Abs. 3 sowie Abs. 4 dritter und vierter Satz in der Fassung des Bundesgesetzes BGBl. I Nr. 71/2013 treten mit 1. Jänner 2014 in Kraft.
(BGBl I 2013/71)
30. Die §§ 1 Abs. 4, 11 Abs. 3, 14c und 14d samt Überschriften sowie § 15 Abs. 1 und 2 in der Fassung des Bundesgesetzes BGBl. I Nr. 138/2013 treten mit 1. Jänner 2014 in Kraft.
(BGBl I 2013/138)
31. Die §§ 7a, 7b und 7d bis 7o samt Überschriften in der Fassung des Bundesgesetzes BGBl. I Nr. 94/2014 treten mit 1. Jänner 2015 in Kraft. In Verwaltungs-(straf)verfahren nach den §§ 7b Abs. 8, 7i und 7k sind auf Sachverhalte, die sich vor dem 1. Jänner 2015 ereignet haben, die vor dem Inkrafttreten des Bundesgesetzes BGBl. I Nr. 94/2014 geltenden Bestimmungen weiterhin anzuwenden. § 7i Abs. 8 und § 7k Abs. 5 in der Fassung des Bundesgesetzes BGBl. I Nr. 94/2014 sind auf Verwaltungsstrafverfahren anzuwenden, deren zugrunde liegendes Anbringen nach dem 31. Dezember 2014 bei der Behörde einlangt.
(BGBl I 2014/94)
32. § 2 Abs. 2 Z 9, Abs. 5 und 6, § 2c, § 2d Abs. 3 Z 2 und 3 und § 2e samt Überschriften in der Fassung des Bundesgesetzes BGBl. I Nr. 152/2015 treten mit dem der Kundma-

chung dieses Bundesgesetzes folgenden Tag in Kraft und gelten für nach dem Inkrafttreten neu auszustellende Dienstzettel oder neu abgeschlossene Vereinbarungen über eine Konkurrenzklausel oder über den Ausbildungskostenrückersatz;

(BGBl I 2015/152, BGBl I 2016/44)

33. § 2f samt Überschrift in der Fassung des Bundesgesetzes BGBl. I Nr. 152/2015 tritt mit 1. Jänner 2016 in Kraft;

(BGBl I 2015/152)

34. § 2g samt Überschrift in der Fassung des Bundesgesetzes BGBl. I Nr. 152/2015 tritt mit 1. Jänner 2016 in Kraft und gilt für nach dem Inkrafttreten neu abgeschlossene Pauschalentgeltvereinbarungen;

(BGBl I 2015/152)

35. § 15b in der Fassung des Bundesgesetzes BGBl. I Nr. 152/2015 tritt mit 1. Jänner 2016 in Kraft;

(BGBl I 2015/152)

36. §§ 2 Abs. 2 Z 9 und 2g sind im Regelungsbereich des § 14 Bundesforste-Dienstordnung, BGBl. Nr. 298/1986, nicht anzuwenden.

(BGBl I 2015/152)

37. § 7n Abs. 4 in der Fassung des Bundesgesetzes BGBl. I Nr. 113/2015 gilt für nach dem Inkrafttreten dieses Bundesgesetzes gestellte Auskunftsverlangen öffentlicher Auftraggeber/innen. § 7m Abs. 2 und Abs. 8 in der Fassung des Bundesgesetzes BGBl. I Nr. 113/2015 gilt für nach dem Inkrafttreten dieses Bundesgesetzes beantragte Sicherheitsleistungen.

(BGBl I 2015/113)

38. Die §§ 7 bis 7o in der Fassung vor dem Bundesgesetz BGBl. I Nr. 44/2016 treten mit Ablauf des 31. Dezember 2016 mit der Maßgabe außer Kraft, dass diese Bestimmungen weiter auf Sachverhalte Anwendung finden, die sich vor dem 1. Jänner 2017 ereignet haben.

(BGBl I 2016/44)

39. § 7 in der Fassung des Bundesgesetzes BGBl. I Nr. 44/2016 tritt mit 1. Jänner 2017 in Kraft.

(BGBl I 2016/44)

40. Die § 13a samt Überschrift, § 14b sowie § 15 Abs. 1 in der Fassung des Bundesgesetzes BGBl. I Nr. 30/2017 treten mit 1. Juli 2017 in Kraft.

(BGBl I 2017/30)

41. § 13a Abs. 1 in der Fassung des Bundesgesetzes BGBl. I Nr. 54/2018 tritt mit 1. Juli 2018 in Kraft.

(BGBl I 2018/54)

„42. § 14c Abs. 4a und § 14d Abs. 4a in der Fassung des Bundesgesetzes BGBl. I Nr. 93/2019, treten mit 1. Jänner 2020 in Kraft und gelten für nach dem Inkrafttreten angetretene Pflegekarenzen und Zeiten einer Pflegeteilzeit."

(BGBl I 2019/93)

(2) Mit der Vollziehung dieses Bundesgesetzes sind betraut:

1. hinsichtlich des § 2 Abs. 1 letzter Satz, § 7b Abs. 3 und 6 sowie des § 7f der/die Bundesminister/in für Finanzen;
2. hinsichtlich der übrigen Bestimmungen
   a) für Dienstverhältnisse zum Bund der/die Bundeskanzler/in,
   b) für die übrigen Arbeitsverhältnisse der/die Bundesministerin für Arbeit, Soziales und Konsumentenschutz.

(BGBl I 2012/98)

(BGBl 1994/450, BGBl I 1997/139)

Artikel II
Änderung des Angestelltengesetztes

(im AngestelltenG eingearbeitet)

Artikel III
Änderung des Gutsangestelltengesetztes

(im GutsangestelltenG eingearbeitet)

Artikel IV
Änderung des Hausgehilfen- und Hausangestelltengesetzes

(im Hausgehilfen- und HausangestelltenG eingearbeitet)

16. Arbeitszeitgesetz

Arbeitszeitgesetz, BGBl 1969/461 idF

1	BGBl 1971/238	2	BGBl 1975/2	3	BGBl 1981/354
4	BGBl 1987/647	5	BGBl 1992/473	6	BGBl 1992/833
7	BGBl 1993/335	8	BGBl 1994/446	9	BGBl 1996/417
10	BGBl I 1997/8	11	BGBl I 1997/46	12	BGBl I 1999/88
13	BGBl I 2000/37	14	BGBl I 2001/98	15	BGBl I 2001/162
16	BGBl I 2002/122	17	BGBl I 2004/30	18	BGBl I 2004/64
19	BGBl I 2004/159	20	BGBl I 2004/175	21	BGBl I 2006/138
22	BGBl I 2007/61	23	BGBl I 2008/124	24	BGBl I 2009/149
25	BGBl I 2010/93	26	BGBl I 2012/35	27	BGBl I 2013/3
28	BGBl I 2013/71	29	BGBl I 2014/94	30	BGBl I 2015/152
31	BGBl I 2016/42	32	BGBl I 2016/114	33	BGBl I 2017/30
34	BGBl I 2017/40	35	BGBl I 2017/126	36	BGBl I 2017/127
37	BGBl I 2018/53	38	BGBl I 2018/100		

GLIEDERUNG

STICHWORTVERZEICHNIS

461. Bundesgesetz vom 11. Dezember 1969 über die Regelung der Arbeitszeit (Arbeitszeitgesetz) (AZG)

Der Nationalrat hat beschlossen:

ABSCHNITT 1

Geltungsbereich

§ 1. (1) Die Bestimmungen dieses Bundesgesetzes gelten für die Beschäftigung von Arbeitnehmern (Lehrlingen), die das 18. Lebensjahr vollendet haben.

(2) Ausgenommen vom Geltungsbereich dieses Bundesgesetzes sind:

1. Arbeitnehmer, die in einem Arbeitsverhältnis zu einer Gebietskörperschaft, zu einer Stiftung, zu einem Fonds oder zu einer Anstalt stehen, sofern diese Einrichtungen von Organen einer Gebietskörperschaft oder von Personen verwaltet werden, die hiezu von Organen einer Gebietskörperschaft bestellt sind; die Bestimmungen dieses Bundesgesetzes gelten jedoch für Arbeitnehmer, die nicht im Bereich der Hoheitsverwaltung tätig sind, sofern für ihr Arbeitsverhältnis ein Kollektivvertrag wirksam ist;
2. Arbeitnehmer im Sinne des Landarbeitsgesetzes 1984, BGBl. Nr. 287, gelten;
   (BGBl I 1997/46)
3. Arbeitnehmer, für die die Vorschriften des Bäckereiarbeiter/innengesetzes 1996, BGBl. Nr. 410, gelten;
   (BGBl I 1997/46)
4. Arbeitnehmer, für die die Vorschriften des Hausgehilfen- und Hausangestelltengesetzes, BGBl. Nr. 235/1962, gelten;
5. Arbeitnehmer,
   a) für die die Vorschriften des Hausbesorgergesetzes, BGBl. Nr. 16/1970, gelten;
   b) denen die Hausbetreuung im Sinne des § 23 Abs. 1 Mietrechtsgesetz, BGBl. Nr. 520/1981, obliegt und die in einem Arbeitsverhältnis stehen
      aa) zum Hauseigentümer oder zu einer im mehrheitlichen Eigentum des Hauseigentümers stehenden juristischen Person, soweit sich die zu betreuenden Häuser im Eigentum des Hauseigentümers befinden;
      bb) zu einer im Sinne des § 7 Abs. 4b Wohnungsgemeinnützigkeitsgesetz, BGBl. Nr. 139/1979, gegründeten Gesellschaft.

   Für diese Arbeitnehmer ist jedoch § 19 anzuwenden.
   (BGBl I 2001/162)

   (BGBl I 1997/46, BGBl I 2000/37)
6. Lehr- und Erziehungskräfte an Unterrichts- und Erziehungsanstalten, soweit sie nicht unter Z 1 fallen;
7. nahe Angehörige der Arbeitgeberin bzw. des Arbeitgebers (Eltern, volljährige Kinder, im gemeinsamen Haushalt lebende Ehegattin oder Ehegatte, eingetragene Partnerin oder Partner, sowie Lebensgefährtin oder Lebensgefährte, wenn seit mindestens drei Jahren ein gemeinsamer Haushalt besteht), deren gesamte Arbeitszeit auf Grund der besonderen Merkmale der Tätigkeit
   a) nicht gemessen oder im Voraus festgelegt wird, oder
   b) von diesen Arbeitnehmerinnen bzw. Arbeitnehmern hinsichtlich Lage und Dauer selbst festgelegt werden kann;

   (BGBl I 2004/159, BGBl I 2018/53)
8. leitende Angestellte oder sonstige Arbeitnehmerinnen und Arbeitnehmer, denen maßgebliche selbständige Entscheidungsbefugnis übertragen ist und deren gesamte Arbeitszeit auf Grund der besonderen Merkmale der Tätigkeit
   a) nicht gemessen oder im Voraus festgelegt wird, oder
   b) von diesen Arbeitnehmerinnen bzw. Arbeitnehmern hinsichtlich Lage und Dauer selbst festgelegt werden kann;

   (BGBl I 2018/53)
9. Heimarbeiter im Sinne des Heimarbeitsgesetzes 1960, BGBl. Nr. 105/1961;
10. Dienstnehmer, die unter das Krankenanstalten-Arbeitszeitgesetz, BGBl. I Nr. 8/1997, fallen.
    (BGBl I 1997/8)

Regelungen durch Betriebsvereinbarung

§ 1a. Soweit im Folgenden nicht Anderes bestimmt wird, können Regelungen, zu denen der Kollektivvertrag nach diesem Bundesgesetz ermächtigt ist, durch Betriebsvereinbarung zugelassen werden, wenn

1. der Kollektivvertrag die Betriebsvereinbarung dazu ermächtigt, oder

2. für die betroffenen Arbeitnehmer mangels Bestehen einer kollektivvertragsfähigen Körperschaft auf Arbeitgeberseite kein Kollektivvertrag abgeschlossen werden kann.

(BGBl I 2007/61)

ABSCHNITT 2
Arbeitszeit

Begriff der Arbeitszeit

§ 2. (1) Im Sinne dieses Bundesgesetzes ist:

1. Arbeitszeit die Zeit vom Beginn bis zum Ende der Arbeit ohne die Ruhepausen;
2. Tagesarbeitszeit die Arbeitszeit innerhalb eines ununterbrochenen Zeitraumes von vierundzwanzig Stunden;
3. Wochenarbeitszeit die Arbeitszeit innerhalb des Zeitraumes von Montag bis einschließlich Sonntag.

(2) Arbeitszeit im Sinne des Abs. 1 Z 1 ist auch die Zeit, während der ein im übrigen im Betrieb Beschäftigter in seiner eigenen Wohnung oder Werkstätte oder sonst außerhalb des Betriebes beschäftigt wird. Werden Arbeitnehmer von mehreren Arbeitgebern beschäftigt, so dürfen die einzelnen Beschäftigungen zusammen die gesetzliche Höchstgrenze der Arbeitszeit nicht überschreiten.

(3) Soweit in diesem Bundesgesetz personenbezogene Bezeichnungen noch nicht geschlechtsneutral formuliert sind, gilt die gewählte Form für beide Geschlechter.

(BGBl I 2009/149)

Normalarbeitszeit

§ 3. (1) Die tägliche Normalarbeitszeit darf acht Stunden, die wöchentliche Normalarbeitszeit vierzig Stunden nicht überschreiten, soweit im folgenden nicht anderes bestimmt wird.

(BGBl 1975/2, BGBl 1994/446)

(2) Aus Anlaß der mit dem Inkrafttreten dieses Bundesgesetzes eintretenden Arbeitszeitverkürzung darf das Entgelt der betroffenen Arbeitnehmer nicht gekürzt werden (Lohnausgleich). Ein nach Stunden bemessenes Entgelt ist dabei in dem gleichen Verhältnis zu erhöhen, in dem die Arbeitszeit verkürzt wird. Akkord-, Stück- und Gedinglöhne sowie auf Grund anderer Leistungslohnarten festgelegte Löhne sind entsprechend zu berichtigen. Durch Kollektivvertrag kann eine andere Regelung des Lohnausgleiches vereinbart werden.

(BGBl 1975/2)

Andere Verteilung der Normalarbeitszeit

§ 4. (1) Der Kollektivvertrag kann eine tägliche Normalarbeitszeit von bis zu zehn Stunden zulassen, soweit nach diesem Bundesgesetz eine kürzere Normalarbeitszeit vorgesehen ist. Darüber hinaus gehende Verlängerungsmöglichkeiten bleiben unberührt.

(2) Zur Erreichung einer längeren Freizeit, die mit der wöchentlichen Ruhezeit oder einer Ruhezeit gemäß § 12 zusammenhängen muss, kann die Normalarbeitszeit an einzelnen Tagen regelmäßig gekürzt und die ausfallende Normalarbeitszeit auf die übrigen Tage der Woche verteilt werden. Die Betriebsvereinbarung, für Arbeitnehmer in Betrieben, in denen kein Betriebsrat errichtet ist, das Arbeitsinspektorat, kann eine andere ungleichmäßige Verteilung der Normalarbeitszeit innerhalb der Woche zulassen, soweit dies die Art des Betriebes erfordert. Die tägliche Normalarbeitszeit darf neun Stunden nicht überschreiten.

(3) Fällt in Verbindung mit Feiertagen die Arbeitszeit an Werktagen aus, um den Arbeitnehmern eine längere zusammenhängende Freizeit zu ermöglichen, so kann die ausfallende Normalarbeitszeit auf die Werktage von höchstens 13 zusammenhängenden, die Ausfallstage einschließenden Wochen verteilt werden. Der Kollektivvertrag kann den Einarbeitungszeitraum verlängern. Die tägliche Normalarbeitszeit darf

1. bei einem Einarbeitungszeitraum von bis zu 13 Wochen zehn Stunden
2. bei einem längeren Einarbeitungszeitraum neun Stunden

nicht überschreiten.

(4) Die wöchentliche Normalarbeitszeit des Personals von Verkaufsstellen im Sinne des Öffnungszeitengesetzes 2003, BGBl. I Nr. 48/2003, und sonstiger Arbeitnehmer des Handels kann in den einzelnen Wochen eines Durchrechnungszeitraumes von vier Wochen bis auf 44 Stunden ausgedehnt werden, wenn innerhalb dieses Zeitraumes die durchschnittliche wöchentliche Normalarbeitszeit 40 Stunden bzw. die durch Kollektivvertrag festgelegte Normalarbeitszeit nicht überschreitet. Der Kollektivvertrag kann eine Verlängerung des Durchrechnungszeitraumes zulassen. Die tägliche Normalarbeitszeit darf neun Stunden nicht überschreiten.

(5) Der zur Erreichung der durchschnittlichen Normalarbeitszeit nach Abs. 4 im Durchrechnungszeitraum erforderliche Zeitausgleich ist unter Berücksichtigung der jeweiligen Betriebserfordernisse zusammenhängend zu gewähren. Ein Zeitausgleich von mehr als vier Stunden kann in zwei Teilen gewährt werden, wobei ein Teil mindestens vier Stunden zu betragen hat.

(6) Für Arbeitnehmer, die nicht unter Abs. 4 fallen, kann der Kollektivvertrag zulassen, dass in einzelnen Wochen eines Durchrechnungszeitraumes von bis zu einem Jahr die Normalarbeitszeit

1. bei einem Durchrechnungszeitraum von bis zu acht Wochen auf höchstens 50 Stunden,
2. bei einem längeren Durchrechnungszeitraum auf höchstens 48 Stunden,

ausgedehnt wird, wenn sie innerhalb dieses Zeitraumes im Durchschnitt 40 Stunden bzw. die durch Kollektivvertrag festgelegte Normalarbeitszeit nicht überschreitet. Der Kollektivvertrag kann einen längeren Durchrechnungszeitraum unter der Bedingung zulassen, dass der zur Erreichung der durchschnittlichen Normalarbeitszeit erforderliche

Zeitausgleich jedenfalls in mehrwöchigen zusammenhängenden Zeiträumen verbraucht wird. Die tägliche Normalarbeitszeit darf neun Stunden nicht überschreiten.

(7) Der Kollektivvertrag kann bei einer Arbeitszeitverteilung gemäß Abs. 4 und 6 eine mehrmalige Übertragung von Zeitguthaben und Zeitschulden in die nächsten Durchrechnungszeiträume zulassen.

(BGBl I 2018/53)

(8) Die Betriebsvereinbarung kann eine tägliche Normalarbeitszeit von bis zu zehn Stunden zulassen, wenn die gesamte Wochenarbeitszeit regelmäßig auf vier Tage verteilt wird. In Betrieben, in denen kein Betriebsrat errichtet ist, kann eine solche Arbeitszeitverteilung schriftlich vereinbart werden.

(9) Für Arbeitnehmer in Betrieben gemäß § 2 Abs. 2a des Bauarbeiter-Urlaubs- und Abfertigungsgesetzes, BGBl. Nr. 414/1972, gilt Abs. 3 mit der Maßgabe, dass die tägliche Normalarbeitszeit bei Verlängerung des Einarbeitungszeitraumes durch Kollektivvertrag zehn Stunden nicht überschreiten darf. Abs. 8 ist nicht anzuwenden.

(BGBl 1975/2, BGBl 1987/647, BGBl 1994/446, BGBl 1996/417, BGBl I 1997/46, BGBl I 2004/159, BGBl I 2007/61)

Normalarbeitszeit bei Schichtarbeit

§ 4a. (1) Bei mehrschichtiger Arbeitsweise ist ein Schichtplan zu erstellen. Die wöchentliche Normalarbeitszeit darf

1. innerhalb des Schichtturnusses oder
2. bei Durchrechnung der Normalarbeitszeit gemäß § 4 Abs. 6 innerhalb des Durchrechnungszeitraumes

im Durchschnitt 40 Stunden bzw. die durch Kollektivvertrag festgelegte Normalarbeitszeit nicht überschreiten.

(2) Die tägliche Normalarbeitszeit darf neun Stunden nicht überschreiten, soweit nicht nach § 4 eine längere Normalarbeitszeit zulässig ist.

(BGBl I 2007/61)

(3) Bei durchlaufender mehrschichtiger Arbeitsweise mit Schichtwechsel kann die tägliche Normalarbeitszeit bis auf zwölf Stunden ausgedehnt werden,

1. am Wochenende (Beginn der Nachtschicht zum Samstag bis zum Ende der Nachtschicht zum Montag), wenn dies durch Betriebsvereinbarung geregelt ist, oder
2. wenn dies mit einem Schichtwechsel in Verbindung steht.

(4) Der Kollektivvertrag kann zulassen, dass

1. die Normalarbeitszeit in einzelnen Wochen bis auf 56 Stunden ausgedehnt wird;
2. die tägliche Normalarbeitszeit bis auf zwölf Stunden unter der Bedingung ausgedehnt wird, dass die arbeitsmedizinische Unbedenklichkeit dieser Arbeitszeitverlängerung für die betreffenden Tätigkeiten durch einen Arbeitsmediziner festgestellt wird. Auf Verlangen des Betriebsrates, in Betrieben ohne Betriebsrat auf Verlangen der Mehrheit der betroffenen Arbeitnehmer, ist ein weiterer, einvernehmlich bestellter Arbeitsmediziner zu befassen.

(BGBl I 2007/61)

(BGBl 1994/446, BGBl I 1997/46)

Gleitende Arbeitszeit

§ 4b. (1) Gleitende Arbeitszeit liegt vor, wenn der Arbeitnehmer innerhalb eines vereinbarten zeitlichen Rahmens Beginn und Ende seiner täglichen Normalarbeitszeit selbst bestimmen kann.

(2) Die gleitende Arbeitszeit muß durch Betriebsvereinbarung, in Betrieben, in denen kein Betriebsrat errichtet ist, durch schriftliche Vereinbarung geregelt werden (Gleitzeitvereinbarung).

(3) Die Gleitzeitvereinbarung hat zu enthalten:

1. die Dauer der Gleitzeitperiode,
2. den Gleitzeitrahmen,
3. das Höchstausmaß allfälliger Übertragungsmöglichkeiten von Zeitguthaben und Zeitschulden in die nächste Gleitzeitperiode und
4. Dauer und Lage der fiktiven Normalarbeitszeit.

(4) Die tägliche Normalarbeitszeit darf zehn Stunden nicht überschreiten. Eine Verlängerung der täglichen Normalarbeitszeit auf bis zu zwölf Stunden ist zulässig, wenn die Gleitzeitvereinbarung vorsieht, dass ein Zeitguthaben ganztägig verbraucht werden kann und ein Verbrauch in Zusammenhang mit einer wöchentlichen Ruhezeit nicht ausgeschlossen ist. Die wöchentliche Normalarbeitszeit darf innerhalb der Gleitzeitperiode die wöchentliche Normalarbeitszeit gemäß § 3 im Durchschnitt nur insoweit überschreiten, als Übertragungsmöglichkeiten von Zeitguthaben vorgesehen sind.

(BGBl I 2007/61, BGBl I 2018/53)

(5) Ordnet die Arbeitgeberin bzw. der Arbeitgeber Arbeitsstunden an, die über die Normalarbeitszeit gemäß § 3 Abs. 1 hinausgehen, gelten diese als Überstunden.

(BGBl I 2018/53)

(BGBl 1994/446)

Dekadenarbeit

§ 4c. (1) Für Arbeitnehmer, die auf im öffentlichen Interesse betriebenen Großbaustellen oder auf Baustellen der Wildbach- und Lawinenverbauung in Gebirgsregionen beschäftigt sind, kann der Kollektivvertrag zulassen, daß die wöchentliche Normalarbeitszeit mehr als 40 Stunden beträgt, wenn innerhalb eines Durchrechnungszeitraumes von zwei Wochen die wöchentliche Normalarbeitszeit im Durchschnitt die Normalarbeitszeit gemäß § 3 nicht überschreitet.

(2) Die tägliche Normalarbeitszeit darf neun Stunden nicht überschreiten.

(BGBl 1994/446)

AZG

Verlängerung der Normalarbeitszeit bei Arbeitsbereitschaft

§ 5. (1) Die wöchentliche Normalarbeitszeit kann bis auf 60 Stunden, die tägliche Normalarbeitszeit bis auf zwölf Stunden ausgedehnt werden, wenn

1. der Kollektivvertrag oder die Betriebsvereinbarung dies zuläßt und
2. darüber hinaus in die Arbeitszeit des Arbeitnehmers regelmäßig und in erheblichem Umfang Arbeitsbereitschaft fällt.

(2) Eine Betriebsvereinbarung gemäß Abs. 1 ist nur zulässig, wenn

1. der Kollektivvertrag die Betriebsvereinbarung dazu ermächtigt, oder
2. für die betroffenen Arbeitnehmer kein Kollektivvertrag wirksam ist.

(3) Das Arbeitsinspektorat kann für Betriebe, in denen kein Betriebsrat errichtet ist, eine Verlängerung der wöchentlichen Normalarbeitszeit bis auf 60 Stunden, der täglichen Normalarbeitszeit bis auf zwölf Stunden für Arbeitnehmer zulassen, wenn

1. für die betroffenen Arbeitnehmer kein Kollektivvertrag wirksam ist und
2. darüber hinaus in die Arbeitszeit des Arbeitnehmers regelmäßig und in erheblichem Umfang Arbeitsbereitschaft fällt.

(BGBl 1994/446, BGBl I 1997/46)

Normalarbeitszeit bei besonderen Erholungsmöglichkeiten

§ 5a. (1) Besteht die Arbeitszeit überwiegend aus Arbeitsbereitschaft (§ 5) und bestehen für den Arbeitnehmer während der Arbeitszeit besondere Erholungsmöglichkeiten, kann der Kollektivvertrag für solche Arbeiten die Betriebsvereinbarung ermächtigen, dreimal pro Woche eine Ausdehnung der täglichen Normalarbeitszeit bis auf 24 Stunden zuzulassen, wenn durch ein arbeitsmedizinisches Gutachten festgestellt wurde, daß wegen der besonderen Arbeitsbedingungen der Arbeitnehmer im Durchschnitt nicht stärker gesundheitlich belastet wird als bei Ausübung der selben Tätigkeit im Rahmen einer Verlängerung der Normalarbeitszeit gemäß § 5.

(2) Der Kollektivvertrag und die Betriebsvereinbarung haben alle Bedingungen festzulegen, unter denen die Verlängerung der täglichen Normalarbeitszeit im Einzelfall zulässig ist.

(3) Innerhalb eines durch Kollektivvertrag festzusetzenden Durchrechnungszeitraumes darf die wöchentliche Normalarbeitszeit im Durchschnitt 60 Stunden, in einzelnen Wochen des Durchrechnungszeitraumes 72 Stunden nicht überschreiten.

(4) § 1a Z 2 ist anzuwenden.

(BGBl I 1997/46, BGBl I 2007/61)

(BGBl 1994/446)

Überstundenarbeit

§ 6. (1) Überstundenarbeit liegt vor, wenn entweder

1. die Grenzen der nach den §§ 3 bis 5a zulässigen wöchentlichen Normalarbeitszeit überschritten werden oder

   (BGBl I 2006/138)

2. die tägliche Normalarbeitszeit überschritten wird, die sich auf Grund der Verteilung dieser wöchentlichen Normalarbeitszeit gemäß den §§ 3 bis 5a und 18 Abs. 2 ergibt.

(BGBl 1994/446, BGBl I 1997/46)

(1a) Am Ende einer Gleitzeitperiode bestehende Zeitguthaben, die nach der Gleitzeitvereinbarung in die nächste Gleitzeitperiode übertragen werden können, sowie am Ende eines Durchrechnungszeitraumes bestehende Zeitguthaben, die gemäß § 4 Abs. 7 in den nächsten Durchrechnungszeitraum übertragen werden können, gelten nicht als Überstunden.

(BGBl 1994/446, BGBl I 1997/46, BGBl I 2007/61)

(2) Arbeitnehmer dürfen zur Überstundenarbeit nur dann herangezogen werden, wenn diese nach den Bestimmungen dieses Bundesgesetzes zugelassen ist und berücksichtigungswürdige Interessen des Arbeitnehmers der Überstundenarbeit nicht entgegenstehen.

Verlängerung der Arbeitszeit bei Vorliegen eines erhöhten Arbeitsbedarfes

§ 7. (1) Bei Vorliegen eines erhöhten Arbeitsbedarfes darf die durchschnittliche Wochenarbeitszeit unbeschadet der Bestimmungen des § 8 über die nach den §§ 3 bis 5 zulässige Dauer innerhalb eines Durchrechnungszeitraumes von 17 Wochen 48 Stunden nicht überschreiten. Wöchentlich sind jedoch nicht mehr als zwanzig Überstunden zulässig. Die Tagesarbeitszeit darf zwölf Stunden nicht überschreiten. Die Regelungen des § 9 Abs. 4 bleiben unberührt.

(BGBl I 2018/53)

(2) (aufgehoben)

(BGBl I 1997/46, BGBl I 2018/53)

(3) Unter den Voraussetzungen des § 5 Abs. 1 und 2 kann die Wochenarbeitszeit durch Überstunden bis auf 60 Stunden, die Tagesarbeitszeit bis auf 13 Stunden ausgedehnt werden. Bei Zulassung einer Verlängerung der Arbeitszeit durch das Arbeitsinspektorat gemäß § 5 Abs. 3 sind Überstunden nach Abs. 1 nur bis zu einer Tagesarbeitszeit von 13 Stunden und einer Wochenarbeitszeit von 60 Stunden zulässig.

(BGBl I 1997/46)

(4) (aufgehoben)

(BGBl I 1997/46, BGBl I 2007/61, BGBl I 2018/53)

(4a) (aufgehoben)

(BGBl I 2007/61, BGBl I 2018/53)

(5) Darüber hinaus kann das Arbeitsinspektorat bei Nachweis eines dringenden Bedürfnisses auf Antrag des Arbeitgebers nach Anhörung der gesetzlichen Interessenvertretungen der Arbeitgeber und der Arbeitnehmer eine Arbeitszeitverlängerung bewilligen, soweit die Verlängerungsmöglichkeiten gemäß Abs. 1 und 3 ausgeschöpft sind. Eine Tagesarbeitszeit über zwölf Stunden und eine Wochenarbeitszeit über 60 Stunden kann das Arbeitsinspektorat jedoch nur zulassen, wenn dies im öffentlichen Interesse erforderlich ist.

(BGBl I 1997/46, BGBl I 2018/53)

(6) Es steht den Arbeitnehmerinnen und Arbeitnehmern frei, Überstunden nach § 7 und § 8 Abs. 1 und 2 ohne Angabe von Gründen abzulehnen, wenn durch diese Überstunden die Tagesarbeitszeit von zehn Stunden oder die Wochenarbeitszeit von 50 Stunden überschritten wird. Sie dürfen deswegen nicht benachteiligt werden, insbesondere hinsichtlich des Entgelts, der Aufstiegsmöglichkeiten und der Versetzung. Werden Arbeitnehmerinnen und Arbeitnehmer deswegen gekündigt, können sie die Kündigung innerhalb einer Frist von zwei Wochen bei Gericht anfechten. § 105 Abs. 5 des Arbeitsverfassungsgesetzes (ArbVG), BGBl. Nr. 22/1974 gilt sinngemäß.

(BGBl I 1997/46, BGBl I 2007/61, BGBl I 2018/53)

Verlängerung der Arbeitszeit zur Vornahme von Vor- und Abschlußarbeiten

§ 8. (1) Die für den Betrieb oder eine Betriebsabteilung zulässige Dauer der Arbeitszeit darf um eine halbe Stunde täglich, jedoch höchstens bis zu zwölf Stunden täglich in folgenden Fällen ausgedehnt werden:

(BGBl I 2018/53)

a) bei Arbeiten zur Reinigung und Instandhaltung, soweit sich diese Arbeiten während des regelmäßigen Betriebes nicht ohne Unterbrechung oder erhebliche Störung ausführen lassen,

b) bei Arbeiten, von denen die Wiederaufnahme oder Aufrechterhaltung des vollen Betriebes arbeitstechnisch abhängt,

c) bei Arbeiten zur abschließenden Kundenbedienung einschließlich der damit zusammenhängenden notwendigen Aufräumungsarbeiten.

(2) Die Arbeitszeit darf in den Fällen des Abs. 1 über zwölf Stunden täglich verlängert werden, wenn eine Vertretung des Arbeitnehmers durch andere Arbeitnehmer nicht möglich ist und dem Arbeitgeber die Heranziehung betriebsfremder Personen nicht zugemutet werden kann.

(BGBl I 1997/46, BGBl I 2018/53)

(3) Durch Kollektivvertrag kann näher bestimmt werden, welche Arbeiten als Vor- und Abschlußarbeiten gelten.

(4) Die Arbeitszeit gemäß § 5a Abs. 1 kann um eine halbe Stunde ausgedehnt werden, wenn dies zur Arbeitsübergabe unbedingt erforderlich ist.

(BGBl 1994/446, BGBl I 1997/46)

Höchstgrenzen der Arbeitszeit

§ 9. (1) Die Tagesarbeitszeit darf zwölf Stunden und die Wochenarbeitszeit 60 Stunden nicht überschreiten, sofern die Abs. 2 bis 4 nicht anderes bestimmen. Diese Höchstgrenzen der Arbeitszeit dürfen auch beim Zusammentreffen einer anderen Verteilung der wöchentlichen Normalarbeitszeit mit Arbeitszeitverlängerungen nicht überschritten werden.

(BGBl I 2018/53)

(2) Die Tagesarbeitszeit darf im Falle des § 13b Abs. 2 und 3 (Verlängerung der Arbeitszeit für Lenker) und § 18 Abs. 2 (Betriebe des öffentlichen Verkehrs) zwölf Stunden überschreiten und in den Fällen des § 5a (besondere Erholungsmöglichkeiten), § 7 Abs. 3 und 5 (erhöhter Arbeitsbedarf), § 8 Abs. 2 und 4 (Vor- und Abschlussarbeiten), § 18b Abs. 6 (Schiffsdienst von Schifffahrtsunternehmen) und § 19a Abs. 2 (Apotheken) zwölf Stunden insoweit überschreiten, als dies nach diesen Bestimmungen zulässig ist.

(BGBl I 1999/88, BGBl I 2006/138, BGBl I 2007/61, BGBl I 2016/114, BGBl I 2018/53)

(3) Die Wochenarbeitszeit darf im Fall des § 4c (Dekadenarbeit) 60 Stunden überschreiten und in den Fällen der §§ 5a (besondere Erholungsmöglichkeiten), 7 Abs. 5 (erhöhter Arbeitsbedarf), 18 Abs. 3 (Betriebe des öffentlichen Verkehrs) und 19a Abs. 2 und 6 (Apotheken) 60 Stunden insoweit überschreiten, als dies nach diesen Bestimmungen zulässig ist.

(BGBl I 1999/88, BGBl I 2006/138, BGBl I 2018/53)

(4) Ist nach den Bestimmungen dieses Bundesgesetzes eine Wochenarbeitszeit von mehr als 48 Stunden zulässig, darf die durchschnittliche Wochenarbeitszeit innerhalb eines Durchrechnungszeitraumes von 17 Wochen 48 Stunden nicht überschreiten. Der Kollektivvertrag kann eine Verlängerung des Durchrechnungszeitraumes bis auf 26 Wochen zulassen. Der Kollektivvertrag kann eine Verlängerung des Durchrechnungszeitraumes bis auf 52 Wochen bei Vorliegen von technischen oder arbeitsorganisatorischen Gründen zulassen.

(5) Abs. 4 ist nicht anzuwenden bei

1. Verlängerung der Arbeitszeit bei Arbeitsbereitschaft (§§ 5 und 7 Abs. 3),
2. Verlängerung der Arbeitszeit bei besonderen Erholungsmöglichkeiten (§§ 5a und 8 Abs. 4),
3. Verlängerung der Arbeitszeit gemäß § 13b Abs. 3 und

(BGBl I 2006/138)

4. Verlängerung der Arbeitszeit gemäß § 19a Abs. 2 Z 4.

(BGBl I 2017/127)

(BGBl I 1999/88)

(BGBl 1975/2, BGBl 1994/446, BGBl I 1997/8, BGBl I 1997/46)

Überstundenvergütung

§ 10. (1) Für Überstunden gebührt

1. ein Zuschlag von 50% oder
2. eine Abgeltung durch Zeitausgleich. Der Überstundenzuschlag ist bei der Bemessung des Zeitausgleiches zu berücksichtigen oder gesondert auszuzahlen.

(2) Der Kollektivvertrag kann festlegen, ob mangels einer abweichenden Vereinbarung eine Abgeltung in Geld oder durch Zeitausgleich zu erfolgen hat. Trifft der Kollektivvertrag keine Regelung oder kommt kein Kollektivvertrag zur Anwendung, kann die Betriebsvereinbarung diese Regelung treffen. Besteht keine Regelung, gebührt mangels einer abweichenden Vereinbarung eine Abgeltung in Geld.

(3) Der Berechnung des Zuschlages ist der auf die einzelne Arbeitsstunde entfallende Normallohn zugrunde zu legen. Bei Akkord-, Stück- und Gedinglöhnen ist dieser nach dem Durchschnitt der letzten dreizehn Wochen zu bemessen. Durch Kollektivvertrag kann auch eine andere Berechnungsart vereinbart werden.

(4) Abweichend von Abs. 1 und 2 können Arbeitnehmerinnen und Arbeitnehmer für Überstunden, durch die die Tagesarbeitszeit von zehn Stunden oder die Wochenarbeitszeit von 50 Stunden überschritten wird, bestimmen, ob die Abgeltung in Geld nach Abs. 1 Z 1 oder durch Zeitausgleich nach Abs. 1 Z 2 erfolgt. Dieses Wahlrecht ist möglichst frühzeitig, spätestens jedoch am Ende des jeweiligen Abrechnungszeitraumes auszuüben.

(BGBl I 2018/53)

(BGBl 1971/238, BGBl I 1997/46)

ABSCHNITT 3
Ruhepausen und Ruhezeiten

Ruhepausen

§ 11. (1) Beträgt die Gesamtdauer der Tagesarbeitszeit mehr als sechs Stunden, so ist die Arbeitszeit durch eine Ruhepause von mindestens einer halben Stunde zu unterbrechen. Wenn es im Interesse der Arbeitnehmer des Betriebes gelegen oder aus betrieblichen Gründen notwendig ist, können anstelle einer halbstündigen Ruhepause zwei Ruhepausen von je einer Viertelstunde oder drei Ruhepausen von je zehn Minuten gewährt werden. Eine andere Teilung der Ruhepause kann aus diesen Gründen durch Betriebsvereinbarung, in Betrieben, in denen kein Betriebsrat errichtet ist, durch das Arbeitsinspektorat, zugelassen werden. Ein Teil der Ruhepause muß mindestens zehn Minuten betragen.

(BGBl I 1997/46)

(2) Eine Pausenregelung gemäß Abs. 1 zweiter Satz kann, sofern eine gesetzliche Betriebsvertretung besteht, nur mit deren Zustimmung getroffen werden.

(3) Bei Arbeiten, die werktags und sonntags einen ununterbrochenen Fortgang erfordern, sind den in Wechselschichten beschäftigten Arbeitnehmern anstelle der Pausen im Sinne des Abs. 1 Kurzpausen von angemessener Dauer zu gewähren. Eine derartige Pausenregelung kann auch bei sonstiger durchlaufender mehrschichtiger Arbeitsweise getroffen werden.

(4) Arbeitnehmern, die Nachtschwerarbeit im Sinne des Art. VII Abs. 2 oder 4, einer Verordnung nach Art. VII Abs. 3 oder eines Kollektivvertrages gemäß Art. VII Abs. 6 des Nachtschwerarbeitsgesetzes (NSchG), BGBl. Nr. 354/1981, leisten, ist während jeder Nacht, in der diese Arbeit geleistet wird, jedenfalls eine Kurzpause von mindestens zehn Minuten zu gewähren. Mit dem Arbeitsablauf üblicherweise verbundene Unterbrechungen in der Mindestdauer von zehn Minuten, die zur Erholung verwendet werden können, können auf die Kurzpausen angerechnet werden.

(BGBl 1992/473, BGBl I 2013/3)

(5) Die Betriebsvereinbarung, in Betrieben, in denen kein Betriebsrat errichtet ist, das Arbeitsinspektorat, kann eine Verkürzung der Ruhepause auf mindestens 15 Minuten zulassen, wenn es im Interesse der Arbeitnehmer gelegen oder aus betrieblichen Gründen notwendig ist. Wird die Ruhepause gemäß Abs. 1 geteilt, muß ein Teil mindestens 15 Minuten betragen.

(BGBl 1992/473, BGBl I 1997/46)

(6) Kurzpausen im Sinne der Abs. 3 und 4 gelten als Arbeitszeit.

(BGBl 1992/473, BGBl I 2017/126)

(7) bis (10) (aufgehoben)

(BGBl 1992/473, BGBl I 2014/94, BGBl I 2017/126)

(BGBl 1981/354)

Ruhezeiten

§ 12. (1) Nach Beendigung der Tagesarbeitszeit ist den Arbeitnehmern eine ununterbrochene Ruhezeit von mindestens elf Stunden zu gewähren.

(BGBl I 1997/46)

(2) Der Kollektivvertrag kann die ununterbrochene Ruhezeit auf mindestens acht Stunden verkürzen. Solche Verkürzungen der Ruhezeit sind innerhalb der nächsten zehn Kalendertage durch entsprechende Verlängerung einer anderen täglichen oder wöchentlichen Ruhezeit auszugleichen. Eine Verkürzung auf weniger als zehn Stunden ist nur zulässig, wenn der Kollektivvertrag weitere Maßnahmen zur Sicherstellung der Erholung der Arbeitnehmer vorsieht.

(BGBl I 1997/46)

(2a) Im Gast-, Schank- und Beherbergungsgewerbe kann für Arbeitnehmerinnen und Arbeitnehmer in Küche und Service bei geteilten Diensten die tägliche Ruhezeit auf mindestens acht Stunden verkürzt werden. Ein geteilter Dienst liegt vor, wenn die Tagesarbeitszeit durch eine Ruhepause von mindestens drei Stunden unterbrochen wird. Solche Verkürzungen sind innerhalb von vier Wochen, in Saisonbetrieben nach Möglichkeit während der Saison, spätestens jedoch im Anschluss an die Saison, durch Verlängerung einer anderen täglichen Ruhezeit auszugleichen. Ist dieser Ausgleich bis zum Ende des Arbeitsverhältnisses nicht erfolgt, so gebührt den Arbeitnehmerinnen und Arbeitnehmern eine geldwerte Zahlung in Höhe des Normallohns und der Zuschläge, auf welche die Arbeitnehmerinnen und Arbeitnehmer für die während der Ruhezeit geleistete Tätigkeit Anspruch hatten.

(BGBl I 2015/152, BGBl I 2018/53)

(2b) Saisonbetriebe im Sinne des Abs. 2a sind Betriebe, die aufgrund des Jahreszeitenwechsels

1. nur zu bestimmten Zeiten im Jahr offen haben und die übrigen Zeiten geschlossen halten, oder
2. höchstens ein- oder zweimal im Jahr eine gegenüber den übrigen Zeiten deutlich verstärkte Geschäftstätigkeit entfalten, wodurch eine zusätzliche Personalaufnahme notwendig ist.

(BGBl I 2015/152)

(2c) Bei Arbeiten, die werktags und sonntags einen ununterbrochenen Fortgang mit Schichtwechsel erfordern, kann die tägliche Ruhezeit einmal im Schichtturnus bei Schichtwechsel auf eine Schichtlänge, jedoch auf nicht weniger als acht Stunden verkürzt werden. Innerhalb des Schichtturnusses ist eine andere tägliche Ruhezeit entsprechend zu verlängern.

(BGBl 1994/446, BGBl I 2015/152)

(2d) Beträgt die tägliche Normalarbeitszeit gemäß § 5a mehr als zwölf Stunden, ist abweichend von Abs. 1 eine ununterbrochene Ruhezeit von mindestens 23 Stunden zu gewähren.

(BGBl 1994/446, BGBl I 1997/46, BGBl I 2015/152)

(3) Den Arbeitnehmern gebührt wöchentlich eine ununterbrochene Wochenruhe von mindestens sechsunddreißig Stunden. Hievon kann in den Fällen der Schichtarbeit gemäß § 11 Abs. 3 nur insoweit abgewichen werden, als dies zur Ermöglichung des Schichtwechsels erforderlich ist.[a)]

[a)] Auf Arbeitnehmer, die dem Geltungsbereich des ARG unterliegen, ab 1.7.1984 unanwendbar (§ 31 Abs. 2 Z. 3 ARG).

(4) Wenn es aus betrieblichen Gründen notwendig ist, können durch Verordnung für bestimmte Arten oder Gruppen von Betrieben oder im Einzelfall durch Bewilligung des Arbeitsinspektorates Ausnahmen von der Bestimmung des Abs. 3 zugelassen werden.[a)]

[a)] Auf Arbeitnehmer, die dem Geltungsbereich des ARG unterliegen, ab 1.7.1984 unanwendbar (§ 31 Abs. 2 Z. 3 ARG).

ABSCHNITT 3a
Nachtarbeit

Definitionen und Arbeitszeit

§ 12a. (1) Als Nacht im Sinne dieses Bundesgesetzes gilt die Zeit zwischen 22.00 Uhr und 05.00 Uhr.

(2) Nachtarbeitnehmer im Sinne dieses Bundesgesetzes sind Arbeitnehmer, die

1. regelmäßig oder
2. sofern der Kollektivvertrag nicht anderes vorsieht, in mindestens 48 Nächten im Kalenderjahr

während der Nacht mindestens drei Stunden arbeiten.

(3) Nachtschwerarbeiter im Sinne dieses Abschnittes sind Nachtarbeitnehmer, die Nachtarbeit im Sinne des Abs. 1 unter den in Art. VII Abs. 2 oder 4, einer Verordnung nach Art. VII Abs. 3 oder eines Kollektivvertrages gemäß Art. VII Abs. 6 NSchG genannten Bedingungen leisten.

(BGBl I 2004/159, BGBl I 2013/3)

(4) Beträgt in den Fällen der Arbeitsbereitschaft gemäß § 5 die durchschnittliche tägliche Normalarbeitszeit der Nachtarbeitnehmer innerhalb eines Durchrechnungszeitraumes von 26 Wochen mehr als acht Stunden, so gebühren zusätzliche Ruhezeiten. Von der Summe aller Überschreitungen abzüglich der Summe aller Unterschreitungen der täglichen Normalarbeitszeit von acht Stunden im Durchrechnungszeitraum sind insgesamt zwei Drittel als zusätzliche Ruhezeiten zu gewähren.

(5) Soweit nach diesem Bundesgesetz eine Tagesarbeitszeit von mehr als acht Stunden zulässig ist, darf für Nachtschwerarbeiter die durchschnittliche Arbeitszeit an Nachtarbeitstagen innerhalb eines Durchrechnungszeitraumes von 26 Wochen einschließlich der Überstunden acht Stunden nur dann überschreiten, wenn dies durch Normen der kollektiven Rechtsgestaltung zugelassen wird. In diesen Fällen gebühren zusätzliche Ruhezeiten im Gesamtausmaß der Summe aller Überschreitungen abzüglich der Summe aller Unterschreitungen der Tagesarbeitszeit von acht Stunden an Nachtarbeitstagen im Durchrechnungszeitraum.

(6) Soweit die zusätzlichen Ruhezeiten nach Abs. 4 und 5 nicht bereits während des Durchrechnungszeitraumes gewährt werden, sind die zusätzlichen Ruhezeiten bis zum Ablauf von vier Kalenderwochen nach Ende des Durchrechnungszeitraumes, bei Schichtarbeit bis zum Ende des nächstfolgenden Schichtturnusses, zu gewähren. Jede zusätzliche Ruhezeit hat mindestens zwölf Stunden zu betragen und kann in Zusammenhang mit einer täglichen Ruhezeit nach § 12 oder einer wöchentlichen Ruhezeit nach dem Arbeitsruhegesetz, BGBl. Nr. 144/1983, gewährt werden.

(7) § 5 Abs. 3 ist auf Nachtarbeitnehmer nicht anzuwenden.

(BGBl I 2002/122)

AZG

Untersuchungen

§ 12b. (1) Der Nachtarbeitnehmer hat Anspruch auf unentgeltliche Untersuchungen des Gesundheitszustandes gemäß § 51 ArbeitnehmerInnenschutzgesetz (ASchG), BGBl. Nr. 450/1994, und zwar vor Aufnahme der Tätigkeit und danach in Abständen von zwei Jahren, nach Vollendung des 50. Lebensjahres oder nach zehn Jahren als Nachtarbeitnehmer in jährlichen Abständen.

(2) Abweichend von § 12a Abs. 1 und 2 gelten für den Anspruch auf Untersuchungen die folgenden Definitionen:

1. als Nacht gilt die Zeit zwischen 22.00 Uhr und 06.00 Uhr;
2. Nachtarbeitnehmer sind Arbeitnehmer, die regelmäßig oder in mindestens 30 Nächten im Kalenderjahr

während der Nacht mindestens drei Stunden arbeiten.

(BGBl I 2002/122)

Versetzung

§ 12c. Der Nachtarbeitnehmer hat auf Verlangen Anspruch gegenüber dem Arbeitgeber auf Versetzung auf einen geeigneten Tagesarbeitsplatz entsprechend den betrieblichen Möglichkeiten, wenn

1. die weitere Verrichtung von Nachtarbeit die Gesundheit nachweislich gefährdet, oder
2. die Bedachtnahme auf unbedingt notwendige Betreuungspflichten gegenüber Kindern bis zu zwölf Jahren dies erfordert, für die Dauer dieser Betreuungspflichten.

(BGBl I 2002/122)

Recht auf Information

§ 12d. Der Arbeitgeber hat sicherzustellen, dass Nachtarbeitnehmer über wichtige Betriebsgeschehnisse, die die Interessen der Nachtarbeitnehmer berühren, informiert werden.

(BGBl I 2002/122)

ABSCHNITT 4
Sonderbestimmungen für Lenker von Kraftfahrzeugen

(BGBl I 2004/175)

Unterabschnitt 4a
Allgemeines

Definitionen

§ 13. (1) Im Sinne dieses Bundesgesetzes ist

1. eine öffentliche Straße eine Straße mit öffentlichem Verkehr im Sinne des § 1 Abs. 1 der Straßenverkehrsordnung 1960, BGBl. Nr. 159;
2. ein VO-Fahrzeug ein Kraftfahrzeug, das entweder
   a) zur Güterbeförderung dient und dessen zulässiges Gesamtgewicht, einschließlich Anhänger oder Sattelanhänger, 3,5 Tonnen übersteigt, oder
   b) zur Personenbeförderung dient und nach seiner Bauart und Ausstattung geeignet und dazu bestimmt ist, mehr als neun Personen einschließlich des Fahrers zu befördern,

   und das weder unter eine Ausnahme des Artikels 3 der Verordnung (EG) Nr. 561/2006 fällt noch aufgrund einer Verordnung gemäß § 15e Abs. 1 zur Gänze von der Anwendung der Verordnungen (EU) Nr. 165/2014 und (EG) Nr. 561/2006 freigestellt ist;

   (BGBl I 2009/149, BGBl I 2014/94, BGBl I 2016/42)
3. ein sonstiges Fahrzeug jedes Kraftfahrzeug, das nicht unter die Z 2 fällt;
4. ein analoges Kontrollgerät ein analoger Fahrtenschreiber im Sinne von Art. 2 Abs. 2 lit. g der Verordnung (EU) Nr. 165/2014;

   (BGBl I 2014/94)
5. ein digitales Kontrollgerät ein digitaler Fahrtenschreiber im Sinne von Art. 2 Abs. 2 lit. h der Verordnung (EU) Nr. 165/2014;

   (BGBl I 2009/149, BGBl I 2014/94)
6. ein regionaler Kraftfahrlinienverkehr ein Kraftfahrlinienverkehr mit einer Linienstrecke von nicht mehr als 50 km.

   (BGBl I 2009/149)

(2) Soweit in diesem Bundesgesetz auf die Verordnung (EG) Nr. 561/2006 verwiesen wird, ist dies ein Verweis auf die Verordnung (EG) Nr. 561/2006 über die Harmonisierung bestimmter Sozialvorschriften im Straßenverkehr, ABl. Nr. L 102 vom 11.04.2006 S. 1, in der jeweils geltenden Fassung.

(BGBl I 2006/138, BGBl I 2009/149)

(3) Soweit in diesem Bundesgesetz auf die Verordnung (EU) Nr. 165/2014 verwiesen wird, ist dies ein Verweis auf die Verordnung (EU) Nr. 165/2014 über den Fahrtenschreiber im Straßenverkehr, ABl. Nr. L 60 vom 28.2.2014 S. 1, in der jeweils geltenden Fassung.

(BGBl I 2006/138, BGBl I 2009/149, BGBl I 2014/94, BGBl I 2016/42)

(4) Soweit in diesem Bundesgesetz auf den Anhang III der Richtlinie 2006/22/EG verwiesen wird, ist dies ein Verweis auf die Richtlinie 2006/22/EG des Europäischen Parlaments und des Rates vom 15. März 2006 über die Mindestbedingungen für die Durchführung der Verordnungen (EWG) Nr. 3820/85 und (EWG) Nr. 3821/85 des Rates über Sozialvorschriften für Tätigkeiten im Kraftverkehr (ABl. Nr. L 102 vom 11.4.2006, S. 35), zuletzt geändert durch die Richtlinie 2009/5/EG der Kommission vom 30. Jänner 2009 (ABl. Nr. L 29 vom 31.1.2009, S. 45).

(BGBl I 2009/149)

(BGBl 1994/446, BGBl I 2004/175, BGBl I 2006/138)

Geltungsbereich

§ 13a. (1) Für die Beschäftigung von Lenkern von Kraftfahrzeugen auf öffentlichen Straßen gelten die Bestimmungen der Abschnitte 2 bis 3a mit den in den §§ 13b bis 17c genannten Abweichungen.

(2) Für das Lenken von VO-Fahrzeugen gelten Vorschriften nach Maßgabe der Verordnung (EG) Nr. 561/2006 auch auf solchen Fahrtstrecken auf öffentlichen Straßen, die nicht unter Art. 2 Abs. 2 dieser Verordnung fallen.

(3) Die §§ 14a bis 15d sind nur auf das Lenken sonstiger Fahrzeuge anzuwenden.

(4) Für Lenkerinnen und Lenker von Oberleitungsomnibussen gemäß § 5 Eisenbahngesetz ist der Abschnitt 4 nicht anzuwenden, soweit § 18a nichts anderes bestimmt.

(BGBl I 2014/94)

(BGBl I 2006/138)

Unterabschnitt 4b
Bestimmungen zur Lenker-Richtlinie

Arbeitszeit

§ 13b. (1) Die Arbeitszeit für Lenker umfasst die Lenkzeiten, die Zeiten für sonstige Arbeitsleistungen und die Zeiten der Arbeitsbereitschaft ohne die Ruhepausen. Bei Teilung der täglichen Ruhezeit oder bei Unterbrechung der täglichen Ruhezeit bei kombinierter Beförderung beginnt eine neue Tagesarbeitszeit nach Ablauf der gesamten Ruhezeit.

(2) Der Kollektivvertrag, für Betriebe, für die kein Kollektivvertrag wirksam ist, die Betriebsvereinbarung, kann zusätzlich zu den nach § 7 Abs. 1 zulässigen Überstunden weitere Überstunden zulassen. Die wöchentliche Höchstarbeitszeit darf in einzelnen Wochen 60 Stunden und innerhalb eines Durchrechnungszeitraumes von bis zu 17 Wochen im Durchschnitt 48 Stunden nicht überschreiten. Der Kollektivvertrag, für Betriebe, für die kein Kollektivvertrag wirksam ist, die Betriebsvereinbarung, kann den Durchrechnungszeitraum aus objektiven, technischen oder arbeitsorganisatorischen Gründen auf bis zu 26 Wochen verlängern.

(3) Der Kollektivvertrag, für Betriebe, für die kein Kollektivvertrag wirksam ist, die Betriebsvereinbarung, kann abweichend von Abs. 2 eine durchschnittliche wöchentliche Höchstarbeitszeit von bis zu 55 Stunden zulassen, wenn zumindest die über 48 Stunden hinausgehende Arbeitszeit in Form von Arbeitsbereitschaft geleistet wird.

(4) Der Arbeitgeber hat den Lenker bei Begründung des Arbeitsverhältnisses bzw. vor dem erstmaligen Einsatz als Lenker schriftlich aufzufordern, ihm schriftliche Aufzeichnungen über all jene bei einem anderen Arbeitgeber geleisteten Arbeitszeiten vorzulegen, die ihm nicht ohnehin aufgrund des Herunterladens von der Fahrerkarte gemäß § 17a Abs. 2 bekannt sind.

(BGBl I 2006/138)

Ruhepausen

§ 13c. (1) Abweichend von § 11 Abs. 1 ist die Tagesarbeitszeit

1. bei einer Gesamtdauer zwischen sechs und neun Stunden durch eine Ruhepause von mindestens 30 Minuten,
2. bei einer Gesamtdauer von mehr als neun Stunden durch eine Ruhepause von mindestens 45 Minuten,

zu unterbrechen. Die Ruhepause ist spätestens nach sechs Stunden einzuhalten.

(2) Die Ruhepause kann in mehrere Teile von mindestens 15 Minuten aufgeteilt werden.

(3) Für den regionalen Kraftfahrlinienverkehr kann durch Kollektivvertrag, für Betriebe, für die kein Kollektivvertrag wirksam ist, durch Betriebsvereinbarung, auch zugelassen werden, dass die Ruhepause in einen Teil von mindestens 20 Minuten und einen bzw. mehrere Teile von mindestens zehn Minuten geteilt wird.

(BGBl I 2009/149)

(4) Bei Teilung der Ruhepause nach Abs. 2 oder 3 ist der erste Teil nach spätestens sechs Stunden einzuhalten.

(5) Bei Mehrfahrerbetrieb gemäß Art. 4 lit. o der Verordnung (EG) Nr. 561/2006 kann die Ruhepause bei Tourneetransporten mit Spezialkraftwagen zur Personenbeförderung im fahrenden Fahrzeug verbracht werden. Die Ruhepause gilt in diesen Fällen als Arbeitszeit. Beginn und Ende der Ruhepause sind spätestens am Ende der Einsatzzeit handschriftlich auf einem Ausdruck aus dem Kontrollgerät zu vermerken.

(6) Spezialkraftwagen zur Personenbeförderung bei Tourneetransporten im Sinne des Abs. 5 sind Fahrzeuge, die

1. im Rahmen der nichtlinienmäßigen Personenbeförderung verwendet werden, jedoch nicht als Fahrzeuge der Klassen M1, M2 oder M3 gemäß § 3 Abs. 1 des Kraftfahrgesetzes 1967 (KFG), BGBl. Nr. 267, zugelassen sowie mit einem digitalen Kontrollgerät ausgestattet sind und
2. aufgrund besonderer konstruktiver Merkmale über eine Ausrüstung verfügen, die den Lenkerinnen und Lenkern eine erholungswirksame Ruhepause auch während der Fahrt ermöglichen. Während der Ruhepause muss eine Sitzgelegenheit sowie eine Schlafgelegenheit zur Verfügung stehen, die nach den kraftfahrrechtlichen Vorschriften für die Beförderung von Personen im Liegen zugelassen ist. Die Schlafgelegenheit muss unfallsicher konstruiert und entsprechend geprüft sein.

Abs. 5 gilt nicht für Leer- oder Überstellungsfahrten.

(BGBl I 2016/114)

(BGBl I 2006/138)

Nachtarbeit

§ 14. (1) Im Sinne dieser Bestimmung gilt

1. als Nacht die Zeit zwischen 0.00 Uhr und 04.00 Uhr,
2. als Nachtarbeit jede Tätigkeit, die in diesem Zeitraum ausgeübt wird.

(2) Die Tagesarbeitszeit eines Lenkers darf an Tagen, an denen er Nachtarbeit leistet, zehn Stunden nicht überschreiten.

(3) Dem Lenker gebührt für Nachtarbeit binnen 14 Tagen ein Ausgleich durch eine Verlängerung einer täglichen oder wöchentlichen Ruhezeit im Ausmaß der geleisteten Nachtarbeit.

(4) Der Kollektivvertrag, für Betriebe, für die kein Kollektivvertrag wirksam ist, die Betriebsvereinbarung, kann aus objektiven, technischen oder arbeitsorganisatorischen Gründen Abweichungen von Abs. 1 bis 3 zulassen.

(5) § 12a Abs. 4 bis 6 ist nicht anzuwenden.

(6) Die Definition der Nacht gemäß § 12a Abs. 1 bleibt hinsichtlich des Versetzungsanspruches (§ 12c) und des Rechts auf Information (§ 12d), die Definition der Nacht gemäß § 12b Abs. 2 Z 1 hinsichtlich der Untersuchungen (§ 12b) unberührt.

(BGBl 1994/446, BGBl I 1997/46, BGBl I 2002/122, BGBl I 2006/138)

Unterabschnitt 4c
Sonderbestimmungen für das Lenken sonstiger Fahrzeuge

Lenkzeit

§ 14a. (1) Innerhalb der zulässigen Arbeitszeit darf die gesamte tägliche Lenkzeit zwischen zwei Ruhezeiten acht Stunden nicht überschreiten. Der Kollektivvertrag, für Betriebe, für die kein Kollektivvertrag wirksam ist, die Betriebsvereinbarung, kann zulassen, dass die Lenkzeit bis auf neun Stunden, zweimal wöchentlich jedoch bis auf zehn Stunden ausgedehnt wird.

(2) Innerhalb einer Woche darf die gesamte Lenkzeit 48 Stunden nicht überschreiten. Der Kollektivvertrag, für Betriebe, für die kein Kollektivvertrag wirksam ist, die Betriebsvereinbarung, kann eine Verlängerung der wöchentlichen Lenkzeit bis auf 56 Stunden zulassen. Innerhalb eines Zeitraumes von zwei aufeinander folgenden Wochen darf die Lenkzeit 90 Stunden nicht überschreiten.

(3) Bei Unterbrechung der täglichen Ruhezeit bei kombinierter Beförderung beginnt eine neue tägliche Lenkzeit nach Ablauf der gesamten Ruhezeit.

(BGBl I 1997/46, BGBl I 2006/138)

Lenkpausen

§ 15. (1) Nach einer Lenkzeit von höchstens vier Stunden ist eine Lenkpause von mindestens 30 Minuten einzulegen.

(1a) Der Kollektivvertrag kann zulassen, dass anstelle der Lenkpause nach Abs. 1 eine Lenkpause nach Art. 7 der Verordnung (EG) Nr. 561/2006 einzulegen ist.

(BGBl I 2015/152)

(2) Zeiten, die der Lenker im fahrenden Fahrzeug verbringt, ohne es zu lenken, können auf Lenkpausen angerechnet werden. Andere Arbeiten dürfen nicht ausgeübt werden.

(3) Lenkpausen dürfen nicht auf die tägliche Ruhezeit angerechnet werden.

(BGBl 1994/446, BGBl I 1997/46, BGBl I 2006/138)

Lenker im regionalen Kraftfahrlinienverkehr

§ 15a. (1) Für Lenker im regionalen Kraftfahrlinienverkehr gelten die Abweichungen gemäß Abs. 2 bis 5.

(BGBl I 2009/149)

(2) Abweichend von § 12 Abs. 1 kann durch Kollektivvertrag zugelassen werden, dass an Tagen, an denen eine tägliche Ruhezeit von mindestens zwölf Stunden eingehalten wird, diese Ruhezeit in zwei oder drei Abschnitten genommen werden kann, wobei ein Teil mindestens acht zusammenhängende Stunden, die übrigen Teile jeweils mindestens eine Stunde betragen müssen. In diesen Fällen beginnt abweichend von § 13b Abs. 1 zweiter Satz eine neue Tagesarbeitszeit nach Ablauf des mindestens achtstündigen Teiles der Ruhezeit.

(3) Durch Kollektivvertrag kann abweichend von § 12 Abs. 2 zugelassen werden, dass die tägliche Ruhezeit dreimal wöchentlich auf mindestens neun zusammenhängende Stunden verkürzt wird. Wird die tägliche Ruhezeit verkürzt, ist dem Lenker bis zum Ende der folgenden Woche eine zusätzliche Ruhezeit im Ausmaß der Verkürzung zu gewähren. Diese als Ausgleich zustehende Ruhezeit ist zusammen mit einer anderen mindestens achtstündigen Ruhezeit zu gewähren.

(4) Abweichend von § 15 Abs. 1 ist nach einer Lenkzeit von höchstens viereinhalb Stunden eine Lenkpause von mindestens 45 Minuten einzulegen. Durch Kollektivvertrag kann zugelassen werden, dass diese Lenkpause ersetzt wird durch

1. mehrere Lenkpausen von mindestens 15 Minuten, die in die Lenkzeit oder unmittelbar nach dieser so einzufügen sind, dass bei Beginn des letzten Teiles der Lenkpause die Lenkzeit von viereinhalb Stunden noch nicht überschritten sein darf, oder
2. eine Lenkpause von mindestens 15 Minuten und eine Lenkpause von mindestens 30 Minuten, wobei bei Beginn der zweiten Lenkpause die Lenkzeit von viereinhalb Stunden noch nicht überschritten sein darf, oder
3. mehrere Lenkpausen von mindestens je zehn Minuten, wenn die Gesamtdauer der Lenkpausen mindestens ein Sechstel der fahrplanmäßigen Lenkzeit beträgt, oder
4. eine Lenkpause von mindestens 30 Minuten nach einer ununterbrochenen Lenkzeit von höchstens viereinhalb Stunden.

(5) Für Betriebe, für die kein Kollektivvertrag wirksam ist, kann die Betriebsvereinbarung Abweichungen nach Abs. 2 bis 4 zulassen.

(BGBl 1994/446, BGBl I 2006/138)

Kombinierte Beförderung

§ 15b. (1) Durch Kollektivvertrag kann zugelassen werden, dass Zeiten, in denen ein Lenker ein Fahrzeug begleitet, das auf einem Fährschiff oder der Eisenbahn befördert wird, als Ruhepausen oder als Ruhezeiten gelten. Eine Ruhezeit ist dann gegeben, wenn

1. diese Zeit mindestens drei Stunden beträgt und
2. dem Lenker ein Bett oder eine Schlafkabine zur Verfügung steht.

(2) Durch Kollektivvertrag kann eine zweimalige Unterbrechung der täglichen Ruhezeit zugelassen werden, wenn

1. Zeiten unter den Bedingungen des Abs. 1 zum Teil an Land, zum Teil auf dem Fährschiff oder der Eisenbahn verbracht werden,
2. die Unterbrechung eine Stunde nicht übersteigt, und
3. dem Lenker während der gesamten täglichen Ruhezeit ein Bett oder eine Schlafkabine zur Verfügung steht.

(BGBl 1994/446, BGBl I 2006/138)

Verbot bestimmter Arten des Entgelts

§ 15c. Lenker dürfen nicht nach Maßgabe der zurückgelegten Strecke oder der Menge der beförderten Güter entlohnt werden, auch nicht in Form von Prämien oder Zuschlägen für diese Fahrtstrecken oder Gütermengen, es sei denn, dass diese Entgelte nicht geeignet sind, die Sicherheit im Straßenverkehr zu beeinträchtigen oder Verstöße gegen dieses Bundesgesetz zu begünstigen.

(BGBl 1994/446, BGBl I 2006/138)

Abweichungen

§ 15d. (1) Wenn es mit der Sicherheit im Straßenverkehr vereinbar ist, kann der Lenker, um einen geeigneten Halteplatz zu erreichen, von den §§ 14a, 15, 15a und 15b sowie einer Verordnung gemäß § 15e abweichen, soweit dies erforderlich ist, um die Sicherheit der Fahrgäste, des Fahrzeugs oder seiner Ladung zu gewährleisten. Art und Grund der Abweichung sind zu vermerken

1. auf dem Schaublatt, wenn das Fahrzeug mit einem analogen Kontrollgerät ausgerüstet ist,
2. auf dem Ausdruck des Kontrollgeräts, wenn das Fahrzeug mit einem digitalen Kontrollgerät ausgerüstet ist,
3. im Arbeitszeitplan in den Fällen des Art. 16 Abs. 1 der Verordnung (EG) Nr. 561/2006,
4. in den Arbeitszeitaufzeichnungen in den übrigen Fällen.

(BGBl I 2015/152)

(2) Für Lenkerinnen und Lenker, die als gemäß § 97 Abs. 2 der Straßenverkehrsordnung 1960, BGBl. Nr. 159/1960, beeidete Straßenaufsichtsorgane mit der Begleitung von Sondertransporten beauftragt werden, sind Abweichungen nach Abs. 1 auch zulässig, wenn dies für die Sicherheit der Ladung des Sondertransportes erforderlich ist.

(BGBl I 2015/152)

(BGBl 1994/446, BGBl I 2004/175, BGBl I 2006/138)

Unterabschnitt 4d
Gemeinsame Bestimmungen

Ausnahmen durch Verordnung

§ 15e. (1) Durch Verordnung können Abweichungen von den Bestimmungen der §§ 12, 13b bis 15b, 17 und 17a oder von den Verordnungen (EU) Nr. 165/2014 und (EG) Nr. 561/2006 für die jeweils erfassten Fahrzeuge zugelassen werden. Solche Verordnungen dürfen nur für den innerstaatlichen Straßenverkehr und nur für die in Art. 3 oder Art. 13 der Verordnung (EG) Nr. 561/2006 genannten Kraftfahrzeuge erlassen werden, wenn

1. diese Abweichungen wegen der Art der Beförderung notwendig sind, und
2. die Erholung der Lenker nicht beeinträchtigt wird.

(BGBl I 2009/149, BGBl I 2014/94, BGBl I 2016/42)

(2) Soweit die Bundesregierung zum Abschluss von Regierungsübereinkommen gemäß Art. 66 Abs. 2 B-VG, ermächtigt ist, können auch für den grenzüberschreitenden Straßenverkehr Abweichungen gemäß Abs. 1 zugelassen werden.

(BGBl 1994/446, BGBl I 2006/138)

Schadenersatz- und Regressansprüche

§ 15f. Bei Schadenersatz- und Regressansprüchen zwischen Arbeitgebern und Lenkern gelten als Grund für die Minderung oder den gänzlichen Ausschluss von Ersatz- oder Regressansprüchen im Sinne des § 2 Abs. 2 Z 4 und 5 des Dienstnehmerhaftpflichtgesetzes, BGBl. Nr. 80/1965,

1. das Vorliegen einer Entgeltvereinbarung im Sinne des § 15c,
2. ein Verstoß des Arbeitgebers gegen die Informationspflicht gemäß § 17c Abs. 1, oder
3. ein Verstoß gegen die in § 28 Abs. 3 Z 1 bis 5, 7 und 8, oder des Abs. 4 Z 1 bis 3 genannten Bestimmungen,

   (BGBl I 2007/61)

es sei denn, dass diese Verstöße auf den Eintritt des Schadens oder die Schadenshöhe keinen Einfluss haben konnten.

(BGBl I 2006/138)

Einsatzzeit

§ 16. (1) Die Einsatzzeit von Lenkern umfasst die zwischen zwei Ruhezeiten anfallende Arbeitszeit und die Arbeitszeitunterbrechungen. Bei Teilung der täglichen Ruhezeit oder bei Unterbrechung der täglichen Ruhezeit bei kombinierter Beförderung beginnt eine neue Einsatzzeit nach

AZG

Ablauf der gesamten Ruhezeit, bei Teilung der täglichen Ruhezeit im regionalen Kraftfahrlinienverkehr nach Ablauf des mindestens achtstündigen Teiles der Ruhezeit.

(BGBl I 2006/138, BGBl I 2009/149)

(2) Die Einsatzzeit darf zwölf Stunden nicht überschreiten, soweit im folgenden nicht anderes bestimmt wird.

(3) Für Lenker von Kraftfahrzeugen, die

1. zur Güterbeförderung dienen und deren zulässiges Gesamtgewicht, einschließlich Anhänger oder Sattelanhänger, 3,5 Tonnen übersteigt oder
2. zur Personenbeförderung dienen und die nach ihrer Bauart und Ausstattung geeignet und dazu bestimmt sind, mehr als neun Personen einschließlich des Fahrers zu befördern,

kann der Kollektivvertrag, für Betriebe, für die kein Kollektivvertrag wirksam ist, die Betriebsvereinbarung eine Verlängerung der Einsatzzeit soweit zulassen, daß die vorgeschriebene tägliche Ruhezeit eingehalten wird.

(4) Für Lenker der übrigen Kraftfahrzeuge kann der Kollektivvertrag, für Betriebe, für die kein Kollektivvertrag wirksam ist, die Betriebsvereinbarung, eine Verlängerung der Einsatzzeit bis auf 14 Stunden zulassen.

(5) Abs. 2 bis 4 gelten nicht für Lenker, für die aufgrund der arbeitsvertraglichen Pflichten nicht das Lenken eines Kraftfahrzeuges im Vordergrund steht.

(BGBl 1994/446, BGBl I 1997/46)

Kontrollgerät und Fahrtenbuch

§ 17. (1) Ist ein Fahrzeug, das im regionalen Kraftfahrlinienverkehr eingesetzt wird, mit einem analogen oder digitalen Kontrollgerät ausgestattet, kommen die für VO-Fahrzeuge geltenden Vorschriften für die Verwendung des Kontrollgerätes, der Schaublätter, der Ausdrucke oder der Fahrerkarte nach Maßgabe des Art. 6 Abs. 5 der Verordnung (EG) Nr. 561/2006, der Art. 26 bis 29 sowie 32 bis 37 der Verordnung (EU) Nr. 165/2014 sowie des § 17a zur Anwendung.

(BGBl I 2014/94, BGBl I 2016/42)

(2) Für alle übrigen sonstigen Kraftfahrzeuge im Sinne des § 13 Abs. 1 Z 3, die mit einem analogen oder digitalen Kontrollgerät ausgerüstet sind, gelten für die Verwendung des Kontrollgerätes, der Schaublätter, der Ausdrucke oder der Fahrerkarte die im Abs. 1 genannten Vorschriften nur, soweit nicht anstelle der Verwendung des Kontrollgerätes ein Fahrtenbuch geführt wird.

(3) Ist das Kraftfahrzeug

1. weder mit einem analogen noch einem digitalen Kontrollgerät ausgerüstet, oder
2. wird auf die Verwendung des Kontrollgerätes gemäß Abs. 2 verzichtet,

haben die Lenkerinnen und Lenker ein Fahrtenbuch nach den Vorschriften der Abs. 4 bis 6 zu führen.

(4) Lenkerinnen und Lenker gemäß Abs. 3 haben während des Dienstes ein persönliches Fahrtenbuch mit sich zu führen. Das Fahrtenbuch ist den Kontrollorganen über deren Verlangen vorzuweisen.

(5) Den Arbeitgeberinnen und Arbeitgebern obliegen die Ausgabe der persönlichen Fahrtenbücher sowie die Führung eines Verzeichnisses. Die persönlichen Fahrtenbücher sowie das Verzeichnis sind nach Abschluss der persönlichen Fahrtenbücher mindestens 24 Monate lang aufzubewahren und den Kontrollorganen auf Verlangen auszuhändigen.

(6) Nähere Bestimmungen über die Merkmale, die Form, den Inhalt und die Vorschriften über die Führung des persönlichen Fahrtenbuches und des Verzeichnisses sowie deren Überprüfung durch die Arbeitgeberinnen und Arbeitgeber sind durch Verordnung zu treffen. Ferner können durch Verordnung Ausnahmen und Erleichterungen in der Führung der Fahrtenbücher gestattet werden, wenn die Überwachung der Einhaltung der Arbeitszeitregelungen auf andere Weise hinlänglich sichergestellt ist.

(BGBl 1994/446, BGBl I 1997/46, BGBl I 2004/175, BGBl I 2006/138, BGBl I 2009/149)

Digitales Kontrollgerät

§ 17a. (1) Zur Gewährleistung der ordnungsgemäßen Verwendung des digitalen Kontrollgerätes und der Fahrerkarte hat der Arbeitgeber in der Arbeitszeit den Lenker ausreichend und nachweislich in der Handhabung zu unterweisen oder die ausreichende Unterweisung nachweislich sicher zu stellen sowie alle sonst dafür notwendigen Maßnahmen zu treffen, insbesondere eine Bedienungsanleitung sowie genügend geeignetes Papier für den Drucker zur Verfügung zu stellen. Der Arbeitgeber hat weiters dafür Sorge zu tragen, dass der Lenker all seinen Verpflichtungen bezüglich des digitalen Kontrollgerätes nach

1. dem Kraftfahrgesetz 1967 (KFG), BGBl. Nr. 267, insbesondere hinsichtlich der manuellen Eingabe gemäß § 102a KFG,

   (BGBl I 2006/138)
2. der Verordnung (EU) Nr. 165/2014, insbesondere hinsichtlich der Mitführverpflichtungen gemäß Art. 36,

   (BGBl I 2014/94, BGBl I 2016/42)

nachkommt.

(2) Ist ein Fahrzeug mit einem digitalen Kontrollgerät ausgerüstet, so hat der Arbeitgeber dafür Sorge zu tragen, dass alle relevanten Daten aus dem digitalen Kontrollgerät und von der Fahrerkarte eines Lenkers lückenlos elektronisch herunter geladen und auf einen externen Datenträger übertragen werden und von allen übertragenen Daten unverzüglich Sicherungskopien erstellt werden, die auf einem gesonderten Datenträger aufzu-

bewahren sind. Die herunter geladenen Daten müssen gemäß Art. 2 Abs. 2 lit. n der Verordnung (EU) Nr. 165/2014 mit einer digitalen Signatur versehen sein. Sind die Fahrerkarte oder das digitale Kontrollgerät beschädigt oder weisen sie Fehlfunktionen auf, hat der Arbeitgeber alle zumutbaren Maßnahmen zu treffen, um die Daten in elektronischer Form zu erhalten. Ist dies nicht möglich, hat er zumindest einen Ausdruck vom Kontrollgerät vorzunehmen.

(BGBl I 2014/94, BGBl I 2016/42)

(3) Das Herunterladen, Übertragen und Sichern der Daten hat zu erfolgen:

1. bei den Daten aus dem digitalen Kontrollgerät:
   a) spätestens drei Monate nach dem letzten Herunterladen,
   b) im Falle eines Wechsels des Zulassungsbesitzers unmittelbar vor der Abmeldung des Fahrzeuges gemäß § 43 KFG,
   c) im Falle einer Aufhebung der Zulassung des Fahrzeugs gemäß § 44 KFG unmittelbar nachdem davon Kenntnis erlangt wird,
   d) unmittelbar vor oder nach einer Überlassung des Fahrzeugs, wenn diese aufgrund der Vermietung des Fahrzeugs oder einem vergleichbaren Rechtsgeschäft erfolgt,
   (BGBl I 2006/138)
   e) unmittelbar vor einem Austausch des Kontrollgeräts,
   f) im Falle eines Defekts einer Fahrerkarte, sobald davon Kenntnis erlangt wird;
2. bei den Daten von der Fahrerkarte eines Lenkers:
   a) spätestens alle 28 Tage,
   b) unmittelbar vor Beginn und Ende eines Beschäftigungsverhältnisses,
   c) unmittelbar vor Ablauf der Gültigkeit der Fahrerkarte.

(4) Der Arbeitgeber hat dafür zu sorgen, dass die vollständige, geordnete, inhaltsgleiche und authentische Wiedergabe der Daten gemäß Abs. 2 jederzeit gewährleistet ist. Er hat dem Arbeitsinspektorat diese Daten auf seine Kosten in elektronischer Form und einschließlich jener Hilfsmittel zur Verfügung zu stellen, die notwendig sind, um die Daten lesbar zu machen. Auf Verlangen ist auch ein Ausdruck dieser Daten vorzunehmen.

(BGBl I 2004/175)

Aufzeichnungs- und Aufbewahrungspflicht

§ 17b. Der Arbeitgeber hat Aufzeichnungen über sämtliche geleisteten Arbeitsstunden von Lenkern zu führen und alle Lenkeraufzeichnungen mindestens 24 Monate lang aufzubewahren, wobei diese Frist bei einer Durchrechnung der Arbeitszeit mit dem Ende des Durchrechnungszeitraumes beginnt. Diese Aufzeichnungen sind dem Arbeitsinspektorat lückenlos und geordnet nach Lenker und Datum zur Verfügung zu stellen. Als Lenkeraufzeichnungen gelten neben sämtlichen herunter geladenen, übertragenen und gesicherten Daten im Sinne des § 17a Abs. 2 auch die Ausdrucke vom Kontrollgerät, Schaublätter, Arbeitszeitpläne, Fahrtenbücher sowie alle sonstigen Arbeitszeitaufzeichnungen.

(BGBl I 2004/175)

Informationspflichten

§ 17c. (1) Der Dienstzettel gemäß § 2 Abs. 2 Arbeitsvertragsrechts-Anpassungsgesetz (AVRAG), BGBl. Nr. 459/1993, hat neben allen dort genannten Angaben auch einen Hinweis auf die für die Lenkerin/den Lenker geltenden arbeitszeitrechtlichen Vorschriften sowie auf die Möglichkeiten zur Einsichtnahme zu enthalten.

(BGBl I 2017/40)

(2) Der Arbeitgeber hat dem Arbeitnehmer auf Verlangen eine Kopie der Arbeitszeitaufzeichnungen auszuhändigen.

(BGBl I 2006/138)

ABSCHNITT 5
Sonderbestimmungen für Arbeitnehmer in Betrieben des öffentlichen Verkehrs

Allgemeine Sonderbestimmungen

§ 18. (1) In dem öffentlichen Verkehr dienenden Unternehmen gelten, soweit sie nicht nach § 1 Abs. 2 von diesem Bundesgesetz ausgenommen sind, die Bestimmungen dieses Bundesgesetzes nach Maßgabe des Abschnittes 5 für

1. Arbeitnehmer, die
   a) auf Haupt- oder Nebenbahnen gemäß § 4 des Eisenbahngesetzes 1957, BGBl. Nr. 60 als Zugpersonal (§ 18f Abs. 1 Z 1) eingesetzt sind, oder
   b) in Haupt- oder Nebenbahnunternehmen sonstige fahrplangebundene Tätigkeiten ausüben;
   (BGBl I 2008/124)
2. Arbeitnehmer in Straßenbahn- oder Oberleitungsomnibusunternehmen gemäß § 5 des Eisenbahngesetzes, die
   a) als Fahrpersonal eingesetzt sind,
   b) fahrplangebundene Tätigkeiten ausüben oder
   c) sonstige Tätigkeiten ausüben, die die Kontinuität des Dienstes gewährleisten;
3. Arbeitnehmer in Seilbahnunternehmen gemäß § 2 des Seilbahngesetzes 2003, BGBl. I Nr. 103, die
   a) als Fahrpersonal tätig sind,
   b) zur Unterstützung oder Sicherung der Passagiere beim Ein- und Aussteigen eingesetzt oder
   c) mit der Lawinensicherung, Beschneiung und Pistenpräparierung befasst

sind, sofern ein vorhersehbarer übermäßiger Arbeitsanfall besteht;

4. Arbeitnehmerinnen und Arbeitnehmer im Schiffsdienst von
   a) Hafenunternehmen im Sinne des Schifffahrtsgesetzes, BGBl. I Nr. 62/1997;
   b) Schifffahrtsunternehmen im Sinne des Schifffahrtsgesetzes;

   (BGBl I 2016/114)
5. Arbeitnehmer im Schiffsdienst von Schifffahrtsunternehmen im Sinne des Seeschifffahrtsgesetzes, BGBl. Nr. 174/1981;
6. Arbeitnehmer, die in Unternehmen nach dem
   a) Luftfahrtgesetz 1957, BGBl. Nr. 253,
   b) Flughafen-Bodenabfertigungsgesetz, BGBl. I Nr. 97/1998,
   c) Luftfahrtsicherheitsgesetz – LSG, BGBl. Nr. 824/1992,

   (BGBl I 2006/138)

   als Flughafenpersonal oder als Flugsicherungspersonal Tätigkeiten ausüben, die zur Aufrechterhaltung des Luftverkehrs ständig erforderlich sind;

auch wenn sie kurzfristig andere Tätigkeiten ausüben.

(BGBl I 1997/46, BGBl I 2004/30)

(2) Durch Kollektivvertrag kann zugelassen werden, daß die nach den §§ 3 oder 5 zulässige wöchentliche Normalarbeitszeit abweichend von § 4 und abweichend von der nach § 3 Abs. 1 zulässigen täglichen Normalarbeitszeit innerhalb eines mehrwöchigen Durchrechnungszeitraumes so verteilt wird, daß im wöchentlichen Durchschnitt die nach den §§ 3 oder 5 zulässige wöchentliche Normalarbeitszeit nicht überschritten wird. Dabei darf die Tagesarbeitszeit zehn Stunden, in den Fällen des § 5 und des § 7 Abs. 1 jedoch zwölf Stunden insoweit überschreiten, als dies die Aufrechterhaltung des Verkehrs erfordert.

(BGBl 1994/446, BGBl I 2006/138, BGBl I 2018/53)

(3) Für Arbeitnehmer, deren Arbeitsleistung Warte- und Bereitschaftszeiten einschließt, können durch Kollektivvertrag abweichend von den §§ 2 und 3 besondere Regelungen über das Ausmaß der Wochenarbeitsleistung, über die Bewertung der Warte- und Bereitschaftszeiten als Arbeitszeit sowie über die Art und Höhe der Abgeltung dieser Zeiten getroffen werden.

(4) Durch Kollektivvertrag kann eine von § 11 abweichende Regelung zugelassen werden, wenn es im Interesse der Arbeitnehmer des Unternehmens gelegen oder aus betrieblichen Gründen notwendig ist.

(BGBl I 2004/30)

(5) Abweichungen nach Abs. 2 bis 4 oder §§ 18a bis 18d sind auch durch Betriebsvereinbarung zulässig, wenn für die betroffenen Arbeitnehmer kein Kollektivvertrag wirksam ist.

(BGBl I 2004/30, BGBl I 2007/61)

(BGBl I 2004/30)

Arbeitnehmerinnen und Arbeitnehmer in Straßenbahn-, Oberleitungsomnibus- und Seilbahnunternehmen

§ 18a. (1) Für Arbeitnehmer gemäß § 18 Abs. 1 Z 2 und 3 kann durch Kollektivvertrag zugelassen werden, dass die gemäß § 12 Abs. 1 zustehende tägliche Ruhezeit auf mindestens acht Stunden verkürzt wird. Diese Verkürzung ist innerhalb der nächsten 21 Tage durch entsprechende Verlängerung einer anderen täglichen oder wöchentlichen Ruhezeit auszugleichen. An höchstens zwei Tagen pro Woche kann durch Kollektivvertrag eine Verkürzung auf mindestens sechs Stunden zugelassen werden, wobei die erste Verkürzung innerhalb von sieben Tagen auszugleichen ist, die zweite Verkürzung innerhalb von 14 Tagen.

(BGBl I 2014/94)

(2) Für Lenkerinnen und Lenker in Oberleitungsomnibusunternehmen sind darüber hinaus auch § 13c Abs. 1 bis 4 und § 14 anzuwenden.

(BGBl I 2014/94, BGBl I 2016/114)

(BGBl I 2004/30, BGBl I 2008/124, BGBl I 2014/94)

Arbeitnehmer in Unternehmen der Binnenschifffahrt

§ 18b. (1) Für Arbeitnehmerinnen und Arbeitnehmer gemäß § 18 Abs. 1 Z 4 lit. a kann durch Kollektivvertrag zugelassen werden, dass die gemäß § 12 Abs. 1 zustehende tägliche Ruhezeit

1. auf mindestens acht Stunden verkürzt wird. Solche Verkürzungen der Ruhezeit sind innerhalb der nächsten zehn Kalendertage durch entsprechende Verlängerung einer anderen täglichen oder wöchentlichen Ruhezeit auszugleichen. Eine Verkürzung auf weniger als zehn Stunden ist nur zulässig, wenn der Kollektivvertrag weitere Maßnahmen zur Sicherstellung der Erholung der Arbeitnehmerinnen und Arbeitnehmer vorsieht;
2. in zwei Abschnitten gewährt wird, wobei ein Teil der Ruhezeit mindestens sechs Stunden betragen muss. Ruhezeiten, die gemäß Z 1 auf weniger als zehn Stunden verkürzt wurden, dürfen nicht geteilt werden.

(2) Die Abs. 3 bis 9 gelten nur für Arbeitnehmerinnen und Arbeitnehmer gemäß § 18 Abs. 1 Z 4 lit. b.

(3) Durch Kollektivvertrag kann zugelassen werden, dass die gemäß § 12 Abs. 1 zustehende tägliche Ruhezeit

1. auf mindestens zehn Stunden verkürzt wird. Solche Verkürzungen der Ruhezeit sind innerhalb der nächsten zehn Kalendertage durch entsprechende Verlängerung einer anderen täglichen oder wöchentlichen Ruhezeit auszugleichen;

2. in zwei Abschnitten gewährt wird, wobei ein Teil der Ruhezeit mindestens sechs Stunden betragen muss.

(4) Die Summe der täglichen Ruhezeiten und der wöchentliche Ruhezeit nach dem Arbeitsruhegesetz (Gesamtruhezeit) darf innerhalb einer Kalenderwoche 84 Stunden nicht unterschreiten.

(5) Arbeitnehmerinnen und Arbeitnehmer dürfen innerhalb einer Kalenderwoche höchstens 42 Stunden während des Zeitraums von 23.00 Uhr bis 06.00 Uhr beschäftigt werden.

(6) Abweichend von § 18 Abs. 2 letzter Satz darf die Tagesarbeitszeit zehn Stunden, in den Fällen des § 5 zwölf Stunden, überschreiten, wenn dies die Aufrechterhaltung des Verkehrs erfordert, sie darf jedoch keinesfalls mehr als 14 Stunden betragen.

(7) Abweichend von § 25 hat der Aushang der Arbeitszeiteinteilung an Bord des Schiffes zu erfolgen und sind die Arbeitszeitaufzeichnungen gemäß § 26 an Bord des Schiffes zu führen. Diese haben jedenfalls zu enthalten:

1. Schiffsname,
2. Name der Arbeitnehmerin/des Arbeitnehmers,
3. Name der verantwortlichen Schiffsführerin/des verantwortlichen Schiffsführers,
4. Datum,
5. Arbeits- oder Ruhetag,
6. Beginn und Ende der täglichen Arbeits- oder Ruhezeiten.

(8) Die Arbeitszeitaufzeichnungen müssen mindestens bis zum Ende des jeweils vereinbarten Durchrechnungszeitraums an Bord aufbewahrt werden. Sie sind in geeigneten Zeitabständen (spätestens bis zum nächsten Monatsende) gemeinsam von Arbeitgeberin/Arbeitgeber oder Vertreterin/Vertreter und Arbeitnehmerin/Arbeitnehmer zu prüfen und bestätigen.

(9) Den Arbeitnehmerinnen und Arbeitnehmern ist eine Kopie der sie betreffenden bestätigten Aufzeichnungen auszuhändigen. Diese Kopien sind ein Jahr mitzuführen.

(BGBl I 2004/30, BGBl I 2016/114)

Arbeitnehmer in Unternehmen der Seeschifffahrt

§ 18c. (1) Arbeitnehmern gemäß § 18 Abs. 1 Z 5 ist abweichend von § 12 nach Beendigung der Tagesarbeitszeit eine ununterbrochene Ruhezeit von mindestens zehn Stunden zu gewähren. Durch Kollektivvertrag kann zugelassen werden, dass diese Ruhezeit in zwei Abschnitten gewährt wird, wobei ein Teil mindestens sechs Stunden betragen muss und zwischen diesen Teilen höchstens 14 Stunden liegen dürfen. In jedem Zeitraum von sieben aufeinander folgenden Tagen hat die Summe dieser Ruhezeiten mindestens 77 Stunden zu betragen.

(2) Dienstpläne und Arbeitszeitaufzeichnungen im Sinne der §§ 25 und 26 sind in den Arbeitssprachen und in Englisch an Bord der Schiffe aufzulegen bzw. zu führen und haben den Standardmustern der Anhänge I und II der Richtlinie 1999/95/EG zu entsprechen. Eine schriftlich vom Arbeitgeber und vom Arbeitnehmer bestätigte Kopie der Arbeitszeitaufzeichnung ist dem Arbeitnehmer auszuhändigen.

(BGBl I 2004/30)

Arbeitnehmer in Luftfahrtunternehmen

§ 18d. Für Arbeitnehmer gemäß § 18 Abs. 1 Z 6 kann durch Kollektivvertrag zugelassen werden, dass die gemäß § 12 zustehende tägliche Ruhezeit auf mindestens zehn Stunden verkürzt wird, wenn in der unmittelbar auf diese verkürzte Ruhezeit folgenden Arbeitszeit spätestens nach sechs Stunden neben der Ruhepause gemäß § 11 zusätzlich eine Ruhepause von 30 Minuten gewährt wird. § 12 Abs. 2 bleibt unberührt.

(BGBl I 2004/30)

Fliegendes Personal

§ 18e. (1) Soweit in diesem Bundesgesetz

1. auf den EU-Teilabschnitt FTL verwiesen wird, ist dies ein Verweis auf den Teilabschnitt FTL im Anhang III der Verordnung (EU) Nr. 965/2012 zur Festlegung technischer Vorschriften und von Verwaltungsverfahren in Bezug auf den Flugbetrieb gemäß der Verordnung (EG) Nr. 216/2008 des Europäischen Parlaments und des Rates, ABl. Nr. L 296 vom 25.10.2012, S. 1, in der jeweils geltenden Fassung;
   (BGBl I 2015/152)

1a. auf den EU-Teilabschnitt Q verwiesen wird, ist dies ein Verweis auf den Teilabschnitt Q im Anhang III der Verordnung (EG) Nr. 3922/91 des Rates vom 16. Dezember 1991 zur Harmonisierung der technischen Vorschriften und der Verwaltungsverfahren in der Zivilluftfahrt, ABl. Nr. L 373 vom 31.12.1991, S. 4, in der jeweils geltenden Fassung;
   (BGBl I 2015/152)

2. auf die AOCV 2008 verwiesen wird, ist dies ein Verweis auf die Verordnung des Bundesministers für Verkehr, Innovation und Technologie betreffend die Voraussetzungen für die Erteilung des Luftverkehrsbetreiberzeugnisses (AOCV 2008), BGBl. II Nr. 254/2008, in der jeweils geltenden Fassung;

3. der Begriff „Blockzeit" verwendet wird, bezeichnet dies die Zeit zwischen der ersten Bewegung eines Luftfahrzeugs aus seiner Parkposition zum Zweck des Startens bis zum Stillstand an der zugewiesenen Parkposition und bis alle Triebwerke abgestellt sind;

4. der Begriff „Blockzeit" für Hubschrauber verwendet wird, bezeichnet dies die Zeit vom Beginn des Drehens der Rotoren zum Zweck des Startens bis zum Stillstand.

(2) Für das fliegende Personal von Luftfahrtunternehmen sind der Abschnitt 2, mit Ausnahme des § 2, und der Abschnitt 3 sowie die §§ 12a Abs. 4 bis 6, 20a und 20b nicht anzuwenden. Für diese Arbeitnehmer darf

1. die Blockzeit 900 Stunden pro Kalenderjahr und
(BGBl I 2015/152)
2. die Arbeitszeit pro Kalenderjahr 2 000 Stunden
(BGBl I 2015/152)

nicht überschreiten. Die Jahresarbeitszeit ist möglichst gleichmäßig zu verteilen. Die Organisation des Arbeitsrhythmus durch den Arbeitgeber hat den allgemeinen Grundsatz zu berücksichtigen, dass die Arbeit dem Arbeitnehmer angepasst sein muss.

(3) Für das fliegende Personal von Luftfahrtunternehmen sind überdies folgende Bestimmungen anzuwenden:

1. bei Flügen gemäß Art. 8 Z 1 der Verordnung (EU) Nr. 965/2012 der EU-Teilabschnitt FTL,
2. bei Flügen gemäß Art. 8 Z 2 der Verordnung (EU) Nr. 965/2012 der EU-Teilabschnitt Q,
3. bei allen anderen Flügen die Anhänge 1 und 2 der AOCV 2008

jeweils einschließlich österreichischer Durchführungsvorschriften.

(BGBl I 2015/152)

(4) § 26 gilt unbeschadet der in den EU-Teilabschnitten FTL oder Q oder in der AOCV 2008 vorgesehenen Aufzeichnungspflichten.

(BGBl I 2015/152)

(5) (aufgehoben)

(BGBl I 2015/152)

(BGBl I 2004/159, BGBl I 2006/138, BGBl I 2008/124)

Unterabschnitt 5a
Sonderbestimmungen für Arbeitnehmer auf Haupt- oder Nebenbahnen

Begriffsbestimmungen

§ 18f. (1) Im Sinne dieses Bundesgesetzes ist

1. Zugpersonal das Personal, das als Triebfahrzeugführer oder Zugbegleitpersonal an Bord eines Zuges beschäftigt wird;
2. Triebfahrzeugführer jeder Arbeitnehmer, der für das Fahren eines Triebfahrzeuges verantwortlich ist;
3. grenzüberschreitendes Zugpersonal jenes Zugpersonal, das mindestens eine Stunde seiner täglichen Arbeitszeit im interoperablen grenzüberschreitenden Verkehr gemäß Z 6 eingesetzt wird;
4. eine auswärtige Ruhezeit eine tägliche Ruhezeit, die nicht am üblichen Wohnort des als Zugpersonal eingesetzten Arbeitnehmers genommen werden kann;
5. Fahrzeit die Dauer der geplanten Tätigkeit, während der der Triebfahrzeugführer die Verantwortung für das Fahren des Triebfahrzeuges trägt, ausgenommen die Zeit, die für das Auf- und Abrüsten des Triebfahrzeuges eingeplant ist. Sie schließt jedoch geplante Unterbrechungen ein, in denen der Triebfahrzeugführer für das Fahren des Triebfahrzeuges verantwortlich bleibt;
6. interoperabler grenzüberschreitender Verkehr ein grenzüberschreitender Verkehr, für den gemäß der Richtlinie 2001/14/EG, ABl. Nr. L 75 vom 15.03.2001, S. 29, mindestens zwei Sicherheitsbescheinigungen für das Eisenbahnunternehmen erforderlich sind.

(2) Als interoperabler grenzüberschreitender Verkehr gemäß Abs. 1 Z 6 gilt jedoch nicht

1. der grenzüberschreitende Personennah- und -regionalverkehr,
2. der grenzüberschreitende Güterverkehr, welcher nicht mehr als 15 Kilometer über die Grenze hinausgeht,
3. Zugbewegungen auf grenzüberschreitenden Strecken, die ihre Fahrt auf der Infrastruktur desselben Mitgliedstaats beginnen und beenden und die Infrastruktur eines anderen Mitgliedstaats nutzen, ohne dort anzuhalten (Korridorverkehr),
4. der Verkehr zwischen den im Anhang der Richtlinie 2005/47/EG aufgeführten offiziellen Grenzbahnhöfen.

(BGBl I 2008/124)

Tägliche Ruhezeit

§ 18g. (1) Abweichend von § 12 Abs. 1 beträgt die tägliche Ruhezeit des grenzüberschreitenden Zugpersonals zwölf Stunden. Sie kann in folgenden Fällen verkürzt werden:

1. einmal pro Woche auf mindestens neun Stunden, wenn dafür eine entsprechende Verlängerung der nächsten täglichen Ruhezeit am Wohnort erfolgt;
2. auf mindestens acht Stunden ohne Ausgleich, wenn es sich um eine auswärtige tägliche Ruhezeit handelt.

Eine verkürzte Ruhezeit gemäß Z 1 darf nicht zwischen zwei auswärtigen Ruhezeiten gemäß Z 2 festgelegt werden. Auf eine auswärtige Ruhezeit hat jedenfalls eine tägliche Ruhezeit am Wohnort zu folgen.

(2) Für das sonstige Zugpersonal und Arbeitnehmer nach § 18 Abs. 1 Z 1 lit. b ist § 18a anzuwenden.

(BGBl I 2008/124)

Ruhepausen für das Zugpersonal

§ 18h. (1) Auf das Zugpersonal ist § 11 nicht anzuwenden.

(2) Die Arbeitszeit der Triebfahrzeugführer ist bei einer

1. Gesamtdauer der Arbeitszeit von mehr als sechs Stunden durch eine Ruhepause von mindestens 30 Minuten,
2. Gesamtdauer der Arbeitszeit von mehr als acht Stunden durch eine Ruhepause von mindestens 45 Minuten

zu unterbrechen.

(3) Beträgt die Gesamtdauer der Arbeitszeit des Zugbegleitpersonals mehr als sechs Stunden, ist sie durch eine Ruhepause von mindestens 30 Minuten zu unterbrechen.

(4) Die zeitliche Lage und die Länge der Ruhepause müssen ausreichend sein, um eine effektive Erholung des Zugpersonals zu sichern.

(BGBl I 2008/124)

Fahrzeit für Triebfahrzeugführer

§ 18i. (1) Die Fahrzeit eines Triebfahrzeugführers zwischen zwei Ruhezeiten darf neun Stunden nicht überschreiten. Werden mindestens drei Stunden im Nachtzeitraum gemäß § 12a Abs. 1 gefahren, darf die Fahrzeit acht Stunden nicht überschreiten.

(2) Innerhalb eines Zeitraumes von zwei aufeinander folgenden Wochen darf die Fahrzeit eines grenzüberschreitenden Triebfahrzeugführers 80 Stunden nicht überschreiten.

(BGBl I 2008/124)

Abweichungen für den nationalen Verkehr

§ 18j. Für Zugpersonal, das nicht grenzüberschreitend eingesetzt wird, kann der Kollektivvertrag Abweichungen von den §§ 18h und 18i Abs. 1 vorsehen.

(BGBl I 2008/124)

Arbeitszeitaufzeichnungen

§ 18k. Aufzeichnungen über die Arbeitszeit des Zugpersonals gemäß § 26 sind für mindestens ein Jahr aufzubewahren.

(BGBl I 2008/124)

ABSCHNITT 6

Arbeitszeit bei Arbeitsverhältnissen zur Reinhaltung, Wartung und Beaufsichtigung von Häusern

§ 19. Für Arbeitnehmer gemäß § 1 Abs. 2 Z 5 lit. b darf die Arbeitsverpflichtung jenes Ausmaß nicht übersteigen, das von einer vollwertigen Arbeitskraft unter Einhaltung der wöchentlichen Arbeitszeit gemäß § 9 Abs. 1 bewältigt werden kann.

(BGBl 1994/446, BGBl I 1997/8, BGBl I 2000/37)

Sonderbestimmungen für bestimmte Arbeitnehmerinnen und Arbeitnehmer in öffentlichen Apotheken

§ 19a. (1) Für Arbeitnehmerinnen und Arbeitnehmer, die als Apothekenleiterinnen bzw. Apothekenleiter oder als andere allgemein berufsberechtigte Apothekerinnen und Apotheker in öffentlichen Apotheken beschäftigt sind, gelten die Bestimmungen dieses Bundesgesetzes mit den folgenden Abweichungen.

(2) Für Arbeitnehmerinnen und Arbeitnehmer, in deren Arbeitszeit wegen des Bereitschaftsdienstes der Apotheken gemäß § 8 Apothekengesetz, RGBl. Nr. 5/1907, regelmäßig und in erheblichem Umfang Arbeitsbereitschaft fällt, kann der Kollektivvertrag zulassen:

1. verlängerte Dienste von bis zu 25 Stunden,
2. abweichend von Z 1 bis zum 31. Dezember 2019 verlängerte Dienste von bis zu 32 Stunden, wobei eine weitere Verlängerung der Dienste von bis zu zwei Stunden für Arbeitnehmer und Arbeitnehmerinnen zugelassen werden kann, die an beiden Tagen des verlängerten Dienstes einen Bereitschaftsdienst während der Mittagssperre leisten,
3. innerhalb eines Durchrechnungszeitraumes von 17 Wochen eine durchschnittliche Wochenarbeitszeit von bis zu 48 Stunden,
4. abweichend von Z 3 bis zum 31. Dezember 2019 innerhalb eines Durchrechnungszeitraumes von 17 Wochen eine durchschnittliche Wochenarbeitszeit von bis zu 60 Stunden in Apotheken, die nach den apothekenrechtlichen Vorschriften mindestens 60 Bereitschaftsdienste im Turnus pro Kalenderjahr leisten müssen,
5. in einzelnen Wochen des Durchrechnungszeitraumes eine Wochenarbeitszeit von bis zu 72 Stunden, wobei eine Wochenarbeitszeit von mehr als 60 Stunden höchstens in vier aufeinanderfolgenden Wochen zulässig ist und
6. eine Ausdehnung des Durchrechnungszeitraumes von 17 auf bis zu 26 Wochen.

(2a) Eine Verlängerung der durchschnittlichen Wochenarbeitszeit von 48 auf bis zu 60 Stunden im Rahmen des Abs. 2 Z 4 ist nur zulässig, wenn die Arbeitnehmerin bzw. der Arbeitnehmer einer solchen Verlängerungsmöglichkeit schriftlich zugestimmt hat. Diese Zustimmung darf außer bei betriebsfremden Vertreterinnen und Vertretern nach § 17b Abs. 1 erster Satz Apothekengesetz nicht im Zusammenhang mit der Begründung des Dienstverhältnisses stehen.

(2b) Diese Zustimmung kann mit einer Vorankündigungsfrist von acht Wochen

1. für den nächsten Durchrechnungszeitraum,
2. bei einem Durchrechnungszeitraum von mehr als 17 Wochen für den verbleibenden Zeitraum

schriftlich widerrufen werden.

(2c) Arbeitgeberinnen und Arbeitgeber dürfen Arbeitnehmerinnen und Arbeitnehmer, die einer Verlängerung im Rahmen des Abs. 2 Z 4 nicht zustimmen oder ihre Zustimmung widerrufen haben, gegenüber anderen Arbeitnehmerinnen und Arbeitnehmern nicht benachteiligen. Dieses Diskriminierungsverbot betrifft insbesondere sämtliche Arbeitsbedingungen, die Verlängerung und die Beendigung von Dienstverhältnissen, Entgeltbedingungen, Aus- und Weiterbildungsmaßnahmen und Aufstiegschancen.

(2d) Arbeitgeberinnen und Arbeitgeber haben ein aktuelles Verzeichnis der Arbeitnehmerinnen und Arbeitnehmer zu führen, die einer Verlängerung im Rahmen des Abs. 2 Z 4 schriftlich zugestimmt haben. Bei Widerruf ist die Arbeitnehmerin bzw. der Arbeitnehmer aus dem Verzeichnis zu streichen. Diesem Verzeichnis sind Ablichtungen der Zustimmungserklärungen beizulegen.

(BGBl I 2017/127)

(3) Bei Arbeitszeiten gemäß Abs. 2 kann der Kollektivvertrag Abweichungen von § 6 Abs. 1 zulassen.

(4) Verlängerte Dienste von bis zu 25 Stunden sind durch zwei, verlängerte Dienste von bis zu 32 Stunden durch drei Ruhepausen von jeweils mindestens 30 Minuten zu unterbrechen. Ist die Gewährung einer Ruhepause aus organisatorischen Gründen nicht möglich, ist innerhalb der nächsten zehn Kalendertage eine Ruhezeit entsprechend zu verlängern.

(BGBl I 2017/127)

(5) Nach verlängerten Diensten von mehr als 13 Stunden ist die folgende Ruhezeit um jenes Ausmaß zu verlängern, um das der verlängerte Dienst 13 Stunden überstiegen hat, mindestens jedoch um elf Stunden. § 12a Abs. 4 bis 6 ist nicht anzuwenden.

(BGBl I 2002/122, BGBl I 2017/127)

(6) Für Arbeitnehmerinnen und Arbeitnehmer, in deren Arbeitszeit nicht in erheblichem Umfang Arbeitsbereitschaft fällt, kann der Kollektivvertrag unbeschadet der nach § 7 Abs. 1 zulässigen Überstunden bis zu zehn weitere Überstunden zulassen.

(BGBl I 2017/127)

(7) Soweit nach § 8 des Apothekengesetzes sowie nach den dazu ergangenen Ausführungsvorschriften eine Dienstleistung in Form der Ruferreichbarkeit zulässig ist, darf mit der einzelnen Arbeitnehmerin bzw. dem einzelnen Arbeitnehmer Ruferreichbarkeit nur an 15 Tagen pro Monat vereinbart werden. Der Kollektivvertrag kann zulassen, dass Ruferreichbarkeit innerhalb eines Zeitraumes von 13 Kalenderwochen an 45 Tagen, jedoch höchstens an 30 aufeinanderfolgenden Tagen vereinbart werden kann.

(BGBl I 2017/127)

(8) Leistet eine Arbeitnehmerin bzw. ein Arbeitnehmer während eines Bereitschaftsdienstes gemäß Abs. 7 Arbeiten, kann die tägliche Ruhezeit unterbrochen werden. Beträgt ein Ruhezeitteil mindestens acht Stunden, so ist innerhalb von zwei Wochen eine andere Ruhezeit um vier Stunden, in allen übrigen Fällen um sechs Stunden zu verlängern.

(BGBl I 2017/127, BGBl I 2018/53)

(9) Für Arbeitnehmerinnen und Arbeitnehmer, die als Vertreterinnen bzw. Vertreter für alleinarbeitende Apothekenleiterinnen bzw. Apothekenleiter beschäftigt werden, sind ununterbrochene Bereitschaftsdienste in Ruferreichbarkeit höchstens in vier aufeinanderfolgenden Wochen zulässig. Nach einer solchen Bereitschaftsperiode ist ein arbeitsfreier Ausgleichszeitraum von zwei Tagen pro Woche der Vertretung zu gewähren. Das Dienstverhältnis endet frühestens nach Ende des Ausgleichszeitraumes. Der Abs. 8 Z 1 zweiter Satz und Z 2 zweiter Satz sind nicht anzuwenden.

(BGBl I 2017/127)

(BGBl 1975/2, BGBl I 1999/88)

ABSCHNITT 6a
Vertragsrechtliche Bestimmungen

Geltungsbereich

§ 19b. (1) Dieser Abschnitt gilt für Arbeitsverhältnisse aller Art.

(2) Dieser Abschnitt ist jedoch nicht auf Arbeitnehmer anzuwenden, die in einem Arbeitsverhältnis zu einer Gebietskörperschaft oder einem Gemeindeverband stehen. Die Bestimmungen dieses Abschnittes gelten jedoch für Arbeitnehmer, die in einem Arbeitsverhältnis zum Bund stehen, sofern für ihr Arbeitsverhältnis ein Kollektivvertrag wirksam ist.

(3) Ausgenommen sind weiters

1. Arbeiter im Sinne des Landarbeitsgesetzes 1984, BGBl. Nr. 287;

   (BGBl I 1997/46)

2. Arbeitnehmer, für die das Hausbesorgergesetz, BGBl. Nr. 16/1970, gilt;
3. leitende Angestellte oder sonstige Arbeitnehmerinnen und Arbeitnehmer, denen maßgebliche selbständige Entscheidungsbefugnis übertragen ist und deren gesamte Arbeitszeit auf Grund der besonderen Merkmale der Tätigkeit
   a) nicht gemessen bzw. im Voraus festgelegt wird, oder
   b) von diesen Arbeitnehmerinnen bzw. Arbeitnehmern hinsichtlich Lage und Dauer selbst festgelegt werden kann;

   (BGBl I 2018/53)

4. Heimarbeiter, im Sinne des Heimarbeitsgesetzes 1960, BGBl. Nr. 105/1961.
5. nahe Angehörige der Arbeitgeberin bzw. des Arbeitgebers (Eltern, volljährige Kinder, im gemeinsamen Haushalt lebende Ehegattin oder Ehegatte, eingetragene Partnerin oder Partner, sowie Lebensgefährtin oder Lebensgefährte, wenn seit mindestens drei Jahren ein gemeinsamer Haushalt besteht), deren gesamte Arbeitszeit auf Grund der besonderen Merkmale der Tätigkeit
   a) nicht gemessen oder im Voraus festgelegt wird, oder
   b) von diesen Arbeitnehmerinnen bzw. Arbeitnehmern hinsichtlich Lage und Dauer selbst festgelegt werden kann;

   (BGBl I 2018/53)

(4) Von den §§ 19e und 19f sind weiters ausgenommen:

1. Arbeitnehmer, die in einem Arbeitsverhältnis zu einer Stiftung, zu einem Fonds oder zu einer Anstalt stehen, sofern diese Einrichtungen von Organen einer Gebietskörperschaft oder von Personen verwaltet werden, die hiezu von Organen einer Gebietskörperschaft bestellt sind;
2. Arbeitnehmer, für die die Vorschriften des Bäckereiarbeiter/innengesetzes 1996, BGBl. Nr. 410, gelten;
3. Arbeitnehmer, für die die Vorschriften des Hausgehilfen- und Hausangestelltengesetzes, BGBl. Nr. 235/1962, gelten;
4. Lehr- und Erziehungskräfte an Unterrichts- und Erziehungsanstalten, soweit sie nicht unter Abs. 2 fallen;
5. Arbeitnehmer, die im Rahmen des Bordpersonals von Luftverkehrsunternehmen tätig sind;
6. Arbeitnehmer, für die die Vorschriften des Krankenanstalten-Arbeitszeitgesetzes, BGBl. I Nr. 8/1997, gelten.

(BGBl I 1997/46)

(BGBl 1992/833)

Lage der Normalarbeitszeit

§ 19c. (1) Die Lage der Normalarbeitszeit und ihre Änderung ist zu vereinbaren, soweit sie nicht durch Normen der kollektiven Rechtsgestaltung festgesetzt wird.

(2) Abweichend von Abs. 1 kann die Lage der Normalarbeitszeit vom Arbeitgeber geändert werden, wenn

1. dies aus objektiven, in der Art der Arbeitsleistung gelegenen Gründen sachlich gerechtfertigt ist,
2. dem Arbeitnehmer die Lage der Normalarbeitszeit für die jeweilige Woche mindestens zwei Wochen im vorhinein mitgeteilt wird,
3. berücksichtigungswürdige Interessen des Arbeitnehmers dieser Einteilung nicht entgegenstehen und
4. keine Vereinbarung entgegensteht.

(3) Von Abs. 2 Z 2 kann abgewichen werden, wenn dies in unvorhersehbaren Fällen zur Verhinderung eines unverhältnismäßigen wirtschaftlichen Nachteils erforderlich ist und andere Maßnahmen nicht zumutbar sind. Durch Normen der kollektiven Rechtsgestaltung können wegen tätigkeitsspezifischer Erfordernisse von Abs. 2 Z 2 abweichende Regelungen getroffen werden.

(BGBl 1992/833, BGBl 1993/335, BGBl I 1997/46)

Teilzeitarbeit

§ 19d. (1) Teilzeitarbeit liegt vor, wenn die vereinbarte Wochenarbeitszeit die gesetzliche Normalarbeitszeit oder eine durch Normen der kollektiven Rechtsgestaltung festgelegte kürzere Normalarbeitszeit im Durchschnitt unterschreitet. Einer Norm der kollektiven Rechtsgestaltung ist gleichzuhalten, wenn eine durch Betriebsvereinbarung festgesetzte kürzere Normalarbeitszeit mit anderen Arbeitnehmern, für die kein Betriebsrat errichtet ist, einzelvertraglich vereinbart wird.

(BGBl I 2007/61)

(2) Ausmaß und Lage der Arbeitszeit und ihre Änderung sind zu vereinbaren, sofern sie nicht durch Normen der kollektiven Rechtsgestaltung festgesetzt werden. Die Änderung des Ausmaßes der regelmäßigen Arbeitszeit bedarf der Schriftform. § 19c Abs. 2 und 3 sind anzuwenden. Eine ungleichmäßige Verteilung der Arbeitszeit auf einzelne Tage und Wochen kann im Vorhinein vereinbart werden.

(BGBl I 2007/61)

(2a) Die Arbeitgeberin/der Arbeitgeber hat teilzeitbeschäftigte Arbeitnehmerinnen/Arbeitnehmer bei Ausschreibung von im Betrieb frei werdenden Arbeitsplätzen, die zu einem höheren Arbeitszeitausmaß führen können, zu informieren. Die Information kann auch durch allgemeine Bekanntgabe an einer geeigneten, für die Teilzeitbeschäftigten leicht zugänglichen Stelle im Betrieb, durch geeignete elektronische Datenverarbeitung oder durch geeignete Telekommunikationsmittel erfolgen.

(BGBl I 2015/152)

(3) Teilzeitbeschäftigte Arbeitnehmer sind zur Arbeitsleistung über das vereinbarte Arbeitszeitausmaß (Mehrarbeit) nur insoweit verpflichtet, als

1. gesetzliche Bestimmungen, Normen der kollektiven Rechtsgestaltung oder der Arbeitsvertrag dies vorsehen,
2. ein erhöhter Arbeitsbedarf vorliegt oder die Mehrarbeit zur Vornahme von Vor- und Abschlußarbeiten (§ 8) erforderlich ist, und
3. berücksichtigungswürdige Interessen des Arbeitnehmers der Mehrarbeit nicht entgegenstehen.

(3a) Für Mehrarbeitsstunden gemäß Abs. 3 gebührt ein Zuschlag von 25%. § 10 Abs. 3 ist anzuwenden.

(BGBl I 2007/61)

(3b) Mehrarbeitsstunden sind nicht zuschlagspflichtig, wenn

1. sie innerhalb des Kalendervierteljahres oder eines anderen festgelegten Zeitraumes von drei Monaten, in dem sie angefallen sind, durch Zeitausgleich im Verhältnis 1:1 ausgeglichen werden;
2. bei gleitender Arbeitszeit die vereinbarte Arbeitszeit innerhalb der Gleitzeitperiode im Durchschnitt nicht überschritten wird. § 6 Abs. 1a ist sinngemäß anzuwenden.

(BGBl I 2007/61)

(3c) Sieht der Kollektivvertrag für Vollzeitbeschäftigte eine kürzere wöchentliche Normalarbeitszeit als 40 Stunden vor und wird für die Differenz zwischen kollektivvertraglicher und gesetzlicher Normalarbeitszeit kein Zuschlag oder ein geringerer Zuschlag als nach Abs. 3a festgesetzt, sind Mehrarbeitsstunden von Teilzeitbeschäftigten im selben Ausmaß zuschlagsfrei bzw. mit dem geringeren Zuschlag abzugelten.

(BGBl I 2007/61)

(3d) Sind neben dem Zuschlag nach Abs. 3a auch andere gesetzliche oder kollektivvertragliche Zuschläge für diese zeitliche Mehrleistung vorgesehen, gebührt nur der höchste Zuschlag.

(BGBl I 2007/61)

(3e) Abweichend von Abs. 3a kann eine Abgeltung von Mehrarbeitsstunden durch Zeitausgleich vereinbart werden. Der Mehrarbeitszuschlag ist bei der Bemessung des Zeitausgleiches zu berücksichtigen oder gesondert auszuzahlen. Die Abs. 3b bis 3d sind auch auf die Abgeltung durch Zeitausgleich anzuwenden. § 10 Abs. 2 ist anzuwenden.

(BGBl I 2007/61)

(3f) Der Kollektivvertrag kann Abweichungen von Abs. 3a bis 3e zulassen.

(BGBl I 2007/61)

(4) Sofern in Normen der kollektiven Rechtsgestaltung oder Arbeitsverträgen Ansprüche nach dem Ausmaß der Arbeitszeit bemessen werden, ist bei Teilzeitbeschäftigten die regelmäßig geleistete Mehrarbeit zu berücksichtigen, dies insbesondere bei der Bemessung der Sonderzahlungen.

~~(5) Arbeitnehmern, deren Arbeitszeit bei demselben Arbeitgeber wegen Inanspruchnahme der Gleitpension auf ein im § 253c Abs. 2 ASVG genanntes Ausmaß vermindert wird, gebühren im Kalenderjahr der Umstellung sonstige, insbesondere einmalige Bezüge im Sinne des § 67 Abs. 1 EStG 1988 in dem der Vollzeitbeschäftigung und der Beschäftigung mit verminderter Arbeitszeit entsprechenden Ausmaß im Kalenderjahr.~~

(BGBl I 2018/100)

(6) Teilzeitbeschäftigte Arbeitnehmer dürfen wegen der Teilzeitarbeit gegenüber vollzeitbeschäftigten Arbeitnehmern nicht benachteiligt werden, es sei denn, sachliche Gründe rechtfertigen eine unterschiedliche Behandlung. Freiwillige Sozialleistungen sind zumindest in jenem Verhältnis zu gewähren, das dem Verhältnis der regelmäßig geleisteten Arbeitszeit zur gesetzlichen oder kollektivvertraglichen Normalarbeitszeit entspricht. Im Streitfall hat der Arbeitgeber zu beweisen, daß eine Benachteiligung nicht wegen der Teilzeitarbeit erfolgt.

(7) Durch Kollektivvertrag kann festgelegt werden, welcher Zeitraum für die Berechnung der regelmäßig geleisteten Mehrarbeit (Abs. 4) und für die Berechnung der Sozialleistungen (Abs. 6) heranzuziehen ist.

(8) Die Abs. 2 und 3 gelten nicht für Teilzeitbeschäftigungen gemäß Mutterschutzgesetz 1979, BGBl. Nr. 221, Väter-Karenzgesetz, BGBl. Nr. 651/1989, § 13a AVRAG oder vergleichbarer österreichischer Rechtsvorschriften.

(BGBl I 2002/122, BGBl I 2004/64, BGBl I 2007/61, BGBl I 2017/30)

(BGBl 1992/833, BGBl I 1997/46)

Abgeltung von Zeitguthaben

§ 19e. (1) Besteht im Zeitpunkt der Beendigung des Arbeitsverhältnisses ein Guthaben des Arbeitnehmers an Normalarbeitszeit oder Überstunden, für die Zeitausgleich gebührt, ist das Guthaben abzugelten, soweit der Kollektivvertrag nicht die Verlängerung der Kündigungsfrist im Ausmaß des zum Zeitpunkt der Beendigung des Arbeitsverhältnisses bestehenden Zeitguthabens vorsieht und der Zeitausgleich in diesem Zeitraum verbraucht wird. Der Beendigung eines Arbeitsverhältnisses ist die Beendigung einer Arbeitskräfteüberlassung gleichzuhalten.

(2) Für Guthaben an Normalarbeitszeit gebührt ein Zuschlag von 50%. Dies gilt nicht, wenn der Arbeitnehmer ohne wichtigen Grund vorzeitig austritt. Der Kollektivvertrag kann Abweichendes regeln.

(BGBl I 1997/46)

Abbau von Zeitguthaben

§ 19f. (1) Wird bei Durchrechnung der Normalarbeitszeit (§ 4 Abs. 4 und 6) mit einem Durchrechnungszeitraum von mehr als 26 Wochen der Zeitpunkt des Ausgleichs von Zeitguthaben nicht im Vorhinein festgelegt, und bestehen

1. bei einem Durchrechnungszeitraum von bis zu 52 Wochen nach Ablauf des halben Durchrechnungszeitraumes
2. bei einem längeren Durchrechnungszeitraum nach Ablauf von 26 Wochen

Zeitguthaben, ist der Ausgleichszeitpunkt binnen vier Wochen festzulegen oder der Ausgleich binnen 13 Wochen zu gewähren. Anderenfalls kann der Arbeitnehmer den Zeitpunkt des Ausgleichs mit einer Vorankündigungsfrist von vier Wochen selbst bestimmen, sofern nicht zwingende betriebliche Erfordernisse diesem Zeitpunkt entgegen stehen, oder eine Abgeltung in Geld verlangen. Durch Kollektivvertrag oder Betriebsvereinbarung können abweichende Regelungen getroffen werden.

(2) Wird bei Überstundenarbeit, für die Zeitausgleich gebührt, der Zeitpunkt des Ausgleichs nicht im Vorhinein vereinbart, ist

1. der Zeitausgleich für noch nicht ausgeglichene Überstunden, die bei Durchrechnung der Normalarbeitszeit (§ 4 Abs. 4 und 6) oder gleitender Arbeitszeit (§ 4b) durch Überschreitung der durchschnittlichen Normalarbeitszeit entstehen, binnen sechs Monaten nach Ende des Durchrechnungszeitraumes bzw. der Gleitzeitperiode zu gewähren;
2. in sonstigen Fällen der Zeitausgleich für sämtliche in einem Kalendermonat geleistete und noch nicht ausgeglichene Überstunden

binnen sechs Monaten nach Ende des Kalendermonats zu gewähren.

Durch Kollektivvertrag können abweichende Regelungen getroffen werden.

(3) Wird der Zeitausgleich für Überstunden nicht innerhalb der Frist nach Abs. 2 gewährt, kann der Arbeitnehmer den Zeitpunkt des Zeitausgleichs mit einer Vorankündigungsfrist von vier Wochen einseitig bestimmen, sofern nicht zwingende betriebliche Erfordernisse diesem Zeitpunkt entgegen stehen, oder eine Abgeltung in Geld verlangen.

(BGBl I 1997/46, BGBl I 2007/61)

Unabdingbarkeit

§ 19g. Die dem Arbeitnehmer auf Grund dieses Abschnittes zustehenden Rechte können durch Arbeitsvertrag weder aufgehoben noch beschränkt werden.

(BGBl I 1997/46)

ABSCHNITT 7
Ausnahmen

Außergewöhnliche Fälle

§ 20. (1) In außergewöhnlichen Fällen finden die Bestimmungen der §§ 3 bis 5a, 7 bis 9, 11, 12, 12a Abs. 4 bis 6, 13b bis 15b, 15e, 16, 18, 18a, 18b Abs. 1 und 3 bis 6, 18c Abs. 1, 18d, 18e, 18g bis 18i, 19d Abs. 3 Z 1 und 2, 20a und 20b Abs. 3 bis 6 keine Anwendung auf vorübergehende und unaufschiebbare Arbeiten, die

a) zur Abwendung einer unmittelbaren Gefahr für die Sicherheit des Lebens oder für die Gesundheit von Menschen oder bei Notstand sofort vorgenommen werden müssen, oder

b) zur Behebung einer Betriebsstörung oder zur Verhütung des Verderbens von Gütern oder eines sonstigen unverhältnismäßigen wirtschaftlichen Sachschadens erforderlich sind, wenn unvorhergesehene und nicht zu verhindernde Gründe vorliegen und andere zumutbare Maßnahmen zur Erreichung dieses Zweckes nicht getroffen werden können.

(BGBl 1992/833, BGBl 1994/446, BGBl I 1997/8, BGBl I 1997/46, BGBl I 1999/88, BGBl I 2002/122, BGBl I 2004/30, BGBl I 2006/138, BGBl I 2008/124, BGBl I 2015/152, BGBl I 2016/114)

(2) Der Arbeitgeber hat die Vornahme von Arbeiten auf Grund des Abs. 1 ehestens, längstens jedoch binnen zehn Tagen nach Beginn der Arbeiten dem Arbeitsinspektorat schriftlich anzuzeigen. Die Anzeige hat die Gründe der Arbeitszeitverlängerung sowie die Anzahl der zur Mehrarbeit herangezogenen Arbeitnehmer zu enthalten. Die Aufgabe der Mitteilung bei der Post gilt als Erstattung der Anzeige.

(BGBl I 2017/126)

Rufbereitschaft

§ 20a. (1) Rufbereitschaft außerhalb der Arbeitszeit darf nur an zehn Tagen pro Monat vereinbart werden. Der Kollektivvertrag kann zulassen, daß Rufbereitschaft innerhalb eines Zeitraumes von drei Monaten an 30 Tagen vereinbart werden kann.

(2) Leistet eine Arbeitnehmerin bzw. ein Arbeitnehmer während der Rufbereitschaft Arbeiten, kann die tägliche Ruhezeit unterbrochen werden, wenn innerhalb von zwei Wochen eine andere tägliche Ruhezeit um vier Stunden verlängert wird. Ein Teil der Ruhezeit muss mindestens acht Stunden betragen.

(BGBl I 2018/53)

(BGBl I 1997/46)

Reisezeit

§ 20b. (1) Reisezeit im Sinne der Abs. 2 bis 5 liegt vor, wenn der Arbeitnehmer über Auftrag des Arbeitgebers vorübergehend seinen Dienstort (Arbeitsstätte) verläßt, um an anderen Orten seine Arbeitsleistung zu erbringen, sofern der Arbeitnehmer während der Reisebewegung keine Arbeitsleistung zu erbringen hat.

(BGBl I 2015/152)

(2) Durch Reisezeiten können die Höchstgrenzen der Arbeitszeit überschritten werden.

(3) Bestehen während der Reisezeit ausreichende Erholungsmöglichkeiten, kann die tägliche Ruhezeit verkürzt werden. Durch Kollektivvertrag kann festgelegt werden, in welchen Fällen ausreichende Erholungsmöglichkeiten bestehen.

(4) Bestehen während der Reisezeit keine ausreichenden Erholungsmöglichkeiten, kann die tägliche Ruhezeit durch Kollektivvertrag höchstens auf acht Stunden verkürzt werden. Ergibt sich dabei am nächsten Arbeitstag ein späterer Arbeitsbeginn als in der Vereinbarung gemäß § 19c Abs. 1 vorgesehen, ist die Zeit zwischen dem vorgesehenen und dem tatsächlichen Beginn auf die Arbeitszeit anzurechnen.

(5) Verkürzungen der täglichen Ruhezeit nach Abs. 3 und 4 sind nur zweimal pro Kalenderwoche zulässig.

(6) (aufgehoben)

(BGBl I 2015/152, BGBl I 2018/53)

(BGBl I 1997/46)

Verkürzung der Arbeitszeit und Verlängerung der Ruhezeit bei gefährlichen Arbeiten

§ 21. Für Arbeitnehmer, die bei Arbeiten beschäftigt werden, die mit einer besonderen Gefährdung der Gesundheit verbunden sind, kann durch Verordnung eine kürzere als die nach § 3 zulässige Dauer der Arbeitszeit oder die Einhaltung längerer Ruhepausen oder Ruhezeiten als in den §§ 11 und 12 vorgesehen, angeordnet werden. Insoweit Ruhepausen über das im § 11 Abs. 1 vorgesehene Ausmaß hinausgehen, gelten sie als Arbeitszeit.

Arbeitszeit bei Reparaturarbeiten in heißen Öfen von Eisen- oder Stahlhüttenbetrieben oder Kokereien

§ 22. (1) Bei Reparaturarbeiten (Zustellungen),

AZG

die in Eisen- oder Stahlhüttenbetrieben in heißen Siemens-Martin-Öfen, heißen Schmelz-, Glüh-, Aufheiz- oder Brennöfen sowie in heißen Konvertern oder in Kokereien in heißen Kokereiöfen vorgenommen werden, darf die Wochenarbeitszeit vierzig Stunden nicht überschreiten. Wird die Arbeitszeit an einzelnen Werktagen regelmäßig verkürzt, so darf sie an den übrigen Tagen der Woche acht Stunden nicht überschreiten.

(2) Nimmt die Beschäftigung mit den im Abs. 1 genannten Arbeiten nicht eine volle Woche in Anspruch, so sind Arbeitszeiten in den im Abs. 1 angeführten heißen Öfen oder heißen Konvertern mit einem Zuschlag von 7,5 vH zu bewerten. Eine Arbeitsstunde ist daher mit 64 1/2 Minuten in Anschlag zu bringen, jedoch darf die nach § 3 zulässige Dauer der Wochenarbeitszeit nicht überschritten werden.

(3) Als heiße Öfen oder heiße Konverter im Sinne der Abs. 1 und 2 gelten solche, bei denen die Innentemperatur mehr als 30 °C beträgt.

(4) Die Bestimmungen der Abs. 1 und 2 gelten auch für Reparaturarbeiten (Zustellungen) in Hochöfen, soweit mit Kohlenstoffsteinen gearbeitet wird.

(5) Bei Einführung einer Wochenarbeitszeit von zweiundvierzig Stunden tritt an Stelle des im Abs. 2 genannten Zuschlages von 7,5 vH ein solcher von 5 vH Eine Arbeitsstunde ist daher dann mit 63 Minuten in Anschlag zu bringen.

Ausnahmen im öffentlichen Interesse

§ 23. Wenn es das öffentliche Interesse infolge besonders schwerwiegender Umstände erfordert, können durch Verordnung für einzelne Arten oder Gruppen von Betrieben Ausnahmen von den Bestimmungen der §§ 3, 4, 9, 11, 12, 12a Abs. 4 bis 6, 13b bis 15e, 16, 18, 18a, 18b Abs. 1 und 3 bis 6, 18c Abs. 1, 18d, 18e sowie 18g bis 18i zugelassen oder abweichende Regelungen hinsichtlich der Dauer der Ruhepausen getroffen werden.

(BGBl I 1997/8, BGBl I 2002/122, BGBl I 2004/30, BGBl I 2006/138, BGBl I 2008/124, BGBl I 2016/114)

ABSCHNITT 8
Gemeinsame Vorschriften

Auflagepflicht

§ 24. (aufgehoben)

(BGBl I 2017/40)

Aushangpflicht

§ 25. (1) Der Arbeitgeber hat an geeigneter, für den Arbeitnehmer leicht zugänglicher Stelle in der Betriebsstätte einen Aushang über den Beginn und das Ende der Normalarbeitszeit sowie Zahl und Dauer der Ruhepausen sowie der wöchentlichen Ruhezeit gut sichtbar anzubringen oder den Arbeitnehmern mittels eines sonstigen Datenträgers samt Ablesevorrichtung, durch geeignete elektronische Datenverarbeitung oder durch geeignete Telekommunikationsmittel zugänglich zu machen.

(BGBl I 2002/122)

(2) Bei gleitender Arbeitszeit hat der Aushang abweichend von Abs. 1 den Gleitzeitrahmen, allfällige Übertragungsmöglichkeiten sowie Dauer und Lage der wöchentlichen Ruhezeit zu enthalten.

(3) Ist die Lage der Ruhepausen generell festgesetzt, ist diese in den Aushang aufzunehmen.

(BGBl 1994/446)

Aufzeichnungs- und Auskunftspflicht

§ 26. (1) Der Arbeitgeber hat zur Überwachung der Einhaltung der in diesem Bundesgesetz geregelten Angelegenheiten in der Betriebsstätte Aufzeichnungen über die geleisteten Arbeitsstunden zu führen. Der Beginn und die Dauer eines Durchrechnungszeitraumes sind festzuhalten.

(BGBl I 1997/46)

(2) Ist – insbesondere bei gleitender Arbeitszeit – vereinbart, daß die Arbeitszeitaufzeichnungen vom Arbeitnehmer zu führen sind, so hat der Arbeitgeber den Arbeitnehmer zur ordnungsgemäßen Führung dieser Aufzeichnungen anzuleiten. Nach Ende der Gleitzeitperiode hat der Arbeitgeber sich diese Aufzeichnungen aushändigen zu lassen und zu kontrollieren. Werden die Aufzeichnungen vom Arbeitgeber durch Zeiterfassungssystem geführt, so ist dem Arbeitnehmer nach Ende der Gleitzeitperiode auf Verlangen eine Abschrift der Arbeitszeitaufzeichnungen zu übermitteln, andernfalls ist ihm Einsicht zu gewähren.

(2a) Wird in Saisonbetrieben eine Verkürzung der Ruhezeit im Sinne des § 12 Abs. 2a in Anspruch genommen, ist die Führung der Arbeitszeitaufzeichnungen durch die Arbeitnehmerin bzw. den Arbeitnehmer nach Abs. 2 nicht zulässig. Die Arbeitgeberin bzw. der Arbeitgeber hat in den Arbeitszeitaufzeichnungen die Inanspruchnahme des § 12 Abs. 2a sowie den Beginn und das Ende der Saison zu vermerken.

(BGBl I 2015/152, BGBl I 2018/53)

(3) Für Arbeitnehmerinnen/Arbeitnehmer, die die Lage ihrer Arbeitszeit und ihren Arbeitsort weitgehend selbst bestimmen können oder ihre Tätigkeit überwiegend in ihrer Wohnung ausüben, sind ausschließlich Aufzeichnungen über die Dauer der Tagesarbeitszeit zu führen.

(BGBl I 2014/94)

(4) Durch Betriebsvereinbarungen kann festgesetzt werden, daß Arbeitnehmer gemäß Abs. 3 die Aufzeichnungen selbst zu führen haben. In diesem Fall hat der Arbeitgeber den Arbeitnehmer zur ordnungsgemäßen Führung der Aufzeichnungen anzuleiten, sich die Aufzeichnungen regelmäßig aushändigen zu lassen und zu kontrollieren.

(5) Die Verpflichtung zur Führung von Aufzeichnungen über die Ruhepausen gemäß § 11 entfällt, wenn

1. durch Betriebsvereinbarung, in Betrieben ohne Betriebsrat durch schriftliche Einzelvereinbarung
   a) Beginn und Ende der Ruhepausen festgelegt werden oder
   b) es den Arbeitnehmern/Arbeitnehmerinnen überlassen wird, innerhalb eines festgelegten Zeitraumes die Ruhepausen zu nehmen, und
2. von dieser Vereinbarung nicht abgewichen wird.

(BGBl I 2014/94)

(5a) Bei Arbeitnehmerinnen/Arbeitnehmern mit einer schriftlich festgehaltenen fixen Arbeitszeiteinteilung haben die Arbeitgeberinnen/Arbeitgeber lediglich deren Einhaltung zumindest am Ende jeder Entgeltzahlungsperiode sowie auf Verlangen des Arbeitsinspektorates zu bestätigen und sind nur Abweichungen von dieser Einteilung laufend aufzuzeichnen.

(BGBl I 2014/94)

(6) Die Arbeitgeber haben dem Arbeitsinspektorat die erforderlichen Auskünfte zu erteilen und auf Verlangen Einsicht in die Aufzeichnungen über die geleisteten Arbeitsstunden zu geben.

(7) In der Abrechnung gemäß § 78 Abs. 5 EStG 1988 sind die geleisteten Überstunden auszuweisen.

(BGBl I 1997/46)

(8) Arbeitnehmerinnen/Arbeitnehmer haben einmal monatlich Anspruch auf kostenfreie Übermittlung ihrer Arbeitszeitaufzeichnungen, wenn sie nachweislich verlangt werden.

(BGBl I 2007/61, BGBl I 2014/94)

(9) Verfallsfristen werden gehemmt,

1. solange den Arbeitnehmerinnen/Arbeitnehmern die Übermittlung gemäß Abs. 8 verwehrt wird, oder
2. wenn wegen des Fehlens von Aufzeichnungen über die geleisteten Arbeitsstunden die Feststellung der tatsächlich geleisteten Arbeitszeit unzumutbar ist.

(BGBl I 2014/94)

(BGBl 1994/446)

Behördenzuständigkeit und Verfahrensvorschriften

§ 27. (1) Die nach den Bestimmungen dieses Bundesgesetzes den Arbeitsinspektoraten zustehenden Aufgaben und Befugnisse sind in den vom Wirkungsbereich der Arbeitsinspektion ausgenommenen Betrieben von den zur Wahrung des Arbeitnehmerschutzes sonst berufenen Behörden wahrzunehmen.

(2) Bescheide nach den Bestimmungen dieses Bundesgesetzes sind zu widerrufen, wenn die entsprechenden Voraussetzungen weggefallen sind.

(3) Meldungen nach § 7 Abs. 4 und § 20 Abs. 2 sind von Stempel- und Rechtsgebühren des Bundes befreit.

(BGBl I 1999/88, BGBl I 2013/71, BGBl I 2015/152)

(BGBl 1994/446, BGBl I 1997/8, BGBl I 1997/46)

Strafbestimmungen

§ 28. (1) Arbeitgeber, die

1. zusätzliche Ruhezeiten nach § 12a Abs. 4 bis 6 nicht gewähren;
2. Arbeitnehmer entgegen § 19a Abs. 7 zur Ruferreichbarkeit oder § 20a Abs. 1 zur Rufbereitschaft heranziehen oder entgegen § 19a Abs. 9 beschäftigen;
3. die Meldepflichten an das Arbeitsinspektorat gemäß § 20 Abs. 2, die Auskunfts- und Einsichtspflichten gemäß § 26 Abs. 6, die Aufbewahrungspflichten gemäß § 18k, Pflichten gemäß § 18b Abs. 8 oder 9 erster Satz verletzen, oder die Aufzeichnungen gemäß § 18b Abs. 7, § 18c Abs. 2 sowie § 26 Abs. 1 bis 5 mangelhaft führen;

   (BGBl I 2008/124, BGBl I 2015/152, BGBl I 2016/114, BGBl I 2018/53)
4. die Verpflichtungen betreffend besondere Untersuchungen gemäß § 12b Abs. 1 verletzen;

   (BGBl I 2015/152)
5. Bescheide gemäß § 4 Abs. 2, § 5 Abs. 3 oder § 12 Abs. 4 nicht einhalten;

   (BGBl I 2015/152)
6. die Informationspflicht gemäß § 19d Abs. 2a nicht einhalten,

   (BGBl I 2015/152)

sind, sofern die Tat nicht nach anderen Vorschriften einer strengeren Strafe unterliegt, von der Bezirksverwaltungsbehörde mit einer Geldstrafe von 20 Euro bis 436 Euro zu bestrafen.

(2) Arbeitgeber, die

1. Arbeitnehmerinnen oder Arbeitnehmer über die Höchstgrenzen der täglichen oder wöchentlichen Arbeitszeit gemäß § 2 Abs. 2, § 7, § 8 Abs. 1, 2 oder 4, § 9, § 12a Abs. 5, § 18 Abs. 2 oder 3, § 18b Abs. 5 oder 6, § 19a Abs. 2 oder 6 oder § 20a Abs. 2 Z 1 hinaus einsetzen;

   (BGBl I 2015/152, BGBl I 2016/114, BGBl I 2018/53)
2. Ruhepausen oder Kurzpausen gemäß § 11 Abs. 1, 3, 4 oder 5, § 18 Abs. 4, § 18d, § 18h oder § 19a Abs. 4 nicht gewähren;
3. Arbeitnehmerinnen und Arbeitnehmern
   a) die tägliche Ruhezeit, den Ausgleich für Ruhezeitverkürzungen sowie sonstige vorgeschriebene Ausgleichsmaßnahmen gemäß § 12 Abs. 1 bis 2d, § 18a, § 18b Abs. 1 und 3, § 18c Abs. 1, § 18d, § 18g, § 19a Abs. 8, § 20a Abs. 2 Z 2 oder § 20b Abs. 4,

b) Ruhezeitverlängerungen gemäß § 19a Abs. 4, 5 oder 8 oder § 20a Abs. 2 Z 2, oder

c) die Gesamtruhezeit gemäß § 18b Abs. 4,

nicht gewähren;

(BGBl I 2015/152, BGBl I 2016/114)

4. Arbeitnehmer über die Höchstgrenzen der Fahrzeit gemäß § 18i hinaus einsetzen;
5. Verordnungen gemäß § 12 Abs. 4, § 21 oder § 23 übertreten;
6. Bescheide gemäß § 11 Abs. 1 und 5 nicht einhalten, oder

   (BGBl I 2017/126)
7. keine Aufzeichnungen gemäß § 18b Abs. 7, § 18c Abs. 2 sowie § 26 Abs. 1 bis 5 führen,

   (BGBl I 2016/114)

sind, sofern die Tat nicht nach anderen Vorschriften einer strengeren Strafe unterliegt, von der Bezirksverwaltungsbehörde mit einer Geldstrafe von 72 Euro bis 1 815 Euro, im Wiederholungsfall von 145 Euro bis 1 815 Euro zu bestrafen.

(BGBl I 2008/124)

(3) Arbeitgeber, die

1. Lenker über die Höchstgrenzen der Arbeitszeit gemäß § 2 Abs. 2, § 13b Abs. 2 und 3 oder § 14 Abs. 2 hinaus einsetzen oder die Aufforderung nach § 13b Abs. 4 unterlassen;
2. Ruhepausen gemäß § 13c oder Ruhezeitverlängerungen gemäß § 14 Abs. 3 nicht gewähren;
3. Lenker über die gemäß § 14a Abs. 1 und 2 zulässige Lenkzeit hinaus einsetzen;
4. Lenkpausen gemäß § 15 oder § 15a Abs. 4 nicht gewähren;
5. die tägliche Ruhezeit gemäß § 15a Abs. 1 bis 3 oder § 15b Abs. 2 nicht gewähren;
6. die Aufzeichnungspflichten gemäß § 15d verletzen;
7. Verordnungen gemäß § 15e Abs. 1 oder § 17 Abs. 3 oder Regierungsübereinkommen gemäß § 15e Abs. 2 übertreten;
8. Lenker über die gemäß § 16 Abs. 2 bis 4 zulässige Einsatzzeit hinaus einsetzen;
9. nicht dafür sorgen, dass Lenkerinnen und Lenker das Fahrtenbuch gemäß § 17 Abs. 3 und 4 führen oder die ihre Pflichten gemäß § 17 Abs. 5 oder einer Verordnung nach § 17 Abs. 6 verletzen,

   (BGBl I 2010/93)

sind, sofern die Tat nicht nach anderen Vorschriften einer strengeren Strafe unterliegt, von der Bezirksverwaltungsbehörde mit einer Geldstrafe von 72 Euro bis 1 815 Euro, im Wiederholungsfall von 145 Euro bis 1 815 Euro zu bestrafen.

(3a) Arbeitgeberinnen und Arbeitgeber, die

1. die Pflichten betreffend das digitale Kontrollgerät gemäß § 17a verletzen;
2. die Aufzeichnungs- und Aufbewahrungspflichten gemäß § 17b verletzen,

sind, sofern die Tat nicht nach anderen Vorschriften einer strengeren Strafe unterliegt, von der Bezirksverwaltungsbehörde mit einer Geldstrafe von 145 Euro bis 2 180 Euro, im Wiederholungsfall von 200 Euro bis 3 600 Euro zu bestrafen.

(BGBl I 2009/149)

(4) Abweichend von Abs. 2 und 3 sind Arbeitgeberinnen und Arbeitgeber, sofern die Tat nicht nach anderen Vorschriften einer strengeren Strafe unterliegt, von der Bezirksverwaltungsbehörde im Wiederholungsfall mit einer Geldstrafe von 218 Euro bis 3 600 Euro zu bestrafen, wenn

1. die Höchstgrenze der täglichen oder wöchentlichen Arbeitszeit (Abs. 2 Z 1 oder Abs. 3 Z 1) um mehr als 20% überschritten wurde, oder
2. die tägliche Ruhezeit (Abs. 2 Z 3 oder Abs. 3 Z 5) weniger als acht Stunden betragen hat, soweit nicht eine kürzere Ruhezeit zulässig ist.

(BGBl I 2009/149)

(5) Arbeitgeberinnen und Arbeitgeber, die

1. Lenker über die gemäß Art. 6 Abs. 1 bis 3 der Verordnung (EG) Nr. 561/2006 zulässige Lenkzeit hinaus einsetzen;
2. Lenkpausen gemäß Art. 7 der Verordnung (EG) Nr. 561/2006 nicht gewähren;
3. die tägliche Ruhezeit gemäß Art. 8 Abs. 2, 4 oder 5 oder Art. 9 der Verordnung (EG) Nr. 561/2006 nicht gewähren;
4. die Pflichten gemäß Art. 6 Abs. 5 oder Art. 12 Satz 2 der Verordnung (EG) Nr. 561/2006 verletzen;
5. die Pflichten gemäß Art. 10 Abs. 1 der Verordnung (EG) Nr. 561/2006 verletzen;
6. nicht gemäß Art. 10 Abs. 2 der Verordnung (EG) Nr. 561/2006 dafür gesorgt haben, dass die Lenkerinnen und Lenker ihre Verpflichtungen gemäß der Verordnung (EU) Nr. 165/2014 sowie des Kapitels II der Verordnung (EG) Nr. 561/2006 einhalten;

   (BGBl I 2014/94, BGBl I 2016/42)
7. die Pflichten betreffend den Linienfahrplan und den Arbeitszeitplan gemäß Art. 16 Abs. 2 und 3 der Verordnung (EG) Nr. 561/2006 verletzen;
8. die Pflichten betreffend das Kontrollgerät, das Schaublatt, den Ausdruck oder die Fahrerkarte gemäß Art. 3 Abs. 1, Art. 26 ausgenommen Abs. 4 und 9, Art. 27, Art. 28, Art. 29 Abs. 2 bis 5, Art. 32 Abs. 1 bis 4 sowie Art. 33 bis 37 der Verordnung (EU) Nr. 165/2014 verletzen,

   (BGBl I 2014/94, BGBl I 2016/42)

sind, sofern die Tat nicht nach anderen Vorschriften einer strengeren Strafe unterliegt, von der Bezirksverwaltungsbehörde mit einer Geldstrafe gemäß Abs. 6 zu bestrafen.

(BGBl I 2008/124, BGBl I 2009/149)

(6) Sind Übertretungen gemäß Abs. 5 nach Anhang III der Richtlinie 2006/22/EG als

1. leichte Übertretungen eingestuft oder in diesem Anhang nicht erwähnt, sind die Arbeitgeberinnen und Arbeitgeber
   a) in den Fällen der Z 1 bis 7 mit einer Geldstrafe von 72 Euro bis 1 815 Euro, im Wiederholungsfall von 145 Euro bis 1 815 Euro,
   b) im Fall der Z 8 mit einer Geldstrafe von 145 Euro bis 2 180 Euro, im Wiederholungsfall von 200 Euro bis 3 600 Euro;
2. schwerwiegende Übertretungen eingestuft, sind die Arbeitgeberinnen und Arbeitgeber mit einer Geldstrafe von 200 Euro bis 2 180 Euro, im Wiederholungsfall von 250 Euro bis 3 600 Euro;
3. sehr schwerwiegende Übertretungen eingestuft, sind die Arbeitgeberinnen und Arbeitgeber mit einer Geldstrafe von 300 Euro bis 2 180 Euro, im Wiederholungsfall von 350 Euro bis 3 600 Euro,
4. schwerste Übertretungen eingestuft, sind die Arbeitgeberinnen und Arbeitgeber mit einer Geldstrafe von 400 Euro bis 2 180 Euro, im Wiederholungsfall von 450 Euro bis 3 600 Euro,

   (BGBl I 2016/114)

zu bestrafen.

(BGBl I 2008/124, BGBl I 2009/149)

(7) Arbeitgeber, die den Bestimmungen

1. des § 18e Abs. 2,
2. der EU-Teilabschnitte FTL oder Q einschließlich österreichischer Durchführungsvorschriften, oder

   (BGBl I 2015/152)
3. der Anhänge 1 und 2 der AOCV 2008 einschließlich österreichischer Durchführungsvorschriften

zuwiderhandeln, sind, sofern die Tat nicht nach anderen Vorschriften einer strengeren Strafe unterliegt, von der Bezirksverwaltungsbehörde mit einer Geldstrafe von 218 Euro bis 2 180 Euro, im Wiederholungsfall von 360 Euro bis 3 600 Euro, zu bestrafen.

(BGBl I 2008/124)

(8) Auch Verstöße gegen die Aufzeichnungspflichten gemäß § 18b Abs. 7, § 18c Abs. 2 sowie § 26 Abs. 1 bis 5 sind hinsichtlich jedes einzelnen Arbeitnehmers gesondert zu bestrafen, wenn durch das Fehlen der Aufzeichnungen die Feststellung der tatsächlich geleisteten Arbeitszeit unmöglich oder unzumutbar wird.

(BGBl I 2016/114)

(9) Im Falle des § 13a Abs. 2 genügt abweichend von § 44a Z 2 des Verwaltungsstrafgesetzes 1991 (VStG), BGBl. Nr. 52, als Angabe der verletzten Verwaltungsvorschrift die Angabe des entsprechenden Gebotes oder Verbotes der Verordnung (EG) Nr. 561/2006.

(10) (aufgehoben)

(BGBl I 2014/94)

(11) Wurden Verwaltungsübertretungen nach den Abs. 1 bis 7 nicht im Inland begangen, gelten sie als an jenem Ort begangen, an dem sie festgestellt wurden.

(12) Abs. 1 bis 7 sind nicht anzuwenden, wenn die Zuwiderhandlung von Organen einer Gebietskörperschaft begangen wurde. Besteht bei einer Bezirksverwaltungsbehörde der Verdacht einer Zuwiderhandlung durch ein solches Organ, so hat sie, wenn es sich um ein Organ des Bundes oder eines Landes handelt, eine Anzeige an das oberste Organ, dem das der Zuwiderhandlung verdächtigte Organ untersteht (Art. 20 Abs. 1 erster Satz B-VG), in allen anderen Fällen aber eine Anzeige an die Aufsichtsbehörde zu erstatten.

(BGBl 1994/446, BGBl I 1997/8, BGBl I 1997/46, BGBl I 1999/88, BGBl I 2001/98, BGBl I 2002/122, BGBl I 2004/30, BGBl I 2004/159, BGBl I 2004/175, BGBl I 2006/138, BGBl I 2007/61)

Weitergelten von Regelungen

§ 29. (1) Soweit Kollektivverträge, Arbeitsordnungen oder Betriebsvereinbarungen für die Arbeitnehmer günstigere Bestimmungen vorsehen oder in Betrieben günstigere Regelungen bestehen, als sich nach den Bestimmungen dieses Bundesgesetzes ergibt, werden diese durch die Bestimmungen dieses Bundesgesetzes nicht berührt.

(2) Im Zeitpunkt des Inkrafttretens dieses Bundesgesetzes bestehende kollektivvertragliche Vereinbarungen in Angelegenheiten, in denen nach den Bestimmungen der §§ 3 Abs. 3 und 4, § 4 Abs. 7 und 9, § 5 Abs. 1 und 3, § 7 Abs. 2 und 3, § 10 Abs. 2, § 12 Abs. 1, § 14 Abs. 2, § 15 Abs. 3, § 16 Abs. 3 und 4 und § 18 Abs. 2 bis 4 dieses Bundesgesetzes abweichende Regelungen durch Kollektivvertrag zugelassen sind, gelten als solche Regelungen, insoweit sie den vorgenannten Bestimmungen entsprechen.

(BGBl 1971/238, BGBl I 1997/8)

ABSCHNITT 9
Schluß- und Übergangsbestimmungen

Aufhebung von Rechtsvorschriften

§ 30. (1) Mit dem Inkrafttreten dieses Bundesgesetzes treten für dessen Geltungsbereich alle mit den Bestimmungen dieses Bundesgesetzes in Widerspruch stehenden Vorschriften, soweit sie noch in Geltung stehen und soweit § 32 nicht anderes bestimmt, außer Kraft. Insbesondere verlieren ihre Wirksamkeit:

1. Arbeitszeitordnung vom 30. April 1938, Deutsches RGBl. I S. 447 (GBl. f. d. L. Ö. Nr. 231/1939), mit Ausnahme des § 16,
2. Ausführungsverordnung zur Arbeitszeitordnung vom 12. Dezember 1938, Deutsches

RGBl. I S. 1799 (GBl. f. d. L. Ö. Nr. 667/1939), mit Ausnahme der Nr. 20,
3. Verordnung über die Arbeitszeit in Kokereien und Hochofenwerken vom 20. Jänner 1925, Deutsches RGBl. I S. 5 (GBl. f. d. L. Ö. Nr. 231/1939),
4. Verordnung über die Arbeitszeit in Gaswerken vom 9. Februar 1927, Deutsches RGBl. I S. 59 (GBl. f. d. L. Ö. Nr. 231/1939),
5. Verordnung über die Arbeitszeit in Metallhütten vom 9. Februar 1927, Deutsches RGBl. I S. 59 (GBl. f. d. L. Ö. Nr. 231/1939),
6. Verordnung über die Arbeitszeit in Stahlwerken, Walzwerken und anderen Anlagen der Großeisenindustrie vom 16. Juli 1927, Deutsches RGBl. I S. 221 (GBl. f. d. L. Ö. Nr. 231/1939),
7. Verordnung über die Arbeitszeit in der Zementindustrie vom 26. März 1929, Deutsches RGBl. I S. 82 (GBl. f. d. L. Ö. Nr. 231/1939),
8. Zweite Anordnung vom 15. Februar 1939, welche die Arbeitszeit auf Baustellen betrifft, Deutscher Reichsanzeiger und Preußischer Staatsanzeiger Nr. 45 (GBl. f. d. L. Ö. Nr. 271/1939),
9. Verordnung über die Arbeitszeit in Krankenpflegeanstalten vom 13. Februar 1924, Deutsches RGBl. I S. 66, berichtigt im Deutschen RGBl. I S. 154/1924 (GBl. f. d. L. Ö. Nr. 25/1940),
10. Anordnung über Arbeitszeitverkürzung für Frauen, Schwerbeschädigte und minderleistungsfähige Personen (Freizeitanordnung) vom 22. Oktober 1943, RABl. I S. 508,
11. Abschnitt III, §§ 4 bis 7 der Verordnung zur Abänderung und Ergänzung von Vorschriften auf dem Gebiete des Arbeitsrechtes vom 1. September 1939, Deutsches RGBl. I S. 1683 (GBl. f. d. L. Ö. Nr. 1217/1939),
12. Verordnung über den Arbeitsschutz vom 12. Dezember 1939, Deutsches RGBl. I S. 2403,
13. Verordnung über die Sechzigstundenwoche vom 31. August 1944, Deutsches RGBl. I S. 191,
14. Verordnung des Bundesministeriums für soziale Verwaltung vom 22. Juni 1956, BGBl. Nr. 126, in der Fassung der Verordnung BGBl. Nr. 124/1959, über die Regelung der Arbeitszeit bei Reparaturarbeiten in heißen Öfen von Eisen- und Stahlhüttenbetrieben.
15. Verordnung des Bundesministeriums für soziale Verwaltung vom 25. September 1956, BGBl. Nr. 195, in der Fassung der Kundmachung vom 31. März 1966, BGBl. Nr. 49, betreffend die Zulassung von Arbeitszeitverlängerungen beim Nachweis eines dringenden Bedürfnisses.

(2) Weiters treten außer Kraft:

1. Erste Anordnung über die Vereinfachung der Lohn- und Gehaltsabrechnung vom 12. Juli 1944, Deutsches RGBl. I S. 166,
2. Zweite Anordnung über die Vereinfachung der Lohn- und Gehaltsabrechnung vom 2. September 1944, Deutsches RGBl. I S. 196,
3. Anordnung gegen Arbeitsvertragsbruch und Abwerbung sowie das Fordern unverhältnismäßig hoher Arbeitsentgelte in der privaten Wirtschaft vom 20. Juli 1942, RABl. I S. 341,
4. Anordnung über die Mehrarbeitsvergütung von Angestellten in der privaten Wirtschaft während der Kriegszeit vom 15. Oktober 1942, RABl. I S. 477,
5. Anordnung zur Regelung der Vergütung von zusätzlicher Sonn- und Feiertagsarbeit der kaufmännischen und technischen Angestellten der Industrie, des Handwerks und des Handels vom 14. März 1942, RABl. I S. 168,
6. Anordnung des Reichstreuhänders der Arbeit Wien vom 24. November 1944 über die Entlohnung der aus Anlaß einer Lastenminderung der Gas- und Elektrizitätswerke geleisteten Nachtarbeitsstunden sowie der Arbeitsleistungen an Samstagnachmittagen und Sonntagen, Amtliche Mitteilungen des Präsidenten der Gauarbeitsämter und der Reichstreuhänder der Arbeit in den Donau- und Alpengauen, S. 284/1944,
7. Anordnung über die Aufhebung arbeitsfreier Tage außerhalb der gesetzlichen Sonn- und Feiertage vom 3. Mai 1944, RABl. I S. 184,
8. Anordnung Nr. 13 zur Sicherung der Ordnung in den Betrieben vom 1. November 1943, RABl. I S. 543,
9. Zweite Anordnung zur Sicherung der Ordnung in den Betrieben vom 23. September 1944, RABl. I S. 359,
10. Anordnung zur Änderung der Anordnung Nr. 13 zur Sicherung der Ordnung in den Betrieben vom 1. November 1943, RABl. I S. 415/1944.

Außerkrafttreten von Ausnahmegehmigungen

§ 31. Bescheide, die auf Grund von durch dieses Bundesgesetz außer Kraft gesetzten Arbeitszeitvorschriften erlassen wurden, verlieren spätestens mit dem Ablauf von drei Monaten nach dem Inkrafttreten dieses Bundesgesetzes ihre Wirksamkeit.

Bezugnahme auf Richtlinien

§ 32. Durch dieses Bundesgesetz werden folgende Richtlinien der Europäischen Union umgesetzt:

1. Richtlinie 2003/88/EG des Rates vom 4. November 2003 über bestimmte Aspekte der Arbeitszeitgestaltung (ABl. Nr. L 299 vom 18.11.2003 S. 9);
(BGBl I 2006/138)
2. Richtlinie 97/81/EG des Rates vom 15. Dezember 1997 zu der von UNICE, CEEP und EGB geschlossenen Rahmenvereinbarung über Teilzeitarbeit (ABl. Nr. L 14 vom 20.01.1998 S. 9);

3. Richtlinie 1999/63/EG des Rates vom 21. Juni 1999 zu der vom Verband der Reeder in der Europäischen Gemeinschaft (European Community Shipowners' Association ECSA) und dem Verband der Verkehrsgewerkschaften in der Europäischen Union (Federation of Transport Workers' Unions in the European Union FST) getroffenen Vereinbarung über die Regelung der Arbeitszeit von Seeleuten 2000 (ABl. Nr. L 167 vom 02.07.1999 S. 33);
4. Richtlinie 1999/95/EG des Europäischen Parlaments und des Rates zur Durchsetzung der Arbeitszeitregelung für Seeleute an Bord von Schiffen, die Gemeinschaftshäfen anlaufen, vom 13. Dezember 1999 (ABl. Nr. L 14 vom 20.01.2000 S. 29);

   (BGBl I 2004/159)
5. Richtlinie 2000/79/EG des Rates vom 27. November 2000 über die Durchführung der von der Vereinigung Europäischer Fluggesellschaften (AEA), der Europäischen Transportarbeiter-Föderation (ETF), der European Cockpit Association (ECA), der European Regions Airline Association (ERA) und der International Air Carrier Association (IACA) geschlossenen Europäischen Vereinbarung über die Arbeitszeitorganisation für das fliegende Personal der Zivilluftfahrt (ABl. Nr. L 302 vom 01.12.2000 S. 57);

   (BGBl I 2004/159, BGBl I 2006/138)
6. Richtlinie 2002/15/EG des Europäischen Parlaments und des Rates vom 11. März 2002 zur Regelung der Arbeitszeit von Personen, die Fahrtätigkeiten im Bereich des Straßentransportes ausüben (ABl. Nr. L 80 vom 23.03.2002 S. 35);

   (BGBl I 2006/138, BGBl I 2008/124)
7. Richtlinie 2005/47/EG des Europäischen Parlaments und des Rates vom 18. Juli 2005 betreffend die Vereinbarung zwischen der Gemeinschaft der Europäischen Bahnen (CER) und der Europäischen Transportarbeiter-Föderation (ETF) über bestimmte Aspekte der Einsatzbedingungen des fahrenden Personals im interoperablen grenzüberschreitenden Verkehr im Eisenbahnsektor (ABl. Nr. L 195 vom 27.07.2005, S. 15);

   (BGBl I 2008/124, BGBl I 2009/149)
8. Richtlinie 2006/22/EG des Europäischen Parlaments und des Rates vom 15. März 2006 über die Mindestbedingungen für die Durchführung der Verordnungen (EWG) Nr. 3820/85 und (EWG) Nr. 3821/85 des Rates über Sozialvorschriften für Tätigkeiten im Kraftverkehr sowie zur Aufhebung der Richtlinie 88/599/EWG des Rates, ABl. Nr. L 102 vom 11.4.2006 S. 35, zuletzt geändert durch die Verordnung (EU) 2016/403, ABl. Nr. L 74 vom 19.03.2016 S. 8;

   (BGBl I 2009/149, BGBl I 2016/114)
9. Richtlinie 2014/112/EU zur Durchführung der von der Europäischen Binnenschifffahrts Union (EBU), der Europäischen Schifferorganisation (ESO) und der Europäischen Transportarbeiter-Föderation (ETF) geschlossenen Europäischen Vereinbarung über die Regelung bestimmter Aspekte der Arbeitszeitgestaltung in der Binnenschifffahrt, ABl. Nr. L 367 vom 23.12.2014 S. 86.

(BGBl 1971/238, BGBl I 1997/46, BGBl I 2004/30)

Verweisungen

§ 32a. Soweit in diesem Bundesgesetz auf andere Bundesgesetze verwiesen wird, sind diese in der jeweils geltenden Fassung anzuwenden.

(BGBl 1992/833, BGBl 1994/446, BGBl I 1997/46)

§ 32b. Kollektivverträge, die sich auf die Regelungen einzelner Arbeitsbedingungen beschränken und deren Wirkungsbereich sich fachlich auf die überwiegende Anzahl der Wirtschaftszweige und räumlich auf das ganze Bundesgebiet erstreckt, gelten nicht als Kollektivverträge im Sinne des § 5 Abs. 2 und 3, § 13b Abs. 2 und 3, § 13c Abs. 3, § 14 Abs. 4, § 14a Abs. 1 und 2, § 15a Abs. 5, § 16 Abs. 3 und 4 sowie § 18 Abs. 5.

(BGBl 1994/446, BGBl I 1997/8, BGBl I 1997/46, BGBl I 2006/138)

Übergangsbestimmungen

§ 32c. (1) Auf Lenker von Kraftfahrzeugen, die auf Grund der Ausnahmebestimmung des Art. II Abs. 1 der 15. Kraftfahrgesetz-Novelle, BGBl. Nr. 456/1993, noch nicht mit einem Kontrollgerät im Sinne der Verordnung (EWG) Nr. 3821/85 ausgerüstet sind, ist § 28 Abs. 1b Z 2 bis zum 31. Dezember 1994 nicht anzuwenden.

(BGBl I 1997/46)

(2) Für die am 1. Mai 1997 anhängigen Verwaltungsverfahren der Arbeitsinspektorate und für rechtskräftige Bescheide in Angelegenheiten, die nach den Änderungen durch das Bundesgesetz, BGBl. I Nr. 46/1997, nicht mehr der Arbeitsinspektion zugewiesen sind, sowie Bescheide gemäß § 17 Abs. 4 gilt folgendes:

1. Rechtskräftige Bescheide gemäß §§ 5 Abs. 2, 7 Abs. 5, 11 Abs. 5, 12 Abs. 2, 14 Abs. 4 und 16 Abs. 5 in der Fassung vor den Änderungen durch das Bundesgesetz BGBl. I Nr. 46/1997 bleiben unberührt.
2. Anhängige Verwaltungsverfahren gemäß § 7 Abs. 5 sind nach der neuen Rechtslage weiterzuführen. Anhängige Verwaltungsverfahren gemäß §§ 5 Abs. 2, 8 Abs. 4, 11 Abs. 5, 12 Abs. 2, 14 Abs. 4 und 16 Abs. 5 sind einzustellen.
3. Die durch Bescheid des Bundesministers für Arbeit, Gesundheit und Soziales gemäß § 17 Abs. 4 in der Fassung vor den Änderungen durch das Bundesgesetz BGBl. I Nr. 46/1997 zugelassenen Nachweise gelten als geeigne-

ter Nachweis im Sinne des § 17 Abs. 4. Eine Übermittlung an das Arbeitsinspektorat gemäß § 17 Abs. 4 vierter Satz kann entfallen.

(BGBl I 1997/46)

(3) Die Normen der kollektiven Rechtsgestaltung im Sinne des § 12a Abs. 5 sind längstens bis zum Ablauf des 31. Dezember 2002 zu erlassen oder anzupassen.

(BGBl I 2002/122)

(4) Sieht ein Kollektivvertrag oder eine Betriebsvereinbarung im Rahmen der Zulassung einer Arbeitszeitverlängerung nach § 14 in der Fassung vor In-Kraft-Treten der Änderungen durch das Bundesgesetz BGBl. I Nr. 138/2006 eine Regelung vor, die nach In-Kraft-Treten dieser Änderungen nicht mehr zulässig ist, gilt diese Regelung ab diesem Zeitpunkt auf das nach § 13b Abs. 2 und 3 in der Fassung des Bundesgesetzes BGBl. I Nr. 138/2006 höchstzulässige Ausmaß eingeschränkt.

(BGBl I 2006/138)

(5) Bis zum In-Kraft-Treten der Änderungen des § 28 Abs. 1a durch das Bundesgesetz BGBl. I Nr. 138/2006 sind Arbeitgeber und deren Bevollmächtigte nach § 28 Abs. 1a zu bestrafen, die

1. Lenker über die Höchstgrenzen der Arbeitszeit gemäß § 2 Abs. 2, § 13b Abs. 2 und 3 oder § 14 Abs. 2 hinaus einsetzen oder die Aufforderung nach § 13b Abs. 4 unterlassen;
2. Ruhepausen gemäß § 13c oder Ruhezeitverlängerungen gemäß § 14 Abs. 3 nicht gewähren.

(BGBl I 2006/138)

(6) Als kollektivvertragliche Regelungen im Sinne des § 18j gelten auch solche, die vor dem In-Kraft-Treten dieser Bestimmung abgeschlossen wurden, soweit sie den Vorgaben des § 18j entsprechen.

(BGBl I 2008/124)

(7) Verordnungen auf Grund dieses Bundesgesetzes können bereits von dem der Kundmachung der jeweiligen Verordnungsermächtigung folgenden Tag an erlassen werden. Sie dürfen jedoch frühestens mit dem Inkrafttreten der jeweiligen Verordnungsermächtigung in Kraft treten.

(BGBl I 2009/149)

(8)[a] (aufgehoben)

(BGBl 1994/446, BGBl I 2014/94, BGBl I 2017/126)

[a] § 32c Abs 9 (alt) mit BGBl I 42/2016 außer Kraft, trotz Anordnung von BGBl I 126/2017.

(9) Mit Inkrafttreten der Änderungen durch das Bundesgesetz BGBl. I Nr. 126/2017 treten Bescheide nach § 11 Abs. 6 außer Kraft. Anhängige Verwaltungsverfahren sind einzustellen.

(BGBl I 2017/126)

(10) Bestehende Gleitzeitvereinbarungen bleiben aufrecht. Regelungen in Kollektivverträgen und Betriebsvereinbarungen, die für die Arbeitnehmerinnen und Arbeitnehmer günstigere Bestimmungen vorsehen, werden durch die Änderungen des Bundesgesetzes BGBl. I Nr. 53/2018 nicht berührt.

(BGBl I 2018/53)

(BGBl 1994/446)

Inkrafttreten und Vollziehung

§ 33. (1) Dieses Bundesgesetz tritt, soweit im folgenden nicht anderes bestimmt wird, am 5. Jänner 1970 in Kraft.

(BGBl 1992/473)

(2) Die Bestimmung des § 12 Abs. 3 betreffend die ununterbrochene Wochenruhe tritt mit der gemäß § 12 Abs. 4 zu erlassenden Verordnung in Kraft.

(BGBl 1994/446)

(3) Mit der Vollziehung dieses Bundesgesetzes sind betraut:

1. hinsichtlich § 26 Abs. 7 und § 27 Abs. 3 der Bundesminister für Finanzen;
2. hinsichtlich des § 15f der Bundesminister für Justiz;
3. hinsichtlich des § 15e Abs. 2 die Bundesregierung;
4. im Übrigen der Bundesminister für Arbeit, Soziales und Konsumentenschutz.

(BGBl 1992/833, BGBl 1994/446, BGBl I 1997/46, BGBl I 2001/98, BGBl I 2007/61, BGBl I 2009/149, BGBl I 2012/35, BGBl I 2013/71)

(4) Der Bundesminister für Arbeit, Soziales und Konsumentenschutz ist auch mit der Vollziehung der Verordnung (EG) Nr. 561/2006 und der (EU) Nr. 165/2014 betraut.

(BGBl 1994/446, BGBl I 2001/98, BGBl I 2006/138, BGBl I 2009/149, BGBl I 2012/35, BGBl I 2014/94, BGBl I 2016/42)

Inkrafttreten von Novellen

§ 34. (1) § 11 in der Fassung des Bundesgesetzes BGBl. Nr. 473/1992 tritt mit 1. Jänner 1993 in Kraft.

(BGBl 1992/473, BGBl I 2014/94)

(2) Die §§ 19b, 19c, 19d, 20 Abs. 1 und 32a in der Fassung des Bundesgesetzes BGBl. Nr. 833/1992 treten mit 1. Jänner 1993 in Kraft.

(BGBl 1992/833, BGBl I 2014/94)

(3) § 19c Abs. 5a in der Fassung des Bundesgesetzes BGBl. Nr. 335/1993 tritt mit 1. Juli 1993 in Kraft.

(BGBl 1993/335, BGBl I 2014/94)

(4) Die §§ 3 Abs. 1, 4 Abs. 1 bis 6, 8 und 9, 4a, 4b, 4c, 5, 5a, 6 Abs. 1 und 1a, 8 Abs. 5, 9, 12 Abs. 2a und 2b, 13, 14, 15, 15a bis 15e, 16, 17 Abs. 1, 2, 5, 6 und Überschrift, 18 Abs. 1 und 2, 19 Abs. 3, 20 Abs. 1 erster Halbsatz, 25, 26, 27 Abs. 2, 28, 32a, 32b, 32c und 33 Abs. 2, in der Fassung des Bundesgesetzes BGBl. Nr. 446/1994 treten mit 1. Juli 1994 in Kraft. Mit diesem Tag tritt auch § 19 Abs. 4 außer Kraft. Verordnungen

gemäß § 15e können bereits vor diesem Zeitpunkt erlassen werden, sie treten jedoch frühestens gemeinsam mit § 15e in Kraft.

(BGBl 1994/446, BGBl I 2014/94)

(5) § 24 in der Fassung des Bundesgesetzes BGBl. Nr. 446/1994 tritt mit 1. Jänner 1995 in Kraft.

(BGBl 1994/446, BGBl I 2014/94)

(6) § 4 Abs. 8 und 9 in der Fassung des Bundesgesetzes BGBl. Nr. 417/1996 tritt mit 1. Juli 1996 in Kraft.

(BGBl 1996/417, BGBl I 2014/94)

(7) § 1 Abs. 2 Z 9 und 10, § 9 Abs. 2 und 3, § 20 Abs. 1, § 23, § 27 Abs. 2, § 28 Abs. 1 Z 1, 2 und 7, § 29 Abs. 2 und § 32b in der Fassung des Bundesgesetzes BGBl. I Nr. 8/1997 treten mit 1. Jänner 1997 in Kraft. § 19 tritt mit Ablauf des 31. Dezember 1996 außer Kraft.

(BGBl I 1997/8, BGBl I 1999/88, BGBl I 2014/94)

(8) § 1 Abs. 2 Z 2, 3 und 5, § 4, § 4a, § 5, § 5a Abs. 4, § 6 Abs. 1 und 1a, § 7 Abs. 2 bis 6, § 8 Abs. 2 und 4, § 9 Abs. 1 bis 3, § 10, § 11Abs. 1 und 5, § 12 Abs. 1, 2 und 2b, § 14, § 14a, § 15, § 16, § 17 Abs. 4, § 18 Abs. 1, § 19b Abs. 3 und 4, §§ 19c bis 19g, § 20 Abs. 1, § 20a, § 20b, § 26 Abs. 1 und 7, § 27, § 28 Abs. 1, Abs. 1a Z 3 und 10, Abs. 1b Z 1, § 32a, § 32b und § 32c, in der Fassung des Bundesgesetzes BGBl. I Nr. 46/1997, treten mit 1. Mai 1997 in Kraft. Mit diesem Zeitpunkt treten § 28 Abs. 1a Z 11 und § 32 außer Kraft.

(BGBl I 1997/46, BGBl I 2014/94)

(9) § 9 Abs. 4 und 5, in der Fassung des Bundesgesetzes BGBl. I Nr. 46/1997, treten mit 1. Jänner 1998 in Kraft.

(BGBl I 1997/46, BGBl I 2014/94)

(10) § 9 Abs. 2, 3 und 5, § 19a, § 20 Abs. 1, § 27 Abs. 4 und § 28 Abs. 1 Z 1 bis 8, in der Fassung des Bundesgesetzes BGBl. I Nr. 88/1999 treten mit 1. Jänner 2000 in Kraft.

(BGBl I 1999/88, BGBl I 2014/94)

(11) § 1 Abs. 2 Z 5 und § 19 in der Fassung des Bundesgesetzes BGBl. I Nr. 37/2000 treten mit 1. Juli 2000 in Kraft.

(BGBl I 2000/37, BGBl I 2014/94)

(12) § 28 Abs. 1 bis 1b in der Fassung des Bundesgesetzes BGBl. I Nr. 98/2001 tritt mit 1. Jänner 2002 in Kraft.

(BGBl I 2001/98, BGBl I 2014/94)

(13) § 1 Abs. 2 Z 5 lit. b in der Fassung des Bundesgesetzes BGBl. I Nr. 162/2001 tritt mit 1. Jänner 2002 in Kraft.

(BGBl I 2001/162, BGBl I 2014/94)

(14) § 12a, § 12b, § 12c, § 12d, § 14 Abs. 3, § 19a Abs. 5 und 8, § 20 Abs. 1, § 23, § 24, § 25 Abs. 1, § 28 Abs. 1 sowie § 32c Abs. 3 in der Fassung des Bundesgesetzes BGBl. I Nr. 122/2002 treten mit 1. August 2002 in Kraft.

(BGBl I 2002/122, BGBl I 2014/94)

(15) § 18 Abs. 1, 4 und 5, § 18a, § 18b, § 18c, § 18d, § 20 Abs. 1, § 23, § 28 Abs. 1 Z 2, 3 und 4, sowie § 32 in der Fassung des Bundesgesetzes BGBl. I Nr. 30/2004 treten mit 1. Mai 2004 in Kraft.

(BGBl I 2004/30, BGBl I 2014/94)

(16) § 19d Abs. 8 in der Fassung des Bundesgesetzes BGBl. I Nr. 64/2004 tritt mit 1. Juli 2004 in Kraft.

(BGBl I 2004/64, BGBl I 2014/94)

(17) § 18e, § 28 Abs. 1c und 2 sowie § 32 Z 5 in der Fassung des Bundesgesetzes BGBl. I Nr. 159/2004 treten mit 1. Jänner 2005 in Kraft. Gleichzeitig tritt § 1 Abs. 2 Z 7 außer Kraft.

(BGBl I 2004/159, BGBl I 2014/94)

(18) Die §§ 13, 15d, 17 Abs. 2, 5 und 6, 17a, 17b sowie 28 Abs. 1b und 3 in der Fassung des Bundesgesetzes BGBl. I Nr. 175/2004 treten mit 5. Mai 2005 in Kraft.

(BGBl I 2004/175, BGBl I 2014/94)

(19) Die §§ 6 Abs. 1, 9 Abs. 2, 3 und 5 Z 3, 13 Abs. 1, 13a Abs. 1, 13b, 13c, 14, 17a Abs. 1 und 3, 17c, 18 Abs. 1, 18e, 20, 23, 28 Abs. 5, 32 Z 1 und 6, 32b und 32c Abs. 4 und 5 in der Fassung des Bundesgesetzes BGBl. I Nr. 138/2006 treten mit 1. Juli 2006 in Kraft. Mit diesem Zeitpunkt tritt § 13 Abs. 4 außer Kraft.

(BGBl I 2006/138, BGBl I 2014/94)

(20) Die §§ 13 Abs. 2 und 3, 13a Abs. 2 und 3, 14a, 15 bis 15f, 16 Abs. 1, 17 Abs. 6, 24 Z 3, 28 Abs. 1a bis 4 sowie § 33 Abs. 5 in der Fassung des Bundesgesetzes BGBl. I Nr. 138/2006 treten mit 11. April 2007 in Kraft. Mit diesem Zeitpunkt tritt § 13 Abs. 5 außer Kraft.

(BGBl I 2006/138, BGBl I 2014/94)

(21) § 1a, § 4, § 4a Abs. 2 und 4, § 4b Abs. 4, § 5a Abs. 4, § 6 Abs. 1a, § 7 Abs. 4, 4a, 6 und 6a, § 9 Abs. 2, § 15f Z 3, § 18 Abs. 5, § 19d Abs. 1, 2, 3a bis 3f und 8, § 19f, § 26 Abs. 8 sowie § 28 in der Fassung des Bundesgesetzes BGBl. I Nr. 61/2007 treten mit 1. Jänner 2008 in Kraft. § 26 Abs. 8 ist nur auf Verfallsfristen anzuwenden, die ab diesem Zeitpunkt zu laufen beginnen würden.

(BGBl I 2007/61, BGBl I 2008/124, BGBl I 2014/94)

(22) § 18 Abs. 1 Z 1, § 18a samt Überschrift, § 18e, Unterabschnitt 5a, § 20, § 23, § 24, § 32 sowie § 32c Abs. 6 in der Fassung des Bundesgesetzes BGBl. I Nr. 124/2008 treten am 16. Juli 2008 in Kraft. § 28 Abs. 1 Z 3, Abs. 2 und Abs. 7 tritt mit dem der Kundmachung folgenden Tag in Kraft.

(BGBl I 2008/124, BGBl I 2014/94)

(23) § 2 Abs. 3, § 13 Abs. 1 Z 2 und 6 und Abs. 2 bis 4, § 15e Abs. 1, § 17, § 28 Abs. 3a und 4 bis 6, § 32 Z 7 und 8 sowie § 32c Abs. 7, in der

Fassung des Bundesgesetzes BGBl. I Nr. 149/2009, treten mit 1. Jänner 2010 in Kraft.

(BGBl I 2009/149, BGBl I 2014/94)

(24) § 33 Abs. 3 lit. f und g sowie Abs. 4 in der Fassung des 2. Stabilitätsgesetzes 2012, BGBl. I Nr. 35/2012, tritt mit 1. Juli 2012 in Kraft; gleichzeitig tritt § 33 Abs. 3 lit. a und b außer Kraft.

(BGBl I 2012/35, BGBl I 2014/94)

(25) Die §§ 11 Abs. 4 und 12a Abs. 3 in der Fassung des Bundesgesetzes BGBl. I Nr. 3/2013 treten mit 1. Jänner 2013 in Kraft.

(BGBl I 2013/3, BGBl I 2014/94)

(26) § 27 und § 33 Abs. 3 in der Fassung des Bundesgesetzes BGBl. I Nr. 71/2013 treten mit 1. Jänner 2014 in Kraft.

(BGBl I 2013/71, BGBl I 2014/94)

(27) § 26 Abs. 3, 5, 5a, 8 und 9 in der Fassung des Bundesgesetzes BGBl. I Nr. 94/2014 tritt mit 1. Jänner 2015 in Kraft. Mit diesem Zeitpunkt entfällt § 11 Abs. 8 bis 10.

(BGBl I 2014/94)

(28) § 13 Abs. 1 Z 4 und 5 sowie § 32c Abs. 9 treten mit 2. März 2015 in Kraft.

(BGBl I 2014/94)

(29) § 13 Abs. 1 Z 2 sowie Abs. 3, § 15e Abs. 1, § 17 Abs. 1, § 17a Abs. 1 Z 2 und Abs. 2, § 24 Z 4, § 28 Abs. 5 Z 6 und 8 sowie § 33 Abs. 4 in der Fassung des Bundesgesetzes BGBl. I Nr. 94/2014 treten am Tag des Inkrafttretens der Durchführungsrechtsakte der Kommission der Europäischen Union gemäß Art. 4 Abs. 8, 6 Abs. 5, 11 Abs. 1, 12 Abs. 7, 14, 21 Abs. 3, 22 Abs. 5, 31 Abs. 5 sowie 39 Abs. 3 der Verordnung (EU) Nr. 165/2014 in Kraft, frühestens jedoch mit 2. März 2016. Gleiches gilt für das Außerkrafttreten von § 32c Abs. 9. Der Bundesminister für Arbeit, Soziales und Konsumentenschutz hat den Zeitpunkt des Inkrafttretens der genannten Durchführungsrechtsakte im Bundesgesetzblatt I kundzumachen.

(BGBl I 2014/94)

(30) § 12, § 15 Abs. 1a, § 15d, § 19d Abs. 2a, § 20 Abs. 1, § 20b Abs. 1 und 6, § 26 Abs. 2a, § 27 Abs. 3 sowie § 28 Abs. 1 und 2 in der Fassung des Bundesgesetzes BGBl. I Nr. 152/2015 treten mit 1. Jänner 2016 in Kraft.

(BGBl I 2015/152, BGBl I 2016/114)

(31) § 18e Abs. 1 Z 1 und 1a, Abs. 2 Z 1 und 2 sowie Abs. 3 und 4, § 24 Z 5 und § 28 Abs. 7 Z 2 in der Fassung BGBl. I Nr. 152/2015 treten mit 18. Februar 2016 in Kraft. Gleichzeitig tritt § 18e Abs. 5 außer Kraft.

(BGBl I 2015/152)

(32) § 9 Abs. 2, § 13c Abs. 5 und 6, § 18 Abs. 1 Z 4, § 18a Abs. 2, § 18b, § 20 Abs. 1, § 23, § 28 Abs. 1 Z 3, Abs. 2 Z 1, 3 und 7, Abs. 6 und Abs. 8 sowie § 32 Z 8 und 9 in der Fassung des Bundesgesetzes BGBl. I Nr. 114/2016 treten mit 1. Jänner 2017 in Kraft.

(BGBl I 2016/114)

(33) § 19d Abs. 8 in der Fassung des Bundesgesetzes BGBl. I Nr. 30/2017 tritt mit 1. Juli 2017 in Kraft.

(BGBl I 2017/30)

(34) § 17c Abs. 1 in der Fassung des Deregulierungsgesetzes 2017, BGBl. I Nr. 40/2017, tritt mit 1. Juli 2017 in Kraft. § 24 samt Überschrift tritt mit Ablauf des 30. Juni 2017 außer Kraft.

(BGBl I 2017/40)

(35) § 11 Abs. 6, § 20 Abs. 2, § 28 Abs. 2 Z 6 sowie § 32c Abs. 8 und 9 in der Fassung des Bundesgesetzes BGBl. I Nr. 126/2017 treten mit 1. August 2017 in Kraft. Mit diesem Zeitpunkt tritt § 11 Abs. 7 außer Kraft.

(BGBl I 2017/126)

(36) § 9 Abs. 5 Z 4, die Überschrift zu § 19a, § 19a Abs. 1 bis 2d, Abs. 4 erster Satz, Abs. 5 erster Satz sowie Abs. 6 bis 9 in der Fassung des Bundesgesetzes BGBl. I Nr. 127/2017 treten mit 1. Jänner 2018 in Kraft.

(BGBl I 2017/127)

(37) § 1 Abs. 2 Z 7 und 8, § 4 Abs. 7, § 4b Abs. 4 und 5, § 7 Abs. 1, 5 und 6, § 8 Abs. 1 und 2, § 9 Abs. 1 bis 3, § 10 Abs. 4, § 12 Abs. 2a, § 18 Abs. 2, § 19a Abs. 8, § 19b Abs. 3 Z 3 und 5, § 20a Abs. 2, § 26 Abs. 2a, § 28 Abs. 1 Z 3 und Abs. 2 Z 1 sowie § 32c Abs. 10, in der Fassung des Bundesgesetzes BGBl. I Nr. 53/2018, treten mit 1. September 2018 in Kraft. Mit diesem Zeitpunkt entfallen auch § 7 Abs. 2, 4 und 4a sowie § 20b Abs. 6.

(BGBl I 2018/53)

(BGBl I 2014/94)

17. Berufsausbildungsgesetz (Auszug)

Berufsausbildungsgesetz, BGBl 1969/142 idF

1 BGBl 1974/399	2 BGBl 1978/232	3 BGBl 1986/563
4 BGBl 1993/23	5 BGBl I 1997/67	6 BGBl I 2000/83
7 BGBl I 2003/79	8 BGBl I 2008/82	9 BGBl I 2010/40
10 BGBl I 2015/78	11 BGBl I 2017/153	

GLIEDERUNG

STICHWORTVERZEICHNIS

Bundesgesetz vom 26. März 1969 über die Berufsausbildung von Lehrlingen (Berufsausbildungsgesetz – BAG)

Der Nationalrat hat beschlossen:

Endigung des Lehrverhältnisses

§ 14. (1) Das Lehrverhältnis endet mit Ablauf der im Lehrvertrag vereinbarten Dauer der Lehrzeit.

(2) Vor Ablauf der vereinbarten Lehrzeit endet das Lehrverhältnis, wenn

a) der Lehrling stirbt;
b) der Lehrberechtigte stirbt und kein Ausbilder vorhanden ist, es sei denn, daß er ohne unnötigen Aufschub bestellt wird;
(BGBl 1978/232)
c) die Eintragung des Lehrvertrages rechtskräftig verweigert oder die Löschung der Eintragung des Lehrvertrages rechtskräftig verfügt wurde;
d) der Lehrberechtigte nicht mehr zur Ausübung der Tätigkeit befugt ist, in deren Rahmen der Lehrling ausgebildet wird oder der Lehrberechtigte auf Grund des § 4 von der Ausbildung von Lehrlingen ausgeschlossen ist;

e) der Lehrling die Lehrabschlußprüfung erfolgreich ablegt, wobei die Endigung des Lehrverhältnisses mit Ablauf der Woche, in der die Prüfung abgelegt wird, eintritt,

(BGBl 1978/232, BGBl I 2015/78)

f) ein Asylverfahren des Lehrlings mit einem rechtskräftigen negativen Bescheid beendet wurde.

(BGBl I 2015/78)

(3) Wenn ein Lehrverhältnis gemäß Abs. 2 lit. d endet und der Lehrberechtigte innerhalb von sechs Monaten nach Endigung des Lehrverhältnisses seine Tätigkeit wieder aufnimmt, ist das Lehrverhältnis fortzusetzen, wenn der Lehrling innerhalb von zwei Wochen nach Verständigung von der Wiederaufnahme der Tätigkeit durch den Lehrberechtigten oder sonst innerhalb von zwei Monaten nach Wiederaufnahme der Tätigkeit eine diesbezügliche schriftliche Erklärung abgibt. Die vier Monate übersteigende Zeit zwischen der Endigung des Lehrverhältnisses und seiner Fortsetzung ist auf die für den Lehrberuf festgesetzte Lehrzeit nicht anzurechnen.

(BGBl 1978/232)

(4) Wird ein Lehrling vom Lehrberechtigten vom Eintritt eines Endigungsgrundes gemäß Abs. 2 lit. d nicht unverzüglich informiert, hat dieser gegenüber dem Lehrberechtigten für die Dauer der fortgesetzten Beschäftigung die gleichen arbeits- und sozialrechtlichen Ansprüche wie aufgrund eines aufrechten Lehrverhältnisses (Arbeitsverhältnis). Bei Kenntnis des Lehrlings von der eingetretenen Endigung des Lehrverhältnisses endet dieses Arbeitsverhältnis ex lege. Dem Lehrling steht ein Entschädigungsanspruch entsprechend den auf das Arbeitsverhältnis anzuwendenden Bestimmungen für berechtigten vorzeitigen Austritt zu.

(BGBl I 2015/78)

Vorzeitige Auflösung des Lehrverhältnisses

§ 15. (1) Während der ersten drei Monate kann sowohl der Lehrberechtigte als auch der Lehrling das Lehrverhältnis jederzeit einseitig auflösen; erfüllt der Lehrling seine Schulpflicht in einer lehrgangsmäßigen Berufsschule während der ersten drei Monate, kann sowohl der Lehrberechtigte als auch der Lehrling das Lehrverhältnis während der ersten sechs Wochen der Ausbildung im Lehrbetrieb (in der Ausbildungsstätte) jederzeit einseitig auflösen. Darüber hinaus ist die vorzeitige Auflösung des Lehrverhältnisses einvernehmlich oder bei Vorliegen eines der in Abs. 3 und 4 angeführten Gründe einseitig durch den Lehrberechtigten oder durch den Lehrling sowie die außerordentliche Auflösung gemäß § 15a zulässig.

(BGBl 1978/232, BGBl I 2000/83, BGBl I 2008/82)

(2) Die Auflösung bedarf zur Rechtswirksamkeit der Schriftform. Die Auflösung durch einen minderjährigen Lehrling in den Fällen der Abs. 1 und 4 sowie des § 15a bedarf überdies der Zustimmung des gesetzlichen Vertreters, jedoch keiner pflegschaftsgerichtlichen Zustimmung.

(BGBl 1978/232, BGBl I 1997/67, BGBl I 2000/83, BGBl I 2008/82)

(3) Gründe, die den Lehrberechtigten zur vorzeitigen Auflösung des Lehrverhältnisses berechtigen, liegen vor, wenn

a) der Lehrling sich eines Diebstahls, einer Veruntreuung oder einer sonstigen strafbaren Handlung schuldig macht, die ihn des Vertrauens des Lehrberechtigten unwürdig macht oder der Lehrling länger als einen Monat in Haft, ausgenommen Untersuchungshaft, gehalten wird;

(BGBl 1978/232)

b) der Lehrling den Lehrberechtigten, dessen Betriebs- oder Haushaltsangehörige tätlich oder erheblich wörtlich beleidigt oder gefährlich bedroht hat oder der Lehrling die Betriebsangehörigen zur Nichtbefolgung von betrieblichen Anordnungen, zu unordentlichem Lebenswandel oder zu unsittlichen oder gesetzwidrigen Handlungen zu verleiten sucht;

(BGBl 1978/232)

c) der Lehrling trotz wiederholter Ermahnungen die ihm auf Grund dieses Bundesgesetzes, des Schulpflichtgesetzes, BGBl. Nr. 242/1962, oder des Lehrvertrages obliegenden Pflichten verletzt oder vernachlässigt;

d) der Lehrling ein Geschäfts- oder Betriebsgeheimnis anderen Personen verrät oder es ohne Zustimmung des Lehrberechtigten verwertet oder einen seiner Ausbildung abträglichen Nebenerwerb betreibt oder ohne Einwilligung des Lehrberechtigten Arbeiten seines Lehrberufes für Dritte verrichtet und dafür ein Entgelt verlangt;

(BGBl 1978/232)

e) der Lehrling seinen Lehrplatz unbefugt verläßt;

(BGBl 1993/23)

f) der Lehrling unfähig wird, den Lehrberuf zu erlernen, sofern innerhalb der vereinbarten Lehrzeit die Wiedererlangung dieser Fähigkeit nicht zu erwarten ist; oder

(BGBl 1978/232, BGBl 1993/23)

g) der Lehrling einer vereinbarten Ausbildung im Rahmen eines Ausbildungsverbundes infolge erheblicher Pflichtverletzung nicht nachkommt.

(BGBl 1993/23)

(4) Gründe, die den Lehrling zur vorzeitigen Auflösung des Lehrverhältnisses berechtigen, liegen vor, wenn

a) der Lehrling ohne Schaden für seine Gesundheit das Lehrverhältnis nicht fortsetzen kann;

b) der Lehrberechtigte oder der Ausbilder die ihm obliegenden Pflichten gröblich vernachlässigt, den Lehrling zu unsittlichen oder gesetzwidrigen Handlungen zu verleiten sucht, ihn mißhandelt, körperlich züchtigt oder erheblich wörtlich beleidigt oder den Lehrling gegen Mißhandlungen, körperliche Züchtigungen oder unsittliche Handlungen von seiten der Betriebsangehörigen und der Haushaltsangehörigen des Lehrberechtigten zu schützen unterläßt;

(BGBl 1978/232)

c) der Lehrberechtigte länger als einen Monat in Haft gehalten wird, es sei denn, daß ein gewerberechtlicher Stellvertreter (Geschäftsführer) oder ein Ausbilder bestellt ist;

(BGBl 1978/232)

d) der Lehrberechtigte unfähig wird, seine Verpflichtungen auf Grund der Bestimmungen dieses Bundesgesetzes oder des Lehrvertrages zu erfüllen;

e) der Betrieb oder die Werkstätte auf Dauer in eine andere Gemeinde verlegt wird und dem Lehrling die Zurücklegung eines längeren Weges zur Ausbildungsstätte nicht zugemutet werden kann, während der ersten zwei Monate nach der Verlegung; das gleiche gilt bei einer Übersiedlung des Lehrlings in eine andere Gemeinde;

(BGBl 1978/232)

f) der Lehrling von seinen Eltern oder sonstigen Erziehungsberechtigten wegen wesentlicher Änderung ihrer Verhältnisse zu ihrer Unterstützung oder zur vorwiegenden Verwendung in ihrem Betrieb benötigt wird;

(BGBl 1978/232, BGBl 1993/23)

g) der Lehrling seinen Lehrberuf aufgibt; oder

(BGBl 1978/232, BGBl 1993/23)

h) dem Lehrling eine vereinbarte Ausbildung im Rahmen eines Ausbildungsverbundes ohne gerechtfertigte Gründe nicht im hiefür vorgesehenen Lehrjahr vermittelt wird.

(BGBl 1993/23)

(5) Bei einvernehmlicher Auflösung des Lehrverhältnisses nach Ablauf der gemäß Abs. 1 zutreffenden Frist muß eine Amtsbestätigung eines Gerichts (§ 92 ASGG) oder eine Bescheinigung einer Kammer für Arbeiter und Angestellte vorliegen, aus der hervorgeht, daß der Lehrling über die Bestimmungen betreffend die Endigung und die vorzeitige Auflösung des Lehrverhältnisses belehrt wurde.

(BGBl 1986/563, BGBl I 2008/82)

Ausbildungsübertritt

§ 15a. (1) Sowohl der Lehrberechtigte als auch der Lehrling können das Lehrverhältnis zum Ablauf des letzten Tages des zwölften Monats der Lehrzeit und bei Lehrberufen mit einer festgelegten Dauer der Lehrzeit von drei, dreieinhalb oder vier Jahren überdies zum Ablauf des letzten Tages des 24. Monats der Lehrzeit unter Einhaltung einer Frist von einem Monat einseitig außerordentlich auflösen.

(2) Abs. 1 ist auf Ausbildungsverträge gemäß § 8b Abs. 2 nicht anwendbar.

(3) Die außerordentliche Auflösung des Lehrverhältnisses durch den Lehrberechtigten ist nur dann wirksam, wenn der Lehrberechtigte die beabsichtigte außerordentliche Auflösung und die geplante Aufnahme eines Mediationsverfahrens spätestens am Ende des neunten bzw. 21. Lehrmonats dem Lehrling, der Lehrlingsstelle und gegebenenfalls dem Betriebsrat sowie dem Jugendvertrauensrat mitgeteilt hat und vor der Erklärung der außerordentlichen Auflösung ein Mediationsverfahren durchgeführt wurde und gemäß Abs. 6 beendet ist. Die Voraussetzung der Durchführung und Beendigung eines Mediationsverfahrens entfällt, wenn der Lehrling die Teilnahme am Mediationsverfahren schriftlich ablehnt. Diese Ablehnung kann vom Lehrling innerhalb einer Frist von 14 Tagen schriftlich widerrufen werden. Die Mitteilung hat den Namen des Lehrlings, seine Adresse, seinen Lehrberuf sowie den Beginn und das Ende der Lehrzeit zu enthalten. Die Lehrlingsstelle hat die Arbeiterkammer binnen angemessener Frist über die Mitteilung zu informieren.

(4) Auf das Mediationsverfahren ist das Zivilrechts-Mediations-Gesetz (ZivMediatG), BGBl. I Nr. 29/2003, anzuwenden.

(5) Der Lehrberechtigte hat dem Lehrling eine in der Liste gemäß § 8 ZivMediatG eingetragene Person für die Durchführung des Mediationsverfahrens vorzuschlagen. Der Lehrling kann die genannte Person unverzüglich ablehnen. In diesem Fall hat der Lehrberechtigte zwei weitere in der Liste gemäß § 8 ZivMediatG eingetragene Personen vorzuschlagen, von denen der Lehrling unverzüglich eine Person auszuwählen hat. Wählt der Lehrling keine Person aus, ist der Erstvorschlag angenommen. Der Lehrberechtigte hat den Mediator spätestens am Ende des zehnten Lehrmonats bzw. am Ende des 22. Lehrmonats zu beauftragen. In die Mediation sind der Lehrberechtigte, der Lehrling, bei dessen Minderjährigkeit auch der gesetzliche Vertreter und auf Verlangen des Lehrlings auch eine Person seines Vertrauens einzubeziehen. Zweck der Mediation ist es, die Problemlage für die Beteiligten nachvollziehbar darzustellen und zu erörtern, ob und unter welchen Vorraussetzungen eine Fortsetzung des Lehrverhältnisses möglich ist. Die Kosten des Mediationsverfahrens hat der Lehrberechtigte zu tragen.

(6) Das Mediationsverfahren ist beendet, wenn ein Ergebnis erzielt wurde. Als Ergebnis gilt die Bereitschaft des Lehrberechtigten zur Fortsetzung des Lehrverhältnisses oder die Erklärung des Lehrlings, nicht weiter auf der Fortsetzung des Lehrverhältnisses zu bestehen. Das Mediationsverfahren ist auch beendet, wenn der Mediator die Mediation für beendet erklärt. Das Mediationsverfahren endet jedenfalls mit Beginn des fünften Werktages vor Ablauf des elften bzw. 23. Lehrmonats, sofern zumindest ein Mediationsgespräch unter Beteiligung des Lehrberechtigten oder in des-

sen Vertretung einer mit der Ausbildung des Lehrlings betrauten Person stattgefunden hat.

(7) Im Falle der Auflösung hat der Lehrberechtigte der Lehrlingsstelle die Erklärung der außerordentlichen Auflösung des Lehrverhältnisses unverzüglich mitzuteilen. Die Lehrlingsstelle hat die regionale Geschäftstelle des Arbeitsmarktsservice von der Erklärung der außerordentlichen Auflösung eines Lehrverhältnisses unverzüglich in Kenntnis zu setzen, um einen reibungslosen Ausbildungsübertritt zu gewährleisten.

(8) Auf die außerordentliche Auflösung durch den Lehrberechtigten ist der besondere Kündigungsschutz nach dem Mutterschutzgesetz 1979, BGBl. Nr. 221, dem Väter-Karenzgesetz, BGBl. Nr. 651/1989, dem Arbeitsplatz-Sicherungsgesetz 1991, BGBl. Nr. 683, dem Behinderteneinstellungsgesetz, BGBl. Nr. 22/1979, und für Mitglieder des Jugendvertrauensrates oder Betriebsrates nach dem Arbeitsverfassungsgesetz, BGBl. Nr. 22/1974, anzuwenden. Maßgeblich ist der Zeitpunkt der Erklärung der Auflösung.

(BGBl I 2010/40)

(BGBl I 2008/82)

Lehrzeugnis

§ 16. (1) Nach Endigung oder vorzeitiger Auflösung oder außerordentlicher Auflösung gemäß § 15a Abs. 7 hat der Lehrberechtigte auf eigene Kosten dem Lehrling ein Zeugnis (Lehrzeugnis) auszustellen. Dieses Zeugnis muß Angaben über den Lehrberuf und kalendermäßige Angaben über die Dauer des Lehrverhältnisses enthalten; es können auch Angaben über die erworbenen Fertigkeiten und Kenntnisse aufgenommen werden. Angaben, die dem Lehrling das Fortkommen erschweren könnten, sind nicht zulässig.

(BGBl 1978/232, BGBl I 2015/78)

(2) Das Lehrzeugnis unterliegt nicht der Gebührenpflicht im Sinne des Gebührengesetzes 1957, BGBl. Nr. 267.

(3) Die Lehrlingsstelle hat die Richtigkeit der Angaben über den Lehrberuf und die Dauer des Lehrverhältnisses in Lehrzeugnissen auf Antrag des Zeugnisinhabers zu bestätigen, wenn und insoweit der dem Antrag zu Grunde liegende Lehrvertrag bei der Lehrlingsstelle eingetragen ist. Bestätigte Lehrzeugnisse begründen für die Zulassung zur Lehrabschlußprüfung, zu einer Zusatzprüfung und für einen Befähigungsnachweis im Sinne der Gewerbeordnung 1994 vollen Beweis über die so beurkundete Lehrzeit.

(BGBl 1978/232, BGBl I 1997/67)

Lehrlingsentschädigung

§ 17. (1) Dem Lehrling gebührt eine Lehrlingsentschädigung, zu deren Bezahlung der Lehrberechtigte verpflichtet ist.

(BGBl 1978/232)

(2) Liegt keine Regelung der Lehrlingsentschädigung durch kollektive Rechtsgestaltung vor, so richtet sich die Höhe der Lehrlingsentschädigung nach der Vereinbarung im Lehrvertrag. Bei Fehlen einer kollektiven Regelung gebührt jedenfalls die für gleiche, verwandte oder ähnliche Lehrberufe geltende Lehrlingsentschädigung, im Zweifelsfalle ist auf den Ortsgebrauch Bedacht zu nehmen.

(BGBl 1978/232)

(3) Die Lehrlingsentschädigung ist für die Dauer der Unterrichtszeit in der Berufsschule unter Ausschluß der Mittagspause sowie für die Dauer der Lehrabschlußprüfung und der in den Ausbildungsvorschriften vorgesehenen Teilprüfungen weiterzuzahlen.

(BGBl 1978/232)

(4) Wird der Lehrling vom Lehrberechtigten zu einer ausländischen berufsorientierten Ausbildung im Sinne des § 27c Berufsausbildungsgesetz entsandt, dann ist der Lehrberechtigte für die Zeit der Teilnahme an dieser Ausbildung zur Bezahlung der Lehrlingsentschädigung verpflichtet.

(BGBl I 2003/79)

Arbeitsverhinderung

§ 17a. (1) Im Falle der Arbeitsverhinderung durch Krankheit (Unglücksfall) hat der Lehrberechtigte bis zur Dauer von acht Wochen die volle Lehrlingsentschädigung und bis zur Dauer von weiteren vier Wochen ein Teilentgelt in der Höhe des Unterschiedsbetrages zwischen der vollen Lehrlingsentschädigung und dem aus der gesetzlichen Krankenversicherung gebührenden Krankengeld zu gewähren.

(BGBl 1978/232, BGBl I 2017/153)

(2) Kur- und Erholungsaufenthalte, Aufenthalte in Heil- und Pflegeanstalten, Rehabilitationszentren und Rekonvaleszentenheimen, die aus Gründen der Erhaltung, Besserung oder Wiederherstellung der Arbeitsfähigkeit von einem Träger der Sozialversicherung, dem Bundesministerium für Arbeit, Soziales und Konsumentenschutz gemäß § 12 Abs. 4 Opferfürsorgegesetz, einem Landesinvalidenamt oder einer Landesregierung aufgrund eines Behindertengesetzes auf deren Rechnung bewilligt oder angeordnet wurden, sind unbeschadet allfälliger Zuzahlungen durch den Versicherten (Beschädigten) der Arbeitsverhinderung gemäß Abs. 1 gleichzuhalten.

(BGBl I 2010/40)

(3) Ist dieser Entgeltanspruch nach Abs. 1 und 2 innerhalb eines Lehrjahres ausgeschöpft, so gebührt bei einer weiteren Arbeitsverhinderung infolge Krankheit (Unglücksfall) innerhalb desselben Lehrjahres die volle Lehrlingsentschädigung für die ersten drei Tage, für die übrige Zeit der Arbeitsunfähigkeit, längstens jedoch bis zur Dauer von weiteren sechs Wochen, ein Teilentgelt in der Höhe des Unterschiedsbetrages zwischen der vollen Lehrlingsentschädigung und dem aus der gesetzlichen Krankenversicherung gebührenden Krankengeld.

(4) Im Falle der Arbeitsverhinderung durch Arbeitsunfall oder Berufskrankheit im Sinne der Vorschriften über die gesetzliche Unfallversicherung,

ist die volle Lehrlingsentschädigung ohne Rücksicht auf andere Zeiten einer Arbeitsverhinderung bis zur Dauer von acht Wochen und ein Teilentgelt in der Höhe des Unterschiedsbetrages zwischen der vollen Lehrlingsentschädigung und dem aus der gesetzlichen Krankenversicherung gebührenden Krankengeld bis zur Dauer von weiteren vier Wochen zu gewähren.

(5) Wird ein in Abs. 2 genannter Aufenthalt nach einem Arbeitsunfall oder einer Berufskrankheit bewilligt oder angeordnet, so richtet sich der Anspruch nach Abs. 4.

(6) Die Verpflichtung des Lehrberechtigten zur Gewährung eines Teilentgelts besteht auch dann, wenn der Lehrling aus der gesetzlichen Krankenversicherung kein Krankengeld erhält.

(BGBl 1978/232)

(7) Die Bestimmungen des Artikels I, Abschnitt 1, § 2 Abs. 7, der §§ 3, 4, 6 und 7 sowie Abschnitt 2 Entgeltfortzahlungsgesetz (EFZG), sind anzuwenden.

(8) Wird das Lehrverhältnis während einer Arbeitsverhinderung wegen Erkrankung, Unfall, Arbeitsunfall oder Berufskrankheit durch den Lehrberechtigten gemäß § 15a aufgelöst, besteht Anspruch auf Fortzahlung des Entgelts für die nach Abs. 1 und Abs. 4 vorgesehene Dauer, wenngleich das Lehrverhältnis vorher endet.

(BGBl I 2008/82)

(BGBl 1974/399)

Weiterverwendung von ausgelernten Lehrlingen

§ 18. (1) Der Lehrberechtigte ist verpflichtet, den Lehrling, dessen Lehrverhältnis mit ihm gemäß § 14 Abs. 1 oder § 14 Abs. 2 lit. e endet, im Betrieb drei Monate im erlernten Beruf weiterzuverwenden.

(BGBl 1978/232, BGBl I 2000/83)

(2) Hat der Lehrling bei dem Lehrberechtigten die für den Lehrberuf festgesetzte Lehrzeit bis zur Hälfte zurückgelegt, so trifft diesen Lehrberechtigten die im Abs. 1 festgelegte Verpflichtung nur im halben Ausmaß. Darüber hinaus trifft den Lehrberechtigten diese Verpflichtung in vollem Ausmaß.

(BGBl 1978/232, BGBl 1993/23)

(3) Die Landeskammer der gewerblichen Wirtschaft hat im Einvernehmen mit der Kammer für Arbeiter und Angestellte binnen 14 Tagen auf Antrag dem Lehrberechtigten die im Abs. 1 festgesetzte Verpflichtung zu erlassen oder die Bewilligung zur Kündigung vor Ablauf der im Abs. 1 vorgeschriebenen Beschäftigungsdauer zu erteilen, wenn diese Verpflichtung aus wirtschaftlichen Gründen, insbesondere bei Saisongewerben, nicht erfüllt werden kann. Wird die Entscheidung nicht innerhalb dieser Frist getroffen, so hat die Bezirksverwaltungsbehörde über diesen Antrag nach Anhörung der Landeskammer der gewerblichen Wirtschaft und der Kammer für Arbeiter und Angestellte endgültig zu entscheiden. Wird dem Antrag entsprochen, darf der Lehrberechtigte vor Ablauf der bezeichneten Beschäftigungsdauer keinen neuen Lehrling aufnehmen.

(BGBl 1978/232)

(4) Bestimmungen über eine allfällige vorzeitige Beendigung des Dienstverhältnisses bleiben unberührt.

18. Behinderteneinstellungsgesetz

Behinderteneinstellungsgesetz, BGBl 1970/22 idF

1	BGBl 1973/329	2	BGBl 1974/399	3	BGBl 1975/96
4	BGBl 1979/111	5	BGBl 1982/360	6	BGBl 1985/567
7	BGBl 1987/614	8	BGBl 1988/721	9	BGBl 1990/285
10	BGBl 1992/104	11	BGBl 1992/313	12	BGBl 1993/111
13	BGBl 1993/917	14	BGBl 1994/27	15	BGBl 1994/314
16	BGBl 1996/201	17	BGBl 1996/757	18	BGBl I 1999/17
19	BGBl I 1999/106	20	BGBl I 2001/60	21	BGBl I 2002/150
22	BGBl I 2002/158	23	BGBl I 2003/71	24	BGBl I 2005/82
25	BGBl I 2008/2	26	BGBl I 2008/67	27	BGBl I 2010/58
28	BGBl I 2010/81	29	BGBl I 2010/111	30	BGBl I 2011/7
31	BGBl I 2012/51	32	BGBl I 2013/71	33	BGBl I 2013/72
34	BGBl I 2013/107	35	BGBl II 2014/59	36	BGBl I 2015/57
37	BGBl I 2016/62	38	BGBl I 2016/120	39	BGBl I 2017/35
40	BGBl I 2017/40	41	BGBl I 2017/155	42	BGBl I 2018/32

GLIEDERUNG

Artikel III

STICHWORTVERZEICHNIS

Bundesgesetz vom 11. Dezember 1969 über die Einstellung und Beschäftigung Behinderter (Behinderteneinstellungsgesetz – BEinstG)

Der Nationalrat hat beschlossen:

Artikel I
(Verfassungsbestimmung)

(überholt; vgl. Art. I BGBl. 1988/721, abgedruckt im Anhang)

Artikel II
Beschäftigungspflicht

§ 1. (1) Alle Dienstgeber, die im Bundesgebiet 25 oder mehr Dienstnehmer (§ 4 Abs. 1) beschäftigen, sind verpflichtet, auf je 25 Dienstnehmer mindestens einen begünstigten Behinderten (§ 2) einzustellen. Dieses Bundesgesetz ist nicht anzuwenden auf internationale Organisationen im Sinne des § 1 Abs. 7 des Bundesgesetzes vom 14. Dezember 1977 über die Einräumung von Privilegien und Immunitäten an internationale Organisationen, BGBl. Nr. 677/1977.

(BGBl 1979/111)

(2) Der Bundesminister für Arbeit, Gesundheit und Soziales kann die Zahl der nach Abs. 1 zu beschäftigenden Behinderten (Pflichtzahl) für bestimmte Wirtschaftszweige durch Verordnung derart abändern, daß nur auf je höchstens 40 Dienstnehmer mindestens ein begünstigter Behinderter einzustellen ist. Voraussetzung hiefür ist, daß die Beschäftigung von Behinderten auf Grund der diesen Wirtschaftszweigen eigentümlichen Strukturen in dem im Abs. 1 vorgesehenen Ausmaß auch unter Nutzung aller technischen Möglichkeiten und Unterstützungsstrukturen nicht möglich ist. Ferner kann der Bundesminister für Arbeit, Gesundheit und Soziales durch Verordnung bestimmen, daß Dienstgeber Arbeitsplätze, die sich für die Beschäftigung von Behinderten besonders eignen, diesen Behinderten oder bestimmten Gruppen von Behinderten vorzubehalten haben. Auf den Bund, die Länder und die Gemeinden findet der erste Satz keine Anwendung.

(BGBl 1982/360, BGBl I 1999/17)

(3) (aufgehoben)

(BGBl 1992/313, BGBl I 1999/17)

Begünstigte Behinderte

§ 2. (1) Begünstigte Behinderte im Sinne dieses Bundesgesetzes sind österreichische Staatsbürger mit einem Grad der Behinderung von mindestens 50 vH. Österreichischen Staatsbürgern sind folgende Personen mit einem Grad der Behinderung von mindestens 50 vH gleichgestellt:

1. Unionsbürger, Staatsbürger von Vertragsparteien des Abkommens über den Europäischen Wirtschaftsraum, Schweizer Bürger und deren Familienangehörige,
2. Flüchtlinge, denen Asyl gewährt worden ist, solange sie zum dauernden Aufenthalt im Bundesgebiet berechtigt sind,
3. Drittstaatsangehörige, die berechtigt sind, sich in Österreich aufzuhalten und einer Beschäftigung nachzugehen, soweit diese Drittstaatsangehörigen hinsichtlich der Bedingungen einer Entlassung nach dem Recht der Europäischen Union österreichischen Staatsbürgern gleichzustellen sind.
   (BGBl I 2013/72)
4. (aufgehoben)
   (BGBl I 2013/72)

(BGBl 1988/721, BGBl 1992/313, BGBl 1993/111, BGBl I 2010/111)

(2) Nicht als begünstigte Behinderte im Sinne des Abs. 1 gelten behinderte Personen, die

a) sich in Schul- oder Berufsausbildung befinden oder
b) das 65. Lebensjahr überschritten haben und nicht in Beschäftigung stehen oder
c) nach bundes- oder landesgesetzlichen Vorschriften Geldleistungen wegen dauernder Erwerbsunfähigkeit (dauernder Berufsunfähigkeit) bzw. Ruhegenüsse oder Pensionen aus dem Versicherungsfall des Alters beziehen und nicht in Beschäftigung stehen oder
d) nicht in einem aufrechten sozialversicherungspflichtigen Dienstverhältnis stehen und infolge des Ausmaßes ihrer Funktionsbeeinträchtigungen zur Ausübung einer Erwerbstätigkeit auch auf einem geschützten Arbeits-

platz oder in einem Integrativen Betrieb (§ 11) nicht in der Lage sind.

(BGBl I 1999/17, BGBl I 2008/67, BGBl I 2010/111)

(3) Die Ausschlussbestimmungen des Abs. 2 lit. a gelten nicht für behinderte Personen, die als Lehrlinge in Beschäftigung stehen, eine Ausbildung zum gehobenen Dienst für Gesundheits- und Krankenpflege absolvieren, an einer Hebammenakademie oder einer entsprechenden Fachhochschule ausgebildet werden oder zum Zwecke der vorgeschriebenen Ausbildung für den künftigen, eine abgeschlossene Hochschulausbildung erfordernden Beruf nach Abschluss dieser Hochschulausbildung beschäftigt werden und die Voraussetzungen des Abs. 1 erfüllen.

(BGBl I 2010/111)

(4) Auf Behinderte, auf die Abs. 1 nicht anzuwenden ist, findet dieses Bundesgesetz mit Ausnahme des § 10a Abs. 3a und der §§ 7a bis 7r und 24a bis 24f nur nach Maßgabe der mit ihren Heimatstaaten getroffenen Vereinbarungen Anwendung.

(BGBl 1979/111, BGBl 1992/313, BGBl I 2005/82)

(5) (aufgehoben)

(BGBl 1979/111)

(BGBl I 2005/82)

Behinderung

§ 3. Behinderung im Sinne dieses Bundesgesetzes ist die Auswirkung einer nicht nur vorübergehenden körperlichen, geistigen oder psychischen Funktionsbeeinträchtigung oder Beeinträchtigung der Sinnesfunktionen, die geeignet ist, die Teilhabe am Arbeitsleben zu erschweren. Als nicht nur vorübergehend gilt ein Zeitraum von mehr als voraussichtlich sechs Monaten.

(BGBl 1988/721, BGBl I 1999/17, BGBl I 2005/82)

Berechnung der Pflichtzahl

§ 4. (1) Dienstnehmer im Sinne der Berechnung der Pflichtzahl sind:

a) Personen, die in einem Verhältnis persönlicher und wirtschaftlicher Abhängigkeit gegen Entgelt beschäftigt werden (ausgenommen Lehrlinge);

b) Personen, die zum Zwecke der vorgeschriebenen Ausbildung für den künftigen, eine abgeschlossene Hochschulbildung erfordernden Beruf nach Abschluß dieser Hochschulbildung beschäftigt sind;

c) Heimarbeiter.

(BGBl I 1999/17, BGBl I 2005/82)

(2) Für die Feststellung der Gesamtzahl der Dienstnehmer (Abs. 1), von der die Pflichtzahl zu berechnen ist (§ 1), sind alle Dienstnehmer, die ein Dienstgeber im Bundesgebiet beschäftigt, zusammenzufassen.

(3) Für die Berechnung der Pflichtzahl sind von der gemäß Abs. 2 festgestellten Gesamtzahl der Dienstnehmer die beschäftigten begünstigten Behinderten (§ 2) und Inhaber von Amtsbescheinigungen oder Opferausweisen (§ 5 Abs. 3) nicht einzurechnen.

(4) (aufgehoben)

(BGBl 1992/313, BGBl I 1999/17)

(5) (aufgehoben)

(BGBl 1979/111, BGBl 1992/313)

Erfüllung der Beschäftigungspflicht

§ 5. (1) Auf die Pflichtzahl sind die beschäftigten und nach § 7 entlohnten begünstigten Behinderten, begünstigte Personen nach § 2 Abs. 3 und Dienstgeber anzurechnen, bei denen die Voraussetzungen des § 2 Abs. 1 zutreffen.

(BGBl 1979/111)

(2) Auf die Pflichtzahl werden mit dem Doppelten ihrer Zahl angerechnet:

a) Blinde;

b) die im Abs. 1 angeführten Behinderten vor Vollendung des 19. Lebensjahres;

c) die im Abs. 1 angeführten Behinderten über den in lit. b angeführten Zeitpunkt hinaus für die Dauer des Ausbildungsverhältnisses;

d) die im Abs. 1 angeführten Behinderten nach Vollendung des 50. Lebensjahres, wenn und insolange der Grad ihrer Behinderung mindestens 70 vH beträgt;

(BGBl 1988/721)

e) die im Abs. 1 angeführten Behinderten nach Vollendung des 55. Lebensjahres;

f) die im Abs. 1 angeführten Behinderten, die überwiegend auf den Gebrauch eines Krankenfahrstuhles (Rollstuhles) angewiesen sind.

(BGBl 1982/360)

(3) Inhaber einer Amtsbescheinigung oder eines Opferausweises gemäß § 4 des Opferfürsorgegesetzes, BGBl. Nr. 183/1947, sind auf die Pflichtzahl anzurechnen, vor Vollendung des 19. und nach Vollendung des 55. Lebensjahres mit dem Doppelten ihrer Zahl.

(4) (aufgehoben)

(BGBl 1985/567)

Angemessene Vorkehrungen und Förderungsmaßnahmen

§ 6. (1) Dienstgeber haben bei Beschäftigung von begünstigten Behinderten auf deren Gesundheitszustand jede nach Beschaffenheit der Betriebsgattung und nach Art der Betriebsstätte und der Arbeitsbedingungen mögliche Rücksicht zu nehmen. Das Bundesamt für Soziales und Behindertenwesen hat einvernehmlich mit den Dienststellen des Arbeitsmarktservice und mit den übrigen Rehabilitationsträgern dahingehend zu wirken und zu beraten, daß die Behinderten in ihrer sozialen Stellung nicht absinken, entsprechend ihren Fähigkeiten und Kenntnissen eingesetzt und durch Leistungen der Rehabilitationsträger und Maßnahmen der Dienstgeber soweit gefördert werden, daß sie sich im Wettbewerb mit Nichtbehinderten zu behaupten vermögen.

(BGBl 1979/111, BGBl 1994/314, BGBl I 2002/150)

(1a) Dienstgeber haben die geeigneten und im konkreten Fall erforderlichen Maßnahmen zu ergreifen, um Menschen mit Behinderungen den Zugang zur Beschäftigung, die Ausübung eines Berufes, den beruflichen Aufstieg und die Teilnahme an Aus- und Weiterbildungsmaßnahmen zu ermöglichen, es sei denn, diese Maßnahmen würden den Dienstgeber unverhältnismäßig belasten. Diese Belastung ist nicht unverhältnismäßig, wenn sie durch Förderungsmaßnahmen nach bundes- oder landesgesetzlichen Vorschriften ausreichend kompensiert werden kann.

(BGBl I 2005/82)

(2) Nach Maßgabe der Richtlinien (Abs. 3) können aus den Mitteln des Ausgleichstaxfonds (§ 10 Abs. 1) Zuschüsse oder Darlehen gewährt werden, und zwar insbesondere

a) zu den Kosten der durch die Behinderung bedingten technischen Arbeitshilfen;

b) zur Schaffung von Arbeits- und Ausbildungsplätzen, die sich für begünstigte Behinderte besonders eignen;

c) zu den Lohn- und Ausbildungskosten für begünstigte Behinderte (§ 2 Abs. 1 und 3), mit denen ein Dienstverhältnis neu begründet wird (Einstellungsbeihilfen), oder die infolge ihrer Behinderung entweder die volle Leistungsfähigkeit nicht zu erreichen vermögen, oder deren Arbeits- oder Ausbildungsplatz ohne die Gewährung von Leistungen aus dem Ausgleichstaxfonds gefährdet wäre;

d) zu den Kosten von Maßnahmen beruflicher Assistenz, insbesondere Jugendcoaching, Produktionsschulen, Berufsausbildungsassistenz (§ 8b des Berufsausbildungsgesetzes, BGBl. Nr. 142/1969), Arbeitsassistenz und Job Coaching sowie anderer Assistenzmaßnahmen, insbesondere Persönliche Assistenz am Arbeitsplatz und Beratungsleistungen für Unternehmen;

(BGBl I 2010/111, BGBl I 2016/62)

e) für die Ein-, Um- oder Nachschulung, zur beruflichen Weiterbildung sowie zur Arbeitserprobung;

f) zu den sonstigen Kosten, die nachweislich mit dem Antritt oder der Ausübung einer Beschäftigung verbunden sind;

g) zur Gründung einer den Lebensunterhalt sichernden selbständigen Erwerbstätigkeit sowie zur pauschalen Abgeltung eines im laufenden Betrieb entstehenden behinderungsbedingten Mehraufwandes des behinderten Unternehmers.

(BGBl I 2010/111)

(BGBl I 1999/17)

(3) Der Bundesminister für Arbeit, Gesundheit und Soziales als Vertreter des Ausgleichstaxfonds hat als Grundlage für die Gewährung von Zuschüssen oder Darlehen (Abs. 2) Richtlinien, insbesondere über die Höhe und die Dauer der Zuwendungen unter Bedachtnahme auf die Leistungs- und Eingliederungsfähigkeit des begünstigten Behinderten, die besondere Eignung eines Arbeitsplatzes für die Beschäftigung begünstigter Behinderter, auf den Nutzen, der sich für den Dienstgeber aus der Durchführung der Maßnahmen ergibt, auf die finanziellen Möglichkeiten des Unternehmens und auf gleichartige Leistungen nach anderen Bundes- oder Landesgesetzen zu erlassen. Diese Richtlinien haben im Bundesamt für Soziales und Behindertenwesen zur Einsichtnahme aufzuliegen.

(BGBl I 1999/17, BGBl I 2002/150)

(4) Die Gewährung von Zuschüssen oder Darlehen kann über die nach Abs. 3 zu erlassenden Richtlinien hinaus mit weiteren Auflagen verbunden werden, um den angestrebten Erfolg zu sichern. Die Höhe laufend gewährter Zuschüsse ist bei Änderung der Voraussetzungen, ansonsten jährlich nach Überprüfung neu festzusetzen. Für den gleichen Zweck gewährte Zuschüsse oder Darlehen nach anderen Bundes- oder Landesgesetzen sind zu berücksichtigen. Offene Forderungen des Ausgleichstaxfonds sind bei Gewährung von Zuschüssen an Dienstgeber aufzurechnen.

(BGBl I 1999/17)

(5) Vor der Gewährung von Leistungen nach Abs. 2 ist nach Klärung des Sachverhalts ein Team zu befassen, dem je ein Vertreter des Bundesamtes für Soziales und Behindertenwesen, der Landesgeschäftsstelle des Arbeitsmarktservice, des jeweiligen Bundeslandes (Behindertenhilfe), der Arbeiterkammer sowie der Wirtschaftskammer des jeweiligen Bundeslandes als ständige Mitglieder angehören. Falls die Sachlage es erfordert, sind Vertreter der Sozialversicherungsträger und Sachverständige insbesondere aus dem Bereich des ärztlichen und psychologischen Dienstes des Bundesamtes für Soziales und Behindertenwesen oder des Arbeitsmarktservice sowie aus dem Bereich der Arbeitsinspektion, der Landwirtschaftskammer und der Landarbeiterkammer beizuziehen.

(BGBl I 1999/17, BGBl I 2002/150)

(6) Anstelle von Zuschüssen oder Darlehen können auch Sachleistungen gewährt werden.

(BGBl 1982/360, BGBl 1988/721, BGBl 1992/313, BGBl 1994/314, BGBl I 1999/17)

(BGBl I 2005/82)

Entgelt

§ 7. Das Entgelt, das den im Sinne dieses Bundesgesetzes beschäftigten begünstigten Behinderten gebührt, darf aus dem Grunde der Behinderung nicht gemindert werden.

(BGBl 1979/111, BGBl 1988/721)

Schutz vor Diskriminierung in der Arbeitswelt – Geltungsbereich

§ 7a. (1) Die Bestimmungen der §§ 7b bis 7q gelten für den Bereich der Arbeitswelt; dazu zählen

1. Dienstverhältnisse aller Art, die auf privatrechtlichem Vertrag beruhen,
2. alle Formen und alle Ebenen der Berufsberatung, der Berufsausbildung, der beruflichen Weiterbildung und der Umschulung einschließlich der praktischen Berufserfahrung,
   (BGBl I 2013/107)
3. die Mitgliedschaft und Mitwirkung in einer Arbeitnehmer- oder Arbeitgeberorganisation oder einer Organisation, deren Mitglieder einer bestimmten Berufsgruppe angehören, einschließlich der Inanspruchnahme der Leistungen solcher Organisationen, und
4. die Gründung, Einrichtung oder Erweiterung eines Unternehmens sowie die Aufnahme oder Ausweitung jeglicher anderen Art von selbständiger Tätigkeit,
   (BGBl I 2013/107)

sofern dies in die Regelungskompetenz des Bundes fällt.

(2) Die Bestimmungen der §§ 7b bis 7q gelten weiters für

1. öffentlich-rechtliche Dienstverhältnisse zum Bund,
2. Ausbildungsverhältnisse aller Art zum Bund,
3. Beschäftigungsverhältnisse, auf die das Heimarbeitsgesetz 1960, BGBl. Nr. 105/1961, anzuwenden ist, und
4. Beschäftigungsverhältnisse von Personen, die, ohne in einem Dienstverhältnis zu stehen, im Auftrag und für Rechnung bestimmter Personen Arbeit leisten und wegen wirtschaftlicher Unselbständigkeit als arbeitnehmerähnlich anzusehen sind.

Für den Anwendungsbereich der §§ 7b bis 7q gelten die Beschäftigungsverhältnisse nach Z 2 bis 4 als Dienstverhältnisse.

(3) Ausgenommen sind

1. Dienstverhältnisse der land- und forstwirtschaftlichen Arbeiter im Sinne des Landarbeitsgesetzes 1984, BGBl. Nr. 287, und
2. Dienstverhältnisse einschließlich arbeitnehmerähnliche Beschäftigungsverhältnisse im Sinne des Abs. 2 Z 4 zu einem Land, einem Gemeindeverband oder einer Gemeinde.

(4) Die Bestimmungen der §§ 7b bis 7q gelten auch für die Beschäftigung von Dienstnehmern, die von einem Dienstgeber ohne Sitz in Österreich

1. im Rahmen einer Arbeitskräfteüberlassung oder
2. zur fortgesetzten Arbeitsleistung

nach Österreich entsandt werden, für die Dauer der Entsendung.

(BGBl I 2005/82)

Diskriminierungsverbot

§ 7b. (1) Auf Grund einer Behinderung darf im Zusammenhang mit einem Dienstverhältnis gemäß § 7a Abs. 1 Z 1, Abs. 2 und 4 sowie in der sonstigen Arbeitswelt im Sinne des § 7a Abs. 1 Z 2 bis 4 niemand unmittelbar oder mittelbar diskriminiert werden, insbesondere nicht

1. bei der Begründung des Dienstverhältnisses,
2. bei der Festsetzung des Entgelts,
3. bei der Gewährung freiwilliger Sozialleistungen, die kein Entgelt darstellen,
4. bei Maßnahmen der Aus- und Weiterbildung und Umschulung,
5. beim beruflichen Aufstieg, insbesondere bei Beförderungen und der Zuweisung höher entlohnter Verwendungen (Funktionen),
6. bei den sonstigen Arbeitsbedingungen,
7. bei der Beendigung des Dienstverhältnisses,
8. bei der Berufsberatung, Berufsausbildung, beruflichen Weiterbildung und Umschulung außerhalb eines Dienstverhältnisses,
   (BGBl I 2013/107)
9. bei der Mitgliedschaft und Mitwirkung in einer Arbeitnehmer- oder Arbeitgeberorganisation oder einer Organisation, deren Mitglieder einer bestimmten Berufsgruppe angehören, einschließlich der Inanspruchnahme der Leistungen solcher Organisationen,
10. bei der Gründung, Einrichtung oder Erweiterung eines Unternehmens sowie der Aufnahme oder Ausweitung jeglicher anderen Art von selbständiger Tätigkeit.
    (BGBl I 2013/107)

(2) Betriebliche Einstufungsregelungen und Normen der kollektiven Rechtsgestaltung dürfen bei der Regelung der Entlohnungskriterien keine Kriterien vorschreiben, die zu einer Diskriminierung auf Grund einer Behinderung führen.

(3) Bei der Einreihung von Verwendungen und Arbeitsplätzen der öffentlichen Verwaltung in für den Monatsbezug oder das Monatsentgelt bedeutsame Kategorien, wie Besoldungs-, Verwendungs- und Funktionsgruppen oder Dienstklassen, sind keine Kriterien für die Beurteilung der Tätigkeit zu verwenden, die zu einer Diskriminierung auf Grund einer Behinderung führen.

(4) Auf den Behinderungsbegriff der Abs. 1 bis 3 ist § 3 mit der Maßgabe anzuwenden, dass ein festgestellter Grad der Behinderung nicht erforderlich ist.

(5) Eine Diskriminierung liegt auch vor, wenn eine Person auf Grund ihres Naheverhältnisses zu einer Person wegen deren Behinderung diskriminiert wird.

(BGBl I 2011/7)

(6) Jede Verletzung des Diskriminierungsverbots des Abs. 1 durch einen Bediensteten des Bundes verletzt die Verpflichtungen, die sich aus dem Dienstverhältnis ergeben, und ist nach den dienst- und disziplinarrechtlichen Vorschriften zu verfolgen.

(BGBl I 2005/82)

Diskriminierung

§ 7c. (1) Eine unmittelbare Diskriminierung liegt vor, wenn eine Person auf Grund einer Behinderung in einer vergleichbaren Situation eine weniger günstige Behandlung erfährt, als eine andere Person erfährt, erfahren hat oder erfahren würde.

(2) Eine mittelbare Diskriminierung liegt vor, wenn dem Anschein nach neutrale Vorschriften, Kriterien oder Verfahren sowie Merkmale gestalteter Lebensbereiche Menschen mit Behinderungen gegenüber anderen Personen in besonderer Weise benachteiligen können, es sei denn, die betreffenden Vorschriften, Kriterien oder Verfahren sowie Merkmale gestalteter Lebensbereiche sind durch ein rechtmäßiges Ziel sachlich gerechtfertigt, und die Mittel sind zur Erreichung dieses Zieles angemessen und erforderlich.

(3) Bei Ungleichbehandlung wegen eines Merkmals, das im Zusammenhang mit einer Behinderung steht, liegt dann keine Diskriminierung vor, wenn das betreffende Merkmal auf Grund der Art einer bestimmten beruflichen Tätigkeit oder der Rahmenbedingungen ihrer Ausübung eine wesentliche und entscheidende berufliche Voraussetzung darstellt, und sofern es sich um einen rechtmäßigen Zweck und eine angemessene Anforderung handelt.

(4) Eine mittelbare Diskriminierung im Sinne von Abs. 2 liegt nicht vor, wenn die Beseitigung von Bedingungen, die eine Benachteiligung begründen, insbesondere von Barrieren, rechtswidrig oder wegen unverhältnismäßiger Belastungen unzumutbar wäre.

(5) Bei der Prüfung, ob Belastungen unverhältnismäßig sind, sind insbesondere zu berücksichtigen:

1. der mit der Beseitigung der die Benachteiligung begründenden Bedingungen verbundene Aufwand,
2. die wirtschaftliche Leistungsfähigkeit des Dienstgebers oder in Fällen des § 7b Abs. 1 Z 8 bis 10 des jeweiligen Rechtsträgers,
3. Förderungen aus öffentlichen Mitteln für die entsprechenden Maßnahmen,
4. die zwischen dem In-Kraft-Treten dieses Bundesgesetzes und der behaupteten Diskriminierung vergangene Zeit.

(6) Erweist sich die Beseitigung von Bedingungen, die eine Benachteiligung begründen, als unverhältnismäßige Belastung im Sinne des Abs. 4, liegt dann eine Diskriminierung vor, wenn verabsäumt wurde, durch zumutbare Maßnahmen zumindest eine maßgebliche Verbesserung der Situation des Betroffenen im Sinne einer größtmöglichen Annäherung an eine Gleichbehandlung zu bewirken. Bei der Prüfung der Zumutbarkeit ist Abs. 5 heranzuziehen.

(7) Bei der Beurteilung des Vorliegens einer mittelbaren Diskriminierung durch Barrieren ist auch zu prüfen, ob einschlägige auf den gegenständlichen Fall anwendbare Rechtsvorschriften zur Barrierefreiheit vorliegen und ob und inwieweit diese eingehalten wurden. Barrierefrei sind bauliche und sonstige Anlagen, Verkehrsmittel, technische Gebrauchsgegenstände, Systeme der Informationsverarbeitung sowie andere gestaltete Lebensbereiche, wenn sie für Menschen mit Behinderungen in der allgemein üblichen Weise, ohne besondere Erschwernis und grundsätzlich ohne fremde Hilfe zugänglich und nutzbar sind.

(8) Eine Diskriminierung liegt auch bei Anweisung einer Person zur Diskriminierung aus dem Grund einer Behinderung vor.

(9) Spezifische Maßnahmen zur Förderung der Gleichstellung im Berufsleben, mit denen Benachteiligungen wegen einer Behinderung verhindert oder ausgeglichen werden, gelten nicht als Diskriminierung im Sinne dieses Bundesgesetzes.

(BGBl I 2005/82)

Belästigung

§ 7d. (1) Eine Diskriminierung liegt auch bei Belästigung vor, wenn eine Person

1. vom Dienstgeber selbst belästigt wird,
2. durch den Dienstgeber dadurch diskriminiert wird, indem dieser es schuldhaft unterlässt, im Falle einer Belästigung durch Dritte eine auf Grund gesetzlicher Bestimmungen, Normen der kollektiven Rechtsgestaltung oder des Arbeitsvertrages angemessene Abhilfe zu schaffen,
3. durch Dritte in Zusammenhang mit seinem Dienstverhältnis belästigt wird oder
4. durch Dritte außerhalb eines Dienstverhältnisses belästigt wird.

(2) Belästigung liegt vor, wenn im Zusammenhang mit einer Behinderung eine unerwünschte Verhaltensweise gesetzt wird,

1. die die Würde der betroffenen Person verletzt oder dies bezweckt,
2. die für die betroffene Person unerwünscht, unangebracht oder anstößig ist und
3. die ein einschüchterndes, feindseliges, entwürdigendes, beleidigendes oder demütigendes Umfeld für die betroffene Person schafft oder dies bezweckt.

(3) Eine Diskriminierung liegt auch vor

1. bei Anweisung zur Belästigung einer Person,
2. wenn die Zurückweisung oder Duldung einer Belästigung durch die belästigte Person zur Grundlage einer diese Person berührenden Entscheidung gemacht wird,

3. wenn eine Person auf Grund ihres Naheverhältnisses zu einer Person wegen deren Behinderung belästigt wird.

(BGBl I 2013/107)

Rechtsfolgen der Diskriminierung bei der Begründung des Dienstverhältnisses und beim beruflichen Aufstieg

§ 7e. (1) Ist ein Dienstverhältnis wegen Verletzung des Diskriminierungsverbots des § 7b Abs. 1 Z 1 nicht begründet worden, so ist der Dienstgeber gegenüber dem Stellenwerber zum Ersatz des Vermögensschadens und zu einer Entschädigung für die erlittene persönliche Beeinträchtigung verpflichtet. Der Ersatzanspruch beträgt

1. mindestens zwei Monatsentgelte, wenn der Stellenwerber bei diskriminierungsfreier Auswahl die Stelle erhalten hätte, oder

(BGBl I 2008/67)

2. bis 500 Euro, wenn der Dienstgeber nachweisen kann, dass der einem Stellenwerber durch die Diskriminierung entstandene Schaden allein darin besteht, dass die Berücksichtigung seiner Bewerbung verweigert wurde.

(2) Ist ein Dienstnehmer wegen Verletzung des Diskriminierungsverbots des § 7b Abs. 1 Z 5 nicht beruflich aufgestiegen, so ist der Dienstgeber gegenüber dem Dienstnehmer zum Ersatz des Vermögensschadens und zu einer Entschädigung für die erlittene persönliche Beeinträchtigung verpflichtet. Der Ersatzanspruch beträgt

1. wenn der Dienstnehmer bei diskriminierungsfreier Auswahl beruflich aufgestiegen wäre, die Differenz für mindestens drei Monate zwischen dem Entgelt, das der Dienstnehmer bei erfolgreichem beruflichen Aufstieg erhalten hätte, und dem tatsächlichen Entgelt, oder
2. wenn der Dienstgeber nachweisen kann, dass der dem Dienstnehmer durch die Diskriminierung entstandene Schaden allein darin besteht, dass die Berücksichtigung seiner Bewerbung verweigert wurde, bis 500 Euro.

(3) Ist ein Dienstverhältnis zum Bund wegen Verletzung des Diskriminierungsverbots des § 7b Abs. 1 Z 1 nicht begründet worden, so ist der Bund gegenüber dem Stellenwerber zum Ersatz des Vermögensschadens und zu einer Entschädigung für die erlittene persönliche Beeinträchtigung verpflichtet. Der Ersatzanspruch beträgt

1. mindestens drei Monatsbezüge des für die Gehaltsstufe 2 der Dienstklasse V der Beamten der allgemeinen Verwaltung gebührenden Betrages, wenn der Stellenwerber bei diskriminierungsfreier Auswahl die Stelle erhalten hätte, oder
2. bis zu drei Monatsbezüge des für die Gehaltsstufe 2 der Dienstklasse V der Beamten der allgemeinen Verwaltung gebührenden Betrages, wenn der Dienstgeber nachweisen kann, dass der einem Stellenwerber durch die Diskriminierung entstandene Schaden allein darin besteht, dass die Berücksichtigung seiner Bewerbung verweigert wurde.

(4) Ist ein Bundesbediensteter wegen Verletzung des Diskriminierungsverbots des § 7b Abs. 1 Z 5 nicht beruflich aufgestiegen, so ist der Bund gegenüber dem Bediensteten zum Ersatz des Vermögensschadens und zu einer Entschädigung für die erlittene persönliche Beeinträchtigung verpflichtet. Der Ersatzanspruch beträgt die Entgeltdifferenz (bei Beamten Bezugsdifferenz) zwischen dem Entgelt (bei Beamten Monatsbezug), das der Bedienstete bei erfolgreichem beruflichen Aufstieg erhalten hätte, und dem tatsächlichen Entgelt (bei Beamten Monatsbezug)

1. für mindestens drei Monate, wenn der Bedienstete bei diskriminierungsfreier Auswahl beruflich aufgestiegen wäre, oder
2. für bis zu drei Monate, wenn der Dienstgeber nachweisen kann, dass der dem Bediensteten durch die Diskriminierung entstandene Schaden allein darin besteht, dass die Berücksichtigung seiner Bewerbung verweigert wurde.

(BGBl I 2005/82)

Rechtsfolgen der Diskriminierung im Zusammenhang mit der Beendigung eines Dienstverhältnisses

§ 7f. (1) Ist das Dienstverhältnis vom Dienstgeber wegen einer Behinderung des Dienstnehmers oder wegen der offenbar nicht unberechtigten Geltendmachung von Ansprüchen nach diesem Bundesgesetz gekündigt oder vorzeitig beendigt worden oder ist das Probedienstverhältnis wegen eines solchen Grundes aufgelöst worden (§ 7b Abs. 1 Z 7), so kann die Kündigung, Entlassung oder Auflösung des Probedienstverhältnisses unter der Voraussetzung des § 7k bei Gericht angefochten werden. Ist ein befristetes, auf die Umwandlung in ein unbefristetes Dienstverhältnis angelegtes Dienstverhältnis wegen einer Behinderung des Dienstnehmers oder wegen der nicht offenbar unberechtigten Geltendmachung von Ansprüchen nach diesem Bundesgesetz durch Zeitablauf beendet worden, so kann unter der Voraussetzung des § 7k auf Feststellung des unbefristeten Bestehens des Dienstverhältnisses geklagt werden. Lässt der Dienstnehmer die Beendigung gegen sich gelten, so hat er Anspruch auf Ersatz des Vermögensschadens und auf eine Entschädigung für die erlittene persönliche Beeinträchtigung.

(BGBl I 2008/67)

(2) Ist das Dienstverhältnis eines Beamten wegen einer Behinderung oder wegen der offenbar nicht unberechtigten Geltendmachung von Ansprüchen nach diesem Bundesgesetz gekündigt oder vorzeitig beendigt worden, oder ist der Beamte wegen einer Behinderung amtswegig in den Ruhestand versetzt worden, so ist die Kündigung, Entlassung oder Ruhestandsversetzung auf Grund eines Antrages des betroffenen Dienstnehmers für rechtsunwirksam zu erklären.

(3) Abs. 1 und 2 sind nicht anzuwenden auf Kündigungen, für die § 8 Abs. 2 gilt.

(BGBl I 2013/107)

(BGBl I 2005/82)

Sonstige Rechtsfolgen der Diskriminierung im Zusammenhang mit einem Dienstverhältnis

§ 7g. (1) Erhält ein behinderter Dienstnehmer wegen Verletzung des Diskriminierungsverbots des § 7b Abs. 1 Z 2 durch den Dienstgeber für gleiche Arbeit oder für eine Arbeit, die als gleichwertig anerkannt wird, ein geringeres Entgelt als ein anderer Dienstnehmer, so hat er gegenüber dem Dienstgeber Anspruch auf Bezahlung der Differenz und eine Entschädigung für die erlittene persönliche Beeinträchtigung.

(2) Bei Verletzung des Diskriminierungsverbots des § 7b Abs. 1 Z 3 hat der Dienstnehmer Anspruch auf Gewährung der betreffenden Sozialleistung oder auf Ersatz des Vermögensschadens sowie auf eine Entschädigung für die erlittene persönliche Beeinträchtigung.

(3) Bei Verletzung des Diskriminierungsverbots des § 7b Abs. 1 Z 4 hat der Dienstnehmer Anspruch auf Einbeziehung in die entsprechenden betrieblichen Aus- und Weiterbildungs- sowie Umschulungsmaßnahmen oder auf Ersatz des Vermögensschadens sowie auf eine Entschädigung für die erlittene persönliche Beeinträchtigung.

(BGBl I 2013/107)

(4) Bei Verletzung des Diskriminierungsverbots des § 7b Abs. 1 Z 6 hat der behinderte Dienstnehmer Anspruch auf Gewährung der gleichen Arbeitsbedingungen wie ein anderer Dienstnehmer oder auf Ersatz des Vermögensschadens sowie auf eine Entschädigung für die erlittene persönliche Beeinträchtigung.

(BGBl I 2005/82)

Rechtsfolgen der Diskriminierung in der sonstigen Arbeitswelt

§ 7h. (1) Bei Verletzung des Diskriminierungsverbots des § 7b Abs. 1 Z 8 hat die betroffene Person Anspruch auf Einbeziehung in die entsprechenden Berufsberatungs-, Berufsausbildungs-, Weiterbildungs- und Umschulungsmaßnahmen oder auf Ersatz des Vermögensschadens sowie auf eine Entschädigung für die erlittene persönliche Beeinträchtigung.

(BGBl I 2008/67)

(2) Bei Verletzung des Diskriminierungsverbots des § 7b Abs. 1 Z 9 hat die betroffene Person Anspruch auf Mitgliedschaft und Mitwirkung in der betreffenden Organisation sowie auf Inanspruchnahme der Leistungen der betreffenden Organisation oder auf Ersatz des Vermögensschadens sowie auf eine Entschädigung für die erlittene persönliche Beeinträchtigung.

(3) Bei Verletzung des Diskriminierungsverbots des § 7b Abs. 1 Z 10 hat die betroffene Person Anspruch auf Ersatz des Vermögensschadens und auf eine Entschädigung für die erlittene persönliche Beeinträchtigung.

(BGBl I 2005/82)

Rechtsfolgen einer Belästigung oder bei Benachteiligung infolge einer Beschwerde

§ 7i. (1) Bei einer Belästigung (§ 7d) hat die betroffene Person gegenüber dem Belästiger, im Falle einer schuldhaften Unterlassung des Dienstgebers (§ 7d Abs. 2) auch gegenüber diesem, Anspruch auf Ersatz des erlittenen Schadens. Neben dem Ersatz eines allfälligen Vermögensschadens hat die betroffene Person zum Ausgleich der erlittenen persönlichen Beeinträchtigung Anspruch auf angemessenen, mindestens jedoch auf 1 000 € Schadenersatz.

(BGBl I 2008/67, BGBl I 2011/7)

(2) Als Reaktion auf eine Beschwerde oder auf die Einleitung eines Verfahrens zur Durchsetzung des Diskriminierungsverbots des § 7b Abs. 1 darf der betroffene Dienstnehmer durch den Dienstgeber nicht entlassen, gekündigt oder anders benachteiligt werden. Auch ein anderer Dienstnehmer, der als Zeuge oder Auskunftsperson in einem Verfahren auftritt oder eine Beschwerde eines anderen Dienstnehmers unterstützt, darf als Reaktion auf eine Beschwerde oder auf die Einleitung eines Verfahrens zur Durchsetzung des Diskriminierungsverbots nicht entlassen, gekündigt oder anders benachteiligt werden. §§ 7e bis 7g, 7i Abs. 1, 7j bis 7m, 7o und 7p gelten sinngemäß.

(BGBl I 2008/67)

(BGBl I 2005/82)

Höhe des Schadenersatzes

§ 7j. Die Höhe der Entschädigung für die erlittene persönliche Beeinträchtigung ist so zu bemessen, dass dadurch die Beeinträchtigung tatsächlich und wirksam ausgeglichen wird und die Entschädigung der erlittenen Beeinträchtigung angemessen ist sowie Diskriminierungen verhindert. Dabei ist insbesondere auf die Dauer der Diskriminierung, die Schwere eines allfälligen Verschuldens, die Erheblichkeit der Beeinträchtigung und auf Mehrfachdiskriminierungen Bedacht zu nehmen.

(BGBl I 2005/82, BGBl I 2008/67, BGBl I 2013/107)

Geltendmachung von Ansprüchen bei den ordentlichen Gerichten

§ 7k. (1) Ansprüche gemäß §§ 7e bis 7i können bei den ordentlichen Gerichten nur geltend gemacht werden, wenn in der Sache vorher beim Bundesamt für Soziales und Behindertenwesen (Sozialministeriumservice) ein Schlichtungsverfahren gemäß §§ 14 ff Bundes-Behindertengleichstellungsgesetz (BGStG), BGBl. I Nr. 82/2005, durchgeführt wurde. Die Klage ist nur zulässig, wenn nicht längstens innerhalb von drei Monaten, im Fall einer Kündigung oder Entlassung innerhalb von einem Monat ab Einleitung des Schlichtungsverfahrens eine gütliche Einigung erzielt worden ist. Der Kläger hat der Klage eine Bestätigung des Sozialministeriumservice darüber anzuschließen, dass keine gütliche Einigung erzielt werden konnte.

(2) Für die gerichtliche Geltendmachung der Ansprüche gelten folgende Fristen:

1. in Fällen nach § 7e sechs Monate ab Zugang der Ablehnung der Bewerbung oder Beförderung;
2. in Fällen von Anfechtungen oder Feststellungsklagen gemäß § 7f Abs. 1 oder § 7i Abs. 2 14 Tage ab Zugang der Kündigung, Entlassung oder Auflösung des Probedienstverhältnisses bzw. ab Beendigung des befristeten Dienstverhältnisses durch Zeitablauf;

   (BGBl I 2008/67)
3. im Falle der Geltendmachung von Ansprüchen gem. § 7f Abs. 1 letzter Satz sechs Monate ab Zugang der Kündigung, Entlassung oder Auflösung des Probedienstverhältnisses bzw. ab Beendigung des befristeten Dienstverhältnisses durch Zeitablauf;

   (BGBl I 2008/67)
4. im Falle einer Belästigung gemäß § 7i Abs. 1 ein Jahr;

   (BGBl I 2008/67)
5. in Fällen nach § 7g gilt die dreijährige Verjährungsfrist gemäß § 1486 des Allgemeinen Bürgerlichen Gesetzbuches (ABGB), in Fällen nach § 7h die dreijährige Verjährungsfrist gemäß § 1489 ABGB.

   (BGBl I 2008/67)

(3) Klagen betreffend Ansprüche nach § 7h können jedenfalls auch bei dem Gericht eingebracht werden, in dessen Sprengel sich der Wohnsitz oder der gewöhnlichen Aufenthalt der betroffenen Person befindet.

(4) Die Einleitung des Schlichtungsverfahrens (§ 14 Abs. 2 BGStG) bewirkt die Hemmung der Fristen zur gerichtlichen Geltendmachung. Die Zustellung der Bestätigung des Sozialministeriumservice an die eine Diskriminierung behauptende Person, dass keine gütliche Einigung erzielt werden konnte (§ 14 Abs. 3 BGStG), beendet die Hemmung. Die Bestätigung ist auf Antrag oder, wenn nach Ablauf der Frist gemäß Abs. 1 eine Einigung nicht mehr zu erwarten ist, amtswegig auszustellen.

(5) Nach Zustellung der Bestätigung steht der betroffenen Person im Fall einer Kündigung oder Entlassung zur Erhebung der Klage jedenfalls noch eine Frist von 14 Tagen, in allen anderen Fällen zumindest noch eine Frist von drei Monaten offen.

(BGBl I 2005/82)

Geltendmachung von Ansprüchen von Beamten

§ 7l. (1) Ansprüche von Beamten gemäß §§ 7e bis 7g und gemäß § 7i Abs. 2 können bei der Dienstbehörde nur geltend gemacht werden, wenn in der Sache vorher beim Sozialministeriumservice ein Schlichtungsverfahren gemäß §§ 14 ff BGStG durchgeführt wurde. Die Geltendmachung durch Beamte bei der Dienstbehörde ist nur zulässig, wenn nicht längstens innerhalb von drei Monaten, im Fall einer Kündigung oder Entlassung innerhalb von einem Monat ab Einleitung des Schlichtungsverfahrens eine gütliche Einigung erzielt worden ist. Liegt es im Ermessen der Behörde, über die Rechtsfrage mittels Bescheides zu entscheiden, ist ein Antrag auf Bescheiderlassung erst nach Beendigung des Schlichtungsverfahrens zulässig. Die Dienstbehörde ist verpflichtet, an einer Schlichtung mitzuwirken und dem Sozialministeriumservice die erforderlichen Auskünfte zu erteilen.

(2) Die Dienstbehörde hat im Verfahren Abs. 1 und 3 bis 6 sowie §§ 7b bis 7g, 7i, 7j, 7m und 7o dieses Bundesgesetzes unmittelbar anzuwenden.

(3) Werden nach Beendigung eines Schlichtungsverfahrens Ansprüche geltend gemacht, die eine diskriminierende Entscheidung mittels Bescheides betreffen, und steht ein ordentliches Rechtsmittel offen, hat die Geltendmachung von Ansprüchen im Zuge des Rechtsmittels zu erfolgen. Entscheidet die Dienstbehörde in erster und letzter Instanz, kann die Geltendmachung binnen 14 Tagen ab Bescheidzustellung mittels Antrages auf Erklärung der Rechtsunwirksamkeit der diskriminierenden Entscheidung erfolgen. Die Dienstbehörde hat im Fall einer diskriminierenden Entscheidung den erlassenen Bescheid aufzuheben und die Rechtsfrage neu zu entscheiden.

(4) Außer den in Abs. 3 geregelten Fällen gelten für die Geltendmachung von Ansprüchen bei der Dienstbehörde folgende Fristen:

1. in Fällen nach § 7e sechs Monate ab der Ablehnung der Bewerbung oder Beförderung;
2. im Fall einer Kündigung, Entlassung oder amtswegigen Ruhestandsversetzung gemäß § 7f oder § 7i Abs. 2 14 Tage ab Zugang;
3. in Fällen nach § 7g gilt die dreijährige Verjährungsfrist gemäß § 1486 ABGB.

(5) Die Einleitung des Schlichtungsverfahrens (§ 14 Abs. 2 BGStG) bewirkt die Hemmung der Fristen zur Geltendmachung bei der Dienstbehörde sowie ordentlicher oder außerordentlicher Rechtsmittelfristen. Die Zustellung der Bestätigung des Sozialministeriumservice an die eine Diskriminierung behauptende Person, dass keine gütliche Einigung erzielt werden konnte (§ 14 Abs. 3 BGStG), beendet die Hemmung der Fristen zur Geltendmachung. Die Bestätigung ist auf Antrag oder, wenn nach Ablauf der Frist gemäß Abs. 1 eine Einigung nicht mehr zu erwarten ist, amtswegig auszustellen.

(6) Nach Zustellung der Bestätigung steht der betroffenen Person im Fall einer Kündigung oder Entlassung zur Geltendmachung jedenfalls noch eine Frist von 14 Tagen offen. In Fällen, in denen eine ordentliche oder außerordentliche Rechtsmittelfrist gehemmt wurde, steht jedenfalls noch diese

offen. In allen anderen Fällen steht zumindest noch eine Frist von drei Monaten offen.

(7) Kommt es im Schlichtungsverfahren zu keiner gütlichen Einigung, kann das Sozialministeriumservice nach Durchführung der entsprechenden Ermittlungen auf Ersuchen der betroffenen Person eine Stellungnahme über das Vorliegen einer Diskriminierung abgeben.

(BGBl I 2005/82)

Geltendmachung von Ansprüchen von Beamten bei Belästigung

§ 7m. (1) Unter der Voraussetzung der Durchführung des Schlichtungsverfahrens gemäß §§ 14 ff BGStG können Ansprüche von Beamten aus einer Belästigung (§ 7i Abs. 1) gegen den Belästiger bei den ordentlichen Gerichten gemäß § 7k, gegen den Dienstgeber bei der Dienstbehörde gemäß § 7l geltend gemacht werden.

(BGBl I 2013/71)

(2) Ansprüche aus einer Belästigung gegen den Belästiger sind binnen eines Jahres gerichtlich geltend zu machen.

(BGBl I 2008/67)

(3) Ansprüche aus einer Belästigung gegen den Dienstgeber sind binnen eines Jahres bei der Dienstbehörde geltend zu machen.

(BGBl I 2008/67)

(BGBl I 2005/82)

Geltendmachung von nicht dienstrechtlichen Ansprüchen bei Diskriminierung in Vollziehung der Gesetze

§ 7n. Ansprüche gemäß § 7h Abs. 3 (die Gründung, Einrichtung oder Erweiterung eines Unternehmens sowie die Aufnahme oder Ausweitung jeglicher anderen Art von selbständiger Tätigkeit) können, wenn die Diskriminierung in Vollziehung der Gesetze erfolgt ist, nach dem Amtshaftungsgesetz (AHG), BGBl. Nr. 20/1949, geltend gemacht werden. Das Schlichtungsverfahren gemäß §§ 14 ff BGStG ersetzt dabei das Aufforderungsverfahren gemäß § 8 AHG.

(BGBl I 2005/82, BGBl I 2013/107)

Zuständigkeit bei Mehrfachdiskriminierung

§ 7o. Macht eine betroffene Person sowohl eine Verletzung des Diskriminierungsverbots des § 7b Abs. 1 nach diesem Bundesgesetz als auch eine Verletzung des Gleichbehandlungsgebots von Frauen und Männern in der Arbeitswelt bzw. des Gebots der Gleichbehandlung ohne Unterschied der ethnischen Zugehörigkeit, der Religion oder Weltanschauung, des Alters oder der sexuellen Orientierung in der Arbeitswelt im Sinne des Gleichbehandlungsgesetzes, BGBl. I Nr. 66/2004, bzw. des Bundes-Gleichbehandlungsgesetzes, BGBl. Nr. 100/1993, geltend, so sind alle Diskriminierungstatbestände im Schlichtungsverfahren gemäß §§ 14 ff BGStG abzuhandeln und können bei den ordentlichen Gerichten nur gemäß § 7k oder bei Behörden nur gemäß §§ 7l oder 7n geltend gemacht werden.

(BGBl I 2005/82)

Beweislast

§ 7p. Wenn sich eine betroffene Person vor Gericht auf einen Diskriminierungstatbestand im Sinne des § 7b Abs. 1 oder eine Belästigung (§ 7d) beruft, so hat sie diesen Umstand glaubhaft zu machen. Dem Beklagten obliegt es bei Berufung auf § 7b Abs. 1 zu beweisen, dass es bei Abwägung aller Umstände wahrscheinlicher ist, dass ein anderes vom Beklagten glaubhaft gemachtes Motiv für die unterschiedliche Behandlung ausschlaggebend war. Bei Berufung auf § 7d sowie bei Berufung auf eine Diskriminierung, die durch Barrieren verursacht wird, obliegt es dem Beklagten zu beweisen, dass es bei Abwägung aller Umstände wahrscheinlicher ist, dass die vom Beklagten glaubhaft gemachten Tatsachen der Wahrheit entsprechen.

(BGBl I 2005/82)

Nebenintervention

§ 7q. Die Österreichische Arbeitsgemeinschaft für Rehabilitation kann, wenn es eine betroffene Person verlangt, einem Rechtsstreit zur Durchsetzung von Ansprüchen aus einer Verletzung des Diskriminierungsverbots des § 7b als Nebenintervenient (§§ 17 bis 19 ZPO) beitreten.

(BGBl I 2005/82)

Sonderbestimmungen für Landeslehrer, Anwendungsbereich

§ 7r. Die §§ 7b bis 7q dieses Bundesgesetzes sind auf Lehrer an öffentlichen Pflichtschulen und an land- und forstwirtschaftlichen Berufs- und Fachschulen (§ 1 des Landeslehrer-Dienstrechtsgesetzes 1984, BGBl. Nr. 302, § 1 des Land- und forstwirtschaftlichen Landeslehrer-Dienstrechtsgesetzes 1985, BGBl. Nr. 296, § 1 des Landesvertragslehrergesetzes 1966, BGBl. Nr. 172 und § 1 des Land- und forstwirtschaftlichen Landesvertragslehrergesetzes, BGBl. Nr. 244/1969) mit der Maßgabe anzuwenden, dass

1. soweit darin den Dienstbehörden des Bundes Zuständigkeiten zukommen, an deren Stelle die landesgesetzlich berufenen Organe (Dienstbehörden) treten,
2. soweit darin auf das Schlichtungsverfahren gemäß §§ 14 ff BGStG verwiesen wird, ein vergleichbares Verfahren durch landesgesetzliche Bestimmungen zu regeln ist, und
3. soweit gemäß den §§ 7e bis 7h Ersatzansprüche an den Bund eingeräumt sind, diese vom Land zu tragen sind.

(BGBl I 2005/82)

Kündigung

§ 8. (1) Das Dienstverhältnis eines begünstigten Behinderten darf vom Dienstgeber, soferne keine längere Kündigungsfrist einzuhalten ist, nur unter Einhaltung einer Frist von vier Wochen gekündigt werden. Ein auf Probe vereinbartes Dienstverhältnis kann während des ersten Monates von beiden Teilen jederzeit gelöst werden.

(2) Die Kündigung eines begünstigten Behinderten (§ 2) darf von einem Dienstgeber erst dann ausgesprochen werden, wenn der Behindertenausschuss (§ 12) nach Anhörung des Betriebsrates, der Behindertenvertrauensperson (Stellvertreter) oder der Personalvertretung im Sinne des Bundes-Personalvertretungsgesetzes bzw. der entsprechenden landesgesetzlichen Vorschriften zugestimmt hat; dem Dienstnehmer kommt in diesem Verfahren Parteistellung zu. Eine Kündigung ohne vorherige Zustimmung des Behindertenausschusses ist rechtsunwirksam, wenn nicht in Ausnahmefällen nachträglich die Zustimmung erteilt wird. Diese Zustimmung ist nicht zu erteilen, wenn die Zugehörigkeit zum Personenkreis der begünstigten Behinderten die Folge eines Arbeitsunfalles gemäß § 175f des Allgemeinen Sozialversicherungsgesetzes (ASVG), BGBl. Nr. 189/1955 ist. Ein Ausnahmefall, der die Zustimmung zu einer bereits ausgesprochenen Kündigung rechtfertigt, ist dann gegeben, wenn dem Dienstgeber zum Zeitpunkt des Ausspruches der Kündigung nicht bekannt war und auch nicht bekannt sein musste, dass der Dienstnehmer dem Personenkreis der begünstigten Behinderten im Sinne des § 2 angehört. Abs. 4 und 4a sind anzuwenden.

(BGBl I 1999/17, BGBl I 2010/111)

(3) Der Behindertenausschuß hat bei seiner Entscheidung über die Zustimmung zur Kündigung eines begünstigten Behinderten die besondere Schutzbedürftigkeit des Dienstnehmers zu berücksichtigen und unter Beachtung des § 6 zu prüfen, ob dem Dienstnehmer der Verlust seines Arbeitsplatzes zugemutet werden kann.

(BGBl I 1999/17)

(4) Die Fortsetzung des Dienstverhältnisses wird dem Dienstgeber insbesondere dann nicht zugemutet werden können, wenn

a) der Tätigkeitsbereich des begünstigten Behinderten entfällt und der Dienstgeber nachweist, daß der begünstigte Behinderte trotz seiner Zustimmung an einem anderen geeigneten Arbeitsplatz ohne erheblichen Schaden nicht weiterbeschäftigt werden kann;

b) der begünstigte Behinderte unfähig wird, die im Dienstvertrag vereinbarte Arbeit zu leisten, sofern in absehbarer Zeit eine Wiederherstellung der Arbeitsfähigkeit nicht zu erwarten ist und der Dienstgeber nachweist, daß der begünstigte Behinderte trotz seiner Zustimmung an einem anderen geeigneten Arbeitsplatz ohne erheblichen Schaden nicht weiterbeschäftigt werden kann;

c) der begünstigte Behinderte die ihm auf Grund des Dienstverhältnisses obliegenden Pflichten beharrlich verletzt und der Weiterbeschäftigung Gründe der Arbeitsdisziplin entgegenstehen.

(BGBl I 1999/17)

(4a) Bei der Entscheidung über die Zustimmung zur Kündigung eines begünstigten Behinderten ist auch das Diskriminierungsverbot des § 7b Abs. 1 zu berücksichtigen.

(BGBl I 2005/82)

(5) Gesetzliche Bestimmungen, die die Beendigung des Dienstverhältnisses an zusätzliche Voraussetzungen knüpfen, bleiben unberührt. Finden auf die Kündigung eines begünstigten Behinderten die Abs. 2 bis 4 Anwendung, gelten die Bestimmungen des § 105 Abs. 2 bis 6 des Arbeitsverfassungsgesetzes, BGBl. Nr. 22/1974, bzw. die in Ausführung der Bestimmungen des § 210 Abs. 3 bis 6 des Landarbeitsgesetzes 1984, BGBl. Nr. 287, erlassenen landesrechtlichen Vorschriften nicht.

(BGBl I 1999/17)

(6) Abs. 2 bis 4 finden auf das Dienstverhältnis keine Anwendung,

a) wenn dem Behinderten als Mitglied des Betriebsrates (Jugendvertrauensrates) bzw. als Personalvertreter der besondere Kündigungsschutz auf Grund der §§ 120 und 121 des Arbeitsverfassungsgesetzes bzw. der in Ausführung der §§ 223 und 224 des Landarbeitsgesetzes 1984 erlassenen landesrechtlichen Vorschriften oder des § 27 Abs. 2 des Bundes-Personalvertretungsgesetzes und ähnlicher landesrechtlicher Vorschriften zusteht;

b) wenn das Dienstverhältnis zum Zeitpunkt des Ausspruches der Kündigung noch nicht länger als vier Jahre bestanden hat, es sei denn die Feststellung der Begünstigteneigenschaft erfolgt innerhalb dieses Zeitraumes, wobei während der ersten sechs Monate nur die Feststellung der Begünstigteneigenschaft infolge eines Arbeitsunfalles diese Rechtsfolge auslöst, oder es erfolgt ein Arbeitsplatzwechsel innerhalb eines Konzerns.

(BGBl I 2010/111)

(BGBl 1975/96, BGBl 1979/111, BGBl 1985/567, BGBl 1992/104, BGBl 1992/313, BGBl I 1999/17, BGBl I 2001/60)

Beendigung eines Dienstverhältnisses kraft Gesetzes

§ 8a. Soweit in dienstrechtlichen Vorschriften für Bedienstete einer Gebietskörperschaft die Beendigung des Dienstverhältnisses wegen langer Dienstverhinderung infolge Krankheit kraft Gesetzes vorgesehen ist, ist im Falle eines begünstigten Behinderten (§ 2) der Behindertenausschuß spätestens drei Monate vor Ablauf dieser Frist von Amts wegen zu verständigen. Der Behindertenausschuß hat zur Zweckmäßigkeit einer Vereinbarung über die Fortsetzung des Dienstverhältnisses Stellung zu nehmen. Die Beendigung des Dienstverhältnisses wird – ungeachtet der dienstrechtlichen Vorschriften – frühestens drei Monate nach Einlangen der Verständigung beim Behindertenausschuß wirksam.

(BGBl 1992/313, BGBl I 1999/17)

Ausgleichstaxe

§ 9. (1) Vom Bundesamt für Soziales und Behindertenwesen ist die Entrichtung einer Ausgleichstaxe alljährlich für das jeweils abgelaufene Kalenderjahr mittels Bescheides vorzuschreiben, wenn die Beschäftigungspflicht nicht erfüllt ist.

(BGBl 1985/567)

(2) Die Ausgleichstaxe beträgt für jede einzelne Person, die zu beschäftigen wäre, ab 1. Jänner 2011 monatlich 226 Euro. Abweichend davon beträgt die Ausgleichstaxe für Dienstgeber, die 100 oder mehr Dienstnehmer beschäftigen, für jede Person, die zu beschäftigen wäre, ab 1. Jänner 2011 monatlich 316 Euro und für Dienstgeber, die 400 oder mehr Dienstnehmer beschäftigen, für jede Person, die zu beschäftigen wäre, ab 1. Jänner 2011 monatlich 336 Euro. Diese Beträge sind ab 1. Jänner 2012 und in der Folge mit Wirkung vom 1. Jänner eines jeden Jahres mit dem für den Bereich des Allgemeinen Sozialversicherungsgesetzes festgesetzten Anpassungsfaktor zu vervielfachen. Die vervielfachten Beträge sind auf den nächsten vollen Eurobetrag zu runden, dabei sind Beträge unter 50 Cent zu vernachlässigen und Beträge von 50 Cent an auf einen vollen Euro zu ergänzen. Die gerundeten Beträge sind der folgenden Anpassung zugrunde zu legen. Der Bundesminister für Arbeit, Soziales und Konsumentenschutz hat die jeweilige Höhe der Ausgleichstaxe mit Verordnung festzustellen. Diese Verordnung kann auch rückwirkend in Kraft gesetzt werden.

(BGBl 1990/285, BGBl 1992/313, BGBl 1994/27, BGBl 1996/201, BGBl I 1999/17, BGBl I 2001/60, BGBl I 2010/111)

(3) Die Entrichtung der Ausgleichstaxe kann nur binnen zwei Jahren, gerechnet vom Einlangen der Abschrift des Verzeichnisses (§ 16 Abs. 2) an, falls der Dienstgeber von der Vorlage des Verzeichnisses gemäß § 16 Abs. 5 und 6 befreit war, binnen drei Jahren nach Ablauf des Jahres, für das die Ausgleichstaxe zu zahlen ist, vorgeschrieben werden. Hat der Dienstgeber der Ankunfts- und Meldepflicht (§ 16) nicht entsprochen bzw. unwahre oder unvollständige Angaben gemacht, kann die Entrichtung der Ausgleichstaxe binnen sieben Jahren, gerechnet vom Ende des Kalenderjahres an, für das keine bzw. unvollständige oder unrichtige Meldungen erstattet wurden, vorgeschrieben werden. Diese Frist beginnt durch jede Maßnahme des Bundesamtes für Soziales und Behindertenwesen, die auf die Einholung der Verzeichnisabschrift oder einer wahrheitsgetreuen Meldung gerichtet ist, neu zu laufen.

(4) Die Ausgleichstaxe wird nach Ablauf von vier Wochen, gerechnet vom Eintritt der Rechtskraft des Bescheides, mit dem die Ausgleichstaxe vorgeschrieben wurde, fällig. Sie ist spätestens bis zum Fälligkeitstag unaufgefordert an das Bundesamt für Soziales und Behindertenwesen einzuzahlen.

(5) Wird die Ausgleichstaxe nicht bis zum Fälligkeitstag (Abs. 4) eingezahlt, so sind ab dem darauffolgenden Kalendertag Zinsen in der Höhe von 4 vH über dem jeweils geltenden Basiszinssatz gemäß § 1 1. Euro-Justiz-Begleitgesetz, BGBl. I Nr. 125/1998 pro Jahr an den Ausgleichstaxfonds (§ 10) zu entrichten. Die Geltendmachung eines Zinsenanspruches hat zu unterbleiben, wenn der Zinsenbetrag 7,30 € nicht übersteigt.

(BGBl 1988/721, BGBl I 2001/60)

(6) und (7) (aufgehoben)

(BGBl 1988/721)

Prämien

§ 9a. (1) Dienstgeber erhalten aus Mitteln des Ausgleichstaxfonds (§ 10) für jeden beschäftigten, in Ausbildung stehenden begünstigten Behinderten (§ 2 Abs. 3) eine Prämie in Höhe der nach § 9 Abs. 2 1. Satz festgesetzten Ausgleichstaxe.

(BGBl 1985/567, BGBl 1992/313, BGBl 1994/27, BGBl I 1999/17, BGBl I 2010/111)

(2) Über die Zuerkennung einer Prämie hat das Bundesamt für Soziales und Behindertenwesen in Fällen, in denen die Berechnung unter Bedachtnahme auf § 16 Abs. 4 bis 7 erfolgt, von Amts wegen, in den übrigen Fällen über Antrag des Dienstgebers zu entscheiden. Der Antrag kann nur binnen drei Jahren vom Ende des Kalenderjahres an, für das die Prämie begehrt wird, eingebracht werden.

(BGBl 1985/567, BGBl I 1999/17, BGBl I 2002/150)

(3) Die Prämie ist auf Forderungen des Ausgleichstaxfonds gegen den zum Empfang der Prämie berechtigten Dienstgeber anzurechnen.

(BGBl 1985/567, BGBl I 1999/17, BGBl I 2002/150)

Ausgleichstaxfonds

§ 10. (1) Beim Bundesministerium für Arbeit, Gesundheit und Soziales wird der Ausgleichstaxfonds gebildet. Er hat Rechtspersönlichkeit und wird vom Bundesminister für Arbeit, Gesundheit und Soziales vertreten und unter Anhörung eines Beirates gemäß Abs. 2 verwaltet. Das Vermögen des Fonds besteht aus den rechtskräftig vorgeschriebenen Ausgleichstaxen, den Zinsen und sonstigen Zuwendungen.

„(1a) Aus allgemeinen Budgetmitteln sind jährlich 90 Mio. Euro für Maßnahmen der beruflichen Inklusion für Menschen mit Behinderungen zur Verfügung zu stellen. Dieser Betrag ist ausgehend vom Basisjahr 2018 jährlich ab dem Jahr 2019 nach dem für den Bereich des Allgemeinen Sozialversicherungsgesetzes festgesetzten Anpassungsfaktor zu vervielfachen. Dem Ausgleichstaxfonds fließen diese Mittel abzüglich jenes Betrages, der für Maßnahmen nach § 10a Abs. 1 lit. k zu verwenden ist, zu.“

(BGBl I 2017/155)

(2) Der Beirat besteht aus dem Vorsitzenden, zwei Vertretern der organisierten Kriegsopfer, vier Vertretern der organisierten Behinderten und drei von den Ländern entsandten Vertretern sowie je drei Vertretern der Dienstnehmer und der Dienst-

geber, einem Vertreter der Integrativen Betriebe (§ 11) und einem Vertreter des Bundesministeriums für Finanzen. Den Vorsitz führt der Bundesminister für soziale Sicherheit und Generationen oder ein von ihm bestimmter rechtskundiger Bediensteter aus dem Stande des Bundesministeriums für soziale Sicherheit und Generationen. Die Funktionsperiode des Beirates beträgt vier Jahre. Nach Ablauf der Funktionsperiode hat der Beirat die Geschäfte so lange weiterzuführen, bis der neue Beirat zusammentritt. Die Zeit der Weiterführung der Geschäfte zählt auf die Funktionsperiode des neuen Beirates.

(BGBl I 2002/150)

(3) Die im Abs. 2 genannten Mitglieder des Beirates sowie die erforderliche Anzahl von Ersatzmitgliedern werden vom Bundesminister für soziale Sicherheit und Generationen berufen. Die Vorschläge für die Bestellung der Dienstgebervertreter erstatten für je ein Mitglied und die erforderliche Anzahl von Ersatzmitgliedern die Wirtschaftskammer Österreich, die Präsidentenkonferenz der Landwirtschaftskammern Österreichs und die Vereinigung der Österreichischen Industrie. Die Vorschläge für die Bestellung der Dienstnehmervertreter erstatten für je ein Mitglied und die erforderliche Anzahl von Ersatzmitgliedern die Bundesarbeitskammer, der Österreichische Landarbeiterkammertag und der Österreichische Gewerkschaftsbund. Hinsichtlich der Erstattung der Vorschläge für die Bestellung der Vertreter der organisierten Kriegsopfer und der organisierten Behinderten sind die § 10 Abs. 1 Z 6 und § 10 Abs. 2 des Bundesbehindertengesetzes (BBG), BGBl. Nr. 283/1990, anzuwenden. Den Vorschlag für die Bestellung des Vertreters der Integrativen Betriebe erstatten diese. Die Vorschläge für die Bestellung der Vertreter der Länder erstatten die Länder gemeinsam.

(BGBl I 2002/150)

(4) Der Bundesminister für Arbeit, Gesundheit und Soziales hat die Mitglieder des Beirates von ihrer Funktion zu entheben, wenn sie darum ansuchen, wenn eine der für ihre Bestellung erforderlichen Voraussetzungen nicht mehr gegeben ist oder wenn sie die Pflichten ihres Amtes gröblich vernachlässigen, im letzteren Falle nach Anhörung der Interessenvertretung, auf deren Vorschlag das Mitglied bestellt worden ist. Die Mitgliedschaft im Beirat ist ein unbesoldetes Ehrenamt. Den Mitgliedern gebührt der Ersatz der Reise- und Aufenthaltskosten sowie eine allfällige Entschädigung für Zeitversäumnis unter sinngemäßer Anwendung der für Schöffen und Geschworene geltenden Bestimmungen des Gebührenanspruchsgesetzes 1975, BGBl. Nr. 136, wenn auf Grund anderer gesetzlicher Regelungen kein gleichartiger Anspruch besteht.

(5) Der Beirat wird vom Bundesminister für Arbeit, Gesundheit und Soziales zu den Sitzungen einberufen. Die Einladungen sollen mit der Tagesordnung den Mitgliedern des Beirates spätestens acht Tage vor der Sitzung zugestellt werden. Der Beirat tagt in nichtöffentlicher Sitzung; er ist beschlußfähig, wenn mindestens die Hälfte der eingeladenen Mitglieder anwesend ist. Wurden die Mitglieder ordnungsgemäß eingeladen, so ist der Beirat auch dann beschlußfähig, wenn nach Ablauf von 30 Minuten weniger als die Hälfte der eingeladenen Mitglieder anwesend ist. Die Beschlüsse des Beirates werden mit Stimmenmehrheit gefaßt. Der Vorsitzende gibt seine Stimme zuletzt ab; bei Stimmengleichheit entscheidet seine Stimme. Über die Sitzung des Beirates ist eine Niederschrift aufzunehmen, die alle Beschlüsse im Wortlaut, die Ergebnisse der Abstimmungen und den wesentlichen Verlauf der Verhandlungen zu enthalten hat; eine Abschrift ist den Mitgliedern des Beirates zu übersenden. Der Vorsitzende ist berechtigt, dem Beirat Experten mit beratender Stimme beizuziehen.

(6) Der Beirat ist in allen wichtigen Angelegenheiten der Durchführung dieses Bundesgesetzes, insbesondere

a) vor Erlassung, Änderung oder Aufhebung von Verordnungen gemäß § 1 Abs. 2;
b) vor Erlassung, Änderung oder Aufhebung von Richtlinien über die Gewährung von Zuschüssen oder Darlehen aus den Mitteln des Ausgleichstaxfonds;
c) vor Verzicht auf die Rückzahlung eines nach § 10a Abs. 5 gewährten und fälligen Betrages sowie auf die Eintreibung einer rechtskräftig vorgeschriebenen Ausgleichstaxe

anzuhören.

(7) Dem Beirat obliegt es,

a) Empfehlungen zu grundsätzlichen Fragen der beruflichen Integration Behinderter abzugeben;
b) Vorschläge betreffend die Gewährung einer Förderung an einen Integrativen Betrieb (§ 11), die im Einzelfall den Betrag von 72 673 € übersteigt, zu erstatten.

(BGBl I 2001/60)

(8) Den Mitgliedern des Beirates sind die für die Wahrnehmung ihrer Aufgaben erforderlichen Informationen zur Verfügung zu stellen.

(9) Für die dem Bund aus der Verwaltung des Ausgleichstaxfonds entstehenden Kosten hat der Ausgleichstaxfonds dem Bund jährlich einen Pauschalbetrag von 0,75 vH der jeweils im Vorjahr eingegangenen Ausgleichstaxen zu ersetzen.

(BGBl 1988/721, BGBl 1992/313, BGBl I 1999/17)

Verwendung der Mittel des Ausgleichstaxfonds

§ 10a. (1) Die Mittel des Ausgleichstaxfonds sind insbesondere zu verwenden für

a) Zwecke der beruflichen Eingliederung für die im Sinne dieses Bundesgesetzes begünstigten Behinderten (§ 2 Abs. 1 und 3) und die in den Abs. 2 und 3 angeführten Personen; für alle diese Personen jedoch nur dann, wenn sie ihren dauernden Aufenthalt im

Bundesgebiet haben oder im Bundesgebiet dauerhaft einer Erwerbstätigkeit oder Berufsausbildung nachgehen;

(BGBl 1992/313, BGBl 1993/111, BGBl I 2010/111, BGBl I 2016/62)

b) Zwecke der Fürsorge für die nach dem Kriegsopferversorgungsgesetz 1957, BGBl. Nr. 152, und dem Heeresversorgungsgesetz, BGBl. Nr. 27/1964, versorgungsberechtigten Personen und deren nicht selbsterhaltungsfähige Kinder sowie für die nach dem Opferfürsorgegesetz Versorgungsberechtigten (§ 6 Z 5 Opferfürsorgegesetz, BGBl. Nr. 183/1947);

(BGBl 1988/721)

c) die Gewährung von Zuschüssen und Darlehen zur Errichtung, zum Ausbau, zur Ausstattung und zum laufenden Betrieb von Integrativen Betrieben (§ 11) sowie zur Sicherung der Arbeitsplätze in Integrativen Betrieben und zur Erhaltung ihrer Wettbewerbsfähigkeit unter Berücksichtigung der vom jeweiligen Integrativen Betrieb erzielten Wertschöpfung;

(BGBl I 1999/17, BGBl I 2002/150)

d) die Gewährung von Zuschüssen und Darlehen für Maßnahmen nach § 6 Abs. 2;

(BGBl 1988/721, BGBl 1992/313)

e) Information und Forschung betreffend die beruflichen und sozialen Angelegenheiten von Behinderten oder von Behinderung bedrohten Personen;

f) Prämien für Dienstgeber (§ 9a);

(BGBl 1985/567)

g) den Ersatz von Reise- und Aufenthaltskosten sowie die Entschädigung für Zeitversäumnis (§§ 10 Abs. 4, 12 Abs. 8, 13d, 14 Abs. 8) und die Entschädigung für die in der Berufungskommission tätigen Richter (§ 13d) sowie den Ersatz von Barauslagen der Behindertenvertrauenspersonen (§ 22a);

(BGBl 1988/721, BGBl 1992/313, BGBl I 1999/17, BGBl I 2002/150)

h) Sonderprogramme zur Verbesserung der beruflichen Eingliederung Behinderter;

i) die Gewährung von Zuschüssen und Darlehen zur Errichtung, zum Ausbau, zur Ausstattung und zum laufenden Betrieb von sonstigen zur Vorbereitung von Behinderten auf eine berufliche Eingliederung in den offenen Arbeitsmarkt geeigneten Einrichtungen und von Ausbildungseinrichtungen (§ 11a) sowie die Gewährung von Zuschüssen für in solchen Einrichtungen tätige Behinderte;

(BGBl I 1999/17, BGBl I 2002/150, BGBl I 2002/158)

j) nach Maßgabe von für solche Zwecke zur Verfügung stehenden Mitteln die Gewährung von Zuschüssen und Darlehen für von Betrieben durchgeführte investive Maßnahmen, die der Verbesserung der Zugänglichkeit für Menschen mit Behinderungen dienen.„;“

(BGBl I 2002/158, BGBl I 2003/71, BGBl I 2010/111, BGBl I 2017/155)

„k) höchstens 10 v.H. der gemäß § 10 Abs. 1a aus allgemeinen Budgetmitteln zur Verfügung gestellten Mittel sind insbesondere für Förderungen aus dem Unterstützungsfonds für Menschen mit Behinderung gemäß §§ 24 ff Bundesbehindertengesetz (BBG), für Zuwendungen zum Erwerb eines Assistenzhundes gemäß § 39a BBG und zur Finanzierung des Monitoringausschusses gemäß § 13l Abs. 1 BBG sowie für Förderungen an gemeinnützige Wohlfahrtsträger zu verwenden.“

(BGBl I 2017/155)

(1a) Anstelle von Zuschüssen oder Darlehen können auch Sachleistungen gewährt werden.

(BGBl 1992/313)

(2) Die im Abs. 1 aufgezählten Leistungen können nach Maßgabe der erlassenen Richtlinien (§ 6 Abs. 3) auch gewährt werden:

a) betreffend Abs. 1 lit. a, c, d, h und i Menschen mit Behinderung, die österreichische Staatsbürger oder diesen im Sinne des § 2 Abs. 1 gleichgestellt sind, deren Grad der Behinderung mindestens 30 vH beträgt, wenn diese ohne solche Leistungen einen Arbeits- oder Ausbildungsplatz nicht erlangen oder beibehalten können;

b) betreffend Abs. 1 lit. a, c, d, h und i Menschen mit Behinderung, die nicht österreichische Staatsbürger oder diesen im Sinne des § 2 Abs. 1 gleichgestellt sind, wenn der Grad ihrer Behinderung mindestens 50 vH beträgt, sie ihren dauernden Aufenthalt im Bundesgebiet haben oder im Bundesgebiet dauerhaft einer Erwerbstätigkeit nachgehen und sie ohne diese Leistungen einen Arbeitsplatz nicht erlangen oder beibehalten können;

c) betreffend Abs. 1 lit. a und d Menschen mit Behinderung, die österreichische Staatsbürger oder diesen im Sinne des § 2 Abs. 1 gleichgestellt sind, die das 15. Lebensjahr überschritten haben, deren Grad der Behinderung mindestens 50 vH beträgt, und die nicht dem im § 2 Abs. 3 angeführten Personenkreis angehören, wenn ohne diese Leistungen die Aufnahme oder Fortsetzung einer Schul- oder Berufsausbildung gefährdet wäre;

d) betreffend Abs. 1 lit. a, d, h und i österreichischen Staatsbürgern oder diesen im Sinne des § 2 Abs. 1 gleichgestellten Personen, wenn ihnen ohne diese Leistungen auf Grund der bisher ausgeübten beruflichen Tätigkeit oder Berufsausbildung eine Behinderung im Sinne des § 3 unmittelbar droht.

(BGBl I 2016/62)

(3) Maßnahmen beruflicher Assistenz gemäß § 6 Abs. 2 lit. d stehen nach Maßgabe der zu erlas-

senden Richtlinien Jugendlichen mit Assistenzbedarf auch dann offen, wenn sie nicht dem Personenkreis gemäß Abs. 1 und 2 angehören. Jugendliche mit Assistenzbedarf im Sinne dieses Bundesgesetzes sind – ungeachtet einer Zugehörigkeit zum Personenkreis gemäß Abs. 1 und 2 – Jugendliche grundsätzlich ab dem 9. Schuljahr, denen aufgrund von auf individuell-sozialen Faktoren beruhenden Beeinträchtigungen eine längerfristige oder dauerhafte Ausgrenzung aus dem Arbeitsmarkt droht. Die Richtlinien haben insbesondere Regelungen zu treffen über

1. die förderbaren Maßnahmen für Jugendliche mit Assistenzbedarf,
2. die Voraussetzungen für die Zugehörigkeit zum förderbaren Personenkreis,
3. Altersgrenzen sowie
4. sonstige Zugangsvoraussetzungen.

(BGBl I 2016/62)

(3a) Zur Bedeckung der Ausgaben für Maßnahmen im Sinne des Abs. 3 für jene Personen, die nicht dem Personenkreis gemäß Abs. 1 und 2 angehören, sind jeweils die erforderlichen Mittel aus dem Bundeshaushalt als sonstige Zuwendungen (§ 10 Abs. 1) in den Ausgleichstaxfonds einzubringen. Sie sind in der Gebarung des Fonds in einem eigenen Verrechnungskreis hinsichtlich ihrer Herkunft und ihrer Verwendung gesondert darzustellen.

(BGBl I 2016/62)

(4) Die Vergabe von Sach- oder Geldleistungen aus Mitteln des Ausgleichstaxfonds ist nur zulässig, wenn die Sparsamkeit, Wirtschaftlichkeit und Zweckmäßigkeit des Einsatzes der Mittel gewährleistet sind. Die Auszahlung einer Förderung ist nur insoweit und nicht eher vorzunehmen, als sie zur Vornahme fälliger Zahlungen benötigt wird. Die Auszahlung darf zu einem früheren Zeitpunkt vorgenommen werden, wenn dies aus Gründen, die sich aus der Eigenart der Leistung ergeben, notwendig erscheint. Auf die Gewährung von Sach- oder Geldleistungen (ausgenommen Leistungen nach § 9a), Darlehen oder sonstigen Zuwendungen aus den Mitteln des Ausgleichstaxfonds besteht kein Rechtsanspruch. Bewilligte Geldleistungen sind auf offene Forderungen des Ausgleichstaxfonds gegen den Leistungsempfänger anzurechnen.

(5) Vor Gewährung einer Zuwendung aus den Mitteln des Ausgleichstaxfonds ist vorbehaltlich sonstiger bürgerlich-rechtlicher Ansprüche des Bundes zu vereinbaren, daß ein Zuschuß vom Empfänger rückzuerstatten ist oder ein noch nicht zurückgezahltes Darlehen nach Kündigung vorzeitig fällig wird und beide vom Tage der Auszahlung an mit 4 vH über dem jeweils geltenden Basiszinssatz gemäß § 1 1. Euro-Justiz-Begleitgesetz pro Jahr zu verzinsen sind, wenn

a) der Empfänger wesentliche Umstände verschwiegen oder unwahre Angaben gemacht hat;
b) der Empfänger das geförderte Vorhaben nicht oder aus seinem Verschulden nicht zeitgerecht durchgeführt hat;
c) der Empfänger den Zuschuß (das Darlehen, die Sachleistung) widmungswidrig verwendet hat oder Bedingungen aus seinem Verschulden nicht eingehalten wurden;
d) der Empfänger die unverzügliche Meldung von Ereignissen, welche die Ausführung der geförderten Leistung verzögern oder unmöglich machen oder deren Abänderung erfordern würden, unterlassen hat oder
e) der Empfänger die Überprüfung der widmungsgemäßen Verwendung der Zuwendungen vereitelt hat.

Wenn bei der Durchführung des zu fördernden Vorhabens Einrichtungen oder Geräte, deren Wert (Preis) im Einzelfall 1 453 € übersteigt, ausschließlich aus nicht rückzahlbaren Zuwendungen aus den Mitteln des Ausgleichstaxfonds angeschafft werden sollen, kann vereinbart werden, daß der Empfänger bei Wegfall oder wesentlicher Änderung des Zuwendungszweckes entweder eine angemessene Abgeltung in Geld zu erstatten oder die Einrichtungen oder Geräte dem Ausgleichstaxfonds zwecks weiterer Verwendung zu überlassen hat. In die Vereinbarung können abweichende oder zusätzliche Bedingungen, Auflagen und Eigentumsvorbehalte zugunsten des Ausgleichstaxfonds aufgenommen werden, sofern dies die Eigenart der Förderung geboten erscheinen läßt. Die Verpflichtung zum Ersatz trifft den gesetzlichen Vertreter, wenn er an einer der in lit. a bis e umschriebenen Handlungen mitgewirkt hat.

(BGBl I 2001/60)

(6) Ist die sofortige Rückzahlung eines entsprechend einer Vereinbarung nach Abs. 5 fällig gewordenen Betrages auf Grund der wirtschaftlichen Verhältnisse des Zahlungspflichtigen unbillig, so kann die Forderung des Ausgleichstaxfonds auf Antrag des Zahlungspflichtigen gestundet oder die Abstattung in Raten bewilligt werden. Hiebei sind Zinsen in der Höhe von 3 vH über dem jeweils geltenden Basiszinssatz gemäß § 1 1. Euro-Justiz-Begleitgesetz pro Jahr auszubedingen. Die Vorschreibung von Zinsen hat zu unterbleiben, wenn der gestundete Förderungsbetrag 1 453 € nicht übersteigt. Die Bewilligung zur Abstattung in Raten ist zu widerrufen und die sofortige Entrichtung aller aushaftenden Teilbeträge samt Zinsen zu verlangen, wenn der Rückzahlungspflichtige mit mindestens zwei Teilbeträgen in Verzug ist.

(BGBl I 2001/60)

(7) Der Bundesminister für Arbeit, Gesundheit und Soziales als Verwalter des Ausgleichstaxfonds kann ganz oder teilweise auf die Rückzahlung eines entsprechend einer Vereinbarung nach Abs. 5 fällig gewordenen Betrages verzichten, wenn

1. alle Möglichkeiten der Einziehung erfolglos versucht worden sind und auf Grund der Sachlage auch nicht angenommen werden kann, daß Einziehungsmaßnahmen zu einem

späteren Zeitpunkt zu einem Erfolg führen werden oder Einziehungsmaßnahmen von vornherein offenkundig aussichtslos sind oder

2. die Einziehung der Forderung nach der Lage des Falles, insbesondere unter Berücksichtigung der wirtschaftlichen Verhältnisse des Zahlungspflichtigen und des Ausmaßes seines allfälligen Verschuldens an der Entstehung der Forderung unbillig wäre oder

3. die Einziehung mit Kosten verbunden wäre, die in keinem Verhältnis zur Höhe der Forderung stehen.

Bei einem Verzicht auf eine Forderung ist jedenfalls auszubedingen, daß ein Widerruf zulässig ist, wenn der Verzicht durch Fälschung einer Urkunde, falsches Zeugnis oder eine andere gerichtlich strafbare Handlung oder sonstwie erschlichen worden ist.

(BGBl 1988/721, BGBl I 1999/17)

„(8) Zuwendungen aus den Mitteln des Ausgleichstaxfonds auf der Grundlage von § 10a Abs. 1 gelten nicht als Entgelt im Sinne des Umsatzsteuergesetzes 1994, BGBl. I Nr. 663."

(BGBl I 2017/155)

(BGBl 1982/360)

Integrativer Betrieb

§ 11. (1) Integrative Betriebe im Sinne dieses Bundesgesetzes sind die von Gebietskörperschaften, von Trägern des öffentlichen Rechtes, von Trägern der freien Wohlfahrtspflege oder sonstigen Rechtspersonen (Rechtsträgern) geführten Einrichtungen zur Beschäftigung begünstigter Behinderter, die wegen Art und Schwere der Behinderung noch nicht oder nicht wieder auf dem allgemeinen Arbeitsmarkt tätig sein können, bei denen aber eine wirtschaftlich verwertbare Mindestleistungsfähigkeit vorliegt.

(BGBl I 1999/17)

(2) Der Integrative Betrieb muß es den begünstigten Behinderten ermöglichen, ihre Leistungsfähigkeit mit dem Ziel der Eingliederung in den freien Arbeitsmarkt zu entwickeln, zu erhöhen oder wiederzugewinnen.

(BGBl I 1999/17)

(3) Der Bundesminister für Arbeit, Gesundheit und Soziales als Vertreter des Ausgleichstaxfonds hat als Grundlage für die Förderung aus den Mitteln des Fonds im Rahmen eines für Arbeitsplätze in Integrativen Betrieben im Einvernehmen mit den anderen Rehabilitationsträgern zu erstellenden Bedarfsplanes Richtlinien zu erlassen.

(BGBl 1988/721, BGBl I 1999/17)

(4) Die Förderung eines im Abs. 1 genannten Betriebes aus Mitteln des Ausgleichstaxfonds kann insbesondere erfolgen, wenn

a) die beschäftigten begünstigten Behinderten nach dem Kollektivvertrag der jeweiligen Sparte, in der sie beschäftigt sind, entlohnt werden und nach den Bestimmungen des Allgemeinen Sozialversicherungsgesetzes als Vollversicherte pflichtversichert sind;

b) der Integrative Betrieb in baulicher und personeller Hinsicht die Voraussetzungen erfüllt, die eine wirtschaftliche Führung zulassen;

(BGBl I 1999/17)

c) durch begleitende Dienste die medizinische, soziale, heilpädagogische und psychologische Betreuung der beschäftigten Behinderten sichergestellt ist;

d) Möglichkeiten für Arbeitserprobung und Arbeitstraining vorgesehen sind;

e) sich der Rechtsträger der Integrativen Betriebe verpflichtet, diese nach den Grundsätzen der Wirtschaftlichkeit und Sparsamkeit zu führen;

(BGBl I 1999/17)

f) sich der Rechtsträger des Integrativen Betriebes ferner verpflichtet, im Falle einer Förderung durch den Ausgleichstaxfonds die von diesem Fonds zur Verfügung gestellten einheitlichen Grundlagen für Verrechnung und Buchführung anzuwenden, dem Fonds alljährlich die Bilanz sowie die Finanzierungspläne für das Folgejahr vorzulegen und den vom Fonds namhaft gemachten Vertretern Einsicht in alle Bücher und Unterlagen zu gewähren;

(BGBl I 1999/17)

g) der Integrative Betrieb die in den Richtlinien (Abs. 3) festzulegende Mindestwertschöpfung nicht unterschreitet.

(BGBl I 1999/17)

(BGBl 1982/360, BGBl I 1999/17)

„(5) Vor Aufnahme in einen Integrativen Betrieb, der Förderungsmittel aus dem Ausgleichstaxfonds erhält oder in Anspruch zu nehmen beabsichtigt, ist ein Team zu befassen, dem als Mitglieder je ein Vertreter des Arbeitsmarktservice, des Bundesamtes für Soziales und Behindertenwesen, des Landes (Behindertenhilfe) und der Leiter jenes Integrativen Betriebes angehören, in dem der begünstigte Behinderte beschäftigt werden soll. Es tagt am Sitz jener Werkstätte, in der der begünstigte Behinderte aufgenommen werden soll und ist je nach Bedarf von jenem Teammitglied einzuberufen, von dem der Vorschlag für die Aufnahme des begünstigten Behinderten in den Integrativen Betrieb ausgeht. Für die Beiziehung von weiteren Sachverständigen gilt § 6 Abs. 5 letzter Satz sinngemäß. Auf die Aufnahme eines begünstigten Behinderten in den Integrativen Betrieb besteht kein Rechtsanspruch. Die Befassung der Teammitglieder und Sachverständigen kann auch mittels elektronischer Medien erfolgen."

(BGBl 1994/314, BGBl I 1999/17, BGBl I 2017/155)

(6) Beim Bundesminister für Arbeit, Gesundheit und Soziales ist ein Verzeichnis über die im Sinne dieses Bundesgesetzes aus dem Ausgleich-

staxfonds geförderten Integrativen Betriebe zu führen.

(BGBl I 1999/17)

(7) Bei Aufträgen im Bereich der Bundesverwaltung, die von Integrativen Betrieben im Sinne dieses Bundesgesetzes ausgeführt werden können, sind diese Integrativen Betriebe in jedem Fall zur Anbotstellung einzuladen bzw. von ihnen Angebote einzuholen.

(BGBl 1982/360, BGBl 1992/313, BGBl I 1999/17, BGBl I 2002/150)

(BGBl 1979/111, BGBl I 1999/17)

Ausbildungseinrichtungen

§ 11a. (1) Ausbildungseinrichtungen im Sinne dieses Bundesgesetzes sind Einrichtungen gemäß § 30 des Berufsausbildungsgesetzes, BGBl. Nr. 142/1969, die Behinderte (§ 10a Abs. 3) in einem Lehrberuf ausbilden.

(2) Der Bundesminister für Arbeit, Gesundheit und Soziales ist ermächtigt, Richtlinien über Art und Höhe der Förderung aus den Mitteln des Ausgleichstaxfonds für die Ausbildungseinrichtungen nach Abs. 1 zu erlassen. Die Richtlinien haben insbesondere Angaben über besondere Anforderungen an das Ausbildungspersonal, die besonderen Voraussetzungen hinsichtlich des Baues und der Ausstattung der Ausbildungseinrichtung sowie Auflagen hinsichtlich der medizinischen, sozialen, heilpädagogischen und psychologischen Betreuung der in Ausbildung befindlichen Behinderten zu enthalten.

(BGBl 1982/360, BGBl I 1999/17)

Behindertenausschuß

§ 12. (1) Bei jeder Landesstelle des Bundesamtes für Soziales und Behindertenwesen wird ein Behindertenausschuss errichtet, der in den von diesem Bundesgesetz bestimmten Fällen zu entscheiden (§ 8) oder Stellung zu nehmen (§ 8a) hat. Der Dienstgeber ist verpflichtet, vor Einleitung eines Kündigungsverfahrens gemäß § 8 dieses Bundesgesetzes den Betriebsrat bzw. die Personalvertretung und die Behindertenvertrauensperson zu verständigen, der/die innerhalb einer Woche hiezu Stellung nehmen kann. Hat die Behindertenvertrauensperson dem Dienstgeber die Betrauung eines Stellvertreters mit der Wahrnehmung des Anhörungsrechts im Sinne dieser Bestimmung mitgeteilt, so hat der Dienstgeber diesen Stellvertreter zu verständigen. Das Bundesamt für Soziales und Behindertenwesen hat Vorsorge zu treffen, dass vor Durchführung eines Verfahrens gemäß § 8 BEinstG eine Krisenintervention angeboten wird.

(BGBl 1992/313, BGBl I 2002/150, BGBl I 2010/111)

(2) Der Behindertenausschuß besteht aus:

a) dem Landesstellenleiter oder einem von ihm bestimmten Bediensteten des Bundesamtes für Soziales und Behindertenwesen;

(BGBl I 2002/150)

b) einem Vertreter der örtlich zuständigen Landesgeschäftsstelle des Arbeitsmarktservice;

(BGBl 1994/314)

c) je einem Vertreter der Dienstnehmer und Dienstgeber;

d) drei Vertretern der organisierten Behinderten.

(BGBl 1982/360, BGBl 1992/313)

e) (entfällt)

(BGBl 1992/313)

(3) Der Vorsitzende hat zur Verhandlung des Behindertenausschusses jene Vertreter der Dienstnehmer und Dienstgeber beizuziehen, die von der für den Verhandlungsfall in Betracht kommenden Interessenvertretung vorgeschlagen wurden.

(BGBl I 2010/111)

(4) Die im Abs. 2 lit. c und d genannten Mitglieder des Behindertenausschusses sowie die gleiche Zahl von Ersatzmitgliedern sind vom Bundesminister für Arbeit, Gesundheit und Soziales auf Grund von Vorschlägen der hiezu berufenen Interessenvertretungen auf die Dauer von vier Jahren zu bestellen.

(BGBl 1988/721, BGBl 1992/313, BGBl I 1999/17)

(5) Je ein Vertreter der Dienstgeber ist von der Wirtschaftskammer und von der Landwirtschaftskammer, je ein Vertreter der Dienstnehmer von der Arbeiterkammer und von der Landarbeiterkammer vorzuschlagen.

(BGBl I 1999/17)

(6) Zur Erstattung von Vorschlägen bezüglich der Vertreter der Behinderten (Abs. 2 lit. d) sind diejenigen Vereinigungen berufen, die von diesen Personen nach den von der Vereinsbehörde genehmigten Statuten zum Zwecke der Förderung ihrer wirtschaftlichen und sozialen Interessen gebildet sind und die Tätigkeit im Bereich der jeweiligen Landesstelle des Bundesamtes für Soziales und Behindertenwesen ausüben. Bestehen nebeneinander mehrere Vereinigungen, auf die diese Voraussetzungen zutreffen, so ist für die Aufteilung des Vorschlagsrechtes das zwischen ihnen erzielte Übereinkommen maßgebend. Kommt eine Vereinbarung über das Vorschlagsrecht nicht zustande, so entscheidet hierüber der Bundesminister für Arbeit, Gesundheit und Soziales unter Bedachtnahme auf die Mitgliederstärke der in Betracht kommenden Vereinigungen.

(BGBl 1988/721, BGBl 1992/313, BGBl I 1999/17, BGBl I 2002/150)

(7) Der Bundesminister für Arbeit, Gesundheit und Soziales hat die Mitglieder des Behindertenausschusses von ihrer Funktion zu entheben, wenn sie darum ansuchen, wenn eine der für ihre Bestellung erforderlichen Voraussetzungen nicht mehr gegeben ist oder wenn sie die Pflichten ihres Amtes gröblich vernachlässigen, im letzteren Falle nach Anhörung der Interessenvertretung, auf deren Vorschlag das Mitglied bestellt worden ist.

(BGBl I 1999/17)

(8) Die Mitgliedschaft im Behindertenausschuß ist ein unbesoldetes Ehrenamt. Den Mitgliedern gebührt der Ersatz der Reise- und Aufenthaltskosten sowie die allfällige Entschädigung für Zeitversäumnis entsprechend der Bestimmung des § 10 Abs. 4.

(BGBl 1988/721)

(9) Mit beratender Stimme können dem Behindertenausschuß ein Arzt des öffentlichen Gesundheitsdienstes und ein Vertreter der Arbeitsinspektion beigezogen werden.

§ 13. (1) Der Behindertenausschuß wird vom Vorsitzenden einberufen. Die Einladungen sollen den Mitgliedern des Behindertenausschusses spätestens acht Tage vor der Sitzung unter Anschluß einer Tagesordnung nachweislich zugestellt werden.

(2) Der Behindertenausschuß tagt in nichtöffentlicher Sitzung; er ist beschlußfähig, wenn mindestens die Hälfte der Mitglieder anwesend ist. Die Beschlüsse des Behindertenausschusses werden mit Stimmenmehrheit gefaßt. Der Vorsitzende gibt seine Stimme zuletzt ab; bei Stimmengleichheit entscheidet seine Stimme. Alle Mitglieder haben ihr Stimmrecht persönlich auszuüben.

(3) Über jede Sitzung des Behindertenausschusses ist ein Protokoll zu führen, in dem die Namen aller anwesenden Mitglieder und die allfälligen Entschuldigungsgründe abwesender Mitglieder zu verzeichnen sind. Das Protokoll hat alle Beschlüsse im Wortlaut, die Ergebnisse der Abstimmungen und den wesentlichen Verlauf der Verhandlungen zu enthalten; es ist vom Vorsitzenden und dem Schriftführer zu unterfertigen. Eine Abschrift des Protokolls ist allen Mitgliedern des Behindertenausschusses zu übermitteln.

(BGBl 1973/329)

(4) Die laufenden Geschäfte des Behindertenausschusses hat die Landesstelle des Bundesamtes für Soziales und Behindertenwesen zu führen.

(BGBl 1994/27, BGBl I 2002/150)

§ 13a. bis 13g. (aufgehoben)

(BGBl I 2013/71)

Feststellung der Begünstigung

§ 14. (1) Als Nachweis für die Zugehörigkeit zum Kreis der begünstigten Behinderten gilt die letzte rechtskräftige Entscheidung über die Einschätzung des Grades der Minderung der Erwerbsfähigkeit mit mindestens 50 vH

a) eines Bundesamtes für Soziales und Behindertenwesen (der Schiedskommission) bzw. des Bundesamtes für Soziales und Behindertenwesen oder der Bundesberufungskommission im Sinne des Bundesberufungskommissionsgesetzes, BGBl. I Nr. 150/2002, oder des Bundesverwaltungsgerichtes;

b) eines Trägers der gesetzlichen Unfallversicherung bzw. eines nach dem Arbeits- und Sozialgerichtsgesetz, BGBl. Nr. 104/1985, zuständigen Gerichtes;

c) eines Landeshauptmannes (des Bundesministers für Arbeit, Soziales und Konsumentenschutz) oder des Bundesamtes für Soziales und Behindertenwesen in Verbindung mit der Amtsbescheinigung gemäß § 4 des Opferfürsorgegesetzes;

d) in Vollziehung der landesgesetzlichen Unfallfürsorge (§ 3 Z 2 Beamten-Kranken- und Unfallversicherungsgesetz, BGBl. Nr. 200/1967).

Die Feststellung des Grades der Minderung der Erwerbsfähigkeit im Nachweis gilt zugleich als Feststellung des Grades der Behinderung. Die Zugehörigkeit zum Personenkreis der begünstigten Behinderten (§ 2) auf Grund der in lit. a bis d genannten Nachweise erlischt mit Ablauf des dritten Monates, der dem Eintritt der Rechtskraft der Entscheidung folgt, sofern nicht der begünstigte Behinderte innerhalb dieser Frist gegenüber dem Bundesamt für Soziales und Behindertenwesen erklärt, weiterhin dem Personenkreis der nach diesem Bundesgesetz begünstigten Personen angehören zu wollen.

(BGBl I 1999/17, BGBl I 2002/150, BGBl I 2008/67, BGBl I 2015/57)

(2) Liegt ein Nachweis im Sinne des Abs. 1 nicht vor, hat auf Antrag des Menschen mit Behinderung das Bundesamt für Soziales und Behindertenwesen unter Mitwirkung von ärztlichen Sachverständigen den Grad der Behinderung nach den Bestimmungen der Einschätzungsverordnung (BGBl. II Nr. 261/2010) einzuschätzen und bei Zutreffen der im § 2 Abs. 1 angeführten sonstigen Voraussetzungen die Zugehörigkeit zum Kreis der nach diesem Bundesgesetz begünstigten Behinderten (§ 2) sowie den Grad der Behinderung festzustellen. Hinsichtlich der ärztlichen Sachverständigen ist § 90 des Kriegsopferversorgungsgesetzes 1957, BGBl. Nr. 152, anzuwenden. Die Begünstigungen nach diesem Bundesgesetz werden mit dem Zutreffen der Voraussetzungen, frühestens mit dem Tag des Einlangens des Antrages beim Bundesamt für Soziales und Behindertenwesen wirksam. Sie werden jedoch mit dem Ersten des Monates wirksam, in dem der Antrag eingelangt ist, wenn dieser unverzüglich nach dem Eintritt der Behinderung (Abs. 3) gestellt wird. Die Begünstigungen erlöschen mit Ablauf des Monates, der auf die Zustellung der Entscheidung folgt, mit derder Wegfall der Voraussetzungen für die Zugehörigkeit zum Kreis der begünstigten Behinderten rechtskräftig ausgesprochen wird.

(BGBl 1988/721, BGBl 1992/313, BGBl I 1999/17, BGBl I 2002/150, BGBl I 2010/81, BGBl I 2015/57)

(3) Der Bundesminister für Arbeit, Gesundheit und Soziales ist ermächtigt, nach Anhörung des Bundesbehindertenbeirates gemäß § 8 BBG durch Verordnung nähere Bestimmungen über die Feststellung des Grades der Behinderung festzulegen. Diese Bestimmungen haben die Auswirkungen der Funktionsbeeinträchtigungen auf das allgemeine Erwerbsleben zu berücksichtigen und auf den

Stand der medizinischen Wissenschaft Bedacht zu nehmen.

(BGBl I 1999/17)

(4) Ein Antrag, der bei einer nicht zuständigen Behörde oder einem Sozialversicherungsträger eingebracht wird, ist unverzüglich an das Bundesamt für Soziales und Behindertenwesen weiterzuleiten. Der Antrag gilt als zu dem Zeitpunkt beim Bundesamt für Soziales und Behindertenwesen eingebracht, an dem er bei der nicht zuständigen Behörde eingelangt ist.

(BGBl 1992/313, BGBl I 1999/17, BGBl I 2002/150)

(5) Anträge von begünstigten Behinderten (§ 2) auf Neufestsetzung des Grades der Behinderung wegen Änderung des Leidenszustandes sind ohne Durchführung eines Ermittlungsverfahrens zurückzuweisen, wenn seit der letzten rechtskräftigen Feststellung noch kein Jahr verstrichen ist. Dies gilt nicht, wenn eine offenkundige Änderung des Leidenszustandes glaubhaft geltend gemacht wird.

(BGBl 1988/721, BGBl 1992/313, BGBl I 1999/17)

(6) Wenn ein begünstigter Behinderter oder ein Antragswerber ohne triftigen Grund einer schriftlichen Aufforderung zum Erscheinen zu einer zumutbaren ärztlichen Untersuchung nicht entspricht oder sich weigert, die zur Durchführung des Verfahrens unerläßlichen Angaben zu machen, ist das Verfahren einzustellen oder das Erlöschen der Zugehörigkeit zum Kreis der nach diesem Bundesgesetz begünstigten Behinderten (§ 2 Abs. 1 und 3) auszusprechen. Er ist nachweislich auf die Folgen seines Verhaltens hinzuweisen.

(BGBl 1988/721, BGBl I 1999/17)

(7) Vor der Gewährung von Leistungen aus den Mitteln des Ausgleichstaxfonds an die im § 10a Abs. 2, 2a, 3 und 3a genannten Behinderten hat sich das Bundesamt für Soziales und Behindertenwesen von Amts wegen über Art und Ausmaß der Behinderung Kenntnis zu verschaffen. Bescheide sind hierüber nicht zu erteilen.

(BGBl 1988/721, BGBl I 1999/17)

(8) Reisekosten, die einem begünstigten Behinderten (§ 2) oder Antragwerber auf Feststellung (Abs. 2) oder auf Gewährung von Leistungen aus dem Ausgleichstaxfonds (§ 10a Abs. 1 bis 3a) dadurch erwachsen, daß er einer Ladung des Bundesamtes für Soziales und Behindertenwesen in Durchführung dieses Bundesgesetzes Folge leistet, sind in dem im § 49 des Kriegsopferversorgungsgesetzes 1957, BGBl. Nr. 152, angeführten Umfang aus den Mitteln des Ausgleichstaxfonds zu ersetzen. Die Reisekostenvergütung gebührt in gleicher Höhe auch Zeugen im Verfahren gemäß § 8 Abs. 2 und § 8a, wenn kein gleichartiger Anspruch nach einem anderen Bundesgesetz besteht. Der Ersatz der Reisekosten entfällt, wenn die Fahrtstrecke (Straßenkilometer) zwischen Wohnort und dem Ort der Untersuchung 50 km (einfache Strecke) nicht übersteigt.

(BGBl 1988/721, BGBl 1992/313, BGBl I 1999/17, BGBl I 2002/150, BGBl I 2010/111, BGBl I 2013/71)

(BGBl 1979/111, BGBl 1982/360, BGBl I 1999/17)

Ausweise

§ 14a. (entfällt)

(BGBl 1988/721, BGBl 1992/313)

Arbeitsvermittlung

„**§ 15.** (1) Die Durchführung der Arbeitsvermittlung für Menschen mit Behinderungen (§ 2) obliegt den in § 4 des Arbeitsmarktförderungsgesetzes (AMFG), BGBl. Nr. 31/1969, genannten Organisationen. Diese haben im Einvernehmen mit dem Bundesamt für Soziales und Behindertenwesen dahin zu wirken, dass Menschen mit Behinderungen auf solchen Arbeitsplätzen eingestellt werden, auf denen sie trotz ihrer Behinderungen vollwertige Arbeit zu leisten vermögen. Maßnahmen der beruflichen Assistenz (insbesondere Arbeitsassistenzprojekte), die im Rahmen dieses Bundesgesetzes aus öffentlichen Mitteln gefördert werden, unterliegen nicht den Bestimmungen des § 4 AMFG."

(BGBl 1994/314, BGBl I 1999/17, BGBl I 2002/150, BGBl I 2017/155)

(2) Endet das Dienstverhältnis eines begünstigten Behinderten, für den Sach- oder Geldleistungen zur Gänze oder anteilig aus den Mitteln des Ausgleichstaxfonds an den Dienstgeber erbracht wurden, ist dieser verpflichtet, die Beendigung dieses Dienstverhältnisses – ungeachtet der Vorschriften des § 8 – binnen zwei Wochen dem Bundesamt für Soziales und Behindertenwesen anzuzeigen, das unverzüglich mit der örtlich zuständigen regionalen Geschäftsstelle des Arbeitsmarktservice wegen der Vermittlung eines Behinderten nach Abs. 1 das Einvernehmen herzustellen hat.

(BGBl 1994/314)

Auskunfts- und Meldepflicht

§ 16. (1) Die Dienstgeber haben den zur Durchführung dieses Bundesgesetzes berufenen amtlichen Organen alle erforderlichen Auskünfte zu erteilen und Einblick in ihre Betriebsstätten oder Dienststellen zu gewähren, soweit dies im Interesse der begünstigten Behinderten (§ 2) erforderlich ist.

(BGBl 1975/96)

(2) Über die Beschäftigung der begünstigten Behinderten (§ 2) und Inhaber von Amtsbescheinigungen oder Opferausweisen (§ 5 Abs. 3) ist von jedem Dienstgeber ein Verzeichnis zu führen, in dem Name und Anschrift dieser Dienstnehmer, Beginn und Ende jedes solchen Dienstverhältnisses, die Versicherungsnummer dieser Dienstnehmer sowie die wesentlichen personenbezogenen Daten des Nachweises über die Zugehörigkeit zum Kreis der begünstigten Behinderten (§ 14) bzw.

zum Kreis der politischen Opfer (§ 4 des Opferfürsorgegesetzes, BGBl. Nr. 183/1947) anzugeben sind. Dieses Verzeichnis ist über Verlangen den amtlichen Organen der regionalen Geschäftsstellen des Arbeitsmarktservice und des Bundesamtes für Soziales und Behindertenwesen vorzuweisen. Einstellungspflichtige Dienstgeber (§ 1 Abs. 1) haben eine Abschrift dieses Verzeichnisses samt den für die Berechnung der Pflichtzahl (§ 4) maßgeblichen Daten über die Zahl der innerhalb eines Kalenderjahres jeweils am Ersten eines jeden Monates beschäftigten Dienstnehmer bis zum 1. Feber des darauffolgenden Jahres dem Bundesamt für Soziales und Behindertenwesen einzusenden, das die Angaben zu prüfen und bei Nichterfüllung der Beschäftigungspflicht die Ausgleichstaxe (§ 9) vorzuschreiben bzw. bei Zutreffen der Voraussetzungen Prämien (§ 9a) zu gewähren hat.

(BGBl 1979/111, BGBl 1985/567, BGBl 1994/314, BGBl I 2002/150, BGBl I 2018/32)

(3) Die Auskunfts- und Meldepflicht für den Bereich des Bundes obliegt dem Bundeskanzleramt, für den Bereich eines Landes dem Amt der Landesregierung und für den Bereich einer Gemeinde dem nach der Gemeindeordnung zuständigen Organ.

(4) Die im Abs. 3 genannten Gebietskörperschaften können die Meldung gemäß Abs. 2 auf maschinell verwertbaren Datenträgern erstatten.

(BGBl 1975/96)

(5) Wenn die für die Überprüfung der Erfüllung der Beschaffungspflicht und für die Berechnung und Vorschreibung der Ausgleichstaxen bzw. für die Berechnung von Prämien erforderlichen personenbezogenen Daten von den Trägern der Sozialversicherung auf maschinell verwertbaren Datenträgern dem Bundesamt für Soziales und Behindertenwesen zur Verfügung gestellt werden (§ 22 Abs. 2), ist der Dienstgeber von der alljährlichen Vorlage der Verzeichnisse und vom Erfordernis der Antragstellung auf Gewährung von Prämien gemäß § 9a Abs. 1 zu befreien.

(BGBl 1985/567, BGBl 1992/313, BGBl I 1999/17, BGBl I 2002/150, BGBl I 2018/32)

(6) Über die Befreiung gemäß Abs. 5 hat das Bundesamt für Soziales und Behindertenwesen dem Dienstgeber nachweislich eine Benachrichtigung zuzustellen, in der die Art und der Umfang der von den Sozialversicherungsträgern übermittelten personenbezogenen Daten und die Dauer, für die die Befreiung gilt, anzuführen sind. Die Befreiung von der Vorlage des Verzeichnisses bzw. vom Erfordernis der Antragstellung auf Prämien gemäß § 9a Abs. 1 erlischt, wenn der Dienstgeber in drei aufeinanderfolgenden Jahren nicht der Beschäftigungspflicht unterliegt.

(BGBl I 1999/17, BGBl I 2002/150, BGBl I 2018/32)

(7) Wenn die für die Berechnung von Prämien gemäß § 9a Abs. 1 erforderlichen personenbezogenen Daten für nicht der Einstellungspflicht unterliegende Dienstgeber von den Trägern der Sozialversicherung auf maschinell verwertbaren Datenträgern dem Bundesamt für Soziales und Behindertenwesen zur Verfügung gestellt werden (§ 22 Abs. 2), kann das Bundesamt für Soziales und Behindertenwesen den Dienstgeber vom Erfordernis der jährlichen Antragstellung befreien. Diese Befreiung erlischt, wenn in drei aufeinanderfolgenden Jahren die Voraussetzungen für die Gewährung einer Prämie gemäß § 9a Abs. 1 nicht mehr vorliegen. Für die Ausstellung der Benachrichtigung über diese Befreiung gilt Abs. 6 erster Satz sinngemäß.

(BGBl 1985/567, BGBl I 1999/17, BGBl I 2002/150, BGBl I 2018/32)

(8) Die Übermittlung von personenbezogenen Daten aus dem Verzeichnis gemäß Abs. 2, die den Gesundheitszustand einer Person betreffen, an andere als die im Abs. 2 genannten Empfänger ist unzulässig.

(BGBl 1979/111, BGBl I 2018/32)

Überwachung der Beschäftigung

§ 17. Das Bundesamt für Soziales und Behindertenwesen hat die Einhaltung der Beschäftigungspflicht nach § 1 Abs. 1 zu überwachen. Soweit sich die Überwachung auf die Wahrung der Rücksicht auf Leben und Gesundheit (§ 6) der im Sinne dieses Bundesgesetzes beschäftigten Personen erstreckt, hat das Bundesamt für Soziales und Behindertenwesen das Arbeitsinspektorat oder die nach Art des Betriebes sonst zuständige Aufsichtsbehörde heranzuziehen.

Stundung der Ausgleichstaxe

§ 17a. (1) Die Befugnis zum Abschluß einer Vereinbarung mit einem Schuldner über die Stundung einer rechtskräftig vorgeschriebenen und fälligen Ausgleichstaxe wird dem Bundesamt für Soziales und Behindertenwesen übertragen. Wenn der Schuldner zum Zeitpunkt der Fälligkeit der Forderung nicht in der Lage war, diese zu erfüllen, kann auf seinen Antrag die Stundung der Ausgleichstaxe bis zur Höchstdauer von zwei Jahren unter Berechnung von Zinsen in der Höhe von 3 vH über dem jeweils geltenden Basiszinssatz gemäß § 1 1. Euro-Justiz-Begleitgesetz pro Jahr ab dem Beginn des Monates, in dem der Antrag eingebracht worden ist, vereinbart oder die Abstattung in Raten bewilligt werden. Im Falle der Nichtzahlung von mindestens zwei Teilraten ist die bewilligte Abstattung in Raten zu widerrufen und die sofortige Entrichtung aller aushaftenden Teilbeträge samt Zinsen zu verlangen.

(BGBl I 2002/150, BGBl I 2003/71)

(2) Der Bundesminister für Arbeit, Gesundheit und Soziales kann ganz oder teilweise auf die Eintreibung einer rechtskräftig vorgeschriebenen Ausgleichstaxe (zuzüglich Zinsen) verzichten, wenn

1. gegen den Schuldner ein Sanierungsverfahren eröffnet worden ist oder

   (BGBl I 2010/58)

2. ein Sanierungsplan gemäß § 140 der Insolvenzordnung, RGBl. Nr. 337/1914, abgeschlossen worden ist oder

(BGBl I 2010/58)

3. alle Möglichkeiten der Eintreibung erfolglos versucht worden sind und auf Grund der Sachlage auch nicht angenommen werden kann, daß Eintreibungsmaßnahmen zu einem späteren Zeitpunkt zu einem Erfolg führen werden oder Eintreibungsmaßnahmen von vornherein offenkundig aussichtslos sind oder
4. die Eintreibung mit Kosten verbunden wäre, die in keinem Verhältnis zur Höhe der Forderung stehen.

Der Verzicht auf eine Forderung ist zu widerrufen, wenn er durch Fälschung einer Urkunde, falsches Zeugnis oder eine andere gerichtlich strafbare Handlung herbeigeführt oder sonstwie erschlichen worden ist.

(BGBl 1992/313, BGBl I 1999/17)

Eintreibung der Ausgleichstaxe

§ 18. (1) Das Bundesamt für Soziales und Behindertenwesen hat die rechtskräftig vorgeschriebene und fällige Ausgleichstaxe einzutreiben. Auf die Eintreibung finden die Bestimmungen des Verwaltungsvollstreckungsgesetzes 1991 Anwendung.

(BGBl 1992/313)

(2) Eine mit Bescheid vorgeschriebene Ausgleichstaxe (zuzüglich der Zinsen gemäß § 9 Abs. 5) kann nur binnen zwei Jahren, gerechnet von dem Zeitpunkt an, in dem diese Vorschreibung keinem die Vollstreckbarkeit hemmenden Rechtszug mehr unterliegt, eingetrieben werden. Diese Frist beginnt durch jede auf Eintreibung gerichtete Maßnahme des Bundesamtes für Soziales und Behindertenwesen und durch die Gewährung von Zahlungserleichterungen jeder Art neu zu laufen.

(BGBl 1985/567, BGBl 1988/721)

(3) Die Eintreibung im Verwaltungsweg oder im gerichtlichen Verfahren (§ 3 des Verwaltungsvollstreckungsgesetzes 1991) darf erst nach nachweisbarer Mahnung des Schuldners erfolgen. Der Verpflichtete hat die notwendigen, durch die jeweilige Mahnung und Exekutionsführung verursachten Barauslagen und Gerichtsgebühren zu ersetzen. Diese Kosten sind zugleich mit der vorgeschriebenen Ausgleichstaxe einzutreiben; die Barauslagen fließen dem Bund zu, die Gerichtsgebühren dem Ausgleichstaxfonds.

(BGBl 1973/329, BGBl 1992/313, BGBl I 1999/106)

(4) In Insolvenzverfahren ist die Ausgleichstaxe den sonstigen öffentlichen Abgaben gleichzuhalten und nach den Vorschriften der Insolvenzordnung zu behandeln.

(BGBl I 2010/58)

Verfahren und Verwaltungsgerichtsbarkeit

§ 19. (1) Die Beschwerdefrist bei Verfahren gemäß §§ 8, 9, 9a und 14 Abs. 2 beträgt abweichend von den Vorschriften des Verwaltungsgerichtsverfahrensgesetzes, BGBl. I Nr. 33/2013, sechs Wochen. Die Frist zur Erlassung einer Beschwerdevorentscheidung beträgt bei Verfahren gemäß § 14 Abs. 2 zwölf Wochen. In Beschwerdeverfahren vor dem Bundesverwaltungsgericht dürfen bei Verfahren gemäß § 14 Abs. 2 neue Tatsachen und Beweismittel nicht vorgebracht werden.

(BGBl I 2005/82, BGBl I 2013/71, BGBl I 2015/57)

(1a) Auf die Verfahren zur Geltendmachung von Ansprüchen durch Beamte bei den Dienstbehörden gemäß §§ 7l und 7m sind, soweit dieses Bundesgesetz nicht Anderes bestimmt, das Dienstrechtsverfahrensgesetz 1984, BGBl. Nr. 29, und die dazu ergangenen Verordnungen anzuwenden.

(BGBl I 2005/82)

(2) Bescheidausfertigungen, die unter Verwendung elektronischer Datenverarbeitungsanlagen hergestellt werden, bedürfen weder einer Unterschrift noch einer Beglaubigung.

(3) Unrichtigkeiten in Bescheiden, welche ihre Ursache in der fehlerhaften Anwendung elektronischer Datenverarbeitungsanlagen haben, gelten als Schreib- oder Rechenfehler im Sinne des § 62 Abs. 4 des Allgemeinen Verwaltungsverfahrensgesetzes 1950.

(BGBl 1973/329)

(4) (aufgehoben)

(BGBl I 1999/17, BGBl I 2002/150)

(5) (aufgehoben)

(BGBl 1992/313, BGBl I 2002/150)

Rechtsmittel

§ 19a. (1) Gegen Bescheide gemäß § 19 Abs. 2, die ohne Durchführung eines Ermittlungsverfahrens

1. auf Grund gespeicherter personenbezogener Daten oder

   (BGBl I 2018/32)

2. auf Grund von den Trägern der Sozialversicherung oder von sonstigen Institutionen auf maschinell verwertbaren Datenträgern übermittelten personenbezogenen Daten

   (BGBl I 2018/32)

im Wege der automationsunterstützten Datenverarbeitung erlassen worden sind, kann bei der Behörde, die den Bescheid erlassen hat, innerhalb von zwei Wochen nach Zustellung des Bescheides schriftlich Vorstellung erhoben werden. Die Behörde hat nach Prüfung der Sach- und Rechtslage die Angelegenheit neuerlich zu entscheiden. Der Vorstellung kommt aufschiebende Wirkung zu. Die Beschwerde an das Bundesverwaltungsgericht kann erst nach Entscheidung über die Vorstellung erhoben werden.

(2) Dem Ausgleichstaxfonds (§ 10 Abs. 1) kommt im Beschwerdeverfahren über Ausgleichstaxen oder Prämien Parteistellung zu.

(BGBl 1973/329, BGBl 1985/567, BGBl 1992/313, BGBl I 1999/17, BGBl I 2002/150, BGBl I 2013/71)

§ 19b. (1) In Verfahren über Beschwerden in Rechtssachen in den Angelegenheiten der §§ 8, 9, 9a und 14 Abs. 2 entscheidet das Bundesverwaltungsgericht durch den Senat.

(2) Bei Senatsentscheidungen in Kündigungsverfahren (§ 8) haben zwei Vertreterinnen oder Vertreter der Arbeitgeber, eine Vertreterin oder ein Vertreter der Arbeitnehmer und eine Vertreterin oder ein Vertreter der Interessenvertretung der Menschen mit Behinderung als fachkundige Laienrichterinnen oder Laienrichter mitzuwirken.

(3) Die Vertreterinnen oder Vertreter der Arbeitgeber sind bei Senatsentscheidungen nach Abs. 2 von der Wirtschaftskammer Österreich zu entsenden. Die Vertreterin oder der Vertreter der Arbeitnehmer wird von der Bundesarbeitskammer entsandt. Die im § 10 Abs. 1 Z 6 des Bundesbehindertengesetzes genannte Vereinigung entsendet die Vertreterin oder den Vertreter der Interessenvertretung der Menschen mit Behinderung. Hinsichtlich der Aufteilung des Nominierungsrechtes auf gleichartige Vereinigungen ist § 10 Abs. 2 des Bundesbehindertengesetzes anzuwenden. Für jede Vertreterin und jeden Vertreter ist jeweils auch die erforderliche Anzahl von Ersatzmitgliedern zu entsenden.

(4) Bei Senatsentscheidungen in Verfahren gemäß §§ 9 und 9a haben je eine Vertreterin oder ein Vertreter der Arbeitgeber und der Arbeitnehmer als fachkundige Laienrichterinnen oder Laienrichter mitzuwirken.

(5) Die Vertreterin oder der Vertreter der Arbeitgeber ist bei Senatsentscheidungen nach Abs. 4 von der Wirtschaftskammer Österreich zu entsenden. Die Vertreterin oder der Vertreter der Arbeitnehmer wird von der Bundesarbeitskammer entsandt. Für jede Vertreterin und jeden Vertreter ist jeweils auch die erforderliche Anzahl von Ersatzmitgliedern zu entsenden.

(6) Bei Senatsentscheidungen in Verfahren gemäß § 14 Abs. 2 hat eine Vertreterin oder ein Vertreter der Interessenvertretung der Menschen mit Behinderung als fachkundige Laienrichterin oder fachkundiger Laienrichter mitzuwirken. Abs. 3 dritter und vierter Satz sind anzuwenden. Für die Vertreterin oder den Vertreter ist jeweils auch die erforderliche Anzahl von Ersatzmitgliedern zu entsenden.

(7) Die fachkundigen Laienrichterinnen oder Laienrichter (Ersatzmitglieder) in Verfahren nach Abs. 2, 4 und 6 haben für die jeweiligen Agenden die erforderliche Qualifikation (insbesondere Fachkunde im Bereich des Sozial- und Arbeitsrechts) aufzuweisen.

(BGBl I 2013/71)

Verschwiegenheitspflicht

§ 20. Die zur Einholung von Auskünften (§ 16) befugten oder mit der Überwachung (§ 17) betrauten oder sonst an der Durchführung dieses Bundesgesetzes beteiligten Organe sind zur Geheimhaltung der zu ihrer Kenntnis gelangenden Geschäfts- und Betriebsverhältnisse verpflichtet.

Strafbestimmungen

§ 21. Wer trotz nachweislicher Aufforderung durch das Bundesamt für Soziales und Behindertenwesen die Abschrift des Verzeichnisses über die Beschäftigung von begünstigten Behinderten (§ 2) bzw. von Inhabern einer Amtsbescheinigung oder eines Opferausweises (§ 5 Abs. 3) gemäß § 16 Abs. 2 nicht vorlegt, wer in die Verzeichnisabschrift vorsätzlich unwahre Angaben aufnimmt oder wer die Anzeigeverpflichtung nach § 15 Abs. 2 verletzt, begeht, wenn die Tat nicht nach einer anderen Bestimmung mit strengerer Strafe bedroht ist, eine Verwaltungsübertretung und ist von der Bezirksverwaltungsbehörde mit einer Geldstrafe bis zu 727 € zu bestrafen. Die Geldstrafen fließen dem Ausgleichstaxfonds zu.

(BGBl 1979/111, BGBl 1982/360, BGBl I 2001/60)

Mitwirkung bei der Durchführung des Gesetzes

§ 22. (1) Alle Behörden, Ämter, Anstalten und Körperschaften des öffentlichen Rechtes sind verpflichtet, im Ermittlungsverfahren zur Durchführung dieses Bundesgesetzes mitzuwirken.

(BGBl 1975/96)

(2) Die Mitwirkung gemäß Abs. 1 erstreckt sich bei den Trägern der Sozialversicherung auch auf die Übermittlung der gespeicherten personenbezogenen Daten über Dienstgeber und Versicherte auf maschinell verwertbaren Datenträgern, soweit diese personenbezogenen Daten für die Beurteilung der Einstellungspflicht und deren Erfüllung, die Berechnung und Vorschreibung der Ausgleichstaxen und Prämien sowie die Erfassung der begünstigten Personen (§§ 2 und 5 Abs. 3) und der Förderungswerber (§ 10a Abs. 2, 3 und 3a) eine wesentliche Voraussetzung bilden.

(BGBl 1985/567, BGBl 1992/313, BGBl I 2018/32)

(3) Die Mitwirkung an der Berechnung und Vorschreibung der Ausgleichstaxen und Prämien (§§ 9 und 9a) sowie am Verfahren nach diesem Bundesgesetz obliegt nach Maßgabe des § 2 Abs. 1 bis 4 des Bundesgesetzes über die Bundesrechenzentrum GmbH, BGBl. Nr. 757/1996, der Bundesrechenzentrum GmbH.

(BGBl 1996/757)

(4) Das Bundesministerium für Arbeit, Soziales und Konsumentenschutz und das Bundesamt für Soziales und Behindertenwesen sind insoweit zur Verarbeitung von personenbezogenen Daten betreffend Dienstgeber, einschließlich deren Dienstnehmer, begünstigte Personen (§§ 2 und 5 Abs. 3), Förderungswerber (§ 10a), Integrative Betriebe (§ 11) sowie Ausbildungseinrichtungen (§ 11a) er-

mächtigt, als dies zur Erfüllung der ihnen gesetzlich übertragenen Aufgaben (§§ 1, 6, 7k, 7l, 7m, 7n, 8, 8a, 9, 9a, 10, 10a, 11, 11a, 12, 14, 15, 17, 17a, 18 und 26) eine wesentliche Voraussetzung ist. Personenbezogene Daten betreffend eine Behinderung im Sinne der Z 3 dürfen vom Bundesministerium für Arbeit, Soziales und Konsumentenschutz und dem Bundesamt für Soziales und Behindertenwesen nur für Zwecke der Angelegenheiten der Feststellung des Grades der Behinderung und der Zugehörigkeit zum Kreis der begünstigten Behinderten (§§ 2 und 14), der Schlichtungsverfahren (§§ 7k, 7l, 7m, 7n), der Zustimmung zur Kündigung (§ 8) sowie der Gewährung von Fördermaßnahmen und Unterstützungsmaßnahmen (§§ 6, 10a, 11, 11a und 15) verarbeitet werden. Für Zwecke der Angelegenheiten der Überprüfung der Beschäftigungspflicht (§§ 1, 9, 9a, 16 bis 18) dürfen vom Bundesministerium für Arbeit, Soziales und Konsumentenschutz und dem Bundesamt für Soziales und Behindertenwesen die personenbezogenen Daten im Sinne der Z 3 betreffend die Zugehörigkeit zum Kreis der begünstigten Behinderten verarbeitet werden. Verpflichtungen, die sich auf Grund anderer Rechtsvorschriften ergeben, bleiben unberührt.

Die in Frage kommenden Datenarten sind:

1. Stammdaten der begünstigten Personen, einschließlich antragstellender Personen (§§ 2 und 5 Abs. 3) und Förderungswerber (§ 10a):
   a) Namen (Vornamen, Familiennamen),
   b) Sozialversicherungsnummer und Geburtsdatum,
   c) Geschlecht,
   d) Staatsangehörigkeit, Aufenthalts- und Arbeitsberechtigungen,
   e) Adresse des Wohnsitzes oder Aufenthaltsortes,
   f) Telefon- und Faxnummer,
   g) E-Mail-Adresse,
   h) Bankverbindung und Kontonummer,

   (BGBl I 2016/120)
2. personenbezogene Daten über wirtschaftliche und soziale Rahmenbedingungen:
   a) Familienstand (einschließlich Lebensgemeinschaft),
   b) unterhaltsberechtigte Familienangehörige,
   c) Ausbildung, Erwerbstätigkeit und Status der Person (erwerbstätig, arbeitslos, Pensionist, in Schul- oder Berufsausbildung, selbstversichert, Zugehörigkeit zum Kreis der begünstigten Behinderten, Inhaber einer Amtsbescheinigung oder eines Opferausweises),
   d) Einkommen (eigenes Einkommen, Partnereinkommen, Haushaltseinkommen),

   (BGBl I 2018/32)
3. personenbezogene Daten betreffend eine Behinderung:
   a) Funktionseinschränkungen,
   b) Grad der Behinderung,

   (BGBl I 2018/32)
4. personenbezogene Daten über Betreuungsverläufe:
   a) Daten und Angaben zu Verfahren gemäß den §§ 7k, 7l, 7m und 8,
   b) Art, Inhalt, Dauer und Höhe gewährter Förder- und Unterstützungsmaßnahmen,

   (BGBl I 2018/32)
5. Stammdaten der Arbeitgeber:
   a) Namen, Firmennamen und Betriebsnamen,
   b) Firmensitz und Betriebssitz sowie Gerichtsstand,
   c) Betriebsgröße,
   d) Branchenzugehörigkeit,
   e) Sozialversicherungsdaten, Angaben zum Status, Zahl, Struktur und Stammdaten (Z 1 lit. a und b) der Beschäftigten, einschließlich der beschäftigten begünstigten Behinderten,
   f) Betriebsinhaber und verantwortliche Mitglieder der Geschäftsführung,
   g) Ansprechpartner,
   h) Dienstgeberkontonummer und Unternehmenskennzahlen,
   i) Telefon- und Faxnummer,
   j) E-Mail-Adresse,
   k) Bankverbindung und Kontonummer,
6. personenbezogene Daten über Pflichtstellen:
   a) Gesamtzahl, Höhe der Ausgleichstaxen,
   b) offene Pflichtstellen,
   c) besetzte Pflichtstellen,
   d) Arbeitszeit (Lage und Ausmaß),
   e) Entlohnung.

   (BGBl I 2018/32)

(BGBl I 2002/150, BGBl I 2005/82, BGBl I 2013/71, BGBl I 2018/32)

(4a) (aufgehoben)

(BGBl I 2013/71, BGBl I 2018/32)

(5) Die regionalen Geschäftsstellen des Arbeitsmarktservice haben das Bundesamt für Soziales und Behindertenwesen zu benachrichtigen, wenn ein im § 5 Abs. 2 genannter Mensch mit Behinderung auf einen Ausbildungs- oder Arbeitsplatz vermittelt wird.

(BGBl 1982/360, BGBl 1985/567, BGBl 1994/314, BGBl I 2002/150, BGBl I 2018/32)

Behindertenvertrauenspersonen

§ 22a. (1) Sind in einem Betrieb dauernd mindestens fünf begünstigte Behinderte (§ 2 Abs. 1 und 3) beschäftigt, so sind von diesen nach Maßgabe der nachfolgenden Bestimmungen Behindertenvertrauenspersonen (Stellvertreter) als Organ zu wählen. Sind in einem Betrieb dauernd mindestens 15 begünstigte Behinderte beschäftigt, so sind für die Behindertenvertrauensperson zwei Stellvertreter zu wählen. Sind in einem Betrieb dauernd mindestens 40 begünstigte Behinderte beschäftigt, so sind für die Behindertenvertrauensperson drei Stellvertreter zu wählen. Die Stellvertreter können im Auftrag der Behindertenvertrauensperson Aufgaben im Sinne der Abs. 7 und 8 auch im Falle der Anwesenheit der Behindertenvertrauensperson wahrnehmen. Erforderlichenfalls kann eine Geschäftsordnung erlassen werden.

(BGBl 1982/360, BGBl 1992/313, BGBl I 2010/111)

(2) Die Wahl der Behindertenvertrauensperson und der Stellvertreter ist tunlichst gemeinsam mit der Betriebsratswahl durchzuführen. Gehören jeder Gruppe der Arbeitnehmer mehr als fünf begünstigte Behinderte an, so ist bei jeder Gruppe auch die Behindertenvertrauensperson (Stellvertreter) mitzuwählen. Sind mehr als fünf begünstigte Behinderte beschäftigt, die unterschiedlichen Gruppen zuzurechnen sind, und nur eine Gruppe umfaßt mehr als fünf begünstigte Behinderte, so ist bei dieser Gruppe mitzuwählen. Gehören keiner Gruppe mehr als fünf begünstigte Behinderte an, so ist die Wahl mit der Gruppe der Arbeitnehmer durchzuführen, der die größere Zahl der begünstigten Behinderten angehört, bei gleicher Zahl bei der Arbeitnehmergruppe, die mehr Betriebsratsmitglieder zu wählen hat. Wird nur ein Betriebsrat gewählt, so ist die Behindertenvertrauensperson (Stellvertreter) bei diesem mitzuwählen.

(BGBl 1982/360, BGBl 1992/313)

(3) Wahlberechtigt sind alle begünstigten Behinderten des Betriebes, die am Tag der Wahlausschreibung und am Tag der Wahl im Betrieb beschäftigt sind.

(BGBl I 2010/111)

(4) Wählbar sind alle begünstigten Behinderten des Betriebes, die am Tag der Wahl seit mindestens sechs Monaten im Betrieb beschäftigt sind und das 18. Lebensjahr vollendet haben.

(BGBl I 2010/111)

(5) Auf die Durchführung und Anfechtung der Wahl der Behindertenvertrauenspersonen (Stellvertreter) sind die Bestimmungen der §§ 51 Abs. 1, 53 Abs. 3, 5 und 6 sowie 55 bis 60 des Arbeitsverfassungsgesetzes, BGBl. Nr. 22/1974, sinngemäß anzuwenden. Zur Anfechtung der Wahl ist auch jeder im Betrieb bestehende Betriebsrat berechtigt. Das Ergebnis der Wahl der Behindertenvertrauenspersonen ist auch dem Bundesamt für Soziales und Behindertenwesen bekanntzugeben.

(BGBl 1992/313, BGBl I 2002/150)

(6) Die Tätigkeitsdauer der Behindertenvertrauensperson (Stellvertreter) beträgt fünf Jahre. Sie beginnt mit dem im § 61 Abs. 1 des Arbeitsverfassungsgesetzes genannten Zeitpunkt und endet mit Ablauf der Funktionsperiode. Im übrigen sind für die vorzeitige Beendigung und das Erlöschen der Funktion §§ 62 und 64 Abs. 1 und 4 des Arbeitsverfassungsgesetzes sinngemäß anzuwenden. Die Tätigkeitsdauer endet ferner, wenn in einer Versammlung aller begünstigten Behinderten des Betriebes die Mehrheit die Enthebung ihrer Behindertenvertrauensperson beschließt. Die Versammlung kann von dem an Lebensjahren ältesten begünstigten Behinderten einberufen werden.

(BGBl 1987/614, BGBl I 2017/35)

(7) Die Behindertenvertrauensperson (Stellvertreter) ist berufen, die wirtschaftlichen, sozialen, gesundheitlichen und kulturellen Interessen der begünstigten Behinderten im Einvernehmen mit dem Betriebsrat wahrzunehmen. Die Behindertenvertrauensperson ist befugt, einmal jährlich eine Versammlung aller begünstigten Behinderten des Betriebes einzuberufen. Hat die Behindertenvertrauensperson einen Stellvertreter mit dieser Aufgabe betraut, so hat dieser die Einberufung vorzunehmen. Der Betriebsrat ist verpflichtet, der Behindertenvertrauensperson bei der Wahrnehmung der besonderen Belange der begünstigten Behinderten beizustehen und die erforderlichen Auskünfte zu erteilen.

(BGBl I 2010/111)

(8) Die Behindertenvertrauensperson (Stellvertreter) ist insbesondere berufen,

a) auf die Anwendung der Bestimmungen dieses Bundesgesetzes hinzuwirken und darüber zu wachen, dass die Vorschriften, die für das Arbeitsverhältnis begünstigter Behinderter gelten, eingehalten werden;

b) über wahrgenommene Mängel dem Betriebsrat, dem Betriebsinhaber und erforderlichenfalls den zum Schutz der Arbeitnehmer geschaffenen Stellen Mitteilung zu machen und auf die Beseitigung dieser Mängel hinzuwirken;

c) Vorschläge in Fragen der Beschäftigung, der Aus- und Weiterbildung, beruflicher und medizinischer Rehabilitationsmaßnahmen zu erstatten und auf die besonderen Bedürfnisse von behinderten Arbeitnehmern hinzuweisen;

d) an allen Sitzungen des Betriebsrates und des Betriebsausschusses sowie von Ausschüssen des Betriebsrates nach § 69 Abs. 4 ArbVG mit beratender Stimme teilzunehmen, es sei denn ein Stellvertreter wurde mit der Wahrnehmung dieser Aufgabe betraut.

(BGBl I 2010/111)

(9) Der Betriebsinhaber ist verpflichtet, mit der Behindertenvertrauensperson (Stellvertreter) zu beraten und die zur Erfüllung ihrer Aufgaben erforderlichen Auskünfte zu erteilen, insbesondere hat er die Behindertenvertrauensperson über substanzielle, das Arbeitsverhältnis betreffende Angelegenheiten wie Beginn, Ende und Veränderung von Arbeitsverhältnissen behinderter Arbeitnehmer, über Arbeitsunfälle sowie über Krankmel-

dungen von mehr als sechs Wochen pro Kalenderjahr zu informieren.

(BGBl I 2010/111)

(10) Auf die persönlichen Rechte und Pflichten der Behindertenvertrauensperson (Stellvertreter) sind die Bestimmungen des 4. Hauptstückes des II. Teiles des Arbeitsverfassungsgesetzes bzw. die in Ausführung der §§ 218 bis 225 des Landarbeitsgesetzes 1984, BGBl. Nr. 287, ergangenen landesrechtlichen Vorschriften sinngemäß anzuwenden.

(BGBl 1985/567, BGBl I 2010/111)

(11) Besteht in einem Unternehmen ein Zentralbetriebsrat nach § 80 des Arbeitsverfassungsgesetzes, so sind von den Behindertenvertrauenspersonen und den Stellvertretern aus ihrer Mitte mit einfacher Mehrheit der abgegebenen Stimmen eine Zentralbehindertenvertrauensperson und ein Stellvertreter zu wählen. Die Wahl ist gültig, wenn zumindest die Hälfte der Wahlberechtigten anwesend ist. Wurde im Unternehmen nur eine Behindertenvertrauensperson und ein Stellvertreter gewählt, so üben diese auch die Funktion der Zentralbehindertenvertrauensperson und des Stellvertreters aus. § 57 des Arbeitsverfassungsgesetzes ist mit der Maßgabe anzuwenden, daß das Ergebnis der Wahl der Zentralbehindertenvertrauensperson und des Stellvertreters auch dem Bundesamt für Soziales und Behindertenwesen bekanntzugeben ist. Die Zentralbehindertenvertrauensperson (Stellvertreter) ist berufen, im Zentralbetriebsrat unter Beachtung der Abs. 7 und 8 die Interessen der begünstigten Behinderten wahrzunehmen. Der Zentralbetriebsrat ist verpflichtet, der Zentralbehindertenvertrauensperson (Stellvertreter) bei der Wahrnehmung der besonderen Belange der begünstigten Behinderten beizustehen und die erforderlichen Auskünfte zu erteilen. Die Zentralbehindertenvertrauensperson (Stellvertreter) ist befugt, höchstens zweimal jährlich eine Versammlung aller Behindertenvertrauenspersonen des Unternehmens einzuberufen, um über ihre Tätigkeit zu berichten und Angelegenheiten, die für die begünstigten Behinderten des Unternehmens von Bedeutung sind, zu erörtern.

(BGBl 1994/27, BGBl I 1999/17, BGBl I 2002/150, BGBl I 2010/111)

(12) Die Tätigkeitsdauer der Zentralbehindertenvertrauensperson (ihres Stellvertreters) beträgt fünf Jahre; sie beginnt mit der Annahme der Wahl und endet vor Ablauf dieser Zeit, wenn

1. im Unternehmen kein Zentralbetriebsrat mehr besteht;
2. die Funktion als Behindertenvertrauensperson endet (Abs. 6);
3. die Zentralbehindertenvertrauensperson zurücktritt.

(BGBl 1992/313, BGBl I 2017/35)

(13) Besteht in einem Konzern eine Konzernvertretung nach § 88a des Arbeitsverfassungsgesetzes, so sind von den Zentralbehindertenvertrauenspersonen und deren Stellvertretern aus ihrer Mitte mit einfacher Mehrheit der abgegebenen Stimmen eine Konzernbehindertenvertrauensperson und ein Stellvertreter zu wählen. Ist in einem Konzernunternehmen eine Zentralbehindertenvertrauensperson nicht zu wählen, so nehmen an der Wahl der Konzernbehindertenvertrauensperson die Behindertenvertrauenspersonen und deren Stellvertreter teil. Die Wahl ist gültig, wenn zumindest die Hälfte der Wahlberechtigten anwesend ist. Wurde im Konzern nur eine Zentralbehindertenvertrauensperson und ein Stellvertreter gewählt, so üben diese auch die Funktion der Konzernbehindertenvertrauensperson und des Stellvertreters aus. § 57 des Arbeitsverfassungsgesetzes ist mit der Maßgabe anzuwenden, daß das Ergebnis der Wahl der Konzernbehindertenvertrauensperson und des Stellvertreters auch dem Bundesamt für Soziales und Behindertenwesen bekanntzugeben ist. Die Konzernbehindertenvertrauensperson (Stellvertreter) ist berufen, in der Konzernvertretung unter Beachtung der Abs. 7 und 8 die Interessen der begünstigten Behinderten wahrzunehmen. Die Konzernvertretung ist verpflichtet, der Konzernbehindertenvertrauensperson (Stellvertreter) bei der Wahrnehmung der besonderen Belange der begünstigten Behinderten beizustehen und die erforderlichen Auskünfte zu erteilen. Die Konzernbehindertenvertrauensperson (Stellvertreter) ist befugt, höchstens zweimal jährlich eine Versammlung aller Zentralbehindertenvertrauenspersonen des Konzerns einzuberufen, um über ihre Tätigkeit zu berichten und Angelegenheiten, die für die begünstigten Behinderten des Konzerns von Bedeutung sind, zu erörtern.

(BGBl 1994/27, BGBl I 1999/17, BGBl I 2002/150, BGBl I 2010/111)

(14) Die Tätigkeitsdauer der Konzernbehindertenvertrauensperson (ihres Stellvertreters) beträgt fünf Jahre; sie beginnt mit der Annahme der Wahl und endet vor Ablauf dieser Zeit, wenn

1. im Konzern keine Konzernvertretung mehr besteht;
2. die Funktion als Zentralbehindertenvertrauensperson endet (Abs. 12);
3. die Konzernbehindertenvertrauensperson zurücktritt.

(BGBl 1994/27, BGBl I 2017/35)

(15) Der Behindertenvertrauensperson (Stellvertreter) sind zur ordnungsgemäßen Erfüllung ihrer Aufgaben Räumlichkeiten, Kanzlei- und Geschäftserfordernisse sowie sonstige Sacherfordernisse in einem der Größe des Betriebes und den Bedürfnissen der Behindertenvertrauensperson (Stellvertreter) angemessenen Ausmaß vom Betriebsinhaber unentgeltlich zur Verfügung zu stellen. Desgleichen hat der Betriebsinhaber unentgeltlich für die Instandhaltung der bereitgestellten Räumlichkeiten und Gegenstände zu sorgen. Die den Behindertenvertrauenspersonen (Abs. 1, 11 und 13) in Ausübung ihrer Tätigkeit erwachsenen Barauslagen sind, sofern kein Ersatz auf Grund anderer Rechtsvorschriften geleistet werden kann, aus Mitteln des Ausgleichstaxfonds zu ersetzen. Das Bundesamt für Soziales und Behindertenwe-

sen hat die Barauslagen nach Maßgabe der vom Bundesminister für Arbeit, Gesundheit und Soziales zu erlassenden Richtlinien zu erstatten.

(BGBl I 1999/17, BGBl I 2002/150, BGBl I 2010/111)

(BGBl 1982/360)

Behindertenvertretung im öffentlichen Dienst

§ 22b. Für die Dienststellen des Bundes, der Länder und Gemeinden, die nicht unter die Bestimmungen des Arbeitsverfassungsgesetzes fallen, gelten unter Zugrundelegung der gesetzlichen Vorschriften über die Personalvertretung die Bestimmungen des § 22a mit der Maßgabe, dass die Tätigkeitsdauer fünf Jahre beträgt.

(BGBl 1985/567, BGBl I 2010/111)

Gebührenfreiheit

§ 23. Alle zur Durchführung dieses Bundesgesetzes erforderlichen Amtshandlungen, Eingaben, Vollmachten, Zeugnisse, Urkunden über Rechtsgeschäfte zum Zwecke der Fürsorge oder Förderung gemäß § 10a sowie Vermögensübertragungen sind von bundesgesetzlich geregelten Gebühren, Verkehrsteuern und Verwaltungsabgaben befreit. Die Befreiung gilt auch im Verfahren vor dem Bundesverwaltungsgericht, dem Verwaltungsgerichtshof und dem Verfassungsgerichtshof.

(BGBl 1982/360, BGBl I 2002/150, BGBl I 2013/71)

~~**Auflegen des Gesetzes**~~

~~**§ 23a.** Jeder Dienstgeber hat einen Abdruck des Behinderteneinstellungsgesetzes – BEinstG an geeigneter, für die Dienstnehmer leicht zugänglicher Stelle aufzulegen.~~

(BGBl 1982/360, BGBl 1988/721, BGBl I 2017/40)

Artikel III

Sprachliche Gleichbehandlung und Verweis auf andere Bundesgesetze

§ 24. (1) Soweit in diesem Bundesgesetz personenbezogene Bezeichnungen nur in männlicher Form angeführt sind, beziehen sie sich auf Frauen und Männer in gleicher Weise. Bei der Anwendung auf bestimmte Personen ist die jeweils geschlechtsspezifische Form zu verwenden.

(2) Soweit in diesem Bundesgesetz auf Bestimmungen anderer Bundesgesetze verwiesen wird, sind diese in ihrer jeweils geltenden Fassung anzuwenden.

(BGBl 1992/313, BGBl I 2005/82)

Grundsatzbestimmungen für die Regelung der Gleichbehandlung im Arbeitsleben in der Land- und Forstwirtschaft – Geltungsbereich

§ 24a. Für die Regelung der Gleichbehandlung im Arbeitsleben in der Land- und Forstwirtschaft werden gemäß Art. 12 Abs. 1 Z 6 B-VG die in §§ 24b bis 24f folgenden Grundsätze aufgestellt. Die Bestimmungen der §§ 24b bis 24f gelten für Dienstverhältnisse der land- und forstwirtschaftlichen Arbeiter im Sinne des Landarbeitsgesetzes 1984, BGBl. Nr. 287.

(BGBl I 2005/82)

Diskriminierungsverbot

§ 24b. Auf Grund einer Behinderung darf im Zusammenhang mit einem Dienstverhältnis niemand unmittelbar oder mittelbar diskriminiert werden, insbesondere nicht

1. bei der Begründung des Dienstverhältnisses,
2. bei der Festsetzung des Entgelts,
3. bei der Gewährung freiwilliger Sozialleistungen, die kein Entgelt darstellen,
4. bei Maßnahmen der Aus- und Weiterbildung und Umschulung,
5. beim beruflichen Aufstieg, insbesondere bei Beförderungen,
6. bei den sonstigen Arbeitsbedingungen,
7. bei der Beendigung des Dienstverhältnisses.

(BGBl I 2005/82)

Begriffsbestimmungen

§ 24c. Für die Beurteilung des Vorliegens einer Behinderung im Sinne des Diskriminierungsverbots und des Vorliegens einer Diskriminierung sind die §§ 3, 7b Abs. 4 und 5, 7c und 7d heranzuziehen.

(BGBl I 2005/82)

Entlohnungskriterien

§ 24d. Betriebliche Einstufungsregelungen und Normen der kollektiven Rechtsgestaltung dürfen bei der Regelung der Entlohnungskriterien keine Kriterien vorschreiben, die zu einer Diskriminierung wegen einer Behinderung führen.

(BGBl I 2005/82)

Rechtsfolgen der Diskriminierung

§ 24e. (1) Wirksame, verhältnismäßige und abschreckende Rechtsfolgen für die Verletzung des Diskriminierungsverbots sind vorzusehen.

(2) Für Personen, die als Reaktion auf eine Beschwerde oder auf die Einleitung eines Verfahrens zur Durchsetzung des Diskriminierungsverbots benachteiligt werden, sind angemessene Schutzbestimmungen vorzusehen.

(3) Im gerichtlichen Verfahren sind Regelungen über die Beweislast zugunsten diskriminierter Personen vorzusehen.

(4) Bei Vorliegen mehrerer Diskriminierungsgründe in Bezug auf einen Sachverhalt (Mehrfachdiskriminierung) ist zu gewährleisten, dass über den Anspruch wegen Diskriminierung in einem einzigen Verfahren entschieden wird.

(BGBl I 2005/82)

Außergerichtliche Streitbeilegung

§ 24f. Regelungen über außergerichtliche Streitbeilegung, insbesondere unter Einsatz von Mediation, sind vorzusehen.

(BGBl I 2005/82)

Inkrafttreten

§ 25. (1) Die §§ 6 Abs. 1 und 5, 11 Abs. 5, 12 Abs. 2 lit. b, 15 Abs. 1 und 2, 16 Abs. 2 und 22 Abs. 5 in der Fassung des Bundesgesetzes BGBl. Nr. 314/1994 treten mit 1. Juli 1994 in Kraft.

(BGBl 1975/96, BGBl 1994/314, BGBl 1996/201)

(2) § 9 Abs. 2 in der Fassung des Bundesgesetzes BGBl. Nr. 201/1996 tritt mit 1. Jänner 1997 in Kraft.

(BGBl 1996/201)

(3) § 1 Abs. 3, § 2 Abs. 2 lit. d, § 3, § 4, § 6, § 8, § 8a, § 9a, § 10, § 10a Abs. 1 lit. c, g, h und i, § 10a Abs. 2, 2a, 3a und 7, § 11, § 12 Abs. 5, § 13b Abs. 1, § 13f Abs. 4, § 14, § 15 Abs. 1, § 16, § 17a Abs. 2, § 19 Abs. 4, § 22a Abs. 11, 13 und 15, § 27, § 28 und § 29 in der Fassung des Bundesgesetzes BGBl. I Nr. 17/1999 treten mit 1. Jänner 1999 in Kraft.

(BGBl I 1999/17)

(4) § 1 Abs. 2 in der Fassung des Bundesgesetzes BGBl. I Nr. 17/1999 tritt mit 1. Jänner 2000 in Kraft.

(BGBl I 1999/17)

(5) § 18 Abs. 3 in der Fassung des Bundesgesetzes BGBl. I Nr. 106/1999 tritt mit 1. Oktober 1999 in Kraft.

(BGBl I 1999/106)

(6) § 8 Abs. 6 lit. b und § 9 Abs. 2 treten mit 1. Juli 2001 in Kraft; § 9 Abs. 5, § 9a Abs. 2, § 10 Abs. 7, § 10a Abs. 5 und 6 und § 21 in der Fassung des Bundesgesetzes BGBl. I Nr. 60/2001 treten mit 1. Jänner 2002 in Kraft.

(BGBl I 2001/60)

(7)

1. (Anm.: Durch Art. 2 § 2 Abs. 2 Z 9, BGBl I Nr. 2/2008, als nicht mehr geltend festgestellt)
2. Artikel 7 Z 1, § 6 Abs. 3 und 5, § 9a, § 10 Abs. 2, § 10 Abs. 3, § 10a Abs. 1 lit. c, § 10a Abs. 1 lit. g, § 10a Abs. 1 lit. i, § 11 Abs. 7, § 12 Abs. 1, § 12 Abs. 2 lit. a, § 12 Abs. 6, § 13 Abs. 4, § 13b Abs. 1, § 13f Abs. 2, § 14 Abs. 1 lit. a, § 14 Abs. 8, § 16 Abs. 2, § 17a Abs. 1, § 19 Abs. 4 und 5, § 19a Abs. 2, § 22a, § 23, § 26 lit. a, § 27 Abs. 6 und 7 in der Fassung des Bundesgesetzes BGBl. I Nr. 150/2002, sowie die Aufhebung des § 19 Abs. 4 und 5 treten mit 1. Jänner 2003 in Kraft.

(BGBl I 2002/150)

(8) § 10a Abs. 1 lit. j in der Fassung des Bundesgesetzes BGBl. I Nr. 158/2002 tritt mit 1. Oktober 2002 in Kraft.

(BGBl I 2002/158)

(9) § 10a Abs. 1 lit. j, § 13f Abs. 2 und § 17a Abs. 1 in der Fassung des Bundesgesetzes BGBl. I Nr. 71/2003 treten mit dem der Kundmachung des genannten Bundesgesetzes folgenden Tag in Kraft.

(BGBl I 2003/71)

(10) § 2 samt Überschrift, § 3, § 4 Abs. 1, § 6 samt Überschrift, §§ 7a bis 7r, § 8 Abs. 4a, § 19, § 22 Abs. 4, §§ 24 bis 24f, § 25a und § 26 samt Überschrift in der Fassung des Bundesgesetzes BGBl. I Nr. 82/2005 treten mit 1. Jänner 2006 in Kraft. Die Ausführungsgesetze der Bundesländer zu den in §§ 24a bis 24f geregelten Grundsätzen sind binnen sechs Monaten ab dem der Kundmachung folgenden Tag zu erlassen.

(BGBl I 2005/82)

(11) § 2 Abs. 2 lit. d, § 7d Abs. 1, § 7e Abs. 1 Z 1, § 7f Abs. 1, § 7h Abs. 1 § 7i, § 7j, § 7k Abs. 2 Z 2 bis 5, § 7m Abs. 2 und 3 sowie § 14 Abs. 1 lit. d in der Fassung des Bundesgesetzes BGBl. I Nr. 67/2008 treten mit 1. Mai 2008 in Kraft.

(BGBl I 2008/67)

(12) § 13a, § 14 Abs. 2, § 26 und § 27 Abs. 1 und 1a in der Fassung des Bundesgesetzes BGBl. I Nr. 81/2010 treten mit 1. September 2010 in Kraft.

(BGBl I 2010/81)

(13) § 17a Abs. 2 Z 1 und 2 sowie § 18 Abs. 4 in der Fassung des Bundesgesetzes BGBl. I Nr. 58/2010 treten mit 1. August 2010 in Kraft.

(BGBl I 2010/58)

(14) § 7b Abs. 5 und § 7i Abs. 1 in der Fassung des Bundesgesetzes BGBl. I Nr. 7/2011 treten mit 1. März 2011 in Kraft.

(BGBl I 2011/7)

(15) § 2 Abs. 1 bis 3, § 6 Abs. 2 lit. d und g, § 8 Abs. 2 und Abs. 6 lit. b, § 9 Abs. 2, § 9a Abs. 1, § 10a Abs. 1 lit. a und j, § 10a Abs. 3a, § 12 Abs. 1 und 3, § 13b Abs. 2, § 14 Abs. 8, § 22a Abs. 1, 3, 4, 7, 8, 9, 10, 11, 13 und 15, § 22b, § 25a sowie § 27 Abs. 8 in der Fassung des Budgetbegleitgesetzes 2011, BGBl. I Nr. 111/2010, treten mit 1. Jänner 2011 in Kraft.

(BGBl I 2010/111)

(16) Die Überschrift des § 7k, § 7m Abs. 1, § 14 Abs. 8, die Überschrift des § 19, § 19 Abs. 1, § 19a, § 19b, § 22 Abs. 4 und 4a sowie § 23 in der Fassung des Bundesgesetzes BGBl. I Nr. 71/2013 treten mit 1. Jänner 2014 in Kraft; gleichzeitig treten die §§ 13a bis 13g außer Kraft.

(BGBl I 2013/71)

(17) § 2 Abs. 1 Z 3 in der Fassung des Bundesgesetzes BGBl. I Nr. 72/2013 tritt mit 1. Jänner 2014 in Kraft; gleichzeitig tritt § 2 Abs. 1 Z 4 außer Kraft.

(BGBl I 2013/72)

(18) §§ 7a Abs. 1, Z 2 und 4, 7b Abs. 1 Z 8 und 10, 7d, 7f Abs. 3, 7g Abs. 3, 7j und 7n in der Fas-

sung des Bundesgesetzes BGBl. I Nr. 107/2013 treten mit 1. August 2013 in Kraft.

(BGBl I 2013/107)

(19) §§ 14 Abs. 1 und 2 sowie 19 Abs. 1 in der Fassung des Bundesgesetzes BGBl. I Nr. 57/2015 treten mit 1. Juli 2015 in Kraft.

(BGBl I 2015/57)

(20) § 6 Abs. 2 lit. d und § 10 Abs. 2 bis 3a in der Fassung des Bundesgesetzes BGBl. I Nr. 62/2016 treten mit 1. August 2016 in Kraft.

(BGBl I 2016/62)

(21) § 22a in der Fassung des Bundesgesetzes BGBl. I Nr. 35/2017 tritt mit 1. Jänner 2017 in Kraft und gilt für Behindertenvertrauenspersonen, deren Konstituierung nach dem 31. Dezember 2016 erfolgt, sowie für Zentralbehindertenvertrauenspersonen und Konzernbehindertenvertrauenspersonen, die ihre Wahl nach dem 31. Dezember 2016 annehmen.

(BGBl I 2017/155, BGBl I 2017/40)

(22) § 23a samt Überschrift tritt mit Ablauf des 30. Juni 2017 außer Kraft.

(BGBl I 2017/155)

(23) § 10 Abs. 1a, § 10a Abs. 1 lit. k, § 10a Abs. 8, § 11 Abs. 5, § 15 Abs. 1 sowie § 25 Abs. 21 bis 23 treten mit 1. Jänner 2018 in Kraft.

(BGBl I 2017/155)

(24) § 16 Abs. 2, 5, 6, 7 und 8, § 19a Abs. 1 Z 1 und 2, § 22 Abs. 2, 4 und 5 in der Fassung des Materien-Datenschutz-Anpassungsgesetzes 2018, BGBl. I Nr. 32/2018, treten mit 25. Mai 2018 in Kraft. § 22 Abs. 4a tritt mit Ablauf des 24. Mai 2018 außer Kraft.

(BGBl I 2018/32)

Umsetzungshinweis

§ 25a. (1) Durch die Bestimmungen der §§ 6 Abs. 1a, 7a bis 7r sowie 24a bis 24f dieses Bundesgesetzes wird die Richtlinie 2000/78/EG des Rates vom 27. November 2000 zur Festlegung eines allgemeinen Rahmens für die Verwirklichung der Gleichbehandlung in Beschäftigung und Beruf, ABl. Nr. L 303, für den Bereich der Menschen mit Behinderungen im Rahmen der Gesetzgebungskompetenz des Bundes umgesetzt.

(BGBl I 2010/111)

(2) Durch die Bestimmungen des § 2 Abs. 1 Z 1 und 3 wird die Richtlinie 2003/109/EG des Rates vom 25. November 2003 betreffend die Rechtsstellung der langfristig aufenthaltsberechtigten Drittstaatsangehörigen, die Richtlinie 2004/38/EG des Europäischen Parlaments und des Rates vom 29. April 2004 über das Recht der Unionsbürger und ihrer Familienangehörigen, sich im Hoheitsgebiet der Mitgliedstaaten frei zu bewegen und aufzuhalten, und die Richtlinie 2011/98/EU des Europäischen Parlaments und des Rates vom 13. Dezember 2011 über ein einheitliches Verfahren zur Beantragung einer kombinierten Erlaubnis für Drittstaatsangehörige, sich im Hoheitsgebiet eines Mitgliedstaats aufzuhalten und zu arbeiten, sowie über ein gemeinsames Bündel von Rechten für Drittstaatsarbeitnehmer, die sich rechtmäßig in einem Mitgliedstaat aufhalten, umgesetzt.

(BGBl I 2010/111, BGBl I 2013/72)

(BGBl I 2005/82)

Vollziehung

§ 26. Mit der Vollziehung dieses Bundesgesetzes sind betraut:

a) hinsichtlich der Bestimmungen des Art. I des Bundesgesetzes vom 27. September 1988, BGBl. Nr. 721 und des § 19a Abs. 1 **(Verfassungsbestimmungen)** die Bundesregierung;

   (BGBl I 2002/150)

b) hinsichtlich der Bestimmungen der §§ 7b bis 7k und 7o, soweit es Angelegenheiten des Bundesdienstes betrifft, die Bundesregierung;

   (BGBl I 2005/82, BGBl I 2010/81)

c) hinsichtlich der Bestimmungen der §§ 7l bis 7n die Bundesregierung;

   (BGBl I 2005/82, BGBl I 2010/81)

d) hinsichtlich des § 7r die Länder;

   (BGBl I 1999/17, BGBl I 2005/82, BGBl I 2010/81)

e) hinsichtlich der Bestimmungen des § 16 Abs. 3 und des § 23, soweit sie Verwaltungsabgaben betreffen, der Bundeskanzler;

   (BGBl I 2005/82, BGBl I 2010/81)

f) hinsichtlich der Bestimmungen des § 18 Abs. 2 bis 4 der Bundesminister für Justiz;

   (BGBl I 2005/82, BGBl I 2010/81)

g) hinsichtlich der Bestimmungen des § 23, soweit sie bundesgesetzlich geregelte Gebühren und Verkehrsteuern betreffen, der Bundesminister für Finanzen und

   (BGBl I 2005/82, BGBl I 2010/81)

h) hinsichtlich aller übrigen Bestimmungen der Bundesminister für soziale Sicherheit, Generationen und Konsumentenschutz.

   (BGBl I 2010/81)

Übergangsbestimmungen

§ 27. (1) In am 1. September 2010 noch nicht rechtskräftig abgeschlossenen Verfahren sind für die Einschätzung des Grades der Behinderung die Vorschriften der §§ 7 und 9 Abs. 1 des Kriegsopferversorgungsgesetzes 1957, BGBl. Nr. 152, mit der Maßgabe anzuwenden, dass Gesundheitsschädigungen mit einem Ausmaß von weniger als 20 vH außer Betracht zu lassen sind, sofern eine solche Gesundheitsschädigung im Zusammenwirken mit einer anderen Gesundheitsschädigung keine wesentliche Funktionsbeeinträchtigung verursacht. Dies gilt bis 31. August 2013 auch für Verfahren nach § 14, sofern zum Zeitpunkt des Inkrafttretens dieses Bundesgesetzes ein rechtskräftiger Bescheid, mit dem über die Zugehörigkeit zum Personenkreis der begünstigten Behinderten abgesprochen wurde oder ein rechtskräftiger Bescheid nach den Bestimmungen der §§ 40ff des Bundesbehindertengesetzes vorliegt.

(BGBl I 2010/81)

(1a) Im Falle eines Antrages auf Neufestsetzung des Grades der Behinderung nach Ablauf des 31. August 2013 hat die Einschätzung unter Zugrundelegung der Bestimmungen der Einschätzungsverordnung (BGBl. II Nr. 261/2010) zu erfolgen. Im Falle einer von Amts wegen durchgeführten Nachuntersuchung bleibt – bei objektiv unverändertem Gesundheitszustand – der festgestellte Grad der Behinderung unberührt.

(BGBl I 2010/81)

(2) Nachweise der Begünstigung im Sinne des § 14 Abs. 1 in der bis zum Inkrafttreten dieses Bundesgesetzes geltenden Fassung, die bis zum 31. Dezember 1998 in Rechtskraft erwachsen sind, werden durch das Inkrafttreten des Bundesgesetzes BGBl. I Nr. 17/1999 nicht berührt.

(3) § 8 Abs. 4 ist auf Anträge auf Zustimmung zur Kündigung anzuwenden, die ab dem Inkrafttreten des Bundesgesetzes BGBl. I Nr. 17/1999 eingebracht werden.

(4) Die Bestimmung des § 8 Abs. 6 lit. b findet auf jene Dienstverhältnisse Anwendung, die nach dem Inkrafttreten des Bundesgesetzes BGBl. I Nr. 17/1999 neu begründet werden.

(5) § 8 Abs. 6 lit. b in der Fassung des Bundesgesetzes BGBl. I Nr. 60/2001 findet auf jene Dienstverhältnisse Anwendung, die nach dem Inkrafttreten dieses Bundesgesetzes neu begründet werden.

(BGBl I 2001/60)

(6) Die Bestimmung des § 19a Abs. 1 in der Fassung des Bundesgesetzes BGBl. I Nr. 150/2002 ist auf zum Zeitpunkt des In-Kraft-Tretens dieses Bundesgesetzes anhängige Berufungsverfahren nicht anzuwenden. Diese Verfahren sind vom zuständigen Landeshauptmann unter Zugrundelegung der bis zum 31. Dezember 2002 geltenden Vorschriften zu Ende zu führen.

(BGBl I 2002/150)

(7) Die Bestimmung des § 9a Abs. 2 in der bis zum In-Kraft-Treten des Bundesgesetzes BGBl. I Nr. 150/2002 geltenden Fassung findet auf jene Aufträge Anwendung, die bis zum 31. Dezember 2002 erteilt werden.

(BGBl I 2002/150)

(8) § 8 Abs. 6 lit. b in der Fassung dieses Bundesgesetzes findet auf jene Dienstverhältnisse Anwendung, die nach dem 31. Dezember 2010 neu begründet werden.

(BGBl I 2010/111)

(BGBl I 1999/17)

§ 28. (1) Die in auf Grund des § 1 Abs. 2 in der bis zum Inkrafttreten des Bundesgesetzes BGBl. I Nr. 17/1999 geltenden Fassung erlassenen Verordnungen, mit denen die Pflichtzahl geändert wird (BGBl. Nr. 546/1976, 547/1976, 548/1976, 549/1976, 550/1976, 551/1976, 552/1976, 553/1976, 554/1976, 555/1976, 556/1976, 557/1976, 558/1976, 559/1976, 560/1976, 561/1976, 562/1976, 563/1976, 564/1976, 565/1976, 566/1976, 567/1976, 568/1976, 569/1976, 570/1976), abweichend von § 1 Abs. 1 festgesetzten Pflichtzahlen sind mit der Maßgabe anzuwenden, daß

1. für das Kalenderjahr 1999
   a) statt einer Pflichtzahl von 45 eine solche von 41,
   b) statt einer Pflichtzahl von 40 eine solche von 37,
   c) statt einer Pflichtzahl von 35 eine solche von 33 und
   d) statt einer Pflichtzahl von 30 eine solche von 29;
2. für das Kalenderjahr 2000
   a) statt einer Pflichtzahl von 45 eine solche von 37,
   b) statt einer Pflichtzahl von 40 eine solche von 34,
   c) statt einer Pflichtzahl von 35 eine solche von 31 und
   d) statt einer Pflichtzahl von 30 eine solche von 28;
3. für das Kalenderjahr 2001
   a) statt einer Pflichtzahl von 45 eine solche von 33,
   b) statt einer Pflichtzahl von 40 eine solche von 31,
   c) statt einer Pflichtzahl von 35 eine solche von 29 und
   d) statt einer Pflichtzahl von 30 eine solche von 27;
4. für das Kalenderjahr 2002
   a) statt einer Pflichtzahl von 45 eine solche von 29,
   b) statt einer Pflichtzahl von 40 eine solche von 28,
   c) statt einer Pflichtzahl von 35 eine solche von 27 und
   d) statt einer Pflichtzahl von 30 eine solche von 26;
5. für das Kalenderjahr 2003
   a) statt einer Pflichtzahl von 45 eine solche von 25,
   b) statt einer Pflichtzahl von 40 eine solche von 25,
   c) statt einer Pflichtzahl von 35 eine solche von 25 und
   d) statt einer Pflichtzahl von 30 eine solche von 25

gilt. Diese Verordnungen treten mit Ablauf des 31. Dezember 2003 außer Kraft. Sie sind in der bis zum Inkrafttreten des Bundesgesetzes BGBl. I Nr. 17/1999 geltenden Fassung zuletzt für den Monat Dezember 1998, in der im ersten Satz unter Z 1 angeführten Fassung zuletzt für den Monat Dezember 1999, in der im ersten Satz unter Z 2 angeführten Fassung zuletzt für den Monat Dezember

2000, in der im ersten Satz unter Z 3 angeführten Fassung zuletzt für den Monat Dezember 2001, in der im ersten Satz unter Z 4 angeführten Fassung zuletzt für den Monat Dezember 2002 und in der im ersten Satz unter Z 5 angeführten Fassung zuletzt für den Monat Dezember 2003 anzuwenden.

(2) Die Vorschriften der §§ 1, 4 Abs. 4, 9a Abs. 1 in der bis zum Inkrafttreten des Bundesgesetzes BGBl. I Nr. 17/1999 geltenden Fassung sind zuletzt für den Monat Dezember 1998 anzuwenden.

(BGBl I 1999/17)

§ 29. Soweit in anderen Gesetzen auf geschützte Werkstätten verwiesen wird, gelten diese Verweisungen als Verweisungen auf Integrative Betriebe im Sinne des § 11.

(BGBl I 1999/17)

19. Betriebliches Mitarbeiter- und Selbständigenvorsorgegesetz

Betriebliches Mitarbeiter- und Selbständigenvorsorgegesetz, BGBl I 2002/100 idF

1	BGBl I 2002/158	2	BGBl I 2003/80	3	BGBl I 2003/135
4	BGBl I 2004/143	5	BGBl I 2004/161	6	BGBl I 2005/8
7	BGBl I 2005/36	8	BGBl I 2005/37	9	BGBl I 2006/48
10	BGBl I 2006/134	11	BGBl I 2006/141	12	BGBl I 2007/102
13	BGBl I 2009/12	14	BGBl I 2009/116	15	BGBl I 2009/135
16	BGBl I 2009/147	17	BGBl I 2009/152	18	BGBl I 2010/72
19	BGBl I 2010/92	20	BGBl I 2011/77	21	BGBl I 2012/35
22	BGBl I 2013/4	23	BGBl I 2013/67	24	BGBl I 2013/135
25	BGBl I 2013/138	26	BGBl I 2013/184	27	BGBl I 2014/42
28	BGBl I 2015/34	29	BGBl I 2015/79	30	BGBl I 2016/44
31	BGBl I 2016/73	32	BGBl I 2016/118	33	BGBl I 2017/30
34	BGBl I 2017/36	35	BGBl I 2017/107	36	BGBl I 2018/100
37	BGBl I 2019/25	38	BGBl I 2019/62		

STICHWORTVERZEICHNIS

Betriebliches Mitarbeiter- und Selbständigenvorsorgegesetz – BMSVG
(BGBl I 2007/102)

Der Nationalrat hat beschlossen:

Inhaltsverzeichnis

(BGBl I 2007/102, BGBl I 2009/147, BGBl I 2014/42, BGBl I 2016/73)

1. Teil
Mitarbeitervorsorge

(BGBl I 2007/102)

1. Abschnitt
Allgemeine Bestimmungen

Geltungsbereich

§ 1. (1) Die Bestimmungen des 1., 2. und 3. Teiles gelten für Arbeitsverhältnisse, die auf einem privatrechtlichen Vertrag beruhen.

(1a) Die Bestimmungen des 1. und 2. Teiles und § 48 Abs. 1 gelten für freie Dienstverhältnisse im Sinne des § 4 Abs. 4 des Allgemeinen Sozialversicherungsgesetzes (ASVG), BGBl. Nr. 189/1955, für freie Dienstverhältnisse von geringfügig beschäftigten Personen (§ 5 Abs. 2 ASVG) sowie für freie Dienstverhältnisse von Vorstandsmitgliedern im Sinne des § 4 Abs. 1 Z 6 ASVG, die auf einem privatrechtlichen Vertrag beruhen mit der Maßgabe, dass

1. an die Stelle der Begriffe „Arbeitgeber", „Arbeitnehmer" und „Arbeitsverhältnis" die Begriffe „Dienstgeber", „freier Dienstnehmer" und „freies Dienstverhältnis" in der richtigen grammatikalischen Form treten,
2. die §§ 6 Abs. 4, 7 Abs. 6 und 6a, 9 Abs. 2 4. bis 6. Satz, Abs. 3 und 4, 10 Abs. 2 und 3, 14 Abs. 2 Z 4 letzter Satz nicht anzuwenden sind,
3. für freie Dienstnehmer, welchen das Entgelt für längere Zeiträume als einen Monat gebührt, das monatliche Entgelt im Hinblick auf die Berechnung der fiktiven Bemessungsgrundlage nach § 7 Abs. 3 oder 4 nach § 44 Abs. 8 ASVG zu berechnen ist.

(2) Ausgenommen sind Arbeitsverhältnisse und freie Dienstverhältnisse

1. zu Ländern, Gemeinden und Gemeindeverbänden;
2. der land- und forstwirtschaftlichen Arbeiter im Sinne des Landarbeitsgesetzes 1984, BGBl. Nr. 287;
3. zum Bund, auf die dienstrechtliche Vorschriften anzuwenden sind, die den Inhalt der Arbeitsverhältnisse zwingend regeln;
4. zu Stiftungen, Anstalten, Fonds oder sonstigen Einrichtungen, auf die das Vertragsbedienstetengesetz 1948 (VBG), BGBl. Nr. 86, gemäß § 1 Abs. 2 VBG oder auf Grund sonstiger gesetzlicher Bestimmungen anzuwenden ist;
5. die dem Kollektivvertrag gemäß § 13 Abs. 6 des Bundesforstegesetzes 1996, BGBl. Nr. 793, unterliegen.

(BGBl I 2007/102)

§ 2. Für Arbeitsverhältnisse, die dem Bauarbeiter-Urlaubs- und Abfertigungsgesetz (BUAG), BGBl. Nr. 414/1972, unterliegen, gelten die Bestimmungen des 1. Teiles sowie §§ 46, 48 und 49 dieses Bundesgesetzes nach Maßgabe der Bestimmungen des BUAG.

Begriffsbestimmungen

§ 3. Im Sinne dieses Bundesgesetzes sind:

1. Altabfertigungsanwartschaft:
fiktive Abfertigung nach dem Angestelltengesetz, BGBl. Nr. 292/1921, dem Arbeiter-Abfertigungsgesetz, BGBl. Nr. 107/1979, und dem Gutsangestelltengesetz, BGBl. Nr. 538/1923, dem § 32 Abs. 5 und 6 ORF-Gesetz, BGBl. I Nr. 83/2001, fiktive Abfertigungen der Angestellten der Österreichischen Bundesbahnen, auf deren Dienstverhältnisse die allgemeinen Vertragsbedingungen für Dienstverträge bei den Österreichischen Bundesbahnen (AVB) zur Anwendung kommen, sowie fiktives außerordentliches Entgelt nach dem Hausgehilfen- und Hausangestelltengesetz, BGBl. Nr. 235/1962, zum Zeitpunkt des Übertritts nach § 47;
2. Anwartschaftsberechtigter:
der Arbeitnehmer, für den Beiträge nach §§ 6 oder 7 an die Betriebliche Vorsorgekasse (BV-Kasse) zu leisten sind oder waren oder für den Übertragungsbeträge nach § 47 gezahlt wurden;
(BGBl I 2007/102)
3. Abfertigungsanwartschaft:
die in einer BV-Kasse verwalteten Ansprüche eines Anwartschaftsberechtigten; diese setzen sich zusammen aus
   – den in diese BV-Kasse eingezahlten Abfertigungsbeiträgen abzüglich der einbehaltenen Verwaltungskosten und/oder einer allenfalls in diese BV-Kasse übertragenen Altabfertigungsanwartschaft abzüglich der jeweils einbehaltenen Verwaltungskosten zuzüglich
   – allfälliger der BV-Kasse zugeflossener Verzugszinsen für Abfertigungsbeiträge und/oder für eine Altabfertigungsanwartschaft zuzüglich
   – der allenfalls aus einer anderen BV-Kasse in diese BV-Kasse übertragenen Abfertigungsanwartschaft zuzüglich
   – der zugewiesenen Veranlagungsergebnisse.

(BGBl I 2007/102)

Sprachliche Gleichbehandlung

§ 4. Bei allen personenbezogenen Bezeichnungen gilt die gewählte Form für beide Geschlechter.

Verweisungen

§ 5. Soweit in diesem Bundesgesetz auf andere Bundesgesetze verwiesen wird, sind diese in der jeweils geltenden Fassung anzuwenden.

2. Abschnitt
Beitragsrecht

Beginn und Höhe der Beitragszahlung

§ 6. (1) Der Arbeitgeber hat für den Arbeitnehmer ab dem Beginn des Arbeitsverhältnisses einen laufenden Beitrag in Höhe von 1,53 vH des monatlichen Entgelts sowie allfälliger Sonderzahlungen an den für den Arbeitnehmer zuständigen Träger der Krankenversicherung nach Maßgabe des § 58 Abs. 1 bis 6 des Allgemeinen Sozialversicherungsgesetzes (ASVG), BGBl. Nr. 189/1955, zur Weiterleitung an die BV-Kasse zu überweisen, sofern das Arbeitsverhältnis länger als einen Monat dauert. Der erste Monat ist jedenfalls beitragsfrei. Wird innerhalb eines Zeitraumes von zwölf Monaten ab dem Ende eines Arbeitsverhältnisses mit dem selben Arbeitgeber erneut ein Arbeitsverhältnis geschlossen, setzt die Beitragspflicht mit dem ersten Tag dieses Arbeitsverhältnisses ein.

(1a) Der Arbeitnehmer hat für die Dauer einer mit einem Rechtsträger nach § 8 Abs. 1 des Zivildienstgesetzes 1986 (ZDG), BGBl. Nr. 679/1986, abgeschlossenen Vereinbarung nach § 7a ZDG gegen diesen als Arbeitgeber, allenfalls nach § 7 Abs. 5 und 6 gegen den Familienlastenausgleichsfonds (FLAF) Anspruch auf eine Beitragsleistung nach diesem Bundesgesetz an die vom Rechtsträger ausgewählte BV-Kasse.

(BGBl I 2007/102)

(1b) Die monatliche Bemessungsgrundlage ist mit der monatlichen Beitragsgrundlagenmeldung gemäß § 34 Abs. 2 ASVG vom/von der Arbeitgeber/in an den zuständigen Träger der Krankenversicherung zu melden. Der Beginn der Beitragszahlung ist vom/von der Arbeitgeber/in mit der Anmeldung zur Sozialversicherung gemäß § 33 Abs. 1a ASVG bekanntzugeben, das Ende der Beitragszahlung mit der Abmeldung des Arbeitnehmers/der Arbeitnehmerin von der Sozialversicherung. Für die Meldungen zur Betrieblichen Vorsorge sind die Bestimmungen der §§ 33 und 34 ASVG sinngemäß anzuwenden.

(BGBl I 2015/79)

(2) Für die Eintreibung nicht rechtzeitig entrichteter Beiträge und allfälliger Verzugszinsen sind die §§ 59, 62, 64 und 409 bis 417a ASVG anzuwenden. Weiters sind die §§ 65 bis 68 und 69 ASVG anzuwenden. Der zuständige Träger der Krankenversicherung hat die Einhaltung der Melde- und Beitragspflichten durch den Arbeitgeber im Zuge der Sozialversicherungsprüfung gemäß § 41a ASVG zu prüfen.

(BGBl I 2005/36, BGBl I 2010/92)

(2a) Der/Die Arbeitgeber/in hat abweichend von Abs. 1 die Wahlmöglichkeit, die Abfertigungsbeiträge aus geringfügigen Beschäftigungsverhältnissen gemäß § 5 Abs. 2 ASVG entweder monatlich oder jährlich zu überweisen. Eine Vereinbarung nach § 58 Abs. 8 ASVG gilt automatisch auch als Vereinbarung für die Beiträge zur Betrieblichen Vorsorge. Bei einer jährlichen Zahlungsweise sind zusätzlich 2,5 vH. vom zu leistenden Beitrag gleichzeitig mit diesem Betrag an den zuständigen Träger der Krankenversicherung zu überweisen. Die Fälligkeit der Beiträge ergibt sich aus § 58 ASVG. Abweichend davon sind bei einer jährlichen Zahlungsweise die Abfertigungsbeiträge bei einer Beendigung des Arbeitsverhältnisses bis zum 15. des Folgemonats zu entrichten, in den die Beendigung des Arbeitsverhältnisses fällt. Eine Änderung der Zahlungsweise ist nur zum Ende des Kalenderjahres zulässig. Der/Die Arbeitgeber/in hat eine Änderung der Zahlungsweise dem zuständigen Träger der Krankenversicherung vor dem Beitragszeitraum, für den die Änderung der Zahlungsweise vorgenommen wird, zu melden.

(BGBl I 2005/36, BGBl I 2007/102, BGBl I 2015/79)

(3) Sind nach einer Sozialversicherungsprüfung gemäß § 41a ASVG vom Arbeitgeber noch Beiträge zu leisten, sind diese Beiträge samt Verzugszinsen an die BV-Kasse weiterzuleiten, wobei § 63 ASVG mit der Maßgabe anzuwenden ist, dass an Stelle der Wortfolge „Träger der Unfall- und Pensionsversicherung" der Begriff „BV-Kasse" tritt. Sind vom Arbeitgeber (Bund) noch Beiträge nach dem BMSVG für bereits vergangene Beitragszeiträume samt Verzugszinsen aus einem bereits beendeten Arbeitsverhältnis aufgrund eines rechtskräftigen Gerichtsurteils oder eines gerichtlichen Vergleiches (§ 204 der Zivilprozessordnung, RGBl. Nr. 113/1895) zu leisten, sind diese Beiträge samt Verzugszinsen als Abfertigung direkt an den Arbeitnehmer auszuzahlen.

(BGBl I 2002/158, BGBl I 2007/102)

(4) Für die Dauer der Inanspruchnahme der Altersteilzeit nach § 27 des Arbeitslosenversicherungsgesetzes (AlVG), BGBl. Nr. 609/1977, der Teilpension nach § 27a AlVG, der Bildungsteilzeit nach § 11a des Arbeitsvertragsrechts-Anpassungsgesetzes (AVRAG), BGBl. Nr. 459/1993, des Solidaritätsprämienmodells nach § 13 AVRAG, der Wiedereingliederungsteilzeit nach § 13a AVRAG, der Herabsetzung der Normalarbeitszeit nach den §§ 14a, 14b oder 14d AVRAG, sowie die Dauer einer Kurzarbeit oder einer Qualifizierungsmaßnahme nach den §§ 37b oder 37c des Arbeitsmarktservicegesetzes (AMSG), BGBl. Nr. 313/1994, ist als Bemessungsgrundlage für den Beitrag des Arbeitgebers das monatliche Entgelt auf Grundlage der Arbeitszeit vor der Herabsetzung der Normalarbeitszeit heranzuziehen.

(BGBl I 2009/12, BGBl I 2013/67, BGBl I 2013/138, BGBl I 2016/44, BGBl I 2017/30)

(5) Welche Leistungen als Entgelt im Sinne der Abs. 1 bis 4 anzusehen sind, bestimmt sich nach § 49 ASVG unter Außerachtlassung der Geringfügigkeitsgrenze nach § 5 Abs. 2 ASVG und der Höchstbeitragsgrundlage nach § 108 Abs. 3 ASVG.

Beitragsleistung in besonderen Fällen

§ 7. (1) Der Arbeitnehmer hat für die Dauer des jeweiligen Präsenz- oder Ausbildungsdienstes nach den §§ 19, 37 bis 39 des Wehrgesetzes 2001 – WG 2001, BGBl. I Nr. 146, bei weiterhin aufrechtem Arbeitsverhaltnis Anspruch auf eine Beitragsleistung durch den Arbeitgeber in Höhe von 1,53 vH der fiktiven Bemessungsgrundlage in Höhe des Kinderbetreuungsgeldes gemäß § 3 Abs. 1 des Kinderbetreuungsgeldgesetzes (KBGG), BGBl. I Nr. 103/2001 in der Fassung vor dem BGBl. I Nr. 53/2016. Dies gilt nicht für den zwölf Monate übersteigenden Teil eines Wehrdienstes als Zeitsoldat gemäß § 19 Abs. 1 Z 5 WG 2001, eines Auslandseinsatzpräsenzdienstes gemäß § 19 Abs. 1 Z 9 WG 2001 oder eines Ausbildungsdienstes. In den Fällen des § 19 Abs. 1 Z 6, 8 und 9 WG 2001 hat der Arbeitnehmer für einen zwölf Monate übersteigenden Teil Anspruch auf eine Beitragsleistung durch den Bund in derselben Höhe; die Beiträge sind vom Bund im Wege der Versicherungsanstalt öffentlich Bediensteter, Eisenbahnen und Bergbau in die BV-Kasse seines bisherigen Arbeitgebers zu leisten.

(BGBl I 2017/36, BGBl I 2018/100)

(2) Der Arbeitnehmer hat für die Dauer des jeweiligen Zivildienstes nach § 6a sowie für die Dauer des Auslandsdienstes nach § 12b ZDG bei weiterhin aufrechtem Arbeitsverhältnis Anspruch auf eine Beitragsleistung durch den Arbeitgeber in Höhe von 1,53 vH der fiktiven Bemessungsgrundlage nach Abs. 1 erster Satz.

(3) Für die Dauer eines Anspruchs auf Krankengeld nach dem ASVG hat der Arbeitnehmer bei weiterhin aufrechtem Arbeitsverhältnis Anspruch auf eine Beitragsleistung durch den Arbeitgeber in Höhe von 1,53 vH einer fiktiven Bemessungsgrundlage. Diese richtet sich nach der Hälfte des für den Kalendermonat vor Eintritt des Versicherungsfalles gebührenden Entgelts. Sonderzahlungen sind bei der Festlegung der fiktiven Bemessungsgrundlage außer Acht zu lassen.

(4) Für die Dauer eines Anspruchs auf Wochengeld nach dem ASVG hat die Arbeitnehmerin bei weiterhin aufrechtem Arbeitsverhältnis Anspruch auf eine Beitragsleistung durch den Arbeitgeber in Höhe von 1,53 vH einer fiktiven Bemessungsgrundlage in Höhe eines Monatsentgeltes, berechnet nach dem in den letzten drei Kalendermonaten vor dem Versicherungsfall der Mutterschaft (§ 120 Abs. 1 Z 3 ASVG) gebührenden Entgelt, einschließlich anteiliger Sonderzahlungen, es sei denn, diese sind für die Dauer des Wochengeldbezuges fortzuzahlen. Bei einem neuerlichen Eintritt eines Beschäftigungsverbotes nach § 3 des Mutterschutzgesetzes 1979 (MSchG), BGBl. Nr. 221,

1. unmittelbar im Anschluss an eine vorherige Karenz nach dem MSchG im selben Arbeitsverhältnis oder
2. nach einer Beschäftigung im selben Arbeitsverhältnis zwischen einer Karenz und dem neuerlichen Beschäftigungsverbot nach dem MSchG, die kürzer als drei Kalendermonate dauert,
3. nach einer Beschäftigung in einem Arbeitsverhältnis, das nach der Beendigung des karenzierten Arbeitsverhältnisses und vor dem neuerlichen Beschäftigungsverbot begründet worden ist, die kürzer als drei Kalendermonate dauert,

ist als Bemessungsgrundlage das für den Kalendermonat vor dem Beschäftigungsverbot, das dieser Karenz unmittelbar vorangegangen ist, gebührende Monatsentgelt (berechnet nach dem ersten Satz), im Fall der Z 3 das für den letzten Kalendermonat vor dem Eintritt des neuerlichen Beschäftigungsverbotes gebührende volle Monatsentgelt heranzuziehen.

(5)[a] Für Zeiten des Kinderbetreuungsgeldbezuges hat der Arbeitnehmer oder der ehemalige Arbeitnehmer, wenn der Zeitraum zwischen dem Beginn des Kinderbetreuungsgeldbezuges und dem Ende des letzten diesem Bundesgesetz (oder gleichartigen österreichischen bundesgesetzlichen Rechtsvorschriften) unterliegenden Arbeitsverhältnis nicht mehr als drei Jahre beträgt, Anspruch auf eine Beitragsleistung zu Lasten des FLAF in Höhe von 1,53 vH des jeweils nach dem KBGG bezogenen Tagesbetrages an Kinderbetreuungsgeld.

(BGBl I 2009/116, BGBl I 2017/36)

[a] Gilt für Geburten nach dem 28.2.2017.

(6) Für die Dauer einer Freistellung gegen Entfall des Entgelts nach den §§ 14a oder 14b AVRAG oder einer Pflegekarenz nach § 14c AVRAG hat der/die Arbeitnehmer/in Anspruch auf eine Beitragsleistung zu Lasten des Bundes in Höhe von 1,53 vH der fiktiven Bemessungsgrundlage in Höhe des Kinderbetreuungsgeldes gemäß § 5b Abs. 1 KBGG in der Fassung vor dem BGBl. I Nr. 53/2016.

(BGBl I 2013/138, BGBl I 2017/36)

(6a) Für die Dauer einer Bildungskarenz nach § 11 AVRAG hat der Arbeitnehmer Anspruch auf eine Beitragsleistung zu Lasten der Mittel aus der Gebarung Arbeitsmarktpolitik (§ 1 des Arbeitsmarktpolitik-Finanzierungsgesetzes – AMPFG, BGBl. Nr. 315/1994) in Höhe von 1,53 vH der Bemessungsgrundlage in Höhe des vom Arbeitnehmer bezogenen Weiterbildungsgeldes gemäß § 26 Abs. 1 des Arbeitslosenversicherungsgesetzes 1977, BGBl. Nr. 609/1977. Das Arbeitsmarktservice (AMS) hat dem zuständigen Träger der Krankenversicherung die für die Beitragsleistung nach dem 1. Satz notwendigen Daten in automationsunterstützter Form zur Verfügung zu stellen.

(7) Der jeweils zuständige Träger der Krankenversicherung hat die Beiträge nach Abs. 5, 6 und 6a ohne gesonderten Antrag des Arbeitnehmers oder des ehemaligen Arbeitnehmers an die BV-Kasse, bei einem ehemaligen Arbeitnehmer an die BV-Kasse seines letzten Arbeitgebers zu leisten. Bei einer Rückforderung von Kinderbetreuungsgeld nach dem KBGG sind für denselben Zeitraum auch die nach Abs. 5 geleisteten Beiträge vom Arbeitnehmer oder vom ehemaligen Arbeitnehmer zurückzufordern und an den FLAF zu überweisen.

(8) Für die Einhebung der Beiträge nach Abs. 1 bis 6a ist § 6 Abs. 1 bis 3 anzuwenden.

(BGBl I 2007/102)

Verfügungs- und Exekutionsbeschränkungen

§ 8. Die Abtretung oder Verpfändung von Abfertigungsanwartschaften im Sinne des § 3 Z 3 ist rechtsunwirksam, soweit der Anwartschaftsberechtigte darüber nicht als Abfertigungsanspruch verfügen kann. Für die Pfändung gilt die Exekutionsordnung (EO), RGBl. Nr. 79/1896.

3. Abschnitt
Auswahl und Wechsel der BV-Kasse
(BGBl I 2007/102)

Auswahl der BV-Kasse

§ 9. (1) Die Auswahl der BV-Kasse hat durch eine Betriebsvereinbarung nach § 97 Abs. 1 Z 1b ArbVG oder gleichartigen österreichischen Rechtsvorschriften rechtzeitig zu erfolgen, es sei denn, der Arbeitgeber war bereits zu einer Auswahl einer BV-Kasse nach § 53 Abs. 1 verpflichtet oder hat bereits eine BV-Kasse nach § 65 Abs. 1 ausgewählt und einen Beitrittsvertrag abgeschlossen.

(BGBl I 2007/102)

(2) Für Arbeitnehmer, die von keinem Betriebsrat vertreten sind, hat die Auswahl der BV-Kasse durch den Arbeitgeber rechtzeitig zu erfolgen, es sei denn, der Arbeitgeber war bereits zu einer Auswahl einer BV-Kasse nach § 53 Abs. 1 verpflichtet oder hat bereits eine BV-Kasse nach § 65 Abs. 1 ausgewählt und einen Beitrittsvertrag abgeschlossen. Über die beabsichtigte Auswahl der BV-Kasse sind alle Arbeitnehmer binnen einer Woche schriftlich zu informieren. Wenn mindestens ein Drittel der Arbeitnehmer binnen zwei Wochen gegen die beabsichtigte Auswahl schriftlich Einwände erhebt, muss der Arbeitgeber eine andere BV-Kasse vorschlagen. Auf Verlangen dieser Arbeitnehmer ist eine kollektivvertragsfähige freiwillige Interessenvertretung der Arbeitnehmer zu den weiteren Beratungen über diesen Vorschlag bei zu ziehen. Wird trotz Einbeziehung einer kollektivvertragsfähigen freiwilligen Interessenvertretung der Arbeitnehmer binnen zwei Wochen kein Einvernehmen über die Auswahl der BV-Kasse erzielt, hat über Antrag eines der beiden Streitteile die Schlichtungsstelle gemäß § 144 ArbVG oder gleichartigen österreichischen Rechtsvorschriften über die Auswahl der BV-Kasse zu entscheiden. Streitteile im Sinne des § 144 ArbVG oder gleichartiger österreichischer Rechtsvorschriften in einem solchen Verfahren sind der Arbeitgeber einerseits und die kollektivvertragsfähige freiwillige Interessenvertretung der Arbeitnehmer andererseits.

(BGBl I 2007/102)

(3) Der Arbeitgeber hat die Einleitung eines Verfahrens bei der Schlichtungsstelle innerhalb der Frist nach § 10 Abs. 1 dem zuständigen Träger der Krankenversicherung unverzüglich zu melden.

(4) Die Schlichtungsstelle hat die BV-Kasse und den zuständigen Träger der Krankenversicherung über die Entscheidung schriftlich zu informieren.

(BGBl I 2007/102)

(5) Sind bei Beendigung des Arbeitsverhältnisses noch Beiträge nach den §§ 6 und 7 samt Verzugszinsen nach einer Sozialversicherungsprüfung gemäß § 41a ASVG zu leisten, sind diese Beiträge samt Verzugszinsen vom jeweiligen Träger der Krankenversicherung an die BV-Kasse des bisherigen Arbeitgebers weiterzuleiten.

(BGBl I 2007/102)

(6) Beiträge, die mangels Auswahl einer BV-Kasse noch nicht weitergeleitet werden können, sind bis zur Weiterleitung an die BV-Kasse entsprechend § 446 ASVG zu veranlagen.

(BGBl I 2007/102)

(BGBl I 2002/158, BGBl I 2005/36, BGBl I 2007/102)

§ 10. (1) Hat der Arbeitgeber nicht spätestens nach sechs Monaten ab dem Beginn des Arbeitsverhältnisses des Arbeitnehmers, für den der Arbeitgeber erstmalig Beiträge nach den §§ 6 oder 7 zu leisten hat, mit einer BV-Kasse einen Beitrittsvertrag nach § 11 abgeschlossen, ist das Zuweisungsverfahren nach § 27a einzuleiten.

(BGBl I 2007/102)

(2) Wird binnen der Frist nach Abs. 1 ein Antrag nach § 97 Abs. 2 ArbVG, § 9 Abs. 2 oder gleichartigen österreichischen Rechtsvorschriften über die Auswahl der BV-Kasse bei der Schlichtungsstelle nach § 144 ArbVG oder gleichartigen österreichischen Rechtsvorschriften eingebracht, wird der Ablauf dieser Frist für die Dauer des Verfahrens bei der Schlichtungsstelle gehemmt. Die Hemmung beginnt mit dem Tag der Antragstellung.

(BGBl I 2007/102)

(3) Schließt der Arbeitgeber nicht binnen 14 Tagen nach Zugang des Beschlusses der Schlichtungsstelle oder, sofern die verbliebene Frist nach Abs. 1 länger ist, nicht innerhalb dieser Frist einen Beitrittsvertrag mit der ausgewählten BV-Kasse ab, findet § 27a Abs. 6 und 7 Anwendung.

(BGBl I 2007/102)

(BGBl I 2002/158, BGBl I 2005/36)

Beitrittsvertrag und Kontrahierungszwang

§ 11. (1) Der Beitrittsvertrag ist zwischen der BV-Kasse und dem beitretenden Arbeitgeber abzuschließen.

(BGBl I 2007/102)

(2) Der Beitrittsvertrag hat insbesondere zu enthalten:

1. die ausgewählte BV-Kasse;
   (BGBl I 2007/102)
2. Grundsätze der Veranlagungspolitik;
3. die näheren Voraussetzungen für die Kündigung des Beitrittsvertrages;
4. die Höhe der Verwaltungskosten gemäß § 29 Abs. 2 Z 5;
5. die Meldepflichten des Arbeitgebers gegenüber der BV-Kasse;
   (BGBl I 2007/102)
6. eine allfällige Zinsgarantie gemäß § 24 Abs. 2;
7. alle Dienstgeberkontonummern des beitretenden Arbeitgebers;

BMSVG

8. Art und Berechnungsweise der Barauslagen, die die BV-Kasse gemäß § 26 Abs. 3 Z 1 verrechnen darf.

(BGBl I 2007/102)

(3) Lehnt die BV-Kasse ein gesetzesgemäßes Anbot eines Arbeitgebers zum Abschluss eines Beitrittvertrages ab, hat sie trotzdem, sofern der Arbeitgeber schriftlich auf einem Vertragsabschluss besteht, das Anbot anzunehmen (Kontrahierungszwang), und zwar zu den gleichen Bedingungen wie für ihre sonst üblicherweise abgeschlossenen Beitrittsverträge mit anderen Arbeitgebern, insbesondere zu den gleichen Verwaltungskosten gemäß § 29 Abs. 2 Z 5.

(BGBl I 2007/102)

(4) Ist die BV-Kasse in einem Fall der Inanspruchnahme des Kontrahierungszwangs durch einen Arbeitgeber gemäß Abs. 3 der Ansicht, dass die Verwaltungskosten gemäß § 29 Abs. 2 Z 5 und/oder sonstige Vertragsbedingungen aus kaufmännischen Gründen bei diesem Arbeitgeber nicht angemessen sind, kann sie innerhalb eines halben Jahres nach erfolgtem Vertragsabschluss die Angemessenheit der Verwaltungskosten oder die sonstigen Vertragsbedingungen im Einzelfall beim örtlich zuständigen Gerichtshof in Arbeits- und Sozialrechtssachen überprüfen lassen. Der Gerichtshof hat im Einzelfall die Verwaltungskosten auf einen von der BV-Kasse nachzuweisenden angemessenen Prozentsatz und/oder angemessene Vertragsbedingungen festzusetzen. Die Differenz zwischen den vom Gerichtshof festgesetzten höheren Verwaltungskosten zu den Verwaltungskosten der BV-Kasse gemäß § 29 Abs. 2 Z 5 ist vom Arbeitgeber zu tragen.

(BGBl I 2007/102)

Beendigung des Beitrittsvertrages und Wechsel der BV-Kasse

§ 12. (1) Eine Kündigung des Beitrittsvertrages durch den Arbeitgeber oder durch die BV-Kasse oder einvernehmliche Beendigung des Beitrittsvertrages ist nur rechtswirksam, wenn die Übertragung der Abfertigungsanwartschaften auf eine andere BV-Kasse sichergestellt ist. Die Kündigung oder einvernehmliche Beendigung des Beitrittsvertrages kann rechtswirksam nur für alle von diesem Beitrittsvertrag erfassten Anwartschaftsberechtigten gemeinsam erfolgen.

(BGBl I 2007/102)

(2) Die Kündigung oder einvernehmliche Beendigung des Beitrittsvertrages darf nur mit Wirksamkeit zum Bilanzstichtag der BV-Kasse ausgesprochen werden. Die Frist für die Kündigung des Beitrittsvertrages beträgt sechs Monate. Die einvernehmliche Beendigung des Beitrittsvertrages wird frühestens zu dem Bilanzstichtag der BV-Kasse wirksam, der zumindest drei Monate nach der Vereinbarung der einvernehmlichen Beendigung des Beitrittsvertrages liegt.

(BGBl I 2007/102)

(3) Die Übertragung der Abfertigungsanwartschaften auf die neue BV-Kasse hat binnen fünf Werktagen nach Ende des zweiten Monats nach dem Bilanzstichtag der BV-Kasse zu erfolgen, wobei zu diesem Monatsende eine Ergebniszuweisung unter Berücksichtigung einer allfälligen Garantieleistung gemäß § 24 vorzunehmen ist. Nach Übertragung hervorkommende, noch zu diesen Abfertigungsanwartschaften gehörige Beträge sind als Nachtragsüberweisung unverzüglich auf die neue BV-Kasse zu übertragen. Ab dem Bilanzstichtag sind die Abfertigungsbeiträge unabhängig davon, ob sie noch vor dem Bilanzstichtag gelegene Monate betreffen, an die neue BV-Kasse zu überweisen.

(BGBl I 2007/102)

(4) § 9 Abs. 1 und 2 ist auf einen Wechsel der BV-Kasse (Abs. 1), der auf Verlangen des Arbeitgebers, des Betriebsrates oder in Betrieben ohne Betriebsrat eines Drittels der Arbeitnehmer erfolgt, anzuwenden.

(BGBl I 2005/36, BGBl I 2007/102)

Mitwirkungsverpflichtung

§ 13. Die Arbeitgeber sowie die Anwartschaftsberechtigten sind verpflichtet, den BV-Kassen über alle für das Vertragsverhältnis und für die Verwaltung der Anwartschaft sowie für die Prüfung von Auszahlungsansprüchen maßgebenden Umstände unverzüglich wahrheitsgemäß Auskunft zu erteilen.

(BGBl I 2007/102)

4. Abschnitt
Leistungsrecht

Anspruch auf Abfertigung

§ 14. (1) Der Anwartschaftsberechtigte hat bei Beendigung des Arbeitsverhältnisses gegen die BV-Kasse Anspruch auf eine Abfertigung.

(2) Der Anspruch auf eine Verfügung nach § 17 Abs. 1 über die Abfertigung besteht nicht bei Beendigung des Arbeitsverhältnisses

1. durch Kündigung durch den Anwartschaftsberechtigten, ausgenommen bei Kündigung während einer Teilzeitbeschäftigung nach dem MSchG oder dem Väter-Karenzgesetz (VKG), BGBl. Nr. 651/1989,
2. durch verschuldete Entlassung,
3. durch unberechtigten vorzeitigen Austritt, oder
4. sofern noch keine drei Einzahlungsjahre (36 Beitragsmonate) seit der ersten Beitragszahlung gemäß § 6 oder § 7 nach der erstmaligen Aufnahme der Erwerbstätigkeit im Rahmen eines Arbeitsverhältnisses oder der letztmaligen Verfügung (ausgenommen Verfügungen nach § 17 Abs. 1 Z 2 oder Z 3 oder Abs. 2a) über eine Abfertigung vergangen sind. Beitragszeiten nach § 6 oder § 7 sind zusammenzurechnen, unabhängig davon, ob sie bei einem oder mehreren Arbeitgebern zurückgelegt worden sind. Beitragszeiten nach § 6

oder § 7 aus zum Zeitpunkt der Geltendmachung des Anspruchs weiterhin aufrechten Arbeitsverhältnissen sind nicht einzurechnen. Für Abfertigungsbeiträge auf Grund einer Kündigungsentschädigung, einer Ersatzleistung nach dem Urlaubsgesetz, BGBl. Nr. 390/1976, oder auf Grund eines nach § 9 Abs. 1 AngG oder § 5 des Entgeltfortzahlungsgesetzes, BGBl. Nr. 399/1974 fortgezahlten Entgelts sind als Beitragszeiten auch Zeiten nach der Beendigung des Arbeitsverhältnisses in dem sich aus § 11 Abs. 1 oder Abs. 2 ASVG ergebenden Ausmaß anzurechnen.

(3) Die Verfügung über diese Abfertigung (Abs. 2) kann vom Anwartschaftsberechtigten erst bei Anspruch auf Verfügung über eine Abfertigung bei Beendigung eines oder mehrerer darauf folgender Arbeitsverhältnisse verlangt werden.

(4) Die Verfügung über die Abfertigung kann, sofern der Arbeitnehmer in keinem Arbeitsverhältnis steht, jedenfalls verlangt werden

1. ab der Inanspruchnahme einer Eigenpension aus der gesetzlichen Pensionsversicherung oder gleichartigen Rechtsvorschriften der Mitgliedstaaten des Europäischen Wirtschaftsraumes (Zeitpunkt der Zustellung des rechtskräftigen Bescheides), oder
2. nach Vollendung des Anfallsalters für die vorzeitige Alterspension aus der gesetzlichen Pensionsversicherung oder nach Vollendung des 62. Lebensjahres (Korridorpension nach § 4 Abs. 2 des Allgemeinen Pensionsgesetzes – APG, BGBl. I Nr. 142/2004), wenn dieses Anfallsalter zum Zeitpunkt der Beendigung des Arbeitsverhältnisses niedriger ist als das Anfallsalter für die vorzeitige Alterspension aus der gesetzlichen Pensionsversicherung oder gleichartigen Rechtsvorschriften der Mitgliedstaaten des Europäischen Wirtschaftsraumes oder
3. wenn für den Arbeitnehmer seit mindestens fünf Jahren keine Beiträge nach diesem Bundesgesetz oder gleichartigen österreichischen Rechtsvorschriften zu leisten sind.

(4a) Besteht bei Beendigung eines Arbeitsverhältnisses, das nach Inanspruchnahme einer Eigenpension aus einer gesetzlichen Pensionsversicherung oder gleichartigen Rechtsvorschriften der Mitgliedstaaten des Europäischen Wirtschaftsraumes begründet wurde, Anspruch auf eine Abfertigung, kann nur noch eine Verfügung nach § 17 Abs. 1 Z 1 oder 4 über die Abfertigung verlangt werden, ohne dass die in Abs. 2 festgelegten Voraussetzungen für die Verfügung über die Abfertigung vorliegen müssen. Gleiches gilt bei Beendigung eines geringfügigen Beschäftigungsverhältnisses gemäß § 5 Abs. 2 ASVG nach der Inanspruchnahme einer Eigenpension aus einer gesetzlichen Pensionsversicherung oder gleichartigen Rechtsvorschriften der Mitgliedstaaten des Europäischen Wirtschaftsraumes, das vor diesem Zeitpunkt begründet wurde.

(5) Bei Beendigung des Arbeitsverhältnisses durch den Tod des Anwartschaftsberechtigten gebührt die Abfertigung unabhängig vom Vorliegen der Voraussetzungen nach Abs. 2 dem Ehegatten oder dem eingetragenen Partner sowie den Kindern (Wahl-, Pflege- und Stiefkinder) des Anwartschaftsberechtigten zu gleichen Teilen, sofern für diese Kinder zum Zeitpunkt des Todes des Anwartschaftsberechtigten Familienbeihilfe gemäß § 2 des Familienlastenausgleichsgesetzes (FLAG), BGBl. Nr. 376/1967 bezogen wird. Die anspruchsberechtigten Personen können nur die Auszahlung der Abfertigung verlangen. Diese haben den Auszahlungsanspruch innerhalb von drei Monaten ab dem Zeitpunkt des Todes des Anwartschaftsberechtigten gegenüber der BV-Kasse schriftlich geltend zu machen. Die Abfertigung ist binnen fünf Werktagen nach dem nächstfolgenden Monatsletzten nach Ablauf dieser Frist an die von der BV-Kasse festgestellten anspruchsberechtigten Personen mit schuldbefreiender Wirkung für die BV-Kasse auszuzahlen. Anspruchsberechtigte Personen, die ihren Anspruch innerhalb der Frist von drei Monaten gegenüber der BV-Kasse nicht geltend gemacht haben, können diesen Anspruch gegenüber dem Ehegatten oder dem eingetragenen Partner oder den Kindern im Sinne des 1. Satzes, an die eine Abfertigung im Sinne des 3. Satzes bereits ausgezahlt wurde, anteilig geltend machen. Melden sich keine anspruchsberechtigten Personen binnen der dreimonatigen Frist, fällt die Abfertigung in die Verlassenschaft gemäß § 531 des Allgemeinen Bürgerlichen Gesetzbuches, JGS. Nr. 946/1811.

(BGBl I 2009/135)

(6) Der Anwartschaftsberechtigte hat die von ihm beabsichtigte Verfügung über die Abfertigung der BV-Kasse schriftlich bekannt zu geben. Darin kann der Anwartschaftsberechtigte die BV-Kasse weiters beauftragen, auch die Verfügungen im Sinne des § 17 Abs. 1 über Abfertigungen aus anderen BV-Kassen zu veranlassen.

(7) Die BV-Kasse ist verpflichtet, begründete Einwendungen eines Arbeitnehmers im Zusammenhang mit der Beitragsleistung oder dem Abfertigungsanspruch und Urgenzen hinsichtlich von Kontonachrichten zu prüfen und, sofern die Ursache dafür nicht im eigenen Bereich liegt, unverzüglich dem jeweils zuständigen Träger der Krankenversicherung zur Klärung zu übermitteln.

(8) Hat der/die Anwartschaftsberechtigte insgesamt (bei einem oder mehreren Arbeitgeber/innen) weniger als 36 Beitragsmonate erworben und wurden für diesen/diese seit mindestens zehn Jahren, gerechnet vom Zeitpunkt der letzten Einzahlung eines Beitrages nach diesem Bundesgesetz oder gleichartigen österreichischen Rechtsvorschriften, keine solchen Beiträge geleistet (Zehn-Jahres-Frist) und übersteigen die Anwartschaften zum Zeitpunkt des Ablaufs der Zehn-Jahres-Frist 2,5 vH. der 30-fachen Höchstbeitragsgrundlage gemäß § 108 Abs. 3 ASVG nicht, sind die daraus entstandenen Anwartschaften den Veranlagungser-

trägen in der jeweiligen BV-Kasse zum letzten Tag des auf den Ablauf der Zehn-Jahres-Frist sechstfolgenden Monats zuzuweisen, falls der/die Anwartschaftsberechtigte nicht vorher eine Auszahlung der Abfertigung als Kapitalbetrag verlangt hat.

(BGBl I 2015/79)

(9) Die Zuweisung der Anwartschaften nach Maßgabe des Abs. 8 setzt voraus, dass der/die Anwartschaftsberechtigte durch die BV-Kasse, bei der die letzte Einzahlung geleistet wurde, nach Ablauf der in § 14 Abs. 4 Z 3 genannten Frist und neuerlich nach Ablauf der in Abs. 8 genannten Zehn-Jahres-Frist in dokumentierbarer Form zur Auszahlung der daraus entstandenen Abfertigungsanwartschaft aufgefordert und zugleich über die in Abs. 8 genannte Rechtsfolge (Zuweisung der betroffenen Anwartschaften nach Ablauf des der 10-Jahres-Frist sechstfolgenden Monats) informiert wurde.

(BGBl I 2015/79)

(BGBl I 2007/102)

Höhe der Abfertigung

§ 15. Die Höhe der Abfertigung ergibt sich aus der Abfertigungsanwartschaft zum Ende jenes Monats, zu dem ein Anspruch gemäß § 16 fällig geworden ist, einschließlich einer allfälligen Garantieleistung gemäß § 17 Abs. 1 Z 1, 3 und 4, Abs. 2a oder Abs. 3.

(BGBl I 2007/102)

Fälligkeit der Abfertigung

§ 16. (1) Die Abfertigung ist am Ende des zweitfolgenden Kalendermonats nach der Geltendmachung des Anspruchs gemäß § 14 Abs. 6 fällig und binnen fünf Werktagen entsprechend der Verfügung des Arbeitnehmers/der Arbeitnehmerin nach § 17 Abs. 1 Z 1, 3 oder 4 zu leisten, wobei die Frist für die Fälligkeit frühestens mit dem Ende des Tages der Beendigung des Arbeitsverhältnisses oder dem sich aus § 14 Abs. 4 oder § 17 Abs. 2a erster Satz ergebenden Zeitpunkt zu laufen beginnt. Nach Verfügungen gemäß § 17 Abs. 1 Z 1, 3 oder 4 oder Auszahlungen nach § 17 Abs. 3 hervorkommende, noch zu dieser Abfertigungsanwartschaft gehörige Beträge sind als Nachtragszahlung unverzüglich fällig. Änderungen der monatlichen Bemessungsgrundlage innerhalb von zwölf Monaten nach Beendigung des Arbeitsverhältnisses begründen bei einer Verfügung gemäß § 17 Abs. 1 Z 1, 3 oder 4 oder nach Auszahlungen nach § 17 Abs. 3 eine Rückzahlungsverpflichtung des/der Anwartschaftsberechtigten, sofern § 69 ASVG nicht zur Anwendung kommt. Rückzahlungen des/der Anwartschaftsberechtigten, die gemäß § 69 ASVG nicht mehr an den/die Arbeitgeber/in zurückzuzahlen sind, sind den Veranlagungserträgen nach § 14 Abs. 8 zuzuweisen.

(BGBl I 2015/79)

(2) Der Anwartschaftsberechtigte kann die BV-Kasse einmalig anweisen, die Durchführung von Verfügungen nach § 17 Abs. 1 Z 1, 3 oder 4 oder Abs. 2a ein bis sechs ganze Monate nach Fälligkeit vorzunehmen. An eine solche Anweisung ist die BV-Kasse nur dann gebunden, wenn sie spätestens 14 Tage vor Fälligkeit gemäß Abs. 1 bei ihr einlangt. Im Aufschubzeitraum ist die Abfertigung im Rahmen der Veranlagungsgemeinschaft weiter zu veranlagen. Mit dem Ende des letzten vollen Monats des Aufschubzeitraumes ist eine ergänzende Ergebniszuweisung vorzunehmen.

(BGBl I 2007/102)

Verfügungsmöglichkeiten des Anwartschaftsberechtigten über die Abfertigung

§ 17. (1) Nach Beendigung des Arbeitsverhältnisses kann der Anwartschaftsberechtigte, ausgenommen in den in § 14 Abs. 2 genannten Fällen,

1. die Auszahlung der gesamten Abfertigung als Kapitalbetrag verlangen;
2. die Weiterveranlagung der gesamten Abfertigung bis zum Vorliegen der Voraussetzungen des Abs. 3 weiterhin in der BV-Kasse verlangen;
3. die Übertragung der gesamten Abfertigung in die BV-Kasse des neuen Arbeitgebers oder in eine für die Selbständigenvorsorge ausgewählte BV-Kasse verlangen;
4. die Überweisung der gesamten Abfertigung
   a) an ein Versicherungsunternehmen, bei dem der Arbeitnehmer bereits Versicherter im Rahmen einer betrieblichen Kollektivversicherung (§ 93 des Versicherungsaufsichtsgesetzes 2016 – VAG 2016, BGBl. I Nr. 34/2015) ist oder an ein Versicherungsunternehmen seiner Wahl als Einmalprämie für eine vom Anwartschaftsberechtigten nachweislich abgeschlossene Pensionszusatzversicherung (§ 108b des Einkommensteuergesetzes 1988 – EStG 1988, BGBl. Nr. 400) oder

      (BGBl I 2015/34)
   b) an eine Pensionskasse oder an eine Einrichtung im Sinne des § 5 Z 4 des Pensionskassengesetzes (PKG), BGBl. Nr. 281/1990, bei der der Anwartschaftsberechtigte bereits Berechtigter im Sinne des § 5 PKG ist, als Beitrag gemäß § 15 Abs. 3 Z 10 PKG oder an eine Einrichtung der zusätzlichen Pensionsversicherung nach § 479 ASVG, in der der Anwartschaftsberechtige versichert ist,

      (BGBl I 2014/42)

   verlangen.

(2) Gibt der Anwartschaftsberechtigte die Erklärung über die Verwendung des Abfertigungsbetrages nicht binnen sechs Monaten nach Beendigung des Arbeitsverhältnisses oder nach den sich aus § 14 Abs. 4 Z 2 oder 3 ergebenden Zeitpunkten ab, ist der Abfertigungsbetrag weiter zu veranlagen. Im Falle eines innerhalb der Verfügungsfrist eingeleiteten arbeitsgerichtlichen Verfahrens über abfertigungsrelevante Umstände (etwa Entgel-

tansprüche oder die Art der Beendigung des Arbeitsverhältnisses) kann der Arbeitnehmer entweder innerhalb der Frist nach dem ersten Satz oder innerhalb von sechs Monaten nach dem Eintritt der Rechtskraft des Gerichtsurteils verfügen.

(2a) Der Anwartschaftsberechtigte kann, auch wenn die Voraussetzungen des § 14 Abs. 2 für eine Verfügung über die Abfertigung nicht vorliegen, sowie nach einer Verfügung im Sinne des Abs. 1 Z 2 (abweichend von Abs. 2) eine Verfügung über die gesamte Abfertigung in der jeweiligen BV-Kasse im Sinne des Abs. 1 Z 3 verlangen, wenn die Abfertigungsanwartschaft seit der Beendigung des Arbeitsverhältnisses mindestens drei Jahre beitragsfrei gestellt ist. Die Verfügung kann frühestens nach dem Ablauf der Dreijahresfrist vorgenommen werden.

(3) Die BV-Kasse hat nach dem Ablauf von drei Monaten ab dem Zeitpunkt der Verständigung nach § 27 Abs. 4 über die Inanspruchnahme einer Eigenpension aus der gesetzlichen Pensionsversicherung oder gleichartigen Rechtsvorschriften der Mitgliedstaaten des Europäischen Wirtschaftsraumes durch den Anwartschaftsberechtigten die Abfertigung als Kapitalbetrag zum Ende des Folgemonats (Fälligkeit der Abfertigung) auszuzahlen, sofern der Anwartschaftsberechtigte nicht vorher über die Abfertigung verfügt hat.

(BGBl I 2007/102)

2. Teil
Betriebliches Vorsorgekassenrecht

(BGBl I 2007/102)

1. Abschnitt
Organisation der Betrieblichen Vorsorgekasse

(BGBl I 2007/102)

Betriebliche Vorsorgekassen

§ 18. (1) Wer berechtigt ist, Abfertigungsbeiträge und Selbstständigenvorsorgebeiträge hereinzunehmen und zu veranlagen (§ 1 Abs. 1 Z 21 Bankwesengesetz – BWG, BGBl. Nr. 532/1993; Betriebliches Vorsorgekassengeschäft) ist eine Betriebliche Vorsorgekasse (BV-Kasse) und unterliegt den Vorschriften dieses Bundesgesetzes.

(BGBl I 2007/102)

(2) Die der BV-Kasse überwiesenen Abfertigungsbeiträge stehen im Eigentum der BV-Kasse, die diese treuhändig für die Anwartschaftsberechtigten hält und verwaltet (offene Verwaltungstreuhand).

(BGBl I 2007/102)

(3) Die gesetzliche Interessenvertretung der BV-Kassen hat für jede BV-Kasse eine MVK-Leitzahl zu vergeben und diese sowie die Firma der BV-Kasse und allfällige Änderungen dieser Daten dem Dachverband bekannt zu geben.

(BGBl I 2007/102, BGBl I 2018/100)

(BGBl I 2007/102)

Rechtsform und Geschäftsbeschränkungen

§ 19. (1) Das Betriebliche Vorsorgekassengeschäft darf nur von Aktiengesellschaften oder von Gesellschaften mit beschränkter Haftung betrieben werden.

(BGBl I 2007/102)

(2) BV-Kassen dürfen nur die in § 1 Abs. 1 Z 21 BWG angeführten Geschäftstätigkeiten ausüben.

(BGBl I 2007/102)

(3) BV-Kassen dürfen keine Beteiligungen an anderen Unternehmen halten, sofern diese Unternehmen nicht operative oder sonstige mit dem Betrieblichen Vorsorgekassengeschäft verbundene Aufgaben wahrnehmen.

(BGBl I 2007/102)

Eigenmittel

§ 20. (1) Eine BV-Kasse muss jederzeit über anrechenbare Eigenmittel gemäß Teil 2 der Verordnung (EU) Nr. 575/2013 in Höhe von 0,25 vH der Gesamtsumme der Abfertigungsanwartschaften verfügen.

(BGBl I 2007/102, BGBl I 2013/184)

(2) Zusätzlich zu Abs. 1 ist ein Betrag in Höhe von mindestens 0,1 vH der Gesamtsumme der Abfertigungsanwartschaften einer besonderen Rücklage zuzuführen, bis 1 vH der Gesamtsumme der Abfertigungsanwartschaften erreicht sind. Diese Rücklage darf nur zur Erfüllung der Kapitalgarantie (§ 24 Abs. 1) herangezogen werden.

(BGBl I 2007/102, BGBl I 2013/4)

(3) Gewährt die BV-Kasse eine zusätzliche Zinsgarantie (§ 24 Abs. 2), so muss die BV-Kasse eine zusätzliche Rücklage in Höhe der mit dem Garantiefaktor multiplizierten Gesamtsumme der Abfertigungsanwartschaften bilden. Der Garantiefaktor wird mit der Hälfte des Garantiezinssatzes festgesetzt.

(BGBl I 2007/102)

(4) Sichert die BV-Kasse die Erfüllung der Kapitalgarantie (§ 24 Abs. 1) und/oder der Zinsgarantie (§ 24 Abs. 2) vollständig durch ein Kreditinstitut gemäß § 1 Abs. 1 oder § 9 Abs. 1 BWG ab, entfällt die Pflicht zur Bildung von Rücklagen gemäß Abs. 2 und/oder Abs. 3. Die Kosten dieser Absicherung dürfen nicht dem einer Veranlagungsgemeinschaft zugeordneten Vermögen angelastet werden. Bei befristeten Absicherungen hat die Absicherung auch sicherzustellen, dass die BV-Kasse zeitgleich mit dem Auslaufen der Absicherung über Rücklagen gemäß Abs. 2 und/oder Abs. 3 verfügt, die nicht geringer sein dürfen, als diese Rücklagen zu diesem Zeitpunkt bei einer gesetzeskonformen Dotierung ohne Inanspruchnahme der Absicherungsmöglichkeit dieses Absatzes wären. Die Vollständigkeit der Absicherung ist vom Bankprüfer der BV-Kasse zu prüfen und im bankaufsichtlichen Prüfungsbericht zu erläutern.

(BGBl I 2005/37, BGBl I 2007/102)

(5) Sofern in der Bilanz der BV-Kasse ein Forderungsbetrag gemäß § 26 Abs. 3 Z 2 ausgewiesen

wird, ist eine Ausschüttung nur in jenem Ausmaß zulässig, in dem die Summe aus freier Gewinnrücklage und Bilanzgewinn diesen Forderungsbetrag übersteigt.

(BGBl I 2013/4)

Aufsichtsrat

§ 21. (1) Der Aufsichtsrat einer BV-Kasse besteht aus vier von der General-/Hauptversammlung gewählten Vertretern des Nennkapitals und aus zwei von einer kollektivvertragsfähigen freiwilligen Interessenvertretung der Arbeitnehmer nominierten Arbeitnehmervertreter.

(BGBl I 2007/102)

(2) § 110 ArbVG gilt mit der Maßgabe, dass der Betriebsrat (Betriebsausschuss, Zentralbetriebsrat) der BV-Kasse berechtigt ist, zusätzlich zu den in Abs. 1 festgelegten Aufsichtsratssitzen einen Vertreter in den Aufsichtsrat zu entsenden.

(BGBl I 2007/102)

(3) Neben den in § 95 Abs. 5 AktG geregelten Geschäften bedürfen folgende weitere Geschäfte der Zustimmung des Aufsichtsrates:

1. die Veranlagungsbestimmungen,
2. die Gewährung einer Zinsgarantie (§ 24 Abs. 2),
3. der Abschluss eines Dienstleistungsvertrages (§ 27 Abs. 1).

Die Satzung/Der Gesellschaftsvertrag kann darüber hinaus weitere Geschäfte der Zustimmung des Aufsichtsrates vorbehalten.

(4) Die Arbeitnehmervertreter im Aufsichtsrat der BV-Kassen üben ihre Funktion ehrenamtlich aus. Es darf ihnen daher nur Ersatz ihrer Barauslagen gewährt werden. Den von der General-/Hauptversammlung gewählten Aufsichtsratsmitgliedern in BV-Kassen darf neben dem Ersatz der Barauslagen ein angemessenes Entgelt für ihre Tätigkeit gewährt werden. Die Höhe dieses Entgeltes ist in der General-/Hauptversammlung festzulegen.

(BGBl I 2007/102)

(5) Der Aufsichtsrat hat sich regelmäßig hinsichtlich der die Veranlagungsgemeinschaften betreffenden Geschäfte zu informieren und sich gemeinsam mit dem Vorstand über die Veranlagungspolitik zu beraten.

Schutz von Bezeichnungen

§ 22. (1) Die Bezeichnungen „Betriebliche Vorsorgekasse", „BV-Kasse" oder Wortverbindungen, die diese Bezeichnungen enthalten, dürfen im Firmenwortlaut, im Geschäftsverkehr und in der Werbung nur von BV-Kassen oder von an diesen mittelbar oder unmittelbar beteiligten Unternehmen zum Zweck der Vermittlung von Betriebliches Vorsorgekassengeschäft verwendet werden.

(BGBl I 2007/102)

(2) Die Werbung, die in irreführender Weise den Anschein erweckt, dass eine BV-Kasse betrieben wird, ist verboten.

(BGBl I 2007/102)

Erwerbsverbote

§ 23. Geschäftsleiter oder Mitglieder des Aufsichtsrates einer BV-Kasse dürfen weder Vermögenswerte aus dem einer Veranlagungsgemeinschaft zugeordneten Vermögen erwerben, noch der BV-Kasse Vermögenswerte, die dem Vermögen einer Veranlagungsgemeinschaft zugeordnet werden sollen, verkaufen. Gleiches gilt für die Depotbank sowie deren Geschäftsleiter oder Mitglieder des Aufsichtsrates.

(BGBl I 2007/102)

2. Abschnitt
Organisatorische Rahmenbedingungen

Garantie

§ 24. (1) In den Fällen des § 14 Abs. 5 und § 17 Abs. 1 Z 1, 3 und 4, Abs. 2a sowie Abs. 3 beträgt der Mindestanspruch des Anwartschaftsberechtigten gegenüber der BV-Kasse

1. die Summe der dieser BV-Kasse zugeflossenen Abfertigungsbeiträge zuzüglich
2. einer allenfalls übertragenen Altabfertigungsanwartschaft sowie
3. der allenfalls aus einer anderen BV-Kasse übertragenen Abfertigungsanwartschaft.

Bei Übertragung einer Abfertigungsanwartschaft gemäß § 12 Abs. 3 erhöht sich der Mindestanspruch gegenüber der neuen BV-Kasse im Ausmaß der der übertragenden BV-Kasse zugeflossenen Abfertigungsbeiträge.

(BGBl I 2007/102)

(2) Die BV-Kasse kann eine über das Mindestausmaß gemäß Abs. 1 hinausgehende Zinsgarantie gewähren. Dieser Garantiezinssatz muss für alle Anwartschaftsberechtigten gleich sein und darf nur für ein folgendes Geschäftsjahr geändert werden.

(BGBl I 2007/102)

Konten

§ 25. (1) Die BV-Kasse hat für jeden Anwartschaftsberechtigten ein Konto zu führen. Dieses Konto muss alle wesentlichen Daten enthalten und dient der Berechnung des Abfertigungsanspruches.

(2) Der/Die Anwartschaftsberechtigte ist jährlich spätestens bis zum 31. Juli zum Stand 31. Dezember des vorangegangenen Geschäftsjahres schriftlich über

1. die zum letzten Bilanzstichtag erworbene Abfertigungsanwartschaft,
2. die im Geschäftsjahr auf Grund der bis zum Bilanzstichtag bei der BV-Kasse eingelangten monatlichen Beitragsgrundlagenmeldungen für den Zeitraum 1. November des vorangegangenen Geschäftsjahres bis 31. Oktober des Geschäftsjahres verbuchten Beiträge sowie gegen welchen/welche Arbeitgeber/in Anspruch auf Zahlung dieser Beiträge bestanden hat,

   (BGBl I 2017/107)

3. die vom/von der Anwartschaftsberechtigten zu tragenden Barauslagen und Verwaltungskosten,
4. die zugewiesenen Veranlagungsergebnisse sowie
5. die insgesamt erworbene Abfertigungsanwartschaft

zu informieren. Wesentliche Daten sind neben Namen und Sozialversicherungsnummer des/der Anwartschaftsberechtigten die für die Erfüllung der in den Z 1 bis 5 angeführten Verpflichtungen erforderlichen Daten. Weiters hat die Information die Grundzüge der Veranlagungspolitik sowie die zum Abschlussstichtag gehaltenen Veranlagungen zu enthalten.

(BGBl I 2015/79)

(3) Der/Die Anwartschaftsberechtigte ist nach Beendigung eines Arbeitsverhältnisses, die eine Verfügung nach § 17 Abs. 1 begründet, binnen eines Monats nach der Verständigung über die Beendigungsart des Arbeitsverhältnisses durch den Dachverband der Sozialversicherungsträger von der BV-Kasse schriftlich über die Verfügungsmöglichkeiten gemäß den §§ 14 Abs. 6 und 17 Abs. 1 zu informieren. Die Information hat auch einen Hinweis darauf zu enthalten, dass die Höhe der Abfertigung erst nach Vorliegen sämtlicher Bemessungsgrundlagen bei der BV-Kasse und nach der Gewinnzuweisung ermittelt werden kann. Bei Verfügungen gemäß § 17 Abs. 1 Z 1, 3 und 4 oder Auszahlungen gemäß § 17 Abs. 3 ist dem/der Anwartschaftsberechtigten zeitgleich mit der Auszahlung der Abfertigung eine schriftliche Information mit den Angaben gemäß Abs. 2 Z 1 bis 5 zu übermitteln.

(BGBl I 2015/79, BGBl I 2018/100)

(4) Nach Maßgabe der vorhandenen technischen Möglichkeiten kann nach Zustimmung des Anwartschaftsberechtigten anstelle der schriftlichen Information gemäß Abs. 2 und Abs. 3 letzter Satz auch eine gesicherte elektronische Zugriffsmöglichkeit auf diese Information bei der BV-Kasse ermöglicht werden. Die Information gemäß Abs. 3 erster und zweiter Satz kann nach Zustimmung des Anwartschaftsberechtigten und Bekanntgabe einer elektronischen Zustelladresse anstelle der schriftlichen Information auch elektronisch zugestellt werden.

(5) Die BV-Kasse haftet für die Richtigkeit der Kontonachrichten auf der Grundlage der von den Sozialversicherungsträgern im Wege des Dachverbandes zu Verfügung gestellten Beitragsgrundlagenmeldungen im Ausmaß der gemäß § 27 Abs. 8 vom jeweils zuständigen Sozialversicherungsträger überwiesenen Beiträge.

(BGBl I 2015/79, BGBl I 2017/107, BGBl I 2018/100)

(6) Werden für eine Abfertigungsanwartschaft nach Beendigung des Arbeitsverhältnisses für einen ununterbrochenen Zeitraum von mindestens zwölf Monaten ab dem Bilanzstichtag, zu dem die letzte Kontonachricht erstellt wurde, keine Beiträge geleistet, ist dem Anwartschaftsberechtigten abweichend von Abs. 2 jeweils nach jedem dritten Bilanzstichtag, gerechnet ab jenem Bilanzstichtag, zu dem die letzte Kontonachricht erstellt wurde, eine Kontonachricht zu übermitteln. Verändert sich die Abfertigungsanwartschaft seit jenem Bilanzstichtag, zu dem die letzte Kontonachricht erstellt wurde, um mehr als 30 €, ist dem Anwartschaftsberechtigten zu diesem Bilanzstichtag eine Kontonachricht zu übermitteln. Im Falle der gesicherten elektronischen Zugriffsmöglichkeit durch den Anwartschaftsberechtigten (Abs. 4) ist jährlich ein Kontoauszug zu erstellen.

(7) Uneinbringliche Forderungen aus unterdeckten Konten in der BV-Kasse sind den Veranlagungserträgen gegenzurechnen.

(BGBl I 2015/79)

(BGBl I 2007/102)

Verwaltungskosten

§ 26. (1) Die BV-Kassen sind berechtigt, von den hereingenommenen Abfertigungsbeiträgen Verwaltungskosten abzuziehen. Diese Verwaltungskosten müssen prozentmäßig für sämtliche Beitragszahler einer BV-Kasse gleich sein und in einer Bandbreite zwischen 1 vH und 3,5 vH der Abfertigungsbeiträge festgesetzt werden.

(BGBl I 2007/102)

(2) Wird eine Altabfertigungsanwartschaft auf eine BV-Kasse übertragen (§ 47 oder gleichartige österreichische Rechtsvorschriften), so ist die BV-Kasse berechtigt, einen einmaligen Kostenbeitrag in Höhe von höchstens 1,5 vH des Übertragungswertes einzubehalten, wobei der Prozentsatz von der BV-Kasse einheitlich festgesetzt werden muss und der Kostenbeitrag den Betrag von 500 Euro je Altabfertigungsanwartschaft nicht übersteigen darf.

(BGBl I 2007/102)

(3) Für die Veranlagung des Abfertigungsvermögens sind BV-Kassen berechtigt,

1. Barauslagen, wie Depotgebühren, Bankspesen usw., weiter zu verrechnen, sofern diese im Beitrittsvertrag (§ 11 Abs. 2 Z 8 oder vergleichbare österreichische Rechtsvorschriften) genannt sind, sowie
2. von den Veranlagungserträgen eine Vergütung für die Vermögensverwaltung einzubehalten, die 1 vH pro Geschäftsjahr und ab 1. Jänner 2005 0,8 vH pro Geschäftsjahr des veranlagten Abfertigungsvermögens nicht übersteigen darf. Soweit die Veranlagungserträge eines Geschäftsjahres für die Vergütung nicht ausreichen, ist im Jahresabschluss der BV-Kasse eine entsprechende Forderung ertragswirksam zu erfassen. Im Rechenschaftsbericht der Veranlagungsgemeinschaft ist in Höhe dieser Forderung unter den sonstigen Aktiva ein „Unterschiedsbetrag gemäß § 26 Abs. 3 Z 2 BMSVG" und eine Verbindlichkeit auszuweisen und im Formblatt C zu er-

BMSVG

läutern; eine Belastung des Abfertigungsvermögens ist nicht zulässig.

(BGBl I 2013/4)

(BGBl I 2007/102)

(4) Die Übertragung der Abfertigungsanwartschaft von einer BV-Kasse auf eine andere BV-Kasse sowie die Auszahlung der Abfertigungsanwartschaft hat durch die übertragende und übernehmende oder auszahlende BV-Kasse verwaltungskostenfrei zu erfolgen. Im Zuge der Überweisung oder Auszahlung anfallende Barauslagen wie Bankspesen, Kosten einer Postanweisung oder Ähnliches dürfen jedoch verrechnet und einbehalten werden.

(BGBl I 2007/102)

(5) Der jeweils zuständige Träger der Krankenversicherung kann für die Einhebung und Weiterleitung der Beiträge eine Vergütung von höchstens 0,3 vH der eingehobenen Beiträge von der jeweiligen BV-Kasse einheben. Die BV-Kasse kann diese Vergütung als Barauslagen gemäß Abs. 3 Z 1 verrechnen.

(BGBl I 2007/102)

(6) Die Sozialversicherungsträger sowie der Dachverband sind berechtigt, Investitionskosten sowie die laufenden Kosten für anfallende Investitionen für die Erstellung und Adaptierung der Software für die Verwaltung der Daten für die einzelnen BV-Kassen den BV-Kassen in Rechnung zu stellen, sofern vor der Erstellung oder Adaptierung im Einvernehmen mit den BV-Kassen die Notwendigkeit gemäß BMSVG, die Zweckmäßigkeit sowie die Kosten festgestellt und festgelegt wurden. Die BV-Kassen sind verpflichtet, diese festgestellten Kosten im Verhältnis ihrer Marktanteile ab Rechnungslegung binnen einem Monat zu ersetzen. Die einzelnen BV-Kassen können für diese Investitionskosten im Innenverhältnis im Wege der von ihnen gebildeten Plattform oder sonstiger gemeinsamer Einrichtungen die Modalitäten der Aufteilung nach den jeweiligen Marktanteilen festlegen, getrennt für Berechtigte nach dem 1. und 4. Teil sowie nach den Berechtigtengruppen gemäß § 62 Abs. 1 Z 1 bis 6 gesondert festlegen. Die Sozialversicherungsträger haben die notwendigen Daten der Plattform der Betrieblichen Vorsorgekassen zur Verfügung zu stellen.

(BGBl I 2007/102, BGBl I 2018/100)

Kooperation

§ 27. (1) Die BV-Kasse ist verpflichtet, mit zumindest einem Versicherungsunternehmen, das zum Betrieb der Lebensversicherung berechtigt ist, einen Dienstleistungsvertrag abzuschließen. Zweck dieses Dienstleistungsvertrages ist es, die Anwartschaftsberechtigten im Wege der BV-Kasse über die Möglichkeit der Überweisung der Abfertigung an ein Versicherungsunternehmen gemäß § 17 Abs. 1 Z 4 oder gleichartigen österreichischen Rechtsvorschriften zu informieren. Weiters sind die BV-Kassen verpflichtet, auf die Möglichkeit der Überweisung der Abfertigung auf eine Pensionskasse in den Fällen einer bestehenden Anwartschaft im Rahmen eines Pensionskassenvertrages hinzuweisen.

(BGBl I 2007/102)

(2) Wenn ein Leistungsfall gemäß § 17 Abs. 1 Z 4 zu erwarten ist, ist die BV-Kasse berechtigt, dem Versicherungsunternehmen gemäß Abs. 1 jene Daten in indirekt personenbezogener Form zur Verfügung zu stellen, die für eine ausreichend konkrete Information erforderlich sind. Die vom Versicherungsunternehmen gemäß Abs. 1 erstellte Information ist von der BV-Kasse an den Anwartschaftsberechtigten rechtzeitig vor Auszahlung der Abfertigung zu übermitteln, wobei auch das die Information erstellende Unternehmen zu bezeichnen ist.

(BGBl I 2007/102)

(3) Der Anwartschaftsberechtigte ist hinsichtlich der Verwendung der Information gemäß Abs. 2 völlig frei.

(4) Die Sozialversicherungsträger sind verpflichtet, die Fälle der Inanspruchnahme einer Pension aus der gesetzlichen Pensionsversicherung durch Anwartschaftsberechtigte sowie die Todesmeldungen, Stammdaten der Anwartschaftsberechtigten (Sozialversicherungsnummer, Name, Anschrift, Geburtsdatum, Geschlecht), Stammdaten des Arbeitgebers (DGNR, Firma, Anschrift), Beginn, Ende und Beendigungsgrund jedes Arbeitsverhältnisses eines Anwartschaftsberechtigten, MVK-Leitzahl pro Arbeitgeber (DGNR) in automationsunterstützter Form im Wege des Dachverbandes gegen Ersatz der Kosten den jeweils betroffenen BV-Kassen zur Verfügung zu stellen.

(BGBl I 2003/135, BGBl I 2007/102, BGBl I 2016/118, BGBl I 2018/100)

(5) Die Sozialversicherungsträger sind verpflichtet, die monatlichen Bemessungsgrundlagen gemäß § 34 Abs. 2 ASVG in automationsunterstützter Form im Wege des Dachverbandes gegen Ersatz der Kosten den jeweils betroffenen BV-Kassen zur Verfügung zu stellen.

(BGBl I 2007/102, BGBl I 2015/79, BGBl I 2018/100)

(6) BV-Kassen dürfen die in Abs. 4 und 5 genannten Daten auch aus eigenem ausschließlich für Zwecke der Verwaltung der Anwartschaften sowie der Klärung und Abwicklung von Auszahlungstatbeständen von den Sozialversicherungsträgern im Wege des Dachverbandes ermitteln. Für diese Zwecke darf von den Sozialversicherungsträgern ein Online-Zugriff eingeräumt werden.

(BGBl I 2007/102, BGBl I 2018/100)

(6a) Die Sozialversicherungsträger sind verpflichtet, die BV-Kasse des Präsenzdienstleistenden, für den der Bund Beiträge nach § 7 Abs. 1 leistet, im Wege des Dachverbandes dem Bundesministerium für Landesverteidigung in automationsunterstützter Form samt den Angaben, die zur Übermittlung der Beiträge an die BV-Kasse des bisherigen Arbeitgebers notwendig sind, mitzuteilen.

(BGBl I 2007/102, BGBl I 2018/100)

(7) Die BV-Kassen sind verpflichtet, dem Dachverband auf automationsunterstütztem Wege unverzüglich den beitretenden Arbeitgeber und seine dazugehörenden Dienstgeberkontonummern sowie die Übertragung oder Auszahlung der Abfertigung für einen Arbeitnehmer zu melden.

(BGBl I 2007/102, BGBl I 2018/100)

(8) Die jeweils zuständigen Träger der Krankenversicherung sind verpflichtet, die Beiträge nach den §§ 6 und 7 jeweils am Zehnten des zweitfolgenden Kalendermonats nach deren Fälligkeit (§ 6 Abs. 1 und 2) an die BV-Kasse unabhängig davon, ob der/die Arbeitgeber/in die Beiträge ordnungsgemäß geleistet hat, zur Gänze entsprechend den monatlichen Beitragsgrundlagen gemäß § 34 Abs. 2 ASVG abzuführen.

(BGBl I 2002/158, BGBl I 2007/102, BGBl I 2015/79)

Zuweisungsverfahren bei Nichtauswahl der BV-Kasse durch den Arbeitgeber

§ 27a. (1) Das Zuweisungsverfahren ist hinsichtlich jener Arbeitgeber unverzüglich einzuleiten, die binnen der Frist nach § 10 Abs. 1 oder gleichartigen österreichischen Rechtsvorschriften noch keinen Beitrittsvertrag mit einer BV-Kasse abgeschlossen haben oder für die noch kein Verfahren nach § 97 Abs. 2 ArbVG, § 9 Abs. 2 oder gleichartigen österreichischen Rechtsvorschriften bei der Schlichtungsstelle eingeleitet worden ist. Der zuständige Träger der Krankenversicherung hat den Arbeitgeber schriftlich oder auf elektronischem Weg nach Maßgabe der vorhandenen technischen Möglichkeiten zur Auswahl einer BV-Kasse binnen drei Monaten nach der Zusendung des Schreibens beim Arbeitgeber unter gleichzeitigem Hinweis aufzufordern, dass im Fall der Nichtauswahl einer BV-Kasse binnen dieser Frist der Arbeitgeber einer BV-Kasse zugewiesen wird.

(BGBl I 2007/102)

(2) Wird binnen drei Monaten nach Zusendung des Schreibens nach Abs. 1 durch den Arbeitgeber ein Beitrittsvertrag mit der BV-Kasse abgeschlossen, endet das Zuweisungsverfahren. Wird binnen dieser Frist bei der Schlichtungsstelle ein Antrag über die Auswahl der BV-Kasse eingebracht, wird der Ablauf dieser Frist gehemmt. Der Arbeitgeber hat die Einleitung eines Verfahrens bei der Schlichtungsstelle dem Dachverband unverzüglich zu melden.

(BGBl I 2007/102, BGBl I 2018/100)

(3) Hat der Arbeitgeber binnen der Frist nach Abs. 1 noch keinen Beitrittsvertrag mit einer BV-Kasse abgeschlossen, hat der Dachverband eine Zuweisung des Arbeitgebers zu einer BV-Kasse nach dem Zuweisungsmodus nach Abs. 4 und 5 vorzunehmen.

(BGBl I 2007/102, BGBl I 2018/100)

(4) Am Zuweisungsverfahren haben alle konzessionierten BV-Kassen (§ 18 Abs. 1) teilzunehmen, es sei denn, seitens der Wirtschaftskammer Österreich werden dem Dachverband jährlich bis spätestens 30. November (Meldezeitpunkt) für das darauf folgende Jahr die am Zuweisungsverfahren teilnehmenden BV-Kassen bekannt gegeben, wobei die Anzahl der für die Teilnahme am Zuweisungsverfahren bekannt gegebenen BV-Kassen mindestens mehr als die Hälfte der konzessionierten BV-Kassen betragen muss. Die BV-Kassen können ihre Teilnahme am Zuweisungsverfahren schriftlich bei der Wirtschaftskammer Österreich jährlich bis spätestens 15. November beantragen, wobei die fristgerecht beantragte Teilnahme von der Wirtschaftskammer Österreich nicht abgelehnt werden darf. Der Antrag auf Teilnahme gilt unwiderruflich für das darauf folgende Jahr. Der Wegfall der Konzession einer BV-Kasse ist hinsichtlich des Erfordernisses der Anzahl der teilnehmenden BV-Kassen nach dem zweiten Satz unbeachtlich.

(BGBl I 2007/102, BGBl I 2018/100)

(5) Die Zuweisung der einzelnen Arbeitgeber hat nach dem folgenden Zuweisungsmodus entsprechend den zum Bilanzstichtag des vorangegangenen Geschäftsjahres bestehenden Marktanteilen der am Zuweisungsverfahren teilnehmenden BV-Kassen zu erfolgen, die nach der vom Dachverband festgestellten Anzahl der einer BV-Kasse zugeordneten Dienstgeberkontonummern zu bemessen sind: Der Dachverband hat eine Reihung aller zuzuweisenden Arbeitgeber nach dem Tag des jeweiligen Beginns des Arbeitsverhältnisses jenes Arbeitnehmers, für den der Arbeitgeber erstmalig Beiträge nach den §§ 6 oder 7 zu leisten hat, zu erstellen. Innerhalb der Gruppe der Arbeitgeber mit demselben Datum des Beginns des Arbeitsverhältnisses ist zusätzlich eine Reihung nach den Dienstgeberkontonummern der Arbeitgeber vorzunehmen. Die Zuweisung dieser Arbeitgeber zu den am Zuweisungsverfahren teilnehmenden BV-Kassen hat laufend nach der Reihung der Arbeitgeber auf die alphabetisch gereihten BV-Kassen prozentuell nach deren Marktanteilen in fiktiven Schritten zu jeweils 100 Arbeitgebern zu erfolgen. Der Dachverband hat die BV-Kasse über die Zuweisung des Arbeitgebers zu informieren.

(BGBl I 2007/102, BGBl I 2018/100)

(6) Dem Arbeitgeber ist im Fall der Zuweisung das Anbot der BV-Kasse zu einem Beitrittsvertrag nach § 11 oder gleichartigen österreichischen Rechtsvorschriften zu übermitteln. Der Beitrittsvertrag kommt mit dem Zugang des Anbots der BV-Kasse beim Arbeitgeber zu Stande. Das Anbot der BV-Kasse hat zu den gleichen Bedingungen wie für ihre sonst üblicherweise abgeschlossenen Beitrittsverträge mit anderen Arbeitgebern, insbesondere zu den gleichen Verwaltungskosten gemäß § 29 Abs. 2 Z 5, zu erfolgen.

(BGBl I 2007/102)

(7) (aufgehoben)

(BGBl I 2007/102, BGBl I 2016/118)

(8) Für den Beitrittsvertrag nach Abs. 6 gelten § 12 Abs. 2 oder gleichartige österreichische Rechtsvorschriften mit der Maßgabe, dass die Frist für die Kündigung des Beitrittsvertrags drei Mona-

te beträgt. Dies gilt nur für die Kündigung des Beitrittsvertrags zum nächsten oder übernächsten Bilanzstichtag nach dem zu Stande kommen des Beitrittsvertrags.

(BGBl I 2005/36)

(BGBl I 2005/36, BGBl I 2007/102)

3. Abschnitt
Veranlagung

Veranlagungsgemeinschaft

§ 28. (1) Die BV-Kasse hat für die Veranlagung der Abfertigungsbeiträge eine Veranlagungsgemeinschaft einzurichten.

(BGBl I 2007/102)

(2) Die Finanzmarktaufsichtsbehörde (FMA) kann frühestens drei Jahre nach In-Kraft-Treten dieses Bundesgesetzes und nach Anhörung der Oesterreichischen Nationalbank eine Verordnung erlassen, mit der

1. die Bildung mehrerer Veranlagungsgemeinschaften durch jede BV-Kasse ermöglicht wird, wobei die zulässige Anzahl innerhalb einer Bandbreite von zwei bis vier Veranlagungsgemeinschaften festzusetzen ist, und

   (BGBl I 2007/102)

2. Vorschriften hinsichtlich
   a) der Mindestgröße der Veranlagungsgemeinschaften,
   b) der Auswahl einer Veranlagungsgemeinschaft sowie
   c) des Wechsels zwischen den Veranlagungsgemeinschaften innerhalb einer BV-Kasse

   (BGBl I 2007/102)

   erlassen werden.

Verordnungen der FMA nach diesem Absatz bedürfen der Zustimmung des Bundesministers für Finanzen.

(3) Für jede Veranlagungsgemeinschaft sind Veranlagungsbestimmungen (§ 29) zu erstellen.

Veranlagungsbestimmungen

§ 29. (1) Die BV-Kasse hat Veranlagungsbestimmungen aufzustellen, die das Rechtsverhältnis der Anwartschaftsberechtigten zur BV-Kasse sowie zur Depotbank regeln. Die Veranlagungsbestimmungen sowie deren Änderungen sind nach Zustimmung des Aufsichtsrates der BV-Kasse der Depotbank zur Zustimmung vorzulegen. Die Veranlagungsbestimmungen sowie deren Änderungen bedürfen der Bewilligung der FMA. Diese Bewilligung ist zu erteilen, wenn die Veranlagungsbestimmungen den berechtigten Interessen der Anwartschaftsberechtigten nicht widersprechen.

(BGBl I 2007/102, BGBl I 2011/77)

(2) Die Veranlagungsbestimmungen haben außer den sonst in diesem Bundesgesetz vorgeschriebenen Angaben Bestimmungen darüber zu enthalten:

1. nach welchen Grundsätzen die Wertpapiere ausgewählt werden, die für das der Veranlagungsgemeinschaft zugeordnete Vermögen erworben werden;
2. welcher Anteil des der Veranlagungsgemeinschaft zugeordneten Vermögens höchstens in Bankguthaben gehalten werden darf;
3. ob und bejahendenfalls in welcher Höhe ein Mindestanteil des der Veranlagungsgemeinschaft zugeordneten Vermögens in Bankguthaben zu halten ist;
4. welche Vergütung die Depotbank bei Abwicklung des der Veranlagungsgemeinschaft zugeordneten Vermögens erhält;
5. die Höhe der Verwaltungskosten (§§ 26 und 70),

   (BGBl I 2003/80, BGBl I 2007/102)

(3) Legt die BV-Kasse Bedingungen für eine genauere Zuweisung der Erträgnisse fest (§ 33 Abs. 2), so sind diese Bedingungen in die Veranlagungsbestimmungen aufzunehmen.

(BGBl I 2003/135, BGBl I 2007/102)

Veranlagungsvorschriften

§ 30. (1) Die BV-Kasse hat die Betrieblichen Vorsorgekassengeschäfte im Interesse der Anwartschaftsberechtigten zu führen und hiebei insbesondere auf die Sicherheit, Rentabilität und auf den Bedarf an flüssigen Mitteln sowie auf eine angemessene Mischung und Streuung der Vermögenswerte Bedacht zu nehmen.

(BGBl I 2007/102, BGBl I 2013/135)

(2) Die Veranlagung des einer Veranlagungsgemeinschaft zugeordneten Vermögens darf nur in folgenden Vermögensgegenständen erfolgen:

1. Guthaben bei Kreditinstituten und Kassenbestände,

„2. Darlehen und Kredite, die bei Anwendung der Bestimmung des Art. 400 Abs. 1 der Verordnung (EU) Nr. 575/2013 einer Nullgewichtung unterliegen würden,“

   (BGBl I 2010/72, BGBl I 2013/184, BGBl I 2019/62)

3. Forderungswertpapiere, für die kein Tilgungsbetrag geschuldet wird, der um mehr als 2 vH niedriger ist, als der Ausgabekurs,
4. sonstige Forderungswertpapiere sowie Beteiligungswertpapiere,
5. Anteilscheine von Investmentfonds gemäß § 3 Abs. 2 Z 30 Investmentfondsgesetz 2011 – InvFG 2011 (BGBl. I Nr. 77/2011);

   (BGBl I 2011/77)

5a. Anteilscheine von AIF, die materiell einem Spezialfonds gemäß § 163 InvFG 2011 gleichwertig sind und von einem EU-AIFM verwaltet werden, der nicht als Kapitalanlagegesellschaft gemäß § 1 Abs. 1 Z 13 BWG in Verbindung mit § 6 Abs. 2 InvFG 2011 konzessioniert ist;

   (BGBl I 2013/4, BGBl I 2013/135)

6. Immobilienfonds gemäß § 1 Immobilien-Investmentfondsgesetz, BGBl. I Nr. 80/2003 (ImmoInvFG) sowie offene Immobilienfonds, die von einem EU-AIFM verwaltet werden, sofern die Fondsbestimmungen des Fonds ausschließlich die Veranlagung des Fondsvermögens in einem EWR-Mitgliedstaat oder OECD-Mitgliedstaat gelegene ertragbringende Grundstücke und Gebäude als auch Grundstücks-Gesellschaften gemäß § 23 ImmoInvFG vorsehen.

(BGBl I 2003/80, BGBl I 2006/134, BGBl I 2007/102, BGBl I 2013/135)

7. AIF, die gemäß §§ 29, 30, 31, 38 oder 47 Alternative Investmentfonds Manager-Gesetz – AIFMG, BGBl. I Nr. 135/2013, in Österreich zum Vertrieb an professionelle Anleger oder gemäß Art. 31, 32, 36 oder 42 der Richtlinie 2011/61/EU über die Verwalter alternativer Investmentfonds und zur Änderung der Richtlinien 2003/41/EG und 2009/65/EG und der Verordnungen (EG) Nr. 1060/2009 und (EU) Nr. 1095/2010 ABl. Nr. L 174 vom 01.07.2011 S. 1, in der Fassung der Berichtigung ABl. Nr. L 155 vom 27.04.2012 S. 35, zum Vertrieb in einem anderen Mitgliedstaat zugelassen sind und nicht zusätzlich unter Abs. 2 Z 5a oder 6 fallen;

(BGBl I 2013/135)

8. sonstige AIF.

(BGBl I 2013/135)

(3) Die Veranlagungen des Abs. 2 dürfen nur unter den folgenden Voraussetzungen und Beschränkungen erfolgen:

1. Vermögensgegenstände gemäß Abs. 2 Z 1 dürfen nur bis zu einer Höhe von 25 vH des der Veranlagungsgemeinschaft zugeordneten Vermögens bei der gleichen Kreditinstitutsgruppe (§ 30 BWG) gehalten werden;

2. Wertpapiere gemäß Abs. 2 Z 3 und 4, ausgenommen Wertpapiere des Bundes, eines Bundeslandes, eines anderen EWR-Mitgliedstaates oder einer sonstigen Regionalregierung eines anderen EWR-Mitgliedstaates,
   a) müssen an einer Wertpapierbörse im Inland, in einem Mitgliedstaat oder sonstigen Vollmitgliedstaat der OECD amtlich notiert oder an einem anderen anerkannten, geregelten, für das Publikum offenen und ordnungsgemäß funktionierenden Wertpapiermarkt in einem dieser Staaten gehandelt werden und
   b) dürfen im ersten Jahr seit Beginn ihrer Ausgabe erworben werden, wenn die Ausgabebedingungen die Verpflichtung enthalten, dass die Zulassung zur amtlichen Notierung oder zum Handel an einem der unter lit. a angeführten Märkte beantragt wird;

3. abweichend von Z 2 dürfen Wertpapiere gemäß Abs. 2 Z 3 und 4, die von Unternehmen mit Sitz im Inland, in einem Mitgliedstaat oder sonstigen Vollmitgliedstaat der OECD begeben werden und deren Wert jederzeit oder zumindest in den in § 57 Abs. 3 InvFG 2011 vorgesehenen Zeitabständen genau bestimmt werden kann, bis höchstens 10 vH des der Veranlagungsgemeinschaft zugeordneten Vermögens erworben werden;

(BGBl I 2011/77)

4. Veranlagungen gemäß Abs. 2 Z 5 und 5a
   a) müssen von einer Verwaltungsgesellschaft begeben werden, die ihren Sitz in einem EWR-Mitgliedstaat oder OECD-Mitgliedstaat hat,
   b) sind entsprechend der tatsächlichen Gestionierung auf die Veranlagungen gemäß Abs. 2 Z 1 bis 8 aufzuteilen,
   c) dürfen derivative Produkte gemäß § 73 InvFG 2011, die nicht zur Absicherung von Kursrisiken erworben wurden, bis zu 5 vH des der Veranlagungsgemeinschaft zugeordneten Vermögens enthalten;
   d) dürfen Anteile an Organismen für gemeinsame Anlagen (OGA) gemäß § 71 Abs. 2 und 3 InvFG 2011 bis zu 30 vH des der Veranlagungsgemeinschaft zugeordneten Vermögens enthalten;
   e) dürfen Veranlagungen gemäß § 166 Abs. 1 Z 3 InvFG 2011 bis zu 5 vH des der Veranlagungsgemeinschaft zugeordneten Vermögens enthalten;

(BGBl I 2006/134, BGBl I 2011/77, BGBl I 2013/4, BGBl I 2013/135)

5. Veranlagungen in Vermögenswerten gemäß Abs. 2 Z 4 sind mit höchstens 40 vH des der Veranlagungsgemeinschaft zugeordneten Vermögens begrenzt;

6. Veranlagungen in auf ausländische Währung lautenden Vermögenswerten gemäß Abs. 2 Z 1 bis 5 sind mit insgesamt höchstens 50 vH des der Veranlagungsgemeinschaft zugeordneten Vermögens begrenzt; unbeschadet dieser Grenze sowie der Grenze gemäß Z 4 sind Veranlagungen in auf ausländische Währung lautenden Vermögenswerten gemäß Abs. 2 Z 4 mit höchstens 25 vH des der Veranlagungsgemeinschaft zugeordneten Vermögens begrenzt;

7. Veranlagungen gemäß Abs. 2 Z 7 sind mit höchstens 5 vH des der Veranlagungsgemeinschaft zugeordneten Vermögens begrenzt;

(BGBl I 2006/134, BGBl I 2011/77, BGBl I 2013/4, BGBl I 2013/135)

7a. Veranlagungen gemäß Abs. 2 Z 8 sind mit höchstens 1 vH des der Veranlagungsgemeinschaft zugeordneten Vermögens begrenzt;

(BGBl I 2013/135)

7b. Veranlagungen gemäß Abs. 2 Z 7 und 8 dürfen gemeinsam nicht mehr als 5 vH des der

Veranlagungsgemeinschaft zugeordneten Vermögens betragen;

(BGBl I 2013/135)

8. für Veranlagungen gemäß Abs. 2 Z 3 und 4 sind folgende Beschränkungen anzuwenden:

a) Wertpapiere desselben Ausstellers dürfen nur bis zu 10 vH des der Veranlagungsgemeinschaft zugeordneten Vermögens erworben werden, wobei der Gesamtwert der Wertpapiere von Emittenten, in deren Wertpapieren mehr als 5 vH des der Veranlagungsgemeinschaft zugeordneten Vermögens angelegt sind, 40 vH des der Veranlagungsgemeinschaft zugeordneten Vermögens nicht übersteigen darf. Wertpapiere von zwei Wertpapierausstellern, von denen der eine am Grundkapital des anderen unmittelbar oder mittelbar mit mehr als 50 vH beteiligt ist, gelten als Wertpapiere desselben Ausstellers. Optionsscheine sind dem Aussteller des Wertpapieres zuzurechnen, auf das die Option ausgeübt werden kann. Wertpapiere eines EWR-Mitgliedstaates müssen nicht mit Wertpapieren von Emittenten, an deren Gesellschaftskapital der betreffende EWR-Mitgliedstaat mittelbar oder unmittelbar zu mehr als 50 vH beteiligt ist, zusammengerechnet werden;

(BGBl I 2006/141)

b) Wertpapiere, die von demselben Zentralstaat, der gemäß Teil 3 Titel II Kapitel 2 der Verordnung (EU) Nr. 575/2013 mit einem Risikogewicht von höchstens 20 vH zu versehen wäre, oder die vom Bund oder den Ländern oder von internationalen Organisationen öffentlich-rechtlichen Charakters, denen ein oder mehrere EWR-Mitgliedstaaten angehören, begeben oder garantiert werden, dürfen bis zu 35 vH des der Veranlagungsgemeinschaft zugeordneten Vermögens erworben werden;

(BGBl I 2006/141, BGBl I 2013/184)

c) Schuldverschreibungen, die von einem Kreditinstitut ausgegeben werden, das seinen Sitz in einem EWR-Mitgliedstaat hat und auf Grund gesetzlicher Vorschriften zum Schutz der Inhaber dieser Schuldverschreibungen einer besonderen öffentlichen Aufsicht unterliegt, dürfen bis zu 25 vH des der Veranlagungsgemeinschaft zugeordneten Vermögens erworben werden. Die Erlöse aus der Emission dieser Schuldverschreibungen sind in Vermögenswerten anzulegen, die während der gesamten Laufzeit der Schuldverschreibungen die sich daraus ergebenden Verbindlichkeiten ausreichend decken und vorrangig für die beim Ausfall des Emittenten fällig werdende Rückzahlung des Kapitals und der Zinsen bestimmt sind. Übersteigt die Veranlagung in solchen Schuldverschreibungen desselben Emittenten 5 vH des der Veranlagungsgemeinschaft zugeordneten Vermögens, so darf der Gesamtwert solcher Anlagen 80 vH des der Veranlagungsgemeinschaft zugeordneten Vermögens nicht übersteigen;

d) die in lit. b und c genannten Wertpapiere bleiben bei der Anwendung der in lit. a vorgesehenen Grenze von 40 vH unberücksichtigt. Die Grenzen der lit. a bis c dürfen nicht kumuliert werden;

e) Stammaktien desselben Ausstellers dürfen nur bis zu 7,5 vH des Grundkapitals der ausstellenden Aktiengesellschaft erworben werden; Aktien desselben Ausstellers dürfen nur bis zu 10 vH des Grundkapitals der ausstellenden Aktiengesellschaft erworben werden; Schuldverschreibungen desselben Emittenten dürfen nur bis zu 10 vH des Gesamtemissionsvolumens des Emittenten erworben werden;

f) der Erwerb von nicht voll eingezahlten Aktien und von Bezugsrechten auf solche ist bis zu 10 vH des der Veranlagungsgemeinschaft zugeordneten Vermögens zulässig, wenn die Veranlagungsbestimmungen dies ausdrücklich für zulässig erklären;

(BGBl I 2003/80)

9. Veranlagungen in Vermögenswerten gemäß Abs. 2 Z 6 sind mit höchstens 10 vH des der Veranlagungsgemeinschaft zugeordneten Vermögens begrenzt.

(BGBl I 2003/80)

(4) Mit Ausnahme von Veranlagungen in Vermögenswerten des Bundes und der Länder, Guthaben bei Kreditinstituten mit Sitz in EWR-Mitgliedstaaten sowie in Schuldverschreibungen, die von einem Kreditinstitut mit Sitz in einem EWR-Mitgliedstaat ausgegeben wurden, das in Bezug auf diese Schuldverschreibungen einer besonderen staatlichen Aufsicht unterliegt, ist die Rückveranlagung bei Arbeitgebern, die Beiträge zur Veranlagungsgemeinschaft leisten, nur bei Veranlagungen gemäß Abs. 2 Z 5 zulässig.

(BGBl I 2002/158)

(5) Wird bei Veranlagungen gemäß Abs. 2 Z 3 und 4, die auf ausländische Währung lauten, durch Kurssicherungsgeschäfte das Währungsrisiko beseitigt, so können diese Veranlagungen den auf Euro lautenden Veranlagungen zugeordnet werden.

(6) Die Höchstsätze des Abs. 3 Z 1 dürfen während des ersten Jahres ab Bildung einer Veranlagungsgemeinschaft und nach Beginn der Abwicklung des der Veranlagungsgemeinschaft zugeord-

neten Vermögens vorübergehend überschritten werden.

(BGBl I 2002/158)

Bewertungsregeln

§ 31. (1) Die der Veranlagungsgemeinschaft zugeordneten Vermögenswerte sind mit folgenden Werten anzusetzen:

1. auf einen festen Geldbetrag lautende Forderungen dürfen, soweit in Z 3 nichts anderes bestimmt ist, höchstens zum Nennwert angesetzt werden;
2. Aktiva in fremder Währung sind mit dem Devisen-Mittelkurs anzusetzen;
3. Forderungswertpapiere und Beteiligungswertpapiere sind
   a) mit dem jeweiligen Börsenkurs oder dem jeweiligen Preis am anerkannten Wertpapiermarkt anzusetzen oder
   b) mit dem Marktwert zu bewerten; existiert für einen Vermögenswert kein liquider Markt, so kann als Marktwert jener rechnerische Wert herangezogen werden, der sich aus der Zugrundelegung von Marktbedingungen ergibt;

3a. Abweichend von Z 3 sind direkt oder über Spezialfonds gemäß § 163 InvFG 2011 oder vergleichbare ausländische Spezialfonds im Sinne des § 30 Abs. 2 Z 5a, bei denen die BV-Kasse einziger Anteilinhaber ist, veranlagte
   a) Schuldverschreibungen des Bundes, eines Bundeslandes oder eines anderen Staates, der Vertragspartei des Abkommens über den Europäischen Wirtschaftsraum ist (Vertragsstaat), eines Gliedstaates eines anderen Vertragsstaates oder eines sonstigen Vollmitgliedstaates der Organisation für wirtschaftliche Zusammenarbeit und Entwicklung (OECD) und Wertpapiere, für deren Rückzahlung und Verzinsung der Bund, ein Bundesland, ein anderer Vertragsstaat, ein Gliedstaat eines anderen Vertragsstaates oder ein sonstiger Vollmitgliedstaat der OECD haftet, und die Veranlagung gemäß Teil 3 Titel II Kapitel 2 der Verordnung (EU) Nr. 575/2013 mit einem Risikogewicht von höchstens 20 vH zu versehen wäre,

   (BGBl I 2013/184)

   b) Schuldverschreibungen von Kreditinstituten, die gemäß Teil 3 Titel II Kapitel 2 der Verordnung (EU) Nr. 575/2013 mit einem Risikogewicht von höchstens 20 vH zu versehen wären, und Wertpapiere, für deren Rückzahlung und Verzinsung ein Kreditinstitut, das gemäß Teil 3 Titel II Kapitel 2 der Verordnung (EU) Nr. 575/2013 mit einem Risikogewicht von höchstens 20 vH zu versehen wäre, haftet,

   (BGBl I 2013/184)

   c) investment grade corporate bonds,

   mit einer festen Laufzeit, wenn sie auf Grund einer gesonderten Widmung dazu bestimmt sind bis zur Endfälligkeit gehalten zu werden, mit ihren fortgeführten Anschaffungskosten oder ihrem fortgeführten Tageswert zum Zeitpunkt der Widmung unter Verwendung der Effektivzinsmethode zu bewerten, wenn dies in den Veranlagungsbestimmungen für zulässig erklärt wurde. Für die direkt oder indirekt über Spezialfonds gewidmeten Wertpapiere ist anhand eines vorsichtigen Liquiditätsplans die Fähigkeit als Daueranlage darzulegen; es dürfen aber höchstens 25 vH gemäß lit. c und insgesamt höchstens 60 vH des einer Veranlagungsgemeinschaft zugeordneten Vermögens gewidmet werden. Die Fondsbestimmungen von Spezialfonds haben Regelungen über die gesonderte Widmung von bestimmten Schuldverschreibungen und über den laufenden Ausweis eines weiteren Rechenwertes unter Berücksichtigung der besonderen Bewertung zu enthalten. Diese Fondsbestimmungen sind der FMA bei Widmung vorzulegen. Über ein von der BV-Kasse als Daueranlage gewidmetes Wertpapier darf vor Endfälligkeit nur bei Vorliegen besonderer Umstände und mit Bewilligung der FMA verfügt werden. Verliert ein corporate bond den Status investment grade, so ist seine Widmung als Daueranlage aufzuheben und gemäß Z 3 zu bewerten. Eine Veräußerung von über Spezialfonds gesondert gewidmeten Schuldverschreibungen ist nur bei Rückgabe von Anteilscheinen durch die BV-Kasse, die nur bei Vorliegen besonderer Umstände und mit Bewilligung der FMA erfolgen darf, zulässig. Die FMA hat in der Verordnung gemäß § 39 Abs. 3 den Ausweis der durch die HTM-Bewertung entstehenden stillen Lasten und stillen Reserven vorzuschreiben,

(BGBl I 2009/152, BGBl I 2011/77, BGBl I 2013/135)

4. Anteilscheine von Investmentfonds sind mit dem Rückgabepreis im Sinne des § 55 Abs. 2 InvFG 2011 oder vergleichbarer Regelungen in den OECD-Mitgliedstaaten anzusetzen;

(BGBl I 2003/80, BGBl I 2011/77)

5. Anteilscheine von Immobilienfonds gemäß § 1 Abs. 1 und Immobilienspezialfonds gemäß § 1 Abs. 3 ImmoInvFG sowie von Immobilienfonds, die von einer Kapitalanlagegesellschaft mit Sitz im EWR verwaltet werden, sind mit dem Rückgabepreis im Sinne des § 11 Abs. 1 ImmoInvFG anzusetzen.

(BGBl I 2003/80)

(2) Bei Ermittlung des Gesamtwertes der den Veranlagungsgemeinschaften zugeordneten Ver-

mögenswerte zum Abschlussstichtag sind erkennbare Risiken und drohende Verluste, die in dem Geschäftsjahr oder in einem früheren Geschäftsjahr entstanden sind, zu berücksichtigen, selbst wenn diese Umstände erst zwischen dem Abschlussstichtag und dem Tag der Aufstellung des Jahresabschlusses bekannt geworden sind. Notwendige Wertberichtigungen sind bei der Bewertung der einzelnen Vermögensgegenstände selbst zu berücksichtigen.

Depotbank

§ 32. (1) Die BV-Kasse hat mit der Verwahrung der zu der Veranlagungsgemeinschaft gehörigen Wertpapiere und mit der Führung der zur Veranlagungsgemeinschaft gehörigen Konten eine Depotbank zu beauftragen. Als Depotbank kann nur ein Kreditinstitut, das zum Betrieb des Depotgeschäftes (§ 1 Abs. 1 Z 5 BWG) berechtigt ist oder eine gemäß § 9 Abs. 4 BWG errichtete inländische Zweigstelle eines EWR-Kreditinstitutes bestellt werden. Die Bestellung und der Wechsel der Depotbank bedarf der Bewilligung der FMA. Sie darf nur erteilt werden, wenn anzunehmen ist, dass das Kreditinstitut die Erfüllung der Aufgaben einer Depotbank gewährleistet. Die Bestellung und der Wechsel der Depotbank ist zu veröffentlichen, die Veröffentlichung hat den Bewilligungsbescheid anzuführen.

(BGBl I 2007/102)

(2) Der Depotbank ist bei allen für ein Beitragsvermögen abgeschlossenen Geschäften unverzüglich der Gegenwert für die von ihr geführten Depots und Konten der Veranlagungsgemeinschaft zur Verfügung zu stellen. Die Depotbank zahlt die Ansprüche an die Begünstigten aus. Die der BV-Kasse nach den Veranlagungsbestimmungen für die Verwaltung zustehende Vergütung und der Ersatz für die mit der Verwaltung zusammenhängenden Aufwendungen sind von der Depotbank zu Lasten der für die Veranlagungsgemeinschaft geführten Konten zu bezahlen. Die Depotbank darf die ihr für die Verwahrung der Wertpapiere des Beitragsvermögens und für die Kontenführung zustehende Vergütung dem Beitragsvermögen anlasten. Bei diesen Maßnahmen kann die Depotbank nur auf Grund eines Auftrages der BV-Kasse handeln.

(BGBl I 2007/102)

(3) Die Depotbank ist berechtigt und verpflichtet, im eigenen Namen gemäß § 37 EO durch Klage Widerspruch zu erheben, wenn auf einen zu einer Veranlagungsgemeinschaft gehörigen Vermögenswert Exekution geführt wird, sofern es sich nicht um eine gemäß § 34 begründete Forderung gegen die Veranlagungsgemeinschaft handelt.

(4) Die Depotbank hat bei der Wahrnehmung ihrer Aufgaben die Bestimmungen dieses Bundesgesetzes und die Veranlagungsbestimmungen und die Interessen der Begünstigten zu beachten. Die Depotbank haftet gegenüber der BV-Kasse und den Begünstigten für jede Schädigung, die durch ihre schuldhafte Pflichtverletzung verursacht worden ist.

(BGBl I 2007/102)

Ergebniszuweisung

§ 33. (1) Die Zuweisung der Veranlagungsergebnisse auf die Konten der Anwartschaftsberechtigten hat jährlich zum letzten Bilanzstichtag zu erfolgen. Bei Verfügungen nach § 17 Abs. 1 Z 1, 3 und 4, Abs. 2a oder bei Auszahlungen nach § 17 Abs. 3 hat eine gesonderte Zuweisung der Veranlagungsergebnisse zum Ende jenes Monats zu erfolgen, zu dem ein Anspruch nach den §§ 14 Abs. 5, 16 oder 17 Abs. 3 oder gleichartiger österreichischer Rechtsvorschriften fällig geworden ist.

(BGBl I 2007/102)

(2) Die Veranlagungsergebnisse sind auf die Anwartschaftsberechtigten in jenem Ausmaß zuzuteilen, das sich aus dem Verhältnis der Abfertigungsanwartschaft zum Jahresanfang zuzüglich der Abfertigungsbeiträge bis zum Stichtag der Ergebniszuweisung jedes Anwartschaftsberechtigten zur Gesamtsumme der so ermittelten Abfertigungsanwartschaften aller Anwartschaftsberechtigten ergibt. Die BV-Kasse kann Bedingungen für eine genauere Zuweisung der Erträgnisse in den Veranlagungsbestimmungen (§ 29 Abs. 3) festlegen. Dabei ist insbesondere auf den Zeitpunkt des Zahlungseinganges sowie auf die Höhe der Abfertigungsbeiträge, der übertragenen Abfertigungsanwartschaften und der übertragenen Altabfertigungsanwartschaften abzustellen.

(BGBl I 2003/135, BGBl I 2007/102)

4. Abschnitt
Schutzbestimmungen

Haftungsverhältnisse

§ 34. (1) Zur Sicherstellung oder zur Hereinbringung von Verbindlichkeiten, die von der BV-Kasse für das der von ihr verwalteten Veranlagungsgemeinschaft zugeordnete Vermögen wirksam begründet wurden, kann nur auf dieses Exekution geführt werden.

(BGBl I 2007/102)

(2) Zur Sicherstellung oder Hereinbringung von Verbindlichkeiten, die von der BV-Kasse nicht für das der von ihr verwalteten Veranlagungsgemeinschaft zugeordnete Vermögen begründet wurden, kann auf dieses nicht Exekution geführt werden.

(BGBl I 2007/102)

Verfügungsbeschränkungen

§ 35. (1) Die in der Veranlagungsgemeinschaft zusammengefassten Vermögenswerte können rechtswirksam weder verpfändet oder sonst belastet noch zur Sicherung übereignet oder abgetreten werden.

(2) Kurssicherungsgeschäfte sind nur zulässig, wenn sie als Nebengeschäfte im Zusammenhang mit Veranlagungen gemäß § 30 zu deren Absicherung dienen.

(3) Forderungen gegen die BV-Kasse und Forderungen, die zu der Veranlagungsgemeinschaft gehören, können rechtswirksam nicht gegeneinander aufgerechnet werden.

(BGBl I 2007/102)

Insolvenz

§ 36. (1) Die einer Veranlagungsgemeinschaft zugeordneten Vermögenswerte bilden im Konkurs eine Sondermasse (§ 48 Abs. 1 IO).

(2) Durch die Konkurseröffnung enden die Vertragsverhältnisse aus den Beitrittsverträgen.

Kurator

§ 37. (1) Das Konkursgericht hat bei Konkurseröffnung einen Kurator zur Geltendmachung der Ansprüche aus den Beitrittsverträgen gegen die BV-Kasse zu bestellen. Ansprüche aus den Beitrittsverträgen gegen die BV-Kasse können nur vom Kurator geltend gemacht werden. Der Kurator ist verpflichtet, die Begünstigten auf ihr Verlangen vor Anmeldung des Anspruches zu hören. Die aus den Büchern der BV-Kasse feststellbaren Ansprüche gelten als angemeldet.

(BGBl I 2007/102)

(2) Der Masseverwalter hat dem Kurator auf Verlangen der Anwartschaftsberechtigten Einsicht in die Bücher und Aufzeichnungen des Unternehmens zu gewähren.

(3) Der Kurator hat gegen die Konkursmasse Anspruch auf Ersatz seiner Barauslagen und auf eine angemessene Vergütung seiner Mühewaltung. § 125 IO gilt sinngemäß.

Befriedigung der Ansprüche

§ 38. (1) Das Konkursgericht hat eine abschließende Aufstellung der Konten (§ 25) für den Zeitpunkt der Konkurseröffnung zu veranlassen.

(2) Die Anwartschaftsberechtigten haben auf die ihrer Veranlagungsgemeinschaft zugeordneten Vermögenswerte entsprechend dem gemäß Abs. 1 ermittelten Stand ihres Kontos Anspruch.

(3) Soweit die den Anwartschaftsberechtigten aus dem Beitrittsvertrag zustehenden Ansprüche gemäß Abs. 2 nicht zur Gänze befriedigt wurden, gehen sie den übrigen Konkursforderungen vor.

5. Abschnitt
Aufsichtsrechtliche Vorschriften

Meldungen

§ 39. (1) Ergänzend zu den in § 74 BWG vorgesehenen Meldungen haben die BV-Kassen binnen vier Wochen nach Ablauf eines jeden Kalendervierteljahres der FMA und der Oesterreichischen Nationalbank Quartalsausweise, mit denen die Einhaltung der §§ 20, 30 und 31 Abs. 1 Z 3a nachgewiesen wird, entsprechend der in der Verordnung gemäß Abs. 3 vorgesehenen Gliederung zu übermitteln.

(BGBl I 2007/102, BGBl I 2009/152)

(2) Die Oesterreichische Nationalbank hat auf Grund der Quartalsausweise zur Einhaltung der Bestimmungen des § 20 der FMA gutachtliche Äußerungen zu erstatten.

(3) Die FMA hat die Gliederung der Quartalsausweise durch Verordnung festzusetzen; bei Erlassung dieser Verordnung hat sie auf das volkswirtschaftliche Interesse an einem funktionsfähigen BV-Kassenwesen Bedacht zu nehmen. Sie ist ermächtigt, durch Verordnung auf die Übermittlung nach Abs. 1 an sie zu verzichten. Verordnungen der FMA nach diesem Absatz erfordern die Zustimmung des Bundesministers für Finanzen.

(BGBl I 2007/102)

(4) Die Meldungen nach Abs. 1 sind in standardisierter Form mittels elektronischer Übermittlung oder elektronischer Datenträger zu erstatten. Die Übermittlung muss bestimmten, von der FMA nach Anhörung der Oesterreichischen Nationalbank bekannt zu gebenden Mindestanforderungen entsprechen.

(5) Vor Erlassung von Verordnungen gemäß Abs. 3 ist die Oesterreichische Nationalbank anzuhören.

Jahresabschluss und Rechenschaftsbericht

§ 40. (1) Das Geschäftsjahr der BV-Kasse und der Veranlagungsgemeinschaften ist das Kalenderjahr.

(BGBl I 2007/102)

(2) Neben der Bilanz und der Gewinn- und Verlustrechnung der BV-Kasse, in der die Vermögensgegenstände, Schulden, Erträge und Aufwendungen der Veranlagungsgemeinschaft in zusammengefasster Form enthalten sind, ist für jede Veranlagungsgemeinschaft ein Rechenschaftsbericht aufzustellen. Der Rechenschaftsbericht ist vom Bankprüfer der BV-Kasse zu prüfen.

(BGBl I 2007/102)

(3) Die Bilanz sowie die Gewinn- und Verlustrechnung der BV-Kasse sind entsprechend der Gliederung der in der **Anlage 1** enthaltenen Formblätter aufzustellen. Der Rechenschaftsbericht jeder Veranlagungsgemeinschaft ist entsprechend der Gliederung der in der **Anlage 2** enthaltenen Formblätter aufzustellen. Die FMA kann durch Verordnung die Formblätter ändern, sofern geänderte Rechnungslegungsvorschriften dies erfordern.

(BGBl I 2007/102)

(4) Der Bankprüfer hat diejenigen Teile des Prüfungsberichtes über den Jahresabschluss, die sich auf die Posten Aktiva, Pos. D. und Passiva, Pos. F. der Anlage 1, Formblatt A, sowie auf Pos. A. der Anlage 1, Formblatt B, beziehen, gesondert bei den jeweiligen Veranlagungsgemeinschaften zu erläutern. Eine gesonderte Erläuterung der die Veranlagungsgemeinschaften betreffenden Posten hat im Prüfungsbericht über die Bilanz und die Gewinn- und Verlustrechnung zu unterbleiben.

(5) Sind nach dem abschließenden Ergebnis der Prüfung des Rechenschaftsberichtes der Veranlagungsgemeinschaft keine Einwendungen zu erheben, so hat der Bankprüfer dies durch folgenden

Vermerk zu bestätigen: Die Buchführung und der Abschluss entsprechen nach meiner/unserer pflichtgemäßen Prüfung den gesetzlichen Vorschriften. Der Rechenschaftsbericht vermittelt unter Beachtung der Grundsätze ordnungsgemäßer Buchführung ein möglichst getreues Bild der Lage der Veranlagungsgemeinschaft.

(BGBl I 2005/36)

(6) Die geprüften Rechenschaftsberichte der Veranlagungsgemeinschaften und der Prüfungsbericht über die Rechenschaftsberichte der Veranlagungsgemeinschaften sind längstens innerhalb von sechs Monaten nach Abschluss des Geschäftsjahres der FMA vorzulegen.

(BGBl I 2013/135)

(7) Die Rechenschaftsberichte der Veranlagungsgemeinschaften sind den Mitgliedern des Aufsichtsrates der BV-Kasse sowie für die jeweilige Veranlagungsgemeinschaft auf Verlangen den beitragsleistenden Arbeitgebern und den zuständigen Betriebsräten unverzüglich zu übermitteln. Darüber hinaus bestehen keine Verpflichtungen zur Offenlegung oder Veröffentlichung des Rechenschaftsberichtes.

(BGBl I 2007/102)

Übertragung des einer Veranlagungsgemeinschaft zugeordneten Vermögens

§ 41. (1) Die FMA hat das einer Veranlagungsgemeinschaft zugeordnete Vermögen mittels Bescheid auf eine andere BV-Kasse nach Einholung von deren Zustimmung zu übertragen, wenn

1. die Konzession der die Veranlagungsgemeinschaft verwaltenden BV-Kasse zurückgenommen wird oder erlischt;

   (BGBl I 2007/102)

2. der Antrag auf Eröffnung des Konkurses der die Veranlagungsgemeinschaft verwaltenden BV-Kasse gestellt wird;

   (BGBl I 2007/102)

3. von der BV-Kasse die Konzession zurückgelegt wird oder

   (BGBl I 2007/102)

4. ein Antrag auf Auflösung der BV-Kasse bewilligt wird.

   (BGBl I 2007/102)

(BGBl I 2007/102)

(2) Die Zurücklegung der Konzession ist nur dann rechtswirksam möglich, wenn die BV-Kasse hinsichtlich der Übertragung des einer Veranlagungsgemeinschaft zugeordneten Vermögens eine andere BV-Kasse namhaft gemacht hat und deren Zustimmung der FMA nachgewiesen wurde.

(BGBl I 2007/102)

(3) Die Auflösung der BV-Kasse und die Übertragung des der Veranlagungsgemeinschaft zugeordneten Vermögens sind im Amtsblatt zur Wiener Zeitung zu verlautbaren.

(BGBl I 2007/102)

(4) Die Übertragung des einer Veranlagungsgemeinschaft zugeordneten Vermögens auf eine andere BV-Kasse bewirkt deren Eintritt in alle von der früheren BV-Kasse für die Veranlagungsgemeinschaft abgeschlossenen Verträge im Wege der Gesamtrechtsnachfolge. Das einer Veranlagungsgemeinschaft zugeordnete Vermögen kann von der anderen BV-Kasse abweichend von § 28 Abs. 1 und 2 in einer eigenen Veranlagungsgemeinschaft verwaltet werden. Für diese Veranlagungsgemeinschaft ist der Abschluss neuer Beitrittsverträge gemäß § 11 Abs. 1 nicht zulässig; für zum Zeitpunkt der Übertragung bereits abgeschlossene Beitrittsverträge ist die Einbeziehung neuer Anwartschaftsberechtigter jedoch weiterhin zulässig.

(BGBl I 2007/102, BGBl I 2014/42)

(5) Die FMA hat bis zur Durchführung der Übertragung des einer Veranlagungsgemeinschaft zugeordneten Vermögens dessen provisorische Verwaltung durch eine andere BV-Kasse nach Einholung deren Zustimmung anzuordnen.

(BGBl I 2007/102)

Staatskommissär

§ 42. Der Bundesminister für Finanzen hat einen Staatskommissär und dessen Stellvertreter für eine Funktionsperiode von längstens fünf Jahren zu bestellen; die Wiederbestellung ist zulässig. Der Staatskommissär und dessen Stellvertreter handeln als Organe der FMA und sind in dieser Funktion ausschließlich deren Weisungen unterworfen. § 76 Abs. 2 bis 9 BWG ist anzuwenden.

(BGBl I 2005/36)

§ 42a. Der FMA stehen zur Durchsetzung der Einhaltung der Vorschriften der Verordnung (EU) 2015/2365 über die Transparenz von Wertpapierfinanzierungsgeschäften und der Weiterverwendung sowie zur Änderung der Verordnung (EU) Nr. 648/2012, ABl. Nr. L 337 vom 23.12.2015 S. 1, durch Betriebliche Vorsorgekassen die Aufsichtsbefugnisse und –mittel aus dem BWG zur Verfügung.

(BGBl I 2016/73)

Verfahrens- und Strafbestimmungen

§ 43. (1) Die FMA hat den BV-Kassen, ausgenommen bei Aufsichtsmaßnahmen nach § 70 Abs. 2 BWG oder bei Überschuldung der BV-Kasse, für folgende Beträge Zinsen vorzuschreiben:

1. 2 vH der Unterschreitung der erforderlichen Eigenmittel gemäß § 20, gerechnet pro Jahr, für 30 Tage;
2. 5 vH der Überschreitung einer Veranlagungsgrenze gemäß § 30, gerechnet pro Jahr, für 30 Tage.

(BGBl I 2007/102)

(2) Die nach Abs. 1 zu zahlenden Zinsen sind an den Bund abzuführen und dürfen nicht dem der Veranlagungsgemeinschaft zugeordneten Vermögen angelastet werden.

(3) Die BV-Kassen haben der FMA

1. Unterschreitungen der erforderlichen Eigenmittel gemäß § 20 sowie
2. Überschreitungen einer Veranlagungsgrenze gemäß § 30

unverzüglich bekannt zu geben.

(BGBl I 2007/102)

§ 44. (1) Wer als Verantwortlicher (§ 9 Verwaltungsstrafgesetz 1991 – VStG, BGBl. Nr. 52) einer BV-Kasse seinen Meldepflichten gegenüber der FMA und der Oesterreichischen Nationalbank gemäß § 39 nicht nachkommt oder die in § 31 Abs. 1 Z 3a festgelegten Grenzen verletzt, begeht eine Verwaltungsübertretung und ist von der FMA mit Geldstrafe bis zu 60 000 Euro zu bestrafen.

(BGBl I 2006/48, BGBl I 2007/102, BGBl I 2011/77, BGBl I 2012/35, BGBl I 2017/107)

(2) (aufgehoben)

(BGBl I 2013/135, BGBl I 2017/107)

§ 45. (1) Wer den Bestimmungen der §§ 22 und 23 zuwiderhandelt, begeht eine Verwaltungsübertretung und ist von der FMA bei vorsätzlicher Begehung mit einer Geldstrafe bis zu 60 000 Euro, bei fahrlässiger Begehung mit einer Geldstrafe bis zu 30 000 Euro zu bestrafen.

(BGBl I 2006/48, BGBl I 2012/35, BGBl I 2017/107)

(2) Dem Zuwiderhandelnden ist aufzutragen, seine gesetzwidrige Handlung unverzüglich einzustellen.

(3) (aufgehoben)

(BGBl I 2013/135, BGBl I 2017/107)

Kosten

§ 45a. (1) Die Kosten der FMA aus dem Rechnungskreis Wertpapieraufsicht (§ 19 Abs. 1 Z 3 und Abs. 4 FMABG) sind von BV-Kassen gemäß § 18 zu tragen. Die FMA hat zu diesem Zweck einen zusätzlichen gemeinsamen Subrechnungskreis für BV-Kassen, Verwaltungsgesellschaften (InvFG 2011), Kapitalanlagegesellschaften für Immobilien (ImmoInvFG) und AIFM (AIFMG) zu bilden.

(2) Die auf Kostenpflichtige gemäß Abs. 1 entfallenden Beträge sind von der FMA mit Bescheid vorzuschreiben; die Festsetzung von Pauschalbeträgen ist zulässig. Die FMA hat nähere Regelungen über diese Kostenaufteilung und ihre Vorschreibung mit Verordnung festzusetzen. Hierbei sind insbesondere zu regeln:

1. Die Bemessungsgrundlagen der einzelnen Arten von Kostenvorschreibungen;
2. die Termine für die Kostenbescheide und die Fristen für die Zahlungen der Kostenpflichtigen.

Die BV-Kassen haben der FMA alle erforderlichen Auskünfte über die Grundlagen der Kostenbemessung zu erteilen.

(BGBl I 2013/135)

3. Teil
Übergangsrecht

(BGBl I 2007/102)

Zeitlicher Geltungsbereich

§ 46. (1) Dieses Bundesgesetz tritt mit 1. Juli 2002 in Kraft und ist auf Arbeitsverhältnisse anzuwenden, deren vertraglich vereinbarter Beginn nach dem 31. Dezember 2002 liegt. Durch Verordnung des Bundesministers für Wirtschaft und Arbeit und des Bundesministers für Finanzen kann bei Vorliegen der organisatorischen Voraussetzungen bei den BV-Kassen und den Sozialversicherungsträgern die Einbeziehung von Arbeitsverhältnissen in den Anwendungsbereich dieses Bundesgesetzes auch hinsichtlich Abs. 2 bis 4 sowie der §§ 47 und 48 vorverlegt werden.

(BGBl I 2007/102)

(2) Abweichend von Abs. 1 ist dieses Bundesgesetz auf journalistische oder programmgestaltende Arbeitnehmer im Sinne des § 32 Abs. 4 des ORF-Gesetzes, BGBl. I Nr. 83/2001, die bereits vor dem 1. Jänner 2003 erstmalig ein befristetes Arbeitsverhältnis im Sinne des § 32 Abs. 5 ORF-Gesetz mit dem ORF begonnen haben, nicht anzuwenden.

(3) Die Abfertigungsregelungen nach dem Angestelltengesetz, dem Arbeiter-Abfertigungsgesetz, dem Gutsangestelltengesetz, dem Hausgehilfen- und Hausangestelltengesetz, den allgemeinen Vertragsbedingungen für Dienstverträge bei den Österreichischen Bundesbahnen (AVB) sowie kollektivvertragliche Abfertigungsbestimmungen gelten weiter, wenn nach dem 31. Dezember 2002

1. auf Grund von Wiedereinstellungszusagen oder Wiedereinstellungsvereinbarungen unterbrochene Arbeitsverhältnisse unter Anrechnung von Vordienstzeiten bei dem selben Arbeitgeber fortgesetzt werden oder
2. Arbeitnehmer innerhalb eines Konzerns im Sinne des § 15 des Aktiengesetzes 1965, BGBl. Nr. 98, oder des § 115 des Gesetzes über Gesellschaften mit beschränkter Haftung, RGBl. Nr. 58/1906, in ein neues Arbeitsverhältnis wechseln oder
3. unterbrochene Arbeitsverhältnisse unter Anrechnung von Vordienstzeiten bei dem selben Arbeitgeber fortgesetzt werden und durch eine am 1. Juli 2002 anwendbare Bestimmung in einem Kollektivvertrag die Anrechnung von Vordienstzeiten für die Abfertigung festgesetzt wird,

es sei denn, es liegt eine Vereinbarung im Sinne des § 47 Abs. 1 vor.

(4) Wird das Dienstverhältnis eines Dienstnehmers nach dem Parlamentsmitarbeitergesetz, BGBl. Nr. 288/1992, nach dem 31. Dezember 2002 mit dem Ende der Gesetzgebungsperiode beendet und schließt dieser Dienstnehmer in den unmittelbar folgenden Gesetzgebungsperioden neuerlich ein solches Dienstverhältnis zum selben Mitglied des Nationalrates ab, gelten die Abferti-

gungsregelungen nach dem Angestelltengesetz weiter, es sei denn, es liegt eine Vereinbarung im Sinne des § 47 Abs. 1 vor.

(BGBl I 2007/102)

Übergangsbestimmungen

§ 47. (1) Für zum 31. Dezember 2002 bestehende Arbeitsverhältnisse kann ab 1. Jänner 2003 in einer schriftlichen Vereinbarung zwischen Arbeitgeber und Arbeitnehmer ab einem zu vereinbarenden Stichtag für die weitere Dauer des Arbeitsverhältnisses die Geltung dieses Bundesgesetzes anstelle der Abfertigungsregelungen nach dem Angestelltengesetz, dem Arbeiter-Abfertigungsgesetz, dem Gutsangestelltengesetz, dem ORF-Gesetz, den allgemeinen Vertragsbedingungen für Dienstverträge bei den Österreichischen Bundesbahnen (AVB) und dem Hausgehilfen- und Hausangestelltengesetz festgelegt werden.

(2) Falls in der Vereinbarung nach Abs. 1 keine Übertragung der Altabfertigungsanwartschaft nach Abs. 3 festgelegt wird, finden auf die Altabfertigungsanwartschaft bis zum Stichtag weiterhin die Abfertigungsbestimmungen nach dem Angestelltengesetz, dem Arbeiter-Abfertigungsgesetz und dem Gutsangestelltengesetz, dem ORF-Gesetz, den allgemeinen Vertragsbedingungen für Dienstverträge bei den Österreichischen Bundesbahnen (AVB), die Bestimmungen über das außerordentliche Entgelt nach dem Hausgehilfen- und Hausangestelltengesetz sowie nach Kollektivverträgen mit der Maßgabe Anwendung, dass sich das Ausmaß der Abfertigung aus der Anzahl der zum Zeitpunkt des Stichtags fiktiv erworbenen Monatsentgelte ergibt. Der Berechnung der Abfertigung ist das für den letzten Monat des Arbeitsverhältnisses gebührende Entgelt zu Grunde zu legen.

(3) Die Übertragung von Altabfertigungsanwartschaften auf Grund von zum 31. Dezember 2002 bestehenden Arbeitsverhältnissen auf eine BV-Kasse im Sinne dieses Bundesgesetzes ist unter folgenden Voraussetzungen zulässig:

1. Die Übertragung von Altabfertigungsanwartschaften bedarf einer schriftlichen Einzelvereinbarung zwischen Arbeitgeber und Arbeitnehmer, die von den Abfertigungsbestimmungen nach dem Angestelltengesetz, dem Arbeiter-Abfertigungsgesetz, dem Gutsangestelltengesetz, dem ORF-Gesetz, den allgemeinen Vertragsbedingungen für Dienstverträge bei den Österreichischen Bundesbahnen (AVB), dem Hausgehilfen- und Hausangestelltengesetz sowie nach Kollektivverträgen abweichen kann.
2. Die Überweisung des vereinbarten Übertragungsbetrages an die BV-Kasse hat ab dem Zeitpunkt der Übertragung binnen längstens fünf Jahren zu erfolgen.

   (BGBl I 2007/102)
3. Die Überweisung des vereinbarten Übertragungsbetrages hat jährlich mindestens mit je einem Fünftel zuzüglich der Rechnungszinsen von 6 vH per anno des noch aushaftenden Übertragungsbetrages zu erfolgen, vorzeitige Überweisungen sind zulässig.

   (BGBl I 2007/102)
4. Im Falle der Beendigung des Arbeitsverhältnisses, ausgenommen die in § 14 Abs. 2 genannten Fälle, hat der Arbeitgeber den aushaftenden Teil des vereinbarten Übertragungsbetrages vorzeitig an die BV-Kasse zu überweisen.

   (BGBl I 2007/102)

(4) Auf in die BV-Kasse übertragene Altabfertigungsanwartschaften finden die Bestimmungen des 1. Teiles, 4. Abschnitt (Leistungsrecht), Anwendung.

(BGBl I 2007/102)

(5) Soweit die in Abs. 1 genannten gesetzlichen Abfertigungsregelungen für den Anspruch auf Abfertigung das Erfordernis einer mindestens zehnjährigen ununterbrochenen Dienstzeit vorsehen, sind auch Dienstzeiten im selben Arbeitsverhältnis nach dem Übertritt nach Abs. 1 auf dieses Erfordernis anzurechnen.

(BGBl I 2013/4)

(6) Im Falle eines Übertritts nach Abs. 1 und 3 sind bei der Berechnung der Einzahlungsjahre nach § 14 Abs. 2 Z 4 die bisher in diesem Arbeitsverhältnis zurückgelegten Dienstzeiten zu berücksichtigen.

(BGBl I 2013/4)

„**§ 47a.** § 30 Abs. 3 Z 7a ist auf im Zeitpunkt des Wirksamwerdens des Austritts des Vereinigten Königreichs Großbritannien und Nordirland aus der Europäischen Union einer Veranlagungsgemeinschaft zugeordnete Vermögenswerte gemäß § 30 Abs. 2 Z 5, die von der Kapitalanlagegesellschaft mit Sitz im Vereinigten Königreich begeben wurden, bis 1. Jänner 2021 nicht anzuwenden.“

(BGBl I 2019/25)

Unabdingbarkeit

§ 48. (1) Die Rechte, die dem Arbeitnehmer auf Grund dieses Bundesgesetzes zustehen, können durch Arbeitsvertrag oder Normen der kollektiven Rechtsgestaltung weder aufgehoben noch beschränkt werden. Regelungen im Sinne des Abs. 2 werden dadurch nicht berührt.

(2) Im Zeitpunkt des In-Kraft-Tretens dieses Bundesgesetzes bestehende Normen der kollektiven Rechtsgestaltung oder Einzelvereinbarungen, die Abfertigungsansprüche über dem gesetzlich festgelegten Ausmaß vorsehen, werden durch die Regelungen dieses Bundesgesetzes nicht berührt. Solche Regelungen treten für Arbeitsverhältnisse, deren vertraglich vereinbarter Beginn nach dem 31. Dezember 2002, unbeschadet § 46, liegt, oder für Arbeitsverhältnisse, bei denen eine Vereinbarung gemäß § 47 Abs. 1 geschlossen wird, ab dem Zeitpunkt der Wirksamkeit dieser Vereinbarung insoweit außer Kraft, als sie nicht einen die Höhe des gesetzlichen Abfertigungsanspruches unter Anwendung der bis zu diesem Zeitpunkt geltenden gesetzlichen Abfertigungsbestimmungen übestei-

genden Anspruch bezogen auf die Anzahl der zustehenden Monatsentgelte vorsehen. Wird bei einer Vereinbarung gemäß § 47 Abs. 1 und 2 dieser übersteigende Anspruch in ausdrücklicher Form berücksichtigt, treten insoweit die vorangeführten Regelungen außer Kraft. Bei Beendigung von Arbeitsverhältnissen, in denen eine Übertrittsvereinbarung gemäß § 47 Abs. 1 abgeschlossen wurde, gebührt ein solcher Mehranspruch nur in jenem Anteil, der über das zum Übertrittszeitpunkt (Stichtag) zu berücksichtigende Ausmaß (§ 47 Abs. 3) hinausgeht.

4. Teil
Selbständigenvorsorge für Personen, die der Pflichtversicherung in der Krankenversicherung nach dem GSVG unterliegen

1. Abschnitt
Allgemeine Bestimmungen

Geltungsbereich

§ 49. (Verfassungsbestimmung) (1) Die Erlassung, Änderung und Aufhebung von Vorschriften, wie sie im 4. Teil dieses Bundesgesetzes enthalten sind, sowie die Vollziehung dieser Vorschriften sind auch in jenen Belangen Bundessache, hinsichtlich deren das B-VG etwas anderes vorsieht. Die in diesen Bestimmungen geregelten Angelegenheiten können unmittelbar von Bundesbehörden vollzogen werden.

(2) Für die Vorsorge von Personen, die der Pflichtversicherung in der Krankenversicherung nach § 2 GSVG (mit Ausnahme der in der Pflichtversicherung in der Krankenversicherung nach den §§ 3 Abs. 1 Z 2, 14a oder 14b GSVG erfassten Personen) unterliegen, gelten die Bestimmungen des 2. Teiles (mit Ausnahme der §§ 18 Abs. 3, 25, 27 Abs. 1 bis 3 und 8) und des 4. Teiles, aufgrund dessen diese Personen zur Beitragsleistung im Rahmen der Selbständigenvorsorge verpflichtet sind.

(BGBl I 2007/102)

§ 50. (1) Auf die Selbständigenvorsorge sind die Bestimmungen des 1. (ausgenommen die §§ 4, 5 und 11 Abs. 3 und 4), 3. und 5. Teiles nicht anzuwenden.

(2) Die Bestimmungen des 2. Teiles sind mit der Maßgabe anzuwenden, dass an die Stelle der Begriffe „Arbeitnehmer", „Abfertigungsbeiträge", „Abfertigungsanwartschaft" und „Abfertigung" die Begriffe „Selbständiger", „Selbstständigenvorsorgebeiträge", „Anwartschaft auf eine Selbständigenvorsorge" und „Kapitalbetrag" in der richtigen grammatikalischen Form treten.

(3) § 27 Abs. 4 und 5 ist mit der Maßgabe anzuwenden, dass die Sozialversicherungsanstalt der gewerblichen Wirtschaft die für Anwartschaftsberechtigte im Sinne des § 51 Z 1 nach diesen Bestimmungen relevanten Daten, wie sie nach § 27 Abs. 4 und 5 für Anwartschaftsberechtigte nach § 3 Z 2 vorgesehen sind, den jeweils betroffenen BV-Kassen in automationsunterstützter Form im Wege des Dachverbandes gegen Ersatz der Kosten zur Verfügung zu stellen hat, wobei an die Stelle des jährlichen Beitragsgrundlagennachweises der monatliche Beitragsgrundlagennachweis tritt.

(BGBl I 2018/100)

(4) § 27a ist mit der Maßgabe anzuwenden, dass jene Bestimmungen, die auf die Schlichtungsstelle verweisen, nicht gelten.

(BGBl I 2007/102)

Begriffsbestimmungen

§ 51. Im Sinne des 4. Teiles ist

1. ein Anwartschaftsberechtigter:
   jene Person im Sinne des § 49 Abs. 2, die Beiträge nach § 52 an die BV-Kasse zu leisten hat;
2. eine Anwartschaft auf eine Selbständigenvorsorge:
   die in einer BV-Kasse verwalteten Ansprüche eines Anwartschaftsberechtigten; diese setzen sich aus den in diese BV-Kasse eingezahlten Beiträgen abzüglich der einbehaltenen Verwaltungskosten, der allenfalls aus einer anderen BV-Kasse in diese BV-Kasse übertragenen Anwartschaft und den zugewiesenen Veranlagungsergebnissen zusammen.

(BGBl I 2007/102)

2. Abschnitt
Beitragsrecht

Beitragsleistung

§ 52. (1) Der Anwartschaftsberechtigte hat für die Dauer der Pflichtversicherung in der Krankenversicherung nach dem GSVG (§§ 6 und 7 GSVG) einen monatlichen Beitrag in der Höhe von 1,53 vH der Beitragsgrundlage (Abs. 3) zu leisten.

(1a) Die Beitragspflicht nach Abs. 1 endet mit dem Tag vor der Inanspruchnahme einer Eigenpension aus einer gesetzlichen Pensionsversicherung, es sei denn, der Anwartschaftsberechtigte verpflichtet sich innerhalb eines Monats ab Verständigung über das Ende der Beitragspflicht schriftlich gegenüber der Sozialversicherungsanstalt der Selbständigen, weiterhin Beiträge nach Abs. 1 zu leisten. Endet die Beitragspflicht mit Inanspruchnahme der Eigenpension und fällt die Eigenpension in weiterer Folge weg, tritt die Beitragspflicht für die entsprechenden Zeiträume wieder ein.

(BGBl I 2013/138, BGBl I 2018/100)

(2) Die Sozialversicherungsanstalt der Selbständigen hat die Beiträge (Abs. 1) im übertragenen Wirkungsbereich nach § 35 GSVG vorzuschreiben und an die vom Anwartschaftsberechtigten ausgewählte BV-Kasse (oder BV-Kasse nach § 27a) zu überweisen. Die eingelangten Beiträge nach Abs. 1 sind von der Sozialversicherungsanstalt der Selbständigen jeweils bis zum Zehnten des zweitfolgenden Kalendermonates nach deren Zahlung, mit der die gesamte Beitragsschuld nach § 35 GSVG für die jeweiligen Monate der Pflichtversicherung beglichen worden ist, an die BV-Kasse abzuführen. Bereits an die BV-Kasse weitergelei-

tete Beiträge sind insbesondere bei einem rückwirkenden Wegfall der Pflichtversicherung im Sinne des § 49 Abs. 2 oder der Beitragspflicht gemäß Abs. 1a nicht zurückzuerstatten. Hinsichtlich der Meldepflichten des Anwartschaftsberechtigten sind die §§ 18 bis 23 GSVG anzuwenden. Für die Einziehung und Eintreibung dieser Beiträge, gelten die diesbezüglichen Regelungen nach dem GSVG. Die Feststellung der Beitragsverpflichtung dem Grunde und der Höhe nach ist Verwaltungssache nach den §§ 409 bis 417a ASVG in Verbindung mit § 194 GSVG. Weiters hat der Anwartschaftsberechtigte der Sozialversicherungsanstalt der Selbständigen, falls für die bei ihm beschäftigten Arbeitnehmer bereits eine BV-Kasse ausgewählt wurde (§ 53 Abs. 1), alle ihm zugeordneten Dienstgeberkontonummern zu melden.

(BGBl I 2013/138, BGBl I 2018/100)

(3) Als Beitragsgrundlage im Sinne des Abs. 1 ist die in der gesetzlichen Pflichtversicherung in der Krankenversicherung dieser Personen nach den §§ 25, 26 und 35b GSVG geltende Beitragsgrundlage heranzuziehen, wobei für die nach dem GSVG Pflichtversicherten im Falle der Anwendung einer vorläufigen Beitragsgrundlage gemäß § 25a GSVG diese Beitragsgrundlage ohne Nachbemessung maßgeblich ist.

(4) Die Abtretung oder Verpfändung von Anwartschaften im Sinne des § 51 Z 2 ist rechtsunwirksam, soweit der Anwartschaftsberechtigte darüber nicht verfügen kann. Für die Pfändung gilt die EO.

(BGBl I 2007/102)

Beitrittsvertrag

§ 53. (1) Hat der Anwartschaftsberechtigte für die bei ihm beschäftigten Arbeitnehmer oder freien Dienstnehmer bereits eine BV-Kasse ausgewählt und einen Beitrittsvertrag abgeschlossen oder wurde ihm bereits eine BV-Kasse nach § 27a zugewiesen, hat er die Beiträge im Sinne des § 52 Abs. 1 im Wege der Sozialversicherungsanstalt der Selbständigen an diese BV-Kasse zu leisten. Hat für den Anwartschaftsberechtigten noch keine Verpflichtung zur Auswahl einer BV-Kasse nach § 9 bestanden, hat der Anwartschaftsberechtigte mit einer von ihm ausgewählten BV-Kasse einen Beitrittsvertrag abzuschließen. Kommt er der Verpflichtung zur Auswahl der BV-Kasse (2. Satz) nicht spätestens nach sechs Monaten ab dem Beginn seiner Pflichtversicherung (§ 49 Abs. 2) nach, ist das Zuweisungsverfahren nach § 27a einzuleiten.

(BGBl I 2018/100)

(2) Hat eine Schlichtungsstelle gemäß § 9 Abs. 2 über die Auswahl der BV-Kasse entschieden, hat der Anwartschaftsberechtigte eine BV-Kasse nach Abs. 1 2. Satz auszuwählen.

(3) Der Beitrittsvertrag hat insbesondere zu enthalten:

1. die ausgewählte BV-Kasse;
2. Grundsätze der Veranlagungspolitik;
3. die näheren Voraussetzungen für die Kündigung des Beitrittsvertrages;
4. die Höhe der Verwaltungskosten gemäß § 29 Abs. 2 Z 5;
5. die Meldepflichten des Selbständigen gegenüber der BV-Kasse;
6. eine allfällige Zinsgarantie gemäß § 24 Abs. 2;
7. alle Dienstgeberkontonummern des beitretenden Selbständigen;
8. Art und Berechnungsweise der Barauslagen, die die BV-Kasse gemäß § 26 Abs. 3 Z 1 verrechnen darf.

(4) Für die Kündigung des Beitrittsvertrages durch den Anwartschaftsberechtigten oder die BVKasse oder die einvernehmliche Beendigung des Beitrittsvertrages gilt § 12 Abs. 1 bis 3.

(BGBl I 2007/102, BGBl I 2018/100)

Mitwirkungsverpflichtung

§ 54. Der Anwartschaftsberechtigte ist verpflichtet, der BV-Kasse über alle für das Vertragsverhältnis und für die Verwaltung der Anwartschaft maßgebenden Umstände unverzüglich wahrheitsgemäß Auskunft zu erteilen.

(BGBl I 2007/102)

3. Abschnitt
Leistungsrecht

Anspruch auf eine Leistung aus der Selbständigenvorsorge

§ 55. (1) Der Anwartschaftsberechtigte hat nach mindestens zwei Jahren

1. des Ruhens seiner Gewerbeausübung im Sinne des § 93 der Gewerbeordnung 1994, BGBl. Nr. 194, des Ruhens seiner selbständigen künstlerischen Erwerbstätigkeit nach § 22a des Künstler-Sozialversicherungsfondsgesetzes, BGBl. I Nr. 131/2000, oder nach dem Erlöschen der die Pflichtversicherung in der Krankenversicherung nach dem GSVG begründenden Berechtigung oder

   (BGBl I 2010/92)

2. nach der Beendigung der betrieblichen Tätigkeit im Falle eines nach § 2 Abs. 1 Z 4 GSVG Pflichtversicherten und

bei Vorliegen von drei Einzahlungsjahren (36 Beitragsmonate) seit der ersten Beitragszahlung gemäß § 52 Abs. 1 oder der letztmaligen Verfügung (ausgenommen Verfügungen nach § 58 Abs. 1 Z 2 oder 3 oder Abs. 3) bei einer oder mehreren BV-Kassen Anspruch auf einen Kapitalbetrag aus der Anwartschaft auf eine Selbständigenvorsorge.

(2) Die Verfügung über die Selbständigenvorsorge kann verlangt werden

1. jedenfalls ab der Inanspruchnahme einer Eigenpension aus der gesetzlichen Pensionsversicherung (Zeitpunkt der Zustellung des rechtskräftigen Bescheides) oder gleicharti-

gen Rechtsvorschriften der Mitgliedstaaten des Europäischen Wirtschaftsraumes, oder

2. wenn der Anwartschaftsberechtigte seit mindestens fünf Jahren keine Beiträge nach diesem Bundesgesetz oder gleichartigen österreichischen Rechtsvorschriften zu leisten hat und der Anwartschaftsberechtigte die Voraussetzung nach der Z 1 oder Z 2 des Abs. 1 erfüllt.

(BGBl I 2013/138)

(3) Bei Tod des Anwartschaftsberechtigten gebührt der Kapitalbetrag unabhängig vom Vorliegen der Voraussetzungen nach Abs. 1 dem Ehegatten oder dem eingetragenen Partner sowie den Kindern (Wahl-, Pflege- und Stiefkinder) des Anwartschaftsberechtigten zu gleichen Teilen, sofern für diese Kinder zum Zeitpunkt des Todes des Anwartschaftsberechtigten Familienbeihilfe gemäß § 2 FLAG bezogen wird. Die anspruchsberechtigten Personen können nur die Auszahlung des Kapitalbetrages verlangen. Diese haben den Auszahlungsanspruch innerhalb von drei Monaten ab dem Zeitpunkt des Todes des Anwartschaftsberechtigten gegenüber der BV-Kasse schriftlich geltend zu machen. Der Kapitalbetrag ist binnen fünf Werktagen nach dem nächstfolgenden Monatsletzten nach Ablauf dieser Frist an die von der BV-Kasse festgestellten anspruchsberechtigten Personen mit schuldbefreiender Wirkung für die BV-Kasse auszuzahlen. Anspruchsberechtigte Personen, die ihren Anspruch innerhalb der Frist von drei Monaten gegenüber der BV-Kasse nicht geltend gemacht haben, können diesen Anspruch gegenüber dem Ehegatten oder dem eingetragenen Partner oder den Kindern im Sinne des 1. Satzes, an die ein Kapitalbetrag im Sinne des 3. Satzes bereits ausgezahlt wurde, anteilig geltend machen. Melden sich keine anspruchsberechtigten Personen binnen der dreimonatigen Frist, fällt der Kapitalbetrag in die Verlassenschaft gemäß § 531 des Allgemeinen Bürgerlichen Gesetzbuches, JGS. Nr. 946/1811.

(BGBl I 2009/135)

(4) Der Anwartschaftsberechtigte hat die von ihm beabsichtigte Verfügung über den Kapitalbetrag der BV-Kasse schriftlich bekannt zu geben. Darin kann der Anwartschaftsberechtigte die BV-Kasse weiters beauftragen, auch die Verfügungen im Sinne des § 58 Abs. 1 über Kapitalbeträge aus anderen BV-Kassen zu veranlassen.

(5) Die BV-Kasse ist verpflichtet, begründete Einwendungen eines Anwartschaftsberechtigten im Zusammenhang mit der Beitragsleistung oder dem Anspruch auf den Kapitalbetrag und Urgenzen hinsichtlich von Kontonachrichten zu prüfen und, sofern die Ursache dafür nicht im eigenen Bereich liegt, unverzüglich dem jeweils zuständigen Träger der Sozialversicherung zur Klärung zu übermitteln.

(BGBl I 2007/102)

Höhe des Kapitalbetrages

§ 56. Die Höhe des Kapitalbetrages ergibt sich aus der Anwartschaft zum Ende jenes Monats, zu dem ein Anspruch gemäß § 57 fällig geworden ist, einschließlich einer allfälligen Garantieleistung bei einer Verfügung gemäß § 58 Abs. 1 Z 1, 3 und 4 oder Abs. 4.

(BGBl I 2007/102)

Fälligkeit des Kapitalbetrages

§ 57. (1) Der Kapitalbetrag ist am Ende des zweitfolgenden Kalendermonates nach der Geltendmachung des Anspruchs gemäß § 55 Abs. 4 fällig und binnen fünf Werktagen entsprechend der Verfügung des Anwartschaftsberechtigten nach § 58 zu leisten, wobei die Frist für die Fälligkeit frühestens mit dem Ablauf des Zeitraums nach § 55 Abs. 1 Z 1 oder 2 oder Inanspruchnahme einer Eigenpension aus der gesetzlichen Pensionsversicherung zu laufen beginnt.

(2) Der Anwartschaftsberechtigte kann die BV-Kasse einmalig anweisen, die Durchführung von Verfügungen nach § 58 um ein bis sechs ganze Monate nach Fälligkeit vorzunehmen. An eine solche Anweisung ist die BV-Kasse nur dann gebunden, wenn sie spätestens 14 Tage vor Fälligkeit gemäß Abs. 1 bei ihr einlangt. Im Aufschubzeitraum ist der Kapitalbetrag im Rahmen der Veranlagungsgemeinschaft weiter zu veranlagen. Mit dem Ende des letzten vollen Monats des Aufschubzeitraumes ist eine ergänzende Ergebniszuweisung vorzunehmen.

(BGBl I 2007/102)

Verfügungsmöglichkeiten des Anwartschaftsberechtigten über den Kapitalbetrag

§ 58. (1) Der Anwartschaftsberechtigte kann bei Vorliegen der Anspruchsvoraussetzungen nach § 55 zu den in § 55 Abs. 1 und 2 genannten Zeitpunkten

1. die Auszahlung des gesamten Kapitalbetrages verlangen,
2. die Weiterveranlagung des gesamten Kapitalbetrages bis zum Vorliegen der Voraussetzungen des Abs. 4 in der BV Kasse verlangen,
3. die Übertragung des gesamten Kapitalbetrages in eine neue BV-Kasse nach der Wiederaufnahme der Gewerbeausübung oder der betrieblichen Tätigkeit oder eine BV-Kasse seines neuen Arbeitgebers verlangen,
4. die Überweisung des gesamten Kapitalbetrages
   a) an ein Versicherungsunternehmen seiner Wahl als Einmalprämie für eine vom Anwartschaftsberechtigten nachweislich abgeschlossene Pensionszusatzversicherung (§ 108b des Einkommensteuergesetzes 1988 – EStG 1988, BGBl. Nr. 400) oder
   b) an eine Pensionskasse, bei der der Anwartschaftsberechtigte bereits Berechtigter im Sinne des § 5 des Pensionskassengesetzes – PKG, BGBl. Nr. 281/1990, ist,

   verlangen.

(2) Gibt der Anwartschaftsberechtigte die Erklärung über die Verwendung der Selbständigenvorsorge nicht binnen sechs Monaten nach den sich aus § 55 Abs. 1 und Abs. 2 Z 2 ergebenden Zeitpunkten ab, ist die Selbständigenvorsorge weiter zu veranlagen.

(3) Der Anwartschaftsberechtigte kann, auch wenn die Voraussetzungen des § 55 Abs. 2 für eine Verfügung über den Kapitalbetrag nicht vorliegen, sowie nach einer Verfügung im Sinne des Abs. 1 Z 2 (abweichend von Abs. 2) eine Verfügung über die gesamte Selbständigenvorsorge in der jeweiligen BV-Kasse im Sinne des Abs. 1 Z 3 verlangen, wenn die Selbständigenanwartschaft seit dem Ruhen der Gewerbeausübung oder Beendigung der betrieblichen Tätigkeit mindestens drei Jahre beitragsfrei gestellt ist. Die Verfügung kann frühestens nach dem Ablauf der Dreijahresfrist vorgenommen werden.

(4) Die BV-Kasse hat nach dem Ablauf von drei Monaten ab dem Zeitpunkt der Verständigung nach § 27 Abs. 4 über die Inanspruchnahme einer Eigenpension aus der gesetzlichen Pensionsversicherung oder gleichartigen Rechtsvorschriften der Mitgliedstaaten des Europäischen Wirtschaftsraumes durch den Anwartschaftsberechtigten den Kapitalbetrag zum Ende des Folgemonats (Fälligkeit der Abfertigung) auszuzahlen, sofern der Anwartschaftsberechtigte nicht vorher über den Kapitalbetrag verfügt hat.

(BGBl I 2007/102)

4. Abschnitt
Verwaltung der Beiträge in der BV-Kasse

BV-Kassen

§ 59. Die BV-Kassen sind auch berechtigt, Beiträge im Sinne des 4. Teiles hereinzunehmen und zu veranlagen.

(BGBl I 2007/102)

Konten

§ 60. (1) Die BV-Kasse hat für jeden Anwartschaftsberechtigten ein Konto zu führen. Dieses Konto muss alle wesentlichen Daten enthalten und dient der Berechnung des Kapitalbetrages aus der Selbständigenvorsorge.

(2) Der Anwartschaftsberechtigte ist jährlich zum Stand 31. Dezember des vorangegangenen Geschäftsjahres binnen drei Monaten, nachdem die Daten der BV-Kasse vom Dachverband zur Verfügung gestellt wurden, schriftlich über

(BGBl I 2018/100)

1. die zum letzten Bilanzstichtag erworbene Anwartschaft aus der Selbständigenvorsorge,
2. die im Geschäftsjahr veranlagten Beiträge,

   (BGBl I 2015/79)
3. die vom Anwartschaftsberechtigten zu tragenden Barauslagen und Verwaltungskosten,
4. die zugewiesenen Veranlagungsergebnisse sowie
5. die insgesamt erworbene Anwartschaft aus der Selbständigenvorsorge

zu informieren. Wesentliche Daten sind neben Namen und Sozialversicherungsnummer des Anwartschaftsberechtigten die für die Erfüllung der in Z 1 bis 5 angeführten Verpflichtungen erforderlichen Daten. Weiters hat die Information die Grundzüge der Veranlagungspolitik sowie die zum Abschlussstichtag gehaltenen Veranlagungen zu enthalten.

(3) Der Anwartschaftsberechtigte ist zwei Jahre nach der Ruhendstellung der Gewerbeausübung, nach dem Erlöschen der die Pflichtversicherung in der Krankenversicherung nach dem GSVG begründenden Berechtigung oder der Beendigung der betrieblichen Tätigkeit, die eine Verfügung nach § 58 Abs. 1 begründet, binnen eines Monats nach der Verständigung über die Ruhendstellung oder Beendigung durch den Dachverband von der BV-Kasse schriftlich über die Verfügungsmöglichkeiten gemäß den §§ 55 Abs. 4 und 58 Abs. 1 zu informieren. Bei Verfügungen gemäß § 58 Abs. 1 oder Auszahlungen gemäß § 58 Abs. 4 ist dem Anwartschaftsberechtigten zeitgleich mit der Auszahlung des Kapitalbetrages eine schriftliche Information mit den Angaben gemäß Abs. 2 Z 1 bis 5 zu übermitteln.

(BGBl I 2018/100)

(4) Nach Maßgabe der vorhandenen technischen Möglichkeiten kann nach Zustimmung des Anwartschaftsberechtigten anstelle der schriftlichen Information gemäß Abs. 2 und Abs. 3 letzter Satz auch eine gesicherte elektronische Zugriffsmöglichkeit auf diese Information bei der BV-Kasse ermöglicht werden. Die Information gemäß Abs. 3 erster und zweiter Satz kann nach Zustimmung des Anwartschaftsberechtigten und Bekanntgabe einer elektronischen Zustelladresse anstelle der schriftlichen Information auch elektronisch zugestellt werden.

(5) Die BV-Kasse haftet für die Richtigkeit der Kontonachrichten auf der Grundlage der von den Sozialversicherungsträgern im Wege des Dachverbandes zu Verfügung gestellten Daten.

(BGBl I 2018/100)

(6) Werden für eine Anwartschaft nach der Ruhendstellung der Gewerbeausübung, nach dem Erlöschen der die Pflichtversicherung in der Krankenversicherung nach dem GSVG begründenden Berechtigung oder der Beendigung der betrieblichen Tätigkeit für einen ununterbrochenen Zeitraum von mindestens zwölf Monaten ab dem Bilanzstichtag, zu dem die letzte Kontonachricht erstellt wurde, keine Beiträge geleistet, ist dem Anwartschaftsberechtigten abweichend von Abs. 2 jeweils nach jedem dritten Bilanzstichtag, gerechnet ab jenem Bilanzstichtag, zu dem die letzte Kontonachricht erstellt wurde, eine Kontonachricht zu übermitteln. Verändert sich die Anwartschaft seit jenem Bilanzstichtag, zu dem die letzte Kontonachricht erstellt wurde, um mehr als 30 €, ist dem Anwartschaftsberechtigten zu diesem Bilanzstichtag eine Kontonachricht zu übermit-

teln. Im Falle der gesicherten elektronischen Zugriffsmöglichkeit durch den Anwartschaftsberechtigten (Abs. 4) ist jährlich ein Kontoauszug zu erstellen.

(BGBl I 2007/102)

Veranlagungsgemeinschaft

§ 61. Die BV-Kasse hat die Veranlagung der Beiträge nach dem 4. Teil im Rahmen der nach § 28 bereits eingerichteten Veranlagungsgemeinschaft vorzunehmen.

(BGBl I 2007/102)

5. Teil
Selbständigenvorsorge für freiberuflich Selbständige und Land- und Forstwirte

1. Abschnitt
Allgemeine Bestimmungen

Geltungsbereich

§ 62. (1) **(Verfassungsbestimmung)** Die Bestimmungen des 5. Teiles gelten für die Selbständigenvorsorge,

1. von Personen, die in der Pensionsversicherung nach § 2 GSVG pflichtversichert sind, aufgrund einer Ausnahme gemäß § 5 GSVG oder einer Pflichtversicherung in der Krankenversicherung nach dem ASVG aber nicht der Pflichtversicherung in der Krankenversicherung nach § 2 GSVG unterliegen, oder
2. von Personen, die der Pflichtversicherung in der Pensionsversicherung nach § 2 Abs. 1 des Bauern-Sozialversicherungsgesetzes (BSVG), BGBl. Nr. 559/1978, oder
3. von Personen, die der Pflichtversicherung in der Pensionsversicherung nach § 2 des Freiberuflich Selbständigen-Sozialversicherungsgesetzes (FSVG), BGBl. Nr. 624/1978, oder
4. von Notaren, die in die Vorsorge nach § 1 des Notarversorgungsgesetzes, BGBl. I Nr. 100/2018, einbezogen sind, oder
   (BGBl I 2018/100)
5. von Personen, die in die Liste der Rechtsanwälte (§ 5 der Rechtsanwaltsordnung – RAO, RGBl. Nr. 96/1868) oder in die Liste der niedergelassenen europäischen Rechtsanwälte (§ 9 des EIRAG, BGBl. I Nr. 27/2000) eingetragen sind, oder
6. von Ziviltechnikern (§ 1 des Ziviltechnikergesetzes 1993 - ZTG, BGBl. Nr. 156/1994).

Der Selbständige kann sich im Rahmen der Selbständigenvorsorge nach diesem Teil durch Abschluss eines Beitrittsvertrages zur Beitragsleistung an eine BV-Kasse verpflichten.

(2) Auf die Selbständigenvorsorge sind die Bestimmungen des 2. Teiles mit Ausnahme folgender Regelungen anzuwenden: §§ 18 Abs. 3, 25, 27 Abs. 1 bis 3 und 8, 27a. § 27 Abs. 4 bis 6 und 7 ist mit der sich aus § 50 Abs. 3 ergebenden Maßgabe anzuwenden, wenn die Beitragseinhebung durch einen Sozialversicherungsträger erfolgt.

(3) Auf die Selbständigenvorsorge sind die Bestimmungen des 1. (ausgenommen die §§ 4 und 5), 3. und 4. Teiles, falls nicht anderes bestimmt ist, nicht anzuwenden.

(4) Die Bestimmungen des 2. Teiles sind mit der Maßgabe anzuwenden, dass an die Stelle der Begriffe „Arbeitnehmer", „Abfertigungsbeiträge", „Abfertigungsanwartschaft" und „Abfertigung" die Begriffe „Selbständiger", „Selbstständigenvorsorgebeiträge", „Anwartschaft auf eine Selbständigenvorsorge" und „Kapitalbetrag" in der richtigen grammatikalischen Form treten.

(5) **(Verfassungsbestimmung)** Die Erlassung, Änderung und Aufhebung von Vorschriften, wie sie im 5. Teil dieses Bundesgesetzes enthalten sind, sowie die Vollziehung dieser Vorschriften sind auch in jenen Belangen Bundessache, hinsichtlich deren das B-VG etwas anderes vorsieht. Die in diesen Bestimmungen geregelten Angelegenheiten können unmittelbar von Bundesbehörden vollzogen werden.

(BGBl I 2007/102)

Begriffsbestimmungen

§ 63. Im Sinne des 5. Teiles ist

1. ein Anwartschaftsberechtigter:
   jene Person nach § 62 Abs. 1, die Beiträge nach § 64 an die BV-Kasse leistet;
2. eine Anwartschaft auf eine Selbständigenvorsorge:
   die in einer BV-Kasse verwalteten Ansprüche eines Anwartschaftsberechtigten; diese setzen sich aus den in diese BV-Kasse eingezahlten Beiträgen abzüglich der einbehaltenen Verwaltungskosten, der allenfalls aus einer anderen BV-Kasse in diese BV-Kasse übertragenen Anwartschaft und den zugewiesenen Veranlagungsergebnissen zusammen.

(BGBl I 2007/102)

2. Abschnitt
Beitragsrecht

Beitragsleistung

§ 64. (1) Der Selbständige (§ 62) kann sich bis zum 31. Dezember 2008 durch Abschluss eines Beitrittsvertrages (§ 65) zu einer monatlichen Beitragsleistung für die Dauer der Pflichtversicherung (§ 62 Abs. 1 Z 1, 2, 3 oder 6) oder der Berufsausübung (§ 62 Abs. 1 Z 4 oder 5) in Höhe von 1,53 vH der Beitragsgrundlage nach Abs. 3 an eine von ihm ausgewählte BV-Kasse verpflichten. Ein Selbständiger, dessen Pflichtversicherung oder Berufsausübung nach dem 31. Dezember 2007 beginnt, kann sich innerhalb eines Jahres nach dem erstmaligen Beginn der Pflichtversicherung oder der Berufsausübung zur Beitragsleistung im Sinne des 1. Satzes verpflichten.

(BGBl I 2013/4)

(2) Ein Einstellen, Aussetzen oder Einschränken der Beitragsleistung für die Dauer der Pflichtversicherung oder der Berufsausübung bis zur Inanspruchnahme einer Eigenpension aus der ge-

BMSVG

setzlichen Pensionsversicherung oder einer Wohlfahrtseinrichtung einer Kammer der freien Berufe ist nicht zulässig.

(3) Beitragsgrundlage im Sinne des Abs. 1 ist:

1. für Selbständige im Sinne des § 62 Abs. 1 Z 1 und 3 die nach den §§ 25, 25a, 26 und 35a GSVG maßgebliche Beitragsgrundlage ohne Nachbemessung;
2. für Selbständige im Sinne des § 62 Abs. 1 Z 2 die nach den §§ 23, 23a und 33a BSVG zum Zeitpunkt der Vorschreibung in der Pensionsversicherung maßgebliche Beitragsgrundlage ohne Nachbemessung;
3. für Selbständige im Sinne des § 62 Abs. 1 Z 4 und Z 5 der sich aus § 48 GSVG ergebende Betrag;
4. für Selbständige im Sinne des § 62 Abs. 1 Z 6 die für die Pflichtversicherung in der gesetzlichen Pensionsversicherung nach dem FSVG maßgebliche Beitragsgrundlage ohne Nachbemessung.

(BGBl I 2013/4)

(4) Für die Beitragseinhebung, Übermittlung der relevanten Daten und Weiterleitung der Beiträge hinsichtlich der in § 62 Abs. 1 Z 1, 3 und 6 genannten Selbständigen gilt § 52 Abs. 2.

(BGBl I 2013/4)

(5) Die Sozialversicherungsanstalt der Selbständigen hat die Beiträge (Abs. 1) im übertragenen Wirkungsbereich nach § 33 BSVG vorzuschreiben und an die vom Anwartschaftsberechtigten ausgewählte BV-Kasse zu überweisen. Für die Einziehung dieser Beiträge gelten die Regelungen über die Einziehung der Beiträge nach dem BSVG. Hinsichtlich der Meldepflichten des Anwartschaftsberechtigten sind die §§ 16 bis 21 BSVG anzuwenden. Die eingelangten Beiträge nach Abs. 1 sind von der Sozialversicherungsanstalt der Selbständigen jeweils bis zum 10. des zweitfolgenden Kalendermonates nach vollständiger Bezahlung eines Beitragsmonates an die BV-Kasse abzuführen. Die Feststellung der Leistungsverpflichtung dem Grunde und der Höhe nach ist Verwaltungssache nach den §§ 409 bis 417a ASVG in Verbindung mit § 182 BSVG.

(BGBl I 2018/100)

(6) Die Versorgungsanstalt des österreichischen Notariates hat die Beiträge (Abs. 1) im übertragenen Wirkungsbereich vorzuschreiben und an die vom Anwartschaftsberechtigten ausgewählte BV-Kasse zu überweisen. Für diese Beiträge gelten die nach dem Notarversorgungsgesetz anzuwendenden Vorschriften über die Fälligkeit, Einzahlung und Eintreibung der Pflichtbeiträge sowie über die Melde- und Auskunftspflichten mit der Maßgabe, dass an die Stelle der Beiträge zur Versorgung die Beiträge an die BV-Kassen treten.

(BGBl I 2018/100)

(7) Die Einhebung der Beiträge (Abs. 1) von Rechtsanwälten (§ 62 Abs. 1 Z 5) erfolgt durch die jeweils ausgewählte BV-Kasse, wobei die Überweisung der Beiträge einmal jährlich erfolgen kann.

(8) (aufgehoben)

(BGBl I 2013/4)

(9) Die Abtretung oder Verpfändung von Anwartschaften im Sinne des § 63 Z 2 ist rechtsunwirksam, soweit der Anwartschaftsberechtigte darüber nicht verfügen kann. Für die Pfändung gilt die EO.

(BGBl I 2007/102)

Beitrittsvertrag

§ 65. (1) Der Anwartschaftsberechtigte hat mit einer von ihm ausgewählten BV-Kasse einen Beitrittsvertrag abzuschließen.

(2) Der Beitrittsvertrag hat insbesondere zu enthalten:

1. die ausgewählte BV-Kasse;
2. Grundsätze der Veranlagungspolitik;
3. die näheren Voraussetzungen für die Kündigung des Beitrittsvertrages;
4. die Höhe der Verwaltungskosten gemäß § 29 Abs. 2 Z 5;
5. die Meldepflichten des Selbständigen gegenüber der BV-Kasse;
6. eine allfällige Zinsgarantie gemäß § 24 Abs. 2;
7. Art und Berechnungsweise der Barauslagen, die die BV-Kasse gemäß § 26 Abs. 3 Z 1 oder § 70 verrechnen darf.

(3) Für die Kündigung des Beitrittsvertrages durch den Anwartschaftsberechtigten oder die BVKasse oder die einvernehmliche Beendigung des Beitrittsvertrages gilt § 12 Abs. 1 bis 3.

(BGBl I 2007/102)

Mitwirkungsverpflichtung

§ 66. Der Anwartschaftsberechtigte ist verpflichtet, der BV-Kasse über alle für das Vertragsverhältnis und für die Verwaltung der Anwartschaft maßgebenden Umstände unverzüglich wahrheitsgemäß Auskunft zu erteilen.

3. Abschnitt
Leistungsrecht

Anspruch auf eine Leistung aus der Selbständigenvorsorge

§ 67. (1) Der Anwartschaftsberechtigte hat nach mindestens zwei Jahren

1. nach dem Ende seiner Pflichtversicherung (§ 62 Abs. 1 Z 1, 3 oder 6) infolge Einstellung der betrieblichen Tätigkeit oder dem Wegfall der berufsrechtlichen Berechtigung oder

   (BGBl I 2013/4)
2. nach dem Ende seiner Pflichtversicherung (§ 62 Abs. 1 Z 2) infolge Einstellung der für die Pensionsversicherung nach § 2 BSVG wesentlichen betrieblichen Tätigkeit oder

3. nach der Beendigung der Berufsausübung (§ 62 Abs. 1 Z 4 oder 5) nach den jeweiligen berufsrechtlichen Regelungen

(BGBl I 2013/4)

bei Vorliegen von drei Einzahlungsjahren (36 Beitragsmonate) seit der ersten Beitragszahlung gemäß § 64 Abs. 1 oder der letztmaligen Verfügung (ausgenommen Verfügungen im Sinne des § 58 Abs. 1 Z 2 oder 3 oder Abs. 3) bei einer oder mehreren BV-Kassen, Anspruch auf einen Kapitalbetrag aus der Anwartschaft auf eine Selbständigenvorsorge.

(2) Das Leistungsrecht hinsichtlich der Selbständigenvorsorge nach diesem Teil ergibt sich aus den §§ 55 Abs. 2 bis 4, 56, 57 und 58.

(BGBl I 2007/102)

4. Abschnitt
Verwaltung der Beiträge in der BV-Kasse

BV-Kassen

§ 68. Die BV-Kassen sind auch berechtigt, Beiträge im Sinne des 5. Teiles hereinzunehmen und zu veranlagen.

(BGBl I 2007/102)

Konten

§ 69. (1) Die BV-Kasse hat für jeden Anwartschaftsberechtigten ein Konto zu führen. Dieses Konto muss alle wesentlichen Daten enthalten und dient der Berechnung des Kapitalbetrages aus der Selbständigenvorsorge.

(2) Der Anwartschaftsberechtigte ist jährlich zum Stand 31. Dezember des vorangegangenen Geschäftsjahres binnen drei Monaten, nachdem die Daten der BV-Kasse vom Dachverband oder einer Kammer der freien Berufe, wenn eine Zustimmung des Anwartschaftsberechtigten eingeholt wurde, oder durch den Anwartschaftsberechtigten, zur Verfügung gestellt wurden, schriftlich über

(BGBl I 2018/100)

1. die zum letzten Bilanzstichtag erworbene Anwartschaft aus der Selbständigenvorsorge,
2. die im Geschäftsjahr veranlagten Beiträge,

   (BGBl I 2015/79)
3. die vom Anwartschaftsberechtigten zu tragenden Barauslagen und Verwaltungskosten,
4. die zugewiesenen Veranlagungsergebnisse sowie
5. die insgesamt erworbene Anwartschaft aus der Selbständigenvorsorge

zu informieren. Wesentliche Daten sind neben Namen und Sozialversicherungsnummer des Anwartschaftsberechtigten die für die Erfüllung der in Z 1 bis 5 angeführten Verpflichtungen erforderlichen Daten. Weiters hat die Information die Grundzüge der Veranlagungspolitik sowie die zum Abschlussstichtag gehaltenen Veranlagungen zu enthalten.

(3) Der Anwartschaftsberechtigte ist zwei Jahre nach der Ruhendstellung der Gewerbeausübung, dem Ende seiner Pflichtversicherung infolge Einstellung der für die Pensionsversicherung nach § 2 BSVG wesentlichen betrieblichen Tätigkeit oder der Beendigung der Berufsausübung, die eine Verfügung nach § 67 begründet, binnen eines Monats nach der Verständigung über die Ruhendstellung oder Beendigung der Pflichtversicherung oder Berufsausübung durch den Dachverband von der BV-Kasse schriftlich über die Verfügungsmöglichkeiten gemäß § 67 zu informieren. Bei Verfügungen gemäß § 67 oder Auszahlungen gemäß § 67 ist dem Anwartschaftsberechtigten zeitgleich mit der Auszahlung des Kapitalbetrages eine schriftliche Information mit den Angaben gemäß Abs. 2 Z 1 bis 5 zu übermitteln.

(BGBl I 2018/100)

(4) Nach Maßgabe der vorhandenen technischen Möglichkeiten kann nach Zustimmung des Anwartschaftsberechtigten anstelle der schriftlichen Information gemäß Abs. 2 und Abs. 3 letzter Satz auch eine gesicherte elektronische Zugriffsmöglichkeit auf diese Information bei der BV-Kasse ermöglicht werden. Die Information gemäß Abs. 3 erster und zweiter Satz kann nach Zustimmung des Anwartschaftsberechtigten und Bekanntgabe einer elektronischen Zustelladresse anstelle der schriftlichen Information auch elektronisch zugestellt werden.

(5) Die BV-Kasse haftet für die Richtigkeit der Kontonachrichten auf der Grundlage der von der Sozialversicherungsträgern im Wege des Dachverbandes, einer Kammer der freien Berufe oder dem Anwartschaftsberechtigten zu Verfügung gestellten Daten.

(BGBl I 2018/100)

(6) Werden für eine Anwartschaft nach der Ruhendstellung der Gewerbeausübung oder der Beendigung der betrieblichen Tätigkeit für einen ununterbrochenen Zeitraum von mindestens zwölf Monaten ab dem Bilanzstichtag, zu dem die letzte Kontonachricht erstellt wurde, keine Beiträge geleistet, ist dem Anwartschaftsberechtigten abweichend von Abs. 2 jeweils nach jedem dritten Bilanzstichtag, gerechnet ab jenem Bilanzstichtag, zu dem die letzte Kontonachricht erstellt wurde, eine Kontonachricht zu übermitteln. Verändert sich die Anwartschaft seit jenem Bilanzstichtag, zu dem die letzte Kontonachricht erstellt wurde, um mehr als 30 €, ist dem Anwartschaftsberechtigten zu diesem Bilanzstichtag eine Kontonachricht zu übermitteln. Im Falle der gesicherten elektronischen Zugriffsmöglichkeit durch den Anwartschaftsberechtigten (Abs. 4) ist jährlich ein Kontoauszug zu erstellen.

(BGBl I 2007/102)

Verwaltungskosten

§ 70. Werden die Beiträge durch einen Sozialversicherungsträger eingehoben (§ 64 Abs. 4 bis 6), so ist § 26 anzuwenden, wobei der in § 26 Abs. 5 geregelte Kostenersatz dem jeweiligen Sozialversicherungsträger (§ 64) zusteht. Abweichend vom ersten Satz sind die Verwaltungskosten hinsichtlich der Beitragseinhebung, Veranlagung und Verwaltung der Beiträge von Rechtsanwälten in einem Rahmenvertrag zwischen dem Österreichischen Rechtsanwaltskammertag und der jeweiligen BV-Kasse festzulegen, wobei die Verwaltungskosten für alle Rechtsanwälte, die vom Rahmenvertrag erfasst werden, prozentmäßig gleich sein müssen.

(BGBl I 2007/102, BGBl I 2013/4)

Veranlagungsgemeinschaft

§ 71. Die BV-Kasse hat die Veranlagung der Beiträge nach dem 5. Teil im Rahmen der nach § 28 bereits eingerichteten Veranlagungsgemeinschaft vorzunehmen.

(BGBl I 2007/102)

6. Teil
Schlussbestimmungen

Weisungsbindung

§ 71a. Die Versicherungsträger und der Dachverband haben die Aufgaben nach diesem Bundesgesetz im übertragenen Wirkungsbereich nach den Weisungen des Bundesministers für Arbeit, Soziales und Konsumentenschutz zu vollziehen. In den Angelegenheiten des § 27 Abs. 4 bis 6 haben der Bundesminister für Arbeit, Soziales und Konsumentenschutz und der Bundesminister für Finanzen hinsichtlich der Weisung das Einvernehmen herzustellen.

(BGBl I 2009/147, BGBl I 2018/100)

Vollziehung

§ 72. Mit der Vollziehung dieses Bundesgesetzes sind hinsichtlich

1. des 1. sowie des 3. Teiles (Übergangsrecht) der Bundesminister für Wirtschaft und Arbeit,

„2. des § 11 Abs. 3 und 4, des 2. Teiles sowie des § 47a der Bundesminister für Finanzen,“

   (BGBl I 2019/25)

3. des § 6 Abs. 2, 2a und 3 und § 27a der Bundesminister für Wirtschaft und Arbeit und der Bundesminister für Soziales und Konsumentenschutz im Rahmen ihres Wirkungsbereiches,
4. der §§ 7 Abs. 3 bis 8 und 27 Abs. 8 die Bundesministerin für Gesundheit, Frauen und Jugend im Einvernehmen mit dem Bundesminister für Wirtschaft und Arbeit,
5. des § 8 der Bundesminister für Justiz,
6. des § 27 Abs. 4 bis 6 der Bundesminister für Soziales und Konsumentenschutz im Einvernehmen mit dem Bundesminister für Finanzen,
7. des § 27 Abs. 7 der Bundesminister für Soziales und Konsumentenschutz,
8. des 4. und 5. Teiles der Bundesminister für Wirtschaft und Arbeit und der Bundesminister für Finanzen im Rahmen ihres Wirkungsbereiches

betraut.

(BGBl I 2007/102)

Inkrafttreten

§ 73. (1) § 30 Abs. 2 Z 6, § 30 Abs. 3 Z 9, § 31 Abs. 1 Z 5 und die Anlagen 1 und 2 zu § 40 in der Fassung des Bundesgesetzes BGBl. I Nr. 80/2003 treten mit 1. September 2003 in Kraft.

(BGBl I 2003/80)

(2) § 14 Abs. 4 Z 1 und 1a in der Fassung des Bundesgesetzes BGBl. I Nr. 143/2004 tritt mit 1. Jänner 2005 in Kraft.

(BGBl I 2004/143)

(3) § 17 Abs. 1 Z 4 lit. a in der Fassung des Bundesgesetzes BGBl. I Nr. 8/2005 tritt mit 23. September 2005 in Kraft.

(BGBl I 2005/8)

(4) Die §§ 6 Abs. 2 und 2a, 9 samt Überschrift, 10, 12 Abs. 4, 27a samt Überschrift, 42 erster Satz und 49 Z 3 in der Fassung des Bundesgesetzes BGBl. I Nr. 36/2005 treten mit 1. Juli 2005 in Kraft. Eine Änderung der Zahlungsweise nach § 6 Abs. 2a kann erst für Beitragszeiträume nach dem 31. Dezember 2005 wirksam werden. Die §§ 10 und 27a sind auch auf Beitragszeiträume nach den §§ 6 und 7 anzuwenden, die vor dem In-Kraft-Treten dieses Bundesgesetzes begonnen haben. An jene Arbeitgeber, für die der Beginn des Arbeitsverhältnisses des Arbeitnehmers, für den der Arbeitgeber erstmalig Beiträge nach den §§ 6 oder 7 zu leisten hatte, vor dem 1. Jänner 2005 liegt, sind die Aufforderungsschreiben nach § 27a Abs. 1 bis spätestens 31. August 2005 zu versenden. Die Zuweisungen dieser Arbeitgeber zu einer MV-Kasse haben nach Verstreichen der Frist von drei Monaten nach § 27a Abs. 1, spätestens aber beginnend mit 1. Dezember 2005 zu erfolgen. Für das Jahr 2005 ist eine Meldung der Wirtschaftskammer Österreich im Sinne des § 27a Abs. 4 bis spätestens 31. Juli 2005, ein Antrag der MV-Kasse im Sinne des § 27a Abs. 4 bis spätestens 15. Juli 2005, zu übermitteln.

(BGBl I 2005/36)

(5) § 20 Abs. 4 letzter Satz in der Fassung des Bundesgesetzes BGBl. I Nr. 37/2005 tritt mit 1. Juli 2005 in Kraft.

(BGBl I 2005/37)

(6) § 30 Abs. 3 Z 8 lit. b in der Fassung des Bundesgesetzes BGBl. I Nr. 141/2006 tritt mit 1. Jänner 2007 in Kraft.

(BGBl I 2006/141)

(7) Der Titel dieses Bundesgesetzes, die Umbenennung der Mitarbeitervorsorgekasse (MV-Kasse) in Betriebliche Vorsorgekasse (BV-Kasse), das Inhaltsverzeichnis, die §§ 1 samt Überschrift, 6 Abs. 1a und 3, 7 samt Überschrift, § 9 Abs. 1 und Abs. 2 1. Satz, 14 samt Überschrift, 15, 16 samt

Überschrift, 17 samt Überschrift, die Überschrift zum 2. Teil, 20 Abs. 2, 22 Abs. 1, 24 Abs. 1, 25 samt Überschrift, 26 Abs. 6, 27 Abs. 1, 2, 5 und 6a, 29 Abs. 2 Z 5, 30 Abs. 2 Z 6, 33 Abs. 1, die Überschrift zum 3. Teil, 46, 47 Abs. 3 Z 3, sowie die Anlage 2 zu § 40 in der Fassung des Bundesgesetzes BGBl. I Nr. 102/2007 treten mit 1. Jänner 2008 in Kraft. § 7 Abs. 1 gilt nur für Auslandseinsatzpräsenzdienste gemäß § 19 Abs. 1 Z 9 WG 2001, die nach dem 31. Dezember 2007 angetreten werden. § 7 Abs. 6a gilt auch für zum Zeitpunkt des Inkrafttretens dieses Bundesgesetzes laufende Bildungskarenzen. § 47 Abs. 3 Z 3 in der Fassung des Bundesgesetzes BGBl. I Nr. 102/2007 findet nur auf nach dem 31. Dezember 2007 abgeschlossene Vereinbarungen gemäß § 47 Abs. 3 Anwendung. Für zum 31. Dezember 2007 bestehende freie Dienstverhältnisse von Personen im Sinne des § 1 Abs. 1a findet § 6 Abs. 1 2. Satz keine Anwendung. § 1 Abs. 1a findet auf zum 31. Dezember 2007 bestehende freie Dienstverhältnisse mit vertraglich festgelegten Abfertigungsansprüchen sowie auf unmittelbar nachfolgende mit demselben Dienstgeber oder einem Dienstgeber im Konzern (§ 46 Abs. 3 Z 2) abgeschlossene freie Dienstverhältnisse mit solchen Abfertigungsansprüchen keine Anwendung. Die Anlage 2 zu § 40 in der Fassung des Bundesgesetzes BGBl. I Nr. 102/2007 ist auf Geschäftsjahre anzuwenden, die nach dem 31. Dezember 2007 beginnen.

(BGBl I 2007/102)

(8) Der 4., 5. und 6. Teil dieses Bundesgesetzes (ausgenommen die §§ 49 und 62 Abs. 1 und 5) in der Fassung des Bundesgesetzes BGBl. I Nr. 102/2007 treten mit 1. Jänner 2008 in Kraft. Der 4. und 5. Teil gelten für Beitragszeiträume ab dem Inkrafttreten dieses Bundesgesetzes. Abweichend von § 52 Abs. 2 sind die Beiträge für die Monate Jänner bis einschließlich September 2008 gemeinsam mit den Beiträgen zur Pflichtversicherung in der Krankenversicherung nach dem GSVG gemäß § 35 GSVG vorzuschreiben. Abweichend von § 64 Abs. 4 bis 6 sind für Selbständige im Sinne des § 62 Abs. 1 Z 1 bis 4 die Beiträge für die Monate Jänner bis einschließlich September 2008 zusammen mit den Beiträgen für das 4. Quartal 2008 vorzuschreiben. Die auf Grund dieser Vorschreibungen eingelangten Beiträge für die Monate Jänner bis einschließlich Dezember 2008 samt Zinsen sind bis längstens 10. Februar 2009 an die BV-Kassen zu überweisen. Vorzeitige Überweisungen der eingezahlten Beiträge an die BV-Kassen durch die Sozialversicherungsträger sind zulässig. Abweichend von den §§ 50 Abs. 3 und 62 Abs. 2 haben die jeweiligen Sozialversicherungsträger die in diesen Bestimmungen und im § 27 Abs. 4 und 5 genannten Daten der bei ihr pensions- oder krankenversicherten Personen bis längstens 30. November 2008 den jeweils betroffenen BV-Kassen in automationsunterstützter Form im Wege des Hauptverbandes der österreichischen Sozialversicherungsträger gegen Ersatz der Kosten zur Verfügung zu stellen. Diese Beiträge sind bis zur Weiterleitung an die BV-Kasse entsprechend § 218 GSVG, § 206 BSVG oder § 78 NVG zu veranlagen.

(BGBl I 2007/102)

(9) **(Verfassungsbestimmung)** Die §§ 49 und 62 Abs. 1 und 5 in der Fassung des Bundesgesetzes BGBl. I Nr. 102/2007 treten mit 1. Jänner 2008 in Kraft.

(BGBl I 2007/102)

(10) § 6 Abs. 4 in der Fassung des Bundesgesetzes BGBl. I Nr. 12/2009 tritt mit 1. Februar 2009 in Kraft. Auf eine vor dem Zeitpunkt des In-Kraft-Tretens dieses Bundesgesetzes vereinbarte Kurzarbeit nach § 27 Abs. 1 lit. b des Arbeitsmarktförderungsgesetzes, BGBl. Nr. 31/1969, findet § 6 Abs. 4 in der Fassung vor dem Bundesgesetz BGBl. I Nr. 12/2009 weiter Anwendung.

(BGBl I 2009/12)

(11) § 7 Abs. 5 in der Fassung des Bundesgesetzes BGBl. I Nr. 116/2009 tritt mit 1. Jänner 2010 in Kraft.

(BGBl I 2009/116)

(12) Das Inhaltsverzeichnis sowie § 71a samt Überschrift in der Fassung des Bundesgesetzes BGBl. I Nr. 147/2009 treten mit 1. Jänner 2010 in Kraft.

(BGBl I 2009/147)

(13) § 14 Abs. 5 und § 55 Abs. 3 in der Fassung des Bundesgesetzes BGBl. I Nr. 135/2009 treten mit 1. Jänner 2010 in Kraft.

(BGBl I 2009/135)

(14) § 30 Abs. 2 Z 2 in der Fassung des Bundesgesetzes BGBl. I Nr. 72/2010 tritt mit 31. Dezember 2010 in Kraft.

(BGBl I 2010/72)

(15) Die §§ 6 Abs. 2 zweiter Satz und 55 Abs. 1 Z 1 in der Fassung des Bundesgesetzes BGBl. I Nr. 92/2010 treten mit 1. Jänner 2011 in Kraft.

(BGBl I 2010/92)

(16) § 29 Abs. 1, § 30 Abs. 2 Z 5 und Abs. 3 Z 3, 4 und 7 sowie § 31 Abs. 1 Z 3a und 4 und § 44 Abs. 1 in der Fassung des Bundesgesetzes BGBl. I Nr. 77/2011 treten mit 1. September 2011 in Kraft.

(BGBl I 2011/77)

(17) § 44 Abs. 1 und § 45 Abs. 1 in der Fassung des 2. Stabilitätsgesetzes 2012, BGBl. I Nr. 35/2012, treten mit 1. Mai 2012 in Kraft.

(BGBl I 2012/35)

(18) § 20 Abs. 2 erster Satz und Abs. 5, § 26 Abs. 3 Z 2 letzter Satz, § 30 Abs. 2 Z 5a, § 30 Abs. 3 Z 4 und 7 sowie § 47 Abs. 5 und 6 in der Fassung des Bundesgesetzes BGBl. I Nr. 4/2013 treten mit 1. Jänner 2013 in Kraft. § 47 Abs. 5 in der Fassung vor dem Bundesgesetz BGBl. I Nr. 4/2013 tritt mit Ablauf des 31. Dezember 2012 außer Kraft, auf Grundlage dieser Bestimmung abgeschlossene Übertrittsverträge behalten ihre Gültigkeit.

(BGBl I 2013/4)

(19) § 64 Abs. 1 erster Satz, Abs. 3 Z 4 und Abs. 4, § 67 Abs. 1 Z 1 und Z 3 sowie § 70 in der Fassung des Bundesgesetzes BGBl. I Nr. 4/2013 treten mit 1. Jänner 2013 in Kraft. Die §§ 64 Abs. 4 und 70 gelten für Zeiträume der Beitragspflicht ab 1. Jänner 2013 auch für jene Selbständigen gemäß § 62 Abs. 1 Z 6, deren Beitragspflicht gemäß § 64 Abs. 1 in der Fassung vor dem Bundesgesetz BGBl. I Nr. 4/2013 vor dem 1. Jänner 2013 begonnen hat. § 64 Abs. 8 in der Fassung vor dem Bundesgesetz BGBl. I Nr. 4/2013 tritt mit Ablauf des 31. Dezember 2012 außer Kraft; auf Grundlage dieser Bestimmung abgeschlossene Beitrittsverträge behalten ihre Gültigkeit.

(BGBl I 2013/4)

(20) § 6 Abs. 4 in der Fassung des Bundesgesetzes BGBl. I Nr. 67/2013 tritt mit 1. Juli 2013 in Kraft.

(BGBl I 2013/67)

(21) § 30 Abs. 1, § 30 Abs. 2 Z 5a, 6, 7 und 8, § 30 Abs. 3 Z 4, 7, 7a und 7b, § 31Abs. 1 Z 3a, § 44 Abs. 2 und § 45 Abs. 3 in der Fassung des Bundesgesetzes BGBl. I Nr. 135/2013 treten mit dem der Kundmachung folgenden Tag in Kraft. § 40 Abs. 6 und § 45a samt Überschrift in der Fassung des Bundesgesetzes BGBl. I Nr. 135/2013 treten mit 1. Jänner 2014 in Kraft.

(BGBl I 2013/135)

(22) § 20 Abs. 1, § 30 Abs. 2 Z 2 und Abs. 3 Z 8 lit. b sowie § 31 Abs. 1 Z 3a in der Fassung des Bundesgesetzes BGBl. I Nr. 184/2013 treten mit 1. Jänner 2014 in Kraft.

(BGBl I 2013/184)

(23) Die §§ 6 Abs. 4, 7 Abs. 6, 52 Abs. 1a, 52 Abs. 2 dritter Satz und 55 Abs. 2 in der Fassung des Bundesgesetzes BGBl. I Nr. 138/2013 treten mit 1. Jänner 2014 in Kraft. Diese Bestimmungen finden auf Freistellungen gegen Entfall des Entgelts oder Herabsetzungen der Normalarbeitszeit nach den §§ 14a oder 14b AVRAG Anwendung, soweit diese nach dem 31. Dezember 2013 beginnen. Auf zum Zeitpunkt des Inkrafttretens dieses Bundesgesetzes laufende Freistellungen gegen Entfall des Entgelts oder Herabsetzungen der Normalarbeitszeit nach den §§ 14a oder 14b AVRAG kommt § 7 Abs. 6 in der Fassung vor dem In-Kraft-Treten dieses Bundesgesetzes zur Anwendung. Personen, die zum Zeitpunkt des Inkrafttretens dieses Bundesgesetzes eine Eigenpension aus der gesetzlichen Pensionsversicherung beziehen und der Selbständigenvorsorge nach dem 4. Teil unterliegen, können bis zum 31. Dezember 2014 schriftlich gegenüber der Sozialversicherungsanstalt der Gewerblichen Wirtschaft erklären, keine Beiträge nach dem 4. Teil mehr zu leisten. Die Beitragspflicht endet mit Ende des Kalendermonats, in dem diese Erklärung bei der Sozialversicherungsanstalt der Gewerblichen Wirtschaft einlangt. Der Verfügungsanspruch entsteht mit dem auf das Ende der Beitragspflicht folgenden Monatsersten.

(BGBl I 2013/138)

(24) § 41 Abs. 4 in der Fassung des Bundesgesetzes BGBl. I Nr. 42/2014 ist auf Geschäftsjahre anzuwenden, die nach dem 31. Dezember 2013 beginnen.

(BGBl I 2014/42)

(25) § 17 Abs. 1 Z 4 lit. a in der Fassung des Bundesgesetzes BGBl. I Nr. 34/2015 tritt mit 1. Jänner 2016 in Kraft.

(BGBl I 2015/34)

(26) Die §§ 6 Abs. 1b und 2a, 16 Abs. 1, 25 Abs. 2, 3 und 5, 27 Abs. 5 und 8, 60 Abs. 2 Z 2 und 69 Abs. 2 Z 2 in der Fassung des Bundesgesetzes BGBl. I Nr. 79/2015 treten mit 1. Jänner 2019 in Kraft und gelten für Beitragszeiträume nach 31. Dezember 2018. Die §§ 14 Abs. 8 und 9 und 25 Abs. 7 in der Fassung des Bundesgesetzes BGBl. I Nr. 79/2015 treten mit 1. Jänner 2019 in Kraft.

(BGBl I 2015/79, BGBl I 2016/44, BGBl I 2017/107, BGBl I 2018/100)

(27) Das Inhaltsverzeichnis hinsichtlich der §§ 42a bis 45 und § 42a in der Fassung des Bundesgesetzes BGBl. I Nr. 73/2016 treten mit dem der Kundmachung folgenden Tag in Kraft.

(BGBl I 2016/73)

(28) § 6 Abs. 4 in der Fassung des Bundesgesetzes BGBl. I Nr. 44/2016 tritt mit 1. Jänner 2017 in Kraft.

(BGBl I 2016/44, BGBl I 2017/30)

(29) § 27 Abs. 4 in der Fassung des Bundesgesetzes BGBl. I Nr. 118/2016 tritt mit 1. Jänner 2017 in Kraft. § 27a Abs. 7 tritt mit Ablauf des 31. Dezember 2016 außer Kraft.

(BGBl I 2016/118)

(30) § 6 Abs. 4 in der Fassung des Bundesgesetzes BGBl. I Nr. 30/2017 tritt mit 1. Juli 2017 in Kraft.

(BGBl I 2017/30)

(31) § 7 Abs. 1 erster Satz, Abs. 5 und 6 in der Fassung des Bundesgesetzes BGBl. I Nr. 36/2017 tritt mit 1. März 2017 in Kraft. § 7 Abs. 5 in der Fassung vor dem Bundesgesetz BGBl. I Nr. 36/2017 gilt weiter für Beiträge aufgrund von Kinderbetreuungsgeldbezug für Geburten vor dem 1. März 2017. § 7 Abs. 5 in der Fassung des Bundesgesetzes BGBl. I Nr. 36/2017 gilt für Beiträge aufgrund von Kinderbetreuungsgeldbezug für Geburten nach dem 28. Februar 2017.

(BGBl I 2017/36)

(32) § 44 Abs. 1 und § 45 Abs. 1 in der Fassung des Bundesgesetzes BGBl. I Nr. 107/2017 treten mit 3. Jänner 2018 in Kraft. § 25 Abs. 2 Z 2 und Abs. 5 in der Fassung des Bundesgesetzes BGBl. I Nr. 107/2017 tritt mit 1. Jänner 2019 in Kraft und gilt für Beitragszeiträume nach 31. Dezember 2018. § 44 Abs. 2 und § 45 Abs. 3 treten mit Ablauf des 2. Jänner 2018 außer Kraft.

(BGBl I 2017/107)

(33) Die §§ 7 Abs. 1, 18 Abs. 3, 25 Abs. 3 und 5, 26 Abs. 6, 27 Abs. 4, 5, 6, 6a und 7, 27a Abs. 2,

3, 4 und 5, 50 Abs. 3, 52 Abs. 1a, 2 und 3, 53 Abs. 1, 60 Abs. 2, 3 und 5, 62 Abs. 1 Z 4, 64 Abs. 5 und 6, 69 Abs. 2, 3 und 5 sowie § 71a in der Fassung des Bundesgesetzes BGBl. I Nr. 100/2018 treten mit 1. Jänner 2020 in Kraft.

(BGBl I 2018/100)

„(34) § 47a und § 72 Z 2 in der Fassung des Brexit-Begleitgesetzes 2019, BGBl. I Nr. 25/2019, treten mit dem Zeitpunkt des Wirksamwerdens des Austritts des Vereinigten Königreichs Großbritannien und Nordirland aus der Europäischen Union unter der Bedingung in Kraft, dass der Austritt ohne Austrittsabkommen gemäß Art. 50 Abs. 2 EUV erfolgt."

(BGBl I 2019/25)

(BGBl I 2007/102)

Anlage 1
zu § 40

Formblatt A – Bilanz der Betrieblichen Vorsorgekasse

AKTIVA

A. Anlagevermögen[1]
   I. Immaterielle Vermögensgegenstände
   II. Sachanlagen
   III. Finanzanlagen
B. Umlaufvermögen[1]
   I. Vorräte
   II. Forderungen
   III. Wertpapiere und Anteile
   IV. Kassenbestand, Schecks, Guthaben bei Banken
C. Rechnungsabgrenzungsposten
D. Aktiva der Veranlagungsgemeinschaft
   I. Bargeld und Guthaben auf Euro lautend
   II. Bargeld und Guthaben auf ausländische Währungen lautend
   III. Darlehen und Kredite auf Euro lautend
   IV. Ausleihungen auf ausländische Währungen lautend
   V. Forderungswertpapiere auf Euro lautend
   VI. Forderungswertpapiere auf ausländische Währungen lautend
   VII. Sonstige Forderungswertpapiere und Beteiligungswertpapiere auf Euro lautend
   Sonstige Forderungswertpapiere und Beteiligungswertpapiere auf ausländische Währungen lautend
   IX. Anteilscheine von Immobilienfonds auf Euro lautend
   (BGBl I 2003/80)
   X. Anteilscheine von Immobilienfonds auf ausländische Währung lautend
   (BGBl I 2003/80)
   XI. Forderungen
   (BGBl I 2003/80)
   XII. Aktive Rechnungsabgrenzungsposten
   (BGBl I 2003/80)
   XIII. Sonstige Aktiva
   (BGBl I 2003/80)

PASSIVA

A. Eigenkapital
   I. Grundkapital
   II. Kapitalrücklagen[1]
   III. Gewinnrücklagen[1]
   IV. Rücklage für die Erfüllung der Kapitalgarantie
   V. Rücklage für die Erfüllung der Zinsgarantie
   VI. Bilanzgewinn/Bilanzverlust
B. Unversteuerte Rücklagen[1]
C. Rückstellungen
   (BGBl I 2003/135)
D. Verbindlichkeiten[1]
E. Rechnungsabgrenzungsposten
F. Passiva der Veranlagungsgemeinschaften
   I. Abfertigungsanwartschaft
   II. Verbindlichkeiten
   III. Passive Rechnungsabgrenzungsposten
   IV. Sonstige Passiva

(BGBl I 2007/102)

1) Die mit Fußnote „1)" gekennzeichneten, mit Buchstaben oder römischen Zahlen bezeichneten Hauptposten sind in die im HGB mit arabischen Zahlen bezeichneten Einzelposten zu untergliedern.

Formblatt B – Gewinn- und Verlustrechnung der Betrieblichen Vorsorgekasse

A. Ergebnis der Veranlagungsgemeinschaft
   I. Veranlagungserträge
   II. Garantie
   III. Beiträge
   IV. Kosten
   V. Auszahlungen von Abfertigungsleistungen
   VI. Ergebnis der Veranlagungsgemeinschaft
   VII. Verwendung des Ergebnisses der Veranlagungsgemeinschaft
B. Erträge und Aufwendungen der BV-Kasse
   1. Verwaltungskosten
   2. Betriebsaufwendungen
      a) Personalaufwand
         – Löhne
         – Gehälter

- Aufwendungen für Abfertigungen und Leistungen an betriebliche Vorsorgekassen
  (BGBl I 2004/161, BGBl I 2007/102)
- Aufwendungen für Altersversorgung
- Aufwendungen für gesetzlich vorgeschriebene Sozialabgaben sowie vom Entgelt abhängige Abgaben und Pflichtbeiträge
- Sonstige Sozialaufwendungen

b) Abschreibungen auf das Anlagevermögen

c) Sonstige Betriebs-, Verwaltungs- und Vertriebsaufwendungen

3. Finanzerträge

a) Erträge aus Beteiligungen

b) Zinsenerträge und sonstige laufende Erträge aus der Veranlagung der Eigenmittel und der nicht zu Veranlagungsgemeinschaften zugeordneten Fremdmittel

c) Erträge aus dem Abgang von und der Zuschreibung zu Finanzanlagen, die nicht den Veranlagungsgemeinschaften zugeordnet sind

4. Finanzaufwendungen

a) Aufwendungen aus Beteiligungen

b) Abschreibungen auf sonstige Finanzanlagen, die nicht den Veranlagungsgemeinschaften zugeordnet sind

c) Zinsen und ähnliche Aufwendungen

5. Sonstige Erträge und Aufwendungen

a) Erträge

b) Aufwendungen

6. Ergebnis der gewöhnlichen Geschäftstätigkeit

7. Außerordentliches Ergebnis

a) außerordentliche Erträge

b) außerordentliche Aufwendungen

8. Steuern vom Einkommen und vom Ertrag

9. Jahresüberschuss/Jahresfehlbetrag

10. Veränderung von Rücklagen

a) Zuweisungen

- zu unversteuerten Rücklagen
- zu Gewinnrücklagen
- zur Kapitalgarantierücklage
- zur Zinsgarantierücklage

b) Auflösungen

- unversteuerter Rücklagen
- von Kapitalrücklagen
- von Gewinnrücklagen
- der Kapitalgarantierücklage
- der Zinsgarantierücklage

11. Gewinn-/Verlustvortrag

12. Bilanzgewinn/-verlust
    (BGBl I 2007/102)

(BGBl I 2007/102)

Anlage 2
zu § 40

Formblatt A – Vermögensaufstellung der Veranlagungsgemeinschaft

AKTIVA

I. Bargeld und Guthaben auf Euro lautend
   1. Bargeld
   2. Guthaben bei Kreditinstituten

II. Bargeld und Guthaben auf ausländische Währungen lautend
   1. Bargeld
   2. Guthaben bei Kreditinstituten

III. Darlehen und Kredite auf Euro lautend
   1. Darlehen und Kredite mit Haftung der öffentlichen Hand
   2. Darlehen und Kredite mit Haftung eines Kreditinstitutes
   3. Hypothekardarlehen

IV. Ausleihungen auf ausländische Währungen lautend
   1. Darlehen und Kredite mit Haftung der öffentlichen Hand
   2. Darlehen und Kredite mit Haftung eines Kreditinstitutes
   3. Hypothekardarlehen

V. Forderungswertpapiere auf Euro lautend
   1. börsenotierte Forderungswertpapiere
   2. nicht börsenotierte Forderungswertpapiere
   3. Anteilscheine von Kapitalanlagefonds

VI. Forderungswertpapiere auf ausländische Währungen lautend
   1. börsenotierte Forderungswertpapiere
   2. nicht börsenotierte Forderungswertpapiere
   3. Anteilscheine von Kapitalanlagefonds

VII. sonstige Forderungswertpapiere und Beteiligungswertpapiere auf Euro lautend
   1. börsenotierte Wertpapiere
   2. nicht börsenotierte Wertpapiere
   3. Anteilscheine von Kapitalanlagefonds

sonstige Forderungswertpapiere und Beteiligungswertpapiere auf ausländische Währungen lautend
   1. börsenotierte Wertpapiere
   2. nicht börsenotierte Wertpapiere
   3. Anteilscheine von Kapitalanlagefonds

IX. Anteilscheine von Immobilienfonds auf Euro lautend
(BGBl I 2003/80)

X. Anteilscheine von Immobilienfonds auf ausländische Währung lautend
(BGBl I 2003/80)

XI. Forderungen
1. für ausstehende Beiträge
   a) laufende Beiträge
   b) Beiträge aus einer Übertragung gemäß § 47
2. für Zinsen
   a) abgegrenzte Zinsen
   b) Zinsforderungen aus einer Übertragung gemäß § 47
3. gegenüber einer anderen Veranlagungsgemeinschaft
4. gegenüber der BV-Kasse AG
5. Sonstige

(BGBl I 2003/80)

XII. Aktive Rechnungsabgrenzungsposten
(BGBl I 2003/80)

XIII. Sonstige Aktiva
(BGBl I 2003/80)

PASSIVA

I. Abfertigungsanwartschaft (§ 3 Z 3)
1. mit laufenden Beiträgen
2. beitragfreigestellt

II. Anwartschaft auf eine Selbstständigenvorsorge (§ 51 Z 2)
1. mit laufenden Beiträgen
2. beitragfreigestellt

III. Anwartschaft auf eine Selbstständigenvorsorge (§ 63 Z 2)
1. mit laufenden Beiträgen
2. beitragfreigestellt

IV. Verbindlichkeiten
1. aus dem Ankauf von Vermögenswerten
2. gegenüber Anwartschaftsberechtigten
3. gegenüber Arbeitgebern
4. gegenüber Kreditinstituten
5. gegenüber einer anderen Veranlagungsgemeinschaft
6. gegenüber der BV-Kasse AG
7. sonstige

V. Passive Rechnungsabgrenzungsposten

VI. Sonstige Passiva

(BGBl I 2007/102)

Formblatt B – Gewinn- und Verlustrechnung der Veranlagungsgemeinschaft

I. Veranlagungserträge
- Zinsenerträge aus Guthaben und Ausleihungen
- Zinsenerträge aus der Übertragung einer Altabfertigungsanwartschaft
- Erträge aus Forderungswertpapieren
- Erträge aus unbesicherten Forderungswertpapieren
- Erträge aus Beteiligungspapieren
- Erträge aus Kapitalanlagefonds
- sonstige laufende Veranlagungserträge
- Zinsenaufwendungen

II. Garantie
- Erfüllung einer Kapitalgarantie
- Erfüllung einer Zinsgarantie

III. Beiträge
- laufende Abfertigungsbeiträge gemäß §§ 6 und 7
- laufende Beiträge gemäß § 52
- laufende Beiträge gemäß § 64
- Übertragung einer Abfertigungsanwartschaft aus einer anderen BV-Kasse
- Übertragung einer Altabfertigungsanwartschaft

  (BGBl I 2007/102)

(BGBl I 2007/102)

IV. Kosten
- laufende Verwaltungskosten
- Kostenbeitrag für die Übertragung einer Altabfertigungsanwartschaft
- Verwaltungskosten der Veranlagung

V. Auszahlungen von Abfertigungsleistungen
- Auszahlung als Kapitalbetrag
- Übertragung in eine andere BV-Kasse
- Überweisung an ein Versicherungsunternehmen
- Überweisung an ein Kreditinstitut zum Erwerb von Anteilen an Pensionsinvestmentfonds
- Überweisung an eine Pensionskasse

  (BGBl I 2002/158)

(BGBl I 2007/102)

VI. Ergebnis der Veranlagungsgemeinschaft

VII. Verwendung des Ergebnisses der Veranlagungsgemeinschaft
- Einstellung in die Abfertigungsanwartschaft
- Entnahme aus der Abfertigungsanwartschaft

Formblatt C – Anhang zur Vermögensaufstellung und Ertragsrechnung einer Veranlagungsgemeinschaft

I. Eckdaten der Veranlagungsgemeinschaft

II. Erläuterungen zur Vermögensaufstellung der Veranlagungsgemeinschaft nach Formblatt A

III. Erläuterungen zur Ertragsrechnung der Veranlagungsgemeinschaft nach Formblatt B

IV. Erläuterungen zur Bewertung
   1. Allgemeines
   2. Berücksichtigung erkennbarer Risken und drohender Verluste sowie Vornahme notwendiger Wertberichtigungen (§ 31 Abs. 2)

V. Erläuterungen zur Führung der Konten

VI. Erläuterungen zur Internen Kontrolle

VII. Anzahl der
   – Anwartschaftsberechtigten mit Beitragsleistung
   – beitragsfrei gestellten Anwartschaftsberechtigten

Bestätigung des Bankprüfers

Artikel 1
Umsetzung von Richtlinien der Europäischen Union

Durch dieses Bundesgesetz werden

1. die Richtlinie (EU) 2015/849 zur Verhinderung der Nutzung des Finanzsystems zum Zwecke der Geldwäsche und der Terrorismusfinanzierung, zur Änderung der Verordnung (EU) Nr. 648/2012 und zur Aufhebung der Richtlinie 2005/60/EG und der Richtlinie 2006/70/EG, ABl. Nr. L 141 vom 05.06.2015 S. 73, umgesetzt und
2. die erforderlichen Maßnahmen zur Durchsetzung der Verordnung (EU) 2015/847 über die Übermittlung von Angaben bei Geldtransfers und zur Aufhebung der Verordnung (EU) Nr. 1781/2006, ABl. Nr. L 141 vom 05.06.2015 S. 1, geschaffen.

Artikel 1
Umsetzungshinweis

Mit diesem Bundesgesetz werden folgende Rechtsakte der Europäischen Union umgesetzt:

1. die Richtlinie 2014/65/EU über Märkte für Finanzinstrumente sowie zur Änderung der Richtlinien 2002/92/EG und 2011/61/EU, ABl. Nr. L 173 vom 12.06.2014 S. 349, zuletzt geändert durch die Richtlinie (EU) 2016/1034, ABl. Nr. L 175 vom 23.06.2016 S. 8, in der Fassung der Berichtigung, ABl. Nr. L 64 vom 10.03.2017 S. 116 und
2. die delegierte Richtlinie (EU) 2017/593 zur Ergänzung der Richtlinie 2014/65/EU im Hinblick auf den Schutz der Finanzinstrumente und Gelder von Kunden, Produktüberwachungspflichten und Vorschriften für die Entrichtung beziehungsweise Gewährung oder Entgegennahme von Gebühren, Provisionen oder anderen monetären oder nichtmonetären Vorteilen, ABl. Nr. L 87 S. 500.

Weiters dient dieses Bundesgesetz dem wirksamen Vollzug folgender Rechtsakte der Europäischen Union:

1. der Verordnung (EU) Nr. 600/2014 über Märkte für Finanzinstrumente und zur Änderung der Verordnung (EU) Nr. 648/2012, ABl. Nr. L 173 vom 12.06.2014 S. 84, zuletzt geändert durch die Verordnung (EU) 2016/1033, ABl. Nr. L 175 vom 23.06.2016 S. 1,
2. der delegierten Verordnung (EU) 2017/565 zur Ergänzung der Richtlinie 2014/65/EU in Bezug auf die organisatorischen Anforderungen an Wertpapierfirmen und die Bedingungen für die Ausübung ihrer Tätigkeit sowie in Bezug auf die Definition bestimmter Begriffe für die Zwecke der genannten Richtlinie, ABl. Nr. L 87 S. 1, und
3. der delegierten Verordnung (EU) 2017/567 zur Ergänzung der Verordnung (EU) Nr. 600/2014 im Hinblick auf Begriffsbestimmungen, Transparenz, Portfoliokomprimierung und Aufsichtsmaßnahmen zur Produktintervention und zu den Positionen, ABl. Nr. L 87 S. 90.

20. Betriebspensionsgesetz

Betriebspensionsgesetz, BGBl 1990/282 idF

1	BGBl 1993/335	2	BGBl 1996/754	3	BGBl I 1997/139
4	BGBl I 2002/51	5	BGBl I 2005/8	6	BGBl I 2008/82
7	BGBl I 2009/22	8	BGBl I 2010/58	9	BGBl I 2012/54
10	BGBl I 2013/67	11	BGBl I 2013/138	12	BGBl I 2015/34
13	BGBl I 2015/152	14	BGBl I 2016/44	15	BGBl I 2018/54
16	BGBl I 2018/100				

GLIEDERUNG

STICHWORTVERZEICHNIS

282. Bundesgesetz vom 17. Mai 1990, mit dem betriebliche Leistungszusagen gesichert (Betriebspensionsgesetz – BPG), das Arbeitsverfassungsgesetz, das Allgemeine Sozialversicherungsgesetz und das Insolvenz Entgeltsicherungsgesetz geändert werden

Der Nationalrat hat beschlossen:

Artikel I
Betriebspensionsgesetz – BPG

Abschnitt 1
Geltungsbereich

§ 1. (1) Dieses Bundesgesetz regelt die Sicherung von Leistungen und Anwartschaften aus Zusagen zur die gesetzliche Pensionsversicherung ergänzenden Alters-, Invaliditäts- und Hinterbliebenenversorgung (Leistungszusagen), die dem Arbeitnehmer im Rahmen eines privatrechtlichen Arbeitsverhältnisses vom Arbeitgeber gemacht werden.

(2) Dieses Bundesgesetz gilt auch für Zusagen gemäß Abschnitt 2 oder 2a an Mitglieder von Vertretungsorganen juristischer Personen des Privatrechts, sofern

1. sie aus dieser Tätigkeit Einkünfte aus nichtselbständiger Arbeit (§ 25 EStG 1988) beziehen und
2. der Arbeitgeber Träger einer betrieblichen Pensionskasse ist oder zugunsten seiner Arbeitnehmer einer überbetrieblichen Pensionskasse beigetreten ist oder für seine Arbeitnehmer eine betriebliche Kollektivversicherung abgeschlossen hat.

(BGBl I 2009/22)

(3) Dieses Bundesgesetz gilt nicht für Leistungszusagen und Leistungen

1. im Rahmen von Arbeitsverhältnissen der land- und forstwirtschaftlichen Arbeiter, im Sinne des Landarbeitsgesetzes 1984, BGBl. Nr. 287;
2. auf Grund der Bundesforste-Dienstordnung 1986, BGBl. Nr. 298;
3. die vom Arbeitgeber unmittelbar zu erfüllen, jederzeit ohne Angabe von Gründen widerruflich sind und keinen Rechtsanspruch auf Leistungen vorsehen.

(BGBl 1996/754)

(4) Für Ansprüche im Sinne des Abs. 1 aus Unterstützungs- und sonstigen Hilfskassen gelten nur die Abschnitte 5 und 6.

(5) Für Leistungen und Anwartschaften von Arbeitnehmern, die gemäß § 5 Abs. 1 Z 3 des Allgemeinen Sozialversicherungsgesetzes (ASVG), BGBl. Nr. 189/1955, oder gemäß § 38 Abs. 3 des Nationalbankgesetzes 1984, BGBl. Nr. 50, oder nach anderen vergleichbaren gesetzlichen Bestimmungen von der gesetzlichen Pensionsversicherungspflicht ausgenommen und bei natürlichen Personen oder juristischen Personen des Privatrechts beschäftigt sind, gilt dieses Bundesgesetz für jene Leistungen und Anwartschaften, welche die auf Grund von Versicherungszeiten und Bemessungsgrundlagen vergleichbaren Ansprüche nach dem ASVG übersteigen.

(BGBl I 2012/54)

Arten der Leistungszusagen

§ 2. Leistungszusagen im Sinne des § 1 Abs. 1 sind Verpflichtungen des Arbeitgebers aus einseitigen Erklärungen, Einzelvereinbarungen oder aus Normen der kollektiven Rechtsgestaltung,

(BGBl I 2005/8, BGBl I 2012/54)

1. Beiträge an eine Pensionskasse oder an eine Einrichtung im Sinne des § 5 Z 4 Pensionskassengesetz (PKG), BGBl. Nr. 281/1990, zugunsten des Arbeitnehmers und seiner Hinterbliebenen zu zahlen; Prämien für eine betriebliche Kollektivversicherung an ein zum Betrieb der Lebensversicherung im Inland berechtigtes Versicherungsunternehmen (§ 93 des Versicherungsaufsichtsgesetzes 2016 – VAG 2016, BGBl. I Nr. 34/2015) zugunsten des Arbeitnehmers und seiner Hinterbliebenen zu zahlen; Pensionskassenzusagen oder betriebliche Kollektivversicherungen haben jedenfalls eine Altersversorgung und Hinterbliebenenversorgung zu enthalten; Alterspensionen sind lebenslang, Hinterbliebenenpensionen entsprechend der im Pensionskassenvertrag oder Versicherungsvertrag festgelegten Dauer zu leisten;

   (BGBl I 2005/8, BGBl I 2012/54, BGBl I 2015/34)

2. Leistungen dem Arbeitnehmer und seinen Hinterbliebenen unmittelbar zu erbringen (direkte Leistungszusage);
3. Prämien für eine zugunsten des Arbeitnehmers und seiner Hinterbliebenen abgeschlossenen Lebensversicherung zu zahlen.

Abschnitt 2
Pensionskasse

Voraussetzungen für Errichtung, Beitritt und Auflösung

§ 3. (1) Die Errichtung einer betrieblichen Pensionskasse oder der Beitritt zu einer betrieblichen oder überbetrieblichen Pensionskasse bedarf mit Ausnahme der in Abs. 2 genannten Fälle nach Maßgabe des § 15 Abs. 4 PKG, zur Rechtswirksamkeit des Abschlusses einer Betriebsvereinbarung oder in den Fällen des Abs. 1a eines Kollektivvertrages. Kollektivvertrag oder Betriebsvereinbarung haben jedenfalls zu regeln:

1. Die Mitwirkung der Anwartschafts- und Leistungsberechtigten an der Verwaltung der Pensionskasse oder Einrichtung im Sinne des § 5 Z 4 PKG;

   (BGBl I 2005/8)

2. das Leistungsrecht, dazu gehören insbesondere die Ansprüche der Anwartschafts- und Leistungsberechtigten; die Höhe der vom/von der Arbeitgeber/in zu entrichtenden Beiträge, die im Falle beitragsorientierter Vereinbarungen mit der Pensionskasse betragsmäßig oder in fester Relation zu laufenden Entgelten oder Entgeltbestandteilen festzulegen sind; zusätzlich können bei beitragsorientierten Vereinbarungen variable Beiträge bis zur Höhe der vom/von der Arbeitgeber/in verpflichtend zu entrichtenden Beiträge oder, sofern sich der/die Arbeitgeber/in zur Leistung eines Beitrages für Arbeitnehmer/innen von mindestens 2 vH des laufenden Entgelts verpflichtet, variable Beiträge in fester Relation zu einer oder mehreren betrieblichen Kennzahlen im Sinne des Abs. 1 Z 2a bis zur Höhe des sich aus § 4 Abs. 4 Z 2 lit. a EStG 1988 ergebenden Betrages vorgesehen werden; die allfällige Verpflichtung des/der Arbeitgebers/in zur Beitragsanpassung bei Auftreten von zusätzlichen Deckungserfordernissen; die allfällige Vereinbarung von Wahlrechten gemäß § 12 Abs. 7 PKG;

   (BGBl I 2012/54)

2a. die der variablen Beitragsleistung zu Grunde liegende betriebliche Kennzahl. Eine betriebliche Kennzahl ist eine nachvollziehbare und allgemein zugängliche, nach objektiven Kriterien ermittelte betriebswirtschaftliche, steuerrechtliche oder unternehmensrechtliche Kennzahl, die der jeweiligen Branche des Betriebs, dem konkreten Gegenstand, der Größe und dem Umfang des Betriebs sowie dem allgemeinen Betriebsrisiko dieses Betriebs Rechnung trägt; die Vereinbarung mehrerer Kennzahlen pro Betrieb oder die Vereinbarung einer Kennzahl, die sich anteilsmäßig aus mehreren Kennzahlen zusammensetzt, ist zulässig;

   (BGBl I 2012/54)

3. die Voraussetzungen und die Rechtswirkungen der Auflösung einer betrieblichen Pensionskasse, wobei der Sicherung der Ansprüche der Anwartschafts- und Leistungsberechtigten der Vorrang vor anderen Leistungen der Kasse zu geben ist; die Voraussetzungen für die Arbeitgeberkündigung des Pensionskassenvertrages gemäß § 17 PKG und die Rechtswirkungen dieser Kündigung hinsichtlich der Ansprüche der Anwartschafts- und Leistungsberechtigten.

(BGBl I 2012/54)

(1a) Eine Pensionskassenregelung kann in einem Kollektivvertrag vorgesehen werden, wenn

1. ein Kollektivvertrag zum Stichtag 1. Jänner 1997 eine betriebliche Alters(Hinterbliebenen)versorgung vorsieht, oder
2. eine solche für einen nicht dem II. Teil des Arbeitsverfassungsgesetzes, BGBl. Nr. 22/1974, unterliegenden Betrieb (oder ein Unternehmen) getroffen werden soll.

(1b) Bei

1. Wegfall der kollektivvertraglichen Pensionskassenzusage durch Wechsel der Kollektivvertragsangehörigkeit oder
2. Erlöschen des Kollektivvertrages durch Kündigung

werden die Regelungen des Kollektivvertrages über eine Pensionskassenzusage Inhalt des Arbeitsvertrages des Anwartschaftsberechtigten.

(1c) Bei sonstigem Erlöschen des Kollektivvertrages bleibt dem Anwartschaftsberechtigten die bis zur Beendigung seiner Nachwirkung (§ 13 ArbVG) erworbene Anwartschaft aus der Pensionskassenzusage erhalten, wobei der Anwartschaftsberechtigte zum Zeitpunkt der Beendigung der Nachwirkung dieselben Rechte (§ 6 Abs. 3) wie bei Widerruf der Beitragsleistung durch den Arbeitgeber hat.

(2) Für Arbeitnehmer, die von keinem Betriebsrat vertreten sind oder für die kein Kollektivvertrag (im Sinne der Abs. 1 und 1a) gilt, bedarf der Beitritt zu einer Pensionskasse des vorherigen Abschlusses einer Vereinbarung mit dem Arbeitgeber, die nach einem Vertragsmuster unter Berücksichtigung des § 18 zu gestalten ist. Dieses Vertragsmuster hat die in Abs. 1 genannten Angelegenheiten zu regeln.

(3) Werden Ansprüche ehemaliger Arbeitnehmer aus direkten Leistungszusagen auf eine Pensionskasse übertragen, ist Abs. 2 anzuwenden.

(4) Hat sich der Arbeitnehmer verpflichtet, eigene Beiträge zu leisten, kann er seine Beitragsleistung jederzeit einstellen oder für einen Zeitraum von mindestens zwei Jahren aussetzen oder einschränken. Der Arbeitnehmer kann seine Beitragsleistung auch dann einstellen, aussetzen oder einschränken, wenn der Arbeitgeber eine entsprechende Änderung seiner Beitragsleistung zulässigerweise vornimmt (§ 6). Die Beiträge des Arbeitnehmers dürfen die Summe der jährlichen Beiträge des Arbeitgebers nicht übersteigen, ausgenommen

1. in den in § 6 genannten Fällen oder
2. in den Fällen, in denen der Arbeitnehmer zusätzlich zu einer leistungsorientierten Zusage des Arbeitgebers eigene Beiträge (beitragsorientiert) leistet und die Beiträge des Arbeitgebers sich zulässigerweise vermindern, ohne dass die Zusage verändert wird, oder
3. der Arbeitnehmer eigene Beiträge bis zu der in § 108a des Einkommensteuergesetzes, BGBl. Nr. 400/1988, genannten Höhe leistet, wobei der Erstattungsbetrag nach § 108a EStG, der dem Konto für Arbeitnehmerbeiträge gutgeschrieben werden kann, auf diesen Betrag nicht anzurechnen ist.

Für die Dauer einer Karenz im Sinne des Mutterschutzgesetzes 1979 (MSchG), BGBl. Nr. 221, oder des Väter-Karenzgesetzes (VKG), BGBl. Nr. 651/1989, einer Bildungskarenz nach § 11 des Arbeitsvertragsrechts-Anpassungsgesetzes (AVRAG), BGBl. Nr. 459/1993, sowie einer Freistellung gegen Entfall des Entgelts nach den §§ 12, 14a oder 14b, 14c AVRAG kann der/die Arbeitnehmer/in seine/ihre Beiträge in der bisherigen Höhe weiterzahlen oder auch die Beiträge des/der Arbeitgebers/in übernehmen. Werden infolge einer Herabsetzung der Normalarbeitszeit gemäß den §§ 11a, 13, 14, 14a oder 14b, 14d AVRAG oder einer Teilzeitbeschäftigung im Sinne des MSchG oder VKG die Beiträge des/der Arbeitgebers/in vermindert, kann der/die Arbeitnehmer/in seine/ihre Beiträge in der bisherigen Höhe weiterzahlen oder für die Dauer der Arbeitszeitreduktion auch die entfallenden Beiträge des/der Arbeitgebers/in übernehmen.

(BGBl I 1997/139, BGBl I 2002/51, BGBl I 2012/54, BGBl I 2013/67, BGBl I 2013/138)

(BGBl 1996/754)

Verfügungs- und Exekutionsbeschränkungen

§ 4. Die Abtretung oder Verpfändung von Anwartschaften im Sinne der §§ 5 und 6 ist rechtsunwirksam. Für die Pfändung gilt die Exekutionsordnung, RGBl. Nr. 79/1896.

(BGBl 1996/754)

Unverfallbarkeit

§ 5. (1) Bei Beendigung des Arbeitsverhältnisses vor Eintritt des Leistungsfalles wird die aus eigenen Beiträgen des Arbeitnehmers und Beiträgen des Arbeitgebers an eine Pensionskasse bisher erworbene Anwartschaft auf Alters- und Hinterbliebenenversorgung unverfallbar. In der Vereinbarung nach § 3 kann vorgesehen werden, daß die aus Arbeitgeberbeiträgen erworbene Anwartschaft erst nach Ablauf eines Zeitraumes von höchstens drei Jahren nach Beginn der Beitragszahlung des Arbeitgebers an die Pensionskasse unverfallbar wird. Diese Frist gilt nicht, wenn im Zeitpunkt einer allfälligen Übertragung einer Anwartschaft in die Pensionskasse bereits ein Rechtsanspruch auf diese Anwartschaft besteht oder die Beendigung des Arbeitsverhältnisses infolge der Insolvenz des Arbeitgebers oder infolge einer Betriebsstillegung erfolgt oder wenn im Zuge der Übertragung eines Unternehmens, Betriebes oder Betriebsteiles der neue Arbeitgeber eine Fortzahlung der Beiträge verweigert.

(BGBl I 2012/54)

(1a) Aus der unverfallbaren Anwartschaft (Abs. 1) ist ein Unverfallbarkeitsbetrag zu errechnen. Dieser entspricht der auf Grund des Risikos des Alters und des Todes geschäftsplanmäßig zu bildenden Deckungsrückstellung (die dieser Berechnung zugrunde zu legende Deckungsrückstellung hat nur Veränderungen des Entgelts bis zum Zeitpunkt der Beendigung des Arbeitsverhältnisses zu berücksichtigen) und darf ab dem Inkrafttreten des Bundesgesetzes BGBl. Nr. 754/1996 nicht geringer sein

1. bei individueller Führung der Schwankungsrückstellung (§§ 24 und 24a PKG) als das Maximum aus der Deckungsrückstellung abzüglich der Verwaltungskosten für die Leistung des Unverfallbarkeitsbetrages und 95% der dem Anwartschaftsberechtigten zugeordneten Deckungsrückstellung zuzüglich 95% des Anteils an der Schwankungsrückstellung, oder
2. bei globaler Führung der Schwankungsrückstellung (§§ 24 und 24a PKG) als
   a) 100% der dem/der Anwartschaftsberechtigten zugeordneten Deckungsrückstellung oder
   b) das Maximum aus der Deckungsrückstellung abzüglich der Verwaltungskosten für die Leistung des Unverfallbarkeitsbetrages und 95 vH der dem/der Anwartschaftsberechtigten zugeordneten Deckungsrückstellung zuzüglich 95 vH des Anteils an der Schwankungsrückstellung.

(BGBl I 2012/54)

(1b) Eine Änderung der Berechnung des Unverfallbarkeitsbetrages bedarf jedenfalls einer Änderung des Kollektivvertrages, der Betriebsvereinbarung oder der Vereinbarung laut Vertragsmuster.

(2) Der Arbeitnehmer kann nach Beendigung des Arbeitsverhältnisses

1. die Umwandlung des Unverfallbarkeitsbetrages gemäß Abs. 1a in eine beitragsfrei gestellte Anwartschaft verlangen; bei Eintritt des Leistungsfalles hat der Leistungsberechtigte gegen die Pensionskasse einen Anspruch aus der beitragsfrei gestellten Anwartschaft; im Falle einer beitragsorientierten Zusage sind zusätzlich die anteiligen Veranlagungserträge und anteiligen versicherungstechnischen Gewinne oder Verluste bis zum Leistungsfall zu berücksichtigen;
2. die Übertragung des Unverfallbarkeitsbetrages gemäß Abs. 1a in die Pensionskasse oder in eine Einrichtung im Sinne des § 5 Z 4 PKG oder in eine betriebliche Kollektivversicherung oder in eine Gruppenrentenversicherung eines/einer neuen Arbeitgebers/in oder in eine Rentenversicherung ohne Rückkaufsrecht, in eine Einrichtung der zusätzlichen Pensionsversicherung nach § 479 ASVG oder in eine nach dem Kapitaldeckungsverfahren gestaltete Altersversorgungseinrichtung nach § 173 Abs. 2 des Wirtschaftstreuhandberufsgesetzes (WTBG), BGBl. I Nr. 58/1999, nach § 50 Abs. 3 der Rechtsanwaltsordnung (RAO), RGBl. Nr. 96/1868, oder nach § 41 Abs. 4 des Gehaltskassengesetzes 2002, BGBl. I Nr. 154/2001, verlangen, wenn der/die Arbeitnehmer/in bei der Übertragung Anwartschafts- oder Leistungsberechtigter ist;

   (BGBl I 2005/8, BGBl I 2012/54)

2a. die Übertragung des Unverfallbarkeitsbetrages gemäß Abs. 1a in eine Pensionskasse oder in eine Einrichtung im Sinne des § 5 Z 4 PKG oder in eine betriebliche Kollektivversicherung, in der für den/die Arbeitnehmer/in bereits eine unverfallbare Anwartschaft oder eine prämienfreie Versicherung veranlagt wird, verlangen, wenn der/die neue Arbeitgeber/in nicht beabsichtigt, für den/die Arbeitnehmer/in eine Pensionskassenzusage oder eine betriebliche Kollektivversicherung abzuschließen;

   (BGBl I 2012/54)

3. die Übertragung des Unverfallbarkeitsbetrages gemäß Abs. 1a in eine direkte Leistungszusage eines neuen Arbeitgebers verlangen, wenn ein Arbeitgeberwechsel unter Wahrung der Pensionsansprüche aus dem bisherigen Arbeitsverhältnis innerhalb eines Konzerns stattfindet;
4. die Übertragung des Unverfallbarkeitsbetrages gemäß Abs. 1a in eine ausländische Altersversorgungseinrichtung verlangen, wenn der Arbeitnehmer seinen Arbeitsort dauernd ins Ausland verlegt;
5. die Fortsetzung nur mit eigenen Beiträgen verlangen, wenn auf Grund einer Leistungszusage mindestens fünf Jahre Beiträge geleistet wurden, oder wenn ein Arbeitgeberwechsel innerhalb eines Konzerns stattfindet.

(3) Gibt der/die Arbeitnehmer/in binnen sechs Monaten keine Erklärung über die Verwendung seines/ihres Unverfallbarkeitsbetrages gemäß Abs. 1a ab, ist dieser in eine beitragsfrei gestellte Anwartschaft (Abs. 2 Z 1) umzuwandeln. Verlangt der/die Arbeitnehmer/in zu einem späteren Zeitpunkt die Übertragung dieser Anwartschaft in die Pensionskasse oder in eine Einrichtung im Sinne des § 5 Z 4 PKG oder in eine betriebliche Kollektivversicherung oder in eine Gruppenrentenversicherung eines/einer neuen Arbeitgebers/in oder in eine Rentenversicherung ohne Rückkaufsrecht, in eine Einrichtung der zusätzlichen Pensionsversicherung nach § 479 ASVG oder in eine nach dem Kapitaldeckungsverfahren gestaltete Altersversorgungseinrichtung nach § 173 Abs. 2 WTBG, nach § 50 Abs. 3 RAO, nach § 41 Abs. 4 des Gehaltskassengesetzes 2002 oder in eine ausländische Altersversorgungseinrichtung (Abs. 2 Z 4), ist die Anwartschaft neuerlich in einen Unverfallbarkeitsbetrag umzuwandeln. Dieser berechnet sich bei einer beitragsorientierten Zusage unter Berücksichtigung der anteiligen Veranlagungserträge und anteiligen versicherungstechnischen Gewinne oder Verluste bis zum Zeitpunkt der Übertragung nach denselben Rechenregeln, die bei der Berechnung des Unverfallbarkeitsbetrages bei Beendi-

gung des Arbeitsverhältnisses zugrunde zu legen waren.

(BGBl I 2012/54)

(4) Sofern der Unverfallbarkeitsbetrag gemäß Abs. 1a im Zeitpunkt der Beendigung des Arbeitsverhältnisses den sich aus § 1 Abs. 2 und 2a PKG jeweils ergebenden Betrag nicht übersteigt, kann der Arbeitnehmer abgefunden werden; über sein Verlangen ist er abzufinden. Unterbleibt eine Abfindung nach dem ersten Satz, kann bis zum Ablauf von zwölf Monaten nach dem Ende des Arbeitsverhältnisses zwischen der Pensionskasse und dem/der Arbeitnehmer/in vereinbart werden, dass die nach § 5 Abs. 3 erster Satz beitragsfrei gestellte Anwartschaft neuerlich in einen Unverfallbarkeitsbetrag umzuwandeln und abzufinden ist. Für die Berechnung des Unverfallbarkeitsbetrages gilt § 5 Abs. 3 letzter Satz sinngemäß.

(BGBl I 2012/54)

(5) Der/Die Arbeitnehmer/in kann nach nachweislicher Information gemäß § 19b PKG und § 98 VAG 2016 bei Eintritt des Leistungsfalles die Übertragung des Unverfallbarkeitsbetrages gemäß Abs. 1a von der Pensionskasse in eine betriebliche Kollektivversicherung verlangen, sofern der/die Arbeitgeber/in bereits eine betriebliche Kollektivversicherung gemäß § 6a abgeschlossen hat.

(BGBl I 2005/8, BGBl I 2012/54, BGBl I 2015/34)

(BGBl 1996/754)

Wechsel in die betriebliche Kollektivversicherung im aufrechten Arbeitsverhältnis

§ 5a. (1) Der/Die Arbeitnehmer/in kann, sofern dies im Kollektivvertrag, in der Betriebsvereinbarung oder im Vertragsmuster vorgesehen ist und der/die Arbeitgeber/in bereits eine betriebliche Kollektivversicherung gemäß § 6a abgeschlossen hat, nach nachweislicher Information gemäß § 19b PKG und § 98 VAG 2016 ab dem Jahr, in dem er/sie das 55. Lebensjahr vollendet, gegenüber der Pensionskasse und dem/der Arbeitgeber/in schriftlich erklären, dass vom/von der Arbeitgeber/in zum 1. Jänner des folgenden Kalenderjahres an Stelle der Beitragsleistung an die Pensionskasse künftig die Zahlung von Prämien in derselben Höhe in die betriebliche Kollektivversicherung zu erfolgen hat. Die Pensionskasse hat zum 1. Jänner des auf die Erklärung des/der Arbeitnehmers/in folgenden Kalenderjahres den zu diesem Zeitpunkt gebührenden fiktiven Unverfallbarkeitsbetrag in die betriebliche Kollektivversicherung zu übertragen. Der fiktive Unverfallbarkeitsbetrag berechnet sich nach denselben Rechenregeln, die der Berechnung des Unverfallbarkeitsbetrages bei Beendigung des Arbeitsverhältnisses zugrunde zu legen sind.

(BGBl I 2015/34)

(2) Die Erklärung des/der Arbeitnehmers/in nach Abs. 1 erster Satz muss bis 31. Oktober eines Kalenderjahres beim/bei der Arbeitgeber/in und der Pensionskasse eingehen, damit die Prämienzahlung in die betriebliche Kollektivversicherung und die Übertragung des Unverfallbarkeitsbetrages zum 1. Jänner des folgenden Kalenderjahres wirksam wird.

(3) Hat der/die Arbeitnehmer/in eigene Beiträge geleistet, hat er/sie im Fall einer Verfügung nach Abs. 1 ab dem 1. Jänner des folgenden Kalenderjahres Prämien in derselben Höhe in die betriebliche Kollektivversicherung zu leisten.

(4) Der/Die Arbeitnehmer/in kann einen Wechsel in die betriebliche Kollektivversicherung nach Abs. 1 als auch einen Wechsel in die Pensionskasse nach § 6e Abs. 1 jeweils nur einmal verlangen. Mit Eintritt des Leistungsfalls ist der Wechsel in die betriebliche Kollektivversicherung jedenfalls unwiderruflich.

(BGBl I 2012/54)

Einstellen, Aussetzen oder Einschränken der Beitragsleistung

§ 6. (1) Der Arbeitgeber kann die laufenden Beitragsleistungen nur dann einstellen (Widerruf), wenn

1. dies im Kollektivvertrag, in der Betriebsvereinbarung oder im Vertragsmuster vorgesehen ist,
2. sich die wirtschaftliche Lage des Unternehmens nachhaltig so wesentlich verschlechtert, daß die Aufrechterhaltung der zugesagten Leistung eine Gefährdung des Weiterbestandes des Unternehmens zur Folge hätte und
3. in Betrieben, in denen ein zuständiger Betriebsrat besteht, mindestens drei Monate vor dem Einstellen der Beitragsleistung eine Beratung mit diesem Betriebsrat erfolgt ist. Zu dieser Beratung kann der Betriebsrat eine fachkundige Person beiziehen, die über alle ihr bekannt gewordenen Geschäfts- und Betriebsgeheimnisse Verschwiegenheit zu bewahren hat.

(2) Widerruft der Arbeitgeber, so bleibt dem Arbeitnehmer die bisher erworbene Anwartschaft erhalten. Im Zeitpunkt des Widerrufs ist ein Unverfallbarkeitsbetrag nach denselben Rechenregeln wie nach § 5 Abs. 1a zu errechnen, wobei jedoch eine allfällige Unverfallbarkeitsfrist unbeachtlich ist.

(3) Der Arbeitnehmer kann nach Widerruf

1. die Umwandlung des Unverfallbarkeitsbetrages gemäß Abs. 2 in eine beitragsfrei gestellte Anwartschaft verlangen; bei Eintritt des Leistungsfalles hat der Leistungsberechtigte gegen die Pensionskasse einen Anspruch, der sich aus der beitragsfrei gestellten Anwartschaft, im Falle einer beitragsorientierten Zusage unter Berücksichtigung der anteiligen Veranlagungserträge und anteiligen versicherungstechnischen Gewinne oder Verluste bis zum Leistungsfall ergibt;
2. die Übertragung des Unverfallbarkeitsbetrages gemäß Abs. 2 in eine Rentenversicherung ohne Rückkaufsrecht verlangen;

3. die Fortsetzung nur mit eigenen Beiträgen verlangen.

(4) Gibt der Arbeitnehmer binnen sechs Monaten keine Erklärung über die Verwendung seines Unverfallbarkeitsbetrages gemäß Abs. 2 ab, gilt § 5 Abs. 3.

(5) Sofern der Unverfallbarkeitsbetrag gemäß Abs. 2 im Zeitpunkt des Widerrufs den sich aus § 1 Abs. 2 und 2a PKG jeweils ergebenden Betrag nicht übersteigt, kann der Arbeitnehmer abgefunden werden; über sein Verlangen ist er abzufinden.

(6) Der Arbeitgeber kann die laufenden Beitragsleistungen nur dann und so lange aussetzen oder einschränken, als

1. dies im Kollektivvertrag, in der Betriebsvereinbarung oder im Vertragsmuster vorgesehen ist,
2. zwingende wirtschaftliche Gründe vorliegen und
3. in Betrieben, in denen ein zuständiger Betriebsrat besteht, mindestens drei Monate vor dem Aussetzen oder Einschränken der Beitragsleistung eine Beratung mit diesem Betriebsrat erfolgt ist. Zu dieser Beratung kann der Betriebsrat eine fachkundige Person beiziehen, die über alle ihr bekannt gewordenen Geschäfts- und Betriebsgeheimnisse Verschwiegenheit zu bewahren hat.

(7) Werden Beiträge des Arbeitgebers ausgesetzt oder eingeschränkt, so kann der Arbeitnehmer für denselben Zeitraum

1. seine Beiträge aussetzen oder im selben Ausmaß einschränken,
2. seine Beiträge in der bisherigen Höhe weiterzahlen oder
3. auch die Beiträge des Arbeitgebers übernehmen.

(8) Durch Aussetzen oder Einschränken der Beiträge des Arbeitgebers oder Arbeitnehmers wird der Ablauf der Unverfallbarkeitsfrist (§ 5 Abs. 1 Satz 2) nicht berührt.

(BGBl 1996/754)

Abschnitt 2a
Betriebliche Kollektivversicherung

(BGBl I 2005/8)

Voraussetzungen für den Abschluss einer betrieblichen Kollektivversicherung

§ 6a. (1) Der Abschluss einer betrieblichen Kollektivversicherung bedarf mit Ausnahme der in Abs. 2 genannten Fälle nach Maßgabe des § 93 VAG 2016 zur Rechtswirksamkeit des Abschlusses einer Betriebsvereinbarung oder in den Fällen des Abs. 1a eines Kollektivvertrages. Kollektivvertrag oder Betriebsvereinbarung haben jedenfalls zu regeln:

1. Die Mitwirkung der Versicherten nach § 97 VAG 2016;
(BGBl I 2015/34)
2. das Leistungsrecht, dazu gehören insbesondere die Ansprüche der Versicherten; die Höhe der vom/von der Arbeitgeber/in zu entrichtenden Prämien, die im Falle beitragsorientierter Vereinbarungen mit dem Versicherungsunternehmen betragsmäßig oder in fester Relation zu laufenden Entgelten oder Entgeltbestandteilen festzulegen sind; zusätzlich können bei beitragsorientierten Vereinbarungen variable Prämien bis zur Höhe der vom/von der Arbeitgeber/in verpflichtend zu entrichtenden Prämien oder, sofern sich der/die Arbeitgeber/in zur Leistung einer Prämie für Arbeitnehmer/innen von mindestens 2 vH des laufenden Entgelts verpflichtet, variable Prämien in fester Relation zu einer oder mehreren betrieblichen Kennzahlen im Sinne des Abs. 1 Z 2a bis zur Höhe des sich aus § 4 Abs. 4 Z 2 lit. a EStG 1988 ergebenden Betrages vorgesehen werden; die allfällige Verpflichtung des/der Arbeitgebers/in zur Prämienanpassung bei Auftreten von zusätzlichen Deckungserfordernissen;
(BGBl I 2012/54)
2a. die der variablen Prämienleistung zu Grunde liegende betriebliche Kennzahl: Eine betriebliche Kennzahl ist eine nachvollziehbare und allgemein zugängliche, nach objektiven Kriterien ermittelte betriebswirtschaftliche, steuerrechtliche oder unternehmensrechtliche Kennzahl, die der jeweiligen Branche des Betriebs, dem konkreten Gegenstand, der Größe und dem Umfang des Betriebs sowie dem allgemeinen Betriebsrisiko dieses Betriebs Rechnung trägt; die Vereinbarung mehrerer Kennzahlen pro Betrieb oder die Vereinbarung einer Kennzahl, die sich anteilsmäßig aus mehreren Kennzahlen zusammensetzt, ist zulässig;
(BGBl I 2012/54)
3. die Voraussetzungen für die Arbeitgeberkündigung des Versicherungsvertrages gemäß § 93 VAG 2016 und die Rechtswirkungen dieser Kündigung hinsichtlich der Ansprüche der Anwartschafts- und Leistungsberechtigten.
(BGBl I 2015/34)

(BGBl I 2015/34)

(1a) Eine Regelung über eine betriebliche Kollektivversicherung kann in einem Kollektivvertrag vorgesehen werden, wenn

1. ein Kollektivvertrag zum Stichtag 1. Jänner 1997 eine betriebliche Alters(Hinterbliebenen)versorgung vorsieht, oder
2. eine solche für einen nicht dem II. Teil des Arbeitsverfassungsgesetzes, BGBl. Nr. 22/1974, unterliegenden Betrieb (oder ein Unternehmen) getroffen werden soll.

(1b) Bei

1. Wegfall der kollektivvertraglichen betrieblichen Kollektivversicherung durch Wechsel der Kollektivvertragsangehörigkeit oder

BPG

2. Erlöschen des Kollektivvertrages durch Kündigung

werden die Regelungen des Kollektivvertrages über eine betriebliche Kollektivversicherung Inhalt des Arbeitsvertrages des Anwartschaftsberechtigten.

(1c) Bei sonstigem Erlöschen des Kollektivvertrages bleibt dem Versicherten die bis zur Beendigung seiner Nachwirkung (§ 13 ArbVG) erworbene Anwartschaft aus der betrieblichen Kollektivversicherung erhalten, wobei der Versicherte zum Zeitpunkt der Beendigung der Nachwirkung dieselben Rechte (§ 6d Abs. 3) wie bei Widerruf der Beitragsleistung durch den Arbeitgeber hat.

(2) Für Arbeitnehmer, die von keinem Betriebsrat vertreten sind oder für die kein Kollektivvertrag (im Sinne der Abs. 1) gilt, bedarf der Beitritt zu einer betrieblichen Kollektivversicherung des vorherigen Abschlusses einer Vereinbarung mit dem Arbeitgeber, die nach einem Vertragsmuster unter Berücksichtigung des § 18 zu gestalten ist. Dieses Vertragsmuster hat die in Abs. 1 genannten Angelegenheiten zu regeln.

(3) Werden Ansprüche ehemaliger Arbeitnehmer aus direkten Leistungszusagen auf ein Versicherungsunternehmen übertragen, ist Abs. 2 anzuwenden.

(BGBl I 2005/8)

(4) Hat sich der Arbeitnehmer verpflichtet, eigene Prämien zu leisten, kann er seine Prämienleistung jederzeit einstellen oder für einen Zeitraum von mindestens zwei Jahren aussetzen oder einschränken. Der Arbeitnehmer kann seine Prämienleistung auch dann einstellen, aussetzen oder einschränken, wenn der Arbeitgeber eine entsprechende Änderung seiner Prämienleistung zulässigerweise vornimmt (§ 6d). Die Prämien des Arbeitnehmers dürfen die Summe der jährlichen Prämien des Arbeitgebers nicht übersteigen, ausgenommen

1. in den in § 6d genannten Fällen, oder
2. in den Fällen, in denen der Arbeitnehmer zusätzlich zu einer leistungsorientierten Zusage des Arbeitgebers eigene Prämien (beitragsorientiert) leistet und die Prämien des Arbeitgebers sich zulässigerweise vermindern, ohne dass die Zusage verändert wird, oder
3. der Arbeitnehmer eigene Prämien bis zu der in § 108a des Einkommensteuergesetzes, BGBl. Nr. 400/1988, genannten Höhe leistet, wobei der Erstattungsbetrag nach § 108a EStG, der dem Konto für Arbeitnehmer Prämien gutgeschrieben werden kann, auf diesen Betrag nicht anzurechnen ist.

Für die Dauer einer Karenz im Sinne des MSchG oder des VKG, einer Bildungskarenz nach § 11 AVRAG, sowie einer Freistellung gegen Entfall des Entgelts nach den §§ 12, 14a oder 14b, 14c AVRAG kann der/die Arbeitnehmer/in seine/ihre Prämien in der bisherigen Höhe weiterzahlen oder auch die Prämien des/der Arbeitgebers/in übernehmen. Werden infolge einer Herabsetzung der Normalarbeitszeit gemäß den §§ 11a, 13, 14, 14a oder 14b, 14d AVRAG oder einer Teilzeitbeschäftigung im Sinne des MSchG oder VKG die Prämien des/der Arbeitgebers/in vermindert, kann der/die Arbeitnehmer/in seine/ihre Prämien in der bisherigen Höhe weiterzahlen oder für die Dauer der Arbeitszeitreduktion auch die entfallenden Prämien des/der Arbeitgebers/in übernehmen.

(BGBl I 2012/54, BGBl I 2013/67, BGBl I 2013/138)

(BGBl I 2005/8)

Verfügungs- und Exekutionsbeschränkungen

§ 6b. Die Abtretung oder Verpfändung von Anwartschaften im Sinne der §§ 6c und 6d ist rechtsunwirksam. Für die Pfändung gilt die Exekutionsordnung, RGBl. Nr. 79/1896.

(BGBl I 2005/8)

Unverfallbarkeit

§ 6c. (1) Bei Beendigung des Arbeitsverhältnisses vor Eintritt des Leistungsfalles wird der aus eigenen Beiträgen des Arbeitnehmers und Beiträgen des Arbeitgebers an ein Versicherungsunternehmen bisher erworbene Versicherungsanspruch aus dem Versicherungsvertrag (Alters- und Hinterbliebenenversorgung) unverfallbar. Der Unverfallbarkeitsbetrag entspricht der auf den einzelnen Versicherten entfallenden Deckungsrückstellung. Die Deckungsrückstellung ist nach den versicherungsmathematischen Grundlagen des Versicherungsunternehmens zu errechnen.

(2) Der Arbeitnehmer kann nach Beendigung des Arbeitsverhältnisses

1. die Umwandlung der Versicherung in eine prämienfreie Versicherung verlangen; bei Eintritt des Leistungsfalles hat der Versicherte gegenüber der Versicherung einen Anspruch, der sich aus den auf Grund des Versicherungsvertrages bis zur Beendigung des Arbeitsverhältnisses zu leistenden Prämien unter Berücksichtigung der bis zum Eintritt des Leistungsfalles auflaufenden Zinsengutschriften und Gewinnanteile ergibt;
2. die Übertragung des Unverfallbarkeitsbetrages gemäß Abs. 1 in die Pensionskasse oder in eine Einrichtung im Sinne des § 5 Z 4 PKG oder in eine betriebliche Kollektivversicherung oder in eine Gruppenrentenversicherung eines/einer neuen Arbeitgebers/in oder in eine Rentenversicherung ohne Rückkaufsrecht, in eine Einrichtung der zusätzlichen Pensionsversicherung nach § 479 ASVG oder in eine nach dem Kapitaldeckungsverfahren gestaltete Altersversorgungseinrichtung nach § 173 Abs. 2 WTBG, nach § 50 Abs. 3 RAO oder nach § 41 Abs. 4 des Gehaltskassengesetzes 2002 verlangen, wenn der/die Arbeitnehmer/in bei der Übertragung Anwartschafts- oder Leistungsberechtigter ist;

(BGBl I 2012/54)

2a. die Übertragung des Unverfallbarkeitsbetrages gemäß Abs. 1 in eine betriebliche Kollektivversicherung oder in eine Pensionskasse oder in eine Einrichtung im Sinne des § 5 Z 4 PKG, in der für den/die Arbeitnehmer/in bereits eine prämienfreie Versicherung oder eine unverfallbare Anwartschaft veranlagt wird, verlangen, wenn der/die neue Arbeitgeber/in nicht beabsichtigt, für den/die Arbeitnehmer/in eine betriebliche Kollektivversicherung oder eine Pensionskassenzusage abzuschließen;

(BGBl I 2012/54)

3. die Übertragung des Unverfallbarkeitsbetrages gemäß Abs. 1 in eine direkte Leistungszusage eines neuen Arbeitgebers verlangen, wenn ein Arbeitgeberwechsel unter Wahrung der Pensionsansprüche aus dem bisherigen Arbeitsverhältnis innerhalb eines Konzerns stattfindet;
4. die Übertragung des Unverfallbarkeitsbetrages gemäß Abs. 1 in eine ausländische Altersversorgungseinrichtung verlangen, wenn der Arbeitnehmer seinen Arbeitsort dauernd ins Ausland verlegt;
5. die Fortsetzung nur mit eigenen Beiträgen verlangen, wenn auf Grund einer Leistungszusage mindestens fünf Jahre Beiträge geleistet wurden, oder wenn ein Arbeitgeberwechsel innerhalb eines Konzerns stattfindet.

(3) Gibt der/die Arbeitnehmer/in binnen sechs Monaten keine Erklärung über die Verwendung seines/ihres Anspruches ab, so ist die Versicherung in eine prämienfreie Versicherung (Abs. 2 Z 1) umzuwandeln. Verlangt der/die Arbeitnehmer/in zu einem späteren Zeitpunkt die Übertragung seines/ihres Anspruches in die Pensionskasse oder in eine Einrichtung im Sinne des § 5 Z 4 PKG, in eine betriebliche Kollektivversicherung oder in eine Gruppenrentenversicherung eines/einer neuen Arbeitgebers/in oder in eine Rentenversicherung ohne Rückkaufsrecht, in eine Einrichtung der zusätzlichen Pensionsversicherung nach § 479 ASVG oder in eine nach dem Kapitaldeckungsverfahren gestaltete Altersversorgungseinrichtung nach § 173 Abs. 2 WTBG, nach § 50 Abs. 3 RAO oder nach § 41 Abs. 4 des Gehaltskassengesetzes 2002 oder in eine ausländische Altersversorgungseinrichtung (Abs. 2 Z 4), ist die Deckungsrückstellung zu übertragen.

(BGBl I 2012/54)

(4) Sofern der Unverfallbarkeitsbetrag gemäß Abs. 1 im Zeitpunkt der Beendigung des Arbeitsverhältnisses den sich aus § 1 Abs. 2 und 2a PKG jeweils ergebenden Betrag nicht übersteigt, kann der Arbeitnehmer abgefunden werden; über sein Verlangen ist er abzufinden. Unterbleibt eine Abfindung nach dem ersten Satz, kann bis zum Ablauf von zwölf Monaten nach dem Ende des Arbeitsverhältnisses zwischen dem Versicherungsunternehmen und dem/der Arbeitnehmer/in vereinbart werden, dass die nach § 6c Abs. 3 erster Satz prämienfreie Versicherung neuerlich in einen Unverfallbarkeitsbetrag gemäß § 6c Abs. 1 umzuwandeln und abzufinden ist.

(BGBl I 2012/54)

(5) Der/Die Arbeitnehmer/in kann nach nachweislicher Information gemäß § 19b PKG und § 98 VAG 2016 bei Eintritt des Leistungsfalles die Übertragung des Unverfallbarkeitsbetrages gemäß Abs. 1 von der betrieblichen Kollektivversicherung in eine Pensionskasse, bei der er bereits Berechtigter im Sinne des § 5 PKG ist, verlangen.

(BGBl I 2012/54, BGBl I 2015/34)

(BGBl I 2005/8)

Einstellen, Aussetzen oder Einschränken der Prämienleistung

§ 6d. (1) Der Arbeitgeber kann die laufenden Prämienleistungen nur dann einstellen (Widerruf), wenn

1. dies im Kollektivvertrag, in der Betriebsvereinbarung oder im Vertragsmuster vorgesehen ist,
2. sich die wirtschaftliche Lage des Unternehmens nachhaltig so wesentlich verschlechtert, dass die Aufrechterhaltung der zugesagten Leistung eine Gefährdung des Weiterbestandes des Unternehmens zur Folge hätte und
3. in Betrieben, in denen ein zuständiger Betriebsrat besteht, mindestens drei Monate vor dem Einstellen der Beitragsleistung eine Beratung mit diesem Betriebsrat erfolgt ist. Zu dieser Beratung kann der Betriebsrat eine fachkundige Person beiziehen, die über alle ihr bekannt gewordenen Geschäfts- und Betriebsgeheimnisse Verschwiegenheit zu bewahren hat.

(2) Widerruft der Arbeitgeber, so bleibt dem Arbeitnehmer der Anspruch auf die Versicherungsleistung auf Grund allfälliger eigener Prämien und der bis zum Widerruf fälligen Prämien des Arbeitgebers erhalten.

(3) Der Arbeitnehmer kann nach Widerruf

1. die Umwandlung des Unverfallbarkeitsbetrages gemäß Abs. 2 in eine prämienfreie Versicherung verlangen; bei Eintritt des Leistungsfalles hat der Leistungsberechtigte gegenüber der Versicherung einen Anspruch, der sich aus den auf Grund des Versicherungsvertrages bis zur Beendigung des Arbeitsverhältnisses zu leistenden Prämien unter Berücksichtigung der bis zum Eintritt des Leistungsfalles auflaufenden Zinsengutschriften und Gewinnanteile ergibt;
2. die Übertragung des Unverfallbarkeitsbetrages gemäß Abs. 2 in eine Rentenversicherung ohne Rückkaufsrecht verlangen;
3. die Fortsetzung nur mit eigenen Beiträgen verlangen.

(4) Gibt der Arbeitnehmer binnen sechs Monaten keine Erklärung über die Verwendung seines

Unverfallbarkeitsbetrages gemäß Abs. 2 ab, gilt § 6c Abs. 3.

(5) Sofern der Unverfallbarkeitsbetrag gemäß Abs. 2 im Zeitpunkt des Widerrufs den sich aus § 1 Abs. 2 und 2a PKG jeweils ergebenden Betrag nicht übersteigt, kann der Arbeitnehmer abgefunden werden; über sein Verlangen ist er abzufinden.

(6) Der Arbeitgeber kann die laufenden Prämienleistungen nur dann und so lange aussetzen oder einschränken, als

1. dies im Kollektivvertrag, in der Betriebsvereinbarung oder im Vertragsmuster vorgesehen ist,
2. zwingende wirtschaftliche Gründe vorliegen und
3. in Betrieben, in denen ein zuständiger Betriebsrat besteht, mindestens drei Monate vor dem Aussetzen oder Einschränken der Beitragsleistung eine Beratung mit diesem Betriebsrat erfolgt ist. Zu dieser Beratung kann der Betriebsrat eine fachkundige Person beiziehen, die über alle ihr bekannt gewordenen Geschäfts- und Betriebsgeheimnisse Verschwiegenheit zu bewahren hat.

(7) Werden Prämien des Arbeitgebers ausgesetzt oder eingeschränkt, so kann der Arbeitnehmer für denselben Zeitraum

1. seine Prämien aussetzen oder im selben Ausmaß einschränken,
2. seine Prämien in der bisherigen Höhe weiterzahlen oder
3. auch die Prämien des Arbeitgebers übernehmen.

(BGBl I 2005/8)

Wechsel in die Pensionskasse im aufrechten Arbeitsverhältnis

§ 6e. (1) Der/Die Arbeitnehmer/in kann, sofern dies im Kollektivvertrag, in der Betriebsvereinbarung oder im Vertragsmuster vorgesehen ist und der/die Arbeitgeber/in bereits einen Pensionskassenvertrag gemäß § 15 PKG abgeschlossen hat, nach nachweislicher Information gemäß § 98 VAG 2016 und § 19b PKG ab dem Jahr in dem er/sie das 55. Lebensjahr vollendet, gegenüber dem Versicherungsunternehmen und dem/der Arbeitgeber/in schriftlich erklären, dass vom/von der Arbeitgeber/in zum 1. Jänner des folgenden Kalenderjahres an Stelle der Prämienleistung in die betriebliche Kollektivversicherung die Zahlung von Beiträgen in derselben Höhe an die Pensionskasse zu erfolgen hat. Das Versicherungsunternehmen hat zum 1. Jänner des auf die Erklärung des/der Arbeitnehmers/in folgenden Kalenderjahres den Unverfallbarkeitsbetrag gemäß § 6c Abs. 1 in die Pensionskasse zu übertragen.

(BGBl I 2015/34)

(2) Die Erklärung des/der Arbeitnehmers/in nach Abs. 1 erster Satz muss bis 31. Oktober eines Kalenderjahres beim/bei der Arbeitgeber/in und dem Versicherungsunternehmen eingehen, damit die Beitragszahlung in die Pensionskasse und die Übertragung des Unverfallbarkeitsbetrages zum 1. Jänner des folgenden Kalenderjahres wirksam wird.

(3) Hat der/die Arbeitnehmer/in eigene Prämien geleistet, hat er/sie im Fall einer Verfügung nach Abs. 1 ab dem 1. Jänner des folgenden Kalenderjahres Beiträge in derselben Höhe in die Pensionskasse zu leisten.

(4) Der/Die Arbeitnehmer/in kann einen Wechsel in die Pensionskasse nach Abs. 1 als auch einen Wechsel in die betriebliche Kollektivversicherung nach § 5a Abs. 1 jeweils nur einmal verlangen. Mit Eintritt des Leistungsfalls ist der Wechsel in die Pensionskasse jedenfalls unwiderruflich.

(BGBl I 2012/54)

Abschnitt 3
Direkte Leistungszusage

Unverfallbarkeit

§ 7. (1) Mangels einer für den Arbeitnehmer günstigeren Vereinbarung wird bei Beendigung des Arbeitsverhältnisses vor Eintritt des Leistungsfalles die bisher aus einer direkten Leistungszusage erworbene Anwartschaft auf eine Alters- und Hinterbliebenenversorgung unverfallbar, wenn seit Erteilung der Leistungszusage drei Jahre vergangen sind.

(BGBl I 2018/54)

(2) (aufgehoben)

(BGBl I 2018/54)

(2a) Der Unverfallbarkeitsbetrag errechnet sich, sofern im folgenden nicht anderes bestimmt ist, nach dem Teilwertverfahren und den bei der Bildung der Rückstellung anzuwendenden versicherungsmathematischen Grundsätzen; für die Berechnung ist einerseits das Alter zum Zeitpunkt der Erteilung der Zusage, andererseits das Anfallsalter heranzuziehen; der Rechnungszinssatz beträgt 7%; bei dieser Berechnung sind Veränderungen des Entgelts nur bis zum Zeitpunkt der Beendigung des Arbeitsverhältnisses zu berücksichtigen. Auch wenn in der Leistungszusage eine Berufsunfähigkeitspension (Invaliditätspension) vorgesehen ist, ist bei der Berechnung des Unverfallbarkeitsbetrages nur die Anwartschaft auf Alterspension bzw. vorzeitige Alterspension (unabhängig davon, ob der Anspruchsberechtigte das Anfallsalter als Aktiver, Invalider oder Alterspensionist erreicht) und die Anwartschaft auf Hinterbliebenenpension (unabhängig davon, ob der Anspruchsberechtigte als Aktiver, Invalider oder Alterspensionist verstirbt) zu berücksichtigen.

(2b) Bis 1. Juli 2000 ist für Arbeitnehmer, deren Arbeitsverhältnis frühestens fünf Jahre vor Erreichen des in der Leistungszusage festgelegten Pensionsanfallsalters endet, eine Vergleichsrechnung zwischen den Berechnungsvorschriften des § 7 Abs. 3 Z 1 BPG, in der Fassung des Artikels I des Bundesgesetzes BGBl. Nr. 282/1990, und dem Teilwertverfahren nach Abs. 2a anzustellen. Diese Arbeitnehmer haben Anspruch auf den sich aus der Vergleichsrechnung ergebenden höheren Betrag.

(3) Nach Beendigung des Arbeitsverhältnisses kann der Arbeitnehmer

1. die Übertragung des Unverfallbarkeitsbetrages (gemäß Abs. 2a und 2b) in die Pensionskasse, in eine betriebliche Kollektivversicherung oder in eine Gruppenrentenversicherung eines neuen Arbeitgebers oder in eine Rentenversicherung ohne Rückkaufsrecht verlangen; ist der Arbeitnehmer noch Anwartschaftsberechtigter in der Pensionskasse, betrieblichen Kollektivversicherung oder Gruppenrentenversicherung eines früheren Arbeitgebers, kann er die Übertragung des Unverfallbarkeitsbetrages in diese Pensionskasse, betriebliche Kollektivversicherung oder Gruppenrentenversicherung verlangen;
(BGBl I 2005/8)
2. die Übertragung des Unverfallbarkeitsbetrages (gemäß Abs. 2a und 2b) in die direkte Leistungszusage eines neuen Arbeitgebers verlangen, wenn ein Arbeitgeberwechsel unter Wahrung der Pensionsansprüche aus dem bisherigen Arbeitsverhältnis stattfindet;
3. die Übertragung des Unverfallbarkeitsbetrages (gemäß Abs. 2a und 2b) in eine ausländische Altersversorgungseinrichtung verlangen, wenn der Arbeitnehmer seinen Arbeitsort dauernd ins Ausland verlegt;
4. die Erfüllung der Leistungszusage im Leistungsfall verlangen, wobei der Unverfallbarkeitsbetrag (gemäß Abs. 2a und 2b) in eine beitragsfrei gestellte Anwartschaft (Rechnungszinsfuß 6%) umzuwandeln ist; bei Eintritt des Leistungsfalles hat der Leistungsberechtigte einen Anspruch aus der beitragsfrei gestellten Anwartschaft, wobei eine allfällig vertraglich vereinbarte Valorisierung erst ab Eintritt des Leistungsfalles erfolgt.

(3a) Ist in der Leistungszusage eine Berufsunfähigkeitspension (Invaliditätspension) vorgesehen, kann der ehemalige Arbeitnehmer bei Eintritt der Berufsunfähigkeit (Invalidität) eine Leistung aus der beitragsfrei gestellten Anwartschaft (Abs. 3 Z 4) verlangen. Diese Leistung ergibt sich aus der versicherungsmathematischen Umwandlung der Rückstellung für die beitragsfrei gestellte Anwartschaft in eine sofort beginnende Berufsunfähigkeitspension (Invaliditätspension) unter Berücksichtigung der Hinterbliebenenansprüche.

(4) Hat der Arbeitnehmer für den Erwerb einer Anwartschaft eigene Zahlungen geleistet, so werden diese Zahlungen einschließlich der darauf entfallenden Verzinsung durch den Rechnungszinsfuß in der Höhe von 6% jedenfalls unverfallbar und sind ihm auf Verlangen nach Beendigung des Arbeitsverhältnisses zurückzuzahlen.

(5) Gibt der Arbeitnehmer binnen sechs Monaten keine Erklärung über die Verwendung seines Unverfallbarkeitsbetrages ab, ist die Leistungszusage bei Eintritt des Leistungsfalles zu erfüllen (Abs. 3 Z 4).

(6) Sofern der Unverfallbarkeitsbetrag ungeachtet allfälliger Anteile aus eigenen Zahlungen des Arbeitnehmers im Zeitpunkt der Beendigung des Arbeitsverhältnisses den sich aus § 1 Abs. 2 und 2a PKG jeweils ergebenden Betrag nicht übersteigt, kann der Arbeitnehmer abgefunden werden; über sein Verlangen ist er abzufinden.

(6a) Als Forderung im Insolvenzverfahren kann der Unverfallbarkeitsbetrag ohne betragliche Beschränkung ausbezahlt werden.

(BGBl I 2010/58)

(7) Die Abtretung oder Verpfändung von Anwartschaften im Sinne der §§ 7 und 8 ist rechtsunwirksam. Für die Pfändung gilt die Exekutionsordnung.

(BGBl 1996/754)

Einstellen, Aussetzen oder Einschränken des Erwerbs künftiger Anwartschaften

§ 8. (1) Sofern Normen der kollektiven Rechtsgestaltung oder Einzelvereinbarungen, die vor Inkrafttreten dieses Bundesgesetzes abgeschlossen wurden, nicht anderes bestimmen, kann der Arbeitgeber den Erwerb künftiger Anwartschaften nur dann einstellen (Widerruf), wenn

1. dies in Normen der kollektiven Rechtsgestaltung vorgesehen ist oder schriftlich vereinbart wurde,
2. sich die wirtschaftliche Lage des Unternehmens nachhaltig so wesentlich verschlechtert, daß die Aufrechterhaltung der zugesagten Leistung eine Gefährdung des Weiterbestandes des Unternehmens zur Folge hätte und
3. in Betrieben, in denen ein zuständiger Betriebsrat besteht, mindestens drei Monate vor dem Einstellen des Erwerbs künftiger Anwartschaften eine Beratung mit diesem Betriebsrat erfolgt ist. Zu dieser Beratung kann der Betriebsrat eine fachkundige Person beiziehen, die über alle ihr bekannt gewordenen Geschäfts- und Betriebsgeheimnisse Verschwiegenheit zu bewahren hat.

(2) Dem Arbeitnehmer bleibt die seit Erteilung der Leistungszusage bis zum Widerruf erworbene Anwartschaft erhalten, wenn seit der Erteilung der Leistungszusage drei Jahre vergangen sind.

(BGBl I 2018/54)

(3) Bei Eintritt des Leistungsfalles hat der Leistungsberechtigte einen Anspruch aus der im Zeitpunkt des Widerrufs beitragsfrei gestellten Anwartschaft (gemäß § 7 Abs. 2a und 2b), wobei eine allfällig vertraglich vereinbarte Valorisierung erst ab Eintritt des Leistungsfalles erfolgt.

(BGBl 1996/754)

(4) Hat der Arbeitnehmer für den Erwerb einer Anwartschaft eigene Zahlungen geleistet, so werden diese Zahlungen einschließlich der darauf entfallenden Verzinsung durch den Rechnungszinsfuß

in der Höhe von 6% jedenfalls unverfallbar und sind ihm auf Verlangen nach Widerruf zurückzuzahlen.

(BGBl 1996/754)

(5) Sofern der Unverfallbarkeitsbetrag ungeachtet allfälliger Anteile aus eigenen Zahlungen des Arbeitnehmers im Zeitpunkt des Widerrufs den sich aus § 1 Abs. 2 und 2a PKG jeweils ergebenden Betrag nicht übersteigt, kann der Arbeitnehmer abgefunden werden; über sein Verlangen ist er abzufinden.

(BGBl 1996/754)

(6) Sofern Normen der kollektiven Rechtsgestaltung oder Einzelvereinbarungen, die vor Inkrafttreten dieses Bundesgesetzes abgeschlossen wurden, nicht anderes bestimmen, kann der Arbeitgeber den Erwerb künftiger Anwartschaften nur dann und so lange aussetzen oder einschränken, als

1. dies in Normen der kollektiven Rechtsgestaltung vorgesehen ist oder schriftlich vereinbart wurde,
2. zwingende wirtschaftliche Gründe vorliegen und
3. in Betrieben, in denen ein zuständiger Betriebsrat besteht, mindestens drei Monate vor dem Aussetzen oder Einschränken des Erwerbs künftiger Anwartschaften eine Beratung mit diesem Betriebsrat erfolgt ist. Zu dieser Beratung kann der Betriebsrat eine fachkundige Person beiziehen, die über alle ihr bekannt gewordenen Geschäfts- und Betriebsgeheimnisse Verschwiegenheit zu bewahren hat.

(7) Setzt der Arbeitgeber den künftigen Erwerb von Anwartschaften aus oder schränkt er ihn ein, so kann der Arbeitnehmer für denselben Zeitraum seine Beiträge aussetzen oder im selben Ausmaß einschränken.

(8) Durch das Aussetzen oder Einschränken des Erwerbs künftiger Anwartschaften wird der Ablauf der Unverfallbarkeitsfrist (Abs. 2) nicht berührt.

(BGBl 1996/754, BGBl I 2018/54)

Aussetzen oder Einschränken von Leistungen

§ 9. Sofern Normen der kollektiven Rechtsgestaltung oder Einzelvereinbarungen, die vor Inkrafttreten dieses Bundesgesetzes abgeschlossen wurden, nicht anderes bestimmen, können Leistungen nur dann und so lange ausgesetzt oder eingeschränkt werden, als die Voraussetzungen des § 8 Abs. 6 Z 1 und 2 vorliegen und wenn der Arbeitgeber von dem ihm eingeräumten Recht Gebrauch gemacht hat, den Erwerb künftiger Anwartschaften einzustellen, auszusetzen oder einzuschränken; soweit Leistungen durch Wertpapiere (§ 11) gedeckt sind, dürfen sie nicht ausgesetzt oder eingeschränkt werden; diese Wertpapiere dürfen weder verpfändet noch veräußert werden.

(BGBl 1996/754)

Wertanpassung

§ 10. Wurde die Wertanpassung weder ausgeschlossen noch etwas anderes vereinbart, so sind Leistungen aus direkten Leistungszusagen vom Arbeitgeber jährlich mit dem Anpassungsfaktor gemäß § 108 f. des Allgemeinen Sozialversicherungsgesetzes, BGBl. Nr. 189/1955, aufzuwerten. Diese Anpassung kann unterbleiben, wenn die wirtschaftliche Lage des Unternehmens eine Wertanpassung nicht erlaubt und in Betrieben, in denen ein zuständiger Betriebsrat besteht, eine Beratung mit diesem Betriebsrat erfolgt ist.

Wertpapierdeckung und Insolvenz

§ 11. (1) Sofern für direkte Leistungszusagen Pensionsrückstellungen nach § 211 Abs. 2 des Unternehmensgesetzbuches (UGB), dRGBl. Nr. 219/1897, zu bilden sind, sind diese in dem sich nach den Vorschriften des § 14 Abs. 7 Einkommensteuergesetz 1988 (EStG 1988), BGBl. Nr. 400, unter Berücksichtigung des § 116 Abs. 4 EStG 1988 ergebenden Ausmaß mit Wertpapieren zu decken. Die Wertpapiere bilden im Insolvenzverfahren des Arbeitgebers eine Sondermasse (§ 48 Abs. 1 der Insolvenzordnung – IO –, RGBl. Nr. 337/1914) für die Ansprüche der Anwartschafts- und Leistungsberechtigten aus einer direkten Leistungszusage.

(BGBl I 2010/58)

(1a) Auf die nach Abs. 1 geforderte Wertpapierdeckung können Ansprüche aus einer vom/von der Arbeitgeber/in geschlossenen und dem § 14 Abs. 7 EStG 1988 entsprechenden Rückdeckungsversicherung in dem sich aus dieser Bestimmung ergebenden Ausmaß angerechnet werden.

(BGBl I 2012/54)

(2) Die Wertpapierdeckung darf nur zur Befriedigung der Ansprüche der Anwartschafts- und Leistungsberechtigten aus der direkten Leistungszusage vermindert werden, wobei das in Abs. 1 geforderte Ausmaß nicht unterschritten werden darf. Die Wertpapiere im Sinne des Abs. 1 sind außer zur Befriedigung der Ansprüche der Anwartschafts- und Leistungsberechtigten der Exekution entzogen.

(3) Im Falle einer Insolvenz des Arbeitgebers gebührt der Erlös aus der Veräußerung der Wertpapiere insoweit dem Insolvenz-Entgelt-Fonds, als die Ansprüche gegen den Arbeitgeber gemäß § 11 Insolvenz-Entgeltsicherungsgesetz (IESG), BGBl. Nr. 324/1977, auf den Insolvenz-Entgelt-Fonds übergehen. Der übrige Verkaufserlös steht den Anwartschafts- und Leistungsberechtigten, insoweit ihre Ansprüche nicht nach § 11 IESG auf den Insolvenz-Entgelt-Fonds übergehen, entsprechend der Höhe ihrer Unverfallbarkeitsbeträge oder Leistungsansprüche zu.

(BGBl I 2008/82)

(4) Die Wertpapiere im Sinne des Abs. 1 sind zum Zweck der Deckung der Pensionsrückstellungen für direkte Leistungszusagen bei einem Kreditinstitut, das gemäß der Richtlinie 2006/48/EG zur Ausübung dieser Tätigkeit ordnungsgemäß zugelassen ist, zu verwahren. Die Wertpapiere im Sinne

des Abs. 1 sind jedenfalls getrennt von allfälligen weiteren Wertpapierdepots, die der/die Arbeitgeber/in bei demselben Kreditinstitut hält, zu führen.

(BGBl I 2012/54)

(BGBl 1996/754)

Abschnitt 4
Lebensversicherung

Allgemeine Bestimmungen

§ 12. (1) Besteht die Leistungszusage im Abschluß eines Versicherungsvertrages, dessen Begünstigte der Arbeitnehmer und seine Hinterbliebenen sind, so ist eine Änderung der Bezugsberechtigung ohne Zustimmung des Arbeitnehmers rechtsunwirksam. Das Recht des Arbeitnehmers zur Benennung der bezugsberechtigten Hinterbliebenen bleibt unberührt.

(2) Die Abtretung oder Verpfändung von Ansprüchen auf Versicherungsleistungen ist rechtsunwirksam. Für die Pfändung gilt die Exekutionsordnung.

(BGBl 1996/754)

Unverfallbarkeit

§ 13. (1) Bei Beendigung des Arbeitsverhältnisses vor Eintritt des Leistungsfalles bleibt dem Arbeitnehmer der Anspruch auf die Versicherungsleistung aus dem Versicherungsvertrag erhalten. Der Arbeitnehmer kann nach Beendigung des Arbeitsverhältnisses

1. die Umwandlung der Versicherung in eine prämienfreie Versicherung verlangen; bei Eintritt des Leistungsfalles hat der Leistungsberechtigte gegenüber der Versicherung einen Anspruch, der sich aus den auf Grund des Versicherungsvertrages bis zur Beendigung des Arbeitsverhältnisses zu leistenden Prämien unter Berücksichtigung der bis zum Eintritt des Leistungsfalles auflaufenden Zinsengutschriften und Gewinnanteile ergibt;
2. die Übertragung des Rückkaufswertes im Zeitpunkt der Beendigung des Arbeitsverhältnisses in die Pensionskasse, in eine betriebliche Kollektivversicherung oder in eine Gruppenrentenversicherung eines neuen Arbeitgebers verlangen;

   (BGBl I 2005/8)
3. die Übertragung des Rückkaufswertes im Zeitpunkt der Beendigung des Arbeitsverhältnisses in eine ausländische Altersversorgungseinrichtung verlangen, wenn der Arbeitnehmer seinen Arbeitsort dauernd ins Ausland verlegt;
4. die Fortsetzung der Versicherung mit eigenen Prämien verlangen.

(2) Gibt der Arbeitnehmer binnen sechs Monaten keine Erklärung über die Verwendung seines Anspruches ab, so ist die Versicherung in eine prämienfreie Versicherung (Abs. 1 Z 1) umzuwandeln.

(3) Sofern der Rückkaufswert im Zeitpunkt der Beendigung des Arbeitsverhältnisses den sich aus § 1 Abs. 2 und 2a PKG jeweils ergebenden Betrag nicht übersteigt, ist dem Arbeitnehmer auf sein Verlangen der Rückkaufswert auszuzahlen.

(BGBl 1996/754)

Einstellen, Aussetzen oder Einschränken der Prämienleistung

§ 14. (1) Der Arbeitgeber kann seine Prämienleistung nur unter den im § 8 Abs. 1 Z 1 bis 3 genannten Voraussetzungen einstellen (Widerruf). Widerruft der Arbeitgeber, so bleibt dem Arbeitnehmer der Anspruch auf die Versicherungsleistung auf Grund allfälliger eigener Prämien und der bis zum Widerruf fälligen Prämien des Arbeitgebers erhalten. Der Arbeitnehmer kann nach Widerruf

1. die Umwandlung der Versicherung in eine prämienfreie Versicherung verlangen; bei Eintritt des Leistungsfalles hat der Leistungsberechtigte gegenüber der Versicherung einen Anspruch, der sich aus den auf Grund des Versicherungsvertrages bis zum Zeitpunkt des Widerrufs zu leistenden Prämien unter Berücksichtigung der bis zum Eintritt des Leistungsfalles auflaufenden Zinsengutschriften und Gewinnanteile ergibt;
2. die Fortsetzung der Versicherung mit eigenen Prämien verlangen.

(2) Gibt der Arbeitnehmer binnen sechs Monaten keine Erklärung über die Verwendung seines Anspruches ab, so ist die Versicherung in eine prämienfreie Versicherung (Abs. 1 Z 1) umzuwandeln.

(3) Sofern der Rückkaufswert im Zeitpunkt des Widerrufs den sich aus § 1 Abs. 2 und 2a PKG jeweils ergebenden Betrag nicht übersteigt, ist dem Arbeitnehmer auf sein Verlangen der Rückkaufswert auszuzahlen.

(BGBl 1996/754)

(4) Der Arbeitgeber kann seine Prämienleistung nur unter den im § 8 Abs. 6 Z 1 bis 3 genannten Voraussetzungen aussetzen oder einschränken.

(5) Werden Prämienleistungen des Arbeitgebers ausgesetzt oder eingeschränkt, so kann der Arbeitnehmer für denselben Zeitraum

1. seine Prämien in der bisherigen Höhe weiterzahlen;
2. seine Prämienleistung aussetzen oder im selben Ausmaß einschränken oder
3. auch die Prämien des Arbeitgebers übernehmen.

(6) Hat sich der Arbeitnehmer verpflichtet, eigene Prämien zu leisten, kann er seine Prämienleistung jederzeit einstellen oder für einen Zeitraum von mindestens zwei Jahren aussetzen oder einschränken.

Abschnitt 5
Unterstützungs- oder sonstige Hilfskassen

§ 15. Hat der Arbeitnehmer bei Beendigung des Arbeitsverhältnisses bereits mindestens fünf Jahre zum Kreis der Begünstigten einer Unterstützungs- oder sonstigen Hilfskasse gehört, so ist er bei Eintritt des Leistungsfalles den im Unternehmen verbliebenen Arbeitnehmern gleichzustellen, wobei sich sein Anspruch aus dem Verhältnis der im Unternehmen zugebrachten Dienstzeit zum Zeitraum zwischen Eintritt in das Unternehmen und Eintritt des Leistungsfalles ergibt.

Abschnitt 6
Allgemeine Bestimmungen

Anrechnungs- und Auszehrungsverbot

§ 16. (1) Die in diesem Bundesgesetz geregelten Versorgungsleistungen dürfen durch Versorgungsleistungen, die auf Beiträgen der Leistungsberechtigten beruhen, nicht gemindert werden. Dies gilt nicht für Leistungen aus der gesetzlichen Pensionsversicherung, soweit sie auf Pflichtbeiträgen beruhen, sowie für Versorgungsleistungen, die zumindest zur Hälfte auf Beiträgen oder Zuschüssen des Arbeitgebers beruhen.

(2) Der Wert des vom Arbeitgeber zu erbringenden Teils der Gesamtversorgung, der sich im Zeitpunkt des Leistungsfalls ergibt, darf durch eine spätere Erhöhung von anrechenbaren Versorgungsleistungen nicht gemindert werden.

„**§ 16a.** (1) Sofern betriebliche Pensionszusagen einen Leistungsanspruch für den Fall des Bezugs einer befristeten Invaliditäts- oder Berufsunfähigkeitspension vorsehen, gebührt dieser Anspruch auch bei Feststellung einer mindestens sechsmonatigen Invalidität oder Berufsunfähigkeit durch den Versicherungsträger gemäß § 367 Abs. 4 ASVG für die Dauer des Bezuges von Rehabilitationsgeld nach § 143a ASVG oder Umschulungsgeld nach § 39b des Arbeitslosenversicherungsgesetzes 1977, BGBl. Nr. 609/1977.

(2) Abs. 1 gilt auch für Leistungszusagen und Leistungen im Sinne des § 1 Abs. 3 Z 2.“

(BGBl I 2018/100)

Auskunftspflicht

§ 17. (1) Der Arbeitgeber hat dem Anwartschaftsberechtigten, ehemaligen Arbeitnehmer oder Hinterbliebenen mit einem Leistungsanspruch auf Verlangen jährlich Auskunft über das Ausmaß der Anwartschaft zum Bilanzstichtag zu erteilen sowie darüber, in welcher Höhe er Leistungen bei Eintritt des Leistungsfalles beanspruchen kann.

(BGBl I 2018/54)

(2) Die Verpflichtung zur Auskunftserteilung im Sinne des Abs. 1 trifft bei zugesagten Pensionskassenleistungen die Pensionskasse, bei Lebensversicherungen oder betrieblichen Kollektivversicherungen das Versicherungsunternehmen.

(BGBl I 2005/8)

Gleichbehandlungsgebot

§ 18. (1) Der Arbeitgeber hat den arbeitsrechtlichen Gleichbehandlungsgrundsatz einzuhalten und ist verpflichtet, bei Einschränkung oder Widerruf von Rechten nach diesem Bundesgesetz Leistungs- und Anwartschaftsberechtigte nach ausgewogenen, willkürliche oder sachfremde Differenzierungen zwischen Arbeitnehmern oder Arbeitnehmergruppen ausschließenden Grundsätzen zu behandeln.

(2) Bei Leistungszusagen gemäß Abschnitt 2 oder 2a muss den Arbeitnehmern oder Arbeitnehmergruppen des Betriebes eine ausgewogene, willkürliche und sachfremde Differenzierungen ausschließende Beteiligung am Pensionskassensystem oder System der betrieblichen Kollektivversicherung ermöglicht werden.

(BGBl I 2005/8)

(3) Verstöße gegen das Gleichbehandlungsgebot gemäß Abs. 1 und 2 bewirken einen Angleichungsanspruch des in seinen Rechten Geschmälerten.

Unabdingbarkeit

§ 19. Die Rechte, die dem Arbeitnehmer auf Grund der §§ 2 bis 18 zustehen, dürfen – soweit sich aus diesem Bundesgesetz nicht anderes ergibt – durch Arbeitsvertrag oder Normen der kollektiven Rechtsgestaltung weder aufgehoben noch beschränkt werden.

§ 20. (1) Zum Zeitpunkt des Inkrafttretens dieses Bundesgesetzes anhängige Verwaltungsverfahren nach § 3 Abs. 2 oder 3 in der Fassung des Artikels I des Bundesgesetzes BGBl. Nr. 282/1990 sind nach der bisherigen Rechtslage weiterzuführen.

(2) Die in diesem Bundesgesetz enthaltenen Verweise auf andere Bundesgesetze gelten als Verweis auf die jeweils geltende Fassung, soweit in den einzelnen Verweisen nicht auf eine bestimmte Fassung verwiesen wird.

(3) Soweit in diesem Bundesgesetz personenbezogene Bezeichnungen noch nicht geschlechtsneutral formuliert sind, gilt die gewählte Form für beide Geschlechter.

(BGBl I 2012/54)

(4) Im Zeitpunkt des Inkrafttretens des Bundesgesetzes BGBl. Nr. 754/1996 bestehende, für die Arbeitnehmer günstigere Regelungen in Betriebsvereinbarungen oder Einzelvereinbarungen für die Übertragung eines Unverfallbarkeitsbetrages gemäß § 5 Abs. 2 werden durch die Bestimmungen des Bundesgesetzes BGBl. Nr. 754/1996 nicht berührt, sofern diese Betriebsvereinbarungen (Einzelvereinbarung) im Zeitpunkt des Inkrafttretens des Bundesgesetzes BGBl. Nr. 754/1996 für den Arbeitnehmer gegolten haben (hat).

(BGBl 1996/754)

Artikel V
Übergangs- und Schlußbestimmungen

(1) Dieses Bundesgesetz ist auf Leistungszusa-

gen nicht anzuwenden, die vor dem 1. Jänner 1989 gemacht wurden und von Pensionskassen zu erfüllen sind, die zu diesem Zeitpunkt bereits errichtet waren.

(2) Vereinbarungen nach § 3 des Betriebspensionsgesetzes (Artikel I) können den Stichtag für Übertragung von Anwartschaften und Leistungen auf Pensionskassen rückwirkend, längstens aber auf den Beginn des laufenden Wirtschaftsjahres des Arbeitgebers festlegen.

(3) Auf Leistungszusagen, die vor Inkrafttreten dieses Bundesgesetzes gemacht wurden, ist dieses Bundesgesetz nur hinsichtlich der nach seinem Inkrafttreten erworbenen Anwartschaften anzuwenden. Für die Erfüllung der Wartezeit und des Fünfjahreszeitraums gemäß Artikel I § 7 Abs. 1 Z 2 und § 8 Abs. 2 zählen auch Anwartschaftszeiten, die vor Inkrafttreten dieses Bundesgesetzes liegen. In Unterstützungs- und sonstigen Hilfskassen, die bereits vor Inkrafttreten dieses Bundesgesetzes bestanden haben, bleiben von Artikel I § 15 abweichende Regelungen hinsichtlich der im Zeitpunkt des Inkrafttretens bereits erworbenen Anwartschaften unberührt.

(4) Vor dem 1. Jänner 1990 bestehende Regelungen in direkten Leistungszusagen, die abweichend von Artikel I dieses Bundesgesetzes

1. eine längere Wartezeit,
2. den Verlust der erworbenen Anwartschaften bei einvernehmlicher Auflösung des Arbeitsverhältnisses oder bei Arbeitgeberkündigung auf Grund eines in einem Disziplinarverfahren festgestellten schuldhaften Verhaltens des Arbeitnehmers,
3. den Widerruf von Leistungen wegen eines Verhaltens des Leistungsberechtigten, das ihn des Vertrauens seines früheren Arbeitgebers unwürdig erscheinen läßt (insbesondere wegen Verstoßes gegen bestehende Konkurrenzklauseln),

vorsehen, bleiben unberührt.

(5) Der Unverfallbarkeitsbetrag im Sinne des Artikels I § 7 ist bei direkten Leistungszusagen, die vor Inkrafttreten des Bundesgesetzes BGBl. Nr. 282/1990 (1. Juli 1990) erteilt wurden, nach den Vorschriften des § 7 Abs. 2a und 2b Betriebspensionsgesetz, in der Fassung des Bundesgesetzes BGBl. Nr. 754/1996, für den Zeitraum ab 1. Juli 1990 bis zur Beendigung des Arbeitsverhältnisses zu berechnen.

(BGBl 1996/754)

(6) Artikel I § 10 ist auf Leistungen aus direkten Leistungszusagen, die vor Inkrafttreten dieses Bundesgesetzes gemacht wurden, nicht anzuwenden.

(7) Artikel IV dieses Bundesgesetzes ist auf Insolvenzen im Sinne des § 1 Abs. 1 des Insolvenz-Entgeltsicherungsgesetzes, die vor Inkrafttreten dieses Bundesgesetzes eingetreten sind, nicht anzuwenden. Die Frist nach § 6 Abs. 1 des Insolvenz-Entgeltsicherungsgesetzes für Ansprüche nach Artikel IV Z 2 lit. a endet frühestens vier Monate nach Kundmachung dieses Bundesgesetzes.

(8) Soweit in diesem Bundesgesetz auf andere Bundesgesetze verwiesen wird, sind diese in der jeweils geltenden Fassung anzuwenden.

(9) Artikel V Abs. 5 in der Fassung des Bundesgesetzes BGBl. Nr. 754/1996 tritt mit 1. Jänner 1997 in Kraft.

(BGBl 1996/754)

(10) Ehemalige Arbeitnehmer/innen, für die zum Stichtag 31. Dezember 2012 eine beitragsfrei gestellte Anwartschaften geführt wird, können bis 30. Juni 2013 schriftlich die neuerliche Umwandlung der Anwartschaft in einen Unverfallbarkeitsbetrag und dessen Abfindung verlangen wenn:

1. der in eine beitragsfrei gestellte Anwartschaft umgewandelte Unverfallbarkeitsbetrag gemäß § 5 Abs. 1a im Zeitpunkt der Beendigung des Arbeitsverhältnisses den sich aus § 1 Abs. 2 und 2a PKG in der zum Zeitpunkt der Beendigung des Arbeitsverhältnisses geltenden Fassung jeweils ergebenden Betrag nicht überschritten hat,
2. der nach Umwandlung dieser Anwartschaft neuerlich ermittelte Unverfallbarkeitsbetrag nicht den zum 31. Dezember 2012 maßgeblichen Betrag nach § 1 Abs. 2 und 2a PKG übersteigt, und
3. der/die Arbeitnehmer/in nicht die Übertragung dieser Anwartschaft gemäß § 5 Abs. 3 zweiter Satz verlangen kann.

(BGBl I 2012/54)

(11) Ehemalige Arbeitnehmer/innen, für die zum Stichtag 31. Dezember 2012 eine prämienfreie Versicherung geführt wird, können bis 30. Juni 2013 schriftlich die neuerliche Umwandlung der Anwartschaft in einen Unverfallbarkeitsbetrag und dessen Abfindung verlangen wenn:

1. der in eine prämienfreie Versicherung umgewandelte Unverfallbarkeitsbetrag gemäß § 6c Abs. 1 im Zeitpunkt der Beendigung des Arbeitsverhältnisses den sich aus § 1 Abs. 2 und 2a PKG in der zum Zeitpunkt der Beendigung des Arbeitsverhältnisses geltenden Fassung jeweils ergebenden Betrag nicht überschritten hat,
2. der nach Umwandlung dieser Anwartschaft neuerlich ermittelte Unverfallbarkeitsbetrag nicht den zum 31. Dezember 2012 maßgeblichen Betrag nach § 1 Abs. 2 und 2a PKG übersteigt, und
3. der/die Arbeitnehmer/in nicht die Übertragung dieser Versicherung gemäß § 6c Abs. 3 zweiter Satz verlangen kann.

(BGBl I 2012/54)

Artikel VI
Inkrafttreten und Vollziehung

(1)

1. Dieses Bundesgesetz tritt mit 1. Juli 1990 in Kraft.

BPG

2. § 16a in der Fassung des Bundesgesetzes BGBl. Nr. 335/1993 tritt mit 1. Juli 1993 in Kraft.
(BGBl 1993/335)
3. § 1 Abs. 3, § 3, § 4, § 5, § 6, § 7, § 8 Abs. 2 bis 5, § 9 letzter Halbsatz, § 11, § 12 Abs. 2, § 13 Abs. 3, § 14 Abs. 3 und § 20 in der Fassung des Bundesgesetzes BGBl. Nr. 754/1996 treten mit 1. Jänner 1997 in Kraft.
(BGBl 1996/754)
4. Für Übertragungen gemäß § 48 PKG von Anwartschaften und Leistungsverpflichtungen aus direkten Leistungszusagen in Kollektivverträgen tritt § 3 in der Fassung des Bundesgesetzes BGBl. Nr. 754/1996 rückwirkend mit 1. Juli 1996 in Kraft, wobei für bis zum 31. Dezember 1996 begonnene Übertragungen anstelle des Stichtages 1. Jänner 1997 im § 3 Abs. 1a der 1. Jänner 1996 zu treten hat.
(BGBl 1996/754)
5. § 3 Abs. 4 vorletzter und letzter Satz in der Fassung des Bundesgesetzes BGBl. I Nr. 139/1997 treten mit 1. Jänner 1998 in Kraft.
(BGBl I 1997/139)
6. § 3 Abs. 4 in der Fassung des Bundesgesetzes BGBl. I Nr. 51/2002 tritt mit 1. Jänner 2002 in Kraft.
(BGBl I 2002/51)
7. Die §§ 2 Z 1, 3 Abs. 1 Z 1, 5 Abs. 2 Z 2 und Abs. 5, Abschnitt 2a, 7 Abs. 3 Z 1, 13 Abs. 1 Z 2, 17 Abs. 2 und 18 Abs. 2 in der Fassung des Bundesgesetzes BGBl. I Nr. 8/2005 treten mit 23. September 2005 in Kraft.
(BGBl I 2005/8)
8. § 11 Abs. 3 in der Fassung des Bundesgesetzes BGBl. I Nr. 82/2008 tritt mit 1. Juli 2008 in Kraft.
(BGBl I 2008/82)
9. § 1 Abs. 2 in der Fassung des Bundesgesetzes BGBl. I Nr. 22/2009 tritt mit 1. April 2009 in Kraft.
(BGBl I 2009/22)
10. Die §§ 7 Abs. 6a und 11 Abs. 1 in der Fassung des Bundesgesetzes BGBl. I Nr. 58/2010 treten mit 1. August 2010 in Kraft. § 11 Abs. 1 in der Fassung des Bundesgesetzes BGBl. I Nr. 58/2010 gilt für Insolvenzverfahren, die nach dem 31. Juli 2010 eröffnet oder wieder aufgenommen werden.
(BGBl I 2010/58)
11. § 1 Abs. 5, § 2 Z 1, § 3 Abs. 1 erster Satz und Z 2 und Z 2a und Abs. 4 vorletzter und letzter Satz, § 5 Abs. 1 zweiter Satz und Abs. 1a Z 2 und Abs. 2 Z 2 und Z 2a und Abs. 3 und Abs. 4 vorletzter und letzter Satz und Abs. 5, § 5a samt Überschrift, § 6a Abs. 1 Z 2 und Z 2a und Abs. 4 vorletzter und letzter Satz, § 6c Abs. 2 Z 2 und Z 2a und Abs. 3 bis Abs. 5, § 6e samt Überschrift, § 11 Abs. 1a und Abs. 4, § 20 Abs. 3, Artikel V Abs. 10 und 11 sowie Artikel VI Abs. 2 Z 3 in der Fassung des Bundesgesetzes BGBl. I Nr. 54/2012 treten mit 1. Jänner 2013 in Kraft. § 5 Abs. 1 zweiter Satz gilt nur für Arbeitsverhältnisse, deren vertraglich vereinbarter Beginn nach dem 31. Dezember 2012 liegt.
(BGBl I 2012/54)
12. § 3 Abs. 4 und § 6a Abs. 4 in der Fassung des Bundesgesetzes BGBl. I Nr. 67/2013 treten mit 1. Juli 2013 in Kraft.
(BGBl I 2013/67)
13. Die §§ 3 Abs. 4 und 6a Abs. 4 in der Fassung des Bundesgesetzes BGBl. I Nr. 138/2013 treten mit 1. Jänner 2014 in Kraft.
(BGBl I 2013/138)
14. § 2 Z 1, § 5 Abs. 5, § 5a Abs. 1, § 6a Abs. 1, § 6c Abs. 5 und § 6e Abs. 1 in der Fassung des Bundesgesetzes BGBl. I Nr. 34/2015 treten mit 1. Jänner 2016 in Kraft.
(BGBl I 2015/34)
15. § 16a Abs. 3a in der Fassung des Bundesgesetzes BGBl. I Nr. 152/2015 tritt mit 1. Jänner 2016 in Kraft.
(BGBl I 2015/152, BGBl I 2016/44)
16. Die §§ 7, 8 und 17 Abs. 1 in der Fassung des BGBl. I Nr. 54/2018 treten mit 21. Mai 2018 in Kraft und gelten für Beschäftigungszeiten aus direkten Leistungszusagen, die nach dem Inkrafttreten dieses Gesetzes entstehen. Für Beschäftigungszeiten aus direkten Leistungszusagen, die vor dem Inkrafttreten dieses Bundesgesetzes liegen, gelten weiterhin die Regelungen der §§ 7, 8 und 17 in der Fassung vor dem Bundesgesetz BGBl. I Nr. 54/2018.
(BGBl I 2018/54)

(2) Mit der Vollziehung sind betraut:
1. hinsichtlich Artikel I § 4, § 11 Abs. 1 Satz 1 und 2 sowie Abs. 2 und § 12 Abs. 2 der Bundesminister für Justiz;
2. hinsichtlich Artikel I § 11 Abs. 3 der Bundesminister für Finanzen;
3. hinsichtlich aller übrigen Bestimmungen dieses Bundesgesetzes der Bundesminister für Arbeit, Soziales und Konsumentenschutz.
(BGBl I 2012/54)

21. Betriebsrats-Geschäftsordnung 1974 (Auszug)

Betriebsrats-Geschäftsordnung 1974, BGBl 1974/355 idF

2 BGBl 1987/364 3 BGBl 1990/690 5 BGBl II 2012/142

355. Verordnung des Bundesministers für soziale Verwaltung vom 24. Juni 1974 über die Geschäftsführung der Betriebs(Gruppen-, Betriebshaupt)versammlung, des Betriebsrates, des Betriebsausschusses, der Betriebsräteversammlung, des Zentralbetriebsrates, der Jugendversammlung, des Jugendvertrauensrates, der Jugendvertrauensräteversammlung und des Zentraljugendvertrauensrates (Betriebsrats-Geschäftsordnung 1974 – BR-GO 1974).

Mitwirkung bei Kündigungen und Entlassungen

§ 63. (1) Der Betriebsinhaber hat vor jeder Kündigung eines Arbeitnehmers den Betriebsrat zu verständigen. Der Betriebsrat kann zu jeder beabsichtigten Kündigung eines Arbeitnehmers innerhalb einer Woche Stellung nehmen.

(2) Die Stellungnahme im Sinn des Abs. 1 kann, sofern sie nicht in Form einer ausdrücklichen Zustimmung erfolgt, auch von einem mit dieser Angelegenheit betrauten geschäftsführenden Ausschuss (§ 17) abgegeben werden. Die ausdrückliche Zustimmung zur beabsichtigten Kündigung kann hingegen nur auf Grund eines Beschlusses des Betriebsrates erfolgen, der der Mehrheit von zwei Drittel der abgegebenen Stimmen bedarf.

(3) Hat der Betriebsrat der Kündigungsabsicht ausdrücklich widersprochen, so kann er auf Verlangen des gekündigten Arbeitnehmers die Kündigung beim Gericht anfechten. Die einwöchige Anfechtungsfrist endet eine Woche nachdem der Betriebsinhaber den Betriebsrat vom Ausspruch der Kündigung verständigt hat. Ficht der Betriebsrat die Kündigung nicht an, obwohl dies der gekündigte Arbeitnehmer verlangt hat, so hat der Arbeitnehmer das Recht, innerhalb von zwei Wochen nach Ablauf der für den Betriebsrat geltenden Anfechtungsfrist die Kündigung selbst beim Gericht anzufechten. Dieses Anfechtungsrecht steht dem gekündigten Arbeitnehmer auch dann zu, wenn der Betriebsinhaber den Betriebsrat bis zu dem Zeitpunkt, in dem der Arbeitnehmer die Anfechtung vom Betriebsrat verlangt, von der erfolgten Kündigung nicht verständigt hat.

(4) Hat der Betriebsrat zur Verständigung über die beabsichtigte Kündigung innerhalb der Frist des Abs. 1 keine Stellungnahme abgegeben, so kann der Arbeitnehmer innerhalb von zwei Wochen nach Zugang der Kündigung diese beim Gericht selbst anfechten. Aus einem Anfechtungsgrund gemäß § 105 Abs. 3 Z 1 ArbVG kann der Arbeitnehmer die Kündigung innerhalb von zwei Wochen nach deren Zugang auch dann selbst anfechten, wenn der Betriebsrat der Kündigungsabsicht ausdrücklich zugestimmt hat.

(5) Auf die Anfechtungen von Entlassungen finden die Abs. 1 bis 4 sinngemäß mit der Maßgabe Anwendung, dass die Frist gemäß Abs. 1 drei Arbeitstage beträgt. Für die Berechnung der Frist von drei Arbeitstagen sind nur solche Tage heranzuziehen, an denen auf Grund der betrieblichen Arbeitszeiteinteilung die Mehrzahl der Arbeitnehmer im Betrieb beschäftigt ist. Die Frist gemäß Abs. 1 wird in die Anfechtungsfrist (Abs. 3 und 4) nicht eingerechnet.

(BGBl 1987/364, BGBl 1990/690, BGBl II 2012/142)

22. Betriebsrats-Wahlordnung 1974 (Auszug)

Betriebsrats-Wahlordnung 1974, BGBl 1974/319 idF BGBl 1987/365

319. Verordnung des Bundesministers für soziale Verwaltung vom 22. Mai 1974 über die Vorbereitung und Durchführung der Wahl zum Betriebsrat, Zentralbetriebsrat, Jugendvertrauensrat und Zentraljugendvertrauensrat sowie die Bestellung und Tätigkeit von Wahlkommissionen und Wahlzeugen (Betriebsrats-Wahlordnung 1974 – BRWO 1974)

§ 2. (1) In den Betriebsrat sind zu wählen in Betrieben mit

5 bis 9 Arbeitnehmern	eine Person;
10 bis 19 Arbeitnehmern	2 Mitglieder;
20 bis 50 Arbeitnehmern	3 Mitglieder;
51 bis 100 Arbeitnehmern	4 Mitglieder;
101 bis 200 Arbeitnehmern	5 Mitglieder;
201 bis 300 Arbeitnehmern	6 Mitglieder;
301 bis 400 Arbeitnehmern	7 Mitglieder;
401 bis 500 Arbeitnehmern	8 Mitglieder;
501 bis 600 Arbeitnehmern	9 Mitglieder;
601 bis 700 Arbeitnehmern	10 Mitglieder;
701 bis 800 Arbeitnehmern	11 Mitglieder;
801 bis 900 Arbeitnehmern	12 Mitglieder;
901 bis 1000 Arbeitnehmern	13 Mitglieder;
1001 bis 1400 Arbeitnehmern	14 Mitglieder;
1401 bis 1800 Arbeitnehmern	15 Mitglieder;
1801 bis 2200 Arbeitnehmern	16 Mitglieder;

für je weitere 400 Arbeitnehmer um ein Mitglied mehr. Bruchteile von 400 werden für voll gerechnet.

(2) In Betrieben, in denen für die Gruppen der Arbeiter und Angestellten und, sofern die §§ 133, 134 und 134b ArbVG zur Anwendung kommen, auch für andere Arbeitnehmergruppen getrennte Betriebsräte gewählt werden, richtet sich die Zahl der Betriebsratsmitglieder jeder Arbeitnehmergruppe nach der Zahl der Arbeitnehmer der betreffenden Gruppe.

(BGBl 1987/365)

(3) Gleichzeitig sind Ersatzmitglieder (§ 30) zu wählen.

23. Dienstnehmerhaftpflichtgesetz

Dienstnehmerhaftpflichtgesetz, BGBl 1965/80 idF BGBl 1983/169

STICHWORTVERZEICHNIS

80. Bundesgesetz vom 31. März 1965 über die Beschränkung der Schadenersatzpflicht der Dienstnehmer (Dienstnehmerhaftpflichtgesetz)

Der Nationalrat hat beschlossen:

Artikel I

§ 1. (1) Die Vorschriften dieses Bundesgesetzes gelten für Dienstnehmer (Lehrlinge) in einem privatrechtlichen oder in einem öffentlich-rechtlichen Dienst(Lehr)verhältnis (im folgenden als Dienstnehmer bezeichnet). Sie sind auf Heimarbeiter und Personen, die gemäß § 3 des Heimarbeitsgesetzes 1960 den Entgeltschutz für Heimarbeit genießen, ferner auf sonstige Personen, die, ohne in einem Dienstverhältnis zu stehen, im Auftrag und für Rechnung bestimmter anderer Personen Arbeit leisten und wegen wirtschaftlicher Unselbständigkeit als arbeitnehmerähnlich anzusehen sind, im Verhältnis zu ihren Auftraggebern sinngemäß anzuwenden.

(2) Ausgenommen vom Geltungsbereich dieses Bundesgesetzes sind Dienstnehmer, soweit sie als Organe der im Artikel 23 Abs. 1 des Bundes-Verfassungsgesetzes in der Fassung von 1929 genannten Rechtsträger in Vollziehung der Gesetze dem Rechtsträger oder einem Dritten einen Schaden zugefügt haben.

§ 2. (1) Hat ein Dienstnehmer bei Erbringung seiner Dienstleistungen dem Dienstgeber durch ein Versehen einen Schaden zugefügt, so kann das Gericht aus Gründen der Billigkeit den Ersatz mäßigen oder, sofern der Schaden durch einen minderen Grad des Versehens zugefügt worden ist, auch ganz erlassen.

(2) Bei der Entscheidung über die Ersatzpflicht im Sinn des Abs. 1 hat das Gericht vor allem auf das Ausmaß des Verschuldens des Dienstnehmers und außerdem insbesondere auf folgende Umstände Bedacht zu nehmen:

1. auf das Ausmaß der mit der ausgeübten Tätigkeit verbundenen Verantwortung,
2. inwieweit bei der Bemessung des Entgelts ein mit der ausgeübten Tätigkeit verbundenes Wagnis berücksichtigt worden ist,
3. auf den Grad der Ausbildung des Dienstnehmers,
4. auf die Bedingungen, unter denen die Dienstleistung zu erbringen war und
5. ob mit der vom Dienstnehmer erbrachten Dienstleistung erfahrungsgemäß die nur schwer vermeidbare Möglichkeit oder Wahrscheinlichkeit des Eintritts eines Schadens verbunden ist.

(BGBl 1983/169)

(3) Für eine entschuldbare Fehlleistung haftet der Dienstnehmer nicht.

(BGBl 1983/169)

§ 3. (1) Wird ein Dienstnehmer zum Ersatz des Schadens herangezogen, den er bei Erbringung seiner Dienstleistungen einem Dritten zugefügt hat, so hat er dies dem Dienstgeber unverzüglich mitzuteilen und ihm im Falle der Klage den Streit zu verkündigen.

(2) Hat der Dienstnehmer im Einverständnis mit dem Dienstgeber oder auf Grund eines rechtskräftigen Urteils dem Dritten den durch ein Versehen zugefügten Schaden ersetzt, so kann er die Vergütung des solcherart Geleisteten und der ihm erwachsenen notwendigen Prozeß- und Exekutionskosten zum Teil oder, sofern der Schaden durch einen minderen Grad des Versehens zugefügt worden ist, zur Gänze vom Dienstgeber verlangen, wenn der Dienstgeber auf Grund der § 1313a bis 1316 des allgemeinen bürgerlichen Gesetzbuches

oder auf Grund einer anderen gesetzlichen Verpflichtung vom Dritten zum Ersatz des Schadens in Anspruch hätte genommen werden können und das Verlangen des Dienstnehmers der Billigkeit entspricht. § 2 Abs. 2 ist anzuwenden.

(BGBl 1983/169)

(3) Hat der Dienstnehmer im Einverständnis mit dem Dienstgeber oder auf Grund eines rechtskräftigen Urteils dem Dritten den durch eine entschuldbare Fehlleistung zugefügten Schaden ersetzt, so kann er jedoch die Vergütung des solcherart Geleisteten und der ihm erwachsenen notwendigen Prozeß- und Exekutionskosten zur Gänze vom Dienstgeber verlangen, wenn dieser auf Grund der §§ 1313a bis 1316 des allgemeinen bürgerlichen Gesetzbuches oder auf Grund einer anderen gesetzlichen Verpflichtung vom Dritten zum Ersatz des Schadens in Anspruch hätte genommen werden können.

(4) Unterläßt es der Dienstnehmer, dem Dienstgeber den Streit zu verkündigen, so verliert er zwar nicht das Recht auf Vergütung gegenüber dem Dienstgeber, doch kann ihm dieser alle wider den Dritten unausgeführt gebliebenen Einwendungen entgegensetzen und sich dadurch von der Vergütung in dem Maße befreien, als erkannt wird, daß diese Einwendungen, wenn von ihnen der gehörige Gebrauch gemacht worden wäre, eine andere Entscheidung gegen den Dritten veranlaßt hätten.

§ 4. (1) Wird ein Dienstgeber auf Grund der §§ 1313a bis 1316 des allgemeinen bürgerlichen Gesetzbuches oder auf Grund einer anderen gesetzlichen Verpflichtung vom Dritten zum Ersatz des Schadens herangezogen, den sein Dienstnehmer bei Erbringung seiner Dienstleistungen einem Dritten zugefügt hat, so hat er dies dem Dienstnehmer unverzüglich mitzuteilen und ihm im Falle der Klage den Streit zu verkündigen.

(2) Hat der Dienstgeber im Einverständnis mit dem Dienstnehmer oder auf Grund eines rechtskräftigen Urteils dem Dritten den Schaden ersetzt, so hat er einen die Vergütung des solcherart Geleisteten und der ihm erwachsenen notwendigen Prozeß- und Exekutionskosten umfassenden Rückgriffsanspruch gegen den Dienstnehmer, es sei denn, daß der Dienstnehmer den Schaden durch ein Versehen zugefügt hat und das Gericht aus Gründen der Billigkeit den Rückersatz mäßigt oder, sofern der Schaden durch einen minderen Grad des Versehens zugefügt worden ist, ganz erläßt. § 2 Abs. 2 ist anzuwenden.

(BGBl 1983/169)

(3) Hat der Dienstgeber dem Dritten den Schaden ersetzt, den der Dienstnehmer dem Dritten durch eine entschuldbare Fehlleistung zugefügt hat, so hat der Dienstgeber jedoch gegen den Dienstnehmer keinen Rückgriffsanspruch.

(4) Unterläßt es der Dienstgeber, dem Dienstnehmer den Streit zu verkündigen, so verliert er zwar nicht das Recht auf Vergütung gegenüber dem Dienstnehmer, doch kann ihm dieser wider den Dritten unausgeführt gebliebenen Einwendungen entgegensetzen und sich dadurch von der Vergütung in dem Maße befreien, als erkannt wird, daß diese Einwendungen, wenn von ihnen der gehörige Gebrauch gemacht worden wäre, eine andere Entscheidung gegen den Dritten veranlaßt hätten.

§ 5. Die Rechte des Dienstnehmers, die sich aus den §§ 2 bis 4 ergeben, können nur durch Kollektivvertrag aufgehoben oder beschränkt werden.

§ 6. Auf einem minderen Grad des Versehens beruhende Schadenersatz- oder Rückgriffsansprüche zwischen Dienstgeber und Dienstnehmer (§ 2 Abs. 1, § 3 Abs. 2 bis 4, § 4 Abs. 2 und 4) erlöschen, wenn sie nicht binnen sechs Monaten nach Ablauf des Tages, an dem sie erhoben werden können, gerichtlich geltend gemacht werden.

§ 7. (1) Während des aufrechten Bestandes des Dienstverhältnisses ist eine Aufrechnung von Ansprüchen gegen den Dienstnehmer nach diesem Bundesgesetz nur zulässig, wenn der Dienstnehmer nicht innerhalb von 14 Tagen ab Zugehen der Aufrechnungserklärung dieser widerspricht.

(2) Abs. 1 gilt nicht für eine Aufrechnung auf Grund eines rechtskräftigen Urteils.

Artikel II

(1) Auf Schadensfälle, die vor dem Inkrafttreten dieses Bundesgesetzes eingetreten sind, sind die bisherigen Bestimmungen anzuwenden.

(2) Die Rechte des Dienstnehmers, die sich aus den §§ 2 bis 4 ergeben, können nur durch einen Kollektivvertrag aufgehoben oder beschränkt werden, der nach dem Inkrafttreten dieses Bundesgesetzes abgeschlossen worden ist.

Artikel III

Mit der Vollziehung dieses Bundesgesetzes ist das Bundesministerium für Justiz betraut.

24. Entgeltfortzahlungsgesetz

Entgeltfortzahlungsgesetz, BGBl 1974/399 idF

1	BGBl 1974/775	2	BGBl 1977/621	3	BGBl 1978/664
4	BGBl 1980/581	5	BGBl 1981/596	6	BGBl 1982/647
7	BGBl 1983/590	8	BGBl 1984/484	9	BGBl 1988/283
10	BGBl 1990/300	11	BGBl 1990/408	12	BGBl 1992/833
13	BGBl 1996/411	14	BGBl 1996/600	15	BGBl I 1997/139
16	BGBl I 1998/112	17	BGBl I 2000/44	18	BGBl I 2000/142
19	BGBl I 2002/158	20	BGBl I 2010/100	21	BGBl I 2017/153
22	BGBl I 2018/100				

GLIEDERUNG

STICHWORTVERZEICHNIS

399. Bundesgesetz vom 26. Juni 1974 über die Fortzahlung des Entgelts bei Arbeitsverhinderung durch Krankheit (Unglücksfall), Arbeitsunfall oder Berufskrankheit (Entgeltfortzahlungsgesetz – EFZG)

Der Nationalrat hat beschlossen:

Artikel I

Abschnitt 1
Entgeltfortzahlung

Geltungsbereich

§ 1. (1) Die Vorschriften dieses Bundesgesetzes gelten, soweit im folgenden nicht anderes bestimmt ist, für Arbeitnehmer, deren Arbeitsverhältnis auf einem privatrechtlichen Vertrag beruht.

(2) Ausgenommen vom Geltungsbereich dieses Bundesgesetzes sind Arbeitnehmer, deren Arbeitsverhältnis dem

1. Angestelltengesetz, BGBl. Nr. 292/1921,
2. Gutsangestelltengesetz, BGBl. Nr. 538/1923,
3. Journalistengesetz, StGBl. Nr. 88/1920,
4. Theaterarbeitsgesetz (TAG), BGBl. I Nr. 100/2010,
   (BGBl I 2010/100)
5. Landarbeitsgesetz, BGBl. Nr. 140/1948, oder
6. Heimarbeitsgesetz 1960, BGBl. Nr. 105/1961,

in der jeweils geltenden Fassung unterliegt.

(3) Ausgenommen vom Geltungsbereich dieses Bundesgesetzes sind ferner Arbeitnehmer, die in einem der nachstehend angeführten Arbeitsverhältnisse stehen:

1. Arbeitsverhältnisse zum Bund mit Ausnahme derer, die auf kollektivvertraglichen Vereinbarungen oder ausschließlich auf dem ABGB beruhen;
2. Arbeitsverhältnisse zu einem Land, zu einem Gemeindeverband oder zu einer Gemeinde, sofern die Arbeitnehmer behördliche Aufgaben zu besorgen haben;
3. Arbeitsverhältnisse
   a) zu einem Land, zu einem Gemeindeverband oder zu einer Gemeinde, sofern die Arbeitnehmer keine behördlichen Aufgaben zu besorgen haben,
   b) zu einer Stiftung, Anstalt oder zu einem Fonds, sofern diese Einrichtungen von Organen einer Gebietskörperschaft oder von Personen (Personengemeinschaften) verwaltet werden, die hiezu von Organen einer Gebietskörperschaft bestellt sind,
   c) zu einer juristischen Person öffentlichen Rechts, soweit sie nicht bereits in lit. b erfaßt sind,

sofern auf diese Arbeitsverhältnisse gesetzliche oder dienst- und besoldungsrechtliche Vorschriften Anwendung finden, die den Anspruch auf Entgeltfortzahlung zwingend zumindest genauso günstig regeln wie dieses Bundesgesetz.

(4) Ausgenommen vom Geltungsbereich dieses Bundesgesetzes sind auch Arbeitnehmer, deren Arbeitsverhältnis dem

1. Hausgehilfen- und Hausangestelltengesetz, BGBl. Nr. 235/1962,
2. Hausbesorgergesetz, BGBl. Nr. 16/1970, oder
3. Berufsausbildungsgesetz, BGBl. Nr. 142/1969,

in der jeweils geltenden Fassung, unterliegt, sofern die Artikel II, III und IV nicht anderes bestimmen.

Anspruch auf Entgeltfortzahlung

§ 2. (1)[a)] Ist ein Arbeitnehmer nach Antritt des Dienstes durch Krankheit (Unglücksfall) an der Leistung seiner Arbeit verhindert, ohne dass er die Verhinderung vorsätzlich oder durch grobe Fahrlässigkeit herbeigeführt hat, so behält er seinen Anspruch auf das Entgelt bis zur Dauer von sechs Wochen. Der Anspruch auf das Entgelt erhöht sich auf die Dauer von acht Wochen, wenn das Arbeitsverhältnis ein Jahr, von zehn Wochen, wenn es 15 Jahre und von zwölf Wochen, wenn es 25 Jahre ununterbrochen gedauert hat. Durch jeweils weitere vier Wochen behält der Arbeitnehmer den Anspruch auf das halbe Entgelt.

(BGBl I 2000/44, BGBl I 2017/153)

[a)] Siehe dazu § 20 Abs. 10.

(1) Ist ein Arbeitnehmer nach Antritt des Dienstes durch Krankheit (Unglücksfall) an der Leistung seiner Arbeit verhindert, ohne dass er die Verhinderung vorsätzlich oder durch grobe Fahrlässigkeit herbeigeführt hat, so behält er seinen Anspruch auf das Entgelt bis zur Dauer von sechs Wochen. Der Anspruch auf das Entgelt erhöht sich auf die Dauer von acht Wochen, wenn das Arbeitsverhältnis fünf Jahre, von zehn Wochen, wenn es 15 Jahre und von zwölf Wochen, wenn es 25 Jahre ununterbrochen gedauert hat. Durch jeweils weitere vier Wochen behält der Arbeitnehmer den Anspruch auf das halbe Entgelt.

(BGBl I 2000/44)

(2) Kur- und Erholungsaufenthalte, Aufenthalte in Heil- und Pflegeanstalten, Rehabilitationszentren und Rekonvaleszentenheimen, die aus Gründen der Erhaltung, Besserung oder Wiederherstel-

lung der Arbeitsfähigkeit von einem Träger der Sozialversicherung, dem Bundesministerium für soziale Verwaltung gemäß § 12 Abs. 4 Opferfürsorgegesetz, einem Landesinvalidenamt oder einer Landesregierung auf Grund eines Behindertengesetzes auf deren Rechnung bewilligt oder angeordnet wurden, sind unbeschadet allfälliger Zuzahlungen durch den Versicherten (Beschädigten) der Arbeitsverhinderung gemäß Abs. 1 gleichzuhalten.

(3) Für die Bemessung der Dauer des Anspruches gemäß Abs. 1 und 5 sind Dienstzeiten bei demselben Arbeitgeber, die keine längeren Unterbrechungen als jeweils 60 Tage aufweisen, zusammenzurechnen. Diese Zusammenrechnung unterbleibt jedoch, wenn die Unterbrechung durch eine Kündigung des Arbeitsverhältnisses seitens des Arbeitnehmers oder einen Austritt ohne wichtigen Grund oder eine vom Arbeitnehmer verschuldete Entlassung eingetreten ist.

(BGBl 1990/300)

(3a) Dienstzeiten aus einem vorausgegangenen Arbeitsverhältnis zu einem anderen Arbeitgeber sind für die Bemessung der Dauer des Anspruches gemäß Abs. 1 und 5 anzurechnen, wenn

1. der Arbeitgeberwechsel durch den Übergang des Unternehmens, Betriebes oder Betriebsteiles, in dem der Arbeitnehmer beschäftigt ist, erfolgte,
2. die Anrechnung der im vorausgegangenen Arbeitsverhältnis zurückgelegten Dienstzeit für die Bemessung der Dauer des Urlaubes, der Kündigungsfrist sowie der Entgeltfortzahlung vereinbart wurde,
3. die Dienstzeiten keine längere Unterbrechung als 60 Tage aufweisen und
4. das vorausgegangene Arbeitsverhältnis nicht durch eine Kündigung seitens des Arbeitnehmers, einen Austritt ohne wichtigen Grund oder eine vom Arbeitnehmer verschuldete Entlassung beendet worden ist.

(BGBl 1990/300, BGBl I 2000/44)

(4) Bei wiederholter Arbeitsverhinderung durch Krankheit (Unglücksfall) innerhalb eines Arbeitsjahres besteht ein Anspruch auf Fortzahlung des Entgelts nur insoweit, als die Dauer des Anspruches gemäß Abs. 1 noch nicht erschöpft ist.

(5) Wird ein Arbeitnehmer durch Arbeitsunfall oder Berufskrankheit im Sinne der Vorschriften über die gesetzliche Unfallversicherung an der Leistung seiner Arbeit verhindert, ohne daß er die Verhinderung vorsätzlich oder durch grobe Fahrlässigkeit herbeigeführt hat, so behält er seinen Anspruch auf das Entgelt ohne Rücksicht auf andere Zeiten einer Arbeitsverhinderung bis zur Dauer von acht Wochen. Der Anspruch auf das Entgelt erhöht sich auf die Dauer von zehn Wochen, wenn das Arbeitsverhältnis 15 Jahre ununterbrochen gedauert hat. Bei wiederholten Arbeitsverhinderungen, die im unmittelbaren ursächlichen Zusammenhang mit einem Arbeitsunfall oder einer Berufskrankheit stehen, besteht ein Anspruch auf Fortzahlung des Entgelts innerhalb eines Arbeitsjahres nur insoweit, als die Dauer des Anspruches nach dem ersten oder zweiten Satz noch nicht erschöpft ist. Ist ein Arbeitnehmer gleichzeitig bei mehreren Arbeitgebern beschäftigt, so entsteht ein Anspruch nach diesem Absatz nur gegenüber jenem Arbeitgeber, bei dem die Arbeitsverhinderung im Sinne dieses Absatzes eingetreten ist; gegenüber den anderen Arbeitgebern entstehen Ansprüche nach Abs. 1.

(6) In Abs. 2 genannte Aufenthalte, die wegen eines Arbeitsunfalles oder einer Berufskrankheit bewilligt oder angeordnet werden, sind einer Arbeitsverhinderung gemäß Abs. 5 gleichzuhalten.

(7) Die Leistungen für die in Abs. 2 genannten Aufenthalte gelten auch dann als auf Rechnung einer in Abs. 2 genannten Stelle erbracht, wenn hiezu ein Kostenzuschuß mindestens in der halben Höhe der gemäß § 45 Abs. 1 des ASVG geltenden Höchstbeitragsgrundlage für jeden Tag des Aufenthaltes gewährt wird.

(BGBl 1988/283)

(8) Durch Kollektivvertrag oder durch Betriebsvereinbarung im Sinne des § 97 Abs. 1 Z 21 Arbeitsverfassungsgesetz (ArbVG) kann vereinbart werden, daß sich der Anspruch auf Entgeltfortzahlung nicht nach dem Arbeitsjahr, sondern nach dem Kalenderjahr richtet. Solche Vereinbarungen können vorsehen, daß

a) Arbeitnehmer, die während des Kalenderjahres eintreten, Anspruch auf Entgeltfortzahlung nur bis zur Hälfte der in Abs. 1 und 5 genannten Dauer haben, sofern die Dauer des Arbeitsverhältnisses im Kalenderjahr des Eintritts weniger als sechs Monate beträgt;

b)[a] der jeweils höhere Anspruch nach Abs. 1 zweiter Satz und Abs. 5 zweiter Satz erstmals in jenem Kalenderjahr gebührt, in das der überwiegende Teil des Arbeitsjahres fällt;

(BGBl I 2017/153)

[a] Siehe dazu § 20 Abs. 10.

b) der jeweils höhere Anspruch nach Abs. 1 letzter Satz und Abs. 5 zweiter Satz erstmals in jenem Kalenderjahr gebührt, in das der überwiegende Teil des Arbeitsjahres fällt;

c) die Ansprüche der im Zeitpunkt der Umstellung im Betrieb beschäftigten Arbeitnehmer für den Umstellungszeitraum (Beginn des Arbeitsjahres bis Ende des folgenden Kalenderjahres) gesondert berechnet werden. Jedenfalls muß für den Umstellungszeitraum dem Arbeitnehmer ein voller Anspruch und ein zusätzlicher aliquoter Anspruch entsprechend der Dauer des Arbeitsjahres im Kalenderjahr vor der Umstellung abzüglich jener Zeiten, für die bereits Entgeltfortzahlung wegen Arbeitsverhinderung wegen Krankheit (Unglücksfall) gewährt wurde, zustehen.

Höhe des fortzuzahlenden Entgelts

§ 3. (1) Ein nach Wochen, Monaten oder längeren Zeiträumen bemessenes Entgelt darf wegen einer Arbeitsverhinderung für die Anspruchsdauer gemäß § 2 nicht gemindert werden.

(2) In allen anderen Fällen bemißt sich der Anspruch gemäß § 2 nach dem regelmäßigen Entgelt.

(3) Als regelmäßiges Entgelt im Sinne des Abs. 2 gilt das Entgelt, das dem Arbeitnehmer gebührt hätte, wenn keine Arbeitsverhinderung eingetreten wäre.

(4) Bei Akkord-, Stück- oder Gedinglöhnen, akkordähnlichen oder sonstigen leistungsbezogenen Prämien oder Entgelten bemißt sich das fortzuzahlende Entgelt nach dem Durchschnitt der letzten 13 voll gearbeiteten Wochen unter Ausscheidung nur ausnahmsweise geleisteter Arbeiten.

(5) Durch Kollektivvertrag im Sinne des § 18 Abs. 4 Arbeitsverfassungsgesetz, BGBl. Nr. 22/1974, kann geregelt werden, welche Leistungen des Arbeitgebers als Entgelt nach diesem Gesetz anzusehen sind. Die Berechnungsart für die Ermittlung der Höhe des Entgelts kann durch Kollektivvertrag abweichend von Abs. 3 und 4 geregelt werden.

Mitteilungs- und Nachweispflicht

§ 4. (1) Der Arbeitnehmer ist verpflichtet, ohne Verzug die Arbeitsverhinderung dem Arbeitgeber bekanntzugeben und auf Verlangen des Arbeitgebers, das nach angemessener Zeit wiederholt werden kann, eine Bestätigung des zuständigen Krankenversicherungsträgers oder eines Gemeindearztes über Beginn, voraussichtliche Dauer und Ursache der Arbeitsunfähigkeit vorzulegen. Diese Bestätigung hat einen Vermerk darüber zu enthalten, daß dem zuständigen Krankenversicherungsträger eine Arbeitsunfähigkeitsanzeige mit Angabe über Beginn, voraussichtliche Dauer und Ursache der Arbeitsunfähigkeit übermittelt wurde.

(2) Wird der Arbeitnehmer durch den Kontrollarzt des zuständigen Krankenversicherungsträgers für arbeitsfähig erklärt, so ist der Arbeitgeber von diesem Krankenversicherungsträger über die Gesundschreibung sofort zu verständigen. Diese Pflicht zur Verständigung besteht auch, wenn sich der Arbeitnehmer ohne Vorliegen eines wichtigen Grundes der für ihn vorgesehenen ärztlichen Untersuchung beim zuständigen Krankenversicherungsträger nicht unterzieht.

(3) In den Fällen des § 2 Abs. 2 und 6 hat der Arbeitnehmer eine Bescheinigung über die Bewilligung oder Anordnung sowie über den Zeitpunkt des in Aussicht genommenen Antrittes und die Dauer des die Arbeitsverhinderung begründenden Aufenthaltes vor dessen Antritt vorzulegen.

(4) Kommt der Arbeitnehmer einer seiner Verpflichtungen nach Abs. 1 oder Abs. 3 nicht nach, so verliert er für die Dauer der Säumnis den Anspruch auf Entgelt. Das gleiche gilt, wenn sich der Arbeitnehmer ohne Vorliegen eines wichtigen Grundes der für ihn vorgesehenen ärztlichen Untersuchung beim zuständigen Krankenversicherungsträger nicht unterzieht.

§ 5. Wird der Arbeitnehmer während einer Arbeitsverhinderung gemäß § 2 gekündigt, ohne wichtigen Grund vorzeitig entlassen oder trifft den Arbeitgeber ein Verschulden an dem vorzeitigen Austritt des Arbeitnehmers, so bleibt der Anspruch auf Fortzahlung des Entgelts für die nach diesem Bundesgesetz vorgesehene Dauer bestehen, wenngleich das Arbeitsverhältnis früher endet. Der Anspruch auf Entgeltfortzahlung bleibt auch bestehen, wenn das Arbeitsverhältnis während einer Arbeitsverhinderung gemäß § 2 oder im Hinblick auf eine Arbeitsverhinderung gemäß § 2 einvernehmlich beendet wird.

(BGBl I 2017/153)

Unabdingbarkeit

§ 6. Die Rechte, die dem Arbeitnehmer auf Grund dieses Bundesgesetzes zustehen, können durch Arbeitsvertrag, Arbeits(Dienst)ordnung, Betriebsvereinbarung oder, soweit in diesem Bundesgesetz nicht anderes bestimmt ist, durch Kollektivvertrag weder aufgehoben noch beschränkt werden.

Günstigere Regelungen

§ 7. Gesetzliche Vorschriften, Kollektivverträge, Arbeits(Dienst)ordnungen, Betriebsvereinbarungen, Arbeitsverträge, die den Anspruch auf Fortzahlung des Entgelts bei Arbeitsverhinderung durch Krankheit (Unglücksfall) sowie Arbeitsunfall oder Berufskrankheit hinsichtlich Verschuldensgrad (§ 2 Abs. 1 und 5) oder Anspruchsdauer (§ 2 Abs. 1, 4 und 5) günstiger regeln, bleiben insoweit unberührt. Jedoch gelten für die Anspruchsdauer nach diesem Bundesgesetz dessen Bestimmungen an Stelle anderer Regelungen.

(BGBl I 2000/44)

Abschnitt 2
~~Erstattung der Arbeitgeberaufwendungen~~

~~Erstattungsbetrag~~

~~**§ 8.** (1) Die Träger der gesetzlichen Krankenversicherung haben den Arbeitgebern~~

~~a) das an die in der gesetzlichen Krankenversicherung versicherten Arbeitnehmer nach diesem Bundesgesetz, ausgenommen Personen hinsichtlich eines oder mehrerer geringfügiger Beschäftigungsverhältnisse gemäß § 5 Abs. 2 des Allgemeinen Sozialversicherungsgesetzes, gemäß Artikel I, Abschnitt 1 § 2 Abs. 1, 2, 3a, 5 und 6, Artikel II (Hausgehilfen- und Hausangestelltengesetz) Z 1 § 10 Abs. 1, 2, 4 und 5, Artikel III (Hausbesorgergesetz) Z 1 § 14 Abs. 1, 2, 4 und 5 und Artikel IV (Berufsausbildungsgesetz) Z 1 § 17a Abs. 1, 2, 4 und 5 fortgezahlte Entgelt sowie~~

~~*(BGBl 1996/600, BGBl I 1997/139)*~~

~~b) einen Pauschalbetrag~~

~~zu erstatten (Erstattungsbetrag).~~

~~*(BGBl 1990/300)*~~

~~*(BGBl 1990/300)*~~

(2) Als Pauschalbetrag (Abs. 1 lit. b) sind 27,2 vH des nach § 3 fortgezahlten Entgelts zu leisten.

(BGBl 1974/775, BGBl 1978/664, BGBl 1980/581, BGBl 1983/590, BGBl 1990/300)

(3) Zur Leistung des Erstattungsbetrages ist der Krankenversicherungsträger zuständig, bei dem der Arbeitnehmer auf Grund des Beschäftigungsverhältnisses, aus dem der Anspruch auf Entgeltfortzahlung besteht, zum Zeitpunkt des Eintrittes der Arbeitsunfähigkeit versichert war.

(4) Der Anspruch auf den Erstattungsbetrag entsteht, sobald der Arbeitgeber das Entgelt im Sinne des Abs. 1 lit. a an den Arbeitnehmer gezahlt und die Voraussetzungen des Abs. 5 erfüllt hat. Der Erstattungsbetrag ist unverzüglich, spätestens binnen vier Wochen nach Entstehen des Erstattungsanspruches auszuzahlen oder anzuweisen.

(BGBl 1974/775)

(5) Der Arbeitgeber hat den Antrag auf Erstattung bei dem nach Abs. 3 zuständigen Krankenversicherungsträger einzubringen und die für die Feststellung des Anspruches und des Erstattungsbetrages erforderlichen Angaben auf einem vom Hauptverband der österreichischen Sozialversicherungsträger (im folgenden Hauptverband genannt) aufzulegenden Vordruck zu machen. Ist das Entgelt für mehr als drei aufeinanderfolgende Tage fortgezahlt worden, so ist diesem Vordruck eine Bestätigung im Sinne des § 4 Abs. 1 beizulegen. Darüber hinaus kann der zuständige Krankenversicherungsträger in begründeten Fällen für eine bestimmte Zeit eine derartige Bestätigung auch für kürzere Arbeitsverhinderungen verlangen.

(6) Der Anspruch auf den Erstattungsbetrag besteht nicht, wenn die Entgeltfortzahlung dem Arbeitnehmer wegen einer vom Arbeitgeber vorsätzlich oder grob fahrlässig herbeigeführten Arbeitsunfähigkeit gebührt. Hat der Arbeitgeber die Arbeitsunfähigkeit grob fahrlässig herbeigeführt, kann der Krankenversicherungsträger den Erstattungsbetrag ganz oder teilweise gewähren, wenn die wirtschaftlichen Verhältnisse des Arbeitgebers dies begründen.

(7) Übersteigt die Summe der allgemeinen Beitragsgrundlagen im Sinne des § 44 des Allgemeinen Sozialversicherungsgesetzes der beschäftigten Arbeiter, Angestellten und Lehrlinge das 180fache des im § 45 Abs. 1 des Allgemeinen Sozialversicherungsgesetzes bezeichneten Betrages in dem dem Eintritt der Arbeitsunfähigkeit des Arbeitnehmers, für den die Leistung des Erstattungsbetrages beantragt wird, zweitvorangegangenen Kalendermonat, so haben die Träger der Krankenversicherung dem Arbeitgeber, abweichend von Abs. 1, insgesamt nur 70 vH des gemäß Abs. 1 lit. a fortgezahlten Entgelts zu erstatten.

(BGBl 1974/775, BGBl 1978/664, BGBl 1980/581, BGBl 1981/596, BGBl 1983/590, BGBl 1990/300, BGBl 1992/833)

(BGBl I 2018/100)

Rückforderung zu Unrecht geleisteter Erstattungsbeträge

§ 9. Der Krankenversicherungsträger hat zu Unrecht geleistete Erstattungsbeträge vom Arbeitgeber zurückzufordern. Das Recht auf Rückforderung verjährt binnen zwei Jahren nach dem Zeitpunkt, in dem dem Krankenversicherungsträger bekannt geworden ist, daß der Erstattungsbetrag zu Unrecht geleistet worden ist. Der Krankenversicherungsträger kann bei Vorliegen berücksichtigungswürdiger Umstände, insbesondere in Berücksichtigung der wirtschaftlichen Verhältnisse des Arbeitgebers, auf die Rückforderung ganz oder teilweise verzichten oder die Rückzahlung des zu Unrecht gezahlten Betrages in Teilbeträgen zulassen.

(BGBl I 2018/100)

Übergang von Schadenersatzansprüchen auf die Krankenversicherungsträger

§ 10. (1) Könnte ein Arbeitnehmer, der gemäß § 2 Anspruch auf Entgeltfortzahlung hat, bei Nichtbestehen dieses Anspruches auf Grund anderer gesetzlicher Vorschriften Schadenersatz wegen des durch die Arbeitsverhinderung verursachten Verdienstentganges beanspruchen, so geht dieser Schadenersatzanspruch insoweit auf den Krankenversicherungsträger über, als dieser dem Arbeitgeber den Erstattungsbetrag nach den Bestimmungen dieses Abschnittes zu leisten hat.

(2) Der Krankenversicherungsträger kann einen im Sinne des Abs. 1 auf ihn übergegangenen Schadenersatzanspruch gegen den Arbeitgeber nur geltend machen, wenn die Arbeitsunfähigkeit durch ein Verkehrsmittel verursacht wurde, für dessen Betrieb auf Grund gesetzlicher Vorschrift eine erhöhte Haftpflicht besteht. Der Krankenversicherungsträger kann den Schadenersatzanspruch unbeschadet der Bestimmungen des § 336 ASVG nur bis zur Höhe der aus einer bestehenden Haftpflichtversicherung zur Verfügung stehenden Versicherungssumme geltend machen.

EFZG

(3) Der Krankenversicherungsträger kann einen im Sinne des Abs. 1 auf ihn übergegangenen Schadenersatzanspruch gegen einen Arbeitnehmer, der im Zeitpunkt des schädigenden Ereignisses in demselben Betrieb wie der Verletzte beschäftigt war, nur geltend machen, wenn

a) die Arbeitsunfähigkeit durch ein Verkehrsmittel verursacht wurde, für dessen Betrieb auf Grund gesetzlicher Vorschrift eine erhöhte Haftpflicht besteht oder

b) der Arbeitnehmer die Arbeitsunfähigkeit vorsätzlich oder grob fahrlässig verursacht hat.

In den Fällen der lit. a gilt Abs. 2 zweiter Satz sinngemäß.

(4) Hat der Arbeitnehmer, der im Zeitpunkt des schädigenden Ereignisses in demselben Betrieb wie der Verletzte beschäftigt war, die Arbeitsunfähigkeit nicht vorsätzlich herbeigeführt, so kann der Krankenversicherungsträger auf den Schadenersatzanspruch ganz oder teilweise verzichten, wenn

~~die wirtschaftlichen Verhältnisse des Verpflichteten dies begründen.~~

(BGBl I 2018/100)

~~Verfall von Erstattungsansprüchen infolge Zeitablaufes~~

~~**§ 11.** Der Anspruch auf die Gewährung von Erstattungsbeträgen ist bei sonstigem Verlust binnen zwei Jahren nach dem Ende des Anspruches auf Fortzahlung des Entgelts im Sinne dieses Bundesgesetzes geltend zu machen.~~

(BGBl I 2018/100)

~~Aufrechnung~~

~~**§ 12.** (1) Die Krankenversicherungsträger können auf die von ihnen zu leistenden Erstattungsbeträge aufrechnen:~~

1. ~~vom Anspruchsberechtigten gemäß § 13 und nach den Bestimmungen des Allgemeinen Sozialversicherungsgesetzes geschuldete rückständige Beiträge samt Nebengebühren sowie die nach sonstigen gesetzlichen Bestimmungen einzuhebenden Beiträge und Umlagen einschließlich der darauf entfallenden Nebengebühren, soweit das Recht auf Einforderung nicht verjährt ist;~~
2. ~~zu Unrecht erbrachte, vom Anspruchsberechtigten gemäß § 9 zurückzuzahlende Erstattungsbeträge, soweit das Recht auf Rückforderung nicht verjährt ist;~~
3. ~~Vorschüsse, die auf Erstattungsbeträge gewährt wurden.~~

~~(2) Der Krankenversicherungsträger kann über die im Abs. 1 bezeichneten Fälle hinaus mit den einzelnen Arbeitgebern eine schriftliche Vereinbarung über die Vornahme der Aufrechnung treffen, wenn dies der Verwaltungsvereinfachung dient.~~

(BGBl I 2018/100)

~~Aufbringung der Mittel~~

~~**§ 13.** (1) Die für die Leistung der Erstattungsbeträge erforderlichen Mittel sind aufzubringen~~

a) ~~durch Beiträge der Arbeitgeber,~~

b) ~~durch einen Beitrag der Allgemeinen Unfallversicherungsanstalt.~~

~~(2) Die Arbeitgeber haben für jeden in der gesetzlichen Krankenversicherung versicherten Arbeitnehmer, ausgenommen Personen hinsichtlich eines oder mehrerer geringfügiger Beschäftigungsverhältnisse gemäß § 5 Abs. 2 des Allgemeinen Sozialversicherungsgesetzes, soweit er vom Geltungsbereich dieses Bundesgesetzes erfaßt ist, einen Beitrag zu leisten.~~

~~*(BGBl 1996/600, BGBl I 1997/139)*~~

~~(3) Unbeschadet der Bestimmungen des § 16 beträgt die Höhe des Beitrages 2,3 vH der allgemeinen Beitragsgrundlage im Sinne des § 44 ASVG. Die auf den Kalendertag entfallende Beitragsgrundlage darf den im § 45 Abs. 1 ASVG bezeichneten Betrag nicht übersteigen.~~

~~*(BGBl 1981/596, BGBl 1982/647, BGBl 1983/590, BGBl 1984/484, BGBl 1988/283)*~~

~~(4) Von den auf volle Schillinge gerundeten Sonderzahlungen im Sinne des § 49 Abs. 2 des Allgemeinen Sozialversicherungsgesetzes sind Sonderbeiträge mit dem im Abs. 3 bezeichneten Hundertsatz zu entrichten. Hiebei sind die in einem Kalenderjahr fällig werdenden Sonderzahlungen bis zum sechzigfachen Betrag der gemäß § 45 Abs. 1 des Allgemeinen Sozialversicherungsgesetzes geltenden Höchstbeitragsgrundlage zu berücksichtigen.~~

~~*(BGBl 1988/283)*~~

~~(5) Die Allgemeine Unfallversicherungsanstalt hat jährlich einen Beitrag in der Höhe von 1,5 vH der im abgelaufenen Kalenderjahr erwachsenen Aufwendungen an Erstattungsbeträgen zu leisten. Dieser Beitrag ist vorschußweise in monatlichen Raten dem beim Hauptverband errichteten Erstattungsfonds (§ 15) zu überweisen. Der Ausgleich ist innerhalb der ersten sechs Monate des folgenden Kalenderjahres vorzunehmen.~~

(BGBl I 2018/100)

~~Erstattungsfonds der Krankenversicherungsträger~~

~~**§ 14.** (1) Die Krankenversicherungsträger haben zur Leistung der Erstattungsbeträge (§ 8) einen Fonds zu errichten (Erstattungsfonds). Die Mittel des Erstattungsfonds werden aufgebracht:~~

1. ~~durch Beiträge gemäß § 13,~~
2. ~~durch den Erstattungsausgleich gemäß § 15 Abs. 4 und~~
3. ~~durch sonstige Einnahmen.~~

~~Das Vermögen des Fonds ist getrennt vom sonstigen Vermögen zu verwalten. Der Mehrertrag eines Geschäftsjahres ist einer Rücklage zuzuführen. Der Gesamtbetrag der Rücklage hat jeweils am Ende des Geschäftsjahres ein Sechstel der Aufwendungen für Erstattungsbeträge des vorangegangenen Geschäftsjahres zu betragen. Er darf dieses Sechstel nicht übersteigen; ein hernach allenfalls verbleibender Restbetrag ist an den Hauptverband zugleich mit der Vorlage der Erfolgsrechnung (Abs. 3) abzuführen. Geschäftsjahr ist das Kalenderjahr.~~

~~*(BGBl 1977/621)*~~

~~(2) Die Mittel des Erstattungsfonds (Abs. 1) dürfen nur für die in diesem Abschnitt vorgeschriebenen Zwecke verwendet werden. Andere Mittel des Krankenversicherungsträgers dürfen für diese Zwecke nicht verwendet werden, jedoch sind die aus der Durchführung dieses Abschnittes erwachsenden Verwaltungskosten vom Krankenversicherungsträger zu tragen.~~

~~(3) Die Krankenversicherungsträger haben hinsichtlich des Erstattungsfonds für jedes Geschäftsjahr einen Voranschlag und einen Rechnungsabschluß, der jedenfalls aus einer Erfolgsrechnung und einer Schlußbilanz zum Ende des Jahres beste-~~

hen muß, sowie einen Geschäftsbericht zu verfassen und dem Hauptverband vorzulegen.

(BGBl I 2018/100)

Erstattungsfonds des Hauptverbandes

§ 15. (1) Beim Hauptverband ist ein Erstattungsfonds zu errichten, der eine ausgeglichene Gebarung der bei den Krankenversicherungsträgern errichteten Erstattungsfonds (§ 14) zu gewährleisten hat. Das Vermögen des Fonds ist getrennt vom sonstigen Vermögen des Hauptverbandes zu verwalten. § 14 Abs. 2 ist entsprechend anzuwenden.

(2) Der Hauptverband hat hinsichtlich des Erstattungsfonds für jedes Geschäftsjahr (§ 14 Abs. 1 letzter Satz) einen Voranschlag und einen Rechnungsabschluß, der jedenfalls aus einer Erfolgsrechnung und einer Schlußbilanz zum Ende des Jahres bestehen muß, sowie einen Geschäftsbericht zu verfassen und dem Bundesministerium für soziale Verwaltung vorzulegen.

(3) Die Mittel des Erstattungsfonds werden aufgebracht:

1. durch die von den Krankenversicherungsträgern gemäß § 14 Abs. 1 abzuführenden Überschüsse der Erstattungsfonds;
2. durch sonstige Einnahmen.

(4) Der Hauptverband hat die zur Deckung der bei den Erstattungsfonds der einzelnen Krankenversicherungsträger ausgewiesenen Gebarungsabgänge und zur Auffüllung der Rücklage (§ 14 Abs. 1) notwendigen Beträge aus dem bei ihm errichteten Erstattungsfonds zu überweisen (Erstattungsausgleich). Auf diese Beträge kann der Hauptverband über begründeten Antrag des Krankenversicherungsträgers Vorschüsse im erforderlichen Ausmaß gewähren.

(5) Aus den Mitteln des Erstattungsfonds sind in den Jahren 1998 und 1999 folgende Beträge an den Hauptverband zu leisten:

1. 60 Millionen Schilling am 1. Juli 1998;
2. 120 Millionen Schilling am 1. Jänner 1999;
3. 120 Millionen Schilling am 1. Juli 1999.

(BGBl I 1998/112)

(BGBl I 2018/100)

Festsetzung des Beitragssatzes durch Verordnung

§ 16. (1) Übersteigt oder unterschreitet das Vermögen des Erstattungsfonds beim Hauptverband (§ 15) voraussichtlich den Betrag, der zur Durchführung des Erstattungsausgleiches erforderlich ist, so hat der Bundesminister für soziale Verwaltung unter Bedachtnahme auf das Gutachten des Hauptverbandes (Abs. 2) durch Verordnung den Beitragssatz abweichend von dem im § 13 Abs. 3 bezeichneten Ausmaß in einer Höhe festzusetzen, die eine ausgeglichene Gebarung des Erstattungsfonds voraussichtlich sicherstellt. Die Verordnung bedarf der Zustimmung des Hauptausschusses des Nationalrates.

(BGBl 1977/621)

(2) Der Bundesminister für soziale Verwaltung hat vor Erlassung der im Abs. 1 genannten Verordnung dem Hauptverband Gelegenheit zur Vorlage eines Gutachtens einzuräumen. Bei Erstellung des Gutachtens ist insbesondere auf die Entwicklung der Krankenstände und auf die Ursachen dieser Entwicklung Bedacht zu nehmen.

(BGBl I 2018/100)

Ausschüsse für die Erstattung der Arbeitgeberaufwendungen (Erstattungsausschüsse)

§ 17. (1) Beim Hauptverband ist durch die Verbandskonferenz ein Ausschuß einzurichten. Dieser Ausschuß besteht aus den neun Obmann-Stellvertretern der Gebietskrankenkassen aus dem Kreise der Arbeitgeber, drei von der Verbandskonferenz aus ihrer Mitte zu entsendenden Mitgliedern aus dem Kreise der Arbeitgeber sowie vier von der Verbandskonferenz aus ihrer Mitte zu entsendenden Mitgliedern aus dem Kreise der Arbeitnehmer. Diesem Ausschuß obliegt insbesondere:

1. die Beratung hinsichtlich der Verwaltung des Sondervermögens durch den Hauptverband im Sinne des § 15 Abs. 1;
2. die Beratung hinsichtlich der Durchführung des Erstattungsausgleiches im Sinne des § 15 Abs. 4;
3. die Erstellung des im § 16 Abs. 2 genannten Gutachtens und dessen Weiterleitung an den Verbandsvorstand, wobei der Verbandsvorstand dieses Gutachten unter allfälliger Beifügung von Bemerkungen dem Bundesministerium für Arbeit und Soziales vorzulegen hat;

   (BGBl 1996/411)
4. die Verfassung eines jährlichen Berichtes über die Entwicklung der Krankenstände und die Ursachen dieser Entwicklung, falls ein Gutachten gemäß § 16 Abs. 2 nicht erstellt wurde;
5. die Erarbeitung von Vorschlägen für Empfehlungen des Hauptverbandes an die Krankenversicherungsträger in allen mit der Durchführung der Bestimmungen dieses Abschnittes zusammenhängenden Angelegenheiten.

(BGBl 1996/411)

(2) Bei den zur Durchführung der Leistung von Erstattungsbeträgen gemäß § 8 Abs. 4 zuständigen Krankenversicherungsträgern ist vom Vorstand ein Ausschuß einzusetzen. Dieser Ausschuß besteht aus drei Versicherungsvertretern des jeweiligen Krankenversicherungsträgers aus dem Kreise der Arbeitgeber sowie aus einem Versicherungsvertreter dieses Krankenversicherungsträgers aus dem Kreise der Arbeitnehmer. Dem Ausschuß obliegt die Beratung des Vorstandes in allen mit der Durchführung der Bestimmungen dieses Abschnittes zusammenhängenden Angelegenheiten.

EFZG

~~(3) Das Nähere über die Tätigkeit der Erstattungsausschüsse ist durch die Geschäftsordnung der Verbandskonferenz des Hauptverbandes zu bestimmen.~~

~~*(BGBl 1996/411)*~~

(BGBl I 2018/100)

~~Anwendung von Bestimmungen des Allgemeinen Sozialversicherungsgesetzes~~

~~**§ 18.** Für die Durchführung der Bestimmungen dieses Abschnittes gelten die nachstehenden Bestimmungen des Ersten, Fünften, Siebenten und Achten Teiles des Allgemeinen Sozialversicherungsgesetzes entsprechend:~~

1. ~~von den Bestimmungen des Ersten Teiles die §§ 33 bis 35, hievon § 34 Abs. 2 mit der Maßgabe, daß an Stelle der vorgeschriebenen Meldungen Listen über die von der Entgeltfortzahlung betroffenen Arbeitnehmer und das an diese Personen gezahlte Entgelt vorgelegt werden können, ferner die §§ 40 bis 43, 46, 47, 54 Abs. 2, 56, 56a Abs. 1, 57 bis 59, 62, 63 Abs. 1, 64 bis 69, 83, 101, 104 Abs. 4, 109 bis 113 und 115;~~
2. ~~von den Bestimmungen des Fünften Teiles die §§ 336 und 337 Abs. 2;~~
3. ~~von den Bestimmungen des Siebenten Teiles~~
   a) ~~§ 354 mit der Maßgabe, daß der Anspruch auf den Erstattungsbetrag dem Anspruch auf eine Versicherungsleistung aus der Krankenversicherung gleichzuhalten, jedoch eine sachliche Zuständigkeit der Schiedsgerichte nicht gegeben ist,~~
   b) ~~die §§ 355 und 357 bis 360,~~
   c) ~~die §§ 361, 367 und 368, dessen Abs. 2 auch anzuwenden ist, wenn der Krankenversicherungsträger keinen Bescheid erlassen hat,~~
   d) ~~die §§ 409, 410 und 412 bis 414 mit der Maßgabe, daß hinsichtlich des Anspruches auf Leistung von Erstattungsbeträgen der Einspruch an den Landeshauptmann zusteht; eine Berufung an das Bundesministerium für soziale Verwaltung ist ausgeschlossen;~~
4. ~~die Bestimmungen des Achten Teiles über den Aufbau der Verwaltung.~~

(BGBl I 2018/100)

~~Erstattungsansprüche der Arbeitgeber für Pflegefreistellungen nach § 16 Abs. 2 des Urlaubsgesetzes, BGBl. Nr. 390/1976, in der jeweils geltenden Fassung~~

~~**§ 19.** (1) Leistet ein Arbeitgeber einem in der gesetzlichen Krankenversicherung versicherten Arbeitnehmer Entgeltfortzahlung auf Grund des § 16 Abs. 2 des Urlaubsgesetzes, BGBl. Nr. 390/1976, in der jeweils geltenden Fassung, so hat ihm auf Antrag der für den Arbeitnehmer jeweils zuständige Krankenversicherungsträger das dafür aufgewendete Bruttoentgelt binnen drei Monaten aus den allgemeinen Mitteln der Krankenversicherung zu erstatten.~~

~~(2) Die Erstattungsregelung gilt für Arbeitnehmer, auf die Abschnitt 2 des Urlaubsgesetzes anzuwenden ist.~~

~~*(BGBl 1992/833)*~~

(BGBl I 2018/100)

~~Übergangsbestimmungen~~

~~**§ 19a.** (1) Für Dienstverhinderungen, die nach Ablauf des 30. September 2000 eingetreten sind, besteht kein Anspruch auf Erstattung gemäß §§ 8 und 19.~~

~~(2) Für Dienstverhinderungen, die vor Ablauf des 30. September 2000 eingetreten sind, jedoch über diesen Zeitpunkt hinaus andauern, besteht ein Anspruch auf Erstattung gemäß §§ 8 und 19 nur bis zum Ablauf dieses Tages.~~

~~(3) Abweichend von § 11 sind sämtliche Ansprüche auf Erstattungsbeiträge gemäß §§ 8 und 19 bei sonstigem Verlust bis zum Ablauf des 31. Dezember 2000 geltend zu machen.~~

~~(4) Mit Ablauf des 30. September 2000 erlischt~~

1. ~~die Beitragspflicht der Arbeitgeber gemäß § 13 Abs. 2 bis 4,~~
2. ~~die Beitragspflicht der Allgemeinen Unfallversicherungsanstalt nach § 13 Abs. 5.~~

~~(5) Die Krankenversicherungsträger nach dem ASVG haben für das Geschäftsjahr 2000 einen Rechnungsabschluss, der jedenfalls aus einer Erfolgsrechnung und einer Liquidationsbilanz samt Einzelnachweisungen zu allen Positionen der Bilanz bestehen muss, zu verfassen und bis zum 31. März 2001 dem Bundesministerium für soziale Sicherheit und Generationen, dem Rechnungshof und dem Hauptverband vorzulegen. Rücklagen gemäß § 14 Abs. 1 sind nicht mehr zu bilden. Gleichzeitig ist das verbleibende Finanzvermögen des Erstattungsfonds an den Hauptverband abzuführen.~~

~~*(BGBl I 2000/142)*~~

~~(6) Nach Vorlage des Rechnungsabschlusses und Übermittlung des verbleibenden Finanzvermögens ist der jeweilige Erstattungsfonds des Krankenversicherungsträgers aufzulösen. In der Liquidationsbilanz ausgewiesene Forderungen und Verbindlichkeiten sind in die ordentliche Gebarung des Krankenversicherungsträgers zu übernehmen. Aufwendungen und Erträge aus verbleibenden Tätigkeiten nach diesem Bundesgesetz, die nach Liquidation des Erstattungsfonds auftreten, sind in der ordentlichen Gebarung des Krankenversicherungsträgers als sonstige und außerordentliche Aufwendungen bzw. sonstige und außerordentliche Erträge zu verrechnen.~~

~~*(BGBl I 2000/142)*~~

~~(7) Anstelle des Rechnungsabschlusses gemäß § 15 Abs. 2 für das Geschäftsjahr 2000 hat der Hauptverband über das gesamte Vermögen seines Erstattungsfonds einen Rechnungsabschluss, der jedenfalls aus einer Erfolgsrechnung und einer Li-~~

quidationsbilanz bestehen muss, zu verfassen und dem Bundesministerium für soziale Sicherheit und Generationen und dem Rechnungshof bis zum 30. April 2001 vorzulegen. Dabei hat der Hauptverband die Übernahme des Vermögens der Krankenversicherungsträger in einer Einzelnachweisung zur Position allgemeine Rücklage gesondert darzustellen.

(BGBl I 2000/142)

(8) Der Hauptverband hat das verbleibende Finanzvermögen bis zu einem Betrag von 300 Millionen Schilling dem Bund für Zwecke nach dem Jugendausbildungs-Sicherungsgesetz, BGBl. I Nr. 91/1998, zu übertragen. Verbleibt danach ein Restbetrag, ist ein Betrag bis zur Höhe von 30 vH des gesamten verbleibenden Finanzvermögens zuzüglich 30 Millionen Schilling dem Bund zu übertragen. Diese Übertragungen haben bis zum 30. April 2001 zu erfolgen. Verbleibt auch danach ein Restbetrag, ist dieser zuzüglich der nach dem 31. Dezember 2001 angefallenen Zinsen zu Gunsten von Maßnahmen der beruflichen Ausbildung für arbeitslose, insbesondere behinderte Jugendliche (Kapitel 63) an den Bund zu überweisen.

(BGBl I 2000/142, BGBl I 2002/158)

(9) Nach Übertragung des gesamten Finanzvermögens sind der Erstattungsfonds beim Hauptverband sowie die Erstattungsausschüsse aufzulösen.

(BGBl I 2000/142)

(BGBl I 2018/100)

Inkrafttreten

§ 20. (1) § 8 Abs. 7 und § 19 dieses Bundesgesetzes in der Fassung des Bundesgesetzes BGBl. Nr. 833/1992 tritt mit 1. Jänner 1993 in Kraft.

(BGBl 1992/833, BGBl 1996/411)

(2) § 17 Abs. 1 erster bis dritter Satz, Abs. 1 Z 3 und Abs. 3 in der Fassung des Bundesgesetzes SRÄG 1996 tritt rückwirkend mit 1. Jänner 1996 in Kraft.

(BGBl 1996/411)

(3) Die §§ 8 Abs. 1 lit. a und 13 Abs. 2 in der Fassung des Bundesgesetzes BGBl. Nr. 600/1996 treten mit 1. Jänner 1997 in Kraft.

(BGBl 1996/600)

(4) Die §§ 8 Abs. 1 lit. a und 13 Abs. 2 in der Fassung des Bundesgesetzes BGBl. I Nr. 139/1997 treten mit 1. Jänner 1998 in Kraft.

(BGBl I 1997/139)

(5) § 15 Abs. 5 in der Fassung des Bundesgesetzes BGBl. I Nr. 112/1998 tritt mit 1. Juli 1998 in Kraft und mit Ablauf des 31. Dezember 1999 außer Kraft.

(BGBl I 1998/112)

(6) § 19a in der Fassung des Bundesgesetzes BGBl. I Nr. 44/2000 tritt mit 1. Juli 2000 in Kraft.

(7) § 2 Abs. 1 und 3a und § 7 in der Fassung des Bundesgesetzes BGBl. I Nr. 44/2000 treten mit 1. Jänner 2001 in Kraft und sind auf Arbeitsverhinderungen anzuwenden, die in nach dem 31. Dezember 2000 begonnenen Arbeitsjahren eingetreten sind. Die verlängerte Anspruchsdauer nach § 2 Abs. 1 in der Fassung des Bundesgesetzes BGBl. I Nr. 44/2000 bewirkt keine Verlängerung einer in Kollektivverträgen, Betriebsvereinbarungen oder Arbeitsverträgen vorgesehenen längeren Anspruchsdauer. Sehen Kollektivverträge, Betriebsvereinbarungen oder Arbeitsverträge einen zusätzlichen Anspruch im Anschluss an den Anspruch nach § 2 Abs. 1 vor, wird die Gesamtdauer der Ansprüche nicht verlängert.

(BGBl I 2000/44)

(8) § 19a Abs. 5 bis 9 in der Fassung des Bundesgesetzes BGBl. I Nr. 142/2000 tritt mit 1. Jänner 2001 in Kraft.

(BGBl I 2000/142)

(9) § 1 Abs. 2 Z 4 in der Fassung des Bundesgesetzes BGBl. I Nr. 100/2010 tritt mit 1. Jänner 2011 in Kraft.

(BGBl I 2010/100)

(10) § 2 Abs. 1 in der Fassung des Bundesgesetzes BGBl. I Nr. 153/2017 tritt mit 1. Juli 2018 in Kraft und ist auf Arbeitsverhinderungen anzuwenden, die in nach dem 30. Juni 2018 begonnenen Arbeitsjahren, im Falle des § 2 Abs. 8 nach dem 31. Dezember 2018 eingetreten sind. Für zu diesem Zeitpunkt laufende Arbeitsverhinderungen gilt § 2 Abs. 1 in der Fassung des Bundesgesetzes BGBl. I Nr. 153/2017 ab Beginn dieses Arbeitsjahres bzw. Kalenderjahres.

(11) § 5 in der Fassung des Bundesgesetzes BGBl. I Nr. 153/2017 tritt mit 1. Juli 2018 in Kraft und ist auf einvernehmliche Beendigungen von Arbeitsverhältnissen während einer Arbeitsverhinderung gemäß § 2 oder im Hinblick auf eine Arbeitsverhinderung gemäß § 2 anzuwenden, die eine Auflösung des Arbeitsverhältnisses nach dem 30. Juni 2018 bewirken.

(BGBl I 2017/153)

Artikel II
Änderung des Hausgehilfen- und Hausangestelltengesetzes

Artikel III
Änderung des Hausbesorgergesetzes

Artikel IV
Änderung des Berufsausbildungsgesetzes

Artikel V
Änderung des Invalideneinstellungsgesetzes

Artikel VI
Änderung des Allgemeinen Sozialversicherungsgesetzes

Artikel VII
Übergangsbestimmungen

(überholt)

Artikel VIII
Außerkrafttreten von Vorschriften

Mit dem Wirksamwerden dieses Bundesgesetzes tritt

a) § 82 lit. h letzter Satzteil der Gewerbeordnung, BGBl. Nr. 227/1859, in der bis zum Inkrafttreten dieses Bundesgesetzes geltenden Fassung,

b) Art. II Abs. 2 des Bundesgesetzes vom 9. Juli 1953, womit das Bundesgesetz über die Beschäftigung von Kindern und Jugendlichen abgeändert wird, BGBl. Nr. 141,

außer Kraft.

Artikel IX
Inkrafttreten und Vollziehung

(1) Dieses Bundesgesetz tritt hinsichtlich des Art. I § 13 und des Art. VI Z 1 und 2 mit dem Beginn des Beitragszeitraumes (§ 44 Abs. 2 ASVG) September 1974, im übrigen mit 1. September 1974 in Kraft.

(2) Im Arbeits(Kalender)jahr, in das der Geltungsbeginn dieses Bundesgesetzes fällt, sind auf die Anspruchsdauer gemäß § 2 Zeiten, für die vor dem Inkrafttreten dieses Bundesgesetzes volles oder Teilentgelt für Arbeitsverhinderungen wegen Krankheit (Unglücksfall), Arbeitsunfall oder Berufskrankheit bezogen wurde, zur Hälfte anzurechnen.

(3) Mit der Vollziehung dieses Bundesgesetzes sind betraut:

1. der Bundesminister für Wirtschaft und Arbeit hinsichtlich der §§ 1 bis 7;
2. die Bundesministerin für soziale Sicherheit und Generationen hinsichtlich der §§ 8 bis 19;
3. der Bundesminister für Wirtschaft und Arbeit im Einvernehmen mit der Bundesministerin für soziale Sicherheit und Generationen hinsichtlich des § 19a.

(BGBl I 2000/44)

25. Exekutions- und Sicherungsverfahren (Auszug)

Exekutionsordnung, RGBl 1896/79 idF

1	BGBl 1955/39	2	BGBl 1991/628	3	BGBl 1993/532
4	BGBl 1994/624	5	BGBl 1995/519	6	BGBl I 2000/59
7	BGBl I 2001/98	8	BGBl I 2001/103	9	BGBl I 2003/31
10	BGBl I 2005/68	11	BGBl I 2008/82	12	BGBl I 2011/139
13	BGBl I 2014/69	14	BGBl I 2016/100	15	BGBl I 2018/100

GLIEDERUNG

STICHWORTVERZEICHNIS

Gesetz vom 27. Mai 1896, über das Exekutions- und Sicherungsverfahren (Exekutionsordnung – EO)

(Auszug)

Der Nationalrat hat beschlossen:

Exekution auf Geldforderungen

Unpfändbare Forderungen

§ 290. (1) Unpfändbar sind Forderungen auf folgende Leistungen:

1. Aufwandsentschädigungen, soweit sie den in Ausübung der Berufstätigkeit tatsächlich erwachsenden Mehraufwand abgelten, insbesondere für auswärtige Arbeiten, für Arbeitsmaterial und Arbeitsgerät, das vom Arbeitnehmer selbst beigestellt wird, sowie für Kauf und Reinigen typischer Arbeitskleidung;
2. gesetzliche Beihilfen und Zulagen, die zur Abdeckung des Mehraufwands wegen körperlicher oder geistiger Behinderung, Hilflosigkeit oder Pflegebedürftigkeit zu gewähren sind, wie z.B. das Pflegegeld;
3. Beihilfen der Arbeitsmarktverwaltung, soweit sie nicht unter § 290a Abs. 1 Z 8 fallen, sowie einem Versehrten gewährte berufliche Maßnahmen der Rehabilitation, die die Fortsetzung der Erwerbstätigkeit ermöglichen;
4. Ersatz der Kosten, die der Arbeitnehmer für seine Vertretung aufwenden muß;
5. Beiträge für Bestattungskosten;
6. Rückersätze und Kostenvergütungen für Sachleistungsansprüche sowie Kostenersätze aus der gesetzlichen Sozialversicherung und Entschädigungen für aufgewendete Heilungskosten;
7. Leistungen aus dem Unterstützungsfonds und besondere Unterstützungen nach den Sozialversicherungsgesetzen;
8. gesetzliche Beihilfen zur Zahlung des Mietzinses oder zur Deckung des sonstigen Wohnungsaufwands;
9. gesetzliche Familienbeihilfe einschließlich Mehrkindzuschlag und Schulfahrtbeihilfe sowie die nach den jeweils geltenden einkommensteuerrechtlichen Bestimmungen zur Abgeltung gesetzlicher Unterhaltsverpflichtungen gegenüber Kindern auszuzahlenden Absetzbeträge;
   (BGBl I 2003/31)
10. gesetzliche Leistungen, die aus Anlass der Geburt eines Kindes zu gewähren sind, soweit sie nicht unter § 290a Abs. 1 Z 6 fallen, insbesondere das pauschale Kinderbetreuungsgeld und die Beihilfe zum pauschalen Kinderbetreuungsgeld;
    (BGBl I 2001/103, BGBl I 2011/139)
11. Beihilfen und Stipendien, die Schülern und Studenten gewährt werden;
12. (aufgehoben)
13. (aufgehoben)
14. Leistungen nach dem Kriegsopferversorgungsgesetz und dem Opferfürsorgegesetz;
15. Leistungen der Tuberkulosehilfe, soweit es sich nicht um regelmäßige Geldbeihilfen handelt;
16. Ansprüche auf die Arbeitsvergütung nach dem Strafvollzugsgesetz und daraus herrührende Beträge während der Haft, soweit sie nicht unter § 291d fallen.

(2) Die Unpfändbarkeit gilt nicht, wenn die Exekution wegen einer Forderung geführt wird, zu deren Begleichung die Leistung widmungsgemäß bestimmt ist.

(3) Die Unpfändbarkeit von Renten und Beihilfen nach Abs. 1 Z 14 gilt nicht bei einer Exekution wegen einer Forderung nach § 291b Abs. 1 Z 1.

Beschränkt pfändbare Forderungen

§ 290a. (1) Forderungen auf folgende Leistungen dürfen nur nach Maßgabe des § 291a oder des § 291b gepfändet werden:

1. Einkünfte aus einem privat- oder öffentlichrechtlichen Arbeitsverhältnis, einem Lehr- oder sonstigen Ausbildungsverhältnis und die gesetzlichen Leistungen an Präsenz- oder Ausbildungs- oder Zivildienstleistende;
2. sonstige wiederkehrende Vergütungen für Arbeitsleistungen aller Art, die die Erwerbstätigkeit des Verpflichteten vollständig oder zu einem wesentlichen Teil in Anspruch nehmen;
3. Bezüge, die ein Arbeitnehmer zum Ausgleich für Wettbewerbsbeschränkungen für die Zeit nach Beendigung seines Arbeitsverhältnisses beanspruchen kann;
4. Ruhe-, Versorgungs- und andere Bezüge für frühere Arbeitsleistungen, wie z. B. die Pensionen aus der gesetzlichen Sozialversicherung einschließlich der Ausgleichszulagen und die gesetzlichen Leistungen an Kleinrentner;
5. gesetzliche Leistungen und satzungsgemäße Mehrleistungen, die aus Anlaß einer Beeinträchtigung der Arbeits- oder Erwerbsfähigkeit zu gewähren sind und Entgeltersatzfunktion haben, insbesondere solche der Sozialversicherung; das sind vor allem
   a) Versehrtenrente,
   b) Versehrtengeld,
   c) Übergangsrente,
   d) Übergangsgeld,
   e) Familien- und Taggeld,
   f) Krankengeld,
   g) Rehabilitationsgeld;
   (BGBl I 2016/100)
6. Leistungen der gesetzlichen Sozialversicherung aus dem Versicherungsfall der Mutterschaft, insbesondere das Wochengeld und die Betriebshilfe, sowie das Kinderbetreuungs-

EO

geld als Ersatz des Erwerbseinkommens nach dem Kinderbetreuungsgeldgesetz;

(BGBl I 2011/139)

7. Leistungen, die für die Dauer der Arbeitslosigkeit zu gewähren sind, wie das Arbeitslosengeld, die Notstandshilfe, die Überbrückungshilfe und die erweiterte Überbrückungshilfe nach dem Überbrückungshilfegesetz, das Weiterbildungsgeld sowie die Sonderunterstützung nach dem Sonderunterstützungsgesetz;

(BGBl I 2000/59)

8. Beihilfen der Arbeitsmarktverwaltung, die zur Deckung des Lebensunterhalts gewährt werden;
9. wiederkehrende Leistungen aus Versicherungsverträgen, wenn diese Verträge zur Versorgung des Versicherungsnehmers oder seiner unterhaltsberechtigten Angehörigen eingegangen sind;
10. gesetzliche Unterhaltsleistungen;
11. wiederkehrende Leistungen, die auf Grund eines Ausgedingsvertrags oder eines Unterhaltszwecken dienenden Leibrentenvertrags zu gewähren sind;
12. Leistungen wegen Minderung der Erwerbsfähigkeit, für Verdienstentgang, zur Sicherung des Lebensunterhalts und an die Hinterbliebenen für entgangenen Unterhalt, die wegen Tötung, Körperverletzung, Gesundheitsschädigung oder Krankheit zu gewähren sind, insbesondere Schadenersatzrenten.

(2) Die Pfändung der in Abs. 1 genannten Leistungen umfaßt alle Beträge, die im Rahmen des der gepfändeten Forderung zugrunde liegenden Rechtsverhältnisses geleistet werden; insbesondere umfassen die in Abs. 1 Z 1 und 2 genannten Leistungen alle Vorteile aus diesen Tätigkeiten ohne Rücksicht auf ihre Benennung und Berechnungsart.

(3) Gesetzliche Ansprüche auf Vorschüsse sowie der Anspruch auf Insolvenz-Entgelt sind wie die Leistungen, für die der Vorschuß gewährt wird, pfändbar.

(BGBl I 2008/82)

Sonderzahlungen

§ 290b. Auch vom 14. Monatsbezug (Urlaubszuschuss, Urlaubsbeihilfe, Renten- oder Pensionssonderzahlung, die zu den im April oder Mai bezogenen Renten bzw. Pensionen gebührt, und dergleichen) und vom 13. Monatsbezug (Weihnachtszuwendung, Weihnachtsremuneration, Renten- oder Pensionssonderzahlung, die zu den im September oder Oktober bezogenen Renten bzw. Pensionen gebührt, und dergleichen) hat dem Verpflichteten ein unpfändbarer Freibetrag nach § 291a zu verbleiben. Wird die Sonderzahlung in Teilzahlungen geleistet, so ist der unpfändbare Freibetrag auf die Teilzahlungen entsprechend deren Höhe aufzuteilen.

(BGBl I 2003/31)

Vorschüsse und Nachzahlungen

§ 290c. (1) Der Drittschuldner kann für die Einbringung eines dem Verpflichteten gewährten Vorschusses den Betrag, der sich aus dem Unterschied zwischen den in § 292 Abs. 4 genannten Beträgen und dem unpfändbaren Freibetrag ergibt, abziehen. Soweit der Vorschuß daraus nicht gedeckt wird, steht dem Drittschuldner auch ein Abzug vom pfändbaren Betrag zu. Der unpfändbare Freibetrag ist so zu berechnen, als ob kein Vorschuß geleistet worden wäre.

(2) Beträge zur Rückzahlung eines vom Drittschuldner zugezählten Gelddarlehens sind den Beträgen zur Einbringung eines Vorschusses gleichzuhalten.

(3) Nachzahlungen sind für den Zeitraum zu berücksichtigen, auf den sie sich beziehen.

Ermittlung der Berechnungsgrundlage

§ 291. (1) Bei der Ermittlung der Berechnungsgrundlage für den unpfändbaren Freibetrag (§ 291a) sind vom Gesamtbezug abzuziehen:

1. Beträge, die unmittelbar auf Grund steuer- oder sozialrechtlicher Vorschriften zur Erfüllung gesetzlicher Verpflichtungen des Verpflichteten abzuführen sind;

1a. Beiträge nach dem Betrieblichen Mitarbeitervorsorgegesetz;

(BGBl I 2003/31)

2. die der Pfändung entzogenen Forderungen und Forderungsteile;
3. Beiträge, die der Verpflichtete an seine betrieblichen und überbetrieblichen Interessenvertretungen zu entrichten hat und auch entrichtet;
4. Beiträge, die der Verpflichtete zu einer Versicherung, deren Leistungen nach Art und Umfang jenen der gesetzlichen Sozialversicherung entsprechen, für sich oder seine unterhaltsberechtigten Angehörigen leistet, sofern kein Schutz aus der gesetzlichen Pflichtversicherung besteht.

(2) Der sich nach Abs. 1 ergebende Betrag ist abzurunden, und zwar bei Auszahlung für Monate auf einen durch 20, bei Auszahlung für Wochen auf einen durch fünf teilbaren Betrag und bei Auszahlung für Tage auf einen ganzen Betrag.

(BGBl I 2001/98)

Unpfändbarer Freibetrag („Existenzminimum")

§ 291a. (1) Beschränkt pfändbare Forderungen, bei denen der sich nach § 291 ergebende Betrag (Berechnungsgrundlage) bei monatlicher Leistung den Ausgleichszulagenrichtsatz für alleinstehende Personen (§ 293 Abs. 1 lit. a ASVG) nicht übersteigt, haben dem Verpflichteten zur Gänze zu verbleiben (allgemeiner Grundbetrag).

(2) Der Betrag nach Abs. 1 erhöht sich

1. um ein Sechstel, wenn der Verpflichtete keine Leistungen nach § 290b erhält (erhöhter allgemeiner Grundbetrag),
2. um 20% für jede Person, der der Verpflichtete gesetzlichen Unterhalt gewährt (Unterhaltsgrundbetrag); höchstens jedoch für fünf Personen.

(BGBl I 2003/31)

(3) Übersteigt die Berechnungsgrundlage den sich aus Abs. 1 und 2 ergebenden Betrag, so verbleiben dem Verpflichteten neben diesem Betrag

1. 30% des Mehrbetrags (allgemeiner Steigerungsbetrag) und
2. 10% des Mehrbetrags für jede Person, der der Verpflichtete gesetzlichen Unterhalt gewährt; höchstens jedoch für fünf Personen (Unterhaltssteigerungsbetrag).

(BGBl I 2003/31)

Der Teil der Berechnungsgrundlage, der das Vierfache des Ausgleichszulagenrichtsatzes (Höchstberechnungsgrundlage) übersteigt, ist jedenfalls zur Gänze pfändbar.

(BGBl I 2003/31)

(4) Bei täglicher Leistung ist für die Ermittlung des unpfändbaren Freibetrags nach den vorhergehenden Absätzen der 30. Teil des Ausgleichszulagenrichtsatzes, bei wöchentlicher Leistung das Siebenfache des täglichen Betrags heranzuziehen.

(5) Die Grundbeträge sind auf volle Euro abzurunden; der Betrag nach Abs. 3 letzter Satz ist nach § 291 Abs. 2 zu runden.

(BGBl I 2001/98)

Besonderheiten bei Exekutionen wegen Unterhaltsansprüchen

§ 291b. (1) Bei einer Exekution wegen

1. eines gesetzlichen Unterhaltsanspruchs,
2. eines gesetzlichen Unterhaltsanspruchs, der auf Dritte übergegangen ist,
3. eines Anspruchs auf Ersatz von Aufwendungen, die der Verpflichtete auf Grund einer gesetzlichen Unterhaltspflicht selbst hätte machen müssen (§ 1042 ABGB), sowie wegen
4. der Prozeß- und Exekutionskosten samt allen Zinsen, die durch die Durchsetzung eines Anspruchs nach Z 1 bis 3 entstanden sind,

gilt Abs. 2.

(2) Dem Verpflichteten haben 75% des unpfändbaren Freibetrags nach § 291a zu verbleiben, wobei dem Verpflichteten für jene Personen, die Exekution wegen einer Forderung nach Abs. 1 führen, ein Unterhaltsgrund- und ein Unterhaltssteigerungsbetrag nicht gebührt.

(BGBl I 2001/98, BGBl I 2003/31)

(3) Aus dem Betrag, der sich aus dem Unterschied zwischen den unpfändbaren Freibeträgen bei einer Exekution wegen einer Forderung nach Abs. 1 einerseits und wegen einer sonstigen Forderung andererseits ergibt, sind vorweg die laufenden gesetzlichen Unterhaltsansprüche unabhängig von dem für sie begründeten Pfandrang verhältnismäßig nach der Höhe der laufenden monatlichen Unterhaltsleistung zu befriedigen. Aus dem Rest des Unterschiedsbetrags sind die übrigen in Abs. 1 genannten Forderungen zu befriedigen.

(4) Gläubigern, die Exekution wegen einer Forderung nach Abs. 1 führen, stehen Zahlungen aus dem nach § 291a pfändbaren Betrag, aus dem Forderungen nach Abs. 1 und sonstige Forderungen rangmäßig zu befriedigen sind, nur zu, soweit ihre Forderungen aus dem in Abs. 3 genannten Unterschiedsbetrag nicht gedeckt werden.

Besonderheiten bei Exekutionen wegen wiederkehrender Leistungen

§ 291c. (1) Die Exekution wegen Forderungen auf wiederkehrende Leistungen, die künftig fällig werden, ist nur bei Forderungen

1. nach § 291b Abs. 1 oder
2. auf wiederkehrende Leistungen, die aus Anlaß einer Verletzung am Körper oder an der Gesundheit dem Verletzten oder wegen Tötung seinen Hinterbliebenen zu entrichten sind,

zulässig, wenn überdies die Exekution zugleich für bereits fällige Ansprüche dieser Art bewilligt wird.

(2) Die Exekution nach Abs. 1 ist auf Antrag des Verpflichteten einzustellen, wenn er

1. alle fälligen Forderungen gezahlt hat und
2. bescheinigt, daß er künftig seiner Zahlungspflicht nachkommen wird. Das ist insbesondere dann anzunehmen, wenn er die Forderungen für die kommenden zwei Monate
   a) entweder auch schon gezahlt oder
   b) zugunsten des Gläubigers gerichtlich erlegt

hat, vor der Entscheidung ist der betreibende Gläubiger einzuvernehmen (§ 55 Abs. 1).

(3) Auf Antrag des betreibenden Gläubigers hat das Gericht bei einer neuerlichen Bewilligung der Exekution auszusprechen, daß das Pfandrecht den ursprünglich begründeten Pfandrang, dessen Datum das Gericht anzugeben hat, erhält.

Beschränkt pfändbare einmalige Leistungen

§ 291d. (1) Von allen einmaligen Leistungen zusammen, die dem Verpflichteten bei Beendigung seines Arbeitsverhältnisses vom Arbeitgeber gebühren, insbesondere von der Abfertigung, aber mit Ausnahme der Kündigungsentschädigung, hat dem Verpflichteten ein unpfändbarer Freibetrag nach § 291a zu verbleiben, wobei der erhöhte allgemeine Grundbetrag nach § 291a Abs. 2 Z 1 maßgebend ist. Die Höchstberechnungsgrundlage nach § 291a Abs. 3 vervielfacht sich mit der Anzahl der Monate, für die die Leistung zusteht. Bei einer Abfertigung nach dem Betrieblichen Mitarbeitervorsorgegesetz erhöht sich die Höchstberechnungsgrundlage ab dem vierten Jahr pro Jahr um ein Drittel. Auf Antrag des Verpflichteten hat ihm jenes Vielfache des unpfändbaren Freibetrags zu verbleiben, das der Anzahl der Monate entspricht, für die diese Leistungen nach dem Gesetz zustehen, wenn die Voraussetzungen für eine Zusammenrechnung nicht vorliegen. Der pfändbare Betrag ist dem betreibenden Gläubiger erst nach vier Wochen auszuzahlen.

(BGBl I 2001/98, BGBl I 2003/31)

(2) Von einmaligen Leistungen, die gewährt werden, wenn kein Anspruch auf eine wiederkehrende Leistung besteht, oder die kraft Gesetzes an die Stelle von wiederkehrenden Leistungen treten, wie insbesondere von

1. der Abfindung für eine Hinterbliebenenpension,
2. der Abfertigung für eine Witwer- oder Witwenpension,
3. der Abfertigung für eine Witwer- oder Witwenrente,
4. der Gesamtvergütung für eine vorläufige Versehrtenrente,
5. dem Versehrtengeld aus der Unfallversicherung und
6. dem Übergangsbetrag,

hat dem Verpflichteten jenes Vielfache des unpfändbaren Freibetrags zu verbleiben, das der Anzahl der Monate, für die diese einmalige Leistung gewährt wird, entspricht, mindestens jedoch der unpfändbare Freibetrag für einen Monat.

(3) Abs. 1 Satz 1 ist auch auf sonstige einmalige Leistungen anzuwenden, wenn diese beschränkt pfändbare Forderungen im Sinn des § 290a sind, die nicht von § 290a Abs. 2 erfaßt werden.

(4) Vom Anspruch auf Auszahlung des Entlassungsgeldes (§ 54 Abs. 5, § 150 Abs. 3 und § 156 Abs. 3 StVG) hat dem Verpflichteten das Sechsfache des unpfändbaren Freibetrags nach § 291a Abs. 2 zu verbleiben.

(BGBl I 2005/68)

Einmalige Vergütung für persönlich geleistete Arbeiten

§ 291e. (1) Ist eine nicht wiederkehrende Vergütung für persönlich geleistete Arbeiten, die die Erwerbstätigkeit des Verpflichteten vollständig oder zu einem wesentlichen Teil in Anspruch nehmen, gepfändet, so hat das Exekutionsgericht dem Verpflichteten auf seinen Antrag so viel zu belassen, wie er während eines angemessenen Zeitraums für seinen notwendigen Unterhalt sowie den Unterhalt der Personen, denen er gesetzlichen Unterhalt gewährt, bedarf. Bei der Entscheidung sind die wirtschaftlichen Verhältnisse des Verpflichteten, insbesondere seine sonstigen Verdienstmöglichkeiten, frei zu würdigen. Dem Verpflichteten ist nicht mehr zu belassen, als ihm nach freier Überzeugung im Sinn des § 273 ZPO verbleiben würde, wenn er Einkünfte im Sinn des § 290a in der Höhe der Vergütung hätte. Der Antrag des Verpflichteten ist insoweit abzuweisen, als die Gefahr besteht, daß der betreibende Gläubiger dadurch schwer geschädigt werden könnte.

(2) Abs. 1 gilt entsprechend für gepfändete Vergütungen, die dem Verpflichteten für die Gewährung einer Wohngelegenheit oder für die sonstige Benützung einer Sache geschuldet werden, aber zu einem nicht unwesentlichen Teil auch als Entgelt für Arbeitsleistungen, die vom Verpflichteten erbracht wurden, anzusehen sind.

Zusammenrechnung – Sachleistungen

§ 292. (1) Hat der Verpflichtete gegen einen Drittschuldner mehrere beschränkt pfändbare Geldforderungen oder beschränkt pfändbare Geldforderungen und Ansprüche auf Sachleistungen, so hat sie der Drittschuldner zusammenzurechnen.

(2) Hat der Verpflichtete gegen verschiedene Drittschuldner beschränkt pfändbare Geldforderungen oder beschränkt pfändbare Geldforderungen und Ansprüche auf Sachleistungen, so hat das Gericht auf Antrag die Zusammenrechnung anzuordnen.

(3) Bei der Zusammenrechnung mehrerer beschränkt pfändbarer Geldforderungen gegen verschiedene Drittschuldner sind die unpfändbaren Grundbeträge in erster Linie für die Forderung zu gewähren, die die wesentliche Grundlage der Lebenshaltung des Verpflichteten bildet. Das Gericht hat den Drittschuldner zu bezeichnen, der die unpfändbaren Grundbeträge zu gewähren hat.

(3a) Übersteigt keine der beschränkt pfändbaren Geldforderungen die unpfändbaren Grundbeträge, so hat das Gericht die unpfändbaren Grundbeträge aufzuteilen und die Höhe des von den Drittschuldnern zu gewährenden Teils festzulegen. Ist ein Unterschreiten des zu gewährenden Teils der unpfändbaren Grundbeträge zu erwarten, so hat das Gericht dem Drittschuldner aufzutragen, ein solches Unterschreiten bekanntzugeben. Das Gericht hat sodann die unpfändbaren Grundbeträge von Amts wegen neu aufzuteilen. Beantragt der Verpflichtete bei seiner Einvernahme eine Erhöhung des unpfändbaren Betrages wegen zu erwartender Steuermehrbelastungen, so ist darüber zugleich mit dem Zusammenrechnungsbeschluss zu entscheiden.

(BGBl I 2016/100)

(4) Bei der Zusammenrechnung von beschränkt pfändbaren Geldforderungen mit Ansprüchen auf Sachleistungen vermindert sich der unpfändbare Freibetrag der Gesamtforderung um den Wert der dem Verpflichteten verbleibenden Sachleistungen. Dem Verpflichteten hat jedoch von den Geldforderungen mindestens der halbe allgemeine Grundbetrag nach § 291a Abs. 1 oder § 291b Abs. 2 in Verbindung mit § 291a Abs. 1 zu verbleiben.

(5) Das Exekutionsgericht hat den Wert der Sachleistungen bei einer Zusammenrechnung

1. nach Abs. 1 auf Antrag,
2. nach Abs. 2 von Amts wegen zugleich mit der Anordnung der Zusammenrechnung

nach freier Überzeugung im Sinn des § 273 ZPO festzulegen, wobei der gesetzliche Naturalunterhalt so zu bewerten ist, als ob der Unterhalt in Geld zu leisten wäre.

Erhöhung des unpfändbaren Betrags

§ 292a. Das Exekutionsgericht hat auf Antrag den unpfändbaren Freibetrag angemessen zu erhöhen, wenn dies mit Rücksicht auf

1. wesentliche Mehrauslagen des Verpflichteten, insbesondere wegen Hilflosigkeit, Gebrechlichkeit oder Krankheit des Verpflichteten oder seiner unterhaltsberechtigten Familienangehörigen, oder
2. unvermeidbare Wohnungskosten, die im Verhältnis zu dem Betrag, der dem Verpflichteten zur Lebensführung verbleibt, unangemessen hoch sind, oder
3. besondere Aufwendungen des Verpflichteten, die in sachlichem Zusammenhang mit seiner Berufsausübung stehen, oder
4. einen Notstand des Verpflichteten infolge eines Unglücks- oder eines Todesfalls oder
5. besonders umfangreiche gesetzliche Unterhaltspflichten des Verpflichteten

dringend geboten ist und nicht die Gefahr besteht, daß der betreibende Gläubiger dadurch schwer geschädigt werden könnte.

Herabsetzung des unpfändbaren Betrags

§ 292b. Das Exekutionsgericht hat auf Antrag

1. den für Forderungen nach § 291b Abs. 1 geltenden unpfändbaren Freibetrag angemessen herabzusetzen, wenn laufende gesetzliche Unterhaltsforderungen durch die Exekution nicht zur Gänze hereingebracht werden können;
2. auszusprechen, daß eine Unterhaltspflicht nicht zu berücksichtigen ist, soweit deren Höhe den hiefür gewährten unpfändbaren Grund- und Steigerungsbetrag nicht erreicht;
3. den unpfändbaren Freibetrag herabzusetzen wenn der Verpflichtete im Rahmen des Arbeitsverhältnisses Leistungen von Dritten erhält, die nicht von § 290a Abs. 2 erfaßt werden.

Änderung der Voraussetzungen der Unpfändbarkeit

§ 292c. Das Exekutionsgericht hat auf Antrag die Beschlüsse, die den unpfändbaren Freibetrag festlegen, entsprechend zu ändern, wenn

1. sich die für die Berechnung des unpfändbaren Freibetrags maßgebenden Verhältnisse geändert haben oder
2. diese Verhältnisse dem Gericht bei der Beschlußfassung nicht vollständig bekannt waren.

Auszahlung des Entgelts an Dritte

§ 292d. Wenn

1. der Verpflichtete für den Drittschuldner Arbeitsleistungen erbringt,
2. sich der Drittschuldner dafür verpflichtet hat, als Entgelt an einen Dritten wiederkehrende Leistungen zu erbringen, und
3. auf Grund eines Exekutionstitels gegen den Verpflichteten die Pfändung des Entgeltsanspruchs des Verpflichteten bewilligt wurde,

erstrecken sich die Wirkungen des Pfandrechtes auch auf den Anspruch des Dritten, der ihm gegen den Drittschuldner zusteht. Der Anspruch des Dritten wird insoweit erfaßt, als ob er dem Verpflichteten zustehen würde. Die Exekutionsbewilligung ist mit dem Verfügungsverbot dem Drittberechtigten ebenso wie dem Verpflichteten zuzustellen.

Verschleiertes Entgelt

§ 292e. (1) Erbringt der Verpflichtete dem Drittschuldner in einem ständigen Verhältnis Arbeitsleistungen, die nach Art und Umfang üblicherweise vergütet werden, ohne oder gegen eine unverhältnismäßig geringe Gegenleistung, so gilt im Verhältnis des betreibenden Gläubigers zum Drittschuldner ein angemessenes Entgelt als geschuldet.

(2) Bei der Bemessung des Entgelts ist insbesondere auf

1. die Art der Arbeitsleistung,
2. die verwandtschaftlichen oder sonstigen Beziehungen zwischen dem Drittschuldner und dem Verpflichteten und
3. die wirtschaftliche Leistungsfähigkeit des Drittschuldners

Rücksicht zu nehmen. Die wirtschaftliche Existenz des Drittschuldners darf nicht beeinträchtigt werden. Das Entgelt gilt ab dem Zeitpunkt der Pfändung als vereinbart.

Tabelle der unpfändbaren Freibeträge

§ 292f. (aufgehoben)

(BGBl I 2003/31)

Bekanntmachung von Zuschlägen

§ 292g. (aufgehoben)

(BGBl I 2001/98, BGBl I 2003/31)

Kosten des Drittschuldners für die Berechnung

§ 292h. (1) Dem Drittschuldner steht für die Berechnung des unpfändbaren Teils einer beschränkt pfändbaren Geldforderung

1. bei der ersten Zahlung an den betreibenden Gläubiger 2 % von dem dem betreibenden Gläubiger zu zahlenden Betrag, höchstens jedoch 8 Euro,

   (BGBl I 2001/98)
2. bei den weiteren Zahlungen 1 %, höchstens jedoch 4 Euro,

   (BGBl I 2001/98)

zu. Dieser Betrag ist von dem dem Verpflichteten zustehenden Betrag einzubehalten, sofern dadurch der unpfändbare Betrag nicht geschmälert wird;

EO

sonst von dem dem betreibenden Gläubiger zustehenden Betrag.

(2) Ist die Berechnung des dem Drittschuldner nach Abs. 1 zustehenden Betrags strittig, so hat hierüber das Exekutionsgericht auf Antrag eines Beteiligten zu entscheiden.

(3) In den Fällen des § 75 hat der betreibende Gläubiger dem Verpflichteten auf dessen Verlangen die Beträge zu ersetzen, die dem Drittschuldner nach Abs. 1 zugekommen sind.

Kontenschutz

§ 292i. (1) Werden beschränkt pfändbare Geldforderungen auf das Konto des Verpflichteten bei einer Bank oder der Österreichischen Postsparkasse überwiesen, so ist eine Pfändung des Guthabens auf Antrag des Verpflichteten vom Exekutionsgericht insoweit aufzuheben, als das Guthaben dem der Pfändung nicht unterworfenen Teil der Einkünfte für die Zeit von der Pfändung bis zum nächsten Zahlungstermin entspricht.

(2) Wird ein bei einer Bank oder der Österreichischen Postsparkasse gepfändetes Guthaben eines Verpflichteten, der eine natürliche Person ist, dem betreibenden Gläubiger überwiesen, so darf erst 14 Tage nach der Zustellung des Überweisungsbeschlusses an den Drittschuldner aus dem Guthaben an den betreibenden Gläubiger geleistet oder der Betrag hinterlegt werden.

(3) Das Exekutionsgericht hat die Pfändung des Guthabens für den Teil vorweg aufzuheben, dessen der Verpflichtete bis zum nächsten Zahlungstermin dringend bedarf, um seinen notwendigen Unterhalt zu bestreiten und seine laufenden gesetzlichen Unterhaltspflichten zu erfüllen. Der vorweg freigegebene Teil des Guthabens darf den Betrag nicht übersteigen, der dem Verpflichteten voraussichtlich nach Abs. 1 zu belassen ist. Der Verpflichtete hat glaubhaft zu machen, daß beschränkt pfändbare Geldforderungen auf das Konto überwiesen worden sind und daß die Voraussetzungen des Satzes 1 vorliegen. Der betreibende Gläubiger ist nicht einzuvernehmen, wenn der damit verbundene Aufschub dem Verpflichteten nicht zuzumuten ist.

Bestimmungen für die Berechnung durch den Drittschuldner

§ 292j. (1) Die Zahlung des Drittschuldners wirkt schuldbefreiend, wenn ihn weder Vorsatz noch grobe Fahrlässigkeit trifft. Dies ist jedenfalls gegeben, wenn der Drittschuldner nach dem Inhalt des Beschlusses, der den unpfändbaren Freibetrag festlegt, leistet.

(1a) Zahlt der Drittschuldner

1. in den ersten beiden Monaten des Kalenderjahres entsprechend den im Vorjahr gültigen Beträgen oder
2. während des ganzen Jahres entsprechend den im Jänner geltenden Beträgen,

so wirkt dies schuldbefreiend.

(BGBl I 2001/98)

(2) Der Drittschuldner hat bei der Berücksichtigung der Unterhaltspflichten von den Angaben des Verpflichteten auszugehen, solange ihm deren Unrichtigkeit nicht bekannt ist.

(3) Der Drittschuldner darf Entschädigungen nach § 290 Abs. 1 Z 1 höchstens mit einem der Werte berücksichtigen, die

1. im Steuer- oder
2. im Sozialversicherungsrecht oder
3. in Rechtsvorschriften und Kollektivverträgen, die für einen Personenkreis gelten, dem der Verpflichtete angehört,

vorgesehen sind.

(4) Der Drittschuldner hat bei der Berücksichtigung von Sachleistungen einen der in Abs. 3 genannten Werte zugrunde zu legen.

(5) Der Drittschuldner kann den Gesamtbetrag einer Forderung als pfändungsfrei behandeln, wenn die nicht gerundete Berechnungsgrundlage den unpfändbaren Betrag um nicht mehr als

1. 10 Euro monatlich,
2. 2,5 Euro wöchentlich,
3. 0,5 Euro täglich

übersteigt.

(BGBl I 2001/98)

Entscheidung des Exekutionsgerichts – Antragsberechtigung

§ 292k. (1) Das Exekutionsgericht hat auf Antrag – in den Fällen der Z 1 und 2 nach freier Überzeugung im Sinn des § 273 ZPO – zu entscheiden,

1. ob bei der Berechnung des unpfändbaren Freibetrags Unterhaltspflichten zu berücksichtigen sind oder
2. ob und inwieweit ein Bezug oder Bezugsteil pfändbar ist, insbesondere auch, ob die Entschädigungen nach § 290 Abs. 1 Z 1 dem tatsächlich erwachsenden Mehraufwand entsprechen, oder
3. ob an der Gehaltsforderung oder einer anderen in fortlaufenden Bezügen bestehenden Forderung, deren Pfändung durch das Gericht bewilligt wurde, tatsächlich ein Pfandrecht begründet wurde.

(2) Der Drittschuldner kann die von einem Antrag nach Abs. 1 erfaßten Beträge bis zur rechtskräftigen Entscheidung des Gerichts zurückbehalten.

(3) Antragsberechtigt sind neben den Parteien:

1. der Drittschuldner für einen Antrag nach Abs. 1 sowie auf Änderung der Beschlüsse, die den unpfändbaren Freibetrag festlegen, nach § 292c,
2. ein Dritter, dem der Verpflichtete gesetzlichen Unterhalt zu gewähren hat, für einen Antrag nach Abs. 1 Z 1, auf Erhöhung des unpfändbaren Betrags nach § 292a sowie auf Änderung der Beschlüsse, die den unpfändbaren Freibetrag festlegen, nach § 292c,

3. ein betreibender Gläubiger sonstiger Forderungen, der einem betreibenden Gläubiger, der wegen einer Forderung nach § 291b Abs. 1 Exekution führt, nachfolgt, für einen Antrag nach § 292c.

In diesen Fällen hat jede Partei ihre Kosten selbst zu tragen.

(4) Vor der Entscheidung über Anträge nach Abs. 1 auf Zusammenrechnung und Festlegung des Wertes der Sachleistungen nach § 292, auf Erhöhung des unpfändbaren Betrags nach § 292a, auf Herabsetzung des unpfändbaren Betrags nach § 292b und auf Änderung der Beschlüsse, die den unpfändbaren Freibetrag festlegen, nach § 292c sind die Parteien einzuvernehmen (§ 55 Abs. 1). In diesen Verfahren kann der betreibende Gläubiger den Ersatz seiner Kosten nur nach den Bestimmungen der ZPO und nur insoweit beanspruchen, als der Verpflichtete dem Antrag nicht zustimmt. Dies gilt auch sinngemäß für einen Anspruch des Verpflichteten auf Kostenersatz.

Aufstellung über die offene Forderung

§ 292l. (1) Der Drittschuldner ist berechtigt, bei Gehaltsforderungen oder anderen in fortlaufenden Bezügen bestehenden Forderungen nach vollständiger Zahlung der in der Exekutionsbewilligung genannten festen Beträge das Zahlungsverbot nicht weiter zu berücksichtigen, bis er vom betreibenden Gläubiger eine Aufstellung über die offene Forderung gegen den Verpflichteten erhält; diese Aufstellung ist auch dem Verpflichteten zu übersenden. Der Drittschuldner hat dem betreibenden Gläubiger mindestens vier Wochen vorher schriftlich anzukündigen, daß er von diesem Recht Gebrauch machen wird. Kommt dem Drittschuldner eine Aufstellung über die offene Forderung nicht zu, so ist auf seinen Antrag die Exekution einzustellen. Vor der Entscheidung ist der betreibende Gläubiger einzuvernehmen (§ 55 Abs. 1).

(BGBl I 2014/69)

(2) Der betreibende Gläubiger hat dem Verpflichteten binnen vier Wochen nach dessen schriftlicher Aufforderung eine Quittung über die erhaltenen Beträge zu übersenden und die Höhe der offenen Forderung bekanntzugeben. Die Aufstellung über die Höhe der offenen Forderung ist auch dem Drittschuldner zu übersenden. Eine neuerliche Abrechnung darf der Verpflichtete erst nach Ablauf eines Jahres oder nach Tilgung der festen Beträge verlangen. Kommt der betreibende Gläubiger der Aufforderung nicht nach, so hat das Exekutionsgericht auf Antrag des Verpflichteten die Exekution einzustellen. Vor der Entscheidung ist der betreibende Gläubiger einzuvernehmen (§ 55 Abs 1).

(3) Der Drittschuldner kann in den Fällen der Abs. 1 und 2 entsprechend der Aufstellung über die Höhe der offenen Forderung schuldbefreiend zahlen.

(4) Die Verpflichtung des betreibenden Gläubigers, eine Quittung und eine Aufstellung über die Höhe der offenen Forderung nach Abs. 1 und 2 zu übersenden, besteht nicht, wenn die Exekution nur zur Hereinbringung des laufenden gesetzlichen Unterhalts oder anderer wiederkehrender Leistungen geführt wird.

Zwingendes Recht

§ 293. (1) Die Anwendung der Pfändungsbeschränkungen kann durch ein zwischen dem Verpflichteten und dem Gläubiger getroffenes Übereinkommen weder ausgeschlossen noch beschränkt werden.

(2) Jede diesen Vorschriften widersprechende Verfügung durch Abtretung, Anweisung, Verpfändung oder durch ein anderes Rechtsgeschäft ist ohne rechtliche Wirkung.

(3) Die Aufrechnung gegen den der Exekution entzogenen Teil der Forderung ist, abgesehen von den Fällen, wo nach bereits bestehenden Vorschriften Abzüge ohne Beschränkung auf den der Exekution unterliegenden Teil gestattet sind, nur zulässig zur Einbringung eines Vorschusses, einer im rechtlichen Zusammenhange stehenden Gegenforderung oder einer Schadenersatzforderung, wenn der Schade vorsätzlich zugefügt wurde.

(4) Ein Übereinkommen, wodurch einer Forderung bei ihrer Begründung oder später die Eigenschaft einer Forderung anderer Art beigelegt wird, um sie ganz oder teilweise der Exekution oder der Veranschlagung bei Berechnung des der Exekution unterliegenden Teiles von Gesamtbezügen zu entziehen, ist ohne rechtliche Wirkung.

Pfändung

§ 294. (1) Die Exekution auf Geldforderungen des Verpflichteten erfolgt durch Pfändung und Überweisung. Sofern nicht die Bestimmung des § 296 zur Anwendung kommt, geschieht die Pfändung dadurch, daß das Gericht, welches die Exekution bewilligt, dem Drittschuldner verbietet, an den Verpflichteten zu bezahlen. Zugleich ist dem Verpflichteten selbst jede Verfügung über seine Forderung sowie über das für dieselbe etwa bestellte Pfand und insbesondere die Einziehung der Forderung zu untersagen. Ihm ist aufzutragen bei beschränkt pfändbaren Geldforderungen unverzüglich dem Drittschuldner allfällige Unterhaltspflichten und das Einkommen der Unterhaltsberechtigten bekanntzugeben.

(2) Sowohl dem Drittschuldner wie dem Verpflichteten ist hiebei mitzuteilen, daß der betreibende Gläubiger an der betreffenden Forderung ein Pfandrecht erworben hat. Die Zustellung des Zahlungsverbotes ist nach den Vorschriften über die Zustellung von Klagen vorzunehmen.

(3) Die Pfändung ist mit Zustellung des Zahlungsverbotes an den Drittschuldner als bewirkt anzusehen. Wird das Zahlungsverbot einem Konzernunternehmen zugestellt, das nicht Schuldner der im Exekutionsantrag genannten Forderung ist und ist Schuldner dieser Forderung ein anderes Unternehmen im selben Konzern, so ist der Empfänger des Zahlungsverbots berechtigt, dieses und den Auftrag zur Drittschuldnererklärung auf Ge-

fahr des betreibenden Gläubigers an das andere Konzernunternehmen weiterzuleiten. Er hat den betreibenden Gläubiger von der Weiterleitung zu verständigen.

(BGBl I 2005/68)

(4) Der Drittschuldner kann das Zahlungsverbot mit Rekurs anfechten oder dem Exekutionsgericht anzeigen, daß die Exekutionsführung nach den darüber bestehenden Vorschriften unzulässig sei.

Unbekannter Drittschuldner

§ 294a. (1) Behauptet der Gläubiger, daß dem Verpflichteten Forderungen im Sinn des § 290a zustünden, er jedoch den bzw. die Drittschuldner nicht kenne, so gelten nachstehende Besonderheiten:

1. Der Drittschuldner muß im Exekutionsantrag nicht, die Forderung muß nicht näher bezeichnet sein. Es ist jedoch das Geburtsdatum des Verpflichteten anzugeben.
2. Nach der Bewilligung der Exekution hat das Exekutionsgericht den „Dachverband der Sozialversicherungsträger" um die Bekanntgabe zu ersuchen, ob nach den bei ihm gespeicherten Daten (§ 31 Abs. 3 Z 15 ASVG) der Verpflichtete in einer Rechtsbeziehung steht, aus der ihm Forderungen im Sinn des § 290 zustehen können, und bejahendenfalls mit wem.

   (BGBl I 2018/100)
3. Gibt der „Dachverband der Sozialversicherungsträger" einen oder mehrere mögliche Drittschuldner bekannt, so hat das Gericht mit den in § 294 vorgesehenen Zustellungen an den Verpflichteten und den bzw. die Drittschuldner vorzugehen.

   (BGBl I 2018/100)

(2) Ein Exekutionsantrag nach Abs. 1 darf vor Ablauf eines Jahres nach seiner Einbringung nur dann wiederholt werden, wenn glaubhaft gemacht wird, daß der Verpflichtete inzwischen eine derartige Forderung erworben hat.

(3) Die Meldebehörden haben Personen, die ihnen eine Ausfertigung eines Exekutionstitels oder eine Ablichtung hievon vorlegen, aus dem Melderegister Auskunft über das Geburtsdatum des im Exekutionstitel genannten Schuldners zu erteilen.

(4) Die Anfrage an den „Hauptverband der österreichischen Sozialversicherungsträger"[a)] und dessen Antwort sind mit Hilfe automationsunterstützter Datenverarbeitung durchzuführen. Hiefür gilt:

1. Der Bundesminister für Justiz wird ermächtigt, im Einvernehmen mit dem Bundesminister für soziale Verwaltung und nach Anhörung des „Dachverbandes der Sozialversicherungsträger" die Durchführung der Anfrage und ihrer Beantwortung näher zu regeln, um ihre rasche, richtige und kostensparende Durchführung sicherzustellen.

   (BGBl I 2018/100)
2. Die Sozialversicherungsträger und deren „Hauptverband"[a)] sind verpflichtet, die in Abs. 1 Z 2 angeführten Daten den Gerichten zu übermitteln.

[a)] § 720 ASVG in BGBl I 2018/100 sieht das Ersetzen von „Hauptverband der Sozialversicherungsträger" durch „Dachverband der Sozialversicherungsträger" vor, nicht aber das Ersetzen von „Hauptverband".

(BGBl I 2018/100)

Pfändung von Forderungen gegen eine juristische Person des öffentlichen Rechts

§ 295. (1) Wird auf eine Geldforderung Exekution geführt, die dem Verpflichteten gegen eine juristische Person des öffentlichen Rechts gebührt, so ist das Zahlungsverbot der Stelle, die zur Anweisung der betreffenden Zahlung berufen ist, und auf Antrag des betreibenden Gläubigers auch dem Organe (Kasse oder Rechnungsdepartement, Rechnungsabteilung), das zur Liquidierung der dem Verpflichteten gebührenden Zahlung berufen ist, zuzustellen. Mit der Zustellung des Zahlungsverbotes an die anweisende Stelle ist die Pfändung als bewirkt anzusehen. Die Angabe des zur Liquidierung berufenen Organs obliegt dem betreibenden Gläubiger. Inwiefern dieses Organ infolge eines empfangenen Zahlungsverbotes die Auszahlung fälliger Beträge an den Verpflichteten vorläufig zurückzuhalten befugt ist, bestimmt sich nach den dafür bestehenden Vorschriften.

(2) Ergibt sich aus den sonstigen Angaben im Exekutionsantrag, insbesondere über die Art der zu pfändenden Forderung, daß der Empfänger des Zahlungsverbots für diese Forderung nicht anweisende Stelle im Sinn des Abs. 1 ist, so hat er das Zahlungsverbot und den Auftrag zur Drittschuldnererklärung der anweisenden Stelle auf Gefahr des betreibenden Gläubigers weiterzuleiten, wenn er die anweisende Stelle kennt und beide Stellen zur selben juristischen Person des öffentlichen Rechts gehören.

Pfändung von Forderungen aus Papieren

§ 296. (1) Die Pfändung von Forderungen aus indossablen Papieren sowie solchen, deren Geltendmachung sonst an den Besitz des über die Forderung errichteten Papiers gebunden ist, wird dadurch bewirkt, daß das Vollstreckungsorgan diese Papiere zufolge Auftrags des Exekutionsgerichts unter Aufnahme eines Pfändungsprotokolls (§§ 253, 254 Abs. 1) an sich nimmt und bei Gericht erlegt.

(2) Für eine später zu Gunsten eines anderen Gläubigers bewilligte Pfändung derselben Forderung gilt die Bestimmung des § 257.

Sonderbestimmungen für bei Gericht erliegende Papiere

§ 297. (1) Präsentationen, Protesterhebungen, Notifikation und sonstige Handlungen zur Erhaltung oder Ausübung der Rechte aus den im § 296 bezeichneten Papieren sind, insolange das Papier bei Gericht erliegt, zufolge Ermächtigung des Exekutionsgerichtes durch das Vollstreckungsorgan an Stelle des Verpflichteten vorzunehmen. Die Ermächtigung, solche Handlungen mit Rechtswirksamkeit vorzunehmen, kann dem Vollstreckungsorgan von Amts wegen oder auf Antrag des Verpflichteten oder des betreibenden Gläubigers erteilt werden.

(2) Insbesondere kann das Vollstreckungsorgan vom Exekutionsgerichte, falls Gefahr im Verzuge ist, ermächtigt werden, die fällige Forderung aus einem derartigen bei Gericht erliegenden Papier einzuziehen. Die eingehenden Beträge sind gerichtlich zu hinterlegen; das für den betreibenden Gläubiger an der Forderung begründete Pfandrecht erstreckt sich auf diese Forderungseingänge.

(3) Wenn die Einklagung der Forderung zur Unterbrechung der Verjährung oder zur Vermeidung sonstiger Nachteile nötig erscheint, hat das Exekutionsgericht von Amts wegen oder auf Antrag zu diesem Zwecke einen Kurator zu bestellen.

Verwahrung eines Handpfands

§ 298. Ein für die gepfändete Forderung bestelltes Handpfand ist auf Antrag des betreibenden Gläubigers in Verwahrung zu nehmen (§ 259). Der Antrag auf Einleitung der Verwahrung kann mit dem Antrage auf Bewilligung der Forderungspfändung verbunden oder abgesondert nach Bewilligung der Pfändung beim Exekutionsgerichte gestellt werden.

Umfang des Pfandrechts

§ 299. (1) Das Pfandrecht, welches durch die Pfändung einer Gehaltsforderung oder einer anderen in fortlaufenden Bezügen bestehenden Forderung erworben wird, erstreckt sich auch auf die nach der Pfändung fällig werdenden Bezüge, das an einer verzinslichen Forderung erwirkte Pfandrecht auf die nach der Pfändung fällig werdenden Zinsen. Wird ein Arbeitsverhältnis oder ein anderes Rechtsverhältnis, das einer in fortlaufenden Bezügen bestehenden Forderung zugrunde liegt, nicht mehr als ein Jahr unterbrochen, so erstreckt sich die Wirksamkeit des Pfandrechts auch auf die gegen denselben Drittschuldner nach der Unterbrechung entstehenden und fällig werdenden Forderungen. Es gilt auch als Unterbrechung, wenn der Anspruch neuerlich geltend zu machen ist. Eine Karenzierung ist jedoch keine Unterbrechung.

(BGBl I 2005/68)

(2) Durch Pfändung eines Diensteinkommens wird insbesondere auch dasjenige Einkommen getroffen, welches der Verpflichtete infolge einer Erhöhung seiner Bezüge, infolge Übertragung eines neuen Amtes, Versetzung in ein anderes Amt oder infolge Versetzung in den Ruhestand erhält. Diese Bestimmung findet jedoch auf den Fall der Änderung des Dienstherrn keine Anwendung. Sinkt das Arbeitseinkommen unter den unpfändbaren Betrag, übersteigt es aber wieder diesen Betrag, so erstreckt sich die Wirksamkeit des Pfandrechts auch auf die erhöhten Bezüge. Diese Bestimmungen gelten hinsichtlich der Erhöhung der Bezüge und des Satzes 3 auch für andere Forderungen, die in fortlaufenden Bezügen bestehen.

(BGBl I 2005/68)

(3) Ein Pfandrecht wird auch dann begründet, wenn eine Gehaltsforderung oder eine andere in fortlaufenden Bezügen bestehende Forderung zwar nicht im Zeitpunkt der Zustellung des Zahlungsverbots, aber später den unpfändbaren Betrag übersteigt.

(BGBl I 2005/68)

Anspruch auf einen Entgeltteil gegen einen Dritten

§ 299a. (1) Hat auf Grund gesetzlicher Bestimmungen oder vertraglicher Vereinbarung der Arbeitnehmer Anspruch auf einen Teil des Entgelts nicht gegen den Arbeitgeber, sondern gegen einen Dritten, dann erstrecken sich die Wirkungen des dem Arbeitgeber zugestellten Zahlungsverbots auch auf den Anspruch gegen den Dritten. Der Arbeitgeber hat den Dritten vom Zahlungsverbot zu verständigen. Ab diesem Zeitpunkt hat der Dritte das Zahlungsverbot zu beachten. Er hat den Teil des Entgelts, der dem Arbeitnehmer gegen ihn zusteht, dem Arbeitgeber zu zahlen. Diese Zahlung wirkt schuldbefreiend. Der Arbeitgeber hat beide Teile des Entgelts zusammenzurechnen und die Zahlungen vorzunehmen.

(2) Während der Dauer eines Arbeitsverhältnisses darf der dem Arbeitnehmer gegen den Dritten zustehende Anspruch auf einen Teil des Entgelts nur durch Abs. 1 Satz 1 in Exekution gezogen werden.

(3) Bei einer vertraglich vereinbarten oder im Gesetz vorgesehenen Direktzahlung des Dritten an den Arbeitnehmer kann der Dritte anstelle der Zahlung des Entgeltteils an den Arbeitgeber diesem lediglich dessen Höhe mitteilen und die Zahlungen nach den Angaben und Berechnungen des Arbeitgebers schuldbefreiend selbst vornehmen.

(4) Abs. 1 bis 3 gelten nicht für die Abfindung, die Abfertigung, die Urlaubsersatzleistung und das Überbrückungsgeld nach dem Bauarbeiter-Urlaubs- und Abfertigungsgesetz.

(BGBl I 2016/100)

Rang der Pfandrechte

§ 300. (1) Wird von mehreren Gläubigern zu verschiedenen Zeiten die Pfändung derselben Forderung erwirkt, so ist für die Beurteilung der Priorität der hiedurch erworbenen Rechte bei Forderungen aus den im § 296 bezeichneten Papieren der Zeitpunkt maßgebend, in dem das Papier vom Vollstreckungsorgane in Verwahrung genommen oder die spätere Pfändung auf dem bereits vorhandenen Pfändungsprotokolle angemerkt wurde.

(2) In allen übrigen Fällen richtet sich die Rangordnung der Pfandrechte nach dem Zeitpunkte, in welchem die zu Gunsten der einzelnen Gläubiger erlassenen Zahlungsverbote an den Drittschuldner oder bei Forderungen gegen eine juristische Person des öffentlichen Rechts an die Stelle gelangt

sind, welche zur Anweisung der betreffenden Zahlung berufen ist.

(3) Erfolgt die Besitznahme der im Absatz 1 bezeichneten Papiere gleichzeitig zu Gunsten mehrerer Gläubiger oder kommen mehrere Zahlungsverbote dem Drittschuldner oder bei Forderungen gegen eine juristische Person des öffentlichen Rechts der anweisenden Stelle am nämlichen Tage zu, so stehen die hiedurch begründeten Pfandrechte im Range einander gleich. Bei Unzulänglichkeit des gepfändeten Anspruches sind sodann die zu vollstreckenden Forderungen samt Nebengebühren nach Verhältnis ihrer Gesamtbeträge zu berichtigen.

Pfändung einer übertragenen oder verpfändeten Forderung

§ 300a. (1) Das gerichtliche Pfandrecht erfaßt eine Forderung soweit nicht, als diese vor seiner Begründung übertragen wurde.

(2) Wurde die Forderung vor der Begründung eines gerichtlichen Pfandrechts verpfändet, so steht dies der Begründung eines gerichtlichen Pfandrechts nicht entgegen. § 300 Abs. 2 und 3 über die Rangordnung der Pfandrechte ist sinngemäß anzuwenden. Bei einer Gehaltsforderung oder einer anderen in fortlaufenden Bezügen bestehenden Forderung erfaßt das vertragliche Pfandrecht nur die Bezüge, die fällig werden, sobald der Anspruch gerichtlich geltend gemacht oder ein Anspruch auf Verwertung besteht und die gerichtliche Geltendmachung bzw. der Verwertungsanspruch dem Drittschuldner angezeigt wurde. Der Drittschuldner hat Zahlungen auf Grund des vertraglichen Pfandrechts erst vorzunehmen, sobald dessen Gläubiger einen Anspruch auf Verwertung hat und dies dem Drittschuldner angezeigt wurde. Davor ist der Drittschuldner auf Verlangen eines Gläubigers verpflichtet, die vom vertraglichen Pfandrecht erfaßten Bezüge nach Maßgabe ihrer Fälligkeit beim Exekutionsgericht zu hinterlegen.

(3) Daß ein gerichtliches Pfandrecht nach § 291c Abs. 2 erlischt, ist nach Abs. 1 bis 2 unbeachtlich, sobald es wieder auflebt.

Drittschuldnererklärung

§ 301. (1) Sofern der betreibende Gläubiger nichts anderes beantragt, hat das Gericht dem Drittschuldner gleichzeitig mit dem Zahlungsverbot aufzutragen, sich binnen vier Wochen darüber zu erklären,

1. ob und inwieweit er die gepfändete Forderung als begründet anerkenne und Zahlungen zu leisten bereit sei;
2. ob und von welchen Gegenleistungen seine Zahlungspflicht abhängig sei;
3. ob und welche Ansprüche andere Personen auf die gepfändete Forderung erheben, insbesondere solche nach § 300a;
4. ob und wegen welcher Ansprüche zu Gunsten anderer Gläubiger an der Forderung ein Pfandrecht bestehe, auch wenn das Verfahren nach § 291c Abs. 2 eingestellt wurde;
5. die vom Verpflichteten bekannt gegebenen Unterhaltspflichten.

(BGBl I 2000/59)

(2) Der Drittschuldner hat seine Erklärung dem Exekutionsgericht, eine Abschrift davon dem betreibenden Gläubiger zu übersenden. Er ist auch berechtigt, seine Erklärung vor dem Exekutionsgericht oder dem Bezirksgericht seines Aufenthalts zu Protokoll zu geben. Dieses Protokoll ist von Amts wegen dem Exekutionsgericht, eine Ausfertigung davon dem betreibenden Gläubiger zu übersenden.

(3) Hat der Drittschuldner seine Pflichten nach Abs. 1 schuldhaft nicht, vorsätzlich oder grob fahrlässig unrichtig oder unvollständig erfüllt, so ist dem Drittschuldner trotz Obsiegens im Drittschuldnerprozeß (§ 308) der Ersatz der Kosten des Verfahrens aufzuerlegen. § 43 Abs. 2 ZPO gilt sinngemäß. Überdies haftet der Drittschuldner dem betreibenden Gläubiger für den Schaden, der dadurch entsteht, daß er seine Pflichten schuldhaft überhaupt nicht, vorsätzlich oder grob fahrlässig unrichtig oder unvollständig erfüllt hat. Diese Folgen sind dem Drittschuldner bei Zustellung des Auftrags bekanntzugeben.

(4) Wurde eine wiederkehrende Forderung gepfändet, so hat der Drittschuldner den betreibenden Gläubiger von der nach wie vor bestehenden Beendigung des der Forderung zugrunde liegenden Rechtsverhältnisses innerhalb einer Woche nach Ende des Monats, der dem Monat folgt, in dem das Rechtsverhältnis beendet wurde, zu verständigen. Abs. 3 ist anzuwenden, wobei die Haftung auf 1 000 Euro je Bezugsende beschränkt ist.

(BGBl I 2000/59)

Kosten des Drittschuldners für seine Erklärung

§ 302. (1) Für die mit der Abgabe der Erklärung verbundenen Kosten stehen dem Drittschuldner als Ersatz zu:

1. 35 Euro, wenn eine wiederkehrende Forderung gepfändet wurde und diese besteht;
2. 25 Euro in den sonstigen Fällen.

(BGBl I 2016/100)

In diesen Beträgen ist die Umsatzsteuer enthalten.

(2) Die Kosten sind vorläufig vom betreibenden Gläubiger zu tragen; ihm ist deren Ersatz an den Drittschuldner vom Gericht aufzuerlegen. Die zuerkannten Beträge sind von Amts wegen als Kosten des Exekutionsverfahrens zu bestimmen. Mehrere betreibende Gläubiger haben die Kosten zu gleichen Teilen zu tragen.

(3) Der Drittschuldner ist im Fall des Abs. 1 berechtigt, den ihm als Kostenersatz zustehenden Betrag von dem dem Verpflichteten zustehenden Betrag der überwiesenen Forderung einzubehalten, sofern dadurch der unpfändbare Betrag nicht geschmälert wird; sonst von dem dem betreibenden Gläubiger zustehenden Betrag. § 292h Abs. 3 ist anzuwenden.

(BGBl I 2000/59)

Überweisung

§ 303. (1) Die gepfändete Geldforderung ist dem betreibenden Gläubiger nach Maßgabe des für ihn begründeten Pfandrechts bis zur Höhe der vollstreckbaren Forderung auf Antrag zur Einziehung oder an Zahlungsstatt zu überweisen.

(2) Der Antrag auf Überweisung ist mit dem Antrag auf Bewilligung der Pfändung zu verbinden. Über diese Anträge hat das Gericht zugleich zu entscheiden.

Besonderheiten im vereinfachten Bewilligungsverfahren

§ 303a. Wurde die Forderungsexekution im vereinfachten Bewilligungsverfahren bewilligt, so darf an den betreibenden Gläubiger erst vier Wochen nach Zustellung des Zahlungsverbots an den Drittschuldner geleistet oder der Betrag hinterlegt werden. Dies ist dem Drittschuldner bekanntzugeben. Der Drittschuldner kann mit der Leistung oder Hinterlegung bis zum nächsten Auszahlungstermin zuwarten, nicht jedoch länger als 8 Wochen.

(BGBl I 2005/68)

Überweisung von Forderungen aus Papieren

§ 304. (1) Gründet sich die Forderung auf ein durch Indossament übertragbares Papier oder ist sonst deren Geltendmachung an den Besitz des über die Forderung errichteten Papieres gebunden, so ist die Überweisung nur im Gesamtbetrage der gepfändeten Forderung und, falls letzterer den Betrag der vollstreckbaren Forderung übersteigt, nur dann zulässig, wenn vom betreibenden Gläubiger für die Ausfolgung des Überschusses Sicherheit geleistet wird. Dasselbe gilt, wenn die gepfändete Forderung aus andern Gründen in Ansehung der Übertragung oder Geltendmachung nicht teilbar ist.

(2) Abs. 1 gilt nicht, falls eine Forderung aus einer Sparurkunde vom Vollstreckungsorgan eingezogen wird (§ 319a).

Durchführung der Überweisung

§ 305. (1) Die Überweisung geschieht durch Zustellung des dem Überweisungsantrage stattgebenden Beschlusses an den Drittschuldner, bei Forderungen aus indossablen Papieren aber, sowie bei Forderungen, deren Geltendmachung sonst an den Besitz des über die Forderung errichteten Papieres gebunden ist, durch Übergabe des mit der erforderlichen schriftlichen Übertragungserklärung versehenen Papieres an den betreibenden Gläubiger, dem die Forderung überwiesen wurde. Diese Übertragungserklärung ist vom Exekutionsgerichte oder in dessen Auftrag vom Vollstreckungsorgane abzugeben. Die Wirkungen der Übergabe des Papiers an den betreibenden Gläubiger hat auch die Übergabe einer Sparurkunde an das Vollstreckungsorgan mit einer gerichtlichen Einziehungsermächtigung.

(2) §§ 295 und 300 Abs. 2 und 3 gelten für die dort genannten Forderungen gegen eine juristische Person des öffentlichen Rechts auch für den Überweisungsbeschluß.

Auskunftsrecht des betreibenden Gläubigers – Ausfolgung der Urkunden

§ 306. (1) Der Verpflichtete hat dem betreibenden Gläubiger, dem die Forderung überwiesen wurde, die zur Geltendmachung der überwiesenen Forderung nötigen Auskünfte zu erteilen und ihm die über die Forderung vorhandenen Urkunden herauszugeben. Wenn sich die Überweisung auf einen Teil der gepfändeten Forderung beschränkt, hat der Gläubiger auf Antrag für die Rückstellung der die ganze Forderung betreffenden Urkunden Sicherheit zu leisten.

(2) Gegen den Verpflichteten kann die Ausfolgung der Urkunden auf Antrag des betreibenden Gläubigers im Wege der Exekution (§§ 346, 347) wirkt werden. Der Antrag ist beim Exekutionsgerichte zu stellen. Von dritten Besitzern der Urkunden kann der betreibende Gläubiger die Herausgabe im Klagswege begehren.

(3) Die erfolgte Überweisung ist vom Gericht auf den dem Gläubiger ausgefolgten Urkunden ersichtlich zu machen.

Hinterlegung bei Gericht

§ 307. (1) Wird die Forderung, deren Pfändung und Überweisung, wenn auch vorbehaltlich früher erworbener Rechte Dritter, ausgesprochen wurde, nicht nur vom betreibenden Gläubiger, sondern auch von anderen Personen in Anspruch genommen, so ist bei Vorliegen einer unklaren Sach- und Rechtslage der Drittschuldner befugt und auf Antrag eines Gläubigers verpflichtet, den Betrag der Forderung samt Nebengebühren nach Maßgabe ihrer Fälligkeit zugunsten aller dieser Personen beim Exekutionsgericht zu hinterlegen. Über einen solchen Antrag ist nach Einvernehmung des Drittschuldners (§ 55 Abs. 1) durch Beschluß zu entscheiden.

(2) Die gerichtlich erlegten Beträge sind zu verteilen. Hiefür gelten §§ 285 bis 287 mit der Maßgabe, daß unter Gläubiger nicht nur betreibende Gläubiger, sondern auch solche zu verstehen sind, die in § 300a genannte Rechte an der Forderung haben.

(3) Falls wegen Bezahlung der Forderung gegen den Drittschuldner Klagen anhängig gemacht wurden, kann dieser nach Bewirkung des Erlages beim Prozeßgerichte beantragen, aus dem Rechtsstreite entlassen zu werden.

(4) Die Befugnis des Drittschuldners nach Abs. 1 besteht soweit nicht, als ihm ein Antragsrecht nach § 292k zusteht.

Überweisung zur Einziehung

§ 308. (1) Die Überweisung zur Einziehung ermächtigt den betreibenden Gläubiger, namens des Verpflichteten vom Drittschuldner die Entrichtung des im Überweisungsbeschlusse bezeichneten Betrages nach Maßgabe des Rechtsbestandes der gepfändeten Forderung und des Eintrittes ihrer Fälligkeit zu begehren, den Eintritt der Fälligkeit durch Einmahnung oder Kündigung herbeizuführen, alle zur Erhaltung und Ausübung des Forderungsrechtes notwendigen Präsentationen, Protesterhebungen, Notifikationen und sonstigen Handlungen vorzunehmen, Zahlung zur Befriedigung seines Anspruches und in Anrechnung auf denselben in Empfang zu nehmen, die nicht rechtzeitig und ordnungsmäßig bezahlte Forderung gegen den Drittschuldner in Vertretung des Verpflichteten einzuklagen und das für die überwiesene Forderung begründete Pfandrecht geltend zu machen. Der Überweisungsbeschluß ermächtigt jedoch den betreibenden Gläubiger nicht, auf Rechnung des Verpflichteten über die zur Einziehung überwiesene Forderung Vergleiche zu schließen, dem Drittschuldner seine Schuld zu erlassen oder die Entscheidung über den Rechtsbestand der Forderung Schiedsrichtern zu übertragen.

(2) Einwendungen, welche aus den zwischen dem betreibenden Gläubiger und dem Drittschuldner bestehenden rechtlichen Beziehungen entspringen, können der vom Gläubiger infolge der Überweisung angestrengten Klage nicht entgegengestellt werden.

(3) Eine vom Verpflichteten vorgenommene Abtretung der überwiesenen Forderung ist auf die durch die Überweisung begründeten Befugnisse des Gläubigers und insbesondere auf dessen Recht, die Leistung des Forderungsgegenstandes zu begehren, ohne Einfluß.

Klagerecht des Verpflichteten

§ 308a. (1) Wurde eine beschränkt pfändbare Forderung gepfändet und überwiesen und hat der betreibende Gläubiger diese nicht bereits gerichtlich geltend gemacht, so kann auch der Verpflichtete den pfändbaren Teil zugunsten des betreibenden Gläubigers gerichtlich geltend machen,

1. insoweit nicht der betreibende Gläubiger binnen 14 Tagen nach der Zustellung der Streitverkündung (Abs. 2) mit Schriftsatz oder durch Erklärung in der Tagsatzung zur mündlichen Streitverhandlung in den Rechtsstreit eintritt oder
2. wenn drei Monate seit der Überweisung und dem Eintritt der Fälligkeit der Forderung abgelaufen sind.

Ein Zahlungsbefehl darf bereits davor erlassen werden. Nach der Zustellung der Streitverkündung nach Z 1 oder dem Ablauf der Frist nach Z 2 erstreckt sich die Streitanhängigkeit auch auf den betreibenden Gläubiger.

(2) Die Streitverkündung (Abs. 1 Z 1) ist längstens binnen einer vom Gericht festzusetzenden, angemessenen, vier Wochen nicht überschreitenden Frist vorzunehmen und dem betreibenden Gläubiger nach den Vorschriften über die Zustellung von Klagen zuzustellen. Tritt der betreibende Gläubiger nach Abs. 1 Z 1 ein, so ist der Verpflichtete in diesem Umfang durch Beschluß des Prozeßgerichts vom Rechtsstreit zu entbinden. In das vom betreibenden Gläubiger vorgelegte Kostenverzeichnis können auch die dem Verpflichteten vor seiner Entbindung vom Rechtsstreit verursachten Kosten aufgenommen werden. Soweit Kosten des Verpflichteten vom Beklagten zu ersetzen sind, sind sie dem Verpflichteten zuzusprechen.

(3) Eine Änderung des Klagebegehrens auf Leistung einer gepfändeten und überwiesenen beschränkt pfändbaren Forderung an den betreibenden Gläubiger ist ohne Zustimmung des Beklagten möglich.

(4) Ein Vergleich oder ein Verzicht über den vom Verpflichteten nach Abs. 1 geltend gemachten pfändbaren Teil der Forderung auf Rechnung des betreibenden Gläubigers bedarf dessen Zustimmung. Dies gilt nicht, wenn dem betreibenden Gläubiger die Klage oder die Streitverkündung zugestellt wurde, dieser nicht als Nebenintervenient beigetreten ist und er auf den Eintritt dieser Rechtsfolge hingewiesen wurde.

(5) Im Klagebegehren und in der Entscheidung über eine vom Verpflichteten geltend gemachte beschränkt pfändbare Forderung kann die Berechnung des unpfändbaren und pfändbaren Teils der Forderung dem Drittschuldner überlassen werden.

(6) Jede Entscheidung über die gepfändete und überwiesene Forderung ist auch dem betreibenden Gläubiger und im Fall des Eintritts des betreibenden Gläubigers (Abs. 1 Z 1) dem Verpflichteten zuzustellen. Bei Geltendmachung des pfändbaren Teils durch den Verpflichteten nach Abs. 1 Z 2 ist auch die Klage sowie eine allfällige Änderung des Klagebegehrens (Abs. 3) dem betreibenden Gläubiger zuzustellen.

Von Gegenleistung abhängige Forderung

§ 309. (1) Wenn die Verpflichtung des Drittschuldners zur Leistung von der als Gegenleistung zu bewirkenden Übergabe von Sachen abhängig ist und sich diese im Vermögen des Verpflichteten vorfinden, so hat sie letzterer auf Antrag des betreibenden Gläubigers, dem die Forderung zur Einziehung überwiesen wurde, zum Zwecke ihrer Übergabe an den Drittschuldner herauszugeben.

(2) Der betreibende Gläubiger kann diese Herausgabe im Wege der Exekution (§§ 346 bis 348) bewirken, wenn die Verpflichtung zur Gegenleistung durch ein wider den Drittschuldner erlangtes oder wider den Verpflichteten ergangenes Urteil festgestellt ist oder durch beweiskräftige Urkunden dem Richter dargetan werden kann.

(3) Der Antrag auf Bewilligung einer derartigen Exekutionsführung ist bei dem Gerichte zu stellen, das über den Überweisungsantrag in erster Instanz entschieden hat. Vor Entscheidung über den Antrag ist der Verpflichtete einzuvernehmen.

Streitverkündung

§ 310. (1) Der betreibende Gläubiger, der die überwiesene Forderung einklagt, hat dem Verpflichteten, wenn dessen Wohnort bekannt und im Inlande befindlich ist, gerichtlich den Streit zu verkünden.

(2) Jeder Gläubiger, für welchen die eingeklagte Forderung gleichfalls gepfändet ist, kann dem Rechtsstreite auf seine Kosten als Nebenintervenient beitreten. Die Entscheidung, welche in diesem Rechtsstreite über die in der Klage geltend gemachte Forderung gefällt wird, ist für und gegen sämtliche Gläubiger wirksam, zu deren Gunsten die Pfändung der Forderung erfolgt.

(3) Die Verzögerung der Beitreibung einer zur Einziehung überwiesenen Forderung, sowie die Unterlassung der Streitverkündigung macht den betreibenden Gläubiger, dem die Forderung überwiesen wurde, für allen dem Verpflichteten, sowie den übrigen auf dieselbe Forderung Exekution führenden Gläubigern dadurch verursachten Schaden haftbar.

(4) Im Falle der Verzögerung der Beitreibung kann überdies jeder andere auf dieselbe Forderung Exekution führende Gläubiger den Antrag stellen, daß die Überweisung der Forderung an den säumigen Gläubiger aufgehoben und behufs Einziehung der gepfändeten Forderung vom Exekutionsgerichte ein Kurator bestellt werde. Vor der Entscheidung über einen solchen Antrag ist der betreibende Gläubiger einzuvernehmen, dem die Forderung überwiesen wurde.

Verzicht auf die Rechte aus der Überweisung

§ 311. (1) Der Gläubiger kann auf die durch Überweisung zur Einziehung erworbenen Rechte, unbeschadet seines vollstreckbaren Anspruches und des zu Gunsten desselben an der Forderung des Verpflichteten erworbenen Pfandrechtes, verzichten.

(2) Die Verzichtleistung erfolgt durch eine bezügliche Mitteilung an das Exekutionsgericht welches hievon den Verpflichteten den Drittschuldner und die übrigen Pfandgläubiger zu verständigen hat. Der Verzicht ist auf den vom Gläubiger zurückzustellenden Urkunden anzumerken.

(3) Die gesamten durch die Überweisung und insbesondere die durch die Einklagung der überwiesenen Forderung entstandenen Kosten sind vom verzichtleistenden Gläubiger zu tragen.

Zahlungsvereinbarung

§ 311a. Bei Aufschiebung einer Exekution zur Hereinbringung einer Forderung auf wiederkehrende Leistungen wegen einer Zahlungsvereinbarung nach § 45a werden bereits vollzogene Exekutionsakte aufgehoben; der Pfandrang bleibt erhalten.

(BGBl I 2003/31)

Zahlung des Drittschuldners

§ 312. (1) Durch die Zahlung des Drittschuldners wird die Forderung des betreibenden Gläubigers bis zur Höhe des ihm nach Maßgabe seines Pfandrechtes gebührenden Betrages getilgt.

(2) Das Mehrempfangene hat der betreibende Gläubiger gegen Rückstellung der von ihm geleisteten Sicherheit entweder unmittelbar den bezugsberechtigten Pfandgläubigern auszufolgen oder zu Gericht zu erlegen oder dem Verpflichteten zu übergeben, soweit diesem wegen teilweiser Befreiung der Forderung von der Exekution ein Teil der Zahlung gebührt oder der eingegangene Betrag von niemand anderem in Anspruch genommen wird.

(3) Die Verwendung des dem betreibenden Gläubiger nicht gebührenden Einganges ist auf Antrag schon bei Bewilligung der Überweisung vom Exekutionsgerichte zu bestimmen. Wird der Antrag abgesondert gestellt, so sind vor der Entscheidung alle Beteiligten einzuvernehmen.

(4) Hat der Drittschuldner sämtliche Forderungen samt Nebengebühren getilgt, so ist auf Antrag der verpflichteten Partei oder des Drittschuldners das Exekutionsverfahren einzustellen.

(BGBl I 2014/69)

Befreiung des Drittschuldners von der Verbindlichkeit

§ 313. (1) Der Drittschuldner wird nach Verhältnis der von ihm an den betreibenden Gläubiger, welchem die Forderung zur Einziehung überwiesen wurde, geleisteten Zahlung von seiner Verbindlichkeit befreit.

(2) Die vom betreibenden Gläubiger dem Drittschuldner erteilten Zahlungsbestätigungen haben dieselbe Wirkung, als wenn sie vom Verpflichteten selbst ausgegangen wären.

Einziehung durch einen Kurator

§ 314. (1) Wenn die Überweisung zur Einziehung nicht stattfinden kann, weil keiner der betreibenden Gläubiger die nach § 304 geforderte Sicherheit leistet, oder wenn die Überweisung wegen Verweigerung der im § 306 Abs. 1 bestimmten Sicherheit wieder aufgehoben werden muß, ist vom Exekutionsgerichte auf Antrag zur Einziehung der gepfändeten Forderung ein Kurator zu bestellen.

(2) Von Amts wegen oder auf Antrag kann ferner zur Einziehung der Forderung ein Kurator bestellt werden, wenn dieselbe Forderung nach Teilbeträgen verschiedenen Gläubigern zur Einziehung überwiesen wird und sich diese über die Bestellung eines gemeinsamen Bevollmächtigten nicht einigen.

Rechte des Kurators

§ 315. (1) Dem nach den Bestimmungen dieses Gesetzes (§§ 297 Abs. 3, 310 Abs. 4 und 314) zur Einziehung einer gepfändeten Forderung gerichtlich bestellten Kurator kommen alle Rechte zu, die durch das Gesetz dem betreibenden Gläubiger eingeräumt sind, dem eine Forderung zur Einziehung überwiesen wurde. Das Exekutionsgericht hat die Tätigkeit des Kurators zu überwachen und von Amts wegen oder infolge von Erinnerungen, die von den Gläubigern oder vom Verpflichteten gegen das Verhalten des Kurators vorgebracht werden, auf Abstellung wahrgenommener Verzögerungen oder anderer Mängel sowie auf tunlichst rasche Ausführung des erteilten Auftrages zu dringen.

(2) Die vom Drittschuldner bezahlten Beträge sind gerichtlich zu erlegen; in Bezug auf die Verwendung derselben gelten die Bestimmungen der §§ 285 bis 287 mit der Maßgabe, daß die dem Kurator im Prozesse gegen den Drittschuldner zugesprochenen Kosten zur Verteilungsmasse zu ziehen und die durch die Bestellung und Tätigkeit des Kurators erwachsenden Kosten gleich den Kosten des Versteigerungsverfahrens vor allen anderen Forderungen zu berichtigen sind.

Überweisung an Zahlungsstatt

§ 316. Durch die Überweisung der gepfändeten Forderung an Zahlungsstatt geht die Forderung im Umfange dieser Überweisung auf den betreibenden Gläubiger mit der Wirkung einer vom Verpflichteten vorgenommenen entgeltlichen Abtretung über. Vorbehaltlich der dem Verpflichteten nach den Vorschriften des bürgerlichen Rechtes obliegenden Haftung (§§ 1397 ff. ABGB.) ist der Gläubiger mit der Überweisung in Betreff seiner Forderung als befriedigt anzusehen.

Anderweitige Verwertung

§ 317. (1) An Stelle der Überweisung kann das Exekutionsgericht auf Antrag eines Gläubigers, zu dessen Gunsten die Forderung gepfändet wurde, eine andere Art der Verwertung anordnen:

1. wenn die Einziehung der gepfändeten Forderung wegen ihrer Abhängigkeit von einer, im Wege der Exekutionsführung nach § 309 Abs. 2 und 3 nicht zu beschaffenden Gegenleistung des Verpflichteten mit Schwierigkeiten verbunden ist;
2. wenn die Fälligkeit der gepfändeten Forderung durch eine dem Drittschuldner zustehende Kündigung bedingt oder für die dem Verpflichteten vorbehaltene Kündigung eine mehr als halbjährige Kündigungsfrist vereinbart ist oder überhaupt die Forderung erst nach Ablauf eines halben Jahres von der Pfändung an fällig wird;
3. wenn nach erfolgter Überweisung zur Einziehung der Versuch der Einziehung der Forderung aus andern Gründen als wegen Zahlungsunfähigkeit des Drittschuldners, wegen rechtskräftiger gerichtlicher Aberkennung der Forderung oder wegen Verzichtleistung des zur Einziehung ermächtigten Gläubigers (§ 311 Abs. 1 und 2) nicht zum Ziele geführt hat, oder wenn sich einer der in Z 1 und Z 2 angeführten Umstände erst nach erfolgter Überweisung ergibt.

(2) Vor Beschlußfassung über den Antrag sind die übrigen Gläubiger, welche an der Forderung ein Pfandrecht erworben haben, und, wenn es ohne erhebliche Verzögerung geschehen kann, der Verpflichtete einzuvernehmen. Wird dem Antrage Folge gegeben, so ist ein früher ergangener Überweisungsbeschluß unter Verständigung des Drittschuldners und sämtlicher übrigen Beteiligten aufzuheben.

Verkauf einer Forderung

§ 318. (1) Der Verkauf einer gepfändeten Forderung ist unter sinngemäßer Anwendung der Bestimmungen über den Verkauf gepfändeter beweglicher Sachen (§§ 264 bis 276, 278, 281 und 282) zu vollziehen. Dabei hat der Nennwert der Forderung den Ausrufspreis zu bilden. Die über die verkaufte Forderung vorhandenen Urkunden sind dem Käufer bei Erlag des Kaufpreises von dem Vollstreckungsorgane zu übergeben. Betreffs der erforderlichen schriftlichen Übertragungserklärungen haben die Bestimmungen des § 305 Absatz 1 sinngemäße Anwendung zu finden.

(BGBl I 2000/59)

(2) Für die Verwendung des Verkaufserlöses gelten die Vorschriften der §§ 283 bis 287.

Verkauf durch Versteigerung oder aus freier Hand – Zwangsverwaltung

§ 319. (1) Die Bewilligung zum Verkaufe der Forderung mittels öffentlicher Versteigerung darf nicht erteilt werden:

1. wenn für die Forderung eine genügende Deckung bietendes Handpfand bestellt ist;
2. wenn die Forderung dem Verpflichteten gegen den betreibenden Gläubiger selbst zusteht und mit dem zu vollstreckenden Anspruche kompensiert werden kann;
3. wenn die Forderung den Bezug jährlicher Renten, Unterhaltsgelder oder anderer wiederkehrender Zahlungen zum Gegenstande hat;
4. wenn sich die Forderung auf eine Sparurkunde gründet;
5. wenn die auf eines der im § 296 bezeichneten Papiere sich gründende Forderung einen Börsenpreis hat;
6. wenn der Betrag der Forderung nicht mit Bestimmtheit angegeben oder der Bestand der Forderung nicht glaubhaft gemacht werden kann.

(2) Die Bewilligung zum Verkaufe der Forderung aus freier Hand kann nur erteilt werden, wenn dem Gerichte vom betreibenden Gläubiger oder vom Verpflichteten ein Käufer namhaft gemacht wird, der sich bereit erklärt, die Forderung zu angemessenen Bedingungen zu übernehmen.

(3) Sofern die Zwangsverwaltung von Forderungen bewilligt wird, ist dieselbe nach den Vorschriften der §§ 334 bis 339 durchzuführen.

Verwertung der Forderung aus einer Sparurkunde

§ 319a. (1) Die Forderung aus einer Sparurkunde ist vom Vollstreckungsorgan einzuziehen. Dazu ist das Vollstreckungsorgan mit Beschluß des Exekutionsgerichts zu ermächtigen.

(2) Dem Vollstreckungsorgan kommen die Befugnisse eines Kurators nach § 315 zu. Das Voll-

streckungsorgan ist jedoch nicht berechtigt, die Forderung aus einer Sparurkunde gerichtlich geltend zu machen. Dieses Recht kommt nur dem betreibenden Gläubiger zu, dem die Forderung aus einer Sparurkunde nach § 305 Abs. 1 überwiesen wurde. § 304 Abs. 1 ist anzuwenden.

Besondere Bestimmungen über die Exekution auf bücherlich sichergestellte Forderungen

§ 320. (1) Wird auf Forderungen Exekution geführt, für die auf einer Liegenschaft oder einem Liegenschaftsanteile ein Pfandrecht bücherlich einverleibt ist, so ist zu deren Pfändung die Einverleibung des Pfandrechtes in dem öffentlichen Buche erforderlich. Wenn zu Gunsten der zu vollstreckenden Forderung auf Grund einer früheren Bestellung ein Pfandrecht an der bücherlich sichergestellten Forderung einverleibt ist, genügt zur Pfändung die bücherliche Anmerkung der Vollstreckbarkeit.

(2) Der Antrag auf Bewilligung der Pfändung einer bücherlich sichergestellten Forderung schließt den Antrag auf Bewilligung der bücherlichen Pfandrechtseinverleibung in sich; das die Pfändung bewilligende Gericht hat das zum Vollzuge dieser Einverleibung Erforderliche gleichzeitig mit der Pfändungsbewilligung zu verfügen. Bei Einverleibung dieses Pfandrechtes ist anzugeben, daß dasselbe zum Zwecke der Exekution einer vollstreckbaren Geldforderung vom Gerichte bewilligt wird.

(3) Wenn von mehreren Gläubigern die Pfändung derselben bücherlich sichergestellten Forderung erwirkt wird, so kommen in Betreff der Rangordnung der Pfandrechte die Bestimmungen des Allgemeinen Grundbuchsgesetzes 1955 in Anwendung.

(4) Zugleich mit der Bewilligung der Einverleibung des Pfandrechtes oder der Anmerkung der Vollstreckbarkeit hat das Gericht an den Verpflichteten sowie an den Drittschuldner die im § 294 angeführten Verbote zu erlassen.

Verwertung einer bücherlich sichergestellten Forderung

§ 321. Bücherlich sichergestellte Forderungen dürfen nicht durch Verkauf mittels öffentlicher Versteigerung verwertet werden.

Überweisung einer bücherlich sichergestellten Forderung zur Einziehung – Anmerkung

§ 322. (1) Die Überweisung einer bücherlich sichergestellten Forderung zur Einziehung ist von Amts wegen im öffentlichen Buche anzumerken.

(2) Außer den im § 308 angeführten Berechtigungen steht dem betreibenden Gläubiger in diesem Falle die Befugnis zu, die bücherliche Anmerkung der Aufkündigung und der Hypothekarklage zu erwirken und alle Erklärungen namens des Verpflichteten abzugeben, welche zur bücherlichen Löschung des für die überwiesene Forderung einverleibten Pfandrechtes erforderlich sind. Die Löschungserklärungen bedürfen zu ihrer Wirksamkeit der Genehmigung des Exekutionsgerichtes.

Löschung der Anmerkung der Überweisung

§ 323. Wenn der betreibende Gläubiger auf die durch die Überweisung zur Einziehung erworbenen Rechte verzichtet, so ist die Anmerkung der Überweisung von Amts wegen zu löschen.

Überweisung an Zahlungsstatt

§ 324. (1) Wenn eine bücherlich sichergestellte Forderung an Zahlungsstatt überwiesen wird, sind auf Grund der rechtskräftigen gerichtlichen Überweisung und nach Maßgabe derselben die Rechte des Verpflichteten dem betreibenden Gläubiger von Amts wegen bücherlich zu übertragen.

(2) Zugleich mit dieser Übertragung ist die bücherliche Löschung des für den betreibenden Gläubiger nach § 320 Absatz 1 eingetragenen Pfandrechtes zu verfügen. Die Rechtswirkung dieser Löschung erstreckt sich auf die in der Zwischenzeit auf das Pfandrecht des betreibenden Gläubigers einverleibten Afterpfandrechte; diese sind auf die vom betreibenden Gläubiger durch die Überweisung an Zahlungsstatt erworbene Hypothekarforderung zu übertragen.

Inkrafttreten und Übergangsbestimmungen zur EO-Novelle 2014

§ 417. (12) § 292l Abs. 1 und § 312 Abs. 4 in der Fassung der EO-Nov. 2014, BGBl. I Nr. 69/2014, sind anzuwenden, wenn der Antrag auf Einstellung nach dem 30. September 2014 bei Gericht einlangt.

Inkrafttreten und Übergangsbestimmungen zur EO-Novelle 2016

§ 447. (1) (nicht abgedruckt)

(2) § 25 Abs. 2 und 3, § 42 Abs. 1 Z 10, § 259 Abs. 1a § 274 Abs. 2, § 277a Abs. 3 Z 8 und Abs. 5, §§ 277b, 277c, 281 Abs. 1, 281a Abs. 2, § 282 Abs. 1, § 290a Abs. 1 Z 5 lit. g, § 292 Abs. 3a, § 299a Abs. 4, § 302 Abs. 1, §§ 403 bis 421 in der Fassung der EO-Nov. 2016, BGBl. I Nr. 100/2016, treten mit 2. Jänner 2017 in Kraft.

(3) – (10) (nicht abgedruckt)

26. Gewerbeordnung 1859 – Gewerbliches Hilfspersonal (Auszug)

Gewerbeordnung 1859, RGBl 1859/227

GLIEDERUNG

STICHWORTVERZEICHNIS

Kaiserliches Patent vom 20. Dezember 1859, womit eine Gewerbeordnung für den ganzen Umfang des Reiches erlassen und vom 1. Mai 1860 angefangen in Wirksamkeit gesetzt wird

VI. HAUPTSTÜCK
Gewerbliches Hilfspersonal

1. Allgemeine Bestimmungen

§ 72.[*] (1) Die Festsetzung der Verhältnisse zwischen den selbständigen Gewerbetreibenden und ihren Hilfsarbeitern ist innerhalb der durch die Gesetze gezogenen Grenzen Gegenstand freier Übereinkunft. Schriftliche Ausfertigungen derartiger Vereinbarungen sind von Stempel- und Rechtsgebühren befreit.

(2) In Ermangelung einer Übereinkunft entscheiden zunächst die dafür erlassenen besonderen Vorschriften, dann das Allgemeine bürgerliche Gesetzbuch.

[*] idF RGBl 1885/22, BGBl 1933/52 und BGBl 1933/104

Hilfsarbeiter

§ 73. (1) Unter Hilfsarbeitern werden in diesem Gesetze alle Arbeitspersonen, welche bei Gewerbeunternehmungen in regelmäßiger Beschäftigung stehen, ohne Unterschied des Alters und Geschlechtes verstanden, und zwar:

a) Gehilfen (Handlungsgehilfen, Gesellen, Kellner, Kutscher bei Fuhrgewerben u. dgl.);
b) Fabriksarbeiter;

c) Lehrlinge;[a)]

[a)] durch § 34 Abs. 4 lit. c BAG gegenstandslos

d) jene Arbeitspersonen, welche zu untergeordneten Hilfsdiensten beim Gewerbe verwendet werden (ohne zu den im Artikel V lit. d des Einführungsgesetzes zur Gewerbeordnung bezeichneten Personen zu gehören).[a)]

[a)] Das EinführungsG zur GewO 1859 wurde durch die GewO 1973 aufgehoben.

(2) Zu den Hilfsarbeitern gehören auch die Arbeitspersonen, welche bei solchen Gewerbeunternehmungen regelmäßig beschäftigt sind, die von den in §§ 2 bis 4 Gewerbeordnung 1973 aufgeführten physischen oder moralischen Personen neben den der Gewerbeordnung nicht unterliegenden Beschäftigungen oder Unternehmungen dieser Personen betrieben werden.

(3) Die für höhere Dienstleistungen in der Regel mit Jahres- oder Monatsgehalt angestellten Individuen, wie Werkführer, Mechaniker, Faktoren, Buchhalter, Kassiere, Expedienten, Zeichner, Chemiker u. dgl. werden unter Hilfsarbeitern nicht begriffen.

Pflichten der Hilfsarbeiter

§ 76. Die Hilfsarbeiter sind verpflichtet, dem Gewerbeinhaber Treue, Folgsamkeit und Achtung zu erweisen, sich anständig zu betragen, die bedungene oder ortsübliche Arbeitszeit einzuhalten, die ihnen anvertrauten gewerblichen Verrichtungen nach besten Kräften zu besorgen, über die Betriebsverhältnisse Verschwiegenheiten zu beobachten, sich gegen die übrigen Hilfsarbeiter und Hausgenossen verträglich zu benehmen und die Lehrlinge sowie die unter der Aufsicht der Hilfsarbeiter arbeitenden Kinder gut zu behandeln. Zur Leistung von häuslichen Arbeiten, insofern diese nicht zum Gewerbebetriebe gehören, sind die Hilfsarbeiter vorbehaltlich anderweitiger Vereinbarung nicht verpflichtet.

Entlohnung, Kündigung

§ 77.[*)] Wenn über die Zeit der Entlohnung des Hilfsarbeiters und über die Kündigungsfrist nichts anderes vereinbart ist, wird die Bedingung wöchentlicher Entlohnung und eine vierzehntägige Kündigungsfrist vorausgesetzt. Doch sind Hilfsarbeiter, welche nach dem Stücke entlohnt werden oder im Akkord arbeiten, erst dann auszutreten berechtigt, wenn sie die übernommene Arbeit ordnungsmäßig beendet haben.

[*)] Tritt gem. § 1503 Abs. 10 ABGB in der Fassung des Bundesgesetzes, BGBl. I Nr. 153/2017, mit Ablauf des 31. Dezember 2020 außer Kraft; ist aber auf Beendigungen vor dem 1.1.2021 weiterhin anzuwenden.

§ 78. (1) Die Gewerbeinhaber sind verpflichtet, die Löhne der Hilfsarbeiter in barem Gelde auszuzahlen.

(2) Sie können jedoch den Arbeitern Wohnung, Feuerungsmaterial, Benützung von Grundstücken, Arzneien und ärztliche Hilfe sowie Werkzeuge und Stoffe zu den von ihnen anzufertigenden Erzeugnissen unter Anrechnung bei der Lohnzahlung nach vorausgegangener Vereinbarung zuwenden.

(3) Die Verabfolgung von Lebensmitteln oder der regelmäßigen Beköstigung auf Rechnung des Lohnes kann zwischen dem Gewerbeinhaber und dem Hilfsarbeiter vereinbart werden, sofern sie zu einem die Beschaffungskosten nicht übersteigenden Preise erfolgt.

(4) Dagegen darf nicht vereinbart werden, daß die Hilfsarbeiter Gegenstände ihres Bedarfes aus gewissen Verkaufsstätten beziehen müssen.

(5) Gewerbeinhaber dürfen den Arbeitern andere als die obbezeichneten Gegenstände oder Waren und insbesondere geistige Getränke auf Rechnung des Lohnes nicht kreditieren.

(6) Die Auszahlung der Löhne in den Wirtshäusern und Schanklokalitäten ist untersagt.

§ 78a.[*)] Die Bestimmungen des § 78 finden auch auf diejenigen Hilfsarbeiter Anwendung, welche außerhalb der Werkstätten für Gewerbeinhaber die zu deren Gewerbebetriebe nötigen Ganz- und Halbfabrikate anfertigen oder solche an sie absetzen, ohne aus dem Verkaufe dieser Waren an Konsumenten ein Gewerbe zu machen.

[*)] idF RGBl 1885/22

§ 78b.[*)] Die rücksichtlich der Gewerbeinhaber in den §§ 78 und 78a getroffenen Bestimmungen finden auch Anwendung auf Familienglieder, Gehilfen, Beauftragte, Geschäftsführer, Aufseher und Faktoren der Gewerbeinhaber sowie auf andere Gewerbetreibende, bei deren Geschäfte eine der hier erwähnten Personen unmittelbar oder mittelbar beteiligt ist.

[*)] idF RGBl 1885/22

Nichtigkeit von Verträgen

§ 78c.[*)] Vertragsbestimmungen und Verabredungen, welche den Anordnungen der §§ 78, 78a und 78b zuwiderlaufen, sind nichtig.

[*)] idF RGBl 1885/22

Folgen der Nichtbarzahlungen an Hilfsarbeiter

§ 78d.[*)] Hilfsarbeiter, deren Forderungen entgegen den Vorschriften der §§ 78, 78a und 78b anders als durch Barzahlung berichtigt wurden, können zu jeder Zeit die Bezahlung ihrer Forderungen in barem Gelde verlangen, ohne daß ihnen eine Einrede aus dem an Zahlungs Statt Gegebenen entgegengesetzt werden kann. Soweit das an Zahlungs Statt Gegebene bei dem Empfänger vorhanden ist, oder dieser daraus noch bereichert erscheint, fällt dasselbe oder dessen Wert der Krankenkasse zu, die zur Durchführung der Krankenversicherung der Hilfsarbeiter gesetzlich berufen ist.

[*)] idF RGBl 1885/22 und BGBl 1935/548

Nichtklagbarkeit der Forderungen für kreditierte Waren

§ 78e.[*)] (1) Forderungen für Gegenstände oder Waren, welche ungeachtet des in den §§ 78, 78a und 78b enthaltenen Verbotes den Hilfsarbeitern kreditiert wurden, können von Gewerbeinhabern und den ihnen gleichgestellten Personen weder eingeklagt, noch durch Anrechnung oder in anderer Weise geltend gemacht werden, ohne Unterschied, ob sie zwischen den Beteiligten unmittelbar entstanden sind oder mittelbar erworben wurden.

(2) Dagegen fallen dergleichen Forderungen den im § 78d bezeichneten Anstalten für ihre gesetzlichen Zwecke zu.

[*)] idF RGBl 1885/22

§ 82.[*)] Vor Ablauf der ausdrücklich oder stillschweigend bedungenen Dauer des Arbeitsverhältnisses kann ein Hilfsarbeiter ohne Kündigung in folgenden Fällen sofort entlassen werden, wenn er:

a) bei Abschluß des Arbeitsvertrages den Gewerbeinhaber durch Vorzeigung falscher oder verfälschter Ausweiskarten oder Zeugnisse hintergangen oder ihn über das Bestehen eines anderen, den Hilfsarbeiter gleichzeitig verpflichtenden Arbeitsverhältnisses in einen Irrtum versetzt hat;

b) zu der mit ihm vereinbarten Arbeit unfähig befunden wird;

c) der Trunksucht verfällt und wiederholt fruchtlos verwarnt wurde;

d) sich eines Diebstahls, einer Veruntreuung oder einer sonstigen strafbaren Handlung schuldig macht, welche ihn des Vertrauens des Gewerbeinhabers unwürdig erscheinen läßt;

e) ein Geschäfts- oder Betriebsgeheimnis verrät oder ohne Einwilligung des Gewerbeinhabers ein der Verwendung beim Gewerbe abträgliches Nebengeschäft betreibt;

f) die Arbeit unbefugt verlassen hat oder beharrlich seine Pflichten vernachlässigt oder die übrigen Hilfsarbeiter oder die Hausgenossen zum Ungehorsam, zur Auflehnung gegen den Gewerbeinhaber, zu unordentlichem Lebenswandel oder zu unsittlichen oder gesetzwidrigen Handlungen zu verleiten sucht;

g) sich einer groben Ehrenbeleidigung, Körperverletzung oder gefährlichen Drohung gegen den Gewerbeinhaber oder dessen Hausgenossen, oder gegen die übrigen Hilfsarbeiter schuldig macht, oder ungeachtet vorausgegangener Verwarnung mit Feuer und Licht unvorsichtig umgeht;

h) mit einer abschreckenden Krankheit behaftet ist, oder durch eigenes Verschulden arbeitsunfähig wird;

i) durch länger als vierzehn Tage gefänglich angehalten wird.

[*)] idF RGBl 1885/22, BGBl 1925/277. In lit d sind gem. Art. VIII Abs. 1 StrafrechtsAnpG die entsprechenden Tatbestände des StGB getreten. Lit h idF Art. VIII lit. a EF-ZG, BGBl 1974/399

§ 82a.[*)] Vor Ablauf der vertragsmäßigen Zeit und ohne Kündigung kann ein Hilfsarbeiter die Arbeit verlassen:

a) wenn er ohne erweislichen Schaden für seine Gesundheit die Arbeit nicht fortsetzen kann;

b) wenn der Gewerbeinhaber sich einer tätlichen Mißhandlung oder einer groben Ehrenbeleidigung gegen ihn oder dessen Angehörige schuldig macht;

c) wenn der Gewerbeinhaber oder dessen Angehörige den Hilfsarbeiter oder dessen Angehörige zu unsittlichen oder gesetzwidrigen Handlungen zu verleiten suchen;

d) wenn der Gewerbeinhaber ihm die bedungenen Bezüge ungebührlich vorenthält oder andere wesentliche Vertragsbestimmungen verletzt;

e) wenn der Gewerbeinhaber außerstande ist oder sich weigert, dem Hilfsarbeiter Verdienst zu geben.

[*)] idF RGBl 1885/22

§ 83.[*)] (1) Durch das Aufhören des Gewerbebetriebes oder durch den Tod des Hilfsarbeiters erlischt das Arbeitsverhältnis von selbst.

(2) Doch ist im Falle der vorzeitigen Entlassung des Hilfsarbeiters, sei es infolge freiwilligen Aufgebens des Gewerbes oder infolge eines Verschuldens des Gewerbeinhabers oder eines diesen treffenden Zufalls der Hilfsarbeiter berechtigt, für den Entgang der Kündigungsfrist Schadloshaltung zu beanspruchen.

[*)] idF RGBl 1885/22

§ 84.[*)] Wenn der Gewerbeinhaber ohne einen gesetzlich zulässigen Grund (§§ 82 und 101) einen Hilfsarbeiter vorzeitig entläßt oder durch Verschulden von seiner Seite dem letzteren Grund zur vorzeitigen Auflösung des Arbeitsverhältnisses gibt (§ 82a), so ist er verpflichtet, dem Hilfsarbeiter den Lohn und die sonst vereinbarten Genüsse für die ganze Kündigungsfrist beziehungsweise für den noch übrigen Teil der Kündigungsfrist zu vergüten.

[*)] idF RGBl 1885/22; § 101 ist durch § 34 Abs. 4 Z 1 lit. c BAG BGBl 1969/142 aufgehoben

§ 86.[*)] Wenn ein Hilfsarbeiter ohne gesetzlich zulässigen Grund (§§ 82 und 101) das Arbeitsverhältnis vorzeitig auflöst, so haftet für den gemäß § 1162a des Allgemeinen bürgerlichen Gesetzbuches dem Hilfsarbeiter obliegenden Schadenersatz auch jener Gewerbeinhaber, der ihn zum Vertragsbruche verleitet hat oder ihn vor rechtmäßiger Beendigung des früheren Arbeitsverhältnisses in

Kenntnis der unrechtmäßigen Lösung in Verwendung nimmt oder in Arbeit behält.

*) idF StGBl 1919/42; richtig wäre ein Verweis auf § 82a, § 101 ist durch § 34 Abs. 4 Z 1 lit. c BAG aufgehoben

Arbeiterverzeichnisse

§ 88.*) (1) In jeder Gewerbeunternehmung ist über alle Hilfsarbeiter ein Verzeichnis in Buchform mit Angabe des Vor- und Zunamens, des Alters, der Heimatsgemeinde, der Gemeinde, welche die Ausweiskarte ausgestellt hat, des Eintrittes in die Gewerbeunternehmung, des Namens des Gewerbeinhabers, bei dem der Hilfsarbeiter zuletzt in Arbeit stand, der Verwendungsart im Gewerbe, der Krankenkasse, welcher der Hilfsarbeiter angehört, und des Austrittes aus der Gewerbeunternehmung zu führen und den behördlichen Organen auf jedesmaliges Verlangen vorzuweisen.

(2) Die polizeilichen Meldungsvorschriften bleiben durch dieses Gesetz unberührt.

*) Die Best. über die Ausweiskarte (§ 79) sind aufgehoben.

Konventionalgeldstrafen

§ 90.*) Die Konventionalgeldstrafen, welchen die Hilfsarbeiter bei Übertretungen der Arbeitsordnung unterworfen wurden, sowie deren Verwendung sind in ein Verzeichnis einzutragen, dessen Einsichtnahme der Behörde und den Hilfsarbeitern offen steht, und dessen Vorlage an die Gewerbebehörde zu erfolgen hat, wenn sich ein Hilfsarbeiter durch die Einhebung oder Verwendung der Konventionalgeldstrafe für beschwert erachtet.

*) idF RGBl 1885/22, statt „Arbeitsordnung" nunmehr Betriebsvereinbarung iSd ArbVG

Stellvertreter der Gewerbeinhaber

§ 91. Was in diesem Abschnitte von Gewerbeinhabern als Arbeitgebern oder Lehrherren gesagt ist, gilt auch von deren Stellvertretern, insoweit nicht einzelne Bestimmungen der Natur der Sache nach nur auf die Person des Gewerbeinhabers Anwendung finden.

Kaufmännisches Hilfspersonale

§ 92.*) Auf die Handlungsgehilfen, Handlungslehrlinge und Handlungsdiener finden die Bestimmungen dieses Hauptstückes nur insoferne Anwendung, als in dem Handelsgesetzbuche nicht etwas anderes angeordnet ist.

*) idF RGBl 1885/22, hinsichtlich „Handlungslehrlinge" gegenstandslos durch § 34 Abs. 1 Z 4 lit c BAG, BGBl 1969/142

27. Gleichbehandlungsgesetz

Gleichbehandlungsgesetz, BGBl I 2004/66 idF

1	BGBl I 2005/82	2	BGBl I 2008/98	3	BGBl I 2011/7
4	BGBl I 2013/71	5	BGBl I 2013/107	6	BGBl I 2015/34
7	BGBl I 2017/40				

STICHWORTVERZEICHNIS

Bundesgesetz über die Gleichbehandlung (Gleichbehandlungsgesetz – GlBG)

Der Nationalrat hat beschlossen:

Inhaltsverzeichnis

I. Teil

Gleichbehandlung von Frauen und Männern in der Arbeitswelt

II. Teil

Gleichbehandlung in der Arbeitswelt ohne Unterschied der ethnischen Zugehörigkeit, der Religion oder Weltanschauung, des Alters oder der sexuellen Orientierung (Antidiskriminierung)

III. Teil

Gleichbehandlung ohne Unterschied des Geschlechts oder der ethnischen Zugehörigkeit in sonstigen Bereichen

1. Abschnitt

2. Abschnitt

Grundsätze für die Regelung der Gleichbehandlung ohne Unterschied der ethnischen Zugehörigkeit in sonstigen Bereichen

IV. Teil

Grundsätze für die Regelung der Gleichbehandlung im Arbeitsleben in der Land- und Forstwirtschaft

V. Teil

Schlussbestimmungen

(BGBl I 2008/98, BGBl I 2011/7, BGBl I 2013/107, BGBl I 2017/40)

I. Teil
Gleichbehandlung von Frauen und Männern in der Arbeitswelt

Geltungsbereich

§ 1. (1) Die Bestimmungen des I. Teiles gelten für den Bereich der Arbeitswelt, dazu zählen

1. Arbeitsverhältnisse aller Art, die auf privatrechtlichem Vertrag beruhen;
2. alle Formen und alle Ebenen der Berufsberatung, der Berufsausbildung, der beruflichen Weiterbildung und der Umschulung einschließlich der praktischen Berufserfahrung;
   (BGBl I 2013/107)
3. die Mitgliedschaft und Mitwirkung in einer Arbeitnehmer/innen/- oder Arbeitgeber/innen/organisation oder einer Organisation, deren Mitglieder einer bestimmten Berufsgruppe angehören, einschließlich der Inanspruchnahme der Leistungen solcher Organisationen;
4. die Gründung, Einrichtung oder Erweiterung eines Unternehmens sowie die Aufnahme oder Ausweitung jeglicher anderen Art von selbständiger Tätigkeit,
   (BGBl I 2013/107)

sofern dies in die Regelungskompetenz des Bundes fällt.

(2) Ausgenommen sind Arbeitsverhältnisse

1. der land- und forstwirtschaftlichen Arbeiter/innen im Sinne des Landarbeitsgesetzes 1984, BGBl. Nr. 287;
2. zu einem Land, einem Gemeindeverband oder einer Gemeinde;
3. zum Bund.

(3) Die Bestimmungen des I. Teiles gelten auch

1. für Beschäftigungsverhältnisse, auf die das Heimarbeitsgesetz 1960, BGBl. Nr. 105/1961, anzuwenden ist, und
2. für Beschäftigungsverhältnisse von Personen, die, ohne in einem Arbeitsverhältnis zu stehen, im Auftrag und für Rechnung bestimmter Personen Arbeit leisten und wegen wirtschaftlicher Unselbständigkeit als arbeitnehmerähnlich anzusehen sind.

Für den Anwendungsbereich dieses Gesetzes gelten die Beschäftigungsverhältnisse nach Z 1 und 2 als Arbeitsverhältnisse.

(4) Die Bestimmungen des I. Teiles gelten auch für die Beschäftigung von Arbeitnehmer/inne/n, die von einem/einer Arbeitgeber/in ohne Sitz in Österreich

1. im Rahmen einer Arbeitskräfteüberlassung oder
2. zur fortgesetzten Arbeitsleistung

nach Österreich entsandt werden, für die Dauer der Entsendung.

Gleichstellung

§ 2. Ziel dieses Abschnittes ist die Gleichstellung von Frauen und Männern.

Gleichbehandlungsgebot im Zusammenhang mit einem Arbeitsverhältnis

§ 3. Auf Grund des Geschlechtes, insbesondere unter Bezugnahme auf den Familienstand oder den Umstand, ob jemand Kinder hat,[a] darf im Zusammenhang mit einem Arbeitsverhältnis niemand unmittelbar oder mittelbar diskriminiert werden, insbesondere nicht

1. bei der Begründung des Arbeitsverhältnisses,
2. bei der Festsetzung des Entgelts,
3. bei der Gewährung freiwilliger Sozialleistungen, die kein Entgelt darstellen,
4. bei Maßnahmen der Aus- und Weiterbildung und Umschulung,
5. beim beruflichen Aufstieg, insbesondere bei Beförderungen,
6. bei den sonstigen Arbeitsbedingungen,
7. bei der Beendigung des Arbeitsverhältnisses.

(BGBl I 2013/107)

[a] Redaktionsversehen in BGBl I 2013/107.

Gleichbehandlungsgebot in der sonstigen Arbeitswelt

§ 4. Auf Grund des Geschlechtes, insbesondere unter Bezugnahme auf den Familienstand oder den Umstand, ob jemand Kinder hat,[a] darf niemand unmittelbar oder mittelbar diskriminiert werden

1. bei der Berufsberatung, Berufsausbildung, beruflichen Weiterbildung und Umschulung außerhalb eines Arbeitsverhältnisses,
   (BGBl I 2013/107)
2. bei der Mitgliedschaft und Mitwirkung in einer Arbeitnehmer/innen/- oder Arbeitgeber/innen/organisation oder einer Organisation, deren Mitglieder einer bestimmten Berufsgruppe angehören, einschließlich der Inanspruchnahme der Leistungen solcher Organisationen,
3. bei der Gründung, Einrichtung oder Erweiterung eines Unternehmens sowie der Aufnahme oder Ausweitung jeglicher anderen Art von selbständiger Tätigkeit.
   (BGBl I 2013/107)

(BGBl I 2013/107)

[a] Redaktionsversehen in BGBl I 2013/107.

Begriffsbestimmungen

§ 5. (1) Eine unmittelbare Diskriminierung liegt vor, wenn eine Person auf Grund ihres Geschlechtes in einer vergleichbaren Situation eine weniger günstige Behandlung erfährt, als eine andere Person erfährt, erfahren hat oder erfahren würde.

(2) Eine mittelbare Diskriminierung liegt vor, wenn dem Anschein nach neutrale Vorschriften,

Kriterien oder Verfahren Personen, die einem Geschlecht angehören, in besonderer Weise gegenüber Personen des anderen Geschlechtes benachteiligen können, es sei denn, die betreffenden Vorschriften, Kriterien oder Verfahren sind durch ein rechtmäßiges Ziel sachlich gerechtfertigt und die Mittel sind zur Erreichung dieses Zieles angemessen und erforderlich.

(3) Eine Diskriminierung liegt auch bei Anweisung einer Person zur Diskriminierung vor.

(4) Eine Diskriminierung liegt auch vor, wenn eine Person auf Grund ihres Naheverhältnisses zu einer Person wegen deren Geschlechts diskriminiert wird.

(BGBl I 2011/7)

Sexuelle Belästigung

§ 6. (1) Eine Diskriminierung auf Grund des Geschlechtes liegt auch vor, wenn eine Person

1. vom/von der Arbeitgeber/in selbst sexuell belästigt wird,
2. durch den/die Arbeitgeber/in dadurch diskriminiert wird, indem er/sie es schuldhaft unterlässt, im Falle einer sexuellen Belästigung durch Dritte (Z 3) eine auf Grund gesetzlicher Bestimmungen, Normen der kollektiven Rechtsgestaltung oder des Arbeitsvertrages angemessene Abhilfe zu schaffen,
3. durch Dritte in Zusammenhang mit seinem/ihrem Arbeitsverhältnis belästigt wird oder
4. durch Dritte außerhalb eines Arbeitsverhältnisses (§ 4) belästigt wird.

(2) Sexuelle Belästigung liegt vor, wenn ein der sexuellen Sphäre zugehöriges Verhalten gesetzt wird, das die Würde einer Person beeinträchtigt oder dies bezweckt, für die betroffene Person unerwünscht, unangebracht oder anstößig ist und

1. eine einschüchternde, feindselige oder demütigende Arbeitsumwelt für die betroffene Person schafft oder dies bezweckt oder
2. der Umstand, dass die betroffene Person ein der sexuellen Sphäre zugehöriges Verhalten seitens des/der Arbeitgebers/Arbeitgeberin oder von Vorgesetzten oder Kolleg/inn/en zurückweist oder duldet, ausdrücklich oder stillschweigend zur Grundlage einer Entscheidung mit Auswirkungen auf den Zugang dieser Person zur Berufsausbildung, Beschäftigung, Weiterbeschäftigung, Beförderung oder Entlohnung oder zur Grundlage einer anderen Entscheidung in der Arbeitswelt gemacht wird.

(BGBl I 2008/98)

(3) Eine Diskriminierung liegt auch bei Anweisung zur sexuellen Belästigung einer Person vor.

(4) Eine Diskriminierung liegt auch vor, wenn eine Person auf Grund ihres Naheverhältnisses zu einer Person wegen deren Geschlechts sexuell belästigt wird.

(BGBl I 2011/7)

Belästigung

§ 7. (1) Eine Diskriminierung auf Grund des Geschlechtes liegt auch vor, wenn eine Person durch geschlechtsbezogene Verhaltensweisen

1. vom/von der Arbeitgeber/in selbst belästigt wird,
2. durch den/die Arbeitgeber/in dadurch diskriminiert wird, indem er/sie es schuldhaft unterlässt, im Falle einer Belästigung durch Dritte (Z 3) eine auf Grund gesetzlicher Bestimmungen, Normen der kollektiven Rechtsgestaltung oder des Arbeitsvertrages angemessene Abhilfe zu schaffen,
3. durch Dritte in Zusammenhang mit seinem/ihrem Arbeitsverhältnis belästigt wird oder
4. durch Dritte außerhalb eines Arbeitsverhältnisses (§ 4) belästigt wird.

(2) Geschlechtsbezogene Belästigung liegt vor, wenn ein geschlechtsbezogenes Verhalten gesetzt wird, das die Würde einer Person beeinträchtigt oder dies bezweckt, für die betroffene Person unerwünscht ist und

1. eine einschüchternde, feindselige oder demütigende Arbeitsumwelt für die betroffene Person schafft oder dies bezweckt oder
2. der Umstand, dass die betroffene Person eine geschlechtsbezogene Verhaltensweise seitens des/der Arbeitgebers/Arbeitgeberin oder Vorgesetzten oder Kolleg/inn/en zurückweist oder duldet, ausdrücklich oder stillschweigend zur Grundlage einer Entscheidung mit Auswirkungen auf den Zugang dieser Person zur Berufsausbildung, Beschäftigung, Weiterbeschäftigung, Beförderung und Entlohnung oder zur Grundlage einer anderen Entscheidung in der Arbeitswelt gemacht wird.

(BGBl I 2008/98)

(3) Eine Diskriminierung liegt auch bei Anweisung zur Belästigung einer Person vor.

(4) Eine Diskriminierung liegt auch vor, wenn eine Person auf Grund ihres Naheverhältnisses zu einer Person wegen deren Geschlechts belästigt wird.

(BGBl I 2011/7)

Positive Maßnahmen

§ 8. Die in Gesetzen, in Verordnungen, in Instrumenten der kollektiven Rechtsgestaltung oder in generellen mehrere Arbeitnehmer/innen umfassende Verfügungen des/der Arbeitgebers/Arbeitgeberin getroffenen Maßnahmen zur Förderung der Gleichstellung von Frauen und Männern, insbesondere durch Beseitigung tatsächlich bestehender Ungleichheiten im Sinne des Art. 7 Abs. 2 B-VG, gelten nicht als Diskriminierungen im Sinne dieses Gesetzes. Dies gilt auch für Maßnahmen zur Förderung der Gleichstellung von Frauen und Männern in den in § 4 genannten Bereichen. Der Bund kann für besondere Aufwendungen, die Arbeitgeber/inne/n bei der Durchführung solcher Maßnahmen entstehen, Förderungen gewähren.

(BGBl I 2008/98)

Gebot der geschlechtsneutralen Stellenausschreibung

§ 9. (1) Der/die Arbeitgeber/in oder private/r Arbeitsvermittler/in gemäß den §§ 2 ff des Arbeitsmarktförderungsgesetzes, BGBl. Nr. 31/1969, oder eine mit der Arbeitsvermittlung betraute juristische Person öffentlichen Rechts darf einen Arbeitsplatz weder öffentlich noch innerhalb des Betriebes (Unternehmens) nur für Männer oder nur für Frauen ausschreiben oder durch Dritte ausschreiben lassen, es sei denn, ein bestimmtes Geschlecht ist unverzichtbare Voraussetzung für die Ausübung der vorgesehenen Tätigkeit. Die Ausschreibung darf auch keine zusätzlichen Anmerkungen enthalten, die auf ein bestimmtes Geschlecht schließen lassen.

(BGBl I 2011/7)

(2) Der/die Arbeitgeber/in oder private Arbeitsvermittler/in gemäß den §§ 2 ff des Arbeitsmarktförderungsgesetzes oder eine mit der Arbeitsvermittlung betraute juristische Person öffentlichen Rechts ist verpflichtet, in der Ausschreibung das für den ausgeschriebenen Arbeitsplatz geltende kollektivvertragliche oder das durch Gesetz oder andere Normen der kollektiven Rechtsgestaltung geltende Mindestentgelt anzugeben und auf die Bereitschaft zur Überzahlung hinzuweisen, wenn eine solche besteht. Dies gilt sinngemäß für Arbeitsverträge in Wirtschaftsbereichen, in denen es kein kollektivvertraglich oder durch Gesetz oder andere Normen der kollektiven Rechtsgestaltung geregeltes Mindestentgelt gibt, ausgenommen Arbeitnehmer/innen gemäß § 10 Abs. 2 Z 2 Arbeiterkammergesetz 1992, BGBl. Nr. 626/1991. In der Stellenausschreibung ist jenes Entgelt anzugeben, das als Mindestgrundlage für die Arbeitsvertragsverhandlungen zur Vereinbarung des Entgelts dienen soll.

(BGBl I 2011/7, BGBl I 2013/107)

Strafbestimmungen

§ 10. (1) Wer als Arbeitsvermittler/in entgegen den Bestimmungen des § 9 Abs. 1 einen Arbeitsplatz nur für Männer oder Frauen ausschreibt, ist auf Antrag eines/einer Stellenwerbers/Stellenwerberin, des/der Anwalts/Anwältin für die Gleichbehandlung von Frauen und Männern in der Arbeitswelt oder des/der Regionalanwalts/Regionalanwältin von der Bezirksverwaltungsbehörde mit Geldstrafe bis 360 Euro zu bestrafen.

(BGBl I 2013/107)

(2) Wer als Arbeitsvermittler/in entgegen den Bestimmungen des § 9 Abs. 2 in die Stellenausschreibung die in Abs. 2 angeführten Angaben nicht aufnimmt, ist auf Antrag eines/einer Stellenwerbers/Stellenwerberin, des/der Anwalts/Anwältin für die Gleichbehandlung von Frauen und Männern in der Arbeitswelt oder des/der Regionalanwalts/Regionalanwältin beim ersten Verstoß von der Bezirksverwaltungsbehörde zu ermahnen und bei weiteren Verstößen mit Geldstrafe bis 360 Euro zu bestrafen.

(BGBl I 2013/107)

(3) Wer als Arbeitgeber/in

1. entgegen den Bestimmungen des § 9 Abs. 1 einen Arbeitsplatz nur für Männer oder Frauen ausschreibt oder
2. entgegen den Bestimmungen des § 9 Abs. 2 in die Stellenausschreibung die in darin angeführten Angaben nicht aufnimmt,

ist auf Antrag eines/einer Stellenwerbers/Stellenwerberin, des/der Anwalts/Anwältin für die Gleichbehandlung von Frauen und Männern in der Arbeitswelt oder des/der Regionalanwalts/Regionalanwältin beim ersten Verstoß von der Bezirksverwaltungsbehörde zu ermahnen und bei weiteren Verstößen mit Geldstrafe bis 360 Euro zu bestrafen.

(BGBl I 2013/107)

(4) In einem auf Antrag des/der Anwalts/Anwältin für die Gleichbehandlung von Frauen und Männern in der Arbeitswelt oder des/der Regionalanwalts/Regionalanwältin eingeleiteten Verwaltungsstrafverfahren wegen Verletzung des § 9 ist diese/r Partei. Dem/der Anwalt/Anwältin oder dem/der Regionalanwalt/Regionalanwältin steht das Recht auf Beschwerde gegen Bescheide und Einspruch gegen Strafverfügungen zu.

(BGBl I 2013/71, BGBl I 2013/107)

(BGBl I 2011/7)

Entlohnungskriterien

§ 11. Betriebliche Einstufungsregelungen und Normen der kollektiven Rechtsgestaltung haben bei der Regelung der Entlohnungskriterien den Grundsatz des gleichen Entgelts für gleiche Arbeit oder eine Arbeit, die als gleichwertig anerkannt wird, zu beachten und dürfen weder Kriterien für die Beurteilung der Arbeit der Frauen einerseits und der Arbeit der Männer andererseits vorschreiben, die zu einer Diskriminierung führen.

Einkommensbericht

§ 11a. (1) Jede/r Arbeitgeber/in, der/die dauernd die in § 63 Abs. 6 festgelegte Zahl von Arbeitnehmern/Arbeitnehmerinnen beschäftigt, ist verpflichtet, alle zwei Jahre einen Bericht zur Entgeltanalyse zu erstellen. Dieser Bericht hat Angaben über

1. die Anzahl der Frauen und die Anzahl der Männer in den jeweiligen kollektivvertraglichen oder – wenn verfügbar – betrieblichen Verwendungsgruppen;
2. die Anzahl der Frauen und die Anzahl der Männer in den – wenn verfügbar – einzelnen Verwendungsgruppenjahren der anzuwendenden Verwendungsgruppen;
3. das Durchschnitts- oder Medianarbeitsentgelt von Frauen und von Männern im Kalenderjahr in den jeweiligen kollektivvertraglichen oder – wenn verfügbar – betrieblichen Ver-

wendungsgruppen und – wenn verfügbar – Verwendungsgruppenjahren

zu enthalten. Das Arbeitsentgelt von Teilzeitbeschäftigten ist auf Vollzeitbeschäftigung und das von unterjährig Beschäftigten auf Jahresbeschäftigung hochzurechnen. Gibt es kein anzuwendendes kollektivvertragliches oder betriebliches Verwendungsgruppenschema, so sind anstelle von Verwendungsgruppen Funktionsgruppen entsprechend der betrieblichen Tätigkeitsstruktur zu bilden.

(2) Der Bericht ist in anonymisierter Form zu erstellen. Der Bericht darf keine Rückschlüsse auf Einzelpersonen zulassen.

(3) Der Bericht ist dem Zentralbetriebsrat oder – wenn kein Zentralbetriebsrat besteht – den Betriebsausschüssen oder – soweit kein Betriebsausschuss errichtet ist – den Betriebsräten im ersten Quartal des auf das Berichtsjahr folgenden Kalenderjahres zu übermitteln. Der (Zentral-)Betriebsrat bzw. Betriebsausschuss kann eine Beratung darüber verlangen. In Unternehmen, die dem Post-Betriebsverfassungsgesetz, BGBl. Nr. 326/1996, unterliegen, kommen diese Befugnisse dem Zentralausschuss, wenn ein solcher nicht besteht, den Personalausschüssen, soweit solche nicht bestehen, den Vertrauenspersonenausschüssen zu. Die Organe der Arbeitnehmerschaft können im Rahmen ihrer Tätigkeit Auskunft an die Arbeitnehmer/innen über die für sie relevanten Informationen erteilen. Besteht in einem Betrieb kein Organ der Arbeitnehmerschaft oder besteht ein solches Organ für eine Gruppe von Arbeitnehmer/inne/n nicht, ist der Bericht im Betrieb in einem allen Arbeitnehmer/inne/n oder allen gruppenzugehörigen Arbeitnehmer/innen zugänglichen Raum aufzulegen und darauf in einer Betriebskundmachung hinzuweisen. § 13 gilt sinngemäß.

(4) Über den Inhalt des Einkommensberichtes ist der/die Arbeitnehmer/in zur Verschwiegenheit verpflichtet. Dem stehen die Einholung von Rechtsauskünften oder Rechtsberatung durch Interessenvertretungen und sonstige Personen oder Einrichtungen, die ihrerseits einer Verschwiegenheitspflicht unterliegen, sowie die Einleitung eines Verfahrens zur Durchsetzung von Ansprüchen nach diesem Bundesgesetz oder eines Verfahrens vor der Gleichbehandlungskommission nicht entgegen.

(5) Bei Verstößen gegen die Verschwiegenheitspflicht gemäß Abs. 4 ist der/die Arbeitnehmer/in, sofern die Tat nach anderen Gesetzen nicht einer strengeren Strafe unterliegt, von der Bezirksverwaltungsbehörde mit einer Geldstrafe bis zu 360 Euro zu bestrafen, wenn der/die Arbeitgeber/in binnen sechs Wochen ab Kenntnis von dem Verstoß und der Person des/der Täters/Täterin bei der zuständigen Bezirksverwaltungsbehörde einen Strafantrag stellt (Privatankläger/in). Auf das Strafverfahren ist § 56 Abs. 2 bis 4 des Verwaltungsstrafgesetzes 1991, BGBl. Nr. 52, anzuwenden. Die Behörde kann ohne weiteres Verfahren von der Verhängung einer Strafe absehen, wenn das Verschulden des/der Arbeitnehmers/Arbeitnehmerin geringfügig ist und die Folgen der Verletzung der Verschwiegenheitspflicht unbedeutend sind. Sie kann den/die Arbeitnehmer/in jedoch gleichzeitig unter Hinweis auf die Rechtswidrigkeit des Verhaltens mit Bescheid ermahnen, sofern dies erforderlich ist, um den/die Arbeitnehmer/in von weiteren Verletzungen der Verschwiegenheitspflicht nach Abs. 5 abzuhalten.

(6) Die in Abs. 3 genannten Organe der Arbeitnehmerschaft haben oder – soweit diese nicht bestehen – der/die Arbeitnehmer/in hat nach Maßgabe des Abs. 3 Anspruch auf Erstellung und Übermittlung bzw. Information über den Einkommensbericht. Der Anspruch ist gerichtlich geltend zu machen. Es gilt die dreijährige Verjährungsfrist gemäß § 1486 des Allgemeinen Bürgerlichen Gesetzbuches, wobei die Frist mit dem Ablauf des ersten Quartals des auf das Berichtsjahr folgenden Kalenderjahres zu laufen beginnt.

(BGBl I 2011/7)

Rechtsfolgen der Verletzung des Gleichbehandlungsgebotes

§ 12. (1) Ist das Arbeitsverhältnis wegen Verletzung des Gleichbehandlungsgebotes des § 3 Z 1 nicht begründet worden, so ist der/die Arbeitgeber/in gegenüber dem/der Stellenwerber/in zum Ersatz des Vermögensschadens und zu einer Entschädigung für die erlittene persönliche Beeinträchtigung verpflichtet. Der Ersatzanspruch beträgt

1. mindestens zwei Monatsentgelte, wenn der/die Stellenwerber/in bei diskriminierungsfreier Auswahl die Stelle erhalten hätte, oder

   (BGBl I 2008/98)

2. bis 500 Euro, wenn der/die Arbeitgeber/in nachweisen kann, dass der einem/einer Stellenwerber/in durch die Diskriminierung entstandene Schaden nur darin besteht, dass die Berücksichtigung seiner/ihrer Bewerbung verweigert wird.

(2) Erhält ein/e Arbeitnehmer/in wegen Verletzung des Gleichbehandlungsgebotes des § 3 Z 2 durch den/die Arbeitgeber/in für gleiche Arbeit oder für eine Arbeit, die als gleichwertig anerkannt wird, ein geringeres Entgelt als ein/e Arbeitnehmer/in des anderen Geschlechtes, so hat er/sie gegenüber dem/der Arbeitgeber/in Anspruch auf Bezahlung der Differenz und eine Entschädigung für die erlittene persönliche Beeinträchtigung.

(3) Bei Verletzung des Gleichbehandlungsgebotes des § 3 Z 3 hat der/die Arbeitnehmer/in Anspruch auf Gewährung der betreffenden Sozialleistung oder Ersatz des Vermögensschadens und auf eine Entschädigung für die erlittene persönliche Beeinträchtigung.

(4) Bei Verletzung des Gleichbehandlungsgebotes des § 3 Z 4 hat der/die Arbeitnehmer/in Anspruch auf Einbeziehung in die entsprechenden betrieblichen Aus- und Weiterbildungsmaßnahmen oder auf Ersatz des Vermögensschadens und auf eine Entschädigung für die erlittene persönliche Beeinträchtigung.

(5) Ist ein/e Arbeitnehmer/in wegen Verletzung des Gleichbehandlungsgebotes des § 3 Z 5 nicht beruflich aufgestiegen, so ist der/die Arbeitgeber/in gegenüber dem/der Arbeitnehmer/in zum Ersatz des Vermögensschadens und zu einer Entschädigung für die erlittene persönliche Beeinträchtigung verpflichtet. Der Ersatzanspruch beträgt,

1. die Entgeltdifferenz für mindestens drei Monate, wenn der/die Arbeitnehmer/in bei diskriminierungsfreier Auswahl beruflich aufgestiegen wäre, oder
2. bis 500 Euro, wenn der/die Arbeitgeber/in nachweisen kann, dass der einem/einer Arbeitnehmer/in durch die Diskriminierung entstandene Schaden nur darin besteht, dass die Berücksichtigung seiner/ihrer Bewerbung verweigert wird.

(6) Bei Verletzung des Gleichbehandlungsgebotes des § 3 Z 6 hat der/die Arbeitnehmer/in Anspruch auf Gewährung der gleichen Arbeitsbedingungen wie ein/e Arbeitnehmer/in des anderen Geschlechtes oder auf Ersatz des Vermögensschadens und auf eine Entschädigung für die erlittene persönliche Beeinträchtigung.

(7) Ist das Arbeitsverhältnis vom/von der Arbeitgeber/in wegen des Geschlechtes des/der Arbeitnehmers/Arbeitnehmerin oder wegen der nicht offenbar unberechtigten Geltendmachung von Ansprüchen nach diesem Gesetz gekündigt oder vorzeitig beendigt worden oder ist das Probearbeitsverhältnis wegen eines solchen Grundes aufgelöst worden (§ 3 Z 7), so kann die Kündigung, Entlassung oder Auflösung des Probearbeitsverhältnisses bei Gericht angefochten werden. Ist ein befristetes, auf die Umwandlung in ein unbefristetes Arbeitsverhältnis angelegtes Arbeitsverhältnis wegen des Geschlechtes des/der Arbeitnehmers/in oder wegen der nicht offenbar unberechtigten Geltendmachung von Ansprüchen nach diesem Gesetz durch Zeitablauf beendet worden, so kann auf Feststellung des unbefristeten Bestehens des Arbeitsverhältnisses geklagt werden. Lässt der/die Arbeitnehmer/in die Beendigung gegen sich gelten, so hat er/sie Anspruch auf Ersatz des Vermögensschadens und auf eine Entschädigung für die erlittene persönliche Beeinträchtigung.

(BGBl I 2008/98)

(8) Bei Verletzung des Gleichbehandlungsgebotes des § 4 Z 1 hat die betroffene Person Anspruch auf Einbeziehung in die entsprechenden Berufsberatungs-, Berufsausbildungs-, Weiterbildungs- und Umschulungsmaßnahmen oder auf Ersatz des Vermögensschadens und auf eine Entschädigung für die erlittene persönliche Beeinträchtigung.

(BGBl I 2008/98)

(9) Bei Verletzung des Gleichbehandlungsgebotes des § 4 Z 2 hat die betroffene Person Anspruch auf Mitgliedschaft und Mitwirkung in der betroffenen Organisation sowie auf Inanspruchnahme der Leistungen der betreffenden Organisation oder Ersatz des Vermögensschadens und auf eine Entschädigung für die erlittene persönliche Beeinträchtigung.

(10) Bei Verletzung des Gleichbehandlungsgebotes des § 4 Z 3 hat die betroffene Person Anspruch auf Ersatz des Vermögensschadens und eine Entschädigung für die erlittene persönliche Beeinträchtigung.

(11) Bei einer sexuellen Belästigung nach § 6 oder einer geschlechtsbezogenen Belästigung nach § 7 hat die betroffene Person gegenüber dem/der Belästiger/in und im Fall des § 6 Abs. 1 Z 2 oder § 7 Abs. 1 Z 2 auch gegenüber dem/der Arbeitgeber/in Anspruch auf Ersatz des erlittenen Schadens. Soweit der Nachteil nicht nur in einer Vermögenseinbuße besteht, hat die betroffene Person zum Ausgleich der erlittenen persönlichen Beeinträchtigung Anspruch auf angemessenen, mindestens jedoch auf 1 000 Euro Schadenersatz.

(BGBl I 2008/98, BGBl I 2011/7)

(12) Insoweit sich im Streitfall die betroffene Person auf einen Diskriminierungstatbestand im Sinne der §§ 3, 4, 6 oder 7 beruft, hat er/sie diesen glaubhaft zu machen. Dem/der Beklagten obliegt es bei Berufung auf §§ 3 oder 4 zu beweisen, dass es bei Abwägung aller Umstände wahrscheinlicher ist, dass ein anderes vom/von der Beklagten glaubhaft gemachtes Motiv für die unterschiedliche Behandlung ausschlaggebend war oder das andere Geschlecht unverzichtbare Voraussetzung für die auszuübende Tätigkeit ist oder ein Rechtfertigungsgrund im Sinne des § 5 Abs. 2 vorliegt. Bei Berufung auf §§ 6 oder 7 obliegt es dem/der Beklagten zu beweisen, dass es bei Abwägung aller Umstände wahrscheinlich ist, dass die vom/von der Beklagten glaubhaft gemachten Tatsachen der Wahrheit entsprechen.

(BGBl I 2005/82)

(13) Liegt eine Mehrfachdiskriminierung vor, so ist darauf bei der Bemessung der Höhe der Entschädigung für die erlittene persönliche Beeinträchtigung Bedacht zu nehmen.

(BGBl I 2008/98)

(14) Die Höhe der Entschädigung für die erlittene persönliche Beeinträchtigung ist so zu bemessen, dass dadurch die Beeinträchtigung tatsächlich und wirksam ausgeglichen wird und die Entschädigung der erlittenen Beeinträchtigung angemessen ist sowie Diskriminierungen verhindert.

(BGBl I 2013/107)

Benachteiligungsverbot

§ 13. Als Reaktion auf eine Beschwerde darf ein/e Arbeitnehmer/in durch den/die Arbeitgeber/in innerhalb des betreffenden Unternehmens (Betriebes) oder auf die Einleitung eines Verfahrens zur Durchsetzung des Gleichbehandlungsgebotes nicht entlassen, gekündigt oder anders benachteiligt werden. Auch ein/e andere/r Arbeitnehmer/in, der/die als Zeuge/Zeugin oder Auskunftsperson in einem Verfahren auftritt oder eine Beschwerde eines/einer anderen Arbeitnehmers/Arbeitnehmerin unterstützt, darf als Reaktion auf eine solche Beschwerde oder auf die Einleitung eines solchen Verfahrens zur Durchsetzung des Gleichbehandlungsgebotes nicht entlassen, gekündigt oder anders benachteiligt werden. § 12 gilt sinngemäß.

(BGBl I 2008/98)

Förderungsmaßnahmen

§ 14. Die Richtlinien über die Vergabe von Förderungen des Bundes an Unternehmen haben Förderungen nur für Unternehmen vorzusehen, die die Bestimmungen des I. Teiles beachten.

Fristen für die Geltendmachung von Ansprüchen

§ 15. (1) Ansprüche nach § 12 Abs. 1 und 5 sind binnen sechs Monaten gerichtlich geltend zu machen. Die Frist zur Geltendmachung der Ansprüche nach § 12 Abs. 1 und 5 beginnt mit der Ablehnung der Bewerbung oder Beförderung. Ansprüche nach § 12 Abs. 11 wegen geschlechtsbezogener Belästigung sind binnen eines Jahres, Ansprüche nach § 12 Abs. 11 wegen sexueller Belästigung sind binnen drei Jahren gerichtlich geltend zu machen. Für Ansprüche nach § 12 Abs. 2, 3, 4, 6, 8, 9 und 10 gilt die dreijährige Verjährungsfrist gemäß § 1486 des Allgemeinen Bürgerlichen Gesetzbuches.

(BGBl I 2008/98, BGBl I 2013/107)

(1a) Eine Kündigung, Entlassung oder Auflösung des Probearbeitsverhältnisses gemäß § 12 Abs. 7 ist binnen 14 Tagen ab ihrem Zugang bei Gericht anzufechten; eine Feststellungsklage nach § 12 Abs. 7 zweiter Satz ist binnen 14 Tagen ab Beendigung des Arbeitsverhältnisses durch Zeitablauf bei Gericht einzubringen. Ansprüche nach § 12 Abs. 7 letzter Satz sind binnen 6 Monaten ab Zugang der Kündigung, Entlassung oder Auflösung des Probearbeitsverhältnisses oder Beendigung des Arbeitsverhältnisses durch Zeitablauf gerichtlich geltend zu machen.

(BGBl I 2008/98)

(2) Die Einbringung eines Antrages auf Prüfung der Verletzung des Gleichbehandlungsgebotes oder ein amtswegiges Tätigwerden der Kommission zur Prüfung der Verletzung des Gleichbehandlungsgebotes bewirken die Hemmung der Fristen zur gerichtlichen Geltendmachung.

(BGBl I 2013/107)

(3) Wird dem/der Arbeitnehmer/in nachweislich

1. ein Prüfungsergebnis der Kommission im Einzelfall oder
2. ein Schreiben der Geschäftsführung der Kommission, aus dem hervorgeht, dass die Voraussetzungen für die Prüfung einer Verletzung des Gleichbehandlungsgebotes im Einzelfall nicht bzw. nicht mehr vorliegen,

zugestellt, beendet die Zustellung die Hemmung der Fristen zur gerichtlichen Geltendmachung. Nach der Zustellung steht dem/der Arbeitnehmer/in zur Erhebung der Klage zumindest noch eine Frist von drei Monaten offen. War die ursprüngliche Frist kürzer, so steht dem/der Arbeitnehmer/in nur diese offen.

(4) Ansprüche nach § 12, die neben einem in diesem Bundesgesetz erfassten Diskriminierungsgrund auch auf den Diskriminierungsgrund der Behinderung gestützt werden, können nur nach vorheriger Durchführung eines Schlichtungsverfahrens beim Bundesamt für Soziales und Behindertenwesen gerichtlich geltend gemacht werden. Für die Geltendmachung dieser Ansprüche gelten die §§ 7k, 7n und 7o Behinderteneinstellungsgesetz, BGBl. Nr. 22/1970.

(BGBl I 2005/82)

II. Teil
Gleichbehandlung in der Arbeitswelt ohne Unterschied der ethnischen Zugehörigkeit, der Religion oder Weltanschauung, des Alters oder der sexuellen Orientierung (Antidiskriminierung)

Geltungsbereich

§ 16. (1) Die Bestimmungen des II. Teiles gelten für den Bereich der Arbeitswelt, dazu zählen

1. Arbeitsverhältnisse aller Art, die auf privatrechtlichem Vertrag beruhen;
2. alle Formen und alle Ebenen der Berufsberatung, der Berufsausbildung, der beruflichen Weiterbildung und der Umschulung einschließlich der praktischen Berufserfahrung;

   (BGBl I 2013/107)
3. die Mitgliedschaft und Mitwirkung in einer Arbeitnehmer/innen/- oder Arbeitgeber/innen/organisation oder einer Organisation, deren Mitglieder einer bestimmten Berufsgruppe angehören, einschließlich der Inanspruchnahme der Leistungen solcher Organisationen;
4. die Gründung, Einrichtung oder Erweiterung eines Unternehmens sowie die Aufnahme oder Ausweitung jeglicher anderen Art von selbständiger Tätigkeit,

   (BGBl I 2013/107)

sofern dies in die Regelungskompetenz des Bundes fällt.

(2) Ausgenommen sind Arbeitsverhältnisse

1. der land- und forstwirtschaftlichen Arbeiter/innen im Sinne des Landarbeitsgesetzes 1984, BGBl. Nr. 287;
2. zu einem Land, einem Gemeindeverband oder einer Gemeinde;
3. zum Bund.

(3) Die Bestimmungen des II. Teiles gelten auch

1. für Beschäftigungsverhältnisse, auf die das Heimarbeitsgesetz 1960, BGBl. Nr. 105/1961, anzuwenden ist, und
2. für Beschäftigungsverhältnisse von Personen, die, ohne in einem Arbeitsverhältnis zu stehen, im Auftrag und für Rechnung bestimmter Personen Arbeit leisten und wegen

wirtschaftlicher Unselbständigkeit als arbeitnehmerähnlich anzusehen sind.

Für den Anwendungsbereich dieses Gesetzes gelten die Beschäftigungsverhältnisse nach Z 1 und 2 als Arbeitsverhältnisse.

(4) Die Bestimmungen des II. Teiles gelten auch für die Beschäftigung von Arbeitnehmer/inne/n, die von einem/einer Arbeitgeber/in ohne Sitz in Österreich

1. im Rahmen einer Arbeitskräfteüberlassung oder
2. zur fortgesetzten Arbeitsleistung

nach Österreich entsandt werden, für die Dauer der Entsendung.

Gleichbehandlungsgebot im Zusammenhang mit einem Arbeitsverhältnis

§ 17. (1) Auf Grund der ethnischen Zugehörigkeit, der Religion oder Weltanschauung, des Alters oder der sexuellen Orientierung darf im Zusammenhang mit einem Arbeitsverhältnis niemand unmittelbar oder mittelbar diskriminiert werden, insbesondere nicht

1. bei der Begründung des Arbeitsverhältnisses,
2. bei der Festsetzung des Entgelts,
3. bei der Gewährung freiwilliger Sozialleistungen, die kein Entgelt darstellen,
4. bei Maßnahmen der Aus- und Weiterbildung und Umschulung,
5. beim beruflichen Aufstieg, insbesondere bei Beförderungen,
6. bei den sonstigen Arbeitsbedingungen,
7. bei der Beendigung des Arbeitsverhältnisses.

(2) Abs. 1 berührt nicht die Vorschriften und die Bedingungen für die Einreise von Staatsangehörigen dritter Staaten oder staatenloser Personen oder deren Aufenthalt sowie eine Behandlung, die sich aus der Rechtsstellung von Staatsangehörigen dritter Staaten oder staatenloser Personen ergibt.

(BGBl I 2008/98)

Gleichbehandlungsgebot in der sonstigen Arbeitswelt

§ 18. Aus den im § 17 genannten Gründen darf niemand unmittelbar oder mittelbar diskriminiert werden

1. bei der Berufsberatung, Berufsausbildung, beruflichen Weiterbildung und Umschulung außerhalb eines Arbeitsverhältnisses,

   (BGBl I 2013/107)
2. bei der Mitgliedschaft und Mitwirkung in einer Arbeitnehmer/innen/- oder Arbeitgeber/innen/organisation oder einer Organisation, deren Mitglieder einer bestimmten Berufsgruppe angehören, einschließlich der Inanspruchnahme der Leistungen solcher Organisationen,
3. bei der Gründung, Einrichtung oder Erweiterung eines Unternehmens sowie der Aufnahme oder Ausweitung jeglicher anderen Art von selbständiger Tätigkeit.

   (BGBl I 2013/107)

Begriffsbestimmungen

§ 19. (1) Eine unmittelbare Diskriminierung liegt vor, wenn eine Person auf Grund eines in § 17 genannten Grundes in einer vergleichbaren Situation eine weniger günstige Behandlung erfährt, als eine andere Person erfährt, erfahren hat oder erfahren würde.

(2) Eine mittelbare Diskriminierung liegt vor, wenn dem Anschein nach neutrale Vorschriften, Kriterien oder Verfahren Personen, die einer ethnischen Gruppe angehören, oder Personen mit einer bestimmten Religion oder Weltanschauung, eines bestimmten Alters oder mit einer bestimmten sexuellen Orientierung gegenüber anderen Personen in besonderer Weise benachteiligen können, es sei denn, die betreffenden Vorschriften, Kriterien oder Verfahren sind durch ein rechtmäßiges Ziel sachlich gerechtfertigt und die Mittel sind zur Erreichung dieses Zieles angemessen und erforderlich.

(3) Eine Diskriminierung liegt auch bei Anweisung einer Person zur Diskriminierung vor.

(4) Eine Diskriminierung liegt auch vor, wenn eine Person auf Grund ihres Naheverhältnisses zu einer Person wegen deren ethnischer Zugehörigkeit, deren Religion oder Weltanschauung, deren Alters oder deren sexueller Orientierung diskriminiert wird.

(BGBl I 2011/7)

Ausnahmebestimmungen

§ 20. (1) Bei Ungleichbehandlung wegen eines Merkmals, das im Zusammenhang mit einem der in § 17 genannten Diskriminierungsgründe steht, liegt keine Diskriminierung vor, wenn das betreffende Merkmal auf Grund der Art einer bestimmten beruflichen Tätigkeit oder der Rahmenbedingungen ihrer Ausübung eine wesentliche und entscheidende berufliche Voraussetzung darstellt und sofern es sich um einen rechtmäßigen Zweck und eine angemessene Anforderung handelt.

(2) Eine Diskriminierung auf Grund der Religion oder Weltanschauung liegt in Bezug auf berufliche Tätigkeiten innerhalb von Kirchen oder anderen öffentlichen oder privaten Organisationen, deren Ethos auf religiösen Grundsätzen oder Weltanschauungen beruht, nicht vor, wenn die Religion oder die Weltanschauung dieser Person nach der Art dieser Tätigkeiten oder der Umstände ihrer Ausübung eine wesentliche, rechtmäßige und gerechtfertigte berufliche Anforderung angesichts des Ethos der Organisation darstellt.

(3) Eine Diskriminierung auf Grund des Alters liegt nicht vor, wenn die Ungleichbehandlung

1. objektiv und angemessen ist,
2. durch ein legitimes Ziel, insbesondere rechtmäßige Ziele aus den Bereichen Beschäftigungspolitik, Arbeitsmarkt und berufliche Bildung, gerechtfertigt ist und

3. die Mittel zur Erreichung dieses Zieles angemessen und erforderlich sind.

(4) Ungleichbehandlungen nach Abs. 3 können insbesondere einschließen

1. die Festlegung besonderer Bedingungen für den Zugang zur Beschäftigung und zur beruflichen Bildung sowie besonderer Beschäftigungs- und Arbeitsbedingungen, einschließlich der Bedingungen für Entlassung und Entlohnung, um die berufliche Eingliederung von Jugendlichen, älteren Arbeitnehmer/innen und Personen mit Fürsorgepflichten zu fördern oder ihren Schutz sicherzustellen,
2. die Festlegung von Mindestanforderungen an das Alter, die Berufserfahrung oder des Dienstalters für den Zugang zur Beschäftigung oder für bestimmte mit der Beschäftigung verbundenen Vorteile,
3. die Festsetzung eines Höchstalters für die Einstellung auf Grund der spezifischen Ausbildungsanforderungen eines bestimmten Arbeitsplatzes oder auf Grund der Notwendigkeit einer angemessenen Beschäftigungszeit vor dem Eintritt in den Ruhestand.

(5) Eine Diskriminierung auf Grund des Alters liegt auch nicht vor bei den betrieblichen Systemen der sozialen Sicherheit durch Festsetzung von Altersgrenzen als Voraussetzung für die Mitgliedschaft oder den Bezug von Altersrente oder von Leistungen bei Invalidität einschließlich der Festsetzung unterschiedlicher Altersgrenzen im Rahmen dieser Systeme für bestimmte Beschäftigte oder Gruppen oder Kategorien von Beschäftigten und die Verwendung im Rahmen dieser Systeme von Alterskriterien für versicherungsmathematische Berechnungen, sofern dies nicht zu Diskriminierungen auf Grund des Geschlechtes führt.

Belästigung

§ 21. (1) Eine Diskriminierung nach § 17 liegt auch vor, wenn eine Person

1. vom/von der Arbeitgeber/in selbst belästigt wird,
2. durch den/die Arbeitgeber/in dadurch diskriminiert wird, indem er/sie es schuldhaft unterlässt, im Falle einer Belästigung durch Dritte (Z 3) eine auf Grund gesetzlicher Bestimmungen, Normen der kollektiven Rechtsgestaltung oder des Arbeitsvertrages angemessene Abhilfe zu schaffen,
3. durch Dritte in Zusammenhang mit seinem/ihrem Arbeitsverhältnis belästigt wird oder
4. durch Dritte außerhalb eines Arbeitsverhältnisses (§ 18) belästigt wird.

(2) Belästigung liegt vor, wenn eine unerwünschte Verhaltensweise, die mit einem der Gründe nach § 17 im Zusammenhang steht, gesetzt wird,

1. die die Würde der betroffenen Person verletzt oder dies bezweckt,
2. die für die betroffene Person unerwünscht, unangebracht oder anstößig ist und
3. die ein einschüchterndes, feindseliges, entwürdigendes, beleidigendes oder demütigendes Umfeld für die betroffene Person schafft oder dies bezweckt.

(BGBl I 2008/98)

(3) Eine Diskriminierung liegt auch bei Anweisung zur Belästigung einer Person vor.

(4) Eine Diskriminierung liegt auch vor, wenn eine Person auf Grund ihres Naheverhältnisses zu einer Person wegen deren ethnischer Zugehörigkeit, deren Religion oder Weltanschauung, deren Alters oder deren sexueller Orientierung belästigt wird.

(BGBl I 2011/7)

Positive Maßnahmen

§ 22. Die in Gesetzen, in Verordnungen, in Instrumenten der kollektiven Rechtsgestaltung oder in generellen mehrere Arbeitnehmer/innen umfassende Verfügungen des/der Arbeitgebers/Arbeitgeberin getroffenen spezifischen Maßnahmen zur Förderung der Gleichstellung im Berufsleben, mit denen Benachteiligungen wegen eines Diskriminierungsgrundes nach § 17 verhindert oder ausgeglichen werden, gelten nicht als Diskriminierung im Sinne dieses Gesetzes. Dies gilt auch für Maßnahmen zur Förderung der Gleichstellung im Berufsleben in den in § 18 genannten Bereichen.

(BGBl I 2005/82, BGBl I 2008/98)

Gebot der diskriminierungsfreien Stellenausschreibung

§ 23. (1) Der/die Arbeitgeber/in oder private/r Arbeitsvermittler/in gemäß den §§ 2 ff des Arbeitsmarktförderungsgesetzes, BGBl. Nr. 31/1969, oder eine mit der Arbeitsvermittlung betraute juristische Person öffentlichen Rechts darf einen Arbeitsplatz weder öffentlich noch innerhalb des Betriebes (Unternehmens) in diskriminierender Weise ausschreiben oder durch Dritte ausschreiben lassen, es sei denn, das betreffende Merkmal stellt auf Grund der Art einer bestimmten beruflichen Tätigkeit oder der Bedingungen ihrer Ausübung eine wesentliche und entscheidende berufliche Anforderung dar, sofern es sich um einen rechtmäßigen Zweck und eine angemessene Anforderung handelt.

(BGBl I 2011/7)

(2) Der/die Arbeitgeber/in oder private Arbeitsvermittler/in gemäß den §§ 2 ff des Arbeitsmarktförderungsgesetzes oder eine mit der Arbeitsvermittlung betraute juristische Person öffentlichen Rechts ist verpflichtet, in der Ausschreibung das für den ausgeschriebenen Arbeitsplatz geltende kollektivvertragliche oder das durch Gesetz oder andere Normen der kollektiven Rechtsgestaltung geltende Mindestentgelt anzugeben und auf die Bereitschaft zur Überzahlung hinzuweisen, wenn eine solche besteht. Dies gilt sinngemäß für Arbeitsverträge in Wirtschaftsbereichen, in denen es kein kollektivvertraglich oder durch Gesetz oder andere Normen der kollektiven Rechtsgestaltung geregeltes Mindestentgelt gibt, ausgenommen Ar-

beitnehmer/innen gemäß § 10 Abs. 2 Z 2 Arbeiterkammergesetz 1992, BGBl. Nr. 626/1991. In der Stellenausschreibung ist jenes Entgelt anzugeben, das als Mindestgrundlage für die Arbeitsvertragsverhandlungen zur Vereinbarung des Entgelts dienen soll.

(BGBl I 2011/7, BGBl I 2013/107)

Strafbestimmungen

§ 24. (1) Wer als Arbeitsvermittler/in entgegen den Bestimmungen des § 23 Abs. 1 einen Arbeitsplatz in diskriminierender Weise ausschreibt, ist auf Antrag eines/einer Stellenwerbers/Stellenwerberin, des/der Anwalts/Anwältin für die Gleichbehandlung ohne Unterschied der ethnischen Zugehörigkeit, der Religion oder der Weltanschauung, des Alters oder der sexuellen Orientierung in der Arbeitswelt oder des/der Regionalanwalts/Regionalanwältin von der Bezirksverwaltungsbehörde mit Geldstrafe bis 360 Euro zu bestrafen.

(BGBl I 2013/107)

(2) Wer als Arbeitsvermittler/in entgegen den Bestimmungen des § 23 Abs. 2 in die Stellenausschreibung die in Abs. 2 angeführten Angaben nicht aufnimmt, ist auf Antrag eines/einer Stellenwerbers/Stellenwerberin, des/der Anwalts/Anwältin für die Gleichbehandlung ohne Unterschied der ethnischen Zugehörigkeit, der Religion oder der Weltanschauung, des Alters oder der sexuellen Orientierung in der Arbeitswelt oder des/der Regionalanwalts/Regionalanwältin beim ersten Verstoß von der Bezirksverwaltungsbehörde zu ermahnen und bei weiteren Verstößen mit Geldstrafe bis 360 Euro zu bestrafen.

(BGBl I 2013/107)

(3) Wer als Arbeitgeber/in

1. entgegen den Bestimmungen des § 23 Abs. 1 einen Arbeitsplatz in diskriminierender Weise ausschreibt oder
2. entgegen den Bestimmungen des § 23 Abs. 2 in die Stellenausschreibung die darin angeführten Angaben nicht aufnimmt,

ist auf Antrag eines/einer Stellenwerbers/Stellenwerberin, des/der Anwalts/Anwältin für die Gleichbehandlung ohne Unterschied der ethnischen Zugehörigkeit, der Religion oder der Weltanschauung, des Alters oder der sexuellen Orientierung in der Arbeitswelt oder des/der Regionalanwalts/Regionalanwältin beim ersten Verstoß von der Bezirksverwaltungsbehörde zu ermahnen und bei weiteren Verstößen mit Geldstrafe bis 360 Euro zu bestrafen.

(BGBl I 2013/107)

(BGBl I 2013/107)

(4) In einem auf Antrag des/der Anwalts/Anwältin für die Gleichbehandlung ohne Unterschied der ethnischen Zugehörigkeit, der Religion oder der Weltanschauung, des Alters oder der sexuellen Orientierung in der Arbeitswelt oder des/der Regionalanwalts/Regionalanwältin eingeleiteten Verwaltungsstrafverfahren ist diese/r Partei. Dem/der Anwalt/Anwältin oder dem/der Regionalanwalt/Regionalanwältin steht das Recht auf Beschwerde gegen Bescheide und Einspruch gegen Strafverfügungen zu.

(BGBl I 2013/71, BGBl I 2013/107)

(BGBl I 2011/7)

Entlohnungskriterien

§ 25. Betriebliche Einstufungsregelungen und Normen der kollektiven Rechtsgestaltung haben bei der Regelung der Entlohnungskriterien den Grundsatz des gleichen Entgelts für gleiche Arbeit oder eine Arbeit, die als gleichwertig anerkannt wird, zu beachten und dürfen keine Kriterien vorschreiben, die zu einer Diskriminierung wegen eines in § 17 genannten Grundes führen.

Rechtsfolgen der Verletzung des Gleichbehandlungsgebotes

§ 26. (1) Ist das Arbeitsverhältnis wegen Verletzung des Gleichbehandlungsgebotes des § 17 Abs. 1 Z 1 nicht begründet worden, so ist der/die Arbeitgeber/in gegenüber dem/der Stellenwerber/in zum Ersatz des Vermögensschadens und zu einer Entschädigung für die erlittene persönliche Beeinträchtigung verpflichtet. Der Ersatzanspruch beträgt

1. mindestens zwei Monatsentgelte, wenn der/die Stellenwerber/in bei diskriminierungsfreier Auswahl die Stelle erhalten hätte, oder

   (BGBl I 2008/98)

2. bis 500 Euro, wenn der/die Arbeitgeber/in nachweisen kann, dass der einem/einer Stellenwerber/in durch die Diskriminierung entstandene Schaden nur darin besteht, dass die Berücksichtigung seiner/ihrer Bewerbung verweigert wird.

(2) Erhält ein/e Arbeitnehmer/in wegen Verletzung des Gleichbehandlungsgebotes des § 17 Abs. 1 Z 2 durch den/die Arbeitgeber/in für gleiche Arbeit oder für eine Arbeit, die als gleichwertig anerkannt wird, ein geringeres Entgelt als ein/e Arbeitnehmer/in, bei dem/der eine Diskriminierung wegen eines in § 17 genannten Grundes nicht erfolgt, so hat er/sie gegenüber dem/der Arbeitgeber/in Anspruch auf Bezahlung der Differenz und eine Entschädigung für die erlittene persönliche Beeinträchtigung.

(3) Bei Verletzung des Gleichbehandlungsgebotes des § 17 Abs. 1 Z 3 hat der/die Arbeitnehmer/in Anspruch auf Gewährung der betreffenden Sozialleistung oder Ersatz des Vermögensschadens und auf eine Entschädigung für die erlittene persönliche Beeinträchtigung.

(4) Bei Verletzung des Gleichbehandlungsgebotes des § 17 Abs. 1 Z 4 hat der/die Arbeitnehmer/in Anspruch auf Einbeziehung in die entsprechenden betrieblichen Aus- und Weiterbildungsmaßnahmen oder auf Ersatz des Vermögensschadens und auf eine Entschädigung für die erlittene persönliche Beeinträchtigung.

(5) Ist ein/e Arbeitnehmer/in wegen Verletzung des Gleichbehandlungsgebotes des § 17 Abs. 1

Z 5 nicht beruflich aufgestiegen, so ist der/die Arbeitgeber/in gegenüber dem/der Arbeitnehmer/in zum Ersatz des Vermögensschadens und zu einer Entschädigung für die erlittene persönliche Beeinträchtigung verpflichtet. Der Ersatzanspruch beträgt,

1. die Entgeltdifferenz für mindestens drei Monate, wenn der/die Arbeitnehmer/in bei diskriminierungsfreier Auswahl beruflich aufgestiegen wäre, oder
2. bis 500 Euro, wenn der/die Arbeitgeber/in nachweisen kann, dass der einem/einer Arbeitnehmer/in durch die Diskriminierung entstandene Schaden nur darin besteht, dass die Berücksichtigung seiner/ihrer Bewerbung verweigert wird.

(6) Bei Verletzung des Gleichbehandlungsgebotes des § 17 Abs. 1 Z 6 hat der/die Arbeitnehmer/in Anspruch auf Gewährung der gleichen Arbeitsbedingungen wie ein/e Arbeitnehmer/in, bei dem/der eine Diskriminierung wegen eines in § 17 genannten Grundes nicht erfolgt, oder auf Ersatz des Vermögensschadens und auf eine Entschädigung für die erlittene persönliche Beeinträchtigung.

(7) Ist das Arbeitsverhältnis vom/von der Arbeitgeber/in wegen eines in § 17 genannten Grundes oder wegen der nicht offenbar unberechtigten Geltendmachung von Ansprüchen nach diesem Gesetz gekündigt oder vorzeitig beendigt worden oder ist das Probearbeitsverhältnis wegen eines solchen Grundes aufgelöst worden (§ 17 Abs. 1 Z 7), so kann die Kündigung, Entlassung oder Auflösung des Probearbeitsverhältnisses bei Gericht angefochten werden. Ist ein befristetes, auf die Umwandlung in ein unbefristetes Arbeitsverhältnis angelegtes Arbeitsverhältnis wegen eines in § 17 genannten Grundes oder wegen der nicht offenbar unberechtigten Geltendmachung von Ansprüchen nach diesem Gesetz durch Zeitablauf beendet worden, so kann auf Feststellung des unbefristeten Bestehens des Arbeitsverhältnisses geklagt werden. Lässt der/die Arbeitnehmer/in die Beendigung gegen sich gelten, so hat er/sie Anspruch auf Ersatz des Vermögensschadens und auf eine Entschädigung für die erlittene persönliche Beeinträchtigung.

(BGBl I 2008/98)

(8) Bei Verletzung des Gleichbehandlungsgebotes des § 18 Z 1 hat die betroffene Person Anspruch auf Einbeziehung in die entsprechenden Berufsberatungs-, Berufsausbildungs-, Weiterbildungs- und Umschulungsmaßnahmen oder auf Ersatz des Vermögensschadens und auf eine Entschädigung für die erlittene persönliche Beeinträchtigung.

(BGBl I 2008/98)

(9) Bei Verletzung des Gleichbehandlungsgebotes des § 18 Z 2 hat die betroffene Person Anspruch auf Mitgliedschaft und Mitwirkung in der betroffenen Organisation sowie auf Inanspruchnahme der Leistungen der betreffenden Organisation oder Ersatz des Vermögensschadens und auf eine Entschädigung für die erlittene persönliche Beeinträchtigung.

(10) Bei Verletzung des Gleichbehandlungsgebotes des § 18 Z 3 hat die betroffene Person Anspruch auf Ersatz des Vermögensschadens und eine Entschädigung für die erlittene persönliche Beeinträchtigung.

(11) Bei einer Belästigung nach § 21 hat die betroffene Person gegenüber dem/der Belästiger/in und im Fall des § 21 Abs. 1 Z 2 auch gegenüber dem/der Arbeitgeber/in Anspruch auf Ersatz des erlittenen Schadens. Soweit der Nachteil nicht nur in einer Vermögenseinbuße besteht, hat die betroffene Person zum Ausgleich der erlittenen persönlichen Beeinträchtigung Anspruch auf angemessenen, mindestens jedoch auf 1 000 Euro Schadenersatz.

(BGBl I 2008/98, BGBl I 2011/7)

(12) Insoweit sich im Streitfall die betroffene Person auf einen Diskriminierungstatbestand im Sinne der §§ 17, 18, oder 21 beruft, hat er/sie diesen glaubhaft zu machen. Dem/der Beklagten obliegt es bei Berufung auf §§ 17 oder 18 zu beweisen, dass es bei Abwägung aller Umstände wahrscheinlicher ist, dass ein anderes vom/von der Beklagten glaubhaft gemachtes Motiv für die unterschiedliche Behandlung ausschlaggebend war oder ein Rechtfertigungsgrund im Sinne der §§ 19 Abs. 2 oder 20 vorliegt. Bei Berufung auf § 21 obliegt es dem/der Beklagten zu beweisen, dass es bei Abwägung aller Umstände wahrscheinlich ist, dass die vom/von der Beklagten glaubhaft gemachten Tatsachen der Wahrheit entsprechen.

(BGBl I 2005/82)

(13) Liegt eine Mehrfachdiskriminierung vor, so ist darauf bei der Bemessung der Höhe der Entschädigung für die erlittene persönliche Beeinträchtigung Bedacht zu nehmen.

(BGBl I 2008/98)

(14) Die Höhe der Entschädigung für die erlittene persönliche Beeinträchtigung ist so zu bemessen, dass dadurch die Beeinträchtigung tatsächlich und wirksam ausgeglichen wird und die Entschädigung der erlittenen Beeinträchtigung angemessen ist sowie Diskriminierungen verhindert.

(BGBl I 2013/107)

Benachteiligungsverbot

§ 27. Als Reaktion auf eine Beschwerde darf ein/e Arbeitnehmer/in durch den/die Arbeitgeber/in innerhalb des betreffenden Unternehmens (Betriebes) oder auf die Einleitung eines Verfahrens zur Durchsetzung des Gleichbehandlungsgebotes nicht entlassen, gekündigt oder anders benachteiligt werden. Auch ein/e andere/r Arbeitnehmer/in, der/die als Zeuge/Zeugin oder Auskunftsperson in einem Verfahren auftritt oder eine Beschwerde eines/einer anderen Arbeitnehmers/Arbeitnehmerin unterstützt, darf als Reaktion auf eine solche Beschwerde oder auf die Einleitung eines solchen Verfahrens zur Durchsetzung des Gleichbehandlungsgebotes nicht entlassen, gekündigt oder anders benachteiligt werden. § 26 gilt sinngemäß.

(BGBl I 2008/98)

Förderungsmaßnahmen

§ 28. Die Richtlinien über die Vergabe von Förderungen des Bundes an Unternehmen haben Förderungen nur für Unternehmen vorzusehen, die die Bestimmungen des II. Teils beachten.

Fristen für die Geltendmachung von Ansprüchen

§ 29. (1) Ansprüche nach § 26 Abs. 1 und 5 sind binnen sechs Monaten gerichtlich geltend zu machen. Die Frist zur Geltendmachung der Ansprüche nach § 26 Abs. 1 und 5 beginnt mit der Ablehnung der Bewerbung oder Beförderung. Ansprüche nach § 26 Abs. 11 sind binnen eines Jahres gerichtlich geltend zu machen. Für Ansprüche nach § 26 Abs. 2, 3, 4, 6, 8, 9 und 10 gilt die dreijährige Verjährungsfrist gemäß § 1486 des Allgemeinen Bürgerlichen Gesetzbuches.

(BGBl I 2008/98)

(1a) Eine Kündigung, Entlassung oder Auflösung des Probearbeitsverhältnisses gemäß § 26 Abs. 7 ist binnen 14 Tagen ab ihrem Zugang bei Gericht anzufechten; eine Feststellungsklage nach § 26 Abs. 7 zweiter Satz ist binnen 14 Tagen ab Beendigung des Arbeitsverhältnisses durch Zeitablauf bei Gericht einzubringen. Ansprüche nach § 26 Abs. 7 letzter Satz sind binnen 6 Monaten ab Zugang der Kündigung, Entlassung oder Auflösung des Probearbeitsverhältnisses oder Beendigung des Arbeitsverhältnisses durch Zeitablauf gerichtlich geltend zu machen.

(BGBl I 2008/98)

(2) Die Einbringung des Antrages oder das Einlangen eines Verlangens eines Organs der Gleichbehandlungsanwaltschaft auf Prüfung der Verletzung des Gleichbehandlungsgebotes oder ein amtswegiges Tätigwerden der Kommission zur Prüfung der Verletzung des Gleichbehandlungsgebotes bewirken die Hemmung der Fristen zur gerichtlichen Geltendmachung.

(3) Wird dem/der Arbeitnehmer/in nachweislich

1. ein Prüfungsergebnis der Kommission im Einzelfall oder
2. ein Schreiben der Geschäftsführung der Kommission, aus dem hervorgeht, dass die Voraussetzungen für die Prüfung einer Verletzung des Gleichbehandlungsgebotes im Einzelfall nicht bzw. nicht mehr vorliegen,

zugestellt, beendet die Zustellung die Hemmung der Fristen zur gerichtlichen Geltendmachung. Nach der Zustellung steht dem/der Arbeitnehmer/in zur Erhebung der Klage zumindest noch eine Frist von drei Monaten offen. War die ursprüngliche Frist kürzer, so steht dem/der Arbeitnehmer/in nur diese offen.

(4) Ansprüche nach § 26, die neben einem in diesem Bundesgesetz erfassten Diskriminierungsgrund auch auf den Diskriminierungsgrund der Behinderung gestützt werden, können nur nach vorheriger Durchführung eines Schlichtungsverfahrens beim Bundesamt für Soziales und Behindertenwesen gerichtlich geltend gemacht werden. Für die Geltendmachung dieser Ansprüche gelten die §§ 7k, 7n und 7o Behinderteneinstellungsgesetz, BGBl. Nr. 22/1970.

(BGBl I 2005/82)

III. Teil
Gleichbehandlung ohne Unterschied des Geschlechts oder der ethnischen Zugehörigkeit in sonstigen Bereichen

(BGBl I 2011/7)

1. Abschnitt

Geltungsbereich

§ 30. (1) Für das Merkmal des Geschlechts gelten die Bestimmungen dieses Abschnittes für Rechtsverhältnisse einschließlich deren Anbahnung und Begründung und für die Inanspruchnahme oder Geltendmachung von Leistungen außerhalb eines Rechtsverhältnisses beim Zugang zu und bei der Versorgung mit Gütern und Dienstleistungen, die der Öffentlichkeit zur Verfügung stehen, einschließlich Wohnraum, sofern dies in die unmittelbare Regelungskompetenz des Bundes fällt.

(2) Für das Merkmal der ethnischen Zugehörigkeit gelten die Bestimmungen dieses Abschnittes für Rechtsverhältnisse einschließlich deren Anbahnung und Begründung und für die Inanspruchnahme oder Geltendmachung von Leistungen außerhalb eines Rechtsverhältnisses beim Zugang zu und bei der Versorgung mit Gütern und Dienstleistungen, die der Öffentlichkeit zur Verfügung stehen, einschließlich Wohnraum, sowie für Rechtsverhältnisse einschließlich deren Anbahnung und Begründung und für die Inanspruchnahme oder Geltendmachung von Leistungen außerhalb eines Rechtsverhältnisses

1. beim Sozialschutz, einschließlich der sozialen Sicherheit und der Gesundheitsdienste,
2. bei sozialen Vergünstigungen,
3. bei der Bildung,

sofern dies in die unmittelbare Regelungskompetenz des Bundes fällt.

(3) Die Bestimmungen dieses Abschnittes gelten nicht für Rechtsverhältnisse einschließlich deren Anbahnung und Begründung oder für die Inanspruchnahme oder Geltendmachung von Leistungen im Sinne des Abs. 1, die

1. in den Bereich des Privat- und Familienlebens fallen,
2. den Inhalt von Medien und Werbung betreffen.

(4) Soweit für Versicherungsverträge das Versicherungsvertragsgesetz 1958, BGBl. Nr. 2/1959, und das Versicherungsaufsichtsgesetz 2016,

BGBl. I Nr. 34/2015, besondere Regelungen enthalten, sind diese anzuwenden.

(BGBl I 2015/34)

(BGBl I 2011/7)

Gleichbehandlungsgebot

§ 31. (1) Auf Grund des Geschlechts, insbesondere unter Bezugnahme auf den Familienstand oder den Umstand, ob jemand Kinder hat, oder der ethnischen Zugehörigkeit darf niemand unmittelbar oder mittelbar beim Zugang zu und bei der Versorgung mit Gütern und Dienstleistungen, die der Öffentlichkeit zur Verfügung stehen, einschließlich Wohnraum, diskriminiert werden. Diskriminierungen von Frauen auf Grund von Schwangerschaft oder Mutterschaft sind unmittelbare Diskriminierungen auf Grund des Geschlechts.

(BGBl I 2013/107)

(2) Ziel ist die Gleichstellung von Frauen und Männern sowie der Abbau von sonstigen Diskriminierungen.

(3) Auf Grund der ethnischen Zugehörigkeit darf darüber hinaus niemand unmittelbar oder mittelbar diskriminiert werden

1. beim Sozialschutz, einschließlich der sozialen Sicherheit und der Gesundheitsdienste,
2. bei sozialen Vergünstigungen,
3. bei der Bildung.

(4) Abs. 1 und 3 berühren nicht die Vorschriften und die Bedingungen für die Einreise von Staatsangehörigen dritter Staaten oder staatenloser Personen oder deren Aufenthalt sowie eine Behandlung, die sich aus der Rechtsstellung von Staatsangehörigen dritter Staaten oder staatenloser Personen ergibt.

(BGBl I 2011/7)

Begriffsbestimmungen

§ 32. (1) Eine unmittelbare Diskriminierung liegt vor, wenn eine Person auf Grund eines in § 31 genannten Grundes in einer vergleichbaren Situation eine weniger günstige Behandlung erfährt, als eine andere Person erfährt, erfahren hat oder erfahren würde.

(2) Eine mittelbare Diskriminierung liegt vor, wenn dem Anschein nach neutrale Vorschriften, Kriterien oder Verfahren Personen eines Geschlechts oder Personen, die einer ethnischen Gruppe angehören, in besonderer Weise benachteiligen können, es sei denn, die betreffenden Vorschriften, Kriterien oder Verfahren sind durch ein rechtmäßiges Ziel sachlich gerechtfertigt und die Mittel sind zur Erreichung dieses Zieles angemessen und erforderlich.

(3) Eine Diskriminierung liegt auch bei Anweisung einer Person zur Diskriminierung vor.

(4) Eine Diskriminierung liegt auch vor, wenn eine Person auf Grund ihres Naheverhältnisses zu einer Person wegen deren Geschlechts oder deren ethnischer Zugehörigkeit diskriminiert wird.

(BGBl I 2011/7)

Ausnahmebestimmungen

§ 33. Die Bereitstellung von Gütern oder Dienstleistungen, einschließlich Wohnraum, ausschließlich oder überwiegend für Personen eines Geschlechts ist keine Diskriminierung, wenn dies dem Grundsatz der Verhältnismäßigkeit entspricht, also durch ein rechtmäßiges Ziel gerechtfertigt ist und die Mittel zur Erreichung dieses Ziels angemessen und erforderlich sind.

(BGBl I 2011/7)

Positive Maßnahmen

§ 34. Die in Gesetzen, in Verordnungen oder auf andere Weise getroffenen Maßnahmen zur Förderung der Gleichstellung, mit denen Benachteiligungen auf Grund eines in § 31 genannten Grundes verhindert oder ausgeglichen werden, gelten nicht als Diskriminierung im Sinne dieses Gesetzes.

(BGBl I 2011/7)

Belästigung und sexuelle Belästigung

§ 35. (1) Unerwünschte, unangebrachte oder anstößige Verhaltensweisen, die im Zusammenhang mit einem der Gründe nach § 31 oder der sexuellen Sphäre stehen, und bezwecken oder bewirken,

1. dass die Würde der betroffenen Person verletzt wird und
2. ein einschüchterndes, feindseliges, entwürdigendes, beleidigendes oder demütigendes Umfeld für die betroffene Person geschaffen wird,

gelten als Diskriminierung.

(2) Eine Diskriminierung liegt auch vor

1. bei Anweisung zur Belästigung oder sexuellen Belästigung oder
2. wenn die Zurückweisung oder Duldung einer Belästigung oder sexuellen Belästigung durch die belästigte Person zur Grundlage einer diese Person berührenden Entscheidung gemacht wird.

(3) Eine Diskriminierung liegt auch vor, wenn eine Person auf Grund ihres Naheverhältnisses zu einer Person wegen deren Geschlechts oder wegen deren ethnischer Zugehörigkeit belästigt oder sexuell belästigt wird.

(BGBl I 2011/7)

Gebot des diskriminierungsfreien Inserierens von Wohnraum

§ 36. Niemand darf Wohnraum in diskriminierender Weise inserieren oder durch Dritte inserieren lassen. Eine Diskriminierung liegt nicht vor, wenn die Anforderung an das betreffende Merkmal durch ein legitimes Ziel gerechtfertigt ist und die Mittel zur Erreichung dieses Ziels angemessen und erforderlich sind. Eine Diskriminierung liegt insbesondere dann nicht vor, wenn durch die Bereitstellung von Wohnraum ein besonderes Naheoder Vertrauensverhältnis der Parteien oder ihrer Angehörigen begründet wird.

(BGBl I 2011/7)

Strafbestimmungen

§ 37. (1) Wer Wohnraum entgegen den Bestimmungen des § 36 in diskriminierender Weise inseriert, ist auf Antrag eines/einer Interessenten/Interessentin, des/der Anwalts/Anwältin für die Gleichbehandlung ohne Unterschied des Geschlechts oder der ethnischen Zugehörigkeit in sonstigen Bereichen oder des/der Regionalanwaltes/Regionalanwältin beim ersten Verstoß von der Bezirksverwaltungsbehörde zu ermahnen und bei weiteren Verstößen mit Geldstrafe bis 360 Euro zu bestrafen.

(BGBl I 2013/107)

(2) In einem auf Antrag des/der Anwalts/Anwältin für die Gleichbehandlung ohne Unterschied des Geschlechts oder der ethnischen Zugehörigkeit in sonstigen Bereichen oder des/der Regionalanwaltes/Regionalanwältin eingeleiteten Verwaltungsstrafverfahren wegen Verletzung des § 36 ist dieser/diese Anwalt/Anwältin oder dieser/diese Regionalanwalt/Regionalanwältin Partei. Diesem/dieser Anwalt/Anwältin oder diesem/dieser Regionalanwalt/Regionalanwältin steht das Recht auf Beschwerde gegen Bescheide und Einspruch gegen Strafverfügungen zu.

(BGBl I 2013/71, BGBl I 2013/107)

(BGBl I 2011/7)

Rechtsfolgen der Verletzung des Gleichbehandlungsgebotes

§ 38. (1) Bei Verletzung des Gleichbehandlungsgebotes des § 31 hat die betroffene Person Anspruch auf Ersatz des Vermögensschadens und eine Entschädigung für die erlittene persönliche Beeinträchtigung.

(2) Bei einer Belästigung oder sexuellen Belästigung nach § 35 hat die betroffene Person gegenüber dem/der Belästiger/in Anspruch auf Ersatz des erlittenen Schadens. Soweit der Nachteil nicht nur in einer Vermögenseinbuße besteht, hat die betroffene Person zum Ausgleich der erlittenen persönlichen Beeinträchtigung Anspruch auf angemessenen, mindestens jedoch auf 1 000 Euro Schadenersatz.

(3) Insoweit sich im Streitfall die betroffene Person auf einen Diskriminierungstatbestand im Sinne der §§ 31 oder 35 beruft, hat er/sie diesen glaubhaft zu machen. Dem/der Beklagten obliegt es bei Berufung auf § 31 zu beweisen, dass es bei Abwägung aller Umstände wahrscheinlicher ist, dass ein anderes vom/von der Beklagten glaubhaft gemachtes Motiv für die unterschiedliche Behandlung ausschlaggebend war oder ein Rechtfertigungsgrund im Sinne des § 32 Abs. 2 oder des § 33 vorliegt. Bei Berufung auf § 35 obliegt es dem/der Beklagten zu beweisen, dass es bei Abwägung aller Umstände wahrscheinlicher ist, dass die vom/von der Beklagten glaubhaft gemachten Tatsachen der Wahrheit entsprechen.

(4) Die Einbringung eines Antrages auf Prüfung der Verletzung des Gleichbehandlungsgebotes oder ein amtswegiges Tätigwerden der Kommission zur Prüfung der Verletzung des Gleichbehandlungsgebotes bewirken die Hemmung der Fristen zur gerichtlichen Geltendmachung.

(BGBl I 2013/107)

(5) Wird dem/der von der Diskriminierung Betroffenen nachweislich

1. ein Prüfungsergebnis der Kommission im Einzelfall oder
2. ein Schreiben der Geschäftsführung der Kommission, aus dem hervorgeht, dass die Voraussetzungen für die Prüfung einer Verletzung des Gleichbehandlungsgebotes im Einzelfall nicht bzw. nicht mehr vorliegen,

zugestellt, beendet die Zustellung die Hemmung der Fristen zur gerichtlichen Geltendmachung. Nach der Zustellung steht dem/der Betroffenen zur Erhebung der Klage zumindest noch eine Frist von drei Monaten offen. War die ursprüngliche Frist kürzer, so steht dem/der Betroffenen nur diese offen.

(6) Ansprüche nach Abs. 1 und 2, die auch auf den Diskriminierungsgrund der Behinderung gestützt werden, können nur nach vorheriger Durchführung eines Schlichtungsverfahrens beim Bundesamt für Soziales und Behindertenwesen gerichtlich geltend gemacht werden. Für die Geltendmachung dieser Ansprüche gelten die §§ 10 und 11 des Bundes-Behindertengleichstellungsgesetzes, BGBl. I Nr. 82/2005.

(BGBl I 2013/107)

(7) Die Höhe der Entschädigung für die erlittene persönliche Beeinträchtigung ist so zu bemessen, dass dadurch die Beeinträchtigung tatsächlich und wirksam ausgeglichen wird und die Entschädigung der erlittenen Beeinträchtigung angemessen ist sowie Diskriminierungen verhindert.

(BGBl I 2013/107)

(BGBl I 2011/7)

Benachteiligungsverbot

§ 39. Als Reaktion auf eine Beschwerde oder auf die Einleitung eines Verfahrens zur Durchsetzung des Gleichbehandlungsgebotes darf der/die Einzelne nicht benachteiligt werden. Auch eine andere Person, die als Zeuge/Zeugin oder Auskunftsperson in einem Verfahren auftritt oder die Beschwerde unterstützt, darf als Reaktion auf eine solche Beschwerde oder die Einleitung eines solchen Verfahrens zur Durchsetzung des Gleichbehandlungsgebotes nicht benachteiligt werden. § 38 gilt sinngemäß.

(BGBl I 2011/7)

Förderungsmaßnahmen

§ 40. Die Richtlinien über die Vergabe von Förderungen des Bundes an natürliche oder juristische Personen haben Förderungen nur für natürliche oder juristische Personen vorzusehen, die die Bestimmungen des III. Teiles beachten.

(BGBl I 2011/7)

2. Abschnitt
Grundsätze für die Regelung der Gleichbehandlung ohne Unterschied der ethnischen Zugehörigkeit in sonstigen Bereichen

(BGBl I 2011/7)

Für die Regelung der Gleichbehandlung ohne Unterschied der ethnischen Zugehörigkeit in sonstigen Bereichen, soweit dies in die Grundsatzgesetzgebungskompetenz des Bundes fällt, werden die folgenden Grundsätze aufgestellt:

Geltungsbereich

§ 40a. Die Bestimmungen dieses Abschnittes gelten für Rechtsverhältnisse einschließlich deren Anbahnung und Begründung und für die Inanspruchnahme oder Geltendmachung von Leistungen außerhalb eines Rechtsverhältnisses

1. beim Sozialschutz, einschließlich der sozialen Sicherheit und der Gesundheitsdienste,
2. bei sozialen Vergünstigungen,
3. bei der Bildung,
4. beim Zugang zu und Versorgung mit Gütern und Dienstleistungen, die der Öffentlichkeit zur Verfügung stehen, einschließlich von Wohnraum,

sofern dies in die Grundsatzgesetzgebungskompetenz des Bundes fällt.

(BGBl I 2011/7)

Gleichbehandlungsgebot, Begriffsbestimmungen, Rechtsfolgen

§ 40b. §§ 31 bis 35 und 38 bis 39 sind anzuwenden.

(BGBl I 2011/7)

Verpflichtung zur Schaffung oder Benennung einer unabhängigen Stelle

§ 40c. (1) Zur Förderung, Analyse, Beobachtung und Unterstützung der Verwirklichung des Grundsatzes der Gleichbehandlung aller Personen ohne Diskriminierung auf Grund der ethnischen Zugehörigkeit in sonstigen Bereichen sind durch Landesgesetzgebung unabhängige Stellen zu schaffen oder zu benennen.

(2) Durch Landesgesetzgebung ist sicherzustellen, dass es zu den Zuständigkeiten der in Abs. 1 genannten Stellen gehört

1. jene Personen, die sich im Sinne des Abs. 1 diskriminiert fühlen, zu beraten und zu unterstützen,
2. unabhängige Untersuchungen zum Thema Diskriminierung durchzuführen,
3. unabhängige Berichte zu veröffentlichen und Empfehlungen zu allen die Diskriminierung berührenden Fragen abzugeben.

(BGBl I 2011/7)

IV. Teil
Grundsätze für die Regelung der Gleichbehandlung im Arbeitsleben in der Land- und Forstwirtschaft

Für die Regelung der Gleichbehandlung im Arbeitsleben in der Land- und Forstwirtschaft werden gemäß Art. 12 Abs. 1 Z 6 des Bundesverfassungsgesetzes die folgenden Grundsätze aufgestellt:

Geltungsbereich

§ 41. Die Bestimmungen des IV. Teiles gelten für Arbeitsverhältnisse der land- und forstwirtschaftlichen Arbeiter/innen im Sinne des Landarbeitsgesetzes 1984, BGBl. Nr. 287.

(BGBl I 2005/82)

Gleichstellung

§ 42. Ziel ist die Gleichstellung zwischen Frauen und Männern sowie der Abbau von sonstigen Diskriminierungen.

Gleichbehandlungsgebot

§ 43. (1) Auf Grund des Geschlechtes, insbesondere unter Bezugnahme auf den Familienstand oder den Umstand, ob jemand Kinder hat,[a] darf im Zusammenhang mit einem Arbeitsverhältnis niemand unmittelbar oder mittelbar diskriminiert werden, insbesondere nicht

1. bei der Begründung des Arbeitsverhältnisses,
2. bei der Festsetzung des Entgelts,
3. bei der Gewährung freiwilliger Sozialleistungen, die kein Entgelt darstellen,
4. bei Maßnahmen der Aus- und Weiterbildung und Umschulung,
5. beim beruflichen Aufstieg, insbesondere bei Beförderungen,
6. bei den sonstigen Arbeitsbedingungen,
7. bei der Beendigung des Arbeitsverhältnisses.

(BGBl I 2013/107)

[a] Redaktionsversehen in BGBl I 2013/107.

(2) Auf Grund der ethnischen Zugehörigkeit, der Religion oder Weltanschauung, des Alters oder der sexuellen Orientierung darf im Zusammenhang mit einem Arbeitsverhältnis niemand unmittelbar oder mittelbar diskriminiert werden, insbesondere nicht.

1. bei der Begründung des Arbeitsverhältnisses,
2. bei der Festsetzung des Entgelts,
3. bei der Gewährung freiwilliger Sozialleistungen, die kein Entgelt darstellen,
4. bei Maßnahmen der Aus- und Weiterbildung und Umschulung,
5. beim beruflichen Aufstieg, insbesondere bei Beförderungen,
6. bei den sonstigen Arbeitsbedingungen,
7. bei der Beendigung des Arbeitsverhältnisses.

(3) Abs. 2 gilt nicht für unterschiedliche Behandlungen aus Gründen der Staatsangehörigkeit

sowie eine Behandlung, die sich aus der Rechtsstellung von Staatsangehörigen dritter Staaten oder staatenloser Personen ergibt.

Begriffsbestimmungen

§ 44. (1) Eine unmittelbare Diskriminierung liegt vor, wenn eine Person auf Grund ihres Geschlechtes oder auf Grund eines in § 43 Abs. 2 genannten Grundes in einer vergleichbaren Situation eine weniger günstige Behandlung erfährt, als eine andere Person erfährt, erfahren hat oder erfahren würde.

(BGBl I 2005/82)

(2) Eine mittelbare Diskriminierung liegt vor, wenn dem Anschein nach neutrale Vorschriften, Kriterien oder Verfahren Personen eines bestimmten Geschlechtes, oder Personen, die einer ethnischen Gruppe angehören, oder Personen mit einer bestimmten Religion oder Weltanschauung, einem bestimmten Alter oder mit einer bestimmten sexuellen Orientierung gegenüber anderen Personen in besonderer Weise benachteiligen können, es sei denn, die betreffenden Vorschriften, Kriterien oder Verfahren sind durch ein rechtmäßiges Ziel sachlich gerechtfertigt und die Mittel sind zur Erreichung dieses Zieles angemessen und erforderlich.

(BGBl I 2005/82)

(3) Eine Diskriminierung liegt auch bei Anweisung einer Person zur Diskriminierung vor.

(4) Eine Diskriminierung liegt auch vor, wenn eine Person auf Grund ihres Naheverhältnisses zu einer Person wegen deren Geschlechts, deren ethnischer Zugehörigkeit, deren Religion oder Weltanschauung, deren Alters oder deren sexuellen Orientierung diskriminiert wird.

(BGBl I 2011/7)

Ausnahmebestimmungen

§ 45. (1) Bei Ungleichbehandlung wegen eines Merkmals, das im Zusammenhang mit einem der in § 43 Abs. 2 genannten Diskriminierungsgründe steht, liegt keine Diskriminierung vor, wenn das betreffende Merkmal auf Grund der Art einer bestimmten beruflichen Tätigkeit oder der Rahmenbedingungen ihrer Ausübung eine wesentliche und entscheidende berufliche Voraussetzung darstellt und sofern es sich um einen rechtmäßigen Zweck und eine angemessene Anforderung handelt.

(2) Eine Diskriminierung auf Grund der Religion oder Weltanschauung liegt in Bezug auf berufliche Tätigkeiten innerhalb von Kirchen oder anderen öffentlichen oder privaten Organisationen, deren Ethos auf religiösen Grundsätzen oder Weltanschauungen beruht, nicht vor, wenn die Religion oder die Weltanschauung dieser Person nach der Art dieser Tätigkeiten oder der Umstände ihrer Ausübung eine wesentliche, rechtmäßige und gerechtfertigte berufliche Anforderung angesichts des Ethos der Organisation darstellt.

(3) Eine Diskriminierung auf Grund des Alters liegt nicht vor, wenn die Ungleichbehandlung

1. objektiv und angemessen ist,
2. durch ein legitimes Ziel, insbesondere rechtmäßige Ziele aus den Bereichen Beschäftigungspolitik, Arbeitsmarkt und berufliche Bildung gerechtfertigt ist und
3. die Mittel zur Erreichung dieses Zieles angemessen und erforderlich sind.

(4) Ungleichbehandlungen nach Abs. 3 können insbesondere einschließen

1. die Festlegung besonderer Bedingungen für den Zugang zur Beschäftigung und zur beruflichen Bildung sowie besonderer Beschäftigungs- und Arbeitsbedingungen, einschließlich der Bedingungen für Entlassung und Entlohnung, um die berufliche Eingliederung von Jugendlichen, älteren Arbeitnehmer/innen und Personen mit Fürsorgepflichten zu fördern oder ihren Schutz sicherzustellen,
2. die Festlegung von Mindestanforderungen an das Alter, die Berufserfahrung oder des Dienstalters für den Zugang zur Beschäftigung oder für bestimmte mit der Beschäftigung verbundenen Vorteile,
3. die Festsetzung eines Höchstalters für die Einstellung auf Grund der spezifischen Ausbildungsanforderungen eines bestimmten Arbeitsplatzes oder auf Grund der Notwendigkeit einer angemessenen Beschäftigungszeit vor dem Eintritt in den Ruhestand.

(5) Eine Diskriminierung auf Grund des Alters liegt auch nicht vor bei den betrieblichen Systemen der sozialen Sicherheit durch Festsetzung von Altersgrenzen als Voraussetzung für die Mitgliedschaft oder den Bezug von Altersrente oder von Leistungen bei Invalidität einschließlich der Festsetzung unterschiedlicher Altersgrenzen im Rahmen dieser Systeme für bestimmte Beschäftigte oder Gruppen oder Kategorien von Beschäftigten und die Verwendung im Rahmen dieser Systeme von Alterskriterien für versicherungsmathematische Berechnungen, sofern dies nicht zu Diskriminierungen wegen des Geschlechtes führt.

Sexuelle Belästigung

§ 46. (1) Eine Diskriminierung auf Grund des Geschlechtes liegt auch vor, wenn eine Person

1. vom/von der Arbeitgeber/in selbst sexuell belästigt wird,
2. durch den/die Arbeitgeber/in dadurch diskriminiert wird, indem er/sie es schuldhaft unterlässt, im Falle einer sexuellen Belästigung durch Dritte (Z 3) eine auf Grund gesetzlicher Bestimmungen, Normen der kollektiven Rechtsgestaltung oder des Arbeitsvertrages angemessene Abhilfe zu schaffen oder
3. durch Dritte in Zusammenhang mit seinem/ihrem Arbeitsverhältnis belästigt wird.

(2) Sexuelle Belästigung liegt vor, wenn ein der sexuellen Sphäre zugehöriges Verhalten gesetzt wird, das die Würde einer Person beeinträchtigt oder dies bezweckt, für die betroffene Person unerwünscht, unangebracht oder anstößig ist und

1. eine einschüchternde, feindselige oder demütigende Arbeitsumwelt für die betroffene Person schafft oder dies bezweckt oder
2. der Umstand, dass die betroffene Person ein der sexuellen Sphäre zugehöriges Verhalten seitens des/der Arbeitgebers/Arbeitgeberin oder Vorgesetzten oder Kolleg/inn/en zurückweist oder duldet, ausdrücklich oder stillschweigend zur Grundlage einer Entscheidung mit Auswirkungen auf den Zugang dieser Person zur Berufsausbildung, Beschäftigung, Weiterbeschäftigung, Beförderung oder Entlohnung oder zur Grundlage einer anderen Entscheidung in der Arbeitswelt gemacht wird.

(BGBl I 2008/98)

(3) Eine Diskriminierung liegt auch bei Anweisung zur sexuellen Belästigung einer Person vor.

(4) Eine Diskriminierung liegt auch vor, wenn eine Person auf Grund ihres Naheverhältnisses zu einer Person wegen deren Geschlechts sexuell belästigt wird.

(BGBl I 2011/7)

Belästigung

§ 47. (1) Eine Diskriminierung liegt auch vor, wenn eine Person in der Arbeitswelt durch geschlechtsbezogene oder mit einem der Gründe nach § 43 Abs. 2 in Zusammenhang stehende Verhaltensweisen

1. vom/von der Arbeitgeber/in selbst belästigt wird,
2. durch den/die Arbeitgeber/in dadurch diskriminiert wird, indem er/sie es schuldhaft unterlässt, im Falle einer Belästigung durch Dritte eine auf Grund gesetzlicher Bestimmungen, Normen der kollektiven Rechtsgestaltung oder des Arbeitsvertrages angemessene Abhilfe zu schaffen oder
3. durch Dritte in Zusammenhang mit seinem/ihrem Arbeitsverhältnis belästig wird.

(2) Belästigung liegt vor, wenn ein geschlechtsbezogenes oder mit einem der Gründe nach § 43 Abs. 2 in Zusammenhang stehendes Verhalten gesetzt wird, das die Würde einer Person beeinträchtigt oder dies bezweckt, für die betroffene Person unerwünscht ist und

1. eine einschüchternde, feindselige oder demütigende Arbeitsumwelt für die betroffene Person schafft oder dies bezweckt oder
2. der Umstand, dass die betroffene Person eine solche Verhaltensweise seitens des/der Arbeitgebers/Arbeitgeberin oder Vorgesetzten oder Kolleg/inn/en zurückweist oder duldet, ausdrücklich oder stillschweigend zur Grundlage einer Entscheidung mit Auswirkungen auf den Zugang dieser Person zur Berufsausbildung, Beschäftigung, Weiterbeschäftigung, Beförderung und Entlohnung oder zur Grundlage einer anderen Entscheidung in der Arbeitswelt gemacht wird.

(BGBl I 2008/98)

(3) Eine Diskriminierung liegt auch bei Anweisung zur Belästigung einer Person vor.

(4) Eine Diskriminierung liegt auch vor, wenn eine Person auf Grund ihres Naheverhältnisses zu einer Person wegen deren Geschlechts, deren ethnischer Zugehörigkeit, deren Religion oder Weltanschauung, deren Alters oder deren sexueller Orientierung belästigt wird.

(BGBl I 2011/7)

Positive Maßnahmen

§ 48. Die in Gesetzen, in Verordnungen, in Instrumenten der kollektiven Rechtsgestaltung oder in generellen mehrere Arbeitnehmer/innen umfassende Verfügungen des/der Arbeitgebers/Arbeitgeberin getroffenen spezifischen Maßnahmen zur Förderung der Gleichstellung im Berufsleben, mit denen Benachteiligungen wegen des Geschlechtes oder eines Diskriminierungsgrundes nach § 43 Abs. 2 verhindert oder ausgeglichen werden, gelten nicht als Diskriminierung im Sinne dieses Gesetzes.

(BGBl I 2005/82)

Gebot der geschlechtsneutralen und diskriminierungsfreien Stellenausschreibung

§ 49. (1) Der/die Arbeitgeber/in darf einen Arbeitsplatz weder öffentlich noch innerhalb des Betriebes (Unternehmens) nur für Männer oder nur für Frauen ausschreiben oder durch Dritte ausschreiben lassen, es sei denn, ein bestimmtes Geschlecht ist unverzichtbare Voraussetzung für die Ausübung der vorgesehenen Tätigkeit. Die Ausschreibung darf auch keine zusätzlichen Anmerkungen enthalten, die auf ein bestimmtes Geschlecht schließen lassen.

(2) Der/die Arbeitgeber/in darf einen Arbeitsplatz weder öffentlich noch innerhalb des Betriebes (Unternehmens) in sonst diskriminierender Weise ausschreiben oder durch Dritte ausschreiben lassen, es sei denn, das betreffende Merkmal stellt auf Grund der Art einer bestimmten beruflichen Tätigkeit oder der Bedingungen ihrer Ausübung eine wesentliche und entscheidende berufliche Anforderung dar, sofern es sich um einen rechtmäßigen Zweck und eine angemessene Anforderung handelt.

(3) Das Gebot der geschlechtsneutralen und diskriminierungsfreien Stellenausschreibung richtet sich in gleicher Weise an private Arbeitsvermittler/innen gemäß §§ 2 ff des Arbeitsmarktförderungsgesetzes und an mit der Arbeitsvermittlung betraute juristische Personen öffentlichen Rechts.

(BGBl I 2005/82, BGBl I 2011/7)

(4) Der/die Arbeitgeber/in oder private Arbeitsvermittler/in gemäß den §§ 2 ff des Arbeitsmarktförderungsgesetzes oder eine mit der Arbeitsvermittlung betraute juristische Person öffentlichen Rechts ist verpflichtet, in der Ausschreibung das für den ausgeschriebenen Arbeitsplatz geltende kollektivvertragliche oder das durch Gesetz oder andere Normen der kollektiven Rechtsgestaltung geltende Mindestentgelt anzugeben und auf die

Bereitschaft zur Überzahlung hinzuweisen, wenn eine solche besteht. § 9 Abs. 2 vorletzter und letzter Satz gelten sinngemäß.

(BGBl I 2011/7, BGBl I 2013/107)

Entlohnungskriterien

§ 50. Betriebliche Einstufungsregelungen und Normen der kollektiven Rechtsgestaltung haben bei der Regelung der Entlohnungskriterien den Grundsatz des gleichen Entgelts für gleiche Arbeit oder eine Arbeit, die als gleichwertig anerkannt wird, zu beachten und dürfen weder Kriterien für die Beurteilung der Arbeit der Frauen einerseits und der Arbeit der Männer andererseits vorschreiben, die zu einer Diskriminierung führen, noch Kriterien vorschreiben, die zu einer Diskriminierung wegen eines in § 43 Abs. 2 genannten Grundes führen.

Rechtsfolgen der Verletzung des Gleichbehandlungsgebotes

§ 51. (1) Ist das Arbeitsverhältnis wegen Verletzung des Gleichbehandlungsgebotes des § 43 Abs. 1 Z 1 oder des § 43 Abs. 2 Z 1 nicht begründet worden, so ist der/die Arbeitgeber/in gegenüber dem/der Stellenwerber/in zum Ersatz des Vermögensschadens und zu einer Entschädigung für die erlittene persönliche Beeinträchtigung verpflichtet. Der Ersatzanspruch beträgt

1. mindestens zwei Monatsentgelte, wenn der/die Stellenwerber/in bei diskriminierungsfreier Auswahl die Stelle erhalten hätte, oder
(BGBl I 2008/98)
2. bis 500 Euro, wenn der/die Arbeitgeber/in nachweisen kann, dass der einem/einer Stellenwerber/in durch die Diskriminierung entstandene Schaden nur darin besteht, dass die Berücksichtigung seiner/ihrer Bewerbung verweigert wird.

(2) Erhält ein/e Arbeitnehmer/in wegen Verletzung des Gleichbehandlungsgebotes des § 43 Abs. 1 Z 2 oder des § 43 Abs. 2 Z 2 durch den/die Arbeitgeber/in für gleiche Arbeit oder für eine Arbeit, die als gleichwertig anerkannt wird, ein geringeres Entgelt als ein/e Arbeitnehmer/in des anderen Geschlechtes oder ein geringeres Entgelt als ein/e Arbeitnehmer/in, bei dem/der eine Diskriminierung wegen eines in § 43 Abs. 2 genannten Grundes nicht erfolgt, so hat er/sie gegenüber dem/der Arbeitgeber/in Anspruch auf Bezahlung der Differenz und eine Entschädigung für die erlittene persönliche Beeinträchtigung.

(3) Bei Verletzung des Gleichbehandlungsgebotes des § 43 Abs. 1 Z 3 oder des § 43 Abs. 2 Z 3 hat der/die Arbeitnehmer/in Anspruch auf Gewährung der betreffenden Sozialleistung oder Ersatz des Vermögensschadens und auf eine Entschädigung für die erlittene persönliche Beeinträchtigung.

(4) Bei Verletzung des Gleichbehandlungsgebotes des § 43 Abs. 1 Z 4 oder des § 43 Abs. 2 Z 4 hat der/die Arbeitnehmer/in Anspruch auf Einbeziehung in die entsprechenden betrieblichen Aus- und Weiterbildungsmaßnahmen oder auf Ersatz des Vermögensschadens und auf eine Entschädigung für die erlittene persönliche Beeinträchtigung.

(5) Ist ein/e Arbeitnehmer/in wegen Verletzung des Gleichbehandlungsgebotes des § 43 Abs. 1 Z 5 oder des § 43 Abs. 2 Z 5 nicht beruflich aufgestiegen, so ist der/die Arbeitgeber/in gegenüber dem/der Arbeitnehmer/in zum Ersatz des Vermögensschadens und zu einer Entschädigung für die erlittene persönliche Beeinträchtigung verpflichtet. Der Ersatzanspruch beträgt,

1. die Entgeltdifferenz für mindestens drei Monate, wenn der/die Arbeitnehmer/in bei diskriminierungsfreier Auswahl beruflich aufgestiegen wäre, oder
2. bis 500 Euro, wenn der/die Arbeitgeber/in nachweisen kann, dass der einem/einer Arbeitnehmer/in durch die Diskriminierung entstandene Schaden nur darin besteht, dass die Berücksichtigung seiner/ihrer Bewerbung verweigert wird.

(6) Bei Verletzung des Gleichbehandlungsgebotes des § 43 Abs. 1 Z 6 oder des § 43 Abs. 2 Z 6 hat der/die Arbeitnehmer/in Anspruch auf Gewährung der gleichen Arbeitsbedingungen wie ein/e Arbeitnehmer/in des anderen Geschlechtes oder wie ein/e Arbeitnehmer/in, bei dem/der eine Diskriminierung wegen eines in § 43 Abs. 2 genannten Grundes nicht erfolgt, oder auf Ersatz des Vermögensschadens und auf eine Entschädigung für die erlittene persönliche Beeinträchtigung.

(7) Ist das Arbeitsverhältnis vom/von der Arbeitgeber/in wegen des Geschlechtes des/der Arbeitnehmers/Arbeitnehmerin oder wegen eines in § 43 Abs. 2 genannten Grundes oder wegen der nicht offenbar unberechtigten Geltendmachung von Ansprüchen nach diesem Gesetz gekündigt oder vorzeitig beendigt worden oder ist das Probearbeitsverhältnis wegen eines solchen Grundes aufgelöst worden (§ 43 Abs. 1 Z 7 oder § 43 Abs. 2 Z 7), so kann die Kündigung, Entlassung oder Auflösung des Probearbeitsverhältnisses bei Gericht angefochten werden. Ist ein befristetes, auf die Umwandlung in ein unbefristetes Arbeitsverhältnis angelegtes Arbeitsverhältnis wegen des Geschlechtes des/der Arbeitnehmers/Arbeitnehmerin oder wegen eines in § 43 Abs. 2 genannten Grundes oder wegen der nicht offenbar unberechtigten Geltendmachung von Ansprüchen nach diesem Gesetz durch Zeitablauf beendet worden, so kann auf Feststellung des unbefristeten Bestehens des Arbeitsverhältnisses geklagt werden. Lässt der/die Arbeitnehmer/in die Beendigung gegen sich gelten, so hat er/sie Anspruch auf Ersatz des Vermögensschadens und auf eine Entschädigung für die erlittene persönliche Beeinträchtigung.

(BGBl I 2008/98)

(8) Bei einer sexuellen Belästigung nach § 46 oder einer Belästigung nach § 47 hat der/die Arbeitnehmer/in gegenüber dem/der Belästiger/in und im Fall des § 46 Abs. 1 Z 2 oder 47 Abs. 1 Z 2 auch gegenüber dem/der Arbeitgeber/in Anspruch

auf Ersatz des erlittenen Schadens. Soweit der Nachteil nicht nur in einer Vermögenseinbuße besteht, hat die betroffene Person zum Ausgleich der erlittenen persönlichen Beeinträchtigung Anspruch auf angemessenen, mindestens jedoch auf 1 000 Euro Schadenersatz.

(BGBl I 2008/98, BGBl I 2011/7)

(9) Insoweit sich im Streitfall die betroffene Person auf einen Diskriminierungstatbestand im Sinne der §§ 43, 46, oder 47 beruft, hat er/sie diesen glaubhaft zu machen. Dem/der Beklagten obliegt es bei Berufung auf § 43 zu beweisen, dass es bei Abwägung aller Umstände wahrscheinlicher ist, dass ein anderes vom/von der Beklagten glaubhaft gemachtes Motiv für die unterschiedliche Behandlung ausschlaggebend war oder das andere Geschlecht unverzichtbare Voraussetzung für die auszuübende Tätigkeit ist oder ein Rechtfertigungsgrund im Sinne der §§ 44 Abs. 2 oder 45 vorliegt. Bei Berufung auf §§ 46 oder 47 obliegt es dem/der Beklagten zu beweisen, dass es bei Abwägung aller Umstände wahrscheinlich ist, dass die vom/von der Beklagten glaubhaft gemachten Tatsachen der Wahrheit entsprechen.

(BGBl I 2005/82)

(10) Liegt eine Mehrfachdiskriminierung vor, so ist darauf bei der Bemessung der Höhe der Entschädigung für die erlittene persönliche Beeinträchtigung Bedacht zu nehmen.

(BGBl I 2008/98)

(11) Die Höhe der Entschädigung für die erlittene persönliche Beeinträchtigung ist so zu bemessen, dass dadurch die Beeinträchtigung tatsächlich und wirksam ausgeglichen wird und die Entschädigung der erlittenen Beeinträchtigung angemessen ist sowie Diskriminierungen verhindert.

(BGBl I 2013/107)

Benachteiligungsverbot

§ 52. Als Reaktion auf eine Beschwerde darf ein/e Arbeitnehmer/in durch den/die Arbeitgeber/in innerhalb des betreffenden Unternehmens (Betriebes) oder auf die Einleitung eines Verfahrens zur Durchsetzung des Gleichbehandlungsgebotes nicht entlassen, gekündigt oder anders benachteiligt werden. Auch ein/e andere/r Arbeitnehmer/in, der/die als Zeuge/Zeugin oder Auskunftsperson in einem Verfahren auftritt oder eine Beschwerde eines/einer anderen Arbeitnehmers/Arbeitnehmerin unterstützt, darf als Reaktion auf eine Beschwerde oder auf die Einleitung eines Verfahrens zur Durchsetzung des Gleichbehandlungsgebotes nicht entlassen, gekündigt oder anders benachteiligt werden. § 51 gilt sinngemäß.

(BGBl I 2008/98)

Aufgaben einer Gleichbehandlungskommission

§ 53. (1) Soweit die Landesgesetzgebung eine Gleichbehandlungskommission vorsieht, hat sich diese mit allen die Diskriminierung im Sinne der §§ 43 bis 47 berührenden Fragen zu befassen.

(2) Die Kommission kann Gutachten über Fragen der Diskriminierung im Sinne der §§ 43 bis 47 erstatten. Gutachten sind insbesondere bei Verletzung des Gleichbehandlungsgebotes durch Regelungen der kollektiven Rechtsgestaltung zu erstatten.

§ 54. (1) Die Kommission kann im Einzelfall prüfen, ob eine Verletzung des Gleichbehandlungsgebotes vorliegt. Stellt die Kommission eine Verletzung des Gleichbehandlungsgebotes fest, so kann sie den/die Arbeitgeber/in davon benachrichtigen und ihn/sie zur Beendigung der Diskriminierung auffordern.

(2) Die Landesgesetzgebung hat vorzusehen, dass der/die Arbeitnehmer/in das Recht hat, sich im Verfahren vor der Kommission durch eine Person seines/ihres Vertrauens, insbesondere eine/n Vertreter/in einer Interessenvertretung oder einer Nichtregierungsorganisation, vertreten zu lassen; weiters, dass die Kommission auf Antrag des/der Arbeitnehmers/Arbeitnehmerin eine/n Vertreter/in einer von dieser Person namhaft gemachten Nichtregierungsorganisation als Auskunftsperson beizuziehen hat und die Kommission den/die Arbeitnehmer/in zugleich mit der Einleitung der jeweiligen Einzelfallprüfung über dieses Antragsrecht ausdrücklich zu belehren hat.

(3) Kommt der/die Arbeitgeber/in der Aufforderung der Kommission nach Abs. 1 nicht nach, so können die zuständigen kollektivvertragsfähigen Körperschaften oder die Anwältin für Gleichbehandlung oder ein/e Gleichbehandlungsbeauftragte/r die gerichtliche Feststellung der Verletzung des Gleichbehandlungsgebotes begehren.

(4) Die Kommission kann im Falle einer Vermutung der Verletzung des Gleichbehandlungsgebotes den/die Arbeitgeber/in zur Erstattung eines schriftlichen Berichtes auffordern. Der Bericht hat alle zur Beurteilung der Einhaltung des Gleichbehandlungsgebotes notwendigen Angaben zu enthalten.

Anwältin für Gleichbehandlung; Gleichbehandlungsbeauftragte/r

§ 55. (1) Wenn die Landesgesetzgebung vorsieht, dass der Gleichbehandlungskommission als unabhängige Stelle eine Anwältin für Gleichbehandlung oder ein/e Gleichbehandlungsbeauftragte/r angehört, ist diese zuständig für die Beratung und Unterstützung von Personen, die sich im Sinne dieses Gesetzes diskriminiert fühlen. Die Landesgesetzgebung kann diese Institutionen auch anders benennen.

(2) Der/die Arbeitgeber/in, der Betriebsrat und alle Beschäftigten des betroffenen Betriebes sind durch die Landesgesetzgebung zu verpflichten, einer Anwältin für Gleichbehandlung oder einem/einer Gleichbehandlungsbeauftragten die für die Durchführung ihrer Aufgaben erforderlichen Auskünfte zu erteilen.

(3) Wenn eine Anwältin für Gleichbehandlung oder ein/e Gleichbehandlungsbeauftragte/r die Vermutung der Nichteinhaltung des Gleichbe-

handlungsgebotes hat und der Kommission die behaupteten Umstände glaubhaft macht, hat die Kommission von Amts wegen ein Verfahren einzuleiten.

(4) Die Landesgesetzgebung hat vorzusehen, dass eine Anwältin für Gleichbehandlung oder eine/e Gleichbehandlungsbeauftragte im Auftrag der Kommission berechtigt ist, die betrieblichen Räume zu betreten, in die Unterlagen der Betriebe Einsicht zu nehmen und Abschriften oder Ablichtungen der Unterlagen anzufertigen.

(5) Die Landesgesetzgebung hat vorzusehen, dass eine Anwältin für Gleichbehandlung oder ein/e Gleichbehandlungsbeauftragte/r bei der Ermittlungstätigkeit den Betriebsrat zur Mitwirkung heranzuziehen hat.

Veröffentlichung

§ 56. Die Landesgesetzgebung kann vorsehen, dass die Kommission ihre Gutachten sowie rechtskräftige Urteile, die Verletzungen des Gleichbehandlungsgebotes feststellen, in einem Publikationsorgan des Landes zu veröffentlichen hat. Diese Veröffentlichung kann auch im Falle der Nichtbeachtung der Aufforderung gemäß § 54 Abs. 3 durch den Arbeitgeber vorgesehen werden.

Auskunftspflicht

§ 57. Die Arbeitgeber/innen und alle Beschäftigten der betroffenen Betriebe sind durch die Landesgesetzgebung zu verpflichten, einer Gleichbehandlungskommission die für die Durchführung ihrer Aufgaben erforderlichen Auskünfte zu erteilen.

Strafbestimmungen

§ 58. Die Ausführungsgesetzgebung hat zu bestimmen, dass Stellenausschreibungen entgegen den in Ausführung des § 49 ergangenen landesgesetzlichen Bestimmungen durch private Arbeitsvermittler/innen gemäß den §§ 2 ff des Arbeitsmarktförderungsgesetzes oder durch mit der Arbeitsvermittlung betraute juristische Personen öffentlichen Rechts oder durch eine/n Arbeitgeber/in von der Bezirksverwaltungsbehörde auf Antrag des/der Stellenwerbers/Stellenwerberin oder der Anwältin für Gleichbehandlung oder eines/einer Gleichbehandlungsbeauftragten, sofern eine solche durch die Landesgesetzgebung vorgesehen ist, mit Geldstrafe zu bestrafen sind. Deren Höhe ist von der Ausführungsgesetzgebung festzusetzen.

(BGBl I 2005/82, BGBl I 2011/7)

V. Teil
Schlussbestimmungen

Verweisungen

§ 59. Soweit in diesem Bundesgesetz auf andere Bundesgesetze verwiesen wird, sind diese in der jeweils geltenden Fassung anzuwenden.

~~Auflegen des Gesetzes~~

§ 60. ~~Jede/r Arbeitgeber/in hat einen Abdruck dieses Bundesgesetzes im Betrieb an geeigneter, für die Arbeitnehmer/innen leicht zugänglicher Stelle aufzulegen oder den Arbeitnehmer/inne/n mittels eines sonstigen Datenträgers samt Ablesevorrichtung, durch geeignete elektronische Datenverarbeitung oder durch geeignete Telekommunikationsmittel zugänglich zu machen.~~

(BGBl I 2017/40)

Begründungspflicht des Gerichtes

§ 61. In einem gerichtlichen Verfahren wegen Verletzung des Gleichbehandlungsgebotes hat sich das Gericht mit einem Gutachten oder einem Prüfungsergebnis der Gleichbehandlungskommission im Einzelfall zu befassen und ein davon abweichendes Urteil zu begründen.

Nebenintervention

§ 62. Der Klagsverband zur Durchsetzung der Rechte von Diskriminierungsopfern kann, wenn es ein/e Betroffene/r verlangt, einem Rechtsstreit zur Durchsetzung von Ansprüchen nach diesem Bundesgesetz als Nebenintervenient (§§ 17 bis 19 ZPO) beitreten.

(BGBl I 2013/107)

Dialog mit Nichtregierungsorganisationen

§ 62a. Der Bundeskanzler/die Bundeskanzlerin führt mindestens ein Mal pro Jahr einen Dialog mit Nichtregierungsorganisationen, deren Zielsetzung es ist, Diskriminierungen im Sinne dieses Gesetzes zu bekämpfen und die Einhaltung des Gleichbehandlungsgrundsatzes zu fördern.

(BGBl I 2013/107)

Inkrafttreten

§ 63. (1) Dieses Bundesgesetz tritt mit 1. Juli 2004 in Kraft.

(2) Die Ausführungsgesetze der Bundesländer zu den im III. Teil, 2. Abschnitt und im IV. Teil geregelten Grundsätzen sind binnen sechs Monaten ab dem der Kundmachung folgenden Tag zu erlassen.

(3) §§ 12 Abs. 12, 22, 26 Abs. 12, 35 Abs. 3, 41, 44 Abs. 1 und 2, 48, 49 Abs. 3, 51 Abs. 9 sowie 58 in der Fassung des Bundesgesetzes BGBl. I Nr. 82/2005 treten mit 1. Juli 2004 in Kraft, §§ 15 Abs. 4, 29 Abs. 4 sowie 35 Abs. 4 in der Fassung des Bundesgesetzes BGBl. I Nr. 82/2005 treten mit 1. Jänner 2006 in Kraft. Die Ausführungsgesetze zu §§ 41, 44 Abs. 1 und 2, 48, 49 Abs. 3, 51 Abs. 9 und 58 sind binnen sechs Monaten ab dem der Kundmachung folgenden Tag zu erlassen.

(BGBl I 2005/82)

(4) §§ 6 Abs. 2, 7 Abs. 2, 8, 12 Abs. 1 Z 1, 7, 8, 11 und 13, 13 letzter Satz, 15 Abs. 1 und 1a, 17 Abs. 2, 21 Abs. 2, 22, 26 Abs. 1 Z 1, 7, 8, 11 und 13, 27, 29 Abs. 1 und 1a, 31 Abs. 2, 35 Abs. 2, 5 und 6, 36, der IIIa. Teil sowie §§ 46 Abs. 2, 47 Abs. 2, 51 Abs. 1 Z 1, 7, 8 und 10 sowie § 52 letzter Satz in der Fassung des Bundesgesetzes BGBl. I Nr. 98/2008 treten mit 1. August 2008 in Kraft. Die Ausführungsgesetze zu §§ 46 Abs. 2, 47 Abs. 2, 51 Abs. 1 Z 1, 7, 8 und 10 sowie § 52 letz-

ter Satz sind binnen sechs Monaten ab dem der Kundmachung folgenden Tag zu erlassen.

(BGBl I 2008/98)

(5) Das Inhaltsverzeichnis, § 5 Abs. 4, § 6 Abs. 4, § 7 Abs. 4, § 9, § 10 Abs. 1, Abs. 3 Z 1 und Abs. 4, § 11a, § 12 Abs. 11 letzter Satz, § 19 Abs. 4, § 21 Abs. 4, § 23, § 24 Abs. 1, Abs. 3 Z 1 und Abs. 4, § 26 Abs. 11 letzter Satz, der III. Teil sowie § 44 Abs. 4, § 46 Abs. 4, § 47 Abs. 4, § 49 Abs. 3 und 4, § 51 Abs. 8 letzter Satz, § 58, die Überschrift zu § 63 und § 64, in der Fassung des Bundesgesetzes BGBl. I Nr. 7/2011 treten mit 1. März 2011 in Kraft. § 10 Abs. 2 und Abs. 3 Z 2 sowie § 24 Abs. 2 und Abs. 3 Z 2 treten mit 1. Jänner 2012 in Kraft. Der IIIa. Teil tritt mit Ablauf des 28. Februar 2011 außer Kraft. Die Ausführungsgesetze zu § 44 Abs. 4, § 46 Abs. 4, § 47 Abs. 4, § 49 Abs. 3 und 4, § 51 Abs. 8 letzter Satz und § 58 sind binnen sechs Monaten ab dem der Kundmachung folgenden Tag zu erlassen.

(BGBl I 2011/7)

(6) Für Arbeitgeber/innen, die dauernd mehr als 1 000 Arbeitnehmer/innen beschäftigen, tritt die Verpflichtung zur Erstellung eines Einkommensberichts nach § 11a in der Fassung des Bundesgesetzes BGBl. I Nr. 7/2011 mit 1. März 2011 in Kraft; der Bericht ist für das Jahr 2010 zu erstellen. Der Bericht für das Berichtsjahr 2010 ist bis spätestens 31. Juli 2011 in der in § 11a Abs. 3 geregelten Weise zu übermitteln bzw. aufzulegen. Für Arbeitgeber/innen, die dauernd weniger als 1 001, aber mehr als 500 Arbeitnehmer/innen beschäftigen, tritt die Verpflichtung zur Erstellung eines Einkommensberichts nach § 11a in der Fassung des Bundesgesetzes BGBl. I Nr. 7/2011 mit 1. Jänner 2012 in Kraft; der Bericht ist für das Jahr 2011 zu erstellen. Für Arbeitgeber/innen, die dauernd weniger als 501, aber mehr als 250 Arbeitnehmer/innen beschäftigen, tritt die Verpflichtung zur Erstellung eines Einkommensberichts nach § 11a in der Fassung des Bundesgesetzes BGBl. I Nr. 7/2011 mit 1. Jänner 2013 in Kraft; der Bericht ist für das Jahr 2012 zu erstellen. Für Arbeitgeber/innen, die dauernd weniger als 251, aber mehr als 150 Arbeitnehmer/innen beschäftigen, tritt die Verpflichtung zur Erstellung eines Einkommensberichts nach § 11a in der Fassung des Bundesgesetzes BGBl. I Nr. 7/2011 mit 1. Jänner 2014 in Kraft; der Bericht ist für das Jahr 2013 zu erstellen.

(BGBl I 2011/7)

(7) § 10 Abs. 4, § 24 Abs. 4 und § 37 Abs. 2 in der Fassung des Bundesgesetzes BGBl. I Nr. 71/2013 treten mit 1. Jänner 2014 in Kraft.

(BGBl I 2013/71)

(8) Das Inhaltsverzeichnis, § 1 Abs. 1 Z 2 und 4, § 3, § 4, § 9 Abs. 2, § 10, § 12 Abs. 14, § 15 Abs. 1 und 2, § 16 Abs. 1 Z 2 und 4, § 18 Z 1 und 3, § 23 Abs. 2, § 24 Abs. 1 bis 4, § 26 Abs. 14, § 31 Abs. 1, § 37, § 38 Abs. 4, 6 und 7, § 43 Abs. 1, § 49 Abs. 4 letzter Satz, § 51 Abs. 11, § 62, § 62a sowie § 64 Abs. 1 Z 1 und 2a in der Fassung des Bundesgesetzes BGBl. I Nr. 107/2013 treten mit 1. August 2013 in Kraft. Die Ausführungsgesetze zu § 43 Abs. 1, § 49 Abs. 4 letzter Satz und § 51 Abs. 11 sind binnen sechs Monaten ab dem der Kundmachung folgenden Tag zu erlassen.

(BGBl I 2013/107)

(9) § 30 Abs. 4 in der Fassung des Bundesgesetzes BGBl. I Nr. 34/2015 tritt mit 1. Jänner 2016 in Kraft.

(BGBl I 2015/34)

„(10) Das Inhaltsverzeichnis in der Fassung des Deregulierungsgesetzes 2017, BGBl. I Nr. 40/2017, tritt mit 1. Juli 2017 in Kraft. § 60 samt Überschrift tritt mit Ablauf des 30. Juni 2017 außer Kraft."

(BGBl I 2017/40)

(BGBl I 2011/7)

Vollziehung

§ 64. (1) Mit der Vollziehung dieses Bundesgesetzes sind betraut

1. hinsichtlich der §§ 14, 28 und 40 der/die jeweils für die Förderungen zuständige Bundesminister/in,

   (BGBl I 2013/107)

2. hinsichtlich der §§ 61 und 62 der/die Bundesminister/in für Justiz,

2a. hinsichtlich des § 62a der/die Bundeskanzler/in,

   (BGBl I 2013/107)

3. im Übrigen der/die Bundesminister/in für Arbeit, Soziales und Konsumentenschutz.

   (BGBl I 2011/7)

(2) Mit der Wahrnehmung der dem Bund nach Art. 15 Abs. 8 B-VG hinsichtlich des III. Teiles, 2. Abschnitt, zustehenden Rechte ist der/die Bundesminister/in für Arbeit, Soziales und Konsumentenschutz betraut. Mit der Wahrnehmung der dem Bund nach Art. 15 Abs. 8 B-VG hinsichtlich des IV. Teiles zustehenden Rechte ist hinsichtlich des § 54 Abs. 3 der/die Bundesminister/in für Justiz, im Übrigen der/die Bundesminister/in für Arbeit, Soziales und Konsumentenschutz betraut.

(BGBl I 2011/7)

28. Insolvenz-Entgeltsicherungsgesetz

Insolvenz-Entgeltsicherungsgesetz, BGBl 1977/324 idF

1	BGBl 1979/107	2	BGBl 1980/580	3	BGBl 1981/209
4	BGBl 1982/647	5	BGBl 1983/613	6	BGBl 1985/104
7	BGBl 1986/69	8	BGBl 1986/395	9	BGBl 1987/618
10	BGBl 1990/282	11	BGBl 1991/628	12	BGBl 1992/835
13	BGBl 1993/799	14	BGBl 1993/817	15	BGBl 1994/153
16	BGBl 1994/314	17	BGBl 1995/297	18	BGBl 1996/754
19	BGBl I 1997/107	20	BGBl I 1998/30	21	BGBl I 1999/73
22	BGBl I 2000/26	23	BGBl I 2000/44	24	BGBl I 2000/142
25	BGBl I 2001/88	26	BGBl I 2002/100	27	BGBl I 2002/158
28	BGBl I 2003/71	29	BGBl I 2003/128	30	BGBl I 2004/77
31	BGBl I 2005/8	32	BGBl I 2005/36	33	BGBl I 2005/102
34	BGBl I 2005/114	35	BGBl I 2005/139	36	BGBl I 2006/86
37	BGBl I 2007/104	38	BGBl I 2008/82	39	BGBl I 2009/70
40	BGBl I 2009/90	41	BGBl I 2009/148	42	BGBl I 2010/29
43	BGBl I 2010/111	44	BGBl I 2011/24	45	BGBl I 2011/39
46	BGBl I 2012/35	47	BGBl I 2014/30	48	BGBl I 2015/34
49	BGBl I 2015/113	50	BGBl I 2017/122	51	BGBl I 2017/123
52	BGBl I 2017/154	53	BGBl I 2018/30	54	BGBl I 2018/32
55	BGBl I 2018/100	56	BGBl I 2019/16	57	BGBl I 2019/104

GLIEDERUNG

Inkrafttreten der Novelle BGBl. I Nr. 39/2011 § 28
Inkrafttreten der Novelle BGBl. I Nr. 35/2012 § 29
Inkrafttreten der Novelle BGBl. I Nr. 30/2014 § 30
Inkrafttreten der Novelle BGBl. I Nr. 34/2015 § 31
Inkrafttreten der Novelle BGBl. I Nr. 113/2015 § 32
Inkrafttreten der Novelle BGBl. I Nr. 122/2017 § 33
Inkrafttreten der Novelle BGBl. I Nr. 123/2017 § 34
Inkrafttreten der Novelle BGBl. I Nr. 154/2017 § 35
Inkrafttreten der Novelle BGBl. I Nr. 32/2018 § 36
Inkrafttreten der Novelle BGBl. I Nr. 16/2019 § 37
Inkrafttreten der Novelle BGBl. I Nr. 100/2018 § 38
Inkrafttreten der Novelle BGBl. I Nr. 104/2019 § 39

STICHWORTVERZEICHNIS

Bundesgesetz vom 2. Juni 1977 über die Sicherung von Arbeitnehmeransprüchen im Falle der Insolvenz des Arbeitgebers (Insolvenz-Entgeltsicherungsgesetz – IESG)

Der Nationalrat hat beschlossen:

Voraussetzungen des Anspruches

§ 1. (1) Anspruch auf Insolvenz-Entgelt haben Arbeitnehmer, freie Dienstnehmer im Sinne des § 4 Abs. 4 des Allgemeinen Sozialversicherungsgesetzes (ASVG), BGBl. Nr. 189/1955, Heimarbeiter und ihre Hinterbliebenen sowie ihre Rechtsnachfolger von Todes wegen (Anspruchsberechtigte) für die nach Abs. 2 gesicherten Ansprüche, wenn sie in einem Arbeitsverhältnis (freien Dienstverhältnis, Auftragsverhältnis) stehen oder gestanden sind und gemäß § 3 Abs. 1 oder Abs. 2 lit. a bis d ASVG als im Inland beschäftigt gelten (galten) und über das Vermögen des Arbeitgebers (Auftraggebers) im Inland ein Verfahren nach der Insolvenzordnung (IO), RGBl. Nr. 337/1914 eröffnet wird. Den Verfahren nach der IO (im folgenden „Insolvenzverfahren“) stehen gleich:

1. die Anordnung der Geschäftsaufsicht,
2. die Nichteröffnung des Insolvenzverfahrens mangels kostendeckenden Vermögens,
3. die Ablehnung der Eröffnung des Insolvenzverfahrens gemäß § 68 IO wegen Vermögenslosigkeit,
4. die Löschung gemäß § 40 oder § 42 des Firmenbuchgesetzes (FBG), BGBl. Nr. 10/1991, wegen Vermögenslosigkeit,
5. die Zurückweisung des Antrags auf Eröffnung des Insolvenzverfahrens gemäß § 63 IO,
6. der Beschluss gemäß § 153 Abs. 1 oder § 154 Abs. 1 des Außerstreitgesetzes (AußStrG), BGBl. I Nr. 111/2003.

Hat ein ausländisches Gericht eine Entscheidung getroffen, die

– nach der Verordnung (EU) Nr. 848/2015 vom 20. Mai 2015 über Insolvenzverfahren (Neufassung), ABl. Nr. L 141 vom 5.6.2015 S. 19, oder
– gemäß § 240 IO oder
– nach den §§ 243 bis 251 IO (betreffend Kreditinstitute und Versicherungsunternehmen)

im Inland anerkannt wird, besteht nach Maßgabe dieses Bundesgesetzes gleichfalls Anspruch auf Insolvenz-Entgelt, wenn die Voraussetzungen

– des ersten Satzes mit Ausnahme der Eröffnung des Insolvenzverfahrens im Inland und
– des Art. 2 Abs. 1 der Richtlinie 2008/94/EG vom 22. Oktober 2008 über den Schutz der Arbeitnehmer bei Zahlungsunfähigkeit des Arbeitgebers, ABl. Nr. L 283 vom 28.10.2008 S. 36, erfüllt sind.

(BGBl 1980/580, BGBl 1986/395, BGBl 1992/835, BGBl I 1997/107, BGBl I 2005/102, BGBl I 2008/82, BGBl I 2010/29, BGBl I 2017/122)

(2) Gesichert sind aufrechte, nicht verjährte und nicht ausgeschlossene Ansprüche (Abs. 3) aus dem Arbeitsverhältnis, auch wenn sie gepfändet, verpfändet oder übertragen worden sind, und zwar:

1. Entgeltansprüche, insbesondere auf laufendes Entgelt und aus der Beendigung des Arbeitsverhältnisses,
2. Schadenersatzansprüche,
3. sonstige Ansprüche gegen den Arbeitgeber und
4. die zur zweckentsprechenden Rechtsverfolgung notwendigen Kosten. Dies sind insbesondere:
   a) Prozesskosten, die dem Arbeitnehmer zur Durchsetzung der Ansprüche nach Z 1 bis 3 rechtskräftig zugesprochen oder im Fall eines Insolvenzverfahrens gemäß § 109 IO festgestellt wurden;
   b) rechtskräftig zugesprochene Kosten der gemäß § 110 IO geführten Prüfungsprozesse;
   c) rechtskräftig zugesprochene Exekutionskosten zur Hereinbringung der Ansprüche des Arbeitnehmers gegen den Arbeitgeber;
   d) tarifmäßige Prozesskosten, die dem Arbeitnehmer in einem Verfahren zur Durchsetzung seiner Ansprüche nach Abs. 2 Z 1 bis 3 entstanden sind und deren Ersatz ihm auf Grund eines rechtswirksamen gerichtlichen oder außergerichtlichen Vergleiches oder Anerkenntnisses zusteht, sowie Prozessko-

sten, die dem Arbeitnehmer in einem derartigen Gerichtsverfahren entstanden sind, das gemäß § 7 Abs. 1 IO unterbrochen worden ist;

e) Barauslagen und Kosten für den Rechtsvertreter, die dem Arbeitnehmer anlässlich eines außergerichtlichen Vergleiches oder Anerkenntnisses über Ansprüche nach Abs. 2 Z 1 bis 3 entstanden sind, Kosten für den Rechtsvertreter jedoch nur bis zu der in der Tarifpost 2 des Rechtsanwaltstarifsgesetzes, BGBl. Nr. 189/1969, festgesetzten Höhe;

f) tarifmäßige Verfahrenskosten und Barauslagen, die dem Arbeitnehmer im Zuge der Beantragung und der Teilnahme an einem Verfahren nach Abs. 1 erwachsen sind;

g) tarifmäßige Verfahrenskosten und Barauslagen für eine nachträgliche Prüfungstagsatzung hinsichtlich von Forderungen, die nach der allgemeinen Prüfungstagsatzung entstanden oder fällig geworden sind;

h) die dem Arbeitnehmer zugesprochenen Kosten, wenn dieser vom Arbeitgeber die Ausstellung eines Dienstzeugnisses begehrt hat;

i) Prozesskosten, die der Arbeitgeber als Kläger dem Arbeitnehmer als Beklagten in einem Verfahren über Forderungen, die im Zusammenhang mit dem Arbeitsverhältnis stehen, zu ersetzen hat, soweit der Arbeitgeber diese wegen der Eröffnung eines Insolvenzverfahrens oder Vorliegens eines anderen Insolvenztatbestandes nach Abs. 1 nicht mehr zahlen kann. Dies gilt nicht für Kosten in einem Verfahren nach § 7 Abs. 7.

(BGBl 1986/395, BGBl 1994/153, BGBl I 2010/29)

(3) Insolvenz-Entgelt gebührt nicht (ausgeschlossener Anspruch):

1. für Ansprüche nach Abs. 2, die durch eine im Sinne der Anfechtungsordnung, RGBl. Nr. 337/1914, bzw. der Insolvenzordnung anfechtbare Rechtshandlung erworben wurden;

(BGBl I 2010/29)

1a. für Ansprüche nach Abs. 2, wenn der Anspruchsberechtigte im Zusammenhang mit der Insolvenz nach Abs. 1 wegen einer im § 11 Abs. 3 angeführten Straftat verurteilt wird;

(BGBl I 2005/102)

2. Für Ansprüche, die auf einer Einzelvereinbarung beruhen, die

a) nach dem Antrag auf Eröffnung des Insolvenzverfahrens oder auf Anordnung der Geschäftsaufsicht oder

(BGBl I 2010/29)

b) in den letzten sechs Monaten vor der Eröffnung des Insolvenzverfahrens oder der Anordnung der Geschäftsaufsicht bzw. vor der Kenntnis vom Beschluss nach Abs. 1 Z 2 bis 6

(BGBl I 2010/29)

abgeschlossen wurde, soweit die Ansprüche über den durch Gesetz, Kollektivvertrag oder Betriebsvereinbarung (§ 97 Abs. 1 des Arbeitsverfassungsgesetzes (ArbVG), BGBl. Nr. 22/1974) zustehenden Anspruch oder die betriebsübliche Entlohnung hinausgehen oder auf sonstigen Besserstellungen beruhen, wenn die höhere Entlohnung sachlich nicht gerechtfertigt ist;

(BGBl 1981/209, BGBl 1994/153, BGBl I 1997/107)

3. für Ansprüche auf Kündigungsentschädigung, sofern dieser Anspruch das Entgelt für den Zeitraum von drei Monaten übersteigt, hinsichtlich jenes Betrages, den der Arbeitnehmer infolge des Unterbleibens der Arbeitsleistung erspart oder durch anderweitige Verwendung erworben oder zu erwerben absichtlich versäumt hat;

3a. für Ansprüche auf laufendes Entgelt, wenn für denselben Zeitraum Anspruch auf Kündigungsentschädigung nach Z 3 besteht, es sei denn, dass im Insolvenzverfahren die Insolvenzmasse, ansonsten der Arbeitgeber nicht in der Lage ist, das laufende Entgelt zum Teil oder zur Gänze dem Anspruchsberechtigten zu zahlen, höchstens jedoch bis zum Zeitpunkt des arbeitsrechtlich frühestmöglichen Austritts wegen Vorenthaltung des gebührenden Entgeltes;

(BGBl 1994/153, BGBl I 2010/29)

4. für Entgeltansprüche – ausgenommen solche nach Abs. 4a –, wenn der als Insolvenz-Entgelt begehrte Bruttobetrag im Zeitpunkt der bedungenen Zahlung den Grenzbetrag nach Maßgabe des Abs. 4 übersteigt;

(BGBl 1986/69, BGBl 1986/395, BGBl 1993/817)

5. für Ansprüche nach Abs. 2, sofern auf Grund gesetzlicher Anordnung ein anderer als der Arbeitgeber (ehemaliger Arbeitgeber) zur Zahlung verpflichtet ist;

(BGBl 1987/618, BGBl 1990/282)

6. für Ansprüche nach dem Betriebspensionsgesetz (BPG), BGBl. Nr. 282/1990, gegenüber einer Pensionskasse im Sinne des Pensionskassengesetzes (PKG), BGBl. Nr. 281/1990 oder einem Unternehmen gemäß § 1 Abs. 1 Z 1, 2, 4 oder 5 des Versicherungsaufsichtsgesetzes 2016, BGBl. I Nr. 34/2015.

(BGBl 1990/282, BGBl I 2005/8, BGBl I 2015/34)

(BGBl I 2008/82)

(4) Als Grenzbetrag gemäß Abs. 3 Z 4 gilt der zweifache Betrag der Höchstbeitragsgrundlage ge-

mäß § 45 Abs. 1 des Allgemeinen Sozialversicherungsgesetzes (ASVG), BGBl. Nr. 189/1955, der

1. bei Entgeltansprüchen, die nach Zeiträumen bemessen werden, mit der Anzahl der Tage des jeweiligen Entlohnungszeitraumes zu vervielfachen ist;
2. bei Entgeltansprüchen, die nicht nach Zeiträumen bemessen werden, mit der Anzahl der Tage des jeweiligen Kalendervierteljahres zu vervielfachen ist, in welchem der Anspruch abzurechnen gewesen wäre.
3. Abweichend von Z 1 und Z 2 gilt für Ansprüche auf Auszahlung von fällig gewordenem Entgelt aus Überstunden- oder Mehrarbeit, für die Zeitausgleich vereinbart war, aus Zeitguthaben oder Zeitzuschlägen als Grenzbetrag für jede abzugeltende Stunde ein Viertel der täglichen Höchstbeitragsgrundlage gemäß § 45 Abs. 1 ASVG zum Zeitpunkt der Fälligkeit. Diese Ansprüche gelten abweichend von § 44 Abs. 7 ASVG für jenen Kalendermonat als erworben, in dem sie fällig geworden sind; als monatliche Höchstbeitragsgrundlage gilt für diese Ansprüche der 30-fache Betrag der täglichen Höchstbeitragsgrundlage gemäß § 45 Abs. 1 ASVG zum Zeitpunkt der Fälligkeit.

(BGBl I 2017/123)

Der jeweilige Grenzbetrag ist um die, vom Arbeitgeber bzw. der Masse auf den Einzelanspruch geleisteten Zahlungen zu vermindern.

(BGBl 1986/395, BGBl 1994/153)

(4a) Besteht Anspruch auf Abfertigung nach den §§ 23 und 23a AngG oder einer anderen gleichartigen österreichischen Rechtsvorschrift, gebührt Insolvenz-Entgelt hiefür

a) bis zum Ausmaß der einfachen Höchstbeitragsgrundlage nach Abs. 4 pro Monatsbetrag Abfertigung in voller Höhe
b) und, soweit ein höherer Anspruch zusteht, bis zum Ausmaß der zweifachen Höchstbeitragsgrundlage nach Abs. 4 pro Monatsbetrag Abfertigung in halber Höhe.

(BGBl 1993/817)

(BGBl I 2008/82)

(5) Sofern der gesicherte Anspruch auf Grund der insolvenzrechtlichen Vorschriften angemeldet werden kann, besteht Anspruch auf Insolvenz-Entgelt nur dann, wenn der gesicherte Anspruch als Forderung in einem solchen Insolvenzverfahren angemeldet worden ist, es sei denn, daß dem Anspruchsberechtigten die Anmeldung nicht möglich war. Wird Insolvenz-Entgelt auf Grund einer ausländischen Entscheidung beantragt, hat der Antragsteller eine nach dem jeweiligen ausländischen Recht erforderliche Forderungsanmeldung der zuständigen Geschäftsstelle der Insolvenz-Entgelt-Fonds-Service GmbH (IEF-Service GmbH) zur Kenntnis zu bringen.

(BGBl 1986/395, BGBl I 1997/107, BGBl I 2005/102, BGBl I 2008/82, BGBl I 2010/29)

(6) Keinen Anspruch auf Insolvenz-Entgelt haben:

1. Arbeitnehmer, die in einem Dienstverhältnis zum Bund, zu einem Bundesland, zu einer Gemeinde, zu einem Gemeindeverband oder zu einem Arbeitgeber stehen, der entweder nach den allgemein anerkannten Regeln des Völkerrechtes oder gemäß völkerrechtlichen Verträgen oder auf Grund des Bundesgesetzes über die Einräumung von Privilegien und Immunitäten an internationale Organisationen, BGBl. Nr. 677/1977, Immunität genießt, aus diesem Dienstverhältnis;
2. Gesellschafter, denen ein beherrschender Einfluß auf die Gesellschaft zusteht, auch wenn dieser Einfluß ausschließlich oder teilweise auf der treuhändigen Verfügung von Gesellschaftsanteilen Dritter beruht oder durch treuhändige Weitergabe von Gesellschaftsanteilen ausgeübt wird;
3. Personen, die nach § 66a des Arbeitslosenversicherungsgesetzes 1977, BGBl. Nr. 609 der Arbeitslosenversicherungspflicht unterliegen.

(BGBl I 2005/102, BGBl I 2008/82)

Insolvenz-Entgelt für Abfertigung wegen Verschlechterung der Wirtschaftslage und bei überschuldetem Nachlass

§ 1a. (1) Insolvenz-Entgelt gebührt auch für eine Abfertigung, wenn der Arbeitgeber auf Grund eines Urteiles, in dem die Prüfung ergab, daß sich seine persönliche Wirtschaftslage derart verschlechtert hat, daß ihm die Erfüllung der Zahlung der Abfertigung zum Teil oder zur Gänze billigerweise nicht zugemutet werden kann, gemäß § 23 Abs. 2 des Angestelltengesetzes (AngG), BGBl. Nr. 292/1921, oder des § 22 Abs. 2 des Gutsangestelltengesetzes, BGBl. Nr. 538/1923, oder einer anderen gleichartigen österreichischen Rechtsvorschrift von der Zahlung einer Abfertigung zum Teil oder zur Gänze befreit wurde.

(BGBl I 1997/107, BGBl I 2008/82)

(2) Der Anspruch auf Insolvenz-Entgelt umfaßt den Teil der Abfertigung, den der Arbeitgeber im Sinne des Abs. 1 dem Anspruchsberechtigten nicht ausbezahlen muß, und die dem Arbeitnehmer diesbezüglich erwachsenen tarifmäßigen Verfahrenskosten und Barauslagen sowie die von ihm zu ersetzenden Prozeßkosten.

(BGBl I 2008/82)

(3) Insolvenz-Entgelt gebührt für gesicherte Ansprüche nach § 1 Abs. 2 hinsichtlich jenes Teils, für den der Anspruchsberechtigte vom bedingt erbserklärten Erben wegen der auf Grund eines Urteils feststehenden nicht ausreichenden Nachlassaktiva keine Zahlung erhalten kann. In diesem Fall gebührt dem Arbeitnehmer Insolvenz-Entgelt auch für die ihm erwachsenen tarifmäßigen Verfahrenskosten und Barauslagen sowie die

von ihm an diesen Erben zu ersetzenden Prozesskosten.

(BGBl I 2010/29)

(4) Im übrigen gelten die Bestimmungen dieses Bundesgesetzes mit der Maßgabe, daß

1. das Vorliegen eines Insolvenztatbestandes im Sinne des § 1 Abs. 1 nicht erforderlich ist,
2. für das Verfahren die Geschäftsstelle der IEF-Service GmbH (im folgenden „Geschäftsstelle") zuständig ist, in deren Sprengel sich gemäß § 5 Abs. 1 das Gericht befindet, das die Entscheidung erster Instanz erlassen hat,

   (BGBl I 2001/88, BGBl I 2008/82)
3. die Antragsfrist gemäß § 6 Abs. 1 mit der Zustellung des dem Anspruchsberechtigten gegenüber rechtskräftig gewordenen Urteiles zu laufen beginnt und
4. ein Übergang des Anspruches (§ 11) nicht stattfindet.

(BGBl 1992/835, BGBl 1994/314, BGBl I 2010/29)

(BGBl I 2010/29)

Insolvenz-Entgelt für Übertragungsbeträge

§ 1b. (1) Insolvenz-Entgelt gebührt auch für Übertragungsbeträge nach § 47 Abs. 3 des Betrieblichen Mitarbeiter- und Selbständigenvorsorgegesetzes (BMSVG), BGBl. I Nr. 100/2002, bei Vorliegen eines Insolvenztatbestandes nach § 1 Abs. 1.

(BGBl I 2007/104, BGBl I 2008/82)

(2) Der Anspruch auf Insolvenz-Entgelt umfasst die zum Stichtag (§ 3 Abs. 1) noch aushaftenden Übertragungsbeträge, soweit diese die zum Stichtag fiktiv bei Anwendung der im § 47 Abs. 1 BMSVG angeführten Rechtsvorschriften oder Vertragsbedingungen gebührenden Monatsentgelte an Abfertigung unter Beachtung der Grenzbeträge gemäß § 1 Abs. 4a nicht übersteigen.

(BGBl I 2007/104, BGBl I 2008/82)

(3) Die BV-Kasse hat dem Arbeitnehmer auf sein Verlangen eine schriftliche Bestätigung über die vom Arbeitgeber bis zum Stichtag (§ 3 Abs. 1) einbezahlten Übertragungsbeträge auszufolgen. Wird die BV-Kasse innerhalb von sechs Monaten nach dem Stichtag um die Ausfolgung einer solchen schriftlichen Bestätigung ersucht, beginnt die Frist zur Beantragung von Insolvenz-Entgelt für aushaftende Übertragungsbeträge mit der Zustellung dieser Bestätigung zu laufen. Der Arbeitnehmer hat diese Bestätigung und die Vereinbarung gemäß § 47 Abs. 1 BMSVG der zuständigen Geschäftsstelle vorzulegen.

(BGBl I 2007/104, BGBl I 2008/82)

(4) Das für Übertragungsbeträge zuerkannte Insolvenz-Entgelt ist an die BV-Kasse zu zahlen; der BV-Kasse ist auch eine Abschrift des Zuerkennungsbescheides zu übermitteln.

(BGBl I 2007/104, BGBl I 2008/82)

(BGBl I 2005/36, BGBl I 2008/82)

Sprachliche Gleichbehandlung und Verweisungen

§ 2. (1) Soweit in diesem Bundesgesetz personenbezogene Bezeichnungen nur in männlicher Form angeführt sind, beziehen sie sich auf Frauen und Männer in gleicher Weise, es sei denn, daß ausdrücklich anderes angeordnet ist.

(2) Soweit in diesem Bundesgesetz auf andere Bundesgesetze verwiesen wird, sind diese in ihrer jeweils geltenden Fassung anzuwenden.

(BGBl 1986/395)

Ausmaß des Insolvenz-Entgelts

§ 3. (1) Das Insolvenz-Entgelt gebührt, vorbehaltlich § 3d, in inländischer Währung in der Höhe des gesicherten Anspruches, vermindert um die Dienstnehmerbeitragsanteile zur gesetzlichen Sozialversicherung, unbeschadet § 13a Abs. 1, und vermindert um jene gesetzlichen Abzüge, die von anderen öffentlich-rechtlichen Körperschaften im Insolvenzverfahren geltend zu machen sind. Ist dieser Anspruch nicht auf eine Geldleistung gerichtet oder ist sein Geldbetrag unbestimmt oder nicht in inländischer Währung festgesetzt, so ist der Schätzwert zum Zeitpunkt der Eröffnung des Insolvenzverfahrens oder der Anordnung der Geschäftsaufsicht bzw. zum Zeitpunkt eines Beschlusses nach § 1 Abs. 1 Z 2 bis 6 (Stichtag) maßgebend. Betagte Forderungen gelten als fällig. Betagte unverzinsliche Forderungen können nur in dem Betrag geltend gemacht werden, der mit Hinzurechnung der gesetzlichen Zinsen von dem im zweiten Satz genannten Zeitpunkt bis zur Fälligkeit dem vollen Betrag der Forderung gleichkommt.

(BGBl I 2008/82, BGBl I 2010/29)

(2) Insolvenz-Entgelt für Zinsen gebührt für die gemäß § 1 Abs. 2 Z 1 bis 3 gesicherten Ansprüche ab der Fälligkeit dieser Ansprüche bis zum Stichtag (§ 3 Abs. 1).

(BGBl I 2000/142, BGBl I 2008/82)

IESG

(3) Der Berechnung des Insolvenz-Entgelts für gesicherte Ansprüche sind unbeschadet des zweiten Satzes nur die gesetzlichen oder kollektivvertraglichen Kündigungsfristen unter Bedachtnahme auf die Kündigungstermine und die gesetzlichen Kündigungsbeschränkungen zugrunde zu legen. Eine einzelvertragliche Anrechnung von Vordienstzeiten ist unter Bedachtnahme auf § 1 Abs. 3 Z 2 der Berechnung des Insolvenz-Entgelts nur insoweit zugrunde zu legen, als es sich um die Anrechnung von tatsächlich geleisteten Beschäftigungszeiten handelt oder solche Zeiten nicht bereits bei früheren Beendigungsansprüchen berücksichtigt wurden. Der erste und zweite Satz finden auch auf befristete Arbeitsverhältnisse Anwendung; der erste Satz jedoch nur dann, wenn

das Arbeitsverhältnis nicht vorher durch Fristablauf endet.

(BGBl I 2008/82)

(BGBl 1982/647, BGBl 1986/395, BGBl 1990/282, BGBl 1992/835, BGBl 1996/754, BGBl I 1997/107, BGBl I 2008/82)

für Entgelt und Ansprüche aus nicht ausgeglichenen Zeitguthaben vor der Insolvenz

§ 3a. (1) Insolvenz-Entgelt gebührt für das dem Arbeitnehmer gebührende Entgelt einschließlich der gebührenden Sonderzahlungen, das in den letzten sechs Monaten vor dem Stichtag (§ 3 Abs. 1) oder, wenn das Arbeitsverhältnis vor dem Stichtag geendet hat, in den letzten sechs Monaten vor dessen arbeitsrechtlichem Ende fällig geworden ist. Die Frist von sechs Monaten gilt nicht, soweit Ansprüche auf Entgelt binnen sechs Monaten nach ihrer Fälligkeit gerichtlich oder im Rahmen eines gesetzlich oder in Normen der kollektiven Rechtsgestaltung vorgesehenen Schlichtungsverfahrens oder eines Verfahrens vor der Gleichbehandlungskommission zulässigerweise geltend gemacht wurden und das diesbezügliche Verfahren gehörig fortgesetzt wird oder soweit eine Differenz zwischen unterkollektivvertraglicher und kollektivvertraglicher Entlohnung beantragt wird.

(BGBl I 2017/123)

bei Eröffnung des Insolvenzverfahrens im Inland

(2) Insolvenz-Entgelt gebührt im Fall der Eröffnung des Insolvenzverfahrens für Ansprüche auf Entgelt einschließlich der gebührenden Sonderzahlungen

1. bis zur jeweiligen Berichtstagsatzung;
2. bis zum rechtlichen Ende des Arbeitsverhältnisses, wenn dieses vor der Berichtstagsatzung gelöst wird;
3. bis zum Ende des Zeitraumes nach Abs. 5, wenn keine Berichtstagsatzung stattfindet;
4. bis zum rechtlichen Ende des Arbeitsverhältnisses, wenn es innerhalb eines Monates nach der Berichtstagsatzung, auf der kein Beschluss über die Fortführung des Unternehmens gefasst wurde, nach § 25 IO gelöst wird;
5. bis zum rechtlichen Ende des Arbeitsverhältnisses als Ausfallshaftung (Abs. 4), wenn nach der Berichtstagsatzung oder – findet keine solche statt – nach Ablauf des Zeitraums nach Abs. 5 oder Abs. 6 bis zur Aufhebung des Insolvenzverfahrens der Arbeitnehmer infolge der ersten nicht vollständigen Zahlung des ihm zukommenden Entgelts wegen der ungebührlichen Schmälerung oder Vorenthaltung des gebührenden Entgelts seinen berechtigten vorzeitigen Austritt erklärt oder das Arbeitsverhältnis aus anderen Gründen gelöst wird. Diese Austrittsobliegenheit gilt nicht für Sonderzahlungen und bestrittene Ansprüche. Abs. 4 findet jedoch keine Anwendung für jenes Entgelt, wegen dessen ungebührlicher Schmälerung oder Vorenthaltung der Austritt erklärt wurde.

   (BGBl I 2017/123)

(BGBl I 2017/123)

bei Anordnung der Geschäftsaufsicht

(3) Insolvenz-Entgelt gebührt im Fall der Anordnung der Geschäftsaufsicht für Ansprüche auf Entgelt einschließlich der gebührenden Sonderzahlungen, die bis zum Ende des Monats, in dem die Anordnung der Geschäftsaufsicht erfolgt, entstehen. Ab diesem Zeitpunkt besteht Anspruch auf Insolvenz-Entgelt für Entgelt einschließlich der anteiligen Sonderzahlungen gemäß § 3 Abs. 1 nur dann, wenn der Arbeitnehmer infolge der ersten nicht vollständigen Zahlung des ihm zukommenden Entgelts wegen ungebührlicher Schmälerung oder Vorenthaltung des gebührenden Entgelts seinen berechtigten vorzeitigen Austritt erklärt. Auf Abs. 2 Z 5 vorletzter Satz ist hierbei Bedacht zu nehmen. Insolvenz-Entgelt gebührt längstens bis zum Ablauf der Frist nach Abs. 5.

(BGBl I 2017/123)

als Ausfallshaftung bei Eröffnung des Insolvenzverfahrens

(4) Anspruch auf Insolvenz-Entgelt in den Fällen des Abs. 2 Z 5 und des Abs. 3 gebührt nur dann und insoweit, als der zuständige Verwalter entweder schriftlich erklärt, dass die Insolvenzmasse bzw. der Arbeitgeber zur Zahlung nicht oder nicht vollständig in der Lage ist oder die Masseunzulänglichkeit nach § 124a IO dem Insolvenzgericht angezeigt hat.

in den übrigen Fällen und bei Insolvenzfällen im Ausland

(5) Insolvenz-Entgelt gebührt im Fall eines Beschlusses nach § 1 Abs. 1 Z 2 bis 6, soweit nicht anderes bestimmt ist, für Entgelt einschließlich der gebührenden Sonderzahlungen, die bis zum Ende des dritten Monats entstanden sind, der auf den Stichtag (§ 3 Abs. 1) folgt.

(BGBl I 2017/123)

(6) Abs. 5 gilt auch bei Vorliegen eines ausländischen Insolvenztitels nach § 1 Abs. 1 letzter Satz, sofern nicht hinsichtlich desselben Arbeitgebers (Auftraggebers) im Inland ein Sekundärinsolvenzverfahren nach Art. 3 Abs. 3 der EU-Insolvenzverordnung oder ein Partikularverfahren nach Art. 3 Abs. 2 und 4 der EU-Insolvenzverordnung anhängig ist; dies mit der Maßgabe, dass für die in Abs. 5 erster Satz genannten Ansprüche Insolvenz-Entgelt bis zum Ende des vierten Monats, der auf den Stichtag folgt, gebührt. Wird auf Antrag des ausländischen Insolvenzverwalters die Fortführung des Unternehmens in der Insolvenzdatei schon vor Ablauf dieser Frist bekannt gemacht, gebührt Insolvenz-Entgelt einschließlich der gebührenden Sonderzahlungen nur bis zum Ende des

Monats, in dem die Bekanntmachung in der Insolvenzdatei erfolgt ist.

(BGBl I 1997/107, BGBl I 1999/73, BGBl I 2000/142, BGBl I 2008/82, BGBl I 2010/29)

Für weitere Ansprüche

§ 3b. Insolvenz-Entgelt gebührt – mit Ausnahme der Ansprüche gemäß § 3a – für folgende gesicherte Ansprüche:

1. für Ansprüche, sofern diese spätestens bis zum Ablauf der jeweiligen Frist nach § 3a Abs. 2 Z 1 bis 4, Abs. 3, 5 oder 6 entstanden sind;

   (BGBl I 2010/29)

2. für Ansprüche, sofern spätestens bis zum Ablauf der jeweiligen Frist nach § 3a Abs. 2 Z 1 bis 4, Abs. 3, 5 oder 6
   a) die Kündigung des Arbeitsverhältnisses ausgesprochen,
   b) die einvernehmliche Lösung des Arbeitsverhältnisses vereinbart,
   c) die vorzeitige Auflösung des Arbeitsverhältnisses ausgesprochen oder
   d) bei einem, einen besonderen Kündigungs- und Entlassungsschutz genießenden Arbeitnehmer die Klage auf Zustimmung zur Kündigung oder vorzeitigen Auflösung beim zuständigen Gericht erhoben bzw. die Zustimmung zur Kündigung oder vorzeitigen Auflösung des Arbeitsverhältnisses bei der zuständigen Behörde beantragt wurde;

   (BGBl I 2010/29)

3. für Ansprüche aus der Beendigung des Arbeitsverhältnisses bei Fortführung des Unternehmens nach der Berichtstagsatzung bis zur Aufhebung des Insolvenzverfahrens, wenn der Arbeitnehmer wegen der ungebührlichen Schmälerung oder Vorenthaltung des ihm zukommenden Entgelts seinen berechtigten vorzeitigen Austritt erklärt, sofern die Voraussetzungen für die Ausfallshaftung nach § 3a Abs. 4 vorliegen;

   (BGBl I 2010/29)

4. für Ansprüche aus der Beendigung des Arbeitsverhältnisses, die bis zur Aufhebung des Insolvenzverfahrens entstehen, sofern das Arbeitsverhältnis aus anderen Gründen als gemäß Z 3 gelöst wird und die Voraussetzungen für die Ausfallshaftung nach § 3a Abs. 4 vorliegen;

   (BGBl I 2010/29)

5. für Kosten gemäß § 1 Abs. 2 Z 4.

(BGBl I 1997/107, BGBl I 2008/82, BGBl I 2017/123)

Bei besonderem Kündigungs- und Entlassungsschutz

§ 3c. Arbeitnehmern mit besonderem Kündigungs- und Entlassungsschutz nach dem Mutterschutzgesetz, BGBl. Nr. 221/1979, dem Eltern-Karenzurlaubsgesetz, BGBl. Nr. 651/1989, oder dem Arbeitsplatzsicherungsgesetz, BGBl. Nr. 683/1991, oder gleichartigen österreichischen Rechtsvorschriften, gebührt Insolvenz-Entgelt für gesicherte Ansprüche (§ 1 Abs. 2), wenn

1. der Arbeitnehmer den berechtigten vorzeitigen Austritt nach § 23a Abs. 3 und 4 AngG oder nach § 22a Abs. 3 und 4 des Gutsangestelltengesetzes oder gleichartigen österreichischen Rechtsvorschriften erklärt hat oder
2. das Arbeitsverhältnis bis unmittelbar nach Ablauf des jeweiligen besonderen Kündigungsschutzes gelöst wurde oder
3. infolge Betriebsstillegung der Arbeitnehmer zum Zeitpunkt des Wiederantritts nach Beendigung des Karenzurlaubs oder Präsenz- oder Ausbildungs- oder Zivildienstes nicht beschäftigt wird,

   (BGBl I 1998/30)

auch nach dem Stichtag (§ 3 Abs. 1). Insolvenz-Entgelt gebührt im Fall des aufrechten Insolvenzverfahrens nur unter den Voraussetzungen für die Ausfallshaftung nach § 3a Abs. 4.

(BGBl I 1997/107, BGBl I 2008/82, BGBl I 2010/29)

Für Betriebspensionen

§ 3d. (1) Besteht zum Stichtag

1. bereits ein Anspruch auf Zahlung einer Pension aus einer Leistungszusage gemäß § 2 Z 2 BPG in Verbindung mit Art. V Abs. 3 des Bundesgesetzes BGBl. Nr. 282/1990, so gebührt als Insolvenz-Entgelt für die nach dem Stichtag gebührenden Leistungen ausschließlich eine Zahlung in der Höhe von 24 Monatsbeträgen;

   (BGBl I 2008/82)

2. noch kein Anspruch auf Leistungen aus einer Leistungszusage gemäß § 2 Z 2 BPG in Verbindung mit Art. V Abs. 3 des Bundesgesetzes BGBl. Nr. 282/1990, so gebührt für den Unverfallbarkeitsbetrag gemäß § 7 Abs. 1 bis 2b BPG als Insolvenz-Entgelt eine Zahlung in der Höhe von 24 Monatsbeträgen, wobei sich die Höhe des Monatsbetrages aus dem Unverfallbarkeitsbetrag entsprechend den Berechnungsvorschriften des § 7 Abs. 3 Z 4 BPG ergibt; unbeachtlich ist, ob eine Verfügung gemäß § 7 Abs. 3 Z 1 bis 3 BPG erfolgt oder die unverfallbare Anwartschaft gemäß § 7 Abs. 6 BPG abgefunden wird;

   (BGBl I 2008/82, BGBl I 2018/100)

3. ein Anspruch auf Leistung eines Abfindungsbetrages nach § 5 Abs. 2 des Arbeitsvertragsrechtsanpassungsgesetzes, BGBl. Nr. 459/1993, so gebührt für den Abfindungsbetrag eine Zahlung von 24 Monatsbeträgen, wobei sich die Höhe des Monatsbetrages aus dem Abfindungsbetrag unter sinngemäßer Anwendung der Berechnungsvorschriften des § 7 Abs. 3 Z 4 BPG ergibt; dasselbe gilt,

wenn in einem Insolvenzverfahren der Anspruch auf Abfindung wegen eines Betriebsüberganges entsteht.

(2) Besteht am Stichtag Anspruch auf Zahlung einer Pension aus einer Leistungszusage, die nicht dem Betriebspensionsgesetz unterliegt, gebührt als Insolvenz-Entgelt für nach dem Stichtag gebührende Leistungen ausschließlich eine einmalige Zahlung von zwölf Monatsbeträgen.

(BGBl I 2008/82)

(3) Soweit durch die Obergrenzen gemäß Abs. 1 und Abs. 2 die auf Grund der Richtlinie 2008/94/EG über den Schutz der Arbeitnehmer bei Zahlungsunfähigkeit des Arbeitgebers zwingend gebotene Mindestabsicherung nicht gewährleistet ist, gebührt als Insolvenz-Entgelt zumindest

1. die Hälfte des Barwerts des Anspruches auf eine Pension aus einer direkten Leistungszusage nach § 2 Z 2 BPG in Verbindung mit Art. V Abs. 3 des Bundesgesetzes BGBl. Nr. 282/1990 oder des Anspruchs aus einer Leistungszusage, die nicht dem BPG unterliegt, oder
2. die Hälfte des Unverfallbarkeitsbetrages gemäß § 7 Abs. 1 bis 2b BPG oder des Abfindungsbetrages gemäß § 5 Abs. 2 AVRAG.

(BGBl I 2015/113)

(BGBl I 1997/107)

Gewährung von Insolvenz-Entgelt bei Vorliegen berücksichtigungswürdiger Gründe

§ 4. Bei Vorliegen berücksichtigungswürdiger Gründe hat die Geschäftsstelle über den Antrag auf Insolvenz-Entgelt des Anspruchsberechtigten besonders rasch zu entscheiden. Berücksichtigungswürdige Gründe liegen insbesondere vor, wenn der Anspruchsberechtigte glaubhaft macht, dass er sich in einer die Existenz gefährdenden Situation befindet und die Deckung des Lebensunterhaltes in anderer zumutbarer Weise nicht gewährleistet ist.

(BGBl 1980/580, BGBl 1994/314, BGBl I 2001/88, BGBl I 2008/82, BGBl I 2010/29)

Zuständigkeit

§ 5. (1) Für das Verfahren nach diesem Bundesgesetz ist jene Geschäftsstelle zuständig, in deren Sprengel sich das Gericht befindet, das das Insolvenzverfahren eröffnet oder den Beschluss nach § 1 Abs. 1 Z 1 bis 6 gefasst hat.

(BGBl I 2010/29, BGBl I 2015/113)

(2) Die Geschäftsstellen werden durch Verordnung des Bundesministers für Arbeit, Soziales und Konsumentenschutz festgelegt. Dabei ist auf die Gewährleistung einer effizienten Vollziehung und die betriebswirtschaftlichen Erfordernisse der IEF-Service GmbH Bedacht zu nehmen.

(BGBl I 2008/82, BGBl I 2011/39, BGBl I 2015/113)

(3) Hat ein ausländisches Gericht eine Entscheidung im Sinne des § 1 Abs. 1 getroffen, die im Inland anerkannt wird, oder wurde ein Sekundärinsolvenzverfahren nach Art. 3 Abs. 3 der EU-Insolvenzverordnung eröffnet, so ist die Geschäftsstelle Wien zuständig. Ist jedoch im Inland ein Partikularverfahren nach Art. 3 Abs. 2 und 4 der EU-Insolvenzverordnung anhängig, so bleibt die nach Abs. 1 oder Abs. 2 zuständige Geschäftsstelle auch nach Eröffnung des Hauptinsolvenzverfahrens im Ausland weiterhin zuständig.

(BGBl I 2005/102)

(4) Der Antrag auf Insolvenz-Entgelt kann bei jeder Geschäftsstelle eingebracht werden. Sofern es sich nicht um eine Geschäftsstelle nach Abs. 1 bis 3 handelt, ist der Antrag der zur Entscheidung zuständigen Geschäftsstelle unverzüglich zu übersenden. Wird der Antrag beim Insolvenzgericht (§ 104 Abs. 1 IO) eingebracht, so ist der Antrag als an die zuständige Geschäftsstelle gerichtet anzusehen.

(BGBl I 2008/82, BGBl I 2010/29)

(5) (aufgehoben)

(BGBl I 2018/32)

Antrag

§ 6. (1) Der Antrag auf Insolvenz-Entgelt ist bei sonstigem Ausschluss jeweils binnen sechs Monaten ab Eröffnung eines Insolvenzverfahrens nach § 1 Abs. 1 oder eines Sekundärinsolvenzverfahrens nach Art. 3 Abs. 3 der EU-Insolvenzverordnung im Inland oder binnen sechs Monaten ab Kenntnis von einem Beschluss nach § 1 Abs. 1 Z 2 bis 6 zu stellen. Diese Frist beginnt neuerlich zu laufen, wenn

1. das Arbeitsverhältnis nach dem im ersten Satz maßgeblichen Zeitpunkt endet, mit dessen Ende;

   (BGBl I 2010/29)
2. der Anspruchsberechtigte vor Ablauf der Frist nach dem ersten Satz stirbt;

   (BGBl I 2010/29)
3. hinsichtlich von Ansprüchen nach § 1 Abs. 2 ein Gerichtsverfahren bis längstens zum Ablauf der Frist nach dem ersten Satz anhängig gemacht wird, mit der rechtskräftigen Beendigung dieses Verfahrens bzw. hinsichtlich von Ansprüchen im Sinne des § 7 Abs. 7 mit der Zustellung der Klage bzw. der Übermittlung der schriftlichen Aufforderung ohne nachfolgende Klage an den Arbeitnehmer;

   (BGBl I 1999/73, BGBl I 2010/29)
4. Kosten nach Ablauf der Frist nach dem ersten Satz entstehen bzw. festgestellt werden, hinsichtlich des Antrages auf diese Kosten.

   (BGBl I 2010/29)

Ist der Antrag auf Insolvenz-Entgelt nach Ablauf der in Frage kommenden vorstehenden Frist gestellt worden, so sind von Amts wegen die Rechtsfolgen der Fristversäumung bei Vorliegen von berücksichtigungswürdigen Gründen nachzusehen. Berücksichtigungswürdige Gründe liegen insbesondere vor, wenn dem Arbeitnehmer billigerweise die Kenntnis von der Eröffnung des Insolvenzverfahrens nach § 1 Abs. 1 nicht zugemutet werden konnte oder ihm die betragsmäßige Angabe seiner Ansprüche nicht rechtzeitig möglich war. Eine solche Nachsicht ist nicht mehr möglich, wenn seit der Eröffnung des Insolvenzverfahrens bzw. seit dem Beschluß nach § 1 Abs. 1 Z 2 bis 6 mehr als drei Jahre verstrichen sind.

(BGBl 1980/580, BGBl 1986/395, BGBl 1992/835, BGBl 1994/153, BGBl 1994/314, BGBl I 1997/107, BGBl I 2005/102, BGBl I 2008/82, BGBl I 2010/29)

(2) Der Antrag ist mit einem bundeseinheitlich aufgelegten Formular zu stellen; nach Maßgabe der technischen Möglichkeiten kann dieses oder ein inhaltlich übereinstimmendes Formular auch telegrafisch, fernschriftlich, mit Telefax, im Wege automationsunterstützter Datenübertragung oder in jeder anderen technisch möglichen Weise übermittelt werden. In ihm sind der Betrag der Forderung (Höhe des Bruttoanspruches, der Dienstnehmerbeitragsanteile zur gesetzlichen Sozialversicherung und der gesetzlichen Abzüge, die von anderen öffentlich-rechtlichen Körperschaften im Insolvenzverfahren geltend zu machen sind) und die Tatsachen, auf die sie sich gründet, anzugeben, die Beweismittel, die zum Nachweis der behaupteten Forderung beigebracht werden, zu bezeichnen und bei Forderungen, über die ein Rechtsstreit anhängig war oder ist, auch das Prozessgericht und das Aktenzeichen anzugeben und ein allenfalls vorhandener Exekutionstitel anzuschließen. Wenn das Insolvenzverfahren eröffnet wurde und der gesicherte Anspruch Gegenstand der Anmeldung ist, sind ein Stück der Forderungsanmeldung (§ 103 IO) und Abschriften der ihr angeschlossenen Urkunden beizufügen; der zweite Halbsatz des ersten Satzes gilt entsprechend.

(BGBl 1980/580, BGBl I 1999/73, BGBl I 2000/142, BGBl I 2008/82, BGBl I 2010/29)

(3) Die Geschäftsstelle hat die Forderungen in ein Verzeichnis einzutragen (Forderungsverzeichnis). Die Forderungen sind nur dann gruppenweise entsprechend den Vorschriften der Insolvenzordnung zu verzeichnen, wenn ein Insolvenzverfahren anhängig ist. Das Forderungsverzeichnis ist dem Arbeitgeber, bei Anhängigkeit eines Insolvenzverfahrens dem Sanierungsverwalter bzw. Insolvenzverwalter (im folgenden „zuständiger Verwalter"), in zweifacher Ausfertigung zuzustellen. Dem zuständigen Verwalter sind überdies auf sein Verlangen die Anträge und ihre Beilagen zu übersenden, soweit sie sich auf Forderungen beziehen, die nicht Gegenstand der Anmeldung (§ 103 IO) sind. Die Übermittlung des Forderungsverzeichnisses an den zuständigen Verwalter kann auch telegrafisch, fernschriftlich, mit Telefax, im Wege automationsunterstützter Datenübertragung oder in jeder anderen technisch möglichen Weise erfolgen. Dies gilt in der Folge auch für dessen Stellungnahme an die Geschäftsstelle.

(BGBl 1994/314, BGBl I 2001/88, BGBl I 2010/29)

(4) Ist ein Insolvenzverfahren nicht anhängig, so hat der Arbeitgeber binnen 14 Tagen ab eigenhändiger Zustellung einer Aufforderung der Geschäftsstelle oder des Gerichts zu jeder Forderung eine bestimmte Erklärung über ihre Richtigkeit und Höhe nach Maßgabe des § 3 Abs. 1 erster Satz abzugeben; Vorbehalte sind unzulässig. Dem Arbeitgeber ist hiezu auf sein Verlangen Einsicht in die Anträge und ihre Beilagen zu gewähren.

(BGBl 1980/580, BGBl 1985/104, BGBl 1986/395, BGBl 1994/314, BGBl I 1997/107, BGBl I 2001/88, BGBl I 2010/29)

(5) Ist ein Insolvenzverfahren anhängig, so hat der zuständige Verwalter die Erklärung nach Abs. 4 abzugeben. Die Erklärungsfrist kann auf Antrag des zuständigen Verwalters verlängert werden, wenn die zur Überprüfung notwendigen Aufzeichnungen des Schuldners nicht vorhanden oder mangelhaft sind oder sonst die Abgabe der Erklärung binnen 14 Tagen unzumutbar ist. Soweit die Forderung Gegenstand der Anmeldung ist, tritt an die Stelle der Erklärung nach Abs. 4 die unverzügliche Übersendung eines Auszugs (einer Abschrift) aus dem Anmeldeverzeichnis (§ 108 IO) durch den zuständigen Verwalter.

(BGBl I 2010/29)

(6) Die Abs. 2 bis 5 sind bei Anordnung der Geschäftsaufsicht sinngemäß anzuwenden; an die Stelle des zuständigen Verwalters tritt die Aufsichtsperson.

(BGBl I 2010/29)

(7) Wird Insolvenz-Entgelt auf Grund eines Beschlusses gemäß § 1 Abs. 1 Z 3, 4, 5 oder 6 begehrt, so sind die Abs. 3 und 4 nicht anzuwenden.

(BGBl 1986/395, BGBl I 1997/107, BGBl I 2008/82, BGBl I 2010/29)

(8) Die Berechtigung zur Antragstellung kommt nur dem Anspruchsberechtigten zu. Werden der Anspruch auf Insolvenz-Entgelt oder die nach § 1 Abs. 2 gesicherten Ansprüche gepfändet, verpfändet oder übertragen, ist der Anspruchsberechtigte zur Antragstellung hinsichtlich des pfändbaren Teils der gesicherten Ansprüche verpflichtet. Kommt der Anspruchsberechtigte der Verpflichtung zur Antragstellung nicht innerhalb der Antragsfrist nach Abs. 1 nach, so ist der Gläubiger zur Antragstellung hinsichtlich des pfändbaren Teils der gesicherten Ansprüche berechtigt, wenn er gegen den Anspruchsberechtigten einen rechtskräftigen Exekutionstitel betreffend die Verpflichtung zur Antragstellung erwirkt hat und diesen gemeinsam mit einem den Erfordernissen des Abs. 2 entsprechenden Antrag binnen sechs Monaten nach dem Ende der Antragsfrist nach Abs. 1 vorlegt. Die Verfahrensrechte und -pflichten eines antragsberechtigten Gläubigers entsprechen jener des Anspruchsberechtigten. Der Ablauf der Antragsfrist des Gläubigers ist während des Verfahrens zur Erlangung des Exekutionstitels betreffend die Verpflichtung des Anspruchsberechtigten zur Antragstellung gehemmt. Eine durch Nachsicht ermöglichte verspätete Antragstellung des betroffe-

nen Anspruchsberechtigten ist auf jenen Teil der gesicherten Ansprüche beschränkt, der nicht bereits anderen Personen zuerkannt wurde.

(BGBl I 2009/90)

Entscheidung und Auszahlung

§ 7. (1) Die Geschäftsstelle ist bei der Beurteilung des Vorliegens eines gesicherten Anspruches an die hierüber ergangenen gerichtlichen Entscheidungen gebunden, die gegenüber dem Antragsteller rechtskräftig geworden sind. Diese Bindung tritt nicht ein, wenn der gerichtlichen Entscheidung kein streitiges Verfahren vorangegangen ist oder ein Anerkenntnisurteil gefällt wurde, sofern diese Gerichtsentscheidung vor weniger als sechs Monaten vor Eröffnung des Insolvenzverfahrens oder vor Erlassung eines nach § 1 Abs. 1 gleichzuhaltenden Gerichtsbeschlusses rechtskräftig geworden ist. Soweit der dritte Satz des § 6 Abs. 5 anzuwenden ist, hat die Geschäftsstelle dem Antrag ohne weitere Prüfung insoweit stattzugeben, als nach dem übersendeten Auszug (Abschrift) des Anmeldungsverzeichnisses der gesicherte Anspruch im Insolvenzverfahren festgestellt ist, es sei denn, daß die gerichtliche Feststellung auf einer nicht bindenden gerichtlichen Entscheidung im Sinne des zweiten Satzes beruht. Im übrigen sind die §§ 45 bis 55 AVG anzuwenden. Zur Ermittlung des Nettoanspruches nach § 3 Abs. 1 erster Satz ist die Geschäftsstelle berechtigt, einen Steuerberater heranzuziehen, wenn hiezu der Arbeitgeber nach § 6 Abs. 4 nicht in der Lage ist. Durch den fristgerechten Antrag (§ 6 Abs. 1) werden Verjährungs- und Verfallsfristen unterbrochen.

(BGBl 1992/835, BGBl 1994/153, BGBl 1994/314, BGBl 1996/754, BGBl I 1997/107, BGBl I 2001/88, BGBl I 2010/29)

(1a) Durch die Übermittlung einer Scheinunternehmerverdachtsmeldung nach § 8 Abs. 4 des Sozialbetrugsbekämpfungsgesetzes (SBBG), BGBl. I Nr. 113/2015, an die IEF-Service GmbH wird das Verfahren über die Zuerkennung von Insolvenz-Entgelt gegenüber den in dieser Verdachtsmeldung namentlich angeführten Antragstellerinnen und Antragstellern bis zur Klärung des Sachverhaltes ausgesetzt.

(BGBl I 2015/113)

(2) Die Geschäftsstelle hat für die IEF-Service GmbH über Anträge auf Insolvenz-Entgelt mit schriftlichem Bescheid abzusprechen. Sie hat über die abzuweisenden und die zuzuerkennenden Ansprüche gesonderte Bescheide zu erlassen. Hiebei sind die zuzuerkennenden Einzelbeträge kaufmännisch auf volle Eurobeträge zu runden.

(BGBl 1980/580, BGBl 1985/104, BGBl 1994/314, BGBl I 2001/88, BGBl I 2008/82)

(3) Ausfertigungen, die im Wege elektronischer Datenverarbeitungsanlagen oder in einem ähnlichen Verfahren hergestellt werden, bedürfen weder einer Unterschrift noch einer Beglaubigung.

(4) Die Geschäftsstelle hat Ausfertigungen der Bescheide, tunlichst gesammelt, dem Arbeitgeber (ehemaligen Arbeitgeber), im Fall der Anhängigkeit eines Insolvenzverfahrens jedoch dem zuständigen Verwalter zuzustellen. Nach Maßgabe der technischen Möglichkeiten können die Bescheide auch telegrafisch, fernschriftlich, mit Telefax, im Weg automationsunterstützter Datenübertragung oder in jeder anderen technisch möglichen Weise zugestellt werden.

(BGBl 1983/613, BGBl 1994/314, BGBl I 1999/73, BGBl I 2001/88, BGBl I 2010/29)

(5) Zahlungen sind dem Anspruchsberechtigten, sofern er handlungsunfähig ist, seinem gesetzlichen Vertreter, auf postalischem Weg zu leisten. Auf Antrag des Anspruchsberechtigten sind Zahlungen auf ein von ihm oder seinem ausgewiesenen bevollmächtigten Vertreter im Antrag angegebenes Scheckkonto der Österreichischen Postsparkasse oder auf ein Girokonto bei einer anderen inländischen Kreditunternehmung oder einer Postsparkasse oder eines Kreditinstitutes eines anderen Staates, in dem der Euro gesetzliches Zahlungsmittel ist, zu überweisen.

(BGBl 1980/580, BGBl I 2001/88)

(6) Im Falle der Pfändung, Verpfändung oder Übertragung der gesicherten Ansprüche sind die entsprechenden Teilbeträge des Insolvenz-Entgelts dem Berechtigten zu zahlen, sofern die diesbezüglichen Urkunden oder gerichtlichen Entscheidungen der Geschäftsstelle vor der Erlassung des Bescheides vorgelegt werden. § 8 Abs. 1 ist sinngemäß anzuwenden.

(BGBl 1980/580, BGBl 1983/613, BGBl 1986/395, BGBl 1992/835, BGBl 1994/314, BGBl I 2001/88, BGBl I 2008/82, BGBl I 2010/29)

(6a) Trotz der Voraussetzungen des Abs. 6 ist die Pfändung, Verpfändung oder Übertragung gegenüber dem Insolvenz-Entgelt-Fonds rechtsunwirksam und daher die Auszahlung an den Anspruchsberechtigten vorzunehmen, wenn gesicherte Ansprüche (§ 1 Abs. 2) für den Gläubiger oder Zessionar erkennbar zur Vorfinanzierung des Entgelts für vor dem Stichtag (§ 3 Abs. 1) liegende Ansprüche gepfändet, verpfändet oder übertragen worden sind, es sei denn, daß diese Vorfinanzierung nach einem Reorganisationsplan oder mit Zustimmung des Reorganisationsprüfers im Sinne des Unternehmensreorganisationsgesetzes, BGBl. I Nr. 106/1997, erfolgt. Stellt das Gericht das Reorganisationsverfahren wegen Zahlungsunfähigkeit oder Überschuldung ein, so sind nach dem Einstellungsbeschluß fällig werdende Ansprüche an den Anspruchsberechtigten auszuzahlen.

(BGBl 1994/153, BGBl I 1997/107, BGBl I 2008/82)

(7) Ist unter Bedachtnahme auf § 1 Abs. 3 Z 1 der Anspruchsberechtigte aufgrund eines Urteiles nach der Insolvenzordnung oder der Anfechtungsordnung verpflichtet, erhaltene Zahlungen für Ansprüche aus dem Arbeitsverhältnis (freien Dienstverhältnis, Auftragsverhältnis) zurückzuerstatten, so geht diese Verpflichtung mit der rechtzeitigen Beantragung (§ 6 Abs. 1) auf den Insolvenz-Entgelt-Fonds über. Diese Verpflichtung besteht auch

dann, wenn der Anspruchsberechtigte aufgrund einer nachweislich ihm zugegangenen schriftlichen Aufforderung solche Zahlungen für Ansprüche aus dem Arbeitsverhältnis (freien Dienstverhältnis, Auftragsverhältnis) zurückzuerstatten hat.

(BGBl 1992/835, BGBl I 1997/107, BGBl I 1999/73, BGBl I 2008/82, BGBl I 2010/29)

(8) Insolvenz-Entgelt für Pensionskassenbeiträge oder für Prämien in eine betriebliche Kollektivversicherung, die den Arbeitnehmern als Teil des laufenden Entgelts bis zur Beendigung des Arbeitsverhältnisses oder im Rahmen der Kündigungsentschädigung, Ersatzleistung für Urlaubsentgelt (Urlaubsabfindung, Urlaubsentschädigung) oder der Sonderzahlungen gebühren, ist in die Pensionskasse oder das Versicherungsunternehmen einzuzahlen.

(BGBl 1996/754, BGBl I 2000/44, BGBl I 2005/8, BGBl I 2008/82)

Pfändung, Verpfändung und Übertragung

§ 8. (1) Die Exekutionsordnung, RGBl. Nr. 79/1896, regelt, inwieweit Ansprüche auf Insolvenz-Entgelt übertragen, verpfändet und gepfändet werden können.

(BGBl 1980/580, BGBl 1986/395, BGBl 1991/628, BGBl I 2008/82)

(2) Im Falle der Pfändung, Verpfändung bzw. Übertragung gemäß Abs. 1, bei denen der Insolvenz-Entgelt-Fonds Drittschuldner ist, sind die diesbezüglichen Urkunden oder gerichtlichen Entscheidungen der nach § 5 Abs. 1 bis 3 zuständigen Geschäftsstelle als anweisende Stelle im Sinne des § 295 der Exekutionsordnung zuzustellen.

(BGBl 1986/395, BGBl 1994/314, BGBl I 2001/88, BGBl I 2008/82)

Widerruf und Rückforderung

§ 9. (1) Sofern der Bezug von Insolvenz-Entgelt durch unwahre Angaben oder durch Verschweigung maßgebender Tatsachen herbeigeführt wurde oder der Empfänger erkennen mußte, daß die Zahlung nicht oder nicht in dieser Höhe gebührte, ist die zu Unrecht bezogene Leistung mit Bescheid zu widerrufen und rückzufordern. Gleiches gilt, wenn eine Verurteilung gemäß § 1 Abs. 3 Z 1a vorliegt. Die Erlassung eines Rückforderungsbescheides ist nicht mehr zulässig, wenn seit der Kenntnis des maßgeblichen Sachverhaltes durch die Geschäftsstelle mehr als fünf Jahre vergangen sind.

(BGBl I 2005/102, BGBl I 2008/82, BGBl I 2010/29)

(2) Ausfertigungen der Bescheide nach Abs. 1 sind auch dem Arbeitgeber (ehemaligen Arbeitgeber), im Fall eines Insolvenzverfahrens jedoch dem zuständigen Verwalter zuzustellen.

(BGBl 1983/613, BGBl I 2001/88, BGBl I 2010/29)

Streit über den Anspruch auf Insolvenz-Entgelt

§ 10. Bei Streit über den Anspruch auf Insolvenz-Entgelt sind die Bestimmungen des Arbeits- und Sozialgerichtsgesetzes sinngemäß anzuwenden. Dabei tritt an die Stelle des Versicherungsträgers die Geschäftsstelle der IEF-Service GmbH, die den Bescheid erlassen hat oder zu erlassen gehabt hätte. Die Gerichte erster Instanz haben den § 7 Abs. 4 sinngemäß anzuwenden.

(BGBl 1985/104, BGBl 1994/314, BGBl I 2001/88, BGBl I 2008/82, BGBl I 2010/29)

Übergang der Ansprüche

§ 11. (1) Die diesem Bundesgesetz unterliegenden gesicherten Ansprüche gegen den Arbeitgeber (gegen die Insolvenzmasse) gehen, soweit sie nicht bestritten sind, auf den Insolvenz-Entgelt-Fonds mit der Antragstellung (§ 6 Abs. 1), sind die gesicherten Ansprüche nach § 1 Abs. 5 anzumelden, mit dieser Anmeldung über. Bestrittene Ansprüche gehen mit der Zahlung zuerkannten Insolvenz-Entgeltes auf den Insolvenz-Entgelt-Fonds über. Mit dem Forderungsübergang gehen auch sämtliche vertragliche Rechte des Anspruchsberechtigten gegenüber Dritten hinsichtlich der gesicherten Ansprüche unter Bedachtnahme auf Abs. 3 über, soweit für sie Insolvenz-Entgelt gewährt wurde. Mit dem Übergang ist unbeschadet § 47 Abs. 2 IO keine Änderung des Rechtsgrundes, des Ranges oder der Bevorrechtung der Forderung verbunden. Die gleichen Rechtsfolgen treten mit der Zustellung des rechtskräftigen Urteils (§ 10) ein.

(BGBl 1980/580, BGBl 1985/104, BGBl 1986/395, BGBl I 2008/82, BGBl I 2010/29)

(2) Im Falle eines Widerrufes (§ 9 Abs. 1) tritt der Forderungsübergang in der Höhe des Widerrufsbetrages außer Kraft. Zahlungen, die der Arbeitgeber (der zuständige Verwalter) bis zur Zustellung dieses Bescheides (§ 9 Abs. 2) an den Insolvenz-Entgelt-Fonds geleistet hat, wirken schuldbefreiend; diese Zahlungen sind einem Rückzahlungspflichtigen anzurechnen.

(BGBl 1980/580, BGBl I 2008/82, BGBl I 2010/29)

(3) Ist jedoch der Anspruch nach Abs. 1 auf den Insolvenz-Entgelt-Fonds übergegangen, so ist ein Zugriff auf künftiges Vermögen, das der Arbeitgeber nach der Aufhebung des Insolvenzverfahrens erworben hat, insoweit ausgeschlossen. Das gleiche gilt sinngemäß in den im § 1 Abs. 1 Z 1 bis 6 angeführten Fällen, jedoch nicht, wenn die nach dem Sanierungsplan, Zahlungsplan oder Abschöpfungsverfahren dem Insolvenz-Entgelt-Fonds zustehenden Zahlungen (Quotenzahlungen, Abschöpfungserträge), einschließlich solcher allenfalls noch aushaftender Masseforderungen, noch nicht erfolgt sind. Wird der Arbeitgeber bzw. dessen Organ im Zusammenhang mit der Insolvenz nach § 1 allerdings wegen schweren Betruges (§ 147 StGB), wegen gewerbsmäßigen Betruges (§ 148 StGB), wegen Vorenthaltens von Dienst-

nehmerbeiträgen zur Sozialversicherung (§ 153c StGB), wegen betrügerischen Vorenthaltens von Sozialversicherungsbeiträgen und Zuschlägen nach dem Bauarbeiter-Urlaubs- und Abfertigungsgesetz (§ 153d StGB), wegen organisierter Schwarzarbeit (§ 153e StGB), wegen Sachwuchers (§ 155 StGB), wegen betrügerischer Krida (§ 156 StGB), wegen Schädigung fremder Gläubiger (§ 157 StGB) oder wegen Begünstigung eines Gläubigers (§ 158 StGB) verurteilt, so ist der Insolvenz-Entgelt-Fonds berechtigt, zur Hereinbringung der auf ihn übergegangenen und nicht hereingebrachten Forderungen auf das Vermögen des Verurteilten zu greifen.

(BGBl 1986/395, BGBl 1994/153, BGBl I 1997/107, BGBl I 2003/71, BGBl I 2005/102, BGBl I 2008/82, BGBl I 2010/29, BGBl I 2011/24)

Aufbringung der Mittel und Deckung des Aufwandes

§ 12. (1) Die Ausgaben des Insolvenz-Entgelt-Fonds werden bestritten aus:

1. Mitteln, die dem Insolvenz-Entgelt-Fonds auf Grund übergegangener Ansprüche (§ 11) zufließen,
2. Eingänge der gemäß § 16 Abs. 1 verhängten Geldstrafen,
3. Zinsen aus dem Geldverkehr,
4. einem vom Arbeitgeber zu tragenden Zuschlag zu dem vom Dienstgeber zu leistenden Anteil des Arbeitslosenversicherungsbeitrages gemäß § 2 des Arbeitsmarktpolitik-Finanzierungsgesetzes (AMPFG), BGBl. Nr. 315/1994[a]),

[a]) Der Zuschlag beträgt gem VO BGBl II 2015/375 ab dem Jahr 2016 0,35 vH.

5. Mitteln aus der Gebarung Arbeitsmarktpolitik nach Maßgabe des § 14 AMPFG und
6. sonstigen dem Insolvenz-Entgelt-Fonds zufließenden Mitteln.

(2) Die Arbeitgeber von Personen im Sinne des § 1 Abs. 6 haben für diese Personen keinen Zuschlag gemäß Abs. 1 Z 4 zu entrichten. Für Lehrlinge ist für die gesamte Lehrzeit kein Zuschlag zu entrichten. Für Personen, die das 63. Lebensjahr vollendet haben, ist ab Beginn des folgenden Kalendermonates kein Zuschlag zu entrichten.

(BGBl I 2012/35)

(3) Der Zuschlag gemäß Abs. 1 Z 4 beträgt ab dem Beitragsjahr 2015 0,45 vH. Der Bundesminister für Arbeit, Soziales und Konsumentenschutz hat darauf zu achten, dass eine ausgeglichene Gebarung des Insolvenz-Entgelt-Fonds gewährleistet ist und den Zuschlag

1. zu erhöhen, wenn der voraussichtliche Leistungsaufwand des laufenden Jahres oder des Folgejahres unter Berücksichtigung allfälliger Reserven und der Kreditmöglichkeiten gemäß § 13 Abs. 3 nicht gedeckt ist,
2. zu senken, wenn sich unter Berücksichtigung des Ergebnisses der Bilanz des Vorjahres sowie des voraussichtlichen Gebarungsabschlusses des laufenden Jahres und des Folgejahres laut Voranschlag ein Überschuss ergibt, der 20 vH des durchschnittlichen Leistungsaufwandes dieser Jahre übersteigt.

(BGBl I 2014/30)

(4) Die Erhöhung des Zuschlages gemäß Abs. 3 Z 1 ist so zu bemessen, dass nach Abdeckung allfälliger Kredite (§ 13 Abs. 3) die voraussichtliche Gebarung des laufenden Jahres und des Folgejahres laut Voranschlag ausgeglichen ist. Allfällige Kredite sind dabei jeweils nur insoweit anteilig zu berücksichtigen, als sie in den betreffenden Jahren abzudecken sind.

(5) Für die Einhebung und Abfuhr des Zuschlages gemäß Abs. 1 Z 4 findet § 5 AMPFG Anwendung. Der Zuschlag ist auf ein Konto des Insolvenz-Entgelt-Fonds (§ 13 Abs. 6) abzuführen.

(6) Die Geschäftsführung der IEF-Service GmbH hat den Bundesminister für Arbeit, Soziales und Konsumentenschutz regelmäßig über die Entwicklung der Einnahmen und Ausgaben des Insolvenz-Entgelt-Fonds zu informieren. Der Bundesminister für Arbeit, Soziales und Konsumentenschutz hat unter Berücksichtigung der Erfahrungen über die Einnahmen- und Ausgabenentwicklung des Fonds und der Prognosen über die zu erwartende wirtschaftliche Entwicklung zu prüfen, ob die Voraussetzungen für eine Veränderung der Höhe des Zuschlages gemäß Abs. 3 vorliegen.

(BGBl I 2014/30)

(7) Die Mittel des Insolvenz-Entgelt-Fonds sind für die gesetzlich übertragenen Aufgaben zweckgebunden.

(BGBl 1979/107, BGBl 1980/580, BGBl 1983/613, BGBl 1987/618, BGBl 1995/297, BGBl 1996/754, BGBl I 1997/107, BGBl I 2001/88, BGBl I 2002/158, BGBl I 2003/71, BGBl I 2005/102, BGBl I 2008/82, BGBl I 2009/90, BGBl I 2010/111, BGBl I 2011/39)

Insolvenz-Entgelt-Fonds

§ 13. (1) Die Mittel gemäß § 12 Abs. 1 sind dem Insolvenz-Entgelt-Fonds (im folgenden „Fonds") zuzuführen. Dieser Fonds besitzt Rechtspersönlichkeit. Sein Sitz ist in Wien. Der Fonds wird durch den Bundesminister für Arbeit, Soziales und Konsumentenschutz vertreten.

(BGBl 1986/395, BGBl I 1997/107, BGBl I 2000/142, BGBl I 2001/88, BGBl I 2008/82, BGBl I 2011/39)

(2) Der Fonds hat für jedes Geschäftsjahr (Kalenderjahr) einen Voranschlag und eine Bilanz zu erstellen sowie einen Geschäftsbericht zu verfassen. Dem Voranschlag ist jeweils eine Vorschau über das folgende Jahr anzuschließen. Der Voranschlag ist bis Mitte Oktober des dem Geschäftsjahr vorangehenden Kalenderjahres, die Bilanz und der Geschäftsbericht bis Mitte Oktober des dem Ge-

schäftsjahr folgenden Kalenderjahres vorzulegen. Die Bilanz ist zu veröffentlichen.

(BGBl 1983/613, BGBl 1995/297, BGBl I 1997/107, BGBl I 2001/88, BGBl I 2008/82, BGBl I 2014/30)

(3) Der Fonds ist ermächtigt, zur Überbrückung finanzieller Bedeckungsschwierigkeiten Kredite aufzunehmen.

(4) Unbeschadet der Vertretung durch die Finanzprokuratur sind der Fonds und im hoheitlichen Bereich die IEF-Service GmbH ermächtigt, insbesondere für die Geltendmachung und weitere Verfolgung ihrer Ansprüche im Sinne des § 11 Abs. 1 geeignete physische oder juristische Personen zu beauftragen. Die diesbezüglichen Kosten trägt der Fonds. Die Vereinbarung zur Pauschalabgeltung der Vertretungskosten mit dem jeweiligen Rechtsvertreter ist zulässig.

(BGBl 1992/835, BGBl I 2001/88, BGBl I 2008/82)

(4a) Die Bundesrechenzentrum GmbH hat IT-Aufgaben im Sinne des § 2 Abs. 2 des Bundesgesetzes über die Bundesrechenzentrum GmbH (BRZ GmbH), BGBl. Nr.757/1996, für die IEF-Service GmbH, soweit dies für die Vollziehung der ihr nach diesem Bundesgesetz und nach dem IEF-Service-GmbH-Gesetz (IEFG), BGBl. I Nr. 88/2001, übertragenen Aufgaben eine wesentliche Voraussetzung bildet, auf deren Verlangen gegen Entgelt zu erbringen.

(BGBl I 2004/77, BGBl I 2008/82)

(5) Der Fonds kann seine Forderungen (§§ 9 und 11) stunden, deren Abstattung in Raten bewilligen und auf seine Forderungen ganz oder teilweise verzichten, wobei die einschlägigen haushaltsrechtlichen Vorschriften des Bundes unter Bedachtnahme auf die §§ 222 Abs. 3, 235 und 236 der Bundesabgabenordnung, BGBl. Nr. 194/1961, sinngemäß anzuwenden sind; der Fonds ist berechtigt, Stundungszinsen zu verrechnen, es sei denn, es handelt sich um nach § 58 Z 1 IO ausgeschlossene Ansprüche.

(BGBl 1979/107, BGBl 1982/647, BGBl 1986/395, BGBl 1994/153, BGBl 1994/314, BGBl 1996/754, BGBl I 1997/107, BGBl I 2010/29)

(6) Die Mittel des Fonds sind derart anzulegen, daß sie zur Deckung des Aufwandes jederzeit herangezogen werden können.

(7) Der Fonds ist von den Stempel- und Rechtsgebühren sowie den Gerichts- und Justizverwaltungsgebühren befreit.

(BGBl 1982/647)

(8) Hinsichtlich der nachstehenden Angelegenheiten von grundsätzlicher Bedeutung sind die gesetzlichen Interessenvertretungen der Arbeitgeber und der Arbeitnehmer zu hören:

1. zum Voranschlag und zur Vorschau sowie zur Bilanz und zum Geschäftsbericht gemäß Abs. 2;

   (BGBl 1996/754, BGBl I 2010/29, BGBl I 2014/30)

2. vor jeder Veränderung der Zuschlagshöhe durch Verordnung gemäß § 12 Abs. 3;

   (BGBl I 2008/82, BGBl I 2010/29, BGBl I 2014/30)

3. vor Erlassung einer Verordnung über die örtliche Zuständigkeit der Geschäftsstellen gemäß § 5 Abs. 2;

   (BGBl I 1997/107, BGBl I 2001/88)

4. vor Erlassung von Durchführungsrichtlinien grundsätzlicher Art, insbesondere hinsichtlich der gesicherten Ansprüche im Sinne des § 1 Abs. 2 Z 4;

   (BGBl I 1997/107)

5. vor Erlassung von Richtlinien des Insolvenz-Entgelt-Fonds über die Verrechnung von Stundungszinsen für auf diesen nach § 11 übergegangene Forderungen.

   (BGBl I 1997/107, BGBl I 2008/82)

(BGBl 1980/580)

(BGBl I 2008/82)

Dienstnehmer-Beitragsanteile zur gesetzlichen Sozialversicherung

§ 13a. (1) Der Anspruch des Anspruchsberechtigten umfasst auch die auf den Dienstnehmer entfallenden Beitragsanteile zur gesetzlichen Sozialversicherung (im folgenden „Dienstnehmerbeitragsanteile“).

(BGBl I 2008/82, BGBl I 2009/90, BGBl I 2010/29)

(2) Dienstnehmerbeitragsanteile zur gesetzlichen Sozialversicherung, die für gesicherte Ansprüche fällig werden und Dienstnehmerbeitragsanteile, soweit diese bis längstens zwei Jahre vor der Eröffnung des Insolvenzverfahrens bzw. vor jenen Zeitpunkten, welche dieser gemäß § 1 Abs. 1 gleichgestellt sind, rückständig sind, schuldet der Insolvenz-Entgelt-Fonds dem zur Beitragseinhebung zuständigen Sozialversicherungsträger. Die Verrechnung hat zwischen diesem Sozialversicherungsträger und dem Fonds nach Maßgabe der folgenden Bestimmungen im direkten Wege zu erfolgen.

(BGBl 1986/395, BGBl I 2008/82, BGBl I 2010/29)

(3) Die von den Sozialversicherungsträgern im beantragten oder durchgeführten Insolvenzverfahren oder durch die Verwertung von Absonderungs- und diesen gleichgestellten Rechten sowie von Aussonderungsrechten nicht hereinbringbaren Dienstnehmerbeitragsanteile für die in Abs. 2 genannten Zeiträume sind vom zuständigen Sozialversicherungsträger für alle im laufenden Kalenderjahr im nachstehenden Sinne beendeten Insolvenzfälle dem Fonds bis Ende April des Folgejahres bekanntzugeben. Auch hinsichtlich der Dienstnehmerbeitragsanteile, die nach § 67a Abs. 2 und Abs. 13 ASVG nicht einbringlich gemacht werden konnten, hat der zur Beitragseinhebung zuständige Sozialversicherungsträger zuerst

nach dem ersten Satz vorzugehen. Als Beendigung der Insolvenz gelten:

1. die Aufhebung des Insolvenzverfahrens, im Fall eines Sanierungsplans dessen Erfüllung;
(BGBl I 2010/29)
2. das Erlöschen bzw. die Aufhebung der Geschäftsaufsicht;
(BGBl I 2010/29)
3. die Nichteröffnung des Insolvenzverfahrens mangels kostendeckenden Vermögens,
(BGBl I 2010/29)
4. die Ablehnung der Eröffnung des Insolvenzverfahrens gemäß § 68 IO wegen Vermögenslosigkeit,
(BGBl I 2010/29)
5. die Löschung gemäß § 40 oder § 42 des Firmenbuchgesetzes (FBG), BGBl. Nr. 10/1991, wegen Vermögenslosigkeit,
(BGBl I 2010/29)
6. die Zurückweisung des Antrags auf Eröffnung des Insolvenzverfahrens gemäß § 63 IO,
(BGBl I 2010/29)
7. der Beschluss gemäß § 153 Abs. 1 oder § 154 Abs. 1 des Außerstreitgesetzes (AußStrG), BGBl. I Nr. 111/2003.
(BGBl I 2010/29)

(BGBl 1986/395, BGBl I 2005/102, BGBl I 2010/29)

(4) Wird ein Sanierungsplan nicht erfüllt, so hat die Verrechnung nach den Abs. 2 und 3 erst mit der Beendigung des Insolvenzverfahrens nach Abs. 3 Z 1 und bei der Ablehnung des Antrages auf Eröffnung des Insolvenzverfahrens mangels hinreichenden Vermögens nach Abs. 3 Z 3 zu erfolgen. Erlischt die Geschäftsaufsicht durch Eröffnung des Insolvenzverfahrens, so hat die Verrechnung erst mit der Beendigung des Insolvenzverfahrens nach Abs. 3 Z 1 zu erfolgen. Wird ein Sekundärinsolvenzverfahren (§ 6 Abs. 1) eröffnet, beziehen sich die im Abs. 3 Z 1 bis 7 genannten Zeitpunkte auf dieses Sekundärinsolvenzverfahren.

(BGBl I 2005/102, BGBl I 2010/29)

(5) Auf die Jahresabrechnung nach Abs. 3 hat der Fonds dem Sozialversicherungsträger monatlich Abschlagszahlungen im Ausmaß von je einem Zwölftel der Summe der Vorjahresabrechnungen zu gewähren.

(BGBl 1982/647)

Zuschläge nach dem Bauarbeiter-Urlaubs- und Abfertigungsgesetz

§ 13b. (1) Vom Arbeitgeber zu leistende Zuschläge nach dem BUAG schuldet der Insolvenz-Entgelt-Fonds der Bauarbeiter-Urlaubs- und Abfertigungskasse, soweit diese längstens zwei Jahre vor der Eröffnung des Insolvenzverfahrens oder einem gemäß § 1 Abs. 1 gleichgestellten Beschluss rückständig sind und nicht Beschäftigungszeiten betreffen, für die der Arbeitnehmer keinen Anspruch gegenüber der Bauarbeiter-Urlaubs- und Abfertigungskasse (§§ 4a und 8 sowie §§ 13c Abs. 1 und 13j Abs. 1 Z 5 BUAG) erwirbt. Die Verrechnung hat zwischen der Bauarbeiter-Urlaubs- und Abfertigungskasse und dem Fonds nach Maßgabe der folgenden Bestimmungen im direkten Wege zu erfolgen.

(BGBl I 2008/82, BGBl I 2009/70, BGBl I 2010/29)

(2) § 13a Abs. 3 und 4 gelten mit der Maßgabe, dass an die Stelle der Sozialversicherungsträger und der Dienstnehmerbeitragsanteile die Bauarbeiter-Urlaubs- und Abfertigungskasse und die Zuschläge treten. Auf die Jahresabrechnungen nach § 13a Abs. 3 hat der Fonds der Bauarbeiter-Urlaubs- und Abfertigungskasse vierteljährliche Abschlagszahlungen im Ausmaß von je einem Viertel der Summe der Vorjahresabrechnungen zu gewähren.

(BGBl 1996/754, BGBl I 1997/107, BGBl I 2000/44)

Ansprüche eines bevorrechteten Gläubigerschutzverbandes bei Vertretung von Anspruchsberechtigten

§ 13c. (1) Wird der Anspruchsberechtigte (§ 1 Abs. 1) im Verfahren nach diesem Bundesgesetz vor einer Geschäftsstelle durch einen bevorrechteten Gläubigerschutzverband vertreten, der statutengemäß in einem solchen Verfahren Anspruchsberechtigten ausnahmslos unentgeltlichen Rechtsschutz gewährt, schuldet der Fonds einem solchen Rechtsvertreter insbesondere für die im Zusammenhang mit der Ermittlung des Anspruches auf Insolvenz-Entgelt nach § 3 Abs. 1 erster Satz aufgelaufenen Unkosten je vertretenem Anspruchsberechtigten eine pauschalierte Abgeltung von 59 Euro zuzüglich Umsatzsteuer; daran ändert nichts, dass ein solcher Gläubigerschutzverband sich diesbezüglich auf eigene Kosten eines Rechtsvertreters bzw. eines Steuerberaters bedient.

(BGBl I 2008/82)

(2) Der im Abs. 1 genannte Pauschalbetrag ist mit Wirkung ab 1. Jänner des Jahres 2003 und jedes darauffolgenden Jahres mit der Aufwertungszahl (§ 108a ASVG) des jeweiligen Kalenderjahres zu vervielfachen und kaufmännisch auf einen vollen Eurobetrag zu runden. Der neue Pauschalbetrag gilt hinsichtlich der in diesem Kalenderjahr vertretenen Anspruchsberechtigten.

(BGBl I 1999/73, BGBl I 2001/88)

Beiträge nach dem Betrieblichen Mitarbeiter- und Selbständigenvorsorgegesetz

§ 13d. (1) Für die vom Arbeitgeber zu leistenden Beiträge gemäß § 6 Abs. 1 BMSVG oder nach gleichartigen österreichischen Rechtsvorschriften gilt § 13a mit der Maßgabe, dass an die Stelle der Dienstnehmerbeitragsanteile zur gesetzlichen Sozialversicherung die BV-Kassenbeiträge treten.

(BGBl I 2003/128, BGBl I 2007/104)

(2) Abs. 1 gilt für die dem Sachbereich der Abfertigungsregelung nach dem Bauarbeiter-Urlaubs- und Abfertigungsgesetz unterliegenden Arbeitnehmer (Lehrlinge) und die diese beschäftigenden Betriebe (Unternehmungen) mit der Maßgabe, dass an die Stelle des Sozialversicherungsträgers die Bauarbeiter-Urlaubs- und Abfertigungskasse tritt.

(BGBl I 2003/128, BGBl I 2005/36)

(BGBl I 2002/100, BGBl I 2003/128, BGBl I 2007/104)

Beiträge zur Förderung der Ausbildung und Beschäftigung Jugendlicher

§ 13e. (1) Der Insolvenz-Entgelt-Fonds hat dem Bund jährlich zum Zweck der besonderen Förderung der Ausbildung und Beschäftigung Jugendlicher Mittel im Ausmaß der bei einem Zuschlag in der Höhe von 0,2 vH erzielten jährlichen Einnahmen aus den Zuschlägen zur Verfügung zu stellen. Diese Mittel können zur Gewährung von Beihilfen gemäß § 19c des Berufsausbildungsgesetzes (BAG), BGBl. Nr. 142/1969, durch die Lehrlingsstellen (§ 19 BAG) und nach Maßgabe des Abs. 4 auch zur Finanzierung von Maßnahmen in einer Einrichtung gemäß § 18 Abs. 7 Z 3 AlVG verwendet werden. Werden diese Mittel in einem Kalenderjahr nicht zur Gänze ausgeschöpft, so sind die nicht benötigten Mittel dem Insolvenz-Entgelt-Fonds zur Bestreitung der Ausgaben für Insolvenz-Entgelt zur Verfügung zu stellen; in diesem Fall sind die im Folgejahr dem Bund zum Zweck der besonderen Förderung der Ausbildung und Beschäftigung Jugendlicher zur Verfügung zu stellenden Mittel um den entsprechenden Betrag zu erhöhen. Darüber hinaus kann der Bundesminister für Arbeit, Soziales und Konsumentenschutz den Insolvenz-Entgelt-Fonds anweisen, für diesen Zweck weitere Mittel aus vorhandenem Finanzvermögen zur Verfügung zu stellen.

(BGBl I 2009/90, BGBl I 2009/148)

(2) Der Insolvenz-Entgelt-Fonds hat dem Bund zur anteiligen Bedeckung der zum Zwecke der besonderen Förderung der Beschäftigung von Lehrlingen gewährten Lehrlingsausbildungsprämie gemäß § 108f EStG 1988 in den Jahren 2008 bis 2010 Mittel in folgender Höhe zur Verfügung zu stellen:

1. im Jahr 2008 113,75 Mio. €;
2. im Jahr 2009 62,75 Mio. €;
3. im Jahr 2010 29,75 Mio. €.

Diese Mittel sind auf die gemäß Abs. 1 erster Satz zur Verfügung zu stellenden Mittel betragsmindernd anzurechnen.

(3) Akontierungen der gemäß Abs. 1 und 2 zu gewährenden Mittel auf der Grundlage des Voranschlages gemäß § 13 Abs. 2 sind zulässig.

(4) In den Jahren 2009 und 2010 sind Mittel in Höhe von insgesamt 3 Mio. € zur Finanzierung von Maßnahmen in einer Einrichtung gemäß § 18 Abs. 7 Z 3 AlVG zur Verfügung zu stellen.

(BGBl I 2009/90)

(5) Der Insolvenz-Entgelt-Fonds hat dem Bund die zur Bedeckung der Aufwendungen der Lehrberechtigten für die Tragung von Internatskosten für Lehrlinge während des Besuches der Berufsschule gemäß § 9 Abs. 5 BAG und § 130 Abs. 4a des Landarbeitsgesetzes 1984 (LAG), BGBl. Nr. 287/1984 durch die Lehrlingsstellen erforderlichen Mittel zur Verfügung zu stellen. Dies gilt nicht für Lehrberechtigte beim Bund, bei einem Land, einer Gemeinde oder einem Gemeindeverband.

(BGBl I 2017/154, BGBl I 2019/16)

(6) (aufgehoben)

(BGBl I 2018/30)

(BGBl I 2008/82)

Rechtshilfe und Auskunftspflicht

§ 14. (1) Die Verwaltungsbehörden, die Träger der Sozialversicherung, die Bauarbeiter-Urlaubs- und Abfertigungskasse sowie die gesetzlichen Interessenvertretungen der Arbeitgeber und der Arbeitnehmer sind verpflichtet, die IEF-Service GmbH und deren Geschäftsstellen sowie die Gerichte bei der Erfüllung ihrer Aufgaben nach diesem Bundesgesetz zu unterstützen. Ebenso haben die IEF-Service GmbH samt deren Geschäftsstellen und die Gerichte einander zu unterstützen.

(BGBl 1985/104, BGBl 1987/618, BGBl 1994/314, BGBl I 2001/88, BGBl I 2008/82, BGBl I 2017/123)

(2) Der Arbeitgeber, der Arbeitnehmer und die Personen, die Einblick in die Arbeitsentgeltunterlagen haben oder hatten, sowie alle Behörden, Ämter, Träger der Sozialversicherung und die Bauarbeiter-Urlaubs- und Abfertigungskasse sind verpflichtet, dem zuständigen Verwalter unverzüglich alle Auskünfte zu erteilen, die er für Erklärungen nach § 6 Abs. 5 benötigt.

(BGBl 1987/618, BGBl I 2010/29)

(3) Der Arbeitgeber, der zuständige Verwalter, die Arbeitnehmer sowie die Personen, die Einblick in die Arbeitsentgeltunterlagen haben oder hatten, sind verpflichtet, der IEF-Service GmbH, deren Geschäftsstellen und Beauftragten sowie den Gerichten alle Auskünfte zu erteilen, die zur Durchführung dieses Bundesgesetzes erforderlich sind.

(BGBl 1985/104, BGBl 1994/314, BGBl I 2001/88, BGBl I 2008/82, BGBl I 2010/29)

(4) Der Dachverband der Sozialversicherungsträger (Dachverband) ist verpflichtet, auf automationsunterstütztem Wege gespeicherte Daten (§ 31 Abs. 4 Z 3 ASVG) über die Versicherungszeiten, Beitragsgrundlagen, Qualifikationen und Dienstgeber von natürlichen Personen der IEF-Service GmbH und deren Geschäftsstellen, den Gerichten und dem Bundesministerium für Arbeit, Soziales, Gesundheit und Konsumentenschutz offen zu legen, soweit dies für die Vollziehung der diesen Stellen jeweils gesetzlich übertragenen Aufgaben

erforderlich ist. Für Zwecke der Prüfung des Vorliegens von Betriebsübergängen (§ 3 AVRAG) und des Verdachts auf Sozialbetrug sind vom Dachverband auf automationsunterstütztem Wege auch die zu bestimmten Stichtagen jeweils beschäftigten Personen je Dienstgeber offen zu legen.

(BGBl 1986/395, BGBl 1994/314, BGBl 1996/754, BGBl I 2001/88, BGBl I 2008/82, BGBl I 2011/39, BGBl I 2017/123, BGBl I 2018/32, BGBl I 2018/100)

(5) Der Bundesminister für Inneres hat der IEF-Service GmbH und deren Geschäftsstellen die Meldedaten, die für diese zur Wahrnehmung der ihnen gesetzlich, insbesondere nach diesem Bundesgesetz und nach dem IEFG übertragenen Aufgaben eine wesentliche Voraussetzung bilden, im Wege automationsunterstützter Datenübermittlung aus dem Zentralen Melderegister (ZMR) gemäß § 16a Abs. 4 des Meldegesetzes 1991, BGBl. Nr. 9/1992, in der Weise zur Verfügung zu stellen, dass diese den Gesamtdatensatz bestimmter Personen im Datenfernverkehr ermitteln können.

(BGBl I 2004/77, BGBl I 2008/82)

(6) Die zentrale Koordinationsstelle für die Kontrolle der illegalen Beschäftigung „des Bundesministeriums für Finanzen“[a] ist verpflichtet, der IEF-Service GmbH und deren Geschäftsstellen alle zur Wahrnehmung der gesetzlich übertragenen Aufgaben notwendigen Daten, die sie im Rahmen von Kontrollen oder bei der Führung der zentralen Verwaltungsstrafevidenz erhoben hat, in einer für die IEFService GmbH technisch geeigneten Form zur Verfügung zu stellen.

(BGBl I 2008/82, BGBl I 2019/104)

[a] Ab 1. Juli 2020: „des Amtes für Betrugsbekämpfung“.

(7) Hat das Insolvenzgericht der Staatsanwaltschaft eine Anzeige gemäß § 261 IO erstattet, so hat dieses Gericht auch die IEF-Service GmbH in Wien darüber in Kenntnis zu setzen.

(BGBl I 2010/29)

Zusammenarbeit mit ausländischen Einrichtungen

§ 14a. (1) Ist der insolvente Arbeitgeber auch in einem anderen EWR-Staat tätig, so hat die IEF-Service GmbH der zuständigen ausländischen öffentlichen Verwaltung oder Garantieeinrichtung (im Folgenden ausländische Einrichtung) den allenfalls vorhandenen inländischen Gerichtsbeschluss im Sinne des § 1 Abs. 1 und die im Zusammenhang mit Anträgen auf Insolvenz-Entgelt ergangenen Entscheidungen mitzuteilen, soweit diese zur Aufgabenerfüllung der ausländischen Einrichtung unbedingt erforderlich sind. Nach Maßgabe der technischen Möglichkeiten können entsprechende Daten gemäß § 5 Abs. 5 auch telegrafisch, fernschriftlich, mit Telefax, im Wege automationsunterstützter Datenübertragung oder in jeder anderen technisch möglichen Weise übermittelt werden. Näheres kann durch eine Vereinbarung zwischen der IEF-Service GmbH und der jeweiligen ausländischen Einrichtung bestimmt werden. In der Vereinbarung kann auch geregelt werden, dass die jeweilige ausländische Einrichtung die IEF-Service GmbH und den Insolvenz-Entgelt-Fonds insbesondere zur Wahrnehmung der sich nach § 11 ergebenden Rechte vertritt oder auch die IEF-Service GmbH eine solche ausländische Einrichtung im Inland vertritt. Eine derartige Vereinbarung bedarf der Zustimmung des Bundesministers für Arbeit, Soziales und Konsumentenschutz.

(BGBl I 2008/82, BGBl I 2011/39)

(2) Abs. 1 gilt auch dann, wenn die IEF-Service GmbH bei Anträgen auf Insolvenz-Entgelt, die sich auf § 1 Abs. 1 letzter Satz stützen, die erforderlichen Informationen von der ausländischen Einrichtung benötigt.

(BGBl I 2008/82)

(3) Abs. 1 und 2 gelten auch für Vereinbarungen zwischen der IEF-Service GmbH und ausländischen Einrichtungen in Staaten außerhalb des EWR, wenn diese Staaten das Übereinkommen betreffend den Schutz der Forderungen der Arbeitnehmer bei Zahlungsunfähigkeit ihres Arbeitgebers, BGBl. III Nr. 49/1997, ratifiziert haben. In einer solchen Vereinbarung ist auch festzulegen, dass die Übermittlung und Überlassung von Daten gemäß § 5 Abs. 5 nur erfolgen kann, wenn die im § 13 Abs. 2 des Datenschutzgesetzes 2000 genannten Voraussetzungen vorliegen.

(BGBl I 2008/82)

(BGBl I 2005/102)

Stempel- und Gebührenfreiheit

§ 15. (1) Die im Verfahren nach diesem Bundesgesetz erforderlichen Eingaben und deren Beilagen, Ausfertigungen, Niederschriften, Entscheidungen, Vollmachten und Zeugnisse sind von den Stempel- und Rechtsgebühren befreit.

(2) Die §§ 76 bis 78 AVG 1950 und die auf Grund dieser Bestimmungen erlassenen Verordnungen sind im Verfahren nach diesem Bundesgesetz nicht anzuwenden.

Strafbestimmungen

§ 16. (1) Arbeitgeber, die wissentlich unwahre Angaben machen oder vorsätzlich die Erklärung nach § 6 Abs. 4 grundlos verweigern oder ihrer Auskunftspflicht nach § 14 Abs. 3 vorsätzlich nicht nachkommen, begehen, sofern die Tat nicht mit strengerer Strafe bedroht ist, eine Verwaltungsübertretung und sind von der Bezirksverwaltungsbehörde mit Geldstrafe von 365 € bis 1 455 € zu bestrafen.

(BGBl I 2001/88)

(2) Für mehrere danach strafbare Handlungen ist nur auf eine einzige Strafe zu erkennen.

(3) Die Eingänge aus den gemäß Abs. 1 verhängten Geldstrafen fließen dem Insolvenz-Entgelt-Fonds zu.

(BGBl I 2008/82)

Übergangsbestimmungen

§ 17. (1) Dieses Bundesgesetz ist erstmals anzuwenden, wenn das Insolvenzverfahren über das Vermögen des Arbeitgebers (ehemaligen Arbeitgebers) nach dem 31. Dezember 1975 eröffnet und am 31. Dezember 1977 noch nicht abgeschlossen worden ist. § 1 Abs. 1 Z 1 bis 3 gelten entsprechend.

(BGBl I 2010/29)

(2) Ansprüche im Sinne des § 1 Abs. 2 aus der Zeit vor dem Inkrafttreten dieses Bundesgesetzes sind so weit gesichert, als die Fälligkeit nach dem 31. Dezember 1974 eingetreten ist.

(3) Die Frist nach § 6 Abs. 1 endet frühestens 90 Tage nach dem Inkrafttreten dieses Bundesgesetzes. Anträge nach diesem Bundesgesetz können jedoch bereits ab dem 1. Oktober 1977 gestellt werden.

(4) Ist ein Insolvenzverfahren vor dem Inkrafttreten dieses Bundesgesetzes eröffnet worden, so hat das Bundesamt für Soziales und Behindertenwesen die zur Beurteilung des Anspruches notwendigen Unterlagen von Amts wegen zu beschaffen, sofern deren Beibringung dem Antragsteller unzumutbar ist.

(BGBl 1994/314)

(5) Der vom Arbeitgeber zu tragende Zuschlag gemäß § 12 Abs. 1 Z 4 wird bis zum Inkrafttreten der gemäß § 12 Abs. 1 Z 4 erstmals zu erlassenden Verordnung mit 0,1 vH festgesetzt.

(BGBl 1979/107, BGBl 1996/754)

(6) Der Reservefonds der Arbeitslosenversicherung (§ 64 AlVG 1958) hat bis zu 200 Millionen Schilling je nach Bedarf auf das Konto des Insolvenz-Ausfallgeld-Fonds im Jahre 1978 zu überweisen. Bei dieser Überweisung handelt es sich um ein verzinsliches Darlehen, das bis spätestens 31. Dezember 1981 zurückzuzahlen ist. Die Zinsen sind in der Höhe des jeweiligen Eckzinssatzes bei zweijähriger Bindung zu leisten. Bei der Festsetzung des Beitragszuschlages ist auf die Rückzahlung des Darlehens entsprechend Bedarf zu nehmen.

Novellen; Inkrafttreten und Übergangsbestimmungen

§ 17a. (1) § 1 Abs. 1 Z 3, § 1a, § 3 Abs. 2 Z 1 und Abs. 3a, § 6 Abs. 1 Z 3 und Z 4, der an § 7 Abs. 1 angefügte Satz, § 7 Abs. 6 letzter Satz, § 7 Abs. 7 und die im § 13 Abs. 4 anstelle des letzten Satzes tretenden Sätze in der Fassung des Bundesgesetzes BGBl. Nr. 835/1992 treten mit 1. Jänner 1993 in Kraft.

(BGBl 1992/835, BGBl 1993/799)

(2) Der mit Bundesgesetz BGBl. Nr. 799/1993 eingefügte § 1 Abs. 6 Z 4 tritt mit 1. Jänner 1994 in Kraft.

(BGBl 1993/799)

(3) § 1 Abs. 3 Z 4 und § 1 Abs. 4a in der Fassung des Bundesgesetzes BGBl. Nr. 817/1993 treten mit 1. Jänner 1994 in Kraft. Sie sind auf Beschlüsse über die Eröffnung eines Insolvenzverfahrens nach § 1 Abs. 1 Z 3 bis 7, die vor dem 1. Jänner 1994 gefaßt wurden, nicht anzuwenden.

(BGBl 1993/817)

(4) § 1 Abs. 2 Z 4 lit. g, § 1 Abs. 3 Z 2, § 1 Abs. 3 Z 3a, § 1 Abs. 4, § 5 Abs. 4, § 6 Abs. 1, § 7 Abs. 1, § 7 Abs. 6a, § 11 Abs. 3 und § 13 Abs. 5 in der Fassung des Bundesgesetzes BGBl. Nr. 153/1994 treten mit 1. März 1994 in Kraft. Sie sind, mit Ausnahme des § 5 Abs. 4, nicht anzuwenden, wenn der Beschluß über die Eröffnung oder der sonst nach § 1 Abs. 1 Z 1 bis 7 maßgebliche Beschluß vor dem genannten Zeitpunkt gefaßt worden ist. § 7 Abs. 6a in der Fassung des Bundesgesetzes BGBl. Nr. 153/1994 ist überdies nur für Vorfinanzierungen, die für Zeiträume nach dem 28. Februar 1994 gewährt wurden, anzuwenden.

(BGBl 1994/153)

(5) Die §§ 1a Abs. 3, 4, 5, 6 Abs. 1, 3 und 4, 7 Abs. 1, 2, 4 und 6, 8 Abs. 2, 10, 13 Abs. 5, 14 Abs. 1, 3 und 4 und 17 Abs. 4 in der Fassung des Bundesgesetzes BGBl. Nr. 314/1994 treten mit 1. Juli 1994 in Kraft. Bis zum Inkrafttreten des § 5 Z 2 lit. a des Bundessozialämtergesetzes (Art. 33 des Arbeitsmarktservice-Begleitgesetzes, BGBl. Nr. 314/1994) obliegen die Aufgaben und Befugnisse der Bundesämter für Soziales und Behindertenwesen den jeweiligen regionalen Geschäftsstellen und Landesgeschäftsstellen des Arbeitsmarktservice.

(BGBl 1994/314)

(6) § 1 Abs. 6 Z 3, 4 und 5, § 12 Abs. 1 Z 5 und Abs. 4 sowie § 13 Abs. 2 in der Fassung des Bundesgesetzes BGBl. Nr. 297/1995 treten mit 1. Mai 1995 in Kraft. Sie sind, mit Ausnahme des § 12 Abs. 1 Z 5 und Abs. 4 sowie § 13 Abs. 2 nicht anzuwenden, wenn der Beschluß über die Eröffnung eines Insolvenzverfahrens nach § 1 Abs. 1 bzw. über einen anderen Insolvenztatbestand nach § 1 Abs. 1 Z 3 bis 7 vor dem 1. Mai 1995 gefaßt wurde.

(BGBl 1995/297)

(7) § 3 Abs. 5 und 6 und § 7 Abs. 8 in der Fassung des Bundesgesetzes BGBl. Nr. 754/1996 treten mit 1. Jänner 1997 in Kraft. Sie sind auf Beschlüsse über die Eröffnung eines Insolvenzverfahrens nach § 1 Abs. 1 oder über einen anderen Insolvenztatbestand nach § 1 Abs. 1 Z 3 bis 7 nicht anzuwenden, die vor dem 1. Jänner 1997 gefaßt wurden.

(BGBl 1996/754)

(8) § 12 Abs. 1, § 12 Abs. 2, § 12 Abs. 4, § 12 Abs. 5, § 13 Abs. 5, § 13 Abs. 8 Z 1, § 13b und § 14 Abs. 4 in der Fassung des Bundesgesetzes BGBl. Nr. 754/1996 treten mit Beginn der Beitragsperiode 1997 in Kraft. Gewährte Darlehen nach § 12 Abs. 1 Z 4 in Verbindung mit § 13 Abs. 5 in der Fassung vor dem Bundesgesetz BGBl. Nr. 754/1996 sind nach den bisherigen Bestimmungen abzuwickeln.

(BGBl 1996/754)

(9) Der vom Arbeitgeber zu tragende Zuschlag gemäß § 12 Abs. 1 Z 4 in der Fassung des Bundesgesetzes BGBl. Nr. 754/1996 wird für das Beitragsjahr 1997 mit 0,7 vH festgesetzt.

(BGBl 1996/754)

(10) § 1 Abs. 1, 3 und 5, § 2, § 3, § 3a Abs. 2 bis 4, § 3b, § 3c, § 3d, § 5 Abs. 1, § 6 Abs. 1, 4 und 7, § 7 Abs. 1, 6a und 7, § 11 Abs. 3 und § 13a Abs. 3 in der Fassung des Bundesgesetzes BGBl. I. Nr. 107/1997 treten mit 1. Oktober 1997 in Kraft und sind anzuwenden, wenn der Beschluß über die Eröffnung eines Insolvenzverfahrens nach § 1 Abs. 1 bzw. der sonst nach § 1 Abs. 1 maßgebende Beschluß nach dem 30. September 1997 gefaßt wurde. § 1 Abs. 1, 3 und 5, § 2, § 3, § 5 Abs. 1, § 6 Abs. 1, 4 und 7, § 7 Abs. 1, 6a und 7, § 11 Abs. 3 und § 13a Abs. 3 in der Fassung vor dem Bundesgesetz BGBl. I Nr. 107/1997 sind weiterhin anzuwenden, wenn der Beschluß über die Eröffnung eines Insolvenzverfahrens nach § 1 Abs. 1 bzw. der sonst nach § 1 Abs. 1 maßgebende Beschluß vor dem 1. Oktober 1997 gefaßt wurde. § 1 Abs. 1 Z 5, § 1 Abs. 3 Z 2 lit. a und § 13a Abs. 3 Z 6 in der Fassung vor dem Bundesgesetz BGBl. I Nr. 107/1997 sind weiterhin anzuwenden, sofern die Eröffnung des Vorverfahrens vor dem 1. Oktober 1997 erfolgt ist.

(BGBl I 1997/107)

(11) § 3a Abs. 1 in der Fassung des Bundesgesetzes BGBl. I Nr. 107/1997 tritt mit 1. April 1998 in Kraft und ist nicht anzuwenden, wenn der Beschluß über die Eröffnung eines Insolvenzverfahrens nach § 1 Abs. 1 bzw. der sonst nach § 1 Abs. 1 maßgebende Beschluß vor dem 1. April 1998 gefaßt wurde.

(BGBl I 1997/107)

(12) § 1 Abs. 6 Z 5, § 1a Abs. 1, § 2, § 3 Abs. 2, § 5 Abs. 4, § 12 Abs. 1 Z 4 und § 13b in der Fassung des Bundesgesetzes BGBl. I Nr. 107/1997 treten mit 1. Oktober 1997 in Kraft. Bis zur Erlassung der Verordnung gemäß Abs. 13 ist § 3 Abs. 2 mit der Maßgabe anzuwenden, daß Insolvenz-Ausfallgeld für Zinsen für Zeiträume ab dem nach § 6 Abs. 1 in Frage kommenden Zeitpunkt im Ausmaß von sechs Monaten gebührt.

(BGBl I 1997/107)

(13) § 13 Abs. 5 und Abs. 8 Z 5 in der Fassung des Bundesgesetzes BGBl. I Nr. 107/1997 treten mit 1. Jänner 2004 in Kraft.

(BGBl I 1997/107, BGBl I 2003/71)

(14) § 13 Abs. 1 fünfter bis achter Satz, § 13 Abs. 2 und § 13 Abs. 8 Z 3 in der Fassung des Bundesgesetzes BGBl. I Nr. 107/1997 treten mit 1. September 1997 mit der Maßgabe in Kraft, daß abweichend von § 13 Abs. 1 letzter Satz in den Geschäftsjahren des Insolvenz-Ausfallgeld-Fonds 1998 bis einschließlich 2002 der gesamte Gegenwert der gemäß § 13 Abs. 1 fünfter Satz zulässigen finanziellen Mittel den 175fachen Jahresbezug nach dem fünften Satz nicht überschreiten darf. Der Plan gemäß § 13 Abs. 1 fünfter Satz in der Fassung des Bundesgesetzes BGBl. I Nr. 107/1997 für das Geschäftsjahr 1998 ist bis spätestens 1. Jänner 1998 zu erstellen.

(BGBl I 1997/107)

(15) § 3c Z 3 in der Fassung des Bundesgesetzes BGBl. I Nr. 30/1998 tritt mit 1. Jänner 1998 in Kraft.

(BGBl I 1998/30)

(16) § 3a Abs. 1 erster Satz, § 6 Abs. 1 Z 5, § 6 Abs. 2 erster Satz, § 7 Abs. 4 zweiter Satz und § 7 Abs. 7 in der Fassung des Bundesgesetzes BGBl. I Nr. 73/1999 treten mit 1. Mai 1999 in Kraft. Sie sind, mit Ausnahme des § 6 Abs. 2 erster Satz und § 7 Abs. 4 zweiter Satz, nicht anzuwenden, wenn der Beschluß über die Eröffnung eines Insolvenzverfahrens nach § 1 Abs. 1 bzw. über einen anderen Insolvenztatbestand nach § 1 Abs. 1 Z 3 bis 6 vor dem 1. Mai 1999 gefaßt wurde.

(BGBl I 1999/73)

(17) § 13c samt Überschrift in der Fassung des Bundesgesetzes BGBl. I Nr. 73/1999 tritt mit 1. Mai 1999 in Kraft und ist auch auf zu diesem Zeitpunkt anhängige Rechtsvertretungen im Sinne des § 13c Abs. 1 anzuwenden. Die erstmalige Anpassung nach § 13c Abs. 2 hat für das Kalenderjahr 2000 zu erfolgen.

(BGBl I 1999/73)

(18) § 12 Abs. 6 in der Fassung des Bundesgesetzes BGBl. I Nr. 26/2000 tritt mit 1. Juni 2000 in Kraft.

(BGBl I 2000/26)

(19) § 7 Abs. 8 in der Fassung des Bundesgesetzes BGBl. I Nr. 44/2000 tritt mit 1. Jänner 2001 in Kraft.

(BGBl I 2000/44)

(20) § 13b in der Fassung des Bundesgesetzes BGBl. I Nr. 44/2000 tritt mit 1. Jänner 2001 in Kraft und ist anzuwenden, wenn der Beschluss über die Eröffnung eines Insolvenzverfahrens nach § 1 Abs. 1 bzw. über einen anderen Insolvenztatbestand nach § 1 Abs. 1 Z 3 bis 6 nach dem 31. Dezember 2000 gefasst wurde.

(BGBl I 2000/44)

(21) Der Insolvenz-Ausfallgeld-Fonds hat der Bauarbeiter-Urlaubs- und Abfertigungskasse die Abfertigungszahlungen gemäß § 13b in der Fassung vor dem Bundesgesetz BGBl. I Nr. 44/2000 auch nach dem 31. Dezember 2000 zu ersetzen, wenn der Beschluss über die Eröffnung eines Insolvenzverfahrens nach § 1 Abs. 1 bzw. über einen anderen Insolvenztatbestand nach § 1 Abs. 1 Z 3 bis 6 vor dem 1. Jänner 2001 gefasst wurde.

(BGBl I 2000/44)

(22) Im Zeitraum bis 31. Dezember 2002 sind die vierteljährlichen Abschlagszahlungen gemäß § 13b Abs. 2 zweiter Satz in der Fassung des Bundesgesetzes BGBl. I Nr. 44/2000 in der Höhe von 80 vH der von der Bauarbeiter-Urlaubs- und Abfertigungskasse im vorhergehenden Quartal in In-

solvenzverfahren nach § 1 Abs. 1 angemeldeten Zuschläge zu gewähren.

(BGBl I 2000/44)

(23) § 3 Abs. 2, die Überschrift zu § 3a und § 3a Abs. 1 in der Fassung des Bundesgesetzes BGBl. I Nr. 142/2000 treten mit 1. Jänner 2001 in Kraft und sind auf Insolvenzverfahren anzuwenden, wenn der Beschluss über die Eröffnung eines Insolvenzverfahrens nach § 1 Abs. 1 oder der sonst nach § 1 maßgebende Beschluss nach dem 31. Dezember 2000 gefasst wird.

(BGBl I 2000/142)

(24) § 6 Abs. 2, § 12 Abs. 7 und § 13 Abs. 1 in der Fassung des Bundesgesetzes BGBl. I Nr. 142/2000 treten mit 1. Jänner 2001 in Kraft.

(BGBl I 2000/142)

(25) § 1a Abs. 3 Z 2, § 4, § 6 Abs. 3 und 4, § 7 Abs. 1, 4 und 6, § 8 Abs. 2, § 13 Abs. 8 Z 3 und § 14 Abs. 1, 3 und 4 in der Fassung des Bundesgesetzes BGBl. I Nr. 88/2001 treten mit 1. August 2001 in Kraft.

(BGBl I 2001/88)

(26) § 5 und § 7 Abs. 2 erster und zweiter Satz treten mit 1. August 2001 in Kraft und gelten mit der Maßgabe, dass die am 31. Juli 2001 bei den Bundesämtern für Soziales und Behindertenwesen anhängigen Geschäftsfälle mit 1. August 2001 auf die jeweils gemäß § 5 Abs. 1 bis 3 in der Fassung des Bundesgesetzes BGBl. I Nr. 88/2001 zuständigen Geschäftsstellen übergehen.

(BGBl I 2001/88)

(27) § 7 Abs. 2 dritter Satz und Abs. 5, § 13c und § 16 Abs. 1 in der Fassung des Bundesgesetzes BGBl. I Nr. 88/2001, treten mit 1. Jänner 2002 in Kraft und sind auf Sachverhalte anzuwenden, die sich nach Ablauf des 31. Dezember 2001 ereignen.

(BGBl I 2001/88)

(28) § 9 Abs. 2 in der Fassung des Bundesgesetzes BGBl. I Nr. 88/2001 tritt mit 1. Jänner 2003 in Kraft.

(BGBl I 2001/88)

(29) § 10 in der Fassung des Bundesgesetzes BGBl. I Nr. 88/2001 tritt mit 1. August 2001 mit der Maßgabe in Kraft, dass Klagen im Sinne des § 67 des Arbeits- und Sozialgerichtsgesetzes, die vor dem 1. August 2001 gegen ein Bundesamt für Soziales und Behindertenwesen erhoben wurden, ab dem 1. August 2001 als gegen jene Geschäftsstelle der Insolvenz-Ausfallgeld-Fonds GmbH gerichtet gelten, in deren Sprengel das bisher zuständige Bundesamt für Soziales und Behindertenwesen seinen Sitz hat. Die örtliche Zuständigkeit der Landesgerichte, des Arbeits- und Sozialgerichtes Wien und der Oberlandesgerichte richtet sich in solchen Fällen nach der des ursprünglich beklagten Bundesamtes für Soziales und Behindertenwesen. Klagen gegen Bescheide, die vor dem 1. August 2001 erlassen werden oder zu erlassen gewesen wären, sind gegen jene Geschäftsstelle zu richten, in deren Sprengel das bisher zuständige Bundesamt für Soziales und Behindertenwesen seinen Sitz hat.

(BGBl I 2001/88)

(30) § 12 Abs. 1 und 5 sowie § 13 Abs. 4 gelten ab dem Finanzjahr 2001, das mit 1. August 2001 beginnt und mit 31. Dezember 2001 endet. § 13 Abs. 4 letzter Satz in der Fassung vor dem Bundesgesetz BGBl. I Nr. 88/2001 ist bis zum Ablauf des 31. Juli 2001 mit der Maßgabe anzuwenden, dass sieben Zwölftel der festgesetzten Jahresvergütung zu entrichten sind; sie ist spätestens am 1. September 2001 an die Finanzprokuratur zu überweisen.

(BGBl I 2001/88)

(31) § 13 Abs. 1 und 2 in der Fassung des Bundesgesetzes BGBl. I Nr. 88/2001 tritt mit 1. August 2001 in Kraft. In die gemäß § 13 Abs. 1 sechster Satz in der Fassung vor dem Bundesgesetz BGBl. I Nr. 88/2001 vom Insolvenz-Ausfallgeld-Fonds abgeschlossenen Rechtsgeschäfte tritt die Insolvenz-Ausfallgeld-Fonds-Service GmbH ein. § 13 Abs. 1 siebenter Satz in der Fassung vor dem Bundesgesetz BGBl. I Nr. 88/2001 ist bis Ablauf des 31. Juli 2001 mit der Maßgabe anzuwenden, dass sieben Zwölftel der festgesetzten Jahresvergütung zu entrichten sind; sie ist spätestens am 1. September 2001 an den Bund zu überweisen.

(BGBl I 2001/88)

(32) § 12 Abs. 1 Z 4 und Abs. 8 in der Fassung des Bundesgesetzes BGBl. I Nr. 158/2002 und § 13d in der Fassung der Bundesgesetze BGBl. I Nr. 100/2002 und BGBl. I Nr. 158/2002 treten mit 1. Jänner 2003 in Kraft.

(BGBl I 2002/158)

(33) § 12 Abs. 1 Z 4 in der Fassung des Bundesgesetzes BGBl. I Nr. 71/2003 tritt mit Beginn des Beitragszeitraumes 2004 in Kraft.

(BGBl I 2003/71)

(34) § 13d in der Fassung des Bundesgesetzes BGBl. I Nr. 128/2003 tritt rückwirkend mit 1. Jänner 2003 in Kraft.

(BGBl I 2003/128)

(35) § 12 Abs. 8 in der Fassung des Bundesgesetzes BGBl. I Nr. 128/2003 tritt mit 1. Jänner 2004 in Kraft.

(BGBl I 2003/128)

(36) § 13 Abs. 4a und § 14 Abs. 5 in der Fassung des Bundesgesetzes BGBl. I Nr. 77/2004 treten mit 1. August 2004 in Kraft.

(BGBl I 2004/77)

(37) § 1 Abs. 1 Z 6 und § 13a Abs. 3 Z 7 in der Fassung des Bundesgesetzes BGBl. I Nr. 77/2004 treten mit 1. Jänner 2005 in Kraft und sind auf Verlassenschaftsverfahren anzuwenden, die nach dem 31. Dezember 2004 erstmals bei Gericht oder beim Gerichtskommissär anhängig gemacht wurden, sofern sie nicht schon früher eingeleitet hätten werden können. Sonst sind § 1 Abs. 1 Z 6 und § 13a

Abs. 3 Z 7 in der Fassung vor dem Bundesgesetz BGBl. I Nr. 77/2004 weiter anzuwenden.

(BGBl I 2004/77)

(38) Die §§ 1 Abs. 3 Z 6 und 7 Abs. 8 in der Fassung des Bundesgesetzes BGBl. I Nr. 8/2005 treten mit 23. September 2005 in Kraft.

(BGBl I 2005/8)

(39) § 1b und § 13d in der Fassung des Bundesgesetzes BGBl. I Nr. 36/2005 treten mit 1. Juli 2005 in Kraft und sind auf Beschlüsse über die Eröffnung eines Insolvenzverfahrens nach § 1 Abs. 1 oder über einen anderen Insolvenztatbestand nach § 1 Abs. 1 Z 3 bis 6 anzuwenden, die nach dem 30. Juni 2005 gefasst wurden. Die Geltendmachung der ausstehenden Übertragungsbeträge gemäß § 13d Abs. 2 in der Fassung vor dem Bundesgesetz BGBl. I Nr. 36/2005 gegenüber dem Insolvenz-Ausfallgeld-Fonds endet in den im § 13a Abs. 2 und 3 angeführten Insolvenzfällen mit Ablauf des 31. Dezember 2005.

(BGBl I 2005/36)

(40) Der Entfall des § 1 Abs. 6 Z 3 in der Fassung vor dem Bundesgesetz BGBl. I Nr. 102/2005 tritt rückwirkend mit 1. Mai 1995 in Kraft und ist auf Anträge auf Insolvenz-Ausfallgeld anzuwenden, die mit Ablauf des 30. September 2005 noch nicht rechtskräftig entschieden sind.

(BGBl I 2005/102)

(41) § 1 Abs. 1 Z 4 und § 12 in der Fassung des Bundesgesetzes BGBl. I Nr. 102/2005 treten mit 1. August 2005 in Kraft.

(BGBl I 2005/102)

(42) § 1 Abs. 1, 5 und 6, § 5 Abs. 3, § 6 Abs. 1, § 9 Abs. 1 dritter Satz und § 13a Abs. 3 und 4 in der Fassung des Bundesgesetzes BGBl. I Nr. 102/2005 treten mit 1. Oktober 2005 in Kraft und sind auf inländische Beschlüsse über die Eröffnung eines Insolvenzverfahrens nach § 1 Abs. 1 oder über einen anderen Insolvenztatbestand nach § 1 Abs. 1 Z 3 bis 6 und auf ausländische Entscheidungen nach § 1 Abs. 1 letzter Satz anzuwenden, die nach dem 30. September 2005 gefasst wurden.

(BGBl I 2005/102)

(43) Für Personen, die gemäß § 1 Abs. 6 in der Fassung des Bundesgesetzes BGBl. I Nr. 102/2005 nicht mehr vom Anspruch auf Insolvenz-Ausfallgeld ausgeschlossen sind, haben deren Arbeitgeber den Zuschlag nach Maßgabe des § 12 Abs. 1 Z 4 ab dem Beginn der Beitragsperiode 2006 zu entrichten.

(BGBl I 2005/102)

(44) § 14a in der Fassung des Bundesgesetzes BGBl. I Nr. 102/2005 tritt mit 1. Oktober 2005 in Kraft.

(BGBl I 2005/102)

(45) § 1 Abs. 3 Z 1a, § 9 Abs. 1 zweiter Satz und § 11 Abs. 3 in der Fassung des Bundesgesetzes BGBl. I Nr. 102/2005 treten mit 1. Oktober 2005 in Kraft und sind auf Tatbestände anzuwenden, die nach dem 30. September 2005 verwirklicht wurden.

(BGBl I 2005/102)

(BGBl 1994/153)

Wirksamkeitsbeginn und Vollziehung

§ 18. (1) Dieses Bundesgesetz tritt mit 1. Jänner 1978 in Kraft.

(2) Die Verordnungen auf Grund dieses Bundesgesetzes können vor dem Inkrafttreten der entsprechenden Bestimmungen erlassen werden, jedoch frühestens mit diesen in Kraft treten.

(3) Mit der Vollziehung dieses Bundesgesetzes sind betraut:

1. Hinsichtlich der Bestimmungen des § 6 Abs. 4 bis 6, des § 11 Abs. 1 bis 3 und des § 14 Abs. 1 und 3 der Bundesminister für Arbeit, Soziales und Konsumentenschutz im Einvernehmen mit dem Bundesminister für Justiz;

   (BGBl 1986/395, BGBl I 2011/39)

2. hinsichtlich der Bestimmungen des § 17 Abs. 6 der Bundesminister für Arbeit, Soziales und Konsumentenschutz im Einvernehmen mit dem Bundesminister für Finanzen;

   (BGBl I 2011/39)

3. hinsichtlich der Bestimmungen des § 8 und des § 10 der Bundesminister für Justiz;

   (BGBl 1986/395)

4. hinsichtlich der Bestimmung des § 13 Abs. 7 und des § 15 Abs. 1 der Bundesminister für Finanzen sowie der Bundesminister für Justiz im Einvernehmen mit dem Bundesminister für Finanzen;

   (BGBl 1982/647)

5. hinsichtlich der Bestimmungen des § 15 Abs. 2 der Bundeskanzler;
6. hinsichtlich der übrigen Bestimmungen der Bundesminister für Arbeit, Soziales und Konsumentenschutz.

   (BGBl I 2011/39)

Sonderbestimmungen

§ 19. (1) Die Höhe der Zuschläge gemäß § 12 Abs. 1 Z 4 für jene Anlassfälle, auf die gemäß Art. 139 Abs. 6 B-VG die auf Grund des Erkenntnisses des Verfassungsgerichtshofes vom 13. Oktober 2005, G 39/05, V 25-31/05-12, G 40/05, V 32-37/05-10, G 82/05, V 56-63/05-9, BGBl. II Nr. 380/2005, aufgehobenen Verordnungen nicht mehr anzuwenden sind, wird wie folgt festgesetzt:

1. für das Jahr 2000 ab Beginn der Beitragsperiode 2000 mit 0,4 vH,
2. für das Jahr 2001 ab Beginn der Beitragsperiode 2001 mit 0,4 vH,
3. für das Jahr 2002 ab Beginn der Beitragsperiode 2002 mit 0,4 vH,
4. für das Jahr 2003 ab Beginn der Beitragsperiode 2003 mit 0,6 vH,

5. für das Jahr 2004 ab Beginn der Beitragsperiode 2004 mit 0,7 vH,
6. für das Jahr 2005 ab Beginn der Beitragsperiode 2005 mit 0,7 vH.

(2) Die Differenz zwischen den auf Grund der Verordnungen BGBl. II Nr. 511/1999, BGBl. II Nr. 410/2000, BGBl. II Nr. 452/2001, BGBl. II Nr. 454/2002, BGBl. II Nr. 560/2003 und BGBl. II Nr. 503/2004 eingehobenen Zuschlägen von jeweils 0,7 vH und den für die jeweilige Beitragsperiode gemäß Abs. 1 für die Anlassfälle festgesetzten Zuschlägen zuzüglich gesetzlicher Zinsen in der Höhe von 4 vH ist den betroffenen Dienstgebern für die jeweils betroffenen Teile dieser Beitragsperioden rückzuerstatten.

(3) Die Träger der Krankenversicherung haben die Rückerstattungen nach Abs. 2 innerhalb von drei Monaten, nachdem ihnen der neu erlassene Bescheid zugestellt wurde, zu leisten.

(4) Die Träger der Krankenversicherung sind berechtigt, die rückerstatteten Zuschläge einschließlich der gesetzlichen Zinsen von der Summe der an den Insolvenz-Entgelt-Fonds abzuführenden Zuschläge abzuziehen.

(BGBl I 2009/90)

(5) Abweichend von § 12 Abs. 3 und 4 ist die Höhe des mit 0,55 vH festgesetzten Zuschlages in den Jahren 2011 und 2012 nicht zu verändern. Eine Überprüfung gemäß § 12 Abs. 6 hat dennoch stattzufinden; eine Veränderung der Höhe des Zuschlages ist frühestens mit Wirksamkeit ab 2013 festzulegen.

(BGBl I 2011/39)
(BGBl I 2006/86)

Inkrafttreten

§ 20. (1) § 1b, die Überschrift vor § 13d und § 13d Abs. 1 in der Fassung des Bundesgesetzes BGBl. I Nr. 104/2007 treten mit 1. Jänner 2008 in Kraft.

(2) § 2a in der Fassung des Bundesgesetzes BGBl. I Nr. 104/2007 tritt mit 1. Jänner 2008 in Kraft und ist auf Beschlüsse über die Eröffnung eines Insolvenzverfahrens nach § 1 Abs. 1 oder einen anderen Insolvenztatbestand nach § 1 Abs. 1 Z 3 bis 6 anzuwenden, die nach dem 31. Dezember 2007 gefasst werden.

(3) Der Zuschlag gemäß § 12 Abs. 1 Z 4 ist für freie Dienstnehmer ab dem Beitragsjahr 2008 zu entrichten.

(BGBl I 2007/104)

Inkrafttreten und Übergangsbestimmungen zur Novelle BGBl. I Nr. 82/2008

§ 21. (1) § 6 Abs. 2 und § 13e in der Fassung des Bundesgesetzes BGBl. I Nr. 82/2008 treten mit 28. Juni 2008 in Kraft.

(2) § 12, § 13 Abs. 2 und Abs. 8 Z 2 in der Fassung des Bundesgesetzes BGBl. I Nr. 82/2008 treten mit 28. Juni 2008 in Kraft und sind erstmalig im Zusammenhang mit der Festsetzung des Zuschlages gemäß § 12 Abs. 1 Z 4 ab 2009 anzuwenden.

(3) Die Ersetzung der Bezeichnungen in § 1 Abs. 1, 3, 4a, 5 und 6, § 1a Abs. 1, Abs. 2 und Abs. 3 Z 2, in der Überschrift vor § 1b, im § 1b Abs. 1 bis 4, in der Überschrift vor § 3, § 3 Abs. 1 bis 3, § 3a Abs. 1 bis 5, § 3b, § 3c, § 3d Abs. 1 Z 1 und 2 und Abs. 2, § 4, § 5 Abs. 4 und 5, § 6 Abs. 1 und 7, § 7 Abs. 2, 6, 6a, 7 und 8, § 8 Abs. 1 und 2, § 9 Abs. 1, § 10, § 11, § 12 Abs. 1 Einleitungssatz, Z 1 und Z 4, Abs. 2 und Abs. 4, in der Überschrift vor § 13, im § 13 Abs. 1, Abs. 4, Abs. 4a und Abs. 8 Z 5, § 13a Abs. 2, § 13b Abs. 1, § 13c Abs. 1, § 14 Abs. 1, 3, 4 und 5, § 14a, § 16 Abs. 3 und § 19 Abs. 4 sowie die Anfügung des § 14 Abs. 6 durch das Bundesgesetz BGBl. I Nr. 82/2008 treten mit 1. Juli 2008 in Kraft.

(BGBl I 2009/90)
(BGBl I 2008/82)

Inkrafttreten der Novelle BGBl. I Nr. 90/2009

§ 22. (1) § 13e Abs. 1 und 4 in der Fassung des Bundesgesetzes BGBl. I Nr. 90/2009 tritt rückwirkend mit 1. Juni 2009 in Kraft.

(2) § 6 Abs. 8 in der Fassung des Bundesgesetzes BGBl. I Nr. 90/2009 tritt mit 1. August 2009 in Kraft.

(3) Die Bezeichnungsänderungen im § 12 Abs. 5, § 13a Abs. 1 und § 19 Abs. 4 in der Fassung des Bundesgesetzes BGBl. I Nr. 90/2009 treten mit 1. Juli 2008 in Kraft.

(BGBl I 2009/90)

Inkrafttreten und Übergangsbestimmungen zur Novelle BGBl. I Nr. 70/2009

§ 23. § 13b Abs. 1 in der Fassung des Bundesgesetzes BGBl. I Nr. 70/2009 tritt mit 1. Oktober 2010 in Kraft.

(BGBl I 2009/70)

Inkrafttreten und Übergangsbestimmungen zur Novelle BGBl. I Nr. 148/2009

§ 24. § 13e Abs. 1 dritter Satz in der Fassung des Bundesgesetzes BGBl. I Nr. 148/2009 tritt rückwirkend mit 15. Dezember 2009 in Kraft.

(BGBl I 2009/148)

Inkrafttreten und Übergangsbestimmungen zur Novelle BGBl. I Nr. 29/2010

§ 25. (1) § 1, § 3 Abs. 1, § 3a samt Überschriften, § 3c, § 4 samt Überschrift, § 5, § 6 Abs. 1, Abs. 2, Abs. 3 erster und zweiter Satz und Abs. 4 bis Abs. 7, § 7, § 9, § 10, § 11, § 13 Abs. 5, § 13a Abs. 2 und Abs. 4, § 13b, § 14 Abs. 2 und § 17 Abs. 1 in der Fassung des Bundesgesetzes BGBl. I Nr. 29/2010 treten mit 1. Juli 2010 in Kraft und sind auf Insolvenzverfahren und auf gleichzuhaltende andere Beschlüsse nach § 1 Abs. 1 Z 1 bis 6 anzuwenden, die nach dem 30. Juni 2010 gefasst werden.

(2) § 1a Abs. 3 und Abs. 4 in der Fassung des Bundesgesetzes BGBl. I Nr. 29/2010 tritt mit 1.

Juli 2010 mit der Maßgabe in Kraft, dass diese Bestimmungen auf Klagen von Anspruchsberechtigten gegen Erben anzuwenden sind, die nach dem 30. Juni 2010 bei Gericht eingebracht werden.

(3) § 13a Abs. 3 zweiter Satz in der Fassung des Bundesgesetzes BGBl. I Nr. 29/2010 tritt nach Maßgabe des § 635 Abs. 1 ASVG (BGBl. I Nr. 91/2008) in Kraft.

(4) Die Überschriften vor § 1a und § 10, § 6 Abs. 2, Abs. 3 dritter und vierter Satz sowie § 13 Abs. 8 und § 14 Abs. 7 in der Fassung des Bundesgesetzes BGBl. I Nr. 29/2010 treten mit 1. Juli 2010 in Kraft.

(5) § 2a samt Überschrift in der Fassung vor dem Bundesgesetz BGBl. I Nr. 29/2010 tritt mit Ablauf des 30. Juni 2010 mit der Maßgabe außer Kraft, dass diese Bestimmung weiterhin auf Insolvenzverfahren und auf gleichzuhaltende andere Beschlüsse nach § 1 Abs. 1 Z 1 bis 6 anzuwenden ist, die vor dem 1. Juli 2010 gefasst werden.

(BGBl I 2010/29)

Inkrafttreten der Novelle BGBl. I Nr. 111/2010

§ 26. § 12 Abs. 3 in der Fassung des Budgetbegleitgesetzes 2011, BGBl. I Nr. 111/2010, tritt mit 1. Jänner 2011 in Kraft.

(BGBl I 2010/111, BGBl I 2011/39)

Inkrafttreten der Novelle BGBl. I Nr. 24/2011

§ 27. § 11 Abs. 3 in der Fassung des Lohn- und Sozialdumping-Bekämpfungsgesetzes, BGBl. I Nr. 24/2011, tritt mit 1. Mai 2011 in Kraft und ist auf Tatbestände anzuwenden, die nach dem 30. April 2011 verwirklicht werden.

(BGBl I 2010/111, BGBl I 2011/39)

Inkrafttreten der Novelle BGBl. I Nr. 39/2011

§ 28. § 5 Abs. 2, § 12, § 13 Abs. 1, § 14 Abs. 4, § 14a Abs. 1, § 18 Abs. 3 Z 1, 2 und 6 sowie § 19 Abs. 5 in der Fassung des Bundesgesetzes BGBl. I Nr. 39/2011 treten mit 1. Juli 2011 in Kraft.

(BGBl I 2011/24, BGBl I 2011/39)

Inkrafttreten der Novelle BGBl. I Nr. 35/2012

§ 29. § 12 Abs. 2 in der Fassung des 2. Stabilitätsgesetzes 2012, BGBl. I Nr. 35/2012, tritt mit 1. Jänner 2013 in Kraft und gilt für Personen, die nach dem 31. Dezember 1952 geboren sind.

(BGBl I 2012/35)

Inkrafttreten der Novelle BGBl. I Nr. 30/2014

§ 30. § 12 Abs. 3 und Abs. 6 sowie § 13 Abs. 2 und Abs. 8 Z 1 und 2 in der Fassung des Bundesgesetzes BGBl. I Nr. 30/2014 treten mit 1. Mai 2014 in Kraft.

(BGBl I 2014/30)

Inkrafttreten der Novelle BGBl. I Nr. 34/2015

§ 31. § 1 Abs. 3 Z 6 in der Fassung des Bundesgesetzes BGBl. I Nr. 34/2015 tritt mit 1. Jänner 2016 in Kraft.

(BGBl I 2015/34)

Inkrafttreten der Novelle BGBl. I Nr. 113/2015

§ 32. § 3d Abs. 3, § 5 Abs. 1 und 2 sowie § 7 Abs. 1a in der Fassung des Bundesgesetzes BGBl. I Nr. 113/2015 treten mit 1. Jänner 2016 in Kraft. Eine Verordnung gemäß § 5 Abs. 2 kann bereits ab dem Tag nach der Kundmachung dieses Bundesgesetzes erlassen werden, aber frühestens mit 1. Jänner 2016 in Kraft treten. Bis zum Inkrafttreten dieser Verordnung gelten § 5 Abs. 1 und 2 in der Fassung vor diesem Bundesgesetz weiter.

(BGBl I 2015/113)

Inkrafttreten der Novelle BGBl. I Nr. 122/2017

§ 33. § 1 Abs. 1 letzter Satz in der Fassung des Bundesgesetzes BGBl. I Nr. 122/2017 tritt mit 26. Juni 2017 in Kraft und ist auf Insolvenzverfahren (Konkursverfahren, Sanierungsverfahren) anzuwenden, die nach dem 25. Juni 2017 eröffnet oder wieder aufgenommen (§ 158 Abs. 2 IO) werden. Auf Insolvenzverfahren (Konkursverfahren, Sanierungsverfahren), die vor dem 26. Juni 2017 eröffnet oder wieder aufgenommen (§ 158 Abs. 2 IO) wurden, sind die vor diesem Zeitpunkt geltenden Bestimmungen weiterhin anzuwenden.

(BGBl I 2017/122)

Inkrafttreten der Novelle BGBl. I Nr. 123/2017

§ 34. § 1 Abs. 4 Z 3, die Überschrift vor § 3a, § 3a Abs. 1, 2, 3 und 5 sowie § 3b in der Fassung des Bundesgesetzes BGBl. I Nr. 123/2017 treten mit 1. August 2017 in Kraft und sind auf Beschlüsse über die Eröffnung eines Insolvenzverfahrens nach § 1 Abs. 1 oder einen anderen Insolvenztatbestand nach § 1 Abs. 1 Z 1 bis 6, die nach dem 31. Juli 2017 gefasst werden, anzuwenden. § 14 Abs. 1 und 4 in der Fassung des Bundesgesetzes BGBl. I Nr. 123/2017 tritt mit 1. August 2017 in Kraft.

(BGBl I 2017/123)

Inkrafttreten der Novelle BGBl. I Nr. 154/2017

§ 35. § 13e Abs. 5 in der Fassung des Bundesgesetzes BGBl. I Nr. 154/2017 tritt mit 1. Jänner 2018 in Kraft.

(BGBl I 2017/154, BGBl I 2018/30)

Inkrafttreten der Novelle BGBl. I Nr. 32/2018

§ 36. § 14 Abs. 4 in der Fassung des Materien-Datenschutz-Anpassungsgesetzes 2018, BGBl. I Nr. 32/2018, tritt mit 25. Mai 2018 in Kraft. § 5 Abs. 5 tritt mit Ablauf des 24. Mai 2018 außer Kraft.

(BGBl I 2018/32)

Inkrafttreten der Novelle BGBl. I Nr. 16/2019

§ 37. § 13e Abs. 5 in der Fassung des Bundesgesetzes BGBl. I Nr. 16/2019 tritt rückwirkend mit 1. Jänner 2018 in Kraft.

(BGBl I 2019/16)

Inkrafttreten der Novelle BGBl. I Nr. 100/2018

§ 38. § 3d Abs. 1 Z 2 und § 14 Abs. 4 in der Fassung des Bundesgesetzes BGBl. I Nr. 100/2018 treten mit 1. Jänner 2020 in Kraft.

(BGBl I 2018/100)

„Inkrafttreten der Novelle BGBl. I Nr. 104/2019

§ 39. § 14 Abs. 6 in der Fassung des Bundesgesetzes BGBl. I Nr. 104/2019 tritt mit 1. Juli 2020 in Kraft."

(BGBl I 2019/104)

29. Insolvenzordnung (Auszug)

Insolvenzordnung, RGBl 1914/337 idF

1	BGBl 1982/370	2	BGBl 1991/10	3	BGBl 1993/656
4	BGBl 1994/153	5	BGBl 1994/314	6	BGBl I 1997/114
7	BGBl I 1999/73	8	BGBl I 1999/123	9	BGBl I 2002/75
10	BGBl I 2009/30	11	BGBl I 2010/29	12	BGBl I 2015/34
13	BGBl I 2017/122				

GLIEDERUNG

STICHWORTVERZEICHNIS

Bundesgesetz über das Insolvenzverfahren (Insolvenzordnung - IO)

Erster Abschnitt
Allgemeine Vorschriften

Rechtshandlungen des Schuldners.

§ 3. (1) Rechtshandlungen des Schuldners nach der Eröffnung des Insolvenzverfahrens, welche die Insolvenzmasse betreffen, sind den Insolvenzgläubigern gegenüber unwirksam. Dem anderen Teil ist die Gegenleistung zurückzustellen, soweit sich die Masse durch sie bereichern würde.

(2) Durch Zahlung einer Schuld an den Schuldner nach der Eröffnung des Insolvenzverfahrens wird der Verpflichtete nicht befreit, es sei denn, daß das Geleistete der Insolvenzmasse zugewendet worden ist oder daß dem Verpflichteten zur Zeit der Leistung die Eröffnung des Insolvenzverfahrens nicht bekannt war und daß die Unkenntnis nicht auf einer Außerachtlassung der gehörigen Sorgfalt beruht (bekannt sein mußte).

(BGBl I 2010/29)

Erfüllung von zweiseitigen Rechtsgeschäften.

a) im allgemeinen.

§ 21. (1) Ist ein zweiseitiger Vertrag von dem Schuldner und dem anderen Teil zur Zeit der Eröffnung des Insolvenzverfahrens noch nicht oder nicht vollständig erfüllt worden, so kann der Insolvenzverwalter entweder an Stelle des Schuldners den Vertrag erfüllen und vom anderen Teil Erfüllung verlangen oder vom Vertrag zurücktreten.

(2) Der Insolvenzverwalter muß sich darüber spätestens binnen einer vom Insolvenzgericht auf Antrag des anderen Teiles zu bestimmenden Frist erklären, widrigens angenommen wird, daß der Insolvenzverwalter vom Geschäfte zurücktritt. Die vom Insolvenzgericht zu bestimmende Frist darf frühestens drei Tage nach der Berichtstagsatzung enden. Im Falle des Rücktrittes kann der andere Teil den Ersatz des ihm verursachten Schadens als Insolvenzgläubiger verlangen. Ist der Schuldner zu einer nicht in Geld bestehenden Leistung verpflichtet, mit deren Erfüllung er in Verzug ist, so muss sich der Insolvenzverwalter unverzüglich nach Einlangen des Ersuchens des Vertragspartners, längstens aber innerhalb von fünf Arbeitsta-

gen erklären. Erklärt er sich nicht binnen dieser Frist, so wird angenommen, dass er vom Geschäft zurücktritt.

(3) Ist der andere Teil zur Vorausleistung verpflichtet, so kann er seine Leistung bis zur Bewirkung oder Sicherstellung der Gegenleistung verweigern, wenn ihm zur Zeit des Vertragsabschlusses die schlechten Vermögensverhältnisse des Schuldners nicht bekannt sein mußten.

(4) Sind die geschuldeten Leistungen teilbar und hat der Gläubiger die ihm obliegende Leistung zur Zeit der Eröffnung des Insolvenzverfahrens bereits teilweise erbracht, so ist er mit dem der Teilleistung entsprechenden Betrag seiner Forderung auf die Gegenleistung Insolvenzgläubiger.

d) Arbeitsverträge

§ 25. (1) Ist der Schuldner Arbeitgeber, so übt der Insolvenzverwalter die Rechte und Pflichten des Arbeitgebers aus. Ist das Arbeitsverhältnis bereits angetreten worden, so kann es

1. im Schuldenregulierungsverfahren innerhalb eines Monats nach Eröffnung des Schuldenregulierungsverfahrens,
2. sonst innerhalb eines Monats nach
   a) öffentlicher Bekanntmachung des Beschlusses, mit dem die Schließung des Unternehmens oder eines Unternehmensbereichs angeordnet, bewilligt oder festgestellt wird, oder
   b) der Berichtstagsatzung, es sei denn, das Gericht hat dort die Fortführung des Unternehmens beschlossen, oder
3. im vierten Monat nach Eröffnung des Insolvenzverfahrens, wenn bis dahin keine Berichtstagsatzung stattgefunden hat und die Fortführung des Unternehmens nicht in der Insolvenzdatei bekannt gemacht wurde,

vom Arbeitnehmer durch vorzeitigen Austritt, wobei die Eröffnung des Insolvenzverfahrens als wichtiger Grund gilt, und vom Insolvenzverwalter unter Einhaltung der gesetzlichen, kollektivvertraglichen oder der zulässigerweise vereinbarten kürzeren Kündigungsfrist unter Bedachtnahme auf die gesetzlichen Kündigungsbeschränkungen gelöst werden.

(BGBl 1994/153, BGBl I 1997/114, BGBl I 2010/29)

(1a) Bei Arbeitnehmern mit besonderem gesetzlichem Kündigungsschutz ist die Frist des Abs. 1 gewahrt, wenn die Klage bzw. der Antrag auf Zustimmung zur Kündigung durch den Insolvenzverwalter fristgerecht eingebracht worden ist. Gleiches gilt auch für die Anzeigeverpflichtung nach § 45a AMFG.

(BGBl I 1997/114, BGBl I 2010/29)

(1b) Wurde nicht die Schließung des gesamten Unternehmens, sondern nur eines Unternehmensbereichs angeordnet, bewilligt oder festgestellt, so stehen das Austrittsrecht und das Kündigungsrecht nach Abs. 1 nur den Arbeitnehmern bzw. nur in Bezug auf die Arbeitnehmer zu, die in dem betroffenen Unternehmensbereich beschäftigt sind. Hat das Gericht in der Berichtstagsatzung die Fortführung des Unternehmens beschlossen, so kann der Insolvenzverwalter nur Arbeitnehmer, die in einzuschränkenden Bereichen beschäftigt sind, innerhalb eines Monats nach der Berichtstagsatzung nach Abs. 1 kündigen. Dem gekündigten Arbeitnehmer steht ein Austrittsrecht nach Abs. 1 zu.

(BGBl I 2010/29)

(1c) Im Sanierungsverfahren mit Eigenverwaltung kann der Schuldner Arbeitnehmer, die in einzuschränkenden Bereichen beschäftigt sind, überdies innerhalb eines Monats nach der öffentlichen Bekanntmachung des Eröffnungsbeschlusses mit Zustimmung des Sanierungsverwalters nach Abs. 1 kündigen, wenn die Aufrechterhaltung des Arbeitsverhältnisses das Zustandekommen oder die Erfüllbarkeit des Sanierungsplans oder die Fortführung des Unternehmens gefährden könnte. Dem gekündigten Arbeitnehmer steht ein Austrittsrecht nach Abs. 1 zu. Abs. 1a zweiter Satz ist nicht anzuwenden.

(BGBl I 2010/29)

(2) Wird das Arbeitsverhältnis nach Abs. 1 gelöst, so kann der Arbeitnehmer den Ersatz des verursachten Schadens als Insolvenzforderung verlangen.

(BGBl 1994/153, BGBl I 1997/114, BGBl I 2010/29)

(3) Nach Eröffnung des Insolvenzverfahrens ist ein Austritt unwirksam, wenn er nur darauf gestützt wird, dass dem Arbeitnehmer das vor Eröffnung des Insolvenzverfahrens zustehende Entgelt ungebührlich geschmälert oder vorenthalten wurde.

(BGBl I 2010/29)

(4) Bestimmungen besonderer Gesetze über den Einfluß der Eröffnung des Insolvenzverfahrens auf das Arbeitsverhältnis bleiben unberührt.

(BGBl 1994/153, BGBl I 2010/29)

Auflösung von Verträgen durch Vertragspartner des Schuldners

§ 25a. (1) Wenn die Vertragsauflösung die Fortführung des Unternehmens gefährden könnte, können Vertragspartner des Schuldners mit dem Schuldner geschlossene Verträge bis zum Ablauf von sechs Monaten nach Eröffnung des Insolvenzverfahrens nur aus wichtigem Grund auflösen. Nicht als wichtiger Grund gilt

1. eine Verschlechterung der wirtschaftlichen Situation des Schuldners und
2. Verzug des Schuldners mit der Erfüllung von vor Eröffnung des Insolvenzverfahrens fällig gewordenen Forderungen.

(2) Die Beschränkungen des Abs.1 gelten nicht,

1. wenn die Auflösung des Vertrags zur Abwendung schwerer persönlicher oder wirtschaftlicher Nachteile des Vertragspartners unerlässlich ist,

2. bei Ansprüchen auf Auszahlung von Krediten und
3. bei Arbeitsverträgen.

(BGBl I 2010/29)

Unwirksame Vereinbarungen

§ 25b. (1) Auf Vereinbarungen, wodurch die Anwendung der §§ 21 bis 25a im Verhältnis zwischen Gläubiger und Schuldner im voraus ausgeschlossen oder beschränkt wird, können sich die Vertragsteile nicht berufen.

(2) Die Vereinbarung eines Rücktrittsrechts oder der Vertragsauflösung für den Fall der Eröffnung eines Insolvenzverfahrens ist unzulässig, außer bei Verträgen nach § 20 Abs. 4.

(BGBl I 2010/29)

Masseforderungen

§ 46. Masseforderungen sind:

1. die Kosten des Insolvenzverfahrens;

   (BGBl I 2010/29)
2. alle Auslagen, die mit der Erhaltung, Verwaltung und Bewirtschaftung der Masse verbunden sind, einschließlich der Forderungen von Fonds und anderen gemeinsamen Einrichtungen der Arbeitnehmer und der Arbeitgeber, sofern deren Leistungen Arbeitnehmern als Entgelt oder gleich diesem zugute kommen, sowie der die Masse treffenden Steuern, Gebühren, Zölle, Beiträge zur Sozialversicherung und anderen öffentlichen Abgaben, wenn und soweit der die Abgabepflicht auslösende Sachverhalt während des Insolvenzverfahrens verwirklicht wird. Hiezu gehören auch die nach persönlichen Verhältnissen des Schuldners bemessenen öffentlichen Abgaben; soweit jedoch diese Abgaben nach den verwaltungsbehördlichen Feststellungen auf ein anderes als das für die Insolvenzmasse nach der Eröffnung des Insolvenzverfahrens erzielte Einkommen entfallen, ist dieser Teil auszuscheiden. Inwieweit im Insolvenzverfahren eines Unternehmers die im ersten Satz bezeichneten Forderungen von Fonds und von anderen gemeinsamen Einrichtungen sowie die auf Forderungen der Arbeitnehmer (arbeitnehmerähnlichen Personen) entfallenden öffentlichen Abgaben Masseforderungen sind, richtet sich nach der Einordnung der Arbeitnehmerforderung;

   (BGBl I 2010/29)
3. Forderungen der Arbeitnehmer (arbeitnehmerähnlichen Personen) auf laufendes Entgelt (einschließlich Sonderzahlungen) für die Zeit nach der Eröffnung des Insolvenzverfahrens;

   (BGBl 1994/153, BGBl I 2010/29)

3a. Beendigungsansprüche, wenn

   a) das Beschäftigungsverhältnis vor Eröffnung des Insolvenzverfahrens eingegangen worden ist und danach, jedoch nicht nach § 25, durch den Insolvenzverwalter oder - wenn die Beendigung auf eine Rechtshandlung oder ein sonstiges Verhalten des Insolvenzverwalters, insbesondere die Nichtzahlung des Entgelts, zurückzuführen ist - durch den Arbeitnehmer (die arbeitnehmerähnliche Person) gelöst wird; das gilt auch, wenn nach Eintritt der Masseunzulänglichkeit Entgelt nicht bezahlt wird;

      (BGBl I 2010/29)

   b) das Beschäftigungsverhältnis während des Insolvenzverfahrens vom Insolvenzverwalter neu eingegangen wird;

      (BGBl I 2010/29)

   (BGBl I 1997/114)

4. unbeschadet der Z 3 und des § 21 Abs. 4 Ansprüche auf Erfüllung zweiseitiger Verträge, in die der Insolvenzverwalter eingetreten ist;

   (BGBl I 2010/29)
5. unbeschadet der Z 3 alle Ansprüche aus Rechtshandlungen des Insolvenzverwalters;

   (BGBl I 2010/29)
6. die Ansprüche aus einer grundlosen Bereicherung der Masse;
7. die Kosten einer einfachen Bestattung des Schuldners;

   (BGBl I 2010/29)
8. die Belohnung der bevorrechteten Gläubigerschutzverbände.

   (BGBl I 1997/114, BGBl I 1999/73)

(2) aufgehoben

(BGBl 1994/153, BGBl I 2010/29)

§ 47. (1) Aus der Insolvenzmasse sind vor allem die Masseforderungen, und zwar aus der Masse, auf die sie sich beziehen, zu berichtigen.

(BGBl I 2010/29)

(2) Können die Masseforderungen nicht vollständig befriedigt werden, so sind sie nacheinander wie folgt zu zahlen:

1. die unter „§ 46 Z 1“ fallenden, vom Insolvenzverwalter vorschußweise bestrittenen Barauslagen,

   (BGBl I 2010/29, BGBl I 2017/122)
2. die übrigen Kosten des Verfahrens nach „§ 46 Z 1“

   (BGBl I 2010/29, BGBl I 2017/122)
3. der von Dritten erlegte Kostenvorschuß, soweit er zur Deckung der Kosten des Insolvenzverfahrens benötigt wurde,

   (BGBl I 2010/29)
4. die Forderungen der Arbeitnehmer (arbeitnehmerähnlichen Personen) auf laufendes Entgelt, soweit sie nicht nach dem Insolvenz-Entgeltsicherungsgesetz gesichert sind,
5. Beendigungsansprüche der Arbeitnehmer (arbeitnehmerähnlichen Personen), soweit sie nicht nach dem Insolvenz-Entgeltsicherungsgesetz gesichert sind, und

6. die übrigen Masseforderungen.

Innerhalb gleicher Gruppen sind die Masseforderungen verhältnismäßig zu befriedigen. Geleistete Zahlungen können nicht zurückgefordert werden.

(BGBl I 1997/114)

(3) Im Zweifel, ob sich Masseforderungen auf die gemeinschaftliche oder auf eine besondere Masse beziehen, gilt das erste. Darüber entscheidet das Insolvenzgericht nach Vornahme der erforderlichen Erhebungen (§ 254 Abs. 5) unter Ausschluß des Rechtsweges.

(BGBl I 2010/29)

Insolvenzforderungen

§ 51. (1) Insolvenzforderungen sind Forderungen von Gläubigern, denen vermögensrechtliche Ansprüche an den Schuldner zur Zeit der Eröffnung des Insolvenzverfahrens zustehen (Insolvenzgläubiger).

(BGBl I 2010/29)

(2) Insolvenzforderungen sind auch

1. aus dem Gesetz gebührende Unterhaltsansprüche für die Zeit nach der Eröffnung des Insolvenzverfahrens, soweit der Schuldner als Erbe des Unterhaltspflichtigen haftet;

   (BGBl I 2010/29)

2. Ansprüche aus der Beendigung des Beschäftigungsverhältnisses

   a) nach § 25, auch wenn während der Kündigungsfrist das Arbeitsverhältnis wegen Nichtzahlung des Entgelts beendet wurde, oder

      (BGBl I 2010/29)

   b) wenn die Auflösungserklärung vor Eröffnung des Insolvenzverfahrens rechtswirksam abgegeben wurde oder

      (BGBl I 2010/29)

   c) wenn das Beschäftigungsverhältnis nach Eröffnung des Insolvenzverfahrens nicht nach § 25 vom Arbeitnehmer (arbeitnehmerähnliche Person) gelöst wird und dies nicht auf eine Rechtshandlung oder ein sonstiges Verhalten des Insolvenzverwalters zurückzuführen ist.

      (BGBl I 2010/29)

(BGBl I 1997/114, BGBl I 2010/29)

Bekanntmachung der Eröffnung des Insolvenzverfahrens.

§ 74. (1) Die Eröffnung des Insolvenzverfahrens ist durch ein Edikt öffentlich bekanntzumachen, wobei das Verfahren ausdrücklich entweder als Konkursverfahren oder als Sanierungsverfahren zu bezeichnen ist.

(BGBl I 2010/29)

„(2) Das Edikt hat zu enthalten:

1. das Datum der Eröffnung des Insolvenzverfahrens,
2. das Gericht, das das Insolvenzverfahren eröffnet hat, und das Aktenzeichen des Verfahrens,
3. die Art des eröffneten Insolvenzverfahrens,
4. bei einer eingetragenen Personengesellschaft oder einer juristischen Person die Firma, gegebenenfalls frühere Firmen, die Firmenbuchnummer oder ZVR-Zahl, den Sitz und, sofern davon abweichend, die Geschäftsanschrift des Schuldners sowie die Anschriften der Niederlassungen,
5. bei einer natürlichen Person den Namen, die Wohn- und Geschäftsanschrift und das Geburtsdatum des Schuldners, gegebenenfalls die Firma und Firmenbuchnummer und frühere Namen sowie, falls die Anschrift geschützt ist, den Geburtsort des Schuldners,
6. den Namen, die Anschrift, die Telefonnummer und die E-Mail-Adresse des Insolvenzverwalters und, wenn eine juristische Person bestellt wurde, der Person, die sie bei Ausübung der Insolvenzverwaltung vertritt, und ob dem Schuldner die Eigenverwaltung zusteht,
7. den Ort, die Zeit und den Zweck der ersten Gläubigerversammlung mit der Aufforderung an die Gläubiger, die Belege für die Glaubhaftmachung ihrer Forderungen mitzubringen,
8. die Frist für die Anmeldung der Forderungen und die Aufforderung an die Insolvenzgläubiger, ihre Forderungen innerhalb dieser Frist anzumelden,
9. die Aufforderung an die Aussonderungsberechtigten und Absonderungsgläubiger an einer Forderung auf Einkünfte aus einem Arbeitsverhältnis oder auf sonstige wiederkehrende Leistungen mit Einkommensersatzfunktion, ihre Aussonderungs- oder Absonderungsrechte innerhalb der Anmeldungsfrist geltend zu machen,
10. eine kurze Belehrung über die Folgen einer Versäumung der Anmeldungsfrist und
11. den Ort und die Zeit der allgemeinen Prüfungstagsatzung."

(BGBl I 2017/122)

(3) Die erste Gläubigerversammlung ist in der Regel nicht über 14 Tage, die allgemeine Prüfungstagsatzung in der Regel auf 60 bis 90 Tage nach der Eröffnung des Insolvenzverfahrens und die Anmeldungsfrist in der Regel auf 14 Tage vor der allgemeinen Prüfungstagsatzung anzuordnen.

(BGBl I 2010/29)

§ 75. (1) Ausfertigungen des Ediktes sind zuzustellen:

1. jedem Insolvenzgläubiger, dessen Anschrift bekannt ist;

   (BGBl I 2010/29)

2. jedem im Unternehmen errichteten Organ der Belegschaft.

3. auf die nach den zur Verfügung stehenden technischen Mitteln schnellste Art der Oesterreichischen Nationalbank, wenn das Insolvenzverfahren vom Gerichtshof erster Instanz eröffnet wurde.

(BGBl I 1999/123, BGBl I 2002/75, BGBl I 2010/29)

(BGBl I 1997/114, BGBl I 1999/73)

(2) Ausfertigungen des Ediktes sind, wenn der Schuldner Unternehmer ist, der für ihn und der für seine Arbeitnehmer zuständigen gesetzlichen Interessenvertretung zuzustellen. Hat der Schuldner das Vermögensverzeichnis und die Bilanz (§ 100) bereits vorgelegt, so sind sie anzuschließen.

(BGBl I 1997/114, BGBl I 2010/29)

Anhörung der gesetzlichen Interessenvertretungen und des Landesarbeitsamts

§ 76. Die gesetzlichen Interessenvertretungen (§ 75 Abs. 2) und das Bundesamt für Soziales und Behindertenwesen sowie die Landesgeschäftsstelle des Arbeitsmarktservice können sich innerhalb dreier Wochen über die im § 81a Abs. 1 bezeichneten Umstände äußern. Die Äußerungen sind dem Insolvenzverwalter und dem Gläubigerausschuß zur Kenntnis zu bringen. Wenn die hiefür notwendigen Abschriften beigebracht werden, sind die Äußerungen auf Verlangen der Äußerungsberechtigten auch den Gläubigern zuzustellen.

(BGBl I 1997/114, BGBl I 1999/73, BGBl I 2010/29)

30. BG über die Beschäftigung von Kindern und Jugendlichen

Kinder- und Jugendlichen-Beschäftigungsgesetz 1987, BGBl 1987/599 idF

1	BGBl 1992/175	2	BGBl 1993/257	3	BGBl 1996/410
4	BGBl I 1997/79	5	BGBl I 1997/126	6	BGBl I 2000/83
7	BGBl I 2001/98	8	BGBl I 2003/79	9	BGBl I 2008/88
10	BGBl I 2010/93	11	BGBl I 2012/35	12	BGBl I 2013/71
13	BGBl I 2013/138	14	BGBl I 2015/152	15	BGBl I 2017/40

GLIEDERUNG

STICHWORTVERZEICHNIS

KJBG

Bundesgesetz über die Beschäftigung von Kindern und Jugendlichen 1987 (Kinder- und Jugendlichen-Beschäftigungsgesetz 1987 – KJBG)

Abschnitt 1

Geltungsbereich

§ 1. (1) Dieses Bundesgesetz gilt für die Beschäftigung von

1. Kindern mit Arbeiten jeder Art und
2. Jugendlichen bis zur Vollendung des 18. Lebensjahres, die in einem Dienstverhältnis, einem Lehr- oder sonstigen Ausbildungsverhältnis stehen.

(BGBl I 1997/79)

(1a) Abweichend von Abs. 1 Z 2 gelten für Lehrlinge, die das 18. Lebensjahr vollendet haben,

1. § 14 Abs. 2 mit der Maßgabe, daß für die Berechnung des Grundlohnes und des Überstundenzuschlages der niedrigste im Betrieb vereinbarte Facharbeiterlohn bzw. Angestelltengehalt heranzuziehen ist;
2. § 11 Abs. 4, 5, 6 Z 1 und 3, Abs. 7 und 8, § 21 und § 25 Abs. 1 und 2 sinngemäß.

(BGBl I 1997/79)

(2) Dieses Bundesgesetz ist, unbeschadet des Abs. 3 Z 1, nicht anzuwenden auf vereinzelte, geringfügige, aus Gefälligkeit erwiesene leichte Hilfeleistungen von Kindern, sofern eine solche Hilfeleistung nur von kurzer Dauer ist, ihrer Art nach nicht einer Dienstleistung von Dienstnehmern, Lehrlingen oder Heimarbeitern entspricht, die Kinder hiebei keinen Unfallgefahren ausgesetzt und weder in ihrer körperlichen und geistigen Gesundheit und Entwicklung noch in ihrer Sittlichkeit gefährdet sind.

(3) Dieses Bundesgesetz ist nicht anzuwenden auf die Beschäftigung von

1. Kindern und Jugendlichen, für die das Landarbeitsgesetz 1984, BGBl. Nr. 287, gilt; (Art. VI Abs. 1 der Kundmachung)
2. Jugendlichen in privaten Haushalten.

(4) Auf die Beschäftigung von Jugendlichen, für die das Bäckereiarbeiter/innengesetz 1996 (BäckAG 1996), BGBl. Nr. 410/1996, gilt, sind die §§ 11 Abs. 1 bis 3a, 15, 17 Abs. 2 und „27 Abs. 1“ nicht anzuwenden.

(BGBl 1996/410, BGBl I 2015/152, BGBl I 2017/40)

(5) Soweit in diesem Bundesgesetz personen- oder funktionsbezogene Bezeichnungen noch nicht geschlechtsneutral formuliert sind, gilt die gewählte Form für beide Geschlechter.

(BGBl I 2010/93)

Begriffsbestimmungen

§ 2. (1) Kinder im Sinne dieses Bundesgesetzes sind Minderjährige

1. bis zur Vollendung des 15. Lebensjahres oder
2. bis zur späteren Beendigung der Schulpflicht.

(BGBl I 1997/79)

(1a) Für Minderjährige (Abs. 1 Z 1), die die Schulpflicht vollendet haben und

1. in einem Lehrverhältnis oder
2. im Rahmen eines Ferialpraktikums (§ 20 Abs. 4 des Schulunterrichtsgesetzes, BGBl. Nr. 472/1986) oder
3. im Rahmen eines Pflichtpraktikums nach dem Schulorganisationsgesetz, BGBl. Nr. 242/1962 oder
(BGBl I 2003/79)
4. im Rahmen eines Ausbildungsverhältnisses gemäß § 8b Abs. 2 Berufsausbildungsgesetz, BGBl. Nr. 142/1969,
(BGBl I 2003/79)

beschäftigt werden, gelten die Bestimmungen der Abschnitte 3 bis 5 für Jugendliche.

(BGBl I 1997/79)

(2) Als eigene Kinder im Sinne dieses Bundesgesetzes gelten Kinder (Abs. 1), die mit jenem, der sie beschäftigt, im gemeinsamen Haushalt leben und mit ihm bis zum dritten Grad verwandt oder verschwägert sind oder zu ihm im Verhältnis von Stiefkindern oder Wahlkindern stehen. Alle übrigen Kinder gelten als fremde Kinder.

§ 3. Jugendliche im Sinne dieses Bundesgesetzes sind Personen bis zur Vollendung des 18. Lebensjahres, die nicht als Kinder im Sinne des § 2 Abs. 1 gelten.

(BGBl I 1997/79)

Abschnitt 2

Begriff der Kinderarbeit

§ 4. (1) Als Kinderarbeit im Sinne dieses Bundesgesetzes gilt die Beschäftigung von Kindern mit Arbeiten jeder Art.

(2) Als Kinderarbeit gilt nicht die Beschäftigung von Kindern, die ausschließlich zu Zwecken des Unterrichts oder der Erziehung erfolgt, und die Beschäftigung eigener Kinder mit leichten Leistungen von geringer Dauer im Haushalt.

Beschränkung der Beschäftigung von Kindern

§ 5. Kinder dürfen, soweit in diesem Bundesgesetz nicht anderes bestimmt ist, zu Arbeiten irgendwelcher Art nicht herangezogen werden.

Beschäftigung von Kindern, die das 13. Lebensjahr vollendet haben

§ 5a. (1) Kinder, die das 13. Lebensjahr vollendet haben, dürfen außerhalb der für den Schulbesuch vorgesehenen Stunden beschäftigt werden

1. mit Arbeiten in Betrieben, in denen ausschließlich Mitglieder der Familie des Betriebsinhabers beschäftigt sind, sofern es sich hiebei um Kinder handelt, die mit dem Betriebsinhaber bis zum dritten Grad verwandt sind oder zu ihm im Verhältnis eines Stief- oder Wahlkindes stehen sowie mit ihm im gemeinsamen Haushalt leben; Kinder, die mit dem Betriebsinhaber im dritten Grad verwandt sind, dürfen nur dann beschäftigt werden, wenn ihr gesetzlicher Vertreter mit der Beschäftigung einverstanden ist,
2. mit Arbeiten in einem Privathaushalt,
3. mit Botengängen, mit Handreichungen auf Sport- und Spielplätzen, mit dem Sammeln von Blumen, Kräutern, Pilzen und Früchten sowie mit den diesen Arbeiten im einzelnen jeweils gleichwertigen Tätigkeiten,

sofern es sich hiebei um leichte und vereinzelte Arbeiten handelt und die unter Z 3 angeführten Arbeiten weder in einem Betrieb gewerblicher Art geleistet werden noch ein Dienstverhältnis vorliegt.

(BGBl I 1997/79, BGBl I 2010/93)

(2) Vereinzelte Arbeiten gelten dann nicht als leichte Arbeiten im Sinne des Abs. 1, wenn bei deren Ausführung das dem Kind zumutbare Leistungsausmaß unter Berücksichtigung des durch das Alter und die persönliche Veranlagung bedingten unterschiedlichen Leistungsvermögens überschritten wird; dies wird beispielsweise und im Sinne von Durchschnittswerten der Fall sein, wenn Lasten ohne mechanische Hilfsmittel bewegt oder befördert werden, die mehr als ein Fünftel des Körpergewichtes des Kindes betragen.

(3) Kinder dürfen mit vereinzelten leichten Arbeiten im Sinne des Abs. 1 nur insoweit beschäftigt werden, als sie dadurch

1. weder in ihrer körperlichen und geistigen Gesundheit und Entwicklung noch in ihrer Sittlichkeit gefährdet, keinen Unfallgefahren und keinen schädlichen Einwirkungen von Hitze, Kälte oder Nässe und im Falle des Abs. 1 Z 1 außerdem auch keinen schädlichen Einwirkungen von gesundheitsgefährlichen Stoffen oder Strahlen, von Staub, Gasen oder Dämpfen ausgesetzt,
2. im Besuch der Schule und in der Möglichkeit, dem Schulunterricht mit Nutzen zu folgen, nicht behindert und in der Erfüllung ihrer religiösen Pflichten nicht beeinträchtigt werden sowie
3. sowohl an Schultagen wie an schulfreien Tagen nicht mehr als zwei Stunden in Anspruch genommen sind, wobei die Gesamtzahl der dem Schulunterricht und den leichten Arbeiten gewidmeten Stunden keinesfalls mehr als sieben betragen darf; nach Schluß des Unterrichts und bei geteiltem Unterricht nach Schluß jedes Unterrichtsabschnittes ist ohne Anrechnung auf die für den Schulweg aufgewendete Zeit eine Stunde arbeitsfrei zu halten, es sei denn, daß es sich ausschließlich um eine Beschäftigung mit einem Botengang handelt.

(4) Die Beschäftigung von Kindern mit vereinzelten leichten Arbeiten im Sinne des Abs. 1 ist verboten

1. an Sonntagen und gesetzlichen Feiertagen,
2. in der Zeit zwischen 20 Uhr und acht Uhr, wobei auch der Zeitaufwand für den Weg zur und von der Arbeitsstätte nicht in diesen Zeitraum fallen darf.

(5) Die Beschäftigung eines Kindes mit Arbeiten nach Abs. 1 ist nur mit Zustimmung des gesetzlichen Vertreters des Kindes zulässig; dieser darf die Zustimmung nur erteilen, wenn er sich darüber vergewissert hat, daß gegen die Beschäftigung des Kindes weder vom gesundheitlichen noch vom schulischen Standpunkt aus Bedenken bestehen. Die Zustimmung des gesetzlichen Vertreters gilt als erteilt, wenn der das Kind Beschäftigende nach den gegebenen Umständen eindeutig annehmen muß, daß der gesetzliche Vertreter des

Kindes über die Beschäftigung unterrichtet wurde und dieser zugestimmt hat.

(BGBl I 2010/93)

Verwendung und Beschäftigung von Kindern bei öffentlichen Schaustellungen

§ 6. (1) Der Landeshauptmann kann die Verwendung von Kindern bei Musikaufführungen, Theatervorstellungen und sonstigen Aufführungen sowie bei Foto-, Film-, Fernseh- und Tonaufnahmen bewilligen. Die Bewilligung darf nur erteilt werden, wenn

1. ein besonderes Interesse der Kunst, der Wissenschaft oder des Unterrichts vorliegt oder es sich um Werbeaufnahmen handelt und
2. die Beschaffenheit und Eigenart der betreffenden Beschäftigung es rechtfertigen.

Die Verwendung von Kindern in Varietés, Kabaretts, Bars, Sexshops, Tanzlokalen, Diskotheken und ähnlichen Betrieben darf nicht bewilligt werden.

(BGBl I 1997/79)

(2) Der Landeshauptmann kann die Bezirksverwaltungsbehörden ermächtigen, die Bewilligung zur Verwendung von Kindern nach Abs. 1 zu erteilen, wenn es sich nicht um erwerbsmäßige Aufführungen handelt.

(3) Handelt es sich um erwerbsmäßige Aufführungen, so hat der Landeshauptmann das nach dem Standort des Betriebes zuständige Arbeitsinspektorat zu hören.

(BGBl I 2013/138)

(4) Die Bewilligung darf nur erteilt werden, wenn der gesetzliche Vertreter des Kindes schriftlich zustimmt. Bei erwerbsmäßigen Aufführungen muss die körperliche Eignung des Kindes für die Beschäftigung amtsärztlich oder durch Ärztinnen/Ärzte für Allgemeinmedizin oder Fachärztinnen/Fachärzten für Kinder- und Jugendheilkunde festgestellt sein. Im Falle der Beschäftigung bei Film- und Fernsehaufnahmen oder vergleichbaren Aufnahmen darf die Bewilligung nur erteilt werden, wenn das Gutachten eines Facharztes für Augenheilkunde bescheinigt, dass gegen eine solche Beschäftigung keine Bedenken bestehen.

(BGBl I 2013/138)

(5) Die Bewilligung kann für eine bestimmte Aufführung oder jeweils für einen begrenzten Zeitraum erteilt werden. Handelt es sich um erwerbsmäßige Aufführungen, so sind in den Bewilligungsbescheid Bestimmungen über Dauer und Lage der Arbeitszeit und der Ruhepausen und über etwaige Sonn- und Feiertagsarbeit aufzunehmen. Diese Bedingungen hat das zuständige Arbeitsinspektorat dem Landeshauptmann in der gutächtlichen Äußerung (Abs. 3) bekanntzugeben.

(6) Der Landeshauptmann hat Abschriften seiner Bewilligungsbescheide der nach dem Beschäftigungsort des Kindes zuständigen Bezirksverwaltungsbehörde zu übermitteln. Bei erwerbsmäßigen Aufführungen hat der Landeshauptmann eine weitere Bescheidabschrift dem örtlich zuständigen Arbeitsinspektorat zu übermitteln.

(7) Die Verwendung von Kindern bei Musikaufführungen, Theatervorstellungen und sonstigen Aufführungen, die von der Schule oder einer Schulbehörde veranstaltet werden, bedarf der Bewilligung im Sinne der Abs. 1 bis 6 nicht. In diesen Fällen ist die schriftliche Zustimmung des gesetzlichen Vertreters des Kindes erforderlich.

(8) (aufgehoben)

(BGBl 1993/257, BGBl I 2013/71)

§ 7. (1) Kinder dürfen nur insoweit verwendet werden, als sie dadurch in ihrer Gesundheit, in ihrer körperlichen und geistigen Entwicklung oder in der Sittlichkeit nicht gefährdet, im Besuch der Schule und in der Möglichkeit, dem Schulunterricht mit Nutzen zu folgen, nicht behindert und in der Erfüllung ihrer religiösen Pflichten nicht beeinträchtigt werden.

(2) Für die Beschäftigung von Kindern nach § 6 gelten folgende weitere Beschränkungen:

1. Kinder dürfen nur in der Zeit zwischen acht und 23 Uhr und nicht vor dem Vormittagsunterricht beschäftigt werden; in diesen Grenzen muß auch die für den Weg zur und von der Arbeitsstätte aufzuwendende Zeit liegen.
2. Nach dem Vormittagsunterricht ist eine mindestens zweistündige, nach dem Nachmittagsunterricht eine mindestens einstündige ununterbrochene arbeitsfreie Zeit zu gewähren; in diese Freizeiten sind die Zeiten, die zur Zurücklegung des Weges zur und von der Schule erforderlich sind, nicht einzurechnen.
3. Die Beschäftigung von Kindern während der Schulferien ist nach Maßgabe des § 6 zulässig, wenn durch die Bewilligung sichergestellt ist, daß die Kinder höchstens während eines Drittels der Schulferien und nur im unbedingt erforderlichen Ausmaß beschäftigt werden, die Aufführungen oder Foto-, Film-, Fernseh- und Tonaufnahmen von besonderem kulturellem oder volksbildnerischem Wert sind und nicht außerhalb der Schulferien durchgeführt werden können. Im Falle von Auslandstourneen kann in begründeten Fällen von der Beschränkung der Beschäftigung auf ein Drittel der Schulferien abgesehen werden.
   (BGBl I 1997/79)
4. Die Bewilligung darf nur erteilt werden, wenn der Veranstalter einen guten Leumund aufweist und von der Gemeinde, in der die Aufführung oder Aufnahme stattfindet, eine Unbedenklichkeitserklärung vorliegt. Eine Abschrift des Bewilligungsbescheides ist dem örtlich zuständigen Arbeitsinspektorat zu übermitteln.
   (BGBl I 2010/93)

Lohnschutz

§ 8. (1) Insoweit das Entgelt für die Arbeit fremder Kinder in Geldlohn besteht, dürfen in Anrechnung auf diesen Geldlohn nur Wohnung, Kleidung und Lebensmittel zugewendet werden. Der hiebei angerechnete Preis darf die Beschaffungskosten nicht übersteigen.

(2) Die Verabreichung von Alkohol und von Tabak an Kinder als Entgelt für ihre Arbeit ist untersagt. Alkoholische Getränke aller Art und Tabak dürfen Kindern während oder anläßlich der Arbeit nicht verabreicht werden.

(BGBl I 2010/93)

Aufsicht

§ 9. (1) Die Überwachung der Einhaltung der Vorschriften dieses Bundesgesetzes über die Verwendung von Kindern obliegt den Bezirksverwaltungsbehörden im Zusammenwirken mit den Arbeitsinspektoraten (Arbeitsinspektoren für Kinderarbeit, Jugend- und Lehrlingsschutz), den Gemeindebehörden und den Schulleitungen.

(2) Die Lehrer an öffentlichen Schulen, an Schulen mit Öffentlichkeitsrecht und an Privatschulen, die Ärzte und die Organe der privaten Jugendfürsorge sowie aller Körperschaften, in deren Aufgabengebiet Angelegenheiten der Jugendfürsorge fallen, sind verpflichtet, Wahrnehmungen über die Verletzung von Vorschriften über die Kinderarbeit der zuständigen Bezirksverwaltungsbehörde mitzuteilen; auf Verlangen der Bezirksverwaltungsbehörde sind sie verpflichtet, Auskünfte über die Kinderarbeit im allgemeinen und über besondere Fälle der Verwendung von Kindern zu erteilen.

(3) Gelangt die Bezirksverwaltungsbehörde zur Kenntnis von Mißständen, so hat sie entsprechende Abhilfe zu treffen. Unbeschadet des § 30 ist einem Dienstgeber, dem eine Bewilligung zur Verwendung von Kindern gemäß § 6 erteilt wurde, durch die bewilligende Behörde die weitere Verwendung der Kinder zu verbieten, wenn der Dienstgeber keine Gewähr bietet, daß die Bedingungen des Bewilligungsbescheides und § 7 eingehalten werden.

Abschnitt 3
Schutzvorschriften für Jugendliche

Arbeitszeit

§ 10. (1) Tägliche Arbeitszeit ist die Zeit vom Beginn bis zum Ende der Arbeit ohne Einrechnung der Ruhepausen (§ 15). Wochenarbeitszeit ist die Arbeitszeit innerhalb des Zeitraumes von Montag bis einschließlich Sonntag.

(2) Werden Jugendliche von mehreren Dienstgebern beschäftigt, so darf die Gesamtdauer der einzelnen Beschäftigungen zusammengerechnet die in den folgenden Bestimmungen vorgesehene Höchstgrenze der Arbeitszeit nicht überschreiten.

(3) Im Falle des Abs. 2 ist der Jugendliche verpflichtet, jedem seiner Dienstgeber mitzuteilen, in welchem Ausmaß er jeweils in den einzelnen Betrieben beschäftigt ist.

§ 11. (1) Die tägliche Arbeitszeit der Jugendlichen darf acht Stunden, ihre Wochenarbeitszeit 40 Stunden nicht überschreiten, soweit im folgenden nicht anderes bestimmt wird.

(2) Die nach Abs. 1 zulässige Wochenarbeitszeit kann zur Erreichung einer längeren Freizeit, die mit der Wochenfreizeit zusammenhängen muß, abweichend von der nach Abs. 1 zulässigen täglichen Arbeitszeit verteilt werden. Der Kollektivvertrag kann zulassen, daß die nach Abs. 1 zulässige Wochenarbeitszeit auf die Werktage abweichend von der nach Abs. 1 zulässigen täglichen Arbeitszeit aufgeteilt wird.

(BGBl I 1997/79)

(2a) Die Arbeitszeit kann in den einzelnen Wochen eines mehrwöchigen Durchrechnungszeitraumes ausgedehnt werden, wenn innerhalb dieses Durchrechnungszeitraumes die Wochenarbeitszeit im Durchschnitt 40 Stunden nicht übersteigt und

1. der Kollektivvertrag dies zuläßt,
2. für vergleichbare erwachsene Arbeitnehmer des Betriebes eine solche Arbeitszeiteinteilung besteht und
3. eine abweichende Arbeitszeiteinteilung für Jugendliche dem Arbeitgeber nicht zugemutet werden kann.

(2b) Fällt in Verbindung mit Feiertagen die Arbeitszeit an Werktagen aus, um den Jugendlichen eine längere zusammenhängende Freizeit zu ermöglichen, so kann die ausfallende Normalarbeitszeit auf die übrigen Werktage von höchstens sieben, die Ausfallstage einschließenden Wochen verteilt werden. Der Einarbeitungszeitraum kann durch Betriebsvereinbarung auf höchstens 13 Wochen verlängert werden.

(BGBl I 1997/79)

(3) Bei einer Verteilung der Arbeitszeit nach Abs. 2 bis 2b darf die Tagesarbeitszeit neun Stunden und die Arbeitszeit in den einzelnen Wochen des Durchrechnungs- bzw. Einarbeitungszeitraumes 45 Stunden nicht überschreiten.

(BGBl I 1997/79)

(3a) Reisezeit liegt vor, wenn die/der Jugendliche über Auftrag der Arbeitgeberin/des Arbeitgebers vorübergehend ihren/seinen Dienstort (Arbeitsstätte) verlässt, um an anderen Orten ihre/seine Arbeitsleistung zu erbringen, sofern während der Reisebewegung keine Arbeitsleistung erbracht wird. Durch Reisezeiten kann die Tagesarbeitszeit auf bis zu zehn Stunden ausgedehnt werden, wenn die/der Jugendliche in einem Lehr- oder sonstigen Ausbildungsverhältnis steht und das 16. Lebensjahr vollendet hat.

(BGBl I 2015/152)

(4) Den Jugendlichen ist die zur Erfüllung der gesetzlichen Berufsschulpflicht erforderliche Zeit freizugeben. Für die Unterrichtszeit ist der Lohn (Lehrlingsentschädigung) weiterzuzahlen.

(5) Die Unterrichtszeit in der Berufsschule, zu deren Besuch der Jugendliche gesetzlich verpflichtet ist, ist auf die Dauer der wöchentlichen Arbeitszeit anzurechnen.

(6) In die Unterrichtszeit im Sinne der Abs. 4 und 5 sind einzurechnen:

1. die Pausen in der Berufsschule, mit Ausnahme der Mittagspause;
2. der Besuch von Freigegenständen und unverbindlichen Übungen im Ausmaß von höchstens zwei Unterrichtsstunden, Förderunterricht und Schulveranstaltungen in der Berufsschule im Sinne der §§ 12 und 13 des Schulunterrichtsgesetzes, BGBl. Nr. 472/1986;
3. an ganzjährigen und saisonmäßigen Berufsschulen einzelne an einem Schultag entfallene Unterrichtsstunden oder an lehrgangsmäßigen Berufsschulen der bis zu zwei aufeinanderfolgenden Werktagen entfallene Unterricht, wenn es in jedem dieser Fälle wegen des Verhältnisses zwischen der im Betrieb zu verbringenden Zeit und der Wegzeit nicht zumutbar ist, daß der Jugendliche während dieser unterrichtsfreien Zeit den Betrieb aufsucht;
4. Förderkurse im Sinne des Art. II § 2 der 5. Schulorganisationsgesetz-Novelle, BGBl. Nr. 323/1975.

(7) Beträgt die Unterrichtszeit an einem Schultag mindestens acht Stunden, so ist eine Beschäftigung im Betrieb nicht mehr zulässig. Beträgt die Unterrichtszeit weniger als acht Stunden, so ist eine Beschäftigung nur insoweit zulässig, als die Unterrichtszeit, die notwendige Wegzeit zwischen Betrieb und Schule und die im Betrieb zu verbringende Zeit die gesetzliche Arbeitszeit nicht überschreitet.

(8) Besucht ein Jugendlicher eine lehrgangsmäßige oder saisonmäßige Berufsschule, darf er während des tatsächlichen Besuchs des Lehrganges bzw. der saisonmäßigen Berufsschule nicht im Betrieb beschäftigt werden.

(BGBl I 1997/79)

(9) Die Lenkzeit Jugendlicher, die auf Grund des Berufsausbildungsgesetzes, BGBl. Nr. 142/1969, zu Berufskraftfahrern ausgebildet werden, darf vier Stunden täglich und 20 Stunden wöchentlich nicht überschreiten. Fahrten, die im Rahmen der Berufsausbildung in einer Fahrschule absolviert werden, sind in die Lenkzeit einzurechnen.

§ 11a. Den Schülervertretern (§ 59 des Schulunterrichtsgesetzes, BGBl. Nr. 472/1986) und den Mitgliedern der Landes- und Bundesschülervertretung (§§ 6 und 21 des Schülervertretungengesetzes, BGBl. Nr. 284/1990) ist während der Unterrichtszeit die zur Erfüllung ihrer gesetzlichen Obliegenheiten, darüber hinaus die für die in die Arbeitszeit fallende Teilnahme an Landes- und Bundesschülervertretungssitzungen erforderliche Freizeit unter Fortzahlung des Entgelts zu gewähren.

(BGBl I 1997/79)

§ 12. (1) Werden Jugendliche zu Vor- und Abschlußarbeiten herangezogen, so ist die auf diese Arbeiten entfallende Zeit grundsätzlich durch frühere Beendigung, beziehungsweise späteren Beginn der eigentlichen Betriebsarbeit entsprechend auszugleichen; der Ausgleich ist tunlichst in der gleichen, spätestens jedoch in der folgenden Kalenderwoche durchzuführen.

(2) Wenn zwingende betriebliche Gründe es erfordern, darf zwecks Durchführung von Vor- und Abschlußarbeiten die nach § 11 zulässige Dauer der Arbeitszeit für Jugendliche über 16 Jahre um eine halbe Stunde täglich in folgenden Fällen ausgedehnt werden:

1. bei Arbeiten zur Reinigung und Instandhaltung, soweit sich diese Arbeiten während des regelmäßigen Betriebes nicht ohne Unterbrechung oder erhebliche Störung ausführen lassen;
2. bei Arbeiten, von denen die Wiederaufnahme oder Aufrechterhaltung des vollen Betriebes arbeitstechnisch abhängt;
3. bei Arbeiten zur abschließenden Kundenbedienung einschließlich der damit zusammenhängenden notwendigen Aufräumungsarbeiten.

(3) Die Dauer der Mehrarbeitsleistungen nach Abs. 2 darf insgesamt drei Stunden in der Woche nicht überschreiten. Die sich aus Abs. 2 und § 11 ergebende tägliche Arbeitszeit darf keinesfalls neuneinhalb Stunden überschreiten.

(BGBl I 1997/79)

(4) Das Arbeitsinspektorat bestimmt in Zweifelsfällen, welche Arbeiten als Vor- und Abschlußarbeiten gelten und ob die Voraussetzungen des Abs. 2 vorliegen. Der Beschwerde gegen den Bescheid des Arbeitsinspektorates kommt keine aufschiebende Wirkung zu.

(BGBl I 2013/71)

§ 13. (1) Für Personen unter 15 Jahren, die im Rahmen eines Ferialpraktikums oder eines Pflichtpraktikums beschäftigt werden (§ 2 Abs. 1a Z 2 und 3), gelten die §§ 11 und 12 mit folgenden Abweichungen.

(2) Während unterrichtsfreier Zeiten von mindestens einer Woche darf die tägliche Arbeitszeit sieben Stunden und die Wochenarbeitszeit 35 Stunden nicht überschreiten. In dieser Zeit sind eine abweichende Verteilung der Arbeitszeit (§ 11 Abs. 2 bis 3) und eine Arbeitszeitverlängerung durch Vor- und Abschlußarbeiten (§ 12 Abs. 2 und 3) nicht zulässig.

(3) Beträgt die Unterrichtszeit an einem Schultag mindestens sieben Stunden oder in einer Schulwoche mindestens 35 Stunden, so ist eine Beschäftigung im Betrieb nicht mehr zulässig. Beträgt die Unterrichtszeit weniger als sieben Stunden, so ist eine Beschäftigung nur im folgenden Ausmaß zulässig:

1. Die Unterrichtszeit, die notwendige Wegzeit zwischen Betrieb und Schule und die im Betrieb zu verbringende Zeit darf sieben Stunden nicht überschreiten.

2. Die im Betrieb zu verbringende Zeit darf zwei Stunden nicht überschreiten.

(BGBl I 1997/79)

§ 14. (1) Als Überstunde gilt jede Arbeitsleistung, die über die nach § 11 Abs. 1 und 3 festgelegte Wochenarbeitszeit hinausgeht.

(2) Für Überstunden gebührt den Jugendlichen ein Zuschlag. Er beträgt 50 vH des auf die Zeit der Überstundenleistung entfallenden Normallohnes (Lehrlingsentschädigung).

Ruhepausen und Ruhezeiten

§ 15. (1) Beträgt die Gesamtdauer der Tagesarbeitszeit mehr als viereinhalb Stunden, so ist die Arbeitszeit durch eine Ruhepause von mindestens einer halben Stunde zu unterbrechen.

(BGBl I 1997/79)

(2) Die Ruhepause ist spätestens nach sechs Stunden zu gewähren.

(BGBl I 1997/79)

(3) Das Arbeitsinspektorat kann für Betriebe oder Betriebsteile oder für bestimmte Arbeiten über Abs. 1 hinausgehende Ruhepausen anordnen, wenn die Schwere der Arbeit oder der sonstige Einfluß der Arbeit auf die Gesundheit der Jugendlichen dies erfordert.

(4) Während der Ruhepausen darf den Jugendlichen keinerlei Arbeit gestattet werden, sie dürfen auch nicht zur Arbeitsbereitschaft verpflichtet werden. Für den Aufenthalt während der Ruhepausen sind nach Möglichkeit besondere Aufenthaltsräume oder freie Plätze bereitzustellen. Der Aufenthalt in den Arbeitsräumen darf nur gestattet werden, wenn dadurch die notwendige Erholung nicht beeinträchtigt wird.

(5) Jugendlichen, die zu Berufskraftfahrern ausgebildet werden, muß bei Lehrfahrten nach einer ununterbrochenen Lenkzeit (§ 11 Abs. 9) von höchstens zwei Stunden eine Lenkpause von einer halben Stunde gewährt werden.

(6) Die Lenkpause (Abs. 5) ist auf die Arbeitszeit anzurechnen. Fällt die Lenkpause mit der für den Jugendlichen geltenden Mittagspause zusammen, so ist sie nicht zusätzlich zu gewähren.

§ 16. (1) Nach Beendigung der täglichen Arbeitszeit ist

1. Personen unter 15 Jahren (§ 2 Abs. 1a) eine ununterbrochene Ruhezeit von mindestens 14 Stunden zu gewähren;
2. den Jugendlichen eine ununterbrochene Ruhezeit von mindestens zwölf Stunden zu gewähren.

(2) Diese Ruhezeit ist innerhalb von 24 Stunden nach Arbeitsbeginn zu gewähren. Für die Beschäftigung von Jugendlichen (Abs. 1 Z 2) im Gastgewerbe ist Satz 1 nicht anzuwenden.

(BGBl I 1997/79)

Nachtruhe

§ 17. (1) Jugendliche dürfen in der Nachtzeit von 20 bis sechs Uhr nicht beschäftigt werden.

(2) Im Gastgewerbe dürfen Jugendliche über 16 Jahre bis 23.00 Uhr beschäftigt werden.

(BGBl I 2000/83)

(3) In mehrschichtigen Betrieben dürfen Jugendliche über 16 Jahre im wöchentlichen Wechsel bis 22 Uhr beschäftigt werden.

(3a) In mehrschichtigen Betrieben dürfen Jugendliche ab 5 Uhr beschäftigt werden, wenn bei einem späteren Arbeitsbeginn keine zumutbare Möglichkeit zur Erreichung des Betriebes gegeben ist. Dies gilt nicht für Personen unter 15 Jahren (§ 2 Abs. 1a).

(BGBl I 1997/79, BGBl I 2003/79)

(4) Bei Musikaufführungen, Theatervorstellungen, sonstigen Aufführungen und bei Foto-, Film-, Fernseh- und Tonaufnahmen dürfen Jugendliche bis 23 Uhr beschäftigt werden.

(BGBl I 1997/79)

(5) In Backwaren-Erzeugungsbetrieben, die nicht unter das Bäckereiarbeiter/innengesetz 1996 fallen, dürfen Lehrlinge im Lehrberuf „Bäcker“, die das 15. Lebensjahr vollendet haben, ab 4 Uhr mit Arbeiten, die der Berufsausbildung dienen, beschäftigt werden.

(BGBl 1996/410, BGBl I 1997/79)

(6) Jugendliche, die im gehobenen Dienst für Gesundheits- und Krankenpflege nach dem Gesundheits- und Krankenpflegegesetz, BGBl. I Nr. 108/1997, ausgebildet werden, dürfen im letzten Jahr ihrer Ausbildung, soweit dies für die Erreichung des Ausbildungszweckes erforderlich ist, unter folgenden Voraussetzungen während der Nachtzeit beschäftigt werden (Nachtdienst):

1. die Höchstzahl der Nachtdienste darf im Ausbildungsjahr nicht mehr als 30 betragen;
2. die Höchstzahl der Nachtdienste darf pro Monat nicht mehr als fünf betragen;
3. die Leistung aufeinanderfolgender Nachtdienste ist nicht zulässig;
4. Nachtdienst darf nur unter Aufsicht einer diplomierten Gesundheits- und Krankenschwester oder eines diplomierten Gesundheits- und Krankenpflegers geleistet werden;
5. nach dem Nachtdienst ist eine Ruhezeit von mindestens zwölf Stunden zu gewähren.

(BGBl I 1997/79, BGBl I 1997/126)

(7) Soweit die Abs. 2 und 3a bis 6 eine Beschäftigung zwischen 22 und 6 Uhr zulassen, dürfen Jugendliche in dieser Zeit regelmäßig nur beschäftigt werden, wenn vor Aufnahme dieser Arbeiten und danach in jährlichen Abständen eine Jugendlichenuntersuchung gemäß § 132a ASVG oder eine dieser Untersuchung vergleichbare ärztliche Untersuchung, vorzugsweise durch Ärzte mit arbeitsmedizinischer Ausbildung, durchgeführt wurde.

(BGBl I 1997/79, BGBl I 2000/83, BGBl I 2003/79)

Sonn- und Feiertagsruhe

§ 18. (1) An Sonntagen und an den gesetzlichen

Feiertagen (§ 1 des Feiertagsruhegesetzes 1957, BGBl. Nr. 153, in der jeweils geltenden Fassung) dürfen Jugendliche nicht beschäftigt werden.

(2) Das Verbot des Abs. 1 gilt nicht im Gastgewerbe, in Krankenpflegeanstalten und Pflegeheimen, bei Musikaufführungen, Theatervorstellungen, sonstigen Aufführungen und für Arbeiten auf Sport- und Spielplätzen.

(3) In den Fällen des Abs. 2 muß jeder zweite Sonntag arbeitsfrei bleiben.

(3a) Durch Kollektivvertrag kann für das Gastgewerbe abweichend von Abs. 3 die Beschäftigung Jugendlicher an aufeinanderfolgenden Sonntagen innerhalb eines vom Kollektivvertrag festzulegenden Zeitraumes von höchstens 23 Wochen pro Kalenderjahr zugelassen werden. Innerhalb eines Kalenderjahres dürfen die Jugendlichen jedoch höchstens an 23 Sonntagen beschäftigt werden. In diese Zahl ist die Hälfte der Sonntage einzurechnen, die in die Zeit des Besuchs einer lehrgangs- oder saisonmäßigen Berufsschule fallen.

(BGBl 1992/175)

(4) In Betrieben, auf die das Feiertagsruhegesetz Anwendung findet, gilt für die Bezahlung der Feiertage und der an Feiertagen geleisteten Arbeit soweit sie nach diesem Bundesgesetz oder den hiezu erlassenen Durchführungsvorschriften zugelassen ist, das Feiertagsruhegesetz.

Sonderregelung für den 8. Dezember

§ 18a. Die Beschäftigung von Jugendlichen am 8. Dezember in Verkaufsstellen gemäß § 1 Abs. 1 und 3 des Öffnungszeitengesetzes 2003, BGBl. I Nr. 48, kann durch Kollektivvertrag zugelassen werden, wenn der 8. Dezember auf einen Werktag fällt. Der Jugendliche hat das Recht, die Beschäftigung am 8. Dezember auch ohne Angabe von Gründen abzulehnen. Kein Jugendlicher darf wegen der Weigerung, am 8. Dezember der Beschäftigung nachzugehen, benachteiligt werden.
(BGBl I 1997/126, BGBl I 2010/93)

Wochenfreizeit

§ 19. (1) Den Jugendlichen ist wöchentlich eine ununterbrochene Freizeit von zwei Kalendertagen zu gewähren. Diese Wochenfreizeit hat den Sonntag zu umfassen, soweit an diesem Sonntag nicht die Beschäftigung gemäß § 18 zulässig ist, und – mit Ausnahme von Tätigkeiten gemäß § 18 Abs. 2 – spätestens um 13 Uhr am Samstag, für Jugendliche, die mit unbedingt notwendigen Abschlußarbeiten gemäß § 12 Abs. 2 beschäftigt sind, spätestens um 15 Uhr am Samstag zu beginnen.

(BGBl I 1997/126)

(1a) Wenn dies aus organisatorischen Gründen notwendig oder im Interesse der Jugendlichen gelegen ist, müssen die beiden Kalendertage der Wochenfreizeit nicht aufeinanderfolgen. Soweit der Kollektivvertrag nicht anderes bestimmt, muß jener Teil der Wochenfreizeit, in den der Sonntag fällt, mindestens 43 Stunden betragen. Die Teilung von Wochenfreizeiten gemäß Abs. 3 ist unzulässig.

(BGBl I 1997/126)

(2) Werden Jugendliche – abgesehen von den Fällen des Abs. 1a – am Samstag beschäftigt, so dürfen diese Jugendlichen am Montag in der darauffolgenden Kalenderwoche nicht beschäftigt werden. Ist der Montag Berufsschultag, dürfen Jugendliche an einem anderen Arbeitstag (Dienstag bis Freitag) der auf die Samstagsarbeit folgenden Kalenderwoche nicht beschäftigt werden. Jugendliche, die in der auf die Samstagsarbeit folgenden Woche zur Gänze die Berufsschule besuchen, dürfen in der Kalenderwoche vor oder nach dem Ende des Berufsschulbesuchs an einem anderen Arbeitstag (Montag bis Freitag) dieser Kalenderwoche nicht beschäftigt werden.

(BGBl I 1997/126)

(3) Jugendliche, die am Samstag und gemäß § 18 Abs. 2 unmittelbar darauf auch am Sonntag beschäftigt werden, haben Anspruch auf eine ununterbrochene Freizeit in der der Sonntagsarbeit folgenden Woche von zwei zusammenhängenden Kalendertagen. Jugendliche, die gemäß § 18 Abs. 2 nur am Sonntag beschäftigt werden, haben Anspruch auf eine ununterbrochene Freizeit in der der Sonntagsarbeit folgenden Woche von 43 Stunden.

(4) Jugendliche im Gastgewerbe haben Anspruch auf eine ununterbrochene wöchentliche Freizeit von zwei zusammenhängenden Kalendertagen. Dies gilt nicht, wenn eine Wochenfreizeit von mindestens 43 Stunden, in die der Sonntag fällt, eingehalten wird und in die folgende Arbeitswoche ein betrieblicher Sperrtag fällt, an dem der Jugendliche nicht beschäftigt wird.

(5) Für Jugendliche, die in den Lehrberufen Bäcker, Konditor, Fleischer oder Molkereifachmann ausgebildet und überwiegend mit der Be- oder Verarbeitung von frischen Lebensmitteln beschäftigt werden, kann der Kollektivvertrag eine Verkürzung der Wochenfreizeit gemäß Abs. 1 und 2 zulassen, wenn durch andere Maßnahmen die Erholungsbedürfnisse der Jugendlichen sichergestellt sind. Dabei darf in den einzelnen Wochen die zusammenhängende Ruhezeit 43 Stunden nicht unterschreiten. Abs. 1 zweiter Satz ist anzuwenden.

(BGBl I 1997/126)

(6) Kommt ein Kollektivvertrag gemäß Abs. 5 für Jugendliche zur Anwendung, die in Betrieben ausgebildet werden, in denen auch Tätigkeiten des Gastgewerbes im Sinne des § 94 Z 27 der Gewerbeordnung 1994, BGBl. Nr. 194, ausgeübt werden, ist zu vereinbaren, ob für den jeweiligen Jugendlichen entweder

1. die Sonderregelung des Kollektivvertrags nach Abs. 5 oder
2. die Sonderregelungen für das Gastgewerbe des § 18 Abs. 2 und 3a sowie § 19 Abs. 4

zur Anwendung kommt. Die Vereinbarung ist im Verzeichnis der Jugendlichen (§ 26) festzuhalten.

(BGBl I 1997/126, BGBl I 2003/79)

(7) Für Jugendliche, die nicht unter Abs. 4 oder 5 fallen, kann der Kollektivvertrag abweichend von Abs. 1 bis 2 zulassen, daß bei Vorliegen organisatorischer Gründe oder im Interesse der Jugendlichen das Ausmaß der Wochenfreizeit in einzelnen Wochen auf 43 zusammenhängende Stunden verkürzt werden kann, wenn die durchschnittliche Wochenfreizeit in einem durch Kollektivvertrag festzulegenden Durchrechnungszeitraum mindestens 48 Stunden beträgt. Abs. 1 zweiter Satz ist anzuwenden.

(BGBl I 1997/126)

(BGBl 1992/175, BGBl I 1997/79)

Sonderregelungen für Verkaufsstellen

§ 19a. (1) Abweichend von § 19 Abs. 1 dürfen Jugendliche am Samstag nach 13 Uhr in Verkaufsstellen im Sinne des § 1 Abs. 1 bis 3 des Öffnungszeitengesetzes 2003, BGBl. I Nr. 48, beschäftigt werden, soweit die jeweils geltenden Öffnungszeitenvorschriften ein Offenhalten dieser Verkaufsstellen vorsehen.

(BGBl I 2010/93)

(2) Wird ein Jugendlicher gemäß Abs. 1 an einem Samstag nach 13 Uhr beschäftigt, hat der folgende Samstag zur Gänze arbeitsfrei zu bleiben, soweit die Abs. 3 bis 5 nicht anderes bestimmen.

(3) Ein Jugendlicher darf am folgenden Samstag beschäftigt werden, wenn er nach 13 Uhr beschäftigt wurde mit

1. Verkaufstätigkeiten an den letzten vier Samstagen vor dem 24. Dezember,
2. der Kundenbedienung nach § 12 Abs. 2 Z 3 bis 15 Uhr,
3. Abschlußarbeiten gemäß § 12 Abs. 2 Z 1 und 2 bis 15 Uhr.

(4) Die Betriebsvereinbarung, in Betrieben, in denen kein Betriebsrat errichtet ist, die schriftliche Einzelvereinbarung mit Zustimmung der Erziehungsberechtigten, kann zulassen, daß innerhalb eines Zeitraumes von vier Wochen die Beschäftigung an zwei Samstagen zulässig ist. In diesem Fall haben die übrigen Samstage dieses Zeitraumes arbeitsfrei zu bleiben.

(5) Der Kollektivvertrag kann weitere Abweichungen zulassen.

(BGBl I 1997/79)

Ausnahmen

§ 20. (1) Bei vorübergehenden Arbeiten, die bei Notstand sofort vorgenommen werden müssen und für die keine erwachsenen Arbeitnehmer zur Verfügung stehen, findet für Jugendliche über 16 Jahre die Bestimmung des § 17 keine Anwendung. In diesen Fällen können für Jugendliche über 16 Jahre

1. die Grenzen der regelmäßigen Arbeitszeit gemäß § 11 überschritten werden. Innerhalb von drei Wochen hat ein entsprechender Ausgleich zu erfolgen;
2. Ruhepausen (§ 15) und Ruhezeiten (§ 16) verkürzt werden. Innerhalb von drei Wochen ist eine Ruhezeit entsprechend zu verlängern.

(2) Der Dienstgeber hat die Vornahme solcher Arbeiten dem Arbeitsinspektorat unverzüglich anzuzeigen.

(BGBl I 1997/79)

Verbot der Akkordarbeit

§ 21. Jugendliche, die das 16. Lebensjahr noch nicht vollendet haben oder in einem Lehr- oder sonstigen, mindestens einjährigen Ausbildungsverhältnis stehen, dürfen nicht zu Akkordarbeiten, akkordähnlichen Arbeiten, leistungsbezogenen Prämienarbeiten und sonstigen Arbeiten, bei denen durch ein gesteigertes Arbeitstempo ein höheres Entgelt erzielt werden kann, wie beispielsweise Arbeiten, für die Entgelt gebührt, das auf Arbeits(Persönlichkeits)bewertungsverfahren, statistischen Verfahren, Datenerfassungsverfahren, Kleinstzeitverfahren oder ähnlichen Entgeltfindungsmethoden beruht, sowie zu Fließarbeiten mit vorgeschriebenem Arbeitstempo herangezogen werden. Dieses Verbot gilt nicht für Jugendliche, die als Heimarbeiter beschäftigt werden.

Beförderung höherer Geld- oder Sachwerte

§ 21a. Außerhalb des Betriebes dürfen Jugendliche nicht zur Beförderung höherer Geld- oder Sachwerte unter eigener Verantwortung herangezogen werden.

Maßregelungsverbot

§ 22. (1) Körperliche Züchtigung oder erhebliche wörtliche Beleidigung sind verboten.

(2) Disziplinarmaßnahmen dürfen über Jugendliche nur verhängt werden, wenn dies in einem Kollektivvertrag oder in einer Betriebsvereinbarung im Sinne des § 97 Abs. 1 Z 24 des Arbeitsverfassungsgesetzes, BGBl. Nr. 22/1974, vorgesehen ist. Geldstrafen dürfen als Disziplinarmaßnahmen nicht verhängt werden.

Gesundheits- und Sittlichkeitsschutz

§ 23. (1) Der Dienstgeber hat vor Beginn der Beschäftigung und bei jeder bedeutenden Änderung der Arbeitsbedingungen die für die Sicherheit und Gesundheit des Jugendlichen sowie für die Sittlichkeit bestehenden Gefahren zu ermitteln. Dabei sind insbesondere zu berücksichtigen:

1. Die Einrichtung und Gestaltung der Arbeitsstätte und des Arbeitsplatzes;
2. die Gestaltung, die Auswahl und der Einsatz von Arbeitsmitteln;
3. die Verwendung von Arbeitsstoffen;
4. die Gestaltung der Arbeitsverfahren und der Arbeitsvorgänge und deren Zusammenwirken und

5. Körperkraft, Alter und Stand der Ausbildung und der Unterweisung der Jugendlichen.

(BGBl I 1997/79)

(1a) Der Dienstgeber hat alle erforderlichen Maßnahmen zum Schutz der Sicherheit, der Gesundheit und der Sittlichkeit zu treffen.

(BGBl I 1997/79)

(1b) Der Dienstgeber hat die Präventivdienste (7. Abschnitt ASchG oder vergleichbare österreichische Rechtsvorschriften) bei der Ermittlung der Gefährdung und der Festsetzung von Schutzmaßnahmen heranzuziehen.

(BGBl I 1997/79)

(2) Durch Verordnung kann die Beschäftigung von Jugendlichen in bestimmten Betrieben, mit bestimmten Arbeiten oder unter bestimmten Einwirkungen, die mit besonderen Gefahren für die Sicherheit, Gesundheit oder Sittlichkeit verbunden sind, untersagt oder von Bedingungen abhängig gemacht werden.

(BGBl I 1997/79)

(3) Unabhängig von Abs. 2 kann das Arbeitsinspektorat in einzelnen Fällen die Beschäftigung Jugendlicher mit gefährlichen Arbeiten untersagen oder von Bedingungen abhängig machen.

(4) (aufgehoben)

(BGBl I 2003/79)

§ 24. (1) Jugendliche sind vor der Arbeitsaufnahme unter Verantwortung des Dienstgebers über die im Betrieb bestehenden Gefahren und über die zur Abwendung dieser Gefahren getroffenen Maßnahmen sowie Einrichtungen und deren Benützung zu unterweisen. Bei Personen unter 15 Jahren (§ 2 Abs. 1a) sind auch die gesetzlichen Vertreter zu unterrichten.

(2) Jugendliche sind unter Verantwortung des Dienstgebers vor der erstmaligen Verwendung an Maschinen, zu Arbeiten mit Gasen, Chemikalien oder mit sonstigen gesundheitsschädlichen Arbeitsstoffen oder zu Arbeiten an gefährlichen Arbeitsstellen über das bei Verrichtung solcher Arbeiten notwendige Verhalten sowie über die bestehenden Schutzvorkehrungen und deren Handhabung zu unterweisen.

(3) Die Unterweisungen nach Abs. 1 und 2, denen ein Mitglied des Betriebsrates (Jugendvertrauensrates) beizuziehen ist, sind in nach den Verhältnissen des Betriebes entsprechend angemessenen Zeiträumen, mindestens jedoch in jährlichen Abständen zu wiederholen.

(BGBl I 1997/79)

§ 25. (1) Der Dienstgeber hat die Jugendlichen über die Durchführung von Jugendlichenuntersuchungen gemäß § 132a ASVG rechtzeitig zu informieren, sie über den Sinn dieser Untersuchungen zu belehren und sie zur Teilnahme anzuhalten. Den Jugendlichen ist die für die Durchführung der Jugendlichenuntersuchungen erforderliche Freizeit unter Fortzahlung des Entgelts zu gewähren.

(BGBl I 1997/79)

(1a) Ergibt die Beurteilung gemäß § 23 Abs. 1 eine Gefahr für die Sicherheit oder Gesundheit des Jugendlichen, so hat der Dienstgeber dafür Sorge zu tragen, daß in jährlichen Abständen eine Untersuchung gemäß § 132a ASVG stattfindet.

(BGBl I 1997/79)

(2) Die Jugendlichenuntersuchungen gemäß § 132a ASVG sind bei Jugendlichen, die erstmalig eine Beschäftigung angetreten haben, tunlichst binnen zwei Monaten durchzuführen. Wenn dies der Wahrnehmung der Belange des Arbeitnehmerschutzes dient, kann durch Verordnung bestimmt werden, daß die Ergebnisse dieser erstmaligen Jugendlichenuntersuchungen noch vor ihrer Auswertung im Sinne des § 132a Abs. 6 ASVG der für die Durchführung des Arbeitnehmerschutzes jeweils zuständigen Behörde zuzuleiten sind.

(3) Durch Verordnung können für Jugendliche, die in Betrieben beschäftigt sind, für die das ArbeitnehmerInnenschutzgesetz, BGBl. Nr. 450/1994, nicht gilt, unter sinngemäßer Anwendung des 5. Abschnittes des ArbeitnehmerInnenschutzgesetzes Vorschriften über gesundheitsgefährdende Tätigkeiten, Eignungsuntersuchungen und die Überwachung des Gesundheitszustandes erlassen werden.

(BGBl I 2003/79)

Abschnitt 4

Verzeichnis der Jugendlichen

§ 26. (1) In jedem Betrieb, in dem Jugendliche beschäftigt werden, ist ein Verzeichnis der Jugendlichen zu führen. Das Verzeichnis hat zu enthalten:

1. Familiennamen und Vornamen sowie Wohnort der Jugendlichen,
2. Tag und Jahr der Geburt,
3. Tag des Eintrittes in den Betrieb,
4. Art der Beschäftigung,
5. Aufzeichnungen über die geleisteten Arbeitsstunden und deren Entlohnung (§ 26 Abs. 1 des Arbeitszeitgesetzes, BGBl. Nr. 461/1969),
6. die Zeit, während der den Jugendlichen Urlaub gewährt wurde,
7. Namen und Wohnort der gesetzlichen Vertreter der Jugendlichen.

(2) Das Verzeichnis ist jeweils richtigzustellen. Bei Neuanlage des Verzeichnisses sind die vorher geführten Verzeichnisse bis zum Ablauf von zwei Jahren nach der letzten Eintragung aufzubewahren.

(3) Den Organen der Arbeitnehmerschaft des Betriebes ist auf Verlangen Einsicht in das Verzeichnis zu gewähren.

Wochenberichtsblatt

§ 26a. (1) Werden in einem Betrieb Jugendliche zu Berufskraftfahrern ausgebildet, so ist für jeden Jugendlichen über seine Lenkzeiten ein Wochenberichtsblatt in zweifacher Ausführung zu führen.

(2) Während der Fahrten ist das Wochenbe-

richtsblatt mitzuführen und den Kontrollorganen auf Verlangen vorzuweisen.

(3) Nähere Bestimmungen über die Form, den Inhalt und die Vorschriften über die Führung des Wochenberichtsblattes sind durch Verordnung zu treffen.

Aushänge

§ 27. ~~(1) Dienstgeber, die Jugendliche beschäftigen, haben einen Abdruck dieses Bundesgesetzes an geeigneter, für die Dienstnehmer zugänglicher Stelle aufzulegen.~~

(BGBl I 2017/40)

„(1)“ In Betrieben, in denen keine Betriebsvereinbarungen im Sinne des § 97 Abs. 1 Z 2 des Arbeitsverfassungsgesetzes bestehen, muß vom Dienstgeber an einer für die Arbeitnehmer des Betriebes leicht zugänglichen Stelle ein Aushang über den Beginn und das Ende der Normalarbeitszeit und der Ruhepausen sowie über die Dauer der Wochenruhezeit der Jugendlichen gut sichtbar angebracht werden.

(BGBl I 2017/40)

„(2) Die Aushangpflicht nach Abs. 1 wird auch dann erfüllt, wenn die Arbeitszeiteinteilung den Jugendlichen mittels eines sonstigen Datenträgers samt Ablesevorrichtung, durch geeignete elektronische Datenverarbeitung oder durch geeignete Telekommunikationsmittel zugänglich gemacht wird.“

(BGBl I 2003/79, BGBl I 2017/40)

Anzeigepflicht

§ 27a. (1) Der Dienstgeber hat die Beschäftigung von Jugendlichen an aufeinanderfolgenden Sonntagen gemäß § 18 Abs. 3a dem Arbeitsinspektorat anzuzeigen. Diese Anzeige hat zu enthalten:

1. Den Zeitraum, für den die Beschäftigung an aufeinanderfolgenden Sonntagen vorgesehen ist sowie jenen Zeitraum, in dem die Jugendlichen an Sonntagen und an betrieblichen Sperrtagen im Sinne des § 19 Abs. 4 nicht beschäftigt werden,

   (BGBl I 2010/93)
2. Zeiten des Besuches einer lehrgangs- oder saisonmäßigen Berufsschule, soweit diese in den Zeitraum gemäß § 18 Abs. 3a fallen,
3. Familien- und Vornamen der Jugendlichen sowie das Geburtsdatum.

(2) Die Anzeige gemäß Abs. 1 hat spätestens zwei Wochen vor Beginn der Beschäftigung Jugendlicher gemäß § 18 Abs. 3a zu erfolgen.

(3) Das Arbeitsinspektorat hat Anzeigen gemäß Abs. 1 auf Verlangen den gesetzlichen Interessenvertretungen der Arbeitgeber und Arbeitnehmer zugänglich zu machen.

(BGBl 1992/175)

Gebührenfreiheit

§ 27b. Anzeigen gemäß § 20 Abs. 2 und § 27a sind von Stempel- und Rechtsgebühren des Bundes befreit.

(BGBl I 1997/79)

Abschnitt 5

Anhörung der Jugendschutzstellen

§ 28. Die Arbeitsinspektorate sowie die Landeshauptmänner und die Bezirksverwaltungsbehörden haben vor Bewilligung von Ausnahmen und vor Erlassung von Verfügungen nach diesem Bundesgesetz die Jugendschutzstellen der zuständigen Arbeiterkammer und der zuständigen gesetzlichen Interessenvertretung der Dienstgeber zu hören.

Behördenzuständigkeit

§ 29. Die Aufgaben und Befugnisse, die nach diesem Bundesgesetz den Arbeitsinspektoraten zukommen, haben in Betrieben, die vom Wirkungsbereich der Arbeitsinspektion nach dem Arbeitsinspektionsgesetz 1993, BGBl. Nr. 27, ausgenommen sind, die zur Wahrnehmung des Dienstnehmerschutzes sonst berufenen Behörden auszuüben.

(BGBl I 1997/79)

Strafbestimmungen

§ 30. (1) Wer den Bestimmungen des Abschnittes 2 dieses Bundesgesetzes zuwiderhandelt, ist, sofern die Tat nicht nach anderen Gesetzen einer strengeren Strafe unterliegt, von der Bezirksverwaltungsbehörde mit einer Geldstrafe von 72 Euro bis 1 090 Euro, im Wiederholungsfall von 218 Euro bis 2 180 Euro zu bestrafen.

(2) Ebenso sind Dienstgeber und deren Bevollmächtigte zu bestrafen, die den Bestimmungen der Abschnitte 3 und 4 dieses Bundesgesetzes ~~mit Ausnahme des § 27 Abs. 1~~ oder einer auf Grund einer Bestimmung dieser Abschnitte erlassenen Verordnung zuwiderhandeln.

(BGBl I 2003/79, BGBl I 2017/40)

(3) Wurden Verwaltungsübertretungen nach den Abs. 1 bis 2 nicht im Inland begangen, gelten sie als an jenem Ort begangen, an dem sie festgestellt wurden.

(BGBl I 2010/93)

(BGBl I 2001/98)

Verbot der Beschäftigung Jugendlicher

§ 31. (1) Dienstgebern und deren Bevollmächtigten, die wiederholt wegen Übertretungen nach § 30 bestraft wurden, kann die Bezirksverwaltungsbehörde auf Antrag des Arbeitsinspektorates oder der zur Wahrnehmung des Dienstnehmerschutzes sonst berufenen Behörde die Beschäftigung von Jugendlichen auf bestimmte Zeit oder dauernd untersagen.

(BGBl I 2001/98)

(2) Außer in den im Abs. 1 bezeichneten Fällen kann die Bezirksverwaltungsbehörde, nach Anhörung der gesetzlichen Interessenvertretungen der Dienstgeber und der Dienstnehmer, Dienstgebern

und deren Bevollmächtigten die Beschäftigung von Jugendlichen auf bestimmte Zeit oder dauernd verbieten, wenn sie sich grober Pflichtverletzungen gegen die bei ihnen beschäftigten Jugendlichen schuldig gemacht haben oder gegen sie Tatsachen vorliegen, die sie in sittlicher Beziehung zur Beschäftigung Jugendlicher ungeeignet erscheinen lassen.

(BGBl I 2001/98)

Urlaub der Jugendlichen

§ 32. (1) Der Anspruch der Jugendlichen auf Urlaub richtet sich nach den für sie jeweils geltenden Urlaubsvorschriften.

(2) Auf Verlangen des Jugendlichen ist der Verbrauch des Urlaubes im Ausmaß von mindestens zwölf Werktagen für die Zeit zwischen 15. Juni und 15. September zu vereinbaren.

Abschnitt 6

(BGBl I 2003/79)

Verweisungen

§ 33. Soweit in diesem Bundesgesetz auf andere Bundesgesetze verwiesen wird, sind diese in ihrer jeweils geltenden Fassung anzuwenden.

(BGBl I 1997/79)

Vollziehung

§ 34. (1) Mit der Vollziehung dieses Bundesgesetzes sind betraut:

1. hinsichtlich der §§ 11 Abs. 6 und 11a der Bundesminister für Unterricht, Kunst und Kultur im Einvernehmen mit dem Bundesminister für Arbeit, Soziales und Konsumentenschutz;

   (BGBl I 2001/98, BGBl I 2010/93)
2. hinsichtlich des § 17 Abs. 6 und 7 der Bundesminister für Arbeit, Soziales und Konsumentenschutz im Einvernehmen mit dem Bundeskanzler;

   (BGBl I 2010/93)
3. hinsichtlich des § 27b der Bundesminister für Finanzen;

   (BGBl I1997/79, BGBl I 2001/98, BGBl I 2010/93)
4. (aufgehoben)

   (BGBl I 2010/93, BGBl I 2012/35)
5. hinsichtlich aller anderen Bestimmungen der Bundesminister für Arbeit, Soziales und Konsumentenschutz.

   (BGBl I 2010/93)

(BGBl 1992/175)

(2) Die §§ 18 Abs. 3a, 19 Abs. 2 und 3 sowie § 27a, in der Fassung des Bundesgesetzes BGBl. Nr. 175/1992, treten mit 1. Mai 1992 in Kraft.

(BGBl 1992/175)

(3) § 6 Abs. 8 in der Fassung des Bundesgesetzes BGBl. Nr. 257/1993 tritt mit 1. Juli 1993 in Kraft. Auf zu diesem Zeitpunkt anhängige Verfahren ist er jedoch noch nicht anzuwenden.

(BGBl 1993/257)

(4) § 1 Abs. 4 in der Fassung des Bundesgesetzes BGBl. Nr. 410/1996 tritt mit 1. Juli 1996 in Kraft. Mit diesem Zeitpunkt tritt § 17 Abs. 5 außer Kraft.

(BGBl 1996/410)

(5) § 1 Abs. 1 und 1a, § 2 Abs. 1 und 1a, § 3, § 5a Abs. 1, § 6 Abs. 1, § 7 Abs. 2 Z 3, § 11 Abs. 2, 2a, 2b, 3 und 8, § 11a, § 12 Abs. 3, § 13, § 15 Abs. 1 und 2, § 16, § 17 Abs. 3a bis 7, § 19, § 19a, § 20, § 23 Abs. 1, 1a, 1b und 2, § 24, § 25 Abs. 1 und 1a, § 27b, § 29 und § 33 und § 34 Abs. 1 Z 2a in der Fassung des Bundesgesetzes BGBl. I Nr. 79/1997 treten mit 1. Juli 1997 in Kraft.

(BGBl I 1997/79)

(6) § 30 in der Fassung des Bundesgesetzes BGBl. I Nr. 98/2001 tritt mit 1. Jänner 2002 in Kraft.

(BGBl I 2001/98)

(7) Die §§ 2 Abs. 1a Z 4, 17 Abs. 3a und 7, 19 Abs. 6, 25 Abs. 3 und 27 Abs. 3 in der Fassung des Bundesgesetzes BGBl. I Nr. 79/2003 treten mit 1. Juli 2003 in Kraft. Gleichzeitig tritt § 23 Abs. 4 außer Kraft.

(BGBl I 2003/79, BGBl I 2008/88)

(8) Die Überschrift zu § 5a, § 5a Abs. 1 und § 30 Abs. 3 in der Fassung des Bundesgesetzes BGBl. I Nr. 93/2010 treten mit 1. November 2010 in Kraft.

(BGBl I 2010/93)

(9) § 34 Abs. 1 Z 4 in der Fassung vor dem 2. Stabilitätsgesetz 2012, BGBl. I Nr. 35/2012, tritt mit Ablauf des 30. Juni 2012 außer Kraft.

(BGBl I 2012/35)

(10) § 6 und § 12 Abs. 4 in der Fassung des Bundesgesetzes BGBl. I Nr. 71/2013 treten mit 1. Jänner 2014 in Kraft.

(BGBl I 2013/71)

(11) § 6 Abs. 3 und 4 in der Fassung des Bundesgesetzes BGBl. I Nr. 138/2013 tritt mit 1. August 2013 in Kraft, ist aber auf zu diesem Zeitpunkt bereits anhängige Verfahren nicht anzuwenden.

(BGBl I 2013/138)

(12) § 1 Abs. 4 und § 11 Abs. 3a in der Fassung des Bundesgesetzes BGBl. I Nr. 152/2015 treten mit 1. Jänner 2016 in Kraft.

(BGBl I 2015/152)

„(13) § 1 Abs. 4, § 27 sowie § 30 Abs. 2 in der Fassung des Deregulierungsgesetzes 2017, BGBl. I Nr. 40/2017, treten mit 1. Juli 2017 in Kraft."

(BGBl I 2017/40)

▸ *Anmerkung des Bearbeiters: Gem. Art. I Z 4 BGBl I 1997/126 treten die §§ 17 Abs 6, 18a sowie 19 Abs 1, 1a, 2 und 5 bis 7 in der Fassung des Bundesgesetzes BGBl. I 1997/126 mit 1. Oktober 1997 in Kraft.*

31. Koalitionsgesetz

Koalitionsgesetz, RGBl 1870/43 idF BGBl 1974/422

STICHWORTVERZEICHNIS

43. Gesetz vom 7. April 1870, wodurch unter Aufhebung der §§ 479, 480 und 481 des allgemeinen Strafgesetzes in Betreff der Verabredungen von Arbeitgebern oder Arbeitnehmern zur Erzwingung von Arbeitsbedingungen, und von Gewerbsleuten zur Erhöhung des Preises einer Waare zum Nachtheile des Publikums besondere Bestimmungen erlassen werden.

Mit Zustimmung beider Häuser des Reichsrathes finde Ich zu verordnen, wie folgt:

§ 1. Die Bestimmungen der §§ 479, 480 und 481 des allgemeinen Strafgesetzes vom 27. Mai 1852, R. G. Bl. Nr. 117, treten außer Wirksamkeit.

§ 2. Verabredungen von Arbeitgebern (Gewerbsleuten, Dienstgebern, Leitern von Fabriks-, Bergbau-, Hüttenwerks-, landwirthschaftlichen oder anderen Arbeitsunternehmungen), welche bezwecken, mittelst Einstellung des Betriebes oder Entlassung von Arbeitern diesen eine Lohnverringerung oder überhaupt ungünstigere Arbeitsbedingungen aufzuerlegen; – sowie Verabredungen von Arbeitnehmern (Gesellen, Gehilfen, Bediensteten oder sonstigen Arbeitern um Lohn), welche bezwecken, mittelst gemeinschaftlicher Einstellung der Arbeit von den Arbeitgebern höheren Lohn oder überhaupt günstigere Arbeitsbedingungen zu erzwingen; – endlich alle Vereinbarungen zur Unterstützung derjenigen, welche bei den erwähnten Verabredungen ausharren, oder zur Benachtheiligung derjenigen, welche sich davon lossagten, haben keine rechtliche Wirkung.

§ 3. Wer, um das Zustandekommen, die Verbreitung oder die zwangsweise Durchführung einer der in dem § 2 bezeichneten Verabredungen zu bewirken, Arbeitgeber oder Arbeitnehmer an der Ausführung ihres freien Entschlusses, Arbeit zu geben oder zu nehmen, durch Mittel der Einschüchterung oder Gewalt hindert oder zu hindern versucht, ist, sofern seine Handlung nicht unter eine strengere Bestimmung des Strafgesetzes fällt, einer Übertretung schuldig und von dem Gerichte mit Arrest von acht Tagen bis zu drei Monaten zu bestrafen.[a)]

[a)] Gem. BGBl 1974/422 tritt an die Stelle dieser Strafdrohung die Strafdrohung „Freiheitsstrafe bis zu drei Monaten oder Geldstrafe bis zu 180 Tagessätze".

§ 4. Die in den §§ 2 und 3 enthaltenen Bestimmungen finden auch auf Verabredungen von Gewerbsleuten zu dem Zwecke um den Preis einer Waare zum Nachtheile des Publikums zu erhöhen, Anwendung.

§ 5. Dieses Gesetz tritt mit dem Tage seiner Kundmachung in Wirksamkeit.[a)] Mit dem Vollzuge desselben sind die Minister der Justiz, des Handels und des Innern beauftragt.

[a)] Das ist der 9. April 1870.

32. Lohn- und Sozialdumping-Bekämpfungsgesetz

Lohn- und Sozialdumping-Bekämpfungsgesetz, BGBl I 2016/44 idF

1	BGBl I 2017/30	2	BGBl I 2017/64	3	BGBl I 2018/32
4	BGBl I 2018/100	5	BGBl I 2019/104		

STICHWORTVERZEICHNIS

Lohn- und Sozialdumping-Bekämpfungsgesetz (LSD-BG)

Der Nationalrat hat beschlossen:

Inhaltsverzeichnis

1. Hauptstück
Allgemeine Bestimmungen

Geltungsbereich

§ 1. (1) Dieses Bundesgesetz gilt für

1. Arbeitsverhältnisse, die auf einem privatrechtlichen Vertrag beruhen,
2. die Beschäftigung von Arbeitskräften im Sinne des § 3 Abs. 4 des Arbeitskräfteüberlassungsgesetzes (AÜG), BGBl. Nr. 196/1988,
3. Beschäftigungsverhältnisse, auf die das Heimarbeitsgesetz 1960, BGBl. Nr. 105/1961, anzuwenden ist.

(2) Ausgenommen sind

1. Arbeitsverhältnisse zum Bund, auf die dienstrechtliche Vorschriften anzuwenden sind, welche den Inhalt der Arbeitsverhältnisse zwingend regeln,

2. Arbeitsverhältnisse zu Ländern, Gemeindeverbänden und Gemeinden,
3. die Überlassung von Arbeitskräften im Sinne des § 3 Abs. 4 AÜG durch den Bund, ein Land, eine Gemeinde oder einen Gemeindeverband,
4. Arbeitsverhältnisse zu Stiftungen, Anstalten oder Fonds, auf die gemäß § 1 Abs. 2 des Vertragsbedienstetengesetzes (VBG), BGBl. Nr. 86/1948, die Bestimmungen des VBG sinngemäß anzuwenden sind.

(3) **(Verfassungsbestimmung)** Dieses Bundesgesetz findet mit Ausnahme der §§ 3 bis 6, 8 Abs. 2 und 20 Abs. 3 auf Arbeitsverhältnisse der land- und forstwirtschaftlichen Arbeiter im Sinne des Landarbeitsgesetzes 1984 (LAG 1984), BGBl. Nr. 287/1984 Anwendung; die §§ 3 bis 6 finden nur Anwendung, soweit diese die Entsendung von land- und forstwirtschaftlichen Arbeitern betreffen. Die Zulässigkeit der Überlassung von land- und forstwirtschaftlichen Arbeitern im Sinne des LAG 1984 bestimmt sich nach Maßgabe des LAG 1984.

(4) Soweit im Folgenden nichts anderes bestimmt ist, gilt dieses Bundesgesetz unbeschadet des auf das Arbeitsverhältnis sonst anzuwendenden Rechts auch für aus der Europäischen Union (EU), dem Europäischen Wirtschaftsraum (EWR), der schweizerischen Eidgenossenschaft oder aus einem sonstigen Drittstaat zur Erbringung einer Arbeitsleistung nach Österreich entsandte Arbeitnehmer oder grenzüberschreitend überlassene Arbeitskräfte im Sinne des § 3 Abs. 4 AÜG. Die Entsendung von Arbeitnehmern oder die grenzüberschreitende Überlassung von Arbeitskräften aus der Schweizerischen Eidgenossenschaft ist wie die Überlassung oder Entsendung aus dem EWR zu behandeln. Das dritte Hauptstück, ausgenommen § 41, findet auf aus der Schweizerischen Eidgenossenschaft entsandte Arbeitnehmer oder überlassene Arbeitskräfte keine Anwendung. Die §§ 17 bis 21, 23 und 26 und das dritte Hauptstück, ausgenommen § 41, finden auf die Entsendung von Arbeitnehmern oder die Überlassung von Arbeitskräften aus Drittstaaten keine Anwendung.

(5) Dieses Bundesgesetz findet keine Anwendung, wenn der Arbeitnehmer ausschließlich zur Erbringung folgender Arbeiten von geringem Umfang und kurzer Dauer nach Österreich entsandt wird:

1. geschäftliche Besprechungen ohne Erbringung von weiteren Dienstleistungen oder
2. die Teilnahme an Seminaren und Vorträgen ohne Erbringung von weiteren Dienstleistungen oder
3. die Teilnahme an Messen und messeähnlichen Veranstaltungen im Sinne des § 17 Abs. 3 bis 6 des Arbeitsruhegesetzes (ARG), BGBl. Nr. 144/1983, mit der Maßgabe, dass die Untergrenze des § 17 Abs. 4 ARG nicht gilt, ausgenommen Vorbereitungs- und Abschlussarbeiten für die Veranstaltung (Auf- und Abbau der Ausstellungeinrichtungen und An- und Ablieferung des Messegutes), oder
4. der Besuch von und die Teilnahme an Kongressen und Tagungen oder
5. die Teilnahme an und die Abwicklung von kulturellen Veranstaltungen aus den Bereichen Musik, Tanz, Theater oder Kleinkunst und vergleichbaren Bereichen, die im Rahmen einer Tournee stattfinden, bei welcher der Veranstaltung (den Veranstaltungen) in Österreich lediglich eine untergeordnete Bedeutung zukommt, soweit der Arbeitnehmer seine Arbeitsleistung zumindest für einen Großteil der Tournee zu erbringen hat, oder
6. die Teilnahme an und die Abwicklung von internationalen Wettkampfveranstaltungen (Internationale Meisterschaften) im Sinne des § 3 Z 6 des Bundes-Sportförderungsgesetzes 2013 (BSFG 2013), BGBl. I Nr. 100/2013, ausgenommen Vorbereitungs- und Abschlussarbeiten für die Veranstaltung (Auf- und Abbau der im Zusammenhang mit der Veranstaltung stehenden Einrichtungen) sowie Verabreichung von Speisen und Ausschank von Getränken im Rahmen der Veranstaltung, oder
7. die Tätigkeit als mobiler Arbeitnehmer oder als Besatzungsmitglied (§ 4 der Schiffsbesatzungsverordnung, BGBl. II Nr. 518/2004) in der grenzüberschreitenden Güter- und Personenbeförderung (Transportbereich), sofern die Arbeitsleistung ausschließlich im Rahmen des Transitverkehrs erbracht wird und nicht der gewöhnliche Arbeitsort in Österreich liegt, oder
8. die Tätigkeit als Arbeitnehmer, der eine monatliche Bruttoentlohnung von durchschnittlich mindestens 125 vH des Dreißigfachen der Höchstbeitragsgrundlage für den Kalendertag gemäß § 108 Abs. 3 des Allgemeinen Sozialversicherungsgesetzes (ASVG), BGBl. Nr. 189/1955, erhält, innerhalb eines Konzerns im Sinne des § 15 des Aktiengesetzes (AktG), BGBl. Nr. 98/1965, oder des § 115 des GmbH-Gesetzes (GmbHG), RGBl. Nr. 58/1906, oder
9. die Tätigkeit im Rahmen von internationalen Aus- und Weiterbildungs- oder Forschungsprogrammen an Universitäten im Sinne des Universitätsgesetzes 2002, BGBl. I Nr. 120/2002, an pädagogischen Hochschulen im Sinne des Hochschulgesetzes 2005, BGBl. I Nr. 30/2006, oder Fachhochschulen im Sinne des Fachhochschul-Studiengesetzes, BGBl. Nr. 340/1993.

(6) Dieses Bundesgesetz findet auf vorübergehende Konzernentsendungen im Sinne der Entsenderichtlinie einer besonderen Fachkraft nach Österreich innerhalb eines Konzerns im Sinne des § 15 AktG und des § 115 GmbHG, die insgesamt zwei Monate je Kalenderjahr nicht übersteigen dürfen, keine Anwendung, wenn die Einsätze konzernintern

1. zum Zweck der Forschung und Entwicklung, der Abhaltung von Ausbildungen durch die Fachkraft, der Planung der Projektarbeit oder
2. zum Zweck des Erfahrungsaustausches, der Betriebsberatung, des Controlling oder der Mitarbeit im Bereich von für mehrere Länder zuständigen Konzernabteilungen mit zentraler Steuerungs- und Planungsfunktion

erfolgen.

Wahrer wirtschaftlicher Gehalt – Beurteilungsmaßstab

§ 2. (1) Für die Beurteilung, ob ein Arbeitsverhältnis, eine grenzüberschreitende Entsendung oder Überlassung im Sinne dieses Bundesgesetzes vorliegt, ist der wahre wirtschaftliche Gehalt und nicht die äußere Erscheinungsform des Sachverhalts maßgebend.

(2) Für die Beurteilung, ob eine Überlassung von Arbeitskräften vorliegt, sind insbesondere § 4 Abs. 2 AÜG oder vergleichbare österreichische Rechtsvorschriften maßgebend.

(3) Das Vorliegen einer Entsendung im Sinne dieses Bundesgesetzes setzt nicht den Abschluss eines Dienstleistungsvertrages zwischen einem Arbeitgeber ohne Sitz in Österreich und einem im Inland tätigen Dienstleistungsempfänger voraus.

2. Hauptstück
Arbeitsrechtliche Ansprüche und Maßnahmen zu ihrem Schutz

1. Abschnitt
Arbeitsrechtliche Ansprüche

Anspruch auf Mindestentgelt

§ 3. (1) Ein Arbeitnehmer mit gewöhnlichem Arbeitsort in Österreich hat zwingend Anspruch auf das nach Gesetz, Verordnung oder Kollektivvertrag zustehende Entgelt.

(2) Ein Arbeitnehmer mit gewöhnlichem Arbeitsort in Österreich, dessen Arbeitgeber seinen Sitz nicht in Österreich hat und nicht Mitglied einer kollektivvertragsfähigen Körperschaft in Österreich ist, hat zwingend Anspruch auf jenes gesetzliche, durch Verordnung festgelegte oder kollektivvertragliche Entgelt, das am Arbeitsort vergleichbaren Arbeitnehmern von vergleichbaren Arbeitgebern gebührt.

(3) Ein durch einen Arbeitgeber mit Sitz in einem EU-Mitgliedstaat, EWR-Staat oder einem Drittstaat nach Österreich zur Arbeitsleistung entsandter Arbeitnehmer hat unbeschadet des auf das Arbeitsverhältnis anzuwendenden Rechts für die Dauer der Entsendung zwingend Anspruch auf zumindest jenes gesetzliche, durch Verordnung festgelegte oder kollektivvertragliche Entgelt (ausgenommen Beiträge nach § 6 des Betrieblichen Mitarbeiter- und Selbständigenvorsorgegesetzes – BMSVG, BGBl. I Nr. 100/2002 oder vergleichbaren österreichischen Rechtsvorschriften und Beiträge oder Prämien nach dem Betriebspensionsgesetz – BPG, BGBl. Nr. 282/1990), das am Arbeitsort vergleichbaren Arbeitnehmern von vergleichbaren Arbeitgebern gebührt.

(4) Sind nach Gesetz, Verordnung oder Kollektivvertrag Sonderzahlungen vorgesehen, hat der Arbeitgeber diese dem entsandten Arbeitnehmer oder der grenzüberschreitend überlassenen Arbeitskraft aliquot für die jeweilige Lohnzahlungsperiode zusätzlich zum laufenden Entgelt (Fälligkeit) zu leisten.

(5) Für einen entsandten Arbeitnehmer, der in Österreich im Zusammenhang mit der Lieferung einer im Ausland durch den Arbeitgeber oder einen mit diesem in einem Konzern im Sinne des § 15 AktG und des § 115 GmbHG verbundenen Arbeitgeber gefertigten Anlage an einen inländischen Betrieb mit Montagearbeiten, der Inbetriebnahme und damit verbundenen Schulungen oder mit Reparatur- und Servicearbeiten dieser Anlagen, die von inländischen Arbeitnehmern nicht erbracht werden können, beschäftigt wird, gilt Abs. 3 nicht, wenn es sich um kollektivvertragliches Entgelt handelt und diese Arbeiten in Österreich insgesamt nicht länger als drei Monate dauern.

(6) Für entsandte Arbeitnehmer, die mit Bauarbeiten, die der Errichtung, der Instandsetzung, der Instandhaltung, dem Umbau oder dem Abriss von Bauwerken dienen, insbesondere mit Aushub, Erdarbeiten, Bauarbeiten im engeren Sinne, Errichtung und Abbau von Fertigbauelementen, Einrichtung oder Ausstattung, Umbau, Renovierung, Reparatur, Abbauarbeiten, Abbrucharbeiten, Wartung, Instandhaltung (Maler- und Reinigungsarbeiten) oder Sanierung sowie mit Reparaturen und Installationen an Anlagen in Kraftwerken beschäftigt sind, gelten die Abs. 3 und 4 jedenfalls ab dem ersten Tag der Beschäftigung in Österreich.

Urlaubsanspruch

§ 4. (1) Arbeitnehmer mit gewöhnlichem Arbeitsort in Österreich haben unbeschadet des auf das Arbeitsverhältnis anzuwendenden Rechts zwingend Anspruch auf bezahlten Urlaub.

(2) Entsandte Arbeitnehmer und grenzüberschreitend überlassene Arbeitskräfte haben für die Dauer der Entsendung oder Überlassung zwingend Anspruch auf bezahlten Urlaub nach § 2 des Urlaubsgesetzes (UrlG), BGBl. Nr. 390/1976, oder vergleichbaren österreichischen Vorschriften, sofern das Urlaubsausmaß nach den Rechtsvorschriften des auf das Arbeitsverhältnis anzuwendenden Rechts geringer ist. Nach Beendigung der Entsendung oder Überlassung behält der entsandte Arbeitnehmer oder die überlassene Arbeitskraft den der Dauer der Entsendung oder Überlassung entsprechenden aliquoten Teil der Differenz zwischen dem nach österreichischem Recht höheren Urlaubsanspruch und dem Urlaubsanspruch, der ihm nach den Rechtsvorschriften des auf das Arbeitsverhältnis anzuwendenden Rechts zusteht.

(3) Abs. 2 gilt nicht für einen entsandten Arbeitnehmer, der in Österreich mit insgesamt nicht län-

ger als acht Kalendertage dauernden Montagearbeiten im Sinne des § 3 Abs. 5 beschäftigt wird.

(4) Abs. 2 gilt für entsandte Arbeitnehmer, die mit Bauarbeiten im Sinne des § 3 Abs. 6 in Österreich beschäftigt sind, jedenfalls ab dem ersten Tag der Beschäftigung in Österreich.

(5) Die Abs. 1 bis 4 gelten nicht für Arbeitnehmer, auf die die §§ 33d bis 33i des Bauarbeiter-Urlaubs und Abfertigungsgesetzes (BUAG), BGBl. Nr. 414/1972, anzuwenden sind.

Anspruch auf Einhaltung der Arbeitszeit und der Arbeitsruhe

§ 5. Für entsandte Arbeitnehmer gelten unbeschadet des anzuwendenden Rechts zwingend die Höchstarbeits- und die Mindestruhezeiten einschließlich der kollektivvertraglich festgelegten Arbeitszeit- und Arbeitsruheregelungen, die am Arbeitsort für vergleichbare Arbeitnehmer von vergleichbaren Arbeitgebern gelten.

Regelungen für die grenzüberschreitende Arbeitskräfteüberlassung

§ 6. (1) Eine Arbeitskraft, die aus dem Ausland nach Österreich überlassen wird, hat unbeschadet des auf das Arbeitsverhältnis anzuwendenden Rechts für die Dauer der Überlassung zwingend Anspruch auf

1. Entgeltfortzahlung bei Krankheit oder Unfall einschließlich der Ansprüche bei Beendigung des Arbeitsverhältnisses, bei Feiertagen und bei Dienstverhinderung aus sonstigen wichtigen persönlichen Gründen in der für vergleichbare Arbeitnehmer gültigen Dauer und Höhe,
2. Beachtung der für vergleichbare Arbeitnehmer gültigen Kündigungsfristen und Kündigungstermine sowie der Normen über den besonderen Kündigungs- und Entlassungsschutz und
3. Kündigungsentschädigung,

soweit dies günstiger ist als die Ansprüche nach den Rechtsvorschriften des auf das Vertragsverhältnis anzuwendenden Rechts.

(2) Die für gewerblich überlassene Arbeitskräfte in Österreich geltenden Kollektivverträge sind auch auf aus dem Ausland nach Österreich überlassene Arbeitskräfte anzuwenden.

(3) Das AÜG oder vergleichbare österreichische Rechtsvorschriften gelten auch für grenzüberschreitend überlassene Arbeitskräfte.

Kollektivverträge

§ 7. Die Kollektivvertragsparteien haben die von ihnen abgeschlossenen Kollektivverträge in elektronischer Form zugänglich zu machen. Sofern es sich um Bautätigkeiten handelt, wird die Informations- und Auskunftstätigkeit von der Bauarbeiter-Urlaubs- und Abfertigungskasse wahrgenommen.

2. Abschnitt
Haftungsbestimmungen

Haftung für Entgeltansprüche gegen Arbeitgeber mit Sitz in einem Drittstaat

§ 8. (1) Der Auftraggeber als Unternehmer haftet für die sich nach § 3 ergebenden Entgeltansprüche von entsandten Arbeitnehmern eines Arbeitgebers mit Sitz in einem Drittstaat im Rahmen des Auftrags als Bürge und Zahler nach § 1357 des Allgemeinen Bürgerlichen Gesetzbuches (ABGB), JGS Nr. 946/1811.

(2) Für den Bereich der Arbeitskräfteüberlassung sind § 14 AÜG oder vergleichbare österreichische Rechtsvorschriften anzuwenden, soweit dies in diesem Gesetz nicht ausdrücklich ausgeschlossen ist.

Haftungsbestimmungen für den Baubereich

§ 9. (1) Der Auftraggeber haftet als Bürge und Zahler nach § 1357 ABGB für Ansprüche auf das nach Gesetz, Verordnung oder Kollektivvertrag unter Beachtung der jeweiligen Einstufungskriterien gebührende Entgelt der entsandten oder grenzüberschreitend überlassenen Arbeitnehmer seines Auftragnehmers für Arbeitsleistungen im Rahmen der Beauftragung von Bauarbeiten im Sinne des § 3 Abs. 6 in Österreich. Der Auftraggeber, der selbst nicht Auftragnehmer der beauftragten Bauarbeiten ist, haftet nur dann, wenn er vor der Beauftragung von der Nichtzahlung des Entgelts wusste oder diese auf Grund offensichtlicher Hinweise ernsthaft für möglich halten musste und sich damit abfand.

(2) Voraussetzungen für die Begründung der Haftung des Auftraggebers nach Abs. 1 sind, dass

1. der Arbeitnehmer die Bauarbeiter-Urlaubs- und Abfertigungskasse spätestens acht Wochen nach Fälligkeit des Entgelts über seine Forderung nach ausstehendem Entgelt unter Angabe eines konkreten Betrages und Lohnzahlungszeitraumes informiert,
2. die Information des Arbeitnehmers Angaben über seinen Arbeitgeber, das Vorliegen eines Arbeitsverhältnisses, den Ort und die Zeit der Erbringung der Arbeitsleistungen aus der Beauftragung sowie die Art seiner Tätigkeit umfasst,
3. die Bauarbeiter-Urlaubs- und Abfertigungskasse den Auftraggeber nach Beendigung der Erhebungen nach Abs. 3 darüber unter Angabe eines konkreten Betrages schriftlich informiert und
4. das ausstehende Entgelt weder verfallen noch verjährt ist.

Die Haftung des Auftraggebers wird zum Zeitpunkt des Zugangs der schriftlichen Information nach der Z 3 bei ihm begründet. Die Haftung endet neun Monate nach der Fälligkeit des jeweiligen Entgelts, es sei denn, der Arbeitnehmer macht seine Forderung gegenüber dem Auftraggeber innerhalb dieses Zeitraums gerichtlich geltend. Die

Haftung ist mit der Höhe des in der Information angeführten Betrages begrenzt.

(3) Die Bauarbeiter-Urlaubs- und Abfertigungskasse hat auf der Basis der Angaben im Sinne des Abs. 2 Z 1 und 2 eine Prüfung des Vorliegens eines Arbeitsverhältnisses sowie der vom Arbeitnehmer erhobenen Forderung vorzunehmen. Die §§ 23b und 23c BUAG sind anzuwenden. Die Bauarbeiter-Urlaubs- und Abfertigungskasse hat die Information nach Abs. 2 Z 3 dem Auftraggeber, dem Auftragnehmer und dem Arbeitnehmer zu übermitteln, wobei mit der Übermittlung an den Auftragnehmer eine außergerichtliche Geltendmachung zur Vermeidung des Verfalls oder der Verjährung des Anspruchs auf das ausstehende Entgelt erfolgt. Sie kann begründete Zweifel über das Bestehen des Arbeitsverhältnisses oder des Anspruches in die Information an den Auftraggeber aufnehmen.

(4) Ab der Begründung der Haftung des Auftraggebers nach Abs. 1 kann dieser für die Dauer der Haftung die Leistung des Werklohns verweigern, den er dem Auftragnehmer im Sinne des Abs. 1 aus dem gegenständlichen oder einem anderen Auftrag schuldet. Das Leistungsverweigerungsrecht ist mit der Höhe des in der Information nach Abs. 2 letzter Satz angeführten Betrages zuzüglich eines angemessenen Betrages für allfällige Kosten eines gerichtlichen Verfahrens begrenzt. Die Eröffnung des Insolvenzverfahrens über den Auftragnehmer beeinträchtigt nicht das Entstehen oder den Weiterbestand des Leistungsverweigerungsrechts des Auftraggebers. Soweit der Auftraggeber die Schuld des Auftragnehmers zahlt, wird der Auftraggeber von seiner Schuld gegenüber dem Auftragnehmer befreit. Zahlt der Auftraggeber auf Grund einer gegen ihn ergangenen vollstreckbaren gerichtlichen Entscheidung und hat er den Auftragnehmer von dem Rechtsstreit derart benachrichtigt (§ 21 der Zivilprozessordnung – ZPO, RGBl. Nr. 113/1895) oder die ihm zumutbaren Schritte für eine solche Benachrichtigung gesetzt, dass oder damit der Auftragnehmer Einwendungen gegen die erhobene Forderung in einer seine Interessen wahrenden Weise erheben konnte, wirkt die Zahlung einschließlich des Betrages für die Kosten des gerichtlichen Verfahrens gegenüber dem Auftragnehmer schuldbefreiend. Die Zahlung wirkt nicht schuldbefreiend, soweit der in der gerichtlichen Entscheidung angeführte Betrag auf einen Mutwillen des Auftraggebers zurückzuführen ist. Die Zahlung des Auftraggebers wirkt weiters insoweit schuldbefreiend, als sie in einer gegen den Auftragnehmer ergangenen vollstreckbaren gerichtlichen Entscheidung Deckung findet.

(5) Hat der Auftraggeber den Werklohn geleistet, kann er vom Auftragnehmer Ersatz für die anstelle des Auftragnehmers geleistete Schuld fordern (§ 1358 ABGB). Zahlt der Auftraggeber auf Grund einer gegen ihn ergangenen vollstreckbaren gerichtlichen Entscheidung und hat er den Auftragnehmer von dem Rechtsstreit derart benachrichtigt (§ 21 ZPO) oder die ihm zumutbaren Schritte für eine solche Benachrichtigung gesetzt, dass oder damit der Auftragnehmer Einwendungen gegen die erhobene Forderung in einer seine Interessen wahrenden Weise erheben konnte, kann er vom Auftragnehmer Ersatz für die von ihm geleistete Zahlung einschließlich des Betrages für die Kosten des gerichtlichen Verfahrens fordern. Ein Ersatz steht nicht zu, soweit der in der gerichtlichen Entscheidung angeführte Betrag auf einen Mutwillen des Auftraggebers zurückzuführen ist. Die Zahlung des Auftraggebers bewirkt weiters einen Ersatzanspruch, wenn sie in einer gegen den Auftragnehmer ergangenen vollstreckbaren gerichtlichen Entscheidung Deckung findet.

(6) Im Anwendungsbereich des Abs. 1 bis 5 haben sämtliche Auftraggeber der Bauarbeiter-Urlaubs- und Abfertigungskasse wahrheitsgemäß längstens binnen 14 Tagen ab Zugang des Auskunftsbegehrens Auskunft über die von ihnen beauftragten Unternehmen und über die Weitergabe der Bauleistungen zu erteilen. Zum Zweck der Geltendmachung der Ansprüche durch den Arbeitnehmer ist die Bauarbeiter-Urlaubs- und Abfertigungskasse berechtigt, die erteilten Auskünfte und die im Zusammenhang mit der unterbliebenen Auskunft stehenden Daten an den Arbeitnehmer zu übermitteln. Zu diesem Zweck hat die Bauarbeiter-Urlaubs- und Abfertigungskasse dem Arbeitnehmer sämtliche ihr bekannten Auftraggeber (Name und Anschrift) zu nennen.

(7) Erteilt eine auskunftspflichtige Person der Bauarbeiter-Urlaubs- und Abfertigungskasse keine Auskunft, so gilt sie, so lange die erforderliche Auskunft nicht erteilt wird, bezüglich der weitergegebenen Bauleistungen oder sonstigen Beauftragungen jedenfalls als Auftrag gebendes Unternehmen aller nachfolgend beauftragten Unternehmen.

(8) Die Haftung des Auftraggebers erstreckt sich auf den Arbeitnehmer jedes weiteren Auftragnehmers, wenn die Auftragserteilung als Rechtsgeschäft anzusehen ist, das darauf abzielt, die Haftung zu umgehen (Umgehungsgeschäft), und der Auftraggeber dies wusste oder auf Grund offensichtlicher Hinweise ernsthaft für möglich halten musste und sich damit abfand.

(9) Werden grenzüberschreitend überlassene Arbeitnehmer von einem Auftraggeber mit Bauarbeiten im Sinne des Abs. 1 beschäftigt, sind im Verhältnis zum Auftraggeber als Beschäftiger die Abs. 1 bis 8 anzuwenden. § 14 AÜG ist diesfalls nicht anzuwenden.

(10) Der Auftraggeber nach dem Abs. 1 haftet als Bürge und Zahler nach § 1357 ABGB auch für Zuschläge, die sein Auftragnehmer im Rahmen des Auftragsverhältnisses für dessen Arbeitnehmer gemäß § 33d BUAG an die Urlaubs- und Abfertigungskasse zu entrichten hat, soweit diese nicht verjährt sind. Die Bauarbeiter-Urlaubs- und Abfertigungskasse hat den Auftraggeber nach dem Abs. 1 über den Eintritt der Haftung und die Höhe der zu entrichtenden Zuschläge schriftlich zu informieren. Die Haftung des Auftraggebers nach dem Abs. 1 ist mit der Höhe des in der Information

angeführten Betrages begrenzt. Sie wird zum Zeitpunkt des Zugangs der schriftlichen Information begründet und endet neun Monate nach der Fälligkeit der Zuschläge, es sei denn, die Bauarbeiter-Urlaubs- und Abfertigungskasse macht die Forderung gegenüber dem Auftraggeber innerhalb dieses Zeitraumes gerichtlich geltend. Im Übrigen sind die Abs. 4 bis 9 anzuwenden.

Haftung des Generalunternehmers für Entgeltansprüche gegen Auftragnehmer mit Sitz in einem EU-Mitgliedstaat oder EWR-Staat oder der Schweizerischen Eidgenossenschaft

§ 10. (1) Generalunternehmer ist, wer als Auftragnehmer eines öffentlichen Auftraggebers oder Sektorenauftraggebers im Rahmen seiner Unternehmertätigkeit die Erbringung zumindest eines Teiles einer auf Grund eines Auftrages geschuldeten Leistung an einen anderen Unternehmer (Subunternehmer), ausgenommen Arbeitgeber mit Sitz in einem Drittstaat, weitergibt. Hat der Generalunternehmer einen Auftrag oder einen Teil eines Auftrages in einer nach den Bestimmungen des Bundesvergabegesetzes 2006 (BVergG 2006), BGBl. I Nr. 17/2006, oder anderen gleichartigen Rechtsvorschriften unzulässigen Weise oder entgegen vertraglichen Vereinbarungen weitergegeben, so haftet er nach § 1357 ABGB als Bürge und Zahler für Ansprüche auf das gesetzliche, durch Verordnung festgelegte oder kollektivvertragliche Entgelt der vom Subunternehmer zur Leistungserbringung eingesetzten Arbeitnehmer, das diesen während ihrer Tätigkeit im Rahmen der vereinbarten Leistungserbringung gebührt. Gleiches gilt für einen Subunternehmer, wenn dieser einen Auftrag oder einen Teil eines Auftrages in unzulässiger Weise weitergibt.

(2) Im Anwendungsbereich des Abs. 1 haben sämtliche Auftraggeber dem Arbeitnehmer wahrheitsgemäß längstens binnen 14 Tagen ab Zugang des Auskunftsbegehrens Auskunft über die von ihnen beauftragten Unternehmen, über die Weitergaben der Beauftragungen und deren jeweiligen Vertragsgegenstand zu erteilen. Im Baubereich hat die Bauarbeiter-Urlaubs- und Abfertigungskasse dem Arbeitnehmer sämtliche ihr bekannten Auftraggeber (Name und Anschrift) zu nennen. Erteilt eine auskunftspflichtige Person keine Auskunft, so gilt sie, so lange die erforderliche Auskunft nicht erteilt wird, bezüglich der weitergegebenen Bauleistungen oder sonstigen Beauftragungen jedenfalls als Auftrag gebendes Unternehmen aller nachfolgend beauftragten Unternehmen. Der öffentliche Auftraggeber hat dem Arbeitnehmer über die Zulässigkeit der Weitergabe des Auftrages Auskunft zu geben.

(3) Die Haftung des Auftraggebers erstreckt sich auf den Arbeitnehmer jedes weiteren Auftragnehmers, wenn die Auftragserteilung als Rechtsgeschäft anzusehen ist, das darauf abzielt, die Haftung zu umgehen (Umgehungsgeschäft), und der Auftraggeber dies wusste oder auf Grund offensichtlicher Hinweise ernsthaft für möglich halten musste und sich damit abfand.

3. Abschnitt
Behörden

Behörden und Stellen

§ 11. (1) Folgende Behörden und Stellen sind im Rahmen der Vollziehung des LSD-BG tätig:

1. „die Abgabenbehörden"[a)] mit Sachverhaltsermittlungen in Bezug auf Arbeitnehmer mit gewöhnlichem Arbeitsort außerhalb Österreichs, die nicht dem ASVG unterliegen;
   (BGBl I 2019/104)

   [a)] Ab 1. Juli 2020: „das Amt für Betrugsbekämpfung".

2. die Österreichische Gesundheitskasse als Kompetenzzentrum Lohn- und Sozialdumpingbekämpfung (Kompetenzzentrum LSDB) mit der Wahrnehmung der nach § 13 übertragenen Aufgaben, insbesondere der Lohnkontrolle in Bezug auf Arbeitnehmer, die nicht dem ASVG unterliegen;
   (BGBl I 2018/100)
3. der Prüfdienst für lohnabhängige Abgaben und Beiträge nach den §§ 1 und 6 des Bundesgesetzes über die Prüfung lohnabhängiger Abgaben und Beiträge – PLABG, BGBl. I Nr. 98/2018 mit der Wahrnehmung der nach § 14 übertragenen Aufgaben in Bezug:
   a) auf Arbeitnehmer, die dem ASVG unterliegen,
   b) auf Arbeitnehmer mit gewöhnlichem Arbeitsort in Österreich, die nicht dem ASVG unterliegen, sowie
   c) auf dem ASVG unterliegende Heimarbeiter im Sinne des Heimarbeitsgesetzes;
   (BGBl I 2018/100)
4. die Bauarbeiter-Urlaubs- und Abfertigungskasse mit der Wahrnehmung der nach § 15 übertragenen Aufgaben im Baubereich;
5. die Bezirksverwaltungsbehörden mit der Durchführung von Verwaltungsstrafverfahren nach diesem Bundesgesetz;
6. die Zentrale Koordinationsstelle für die Kontrolle der illegalen Beschäftigung nach dem Ausländerbeschäftigungsgesetz und dem Lohn- und Sozialdumping-Bekämpfungsgesetz „des Bundesministeriums für Finanzen"[a)] (Zentrale Koordinationsstelle) mit der Erfassung und Bearbeitung einer Entsendemeldung oder Meldung einer Arbeitskräfteüberlassung.
   (BGBl I 2019/104)

   [a)] Ab 1. Juli 2020: „des Amtes für Betrugsbekämpfung".

(2) „Die Abgabenbehörden üben"[a)] bei der Verwendung von Daten im Zusammenhang mit Erhebungen hinsichtlich der §§ 12 und 29 die Funktion

eines Auftragsverarbeiters im Sinne von Art. 4 Z 8 der Verordnung (EU) 2016/679 zum Schutz natürlicher Personen bei der Verarbeitung personenbezogener Daten, zum freien Datenverkehr und zur Aufhebung der Richtlinie 95/46/EG (Datenschutz-Grundverordnung), ABl. Nr. L 119 vom 4.5.2016 S. 1, (im Folgenden: DSGVO) aus.

(BGBl I 2018/32, BGBl I 2019/104)

[a] Ab 1. Juli 2020: „Das Amt für Betrugsbekämpfung übt".

(3) Das Kompetenzzentrum LSDB übt im Zusammenhang mit seinen Tätigkeiten nach § 13 die Funktion eines Verantwortlichen im Sinne von Art. 4 Z 7 DSGVO aus.

(BGBl I 2018/32)

(4) Die „von den Abgabenbehörden"[a] im Zuge von Erhebungen nach § 12 ermittelten personenbezogenen Daten sind nach Ablauf von fünf Jahren ab dem Beginn der Erhebungen zu einem bestimmten Sachverhalt zu löschen. Diese Frist verlängert sich um zehn Jahre, wenn in Bezug auf den Sachverhalt ein Strafbescheid erlassen wird. Ist ersichtlich, dass im Hinblick auf den Sachverhalt kein strafbares Verhalten vorliegt, sind die personenbezogenen Daten unverzüglich zu löschen.

(BGBl I 2018/32, BGBl I 2019/104)

[a] Ab 1. Juli 2020: „vom Amt für Betrugsbekämpfung".

(5) Das Verwenden von personenbezogenen Daten ist nur zulässig, soweit dies die Erfüllung der sich aus diesem Bundesgesetz ergebenden Aufgaben zwingend erfordert.

Erhebungen „der Abgabenbehörden"[a]

(BGBl I 2019/104)

[a] Ab 1. Juli 2020: „des Amtes für Betrugsbekämpfung".

§ 12. (1) „Die Abgabenbehörden sind"[a] berechtigt, das Bereithalten der Unterlagen nach den §§ 21 und 22 zu überwachen sowie in Bezug auf Arbeitnehmer mit gewöhnlichem Arbeitsort außerhalb Österreichs, die nicht dem ASVG unterliegen, die zur Kontrolle des unter Beachtung der jeweiligen Einstufungskriterien zustehenden Entgelts (Lohnkontrolle) im Sinne des § 29 erforderlichen Erhebungen durchzuführen und

[a] Ab 1. Juli 2020: „Das Amt für Betrugsbekämpfung ist".

1. die Betriebsstätten, Betriebsräume und auswärtigen Arbeitsstätten oder Arbeitsstellen sowie die Aufenthaltsräume der Arbeitnehmer ungehindert zu betreten und Wege zu befahren, auch wenn dies sonst der Allgemeinheit untersagt ist,
2. von den dort angetroffenen Personen Auskünfte über alle für die Erhebung nach Abs. 1 maßgebenden Tatsachen zu verlangen, wenn Grund zur Annahme besteht, dass es sich bei diesen Personen um Arbeitgeber oder um Arbeitnehmer handelt, sowie
3. in die zur Erhebung erforderlichen Unterlagen (§§ 21 und 22) Einsicht zu nehmen, Ablichtungen dieser Unterlagen anzufertigen und die Übermittlung dieser Unterlagen zu fordern, wobei die Unterlagen bis zum Ablauf des der Aufforderung zweitfolgenden Werktages abzusenden sind. Erfolgt bei innerhalb eines Arbeitstages wechselnden Arbeits(Einsatz)orten die Kontrolle nicht am ersten Arbeits(Einsatz)ort, sind die Unterlagen „der Abgabenbehörde"[a] nachweislich zu übermitteln, wobei die Unterlagen bis zum Ablauf des der Aufforderung zweitfolgenden Werktages abzusenden sind. Für die Übermittlung gebührt kein Ersatz der Aufwendungen.

[a] Ab 1. Juli 2020: „dem Amt für Betrugsbekämpfung".

(BGBl I 2019/104)

(BGBl I 2019/104)

(2) „Die Abgabenbehörden haben"[a] die Ergebnisse der Erhebungen in Bezug auf die Lohnkontrolle dem Kompetenzzentrum LSDB zu übermitteln und auf Ersuchen des Kompetenzzentrums LSDB konkret zu bezeichnende weitere Erhebungen zu übermittelten Erhebungsergebnissen oder Erhebungen auf Grund von begründeten Mitteilungen durch Dritte durchzuführen.

(BGBl I 2019/104)

[a] Ab 1. Juli 2020: „Das Amt für Betrugsbekämpfung hat".

Kompetenzzentrum LSDB

§ 13. (1) Für die Kontrolle des dem nicht dem ASVG unterliegenden Arbeitnehmer mit gewöhnlichem Arbeitsort außerhalb Österreichs nach Gesetz, Verordnung oder Kollektivvertrag in Österreich unter Beachtung der jeweiligen Einstufungskriterien zustehenden Entgelts im Sinne des § 29 Abs. 1 wird das Kompetenzzentrum LSDB eingerichtet.

(2) Das Kompetenzzentrum LSDB hat im übertragenen Wirkungsbereich nach den Weisungen des Bundesministers für Arbeit, Soziales und Konsumentenschutz die folgenden Aufgaben wahrzunehmen:

1. Entgegennahme der Erhebungsergebnisse „der Abgabenbehörden"[a],

   (BGBl I 2019/104)

   [a] Ab 1. Juli 2020: „des Amtes für Betrugsbekämpfung".
2. Ersuchen an „die Abgabenbehörden"[a], konkret zu bezeichnende weitere Erhebungen zu übermittelten Erhebungsergebnissen oder Erhebungen auf Grund von begründeten Mitteilungen durch Dritte durchzuführen,

   (BGBl I 2019/104)

   [a] Ab 1. Juli 2020: „das Amt für Betrugsbekämpfung".
3. Erstattung der Strafanzeige nach Abs. 4,

4. Führung der Verwaltungs(straf)evidenz und Auskunftserteilung nach § 35,
5. Wahrnehmung der Parteistellung und der damit verbundenen Berechtigungen nach § 32 Abs. 1,
6. Information des Arbeitnehmers über eine sein Arbeitsverhältnis betreffende Anzeige nach Abs. 4 in Verfahren nach § 29 Abs. 1, soweit die Anschrift in der Meldung gemäß § 19 angeführt ist.

(BGBl I 2017/64)

(3) Die Aufwendungen des Kompetenzzentrums LSDB trägt der Bund.

(4) Stellt das Kompetenzzentrum LSDB fest, dass der Arbeitgeber dem Arbeitnehmer im Sinne des Abs. 1 nicht zumindest das nach Abs. 1 zustehende maßgebliche Entgelt unter Beachtung der jeweiligen Einstufungskriterien leistet, hat es Anzeige an die zuständige Bezirksverwaltungsbehörde zu erstatten. Mit der Anzeige ist ein bestimmtes Strafausmaß zu beantragen. Die Anzeige ist „der Abgabenbehörde“[a] zum Zwecke der Nachverrechnung von Abgaben elektronisch zur Kenntnis zu übermitteln. Entgeltzahlungen, die das nach Gesetz, Verordnung oder Kollektivvertrag gebührende Entgelt übersteigen, sind auf allfällige Unterentlohnungen im jeweiligen Lohnzahlungszeitraum anzurechnen.

(BGBl I 2019/104)

[a] Ab 1. Juli 2020: „dem Amt für Betrugsbekämpfung“.

(5) Das Kompetenzzentrum LSDB kann die Kollektivvertragspartner, die den für den Arbeitnehmer maßgeblichen Kollektivvertrag abgeschlossen haben, zu Entgeltfragen, insbesondere zur Ermittlung des dem Arbeitnehmer unter Beachtung der Einstufungskriterien nach Abs. 1 zustehenden Entgelts, anhören. Erhebt ein Arbeitgeber begründete Einwendungen gegen das vom Kompetenzzentrum LSDB angenommene Entgelt, insbesondere die angenommene Einstufung, hat das Kompetenzzentrum LSDB die Kollektivvertragspartner anzuhören. Eine Stellungnahme der Kollektivvertragspartner hat eine gemeinsame zu sein. Aufwandersätze und Sachbezüge dürfen, soweit der Kollektivvertrag nicht anderes bestimmt, für die Zwecke der Bestimmung des kollektivvertraglichen Entgelts nicht angerechnet werden.

(6) Stellt das Kompetenzzentrum LSDB fest, dass der Arbeitgeber dem Arbeitnehmer die Differenz zwischen dem tatsächlich geleisteten und dem dem Arbeitnehmer nach Abs. 1 gebührenden Entgelt nach Mitteilung des Kompetenzzentrums LSDB binnen einer vom Kompetenzzentrum LSDB festzusetzenden Frist nachweislich leistet, und

1. die Unterschreitung des nach Abs. 1 maßgeblichen Entgelts unter Beachtung der jeweiligen Einstufungskriterien gering ist, oder
2. das Verschulden des Arbeitgebers oder des zur Vertretung nach außen Berufenen (§ 9 Abs. 1 des Verwaltungsstrafgesetzes 1991 – VStG, BGBl. Nr. 52/1991) oder des verantwortlichen Beauftragten (§ 9 Abs. 2 oder 3 VStG) leichte Fahrlässigkeit nicht übersteigt,

hat es von einer Anzeige an die zuständige Bezirksverwaltungsbehörde abzusehen. Ebenso ist von einer Anzeige abzusehen, wenn der Arbeitgeber das dem Arbeitnehmer nach den österreichischen Rechtsvorschriften gebührende Entgelt vor der Mitteilung durch das Kompetenzzentrum LSDB nachweislich leistet und die übrigen Voraussetzungen nach dem ersten Satz vorliegen. § 25 Abs. 3 VStG, ist nicht anzuwenden. Von einer Anzeige ist auch abzusehen, wenn ein Strafaufhebungsgrund nach § 29 Abs. 2 vorliegt.

(7) Das Kompetenzzentrum LSDB ist berechtigt, gegen Kostenersatz die Landesstellen der Österreichischen Gesundheitskasse mit der Vertretung im Namen des Kompetenzzentrums LSDB vor der Bezirksverwaltungsbehörde und dem Verwaltungsgericht zu beauftragen.

(BGBl I 2018/100)

Feststellung von Übertretungen durch die Abgabenbehörden

„Feststellung von Übertretungen durch den Prüfdienst für lohnabhängige Abgaben und Beiträge“[a]

(BGBl I 2019/104)

[a] Tritt mit 1. Juli 2020 in Kraft.

§ 14. (1) Stellt der Prüfdienst für lohnabhängige Abgaben und Beiträge im Rahmen seiner Tätigkeit fest, dass

1. der Arbeitgeber einem dem ASVG unterliegenden Arbeitnehmer oder
2. der Arbeitgeber dem Arbeitnehmer, der seinen gewöhnlichen Arbeitsort in Österreich hat, ohne dem ASVG zu unterliegen, oder
3. der Auftraggeber nach dem Heimarbeitsgesetz 1960 dem nach § 4 Abs. 1 Z 7 ASVG versicherten Heimarbeiter

nicht zumindest das ihm nach Gesetz, Verordnung oder Kollektivvertrag in Österreich unter Beachtung der jeweiligen Einstufungskriterien zustehende Entgelt im Sinne des § 29 Abs. 1 leistet, so gilt § 13 Abs. 4 bis 6 mit der Maßgabe, dass an die Stelle des Kompetenzzentrums LSDB der Prüfdienst für lohnabhängige Abgaben und Beiträge tritt.

(2) Der Prüfdienst für lohnabhängige Abgaben und Beiträge ist berechtigt, in die für die Tätigkeit nach Abs. 1 erforderlichen Unterlagen Einsicht zu nehmen und Ablichtungen dieser Unterlagen anzufertigen. Auf Verlangen haben Arbeitgeber die erforderlichen Unterlagen oder Ablichtungen zu übermitteln, wobei die Unterlagen oder Ablichtungen bis zum Ablauf des der Aufforderung zweitfolgenden Werktages abzusenden sind. Für die Übermittlung gebührt kein Ersatz der Aufwendungen.

(3) Der Prüfdienst für lohnabhängige Abgaben und Beiträge hat den Arbeitnehmer über eine sein

Arbeitsverhältnis betreffende Anzeige in Verfahren nach § 29 Abs. 1 zu informieren.

(BGBl I 2018/100)

Feststellung von Übertretungen durch die Bauarbeiter-Urlaubs- und Abfertigungskasse

§ 15. (1) Stellt die Bauarbeiter-Urlaubs- und Abfertigungskasse im Rahmen ihrer Tätigkeit fest, dass der Arbeitgeber dem Arbeitnehmer im Sinne des Abschnitts I BUAG oder im Sinne des § 33d BUAG nicht zumindest das ihm nach Gesetz, Verordnung oder Kollektivvertrag gebührende Entgelt im Sinne des § 29 Abs. 1 unter Beachtung der jeweiligen Einstufungskriterien leistet, gilt § 13 Abs. 4, Abs. 5 letzter Satz und Abs. 6 mit der Maßgabe, dass an die Stelle des Kompetenzzentrums LSDB die Bauarbeiter-Urlaubs- und Abfertigungskasse tritt.

(2) Die Bauarbeiter-Urlaubs- und Abfertigungskasse ist im Rahmen ihrer Tätigkeit berechtigt, die Bereithaltung der Unterlagen nach den §§ 21 und 22 zu überwachen, Einsicht zu nehmen und Ablichtungen dieser Unterlagen anzufertigen und deren Übermittlung zu fordern, wobei die Unterlagen bis zum Ablauf des der Aufforderung zweitfolgenden Werktages abzusenden sind. Erfolgt bei innerhalb eines Arbeitstages wechselnden Arbeits(Einsatz)orten die Kontrolle nicht am ersten Arbeits(Einsatz)ort, sind die Unterlagen der Bauarbeiter-Urlaubs- und Abfertigungskasse nachweislich zu übermitteln, wobei die Unterlagen bis zum Ablauf des der Aufforderung zweitfolgenden Werktages abzusenden sind. Für die Übermittlung gebührt kein Ersatz der Aufwendungen.

Zusammenarbeit der Behörden im Inland im Bereich der Arbeitskräfteüberlassung

§ 16. (1) Alle Behörden und alle öffentlichrechtlichen Körperschaften, insbesondere die gesetzlichen Interessenvertretungen der Arbeitgeber und der Arbeitnehmer und die Träger der Sozialversicherung, haben im Rahmen ihres Wirkungsbereiches den Bundesminister für Arbeit, Soziales und Konsumentenschutz, die „Abgabenbehörden“[a], die Gewerbebehörden, die Arbeitsinspektorate und die sonst zur Wahrnehmung des Arbeitnehmerschutzes berufenen Behörden bei der Erfüllung ihrer Aufgaben nach diesem Bundesgesetz, dem AÜG oder vergleichbaren österreichischen Rechtsvorschriften zu unterstützen.

(BGBl I 2019/104)

[a] Ab 1. Juli 2020: „Bundesfinanzverwaltung“.

(2) Diese Unterstützung besteht insbesondere auch darin, dass sie den in Abs. 1 genannten zuständigen Behörden

1. den Namen, die Geburtsdaten, die Anschrift, das Geschlecht, die Staatsbürgerschaft, den Beschäftigungsort, die Arbeits- und Vertragsbedingungen sowie die Pensions-, Unfall- und Krankenversicherungsdaten des überlassenen Arbeitnehmers oder arbeitnehmerähnlichen Person,
2. den Namen, die Geburtsdaten, die Anschrift, den Betriebsgegenstand und den Sitz des Betriebes des Überlassers und
3. den Namen, die Geburtsdaten, die Anschrift, die gesetzliche Interessenvertretung, den Fachverband oder die Berufsvereinigung sowie deren allfällige fachliche Untergliederungen und den Sitz des Betriebes des Beschäftigers

übermitteln.

Zusammenarbeit mit Behörden anderer EU-Mitgliedstaaten und EWR-Staaten und gegenseitige Amtshilfe

§ 17. (1) Jeweils im Rahmen ihrer Zuständigkeit sind die nachfolgend angeführten Behörden und Stellen dazu berechtigt, Behörden oder Stellen anderer EU-Mitgliedstaaten und EWR-Staaten, die für die Kontrolle der Einhaltung arbeitsrechtlicher Vorschriften zuständig sind, Amtshilfe zu leisten und mit ihnen zusammenzuarbeiten:

1. die in § 42 Z 2 bis 4 genannten Gerichte,
2. die Bauarbeiter-Urlaubs- und Abfertigungskasse,
3. die Bezirksverwaltungsbehörden,
4. die Abgabenbehörden nach Maßgabe des Abgabenverwaltungsorganisationsgesetzes 2010 (AVOG 2010), BGBl. I Nr. 9/2010,

4.[a] „das Amt für Betrugsbekämpfung“, *(BGBl I 2019/104)*

[a] Tritt mit 1. Juli 2020 in Kraft.

5. das Kompetenzzentrum LSDB,
6. die Zentrale Koordinationsstelle,
7. das Bundesministerium für Arbeit, Soziales und Konsumentenschutz und
8. das Bundesministerium für Finanzen.

Die in Z 1 bis 8 angeführten Behörden und Stellen sind im Rahmen ihrer Zuständigkeit zu derjenigen Amtshilfe und Zusammenarbeit mit Behörden oder Stellen anderer EU-Mitgliedstaaten oder EWR-Staaten verpflichtet, die entsprechend dem Ersuchen einer dieser Behörden oder Stellen notwendig ist, um die Einhaltung arbeitsrechtlicher Vorschriften zu unterstützen.

(2) Die gegenseitige Amtshilfe und Zusammenarbeit nach Abs. 1 umfasst die Einholung und Erteilung von Auskünften sowie das Ersuchen um behördliche Handlungen und deren Vornahme, die

1. zur Durchführung von Kontrollen der Einhaltung arbeitsrechtlicher Vorschriften oder
2. für weitere Ermittlungen bei Verdacht der Übertretung einer arbeitsrechtlichen Vorschrift oder
3. zur Vorbereitung der Zustellung oder Vollstreckung einer Entscheidung nach dem dritten Hauptstück dieses Bundesgesetzes

notwendig sind. Die gegenseitige Amtshilfe und Zusammenarbeit schließt die Zustellung behördlicher Schriftstücke ein, mit Ausnahme der Zustellung der Dokumente inländischer Verwaltungsbehörden (§ 41) und der Entscheidungen anderer EU- oder EWR-Vertragsstaaten, die jeweils im dritten Hauptstück geregelt sind.

(3) Für die gegenseitige Amtshilfe und Zusammenarbeit nach Abs. 1 und 2 ist das Binnenmarkt-Informationssystem (IMI) im Sinne der Verordnung (EU) Nr. 1024/2012 über die Verwaltungszusammenarbeit mit Hilfe des Binnenmarkt-Informationssystems und zur Aufhebung der Entscheidung 2008/49/EG der Kommission (im Folgenden: „IMI") zu verwenden, soweit nicht in Staatsverträgen anderes vorgesehen ist.

(4) Die in Abs. 1 Z 1 bis 8 angeführten Behörden und Stellen sind verpflichtet, Auskunftsersuchen der Behörden anderer EWR-Staaten unverzüglich, in ausdrücklich als dringend bezeichneten Fällen innerhalb von zwei Arbeitstagen, in den übrigen Fällen innerhalb von längstens 25 Arbeitstagen zu entsprechen.

(5) Die in Abs. 1 Z 1 bis 8 angeführten Behörden und Stellen dürfen Informationen, die ihnen im Rahmen der gegenseitigen Amtshilfe und Zusammenarbeit bekannt werden, nur im Zusammenhang mit der Angelegenheit verwenden, für die die Informationen angefordert wurden.

(6) Ein Ersatz für den aus der gegenseitigen Amtshilfe und Zusammenarbeit entstehenden Aufwand darf von anderen EU-Mitgliedstaaten oder EWR-Staaten nicht gefordert werden.

Informationsverpflichtung von Arbeitgebern mit Sitz im Inland

§ 18. Arbeitgeber mit Sitz im Inland haben den in § 17 Abs. 1 genannten Behörden und Stellen auf schriftliches Verlangen nach Maßgabe der datenschutzrechtlichen Bestimmungen Informationen zur Verfügung zu stellen, die für Zwecke der gegenseitigen Amtshilfe oder Zusammenarbeit nach § 17 benötigt werden, soweit diese Behörden und Stellen die Auskünfte nicht aufgrund anderweitiger Vorschriften oder aus anderen gleichwertigen Informationsquellen erlangen können.

4. Abschnitt
Formale Verpflichtungen bei grenzüberschreitendem Arbeitseinsatz

Meldepflicht bei Entsendung oder Überlassung aus einem EU-Mitgliedstaat oder EWR-Staat oder der Schweizerischen Eidgenossenschaft

§ 19. (1) Arbeitgeber und Überlasser mit Sitz in einem EU-Mitgliedstaat oder EWR-Staat oder der Schweizerischen Eidgenossenschaft haben die Beschäftigung von nach Österreich entsandten Arbeitnehmern und nach Österreich überlassenen Arbeitskräften zu melden. Die Meldung hat für jede Entsendung oder Überlassung gesondert zu erfolgen. Nachträgliche Änderungen bei den Angaben gemäß Abs. 3 oder Abs. 4 sind unverzüglich zu melden. Ein Beschäftiger, der einen Arbeitnehmer zu einer Arbeitsleistung nach Österreich entsendet, gilt in Bezug auf die Meldepflichten nach diesem Absatz und den Abs. 2 und 3 als Arbeitgeber.

(2) Die Entsendung oder Überlassung im Sinne des Abs. 1 ist vor der jeweiligen Arbeitsaufnahme der Zentralen Koordinationsstelle zu melden. Im Fall von mobilen Arbeitnehmern im Transportbereich ist die Meldung vor der Einreise in das Bundesgebiet zu erstatten. Die Meldung hat ausschließlich automationsunterstützt über die elektronischen Formulare des Bundesministeriums für Finanzen zu erfolgen. Arbeitgeber haben im Fall einer Entsendung der Ansprechperson nach § 23 oder, sofern nur ein Arbeitnehmer entsandt wird, diesem die Meldung in Abschrift auszuhändigen oder in elektronischer Form zur Verfügung zu stellen.

(3) Die Meldung nach Abs. 1 hat für jede Entsendung gesondert zu erfolgen und hat folgende Angaben zu enthalten; nachträgliche Änderungen bei den Angaben sind unverzüglich zu melden:

1. Name, Anschrift und Gewerbeberechtigung oder Unternehmensgegenstand des Arbeitgebers im Sinne des Abs. 1, Umsatzsteueridentifikationsnummer,
2. Name und Anschrift der zur Vertretung nach außen Berufenen des Arbeitgebers,
3. Name und Anschrift der Ansprechperson nach § 23 aus dem Kreis der nach Österreich entsandten Arbeitnehmer oder der in Österreich niedergelassenen zur berufsmäßigen Parteienvertretung befugten Personen (§ 21 Abs. 2 Z 4),
4. Name und Anschrift des (inländischen) Auftraggebers (Generalunternehmers),
5. die Namen, Anschriften, Geburtsdaten, Sozialversicherungsnummern und zuständigen Sozialversicherungsträger sowie die Staatsangehörigkeit der nach Österreich entsandten Arbeitnehmer,
6. Zeitraum der Entsendung insgesamt sowie Beginn und voraussichtliche Dauer der Beschäftigung der einzelnen Arbeitnehmer in Österreich, Dauer und Lage der vereinbarten Normalarbeitszeit der einzelnen Arbeitnehmer,
7. die Höhe des dem einzelnen Arbeitnehmer nach den österreichischen Rechtsvorschriften gebührenden Entgelts und Beginn des Arbeitsverhältnisses beim Arbeitgeber,
8. Ort (genaue Anschrift) der Beschäftigung in Österreich (auch andere Einsatzorte in Österreich),
9. in den Fällen des § 21 Abs. 2 Angabe der Person (genaue Anschrift) oder der Zweigniederlassung (genaue Anschrift), bei der die Meldeunterlagen und Lohnunterlagen bereitgehalten werden,
10. die Art der Tätigkeit und Verwendung des Arbeitnehmers unter Berücksichtigung des maßgeblichen österreichischen Kollektivvertrages,
11. sofern für die Beschäftigung der entsandten Arbeitnehmer im Sitzstaat des Arbeitgebers eine behördliche Genehmigung erforderlich

ist, jeweils die ausstellende Behörde sowie die Geschäftszahl, das Ausstellungsdatum und die Geltungsdauer oder eine Abschrift der Genehmigung,

12. sofern die entsandten Arbeitnehmer im Sitzstaat des Arbeitgebers eine Aufenthaltsgenehmigung benötigen, jeweils die ausstellende Behörde sowie die Geschäftszahl, das Ausstellungsdatum und die Geltungsdauer oder eine Abschrift der Genehmigung.

(4) Die Meldung nach Abs. 1 hat für jede Überlassung gesondert zu erfolgen und hat folgende Angaben zu enthalten; nachträgliche Änderungen bei den Angaben sind unverzüglich zu melden:

1. Name und Anschrift des Überlassers,
2. Name und Anschrift des zur Vertretung nach außen Berufenen des Überlassers,
3. Name und Anschrift des Beschäftigers sowie dessen Umsatzsteueridentifikationsnummer und dessen Gewerbebefugnis oder Unternehmensgegenstand,
4. Name, Anschriften, Geburtsdaten, Sozialversicherungsnummern und Sozialversicherungsträger sowie Staatsangehörigkeit der überlassenen Arbeitnehmer oder arbeitnehmerähnlichen Personen,
5. Beginn und voraussichtliche Dauer der Beschäftigung der einzelnen überlassenen Arbeitnehmer oder arbeitnehmerähnliche Personen beim Beschäftiger,
6. Orte der Beschäftigung, jeweils unter genauer Angabe der Anschrift, in Österreich,
7. in den Fällen des § 21 Abs. 3 Angabe der Person (genaue Anschrift) oder der Zweigniederlassung (genaue Anschrift), bei der die Meldeunterlagen und Lohnunterlagen bereitgehalten werden,
8. Höhe des jedem einzelnen Arbeitnehmer oder arbeitnehmerähnlichen Person nach den österreichischen Rechtsvorschriften gebührenden Entgelts,
9. Art der Tätigkeit und Verwendung der einzelnen Arbeitnehmer oder arbeitnehmerähnlichen Personen unter Berücksichtigung des maßgeblichen österreichischen Kollektivvertrages,
10. sofern für die Beschäftigung der überlassenen Arbeitnehmer oder arbeitnehmerähnlichen Personen im Sitzstaat des Überlassers eine behördliche Genehmigung erforderlich ist, jeweils die ausstellende Behörde sowie die Geschäftszahl, das Ausstellungsdatum und die Geltungsdauer oder eine Abschrift der Genehmigung,
11. sofern die überlassenen Arbeitnehmer oder arbeitnehmerähnlichen Personen im Sitzstaat des Überlassers eine Aufenthaltsgenehmigung benötigen, jeweils die ausstellende Behörde sowie die Geschäftszahl, das Ausstellungsdatum und die Geltungsdauer oder eine Abschrift der Genehmigung.

(5) Ist in Erfüllung eines Dienstleistungsvertrages, eines Dienstverschaffungsvertrages oder innerhalb eines Konzerns im Sinne des § 15 AktG und des § 115 GmbHG der wiederholte grenzüberschreitende Einsatz von Arbeitnehmern vereinbart, kann abweichend von Abs. 1 und Abs. 2 vor der erstmaligen Arbeitsaufnahme eine Meldung der Entsendungen oder Überlassungen in Bezug auf einen inländischen Auftraggeber oder Beschäftiger jeweils für einen Zeitraum von bis zu drei Monaten erstattet werden.

(6) Erfasst der grenzüberschreitende Einsatz des Arbeitnehmers die Erfüllung von mit mehreren Auftraggebern geschlossenen gleichartigen Dienstleistungsverträgen, können in der Meldung nach Abs. 1 alle Auftraggeber angeführt werden, sofern die Erfüllung der Dienstleistungsverträge in einem engen örtlichen und zeitlichen Zusammenhang erfolgt.

(7) Die Meldung der Entsendung nach Abs. 1 von mobilen Arbeitnehmern im Transportbereich hat ausschließlich nach diesem Absatz für jeweils einen Zeitraum von sechs Monaten zu erfolgen und hat folgende Angaben zu enthalten; nachträgliche Änderungen bei den Angaben sind unverzüglich zu melden:

1. Name, Anschrift und Gewerbeberechtigung oder Unternehmensgegenstand des Arbeitgebers im Sinne des Abs. 1, Umsatzsteueridentifikationsnummer,
2. Name und Anschrift der zur Vertretung nach außen Berufenen des Arbeitgebers,
3. sofern nicht der jeweilige Lenker des Kraftfahrzeuges Ansprechperson ist (§ 23 zweiter Satz), Name und Anschrift der Ansprechperson nach § 23 aus dem Kreis der in Österreich niedergelassenen zur berufsmäßigen Parteienvertretung befugten Personen (§ 21 Abs. 2 Z 4), hinsichtlich von Ansprechpersonen bei anderen Transportmitteln gilt Abs. 3 Z 3,
4. die Namen, Anschriften, Geburtsdaten, Sozialversicherungsnummern und zuständigen Sozialversicherungsträger sowie die Staatsangehörigkeit der nach Österreich innerhalb des Meldezeitraums voraussichtlich in Österreich tätigen Arbeitnehmer,
5. behördliche Kennzeichen der von den in der Z 4 genannten Arbeitnehmern gelenkten Kraftfahrzeuge,
6. die Höhe des dem einzelnen Arbeitnehmer nach den österreichischen Rechtsvorschriften gebührenden Entgelts und Beginn des Arbeitsverhältnisses beim Arbeitgeber,
7. die Art der Tätigkeit und Verwendung des Arbeitnehmers unter Berücksichtigung des maßgeblichen österreichischen Kollektivvertrages,
8. sofern für die Beschäftigung der entsandten Arbeitnehmer im Sitzstaat des Arbeitgebers eine behördliche Genehmigung erforderlich ist, jeweils die ausstellende Behörde sowie

die Geschäftszahl, das Ausstellungsdatum und die Geltungsdauer oder eine Abschrift der Genehmigung,

9. sofern die entsandten Arbeitnehmer im Sitzstaat des Arbeitgebers eine Aufenthaltsgenehmigung benötigen, jeweils die ausstellende Behörde sowie die Geschäftszahl, das Ausstellungsdatum und die Geltungsdauer oder eine Abschrift der Genehmigung.

(BGBl I 2017/64)

Information der Behörden

§ 20. (1) Die Zentrale Koordinationsstelle hat die Meldung einer Entsendung nach § 19 Abs. 3, 5 und 6 an den Prüfdienst für lohnabhängige Abgaben und Beiträge, und sofern es sich um Bautätigkeiten handelt, der Bauarbeiter-Urlaubs- und Abfertigungskasse elektronisch zu übermitteln.

(BGBl I 2017/64, BGBl I 2018/100)

(2) Die Zentrale Koordinationsstelle hat die Meldung einer Überlassung nach § 19 Abs. 4 an:

1. den zuständigen Krankenversicherungsträger (§§ 26 und 30 ASVG),
2. die Bauarbeiter-Urlaubs- und Abfertigungskasse, und
3. den Bundesminister für Arbeit, Soziales und Konsumentenschutz

elektronisch zu übermitteln.

(BGBl I 2017/64)

(3) Die Zentrale Koordinationsstelle hat dem Sozial- und Weiterbildungsfonds gemäß § 22a AÜG oder einem von diesem beauftragten Dienstleister für die Einhebung von Beiträgen nach Maßgabe des § 22d Abs. 2 und 4 AÜG und für die Erbringung von Leistungen für aus dem Ausland überlassene Arbeitnehmer die Daten gemäß § 19 Abs. 4 zur Verfügung zu stellen.

(4) Das Bundesministerium für Arbeit, Soziales und Konsumentenschutz ist im Rahmen der Erfüllung der ihm übertragenen Aufgaben für Zwecke der Arbeitsmarktpolitik berechtigt, auf automationsunterstütztem Weg Einsicht in die von der Zentralen Koordinationsstelle hinsichtlich der Meldungen einer Entsendung nach § 19 Abs. 3 geführte Datenbank zu nehmen, wobei die Befugnis zur Einsichtnahme folgende Daten umfasst: Betriebsdaten (Firmenname und -adresse), Arbeitnehmerdaten der entsandten Person (Name, Geburtsdatum, Sozialversicherungsnummer, Sozialversicherungsträger, Wohnsitz, ausgeübte Tätigkeit, Entgelthöhe, Beschäftigungsdauer, Beschäftigungsort), Daten inländischer Auftraggeber (Firmenname und Adresse des Beschäftigerbetriebs oder des Generalunternehmers in Österreich) sowie genehmigungspflichtige Beschäftigung.

Bereithaltung von Meldeunterlagen, Sozialversicherungsunterlagen und behördlicher Genehmigung

§ 21. (1) Arbeitgeber mit Sitz in einem EU-Mitgliedstaat oder EWR-Staat oder der Schweizerischen Eidgenossenschaft haben folgende Unterlagen am Arbeits(Einsatz)ort im Inland während des Entsendezeitraums bereitzuhalten oder diese den Abgabebehörden oder der Bauarbeiter-Urlaubs- und Abfertigungskasse unmittelbar vor Ort und im Zeitpunkt der Erhebung in elektronischer Form zugänglich zu machen:

1. Unterlagen über die Anmeldung des Arbeitnehmers zur Sozialversicherung (Sozialversicherungsdokument E 101 nach der Verordnung (EWG) Nr. 1408/71, oder Sozialversicherungsdokument A 1 nach der Verordnung (EG) Nr. 883/04 zur Koordinierung der Systeme der sozialen Sicherheit), sofern für den entsandten Arbeitnehmer in Österreich keine Sozialversicherungspflicht besteht; kann der Arbeitgeber zum Zeitpunkt der Erhebung durch Nachweise in deutscher Sprache belegen, dass ihm die Erwirkung der Ausstellung dieser Dokumente durch den zuständigen Sozialversicherungsträger vor der Entsendung nicht möglich war, sind gleichwertige Unterlagen in deutscher Sprache (Antrag auf Ausstellung des Sozialversicherungsdokuments E 101 oder A 1, und Bestätigung des zuständigen Sozialversicherungsträgers, dass der Arbeitnehmer für die Dauer der Entsendung der ausländischen Sozialversicherung unterliegt) bereitzuhalten;
2. die Meldung gemäß § 19;

   (BGBl I 2017/64)
3. die behördliche Genehmigung der Beschäftigung der entsandten Arbeitnehmer im Sitzstaat des Arbeitgebers gemäß § 19 Abs. 3 Z 11 oder Abs. 7 Z 8, sofern eine solche erforderlich ist.

   (BGBl I 2017/64)

Bei innerhalb eines Arbeitstages wechselnden Arbeits(Einsatz)orten sind die erforderlichen Unterlagen am ersten Arbeits(Einsatz)ort bereitzuhalten oder in elektronischer Form zugänglich zu machen. Bei mobilen Arbeitnehmern im Transportbereich sind die vorgenannten Unterlagen bereits ab Einreise in das Bundesgebiet im Fahrzeug bereitzuhalten oder in elektronischer Form zugänglich zu machen. Ein Beschäftiger, der einen Arbeitnehmer zu einer Arbeitsleistung nach Österreich entsendet, gilt in Bezug auf die Verpflichtung nach dieser Bestimmung als Arbeitgeber.

(2) Abweichend von Abs. 1 sind, ausgenommen im Fall eines mobilen Arbeitnehmers im Transportbereich, die Unterlagen im Inland bei

1. der in der Meldung nach § 19 Abs. 3 Z 3 genannten Ansprechperson, oder
2. einer im Inland eingetragenen Zweigniederlassung, an der der ausländische Arbeitgeber seine Tätigkeit nicht nur gelegentlich ausübt, oder
3. einer inländischen selbständigen Tochtergesellschaft oder der inländischen Muttergesellschaft eines Konzerns im Sinne des § 15 AktG oder § 115 GmbHG oder

4. einem im Inland niedergelassenen berufsmäßigen Parteienvertreter im Sinne des Wirtschaftstreuhandberufsgesetzes (WTBG), BGBl. I Nr. 58/1999, der Rechtsanwaltsordnung (RAO), RGBl. Nr. 96/1868 und der Notariatsordnung (NO), RGBl. Nr. 75/1871,

bereitzuhalten oder unmittelbar an den in den Z 1 bis 4 genannten Orten und im Zeitpunkt der Erhebung in elektronischer Form zugänglich zu machen, sofern dies in der Meldung nach § 19 Abs. 3 Z 9 angeführt ist. Erfolgt die Erhebung der Abgabebehörden oder der Bauarbeiter-Urlaubs- und Abfertigungskasse außerhalb der Geschäftszeiten des berufsmäßigen Parteienvertreters, hat dieser nach Aufforderung durch die Abgabebehörden oder der Bauarbeiter-Urlaubs- und Abfertigungskasse die Unterlagen bis zum Ablauf des zweitfolgenden Werktages zu übermitteln. Für die Übermittlung gebührt kein Ersatz der Aufwendungen.

(3) Der Beschäftiger hat für jede überlassene Arbeitskraft für die Dauer der Überlassung folgende Unterlagen am Arbeits(Einsatz)ort im Inland bereitzuhalten oder diese den Abgabebehörden oder der Bauarbeiter-Urlaubs- und Abfertigungskasse unmittelbar vor Ort und im Zeitpunkt der Erhebung in elektronischer Form zugänglich zu machen:

1. Unterlagen über die Anmeldung der Arbeitskraft zur Sozialversicherung (Sozialversicherungsdokument E 101 oder A 1), sofern für die überlassene Arbeitskraft keine Sozialversicherungspflicht in Österreich besteht; kann der Überlasser zum Zeitpunkt der Erhebung durch Nachweise in deutscher Sprache belegen, dass ihm die Erwirkung der Ausstellung dieser Dokumente durch den zuständigen Sozialversicherungsträger vor der Überlassung nicht möglich war, sind gleichwertige Unterlagen in deutscher Sprache (Antrag auf Ausstellung des Sozialversicherungsdokuments E 101 oder A 1; Bestätigung des zuständigen Sozialversicherungsträgers, dass der Arbeitnehmer für die Dauer der Überlassung der ausländischen Sozialversicherung unterliegt) bereitzuhalten;
2. die Meldung gemäß § 19 Abs. 1 und 4;
3. die behördliche Genehmigung der Beschäftigung der überlassenen Arbeitskräfte im Sitzstaat des Überlassers gemäß § 19 Abs. 4 Z 10, sofern eine solche erforderlich ist.

Abs. 2 findet sinngemäß Anwendung.

Bereithaltung von Lohnunterlagen

§ 22. (1) Arbeitgeber im Sinne der §§ 3 Abs. 2, 8 Abs. 1 oder 19 Abs. 1 haben während der Dauer der Beschäftigung (im Inland) oder des Zeitraums der Entsendung insgesamt (§ 19 Abs. 3 Z 6) den Arbeitsvertrag oder Dienstzettel im Sinne der Richtlinie 91/533 des Rates über die Pflicht des Arbeitgebers zur Unterrichtung des Arbeitnehmers über die für seinen Arbeitsvertrag oder sein Arbeitsverhältnis geltenden Bedingungen, Lohnzettel, Lohnzahlungsnachweise oder Banküberweisungsbelege, Lohnaufzeichnungen, Arbeitszeitaufzeichnungen und Unterlagen betreffend die Lohneinstufung zur Überprüfung des dem entsandten Arbeitnehmer für die Dauer der Beschäftigung nach den österreichischen Rechtsvorschriften gebührenden Entgelts in deutscher Sprache, ausgenommen den Arbeitsvertrag, am Arbeits(Einsatz)ort bereitzuhalten oder diese den Abgabebehörden oder der Bauarbeiter-Urlaubs- und Abfertigungskasse unmittelbar vor Ort und im Zeitpunkt der Erhebung in elektronischer Form zugänglich zu machen, auch wenn die Beschäftigung des einzelnen Arbeitnehmers in Österreich früher geendet hat. Der Arbeitsvertrag ist entweder in deutscher oder in englischer Sprache bereitzuhalten. Bei innerhalb eines Arbeitstages wechselnden Arbeits(Einsatz)orten sind die Lohnunterlagen am ersten Arbeits(Einsatz)ort bereitzuhalten oder in elektronischer Form zugänglich zu machen. Ein Beschäftiger, der einen Arbeitnehmer zu einer Arbeitsleistung nach Österreich entsendet, gilt in Bezug auf die Verpflichtung nach dieser Bestimmung als Arbeitgeber. § 21 Abs. 2 findet sinngemäß Anwendung.

(BGBl I 2017/64)

(1a) Bei der Entsendung von mobilen Arbeitnehmern im Transportbereich sind abweichend von Abs. 1 der Arbeitsvertrag oder Dienstzettel und Arbeitszeitaufzeichnungen (Aufzeichnungen im Sinne von Art. 36 der Verordnung (EU) Nr. 165/2014 über den Fahrtenschreiber im Straßenverkehr, ABl. Nr. L 60 vom 28.2.2014 S. 1) bereits ab der Einreise in das Bundesgebiet im Fahrzeug bereitzuhalten oder diese den Abgabenbehörden unmittelbar vor Ort und im Zeitpunkt der Erhebung in elektronischer Form zugänglich zu machen. Lohnzettel, Lohnzahlungsnachweise oder Banküberweisungsbelege und Unterlagen betreffend die Lohneinstufung sowie Arbeitszeitaufzeichnungen für den mobilen Arbeitnehmer im Transportbereich sind auf Verlangen der Abgabenbehörden für das Kalendermonat, in dem die Kontrolle stattgefunden hat, und für das diesem Kalendermonat vorangehende Kalendermonat, wenn der Arbeitnehmer im vorangehenden Kalendermonat in Österreich tätig war, innerhalb einer Frist von 14 Kalendertagen nach dem Ende des Kalendermonats, in dem die Kontrolle erfolgt ist, zu übermitteln. Langen die Lohnunterlagen nach dem zweiten Satz innerhalb dieser Frist bei der Abgabebehörde nicht oder nicht vollständig ein, gilt dies als Nichtbereithalten der Lohnunterlagen.

(BGBl I 2017/64)

(1a)[a] Bei der Entsendung von mobilen Arbeitnehmern im Transportbereich sind abweichend von Abs. 1 der Arbeitsvertrag oder Dienstzettel und Arbeitszeitaufzeichnungen (Aufzeichnungen im Sinne von Art. 36 der Verordnung (EU) Nr. 165/2014 über den Fahrtenschreiber im Straßenverkehr, ABl. Nr. L 60 vom 28.2.2014 S. 1) bereits ab der Einreise in das Bundesgebiet im Fahrzeug bereitzuhalten oder diese „den Organen des Amtes für Betrugsbekämpfung" unmittelbar vor Ort und im Zeitpunkt der Erhebung in elektronischer Form zugänglich zu machen. Lohnzettel, Lohnzahlungsnachweise oder Banküberweisungsbelege und Unterlagen betreffend die Lohneinstufung sowie Arbeitszeitaufzeichnungen für den mobilen Arbeitnehmer im Transportbereich sind auf Verlangen „des Amtes für Betrugsbekämpfung" für das Kalendermonat, in dem die Kontrolle stattgefunden hat, und für das diesem Kalendermonat vorangehende Kalendermonat, wenn der Arbeitnehmer im vorangehenden Kalendermonat in Österreich tätig war, innerhalb einer Frist von 14 Kalendertagen nach dem Ende des Kalendermonats, in dem die Kontrolle erfolgt ist, zu übermitteln. Langen die Lohnunterlagen nach dem zweiten Satz innerhalb dieser Frist bei der Abgabebehörde nicht oder nicht vollständig ein, gilt dies als Nichtbereithalten der Lohnunterlagen.

(BGBl I 2017/64, BGBl I 2019/104)

[a] Tritt mit 1. Juli 2020 in Kraft.

(2) Bei einer grenzüberschreitenden Arbeitskräfteüberlassung trifft die Verpflichtung zur Bereithaltung der Lohnunterlagen nach Abs. 1 den inländischen Beschäftiger. Der Überlasser hat dem Beschäftiger die Lohnunterlagen nach Abs. 1 nachweislich bereitzustellen.

Ansprechperson

§ 23. Die in der Meldung nach § 19 Abs. 3 Z 3 genannte Ansprechperson hat nach den Bestimmungen dieses Bundesgesetzes Unterlagen bereitzuhalten, Dokumente entgegenzunehmen und Auskünfte zu erteilen. Die Ansprechperson hat dem Kreis der nach Österreich entsandten Arbeitnehmer anzugehören oder eine in Österreich niedergelassene und zur berufsmäßigen Parteienvertretung befugte Person (§ 21 Abs. 2 Z 4) zu sein. Bei der Entsendung von mobilen Arbeitnehmern im Transportbereich ist der jeweilige Lenker des Kraftfahrzeuges Ansprechperson, es sei denn, der Arbeitgeber meldet eine zur berufsmäßigen Parteienvertretung befugte Person (§ 21 Abs. 2 Z 4) als Ansprechperson.

(BGBl I 2017/64)

Verantwortliche Beauftragte

§ 24. (1) Die Bestellung von verantwortlichen Beauftragten gemäß § 9 Abs. 2 und 3 VStG für die Einhaltung dieses Bundesgesetzes wird erst rechtswirksam, nachdem

1. bei der Zentralen Koordinationsstelle durch Arbeitgeber im Sinne §§ 3 Abs. 2, 8 Abs. 1 oder 19 Abs. 1, durch einen Beschäftiger im Sinne des § 19 Abs. 1 letzter Satz oder durch Überlasser mit Sitz im Ausland, oder
2. beim zuständigen Träger der Krankenversicherung durch Arbeitgeber oder Beschäftiger mit Sitz im Inland

eine schriftliche Mitteilung über die Bestellung samt einem Nachweis der Zustimmung des Bestellten eingelangt ist. Dies gilt nicht für die Bestellung von verantwortlichen Beauftragten auf Verlangen der Behörde gemäß § 9 Abs. 2 VStG. Eingegangene Mitteilungen nach Z 1 sind an das Kompetenzzentrum LSDB, eingegangene Mitteilungen nach den Z 1 und 2 für den Baubereich (Abschnitt I oder § 33d BUAG) sind auch an die Bauarbeiter-Urlaubs- und Abfertigungskasse weiterzuleiten.

(2) Der Arbeitgeber, Beschäftiger im Sinne des § 19 Abs. 1 letzter Satz, der Überlasser oder der Beschäftiger hat den Widerruf der Bestellung oder das Ausscheiden von verantwortlichen Beauftragten nach Abs. 1 unverzüglich schriftlich der Einrichtung mitzuteilen, bei welcher die Mitteilung der Bestellung nach Abs. 1 einzubringen war.

5. Abschnitt
Strafbestimmungen, Untersagung der Dienstleistung und Evidenz über Verwaltungs(straf)verfahren

Ort der Verwaltungsübertretung

§ 25. Bei grenzüberschreitender Entsendung oder Arbeitskräfteüberlassung gilt die Verwaltungsübertretung als in dem Sprengel der Bezirksverwaltungsbehörde begangen, in dem der Arbeits(Einsatz)ort der nach Österreich entsandten oder überlassenen Arbeitnehmer liegt, bei wechselnden Arbeits(Einsatz)Orten als am Ort der Kontrolle begangen.

Verstöße im Zusammenhang mit den Melde- und Bereithaltungspflichten bei Entsendung oder Überlassung

§ 26. (1) Wer als Arbeitgeber oder Überlasser im Sinne des § 19 Abs. 1

1. die Meldung oder die Meldung über nachträgliche Änderungen bei den Angaben (Änderungsmeldung) entgegen § 19 nicht, nicht rechtzeitig oder nicht vollständig erstattet oder
2. in der Meldung oder Änderungsmeldung vorsätzlich unrichtige Angaben erstattet oder
3. die erforderlichen Unterlagen entgegen § 21 Abs. 1 oder Abs. 2 nicht bereithält oder den Abgabebehörden oder der Bauarbeiter-Urlaubs- und Abfertigungskasse vor Ort nicht unmittelbar in elektronischer Form zugänglich macht,

begeht eine Verwaltungsübertretung und ist von der Bezirksverwaltungsbehörde für jeden Arbeitnehmer mit Geldstrafe von 1.000 Euro bis 10.000 Euro, im Wiederholungsfall von 2.000 Euro bis 20.000 Euro zu bestrafen.

(2) Wer als Beschäftiger im Falle einer grenzüberschreitenden Arbeitskräfteüberlassung die erforderlichen Unterlagen entgegen § 21 Abs. 3 nicht bereithält oder zugänglich macht, begeht eine Verwaltungsübertretung und ist von der Bezirksverwaltungsbehörde für jeden Arbeitnehmer mit Geldstrafe von 500 Euro bis 5.000 Euro, im Wiederholungsfall von 1.000 Euro bis 10.000 Euro zu bestrafen.

Vereitelungshandlungen im Zusammenhang mit der Lohnkontrolle

§ 27. (1) Wer die erforderlichen Unterlagen entgegen den §§ 12 Abs. 1 Z 3 nicht übermittelt, begeht eine Verwaltungsübertretung und ist von der Bezirksverwaltungsbehörde für jeden Arbeitnehmer mit Geldstrafe von 500 Euro bis 5 000 Euro, im Wiederholungsfall von 1 000 Euro bis 10 000 Euro zu bestrafen. Ebenso ist zu bestrafen, wer entgegen den §§ 14 Abs. 2 oder 15 Abs. 2 die Unterlagen nicht übermittelt.

(2) Wer entgegen § 12 Abs. 1 den Zutritt zu den Betriebsstätten, Betriebsräumen und auswärtigen Arbeitsstätten oder Arbeitsstellen sowie den Aufenthaltsräumen der Arbeitnehmer und das damit verbundene Befahren von Wegen oder die Erteilung von Auskünften verweigert oder die Kontrolle sonst erschwert oder behindert, begeht eine Verwaltungsübertretung und ist von der Bezirksverwaltungsbehörde mit einer Geldstrafe von 1 000 Euro bis 10 000 Euro, im Wiederholungsfall von 2 000 Euro bis 20 000 Euro zu bestrafen.

(3) Wer die Einsichtnahme in die Unterlagen nach den §§ 21 Abs. 1 oder 22 verweigert, begeht eine Verwaltungsübertretung und ist für jeden Arbeitnehmer von der Bezirksverwaltungsbehörde mit einer Geldstrafe von 1 000 Euro bis 10 000 Euro, im Wiederholungsfall von 2 000 Euro bis 20 000 Euro zu bestrafen.

(4) Ebenso ist nach Abs. 3 zu bestrafen, wer als Arbeitgeber entgegen § 14 Abs. 2 die Einsichtnahme in die Unterlagen verweigert.

Nichtbereithalten der Lohnunterlagen

§ 28. Wer als

1. Arbeitgeber entgegen § 22 Abs. 1 oder Abs. 1a die Lohnunterlagen nicht bereithält, oder
   (BGBl I 2017/64)
2. Überlasser im Falle einer grenzüberschreitenden Arbeitskräfteüberlassung nach Österreich entgegen § 22 Abs. 2 die Lohnunterlagen dem Beschäftiger nicht nachweislich bereitstellt, oder
3. Beschäftiger im Falle einer grenzüberschreitenden Arbeitskräfteüberlassung entgegen § 22 Abs. 2 die Lohnunterlagen nicht bereithält

begeht eine Verwaltungsübertretung und ist von der Bezirksverwaltungsbehörde für jeden Arbeitnehmer mit einer Geldstrafe von 1 000 Euro bis 10 000 Euro, im Wiederholungsfall von 2 000 Euro bis 20 000 Euro, sind mehr als drei Arbeitnehmer betroffen, für jeden Arbeitnehmer mit einer Geldstrafe von 2 000 Euro bis 20 000 Euro, im Wiederholungsfall von 4 000 Euro bis 50 000 Euro zu bestrafen.

Unterentlohnung

§ 29. (1) Wer als Arbeitgeber einen Arbeitnehmer beschäftigt oder beschäftigt hat, ohne ihm zumindest das nach Gesetz, Verordnung oder Kollektivvertrag gebührende Entgelt unter Beachtung der jeweiligen Einstufungskriterien, ausgenommen die in § 49 Abs. 3 ASVG angeführten Entgeltbestandteile, zu leisten, begeht eine Verwaltungsübertretung und ist von der Bezirksverwaltungsbehörde mit einer Geldstrafe zu bestrafen. Bei Unterentlohnungen, die durchgehend mehrere Lohnzahlungszeiträume umfassen, liegt eine einzige Verwaltungsübertretung vor. Entgeltzahlungen, die das nach Gesetz, Verordnung oder Kollektivvertrag gebührende Entgelt übersteigen, sind auf allfällige Unterentlohnungen im jeweiligen Lohnzahlungszeitraum anzurechnen. Hinsichtlich von Sonderzahlungen für dem ASVG unterliegende Arbeitnehmer liegt eine Verwaltungsübertretung nach dem ersten Satz nur dann vor, wenn der Arbeitgeber die Sonderzahlungen nicht oder nicht vollständig bis spätestens 31. Dezember des jeweiligen Kalenderjahres leistet. Sind von der Unterentlohnung höchstens drei Arbeitnehmer betroffen, beträgt die Geldstrafe für jeden Arbeitnehmer 1 000 Euro bis 10 000 Euro, im Wiederholungsfall 2 000 Euro bis 20 000 Euro, sind mehr als drei Arbeitnehmer betroffen, für jeden Arbeitnehmer 2 000 Euro bis 20 000 Euro, im Wiederholungsfall 4 000 Euro bis 50 000 Euro. Ebenso ist zu bestrafen, wer als Auftraggeber im Sinne des § 14 Abs. 1 Z 3 einen Heimarbeiter beschäftigt oder beschäftigt hat, ohne ihm zumindest das nach Gesetz oder Verordnung gebührende Entgelt unter Beachtung der jeweiligen Einstufungskriterien, ausgenommen die in § 49 Abs. 3 ASVG angeführten Entgeltbestandteile, zu leisten.

(2) Die Strafbarkeit nach Abs. 1 ist nicht gegeben, wenn der Arbeitgeber vor einer Erhebung der zuständigen Einrichtung nach den §§ 12, 14 und 15 die Differenz zwischen dem tatsächlich geleisteten und dem dem Arbeitnehmer nach Gesetz, Verordnung oder Kollektivvertrag gebührenden Entgelt nachweislich leistet.

(3) Stellt die Bezirksverwaltungsbehörde fest, dass der Arbeitgeber dem Arbeitnehmer die Differenz zwischen dem tatsächlich geleisteten und dem dem Arbeitnehmer nach Gesetz, Verordnung oder Kollektivvertrag gebührenden Entgelt binnen einer von der Behörde festzusetzenden Frist nachweislich leistet, und

1. die Unterschreitung des nach Abs. 1 maßgeblichen Entgelts unter Beachtung der jeweiligen Einstufungskriterien gering ist oder
2. das Verschulden des Arbeitgebers oder des zur Vertretung nach außen Berufenen (§ 9 Abs. 1 VStG) oder des verantwortlichen Beauftragten (§ 9 Abs. 2 oder 3 VStG) leichte Fahrlässigkeit nicht übersteigt,

hat sie von der Verhängung einer Strafe abzusehen. Ebenso ist von der Verhängung einer Strafe abzusehen, wenn der Arbeitgeber dem Arbeitnehmer die Differenz zwischen dem tatsächlich geleisteten und dem dem Arbeitnehmer nach Gesetz, Verordnung oder Kollektivvertrag gebührenden Entgelt vor der Aufforderung durch die Bezirksverwaltungsbehörde nachweislich leistet und die übrigen Voraussetzungen nach dem ersten Satz vorliegen. Ist die Entscheidung der Bezirksverwaltungsbehörde von der Klärung einer Vorfrage im Sinne des § 38 des Allgemeinen Verwaltungsverfahrensgesetzes 1991 – AVG, BGBl. Nr. 51/1991, abhängig, die den Gegenstand eines beim zuständigen Gericht anhängigen oder gleichzeitig anhängig gemachten Verfahrens bildet, hat die Bezirksverwaltungsbehörde das Verwaltungsstrafverfahren bis zur rechtskräftigen Entscheidung der Vorfrage auszusetzen; das verwaltungsbehördliche Strafverfahren gilt als unterbrochen, die Parteien sind davon in Kenntnis zu setzen. In Verwaltungsstrafverfahren nach Abs. 1 ist § 45 Abs. 1 Z 4 und letzter Satz VStG nicht anzuwenden. Weist der Arbeitgeber der Bezirksverwaltungsbehörde nach, dass er die Differenz zwischen dem tatsächlich geleisteten und dem dem Arbeitnehmer nach Gesetz, Verordnung oder Kollektivvertrag gebührenden Entgelt geleistet hat, ist dies bei der Strafbemessung strafmildernd zu berücksichtigen.

(4) Die Frist für die Verfolgungsverjährung (§ 31 Abs. 1 VStG) beträgt drei Jahre ab der Fälligkeit des Entgelts. Bei Unterentlohnungen, die durchgehend mehrere Lohnzahlungszeiträume umfassen, beginnt die Frist für die Verfolgungsverjährung im Sinne des ersten Satzes ab der Fälligkeit des Entgelts für den letzten Lohnzahlungszeitraum der Unterentlohnung. Die Frist für die Strafbarkeitsverjährung (§ 31 Abs. 2 VStG) beträgt bei Unterentlohnungen fünf Jahre; für den Beginn des Laufs der Strafbarkeitsverjährung sind erster und zweiter Satz maßgeblich. Hinsichtlich von Sonderzahlungen beginnen die Verfolgungs- und Strafbarkeitsverjährungsfristen ab dem Ende des jeweiligen Kalenderjahres (Abs. 1 dritter Satz) zu laufen.

(5) Für den Fall, dass der Arbeitgeber das gebührende Mindestentgelt für den betroffenen Zeitraum der Unterentlohnung nach Abs. 1 nachträglich leistet, beträgt die Dauer der Fristen nach § 31 Abs. 1 und 2 VStG ein Jahr (Verfolgungsverjährung) oder drei Jahre (Strafbarkeitsverjährung), soweit nicht aufgrund des Abs. 4 die Verjährung zu einem früheren Zeitpunkt eintritt; der Fristenlauf beginnt mit der Nachzahlung.

Unterlassung einer Änderungsmeldung zur Person des verantwortlichen Beauftragten

§ 30. Wer als Arbeitgeber, Überlasser oder als Beschäftiger im Sinne des § 19 Abs. 1 den Widerruf der Bestellung oder das Ausscheiden von verantwortlichen Beauftragten entgegen § 24 Abs. 2 nicht meldet, begeht eine Verwaltungsübertretung und ist von der Bezirksverwaltungsbehörde mit Geldstrafe von 41 Euro bis 4.140 Euro, im Wiederholungsfall mit Geldstrafe von 83 Euro bis 4.140 Euro zu bestrafen.

Untersagung der Dienstleistung

§ 31. (1) Die zuständige Bezirksverwaltungsbehörde hat dem Arbeitgeber im Sinne der §§ 3 Abs. 2, 8 Abs. 1 oder 19 Abs. 1, bei einer grenzüberschreitenden Überlassung dem Überlasser, die Ausübung der den Gegenstand der Dienstleistung bildenden Tätigkeit für die Dauer von mindestens einem Jahr und höchstens fünf Jahren zu untersagen, wenn der Arbeitgeber gemäß

1. den §§ 26 Abs. 1 Z 1 oder Z 2 oder 27 Abs. 2 oder 3 wiederholt oder
2. den §§ 28 oder 29 Abs. 1 in Bezug auf mehr als drei Arbeitnehmer oder im Wiederholungsfall nach den §§ 28 oder 29 Abs. 1

rechtskräftig bestraft wurde oder ihm eine solche Bestrafung zuzurechnen ist. Eine Bestrafung ist dem Arbeitgeber dann zuzurechnen, wenn diese Bestrafung gegen den Arbeitgeber selbst oder gegen den zur Vertretung nach außen Berufenen (§ 9 Abs. 1 VStG) oder gegen den verantwortlich Beauftragten (§ 9 Abs. 2 oder 3 VStG) rechtskräftig verhängt wurde. § 19 VStG (ausgenommen § 19 Abs. 2 letzter Satz VStG) ist für die Bemessung des Zeitraums der Untersagung sinngemäß anzuwenden. Der Bescheid über die Untersagung der Dienstleistung ist dem Bundesminister für Wissenschaft, Forschung und Wirtschaft im Hinblick auf die §§ 373a bis 373e der Gewerbeordnung 1994, BGBl. Nr. 194/1994, sowie der Zentralen Koordinationsstelle elektronisch zu übermitteln.

(2) Von einer Untersagung nach Abs. 1 ist abzusehen, wenn der Arbeitgeber oder der Überlasser glaubhaft macht, dass er konkrete technische, organisatorische oder personelle Maßnahmen getroffen hat, die geeignet sind, die nochmalige Begehung der Verwaltungsübertretung zu verhindern und die Einbringung der verhängten Geldstrafe erfolgt ist. Als derartige Maßnahmen gelten etwa

1. die Einführung eines qualitativ hochwertigen Berichts- und Kontrollwesens,
2. die Einschaltung eines Organs der inneren Revision zur regelmäßigen Überprüfung der Einhaltung der maßgeblichen Vorschriften,
3. die Einführung von internen Haftungs- und Schadenersatzregelungen zur Einhaltung der maßgeblichen Vorschriften.

(3) Die Bezirksverwaltungsbehörde hat bei der Beurteilung nach Abs. 2 das Vorbringen des Arbeitgebers oder des Überlassers zu prüfen und die von diesem gesetzten Maßnahmen in ein Verhältnis zur Anzahl und zur Schwere der begangenen Verwaltungsübertretungen zu setzen. Bei der Beurteilung der Schwere der Verwaltungsübertretungen ist insbesondere die Zahl der betroffenen Arbeitnehmer und bei einer Verwaltungsübertretung nach § 29 Abs. 1 das Ausmaß der Unterentlohnung zu berücksichtigen.

(4) Wer trotz Untersagung nach Abs. 1 eine Tätigkeit erbringt, begeht eine Verwaltungsübertretung und ist von der Bezirksverwaltungsbehörde mit einer Geldstrafe von 2 000 Euro bis 20 000 Euro zu bestrafen.

(5) § 18 AÜG oder vergleichbare österreichische Rechtsvorschriften bleiben unberührt.

Parteistellung in Verwaltungs(straf)verfahren

§ 32. (1) Parteistellung in Verwaltungs(straf)-verfahren hat:

1. nach den §§ 26, 27 Abs. 1, 2 oder 3, 28 die Abgabenbehörde, in den Fällen des § 29 Abs. 1 in Verbindung mit § 13 das Kompetenzzentrum LSDB,

1.[a)] nach den §§ 26, 27 Abs. 1, 2 oder 3, 28 „das Amt für Betrugsbekämpfung“, in den Fällen des § 29 Abs. 1 in Verbindung mit § 13 das Kompetenzzentrum LSDB,

(BGBl I 2019/104)

[a)] Tritt mit 1. Juli 2020 in Kraft.

2. nach den § 29 Abs. 1 in Verbindung mit § 14 und in den Fällen des § 27 Abs. 1 zweiter Satz und § 27 Abs. 4 der Prüfdienst für lohnabhängige Abgaben und Beiträge,

(BGBl I 2018/100)

3. nach den §§ 26, 27 Abs. 1 zweiter Satz, § 27 Abs. 2 und 27 Abs. 3, 28 und 29 Abs. 1 in Verbindung mit § 15 die Bauarbeiter-Urlaubs- und Abfertigungskasse,

auch wenn die Anzeige nicht durch die in den Z 1 bis 3 genannten Einrichtungen erfolgt. Diese können gegen den Bescheid einer Verwaltungsbehörde Beschwerde beim Verwaltungsgericht und gegen das Erkenntnis oder den Beschluss eines Verwaltungsgerichts Revision beim Verwaltungsgerichtshof erheben.

(2) In Verwaltungs(straf)verfahren nach § 31 Abs. 1 und 4 haben das Kompetenzzentrum LSDB, „Abgabenbehörden“[a)] und die Bauarbeiter-Urlaubs- und Abfertigungskasse im Baubereich (Abschnitt I oder § 33d des BUAG) Parteistellung; diese können gegen den Bescheid einer Verwaltungsbehörde Beschwerde beim Verwaltungsgericht und gegen das Erkenntnis oder den Beschluss eines Verwaltungsgerichts Revision beim Verwaltungsgerichtshof erheben.

(BGBl I 2019/104)

[a)] Ab 1. Juli 2020: „das Amt für Betrugsbekämpfung“.

Vorläufige Sicherheit

§ 33. Liegt der begründete Verdacht einer Verwaltungsübertretung nach den §§ 26, 27, 28, 29 Abs. 1 oder 31 Abs. 4 vor und ist im Einzelfall auf Grund bestimmter Tatsachen anzunehmen, dass die Strafverfolgung oder der Strafvollzug aus Gründen, die in der Person des Arbeitgebers (Auftragnehmers) oder in der Person des Überlassers liegen, unmöglich oder wesentlich erschwert sein wird, sind die Abgabenbehörden ermächtigt, eine vorläufige Sicherheit bis zum Höchstmaß der angedrohten Geldstrafe festzusetzen und einzuheben. Soweit der Tätigkeitsbereich der Bauarbeiter-Urlaubs- und Abfertigungskasse betroffen ist, haben die Abgabenbehörden diese über die Einhebung einer vorläufigen Sicherheit zu verständigen. Die Ansprechperson im Sinne des § 19 Abs. 3 Z 3 gilt als Vertreter des Arbeitgebers, falls dieser oder ein von ihm bestellter Vertreter bei der Amtshandlung nicht anwesend ist. Auf nach dem ersten Satz eingehobene vorläufige Sicherheiten sind die §§ 37a Abs. 3 bis 5 und 50 Abs. 6 erster Satz VStG sinngemäß anzuwenden. Die Abgabenbehörden sind ermächtigt, dem Arbeitgeber (Auftragnehmer) oder Überlasser zu gestatten, die vorläufige Sicherheit auch in bestimmten fremden Währungen oder mit Scheck oder Kreditkarte zu entrichten. Mit der Überweisung nach § 34 Abs. 4 oder der Erlegung einer Sicherheit nach § 34 Abs. 9 ist eine Beschlagnahme aufzuheben.

Vorläufige Sicherheit

§ 33.[a)] Liegt der begründete Verdacht einer Verwaltungsübertretung nach den §§ 26, 27, 28, 29 Abs. 1 oder 31 Abs. 4 vor und ist im Einzelfall auf Grund bestimmter Tatsachen anzunehmen, dass die Strafverfolgung oder der Strafvollzug aus Gründen, die in der Person des Arbeitgebers (Auftragnehmers) oder in der Person des Überlassers liegen, unmöglich oder wesentlich erschwert sein wird, „ist das Amt für Betrugsbekämpfung“ ermächtigt, eine vorläufige Sicherheit bis zum Höchstmaß der angedrohten Geldstrafe festzusetzen und einzuheben. Soweit der Tätigkeitsbereich der Bauarbeiter-Urlaubs- und Abfertigungskasse betroffen ist, „hat das Amt für Betrugsbekämpfung“ diese über die Einhebung einer vorläufigen Sicherheit zu verständigen. Die Ansprechperson im Sinne des § 19 Abs. 3 Z 3 gilt als Vertreter des Arbeitgebers, falls dieser oder ein von ihm bestellter Vertreter bei der Amtshandlung nicht anwesend ist. Auf nach dem ersten Satz eingehobene vorläufige Sicherheiten sind die §§ 37a Abs. 3 bis 5 und 50 Abs. 6 erster Satz VStG sinngemäß anzuwenden. „Das Amt für Betrugsbekämpfung ist“ ermächtigt, dem Arbeitgeber (Auftragnehmer) oder Überlasser zu gestatten, die vorläufige Sicherheit auch in bestimmten fremden Währungen oder mit Scheck oder Kreditkarte zu entrichten. Mit der Überweisung nach § 34 Abs. 4 oder der Erlegung einer Sicherheit nach § 34 Abs. 9 ist eine Beschlagnahme aufzuheben.

(BGBl I 2019/104)

[a)] Tritt mit 1. Juli 2020 in Kraft.

Zahlungsstopp – Sicherheitsleistung

§ 34. (1) Liegt der begründete Verdacht einer Verwaltungsübertretung nach den §§ 26, 27, 28, 29 Abs. 1 oder 31 Abs. 4 vor und ist im Einzelfall auf Grund bestimmter Tatsachen anzunehmen, dass die Strafverfolgung oder der Strafvollzug aus Gründen, die in der Person des Arbeitgebers (Auftragnehmers) oder in der Person des Überlassers liegen, unmöglich oder wesentlich erschwert sein wird, „können die Abgabenbehörden“[a)] in Verbindung mit den Erhebungen nach § 12 sowie die Bauarbeiter-Urlaubs- und Abfertigungskasse dem Auftraggeber, bei einer Überlassung dem Beschäftiger schriftlich auftragen, den noch zu leistenden Werklohn oder das noch zu leistende Überlassungsentgelt oder Teile davon nicht zu zahlen (Zahlungsstopp). Gegen die Verhängung eines Zahlungsstopps ist kein Rechtsmittel zulässig. Der

Zahlungsstopp ist in jenem Ausmaß nicht wirksam, in dem der von ihm genannte Betrag höher ist als der noch zu leistende Werklohn oder das noch zu leistende Überlassungsentgelt. Der Zahlungsstopp darf nicht höher sein als das Höchstmaß der angedrohten Geldstrafe.

(BGBl I 2019/104)

[a] Ab 1. Juli 2020: „kann das Amt für Betrugsbekämpfung".

(2) Leistet der Auftraggeber oder der Beschäftiger entgegen dem Zahlungsstopp den Werklohn oder das Überlassungsentgelt, gilt im Verfahren nach Abs. 4 der Werklohn oder das Überlassungsentgelt als nicht geleistet. Die Abgabenbehörden dürfen einen Zahlungsstopp nur dann auftragen, soweit eine vorläufige Sicherheit nach § 33 nicht festgesetzt oder nicht eingehoben werden konnte. Die Bauarbeiter-Urlaubs- und Abfertigungskasse darf einen Zahlungsstopp nicht verhängen, wenn sie von den Abgabenbehörden über die Einhebung einer vorläufigen Sicherheit nach § 33 verständigt wurde. Leistet der Auftragnehmer oder der Überlasser die vorläufige Sicherheit nachträglich oder eine Sicherheit, ohne dass eine solche festgesetzt wurde, aus eigenem, ist der Zahlungsstopp von der Bezirksverwaltungsbehörde durch Bescheid aufzuheben; ein allfälliges Verfahren nach Abs. 4 ist einzustellen.

(2)[a] Leistet der Auftraggeber oder der Beschäftiger entgegen dem Zahlungsstopp den Werklohn oder das Überlassungsentgelt, gilt im Verfahren nach Abs. 4 der Werklohn oder das Überlassungsentgelt als nicht geleistet. „Das Amt für Betrugsbekämpfung darf" einen Zahlungsstopp nur dann auftragen, soweit eine vorläufige Sicherheit nach § 33 nicht festgesetzt oder nicht eingehoben werden konnte. Die Bauarbeiter-Urlaubs- und Abfertigungskasse darf einen Zahlungsstopp nicht verhängen, wenn sie „vom Amt für Betrugsbekämpfung" über die Einhebung einer vorläufigen Sicherheit nach § 33 verständigt wurde. Leistet der Auftragnehmer oder der Überlasser die vorläufige Sicherheit nachträglich oder eine Sicherheit, ohne dass eine solche festgesetzt wurde, aus eigenem, ist der Zahlungsstopp von der Bezirksverwaltungsbehörde durch Bescheid aufzuheben; ein allfälliges Verfahren nach Abs. 4 ist einzustellen.

(BGBl I 2019/104)

[a] Tritt mit 1. Juli 2020 in Kraft.

(3) „Die Abgabenbehörden"[a] und die Bauarbeiter-Urlaubs- und Abfertigungskasse haben nach Verhängung eines Zahlungsstopps nach Abs. 1 binnen drei Arbeitstagen bei der Bezirksverwaltungsbehörde die Erlegung einer Sicherheit nach Abs. 4 zu beantragen, widrigenfalls der Zahlungsstopp außer Kraft tritt. Die Bezirksverwaltungsbehörde hat darüber innerhalb von vier Wochen ab Einlangen des Antrages zu entscheiden, widrigenfalls der Zahlungsstopp außer Kraft tritt. In diesen Verfahren haben die im ersten Satz genannten Einrichtungen Parteistellung, soweit diese den Antrag auf Erlegung einer Sicherheit gestellt haben. Diese können gegen den Bescheid einer Verwaltungsbehörde Beschwerde beim Verwaltungsgericht und gegen das Erkenntnis oder den Beschluss eines Verwaltungsgerichts Revision beim Verwaltungsgerichtshof erheben.

(BGBl I 2019/104)

[a] Ab 1. Juli 2020: „Das Amt für Betrugsbekämpfung".

(4) Liegt der begründete Verdacht einer Verwaltungsübertretung nach den §§ 26, 27, 28, 29 Abs. 1 oder 31 Abs. 4 vor und ist auf Grund bestimmter Tatsachen anzunehmen, dass die Strafverfolgung oder der Strafvollzug aus Gründen, die in der Person des Arbeitgebers (Auftragnehmers) oder in der Person des Überlassers liegen, unmöglich oder wesentlich erschwert sein werde, kann die Bezirksverwaltungsbehörde dem Auftraggeber, bei einer Überlassung dem Beschäftiger durch Bescheid auftragen, den noch zu leistenden Werklohn oder das noch zu leistende Überlassungsentgelt oder einen Teil davon als Sicherheit binnen einer angemessenen Frist zu erlegen. Über Aufforderung der Bezirksverwaltungsbehörde hat der Auftraggeber den Werkvertrag oder der Beschäftiger die Überlassungsvereinbarung in deutscher Sprache vorzulegen. Die §§ 37 und 37a VStG sind in diesen Fällen, sofern in dieser Bestimmung nichts anderes vorgesehen ist, nicht anzuwenden. Mit Erlassung eines Bescheides fällt der Zahlungsstopp weg.

(5) Als Werklohn oder als Überlassungsentgelt gilt das gesamte für die Erfüllung des Auftrages oder der Überlassung zu leistende Entgelt.

(6) Die Überweisung nach Abs. 4 wirkt für den Auftraggeber oder den Beschäftiger gegenüber dem Auftragnehmer oder dem Überlasser im Ausmaß der Überweisung schuldbefreiend.

(7) Die Sicherheitsleistung darf nicht höher sein als das Höchstmaß der angedrohten Geldstrafe. Der Auftraggeber oder der Beschäftiger ist verpflichtet, auf Anfrage der Bezirksverwaltungsbehörde die Höhe und Fälligkeit des Werklohnes oder des Überlassungsentgeltes bekannt zu geben. Können aus dem noch zu leistenden Werklohn oder Überlassungsentgelt die Sicherheitsleistung sowie der sich aus § 67a ASVG und § 82a Einkommensteuergesetz 1988 (EStG), BGBl. Nr. 400/1988, ergebende Haftungsbetrag nicht bedeckt werden, kann der Auftraggeber oder der Beschäftiger von seinem Recht zur Leistung des Werklohns an das Dienstleistungszentrum (§ 67c ASVG) jedenfalls Gebrauch machen.

(8) Beschwerden gegen Bescheide nach Abs. 4 haben keine aufschiebende Wirkung.

(9) Die Bezirksverwaltungsbehörde hat die Sicherheit für frei zu erklären, wenn das Verfahren eingestellt wird oder die gegen den Auftragnehmer oder den Überlasser verhängte Strafe vollzogen ist, oder nicht binnen eines Jahres der Verfall ausgesprochen wurde. In Verfahren nach § 29 Abs. 1 findet der erste Satz Anwendung mit der Maßgabe, dass die Sicherheit für frei zu erklären ist, wenn nicht binnen zwei Jahren der Verfall ausgespro-

chen wurde. Die Sicherheit ist auch dann für frei zu erklären, wenn sie vom Auftragnehmer oder dem Überlasser erlegt wird. Frei gewordene Sicherheiten sind an den Auftraggeber oder den Beschäftiger auszuzahlen.

(10) Die Bezirksverwaltungsbehörde hat die Sicherheit für verfallen zu erklären, sobald sich die Strafverfolgung des Auftragnehmers oder des Überlassers oder der Vollzug der Strafe als unmöglich erweist. § 17 VStG ist sinngemäß anzuwenden.

(11) Für die Verwertung verfallener Sicherheiten gilt § 37 Abs. 6 VStG sinngemäß, wobei ein allfälliger Restbetrag an den Auftraggeber oder den Beschäftiger auszuzahlen ist.

Evidenz über Verwaltungs(straf)verfahren nach den §§ 26, 27, 28, 29 Abs. 1, 31 und 34

§ 35. (1) Für Zwecke der Beantragung eines Strafausmaßes, der Strafbemessung, der Untersagung der Dienstleistung nach § 31 Abs. 1 und der Feststellung der Ausübung einer Dienstleistung trotz Untersagung sowie für die Zwecke der Evaluierung der Strafverfolgung oder des Strafvollzugs sowie für die Zwecke der Beauskunftung öffentlicher Auftraggeber und Sektorenauftraggeber hat das Kompetenzzentrum LSDB eine Evidenz über rechtskräftige Bescheide und Erkenntnisse in Verwaltungs(straf)verfahren nach den §§ 26, 27, 28, 29 Abs. 1, 31 und 34 zu führen. Diese kann automationsunterstützt geführt werden.

(2) Die Bezirksverwaltungsbehörden und die Verwaltungsgerichte der Länder haben Ausfertigungen rechtskräftiger Bescheide und Erkenntnisse, die sie oder der Verwaltungsgerichtshof in Strafverfahren oder Verfahren gemäß den §§ 26, 27, 28, 29 Abs. 1, 31 und 34 erlassen haben, in automationsunterstützter Form unverzüglich dem Kompetenzzentrum LSDB zu übermitteln. Desgleichen haben sie Ausfertigungen rechtskräftiger Bescheide und Erkenntnisse, mit denen eine Strafe gemäß den §§ 26, 27, 28 oder 29 Abs. 1 gegen verantwortliche Beauftragte im Sinne von § 9 Abs. 2 letzter Satz und Abs. 3 VStG verhängt wurde, jenem Unternehmen zuzustellen, dem diese Bestrafung gemäß Abs. 4 zweiter Satz zuzurechnen ist. Im Bescheid oder im Erkenntnis ist ein Hinweis darauf aufzunehmen, dass mit der rechtskräftigen Bestrafung die Eintragung des/der Beschuldigten und jenes Unternehmens, dem die Bestrafung zuzurechnen ist, in die Evidenz verbunden ist.

(3) Das Kompetenzzentrum LSDB hat Daten eines Strafverfahrens fünf Jahre nach Eintritt der Rechtskraft des jeweiligen Bescheides oder Erkenntnisses zu löschen. Das Kompetenzzentrum LSDB hat Daten eines Verfahrens über die Untersagung einer Dienstleistung drei Jahre nach Ablauf des Zeitraums der Untersagung zu löschen.

(4) Das Kompetenzzentrum LSDB hat der Bezirksverwaltungsbehörde, dem Verwaltungsgericht des Landes, „den Abgabenbehörden“[a)] oder der Bauarbeiter-Urlaubs- und Abfertigungskasse auf Verlangen binnen zwei Wochen zur Beantragung des Strafausmaßes, zur Strafbemessung, zur Untersagung der Dienstleistung oder zur Feststellung, dass trotz Untersagung eine Dienstleistung ausgeübt wird, Auskunft darüber zu geben, ob hinsichtlich des im Auskunftsersuchen genannten Arbeitgebers eine rechtskräftige Bestrafung oder Entscheidung gemäß den §§ 26, 27, 28, 29 Abs. 1 oder 31 vorliegt oder ihm eine solche Bestrafung zuzurechnen ist. Zuzurechnen ist dem Arbeitgeber eine Bestrafung dann, wenn diese Bestrafung gegen den Arbeitgeber selbst oder gegen den zur Vertretung nach außen Berufenen (§ 9 Abs. 1 VStG) oder gegen den verantwortlichen Beauftragten (§ 9 Abs. 2 oder 3 VStG) rechtskräftig verhängt wurde. In der Auskunft sind die Anzahl der Bestrafungen und gegebenenfalls die maßgeblichen Daten der Strafbescheide und Straferkenntnisse, der Bescheide, mit denen eine Ermahnung erteilt wurde, sowie der Bescheide und Erkenntnisse in Verfahren nach § 31 (Behörde, Aktenzahl, Bescheid-, Erkenntnis- und Rechtskraftdatum, Name und Geburtsdatum der Person, auf die sich der Bescheid oder das Erkenntnis bezieht und der es zuzurechnen ist, verhängte Geldstrafen, Dauer/Zeitraum der Untersagung der Dienstleistung) anzugeben oder festzustellen, dass keine Bestrafung, keine Untersagung der Dienstleistung oder Daten für eine Auskunft vorliegen. Fünf Jahre nach Eintritt der Rechtskraft des jeweiligen Strafbescheides oder Straferkenntnisses sowie drei Jahre nach Ablauf des Zeitraums der Untersagung der Dienstleistung darf in Bezug auf diesen Bescheid oder dieses Erkenntnis eine Auskunft nicht mehr erteilt werden.

(BGBl I 2018/100, BGBl I 2019/104)

[a)] Ab 1. Juli 2020: „dem Amt für Betrugsbekämpfung“.

(5) Weiters hat das Kompetenzzentrum LSDB dem öffentlichen Auftraggeber oder Sektorenauftraggeber auf Verlangen binnen zwei Wochen Auskunft darüber zu geben, ob hinsichtlich des im Auskunftsersuchen genannten Arbeitgebers eine rechtskräftige Bestrafung oder Entscheidung gemäß den §§ 28, 29 Abs. 1 oder 31 Abs. 1 vorliegt oder ihm eine solche Bestrafung oder Entscheidung zuzurechnen ist. Abs. 4 vorletzter Satz ist sinngemäß anzuwenden. Für Auskünfte an öffentliche Auftraggeber und Sektorenauftraggeber gilt § 28b Abs. 2 zweiter und dritter Satz AuslBG mit der Maßgabe, dass an die Stelle des Begriffs „Bestrafung“ der Begriff „Bestrafung oder Entscheidung“ tritt. Für Auskünfte an öffentliche Auftraggeber und Sektorenauftraggeber zählen rechtskräftige Bestrafungen oder Entscheidungen gemäß den §§ 28, 29 Abs. 1 oder 31 Abs. 1, deren Spruch sich auf mehrere Arbeitnehmer bezieht oder verschiedene Verwaltungsübertretungen erfasst, als eine Bestrafung oder Entscheidung.

(6) Die Bezirksverwaltungsbehörden haben dem Kompetenzzentrum LSDB auf Jahresbasis über die Einbringung der in Verfahren nach § 34 erlegten Sicherheiten zu berichten.

3. Hauptstück
Durchsetzung von Maßnahmen zum Schutz arbeitsrechtlicher Ansprüche bei grenzüberschreitendem Arbeitseinsatz

1. Abschnitt
Allgemeine Bestimmungen

Anwendungsbereich

§ 36. Das dritte Hauptstück regelt im Zusammenhang mit der Übertretung arbeitsrechtlicher Vorschriften oder einer Vorschrift nach diesem Bundesgesetz

1. in seinem zweiten Abschnitt die Zustellung inländischer behördlicher Dokumente an ausländische Arbeitgeber im Inland (§ 41);
2. in seinem dritten Abschnitt die Erwirkung
   a) der Zustellung (§§ 43 bis 46) und
   b) der Vollstreckung (§§ 43, 44 und 47 bis 50)

   von Straferkenntnissen und -verfügungen der in § 42 genannten Verwaltungsbehörden und Gerichte in einem anderen EU- oder EWR-Vertragsstaat;
3. in seinem vierten Abschnitt
   a) die Zustellung gerichtlicher und verwaltungsbehördlicher Entscheidungen (§§ 52, 53, 55 sowie 56 bis 58),
   b) die Vollstreckung verwaltungsbehördlicher Entscheidungen (§§ 52 bis 55 sowie 59 bis 64) und
   c) die Vollstreckung gerichtlicher Entscheidungen (§§ 52 bis 55 sowie §§ 65 bis 67)

   auf Ersuchen eines anderen EU- oder EWR-Vertragsstaats im Inland.

Bestimmung der Begriffe „inländische Behörde“ und „inländische Behörden“

§ 37. Soweit sich aus dem jeweiligen Zusammenhang nicht anderes ergibt, sind im Sinne des dritten Hauptstücks „inländische Behörden“ die in § 42 Z 1 bis 4 genannten Verwaltungsbehörden und Gerichte und ist „inländische Behörde“ eine der in § 42 Z 1 genannten Verwaltungsbehörden oder eines der in § 42 Z 2 bis 4 genannten Gerichte.

Aufwand der Strafverfolgung bei grenzüberschreitender Rechtsdurchsetzung

§ 38. Inländische Behörden haben bei der Entscheidung über die Einstellung eines nach diesem Hauptstück geführten Verwaltungsstrafverfahrens die Tatsache zu berücksichtigen, dass die Rechtsdurchsetzung und Strafverfolgung in Fällen des § 36 wegen ihrer Beziehung zu mehr als einem Staat einen vergleichsweise höheren Aufwand erfordern kann. Diese Tatsache allein rechtfertigt die Einstellung eines Verwaltungsstrafverfahrens nach § 45 Abs. 1 Z 6 VStG nicht.

Verwendung des Binnenmarkt-Informationssystems (IMI)

§ 39. Inländische Verwaltungsbehörden und Gerichte, die gemäß § 36 Z 2 oder 3 mit dem Ersuchen oder Entsprechen von Ersuchen um Zustellung und Vollstreckung von Entscheidungen befasst sind, haben zu diesem Zweck IMI zu verwenden.

Ämter der Landesregierung als zentrale Behörden

§ 40. (1) Ersuchen um Zustellung und Vollstreckung inländischer Straferkenntnisse oder -verfügungen in einem anderen EU-Mitgliedstaat oder EWR-Staat entsprechend § 36 Z 2 sind von den inländischen Behördenselbst zu stellen.

(2) Ersuchen um Zustellung und Vollstreckung von Entscheidungen anderer EU-Mitgliedstaaten oder EWR-Staaten entsprechend § 36 Z 3 sind von den Ämtern der Landesregierung entgegenzunehmen und weiterzuleiten. Für diesen Zweck werden die Ämter der Landesregierung der Kommission gegenüber entsprechend Artikel 14 der Richtlinie 2014/67/EU zur Durchsetzung der Richtlinie 96/71/EG über die Entsendung von Arbeitnehmern im Rahmen der Erbringung von Dienstleistungen und zur Änderung der Verordnung (EU) Nr. 1024/2012 über die Verwaltungszusammenarbeit mit Hilfe des Binnenmarkt-Informationssystems („IMI-Verordnung“), ABl. Nr. L 159 vom 28.05.2014 S. 11, als die zentralen Behörden benannt.

(3) Bei Schwierigkeiten bei einer Zustellung oder Vollstreckung nach Abs. 1 oder 2 kann eine inländische Verwaltungsbehörde oder ein inländisches Gericht nach Maßgabe dieses Hauptstücks das örtlich zuständige Amt der Landesregierung um Unterstützung ersuchen, insbesondere wenn die Behörde keinen Zugang zum IMI hat. In solchen Fällen ist das örtlich zuständige Amt der Landesregierung Verbindungsstelle im Sinne des § 15 Abs. 2, Abs. 3 Z 1 und 3, Abs. 5 und Abs. 6 DLG und zur Unterstützung verpflichtet.

(4) Örtlich zuständig für Vorkehrungen nach dem dritten Abschnitt (§§ 43, 44, 46, 48 und 49) ist dasjenige Amt der Landesregierung, in dessen Sprengel die um Zustellung oder Vollstreckung ersuchende Behörde ihren Sitz hat. Örtlich zuständig für Vorkehrungen nach dem vierten Abschnitt (§§ 53 bis 56, 58 Abs. 2, §§ 59 und 65) ist dasjenige Amt der Landesregierung, in dessen Sprengel die Person, gegen die sich die Entscheidung richtet, ihren Sitz oder Wohnsitz hat.

2. Abschnitt
Zustellung an ausländische Arbeitgeber im Inland

§ 41. (1) Für die Anwendung dieses Bundesgesetzes gilt als Abgabestelle im Sinne des § 2 Z 4 des Zustellgesetzes (ZustG), BGBl. Nr. 200/1982, auch die im Inland gelegene Betriebsstätte, Betriebsräumlichkeit, auswärtige Arbeitsstelle oder Arbeitsstätte, an der der Arbeitnehmer tätig ist. Für eine Zustellung an dieser Abgabestelle kann sowohl die Person, für die das Dokument inhaltlich bestimmt ist (Empfänger im materiellen Sinn) als auch die in § 19 Abs. 3 Z 3 bezeichnete Ansprechperson als Empfänger im Sinne des § 2 Z 1 ZustG bezeichnet werden. An dieser Abgabestelle darf der in § 19 Abs. 3 Z 3 bezeichneten Ansprechperson auch dann zugestellt werden, wenn der Empfänger im materiellen Sinn als Empfänger im Sinne des § 2 Z 1 ZustG bezeichnet wurde oder der Empfänger im materiellen Sinn sich nicht regelmäßig an der Abgabestelle aufhält. Wurde entgegen § 19 Abs. 3 Z 3 keine Ansprechperson bezeichnet oder kann der aus dem Kreis der nach Österreich entsandten Arbeitnehmer bezeichneten Ansprechperson nicht zugestellt werden, darf Arbeitnehmern des ausländischen Arbeitgebers zugestellt werden, wobei es auf den regelmäßigen Aufenthalt des Empfängers im materiellen Sinn oder des Empfängers im Sinne des § 2 Z 1 ZustG nicht ankommt. Die in § 19 Abs. 3 Z 3 bezeichnete Ansprechperson kann auch für Zustellungen außerhalb dieser Abgabestelle als Empfänger im Sinne des § 2 Z 1 ZustG bezeichnet werden.

(2) Liegt der begründete Verdacht einer Verwaltungsübertretung nach den §§ 26, 27, 28, 29 Abs. 1 oder 31 Abs. 4 vor und ist auf Grund bestimmter Tatsachen anzunehmen, dass die Zustellung von Dokumenten aus Gründen, die in dem Empfänger im materiellen Sinn oder in der in § 19 Abs. 3 Z 3 bezeichneten Ansprechperson liegen, unmöglich oder wesentlich erschwert sein wird, kann die Bezirksverwaltungsbehörde dem Empfänger im materiellen Sinn durch Bescheid auftragen, innerhalb einer Frist von mindestens zwei Wochen für das gegenständliche Verfahren einen Zustellungsbevollmächtigten namhaft zu machen. Unter den im ersten Satz genannten Voraussetzungen „können die Abgabenbehörden"[a] dem Empfänger im materiellen Sinn auftragen, innerhalb einer Frist von mindestens zwei Wochen für aus der Erhebung resultierende Verfahren einen Zustellungsbevollmächtigten namhaft zu machen. § 10 Abs. 1 zweiter bis vierter Satz und Abs. 2 ZustG ist sinngemäß anzuwenden; die Abgabestelle nach Abs. 1 gilt nicht als Abgabestelle nach § 10 Abs. 2 Z 2 ZustG.

(BGBl I 2019/104)

[a] Ab 1. Juli 2020: „kann das Amt für Betrugsbekämpfung".

3. Abschnitt
Erwirkung der Zustellung und Vollstreckung der Entscheidungen inländischer Behörden in einem anderen EU-Mitgliedstaat oder EWR-Staat

1. Unterabschnitt
Allgemeine Bestimmungen

Anwendungsbereich

§ 42. Der dritte Abschnitt regelt die Erwirkung der Zustellung und Vollstreckung

1. von Strafbescheiden der Bezirksverwaltungsbehörden,
2. von Erkenntnissen der Verwaltungsgerichte der Länder,
3. von Erkenntnissen des Bundesverwaltungsgerichts und
4. von Erkenntnissen des Verwaltungsgerichtshofs

im EU-Mitgliedstaat oder EWR-Staat, in dem der Beschuldigte, gegen den eine Geldstrafe verhängt wurde, seinen Sitz oder Wohnsitz hat.

Übermittlung eines Ersuchens um Zustellung oder Vollstreckung

§ 43. (1) Ämter der Landesregierung und inländische Behörden, die um Zustellung oder Vollstreckung eines inländischen Straferkenntnisses oder einer inländischen Strafverfügung ersuchen, haben die § 46 Abs. 2 bzw. § 48 Abs. 2 entsprechenden Angaben in das einheitliche Formular einzutragen, das über IMI für solche Ersuchen zur Verfügung gestellt wird. Ist die um Zustellung oder Vollstreckung ersuchende inländische Behörde selbst nicht in IMI registriert, hat sie das gemäß § 40 Abs. 4 örtlich zuständige Amt der Landesregierung um Weiterleitung des Ersuchens um Zustellung oder Vollstreckung zu ersuchen und die entsprechend § 46 bzw. § 48 benötigten Angaben und Beilagen zur Verfügung zu stellen.

(2) Zusammen mit den in § 46 Abs. 3 bzw. § 48 Abs. 3 genannten Beilagen ist das Formular ausgefüllt oder, soweit ein Formular nicht zur Verfügung steht, das Ersuchen als solches an diejenige Behörde bzw. an eine der Behörden weiterzuleiten, die der andere Mitgliedstaat nach Artikel 14 der Richtlinie 2014/67/EU als zuständig benannt hat.

Mitteilung der weiteren Behandlung eines Ersuchens um Zustellung oder Vollstreckung

§ 44. (1) Ein Amt der Landesregierung oder eine inländische Behörde, das oder die Informationen über die weitere Behandlung eines Ersuchens gemäß § 46 bzw. § 48 erlangt hat, hat diese Information an das gemäß § 40 Abs. 4 örtlich zuständige Amt der Landesregierung weiterzuleiten. Das örtlich zuständige Amt der Landesregierung hat seinerseits die Informationen an die inländische Behörde, die das Ersuchen veranlasst hat, weiterzuleiten, soweit die inländische Behörde nicht über die Informationen verfügt.

(2) Teilt die gemäß § 43 um Zustellung oder Vollstreckung ersuchte ausländische Behörde nicht innerhalb eines Monats mit, welche weiteren Maßnahmen sie veranlasst, hat das gemäß § 40 Abs. 4 örtlich zuständige Amt der Landesregierung bzw. die inländische Behörde, das oder die gemäß § 43 um Zustellung oder Vollstreckung ersucht hat, die ausländische Behörde um entsprechende Auskunft zu ersuchen.

2. Unterabschnitt
Erwirkung der Zustellung der Entscheidungen inländischer Behörden in einem anderen EU-Mitgliedstaat oder EWR-Staat

Grundsätze

§ 45. Die inländische Behörde, die eine in § 42 genannte Entscheidung gefällt hat, hat zu veranlassen, dass diese Entscheidung einem Beschuldigten mit Sitz oder Wohnsitz in einem anderen EU-Mitgliedstaat oder EWR-Staat zugestellt wird. Erscheint die Zustellung im Inland nach § 41 und den Regelungen des Zustellgesetzes im Vorhinein aussichtslos oder erweist sie sich als unmöglich, ist eine Zustellung im Mitgliedstaat, in dem der Beschuldigte seinen Sitz oder Wohnsitz hat, entsprechend § 46 zu veranlassen.

Ersuchen um Zustellung in einem anderen EU-Mitgliedstaat oder EWR-Staat

§ 46. (1) Die Zustellung einer Entscheidung in einem anderen EU-Mitgliedstaat oder EWR-Staat ist durch die inländische Behörde, die die Entscheidung gefällt hat, entweder selbst oder im Weg eines Ersuchens an das gemäß § 40 Abs. 4 örtlich zuständige Amt der Landesregierung zu veranlassen.

(2) Das Ersuchen um Veranlassung einer Zustellung muss folgende Angaben enthalten:

1. den Namen und die Anschrift des Empfängers und alle weiteren bekannten Daten zur Identifizierung des Empfängers;
2. die Kontaktdaten der inländischen Behörde, die die zuzustellende Entscheidung gefällt hat;
3. die ausdrückliche Bezeichnung der inländischen Behörde, die die Entscheidung gefällt hat, als „Gericht" oder als „Verwaltungsbehörde";
4. eine Zusammenfassung des Sachverhalts;
5. Angaben, gegen welche arbeitsrechtliche Vorschrift verstoßen wurde;
6. die Angabe der Höhe der Geldstrafe;
7. das Datum, bis zu dem spätestens die Entscheidung zugestellt werden sollte.

(3) Dem Ersuchen sind beizufügen:

1. die zuzustellende Entscheidung;
2. eine Übersetzung der zuzustellenden Entscheidung in eine Amtssprache des EU-Mitgliedstaats oder EWR-Staats, in dem der Beschuldigte seinen Sitz oder Wohnsitz hat.

3. Unterabschnitt
Erwirkung der Vollstreckung der Entscheidungen inländischer Behörden in einem anderen EU-Mitgliedstaat oder EWR-Staat

Grundsätze

§ 47. Ist eine in § 42 genannte Entscheidung gegen einen Verpflichteten mit Sitz oder Wohnsitz in einem anderen EU-Mitgliedstaat oder EWR-Staat in Rechtskraft erwachsen, so ist zunächst ihre Vollstreckung im Inland zu versuchen. Bei der Bestimmung der für eine Vollstreckung im Inland örtlich zuständigen Bezirksverwaltungsbehörde oder des dafür örtlich zuständigen Gerichts ist der Ort maßgebend, an dem sich Vermögen des Verpflichteten befindet, in das die Entscheidung vollstreckt werden soll. Erscheint die Vollstreckung im Inland aussichtslos, ist sie nicht möglich oder wäre sie mit einem unverhältnismäßigen Aufwand verbunden, so ist der EU-Mitgliedstaat oder EWR-Staat, in dem der Beschuldigte seinen Sitz oder Wohnsitz hat, nach § 48 um Vollstreckung zu ersuchen.

Ersuchen um Vollstreckung in einem anderen EU-Mitgliedstaat oder EWR-Staat

§ 48. (1) Die Vollstreckung einer Entscheidung in einem anderen EU-Mitgliedstaat oder EWR-Staat ist durch die inländische Behörde, die die Entscheidung gefällt hat, entweder selbst oder im Weg eines Ersuchens an das gemäß § 40 Abs. 4 örtlich zuständige Amt der Landesregierung zu veranlassen.

(2) Das Ersuchen um Veranlassung einer Vollstreckung muss folgende Angaben enthalten:

1. den Namen und die Anschrift des Verpflichteten und alle weiteren bekannten Daten zur Identifizierung des Verpflichteten;
2. die Kontaktdaten der inländischen Behörde, die die zu vollstreckende Entscheidung gefällt hat;
3. die ausdrückliche Bezeichnung der inländischen Behörde, die die Entscheidung gefällt hat, als „Gericht" oder als „Verwaltungsbehörde";
4. eine Zusammenfassung des Sachverhalts;
5. Angaben, gegen welche arbeitsrechtliche Vorschrift verstoßen wurde;
6. die Angabe der Höhe der Geldstrafe;
7. Angaben über die allfällige vorherige Zustellung der Entscheidung;
8. das Datum, an dem die Entscheidung vollstreckbar oder rechtskräftig wurde;
9. die Vollstreckungsmittel;
10. die Vollstreckbarkeitsbestätigung.

(3) Dem Ersuchen sind beizufügen:

1. die zu vollstreckende Entscheidung;
2. eine Übersetzung der zu vollstreckenden Entscheidung in eine Amtssprache des EU-Mitgliedstaats oder EWR-Staats, in dem der Beschuldigte seinen Sitz oder Wohnsitz hat.

Benachrichtigung der um Vollstreckung ersuchten Behörde eines anderen EU-Mitgliedstaats oder EWR-Staats

§ 49. (1) Die gemäß § 48 um Vollstreckung ersuchende inländische Behörde hat die ersuchte Behörde des anderen EU-Mitgliedstaats oder EWR-Staats oder das gemäß § 40 Abs 4 örtlich zuständige Amt der Landesregierung unverzüglich von Umständen zu verständigen, aufgrund deren die Vollstreckung des Straferkenntnisses oder der Strafverfügung einzuschränken oder aufzuschieben ist oder die Vollstreckbarkeit erlischt, insbesondere wenn

1. der Verpflichtete die Geldstrafe vollständig oder teilweise gezahlt hat,
2. gegen das Straferkenntnis oder die Strafverfügung ein außerordentliches Rechtsmittel (Antrag auf Wiederaufnahme des Verfahrens oder auf Wiedereinsetzung in den vorigen Stand) ergriffen wird,
3. das Straferkenntnis, die Strafverfügung oder dessen oder deren Vollstreckbarkeit nachträglich aufgehoben, abgeändert oder das Ausmaß der Geldstrafe herabgesetzt worden ist, oder
4. die Vollstreckung aus anderen Gründen nicht mehr begehrt wird.

(2) Ist das Ersuchen um Vollstreckung gemäß § 48 Abs. 1 im Weg des gemäß § 40 Abs. 4 örtlich zuständigen Amts der Landesregierung ergangen, so hat dieses Amt der Landesregierung die Behörde, die der andere EU-Mitgliedstaat oder EWR-Staat nach Artikel 14 der Richtlinie 2014/67/EU als zuständig benannt hat, von den in Abs. 1 genannten Umständen zu benachrichtigen.

Folgen des Ersuchens um Vollstreckung in einem anderen EU-Mitgliedstaat oder EWR-Staat für die Vollstreckung im Inland

§ 50. Eine gemäß § 48 mit dem Ersuchen um Vollstreckung übermittelte Entscheidung darf im Inland nicht vollstreckt werden. Die Vollstreckung im Inland ist wieder zulässig, wenn der um Vollstreckung ersuchte andere EU-Mitgliedstaat oder EWR-Staat dem Ersuchen nicht nachkommt.

4. Abschnitt
Zustellung und Vollstreckung der Entscheidung einer Behörde eines anderen EU-Mitgliedstaats oder EWR-Staats im Inland

1. Unterabschnitt
Allgemeine Bestimmungen

Anwendungsbereich

§ 51. Der vierte Abschnitt regelt, mit welchen Maßnahmen Ersuchen einer Behörde eines anderen EU-Mitgliedstaats oder EWR-Staats um

1. Zustellung und
2. Vollstreckung

der Entscheidung eines Gerichts oder einer Verwaltungsbehörde dieses EU-Mitgliedstaats oder EWR-Staats im Inland wegen Verletzung einer arbeitsrechtlichen Vorschrift zu entsprechen ist, wenn das Ersuchen an ein Amt der Landesregierung, an eine sonstige inländische Verwaltungsbehörde oder an ein inländisches Gericht ergangen ist.

Anerkennung und Gleichbehandlung der Entscheidung eines anderen EU-Mitgliedstaats oder EWR-Staats

§ 52. Liegt kein Grund für die Ablehnung der Zustellung (§ 58) oder der Vollstreckung (§ 54) einer Entscheidung vor, um die ein anderer EU-Mitgliedstaat oder EWR-Staat ersucht hat, ist die Entscheidung als solche anzuerkennen und wie eine inländische verwaltungsbehördliche oder gerichtliche Strafentscheidung zu behandeln.

Weiterleitung bei Unzuständigkeit

§ 53. (1) Eine zur Zustellung oder Vollstreckung übermittelte Entscheidung ist von Amts wegen von der Behörde, die sie erhalten hat, unverzüglich dem gemäß § 40 Abs. 4 örtlich zuständigen Amt der Landesregierung zu übermitteln, wenn die Entscheidung erging

1. an eine inländische Verwaltungsbehörde oder an ein inländisches Gericht, die oder das für die Zustellung oder Vollstreckung selbst nicht zuständig ist oder
2. an ein Amt der Landesregierung, das nach § 40 Abs. 4 örtlich nicht zuständig ist.

Das gemäß § 40 Abs. 4 örtlich zuständige Amt der Landesregierung hat nach § 56 bzw. nach § 59 oder § 65 vorzugehen.

(BGBl I 2017/30)

(2) Inländische Verwaltungsbehörden und Gerichte, die direkt um Zustellung bzw. Vollstreckung einer Entscheidung ersucht wurden und die dafür zuständig sind, haben nach § 55 und dem zweiten Unterabschnitt bzw. nach §§ 54, 55, dem dritten und vierten Unterabschnitt vorzugehen.

(BGBl I 2017/30)

Ablehnung der Vollstreckung

§ 54. (1) Die oder das gemäß § 53 Abs. 2, § 59 oder § 65 mit einem Vollstreckungsersuchen befasste inländische Verwaltungsbehörde oder Gericht hat das Vollstreckungsersuchen auf das Vorliegen eines der in Abs. 3 genannten Gründe für eine Ablehnung zu überprüfen. Ergibt die Überprüfung, dass einer der in Abs. 3 Z 4 bis 6 genannten Ablehnungsgründe vorliegt, hat die inländische Verwaltungsbehörde oder das Gericht der ersuchenden Behörde des anderen EU-Mitgliedstaats oder EWR-Staats die Ablehnung des Ersuchens und die Gründe dafür mitzuteilen. Bei Vorliegen eines der in Abs. 3 Z 1 bis 3 genannten Ablehnungsgründe ist der ersuchenden Behörde des anderen EU-Mitgliedstaats oder EWR-Staats mitzuteilen, dass die Vollstreckung abgelehnt werde, wenn nicht innerhalb einer bestimmten Frist Angaben oder Unterlagen nachgereicht oder vervollständigt werden, die zur Behebung der in Abs. 3 Z 1 bis 3 genannten Mängel benötigt werden.

(2) Die Mitteilung an die um Vollstreckung ersuchende Behörde des anderen EU-Mitgliedstaats oder EWR-Staats nach Abs. 1 hat entweder im Weg des gemäß § 40 Abs. 4 örtlich zuständigen Amts der Landesregierung oder durch die inländische Verwaltungsbehörde oder das Gericht zu erfolgen, die oder das über die Ablehnung entschieden hat.

(3) Die Vollstreckung ist abzulehnen, wenn das Ersuchen um Vollstreckung

1. nicht alle in § 48 Abs. 2 genannten Angaben enthält oder

2. ohne die zu vollstreckende Entscheidung übermittelt wird oder
3. offenkundig nicht mit der zugrunde liegenden Entscheidung übereinstimmt oder
4. die voraussichtlichen Kosten oder Mittel der Vollstreckung im Vergleich mit der Höhe der zu vollstreckenden Geldstrafe oder Geldbuße unverhältnismäßig wären oder
5. die zu vollstreckende Geldstrafe oder Geldbuße unter 350 Euro oder dem Gegenwert dieses Betrags liegt oder
6. die Vollstreckung mit verfassungsgesetzlich gewährleisteten Rechten oder sonstigen Grundwertungen der österreichischen Rechtsordnung nicht vereinbar wäre.

Benachrichtigung der ersuchenden Behörde eines anderen EU-Mitgliedstaats oder EWR-Staats

§ 55. (1) Abgesehen von der in § 58 bzw. § 54 geregelten Ablehnung einer Zustellung bzw. Vollstreckung ist der um Zustellung oder Vollstreckung ersuchenden Behörde eines anderen EU-Mitgliedstaats oder EWR-Staats mitzuteilen,

1. welche Maßnahmen in Durchführung des zweiten bis vierten Unterabschnitts getroffen wurden und
2. welche tatsächlichen oder rechtlichen Hindernisse diesen Maßnahmen entgegenstehen.

(2) Entsprechend Abs. 1 mitzuteilen sind jedenfalls

1. Datumsangaben zur Behandlung des Ersuchens wie das Datum der Zustellung, des Vollzugs oder der Einstellung der Vollstreckung,
2. die Verweigerung der Annahme einer zuzustellenden Entscheidung gemäß § 12 ZustG,
3. die Einbringung eines Rechtsmittels im Vollstreckungsverfahren,
4. die Uneinbringlichkeit der Geldstrafe.

(3) Die Mitteilung an die um Zustellung oder Vollstreckung ersuchende Behörde des anderen EU-Mitgliedstaats oder EWR-Staats nach Abs. 1 und 2 hat entweder im Weg des gemäß § 40 Abs. 4 örtlich zuständigen Amts der Landesregierung oder durch die inländische Verwaltungsbehörde oder das Gericht zu erfolgen, die oder das die Maßnahmen gesetzt hat, auf die sich die gemäß Abs. 1 und 2 mitzuteilenden Umstände beziehen.

2. Unterabschnitt
Zustellung gerichtlicher und verwaltungsbehördlicher Entscheidungen eines anderen EU-Mitgliedstaats oder EWR-Staats im Inland

Veranlassung der Zustellung

§ 56. Ein Amt der Landesregierung, das um Zustellung einer Entscheidung ersucht wurde, hat bei örtlicher Zuständigkeit gemäß § 40 Abs. 4 die Zustellung der Entscheidung und, soweit sie angefertigt wurde, ihrer Übersetzung an die im Ersuchen angeführte Adresse des Beschuldigten über die zuständige inländische Verwaltungsbehörde oder über das zuständige inländische Gericht zu veranlassen.

Anzuwendendes Verfahrensrecht

§ 57. Auf die Zustellung von Entscheidungen der Behörden anderer EU-Mitgliedstaaten oder EWR-Staaten nach diesem Unterabschnitt ist das ZustG anzuwenden.

Ablehnung der Zustellung

§ 58. (1) Die oder das nach § 53 Abs. 2 oder § 56 mit einem Zustellersuchen befasste zuständige inländische Verwaltungsbehörde oder Gericht hat das Zustellersuchen auf das Vorliegen eines der in Abs. 3 genannten Gründe für eine Ablehnung zu überprüfen. Ergibt die Überprüfung, dass ein Ablehnungsgrund vorliegt, ist der ersuchenden Behörde des anderen EU-Mitgliedstaats oder EWR-Staats mitzuteilen, dass die Zustellung abgelehnt werde, wenn nicht innerhalb einer bestimmten Frist Angaben oder Unterlagen nachgereicht oder vervollständigt werden, die zur Behebung der in Abs. 3 genannten Mängel benötigt werden.

(2) Die Mitteilung an die um Zustellung ersuchende Behörde des anderen EU-Mitgliedstaats oder EWR-Staats nach Abs. 1 hat entweder im Weg des gemäß § 40 Abs. 4 örtlich zuständigen Amts der Landesregierung oder durch die inländische Verwaltungsbehörde oder das Gericht, die oder das mit dem Zustellersuchen befasst wurden, zu erfolgen.

(3) Die Zustellung ist abzulehnen, wenn das Ersuchen um Zustellung

1. nicht alle in § 46 Abs. 2 genannten Angaben enthält oder
2. ohne die zuzustellende Entscheidung übermittelt wird oder
3. offenkundig nicht mit der zugrunde liegenden Entscheidung übereinstimmt.

3. Unterabschnitt
Vollstreckung verwaltungsbehördlicher Entscheidungen eines anderen EU-Mitgliedstaats oder EWR-Staats im Inland

Veranlassung der Vollstreckung

§ 59. Ein Amt der Landesregierung, das entsprechend § 51 Z 2 um Vollstreckung der Entscheidung einer Verwaltungsbehörde ersucht wurde, hat bei örtlicher Zuständigkeit die Bezirksverwaltungsbehörde, die als Vollstreckungsbehörde für den im Ersuchen angeführten Wohnsitz oder Sitz des Verpflichteten örtlich zuständig ist, um Vollstreckung der Entscheidung zu ersuchen.

Anzuwendendes Verfahrensrecht

§ 60. Auf das Verfahren der Vollstreckung verwaltungsbehördlicher Entscheidungen anderer EU-Mitgliedstaaten oder EWR-Staaten sind das Verwaltungsvollstreckungsgesetz 1991 (VVG), BGBl Nr. 53/1991, und § 6 des EU-Verwaltungsstrafvollstreckungsgesetzes (EU-VStVG), BGBl. I Nr. 3/2008, anzuwenden.

Aufschub der Vollstreckung

§ 61. Die Vollstreckungsbehörde hat die Vollstreckung aufzuschieben, sobald ihr bekannt wird, dass die der Vollstreckung unterliegende Entscheidung der Behörde des anderen EU-Mitgliedstaats oder EWR-Staats in diesem angefochten wird.

Beendigung der Vollstreckung

§ 62. Die Vollstreckungsbehörde hat die Vollstreckung einzustellen, sobald ihr bekannt wird, dass aufgrund einer im ersuchenden EU-Mitgliedstaat oder EWR-Staat getroffenen Entscheidung oder Maßnahme das Vollstreckungsersuchen gegenstandslos geworden ist.

Erlös aus der Vollstreckung

§ 63. Der Erlös aus einer Vollstreckung fließt dem Rechtsträger zu, der den Aufwand der Vollstreckungsbehörde zu tragen hat.

Kosten

§ 64. Unbeschadet ihrer Einbringung beim Verpflichteten sind die Kosten von dem nach § 63 zuständigen Rechtsträger zu tragen.

4. Unterabschnitt
Vollstreckung gerichtlicher Entscheidungen eines anderen EU-Mitgliedstaats oder EWR-Staats im Inland

Veranlassung der Vollstreckung

§ 65. Ein Amt der Landesregierung das entsprechend § 51 Z 2 um Vollstreckung der Entscheidung eines Gerichts ersucht wurde, hat, wenn es nach § 40 Abs. 4 örtlich zuständig ist, das Landesgericht, das für den im Ersuchen angeführten Wohnsitz oder Sitz des Verpflichteten örtlich zuständig ist, um Veranlassung der Vollstreckung der Entscheidung zu ersuchen.

Anzuwendendes Verfahrensrecht

§ 66. Auf das Verfahren der Vollstreckung gerichtlicher Entscheidungen anderer EU-Mitgliedstaaten oder EWR-Staaten sind die §§ 53d, 53f, 53h und 53j des Bundesgesetzes über die justizielle Zusammenarbeit in Strafsachen mit den Mitgliedstaaten der Europäischen Union (EU-JZG), BGBl I Nr. 36/2004, sowie das Gerichtliche Einbringungsgesetz 1962 (GEG 1962), BGBl Nr. 288/1962, anzuwenden.

Aufschub der Vollstreckung

§ 67. Das gemäß § 53 Abs. 2 oder § 65 zuständige Landesgericht hat die Vollstreckung aufzuschieben,

1. sobald ihm bekannt wird, dass die der Vollstreckung unterliegende Entscheidung der Behörde des anderen EU-Mitgliedstaats oder EWR-Staats in diesem angefochten wird;
2. solange über eine gemäß § 53d Abs. 4 EU-JZG erhobene Beschwerde nicht rechtskräftig entschieden wurde;
3. für die Dauer der vom Gericht für erforderlich erachteten, auf seine Kosten anzufertigenden Übersetzung der Entscheidung;
4. bis zum Einlangen der von der Behörde des Entscheidungsstaates begehrten ergänzenden Informationen.

(BGBl I 2017/30)

4. Hauptstück
Schlussbestimmungen

Verweisungen

§ 68. (1) Soweit in diesem Bundesgesetz auf andere Bundesgesetze verwiesen wird, sind diese in der jeweils geltenden Fassung anzuwenden.

(2) Soweit in anderen Bundesgesetzen auf die §§ 7 bis 7o des Arbeitsvertragsrechts-Anpassungsgesetzes (AVRAG), BGBl. Nr. 459/1993 in der Fassung vor dem BGBl. I Nr. 44/2016 oder die §§ 10 und 10a AÜG in der Fassung vor BGBl. I Nr. 44/2016 verwiesen wird, gilt dieser Verweis als Verweis auf die entsprechenden Bestimmungen dieses Bundesgesetzes.

Kontrollplan – Tätigkeitsbericht

§ 69. Der Bundesminister für Arbeit, Soziales und Konsumentenschutz hat in Zusammenarbeit mit dem Bundesminister für Finanzen nach Maßgabe der jeweiligen Zuständigkeit unter dem Gesichtspunkt einer wirksamen Kontrolle und auf Basis von Risikobewertungen und statistischen Daten sowie unter Berücksichtigung der spezifischen Risiken besonderer Branchen jährlich einen Kontrollplan zu erstellen. Im Kontrollplan ist auch zu dokumentieren, inwieweit „die für die Kontrolle nach § 12 zuständige Abgabenbehörde“ im Hinblick auf die Anzahl der nach Österreich entsandten Arbeitnehmer und effizienten Kontrollen ausreichend mit Personal ausgestattet ist. Der Bundesminister für Finanzen hat dementsprechend für eine ausreichende Personalausstattung zu sorgen. Der Kontrollplan ist erstmalig für das Jahr 2018 zu erstellen. Der Bundesminister für Finanzen hat jährlich bis zum 30. Juni des Folgejahres einen Bericht über die Durchführung des Kontrollplanes zu erstellen und gemeinsam mit dem Bundesminister für Arbeit, Soziales und Konsumentenschutz dem Nationalrat vorzulegen und der Öffentlichkeit zugänglich zu machen.

(BGBl I 2019/104)

[a] Ab 1. Juli 2020: „das für die Kontrolle nach § 12 zuständige Amt für Betrugsbekämpfung“.

Sprachliche Gleichbehandlung

§ 70. Bei allen personenbezogenen Bezeichnungen gilt die gewählte Form für beide Geschlechter.

Vollziehungsbestimmungen

§ 71. Mit der Vollziehung dieses Bundesgesetzes sind betraut:

1. hinsichtlich des § 12, § 19 Abs. 2, § 20 Abs. 3 der Bundesminister für Finanzen;

2. hinsichtlich des § 69 der Bundesminister für Arbeit, Soziales und Konsumentenschutz und der Bundesminister für Finanzen;
3. hinsichtlich der übrigen Bestimmungen der Bundesminister für Arbeit, Soziales und Konsumentenschutz.

Inkrafttreten

§ 72. (1) Dieses Bundesgesetzes tritt mit 1. Jänner 2017 in Kraft und ist auf Sachverhalte anzuwenden, die sich nach dem 31. Dezember 2016 ereignen.

(2) **(Verfassungsbestimmung)** § 1 Abs. 3 dieses Bundesgesetzes tritt mit 1. Jänner 2017 in Kraft und ist auf Sachverhalte anzuwenden, die sich nach dem 31. Dezember 2016 ereignen.

(3) Die §§ 53 Abs. 1, 53 Abs. 2 und 67 in der Fassung des Bundesgesetzes BGBl. I Nr. 30/2017 treten mit 1. Jänner 2017 in Kraft.

(BGBl I 2017/30)

(4) § 13 Abs. 2 Z 6, § 19 Abs. 7, § 20 Abs. 1 und 2, § 21 Abs. 1 Z 2 und 3, § 22 Abs. 1 und 1a, § 23 letzter Satz und § 28 Z 1 in der Fassung des Bundesgesetzes BGBl. I Nr. 64/2017 treten mit 1. Juni 2017 in Kraft und sind auf Sachverhalte anzuwenden, die sich nach dem 31. Mai 2017 ereignen. Meldungen gemäß § 19 für mobile Arbeitnehmer im Transportbereich in der Fassung vor dem Bundesgesetz BGBl. I Nr. 64/2017, die vor dem 1. Juni 2017 erstattet wurden, gelten weiter. § 22 Abs. 1 in der Fassung vor dem Bundesgesetz BGBl. I Nr. 64/2017 gilt für Entsendungen von mobilen Arbeitnehmern im Transportbereich, die vor dem 1. Juni 2017 gemeldet wurden.

(BGBl I 2017/64)

(5) § 11 Abs. 2 bis 4 in der Fassung des Materien-Datenschutz-Anpassungsgesetzes 2018, BGBl. I Nr. 32/2018, tritt mit 25. Mai 2018 in Kraft.

(BGBl I 2018/32)

(6) Die §§ 11 Abs. 1, 13 Abs. 7, 14 samt Überschrift, 20 Abs. 1, 32 Abs. 1 und 35 Abs. 4 in der Fassung des Bundesgesetzes BGBl. I Nr. 100/2018 treten mit 1. Jänner 2020 in Kraft. Zum Zeitpunkt des Inkrafttretens dieses Bundesgesetzes anhängige Prüfverfahren nach § 14 in der Fassung vor dem Bundesgesetz BGBl. I Nr. 100/2018 sind vom Prüfdienst für lohnabhängige Abgaben und Beiträge fortzuführen.

(BGBl I 2018/100)

„(7) § 11 Abs. 1 Z 1 und 6, Abs. 2 und 4, § 12 Abs. 1 und 2 samt Überschrift, § 13 Abs. 1 Z 1 und 2, Abs. 4, die Überschrift vor § 14, § 16 Abs. 1, § 17 Abs. 1 Z 4, § 22 Abs. 1a, § 32 Abs. 1 Z 1 und Abs. 2, § 33, § 34 Abs. 1 bis 3, § 35 Abs. 4, § 41 Abs. 2 und § 69, jeweils in der Fassung des Bundesgesetzes BGBl. I Nr. 104/2019, treten mit 1. Juli 2020 in Kraft.“

(BGBl I 2019/104)

33. Mutterschutzgesetz

Mutterschutzgesetz 1979, BGBl 1979/221 idF

1	BGBl 1980/409	2	BGBl 1980/577	3	BGBl 1984/213
4	BGBl 1986/563	5	BGBl 1989/651	6	BGBl 1990/408
7	BGBl 1990/450	8	BGBl 1991/277	9	BGBl 1991/628
10	BGBl 1992/315	11	BGBl 1992/833	12	BGBl 1993/257
13	BGBl 1995/434	14	BGBl I 1997/9	15	BGBl I 1997/61
16	BGBl I 1998/123	17	BGBl I 1999/70	18	BGBl I 1999/153
19	BGBl I 2001/98	20	BGBl I 2001/103	21	BGBl I 2002/87
22	BGBl I 2002/100	23	BGBl I 2003/130	24	BGBl I 2004/64
25	BGBl I 2004/123	26	BGBl I 2007/53	27	BGBl I 2009/116
28	BGBl I 2010/58	29	BGBl I 2012/35	30	BGBl I 2012/120
31	BGBl I 2013/71	32	BGBl I 2013/138	33	BGBl I 2015/60
34	BGBl I 2015/65	35	BGBl I 2015/149	36	BGBl I 2015/162
37	BGBl I 2017/40	38	BGBl I 2017/126	39	BGBl I 2019/68
40	BGBl I 2019/112				

GLIEDERUNG

STICHWORTVERZEICHNIS

Mutterschutzgesetz 1979 – MSchG (Wiederverlautbarung)

Abschnitt 1
Geltungsbereich

(BGBl I 2004/64)

§ 1. (1) Dieses Bundesgesetz gilt für

1. Dienstnehmerinnen,
2. Heimarbeiterinnen.

(2) Dieses Bundesgesetz ist nicht anzuwenden auf

1. Dienstnehmerinnen, für deren Dienstverhältnis das Landarbeitsgesetz 1984, BGBl. Nr. 287, gilt,
   (BGBl 1995/434)
2. Dienstnehmerinnen, die in einem Dienstverhältnis zu einem Land, einer Gemeinde oder einem Gemeindeverband stehen, sofern sie nicht in Betrieben tätig sind.

(3) Abweichend von Abs. 2 Z 2 ist dieses Bundesgesetz auf Dienstnehmerinnen anzuwenden, deren Dienstrecht gemäß Art. 14 Abs. 2 oder Art. 14a Abs. 3 lit. b B-VG gesetzlich vom Bund zu regeln ist.

(BGBl 1980/409)

(4) Die in diesem Bundesgesetz für Dienstnehmerinnen getroffenen Regelungen gelten auch für weibliche Lehrlinge, die für Dienstgeber getroffenen Regelungen auch für Auftraggeber im Sinne des Heimarbeitsgesetzes 1960, BGBl. Nr. 105/1961.

(5) Auf freie Dienstnehmerinnen im Sinne des § 4 Abs. 4 des Allgemeinen Sozialversicherungsgesetzes (ASVG), BGBl. Nr. 189/1955 sind § 3 sowie § 5 Abs. 1 und 3 anzuwenden.

(BGBl I 2015/149)

§ 2. Abschnitte 2 bis 7 dieses Bundesgesetzes gelten

1. für Dienstnehmerinnen, die in einem der in § 18 genannten Dienstverhältnisse stehen, mit den in Abschnitt 8 vorgesehenen Abweichungen;
2. für die in privaten Haushalten beschäftigten Dienstnehmerinnen mit den in Abschnitt 9 vorgesehenen Abweichungen;
3. für Heimarbeiterinnen mit den in Abschnitt 10 vorgesehenen Abweichungen.

(BGBl I 2004/64)

Abschnitt 2
Evaluierung

(BGBl I 2004/64)

Ermittlung, Beurteilung und Verhütung von Gefahren, Pflichten des Dienstgebers

§ 2a. (1) Der Dienstgeber hat bei der Beschäftigung von Dienstnehmerinnen über die nach dem ArbeitnehmerInnenschutzgesetz – ASchG, BGBl. Nr. 450/1994, vorgesehenen Pflichten hinaus für Arbeitsplätze, an denen Frauen beschäftigt werden, die Gefahren für die Sicherheit und Gesundheit von werdenden und stillenden Müttern und ihre Auswirkungen auf die Schwangerschaft oder das Stillen zu ermitteln und zu beurteilen.

(2) Bei dieser Ermittlung und Beurteilung sind insbesondere Art, Ausmaß und Dauer der Einwirkung auf und Belastung für werdende bzw. stillende Mütter durch

1. Stöße, Erschütterungen oder Bewegungen;
2. Bewegen schwerer Lasten von Hand, gefahrenträchtig insbesondere für den Rücken- und Lendenwirbelbereich;
3. Lärm;
4. ionisierende und nicht ionisierende Strahlungen;
5. extreme Kälte und Hitze;
6. Bewegungen und Körperhaltungen, geistige und körperliche Ermüdung und sonstige mit der Tätigkeit der Dienstnehmerin verbundene körperliche Belastung;
7. biologische Arbeitsstoffe im Sinne des § 40 Abs. 5 Z 2 bis 4 ASchG, soweit bekannt ist, daß diese Stoffe oder die im Falle einer durch sie hervorgerufenen Schädigung anzuwendenden therapeutischen Maßnahmen die Gesundheit der werdenden Mutter oder des werdenden Kindes gefährden;
   (BGBl I 2015/60)
8. gesundheitsgefährdende Arbeitsstoffe;
   (BGBl I 2001/98)
9. (aufgehoben)
   (BGBl I 2015/60)
10. Bergbauarbeiten unter Tage;
   (BGBl I 2001/98, BGBl I 2004/123)
11. Arbeiten in Druckluft (Luft mit einem Überdruck von mehr als 0,1 bar), insbesondere in Druckkammern und beim Tauchen.
   (BGBl I 2004/123)

zu berücksichtigen.

(3) Die Ermittlung und Beurteilung der Gefahren ist den sich ändernden Gegebenheiten anzupassen. Eine Überprüfung und erforderlichenfalls eine Anpassung hat insbesondere

1. bei Einführung neuer Arbeitsmittel, Arbeitsstoffe oder Arbeitsverfahren,
2. bei neuen Erkenntnissen über den Stand der Technik und auf dem Gebiet der Arbeitsgestaltung oder
3. auf begründetes Verlangen des Arbeitsinspektorates

zu erfolgen.

(4) Bei der Ermittlung und Beurteilung der Gefahren und der Festlegung der Maßnahmen sind erforderlichenfalls Sicherheitsfachkräfte und Arbeitsmediziner heranzuziehen. Diese können auch mit der Ermittlung und Beurteilung der Gefahren beauftragt werden.

(5) Der Dienstgeber ist verpflichtet, die Ergebnisse der Ermittlung und Beurteilung der Gefahren sowie die zu ergreifenden Maßnahmen nach § 2b schriftlich festzuhalten (Sicherheits- und Gesundheitsschutzdokumente) und alle Dienstnehmerinnen oder den Betriebsrat und die Sicherheitsvertrauenspersonen über die Ergebnisse und Maßnahmen zu unterrichten.

(BGBl 1995/434)

Maßnahmen bei Gefährdung

§ 2b. (1) Ergibt die Beurteilung Gefahren für die Sicherheit oder Gesundheit von werdenden oder stillenden Müttern oder mögliche nachteilige Auswirkungen auf die Schwangerschaft oder das Stillen, so hat der Dienstgeber diese Gefahren und Auswirkungen durch Änderung der Beschäftigung auszuschließen.

(2) Ist eine Änderung der Arbeitsbedingungen aus objektiven Gründen nicht möglich oder dem Dienstgeber oder der Dienstnehmerin nicht zumutbar, so ist die Dienstnehmerin auf einem anderen Arbeitsplatz zu beschäftigen. Besteht kein geeigneter Arbeitsplatz, so ist die Dienstnehmerin von der Arbeit freizustellen.

(BGBl 1995/434)

Abschnitt 3
Beschäftigungsverbote

(BGBl I 2004/64)

Beschäftigungsverbote für werdende Mütter

§ 3. (1) Werdende Mütter dürfen in den letzten acht Wochen vor der voraussichtlichen Entbindung (Achtwochenfrist) nicht beschäftigt werden.

(2) Die Achtwochenfrist (Abs. 1) ist auf Grund eines ärztlichen Zeugnisses zu berechnen. Erfolgt die Entbindung früher oder später als im Zeugnis angegeben, so verkürzt oder verlängert sich diese Frist entsprechend.

(3) Über die Achtwochenfrist (Abs. 1) hinaus darf eine werdende Mutter auch dann nicht beschäftigt werden, wenn nach einem von ihr vorgelegten fachärztlichen Zeugnis Leben oder Gesundheit von Mutter oder Kind bei Fortdauer der Beschäftigung gefährdet wäre. Der Bundesminister für Arbeit, Soziales und Konsumentenschutz hat durch Verordnung festzulegen,

1. bei welchen medizinischen Indikationen ein Freistellungszeugnis auszustellen ist,
2. welche Fachärzte ein Freistellungszeugnis ausstellen können,
3. nähere Bestimmungen über Ausstellung, Form und Inhalt des Freistellungszeugnisses.

Eine Freistellung wegen anderer als der in dieser Verordnung genannter medizinischer Indikationen ist im Einzelfall auf Grund eines Zeugnisses eines Arbeitsinspektionsarztes oder eines Amtsarztes vorzunehmen.

(BGBl I 2017/126)

(4) Werdende Mütter haben, sobald ihnen ihre Schwangerschaft bekannt ist, dem Dienstgeber hievon unter Bekanntgabe des voraussichtlichen Geburtstermines Mitteilung zu machen. Darüber hinaus sind sie verpflichtet, innerhalb der vierten Woche vor dem Beginn der Achtwochenfrist (Abs. 1) den Dienstgeber auf deren Beginn aufmerksam zu machen. Auf Verlangen des Dienstge-

bers haben werdende Mütter eine ärztliche Bescheinigung über das Bestehen der Schwangerschaft und den voraussichtlichen Zeitpunkt ihrer Entbindung vorzulegen. Bei einem vorzeitigen Ende der Schwangerschaft ist der Dienstgeber zu verständigen.

(BGBl 1992/833)

(5) Allfällige Kosten für einen weiteren Nachweis der Schwangerschaft und des voraussichtlichen Zeitpunktes der Entbindung, der vom Dienstgeber verlangt wird, hat der Dienstgeber zu tragen.

(6) Der Dienstgeber ist verpflichtet, unverzüglich nach Kenntnis von der Schwangerschaft einer Dienstnehmerin (Heimarbeiterin) oder, wenn er eine ärztliche Bescheinigung darüber verlangt hat (Abs. 4), unverzüglich nach Vorlage dieser Bescheinigung dem zuständigen Arbeitsinspektorat schriftlich Mitteilung zu machen. Hierbei sind Name, Alter, Tätigkeit und der Arbeitsplatz der werdenden Mutter sowie der voraussichtliche Geburtstermin anzugeben. Ist der Betrieb vom Wirkungsbereich der Arbeitsinspektion ausgenommen, so hat der Dienstgeber die Mitteilung über die Schwangerschaft einer Dienstnehmerin an die gemäß § 35 Abs. 1 berufene Behörde zu richten. Eine Abschrift der Meldung an die Arbeitsinspektion oder die sonst zuständige Behörde ist der Dienstnehmerin (Heimarbeiterin) vom Dienstgeber zu übergeben. Ist in einem Betrieb eine eigene arbeitsmedizinische Betreuung eingerichtet, so hat der Dienstgeber auch den Leiter der arbeitsmedizinischen Betreuung über die Schwangerschaft einer Dienstnehmerin zu informieren.

(BGBl 1992/833, BGBl I 2015/60)

(7) Dienstgeber gemäß § 3 Abs. 2 des Arbeitskräfteüberlassungsgesetzes, BGBl. Nr. 196/1988, sind darüber hinaus verpflichtet, dem zuständigen Arbeitsinspektorat den Wechsel des Beschäftigers einer schwangeren Dienstnehmerin oder die Tatsache des häufigen, kurzfristigen Wechsels anzuzeigen.

(BGBl 1992/833, BGBl 1995/434)

(8) Ist die werdende Mutter durch notwendige schwangerschaftsbedingte Vorsorgeuntersuchungen, insbesondere solche nach der Mutter-Kind-Paß-Verordnung, BGBl. II Nr. 470/2001, die außerhalb der Arbeitszeit nicht möglich oder nicht zumutbar sind, an der Dienstleistung verhindert, hat sie Anspruch auf Fortzahlung des Entgelts.

(BGBl 1995/434, BGBl I 1999/153, BGBl I 2004/64)

§ 4. (1) Werdende Mütter dürfen keinesfalls mit schweren körperlichen Arbeiten oder mit Arbeiten oder in Arbeitsverfahren beschäftigt werden, die nach der Art des Arbeitsvorganges oder der verwendeten Arbeitsstoffe oder -geräte für ihren Organismus oder für das werdende Kind schädlich sind.

(BGBl 1995/434)

(2) Als Arbeiten im Sinne des Abs. 1 sind insbesondere anzusehen:

1. Arbeiten, bei denen regelmäßig Lasten von mehr als 5 kg Gewicht oder gelegentlich Lasten von mehr als 10 kg Gewicht ohne mechanische Hilfsmittel von Hand gehoben oder regelmäßig Lasten von mehr als 8 kg Gewicht oder gelegentlich Lasten von mehr als 15 kg Gewicht ohne mechanische Hilfsmittel von Hand bewegt oder befördert werden; wenn größere Lasten mit mechanischen Hilfsmitteln gehoben, bewegt oder befördert werden, darf die körperliche Beanspruchung nicht größer sein als bei vorstehend angeführten Arbeiten;
2. Arbeiten, die von werdenden Müttern überwiegend im Stehen verrichtet werden müssen, sowie Arbeiten, die diesen in ihrer statischen Belastung gleichkommen, es sei denn, daß Sitzgelegenheiten zum kurzen Ausruhen benutzt werden können; nach Ablauf der 20. Schwangerschaftswoche alle derartigen Arbeiten, soferne sie länger als vier Stunden verrichtet werden, auch dann, wenn Sitzgelegenheiten zum kurzen Ausruhen benützt werden können;

   (BGBl 1992/833)
3. Arbeiten, bei denen die Gefahr einer Berufserkrankung im Sinne der einschlägigen Vorschriften des Allgemeinen Sozialversicherungsgesetzes, BGBl. Nr. 189/1955, gegeben ist;

   (BGBl 1995/434)
4. Arbeiten, bei denen werdende Mütter Einwirkungen von gesundheitsgefährdenden Stoffen, gleich ob in festem, flüssigem, staub-, gas- oder dampfförmigem Zustand, gesundheitsgefährdenden Strahlen, gesundheitsgefährdenden elektromagnetischen Feldern oder schädlichen Einwirkungen von Hitze, Kälte oder Nässe ausgesetzt sind, bei denen eine Schädigung nicht ausgeschlossen werden kann;

   (BGBl 1992/833, BGBl I 2017/126)
5. die Bedienung von Geräten und Maschinen aller Art, sofern damit eine hohe Fußbeanspruchung verbunden ist;
6. die Bedienung von Geräten und Maschinen mit Fußantrieb, sofern damit eine hohe Fußbeanspruchung verbunden ist;
7. die Beschäftigung auf Beförderungsmitteln;
8. das Schälen von Holz mit Handmessern;
9. Akkordarbeiten, akkordähnliche Arbeiten, Fließarbeiten mit vorgeschriebenem Arbeitstempo, leistungsbezogene Prämienarbeiten und sonstige Arbeiten, bei denen durch gesteigertes Arbeitstempo ein höheres Entgelt erzielt werden kann, wie beispielsweise Arbeiten, für die Entgelt gebührt, das auf Arbeits(Persönlichkeits) bewertungsverfahren, statistischen Verfahren, Datenerfassungsverfahren, Kleinstzeitverfahren oder ähnlichen Entgeltfindungsmethoden beruht, wenn die damit verbundene durchschnittliche Arbeits-

leistung die Kräfte der werdenden Mutter übersteigt. Nach Ablauf der 20. Schwangerschaftswoche sind Akkordarbeiten, akkordähnliche Arbeiten, leistungsbezogene Prämienarbeiten sowie Fließarbeiten mit vorgeschriebenem Arbeitstempo jedenfalls untersagt; Arbeiten, für die Entgelt gebührt, das auf Arbeits(Persönlichkeits)bewertungsverfahren, statistischen Verfahren, Datenerfassungsverfahren, Kleinstzeitverfahren oder ähnlichen Entgeltfindungsmethoden beruht, können im Einzelfall vom zuständigen Arbeitsinspektor untersagt werden;

(BGBl 1992/833)

10. Arbeiten, die von werdenden Müttern ständig im Sitzen verrichtet werden müssen, es sei denn, daß ihnen Gelegenheit zu kurzen Unterbrechungen ihrer Arbeit gegeben wird;

(BGBl 1992/833, BGBl 1995/434)

11. Arbeiten mit biologischen Arbeitsstoffen im Sinne des § 40 Abs. 5 Z 2 bis 4 ASchG, soweit bekannt ist, daß diese Stoffe oder die im Falle einer durch sie hervorgerufenen Schädigung anzuwendenden therapeutischen Maßnahmen die Gesundheit der werdenden Mutter oder des werdenden Kindes gefährden;

(BGBl 1995/434, BGBl I 2001/98, BGBl I 2015/60)

12. Bergbauarbeiten unter Tage;

(BGBl I 2001/98, BGBl I 2004/123)

13. Arbeiten in Druckluft (Luft mit einem Überdruck von mehr als 0,1 bar), insbesondere in Druckkammern und beim Tauchen.

(BGBl I 2004/123)

(3) Werdende Mütter dürfen nicht mit Arbeiten beschäftigt werden, bei denen sie mit Rücksicht auf ihre Schwangerschaft besonderen Unfallsgefahren ausgesetzt sind.

(4) Im Zweifelsfall entscheidet das Arbeitsinspektorat, ob eine Arbeit unter ein Verbot gemäß den Abs. 1 bis 3 fällt.

(5) Werdende Mütter dürfen mit Arbeiten,

1. bei denen sie sich häufig übermäßig strecken oder beugen oder bei denen sie häufig hocken oder sich gebückt halten müssen, sowie
2. bei denen der Körper übermäßigen Erschütterungen oder
3. bei denen die Dienstnehmerin sie besonders belästigenden Gerüchen oder besonderen psychischen Belastungen ausgesetzt ist,

nicht beschäftigt werden, wenn das Arbeitsinspektorat auf Antrag der Dienstnehmerin oder von Amts wegen entscheidet, daß diese Arbeiten für den Organismus der werdenden Mutter oder für das werdende Kind schädlich sind und im Falle der Z 3 dies auch von einem Gutachten eines Arbeitsinspektions- oder Amtsarztes bestätigt wird.

(BGBl 1992/833)

(6) Werdende Mütter, die selbst nicht rauchen, dürfen, soweit es die Art des Betriebes gestattet, nicht an Arbeitsplätzen beschäftigt werden, bei denen sie der Einwirkung von Tabakrauch ausgesetzt werden. Wenn eine räumliche Trennung nicht möglich ist, hat der Dienstgeber durch geeignete Maßnahmen dafür Sorge zu tragen, daß andere Dienstnehmer, die im selben Raum wie die werdende Mutter beschäftigt sind, diese nicht der Einwirkung von Tabakrauch aussetzen.

(BGBl 1992/833)

Beschäftigungsverbote für stillende Mütter

§ 4a. (1) Stillende Mütter haben bei Wiederantritt des Dienstes dem Dienstgeber Mitteilung zu machen, daß sie stillen und auf Verlangen des Dienstgebers eine Bestätigung eines Arztes oder einer Mutterberatungsstelle vorzulegen.

(2) Stillende Mütter dürfen keinesfalls mit Arbeiten oder Arbeitsverfahren gemäß § 4 Abs. 2 Z 1, 3, 4, 9, 12 und 13 beschäftigt werden.

(BGBl I 2001/98, BGBl I 2004/123)

(3) Im Zweifelsfall entscheidet das Arbeitsinspektorat, ob eine Arbeit unter ein Verbot gemäß Abs. 2 fällt.

(4) Die Dienstnehmerin hat dem Dienstgeber mitzuteilen, wenn sie nicht mehr stillt.

(BGBl 1995/434)

Beschäftigungsverbote nach der Entbindung

§ 5. (1) Dienstnehmerinnen dürfen bis zum Ablauf von acht Wochen nach ihrer Entbindung nicht beschäftigt werden. Bei Frühgeburten, Mehrlingsgeburten oder Kaiserschnittentbindungen beträgt diese Frist mindestens zwölf Wochen. Ist eine Verkürzung der Achtwochenfrist (§ 3 Abs. 1) vor der Entbindung eingetreten, so verlängert sich die Schutzfrist nach der Entbindung im Ausmaß dieser Verkürzung, höchstens jedoch auf 16 Wochen.

(BGBl 1992/833)

(2) Dienstnehmerinnen dürfen nach ihrer Entbindung über die in Abs. 1 festgelegten Fristen hinaus zu Arbeiten nicht zugelassen werden, solange sie arbeitsunfähig sind. Die Dienstnehmerinnen sind verpflichtet, ihre Arbeitsunfähigkeit ohne Verzug dem Dienstgeber anzuzeigen und auf Verlangen des Dienstgebers eine ärztliche Bestätigung über die voraussichtliche Dauer der Arbeitsunfähigkeit vorzulegen. Kommt eine Dienstnehmerin diesen Verpflichtungen nicht nach, so verliert sie für die Dauer der Säumnis den Anspruch auf das Entgelt.

(3) Dienstnehmerinnen dürfen bis zum Ablauf von zwölf Wochen nach ihrer Entbindung nicht mit den in § 4 Abs. 2 Z 1, 2, 3, 4, 8, 9, 12 und 13 genannten Arbeiten beschäftigt werden.

(BGBl 1980/409, BGBl I 2001/98, BGBl I 2004/123)

(4) Über die Bestimmungen der Abs. 1 bis 3 hinaus kann die gemäß § 36 zuständige Verwaltungsbehörde für eine Dienstnehmerin, die nach dem Zeugnis eines Arbeitsinspektionsarztes oder

eines Amtsarztes in den ersten Monaten nach ihrer Entbindung nicht voll leistungsfähig ist, dem Dienstgeber die zum Schutz der Gesundheit der Dienstnehmerin notwendigen Maßnahmen auftragen.

(BGBl 1995/434)

(5) (aufgehoben)

(BGBl 1992/833, BGBl 1995/434)

Verbot der Nachtarbeit

§ 6. (1) Werdende und stillende Mütter dürfen – abgesehen von den durch die Abs. 2 und 3 zugelassenen Ausnahmen – von zwanzig bis sechs Uhr nicht beschäftigt werden.

(2) Werdende und stillende Mütter, die im Verkehrswesen, bei Musikaufführungen, Theatervorstellungen, öffentlichen Schaustellungen, Darbietungen, Lustbarkeiten, Filmaufnahmen und in Lichtspieltheatern oder als Krankenpflegepersonal in Kranken-, Heil-, Pflege- oder Wohlfahrtsanstalten oder in mehrschichtigen Betrieben beschäftigt sind, dürfen bis zweiundzwanzig Uhr, Dienstnehmerinnen im Sinne des § 1 Abs. 1 und 2 des Theaterarbeitsgesetzes (TAG), BGBl. I Nr. 100/2010, bis vierundzwanzig Uhr beschäftigt werden, sofern im Anschluß an die Nachtarbeit eine ununterbrochene Ruhezeit von mindestens elf Stunden gewährt wird.

(BGBl I 2017/126)

(3) Auf Antrag des Dienstgebers kann das Arbeitsinspektorat im Einzelfall die Beschäftigung werdender und stillender Mütter im Gastgewerbe bis zweiundzwanzig Uhr, bei Musikaufführungen, Theatervorstellungen, öffentlichen Schaustellungen, Darbietungen, Lustbarkeiten und in Lichtspieltheatern bis dreiundzwanzig Uhr, soweit nicht nach Abs. 2 eine längere Beschäftigung zulässig ist, bewilligen, wenn dies aus betrieblichen Gründen notwendig ist und es der Gesundheitszustand der Dienstnehmerin erlaubt. Diese Bewilligung darf nur erteilt werden, wenn der Dienstnehmerin im Anschluß an die Nachtarbeit eine ununterbrochene Ruhezeit von mindestens elf Stunden gesichert ist.

(BGBl 1984/213, BGBl I 2017/126)

(4) Die Ausnahmen der Abs. 2 und 3 gelten nur insoweit, als Nachtarbeit für Dienstnehmerinnen nicht auf Grund anderer Vorschriften verboten ist.

Verbot der Sonn- und Feiertagsarbeit

§ 7. (1) Werdende und stillende Mütter dürfen – abgesehen von den durch die Abs. 2 und 3 zugelassenen Ausnahmen – an Sonn- und gesetzlichen Feiertagen nicht beschäftigt werden.

(2) Das Verbot nach Abs. 1 gilt nicht

1. für die Beschäftigung bei Musikaufführungen, Theatervorstellungen, öffentlichen Schaustellungen, Darbietungen, Lustbarkeiten, Filmaufnahmen, im Gastgewerbe und in Betrieben, in denen ununterbrochen mit Schichtwechsel gearbeitet wird, im Rahmen der sonst zulässigen Sonn- und Feiertagsarbeit;
2. für die Beschäftigung in Betrieben, für die Sonn- und Feiertagsarbeit zugelassen ist, wenn die wöchentliche Ruhezeit für die gesamte Belegschaft auf einen bestimmten Werktag fällt;
3. für die Beschäftigung in Betrieben, für die Sonn- und Feiertagsarbeit zugelassen ist, wenn im Betrieb insgesamt nicht mehr als fünf Dienstnehmer regelmäßig beschäftigt sind und außer der werdenden oder stillenden Mutter nur noch ein Dienstnehmer beschäftigt ist, der eine gleichartige Beschäftigung ausüben kann;

   (BGBl I 2017/126)
4. für die Beschäftigung von Dienstnehmerinnen, die vor der Meldung der Schwangerschaft ausschließlich an Samstagen, Sonntagen oder Feiertagen beschäftigt wurden, im bisherigen Ausmaß.

   (BGBl I 2017/126)

(BGBl 1984/213)

(3) Auf Antrag des Dienstgebers kann das Arbeitsinspektorat im Einzelfall weitere Ausnahmen bewilligen, wenn dies aus betrieblichen Gründen unerläßlich ist.

(BGBl 1984/213)

(4) Die Dienstnehmerin hat in der auf die Sonntagsarbeit folgenden Kalenderwoche Anspruch auf eine ununterbrochene Ruhezeit von mindestens 36 Stunden (Wochenruhe), in der auf die Feiertagsarbeit folgenden Woche Anspruch auf eine ununterbrochene Ruhezeit von mindestens 24 Stunden im Anschluß an eine Nachtruhe. Die Ruhezeit hat einen ganzen Wochentag einzuschließen. Während dieser Ruhezeit darf die Dienstnehmerin nicht beschäftigt werden.

(BGBl 1984/213)

(5) Die Ausnahmen der Abs. 2 und 3 gelten nur, soweit Sonn- und Feiertagsarbeit für Dienstnehmerinnen nicht auf Grund anderer Vorschriften verboten ist.

Verbot der Leistung von Überstunden

§ 8. Werdende und stillende Mütter dürfen über die gesetzlich oder in einem Kollektivvertrag festgesetzte tägliche Normalarbeitszeit hinaus nicht beschäftigt werden. Keinesfalls darf die tägliche Arbeitszeit neun Stunden, die wöchentliche Arbeitszeit 40 Stunden übersteigen.

(BGBl 1992/833)

Ruhemöglichkeit

§ 8a. Werdenden und stillenden Müttern, die in Arbeitsstätten sowie auf Baustellen beschäftigt sind, ist es zu ermöglichen, sich unter geeigneten Bedingungen hinzulegen und auszuruhen.

(BGBl 1995/434)

Stillzeit

§ 9. (1) Stillenden Müttern ist auf Verlangen die zum Stillen ihrer Kinder erforderliche Zeit freizugeben. Diese Freizeit hat an Tagen, an denen die Dienstnehmerin mehr als viereinhalb Stunden arbeitet, fünfundvierzig Minuten zu betragen; bei einer Arbeitszeit von acht oder mehr Stunden ist auf Verlangen zweimal eine Stillzeit von je fünfundvierzig Minuten oder, wenn in der Nähe der Arbeitsstätte keine Stillgelegenheit vorhanden ist, einmal eine Stillzeit von neunzig Minuten zu gewähren.

(2) Durch die Gewährung der Stillzeit darf kein Verdienstausfall eintreten. Die Stillzeit darf von stillenden Müttern nicht vor- oder nachgearbeitet und nicht auf die in anderen gesetzlichen Vorschriften oder kollektivvertraglichen Bestimmungen vorgesehenen Ruhepausen angerechnet werden.

(3) Die gemäß § 36 zuständige Verwaltungsbehörde kann dem Dienstgeber im Rahmen der Abs. 1 und 2 eine bestimmte Verteilung der Stillzeiten auftragen, wenn es die besonderen Verhältnisse des Einzelfalls erfordern.

(BGBl 1995/434)

(4) Weiters kann die gemäß § 36 zuständige Verwaltungsbehörde die Einrichtung von Stillräumen vorschreiben, wenn es die Verhältnisse des Einzelfalls erfordern.

(BGBl 1995/434)

Abschnitt 4
Kündigungs- und Entlassungsschutz, Entgelt
(BGBl I 2004/64)

Kündigungsschutz

§ 10. (1) Dienstnehmerinnen kann während der Schwangerschaft und bis zum Ablauf von vier Monaten nach der Entbindung rechtswirksam nicht gekündigt werden, es sei denn, daß dem Dienstgeber die Schwangerschaft beziehungsweise Entbindung nicht bekannt ist.

(1a) Eine Kündigung ist bis zum Ablauf von vier Wochen nach einer erfolgten Fehlgeburt rechtsunwirksam. Auf Verlangen des Dienstgebers hat die Dienstnehmerin eine ärztliche Bescheinigung über die Fehlgeburt vorzulegen.

(BGBl I 2015/149)

(2) Eine Kündigung ist auch rechtsunwirksam, wenn die Schwangerschaft beziehungsweise Entbindung dem Dienstgeber binnen fünf Arbeitstagen nach Ausspruch der Kündigung, bei schriftlicher Kündigung binnen fünf Arbeitstagen nach deren Zustellung, bekanntgegeben wird. Die schriftliche Bekanntgabe der Schwangerschaft beziehungsweise Entbindung ist rechtzeitig, wenn sie innerhalb der Fünftagefrist zur Post gegeben wird. Wendet die Dienstnehmerin die Schwangerschaft beziehungsweise Entbindung innerhalb der Fünftagefrist ein, so hat sie gleichzeitig durch eine Bestätigung des Arztes die Schwangerschaft oder die Vermutung der Schwangerschaft nachzuweisen oder die Geburtsurkunde des Kindes vorzuweisen. Kann die Dienstnehmerin aus Gründen, die nicht von ihr zu vertreten sind, dem Dienstgeber die Schwangerschaft beziehungsweise Entbindung nicht innerhalb der Fünftagefrist bekanntgeben, so ist die Bekanntgabe rechtzeitig, wenn sie unmittelbar nach Wegfall des Hinderungsgrundes nachgeholt wird.

(3) Abweichend von den Abs. 1 und 2 kann eine Kündigung rechtswirksam ausgesprochen werden, wenn vorher die Zustimmung des Gerichts eingeholt wurde. Der Dienstgeber hat gleichzeitig mit der Einbringung der Klage dem Betriebsrat hierüber Mitteilung zu machen. Die Zustimmung zur Kündigung ist nur dann zu erteilen, wenn der Dienstgeber das Dienstverhältnis wegen einer Einschränkung oder Stillegung des Betriebes oder der Stillegung einzelner Betriebsabteilungen nicht ohne Schaden für den Betrieb weiter aufrechterhalten kann oder wenn sich die Dienstnehmerin in der Tagsatzung zur mündlichen Streitverhandlung nach Rechtsbelehrung der Parteien durch den Vorsitzenden über den Kündigungsschutz nach diesem Bundesgesetz mit der Kündigung einverstanden erklärt. Nach Stillegung des Betriebes ist eine Zustimmung des Gerichts zur Kündigung nicht erforderlich.

(BGBl 1986/563)

(4) Bei Inanspruchnahme einer Karenz im zweiten Lebensjahr des Kindes oder bei Teilzeitbeschäftigung im zweiten, dritten und vierten Lebensjahr des Kindes kann das Gericht die Zustimmung zur Kündigung, wenn die Klage auf Zustimmung zur Kündigung nach Ablauf des ersten Lebensjahres des Kindes gestellt wurde, auch dann erteilen, wenn der Dienstgeber den Nachweis erbringt, dass die Kündigung durch Umstände, die in der Person der Dienstnehmerin gelegen sind und die betrieblichen Interessen nachteilig berühren oder durch betriebliche Erfordernisse, die einer Weiterbeschäftigung der Dienstnehmerin entgegenstehen, begründet ist und die Aufrechterhaltung des Dienstverhältnisses dem Dienstgeber unzumutbar ist.

(BGBl 1990/408, BGBl 1992/833, BGBl I 2001/103, BGBl I 2004/64)

(5) Wurde einer Dienstnehmerin wegen Stilllegung des Betriebes gekündigt (Abs. 3) und nimmt dieser Betrieb bis zum Ablauf von vier Monaten nach der Entbindung der Dienstnehmerin seine Tätigkeit wieder auf, so ist die seinerzeitige Kündigung als rechtsunwirksam anzusehen, wenn die Dienstnehmerin dies beim Dienstgeber beantragt. Ein solcher Antrag muss innerhalb von zwei Monaten nach Wiederaufnahme der Tätigkeit des Betriebes gestellt werden. Mit der Antragstellung hat sich die Dienstnehmerin beim Dienstgeber zur Wiederaufnahme der Arbeit zu melden. Besteht zur Zeit der Antragstellung für die Dienstnehmerin ein Beschäftigungsverbot nach diesem Bundesgesetz (§ 3 Abs. 1 bis 3 und § 5 Abs. 1 und 2) oder nimmt die Dienstnehmerin eine Karenz (§ 15) in Anspruch, so hat sie dies dem Dienstgeber bei der

Antragstellung mitzuteilen und nach Wegfall des Beschäftigungsverbotes beziehungsweise nach Beendigung der Karenz die Arbeit aufzunehmen.

(BGBl 1990/408, BGBl I 2001/103)

(6) Eine entgegen den Abs. 1 bis 4 ausgesprochene Kündigung ist rechtsunwirksam.

(BGBl 1990/408, BGBl 1992/833)

(7) Eine einvernehmliche Auflösung des Dienstverhältnisses ist nur dann rechtswirksam, wenn sie schriftlich vereinbart wurde. Bei minderjährigen Dienstnehmerinnen muß dieser Vereinbarung überdies eine Bescheinigung eines Gerichts (§ 92 ASGG) oder einer gesetzlichen Interessenvertretung der Dienstnehmer beigeschlossen sein, aus der hervorgeht, daß die Dienstnehmerin über den Kündigungsschutz nach diesem Bundesgesetz belehrt wurde.

(BGBl 1986/563, BGBl 1990/408)

(8) Die Kündigung einer freien Dienstnehmerin im Sinne des § 4 Abs. 4 ASVG, die wegen ihrer Schwangerschaft oder eines Beschäftigungsverbots bis vier Monate nach der Geburt ausgesprochen wird, kann bei Gericht binnen zwei Wochen nach Ausspruch der Kündigung angefochten werden. Die freie Dienstnehmerin hat den Anfechtungsgrund glaubhaft zu machen. Die Klage ist abzuweisen, wenn bei Abwägung aller Umstände eine höhere Wahrscheinlichkeit dafür spricht, dass ein anderes vom Dienstgeber glaubhaft gemachtes Motiv für die Kündigung ausschlaggebend war. Lässt die freie Dienstnehmerin die Kündigung gegen sich gelten, so ist § 1162b erster Satz ABGB anzuwenden. In einem Anfechtungsverfahren steht keiner Partei ein Kostenersatzanspruch zu. Ansprüche auf Grund des Gleichbehandlungsgesetzes, BGBl. I Nr. 66/2004 bleiben unberührt.

(BGBl I 2015/149)

(BGBl I 2004/64)

Befristete Dienstverhältnisse

§ 10a. (1) Der Ablauf eines auf bestimmte Zeit abgeschlossenen Dienstverhältnisses wird von der Meldung der Schwangerschaft bis zu dem Beginn des Beschäftigungsverbots nach § 3 Abs. 1 oder dem Beginn eines auf Dauer ausgesprochenen Beschäftigungsverbots nach § 3 Abs. 3 gehemmt, es sei denn, daß die Befristung aus sachlich gerechtfertigten Gründen erfolgt oder gesetzlich vorgesehen ist.

(2) Eine sachliche Rechtfertigung der Befristung liegt vor, wenn diese im Interesse der Dienstnehmerin liegt, oder wenn das Dienstverhältnis für die Dauer der Vertretung an der Arbeitsleistung verhinderter Dienstnehmer, zu Ausbildungszwecken, für die Zeit der Saison oder zur Erprobung abgeschlossen wurde, wenn aufgrund der in der vorgesehenen Verwendung erforderlichen Qualifikation eine längere Erprobung als die gesetzliche oder kollektivvertragliche Probezeit notwendig ist.

(3) Wird der Ablauf des Arbeitsverhältnisses gemäß Abs. 1 gehemmt, so besteht bei einem Beschäftigungsverbot gemäß den §§ 4 oder 6 Anspruch auf Wochengeld gemäß den Bestimmungen des ASVG.

(BGBl 1992/833)

§ 11. Der Ablauf der Beschäftigungsbewilligung, der Arbeitserlaubnis oder des Befreiungsscheines (nach dem Ausländerbeschäftigungsgesetz, BGBl. Nr. 218/1975) einer Ausländerin wird im Falle der Schwangerschaft und der Entbindung bis zu dem Zeitpunkt gehemmt, in dem ihr Dienstverhältnis nach den §§ 10 Abs. 1, 3 und 4, 10a Abs. 1, 15 Abs. 4, 15a Abs. 5, 15d Abs. 1 erster Satz in Verbindung mit Abs. 5 und § 15n Abs. 1 und den dafür sonst geltenden gesetzlichen oder vertraglichen Bestimmungen rechtsgültig beendet werden kann.

(BGBl 1990/450, BGBl 1992/315, BGBl 1995/434, BGBl I 1999/153, BGBl I 2001/103, BGBl I 2004/64)

Entlassungsschutz

§ 12. (1) Dienstnehmerinnen können während der Schwangerschaft und bis zum Ablauf von vier Monaten nach der Entbindung rechtswirksam nur nach vorheriger Zustimmung des Gerichts entlassen werden. Ebenso darf eine Entlassung bis zum Ablauf von vier Wochen nach einer erfolgten Fehlgeburt nur nach vorheriger Zustimmung des Gerichts erfolgen.

(BGBl I 2015/149)

(2) Das Gericht darf die Zustimmung zur Entlassung nur erteilen, wenn die Dienstnehmerin

1. die ihr auf Grund des Arbeitsverhältnisses obliegenden Pflichten schuldhaft gröblich verletzt, insbesondere wenn sie ohne einen rechtmäßigen Hinderungsgrund während einer den Umständen nach erheblichen Zeit die Arbeitsleistung unterläßt;
2. im Dienst untreu ist oder sich in ihrer Tätigkeit ohne Wissen des Dienstgebers von dritten Personen unberechtigt Vorteile zuwenden läßt;
3. ein Geschäfts- oder Betriebsgeheimnis verrät oder ohne Einwilligung des Dienstgebers ein der Verwendung im Betrieb (Haushalt) abträgliches Nebengeschäft betreibt;
4. sich Tätlichkeiten oder erhebliche Ehrverletzungen gegen den Dienstgeber, dessen im Betrieb (Haushalt) tätige oder anwesende Familienangehörige oder Dienstnehmer des Betriebes (Haushalts) zuschulden kommen läßt;
5. sich einer gerichtlich strafbaren Handlung, die nur vorsätzlich begangen werden kann und mit einer mehr als einjährigen Freiheitsstrafe bedroht ist, oder einer mit Bereicherungsvorsatz begangenen gerichtlich strafbaren Handlung schuldig macht.

(3) In den Fällen des Abs. 2 Z 1 und 4 ist der durch die Schwangerschaft bzw. durch die Entbindung oder Fehlgeburt der Dienstnehmerin beding-

te außerordentliche Gemütszustand zu berücksichtigen.

(BGBl 1980/409, BGBl I 2015/149)

(4) In den Fällen des Abs. 2 Z 4 und 5 kann die Entlassung der Dienstnehmerin gegen nachträgliche Einholung der Zustimmung des Gerichts ausgesprochen werden. Weist das Gericht die Klage auf Zustimmung zur Entlassung ab, so ist die Entlassung rechtsunwirksam.

(BGBl 1980/409, BGBl 1992/833)

(BGBl I 2004/64)

§ 13. Im gerichtlichen Verfahren nach den §§ 10 Abs. 3 und 4, 12 und 22 sowie im Verwaltungsverfahren nach § 4 Abs. 2 Z 9, Abs. 4 und 5, § 4a Abs. 3, § 5 Abs. 4, § 6 Abs. 3, § 7 Abs. 3 und § 9 Abs. 3 ist die Dienstnehmerin Partei.

(BGBl 1990/408, BGBl 1995/434, BGBl I 1999/153)

Weiterzahlung des Arbeitsentgelts

§ 14. (1) Macht die Anwendung des § 2b, des § 4, des § 4a, des § 5 Abs. 3 und 4 oder des § 6, soweit § 10a Abs. 3 nicht anderes bestimmt, eine Änderung der Beschäftigung im Betrieb erforderlich, so hat die Dienstnehmerin Anspruch auf das Entgelt, das dem Durchschnittsverdienst gleichkommt, den sie während der letzten 13 Wochen des Dienstverhältnisses vor dieser Änderung bezogen hat. Fallen in diesen Zeitraum Zeiten, während derer die Dienstnehmerin infolge Erkrankung oder Kurzarbeit nicht das volle Entgelt bezogen hat, so verlängert sich der Zeitraum von dreizehn Wochen um diese Zeiten; diese Zeiten bleiben bei der Berechnung des Durchschnittsverdienstes außer Betracht. Die vorstehende Regelung gilt auch, wenn sich durch die Änderung der Beschäftigung der Dienstnehmerin eine Verkürzung der Arbeitszeit ergibt, mit der Maßgabe, daß der Berechnung des Entgelts die Arbeitszeit zugrunde zu legen ist, die für die Dienstnehmerin ohne Änderung der Beschäftigung gelten würde. Bei Saisonarbeit in einer im § 4 Abs. 2 Z 9 bezeichneten Art ist der Durchschnittsverdienst der letzten dreizehn Wochen nur für die Zeit weiterzugewähren, während der solche Arbeiten im Betrieb verrichtet werden; für die übrige Zeit ist das Entgelt weiterzugewähren, das die Dienstnehmerin ohne Vorliegen der Schwangerschaft erhalten hätte.

(BGBl 1980/409, BGBl 1992/833, BGBl 1995/434)

(2) Dienstnehmerinnen, die gemäß § 3 Abs. 3 nicht beschäftigt werden dürfen, und Dienstnehmerinnen, für die auf Grund des § 2b, des § 4, des § 4a, des § 5 Abs. 3 und 4 oder des § 6 keine Beschäftigungsmöglichkeit im Betrieb besteht, haben Anspruch auf ein Entgelt, für dessen Berechnung Abs. 1 mit der Maßgabe anzuwenden ist, dass im Falle des § 3 Abs. 3 der Durchschnittsverdienst nach den letzten 13 Wochen vor Eintritt des Beschäftigungsverbotes zu berechnen ist.

(BGBl 1995/434, BGBl I 2015/149)

(3) Der Anspruch nach Abs. 1 und 2 besteht nicht für Zeiten, während derer Wochengeld oder Krankengeld nach dem Allgemeinen Sozialversicherungsgesetz bezogen werden kann, ein Anspruch auf einen Zuschuß des Dienstgebers zum Krankengeld wird hiedurch nicht berührt.

(4) Die Dienstnehmerin behält den Anspruch auf sonstige, insbesondere einmalige Bezüge im Sinne des § 67 Abs. 1 des Einkommensteuergesetzes 1988, BGBl. Nr. 400, in den Kalenderjahren, in die Zeiten des Bezuges von Wochengeld nach dem Allgemeinen Sozialversicherungsgesetz fallen, in dem Ausmaß, das dem Teil des Kalenderjahres entspricht, in den keine derartigen Zeiten fallen.

(BGBl 1992/833)

Abschnitt 5
Karenz

(BGBl I 2004/64)

Anspruch auf Karenz

(BGBl I 2004/64)

§ 15. (1) Der Dienstnehmerin ist auf ihr Verlangen im Anschluss an die Frist des § 5 Abs. 1 und 2 Karenz gegen Entfall des Arbeitsentgelts bis zum Ablauf des zweiten Lebensjahres des Kindes, soweit im Folgenden nicht anderes bestimmt ist, zu gewähren, wenn sie mit dem Kind im gemeinsamen Haushalt lebt. Das gleiche gilt, wenn anschließend an die Frist nach § 5 Abs. 1 und 2 ein Gebührenurlaub verbraucht wurde oder die Dienstnehmerin durch Krankheit oder Unglücksfall an der Dienstleistung verhindert war.

(1a) Eine gleichzeitige Inanspruchnahme von Karenz durch beide Elternteile ist ausgenommen im Falle des § 15a Abs. 2 nicht zulässig.

(BGBl I 2004/123)

(2) Die Karenz muss mindestens zwei Monate betragen.

(BGBl I 2009/116)

(3) Die Dienstnehmerin hat Beginn und Dauer der Karenz dem Dienstgeber bis zum Ende der Frist des § 5 Abs. 1 bekannt zu geben. Die Dienstnehmerin kann ihrem Dienstgeber spätestens drei Monate, dauert die Karenz jedoch weniger als drei Monate, spätestens zwei Monate vor dem Ende ihrer Karenz bekannt geben, dass sie die Karenz verlängert und bis wann. Hat der andere Elternteil keinen Anspruch auf Karenz, kann die Dienstnehmerin Karenz auch zu einem späteren Zeitpunkt in Anspruch nehmen. In diesem Fall hat sie ihrem Dienstgeber Beginn und Dauer der Karenz spätestens drei Monate vor dem Antritt der Karenz bekannt zu geben. Unbeschadet des Ablaufs dieser Fristen kann Karenz nach Abs. 1 vereinbart werden.

(BGBl I 2009/116, BGBl I 2015/149)

(4) Wird Karenz nach Abs. 1 und 3 in Anspruch genommen, so erstreckt sich der Kündigungs- und Entlassungsschutz nach den §§ 10 und 12 bis zum Ablauf von vier Wochen nach Beendigung der Ka-

renz. Hat der andere Elternteil keinen Anspruch auf Karenz und nimmt die Dienstnehmerin Karenz zu einem späteren Zeitpunkt in Anspruch, so beginnt der Kündigungs- und Entlassungsschutz mit der Bekanntgabe, frühestens jedoch vier Monate vor Antritt der Karenz.

(BGBl I 2015/149)

(BGBl I 2001/103, BGBl I 2004/64)

Teilung der Karenz zwischen Mutter und Vater

§ 15a. (1) Die Karenz kann zweimal mit dem Vater geteilt werden. Jeder Teil der Karenz der Dienstnehmerin muss mindestens zwei Monate betragen. Er ist in dem in § 15 Abs. 1 festgelegten Zeitpunkt oder im unmittelbaren Anschluss an eine Karenz des Vaters anzutreten.

(BGBl I 2009/116)

(2) Aus Anlass des erstmaligen Wechsels der Betreuungsperson kann die Mutter gleichzeitig mit dem Vater Karenz in der Dauer von einem Monat in Anspruch nehmen, wobei der Anspruch auf Karenz ein Monat vor dem in § 15 Abs. 1 bzw. § 15b Abs. 1 genannten Zeitpunkt endet.

(3) Nimmt die Dienstnehmerin ihre Karenz im Anschluss an eine Karenz des Vaters, hat sie spätestens drei Monate vor Ende der Karenz des Vaters ihrem Dienstgeber Beginn und Dauer der Karenz bekannt zu geben. Beträgt die Karenz des Vaters im Anschluss an das Beschäftigungsverbot gemäß § 5 Abs. 1 jedoch weniger als drei Monate, so hat die Dienstnehmerin Beginn und Dauer ihrer Karenz spätestens zum Ende der Frist gemäß § 5 Abs. 1 zu melden. Unbeschadet des Ablaufs dieser Fristen kann Karenz nach Abs. 1 vereinbart werden.

(BGBl I 2009/116)

(4) Der Kündigungs- und Entlassungsschutz gemäß den §§ 10 und 12 beginnt im Falle des Abs. 3 mit der Bekanntgabe, frühestens jedoch vier Monate vor Antritt des Karenzteiles.

(5) Der Kündigungs- und Entlassungsschutz gemäß den §§ 10 und 12 endet vier Wochen nach dem Ende ihres jeweiligen Karenzteiles.

(BGBl I 2001/103)

Aufgeschobene Karenz

§ 15b. (1) Die Dienstnehmerin kann mit dem Dienstgeber vereinbaren, dass sie drei Monate ihrer Karenz aufschiebt und bis zum Ablauf des siebenten Lebensjahres des Kindes verbraucht, sofern im Folgenden nicht anderes bestimmt ist. Dabei sind die Erfordernisse des Betriebes und des Anlasses der Inanspruchnahme zu berücksichtigen. Aufgeschobene Karenz kann jedoch nur dann genommen werden, wenn die Karenz nach den §§ 15 oder 15a spätestens

1. mit Ablauf des 21. Lebensmonates des Kindes,
2. wenn auch der Vater aufgeschobene Karenz in Anspruch nimmt, mit Ablauf des 18. Lebensmonates des Kindes

geendet hat.

(2) Ist die noch nicht verbrauchte aufgeschobene Karenz länger als der Zeitraum zwischen dem Schuleintritt und dem Ablauf des siebenten Lebensjahres des Kindes oder erfolgt der Schuleintritt erst nach Ablauf des siebenten Lebensjahres des Kindes, kann aus Anlass des Schuleintritts der Verbrauch der aufgeschobenen Karenz vereinbart werden. Die Geburt eines weiteren Kindes hindert nicht die Vereinbarung über den Verbrauch der aufgeschobenen Karenz.

(3) Die Absicht, aufgeschobene Karenz in Anspruch zu nehmen, ist dem Dienstgeber zu den in §§ 15 Abs. 3 oder 15a Abs. 3 genannten Zeitpunkten bekannt zu geben. Kommt innerhalb von zwei Wochen ab Bekanntgabe keine Einigung zustande, kann der Dienstgeber binnen weiterer zwei Wochen wegen der Inanspruchnahme der aufgeschobenen Karenz Klage beim zuständigen Gericht einbringen, widrigenfalls die Zustimmung als erteilt gilt. Die Dienstnehmerin kann bei Nichteinigung oder im Fall der Klage bekannt geben, dass sie anstelle der aufgeschobenen Karenz Karenz bis zum zweiten Lebensjahr des Kindes in Anspruch nimmt. Gleiches gilt, wenn der Klage des Dienstgebers stattgegeben wird.

(4) Der Beginn des aufgeschobenen Teiles der Karenz ist dem Dienstgeber spätestens drei Monate vor dem gewünschten Zeitpunkt bekannt zu geben. Kommt innerhalb von zwei Wochen ab Bekanntgabe keine Einigung zustande, kann die Dienstnehmerin die aufgeschobene Karenz zum gewünschten Zeitpunkt antreten, es sei denn, der Dienstgeber hat binnen weiterer zwei Wochen wegen des Zeitpunktes des Antritts der aufgeschobenen Karenz die Klage beim zuständigen Gericht eingebracht.

(5) In Rechtsstreitigkeiten nach Abs. 3 und 4 steht keiner Partei ein Kostenersatzanspruch an die andere zu, ist gegen ein Urteil des Gerichtes erster Instanz eine Berufung nicht zulässig und sind – unabhängig vom Wert des Streitgegenstandes – Beschlüsse des Gerichtes erster Instanz nur aus den Gründen des § 517 ZPO sowie wegen Nichtzulassung einer Klagsänderung anfechtbar.

(6) Wird die aufgeschobene Karenz im Rahmen eines anderen Dienstverhältnisses als jenem, das zur Zeit der Geburt des Kindes bestanden hat, in Anspruch genommen, bedarf es vor Antritt der aufgeschobenen Karenz jedenfalls einer Vereinbarung mit dem neuen Dienstgeber.

(BGBl I 2001/103)

Karenz der Adoptiv- oder Pflegemutter

§ 15c. (1) Eine Dienstnehmerin, die ein Kind, welches das zweite Lebensjahr noch nicht vollendet hat,

1. an Kindes Statt angenommen hat (Adoptivmutter) oder
2. ein Kind in unentgeltliche Pflege genommen hat (Pflegemutter)

und die mit dem Kind im selben Haushalt lebt, hat Anspruch auf Karenz.

(BGBl I 2015/162)

(2) Die §§ 15 bis 15b sind mit folgenden Abweichungen anzuwenden:

1. Die Karenz nach den §§ 15 und 15a beginnt mit dem Tag der Annahme an Kindes Statt oder der Übernahme in unentgeltliche Pflege oder im Anschluss an eine Karenz des anderen Elternteils, Adoptiv- oder Pflegeelternteils, im Falle des § 15 Abs. 3 dritter Satz auch zu einem späteren Zeitpunkt;
   (BGBl I 2015/149)
2. nimmt die Dienstnehmerin ihre Karenz nach den §§ 15 und 15a unmittelbar ab dem Tag der Annahme an Kindes Statt oder der Übernahme in unentgeltliche Pflege in Anspruch, hat sie Beginn und Dauer der Karenz dem Dienstgeber unverzüglich bekannt zu geben;
3. nimmt eine Dienstnehmerin ein Kind nach Ablauf des 18. Lebensmonates, jedoch vor Vollendung des zweiten Lebensjahres an Kindes Statt an oder in unentgeltliche Pflege, kann sie Karenz bis zu sechs Monaten auch über das zweite Lebensjahr hinaus in Anspruch nehmen;
4. an die Stelle des Begriffes „Vater" in der jeweils verwendeten grammatikalischen Form tritt der Begriff „anderer Elternteil" in der jeweils richtigen grammatikalischen Form.

(3) Nimmt die Dienstnehmerin ein Kind nach Ablauf des zweiten Lebensjahres, jedoch vor Ablauf des siebenten Lebensjahres des Kindes an Kindes Statt an oder in unentgeltliche Pflege, hat die Dienstnehmerin Anspruch auf Karenz in der Dauer von sechs Monaten. Die Karenz beginnt mit dem Tag der Annahme an Kindes Statt oder der Übernahme in unentgeltliche Pflege oder im Anschluss an eine Karenz des anderen Elternteils, Adoptiv- oder Pflegeelternteils, im Falle des § 15 Abs. 3 dritter Satz auch zu einem späteren Zeitpunkt.

(BGBl I 2015/162)

(4) Die §§ 10, 11, 12 Abs. 1, 2 und 4, 13 und 16 sind auf Karenz nach Abs. 1 und 3 mit der Maßgabe anzuwenden, dass anstelle der Bekanntgabe der Schwangerschaft (§ 10 Abs. 2) die Mitteilung von der Annahme an Kindes Statt oder von der Übernahme in Pflege tritt; in beiden Fällen muss mit der Mitteilung das Verlangen auf Gewährung einer Karenz verbunden sein.

(BGBl I 2001/103, BGBl I 2013/138)

Karenz bei Verhinderung des anderen Elternteils

§ 15d. (1) Ist der andere Elternteil, Adoptiv- oder Pflegeelternteil durch ein unvorhersehbares und unabwendbares Ereignis für eine nicht bloß verhältnismäßig kurze Zeit verhindert, das Kind selbst zu betreuen, so ist der Dienstnehmerin auf ihr Verlangen für die Dauer der Verhinderung, längstens jedoch bis zum Ablauf des zweiten Lebensjahres des Kindes eine Karenz zu gewähren. Dasselbe gilt bei Verhinderung eines anderen Elternteils, Adoptiv- oder Pflegeelternteils, der zulässigerweise nach Ablauf des zweiten Lebensjahres des Kindes Karenz in Anspruch nimmt.

(2) Ein unvorhersehbares und unabwendbares Ereignis liegt nur vor bei:

1. Tod,
2. Aufenthalt in einer Heil- und Pflegeanstalt,
3. Verbüßung einer Freiheitsstrafe sowie bei einer anderweitigen auf behördlicher Anordnung beruhenden Anhaltung,
4. schwerer Erkrankung,
5. Wegfall des gemeinsamen Haushaltes des anderen Elternteils, Adoptiv- oder Pflegeelternteils mit dem Kind oder der Betreuung des Kindes.

(3) Die Dienstnehmerin hat Beginn und voraussichtliche Dauer der Karenz unverzüglich bekannt zu geben und die anspruchsbegründenden Umstände nachzuweisen.

(4) Der Anspruch auf Karenz steht auch dann zu, wenn die Dienstnehmerin bereits Karenz verbraucht, eine vereinbarte Teilzeitbeschäftigung angetreten oder beendet oder für einen späteren Zeitpunkt Karenz oder Teilzeitbeschäftigung angemeldet hat.

(5) Besteht Kündigungs- und Entlassungsschutz gemäß den §§ 10 und 12 nicht bereits auf Grund anderer Bestimmungen dieses Bundesgesetzes, so beginnt der Kündigungs- und Entlassungsschutz bei Inanspruchnahme einer Karenz oder einer Teilzeitbeschäftigung wegen Verhinderung des anderen Elternteils, Adoptiv- oder Pflegeelternteils mit der Meldung und endet vier Wochen nach Beendigung der Karenz oder der Teilzeitbeschäftigung.

(BGBl I 2001/103, BGBl I 2004/64, BGBl I 2013/138)

Beschäftigung während der Karenz

§ 15e. (1) Die Dienstnehmerin kann neben ihrem karenzierten Dienstverhältnis eine geringfügige Beschäftigung ausüben, bei der das gebührende Entgelt im Kalendermonat den im § 5 Abs. 2 Z 2 des Allgemeinen Sozialversicherungsgesetzes genannten Betrag nicht übersteigt. Eine Verletzung der Arbeitspflicht bei solchen Beschäftigungen hat keine Auswirkungen auf das karenzierte Dienstverhältnis. Der Zeitpunkt der Arbeitsleistung im Rahmen solcher Beschäftigungen ist zwischen Dienstnehmerin und Dienstgeber vor jedem Arbeitseinsatz zu vereinbaren.

(2) Weiters kann die Dienstnehmerin neben ihrem karenzierten Dienstverhältnis mit ihrem Dienstgeber für höchstens 13 Wochen im Kalenderjahr eine Beschäftigung über die Geringfügigkeitsgrenze hinaus vereinbaren. Wird Karenz nicht während des gesamten Kalenderjahres in Anspruch genommen, kann eine solche Beschäftigung nur im aliquoten Ausmaß vereinbart werden.

(3) Mit Zustimmung des Dienstgebers kann eine Beschäftigung im Sinne des Abs. 2 auch mit einem anderen Dienstgeber vereinbart werden.

(BGBl I 2001/103)

Sonstige gemeinsame Vorschriften zur Karenz

§ 15f. (1) Die Dienstnehmerin behält den Anspruch auf sonstige, insbesondere einmalige Bezüge im Sinne des § 67 Abs. 1 des Einkommensteuergesetzes 1988 in den Kalenderjahren, in die Zeiten einer Karenz fallen, in dem Ausmaß, das dem Teil des Kalenderjahres entspricht, in den keine derartigen Zeiten fallen. Für die Dienstnehmerin günstigere Regelungen werden dadurch nicht berührt. Zeiten der Karenz werden bei Rechtsansprüchen, die sich nach der Dauer der Dienstzeit richten, für jedes Kind in vollem in Anspruch genommenen Umfang bis zur maximalen Dauer gemäß den §§ 15 Abs. 1 und 15c Abs. 2 Z 3 und Abs. 3 angerechnet.

(BGBl I 2019/68)

(2) Fallen in das jeweilige Dienstjahr Zeiten einer Karenz, so gebührt ein Urlaub, soweit dieser noch nicht verbraucht worden ist, in dem Ausmaß, das dem um die Dauer der Karenz verkürzten Dienstjahr entspricht. Ergeben sich bei der Berechnung des Urlaubsausmaßes Teile von Werktagen, so sind diese auf ganze Werktage aufzurunden.

(3) Der Dienstgeber hat der Dienstnehmerin auf Verlangen eine von der Dienstnehmerin mit zu unterfertigende Bestätigung auszustellen,

1. dass sie keine Karenz in Anspruch nimmt, oder
2. über Beginn und Dauer der Karenz.

(4) Die Karenz endet vorzeitig, wenn der gemeinsame Haushalt mit dem Kind aufgehoben wird und der Dienstgeber den vorzeitigen Antritt des Dienstes begehrt.

(5) Die Dienstnehmerin hat ihrem Dienstgeber den Wegfall des gemeinsamen Haushaltes mit dem Kind unverzüglich bekannt zu geben und über Verlangen des Dienstgebers ihren Dienst wieder anzutreten.

(BGBl I 2001/103)

Recht auf Information

§ 15g. Während einer Karenz hat der Dienstgeber die Dienstnehmerin über wichtige Betriebsgeschehnisse, die die Interessen der karenzierten Dienstnehmerin berühren, insbesondere Insolvenzverfahren, betriebliche Umstrukturierungen und Weiterbildungsmaßnahmen zu informieren.

(BGBl I 2001/103, BGBl I 2010/58)

Abschnitt 6
Teilzeitbeschäftigung und Änderung der Lage der Arbeitszeit

(BGBl I 2004/64)

Anspruch auf Teilzeitbeschäftigung

§ 15h. (1) Die Dienstnehmerin hat einen Anspruch auf Teilzeitbeschäftigung längstens bis zum Ablauf des siebenten Lebensjahres oder einem späteren Schuleintritt des Kindes, wenn

1. das Dienstverhältnis zum Zeitpunkt des Antritts der Teilzeitbeschäftigung ununterbrochen drei Jahre gedauert hat,
2. die Dienstnehmerin zu diesem Zeitpunkt in einem Betrieb (§ 34 Arbeitsverfassungsgesetz – ArbVG, BGBl. Nr. 22/1974) mit mehr als 20 Dienstnehmern und Dienstnehmerinnen beschäftigt ist und
3. die wöchentliche Normalarbeitszeit um mindestens 20 vH reduziert wird und zwölf Stunden nicht unterschreitet (Bandbreite).

Beginn, Dauer, Ausmaß und Lage der Teilzeitbeschäftigung sind mit dem Dienstgeber zu vereinbaren, wobei die betrieblichen Interessen und die Interessen der Dienstnehmerin zu berücksichtigen sind. Dienstnehmerinnen haben während eines Lehrverhältnisses keinen Anspruch auf Teilzeitbeschäftigung.

(BGBl I 2015/149)

(2) Alle Zeiten, die die Dienstnehmerin in unmittelbar vorausgegangenen Dienstverhältnissen zum selben Dienstgeber zurückgelegt hat, sind bei der Berechnung der Mindestdauer des Dienstverhältnisses nach Abs. 1 Z 1 zu berücksichtigen. Ebenso zählen Zeiten von unterbrochenen Dienstverhältnissen, die auf Grund von Wiedereinstellungszusagen oder Wiedereinstellungsvereinbarungen beim selben Dienstgeber fortgesetzt werden, für die Mindestdauer des Dienstverhältnisses. Zeiten einer Karenz nach diesem Bundesgesetz werden abweichend von § 15f Abs. 1 dritter Satz auf die Mindestdauer des Dienstverhältnisses angerechnet.

(3) Für die Ermittlung der Dienstnehmerzahl nach Abs. 1 Z 2 ist maßgeblich, wie viele Dienstnehmer und Dienstnehmerinnen regelmäßig im Betrieb beschäftigt werden. In Betrieben mit saisonal schwankender Dienstnehmerzahl gilt das Erfordernis der Mindestanzahl der Dienstnehmer und Dienstnehmerinnen als erfüllt, wenn die Dienstnehmerzahl im Jahr vor dem Antritt der Teilzeitbeschäftigung durchschnittlich mehr als 20 Dienstnehmer und Dienstnehmerinnen betragen hat.

(4) In Betrieben mit bis zu 20 Dienstnehmern und Dienstnehmerinnen kann in einer Betriebsvereinbarung im Sinne des § 97 Abs. 1 Z 25 ArbVG insbesondere festgelegt werden, dass die Dienstnehmerinnen einen Anspruch auf Teilzeitbeschäftigung nach Abs. 1 haben. Auf diese Teilzeitbeschäftigung sind sämtliche Bestimmungen anzuwenden, die für eine Teilzeitbeschäftigung nach Abs. 1 gelten. Die Kündigung einer solchen Betriebsvereinbarung ist nur hinsichtlich der Dienstverhältnisse jener Dienstnehmerinnen wirksam, die zum Kündigungstermin keine Teilzeitbeschäf-

tigung nach der Betriebsvereinbarung schriftlich bekannt gegeben oder angetreten haben.

(BGBl I 2004/64)

Vereinbarte Teilzeitbeschäftigung

§ 15i. Die Dienstnehmerin, die keinen Anspruch auf Teilzeitbeschäftigung nach § 15h Abs. 1 oder 4 hat, kann mit dem Dienstgeber eine Teilzeitbeschäftigung einschließlich Beginn, Dauer, Ausmaß und Lage längstens bis zum Ablauf des vierten Lebensjahres des Kindes vereinbaren, bei der die wöchentliche Normalarbeitszeit um mindestens 20 vH reduziert wird und zwölf Stunden nicht unterschreitet (Bandbreite).

(BGBl I 2004/64, BGBl I 2015/149)

Gemeinsame Bestimmungen zur Teilzeitbeschäftigung

§ 15j. (1) Voraussetzung für die Inanspruchnahme einer Teilzeitbeschäftigung nach den §§ 15h und 15i ist, dass die Dienstnehmerin mit dem Kind im gemeinsamen Haushalt lebt oder eine Obsorge nach den §§ 177 Abs. 4 oder 179 des Allgemeinen bürgerlichen Gesetzbuchs, JGS Nr. 946/1811, gegeben ist und sich der Vater nicht gleichzeitig in Karenz befindet.

(BGBl I 2013/138)

(2) Die Dienstnehmerin kann die Teilzeitbeschäftigung für jedes Kind nur einmal in Anspruch nehmen. Dieses Recht wird durch das Zurückziehen eines Teilzeitantrages nach § 15h Abs. 1 oder § 15i nicht verwirkt. Die Teilzeitbeschäftigung muss mindestens zwei Monate dauern.

(BGBl I 2009/116, BGBl I 2015/149)

(3) Die Teilzeitbeschäftigung kann frühestens im Anschluss an die Frist gemäß § 5 Abs. 1 und 2, einen daran anschließenden Gebührenurlaub oder eine Dienstverhinderung wegen Krankheit (Unglücksfall) angetreten werden. In diesem Fall hat die Dienstnehmerin dies dem Dienstgeber einschließlich Dauer, Ausmaß und Lage der Teilzeitbeschäftigung schriftlich bis zum Ende der Frist nach § 5 Abs. 1 bekannt zu geben.

(4) Beabsichtigt die Dienstnehmerin die Teilzeitbeschäftigung zu einem späteren Zeitpunkt anzutreten, hat sie dies dem Dienstgeber einschließlich Beginn, Dauer, Ausmaß und Lage der Teilzeitbeschäftigung schriftlich spätestens drei Monate vor dem beabsichtigten Beginn bekannt zu geben. Beträgt jedoch der Zeitraum zwischen dem Ende der Frist gemäß § 5 Abs. 1 und dem Beginn der beabsichtigten Teilzeitbeschäftigung weniger als drei Monate, so hat die Dienstnehmerin die Teilzeitbeschäftigung schriftlich bis zum Ende der Frist nach § 5 Abs. 1 bekannt zu geben.

(5) Die Dienstnehmerin kann sowohl eine Änderung der Teilzeitbeschäftigung (Verlängerung, Änderung des Ausmaßes oder der Lage) innerhalb der Bandbreite nach § 15h Abs. 1 Z 3 oder § 15i als auch eine vorzeitige Beendigung jeweils nur einmal verlangen. Sie hat dies dem Dienstgeber schriftlich spätestens drei Monate, dauert die Teilzeitbeschäftigung jedoch weniger als drei Monate, spätestens zwei Monate vor der beabsichtigten Änderung oder Beendigung bekannt zu geben.

(BGBl I 2009/116, BGBl I 2015/149)

(6) Der Dienstgeber kann sowohl eine Änderung der Teilzeitbeschäftigung (Änderung des Ausmaßes oder der Lage) innerhalb der Bandbreite nach § 15h Abs. 1 Z 3 oder § 15i als auch eine vorzeitige Beendigung jeweils nur einmal verlangen. Er hat dies der Dienstnehmerin schriftlich spätestens drei Monate, dauert die Teilzeitbeschäftigung jedoch weniger als drei Monate, spätestens zwei Monate vor der beabsichtigten Änderung oder Beendigung bekannt zu geben.

(BGBl I 2009/116, BGBl I 2015/149)

(7) Fallen in ein Kalenderjahr auch Zeiten einer Teilzeitbeschäftigung, gebühren der Dienstnehmerin sonstige, insbesondere einmalige Bezüge im Sinne des § 67 Abs. 1 EStG 1988 in dem der Vollzeit- und Teilzeitbeschäftigung entsprechenden Ausmaß im Kalenderjahr.

(8) Der Dienstgeber ist verpflichtet, der Dienstnehmerin auf deren Verlangen eine Bestätigung über Beginn und Dauer der Teilzeitbeschäftigung oder die Nichtinanspruchnahme der Teilzeitbeschäftigung auszustellen. Die Dienstnehmerin hat diese Bestätigung mit zu unterfertigen.

(9) Die Teilzeitbeschäftigung der Dienstnehmerin endet vorzeitig mit der Inanspruchnahme einer Karenz oder Teilzeitbeschäftigung nach diesem Bundesgesetz für ein weiteres Kind.

(10) Kommt es zu einer Vereinbarung über ein Teilzeitmodell außerhalb der Bandbreite, liegt dennoch eine Teilzeitbeschäftigung im Sinne des § 15h oder § 15i vor.

(BGBl I 2015/149)

(BGBl I 2004/64)

Verfahren beim Anspruch auf Teilzeitbeschäftigung

§ 15k. (1) In Betrieben, in denen ein für die Dienstnehmerin zuständiger Betriebsrat errichtet ist, ist dieser auf Verlangen der Dienstnehmerin den Verhandlungen über Beginn, Dauer, Ausmaß oder Lage der Teilzeitbeschäftigung nach § 15h Abs. 1 beizuziehen. Kommt binnen zwei Wochen ab Bekanntgabe keine Einigung zu Stande, können im Einvernehmen zwischen Dienstnehmerin und Dienstgeber Vertreter der gesetzlichen Interessenvertretungen der Dienstnehmer und der Dienstgeber den Verhandlungen beigezogen werden. Der Dienstgeber hat das Ergebnis der Verhandlungen schriftlich aufzuzeichnen. Diese Ausfertigung ist sowohl vom Dienstgeber als auch von der Dienstnehmerin zu unterzeichnen; eine Ablichtung ist der Dienstnehmerin auszuhändigen.

(BGBl I 2015/149)

(2) Kommt binnen vier Wochen ab Bekanntgabe keine Einigung über Beginn, Dauer, Ausmaß oder Lage der Teilzeitbeschäftigung zu Stande, kann die Dienstnehmerin die Teilzeitbeschäftigung zu den von ihr bekannt gegebenen Bedingun-

gen antreten, sofern der Dienstgeber nicht binnen weiterer zwei Wochen beim zuständigen Arbeits- und Sozialgericht einen Antrag nach § 433 Abs. 1 ZPO zur gütlichen Einigung gegebenenfalls im Rahmen eines Gerichtstages stellt. Dem Antrag ist das Ergebnis der Verhandlungen nach Abs. 1 anzuschließen.

(3) Kommt binnen vier Wochen ab Einlangen des Antrags beim Arbeits- und Sozialgericht keine gütliche Einigung zu Stande, hat der Dienstgeber binnen einer weiteren Woche die Dienstnehmerin auf Einwilligung in die von ihm vorgeschlagenen Bedingungen der Teilzeitbeschäftigung beim zuständigen Arbeits- und Sozialgericht zu klagen, andernfalls kann die Dienstnehmerin die Teilzeitbeschäftigung zu den von ihr bekannt gegebenen Bedingungen antreten. Findet der Vergleichsversuch erst nach Ablauf von vier Wochen statt, beginnt die Frist für die Klagseinbringung mit dem auf den Vergleichsversuch folgenden Tag. Das Arbeits- und Sozialgericht hat der Klage des Dienstgebers dann stattzugeben, wenn die betrieblichen Erfordernisse die Interessen der Dienstnehmerin überwiegen. Gibt das Arbeits- und Sozialgericht der Klage des Dienstgebers nicht statt, wird die von der Dienstnehmerin beabsichtigte Teilzeitbeschäftigung mit der Rechtskraft des Urteils wirksam.

(4) Beabsichtigt die Dienstnehmerin eine Änderung oder vorzeitige Beendigung der Teilzeitbeschäftigung, ist Abs. 1 anzuwenden. Kommt binnen vier Wochen ab Bekanntgabe keine Einigung zu Stande, kann der Dienstgeber binnen einer weiteren Woche dagegen Klage beim zuständigen Arbeits- und Sozialgericht erheben. Bringt der Dienstgeber keine Klage ein, wird die von der Dienstnehmerin bekannt gegebene Änderung oder vorzeitige Beendigung der Teilzeitbeschäftigung wirksam. Das Arbeits- und Sozialgericht hat der Klage dann stattzugeben, wenn die betrieblichen Erfordernisse gegenüber den Interessen der Dienstnehmerin im Hinblick auf die beabsichtigte Änderung oder vorzeitige Beendigung überwiegen.

(5) Beabsichtigt der Dienstgeber eine Änderung der Teilzeitbeschäftigung oder eine vorzeitige Beendigung, ist Abs. 1 anzuwenden. Kommt binnen vier Wochen ab Bekanntgabe keine Einigung zu Stande, kann der Dienstgeber binnen einer weiteren Woche Klage auf die Änderung oder vorzeitige Beendigung beim Arbeits- und Sozialgericht erheben, andernfalls die Teilzeitbeschäftigung unverändert bleibt. Das Arbeits- und Sozialgericht hat der Klage dann stattzugeben, wenn die betrieblichen Erfordernisse gegenüber den Interessen der Dienstnehmerin im Hinblick auf die beabsichtigte Änderung oder vorzeitige Beendigung überwiegen.

(6) In Rechtsstreitigkeiten nach Abs. 3 bis 5 steht keiner Partei ein Kostenersatzanspruch an die andere zu. Gegen ein Urteil des Gerichtes erster Instanz ist eine Berufung nicht zulässig und sind – unabhängig vom Wert des Streitgegenstandes – Beschlüsse des Gerichtes erster Instanz nur aus den Gründen des § 517 Abs. 1 Z 1, 4 und 6 ZPO anfechtbar.

(BGBl I 2004/64)

Verfahren bei der vereinbarten Teilzeitbeschäftigung

§ 15l. (1) In Betrieben, in denen ein für die Dienstnehmerin zuständiger Betriebsrat errichtet ist, ist dieser auf Verlangen der Dienstnehmerin den Verhandlungen über die Teilzeitbeschäftigung nach § 15i, deren Beginn, Dauer, Lage und Ausmaß beizuziehen.

(BGBl I 2015/149)

(2) Kommt binnen zwei Wochen ab Bekanntgabe keine Einigung zu Stande, so kann die Dienstnehmerin den Dienstgeber auf Einwilligung in eine Teilzeitbeschäftigung einschließlich deren Beginn, Dauer, Lage und Ausmaß klagen. Das Arbeits- und Sozialgericht hat die Klage insoweit abzuweisen, als der Dienstgeber aus sachlichen Gründen die Einwilligung in die begehrte Teilzeitbeschäftigung verweigert hat.

(3) Beabsichtigt die Dienstnehmerin eine Änderung oder vorzeitige Beendigung der Teilzeitbeschäftigung, ist Abs. 1 anzuwenden. Kommt binnen zwei Wochen ab Bekanntgabe keine Einigung zu Stande, kann die Dienstnehmerin binnen einer weiteren Woche Klage auf eine Änderung oder vorzeitige Beendigung der Teilzeitbeschäftigung beim zuständigen Arbeits- und Sozialgericht erheben. Das Arbeits- und Sozialgericht hat die Klage dann abzuweisen, wenn die betrieblichen Erfordernisse gegenüber den Interessen der Dienstnehmerin im Hinblick auf die beabsichtigte Änderung oder vorzeitige Beendigung überwiegen.

(4) Beabsichtigt der Dienstgeber eine Änderung der Teilzeitbeschäftigung oder eine vorzeitige Beendigung, ist Abs. 1 anzuwenden. Kommt binnen zwei Wochen ab Bekanntgabe keine Einigung zu Stande, kann der Dienstgeber binnen einer weiteren Woche Klage auf eine Änderung oder vorzeitige Beendigung beim zuständigen Arbeits- und Sozialgericht erheben, andernfalls die Teilzeitbeschäftigung unverändert bleibt. Das Arbeits- und Sozialgericht hat der Klage dann stattzugeben, wenn die betrieblichen Erfordernisse gegenüber den Interessen der Dienstnehmerin im Hinblick auf die beabsichtigte Änderung oder vorzeitige Beendigung überwiegen.

(5) § 15k Abs. 6 ist anzuwenden.

(BGBl I 2004/64)

Karenz an Stelle von Teilzeitbeschäftigung

§ 15m. (1) Kommt zwischen der Dienstnehmerin und dem Dienstgeber keine Einigung über eine Teilzeitbeschäftigung nach den §§ 15h und 15i zu Stande, kann die Dienstnehmerin dem Dienstgeber binnen einer Woche bekannt geben, dass sie

1. an Stelle der Teilzeitbeschäftigung oder

2. bis zur Entscheidung des Arbeits- und Sozialgerichtes

Karenz, längstens jedoch bis zum Ablauf des zweiten Lebensjahres des Kindes, in Anspruch nimmt.

(2) Gibt das Gericht der Klage des Dienstgebers in einem Rechtsstreit nach § 15k Abs. 3 statt oder der Klage der Dienstnehmerin nach § 15l Abs. 2 nicht statt, kann die Dienstnehmerin binnen einer Woche nach Zugang des Urteils dem Dienstgeber bekannt geben, dass sie Karenz längstens bis zum Ablauf des zweiten Lebensjahres des Kindes in Anspruch nimmt.

(BGBl I 2004/64)

Kündigungs- und Entlassungsschutz bei einer Teilzeitbeschäftigung

§ 15n. (1) Der Kündigungs- und Entlassungsschutz gemäß den §§ 10 und 12 beginnt grundsätzlich mit der Bekanntgabe, frühestens jedoch vier Monate vor dem beabsichtigten Antritt der Teilzeitbeschäftigung. Er dauert bis vier Wochen nach dem Ende der Teilzeitbeschäftigung, längstens jedoch bis vier Wochen nach dem Ablauf des vierten Lebensjahres des Kindes. Die Bestimmungen über den Kündigungs- und Entlassungsschutz gelten auch während eines Verfahrens nach den §§ 15k und 15l.

(2) Dauert die Teilzeitbeschäftigung länger als bis zum Ablauf des vierten Lebensjahres des Kindes oder beginnt sie nach dem Ablauf des vierten Lebensjahres des Kindes, kann eine Kündigung wegen einer beabsichtigten oder tatsächlich in Anspruch genommenen Teilzeitbeschäftigung bei Gericht angefochten werden. § 105 Abs. 5 ArbVG ist anzuwenden.

(3) Wird während der Teilzeitbeschäftigung ohne Zustimmung des Dienstgebers eine weitere Erwerbstätigkeit aufgenommen, kann der Dienstgeber binnen acht Wochen ab Kenntnis entgegen Abs. 1 und 2 eine Kündigung wegen dieser Erwerbstätigkeit aussprechen.

(BGBl I 2004/64)

Teilzeitbeschäftigung der Adoptiv- oder Pflegemutter

§ 15o. Die §§ 15h bis 15n gelten auch für eine Adoptiv- oder Pflegemutter mit der Maßgabe, dass die Teilzeitbeschäftigung frühestens mit der Annahme oder der Übernahme des Kindes beginnen kann. Beabsichtigt die Dienstnehmerin die Teilzeitbeschäftigung zum frühest möglichen Zeitpunkt, hat sie dies dem Dienstgeber einschließlich Beginn, Dauer, Ausmaß und Lage unverzüglich bekannt zu geben. § 15j Abs. 1 ist weiters mit der Maßgabe anzuwenden, dass an Stelle des Ausdrucks „der Vater“ der Ausdruck „der andere Elternteil“ tritt.

(BGBl I 2004/64, BGBl I 2013/138)

Änderung der Lage der Arbeitszeit

§ 15p. Die §§ 15h bis 15o sind auch für eine von der Dienstnehmerin beabsichtigte Änderung der Lage der Arbeitszeit mit der Maßgabe anzuwenden, dass das Ausmaß der Arbeitszeit außer Betracht bleibt.

(BGBl I 2004/64)

Spätere Geltendmachung der Karenz

§ 15q. (1) Lehnt der Dienstgeber des anderen Elternteils eine Teilzeitbeschäftigung ab und nimmt der andere Elternteil keine Karenz für diese Zeit in Anspruch, so kann die Dienstnehmerin für diese Zeit, längstens bis zum Ablauf des zweiten Lebensjahres des Kindes Karenz in Anspruch nehmen.

(2) Die Dienstnehmerin hat Beginn und Dauer der Karenz unverzüglich nach der Ablehnung der Teilzeitbeschäftigung durch den Dienstgeber des anderen Elternteils bekannt zu geben und die anspruchsbegründenden Umstände nachzuweisen.

(BGBl I 2001/103, BGBl I 2004/64, BGBl I 2013/138)

Abschnitt 7
Sonstige Bestimmungen

(BGBl I 2004/64)

Austritt aus Anlass der Geburt eines Kindes

§ 15r. Die Dienstnehmerin kann

1. nach der Geburt eines lebenden Kindes während der Schutzfrist nach § 5 Abs. 1,
2. nach der Annahme eines Kindes, welches das zweite Lebensjahr noch nicht vollendet hat, an Kindes Statt (§ 15c Abs. 1 Z 1) oder nach Übernahme eines solchen Kindes in unentgeltliche Pflege (§ 15c Abs. 1 Z 2) innerhalb von acht Wochen,
3. bei Inanspruchnahme einer Karenz nach §§ 15, 15a, 15c, 15d oder 15q bis spätestens drei Monate vor Ende der Karenz,

   (BGBl I 2009/116)
4. bei Inanspruchnahme einer Karenz von weniger als drei Monaten bis spätestens zwei Monate vor dem Ende der Karenz

   (BGBl I 2009/116)

ihren vorzeitigen Austritt aus dem Dienstverhältnis erklären.

(BGBl I 2002/100, BGBl I 2004/64)

Dienst(Werks)wohnung

§ 16. Vereinbarungen, durch die der Anspruch der Dienstnehmerin auf eine beigestellte Dienst-(Werks)wohnung oder sonstige Unterkunft berührt wird, müssen während der Dauer des Kündigungs- und Entlassungsschutzes gemäß §§ 10, 12, 15 Abs. 4, 15a Abs. 4 und 5, 15c Abs. 4, 15d Abs. 5, 15n Abs. 1, um rechtswirksam zu sein, vor Gericht (§ 92 ASGG) nach Rechtsbelehrung der Dienstnehmerin getroffen werden.

(BGBl 1986/563, BGBl I 1999/153, BGBl I 2004/64)

Auflegen des Gesetzes

§ 17. (aufgehoben)

(BGBl I 2017/40)

Abschnitt 8
Sonderbestimmungen für Bedienstete in bestimmten Zweigen des öffentlichen Dienstes

(BGBl I 2004/64)

§ 18. Die Abschnitte 2 bis 7 gelten mit den in den §§ 18a bis 23 enthaltenen Abweichungen für Dienstnehmerinnen, die in einem Dienstverhältnis

1. zum Bund,
2. zu einem Land, einer Gemeinde oder einem Gemeindeverband, sofern die Dienstnehmerin in einem Betrieb tätig ist,
3. gemäß Art. 14 Abs. 2 B-VG,
4. gemäß Art. 14a Abs. 3 B-VG

stehen, weiters für Dienstnehmerinnen in einem Dienstverhältnis zu einer Stiftung, einer Anstalt oder einem Fonds, auf das nach dem Vertragsbedienstetengesetz 1948, BGBl. Nr. 86, dessen § 1 Abs. 2 sinngemäß anzuwenden ist.

(BGBl 1995/434, BGBl I 2004/64)

§ 18a. (1) §§ 2a Abs. 5, 15k Abs. 1 und 15l Abs. 1 ist für Dienststellen, die nicht unter den II. Teil des Arbeitsverfassungsgesetzes, BGBl. Nr. 22/1974, fallen, mit der Maßgabe anzuwenden, daß an die Stelle des Betriebsrates die Personalvertretung tritt.

(BGBl I 2004/64)

(2) § 2b Abs. 1 und Abs. 2 Satz 1 ist für öffentlich-rechtliche Dienstnehmerinnen mit der Maßgabe anzuwenden, daß die Dienstnehmerin an einem ihrer bisherigen dienstrechtlichen Stellung zumindest entsprechenden Arbeitsplatz zu verwenden ist.

(BGBl 1995/434)

§ 19. (1) § 3 Abs. 6 ist mit der Maßgabe anzuwenden, daß die Meldung über die Schwangerschaft einer Dienstnehmerin in Dienststellen des Bundes, auf die das Bundes-Bedienstetenschutzgesetz, BGBl. I Nr. 70/1999, anzuwenden ist, dem Arbeitsinspektorat zu übermitteln ist.

(BGBl 1980/409, BGBl 1992/833, BGBl I 1999/70)

(2) Das Arbeitsinspektorat hat dem Dienststellenleiter in den Angelegenheiten der §§ 4, 4a, 5 Abs. 4 und 9 Abs. 3 und 4 Empfehlungen zu erteilen. § 89 des Bundes-Bedienstetenschutzgesetzes ist anzuwenden.

(BGBl 1980/409, BGBl 1992/833, BGBl 1995/434, BGBl I 1999/70)

§ 20. (1) § 10 Abs. 3 bis 7 ist nicht anzuwenden.

(BGBl 1990/408)

(2) Während der Dauer des in den §§ 10, 15, 15a, 15c und 15d geregelten Kündigungsschutzes und bis zum Ablauf von vier Monaten nach dem Aufhören dieses Schutzes kann ein Rechtsanspruch auf die Umwandlung eines kündbaren Dienstverhältnisses in ein unkündbares (definitives) Dienstverhältnis nicht erworben werden.

(BGBl I 1999/153)

(2a) Abweichend von Abs. 2 kann die Beamtin während der Inanspruchnahme einer Karenz gemäß § 15a durch den anderen Elternteil einen Rechtsanspruch auf Umwandlung eines kündbaren in ein unkündbares (definitives) Dienstverhältnis erwerben.

(BGBl I 1999/153, BGBl I 2001/103)

(2b) Während der Dauer einer aufgeschobenen Karenz kann ein Rechtsanspruch auf Umwandlung eines kündbaren in ein unkündbares (definitives) Dienstverhältnis nicht erworben werden.

(BGBl I 1999/153, BGBl I 2001/103)

(3) Die Definitivstellung nach Ablauf der im Abs. 2 genannten Frist wirkt auf den Zeitpunkt zurück, in dem sie ohne die Aufschiebung im Sinne des Abs. 2 erfolgt wäre.

(4) § 10 Abs. 8 ist mit der Maßgabe anzuwenden, dass Ansprüche auf Grund des Bundes-Gleichbehandlungsgesetzes (B-GlBG), BGBl. Nr. 100/1993, unberührt bleiben.

(BGBl I 2015/149)

§ 21. Eine einvernehmliche Auflösung des Dienstverhältnisses während der Dauer des Kündigungsschutzes ist nur dann rechtswirksam, wenn sie schriftlich vereinbart wurde. Bei Minderjährigen muß dieser Vereinbarung eine Bescheinigung eines Gerichtes (§ 92 ASGG), der Personalvertretung oder des Betriebsrates beigeschlossen sein, aus der hervorgeht, daß die Dienstnehmerin über den Kündigungsschutz nach diesem Bundesgesetz belehrt wurde.

(BGBl 1980/577, BGBl 1992/833)

§ 22. (1) § 12 ist nicht anzuwenden, wenn die Entlassung der Bediensteten durch das rechtskräftige Erkenntnis einer auf Grund gesetzlicher oder anderer dienstrechtlicher Vorschriften gebildeten Disziplinarkommission (Disziplinargericht) verfügt wird oder das Dienstverhältnis kraft Gesetzes erlischt.

(2) Unbeschadet der im § 12 Abs. 2 angeführten Entlassungsgründe kann das Gericht die Zustimmung zur Entlassung erteilen, wenn sich nachträglich herausstellt, daß die Vertragsbedienstete die Aufnahme in das Dienstverhältnis durch unwahre Angaben, ungültige Urkunden oder durch Verschweigen von Umständen erschlichen hat, die ihre Aufnahme nach den Bestimmungen des Vertragsbedienstetengesetzes oder anderer österreichischer Rechtsvorschriften ausgeschlossen hätten.

(BGBl 1992/833)

§ 22a. Beamtinnen und Vertragsbedienstete, die gemäß § 3 Abs. 3 nicht beschäftigt werden dürfen, haben keinen Anspruch nach § 14 Abs. 2 für Zeiten, während derer ein Anspruch nach § 13d Gehaltsgesetz 1956 (GehG), BGBl Nr. 54 oder § 24b VBG besteht.

(BGBl I 2012/120)

§ 23. (1) § 15 Abs. 3 letzter Satz und § 15a Abs. 3 letzter Satz sind mit der Maßgabe anzuwenden, dass Karenz gewährt werden kann, sofern nicht zwingende dienstliche Gründe entgegenstehen.

(2) § 15b ist mit der Maßgabe anzuwenden, dass die Beamtin aufgeschobene Karenz zu dem von ihr gewünschten Zeitpunkt in Anspruch nehmen kann.

(3) § 15b Abs. 3 zweiter bis letzter Satz und Abs. 4 zweiter Satz ist auf Bundesbeamtinnen, Landeslehrerinnen (§ 1 Abs. 1 LDG 1984), Land- und forstwirtschaftliche Landeslehrerinnen (§ 1 Abs. 1 LLDG 1985), Klassenlehrerinnen, Richteramtsanwärterinnen und Richterinnen nicht anzuwenden.

(BGBl I 2015/65)

(4) Lehrerinnen können aufgeschobene Karenz nicht in den letzten vier Monaten des Schuljahres in Anspruch nehmen.

(5) § 15f Abs. 1 dritter Satz ist nicht anzuwenden. Soweit in dienst- und besoldungsrechtlichen Vorschriften nicht anderes bestimmt ist, bleiben Zeiten einer Karenz nach diesem Bundesgesetz bei Rechtsansprüchen der Dienstnehmerin, die sich nach der Dauer der Dienstzeit richten, außer Betracht.

(6) § 15e Abs. 2 ist auf Lehrerinnen, die eine im § 8 Abs. 1 BDG 1979, BGBl. Nr. 333, im § 55 Abs. 4 oder 5 LDG 1984, BGBl. Nr. 302, oder im § 56 LLDG 1985, BGBl. Nr. 296, angeführte Leitungsfunktion ausüben oder mit einer Schulaufsichtsfunktion betraut sind, „auf Beamtinnen des Schulaufsichtsdienstes, auf Bedienstete des Schulqualitätsmanagements und auf Bedienstete in der Schulevaluation" nicht anzuwenden.

(BGBl I 2012/120, BGBl I 2019/112)

(7) Eine Beschäftigung im Sinne des § 15e Abs. 3 bedarf der Genehmigung durch die Dienstbehörde (Personalstelle). § 56 Abs. 4 BDG 1979 ist anzuwenden.

(BGBl I 2003/130)

(8) § 15h Abs. 1 ist auf Bundesbeamtinnen, Landeslehrerinnen (§ 1 Abs. 1 LDG 1984), Land- und forstwirtschaftliche Landeslehrerinnen (§ 1 Abs. 1 LLDG 1985) und Klassenlehrerinnen mit der Maßgabe anzuwenden, dass diese Beamtinnen einen Anspruch auf Teilzeitbeschäftigung längstens bis zum Ablauf des siebenten Lebensjahres oder einem späteren Schuleintritt des Kindes haben. Die Bestimmungen des § 15h Abs. 1 betreffend Ausmaß und Lage der Teilzeitbeschäftigung und § 15j Abs. 5 und 6 sind mit folgenden Abweichungen anzuwenden:

1. Eine Teilzeitbeschäftigung ist im Ausmaß einer Herabsetzung
   a) bis auf die Hälfte der für eine Vollbeschäftigung vorgesehenen Wochendienstzeit (Lehrverpflichtung bzw. Jahresnorm) oder
   b) unter die Hälfte der für eine Vollbeschäftigung vorgesehenen Wochendienstzeit (Lehrverpflichtung bzw. Jahresnorm) für die beantragte Dauer, während der die Mutter Anspruch auf Kinderbetreuungsgeld hat,

   zu gewähren.

   (BGBl I 2003/130)
2. Das Ausmaß der Herabsetzung ist so festzulegen, dass die verbleibende regelmäßige Wochendienstzeit (Lehrverpflichtung bzw. Jahresnorm) ein ganzzahliges Stundenausmaß (bei Lehrerinnen ganze Unterrichtsstunden) umfasst. Die verbleibende regelmäßige Wochendienstzeit (Lehrverpflichtung bzw. Jahresnorm) gemäß Z 1 lit. a
   a) darf nicht unter der Hälfte der für eine Vollbeschäftigung erforderlichen regelmäßigen Wochendienstzeit (Lehrverpflichtung bzw. Jahresnorm) und
   b) muss unter der für eine Vollbeschäftigung erforderlichen regelmäßigen Wochendienstzeit (Lehrverpflichtung bzw. Jahresnorm)

   liegen.

   (BGBl I 2003/130)
3. Eine Teilzeitbeschäftigung darf von der Dienstbehörde nur dann abgelehnt werden, wenn die Beamtin infolge der Teilzeitbeschäftigung aus wichtigen dienstlichen Gründen weder im Rahmen ihres bisherigen Arbeitsplatzes noch auf einem anderen ihrer dienstrechtlichen Stellung zumindest entsprechenden Arbeitsplatz verwendet werden könnte.
4. Die Bestimmungen über den Kündigungs- und Entlassungsschutz gelten auch während eines Rechtsmittelverfahrens betreffend die Ablehnung der Teilzeitbeschäftigung.
5. Im § 15n Abs. 1 ist die Verweisung auf die §§ 10 und 12 mit den Änderungen anzuwenden, die sich aus den §§ 20 bis 22 ergeben.

   (BGBl I 2004/64)
6. Bei der stundenmäßigen Festlegung der Zeiträume, in denen die Beamtin Dienst zu versehen hat, ist auf die persönlichen Verhältnisse der Beamtin, insbesondere auf die Gründe, die zur Teilzeitbeschäftigung geführt haben, so weit Rücksicht zu nehmen, als nicht wichtige dienstliche Interessen entgegenstehen.
7. Die Dienstbehörde kann auf Antrag der Beamtin eine Änderung des Ausmaßes oder die vorzeitige Beendigung der Teilzeitbeschäftigung verfügen, wenn keine wichtigen dienstlichen Interessen entgegenstehen.

   (BGBl I 2007/53)
8. Auf Landeslehrerinnen, die Teilzeitbeschäftigung in Anspruch nehmen, ist § 47 Abs. 3 und 3a LDG 1984 anzuwenden.

(BGBl I 2004/64, BGBl I 2015/65)

(9) Lassen bei den in Abs. 8 angeführten Beamtinnen die besonderen Umstände des Dienstes eine genaue Einhaltung eines ganzzahligen Ausmaßes an Stunden (bei Lehrerinnen an Unterrichtsstunden) nicht zu, so ist es so weit zu überschreiten, als es nötig ist, um seine Unterschreitung zu vermeiden.

(9a) Die Bestimmungen über die Bandbreite bei der Teilzeitbeschäftigung sind auf Vertragslehrpersonen nach dem VBG, Landesvertragslehrpersonen nach dem Landesvertragslehrpersonengesetz 1966 – LVG, BGBl. Nr. 172/1966, und dem Land- und forstwirtschaftlichen Landesvertragslehrpersonengesetz – LLVG, BGBl. Nr. 244/1969, mit der Maßgabe anzuwenden, dass die für eine Vollbeschäftigung vorgesehene Lehrverpflichtung bzw. Jahresnorm um mindestens 20 vH reduziert wird und 30 vH nicht unterschreitet.

(BGBl I 2015/149)

(10) Eine im Abs. 8 angeführte Beamtin kann über die für sie maßgebende Wochendienstzeit hinaus zur Dienstleistung nur herangezogen werden, wenn die Dienstleistung zur Vermeidung eines Schadens unverzüglich notwendig ist und ein Bediensteter, dessen Wochendienstzeit (Lehrverpflichtung bzw. Jahresnorm) nicht herabgesetzt ist, nicht zur Verfügung steht. Die Zeit einer solchen zusätzlichen Dienstleistung ist entweder durch Freizeit auszugleichen oder nach den besoldungsrechtlichen Vorschriften abzugelten. Bei Lehrerinnen ist ein solcher Freizeitausgleich unzulässig. Der erste Satz ist auf Lehrerinnen nicht anzuwenden, deren Lehrverpflichtung um höchstens 25% herabgesetzt ist.

(10a) Abs. 10 ist auf Vertragsbedienstete und auf Landesvertragslehrpersonen nach dem Landesvertragslehrpersonengesetz 1966 (LVG), BGBl. Nr. 172 und dem Land- und forstwirtschaftlichen Landesvertragslehrpersonengesetz (LLVG), BGBl. Nr. 244/1969 sinngemäß anzuwenden.

(BGBl I 2012/120)

(11) § 15h Abs. 1 ist auf Richteramtsanwärterinnen und Richterinnen mit der Maßgabe anzuwenden, dass sie Anspruch auf Teilzeitbeschäftigung längstens bis zum Ablauf des siebenten Lebensjahres oder einem späteren Schuleintritt des Kindes haben. Die Bestimmungen des § 15h Abs. 1 betreffend Ausmaß der Teilzeitbeschäftigung und des § 15j Abs. 5 und 6 sind auf Richteramtsanwärterinnen und Richterinnen mit folgenden Abweichungen anzuwenden:

1. An die Stelle der Teilzeitbeschäftigung tritt die Teilauslastung. Unter Teilauslastung ist eine Ermäßigung des regelmäßigen Dienstes bis auf die Hälfte zu verstehen.

   (BGBl I 2012/120)

2. Für die vorzeitige Beendigung einer Teilauslastung gilt § 76c RStDG.

   (BGBl I 2012/120)

(BGBl I 2004/64)

(12) Auf die übrigen von den Abs. 6, 8 und 11 nicht erfassten Bediensteten ist § 15n Abs. 2 letzter Satz nicht und §§ 15h, 15i und 15j Abs. 10 mit der Maßgabe anzuwenden, dass

1. eine Teilzeitbeschäftigung jedenfalls nicht zulässig ist, wenn die Bedienstete infolge der Teilzeitbeschäftigung aus wichtigen dienstlichen Gründen weder im Rahmen ihres bisherigen Arbeitsplatzes noch auf einem anderen ihrer dienstrechtlichen Stellung zumindest entsprechenden Arbeitsplatz verwendet werden könnte, und

2. im § 15n Abs. 1 die Verweisung auf die §§ 10 und 12 mit den Änderungen anzuwenden ist, die sich aus den §§ 20 bis 22 ergeben.

   (BGBl I 2004/64)

(BGBl I 2004/64, BGBl I 2015/149)

(13) § 15f Abs. 4 ist nicht anzuwenden. Wird der gemeinsame Haushalt der Mutter mit dem Kind aufgehoben, so endet die Karenz nach diesem Bundesgesetz. Die Bedienstete gilt ab diesem Zeitpunkt bis zum Ende der ursprünglich nach diesem Bundesgesetz gewährten Karenz als gegen Entfall der Bezüge im Sinne der dienstrechtlichen Vorschriften beurlaubt. Wenn es der Dienstgeber jedoch begehrt, hat die Bedienstete vorzeitig den Dienst anzutreten.

(14) § 15e Abs. 2 ist auf Richterinnen nicht anzuwenden.

(15) § 15r ist nicht anzuwenden auf

1. öffentlich-rechtliche Dienstnehmerinnen und

2. Vertragsbedienstete, deren Dienstverhältnis vor dem 1. Jänner 2003 begonnen hat, soweit nicht durch Verordnung gemäß § 46 Abs. 1 letzter Satz des Betrieblichen Mitarbeiter- und Selbständigenvorsorgegesetzes (BMSVG), BGBl. I Nr. 100/2002, etwas anderes angeordnet wird.

   (BGBl I 2012/120)

(BGBl I 2002/100, BGBl I 2004/64)

(16) §§ 15i, 15j Abs. 10, 15k, 15n Abs. 2 letzter Satz und 15p sind auf öffentlich-rechtliche Dienstnehmerinnen nicht anzuwenden.

(BGBl I 2004/64, BGBl I 2015/149)

(17) § 15m ist auf Beamtinnen mit der Maßgabe anzuwenden, dass bei Ablehnung der Teilzeitbeschäftigung durch die Dienstbehörde gemäß Abs. 8 Z 3 die Dienstnehmerin an Stelle der Teilzeitbeschäftigung oder bis zur rechtskräftigen Bescheiderlassung Karenz beanspruchen kann. Wurde die Teilzeitbeschäftigung rechtskräftig abgelehnt, kann die Beamtin binnen einer Woche nach Rechtskraft bekannt geben, dass sie Karenz längstens bis zum Ablauf des zweiten Lebensjahres des Kindes in Anspruch nimmt.

(BGBl I 2004/64, BGBl I 2012/120)

(BGBl 1990/408, BGBl 1991/277, BGBl 1992/315, BGBl 1992/833, BGBl I 1997/61, BGBl I 1998/123, BGBl I 1999/153, BGBl I 2001/103)

Abschnitt 9
Sonderbestimmungen für die in privaten Haushalten beschäftigten Dienstnehmerinnen, die in die Hausgemeinschaft aufgenommen sind
(BGBl 1992/833, BGBl I 2004/64)

Personenkreis

§ 24. Die Abschnitte 2 bis 7 gelten mit den in den §§ 25 und 27 enthaltenen Abweichungen für Dienstnehmerinnen, die unter das Hausgehilfen- und Hausangestelltengesetz, BGBl. Nr. 235/1962, fallen, in privaten Haushalten beschäftigt und in die Hausgemeinschaft des Dienstgebers aufgenommen sind.

(BGBl 1992/833, BGBl 1995/434, BGBl I 2004/64)

§ 25. Die §§ 7 (Verbot der Sonn- und Feiertagsarbeit) und 16 (Dienst/Werkswohnung) sind nicht anzuwenden. Die §§ 15 bis 15d, 15m und § 15q (Karenz) gelten unter der Voraussetzung, dass für die Dauer der Karenz die Hausgemeinschaft aufgelöst wird.

(BGBl 1992/833, BGBl I 2017/40)

Ruhezeiten

§ 26. (aufgehoben)

(BGBl 1992/833)

Kündigungsschutz

§ 27. Die Zustimmung zur Kündigung ist abweichend von § 10 Abs. 3 nur dann zu erteilen, wenn der Dienstgeber wegen Änderung seiner wirtschaftlichen Verhältnisse nicht in der Lage ist, eine Arbeitskraft im Haushalt zu beschäftigen, oder der Grund, der für ihre Beschäftigung maßgebend war, weggefallen ist, oder wenn sich die Dienstnehmerin in der Tagsatzung zur mündlichen Streitverhandlung nach Rechtsbelehrung der Parteien durch den Vorsitzenden über den Kündigungsschutz nach diesem Bundesgesetz mit der Kündigung einverstanden erklärt. Eine entgegen diesen Vorschriften ausgesprochene Kündigung ist rechtsunwirksam.

(BGBl 1986/563, BGBl 1992/833, BGBl 1995/434)

§ 28. (aufgehoben)

(BGBl 1992/833)

§ 29. (aufgehoben)

(BGBl 1986/563, BGBl 1992/833, BGBl 1995/434)

§ 30. (aufgehoben)

(BGBl 1995/434)

Abschnitt 10
Sonderbestimmungen für Heimarbeiterinnen
(BGBl I 2004/64)

§ 31. (1) Die Abschnitte 2 bis 7 gelten für Heimarbeiterinnen mit den in den Abs. 2 und 3 enthaltenen Abweichungen hinsichtlich ihrer Beschäftigung mit Heimarbeit.

(BGBl I 2004/64)

(2) Die §§ 6 bis 8 gelten mit der Maßgabe, daß auf einen Ausgaben- und Abrechnungsnachweis keine größere Arbeitsmenge ausgegeben werden darf, als durch eine vollwertige Arbeitskraft ohne Hilfskräfte bei Einhaltung einer achtstündigen täglichen Arbeitszeit bewältigt werden kann. Die Lieferfristen sind so zu bemessen, daß Aufträge ohne Nachtarbeit, das heißt ohne Arbeit in der Zeit zwischen zwanzig Uhr und sechs Uhr, und ohne Sonn- und Feiertagsarbeit ausgeführt werden können. Ist eine Heimarbeiterin für mehrere Auftraggeber tätig, so darf die gesamte Arbeitsmenge das angeführte Ausmaß nicht überschreiten. Die Heimarbeiterin hat, falls sie für mehrere Auftraggeber tätig ist, dies jedem ihrer Auftraggeber mitzuteilen. Auf Antrag des Auftraggebers, der Mittelsperson oder der Heimarbeiterin hat das Arbeitsinspektorat darüber zu entscheiden, welche Arbeitsmenge ausgegeben werden darf.

(3) Die §§ 10 und 12 gelten sinngemäß mit der Maßgabe, daß der Ausschluß von der Ausgabe von Heimarbeit einer Kündigung oder Entlassung gleichzuhalten ist.

(4) Über den Abs. 3 hinaus dürfen Heimarbeiterinnen während der Schwangerschaft und bis zum Ablauf von vier Monaten nach der Entbindung mit Ausnahme jener Zeiträume, während deren die Ausgabe von Heimarbeit auf Grund der Beschäftigungsverbote nach diesem Bundesgesetz untersagt ist, bei der Ausgabe von Heimarbeit im Vergleich zu den anderen Heimarbeiterinnen des gleichen Auftraggebers nicht benachteiligt werden. § 10 Abs. 7 ist sinngemäß anzuwenden.

(BGBl 1995/434)

(5) Heimarbeiterinnen, die entgegen Abs. 4 bei der Ausgabe von Heimarbeit benachteiligt worden sind, können auf Leistung des dadurch entgangenen Entgelts klagen. Der Berechnung des entgangenen Entgelts ist das Entgelt zugrunde zu legen, das die Heimarbeiterin in den letzten dreizehn Wochen vor Eintritt der Benachteiligung erzielt hat oder das ihr bei Bestehen eines Heimarbeitsgesamtvertrages oder eines Heimarbeitstarifes gebührt hätte.

§ 32. (aufgehoben)

(BGBl I 2017/40)

Abschnitt 11
Gemeinsame Vorschriften und Schlußbestimmungen
(BGBl I 2004/64)

§ 33. (aufgehoben)

(BGBl 1991/628, BGBl 1995/434)

§ 34. (aufgehoben)

(BGBl 1995/434)

Behördenzuständigkeit und Verfahrensvorschriften

§ 35. (1) Die nach diesem Bundesgesetz den Arbeitsinspektoraten zustehenden Aufgaben und Befugnisse sind in den vom Wirkungsbereich der Arbeitsinspektion ausgenommenen Betrieben von den zur Wahrnehmung des Dienstnehmerschutzes sonst berufenen Behörden wahrzunehmen.

(BGBl 1995/434, BGBl I 2012/35)

(2) Bescheide gemäß § 6 Abs. 3 und § 7 Abs. 3 sind zu befristen. Bescheide gemäß § 6 Abs. 3 und § 7 Abs. 3 sind zu widerrufen oder abzuändern, wenn die Voraussetzungen nicht mehr vorliegen. Beschwerden gegen Bescheide gemäß § 4 Abs. 2 Z 9, Abs. 4 und 5, § 5 Abs. 4 und § 9 Abs. 3 kommt keine aufschiebende Wirkung zu.

(BGBl 1992/833, BGBl I 2013/71)

(3) Zeugnisse gemäß § 3 Abs. 3, Bestätigungen gemäß den §§ 4a Abs. 1, 15f Abs. 3, 15j Abs. 8 sowie Amtshandlungen gemäß § 3 Abs. 3 und § 31 Abs. 2 letzter Satz sind von Stempelgebühren und Bundesverwaltungsabgaben befreit.

(BGBl 1989/651, BGBl 1990/408, BGBl 1992/833, BGBl 1995/434, BGBl I 1999/153, BGBl I 2004/64)

§ 36. Zuständige Verwaltungsbehörde im Sinne des § 5 Abs. 4 und § 9 Abs. 3 und 4 ist für die dem Arbeitsinspektionsgesetz 1993 unterliegenden Betriebe und für Privathaushalte die Bezirksverwaltungsbehörde.

(BGBl 1992/833, BGBl 1993/257, BGBl 1995/434, BGBl I 2001/98, BGBl I 2012/35)

Strafbestimmungen

§ 37. (1) Dienstgeber oder deren Bevollmächtigte, die den § 2a, § 2b, § 3 Abs. 1, 3, 6 und 7, § 4 Abs. 1 bis 3, 5 und 6, § 4a, § 5 Abs. 1 bis 3, §§ 6 bis 8a, § 9 Abs. 1 und 2, § 31 Abs. 2, § 32 oder einem Bescheid nach § 4 Abs. 2 Z 9 und Abs. 5, § 5 Abs. 4, § 9 Abs. 3 und 4 zuwiderhandeln, sind, wenn die Tat nicht nach anderen Vorschriften mit strengerer Strafe bedroht ist, von der Bezirksverwaltungsbehörde mit einer Geldstrafe von 70 Euro bis 1 820 Euro, im Wiederholungsfalle von 220 Euro bis 3 630 Euro zu bestrafen.

(BGBl 1992/833, BGBl 1995/434, BGBl I 2001/98, BGBl I 2004/64)

(2) Abs. 1 ist nicht anzuwenden, wenn die Zuwiderhandlung vom Organ einer Gebietskörperschaft begangen worden ist. Besteht bei einer Bezirksverwaltungsbehörde der Verdacht einer Zuwiderhandlung durch ein solches Organ, so hat sie, wenn es sich um ein Organ des Bundes oder eines Landes handelt, eine Anzeige an das oberste Organ, dem das der Zuwiderhandlung verdächtige Organ untersteht (Art. 20 Abs. 1 erster Satz B-VG), zu erstatten, in allen anderen Fällen aber an die Aufsichtsbehörde.

Weitergeltung von Vorschriften

§ 38. Bestimmungen in Kollektivverträgen, Betriebsvereinbarungen und Arbeitsordnungen, die den Dienstnehmerinnen vor und nach ihrer Entbindung einen weitergehenden Schutz als dieses Bundesgesetz gewähren, werden durch dieses Bundesgesetz nicht berührt.

Verweisungen

§ 38a. Soweit in diesem Bundesgesetz auf andere Bundesgesetze verwiesen wird, sind diese in ihrer jeweils geltenden Fassung anzuwenden.

(BGBl 1995/434)

Übergangsbestimmungen

§ 38b. (1) Ansprüche, die durch das Bundesgesetz BGBl. Nr. 833/1992 neu geschaffen wurden, haben nur Eltern, Adoptiv- oder Pflegeeltern, wenn das Kind nach dem 31. Dezember 1992 geboren wurde. Die Meldefristen für die Inanspruchnahme von Karenzurlauben oder von zu vereinbarenden Teilzeitbeschäftigungen verlängern sich nach Geburten, die zwischen dem 1. Jänner 1993 und der Kundmachung des Bundesgesetzes BGBl. Nr. 833/1992 erfolgen, um vier Wochen nach der Kundmachung dieses Bundesgesetzes. Ansprüche von Eltern, Adoptiv- oder Pflegeeltern, deren Kind vor dem 1. Jänner 1993 geboren wurde, richten sich nach den gesetzlichen Bestimmungen, die unmittelbar vor ihrer Änderung durch dieses Bundesgesetz gegolten haben.

(2) Bestehende Regelungen in Normen der kollektiven Rechtsgestaltung oder in Einzelvereinbarungen über die Anrechnung von Zeiten eines Karenzurlaubes für Ansprüche, die sich nach der Dauer der Dienstzeit richten, werden auf den Anspruch nach § 15e Abs. 2 letzter Satz angerechnet.

(BGBl 1992/833, BGBl I 1999/153)

(3) Ansprüche, die durch das Bundesgesetz BGBl. I Nr. 153/1999 neu geschaffen wurden, haben nur Mütter (Adoptiv- oder Pflegemütter), wenn das Kind nach dem 31. Dezember 1999 geboren wurde. Ansprüche von Eltern (Adoptiv- oder Pflegeeltern), deren Kind vor dem 1. Jänner 2000 geboren wurde, richten sich nach den gesetzlichen Bestimmungen, die unmittelbar vor ihrer Änderung durch dieses Bundesgesetz gegolten haben.

(BGBl I 1999/153)

(BGBl 1995/434)

§ 38c. In Arbeitsstätten, die vor Inkrafttreten dieses Bundesgesetzes errichtet wurden und die über keine Ruhemöglichkeiten im Sinne des § 8a verfügen, sind solche Ruhemöglichkeiten bis spätestens 1. Jänner 1996 herzustellen.

(BGBl 1995/434)

Übergangsbestimmungen (Option) für Geburten nach dem 30. Juni 2000, jedoch vor dem 1. Jänner 2002

§ 38d. (1) Mütter, deren Kinder nach dem 30. Juni 2000, jedoch vor dem Tag der Kundmachung des Bundesgesetzes BGBl. I Nr. 103/2001 geboren wurden, können, wenn sich entweder Mutter oder Vater am Tag der Kundmachung in Karenz befindet oder einen Teil der Karenz aufgeschoben haben, binnen drei Monaten ab Kundmachung ihrem Dienstgeber bekannt geben, ob sie Karenz bis zum Ablauf des zweiten Lebensjahres des Kindes nach den Bestimmungen dieses Bundesgesetzes in der

Fassung BGBl. I Nr. 103/2001 in Anspruch nehmen.

(2) Mütter, deren Kinder nach dem 30. Juni 2000, jedoch vor dem 1. Jänner 2002 geboren wurden, können ab 1. Jänner 2002 eine Beschäftigung im Sinne des § 15e Abs. 2 und 3 dieses Bundesgesetzes in der Fassung BGBl. I Nr. 103/2001 vereinbaren.

(3) Vor dem 1. Jänner 2002 vereinbarte Teilzeitbeschäftigungen nach den Bestimmungen dieses Bundesgesetzes in der Fassung BGBl. I Nr. 153/1999 bleiben aufrecht, soweit Dienstgeber und Dienstnehmerin nicht anderes vereinbaren.

(4) Vor dem 1. Jänner 2002 bescheidmäßig festgelegte Teilzeitbeschäftigungen nach den Bestimmungen dieses Bundesgesetzes in der Fassung des Bundesgesetzes BGBl. I Nr. 153/1999 bleiben aufrecht, soweit nicht auf Antrag der Beamtin durch Bescheid eine Abänderung verfügt wird.

(BGBl I 2001/103)

Inkrafttreten und Vollziehung

§ 39. (1) Mit der Vollziehung dieses Bundesgesetzes sind betraut:

1. für Dienstverhältnisse zum Bund der Bundeskanzler, soweit jedoch der Wirkungsbereich der Arbeitsinspektion betroffen ist, im Einvernehmen mit dem Bundesminister für Arbeit, Soziales und Konsumentenschutz; in Angelegenheiten, die nur den Wirkungsbereich eines Bundesministers betreffen, dieser Bundesminister, soweit jedoch der Wirkungsbereich der Arbeitsinspektion betroffen ist, im Einvernehmen mit dem Bundesminister für Arbeit, Soziales und Konsumentenschutz; soweit finanzielle Angelegenheiten betroffen sind, ist im Einvernehmen mit dem Bundesminister für Finanzen vorzugehen;

   (BGBl I 2012/35)
2. für Dienstverhältnisse zu den Ländern, Gemeinden und Gemeindeverbänden, soweit es sich um Bedienstete handelt, die in Betrieben tätig sind, der Bundesminister für Arbeit, Soziales und Konsumentenschutz; soweit finanzielle Angelegenheiten betroffen sind, ist im Einvernehmen mit dem Bundesminister für Finanzen vorzugehen;

   (BGBl I 2012/35)
3. für Dienstverhältnisse der Lehrer und Erzieher für die in Art. 14a Abs. 2 lit. a bis d B-VG genannten Einrichtungen der Bundesminister für Land- und Forstwirtschaft im Einvernehmen mit dem Bundeskanzler; soweit finanzielle Angelegenheiten betroffen sind, ist im Einvernehmen mit dem Bundesminister für Finanzen vorzugehen;
4. für sonstige Dienstverhältnisse der Bundesminister für Arbeit, Soziales und Konsumentenschutz.

(BGBl 1992/833, BGBl I 2001/98, BGBl I 2012/35)

(2) Für Dienstverhältnisse der Lehrer für öffentliche Pflichtschulen (Art. 14 Abs. 2 B-VG) sowie der Lehrer für öffentliche land- und forstwirtschaftliche Berufs- und Fachschulen und der Erzieher für öffentliche Schülerheime, die ausschließlich oder vorwiegend für Schüler der öffentlichen land- und forstwirtschaftlichen Berufs- und Fachschulen bestimmt sind (Art. 14a Abs. 3 B-VG), obliegt die Vollziehung dieses Bundesgesetzes, soweit nicht die Erlassung von Durchführungsverordnungen dem Bund vorbehalten ist, den Ländern.

(3) Verordnungen auf Grund dieses Bundesgesetzes sind für die Dienstverhältnisse der Lehrer für öffentliche Pflichtschulen (Art. 14 Abs. 2 B-VG) vom Bundesminister für Unterricht und Kunst im Einvernehmen mit dem Bundeskanzler, für die Dienstverhältnisse der Lehrer für öffentliche land- und forstwirtschaftliche Berufs- und Fachschulen und der Erzieher für öffentliche Schülerheime, die ausschließlich oder vorwiegend für Schüler der öffentlichen land- und forstwirtschaftlichen Berufs- und Fachschulen bestimmt sind (Art. 14a Abs. 3 B-VG), vom Bundesminister für Land- und Forstwirtschaft im Einvernehmen mit dem Bundeskanzler zu erlassen; soweit finanzielle Angelegenheiten betroffen sind, ist im Einvernehmen mit dem Bundesminister für Finanzen vorzugehen.

(4) Mit der Wahrnehmung der dem Bund gemäß Art. 14 Abs. 8 B-VG zustehenden Rechte ist der Bundesminister für Unterricht und Kunst im Einvernehmen mit dem Bundeskanzler betraut. Mit der Wahrnehmung der dem Bund gemäß Art. 14a Abs. 6 B-VG zustehenden Rechte ist für die im Art. 14a Abs. 3 lit. b B-VG genannten Personen der Bundesminister für Land- und Forstwirtschaft betraut.

(5) Soweit § 35 Abs. 3 eine Befreiung von den Stempelgebühren vorsieht, ist der Bundesminister für Finanzen und soweit diese Bestimmung eine Befreiung von den Bundesverwaltungsabgaben vorsieht, der Bundesminister für Arbeit, Soziales und Konsumentenschutz im Einvernehmen mit dem Bundesminister für Finanzen mit der Vollziehung betraut.

(BGBl 1995/434, BGBl I 2012/35)

§ 40. (1) Die §§ 3 Abs. 4, 6 und 7, 4 Abs. 2 Z 2, 4, 9 und 10, 4 Abs. 5 und 6, 5 Abs. 1 und 5, 8, 10 Abs. 4 und 6, 10a, 11, 12, 14 Abs. 1 und 4, 15 Abs. 2, 15c Abs. 2 bis 6, 15d Abs. 1, 19, 21, 22, 23 Abs. 2, 24, 25, 27, 29 Abs. 1, 35, 36, 37 Abs. 1, 39 Abs. 1 Z 4 lit. c und 38a sowie der Entfall der §§ 26 und 28, in der Fassung des Bundesgesetzes BGBl. Nr. 833/1992 treten mit 1. Jänner 1993 in Kraft.

(BGBl 1992/833, BGBl 1993/257)

(2) § 36 und die Bezeichnung des früheren § 39 Abs. 6 als § 40 Abs. 1 in der Fassung des Bundesgesetzes BGBl. Nr. 257/1993 treten mit 1. Juli 1993 in Kraft. Auf zu diesem Zeitpunkt anhängige

Verfahren sind sie jedoch noch nicht anzuwenden.

(BGBl 1993/257)

(3) Die §§ 1 Abs. 2 Z 1, § 3 Abs. 7 und 8, § 4 Abs. 1, Abs. 2 Z 3, 10 und 11 und Abs. 5 Z 2, § 4a, § 8a, § 9 Abs. 3 und 4, § 11, § 13, § 14 Abs. 1 und 2, § 15 Abs. 6 erster Halbsatz, § 15c Abs. 6 Satz 2, § 18, § 18a, § 19 Abs. 2, § 24, § 27, § 31 Abs. 4, § 35 Abs. 3, § 36, § 37 Abs. 1, § 38a, § 38b, § 38c und § 39 Abs. 5 in der Fassung des Bundesgesetzes, BGBl. Nr. 434/1995, treten mit 1. Juli 1995 in Kraft.

(BGBl 1995/434)

(4) Die §§ 2a und 2b treten für Arbeitsstätten, in denen regelmäßig mehr als 250 Dienstnehmer beschäftigt werden, mit 1. Juli 1995, im übrigen mit 1. Jänner 1997 in Kraft. § 102 Abs. 3 ASchG ist anzuwenden.

(BGBl 1995/434, BGBl I 1997/9)

(4a) Die Umsetzung der in den §§ 2a und 2b festgelegten Pflichten des Dienstgebers muß spätestens fertiggestellt sein:

1. für Arbeitsstätten, in denen regelmäßig mehr als 100 Dienstnehmer beschäftigt werden, mit 1. Juli 1997,
2. für Arbeitsstätten, in denen regelmäßig 51 bis 100 Dienstnehmer beschäftigt werden, mit 1. Juli 1998,
3. für Arbeitsstätten, in denen regelmäßig elf bis 50 Dienstnehmer beschäftigt werden, mit 1. Juli 1999,
4. für Arbeitsstätten, in denen regelmäßig bis zu zehn Dienstnehmer beschäftigt werden, mit 1. Juli 2000.

§ 102 Abs. 3 ASchG ist anzuwenden.

(BGBl I 1997/9)

(5) Abweichend von Abs. 4 muß die Umsetzung der in den §§ 2a und 2b festgelegten Pflichten für Dienststellen des Bundes, die dem Bundes-Bedienstetenschutzgesetz unterliegen, spätestens fertiggestellt sein:

1. für Dienststellen (Dienststellenteile) mit einem hohen und mittleren Gefährdungspotential mit 31. Dezember 2000,
2. für Dienststellen (Dienststellenteile) mit einem geringen Gefährdungspotential mit 30. Juni 2001.

(BGBl 1995/434, BGBl I 1999/70)

(6) Mit Ablauf des 30. Juni 1995 treten die §§ 5 Abs. 5, 29, 30, 33 und 34 außer Kraft.

(BGBl 1995/434)

(7) § 23 Abs. 3 bis 8 in der Fassung des Bundesgesetzes BGBl. I Nr. 61/1997 tritt mit 1. Juli 1997 in Kraft.

(BGBl I 1997/61)

(8) § 23 Abs. 3 in der Fassung des Bundesgesetzes BGBl. I Nr. 123/1998 tritt mit 1. Juli 1998 in Kraft.

(BGBl I 1998/123)

(9) § 19 Abs. 1 und 2 zweiter Satz und § 40 Abs. 5 in der Fassung des Bundesgesetzes BGBl. I Nr. 70/1999 tritt mit 1. Juni 1999 in Kraft.

(BGBl I 1999/70)

(10) § 3 Abs. 8, § 11, §13, §§15 bis 15i, § 16, § 20 Abs. 2 bis 2b, § 23 Abs. 1 bis 2d, 3, 4, 7 bis 9, § 25, § 35 Abs. 3 und § 38b Abs. 2 und 3 in der Fassung des Bundesgesetzes BGBl. I Nr. 153/1999 treten mit 1. Jänner 2000 in Kraft.

(BGBl I 1999/153)

(11) § 2a Abs. 2, § 4 Abs. 2, § 4a Abs. 2, § 5 Abs. 3, § 36 und § 39 Abs. 1 Z 4 in der Fassung des Bundesgesetzes BGBl. I Nr. 98/2001 treten mit 1. August 2001 in Kraft. Gleichzeitig treten außer Kraft: 1. das Gesetz vom 28. Juli 1919, StGBl. Nr. 406, über die Beschäftigung von jugendlichen und weiblichen Arbeitern, dann über die Arbeitszeit und die Sonntagsruhe beim Bergbau (Bergarbeitergesetz); 2. das Bundesgesetz über das Verbot der Verwendung von Frauen zu Untertagearbeiten beim Bergbau, BGBl. Nr. 70/1937.

(BGBl I 2001/98)

(12) § 37 Abs. 1 in der Fassung des Bundesgesetzes BGBl. I Nr. 98/2001 tritt mit 1. Jänner 2002 in Kraft.

(BGBl I 2001/98)

(13) § 10, §§ 15 bis 15j, 20 Abs. 2a und 2b, 23 und § 25 in der Fassung des Bundesgesetzes BGBl. I Nr. 103/2001 treten mit 1. Jänner 2002 in Kraft und gelten, soweit § 38d nicht anderes bestimmt, für Mütter, deren Kinder nach dem 31. Dezember 2001 geboren werden.

(BGBl I 2001/103, BGBl I 2002/87)

(14) § 15k und § 23 Abs. 15 in der Fassung des Bundesgesetzes BGBl. I Nr. 100/2002 treten mit 1. Jänner 2003 in Kraft, soweit nicht durch Verordnung gemäß § 46 Abs. 1 letzter Satz BMVG etwas anderes angeordnet wird.

(BGBl I 2002/100)

(15) § 23 Abs. 7 und 8 Z 1 und 2 in der Fassung des Bundesgesetzes BGBl. I Nr. 130/2003 treten mit 1. Jänner 2004 in Kraft und sind auf Mütter anzuwenden, deren Kinder nach dem 31. Dezember 2001 geboren sind.

(BGBl I 2003/130)

(16) Die §§ 11, 15d Abs. 5, 15h bis 15r, 16, 18a und 23 Abs. 8, 11, 12, 15 bis 17 in der Fassung des Bundesgesetzes BGBl. I Nr. 64/2004 treten mit 1. Juli 2004 in Kraft und gelten für Mütter (Adoptiv- oder Pflegemütter), deren Kinder nach dem 30. Juni 2004 geboren werden. Für Mütter (Adoptiv- oder Pflegemütter), deren Kinder vor dem 1. Juli 2004 geboren wurden, gelten weiterhin die Bestimmungen der §§ 11, 15d Abs. 5, 15h bis 15k, 16, 18a und 23 in der Fassung vor dem Bundesgesetz BGBl. I Nr. 64/2004. Abweichend davon kann eine Teilzeitbeschäftigung oder eine Änderung der Lage der Arbeitszeit nach den §§ 15h bis 15r und 23 Abs. 8, 11, 12, 15 bis 17 in der Fassung des Bundesgesetzes BGBl. I Nr. 64/2004 verlangt werden von einer

1. Mutter (Adoptiv- oder Pflegemutter), wenn sie oder der Vater (Adoptiv- oder Pflegevater) des Kindes sich am 1. Juli 2004 in Karenz nach diesem Bundesgesetz, dem VKG, gleichartigen österreichischen Rechtsvorschriften oder einer gleichartigen Rechtsvorschrift eines Mitgliedstaates des Europäischen Wirtschaftsraumes befindet, wobei eine Teilzeitbeschäftigung oder eine Änderung der Lage der Arbeitszeit nach dem Bundesgesetz BGBl. I Nr. 64/2004 frühestens nach Ablauf der Karenz angetreten werden kann;
2. Mutter (Adoptiv- oder Pflegemutter), wenn sie oder der Vater (Adoptiv- oder Pflegevater) des Kindes sich am 1. Juli 2004 in Teilzeitbeschäftigung nach diesem Bundesgesetz, dem VKG, gleichartigen österreichischen Rechtsvorschriften oder einer gleichartigen Rechtsvorschrift eines Mitgliedstaates des Europäischen Wirtschaftsraumes befindet, wobei eine Teilzeitbeschäftigung oder eine Änderung der Lage der Arbeitszeit nach dem Bundesgesetz BGBl. I Nr. 64/2004 frühestens nach Ablauf der ursprünglich vereinbarten Teilzeitbeschäftigung angetreten werden kann;
3. Mutter, die sich am 1. Juli 2004 in einem Beschäftigungsverbot nach § 5 Abs. 1 und 2 befindet;
4. Mutter, die am 1. Juli 2004 im Anschluss an die Frist nach § 5 Abs. 1 und 2 einen Gebührenurlaub verbraucht oder durch Krankheit oder Unglücksfall an der Dienstleistung verhindert ist und Karenz oder Teilzeitbeschäftigung nach diesem Bundesgesetz bereits geltend gemacht hat, wobei eine Teilzeitbeschäftigung oder eine Änderung der Lage der Arbeitszeit nach dem Bundesgesetz BGBl. I Nr. 64/2004 frühestens nach Ablauf der Karenz bzw. der ursprünglich vereinbarten Teilzeitbeschäftigung angetreten werden kann.

(BGBl I 2004/64)

(17) § 15g in der Fassung des Bundesgesetzes BGBl. I Nr. 58/2010 tritt mit 1. August 2010 in Kraft.

(BGBl I 2010/58)

(18) § 35 Abs. 1, § 36 sowie § 39 Abs. 1 Z 1, 2 und 4 und Abs. 5 in der Fassung des 2. Stabilitätsgesetzes 2012, BGBl. I Nr. 35/2012, treten mit 1. Juli 2012 in Kraft.

(BGBl I 2012/35)

(19) In der Fassung des Bundesgesetzes BGBl. I Nr. 120/2012 treten in Kraft:

1. § 23 Abs. 11 Z 1 mit 1. Jänner 2013,
2. § 23 Abs. 6 mit 1. September 2013,
3. § 22a, § 23 Abs. 10a, § 23 Abs. 11 Z 2, § 23 Abs. 15 und17 mit dem der Kundmachung des Bundesgesetzes BGBl. I Nr. 120/2012 folgenden Tag.

(BGBl I 2012/120)

(20) § 35 Abs. 2 in der Fassung des Bundesgesetzes BGBl. I Nr. 71/2013 tritt mit 1. Jänner 2014 in Kraft.

(BGBl I 2013/71)

(21) § 15c, § 15d, § 15o sowie § 15q in der Fassung des Bundesgesetzes BGBl. I Nr. 138/2013 treten mit 1. August 2013 in Kraft und gelten für Mütter, deren Kinder nach dem 31. Juli 2013 adoptiert oder in unentgeltliche Pflege genommen werden.

(BGBl I 2013/138)

(22) § 2a Abs. 2 Z 7, § 3 Abs. 6 und § 4 Abs. 2 Z 11 in der Fassung des Bundesgesetzes BGBl. I Nr. 60/2015 treten mit 1. Juni 2015 in Kraft. § 2a Abs. 2 Z 9 in der Fassung des Bundesgesetzes BGBl. I Nr. 60/2015 tritt mit Ablauf des 31. Mai 2015 außer Kraft.

(BGBl I 2015/60)

(23) § 23 Abs. 3 und 8 in der Fassung des Bundesgesetzes BGBl I Nr. 65/2015 tritt mit 1. September 2015 in Kraft.

(BGBl I 2015/65)

(24) § 15c Abs. 1 und 3 in der Fassung des Bundesgesetzes BGBl. I Nr. 162/2015 tritt mit 1. Jänner 2016 in Kraft.

(BGBl I 2015/162)

(25) § 1 Abs. 5, § 10 Abs. 1a und 8, § 12 Abs. 1 und 3, § 14 Abs. 2, § 15 Abs. 3 und 4, § 15c Abs. 2 sowie § 20 Abs. 4 in der Fassung des Bundesgesetzes BGBl. I Nr. 149/2015 treten mit 1. Jänner 2016 in Kraft.

(26) § 15h Abs. 1, § 15i, § 15j Abs. 2, 5, 6 und 10, § 15k Abs. 1, § 15l Abs. 1 sowie § 23 Abs. 9a, 12 und 16 in der Fassung des Bundesgesetzes BGBl. I Nr. 149/2015 treten mit 1. Jänner 2016 in Kraft und gelten für Mütter (Adoptiv- oder Pflegemütter), deren Kinder ab diesem Zeitpunkt geboren (adoptiert oder in unentgeltliche Pflege genommen) werden.

(BGBl I 2015/149)

(27) § 17 samt Überschrift und § 32 treten mit Ablauf des 30. Juni 2017 außer Kraft. § 25 in der Fassung des Deregulierungsgesetzes 2017, BGBl. I Nr. 40/2017, tritt mit 1. Juli 2017 in Kraft.

(BGBl I 2017/40)

(28) § 4 Abs. 2 Z 4, § 6 Abs. 2 und 3 sowie § 7 Abs. 2 Z 3 und 4 in der Fassung des Bundesgesetzes BGBl. I Nr. 126/2017 treten mit 1. August 2017 in Kraft. § 3 Abs. 3 in der Fassung des Bundesgesetzes BGBl. I Nr. 126/2017 tritt mit 1. Jänner 2018 in Kraft. Verordnungen auf Grund des § 3 Abs. 3 können bereits von dem seiner Kundmachung folgenden Tag an erlassen werden, dürfen jedoch frühestens mit 1. Jänner 2018 in Kraft gesetzt werden.

(BGBl I 2017/126)

(29) § 15f Abs. 1 in der Fassung des Bundesgesetzes BGBl. I Nr. 68/2019 ritt[a]) mit 1. August 2019 in Kraft und gilt für Mütter (Adoptiv- oder Pflegemütter), deren Kind ab diesem Zeitpunkt ge-

boren (adoptiert oder in unentgeltliche Pflege genommen) wird.

(BGBl I 2019/68)

---

[a]) Müsste „tritt" heißen.

„(30) § 23 Abs. 6 in der Fassung der 3. Dienstrechts-Novelle 2019, BGBl. I Nr. 112/2019, tritt mit dem der Kundmachung folgenden Tag in Kraft."

(BGBl I 2019/112)

34. Patentgesetz 1970 (Auszug)

Patentgesetz 1970, BGBl 1970/259 idF

1	BGBl 1973/167 (VfGH)	2	BGBl 1973/560 (VfGH)	3	BGBl 1973/581
4	BGBl 1977/349	5	BGBl 1981/526	6	BGBl 1982/201
7	BGBl 1984/126	8	BGBl 1984/234	9	BGBl 1985/104
10	BGBl 1986/382	11	BGBl 1987/653	12	BGBl 1992/418
13	BGBl 1992/771	14	BGBl 1994/212	15	BGBl 1994/634
16	BGBl 1994/819 (VfGH)	17	BGBl 1996/181	18	BGBl I 1998/175
19	BGBl I 1999/191	20	BGBl I 2001/143	21	BGBl I 2004/149
22	BGBl I 2005/42	23	BGBl I 2005/130	24	BGBl I 2005/151
25	BGBl I 2006/51 (VfGH)	26	BGBl I 2006/96	27	BGBl I 2007/81
28	BGBl I 2009/126	29	BGBl I 2009/135	30	BGBl I 2013/126
31	BGBl I 2016/71	32	BGBl I 2017/124		

GLIEDERUNG

STICHWORTVERZEICHNIS

I. ALLGEMEINE BESTIMMUNGEN

Patentierbare Erfindungen

§ 1. (1) Für Erfindungen auf allen Gebieten der Technik werden, sofern sie neu sind (§ 3), sich für den Fachmann nicht in nahe liegender Weise aus dem Stand der Technik ergeben und gewerblich anwendbar sind, auf Antrag Patente erteilt.

(BGBl I 2007/81)

(2) Erfindungen, die die Voraussetzungen des Abs. 1 erfüllen, können auch dann patentiert werden, wenn sie ein Erzeugnis, das aus biologischem Material besteht oder dieses enthält, oder ein Verfahren, mit dem biologisches Material hergestellt, bearbeitet oder verwendet wird, zum Gegenstand haben, wobei biologisches Material ein Material ist, das genetische Informationen enthält und sich selbst reproduzieren oder in einem biologischen System reproduziert werden kann. Zu diesen patentierbaren Erfindungen zählen auch

1. biologisches Material, das mit Hilfe eines technischen Verfahrens aus seiner natürlichen Umgebung isoliert oder hergestellt wird, auch wenn es in der Natur schon vorhanden war;
2. ein isolierter Bestandteil des menschlichen Körpers oder ein auf andere Weise durch ein technisches Verfahren gewonnener Bestandteil, einschließlich der Sequenz oder Teilsequenz eines Gens, selbst wenn der Aufbau

dieses Bestandteils mit dem Aufbau eines natürlichen Bestandteils identisch ist.

(BGBl I 2005/42)

(3) Als Erfindungen werden insbesondere nicht angesehen:

1. Entdeckungen sowie wissenschaftliche Theorien und mathematische Methoden;
2. der menschliche Körper in den einzelnen Phasen seiner Entstehung und Entwicklung;
3. die bloße Entdeckung eines Bestandteils des menschlichen Körpers, einschließlich der Sequenz oder Teilsequenz eines Gens;
4. ästhetische Formschöpfungen;
5. Pläne, Regeln und Verfahren für gedankliche Tätigkeiten, für Spiele oder für geschäftliche Tätigkeiten sowie Programme für Datenverarbeitungsanlagen;
6. die Wiedergabe von Informationen.

(BGBl I 2005/42)

(4) Abs. 3 steht der Patentierung der dort genannten Gegenstände oder Tätigkeiten nur entgegen, soweit für sie als solche Schutz begehrt wird.

(BGBl I 2005/42)

(BGBl 1984/234)

Ausnahmen von der Patentierbarkeit

§ 2. (1) Patente werden nicht erteilt für:

1. Erfindungen, deren Verwertung gegen die öffentliche Ordnung oder die guten Sitten verstoßen würde; ein solcher Verstoß kann nicht allein daraus hergeleitet werden, dass die Verwertung der Erfindung durch Rechts- oder Verwaltungsvorschriften verboten ist; als nicht patentierbar gelten in diesem Sinne unter anderem:
   a) Verfahren zum Klonen von menschlichen Lebewesen;
   b) Verfahren zur Veränderung der genetischen Identität der Keimbahn des menschlichen Lebewesens;
   c) die Verwendung von menschlichen Embryonen;
   d) die Herstellung und Verwertung von hybriden Lebewesen, die aus Keimzellen, totipotenten Zellen oder Zellkernen von Menschen und Tieren entstehen;
   e) Verfahren zur Veränderung der genetischen Identität von Tieren, die geeignet sind, Leiden dieser Tiere ohne wesentlichen medizinischen Nutzen für den Menschen oder das Tier zu verursachen, sowie die mit Hilfe solcher Verfahren erzeugten Tiere;
2. Verfahren zur chirurgischen oder therapeutischen Behandlung des menschlichen oder tierischen Körpers und Diagnostizierverfahren, die am menschlichen oder tierischen Körper vorgenommen werden; dies gilt nicht für Erzeugnisse, insbesondere Stoffe oder Stoffgemische, zur Anwendung in einem dieser Verfahren.

(2) Patente werden nicht erteilt für Pflanzensorten oder Tierrassen sowie für im Wesentlichen biologische Verfahren zur Züchtung von Pflanzen oder Tieren und die ausschließlich durch solche Verfahren gewonnenen Pflanzen oder Tiere. Der Begriff der Pflanzensorte wird durch Artikel 5 der Verordnung (EG) Nr. 2100/94 über den gemeinschaftlichen Sortenschutz, ABl. Nr. L 227 vom 1. September 1994 S. 1, in der Fassung der Verordnung (EG) Nr. 2506/95, ABl. Nr. L 258 vom 28. Oktober 1995 S. 3, definiert. Ein Verfahren zur Züchtung von Pflanzen oder Tieren ist im wesentlichen biologisch, wenn es vollständig auf natürlichen Phänomenen wie Kreuzung oder Selektion beruht. Erfindungen, deren Gegenstand Pflanzen oder Tiere sind, können patentiert werden, wenn die Ausführung der Erfindung technisch nicht auf eine bestimmte Pflanzensorte oder Tierrasse beschränkt ist. Satz 1 Teil 2, wonach Patente nicht für im wesentlichen biologische Verfahren zur Züchtung von Pflanzen oder Tieren erteilt werden, berührt nicht die Patentierbarkeit von Erfindungen, die ein mikrobiologisches oder sonstiges technisches Verfahren oder ein durch diese Verfahren gewonnenes Erzeugnis zum Gegenstand haben, wobei ein mikrobiologisches Verfahren jedes Verfahren ist, bei dem mikrobiologisches Material verwendet, ein Eingriff in mikrobiologisches Material durchgeführt oder mikrobiologisches Material hervorgebracht wird.

(BGBl I 2016/71)

(3) Bei der Anwendung des Abs. 1 Z 1 lit. a bis c sind die entsprechenden Vorschriften des Fortpflanzungsmedizingesetzes, BGBl. Nr. 275/1992, in der zum Zeitpunkt des In-Kraft-Tretens dieses Gesetzes gültigen Fassung zu beachten.

(BGBl I 2017/124)

(BGBl 1984/234, BGBl I 2005/42)

Neuheit

§ 3. (1) Eine Erfindung gilt als neu, wenn sie nicht zum Stand der Technik gehört. Den Stand der Technik bildet alles, was der Öffentlichkeit vor dem Prioritätstag der Anmeldung durch schriftliche oder mündliche Beschreibung, durch Benützung oder in sonstiger Weise zugänglich gemacht worden ist.

(BGBl 1994/634)

(2) Als Stand der Technik gilt auch der Inhalt prioritätsälterer

1. Patentanmeldungen auf Grund dieses Bundesgesetzes,
2. Gebrauchsmusteranmeldungen auf Grund des Gebrauchsmustergesetzes, BGBl. Nr. 211/1994,
3. internationaler Anmeldungen im Sinne des § 1 Z 6 des Patentverträge-Einführungsgesetzes, BGBl. Nr. 52/1979, wenn die Voraussetzungen gemäß § 16 Abs. 2 des Patentverträge-Einführungsgesetzes erfüllt sind,

4. europäischer Patentanmeldungen im Sinne des § 1 Z 4 des Patentverträge-Einführungsgesetzes, und
5. europäischer Patentanmeldungen im Sinne des § 1 Z 4 des Patentverträge-Einführungsgesetzes, wenn die europäische Patentanmeldung aus einer internationalen Anmeldung hervorgegangen ist, aber nur sofern die Voraussetzungen des Artikels 153 Abs. 5 des Europäischen Patentübereinkommens, BGBl. Nr. 350/1979, erfüllt sind,

in der ursprünglich eingereichten Fassung, deren Inhalt erst am Prioritätstag der jüngeren Anmeldung oder danach amtlich veröffentlicht worden ist. Bei der Beurteilung der Frage, ob sich die Erfindung für den Fachmann nicht in nahe liegender Weise aus dem Stand der Technik ergibt, werden solche prioritätsälteren Anmeldungen nicht in Betracht gezogen.

(BGBl I 1998/175, BGBl I 2007/81)

(3) Die Patentierbarkeit von Stoffen oder Stoffgemischen, die zum Stand der Technik gehören, wird durch die Abs. 1 und 2 nicht ausgeschlossen, sofern sie zur Anwendung in einem Verfahren nach § 2 Abs. 1 Z 2 bestimmt sind und ihre Anwendung in einem dieser Verfahren nicht zum Stand der Technik gehört. Ebenso wenig wird die Patentierbarkeit der genannten Stoffe oder Stoffgemische zur spezifischen Anwendung in einem der genannten Verfahren durch die Abs. 1 und 2 ausgeschlossen, wenn diese Anwendung nicht zum Stand der Technik gehört.

(BGBl I 2005/42, BGBl I 2007/81)

(4) Für die Anwendung der Abs. 1 und 2 bleibt eine Offenbarung der Erfindung außer Betracht, die nicht früher als sechs Monate vor Einreichung der Anmeldung erfolgt ist und unmittelbar oder mittelbar zurückgeht

1. auf einen offensichtlichen Missbrauch zum Nachteil des Anmelders oder seines Rechtsvorgängers oder
2. darauf, dass der Anmelder oder sein Rechtsvorgänger die Erfindung auf amtlichen oder amtlich anerkannten Ausstellungen im Sinne des Übereinkommens über internationale Ausstellungen, BGBl. Nr. 445/1980, zur Schau gestellt hat.

(BGBl I 2004/149)

(5) Abs. 4 Z 2 ist nur anzuwenden, wenn der Anmelder bei der Einreichung der Anmeldung angibt, daß die Erfindung bei der Ausstellung zur Schau gestellt worden ist, und hierüber innerhalb von vier Monaten nach der Einreichung eine Bestätigung der Ausstellungsleitung vorlegt. Darin ist der Tag der Ausstellungseröffnung und, sofern die erstmalige Offenbarung nicht gleichzeitig erfolgt ist, auch deren Tag anzugeben. Der Bestätigung ist eine Darstellung der Erfindung beizufügen, die mit einem Beglaubigungsvermerk der Ausstellungsleitung versehen ist.

(BGBl 1984/234, BGBl 1994/634)

Anspruch auf ein Patent

§ 4. (1) Auf die Erteilung des Patentes hat nur der Erfinder oder sein Rechtsnachfolger Anspruch. Bis zum Beweis des Gegenteils wird als Erfinder der erste Anmelder angesehen.

(BGBl 1994/634)

(2) Wird die Verbesserung oder sonstige weitere Ausbildung einer bereits durch Patent geschützten oder zur Patentierung angemeldeten und hiezu führenden Erfindung von dem Inhaber des Stammpatentes oder von dessen Rechtsnachfolger angemeldet, so steht es diesem frei, für die Verbesserung oder sonstige weitere Ausbildung entweder ein selbständiges Patent oder ein vom Stammpatent abhängiges Zusatzpatent zu erwirken.

(3) *(Entfällt)*

(BGBl 1994/212, BGBl I 2004/149)

§ 5. (1) Der erste Anmelder hat jedoch keinen Anspruch auf Erteilung des Patentes, wenn er nicht der Erfinder oder dessen Rechtsnachfolger ist oder wenn der wesentliche Inhalt seiner Anmeldung den Beschreibungen, Zeichnungen, Modellen, Gerätschaften oder Einrichtungen eines anderen oder einem von diesem angewendeten Verfahren ohne dessen Einwilligung entnommen ist.

(BGBl 1984/234, BGBl I 2004/149)

(2) Ist die Erfindung der Reihe nach von einem Erfindungsbesitzer dem anderen ohne Einwilligung entnommen worden, so geht im Falle des Widerstreites der frühere Erfindungsbesitzer dem späteren vor.

Erfindungen von Dienstnehmern

§ 6. (1) Dienstnehmer haben auch für die von ihnen während des Bestandes des Dienstverhältnisses gemachten Erfindungen den Anspruch auf die Erteilung des Patentes (§ 4), wenn nicht durch Vertrag (§ 7 Abs. 1) oder auf Grund des § 7 Abs. 2 etwas anderes bestimmt ist.

(2) Als Dienstnehmer gelten Angestellte und Arbeiter jeder Art.

§ 7. (1) Vereinbarungen zwischen Dienstgebern und Dienstnehmern, nach denen künftige Erfindungen des Dienstnehmers dem Dienstgeber gehören sollen oder dem Dienstgeber ein Benützungsrecht an solchen Erfindungen eingeräumt werden soll, haben nur dann rechtliche Wirkung, wenn die Erfindung eine Diensterfindung (Abs. 3) ist. Die Vereinbarung bedarf zu ihrer Gültigkeit der schriftlichen Form, der auch Genüge geleistet ist, wenn darüber ein Kollektivvertrag (§ 2 Abs. 1 des Arbeitsverfassungsgesetzes, BGBl. Nr. 22/1974) vorliegt.

(BGBl 1977/349, BGBl I 2004/149)

(2) Ist das Dienstverhältnis ein öffentlich-rechtliches, so kann der Dienstgeber, ohne daß es einer Vereinbarung mit dem Dienstnehmer bedarf, dessen Diensterfindungen zur Gänze oder ein Benützungsrecht an solchen Erfindungen für sich in Anspruch nehmen; das Benützungsrecht ist auch gegen Dritte wirksam. In diesen Fällen finden die

Bestimmungen des folgenden Absatzes und der §§ 8 bis 17 und des § 19 sinngemäß Anwendung.

(3) Eine Diensterfindung ist die Erfindung eines Dienstnehmers, wenn sie ihrem Gegenstande nach in das Arbeitsgebiet des Unternehmens, in dem der Dienstnehmer tätig ist, fällt und wenn

a) entweder die Tätigkeit, die zu der Erfindung geführt hat, zu den dienstlichen Obliegenheiten des Dienstnehmers gehört oder
b) wenn der Dienstnehmer die Anregung zu der Erfindung durch seine Tätigkeit in dem Unternehmen erhalten hat oder
c) das Zustandekommen der Erfindung durch die Benützung der Erfahrungen oder der Hilfsmittel des Unternehmens wesentlich erleichtert worden ist.

§ 8. (1) Dem Dienstnehmer gebührt in jedem Falle für die Überlassung einer von ihm gemachten Erfindung an den Dienstgeber sowie für die Einräumung eines Benützungsrechtes hinsichtlich einer solchen Erfindung eine angemessene besondere Vergütung.

(2) Wenn der Dienstnehmer jedoch ausdrücklich zur Erfindertätigkeit im Unternehmen des Dienstgebers angestellt und auch tatsächlich damit vorwiegend beschäftigt ist und wenn die ihm obliegende Erfindertätigkeit zu der Erfindung geführt hat, so gebührt ihm eine besondere Vergütung nur insoweit, als nicht schon in dem ihm auf Grund des Dienstverhältnisses im Hinblick auf seine Erfindertätigkeit zukommenden höheren Entgelt eine angemessene Vergütung für die Erfindung gelegen ist.

§ 9. Bei der Bemessung der Vergütung (§ 8) ist nach den Umständen des Falles insbesondere Bedacht zu nehmen

a) auf die wirtschaftliche Bedeutung der Erfindung für das Unternehmen;
b) auf eine sonst etwa erfolgte Verwertung der Erfindung im Inland oder Ausland;
c) auf den Anteil, den Anregungen, Erfahrungen, Vorarbeiten oder Hilfsmittel des Unternehmens des Dienstgebers oder dienstliche Weisungen an dem Zustandekommen der Erfindung gehabt haben.

§ 10. (1) Die Vergütung kann nachträglich auf Antrag eines der Beteiligten nach billigem Ermessen geändert werden, wenn eine wesentliche Änderung der für die Angemessenheit der Vergütung maßgebenden Verhältnisse eingetreten ist. Keinesfalls sind jedoch Leistungen zurückzuerstatten, die der Dienstnehmer auf Grund der früheren Festsetzung empfangen hat. Ebensowenig sind Leistungen, die auf Grund der früheren Festsetzung bereits bewirkt oder fällig geworden sind, nachträglich zu ergänzen, es sei denn, daß die Vergütung in einer einmaligen Leistung besteht.

(2) Der Anspruch auf Änderung der Vergütung steht dem Dienstnehmer auch im Fall der Übertragung der Erfindung durch den Dienstgeber auf einen Dritten dann zu, wenn der vom Dienstgeber bei dieser Übertragung erzielte Erlös in auffälligem Mißverhältnis zu der dem Dienstnehmer gewährten Vergütung steht oder wenn der Dienstgeber an der Ausnützung der Erfindung beteiligt bleibt und hiebei ein Erträgnis erzielt, das in auffälligem Mißverhältnis zu der dem Dienstnehmer gewährten Vergütung steht.

(3) Der Antrag (Abs. 1 und 2) kann erst nach Ablauf eines Jahres nach der letzten Festsetzung der Vergütung gestellt werden.

§ 11. (1) Wenn das Ausmaß der Vergütung (§§ 8 bis 10) von der Benützung der Erfindung durch den Dienstgeber abhängig gemacht ist und dieser es unterläßt, die Erfindung in einem ihrer wirtschaftlichen Bedeutung für das Unternehmen angemessenen Umfang zu benützen, so ist die Vergütung so zu bemessen, als hätte der Dienstgeber die Erfindung in dem ihrer wirtschaftlichen Bedeutung für das Unternehmen angemessenen Umfang benützt.

(2) In gleicher Weise ist die Vergütung zu bemessen, wenn der Dienstgeber die Erfindung auf einen Dritten übertragen oder in anderer Weise über sie verfügt hat, es sei denn, daß der Dienstnehmer einer solchen Übertragung oder Verfügung zugestimmt hat und der Dienstnehmer nicht beweist, daß diese Übertragung oder Verfügung nur zum Schein geschehen ist.

(3) Der Dienstgeber wird von der im Abs. 1 festgesetzten Verbindlichkeit zur Leistung der Vergütung befreit, wenn er sich verpflichtet, einem vom Dienstnehmer zu bezeichnenden Dritten das Recht zur Benützung der Erfindung einzuräumen. Der Dritte, dem das Benützungsrecht eingeräumt wird, hat dem Dienstgeber für dessen unter Berücksichtigung der Vorschriften des § 9 lit. c zu ermittelnden Anteil an der Erfindung eine Vergütung zu leisten. In Ansehung dieser Vergütung kann gemäß § 10 nachträglich Abänderung gefordert werden.

(4) Der Anspruch (Abs. 1 und 2) ist ausgeschlossen, wenn dem Dienstgeber unter billiger Berücksichtigung der Umstände des Falles eine Benützung der Erfindung überhaupt nicht oder nicht in einem größeren Umfang, als sie stattgefunden hat, zugemutet werden kann oder, falls eine Übertragung oder eine andere Verfügung unterblieben wäre, zugemutet werden könnte. Wenn jedoch der Dienstgeber aus der Erfindung Nutzen zieht, ohne sie auszuüben, so gebührt dem Dienstnehmer eine angemessene Vergütung.

§ 12. (1) Wenn eine Vereinbarung besteht, nach der künftige Erfindungen des Dienstnehmers dem Dienstgeber gehören sollen (§ 7), so hat der Dienstnehmer jede Erfindung, die er macht, ausgenommen solche, die offenbar nicht unter die Vereinbarung fallen, dem Dienstgeber unverzüglich mitzuteilen. Der Dienstgeber hat binnen vier Monaten nach dem Tag, an dem er diese Mitteilung erhalten hat, dem Dienstnehmer zu erklären, ob er die Erfindung auf Grund der bestehenden Vereinbarung als Diensterfindung für sich in Anspruch nimmt.

(2) Versäumt der Dienstnehmer diese Mitteilung, so haftet er dem Dienstgeber, unbeschadet des diesem zustehenden Anspruches auf die Erfindung, für den Ersatz des Schadens, der auch den entgangenen Gewinn umfaßt. Versäumt der Dienstgeber die Erklärung oder gibt er eine verneinende Erklärung ab, so verbleibt die Erfindung dem Dienstnehmer.

§ 13. (1) Der Dienstgeber und der Dienstnehmer sind zur Geheimhaltung der Erfindungen verpflichtet, die den Gegenstand der im § 12 Abs. 1 vorgesehenen Mitteilung und Erklärung bilden.

(2) Die Geheimhaltungspflicht des Dienstnehmers erlischt

a) wenn der Dienstgeber die im § 12 Abs. 1 vorgesehene Erklärung versäumt hat oder wenn er innerhalb der Frist eine verneinende Erklärung abgegeben hat;

b) wenn der Dienstgeber die Erfindung rechtzeitig für sich in Anspruch genommen (§ 12 Abs. 1) und die Geheimhaltung aufgegeben hat.

(3) Durch das Erlöschen der Geheimhaltungspflicht nach der vorstehenden Bestimmung wird die Geheimhaltungspflicht, soweit sie sonst dem Dienstnehmer obliegt, nicht berührt.

(4) Die Geheimhaltungspflicht des Dienstgebers erlischt, wenn er die Erfindung rechtzeitig für sich in Anspruch genommen (§ 12 Abs. 1) und der Dienstnehmer dagegen keinen Widerspruch erhoben hat.

(5) Die Geheimhaltungspflicht hindert den Dienstgeber und den Dienstnehmer nicht, zur Wahrung ihrer Rechte hinsichtlich der Erfindung die Patentanmeldung zu bewirken sowie die sonst erforderlichen Schritte zu unternehmen.

(6) Der Dienstgeber oder der Dienstnehmer, der die Geheimhaltungspflicht verletzt, ist zum Ersatz des Schadens, der auch den entgangenen Gewinn umfaßt, an den anderen Teil verpflichtet.

§ 14. Wenn der Dienstgeber dem Dienstnehmer für eine Diensterfindung eine Vergütung geleistet hat und dann hervorkommt, daß nicht dieser Dienstnehmer, sondern ein anderer Dienstnehmer desselben Dienstgebers die Erfindung gemacht hat oder daß ein anderer Dienstnehmer desselben Dienstgebers an der Erfindung mitgewirkt hat, so kann der Dienstgeber dem Berechtigten gegenüber die dem Nichtberechtigten geleistete Vergütung ganz oder in dem dem Anteil des Berechtigten an der Erfindung entsprechenden Verhältnis aufrechnen, wenn er im guten Glauben geleistet hat und die Erfindung auch nach dem mit dem Berechtigten bestehenden Rechtsverhältnis dem Dienstgeber gehört.

§ 15. (1) Wenn der Dienstgeber mit dem Dienstnehmer Vereinbarungen wegen einer Diensterfindung getroffen hat, so kann er dennoch jederzeit erklären, auf seine Rechte an der Erfindung ganz oder zum Teil zu verzichten. Der Dienstnehmer kann in einem solchen Fall verlangen, daß die Rechte des Dienstgebers an der Erfindung, soweit der Verzicht reicht, auf ihn übertragen werden.

(2) Wenn der Dienstgeber auf seine Rechte an der Erfindung ganz verzichtet, so hört die Verpflichtung zur Leistung der Vergütung mit dem Zeitpunkt der Abgabe der Verzichtserklärung auf. Im Fall eines Teilverzichtes kann der Dienstgeber eine entsprechende Herabsetzung der Vergütung verlangen, sofern eine gesonderte Verwertung der auf den Dienstnehmer übertragenen Rechte möglich ist.

(3) Die Verpflichtung zur Leistung einer auf die Zeit bis zur Abgabe der Verzichtserklärung entfallenden Vergütung bleibt unberührt.

§ 16. Die nach den Bestimmungen der §§ 6 bis 15 begründeten Rechte des Dienstgebers und des Dienstnehmers werden durch die Auflösung des Dienstverhältnisses nicht berührt.

§ 17. Die Rechte, die dem Dienstnehmer auf Grund der Bestimmungen der §§ 6 bis 16 zustehen, können durch Vereinbarung weder aufgehoben noch beschränkt werden.

§ 18. *(Entfällt)*

(BGBl 1985/104)

§ 19. Ansprüche von Dienstgebern und Dienstnehmern nach den Bestimmungen der §§ 7 bis 15 verjähren in drei Jahren.

Anspruch auf Erfindernennung

(BGBl 1984/234)

§ 20. (1) Der Erfinder hat Anspruch auf Nennung als Erfinder.

(BGBl 1984/234)

(2) Der Anspruch kann nicht übertragen werden und geht nicht auf die Erben über. Ein Verzicht auf den Anspruch ist ohne rechtliche Wirkung.

(3) Die Nennung als Erfinder geschieht auf Antrag durch Anführung in der Veröffentlichung der Anmeldung, in der Bekanntmachung der Veröffentlichung, in der Bekanntmachung der Patenterteilung, in der Patentschrift, in der Patenturkunde und durch Eintragung in das Patentregister. Ist die Bekanntmachung der Patenterteilung schon erfolgt und ist die Patenturkunde bereits ausgefertigt, so ist auf Antrag eine besondere Bescheinigung über die Nennung als Erfinder auszufertigen und eine besondere Bekanntmachung im Patentblatt zu veröffentlichen. Die Nennung als Erfinder ist auch in die vom Patentamt auszustellenden Prioritätsbelege aufzunehmen.

(BGBl I 2004/149)

(4) Der Antrag kann sowohl vom Erfinder als auch vom Anmelder oder vom Patentinhaber gestellt werden. Sind zur Stellung des Antrages mehrere Personen berechtigt, so hat, wenn der Antrag nicht von allen Berechtigten gemeinsam gestellt wird, der Antragsteller die Zustimmung der übrigen Berechtigten nachzuweisen. Soll ein anderer als der bereits als Erfinder Genannte neben diesem oder an seiner Stelle als Erfinder genannt werden,

so ist auch die Zustimmung des bisher als Erfinder Genannten nachzuweisen.

(BGBl 1984/234)

(5) Verweigert der Anmelder, der Patentinhaber oder der bereits als Erfinder Genannte die Zustimmung, so hat das Patentamt auf Antrag über den Anspruch auf Nennung als Erfinder zu entscheiden.

(BGBl I 2004/149)

(6) Über den Antrag (Abs. 5) wird nach den Verfahrensvorschriften für den Anfechtungsstreit verhandelt. Die Erteilung des Patentes wird durch die Anhängigkeit des Verfahrens über einen solchen Antrag nicht aufgeschoben. Auf Grund der dem Antrag stattgebenden rechtskräftigen Entscheidung ist auf Antrag des Berechtigten nach Abs. 3 vorzugehen.

35. Urlaubsgesetz

Urlaubsgesetz, BGBl 1976/390 idF

1	BGBl 1981/354	2	BGBl 1983/81	3	BGBl 1990/408
4	BGBl 1991/628	5	BGBl 1992/473	6	BGBl 1992/833
7	BGBl 1993/502	8	BGBl 1995/832	9	BGBl I 1999/181
10	BGBl I 2000/44	11	BGBl I 2001/7	12	BGBl I 2001/98
13	BGBl I 2002/49	14	BGBl I 2002/89	15	BGBl I 2009/135
16	BGBl I 2010/100	17	BGBl I 2012/19	18	BGBl I 2013/3

GLIEDERUNG

STICHWORTVERZEICHNIS

390. Bundesgesetz vom 7. Juli 1976 betreffend die Vereinheitlichung des Urlaubsrechtes und die Einführung einer Pflegefreistellung

Der Nationalrat hat beschlossen:

Artikel I
Erholungsurlaub und Pflegefreistellung

Abschnitt 1
Erholungsurlaub

Geltungsbereich

§ 1. (1) Die Bestimmungen dieses Abschnittes gelten für Arbeitnehmer aller Art, deren Arbeitsverhältnis auf einem privatrechtlichen Vertrag beruht.

(2) Ausgenommen sind

1. Arbeitsverhältnisse der land- und forstwirtschaftlichen Arbeiter, auf die das Landarbeitsgesetz, BGBl. Nr. 140/1948, anzuwenden ist;
2. Heimarbeiter, auf die das Heimarbeitsgesetz 1960, BGBl. Nr. 105/1961, anzuwenden ist;
3. Arbeitsverhältnisse zu einem Land, einem Gemeindeverband oder einer Gemeinde;
4. Arbeitsverhältnisse zum Bund, auf die dienstrechtliche Vorschriften anzuwenden sind, die den Urlaubsanspruch zwingend regeln;
5. Arbeitsverhältnisse zu Stiftungen, Anstalten oder Fonds, auf die das Vertragsbedienstetengesetz 1948, BGBl. Nr. 86, gemäß § 1 Abs. 2 VBG sinngemäß anzuwenden ist;
6. Arbeitsverhältnisse, auf die das Bauarbeiter-Urlaubsgesetz 1972, BGBl. Nr. 414/1972, anzuwenden ist;
7. Arbeitnehmer im Sinne des § 1 Abs. 1 des Theaterarbeitsgesetzes (TAG), BGBl. I Nr. 100/2010.

(BGBl I 2010/100)

(3) Die §§ 5 und 12 sind auch auf Arbeitsverhältnisse im Sinne des Abs. 2 Z 7 anzuwenden.

Urlaub

§ 2. (1) Dem Arbeitnehmer gebührt für jedes Arbeitsjahr ein ununterbrochener bezahlter Urlaub. Das Urlaubsausmaß beträgt bei einer Dienstzeit von weniger als 25 Jahren 30 Werktage und erhöht sich nach Vollendung des 25. Jahres auf 36 Werktage.

(BGBl 1983/81)

(2) Der Anspruch auf Urlaub entsteht in den ersten sechs Monaten des ersten Arbeitsjahres im Verhältnis zu der im Arbeitsjahr zurückgelegten Dienstzeit, nach sechs Monaten in voller Höhe. Ab dem zweiten Arbeitsjahr entsteht der gesamte Urlaubsanspruch mit Beginn des Arbeitsjahres. Der Urlaubsanspruch wird durch Zeiten, in denen kein Anspruch auf Entgelt besteht, nicht verkürzt, sofern gesetzlich nicht ausdrücklich anderes bestimmt wird.

(BGBl 1993/502, BGBl 1995/832)

(3) Alle Zeiten, die der Arbeitnehmer in unmittelbar vorangegangenen Arbeits(Lehr)verhältnissen zum selben Arbeitgeber zurückgelegt hat, gelten für die Erfüllung der Wartezeit, die Bemessung des Urlaubsausmaßes und die Berechnung des Urlaubsjahres als Dienstzeiten.

(4) „Durch Kollektivvertrag, Betriebsvereinbarung oder in Betrieben ohne Betriebsrat durch schriftliche Einzelvereinbarung kann anstelle des

Arbeitsjahres das Kalenderjahr oder ein anderer Jahreszeitraum als Urlaubsjahr vereinbart werden." Solche Vereinbarungen können abweichend von § 12 vorsehen, daß

1. Arbeitnehmer, deren Arbeitsvertrag im laufenden Urlaubsjahr begründet wurde und welche die Wartezeit zu Beginn des neuen Urlaubsjahres noch nicht erfüllt haben, für jeden begonnenen Monat ein Zwölftel des Jahresurlaubes erhalten; ist die Wartezeit erfüllt, gebührt der volle Urlaub;
2. ein höheres Urlaubsausmaß erstmals in jenem Kalenderjahr (Jahreszeitraum) gebührt, in das (in den) der überwiegende Teil des Arbeitsjahres fällt;
3. die Ansprüche der zu Beginn des neuen Urlaubsjahres mindestens ein Jahr beim selben Arbeitgeber beschäftigten Arbeitnehmer für den Umstellungszeitraum gesondert berechnet werden. Umstellungszeitraum ist der Zeitraum vom Beginn des Arbeitsjahres bis zum Ende des folgenden Kalenderjahres oder des sonstigen vereinbarten Jahreszeitraumes. Jedenfalls muß für den Umstellungszeitraum dem Arbeitnehmer ein voller Urlaubsanspruch und ein zusätzlicher aliquoter Anspruch für den Zeitraum vom Beginn des Arbeitsjahres bis zum Beginn des neuen Urlaubsjahres zustehen. Auf den Urlaubsanspruch im Umstellungszeitraum ist ein für das Arbeitsjahr vor der Umstellung gebührender und bereits verbrauchter Urlaub anzurechnen.

(BGBl I 2013/3)

Anrechnungsbestimmungen

§ 3. (1) Für die Bemessung des Urlaubsausmaßes sind Dienstzeiten bei demselben Arbeitgeber, die keine längeren Unterbrechungen als jeweils drei Monate aufweisen, zusammenzurechnen. Diese Zusammenrechnung unterbleibt jedoch, wenn die Unterbrechung durch eine Kündigung des Arbeitsverhältnisses seitens des Arbeitnehmers, durch einen vorzeitigen Austritt ohne wichtigen Grund oder eine vom Arbeitnehmer verschuldete Entlassung eingetreten ist.

(2) Für die Bemessung des Urlaubsausmaßes sind anzurechnen:

1. die in einem anderen Arbeitsverhältnis oder einem Beschäftigungsverhältnis im Sinne des Heimarbeitsgesetzes 1960, BGBl. Nr. 105/61, im Inland zugebrachte Dienstzeit, sofern sie mindestens je sechs Monate gedauert hat;
2. die über die Erfüllung der allgemeinen Schulpflicht hinausgehende Zeit eines Studiums an einer inländischen allgemeinbildenden höheren oder einer berufsbildenden mittleren oder höheren Schule oder einer Akademie im Sinne des Schulorganisationsgesetzes 1962, BGBl. Nr. 242, oder an einer diesen gesetzlich geregelten Schularten vergleichbaren Schule, in dem für dieses Studium nach den schulrechtlichen Vorschriften geltenden Mindestausmaß, höchstens jedoch im Ausmaß von vier Jahren. Als Zeitpunkt des möglichen Studienabschlusses ist bei Studien, die mit dem Schuljahr enden, der 30. Juni und bei Studien, die mit dem Kalenderjahr enden, der 31. Dezember anzusehen. Zeiten des Studiums an einer vergleichbaren auslän dischen Schule sind wie inländische Schulzeiten anzurechnen, wenn das Zeugnis einer solchen ausländischen Schule im Sinne der Europäischen Konvention über die Gleichwertigkeit von Reifezeugnissen (BGBl. Nr. 44/1957) oder eines entsprechenden internationalen Abkommens für die Zulassung zu den Universitäten als einem inländischen Reifezeugnis gleichwertig anzusehen ist oder wenn es nach den Bestimmungen des Schulunterrichtsgesetzes (Bundesgesetz vom 6. Feber 1974, BGBl. Nr. 139) über die Nostrifikation ausländischer Zeugnisse nostrifiziert werden kann;
3. die gewöhnliche Dauer eines mit Erfolg abgeschlossenen Hochschulstudiums bis zum Höchstausmaß von fünf Jahren;
4. Zeiten, für welche eine Haftentschädigung gemäß § 13a Abs. 1 oder § 13c Abs. 1 des Opferfürsorgegesetzes 1947, BGBl. Nr. 183, gebührt. Diese Anrechnung findet nicht statt, soweit ein Arbeitsverhältnis während der Haft aufrecht geblieben und aus diesem Grunde für die Urlaubsdauer zu berücksichtigen ist;
5. Zeiten der Tätigkeit als Entwicklungshelfer für eine Organisation im Sinne des § 1 Abs. 2 des Entwicklungshilfegesetzes 1974, BGBl. Nr. 474, in der Fassung BGBl. Nr. 579/1989, oder im Sinne des § 3 Abs. 2 des Entwicklungszusammenarbeitsgesetzes, BGBl. I Nr. 49/2002;

   (BGBl I 2002/49)
6. Zeiten einer im Inlande zugebrachten selbständigen Erwerbstätigkeit, sofern sie mindestens je sechs Monate gedauert hat.

(3) Zeiten nach Abs. 2 Z 1, 5 und 6 sind insgesamt nur bis zum Höchstausmaß von fünf Jahren anzurechnen. Zeiten nach Z 2 sind darüber hinaus bis zu einem Höchstausmaß von weiteren zwei Jahren anzurechnen.

(4) Fallen anrechenbare Zeiten zusammen, so sind sie für die Bemessung der Urlaubsdauer nur einmal zu berücksichtigen.

Verbrauch des Urlaubes

§ 4. (1) Der Zeitpunkt des Urlaubsantrittes ist zwischen dem Arbeitgeber und dem Arbeitnehmer unter Rücksichtnahme auf die Erfordernisse des Betriebes und die Erholungsmöglichkeiten des Arbeitnehmers zu vereinbaren. Diese Vereinbarung hat so zu erfolgen, daß der Urlaub möglichst bis zum Ende des Urlaubsjahres, in dem der Anspruch entstanden ist, verbraucht werden kann.

(2) Für Zeiträume, während deren ein Arbeitnehmer aus einem der im § 2 Entgeltfortzahlungs-

gesetz 1974, BGBl. Nr. 399, genannten Gründe an der Arbeitsleistung verhindert ist, während deren er Anspruch auf Pflegefreistellung oder während deren er sonst Anspruch auf Entgeltfortzahlung bei Entfall der Arbeitsleistung hat, darf der Urlaubsantritt nicht vereinbart werden, wenn diese Umstände bereits bei Abschluß der Vereinbarung bekannt waren. Geschieht dies dennoch, gilt der Zeitraum der Arbeitsverhinderung nicht als Urlaub.

(3) Der Urlaub kann in zwei Teilen verbraucht werden, doch muß ein Teil mindestens sechs Werktage betragen.

(4) Hat der Arbeitnehmer in Betrieben, in denen ein für ihn zuständiger Betriebsrat errichtet ist, den von ihm gewünschten Zeitpunkt für den Antritt seines Urlaubes oder eines Urlaubsteiles in der Dauer von mindestens zwölf Werktagen dem Arbeitgeber mindestens drei Monate vorher bekanntgegeben und kommt eine Einigung zwischen dem Arbeitgeber und dem Arbeitnehmer nicht zustande, so sind die Verhandlungen unter Beiziehung des Betriebsrates fortzusetzen. Kommt auch dann keine Einigung zustande, so kann der Arbeitnehmer den Urlaub zu dem von ihm vorgeschlagenen Zeitpunkt antreten, es sei denn, der Arbeitgeber hat während eines Zeitraumes, der nicht mehr als acht und nicht weniger als sechs Wochen vor dem vom Arbeitnehmer vorgeschlagenen Zeitpunkt des Urlaubsantrittes liegen darf, wegen des Zeitpunktes des Urlaubsantrittes die Klage beim zuständigen Arbeitsgericht eingebracht.

(5) Der Urlaubsanspruch verjährt nach Ablauf von zwei Jahren ab dem Ende des Urlaubsjahres, in dem er entstanden ist. Diese Frist verlängert sich bei Inanspruchnahme einer Karenz gemäß dem Väter-Karenzgesetz (VKG), BGBl. Nr. 651/1989, oder gemäß dem Mutterschutzgesetz 1979 (MSchG), BGBl. Nr. 221/1979, um den Zeitraum der Karenz.

(BGBl 1990/408, BGBl I 2002/89, BGBl I 2012/19)

Erkrankung während des Urlaubes

§ 5. (1) Erkrankt (verunglückt) ein Arbeitnehmer während des Urlaubes, ohne dies vorsätzlich oder grob fahrlässig herbeigeführt zu haben, so werden auf Werktage fallende Tage der Erkrankung, an denen der Arbeitnehmer durch die Erkrankung arbeitsunfähig war, auf das Urlaubsausmaß nicht angerechnet, wenn die Erkrankung länger als drei Kalendertage gedauert hat.

(2) Übt ein Arbeitnehmer während seines Urlaubes eine dem Erholungszweck widersprechende Erwerbstätigkeit aus, so findet Abs. 1 keine Anwendung, wenn die Erkrankung (der Unglücksfall) mit dieser Erwerbstätigkeit in ursächlichem Zusammenhang steht.

(3) Der Arbeitnehmer hat dem Arbeitgeber nach dreitägiger Krankheitsdauer die Erkrankung unverzüglich mitzuteilen. Ist dies aus Gründen, die nicht vom Arbeitnehmer zu vertreten sind, nicht möglich, so gilt die Mitteilung als rechtzeitig erfolgt, wenn sie unmittelbar nach Wegfall des Hinderungsgrundes nachgeholt wird. Bei Wiederantritt des Dienstes hat der Arbeitnehmer ohne schuldhafte Verzögerung ein ärztliches Zeugnis oder eine Bestätigung des zuständigen Krankenversicherungsträgers über Beginn, Dauer und Ursache der Arbeitsunfähigkeit vorzulegen. Erkrankt der Arbeitnehmer während eines Urlaubes im Ausland, so muß dem ärztlichen Zeugnis eine behördliche Bestätigung darüber beigefügt sein, daß es von einem zur Ausübung des Arztberufes zugelassenen Arzt ausgestellt wurde. Eine solche behördliche Bestätigung ist nicht erforderlich, wenn die ärztliche Behandlung stationär oder ambulant in einer Krankenanstalt erfolgte und hierüber eine Bestätigung dieser Anstalt vorgelegt wird. Kommt der Arbeitnehmer diesen Verpflichtungen nicht nach, so ist Abs. 1 nicht anzuwenden.

Urlaubsentgelt

§ 6. (1) Während des Urlaubes behält der Arbeitnehmer den Anspruch auf das Entgelt nach Maßgabe der folgenden Bestimmungen.

(2) Ein nach Wochen, Monaten oder längeren Zeiträumen bemessenes Entgelt darf für die Urlaubsdauer nicht gemindert werden.

(3) In allen anderen Fällen ist für die Urlaubsdauer das regelmäßige Entgelt zu zahlen. Regelmäßiges Entgelt ist jenes Entgelt, das dem Arbeitnehmer gebührt hätte, wenn der Urlaub nicht angetreten worden wäre.

(4) Bei Akkord-, Stück- oder Gedinglöhnen, akkordähnlichen oder sonstigen leistungsbezogenen Prämien oder Entgelten ist das Urlaubsentgelt nach dem Durchschnitt der letzten dreizehn voll gearbeiteten Wochen unter Ausscheidung nur ausnahmsweise geleisteter Arbeiten zu berechnen.

(5) Durch Kollektivvertrag im Sinne des § 18 Abs. 4 Arbeitsverfassungsgesetz, BGBl. Nr. 22/1974, kann geregelt werden, welche Leistungen des Arbeitgebers als Urlaubsentgelt anzusehen sind. Die Berechnungsart für die Regelung der Höhe des Urlaubsentgeltes kann durch Kollektivvertrag abweichend von Abs. 3 und 4 geregelt werden.

(6) Das Urlaubsentgelt ist bei Antritt des Urlaubes für die ganze Urlaubsdauer im voraus zu zahlen.

Ablöseverbot

§ 7. Vereinbarungen zwischen Arbeitgeber und Arbeitnehmer, die für den Nichtverbrauch des Urlaubes Geld oder sonstige vermögenswerte Leistungen des Arbeitgebers vorsehen, sind rechtsunwirksam.

Aufzeichnungen

§ 8. (1) Der Arbeitgeber hat Aufzeichnungen zu führen, aus denen hervorgeht

1. der Zeitpunkt des Dienstantrittes des Arbeitnehmers, die angerechneten Dienstzeiten und die Dauer des dem Arbeitnehmer zustehenden bezahlten Urlaubes;

2. die Zeit, in welcher der Arbeitnehmer seinen bezahlten Urlaub genommen hat;
3. das Entgelt, das der Arbeitnehmer für die Dauer des bezahlten Urlaubes erhalten hat, und der Zeitpunkt der Auszahlung;
4. wenn das Urlaubsjahr nicht nach dem Arbeitsjahr berechnet wird, der Zeitpunkt, ab dem die Umstellung gilt, und die Norm, auf Grund der die Umstellung erfolgt ist, sowie das Ausmaß der dem Arbeitnehmer für den Umstellungszeitraum gebührenden Urlaubsansprüche und der Zeitraum, in dem dieser Urlaub verbraucht wurde.

(2) Die Verpflichtung nach Abs. 1 ist auch dann erfüllt, wenn diese Angaben aus Aufzeichnungen hervorgehen, die der Arbeitgeber zum Nachweis der Erfüllung anderer Verpflichtungen führt.

Urlaubsentschädigung

§ 9. (aufgehoben)

(BGBl 1993/502, BGBl 1995/832, BGBl I 2000/44)

Ansprüche bei Beendigung des Arbeitsverhältnisses

§ 10. (1) Dem Arbeitnehmer gebührt für das Urlaubsjahr, in dem das Arbeitsverhältnis endet, zum Zeitpunkt der Beendigung des Arbeitsverhältnisses eine Ersatzleistung als Abgeltung für den der Dauer der Dienstzeit in diesem Urlaubsjahr im Verhältnis zum gesamten Urlaubsjahr entsprechenden Urlaub. Bereits verbrauchter Jahresurlaub ist auf das aliquote Urlaubsausmaß anzurechnen. Urlaubsentgelt für einen über das aliquote Ausmaß hinaus verbrauchten Jahresurlaub ist nicht rückzuerstatten, außer bei Beendigung des Arbeitsverhältnisses durch

1. unberechtigten vorzeitigen Austritt oder
2. verschuldete Entlassung.

Der Erstattungsbetrag hat dem für den zu viel verbrauchten Urlaub zum Zeitpunkt des Urlaubsverbrauchs erhaltenen Urlaubsentgelt zu entsprechen.

(2) Eine Ersatzleistung gebührt nicht, wenn der Arbeitnehmer ohne wichtigen Grund vorzeitig austritt.

(3) Für nicht verbrauchten Urlaub aus vorangegangenen Urlaubsjahren gebührt anstelle des noch ausständigen Urlaubsentgelts eine Ersatzleistung in vollem Ausmaß des noch ausständigen Urlaubsentgelts, soweit der Urlaubsanspruch noch nicht verjährt ist.

(4) Endet das Arbeitsverhältnis während einer Teilzeitbeschäftigung gemäß VKG oder MSchG oder Herabsetzung der Normalarbeitszeit nach den §§ 14a und 14b Arbeitsvertragsrechts Anpassungsgesetz, BGBl. Nr. 459/1993, durch

1. Entlassung ohne Verschulden des Arbeitnehmers,
2. begründeten vorzeitigen Austritt des Arbeitnehmers,
3. Kündigung seitens des Arbeitgebers oder
4. einvernehmliche Auflösung,

ist der Berechnung der Ersatzleistung im Sinne des Abs. 1 jene Arbeitszeit zugrunde zu legen, die in dem Urlaubsjahr, in dem der Urlaubsanspruch entstanden ist, vom Arbeitnehmer überwiegend zu leisten war.

(BGBl I 2002/89)

(5) Die Ersatzleistung im Sinne der Abs. 1, 3 und 4 gebührt den Erben, wenn das Arbeitsverhältnis durch Tod des Arbeitnehmers endet.

(6) Für den Zusatzurlaub bei Nachtschwerarbeit gilt § 10a.

(BGBl 1995/832, BGBl I 2000/44, BGBl I 2002/89)

Zusatzurlaub bei Nachtschwerarbeit

§ 10a. (1) Arbeitnehmer haben für jedes Arbeitsjahr, in dem sie mindestens 50mal in der Zeit zwischen 22.00 Uhr und 6.00 Uhr mindestens sechs Stunden Schwerarbeit im Sinne des „Art. VII Abs. 2 oder 4, einer Verordnung gemäß Art. VII Abs. 3“ oder eines Kollektivvertrages gemäß Art. VII Abs. 6 des Nachtschwerarbeitsgesetzes (NSchG), BGBl. Nr. 354/1981, geleistet haben, Anspruch auf Zusatzurlaub im Ausmaß von zwei Werktagen. Der Anspruch auf Zusatzurlaub erhöht sich auf vier Werktage, wenn sie fünf Jahre, und auf sechs Werktage, wenn sie 15 Jahre solche Arbeiten geleistet haben.

(BGBl 1992/473, BGBl I 2013/3)

(1a) Hat ein Arbeitnehmer in einem Urlaubsjahr weniger als 50mal, mindestens jedoch 40mal Nachtschwerarbeit geleistet, hat er für dieses Urlaubsjahr Anspruch auf einen Zusatzurlaub in dem sich nach Abs. 1 ergebenden Ausmaß, wenn er in diesem und im unmittelbar vorangegangenen Urlaubsjahr insgesamt mindestens 100mal Nachtschwerarbeit geleistet hat.

(BGBl I 1999/181)

(1b) Hat ein Arbeitnehmer zusätzlich zu Nachtschwerarbeit, die zu einem Zusatzurlaub nach Abs. 1 oder Abs. 1a geführt hat, mindestens 50mal Nachtschwerarbeit geleistet, gebührt ihm ein zusätzlicher Urlaubstag.

(BGBl I 1999/181)

(1c) In jedem Urlaubsjahr gebührt jedoch nur ein zusätzlicher Urlaubstag nach Abs. 1b. Nachtschwerarbeit darf für die Berechnung eines Zusatzurlaubs nur einmal herangezogen werden. Drei Jahre nach Ablauf des Urlaubsjahres, in dem Nachtschwerarbeit geleistet wurde, ist diese Nachtschwerarbeit bei der Berechnung eines Zusatzurlaubs nach Abs. 1b nicht mehr heranzuziehen.

(BGBl I 1999/181)

(2) § 3 Abs. 2 bis 4, §§ 9, 10 und 14 finden auf den Zusatzurlaub keine Anwendung.

(3) § 3 Abs. 1 ist mit der Maßgabe anzuwenden, daß für die Bemessung des Urlaubsausmaßes Dienstzeiten bei demselben Arbeitgeber, die unter

den Voraussetzungen des Abs. 1 geleistet wurden, zusammenzurechnen sind.

(4) Für die Entstehung des Anspruches auf Zusatzurlaub werden nicht abgefundene Nachtschwerarbeiten, die in dem der Unterbrechung unmittelbar vorangegangenen Arbeitsverhältnis bei demselben Arbeitgeber geleistet wurden, angerechnet, sofern es sich um eine Unterbrechung gemäß § 3 Abs. 1 handelt und die Voraussetzung des § 2 Abs. 2 erfüllt ist.

(BGBl 1992/473, BGBl I 1999/181)

(5) Für die Bemessung des Urlaubsausmaßes ist weiters die in einem anderen Arbeitsverhältnis im Inland zugebrachte Dienstzeit, sofern sie unter den Voraussetzungen des Abs. 1 geleistet wurde und mindestens sechs Monate gedauert hat, bis zum Höchstausmaß von fünf Jahren anzurechnen.

(6) Für die Bemessung des Urlaubsausmaßes werden nur volle Arbeitsjahre berücksichtigt. Nicht volle Arbeitsjahre werden voll berücksichtigt, wenn die Voraussetzungen der Abs. 1 und 5 erfüllt sind.

(7) Dem Arbeitnehmer gebührt eine Entschädigung in der Höhe des noch ausstehenden Urlaubsentgeltes, wenn das Arbeitsverhältnis nach Entstehung des Anspruches auf Zusatzurlaub, jedoch vor dessen Verbrauch endet. Die Entschädigung gebührt nicht, wenn der Arbeitnehmer ohne wichtigen Grund vorzeitig austritt.

(8) Dem Arbeitnehmer gebührt eine Abfindung in der Höhe des halben Urlaubsentgelts, wenn er im Arbeitsjahr mindestens 25mal Nachtschwerarbeit geleistet hat und das Arbeitsverhältnis durch Kündigung seitens des Arbeitgebers, einvernehmliche Lösung oder durch den Tod des Arbeitnehmers endet, sofern die Voraussetzung des § 2 Abs. 2 erfüllt ist.

(BGBl 1981/354, BGBl 1992/473, BGBl I 1999/181)

(9) Der Arbeitnehmer, der in insgesamt 20 Arbeitsjahren Anspruch auf Zusatzurlaub im Sinne des Abs. 1 hatte, behält – wenn er wegen Berufskrankheit oder Arbeitsunfall nicht mehr Nachtschwerarbeit leisten kann – den Anspruch auf Zusatzurlaub in dem vor der Erkrankung oder dem Unfall zuletzt zustehenden Ausmaß.

(BGBl 1992/473)

(BGBl I 1999/181)

Pfändungsschutz

§ 11. (aufgehoben)

(BGBl 1991/628)

Unabdingbarkeit

§ 12. Die Rechte, die dem Arbeitnehmer auf Grund der §§ 2 bis 10 zustehen, können durch Arbeitsvertrag, Arbeits(Dienst)ordnung oder, soweit in diesem Bundesgesetz nicht anderes bestimmt ist, durch Kollektivvertrag oder Betriebsvereinbarung weder aufgehoben noch beschränkt werden.

(BGBl 1991/628)

Strafbestimmungen

§ 13. Arbeitgeber oder deren gesetzliche Vertreter, die den Bestimmungen des § 8 zuwiderhandeln, sind, sofern die Tat nicht nach anderen Vorschriften einer strengeren Strafe unterliegt, von der Bezirksverwaltungsbehörde mit einer Geldstrafe bis 218 Euro zu bestrafen.

(BGBl I 2001/98)

Weitergelten von Regelungen

§ 14. (1) Im Zeitpunkt des Inkrafttretens dieses Abschnittes bestehende, für die Arbeitnehmer günstigere Regelungen in Kollektivverträgen, Arbeits(Dienst)ordnungen, Betriebsvereinbarungen oder Arbeitsverträgen werden durch die Bestimmungen dieses Bundesgesetzes nicht berührt.

(2) Im Zeitpunkt des Inkrafttretens dieses Abschnittes bestehende Vereinbarungen durch Kollektivvertrag oder Betriebsvereinbarung in Angelegenheiten, in denen nach den Bestimmungen der §§ 2 Abs. 4 oder 6 Abs. 5 abweichende Regelungen durch Kollektivvertrag oder Betriebsvereinbarung zulässig sind, gelten als solche Regelungen, soweit sie den vorgenannten Bestimmungen entsprechen.

Abschnitt 2
Pflegefreistellung

Geltungsbereich

§ 15. (1) Die Bestimmungen dieses Abschnittes gelten für Arbeitnehmer aller Art, deren Arbeitsverhältnis auf einem privatrechtlichen Vertrag beruht.

(2) Ausgenommen sind

1. Arbeitsverhältnisse der land- und forstwirtschaftlichen Arbeiter, auf die das Landarbeitsgesetz 1948, BGBl. Nr. 140, anzuwenden ist;
2. Heimarbeiter, auf die das Heimarbeitsgesetz 1960, BGBl. Nr. 105/1961, anzuwenden ist;
3. Arbeitsverhältnisse zu einem Land, einem Gemeindeverband oder einer Gemeinde;
4. Arbeitsverhältnisse zum Bund, auf die dienstrechtliche Vorschriften anzuwenden sind, welche den wesentlichen Inhalt des Arbeitsverhältnisses zwingend regeln;
5. Arbeitsverhältnisse zu Stiftungen, Anstalten oder Fonds, auf die das Vertragsbedienstetengesetz 1948, BGBl. Nr. 86, gemäß § 1 Abs. 2 VBG sinngemäß anzuwenden ist.

Pflegefreistellung

„**§ 16.** (1) Ist der Arbeitnehmer nach Antritt des Arbeitsverhältnisses an der Arbeitsleistung

1. wegen der notwendigen Pflege eines im gemeinsamen Haushalt lebenden erkrankten nahen Angehörigen oder
2. wegen der notwendigen Betreuung seines Kindes (Wahl- oder Pflegekindes) oder eines im gemeinsamen Haushalt lebenden leiblichen Kindes des anderen Ehegatten, des ein-

getragenen Partners oder Lebensgefährten infolge eines Ausfalls einer Person, die das Kind ständig betreut hat, aus den Gründen des § 15d Abs. 2 Z 1 bis 5 des Mutterschutzgesetzes 1979, BGBl. Nr. 221, in der jeweils geltenden Fassung, oder

3. wegen der Begleitung seines erkrankten Kindes (Wahl- oder Pflegekindes) oder eines im gemeinsamen Haushalt lebenden leiblichen Kindes des anderen Ehegatten, des eingetragenen Partners oder Lebensgefährten bei einem stationären Aufenthalt in einer Heil- und Pflegeanstalt, sofern das Kind das zehnte Lebensjahr noch nicht vollendet hat,

nachweislich verhindert, so hat er Anspruch auf Fortzahlung des Entgelts bis zum Höchstausmaß seiner regelmäßigen wöchentlichen Arbeitszeit innerhalb eines Arbeitsjahres. Als nahe Angehörige im Sinne dieses Bundesgesetzes sind der Ehegatte, der eingetragene Partner und Personen anzusehen, die mit dem Arbeitnehmer in gerader Linie verwandt sind, ferner Wahl- und Pflegekinder, im gemeinsamen Haushalt lebende leibliche Kinder des anderen Ehegatten oder des eingetragenen Partners oder Lebensgefährten sowie die Person, mit der der Arbeitnehmer in Lebensgemeinschaft lebt.“

(BGBl I 1999/181, BGBl I 2002/89, BGBl I 2009/135, BGBl I 2013/3)

(2) Darüber hinaus besteht Anspruch auf Freistellung von der Arbeitsleistung bis zum Höchstausmaß einer weiteren regelmäßigen wöchentlichen Arbeitszeit innerhalb eines Arbeitsjahres, wenn der Arbeitnehmer den Freistellungsanspruch gemäß Abs. 1 verbraucht hat, wegen der notwendigen Pflege seines im gemeinsamen Haushalt lebenden erkrankten Kindes (Wahl- oder Pflegekindes) „oder im gemeinsamen Haushalt lebenden leiblichen Kindes des anderen Ehegatten oder eingetragenen Partners oder Lebensgefährten“, welches das zwölfte Lebensjahr noch nicht überschritten hat, an der Arbeitsleistung neuerlich verhindert ist und ihm für diesen Zeitraum der Dienstverhinderung kein Anspruch auf Entgeltfortzahlung wegen Dienstverhinderung aus wichtigen in seiner Person gelegenen Gründen auf Grund anderer gesetzlicher Bestimmungen, Normen der kollektiven Rechtsgestaltung oder des Arbeitsvertrages zusteht.

(BGBl I 2000/44, BGBl I 2013/3)

(3) Ist der Anspruch auf Entgeltfortzahlung bei Entfall der Arbeitsleistung aus einem der in Abs. 1 und 2 genannten Dienstverhinderungsgründe erschöpft, kann zu einem in Abs. 2 genannten Zweck Urlaub ohne vorherige Vereinbarung mit dem Arbeitgeber angetreten werden.

(BGBl 1992/833)

„(4) Im Fall der notwendigen Pflege seines erkrankten Kindes (Wahl- oder Pflegekindes) hat auch jener Arbeitnehmer Anspruch auf Freistellung von der Arbeitsleistung nach Abs. 1 Z 1, Abs. 2 und 3, der nicht mit seinem erkrankten Kind (Wahl- oder Pflegekind) im gemeinsamen Haushalt lebt.“

(BGBl I 2013/3)

Unabdingbarkeit

§ 17. Die Rechte, die dem Arbeitnehmer auf Grund des § 16 zustehen, können durch Arbeitsvertrag, Arbeits(Dienst)ordnung, Betriebsvereinbarung oder Kollektivvertrag weder aufgehoben noch beschränkt werden.

Günstigere Regelungen

§ 18. Gesetzliche Vorschriften, Kollektivverträge, Arbeits(Dienst)ordnungen, Betriebsvereinbarungen oder Arbeitsverträge, die den Anspruch auf Pflegefreistellung im Sinne des § 16 günstiger regeln, bleiben insoweit unberührt.

Inkrafttreten

§ 19. (1) § 16 dieses Bundesgesetzes in der Fassung des Bundesgesetzes, BGBl. Nr. 833/1992, tritt mit 1. Jänner 1993 in Kraft.

(BGBl 1992/833)

(2) § 2 Abs. 2 und § 9 Abs. 1 Z 5 und 6 dieses Bundesgesetzes in der Fassung des Bundesgesetzes, BGBl. Nr. 502/1993, treten mit 1. August 1993 in Kraft.

(BGBl 1993/502)

(3) § 2 Abs. 2, § 9 Abs. 1 und § 10 Abs. 1 dieses Bundesgesetzes in der Fassung des Bundesgesetzes BGBl. Nr. 832/1995 treten mit 1. Dezember 1995 in Kraft und gelten ab dem Urlaubsjahr, das im Jahr 1994 begonnen hat.

(BGBl 1995/832)

(4) Die §§ 10a und 16 Abs. 1 Z 2 in der Fassung des Bundesgesetzes BGBl. I Nr. 181/1999 treten mit 1. Jänner 2000 in Kraft. § 10a ist erstmals auf jenes Urlaubsjahr anzuwenden, das nach dem 1. Jänner 2000 beginnt, wobei im Falle der Berechnung nach § 10a Abs. 1a Nachtschwerarbeit, die im 1999 begonnenen Urlaubsjahr geleistet wurde, heranzuziehen ist.

(BGBl I 1999/181)

(5) § 10 samt Überschrift in der Fassung des Bundesgesetzes BGBl. I Nr. 44/2000 tritt mit 1. Jänner 2001 in Kraft und gilt ab dem Urlaubsjahr, das nach dem 31. Dezember 2000 beginnt.

(BGBl I 2000/44)

(6) § 9 samt Überschrift tritt mit Ablauf des 31. Dezember 2000 außer Kraft, ausgenommen für jenes Urlaubsjahr, das vor dem 1. Jänner 2001 begonnen hat.

(BGBl I 2000/44)

(7) § 16 Abs. 2 in der Fassung des Bundesgesetzes BGBl. I Nr. 44/2000 tritt mit 1. Oktober 2000 in Kraft. Bis zum 30. September 2000 entstandene Erstattungsansprüche nach § 16 Abs. 2 letzter Satz richten sich nach den Bestimmungen des Abschnittes 2 des Entgeltfortzahlungsgesetzes,

BGBl. Nr. 399/1974, in der Fassung BGBl. I Nr. 44/2000.

(BGBl I 2000/44)

(8) § 13 in der Fassung des Bundesgesetzes BGBl. I Nr. 98/2001 tritt mit 1. Jänner 2002 in Kraft und ist auf Sachverhalte anzuwenden, die sich nach dem 31. Dezember 2001 ereignen.

(BGBl I 2001/98)

(9) Die §§ 4 Abs. 5 letzter Satz, 10 Abs. 4 und 16 Abs. 1 Z 2 in der Fassung des Bundesgesetzes BGBl. I Nr. 89/2002 treten mit 1. Juli 2002 in Kraft.

(BGBl I 2002/89)

(10) § 16 Abs. 1 letzter Satz in der Fassung des Bundesgesetzes BGBl. I Nr. 135/2009 tritt mit 1. Jänner 2010 in Kraft.

(BGBl I 2009/135)

(11) § 1 Abs. 2 Z 7 in der Fassung des Bundesgesetzes BGBl. I Nr. 100/2010 tritt mit 1. Jänner 2011 in Kraft.

(BGBl I 2010/100)

„(12) § 2 Abs. 4 erster Satz, § 10a Abs. 1 sowie § 16 Abs. 1, 2 und 4 in der Fassung des Bundesgesetzes BGBl. I Nr. 3/2013 treten mit 1. Jänner 2013 in Kraft."

(BGBl I 2013/3)

Artikel II

(Beim JournG berücksichtigt.)

Artikel III

(Beim PrivatkraftwagenführerG berücksichtigt.)

Artikel IV

(Beim HausbG berücksichtigt.)

Artikel V

(Beim HausgG berücksichtigt.)

Artikel VI

(Beim AngG berücksichtigt.)

Artikel VII

(Beim GAngG berücksichtigt.)

Artikel VIII
Außerkrafttreten von Vorschriften

(1) Mit dem Wirksamwerden des Art. I Abschnitt 1 dieses Bundesgesetzes treten außer Kraft:

1. Die §§ 17a, 17b und 17c Angestelltengesetz, BGBl. Nr. 292/1921,
2. die §§ 15a, 15b und 15c Gutsangestelltengesetz, BGBl. Nr. 538/1923,
3. § 32 Abs. 2 Kinder- und Jugendlichen-Beschäftigungsgesetz, BGBl. Nr. 146/1948;

ferner, insoweit nicht die Länder gemäß Art. 21 B-VG zur Regelung zuständig sind:

4. das Arbeiterurlaubsgesetz 1959, BGBl. Nr. 24,
5. das Bundesgesetz vom 13. Mai 1964, BGBl. Nr. 108, betreffend Erkrankung während des Urlaubes.

(2) Soweit in anderen Bundesgesetzen auf die durch dieses Bundesgesetz aufgehobenen Vorschriften verwiesen wird, treten an deren Stelle die entsprechenden Bestimmungen dieses Bundesgesetzes.

(3) § 1 Abs. 3 tritt mit Ablauf des 31. Dezember 2010 außer Kraft.

(BGBl I 2010/100)

Artikel IX
Kollektivvertragsermächtigung für die Hotellerie und Gastronomie

Durch Kollektivvertrag kann vorgesehen werden, dass ein Arbeitsverhältnis, welches dem Kollektivvertrag für Arbeiter im Gastgewerbe oder dem Kollektivvertrag für Angestellte im Gastgewerbe unterliegt, durch einen am Ende des Arbeitsverhältnisses zu verbrauchenden Teil des im laufenden Urlaubsjahr erworbenen Urlaubsanspruchs zu verlängern ist. Dieser Teil hat die Hälfte dieses Urlaubsanspruchs, höchstens jedoch sieben Werktage zu betragen.

(BGBl I 2001/7)

Artikel X
Wirksamkeitsbeginn und Vollziehung

(1) Es treten in Kraft: § 6 des Artikels I mit 1. Jänner 1978; die übrigen Bestimmungen mit 1. Jänner 1977.

(1a) § 10a des Art. I in der Fassung des Bundesgesetzes BGBl. Nr. 473/1992 tritt mit 1. Jänner 1993 in Kraft. Ansprüche auf Zusatzurlaub können ab Beginn des Urlaubsjahres erworben werden, in das der 1. Jänner 1993 fällt.

(BGBl 1992/473)

(1b) Artikel IX in der Fassung des Bundesgesetzes BGBl. I Nr. 7/2001 tritt mit 1. Jänner 2001 in Kraft.

(BGBl I 2001/7)

(2) Mit der Vollziehung dieses Bundesgesetzes ist der Bundesminister für Wirtschaft und Arbeit betraut.

(BGBl I 2001/98)

(3) Verordnungen auf Grund der Bestimmungen dieses Bundesgesetzes können bereits von dem seiner Kundmachung folgenden Tag an erlassen werden. Diese Verordnungen dürfen frühestens mit dem in Abs. 1 bezeichneten Zeitpunkt in Kraft gesetzt werden.

36. Väter-Karenzgesetz

Väter-Karenzgesetz, BGBl 1989/651 idF

1	BGBl 1990/299	2	BGBl 1990/408	3	BGBl 1990/450
4	BGBl 1991/277	5	BGBl 1992/315	6	BGBl 1992/833
7	BGBl 1994/665	8	BGBl 1995/434	9	BGBl I 1997/61
10	BGBl I 1998/70	11	BGBl I 1998/123	12	BGBl I 1999/153
13	BGBl I 2000/6	14	BGBl I 2001/103	15	BGBl I 2002/100
16	BGBl I 2003/130	17	BGBl I 2004/64	18	BGBl I 2004/124
19	BGBl I 2007/53	20	BGBl I 2009/116	21	BGBl I 2010/58
22	BGBl I 2012/120	23	BGBl I 2013/138	24	BGBl I 2015/65
25	BGBl I 2015/149	26	BGBl I 2015/162	27	BGBl I 2019/73
28	BGBl I 2019/112				

GLIEDERUNG

STICHWORTVERZEICHNIS

651. Bundesgesetz, mit dem Karenz für Väter geschaffen wird (Väter-Karenzgesetz – VKG)

Der Nationalrat hat beschlossen:

Artikel I

Abschnitt 1

(BGBl I 2004/64)

Geltungsbereich

§ 1. (1) Dieses Bundesgesetz gilt für

1. alle Arbeitsverhältnisse und Dienstverhältnisse, die auf einem privatrechtlichen Vertrag beruhen,
2. Beschäftigungsverhältnisse, auf die das Heimarbeitsgesetz 1960, BGBl. Nr. 105/1961, anzuwenden ist,
3. öffentlich-rechtliche Dienstverhältnisse zum Bund,
4. Dienstverhältnisse gem. Art. 14 Abs. 2 und Art. 14a Abs. 3 B-VG, die gesetzlich vom Bund zu regeln sind.

(1a) Dieses Bundesgesetz gilt sinngemäß auch für das Arbeitsverhältnis einer Frau, die gemäß § 144 Abs. 2 und 3 des Allgemeinen bürgerlichen Gesetzbuches, JGS Nr. 946/1811, Elternteil ist.

(BGBl I 2015/149)

(2) Ausgenommen sind

1. Arbeitsverhältnisse der land- und forstwirtschaftlichen Arbeiter im Sinne des Landarbeitsgesetzes 1984, BGBl. Nr. 287,
2. Dienstverhältnisse zu einem Land, einem Gemeindeverband oder einer Gemeinde, soweit sie nicht gesetzlich vom Bund zu regeln sind.

Abschnitt 1a

Anspruch auf Freistellung anlässlich der Geburt eines Kindes

§ 1a. (1) Unbeschadet des Anspruchs auf Karenz nach den §§ 2ff ist dem Arbeitnehmer auf sein Verlangen für den Zeitraum von der Geburt seines Kindes bis zum Ablauf des Beschäftigungsverbotes der Mutter nach der Geburt des Kindes (§ 5 Abs. 1 des Mutterschutzgesetzes 1979, BGBl. Nr. 221, gleichartige österreichische Rechtsvorschriften oder gleichartige Rechtsvorschriften der Mitgliedsstaaten des Europäischen Wirtschaftsraumes) Freistellung in der Dauer von einem Monat zu gewähren, wenn er mit dem Kind im gemeinsamen Haushalt lebt.

(2) Hat die Mutter keinen Anspruch auf Karenz, endet der in Abs. 1 vorgesehene Zeitraum für die Inanspruchnahme der Freistellung anlässlich der Geburt eines Kindes spätestens mit dem Ablauf von acht bzw. bei Früh-, Mehrlings- oder Kaiserschnittgeburten zwölf Wochen nach der Geburt; bezieht die Mutter Betriebshilfe (Wochengeld)

nach § 102a Gewerbliches Sozialversicherungsgesetz (GSVG), BGBl. Nr. 560/1978, oder nach § 98 Bauern-Sozialversicherungsgesetz (BSVG), BGBl. Nr. 559/1978, und verkürzt sich die Achtwochenfrist vor der Entbindung, endet der Zeitraum für die Inanspruchnahme mit dem in den §§ 102a Abs. 1 Satz 4 GSVG und 98 Abs. 1 Satz 4 BSVG genannten Zeitpunkt.

(3) Beabsichtigt der Arbeitnehmer, eine Freistellung nach Abs. 1 in Anspruch zu nehmen, hat er spätestens drei Monate vor dem errechneten Geburtstermin seinem Arbeitgeber unter Bekanntgabe des Geburtstermins den voraussichtlichen Beginn der Freistellung anzukündigen (Vorankündigung). Der Arbeitnehmer hat den Arbeitgeber unverzüglich von der Geburt seines Kindes zu verständigen und spätestens eine Woche nach der Geburt den Antrittszeitpunkt der Freistellung bekannt zu geben. Kann die Vorankündigung der Freistellungsabsicht auf Grund einer Frühgeburt nicht erfolgen, hat er dem Arbeitgeber die Geburt unverzüglich anzuzeigen und den Antrittszeitpunkt der Freistellung nach Abs. 1 spätestens eine Woche nach der Geburt bekannt zu geben. Unbeschadet des Ablaufs dieser Fristen kann eine Freistellung nach Abs. 1 vereinbart werden.

(4) Die Freistellung nach Abs. 1 beginnt frühestens mit dem auf die Geburt des Kindes folgenden Kalendertag. Ein gesetzlicher, kollektivvertraglicher oder einzelvertraglicher Anspruch auf Dienstfreistellung anlässlich der Geburt eines Kindes ist auf die Freistellung nach Abs. 1 nicht anzurechnen.

(5) Tritt während der Freistellung nach Abs. 1 die Verhinderung der Mutter im Sinne von § 6 ein, kann der Arbeitnehmer im unmittelbaren Anschluss an die Freistellung Karenz nach § 6 verlangen, sofern die Verhinderung über das Ende der Freistellung andauert. Er hat die voraussichtliche Dauer unverzüglich bekannt zu geben und die anspruchsbegründenden Umstände nachzuweisen.

(6) Der Arbeitnehmer, der die Freistellung nach Abs. 1 in Anspruch nimmt, darf weder gekündigt noch entlassen werden. Der Kündigungs- und Entlassungsschutz beginnt mit der Vorankündigung oder einer späteren Vereinbarung gemäß Abs. 3, frühestens jedoch vier Monate vor dem errechneten Geburtstermin. Bei Entfall der Vorankündigung auf Grund einer Frühgeburt beginnt er mit der Meldung des Antrittszeitpunktes. Der Kündigungs- und Entlassungsschutz endet vier Wochen nach dem Ende der Freistellung. § 10 Abs. 3, 5 und 7 MSchG, § 13 MSchG sowie für Heimarbeiter § 31 Abs. 3 MSchG sowie § 7 Abs. 2 sind anzuwenden. Eine Entlassung kann nur nach Zustimmung des Gerichtes ausgesprochen werden. § 12 Abs. 2 und 4 MSchG ist anzuwenden.

(7) Bei Wegfall des gemeinsamen Haushalts mit dem Kind ist § 2 Abs. 7 und 8 sinngemäß anzuwenden. Für das Recht auf Information gilt § 7a und für den Anspruch auf eine Dienstwohnung während der Dauer des Kündigungs- und Entlassungsschutzes § 16 MSchG. Ferner sind für eine Freistellung gemäß Abs. 1 die Bestimmungen des § 15f Abs. 1 und 2 MSchG sinngemäß anzuwenden.

(BGBl I 2019/73)

Abschnitt 2
Karenz

(BGBl I 2004/64)

Anspruch auf Karenz

§ 2. (1) Dem Arbeitnehmer ist auf sein Verlangen Karenz gegen Entfall des Arbeitsentgelts bis zum Ablauf des zweiten Lebensjahres seines Kindes, sofern im Folgenden nicht anderes bestimmt ist, zu gewähren, wenn er mit dem Kind im gemeinsamen Haushalt lebt; eine gleichzeitige Inanspruchnahme von Karenz durch beide Elternteile ist ausgenommen im Falle des § 3 Abs. 2 nicht zulässig.

(BGBl I 2004/124)

(2) Hat die Mutter einen Anspruch auf Karenz, beginnt die Karenz des Arbeitnehmers frühestens mit dem Ablauf eines Beschäftigungsverbotes der Mutter nach Geburt eines Kindes (§ 5 Abs. 1 des Mutterschutzgesetzes 1979, BGBl. Nr. 221, gleichartige österreichische Rechtsvorschriften oder gleichartige Rechtsvorschriften der Mitgliedstaaten des Europäischen Wirtschaftsraumes).

(BGBl I 2004/124)

(3) Hat die Mutter keinen Anspruch auf Karenz, beginnt die Karenz des Arbeitnehmers frühestens mit dem Ablauf von acht bzw. bei Früh-, Mehrlings- oder Kaiserschnittgeburten zwölf Wochen nach der Geburt. Bezieht die Mutter Betriebshilfe (Wochengeld) nach § 102a Gewerbliches Sozialversicherungsgesetz (GSVG), BGBl. Nr. 560/1978, oder nach § 98 Bauern-Sozialversicherungsgesetz (BSVG), BGBl. Nr. 559/1978, und verkürzt sich die Achtwochenfrist vor der Entbindung, so beginnt die Karenz frühestens mit dem in den §§ 102a Abs. 1 Satz 4 GSVG und 98 Abs. 1 Satz 4 BSVG genannten Zeitpunkt.

(BGBl I 2004/124)

(4) Die Karenz muss mindestens zwei Monate betragen.

(BGBl I 2009/116)

(5) Nimmt der Arbeitnehmer Karenz zum frühestmöglichen Zeitpunkt (Abs. 2 oder 3) in Anspruch, hat er seinem Arbeitgeber spätestens acht Wochen nach der Geburt des Kindes Beginn und Dauer der Karenz bekannt zu geben. Der Arbeitnehmer kann seinem Arbeitgeber spätestens drei Monate, dauert die Karenz jedoch weniger als drei Monate, spätestens zwei Monate vor dem Ende seiner Karenz, bekannt geben, dass er die Karenz verlängert und bis wann. Hat die Mutter keinen Anspruch auf Karenz, kann der Arbeitnehmer Karenz auch zu einem späteren Zeitpunkt in Anspruch nehmen. In diesem Fall hat er seinem Arbeitgeber Beginn und Dauer der Karenz spätestens drei Monate vor dem Antritt der Karenz bekannt

zu geben. Unbeschadet des Ablaufs dieser Fristen kann Karenz nach Abs. 1 vereinbart werden.

(BGBl I 2009/116, BGBl I 2015/149)

(6) Der Arbeitgeber ist verpflichtet, seinem Arbeitnehmer auf dessen Verlangen jeweils eine Bestätigung über Beginn und Dauer der Karenz auszustellen. Die Bestätigung ist vom Arbeitnehmer mit zu unterfertigen. Derartige Bestätigungen sind von Stempelgebühren und Bundesverwaltungsabgaben befreit.

(7) Der Arbeitnehmer hat seinem Arbeitgeber den Wegfall des gemeinsamen Haushaltes mit dem Kind unverzüglich bekannt zu geben und über Verlangen des Arbeitgebers seinen Dienst wieder anzutreten.

(8) Die Karenz endet vorzeitig, wenn der gemeinsame Haushalt mit dem Kind aufgehoben wird und der Arbeitgeber den vorzeitigen Antritt des Dienstes begehrt.

(BGBl I 2001/103)

Teilung der Karenz zwischen Vater und Mutter

§ 3. (1) Die Karenz nach § 2 kann zweimal geteilt und abwechselnd mit der Mutter in Anspruch genommen werden. Ein Karenzteil muss mindestens zwei Monate betragen und beginnt zu dem in § 2 Abs. 2 oder 3 vorgesehenen Zeitpunkt oder im unmittelbaren Anschluss an eine Karenz der Mutter.

(BGBl I 2009/116)

(2) Aus Anlass des erstmaligen Wechsels der Betreuungsperson kann der Arbeitnehmer gleichzeitig mit der Mutter Karenz in der Dauer von einem Monat in Anspruch nehmen, wobei der Anspruch auf Karenz ein Monat vor dem im § 2 Abs. 1 oder § 4 Abs. 1 dritter Satz vorgesehenen Zeitpunkt endet.

(BGBl I 2004/64)

(3) Nimmt der Arbeitnehmer Karenz im Anschluss an eine Karenz der Mutter in Anspruch, hat er spätestens drei Monate vor Ende der Karenz der Mutter seinem Arbeitgeber Beginn und Dauer seiner Karenz bekannt zu geben. Beträgt die Karenz der Mutter im Anschluss an das Beschäftigungsverbot gemäß § 5 Abs. 1 des Mutterschutzgesetzes 1979, BGBl. Nr. 221, gleichartiger österreichischer Rechtsvorschriften oder gleichartiger Rechtvorschriften der Mitgliedstaaten des Europäischen Wirtschaftsraumes jedoch weniger als drei Monate, so hat der Arbeitnehmer Beginn und Dauer seiner Karenz spätestens zum Ende der Frist gemäß § 2 Abs. 2 zu melden. Unbeschadet des Ablaufs dieser Fristen kann Karenz nach Abs. 1 vereinbart werden.

(BGBl I 2009/116)

(4) Im Übrigen gilt § 2 Abs. 6 bis 8.

(BGBl I 2001/103)

Aufgeschobene Karenz

§ 4. (1) Der Arbeitnehmer kann mit dem Arbeitgeber vereinbaren, dass er drei Monate seiner Karenz aufschiebt und bis zum Ablauf des siebenten Lebensjahres des Kindes verbraucht, sofern im Folgenden nicht anderes bestimmt ist. Dabei sind die Erfordernisse des Betriebes und des Anlasses der Inanspruchnahme zu berücksichtigen. Aufgeschobene Karenz kann jedoch nur dann genommen werden, wenn die Karenz nach den §§ 2 oder 3 spätestens mit Ablauf des 21. Lebensmonates des Kindes, wenn auch die Mutter aufgeschobene Karenz in Anspruch nimmt, spätestens mit Ablauf des 18. Lebensmonates des Kindes geendet hat.

(2) Ist die noch nicht verbrauchte aufgeschobene Karenz länger als der Zeitraum zwischen dem Schuleintritt und dem Ablauf des siebenten Lebensjahres des Kindes oder erfolgt der Schuleintritt erst nach Ablauf des siebenten Lebensjahres des Kindes, kann aus Anlass des Schuleintritts der Verbrauch der aufgeschobenen Karenz vereinbart werden. Die Geburt eines weiteren Kindes hindert nicht die Vereinbarung über den Verbrauch der aufgeschobenen Karenz.

(3) Die Absicht, aufgeschobene Karenz in Anspruch zu nehmen, ist dem Arbeitgeber zu den in §§ 2 Abs. 5 oder 3 Abs. 3 genannten Zeitpunkten bekannt zu geben. Kommt innerhalb von zwei Wochen ab Bekanntgabe keine Einigung zustande, kann der Arbeitgeber binnen weiterer zwei Wochen wegen der Inanspruchnahme der aufgeschobenen Karenz Klage beim zuständigen Gericht einbringen, widrigenfalls die Zustimmung als erteilt gilt. Der Arbeitnehmer kann bei Nichteinigung oder im Fall der Klage bekannt geben, dass er anstelle der aufgeschobenen Karenz Karenz bis zum zweiten Lebensjahr des Kindes in Anspruch nimmt. Gleiches gilt, wenn der Klage des Arbeitgebers stattgegeben wird.

(4) Der Beginn des aufgeschobenen Teiles der Karenz ist dem Arbeitgeber spätestens drei Monate vor dem gewünschten Zeitpunkt bekannt zu geben. Kommt innerhalb von zwei Wochen ab Bekanntgabe keine Einigung zustande, kann der Arbeitnehmer die aufgeschobene Karenz zum gewünschten Zeitpunkt antreten, es sei denn, der Arbeitgeber hat binnen weiterer zwei Wochen wegen des Zeitpunktes des Antritts der aufgeschobenen Karenz die Klage beim zuständigen Gericht eingebracht.

(5) In Rechtsstreitigkeiten nach Abs. 3 und 4 steht keiner Partei ein Kostenersatzanspruch an die andere zu, ist gegen ein Urteil des Gerichtes erster Instanz eine Berufung nicht zulässig und sind – unabhängig vom Wert des Streitgegenstandes – Beschlüsse des Gerichtes erster Instanz nur aus den Gründen des § 517 ZPO sowie wegen Nichtzulassung einer Klagsänderung anfechtbar.

(6) Wird die aufgeschobene Karenz im Rahmen eines anderen Arbeitsverhältnisses als jenem, das zur Zeit der Geburt des Kindes bestanden hat, in Anspruch genommen, bedarf es vor Antritt der aufgeschobenen Karenz jedenfalls einer Vereinbarung mit dem neuen Arbeitgeber.

(7) Im Übrigen gilt § 2 Abs. 6 bis 8.

(BGBl I 2001/103)

Karenz des Adoptiv- oder Pflegevaters

§ 5. (1) Anspruch auf Karenz unter den in den §§ 2, 3 und 4 genannten Voraussetzungen und Bedingungen hat, sofern im Folgenden nicht anderes bestimmt ist, auch ein Arbeitnehmer, der ein Kind, welches das zweite Lebensjahr noch nicht vollendet hat,

1. an Kindes Statt angenommen hat (Adoptivvater);
2. in unentgeltliche Pflege genommen hat (Pflegevater).

(BGBl I 2015/162)

(2) Bei Annahme an Kindes Statt oder der Übernahme in unentgeltliche Pflege beginnt die Karenz mit dem Tag der Annahme, der Übernahme oder im Anschluss an eine Karenz des anderen Elternteils, Adoptiv- oder Pflegeelternteils, im Falle des § 2 Abs. 5 dritter Satz auch zu einem späteren Zeitpunkt.

(BGBl I 2015/149)

(3) Nimmt der Arbeitnehmer Karenz zum frühest möglichen Zeitpunkt in Anspruch, hat er seinem Arbeitgeber unverzüglich Beginn und Dauer der Karenz nach §§ 2 oder 3 bekannt zu geben. Unbeschadet des Ablaufs dieser Frist kann Karenz nach den §§ 2 oder 3 vereinbart werden.

(4) Nimmt ein Arbeitnehmer ein Kind nach Ablauf des 18. Lebensmonates, jedoch vor Vollendung des zweiten Lebensjahres an Kindes Statt an oder in unentgeltliche Pflege, kann er Karenz im Ausmaß bis zu sechs Monaten auch über das zweite Lebensjahr des Kindes in Anspruch nehmen.

(BGBl I 2015/162)

(5) Nimmt ein Arbeitnehmer ein Kind nach Ablauf des zweiten Lebensjahres, jedoch vor Vollendung des siebenten Lebensjahres an Kindes Statt an oder in unentgeltliche Pflege, hat er aus Anlass der Adoption oder Übernahme in unentgeltliche Pflege Anspruch auf Karenz im Ausmaß von sechs Monaten. Im Übrigen gelten die §§ 2 und 3.

(BGBl I 2015/162)

(BGBl I 2015/162)

(6) Die §§ 3 und 4 sind mit der Maßgabe anzuwenden, dass an die Stelle des Begriffs „die Mutter" in der jeweils verwendeten grammatikalischen Form der Begriff „der andere Elternteil" in der jeweils richtigen grammatikalischen Form tritt.

(BGBl I 2001/103, BGBl I 2004/124, BGBl I 2013/138)

Karenz bei Verhinderung des anderen Elternteils

§ 6. (1) Ist der andere Elternteil, Adoptiv- oder Pflegeelternteil durch ein unvorhersehbares und unabwendbares Ereignis für eine nicht bloß verhältnismäßig kurze Zeit verhindert, das Kind selbst zu betreuen, ist dem Arbeitnehmer (Vater, Adoptiv- oder Pflegevater im Sinne des § 5 Abs. 1) auf sein Verlangen für die Dauer der Verhinderung, längstens jedoch bis zum Ablauf des zweiten Lebensjahres des Kindes, jedenfalls Karenz zu gewähren, wenn er mit dem Kind im gemeinsamen Haushalt lebt. Dasselbe gilt bei Verhinderung eines anderen Elternteils, Adoptiv- oder Pflegeelternteils, der zulässigerweise nach Ablauf des zweiten Lebensjahres des Kindes Karenz in Anspruch nimmt.

(2) Ein unvorhersehbares und unabwendbares Ereignis liegt nur vor bei:

1. Tod,
2. Aufenthalt in einer Heil- und Pflegeanstalt,
3. Verbüßung einer Freiheitsstrafe sowie bei einer anderweitigen auf behördlicher Anordnung beruhenden Anhaltung,
4. schwerer Erkrankung,
5. Wegfall des gemeinsamen Haushaltes des anderen Elternteils, Adoptiv- oder Pflegeelternteils mit dem Kind oder der Betreuung des Kindes.

(3) Der Anspruch auf Karenz steht auch dann zu, wenn der Arbeitnehmer bereits Karenz verbraucht, eine vereinbarte Teilzeitbeschäftigung angetreten oder beendet oder für einen späteren Zeitpunkt Karenz oder Teilzeitbeschäftigung angemeldet hat.

(4) Der Arbeitnehmer hat Beginn und voraussichtliche Dauer der Karenz seinem Arbeitgeber unverzüglich bekannt zu geben und die anspruchsbegründenden Umstände nachzuweisen.

(5) Die §§ 7 bis 7c sind mit der Maßgabe anzuwenden, dass an die Stelle des Begriffs „die Mutter" in der jeweils verwendeten grammatikalischen Form der Begriff „der andere Elternteil" in der jeweils richtigen grammatikalischen Form tritt.

(BGBl I 2001/103, BGBl I 2013/138)

Kündigungs- und Entlassungsschutz bei Karenz

§ 7. (1) Der Arbeitnehmer, der Karenz nach den §§ 2, 3 oder 5 in Anspruch nimmt, darf weder gekündigt noch entlassen werden, sofern Abs. 3 nicht anderes bestimmt. Der Kündigungs- und Entlassungsschutz beginnt mit der Bekanntgabe, frühestens jedoch vier Monate vor Antritt einer Karenz, nicht jedoch vor Geburt des Kindes. Der Kündigungs- und Entlassungsschutz endet vier Wochen

1. nach dem Ende einer Karenz oder eines Karenzteiles,
2. nach dem Ende einer Karenz oder einer Teilzeitbeschäftigung, die infolge der Verhinderung der Mutter, Adoptiv- oder Pflegemutter in Anspruch genommen wird.

(BGBl I 2004/64)

(2) Der Ablauf der Beschäftigungsbewilligung, der Arbeitserlaubnis oder des Befreiungsscheines nach dem Ausländerbeschäftigungsgesetz, BGBl. Nr. 218/1975, eines Ausländers wird bis zu dem Tag gehemmt, zu dem das Arbeitsverhältnis unter Bedachtnahme auf den Kündigungs- und Entlassungsschutz rechtsgültig beendet werden kann.

(3) Die §§ 10 Abs. 3 bis 7 und 13 MSchG, sowie für Heimarbeiter § 31 Abs. 3 MSchG sind anzuwenden. Eine Entlassung kann nur nach Zustimmung des Gerichts ausgesprochen werden. § 12 Abs. 2 und 4 MSchG ist anzuwenden.

(BGBl I 2001/103)

Recht auf Information

§ 7a. Während einer Karenz hat der Arbeitgeber den Arbeitnehmer über wichtige Betriebsgeschehnisse, die die Interessen des karenzierten Arbeitnehmers berühren, insbesondere Insolvenzverfahren, betriebliche Umstrukturierungen und Weiterbildungsmaßnahmen zu informieren.

(BGBl I 2001/103, BGBl I 2010/58)

Beschäftigung während der Karenz

§ 7b. (1) Der Arbeitnehmer (Vater, Adoptiv- oder Pflegevater) kann neben seinem karenzierten Arbeitsverhältnis eine geringfügige Beschäftigung ausüben, bei der das gebührende Entgelt im Kalendermonat den im § 5 Abs. 2 Z 2 des Allgemeinen Sozialversicherungsgesetzes, BGBl. Nr. 189/1955 (ASVG) genannten Betrag nicht übersteigt. Eine Verletzung der Arbeitspflicht bei solchen Beschäftigungen hat keine Auswirkungen auf das karenzierte Arbeitsverhältnis. Die Arbeitsleistung im Rahmen solcher Beschäftigungen ist zwischen Arbeitnehmer und Arbeitgeber vor jedem Arbeitseinsatz zu vereinbaren.

(2) Weiters kann der Arbeitnehmer neben seinem karenzierten Arbeitsverhältnis mit seinem Arbeitgeber für höchstens 13 Wochen im Kalenderjahr eine Beschäftigung über die Geringfügigkeitsgrenze hinaus vereinbaren. Wird Karenz nicht während des gesamten Kalenderjahres in Anspruch genommen, kann eine solche Beschäftigung nur im aliquoten Ausmaß vereinbart werden.

(3) Mit Zustimmung des Arbeitgebers kann eine Beschäftigung im Sinne des Abs. 2 auch mit einem anderen Arbeitgeber vereinbart werden.

(BGBl I 2001/103)

Anwendung sonstiger Bestimmungen des Mutterschutzgesetzes

§ 7c. Für den Anspruch auf sonstige, insbesondere einmalige Bezüge (§ 67 Abs. 1 des Einkommensteuergesetzes 1988) und für Rechtsansprüche des Arbeitnehmers, die sich nach der Dauer der Dienstzeit richten, gilt § 15f Abs. 1 MSchG, für den Urlaubsanspruch § 15f Abs. 2 MSchG und für den Anspruch auf eine Dienstwohnung gilt während der Dauer seines Kündigungs- und Entlassungsschutzes § 16 MSchG.

(BGBl I 2001/103)

Abschnitt 3
Teilzeitbeschäftigung und Änderung der Lage der Arbeitszeit

(BGBl I 2004/64)

Anspruch auf Teilzeitbeschäftigung

§ 8. (1) Der Arbeitnehmer hat einen Anspruch auf Teilzeitbeschäftigung längstens bis zum Ablauf des siebenten Lebensjahres oder einem späteren Schuleintritt des Kindes, wenn

1. das Arbeitsverhältnis zum Zeitpunkt des Antritts der Teilzeitbeschäftigung ununterbrochen drei Jahre gedauert hat,
2. der Arbeitnehmer zu diesem Zeitpunkt in einem Betrieb (§ 34 Arbeitsverfassungsgesetz – ArbVG, BGBl. Nr. 22/1974, oder § 139 Landarbeitsgesetz 1984 – LAG) mit mehr als 20 Arbeitnehmern und Arbeitnehmerinnen beschäftigt ist und
3. die wöchentliche Normalarbeitszeit um mindestens 20 vH reduziert wird und zwölf Stunden nicht unterschreitet (Bandbreite).

Beginn, Dauer, Ausmaß und Lage der Teilzeitbeschäftigung sind mit dem Arbeitgeber zu vereinbaren, wobei die betrieblichen Interessen und die Interessen des Arbeitnehmers zu berücksichtigen sind. Arbeit-nehmer haben während eines Lehrverhältnisses keinen Anspruch auf Teilzeitbeschäftigung.

(BGBl I 2015/149)

(2) Alle Zeiten, die der Arbeitnehmer in unmittelbar vorausgegangenen Arbeitsverhältnissen zum selben Arbeitgeber zurückgelegt hat, sind bei der Berechnung der Mindestdauer des Arbeitsverhältnisses nach Abs. 1 Z 1 zu berücksichtigen. Ebenso zählen Zeiten von unterbrochenen Arbeitsverhältnissen, die auf Grund von Wiedereinstellungszusagen oder Wiedereinstellungsvereinbarungen beim selben Arbeitgeber fortgesetzt werden, für die Mindestdauer des Arbeitsverhältnisses. Zeiten einer Karenz nach diesem Bundesgesetz werden abweichend von § 7c iVm § 15f Abs. 1 dritter Satz auf die Mindestdauer des Arbeitsverhältnisses angerechnet.

(3) Für die Ermittlung der Arbeitnehmerzahl nach Abs. 1 Z 2 ist maßgeblich, wie viele Arbeitnehmer und Arbeitnehmerinnen regelmäßig im Betrieb beschäftigt werden. In Betrieben mit saisonal schwankender Arbeitnehmerzahl gilt das Erfordernis der Mindestanzahl der Arbeitnehmer und der Arbeitnehmerinnen als erfüllt, wenn die Arbeitnehmerzahl im Jahr vor dem Antritt der Teilzeitbeschäftigung durchschnittlich mehr als 20 Arbeitnehmer und Arbeitnehmerinnen betragen hat.

(4) In Betrieben mit bis zu 20 Arbeitnehmern und Arbeitnehmerinnen kann in einer Betriebsvereinbarung im Sinne des § 97 Abs. 1 Z 25 ArbVG oder § 202 Abs. 1 Z 24 LAG insbesondere festgelegt werden, dass die Arbeitnehmer einen Anspruch auf Teilzeitbeschäftigung nach Abs. 1 haben. Auf diese Teilzeitbeschäftigung sind sämtliche Bestimmungen anzuwenden, die für eine Teilzeitbeschäftigung nach Abs. 1 gelten. Die Kündigung einer solchen Betriebsvereinbarung ist nur hinsichtlich der Arbeitsverhältnisse jener Arbeitnehmer wirksam, die zum Kündigungstermin keine Teilzeitbeschäftigung nach der Betriebsver-

einbarung schriftlich bekannt gegeben oder angetreten haben.

(BGBl I 2004/64)

Vereinbarte Teilzeitbeschäftigung

§ 8a. Der Arbeitnehmer, der keinen Anspruch auf Teilzeitbeschäftigung nach § 8 Abs. 1 oder 4 hat, kann mit dem Arbeitgeber eine Teilzeitbeschäftigung einschließlich Beginn, Dauer, Ausmaß und Lage längstens bis zum Ablauf des vierten Lebensjahres des Kindes vereinbaren, bei der die wöchentliche Normalarbeitszeit um mindestens 20 vH reduziert wird und zwölf Stunden nicht unterschreitet (Bandbreite).

(BGBl I 2004/64, BGBl I 2015/149)

Gemeinsame Bestimmungen zur Teilzeitbeschäftigung

§ 8b. (1) Voraussetzung für die Inanspruchnahme einer Teilzeitbeschäftigung nach den §§ 8 und 8a ist, dass der Arbeitnehmer mit dem Kind im gemeinsamen Haushalt lebt oder eine Obsorge nach den §§ 177 Abs. 4 oder 179 des Allgemeinen bürgerlichen Gesetzbuchs, JGS Nr. 946/1811, gegeben ist und sich die Mutter nicht gleichzeitig in Karenz befindet.

(BGBl I 2013/138)

(2) Der Arbeitnehmer kann die Teilzeitbeschäftigung für jedes Kind nur einmal in Anspruch nehmen. Dieses Recht wird durch das Zurückziehen eines Teilzeitantrages nach § 8 Abs. 1 oder § 8a nicht verwirkt. Die Teilzeitbeschäftigung muss mindestens zwei Monate dauern.

(BGBl I 2009/116, BGBl I 2015/149)

(3) Die Teilzeitbeschäftigung kann frühestens

1. mit dem Ablauf eines Beschäftigungsverbotes der Mutter nach der Geburt eines Kindes (§ 5 Abs. 1 MSchG oder gleichartige österreichische Rechtsvorschriften, gleichartige Rechtsvorschriften der Mitgliedstaaten des Europäischen Wirtschaftsraumes) oder
2. mit dem Ablauf von acht bzw. bei Früh-, Mehrlings- oder Kaiserschnittgeburten zwölf Wochen nach der Geburt, wenn die Mutter nicht Arbeitnehmerin ist (Fälle des § 2 Abs. 1 Z 2),

angetreten werden. In diesem Fall hat der Arbeitnehmer dies dem Arbeitgeber einschließlich Dauer, Ausmaß und Lage der Teilzeitbeschäftigung schriftlich spätestens acht Wochen nach der Geburt des Kindes bekannt zu geben. § 2 Abs. 3 zweiter Satz ist anzuwenden.

(4) Beabsichtigt der Arbeitnehmer den Antritt der Teilzeitbeschäftigung zu einem späteren Zeitpunkt, hat er dies dem Arbeitgeber einschließlich Beginn, Dauer, Ausmaß und Lage der Teilzeitbeschäftigung schriftlich spätestens drei Monate vor dem beabsichtigten Beginn bekannt zu geben. Beträgt jedoch der Zeitraum zwischen dem Ende der Frist gemäß Abs. 3 und dem Beginn der beabsichtigten Teilzeitbeschäftigung weniger als drei Monate, so hat der Arbeitnehmer die Teilzeitbeschäftigung schriftlich spätestens acht Wochen nach der Geburt des Kindes bekannt zu geben.

(5) Der Arbeitnehmer kann sowohl eine Änderung der Teilzeitbeschäftigung (Verlängerung, Änderung des Ausmaßes oder der Lage) innerhalb der Bandbreite nach § 8 Abs. 1 Z 3 oder § 8a als auch eine vorzeitige Beendigung jeweils nur einmal verlangen. Er hat dies dem Arbeitgeber schriftlich spätestens drei Monate, dauert die Teilzeitbeschäftigung jedoch weniger als drei Monate, spätestens zwei Monate vor der beabsichtigten Änderung oder Beendigung bekannt zu geben.

(BGBl I 2009/116, BGBl I 2015/149)

(6) Der Arbeitgeber kann sowohl eine Änderung der Teilzeitbeschäftigung (Änderung des Ausmaßes oder der Lage) innerhalb der Bandbreite nach § 8 Abs. 1 Z 3 oder § 8a als auch eine vorzeitige Beendigung jeweils nur einmal verlangen. Er hat dies dem Arbeitnehmer schriftlich spätestens drei Monate, dauert die Teilzeitbeschäftigung jedoch weniger als drei Monate, spätestens zwei Monate vor der beabsichtigten Änderung oder Beendigung bekannt zu geben.

(BGBl I 2009/116, BGBl I 2015/149)

(7) Fallen in ein Kalenderjahr auch Zeiten einer Teilzeitbeschäftigung, gebühren dem Arbeitnehmer sonstige, insbesondere einmalige Bezüge im Sinne des § 67 Abs. 1 EStG 1988 in dem der Vollzeit- und Teilzeitbeschäftigung entsprechenden Ausmaß im Kalenderjahr.

(8) Der Arbeitgeber ist verpflichtet, seinem Arbeitnehmer auf dessen Verlangen eine Bestätigung über Beginn und Dauer der Teilzeitbeschäftigung oder die Nichtinanspruchnahme der Teilzeitbeschäftigung auszustellen. Diese Bestätigung ist vom Arbeitnehmer mit zu unterfertigen. Derartige Bestätigungen sind von Stempelgebühren und Bundesverwaltungsabgaben befreit.

(9) Die Teilzeitbeschäftigung des Arbeitnehmers endet vorzeitig mit der Inanspruchnahme einer Karenz oder Teilzeitbeschäftigung nach diesem Bundesgesetz für ein weiteres Kind.

(10) Kommt es zu einer Vereinbarung über ein Teilzeitmodell außerhalb der Bandbreite, liegt dennoch eine Teilzeitbeschäftigung im Sinne des § 8 oder § 8a vor.

(BGBl I 2015/149)

(BGBl I 2004/64)

Verfahren beim Anspruch auf Teilzeitbeschäftigung

§ 8c. (1) In Betrieben, in denen ein für den Arbeitnehmer zuständiger Betriebsrat errichtet ist, ist dieser auf Verlangen des Arbeitnehmers den Verhandlungen über Beginn, Dauer, Ausmaß oder Lage der Teilzeitbeschäftigung nach § 8 Abs. 1 beizuziehen. Kommt binnen zwei Wochen ab Bekanntgabe keine Einigung zu Stande, können im Einvernehmen zwischen Arbeitnehmer und Arbeitgeber Vertreter der gesetzlichen Interessenvertretungen der Arbeitnehmer und der Arbeitgeber den Verhandlungen beigezogen werden. Der Arbeitgeber hat das Ergebnis der Verhandlungen schriftlich aufzuzeichnen. Diese Ausfertigung ist sowohl vom Arbeitgeber als auch vom Arbeitnehmer zu unterzeichnen; eine Ablichtung ist dem Arbeitnehmer auszuhändigen.

(BGBl I 2015/149)

(2) Kommt binnen vier Wochen ab Bekanntgabe keine Einigung über Beginn, Dauer, Ausmaß oder Lage der Teilzeitbeschäftigung zu Stande, kann der Arbeitnehmer die Teilzeitbeschäftigung zu den von ihm bekannt gegebenen Bedingungen antreten, sofern der Arbeitgeber nicht binnen zwei Wochen beim zuständigen Arbeits- und Sozialgericht einen Antrag nach § 433 Abs. 1 ZPO zur gütlichen Einigung gegebenenfalls im Rahmen eines Gerichtstages stellt. Dem Antrag ist das Ergebnis der Verhandlungen nach Abs. 1 anzuschließen.

(3) Kommt binnen vier Wochen ab Einlangen des Antrags beim Arbeits- und Sozialgericht keine gütliche Einigung zu Stande, hat der Arbeitgeber binnen einer weiteren Woche dem Arbeitnehmer auf Einwilligung in die von ihm vorgeschlagenen Bedingungen der Teilzeitbeschäftigung beim zuständigen Arbeits- und Sozialgericht zu klagen, andernfalls kann der Arbeitnehmer die Teilzeitbeschäftigung zu den von ihm bekannt gegebenen Bedingungen antreten. Findet der Vergleichsversuch erst nach Ablauf von vier Wochen statt, beginnt die Frist für die Klagseinbringung mit dem auf den Vergleichsversuch folgenden Tag. Das Arbeits- und Sozialgericht hat der Klage des Arbeitgebers dann stattzugeben, wenn die betrieblichen Erfordernisse die Interessen des Arbeitnehmers überwiegen. Gibt das Arbeits- und Sozialgericht der Klage des Arbeitgebers nicht statt, wird die vom Arbeitnehmer beabsichtigte Teilzeitbeschäftigung mit der Rechtskraft des Urteils wirksam.

(4) Beabsichtigt der Arbeitnehmer eine Änderung oder vorzeitige Beendigung der Teilzeitbeschäftigung, ist Abs. 1 anzuwenden. Kommt binnen vier Wochen ab Bekanntgabe keine Einigung zu Stande, kann der Arbeitgeber binnen einer weiteren Woche dagegen Klage beim zuständigen Arbeits- und Sozialgericht erheben. Bringt der Arbeitgeber keine Klage ein, wird die vom Arbeitnehmer bekannt gegebene Änderung oder vorzeitige Beendigung der Teilzeitbeschäftigung wirksam. Das Arbeits- und Sozialgericht hat der Klage dann stattzugeben, wenn die betrieblichen Erfordernisse gegenüber den Interessen des Arbeitnehmers im Hinblick auf die beabsichtigte Änderung oder vorzeitige Beendigung überwiegen.

(5) Beabsichtigt der Arbeitgeber eine Änderung der Teilzeitbeschäftigung oder eine vorzeitige Beendigung, ist Abs. 1 anzuwenden. Kommt binnen vier Wochen ab Bekanntgabe keine Einigung zu Stande, kann der Arbeitgeber binnen einer weiteren Woche Klage auf die Änderung oder vorzeitige Beendigung beim Arbeits- und Sozialgericht erheben, andernfalls die Teilzeitbeschäftigung unverändert bleibt. Das Arbeits- und Sozialgericht hat der Klage dann stattzugeben, wenn die betrieblichen Erfordernisse gegenüber den Interessen des Arbeitnehmers im Hinblick auf die beabsichtigte Änderung oder vorzeitige Beendigung überwiegen.

(6) In Rechtsstreitigkeiten nach Abs. 3 bis 5 steht keiner Partei ein Kostenersatzanspruch an die andere zu. Gegen ein Urteil des Gerichtes erster Instanz ist eine Berufung nicht zulässig und sind – unabhängig vom Wert des Streitgegenstandes – Beschlüsse des Gerichtes erster Instanz nur aus den Gründen des § 517 Abs. 1 Z 1, 4 und 6 ZPO anfechtbar.

(BGBl I 2004/64)

Verfahren bei der vereinbarten Teilzeitbeschäftigung

§ 8d. (1) In Betrieben, in denen ein für den Arbeitnehmer zuständiger Betriebsrat errichtet ist, ist dieser auf Verlangen des Arbeitnehmers den Verhandlungen über die Teilzeitbeschäftigung nach § 8a, deren Beginn, Dauer, Lage und Ausmaß beizuziehen.

(BGBl I 2015/149)

(2) Kommt binnen zwei Wochen ab Bekanntgabe keine Einigung zu Stande, so kann der Arbeitnehmer den Arbeitgeber auf Einwilligung in eine Teilzeitbeschäftigung einschließlich deren Beginn, Dauer, Lage und Ausmaß klagen. Das Gericht hat die Klage insoweit abzuweisen, als der Arbeitgeber aus sachlichen Gründen die Einwilligung in die begehrte Teilzeitbeschäftigung verweigert hat.

(3) Beabsichtigt der Arbeitnehmer eine Änderung oder vorzeitige Beendigung der Teilzeitbeschäftigung, ist Abs. 1 anzuwenden. Kommt binnen zwei Wochen ab Bekanntgabe keine Einigung zu Stande, kann der Arbeitnehmer binnen einer weiteren Woche Klage auf eine Änderung oder vorzeitige Beendigung der Teilzeitbeschäftigung beim zuständigen Arbeits- und Sozialgericht erheben. Das Arbeits- und Sozialgericht hat die Klage dann abzuweisen, wenn die betrieblichen Erfordernisse gegenüber den Interessen des Arbeitnehmers im Hinblick auf die beabsichtigte Änderung oder vorzeitige Beendigung überwiegen.

(4) Beabsichtigt der Arbeitgeber eine Änderung der Teilzeitbeschäftigung oder eine vorzeitige Beendigung, ist Abs. 1 anzuwenden. Kommt binnen zwei Wochen ab Bekanntgabe keine Einigung zu Stande, kann der Arbeitgeber binnen einer weiteren Woche Klage auf eine Änderung oder vorzeitige Beendigung beim zuständigen Arbeits- und Sozialgericht erheben, andernfalls die Teilzeitbeschäftigung unverändert bleibt. Das Arbeits- und Sozialgericht hat der Klage dann stattzugeben, wenn die betrieblichen Erfordernisse gegenüber den Interessen des Arbeitnehmers im Hinblick auf die beabsichtigte Änderung oder vorzeitige Beendigung überwiegen.

(5) § 8c Abs. 6 ist anzuwenden.

(BGBl I 2004/64)

Karenz an Stelle von Teilzeitbeschäftigung

§ 8e. (1) Kommt zwischen dem Arbeitnehmer und dem Arbeitgeber keine Einigung über eine

Teilzeitbeschäftigung nach den §§ 8 und 8a zu Stande, kann der Arbeitnehmer dem Arbeitgeber binnen einer Woche bekannt geben, dass er

1. an Stelle der Teilzeitbeschäftigung oder
2. bis zur Entscheidung des Arbeits- und Sozialgerichtes

Karenz, längstens jedoch bis zum Ablauf des zweiten Lebensjahres des Kindes, in Anspruch nimmt.

(2) Gibt das Gericht der Klage des Arbeitgebers in einem Rechtsstreit nach § 8c Abs. 3 oder der Klage des Arbeitnehmers nach § 8d Abs. 2 nicht statt, kann der Arbeitnehmer binnen einer Woche nach Zugang des Urteils dem Arbeitgeber bekannt geben, dass er Karenz längstens bis zum Ablauf des zweiten Lebensjahres des Kindes in Anspruch nimmt.

(BGBl I 2004/64)

Kündigungs- und Entlassungsschutz bei einer Teilzeitbeschäftigung

§ 8f. (1) Der Kündigungs- und Entlassungsschutz beginnt grundsätzlich mit der Bekanntgabe der Teilzeitbeschäftigung, frühestens jedoch vier Monate vor dem beabsichtigten Antritt der Teilzeitbeschäftigung, nicht jedoch vor der Geburt des Kindes. Er dauert bis vier Wochen nach dem Ende der Teilzeitbeschäftigung, längstens jedoch bis vier Wochen nach dem Ablauf des vierten Lebensjahres des Kindes. § 7 Abs. 3 ist anzuwenden. Die Bestimmungen über den Kündigungs- und Entlassungsschutz gelten auch während eines Verfahrens nach den §§ 8c und 8d dieses Bundesgesetzes.

(2) Dauert die Teilzeitbeschäftigung länger als bis zum Ablauf des vierten Lebensjahres des Kindes oder beginnt sie nach dem Ablauf des vierten Lebensjahres des Kindes, kann eine Kündigung wegen einer beabsichtigten oder tatsächlich in Anspruch genommenen Teilzeitbeschäftigung bei Gericht angefochten werden. § 105 Abs. 5 ArbVG ist anzuwenden.

(3) Wird während der Teilzeitbeschäftigung ohne Zustimmung des Arbeitgebers eine weitere Erwerbstätigkeit aufgenommen, kann der Arbeitgeber binnen acht Wochen ab Kenntnis entgegen Abs. 1 und 2 eine Kündigung wegen dieser Erwerbstätigkeit aussprechen.

(BGBl I 2004/64)

Teilzeitbeschäftigung des Adoptiv- oder Pflegevaters

§ 8g. Die §§ 8 bis 8f gelten auch für einen Adoptiv- oder Pflegevater mit der Maßgabe, dass die Teilzeitbeschäftigung frühestens mit der Annahme oder der Übernahme des Kindes beginnen kann. Beabsichtigt der Arbeitnehmer die Teilzeitbeschäftigung zum frühest möglichen Zeitpunkt, hat er dies dem Arbeitgeber einschließlich Beginn, Dauer, Ausmaß und Lage unverzüglich bekannt zu geben. § 8b Abs. 1 ist weiters mit der Maßgabe anzuwenden, dass an Stelle des Ausdrucks „die Mutter" der Ausdruck „der andere Elternteil" tritt.

(BGBl I 2004/64, BGBl I 2013/138)

Änderung der Lage der Arbeitszeit

§ 8h. Die §§ 8 bis 8g sind auch für eine vom Arbeitnehmer beabsichtigte Änderung der Lage der Arbeitszeit mit der Maßgabe anzuwenden, dass das Ausmaß der Arbeitszeit außer Betracht bleibt.

(BGBl I 2004/64)

Abschnitt 4
Sonstige Bestimmungen

Spätere Geltendmachung der Karenz

§ 9. (1) Lehnt der Arbeitgeber des anderen Elternteils, Adoptiv- oder Pflegeelternteils eine Teilzeitbeschäftigung ab und nimmt der andere Elternteil keine Karenz für diese Zeit in Anspruch, so kann der Arbeitnehmer für diese Zeit, längstens bis zum Ablauf des zweiten Lebensjahres des Kindes, Karenz in Anspruch nehmen.

(2) Der Arbeitnehmer hat Beginn und Dauer der Karenz unverzüglich nach Ablehnung der Teilzeitbeschäftigung durch den Arbeitgeber des anderen Elternteils bekannt zu geben und die anspruchsbegründenden Umstände nachzuweisen.

(BGBl I 2001/103, BGBl I 2013/138)

Austritt aus Anlass der Geburt eines Kindes

§ 9a. Der Arbeitnehmer kann bei Inanspruchnahme einer Karenz nach §§ 2, 3, 5, 6 oder 9 bis spätestens drei Monate vor Ende der Karenz seinen vorzeitigen Austritt aus dem Arbeitsverhältnis erklären. Dauert die Karenz weniger als drei Monate hat der Arbeitnehmer seinen vorzeitigen Austritt spätestens zwei Monate vor dem Ende der Karenz zu erklären.

(BGBl I 2002/100, BGBl I 2009/116)

Abschnitt 5

(BGBl I 2004/64)

Sonderbestimmungen für Bedienstete des öffentlichen Dienstes

§ 10. (1) Für Bedienstete, die in einem

1. Dienstverhältnis zum Bund,
2. in § 1 Abs. 1 Z 4 angeführten Dienstverhältnis,
3. Dienstverhältnis gemäß § 1 Abs. 2 des Vertragsbedienstetengesetzes 1948, BGBl. Nr. 86,

stehen, gelten die Abweichungen der folgenden Absätze.

„(1a) Abschnitt 1a ist nicht anzuwenden."

(BGBl I 2019/112)

(2) § 2 Abs. 5 letzter Satz und § 5 Abs. 3 letzter Satz ist mit der Maßgabe anzuwenden, dass Karenz gewährt werden kann, sofern nicht zwingende dienstliche Gründe entgegenstehen.

(3) Lehrer können aufgeschobene Karenz nicht in den letzten vier Monaten des Schuljahres in Anspruch nehmen.

(4) § 2 Abs. 8 ist nicht anzuwenden. Wird der gemeinsame Haushalt des Vaters mit dem Kind aufgehoben, so endet die Karenz nach diesem Bundesgesetz. Der Bedienstete gilt ab diesem Zeitpunkt bis zum Ende der ursprünglich nach diesem Bundesgesetz gewährten Karenz als gegen Entfall der Bezüge im Sinne der dienstrechtlichen Vorschriften beurlaubt. Wenn es der Dienstgeber jedoch begehrt, hat der Bedienstete vorzeitig den Dienst anzutreten.

(5) § 4 ist mit der Maßgabe anzuwenden, dass der Beamte aufgeschobene Karenz zu dem von ihm gewünschten Zeitpunkt in Anspruch nehmen kann.

(6) § 4 Abs. 3 zweiter bis letzter Satz und Abs. 4 zweiter Satz ist auf Bundesbeamte, Landeslehrer (§ 1 Abs. 1 LDG 1984), Land- und forstwirtschaftliche Landeslehrer (§ 1 Abs. 1 LLDG 1985), Klassenlehrer, Richteramtsanwärter und Richter nicht anzuwenden.

(BGBl I 2015/65)

(7) Statt § 7 Abs. 3 sind die §§ 20 bis 22 MSchG anzuwenden.

(8) § 7b Abs. 2 ist auf Lehrer, die eine im § 8 Abs. 1 BDG 1979, BGBl. Nr. 333, im § 55 Abs. 4 oder 5 LDG 1984, BGBl. Nr. 302, oder im § 56 LLDG 1985, BGBl. Nr. 296, angeführte Leitungsfunktion ausüben oder mit einer Schulaufsichtsfunktion betraut sind, „auf Beamte des Schulaufsichtsdienstes, auf Bedienstete des Schulqualitätsmanagements und auf Bedienstete in der Schulevaluation“ nicht anzuwenden.

(BGBl I 2012/120, BGBl I 2019/112)

(9) Eine Beschäftigung im Sinne des § 7b Abs. 3 bedarf der Genehmigung durch die Dienstbehörde (Personalstelle). § 56 Abs. 4 BDG 1979 ist anzuwenden.

(BGBl I 2003/130)

(10) § 8 Abs. 1 ist auf Bundesbeamte, Landeslehrer (§ 1 Abs. 1 LDG 1984), Land- und forstwirtschaftliche Landeslehrer (§ 1 Abs. 1 LLDG 1985) und Klassenlehrer mit der Maßgabe anzuwenden, dass diese Beamten einen Anspruch auf Teilzeitbeschäftigung längstens bis zum Ablauf des siebenten Lebensjahres oder einem späteren Schuleintritt des Kindes haben. Die Bestimmungen des § 8 Abs. 1 betreffend Ausmaß und Lage der Teilzeitbeschäftigung und § 8b Abs. 5 und 6 sind mit folgenden Abweichungen anzuwenden:

1. Eine Teilzeitbeschäftigung ist im Ausmaß einer Herabsetzung
   a) bis auf die Hälfte der für eine Vollbeschäftigung vorgesehenen Wochendienstzeit (Lehrverpflichtung bzw. Jahresnorm) oder
   b) unter die Hälfte der für eine Vollbeschäftigung vorgesehenen Wochendienstzeit (Lehrverpflichtung bzw. Jahresnorm) für die beantragte Dauer, während der der Vater Anspruch auf Kinderbetreuungsgeld hat,

   zu gewähren.

   (BGBl I 2003/130)
2. Das Ausmaß der Herabsetzung ist so festzulegen, dass die verbleibende regelmäßige Wochendienstzeit (Lehrverpflichtung bzw. Jahresnorm) ein ganzzahliges Stundenausmaß (bei Lehrerinnen ganze Unterrichtsstunden) umfasst. Die verbleibende regelmäßige Wochendienstzeit (Lehrverpflichtung bzw. Jahresnorm) gemäß Z 1 lit. a
   a) darf nicht unter der Hälfte der für eine Vollbeschäftigung erforderlichen regelmäßigen Wochendienstzeit (Lehrverpflichtung bzw. Jahresnorm) und
   b) muss unter der für eine Vollbeschäftigung erforderlichen regelmäßigen Wochendienstzeit (Lehrverpflichtung bzw. Jahresnorm)

   liegen.

   (BGBl I 2003/130)
3. Eine Teilzeitbeschäftigung darf von der Dienstbehörde nur dann abgelehnt werden, wenn der Beamte infolge der Teilzeitbeschäftigung aus wichtigen dienstlichen Gründen weder im Rahmen seines bisherigen Arbeitsplatzes noch auf einem anderen seiner dienstrechtlichen Stellung zumindest entsprechenden Arbeitsplatz verwendet werden könnte.
4. Die Bestimmungen über den Kündigungs- und Entlassungsschutz gelten auch während eines Rechtsmittelverfahrens betreffend die Ablehnung der Teilzeitbeschäftigung.
5. § 8f ist mit den Änderungen anzuwenden, die sich aus den §§ 20 bis 22 MSchG ergeben.

   (BGBl I 2004/64)
6. Bei der stundenmäßigen Festlegung der Zeiträume, in denen der Beamte Dienst zu versehen hat, ist auf die persönlichen Verhältnisse des Beamten, insbesondere auf die Gründe, die zur Teilzeitbeschäftigung geführt haben, so weit Rücksicht zu nehmen, als nicht wichtige dienstliche Interessen entgegenstehen.
7. Die Dienstbehörde kann auf Antrag des Beamten eine Änderung des Ausmaßes oder die vorzeitige Beendigung der Teilzeitbeschäftigung verfügen, wenn keine wichtigen dienstlichen Interessen entgegenstehen.

   (BGBl I 2007/53)
8. Auf Landeslehrer, die Teilzeitbeschäftigung in Anspruch nehmen, ist § 47 Abs. 3 und 3a LDG 1984 anzuwenden.

(BGBl I 2004/64, BGBl I 2015/65)

(11) Lassen bei den in Abs. 10 angeführten Beamten die besonderen Umstände des Dienstes eine genaue Einhaltung eines ganzzahligen Ausmaßes an Stunden (bei Lehrern an Unterrichtsstunden)

nicht zu, so ist es so weit zu überschreiten, als es nötig ist, um seine Unterschreitung zu vermeiden.

(11a) Die Bestimmungen über die Bandbreite bei der Teilzeitbeschäftigung sind auf Vertragslehrpersonen nach dem VBG, Landesvertragslehrpersonen nach dem Landesvertragslehrpersonengesetz 1966 – LVG, BGBl. Nr. 172/1966, und dem Land- und forstwirtschaftlichen Landesvertragslehrpersonengesetz – LLVG, BGBl. Nr. 244/1969, mit der Maßgabe anzuwenden, dass die für eine Vollbeschäftigung vorgesehene Lehrverpflichtung bzw. Jahresnorm um mindestens 20 vH reduziert wird und 30 vH nicht unterschreitet.

(BGBl I 2015/149)

(12) Ein im Abs. 10 angeführter Beamter kann über die für ihn maßgebende Wochendienstzeit hinaus zur Dienstleistung nur herangezogen werden, wenn die Dienstleistung zur Vermeidung eines Schadens unverzüglich notwendig ist und ein Bediensteter, dessen Wochendienstzeit (Lehrverpflichtung bzw. Jahresnorm) nicht herabgesetzt ist, nicht zur Verfügung steht. Die Zeit einer solchen zusätzlichen Dienstleistung ist entweder durch Freizeit auszugleichen oder nach den besoldungsrechtlichen Vorschriften abzugelten. Bei Lehrern ist ein solcher Freizeitausgleich unzulässig. Der erste Satz ist auf Lehrer nicht anzuwenden, deren Lehrverpflichtung um höchstens 25% herabgesetzt ist.

(12a) Abs. 12 ist auf Vertragsbedienstete und auf Landesvertragslehrpersonen nach dem Landesvertragslehrpersonengesetz 1966 (LVG), BGBl. Nr. 172 und dem Land- und forstwirtschaftlichen Landesvertragslehrpersonengesetz (LLVG), BGBl. Nr. 244/1969 sinngemäß anzuwenden.

(BGBl I 2012/120)

(13) § 8 Abs. 1 ist auf Richteramtsanwärter und Richter mit der Maßgabe anzuwenden, dass sie Anspruch auf Teilzeitbeschäftigung längstens bis zum Ablauf des siebenten Lebensjahres oder einem späteren Schuleintritt des Kindes haben. Die Bestimmungen des § 8 Abs. 1 betreffend Ausmaß der Teilzeitbeschäftigung und des § 8b Abs. 5 und 6 sind auf Richteramtsanwärter und Richter mit folgenden Abweichungen anzuwenden:

1. An die Stelle der Teilzeitbeschäftigung tritt die Teilauslastung. Unter Teilauslastung ist eine Ermäßigung des regelmäßigen Dienstes bis auf die Hälfte zu verstehen.

   (BGBl I 2012/120)

2. Für die vorzeitige Beendigung einer Teilauslastung gilt § 76c RStDG.

   (BGBl I 2012/120)

(BGBl I 2004/64)

(14) Auf die übrigen von Abs. 8, 10 und 13 nicht erfassten Bediensteten ist § 8f Abs. 2 letzter Satz nicht und §§ 8, 8a und 8b Abs. 10 mit der Maßgabe anzuwenden, dass

1. eine Teilzeitbeschäftigung jedenfalls nicht zulässig ist, wenn der Bedienstete infolge der Teilzeitbeschäftigung aus wichtigen dienstlichen Gründen weder im Rahmen seines bisherigen Arbeitsplatzes noch auf einem anderen seiner dienstrechtlichen Stellung zumindest entsprechenden Arbeitsplatz verwendet werden könnte, und
2. § 8f mit den Änderungen anzuwenden ist, die sich aus den §§ 20 bis 22 MSchG ergeben.

   (BGBl I 2004/64)

(BGBl I 2004/64, BGBl I 2015/149)

(15) § 7b Abs. 2 ist auf Richter nicht anzuwenden.

(16) § 9a ist nicht anzuwenden auf

1. öffentlich-rechtliche Dienstnehmer und
2. Vertragsbedienstete, deren Dienstverhältnis vor dem 1. Jänner 2003 begonnen hat, soweit nicht durch Verordnung gemäß § 46 Abs. 1 letzter Satz des Betrieblichen Mitarbeiter- und Selbständigenvorsorgegesetzes (BMSVG), BGBl. I Nr. 100/2002, etwas anderes angeordnet wird.

   (BGBl I 2012/120)

(BGBl I 2002/100)

(17) §§ 8a, 8b Abs. 10, 8c, 8f Abs. 2 letzter Satz und 8h sind auf öffentlich-rechtliche Dienstnehmer nicht anzuwenden.

(BGBl I 2004/64, BGBl I 2015/149)

(18) §§ 8c Abs. 1 und 8d Abs. 1 sind für Dienststellen, die nicht unter den II. Teil des Arbeitsverfassungsgesetzes, BGBl. Nr. 22/1974, fallen, mit der Maßgabe anzuwenden, dass an die Stelle des Betriebsrates die Personalvertretung tritt.

(BGBl I 2004/64)

(19) § 8c ist auf Beamte mit der Maßgabe anzuwenden, dass bei Ablehnung der Teilzeitbeschäftigung durch die Dienstbehörde gemäß Abs. 10 Z 3 der Dienstnehmer an Stelle der Teilzeitbeschäftigung oder bis zur rechtskräftigen Bescheiderlassung Karenz beanspruchen kann. Wurde die Teilzeitbeschäftigung rechtskräftig abgelehnt, kann der Beamte binnen einer Woche nach Rechtskraft bekannt geben, dass er Karenz längstens bis zum Ablauf des zweiten Lebensjahres des Kindes in Anspruch nimmt.

(BGBl I 2004/64, BGBl I 2012/120)

(BGBl 1990/408, BGBl 1991/277, BGBl 1992/315, BGBl 1994/665, BGBl 1995/434, BGBl I 1997/61, BGBl I 1998/123, BGBl I 1999/153, BGBl I 2000/6, BGBl I 2001/103)

Abschnitt 6
Schlussbestimmungen

(BGBl I 2004/64)

Verweisungen

§ 11. Soweit in diesem Bundesgesetz auf andere Bundesgesetze verwiesen wird, sind diese in der jeweils geltenden Fassung anzuwenden.

(BGBl 1990/408)

Unabdingbarkeit

§ 11a. Die Rechte, die dem Arbeitnehmer auf Grund der §§ 2 bis 11 sowie § 12 Abs. 2 zustehen, dürfen – soweit sich aus diesem Bundesgesetz nicht anderes ergibt – durch Arbeitsvertrag oder Normen der kollektiven Rechtsgestaltung weder aufgehoben noch beschränkt werden.

(BGBl 1995/434)

Übergangsbestimmungen

§ 12. (1) Ansprüche, die durch das Bundesgesetz BGBl. Nr. 833/1992 neu geschaffen wurden, haben nur Eltern, Adoptiv- oder Pflegeeltern, wenn das Kind nach dem 31. Dezember 1992 geboren wurde. Die Meldefristen für die Inanspruchnahme von Karenzurlauben oder von zu vereinbarenden Teilzeitbeschäftigungen verlängern sich nach Geburten, die zwischen dem 1. Jänner 1993 und der Kundmachung des Bundesgesetzes BGBl. Nr. 833/1992 erfolgen, um vier Wochen nach der Kundmachung dieses Bundesgesetzes. Ansprüche von Eltern, Adoptiv- oder Pflegeeltern, deren Kind vor dem 1. Jänner 1993 geboren wurde, richten sich nach den gesetzlichen Bestimmungen, die unmittelbar vor ihrer Änderung durch dieses Bundesgesetz gegolten haben.

(2) Bestehende Regelungen in Normen der kollektiven Rechtsgestaltung oder in Einzelvereinbarungen über die Anrechnung von Zeiten eines Karenzurlaubes für Ansprüche, die sich nach der Dauer der Dienstzeit richten, werden auf den Anspruch nach § 7 (§ 15 Abs. 2 letzter Satz MSchG) angerechnet.

(BGBl 1992/833)

(3) Ansprüche, die durch das Bundesgesetz BGBl. I Nr. 153/1999, neu geschaffen werden, haben nur Arbeitnehmer (Väter, Adoptiv- und Pflegeväter), wenn das Kind nach dem 31. Dezember 1999 geboren wurde. Ansprüche von Arbeitnehmern (Vätern, Adoptiv- und Pflegevätern), deren Kind vor dem 1. Jänner 2000 geboren wurde, richten sich nach den gesetzlichen Bestimmungen, die unmittelbar vor ihrer Änderung durch dieses Bundesgesetz gegolten haben.

(BGBl I 1999/153)

Übergangsbestimmungen (Option) für Geburten nach dem 30. Juni 2000, jedoch vor dem 1. Jänner 2002

§ 12a. (1) Arbeitnehmer (Väter, Adoptiv- und Pflegeväter), deren Kinder nach dem 30. Juni 2000, jedoch vor dem Tag der Kundmachung des Bundesgesetzes BGBl. I Nr. 103/2001 geboren wurden, können, wenn sich entweder Mutter oder Vater am Tag der Kundmachung in Karenz befindet oder einen Teil der Karenz aufgeschoben haben, binnen drei Monaten ab Kundmachung ihrem Arbeitgeber bekannt geben, ob sie Karenz bis zum Ablauf des zweiten Lebensjahres des Kindes nach den Bestimmungen dieses Bundesgesetzes in der Fassung BGBl I Nr. 103/2001 in Anspruch nehmen.

(2) Arbeitnehmer, deren Kinder nach dem 30. Juni 2000, jedoch vor dem 1. Jänner 2002 geboren wurden, können ab 1. Jänner 2002 eine Beschäftigung im Sinne des § 7b Abs. 2 und 3 dieses Bundesgesetzes in der Fassung BGBl. I Nr. 103/2001 vereinbaren.

(3) Vor dem 1. Jänner 2002 vereinbarte Teilzeitbeschäftigungen nach den Bestimmungen dieses Bundesgesetzes in der Fassung BGBl. I Nr. 153/1999 bleiben aufrecht, soweit Arbeitgeber und Arbeitnehmer nicht anderes vereinbaren.

(4) Vor dem 1. Jänner 2002 bescheidmäßig festgelegte Teilzeitbeschäftigungen nach den Bestimmungen dieses Bundesgesetzes in der Fassung des Bundesgesetzes BGBl. I Nr. 153/1999 bleiben aufrecht, soweit nicht auf Antrag des Beamten durch Bescheid eine Abänderung verfügt wird.

(BGBl I 2001/103)

Vollziehung

§ 13. Mit der Vollziehung dieses Bundesgesetzes sind betraut:

1. für Dienstverhältnisse zum Bund die Bundesregierung, in Angelegenheiten jedoch, die nur den Wirkungsbereich eines Bundesministers betreffen, dieser Bundesminister;
2. a) für Dienstverhältnisse der Lehrer für öffentliche Pflichtschulen (Art. 14 Abs. 2 B-VG) und
   b) für Dienstverhältnisse der Lehrer für öffentliche Land- und forstwirtschaftliche Berufs- und Fachschulen und Erzieher für öffentliche Schülerheime, die ausschließlich oder vorwiegend für Schüler der öffentlichen Land- und forstwirtschaftlichen Berufs- und Fachschulen bestimmt sind (Art. 14a Abs. 3 B-VG), das Land;
3. hinsichtlich der Befreiung von Stempelgebühren (§ 4 Abs. 2) der Bundesminister für Finanzen,
4. im übrigen der Bundesminister für Arbeit und Soziales, hinsichtlich der Befreiung von Bundesverwaltungsabgaben im Einvernehmen mit dem Bundesminister für Finanzen.

(BGBl 1992/833)

Inkrafttreten

§ 14. (1) § 8 Abs. 2 bis 5, § 8 Abs. 6 zweiter Satz, § 9 Abs. 1, §§ 12 und 13 dieses Bundesgesetzes in der Fassung des Bundesgesetzes BGBl. Nr. 833/1992 treten mit 1. Jänner 1993 in Kraft.

(BGBl 1992/833, BGBl 1994/665)

(2) § 10 Abs. 10 in der Fassung des Bundesgesetzes BGBl. Nr. 665/1994 tritt mit 1. Juli 1992 in Kraft.

(BGBl 1994/665)

(3) § 6 Abs. 4, § 8 Abs. 10, § 10 Abs. 7 Z 4 und Abs. 9 Z 2 sowie § 11a, in der Fassung des Bun-

desgesetzes BGBl. Nr. 434/1995, treten mit 1. Juli 1995 in Kraft.

(BGBl 1995/434)

(4) § 10 Abs. 6 bis 11 in der Fassung des Bundesgesetzes BGBl. I Nr. 61/1997 tritt mit 1. Juli 1997 in Kraft.

(BGBl I 1997/61)

(5) § 10 Abs. 6 in der Fassung des Bundesgesetzes BGBl. I Nr. 123/1998 tritt mit 1. Juli 1998 in Kraft.

(BGBl I 1998/123)

(6) Die §§ 2 bis 8a, § 10 Abs. 2 bis 6, 10 und 11 sowie § 12 Abs. 3 dieses Bundesgesetzes in der Fassung des Bundesgesetzes BGBl. I Nr. 153/1999 treten mit 1. Jänner 2000 in Kraft.

(BGBl I 1999/153)

(7) § 10 Abs. 5 und 7 in der Fassung des Bundesgesetzes BGBl. I Nr. 6/2000 tritt mit 1. Jänner 2000 in Kraft.

(BGBl I 2000/6)

(8) §§ 2 bis 10 in der Fassung des Bundesgesetzes BGBl. I Nr. 103/2001 treten mit 1. Jänner 2002 in Kraft und gelten, soweit § 12a nicht anderes bestimmt, für Arbeitnehmer, deren Kinder nach dem 31. Dezember 2001 geboren werden.

(BGBl I 2001/103)

(9) § 9a und § 10 Abs. 16 in der Fassung des Bundesgesetzes BGBl. I Nr. 100/2002 treten mit 1. Jänner 2003 in Kraft, soweit nicht durch Verordnung gemäß § 46 Abs. 1 letzter Satz BMVG etwas anderes angeordnet wird.

(BGBl I 2002/100)

(10) § 10 Abs. 9 und 10 Z 1 und 2 in der Fassung des Bundesgesetzes BGBl. I Nr. 130/2003 treten mit 1. Jänner 2004 in Kraft und sind auf Väter anzuwenden, deren Kinder nach dem 31. Dezember 2001 geboren sind.

(BGBl I 2003/130)

(11) Die §§ 7 Abs. 1 Z 2, 8 bis 8h und 10 Abs. 10, 13, 14, 17 bis 19 in der Fassung des Bundesgesetzes BGBl. I Nr. 64/2004 treten mit 1. Juli 2004 in Kraft und gelten für Väter (Adoptiv- oder Pflegeväter), deren Kinder nach dem 30. Juni 2004 geboren werden. Für Väter (Adoptiv- oder Pflegeväter), deren Kinder vor dem 1. Juli 2004 geboren wurden, gelten weiterhin die Bestimmungen der §§ 7 Abs. 1 Z 2, 8, 8a und 10 in der Fassung vor dem Bundesgesetz BGBl. I Nr. 64/2004. Abweichend davon kann eine Teilzeitbeschäftigung oder eine Änderung der Lage der Arbeitszeit nach den §§ 8 bis 8h und 10 Abs. 10, 13, 14, 17 bis 19 in der Fassung des Bundesgesetzes BGBl. I Nr. 64/2004 verlangt werden von einem

1. Vater (Adoptiv- oder Pflegevater), wenn er oder die Mutter (Adoptiv- oder Pflegemutter) des Kindes sich am 1. Juli 2004 in Karenz nach diesem Bundesgesetz, dem MSchG, gleichartigen österreichischen Rechtsvorschriften oder einer gleichartigen Rechtsvorschrift eines Mitgliedstaates des Europäischen Wirtschaftsraumes befindet, wobei eine Teilzeitbeschäftigung oder eine Änderung der Lage der Arbeitszeit nach dem Bundesgesetz BGBl. I Nr. 64/2004 frühestens nach Ablauf der Karenz angetreten werden kann;
2. Vater (Adoptiv- oder Pflegevater), wenn er oder die Mutter (Adoptiv- oder Pflegemutter) des Kindes sich am 1. Juli 2004 in Teilzeitbeschäftigung nach diesem Bundesgesetz, dem MSchG, gleichartigen österreichischen Rechtsvorschriften oder einer gleichartigen Rechtsvorschrift eines Mitgliedstaates des Europäischen Wirtschaftsraumes befindet, wobei eine Teilzeitbeschäftigung oder eine Änderung der Lage der Arbeitszeit nach dem Bundesgesetz BGBl. I Nr. 64/2004 frühestens nach Ablauf der ursprünglich vereinbarten Teilzeitbeschäftigung angetreten werden kann;
3. Vater, wenn sich die Mutter des Kindes am 1. Juli 2004 in einem Beschäftigungsverbot nach § 5 Abs. 1 und 2 MSchG, gleichartigen österreichischen Rechtsvorschriften oder einer gleichartigen Rechtsvorschrift eines Mitgliedstaates des Europäischen Wirtschaftsraumes befindet;
4. Vater, wenn sich die Mutter des Kindes am 1. Juli 2004 im Anschluss an die Frist nach § 5 Abs. 1 und 2 MSchG, gleichartigen österreichischen Rechtsvorschriften oder einer gleichartigen Rechtsvorschrift eines Mitgliedstaates des Europäischen Wirtschaftsraumes einen Gebührenurlaub verbraucht oder durch Krankheit oder Unglücksfall an der Dienstleistung verhindert ist und Karenz oder Teilzeitbeschäftigung nach dem MSchG, gleichartigen österreichischen Rechtsvorschriften oder einer gleichartigen Rechtsvorschrift eines Mitgliedstaates des Europäischen Wirtschaftsraumes bereits geltend gemacht hat, wobei eine Teilzeitbeschäftigung oder eine Änderung der Lage der Arbeitszeit nach dem Bundesgesetz BGBl. I Nr. 64/2004 frühestens nach Ablauf der Karenz bzw. der ursprünglich vereinbarten Teilzeitbeschäftigung angetreten werden kann.

(BGBl I 2004/64)

(12) § 7a in der Fassung des Bundesgesetzes BGBl. I Nr. 58/2010 tritt mit 1. August 2010 in Kraft.

(BGBl I 2010/58)

(13) In der Fassung des Bundesgesetzes BGBl. I Nr. 120/2012 treten in Kraft:

1. § 10 Abs. 13 Z 1 mit 1. Jänner 2013,
2. § 10 Abs. 8 mit 1. September 2013,
3. § 10 Abs. 12a, § 10 Abs. 13 Z 2 sowie § 10 Abs. 16 und 19 mit dem der Kundmachung des Bundesgesetzes BGBl. I Nr. 120/2012 folgenden Tag.

(BGBl I 2012/120)

(BGBl I 2012/120)

(14) § 5, § 6, § 8g sowie § 9 in der Fassung des Bundesgesetzes BGBl. I Nr. 138/2013 treten mit 1. August 2013 in Kraft und gelten für Väter, deren Kinder nach dem 31. Juli 2013 adoptiert oder in unentgeltliche Pflege genommen werden.

(BGBl I 2013/138)

(15) § 10 Abs. 6 und 10 in der Fassung des Bundesgesetzes BGBl I Nr. 65/2015 tritt mit 1. September 2015 in Kraft.

(BGBl I 2015/65)

(16) § 5 Abs. 1, 4 und 5 in der Fassung des Bundesgesetzes BGBl. I Nr. 162/2015 tritt mit 1. Jänner 2016 in Kraft.

(BGBl I 2015/162)

(17) § 1 Abs. 1a, § 2 Abs. 5 und § 5 Abs. 2 in der Fassung des Bundesgesetzes BGBl. I Nr. 149/2015 treten mit 1. Jänner 2016 in Kraft.

(BGBl I 2015/149)

(18) § 8 Abs. 1, § 8a, § 8b Abs. 2, 5, 6 und 10, § 8c Abs. 1, § 8d Abs. 1 sowie § 10 Abs. 11a, 14 und 17 in der Fassung des Bundesgesetzes BGBl. I Nr. 149/2015 treten mit 1. Jänner 2016 in Kraft und gelten für Väter (Adoptiv- oder Pflegeväter), deren Kinder ab diesem Zeitpunkt geboren (adoptiert oder in unentgeltliche Pflege genommen) werden.

(BGBl I 2015/149)

(19) § 1a samt Überschrift in der Fassung des Bundesgesetzes BGBl. I Nr. 73/2019 tritt mit 1. September 2019 in Kraft und gilt für Geburten, deren errechneter Geburtstermin frühestens drei Monate nach dem Inkrafttreten liegt. § 1a gilt auch für Geburten, deren errechneter Geburtstermin zwischen dem Inkrafttreten dieses Bundesgesetzes und drei Monate nach dessen Inkrafttreten liegt, mit der Maßgabe, dass die drei Monatsfrist des § 1a Abs. 3 unterschritten werden darf.

(BGBl I 2019/73)

„(20) § 10 Abs. 1a und 8 in der Fassung der 3. Dienstrechts-Novelle 2019, BGBl. I Nr. 112/2019, tritt mit dem der Kundmachung folgenden Tag in Kraft. Bei Verlangen nach Freistellungen nach Abschnitt 1a, die vor diesem Zeitpunkt gestellt wurden, ist Abschnitt 1a weiter anzuwenden.“

(BGBl I 2019/112)

Artikel XVIII
Inkrafttreten

(1) Die Art. I bis IV, VI bis XVI dieses Bundesgesetzes treten am 1. Jänner 1990 in Kraft.

(2) Art. V dieses Bundesgesetzes tritt gegenüber den Ländern für die Ausführungsgesetzgebung mit dem Tag der Kundmachung in Kraft. Die Ausführungsgesetze der Länder sind binnen sechs Monaten ab dem der Kundmachung folgenden Tag zu erlassen.

(3) Väter, Adoptiv- oder Pflegeväter haben nur dann Anspruch auf Karenzurlaub nach Art. I, wenn das Kind, zu dessen Betreuung Karenzurlaub genommen wird, nach dem 31. Dezember 1989 geboren wurde.

(4) Väter, Adoptiv- oder Pflegeväter haben nur dann Anspruch auf Karenzurlaubsgeld nach Art. VI oder VIII, wenn das Kind, das Anlaß für die Gewährung des Karenzurlaubsgeldes ist, nach dem 31. Dezember 1989 geboren wurde.

Artikel XIX
Vollziehung

(1) Mit der Vollziehung des Art. I dieses Bundesgesetzes sind betraut:

1. für Dienstverhältnisse zum Bund die Bundesregierung; in Angelegenheiten jedoch, die nur den Wirkungsbereich eines Bundesministers betreffen, dieser Bundesminister;
2. a) für Dienstverhältnisse der Lehrer für öffentliche Pflichtschulen (Art. 14 Abs. 2 B-VG) und
   b) für Dienstverhältnisse der Lehrer für öffentliche land- und forstwirtschaftliche Berufs- und Fachschulen und Erzieher für öffentliche Schülerheime, die ausschließlich oder vorwiegend für Schüler der öffentlichen land- und forstwirtschaftlichen Berufs- und Fachschulen bestimmt sind (Art. 14a Abs. 3 B-VG), das Land;
3. hinsichtlich der Befreiung von Stempelgebühren (§ 4 Abs. 2) der Bundesminister für Finanzen,
4. im übrigen der Bundesminister für Arbeit und Soziales, hinsichtlich der Befreiung von Bundesverwaltungsabgaben im Einvernehmen mit dem Bundesminister für Finanzen.

(2) Mit der Vollziehung des Art. XVII (Übergangsbestimmung zum ASVG) ist der Bundesminister für Arbeit und Soziales betraut.

(3) Mit der Wahrnehmung der dem Bund gemäß Art. 15 Abs. 8 B-VG zustehenden Rechte hinsichtlich des Art. V dieses Bundesgesetzes ist der Bundesminister für Arbeit und Soziales betraut.